ཞིབ་ཡིག་ལྷུག་རྗེ་བ། ༣

༄༅། །འབའ་རོམ་ཆོས་འབྱུང་ཕྱོགས་བསྒྲིགས།

ཚངས་སར་བློ་གྲོས་རིན་ཆེན་སོགས་ཀྱིས་མཛད།

སི་ཁྲོན་བོད་ཡིག་དཔེ་རྙིང་བསྡུ་སྒྲིག་ཁང་གིས་བསྒྲིགས།

XZCB བོད་ལྗོངས་མི་དམངས་དཔེ་སྐྲུན་ཁང་།

民族文字出版专项资金资助项目

图书在版编目（CIP）数据

跋绒教法史 : 藏文 / 仓萨 · 罗智仁青编 ; -- 拉萨 : 西藏人民出版社, 2019.9
（藏族历史典籍精选）
ISBN 978-7-223-05747-9

Ⅰ. ①跋… Ⅱ. ①仓… Ⅲ. ①噶举派－教法史－藏语 Ⅳ. ①B946.6

中国版本图书馆CIP数据核字(2017)第264073号

跋绒教法史

编　　著：仓萨 · 罗智仁青
搜集整理：四川藏文古籍搜集保护编务院
责任编辑：桑杰加
封面设计：罗桑扎西
出版发行：西藏人民出版社（拉萨市林廓北路20号）
印　　刷：成都东江印务有限公司
开　　本：787×1092　1/16
印　　张：32.75
字　　数：300千
版　　次：2019年9月第1版
印　　次：2019年9月第1次印刷
印　　数：01-1,000
书　　号：ISBN 978-7-223-05747-9
定　　价：60.00元

སྒྲུབ་བརྒྱུད་བསྟན་པའི་མངའ་བདག་འབའ་རོམ་པ་དར་མ་དབང་ཕྱུག་རྡོ་རྗེ།

བསྡུ་སྒྲིག་ལས་མིའི་མཚན་ཐོ།

བཀའ་འདྲི་ཞུ་ཡུལ། གཟན་དཀར་རིན་པོ་ཆེ། ཚེ་པོ། ཀརྨ་དཔལ་འབྱོར། འབའ་རོམ་གསུང་རབ་ཕྱོགས་སྒྲིག་ཁང་།

གཙོ་སྒྲིག་པ། ཁྲོ་ཐར་འཇམ་རྡོ།

བསྡུ་སྒྲིག་ཚོགས་མི།

ཚེ་མགོན་ཐར། པད་རྡོ། ཟླ་བ་ལྷ་མོ། ཤྭ་བོ་ཚེ་རིང་། བྱམས་པ་བསྟན་འཛིན། དམ་ཆོས། འབྲུག་རྒྱལ། ཚུལ་ཁྲིམས་བསྟན་འཛིན། སྐྱིད་པ། གནམ་ཕྱུག་མཚོ། ཚེ་རིང་ལྷ་སྐལ། ཀུན་ལྷ། དཔལ་མོ། བཀྲ་ཤིས་ཆོས་མཚོ། ཟླ་ཆེ། དཀོན་མཆོག་བཀྲ་ཤིས། གནམ་མཚོ། ཆོས་བཟང་ཉི་མ། དཔལ་ཆེན་ཕྲིན་ལས། ཤེར་ལོ། བཀྲ་ཤིས་ཚེ་རིང་། འཆི་མེད་སྒྲོལ་དཀར། ཚུལ་ཁྲིམས་དར་རྒྱས། བསོད་ནམས་སྐྱབས། ལྷུན་པོ། ཀ་ཀ །ཆོས་མཚོ་སོགས་སི་ཁྲོན་བོད་ཡིག་དཔེ་རྙིང་བསྡུ་སྒྲིག་ཁང་གི་ལས་མི་རྣམས་སོ། །

སྔོན་འགྲོའི་གཏམ།

ཁྲིཾ་ཐར་འཇམ་བློ།

སྙིང་སྟོབས་བཙན་པོའི་གོ་ཆ་བགོས་ནས་ལྷོ་གླིང་འཛིན་མར་ཞབས་ཀྱིས་བཅགས། །
འགྲོ་བའི་སྡུག་བསྔལ་ཁུར་དུ་བླངས་ནས་དཀའ་བའི་ལས་ལ་དང་གིས་འཇུག །
ཆོས་རིག་སྒྲོན་མེ་ལག་ཏུ་ཐོག་སྟེ་བྱང་ཕྱོགས་མུན་པའི་སྨག་ཆེན་བསལ། །
གངས་ཅན་མེས་པོའི་མཛད་རྗེས་དྲན་བཞིན་དགའ་དང་དད་པའི་མེ་ཏོག་འཐོར། །

དེ་ཡང་མཐའ་དང་ཟད་དུ་མེད་པའི་ངམ་ནག་པའི་འཁོར་བའི་གཏིང་རུམ་འདི་ན་སྡུག་བསྔལ་རྒྱུ་འབྲས་གཉིས་ལ་ལོངས་སུ་སྤྱོད་བཞིན་པའི་འགྲོ་བ་རྣམས་ཀྱི་ནང་གི་མུན་པའམ་རྨོངས་པ་མ་རིག་པ་སེལ་བའི་ཐབས་དམ་པ། སྟོན་པའི་གསུང་རབ་དྲི་མ་མེད་པ་དང་། འཆོས་སྐྱོབ་གཉིས་ལྡན་གྱི་བསྟན་བཅོས་ཚད་ལྡན་དག་ལ་ཐོས་བསམ་བསྒོམ་གསུམ་ཚུལ་བཞིན་བྱས་ཏེ། ཆོས་རྣམས་ཀྱི་རང་སྤྱིའི་གནས་ལུགས་ཤེས་པའི་ཤེས་རབ་ཁྱད་པར་ཅན་རྒྱུད་ལ་བསྐྱེད་པ་ཁོ་ན་ལ་རག་ལས་པས་ན། འཛམ་གླིང་མཐོ་སྒང་དུ་གནས་པའི་གངས་ཅན་བོད་ཀྱི་ཡུལ་འདིར་མཆོན་ན་འགྲོ་བ་མིའི་རིགས་ཐོག་མར་ཆགས་པ་ནས་བཟུང་ཐུན་མིན་གྱི་ཡུལ་སྲོལ་གོམས་གཤིས་དང་། རྣམ་དཔྱོད་ཀྱི་རིག་པ། བྱམས་དང་སྙིང་རྗེ། དྲང་བདེན་གྱི་གཤིས་ཀ །འགྲོགས་བདེ་གཤིབ་བདེ། དཔའ་མཛངས་བརྟུལ་ཕོད། རིགས་རུས་ལ་རྒྱ

སོགས་གཞན་དང་གཞན་ལས་ཁྱད་པར་དུ་འཕགས་པའི་མི་རིགས་ཤིག་ཏུ་ངོས་འཛིན་བྱེད་ཚོག་ལ། ཁྱད་པར་སྔོན་གྱི་ཆོས་རྒྱལ་ལོ་པཎ་མཁས་གྲུབ་དམ་པ་རྣམས་ཀྱིས་སྙིང་སྟོབས་དང་། བརྩོན་འགྲུས། ཤེས་རབ་སྟེ་དཀའ་བ་བརྒྱ་ཕྲག་ཁྱད་དུ་བསད། ངལ་བ་སྟོང་ཕྲག་ཐོད་དུ་བསྐུས་ཏེ། མཉམ་མེད་ཐུབ་པའི་རིང་ལུགས་ལུང་རྟོགས་ཀྱིས་བསྡུས་པའི་བསྟན་པ་རིན་པོ་ཆེ་ཐོག་མར་སྒྲོལ་བཏོད་དང་། བསྒྱུར་སྤེལ། ཉམས་བཞེས་བླ་ལྷག་མཛད་པའི་བཀའ་དྲིན་ལས། ཐུན་མོང་དང་། ཐུན་མིན། གསར་མ་དང་། རྙིང་མ། མདོ་སྔགས་རིག་གནས་བཅས་ལྟ་སྒོམ་སྤྱོད་པ་རྣམ་པར་དག་པའི་བཤད་སྒྲུབ་ཤིང་རྟ་བཅོ་བརྒྱད་ཀྱི་རིང་ལུགས་དྲི་མ་མེད་པ་རིམ་པར་དར་བ་དང་། ལྷག་ཏུ་མཁས་གྲུབ་སོ་སོའི་རྟོགས་པའི་འདྲུ་འབག་འཆོས་སྐྱོབ་གཉིས་ལྡན་གྱི་གསུང་རབ་ནོར་བུའི་བང་མཛོད་ཆེན་པོ། འཛམ་གླིང་ན་འགྲན་ཟླ་བྲལ་བ་ཞིག་བསྟན་འགྲོའི་བཅས་སུ་བཞག་ཡོད།

འོན་ཀྱང་རིན་ཆེན་ཆོས་ཀྱང་དཀོན་ལ་རྟག་ཏུ་འཚེ་བའང་མང་ཞེས་གསུངས་པ་ལྟར། བར་སྐབས་སུ་དུས་རབས་གཉན་འཕྲང་ཅན་གྱི་འཕོ་འགྱུར་དང་། མིའི་རིགས་ཀྱི་མེ་ལྟར་འབར་བའི་འདོད་ཛམ་དང་ཧམ་ཤེད་ཀྱིས་བསྐྱེད་དེ། རྒྱ་ཆེའི་རིག་གཞུང་མང་པོ་ས་ལ་བཏབ། ཆུ་ལ་བསྐྱུར། མེ་ལ་བསྲེག །རླུང་ལ་སྐུར་ཏེ་སྲོག་ལྡན་གྱི་འགྲོ་བ་མང་པོའི་བདེ་སྐྱིད་ལ་འབྲེལ་བ་ཡོད་པའི་མེས་པོའི་ལག་རྗེས་མང་པོ་རྗོག་པས་གསུབ་པ་ནི། སྟོང་གསུམ་གསེར་གྱིས་བཀང་སྟེ་གསབ་ཀྱང་གསབ་ཐབས་མེད་པའི་གྱོང་གུད་ཆེན་པོ་ཞིག་ཕོག་པ་རེད།

དེ་ཡང་སྟོན་པའི་བསྟན་པ་རིན་པོ་ཆེའི་གནས་ཚད་རྫོགས་མེད་པ་དང་། ས་སྟེང་སྐྱེ་འགྲོ་ཡོངས་ཀྱི་སྤྱི་མཐུན་གྱི་བསོད་ནམས་མི་དམན་པ། ལུང་རྟོགས་གཉིས་ལྡན་གྱི་བསྟན་པ་རིན་པོ་ཆེ་ལ་དངོས་སྟོབས་རིག་པའི་གནོད་པ་མེད་པ་བཅས་རྒྱུ་རྐྱེན་རྟེན་འབྱུང་མ་ཚང་མེད་པ་ལ་བརྟེན་བོད་ཀྱི་ཆོས་རིག་ཟླ་བའི་དཀྱིལ་འཁོར་སྐལ་བཟང་གདུལ་བྱའི་མཁའ་ལ་སླར

ཡང་ཤར་ནས། བདེ་སྐྱིད་རྫོགས་ལྡན་གྱི་དུས་སྟོན་ལ་ལོངས་སུ་སྤྱོད་པའི་དུས་བཟང་ཞིག་བསྒྱུར་དུ་ཆོས་པ་ནི། བོད་ཅམ་དུ་མ་ཟད་གནམ་འོག་གི་འགྲོ་བ་ཡོངས་ཀྱི་བསོད་ནམས་ཀྱི་བགོ་སྐལ་ཆེན་པོ་ཞིག་ཏུ་ངོས་འཛིན་བྱས་ན་འགྲིག །

ཁྱད་པར་མཁའ་དབྱིངས་དུས་རབས་སམ་བརྙ་འཕྲིན་དུས་རབས་ཞེས་ཚན་དཔལ་རིག་གསུམ་གྱི་ཚ་ནྭབས་དྲག་ཏུ་འཕྱུར་བའི་དུས་རབས་ཉེར་གཅིག་པའི་འཛུམ་ཞལ་ངོམ་པའི་སྐབས་འདིར། ཤར་ཕྱོགས་ཨེ་ཤ་ཡའི་གླིང་ཆེན་ལས་ཀྱང་མཆོང་བརྒྱལ་གྱིས། སྲིད་དཔལ་ལ་སྟོབས་འབྱོར་ཏ་ཅང་དར་རྒྱས་ཕུན་སུམ་ཚོགས་ཤིང་། སྐྲ་ལོ་དང་མིག་འབྲས། པགས་མདོག་དང་བྱད་གཟུགས། འཚོ་གནས་དང་ཡུལ་སྲོལ་གོམས་གཤིས། སེམས་ཁམས་ཀྱི་དད་མོས་དང་འཇིག་རྟེན་གྱི་ལྟ་ཚུལ་སོགས་ཐ་དད་པའི་འཛམ་གླིང་གི་ཡུལ་གྲུ་ཆེན་པོ་དག་ཏུའང་། རང་ཅག་བོད་ལྟར་སྲོལ་རྒྱུན་གྱི་དད་མོས་ཅམ་མིན་པར། ཚན་རིག་དང་མཐུན་པའི་དཔྱད་ཞིབ་སྣ་ཚོགས་བརྒྱུད། ནང་བསྟན་ཆོས་ལུགས་ནི། འགྲོ་བ་མིས་མཆོན་པའི་སྲོག་ལྡན་ཡོངས་ཀྱི་ལུས་སེམས་ལ་ཞི་བདེ་སྟེར་བའི་ཐུན་མིན་གྱི་རིག་གཞུང་མཆོག་ཏུ་གྱུར་པ་ལེགས་པར་རིག་ནས། ཚན་རིག་མཁས་ཅན་དང་སློབ་ཆེན་གྱི་སློབ་མ། ཚོང་ལས་པ་དང་གཞུང་ཞབས་པ་སོགས་ཀྱིས་བཙུགས་པའི་སྒེར་གཞུང་གི་ཚོགས་པ་ཆེ་ཕྲ་དུ་མས། སློབ་སྦྱོང་དང་། ཞིབ་འཇུག །ཉམས་ལེན་ཙི་རིགས་ལ་འབད་དང་འབད་བཞིན་པ་འདི་དག་ལ་བསམ་ན་དུས་རབས་ཀྱི་འཕེལ་རྒྱས་དང་བསྟུན་ནས་རྒྱུན་སྐྱོང་ཐུབ་པའི་ཆོས་ལུགས་དང་རིག་གནས་སུ་གྲགས་ཤིང་གྲུབ།

དེ་ལྟར་ཁྱིམ་མཚོ་རྒྱལ་ཁབ་མང་པོས་དོ་སྣང་བྱ་ཚུལ་ལ་བསམ་སྟེ་དེང་སང་ནང་བསྟན་ཆོས་ལུགས་ཀྱི་འབྱུང་ཁུངས་སུ་གྲགས་པའི་རང་ཅག་བོད་ཡུལ་འདིར་ཡང་། ཕ་མེས་བཞག་པའི་རིན་ཐང་བྲལ་བའི་རིག་དངོས་རྩ་ཆེན་དང་། ཁྱད་པར་འཚོས་སྐྱོབ་གཉིས་ལྡན་གྱི་གླིགས

བམ་བྲི་ཐྲག་དུ་མ་དུས་འགྱུར་ཅར་སྐྲུང་གིས་ཁ་འཐོར་དུ་བཏང་ཞིང་། རྡུལ་མཁྱེན་ཕྱུག་མཆོད་ཀྱི་གོ་སར་འཛམ་གླིང་ངེར་བཞུགས་པ་རྣམས་མྱུར་སྐྱོབ་དང་། པར་བསྐྲུན་འགྲེམ་སྤེལ་གྱི་ལས་ལ་མ་ཞུགས་ན་ཡུན་རིང་མི་འགོར་བར་གཏན་མེད་དུ་འགྲོ་བར་ངེས་པས། སྲོལ་རྒྱུན་གྱི་ལྟ་སྤྱོད་བཟང་པོ་མ་ཉམས་པའི་ཐོག་ནས། དུས་རབས་དང་མཐུན་པ། ཚན་རིག་དང་མཐུན་པའི་སློ་ནས་ང་ཚོའི་ཕ་མེས་ཀྱི་རིག་གཞུང་དུ་གྲུབ་པའི་བཙུ་ཕྲག་རིག་པ་ཆ་ལག་དང་བཅས་པའི་ཞབས་ཏོག་ཏུ་འགྲོ་ངེས་པའི་བྱ་བ་ཆེ་ཕྲ་གང་རུང་ལ་འཇུག་དགོས་པ་དང་། ཡང་དེང་རབས་ཤར་ནུབ་ཀྱི་རིག་གཞུང་ངམ་ལེགས་ཆ་མང་པོ་ཞིག་བསྡུར་སྤེལ་བྱ་དགོས་པ་དུས་རབས་ཀྱིས་བྱིན་པའི་ཕྲག་ཏུ་བབ་པའི་འོས་འགན་རེད།

དེ་ལྟར་བྱུང་ན་ང་ཚོའི་སྔབས་ཆེ་བའི་མེས་པོ་ཚོའི་ཐུགས་དགོངས་རྫོགས་པ་དང་། ད་ལྟ་དང་ཕྱི་རབས་པ་ཡོངས་ལ་ལེགས་སྐྱེས་བཟང་པོ་འཛོག་ཐུབ་པ། རང་ཉིད་ཆོས་ལྡན་མི་རིགས་སུ་སྐྱེས་པའི་དོན་འཁྱོངས་པ། དུས་རབས་ཤིག་གི་རིག་གནས་ཀྱི་སྟོང་ཆ་བཀང་ཐུབ་པ་བཅས་ལ་བསམ་སྟེ། ཆོས་བརྒྱུད་ཕྱོགས་རེ་བ་དང་། རིག་གནས་ཉི་ཚེ་བ་ཙམ་ལ་མགོ་མི་འཁོར་བར། སེར་སྐྱ་ཕོ་མོ་རིས་སུ་མ་མཆིས་པ་ཡོངས་ཀྱིས་སྟོབས་ཤུགས་ཅིག་སྒྲིལ་གྱིས་དཔལ་འབྱོར་དང་། ལག་རྩལ། ཤེས་ཡོན་འཛིན་ནུས་ཅི་ཡོད་འདོན་པ་དང་། དེང་དུས་འཛམ་གླིང་ཤར་ནུབ་ཀྱི་ཞིབ་འཇུག་བྱེད་པའི་ཐབས་ལམ་སྣ་ཚོགས་སྤྱད་དེ། བོད་ཀྱི་སྐད་ཡིག་གིས་མཚོན་པའི་ཆོས་རིག་ཀུན་ཡུན་ནས་ཡུན་ཏུ་གནས་པ་དང་། དར་རྒྱས་གོང་འཕེལ་གྱི་ལམ་ལ་ཕྱོགས་པར་འབད་དགོས་སོ། །

འདི་ཀའི་ལས་ཁུངས་ནས་ཉེ་བའི་ལོ་ཤས་རིང་ལ་བོད་ཀྱི་དཔེ་རྙིང་མྱུར་སྐྱོབ་དང་། འཚོལ་བསྡུ། དཔེ་སྐྲུན་གྱི་བྱ་བ་གཉེར་བཞིན་ཡོད་པ་དང་། དེ་ཡང་གསུང་འབུམ་ཕྱོགས་བསྒྲིགས་གངས་ཅན་རིག་བརྒྱུད་དང་། རིག་གནས་སྐོར་ཐུན་མོང་རིག་མཛོད། ལོ་རྒྱུའི་སྐོར

འཇིག་རྟེན་མིག །ཉམས་ལེན་སྒོར་ཟབ་དོན་ནོར་བུའི་མཛོད་ཁང་སོགས་དཔེ་ཚོགས་རིགས་མི་གཅིག་པ་བཅུ་ཕྲག་གསུམ་ལ་ཉེ་བ་བཀྲམ་དང་འགྲེམ་བཞིན་ཡོད་པ་ལས། དཔེ་ཚོགས་འདི་ནི་ཆོས་བརྒྱུད་གྲུབ་མཐའ་རིས་སུ་མ་མཆིས་པའི་ཆོས་འབྱུང་དང་། གདན་རབས། རྟོགས་བརྗོད་དང་། རྣམ་ཐར། རྡུས་མཛོད་བཅས་ཀྱི་སྒོར་ལས་གལ་ཆེ་བ་དག་གཅེས་བཏུས་ཀྱི་རྣམ་པས་ཕྱོགས་གཅིག་ཏུ་བསྒྲིགས་པ་མེས་པོའི་ཕྱག་རྗེས་ཞེས་མཚན་དུ་གསོལ་བའི་དཔེ་ཚོགས་ཆེན་པོ་ཞིག་ཡིན།

འདི་ལས་དཔལ་མཛངས་བརྟུལ་ཕོད་ཅན་གྱི་མེས་པོ་གོང་མ་དག་གི་ཡ་རབས་ཀྱི་སྤྲོལ་བཟང་དང་། དྲང་བདེན་གྱི་གཤིས་ཀ །གཞན་ཕན་གྱི་ལྷག་བསམ། མདུན་སྐྱོད་ཀྱི་སྤོབས་པ། གསར་བརྟོད་ཀྱི་སྙིང་སྟོབས། གཞན་ཡང་འཇིག་རྟེན་ཡང་དག་གི་ལྟ་བ། ཆོས་རབ་རྣམ་འབྱེད་ཀྱི་ཤེས་རབ། གུས་རྟག་སྦྱངས་པའི་བརྩོན་འགྲུས་བཅས་ལ་བརྟེན་ཏེ། སྲིད་པ་འཁོར་བའི་གནས་ལས་ངེས་པར་འབྱུང་ཚུལ། ཞི་བ་མྱང་འདས་ཀྱི་ལམ་ལ་གོམས་ཁ་ཕྱོགས་ཚུལ། མཁས་པ་དང་གྲུབ་པའི་གོ་འཕང་བརྙེས་ཚུལ། ཐུན་མོང་དང་ཐུན་མིན་གྱི་དངོས་གྲུབ་ཐོབ་ཚུལ། རྟོགས་པས་བདག་གྲོལ་ཞིང་། ཐུགས་རྗེས་གཞན་སྨིན་ནུས་པའི་ཐབས་ཚུལ་ལ་བརྟེན་ཏེ་བསྟན་པ་དང་འགྲོ་བའི་དོན་མཛད་ཚུལ་བཅས། དུས་རབས་ཀྱི་འཕོ་འགྱུར་དང་། སྤྱི་ཚོགས་ཀྱི་གནས་བབ། རིག་གནས་ཀྱི་འཕེལ་འགྲིབ་སོགས་འདས་སོང་གི་གནས་ཚུལ་མང་པོའི་སྣང་བརྙན་འཆར་བའི་གཡའ་དག་པའི་དྲི་མེད་ཤེལ་དཀར་མེ་ལོང་ལྟ་བུ་ཞིག་ཏུ་ངོས་འཛིན་ཆོག་པས། བོད་ཀྱི་ཆོས་དང་རིག་གནས། ལོ་རྒྱུས་ཁྲིད་ཀྱི་མི་སྣ་བཅས་ལ་ཞིབ་འཇུག་དང་རྒྱུས་ལོན་བྱེད་མཁན་ཡོངས་ལ་སྤྲར་མེད་ལེགས་སྐྱེས་ཕུན་སུམ་ཚོགས་པ་དང་། ལྷག་ཏུ་སྔོན་བྱོན་དམ་པའི་རྣམ་ཐར། རྗེས་འཇུག་སྐྱེ་བོའི་ཉམས་ལེན་ཞེས་གྲགས་པ་ལྟར། དམ་པ་གོང་མ་དག་གི་རྣམ་ཐར་ནི་ཕྱི་རབས་གདུལ་བྱ་ཡོངས་ཀྱི་ལམ་སྟོན་གྱི་སྒྲོན་མེ་ཉག་གཅིག་ཏུ

ངེས་པས། ཕྱུག་དཔེ་འདི་དག་ཕྱུག་མཆོད་ཀྱི་ཡུལ་དང་། དཔེ་སྒྲོམ་འགེངས་བྱེད་ཙམ་གཙོ་བོ་མ་ཡིན་པར། ཅིས་ཀྱང་དཔེ་ཀློག་ལ་འབད་ན། འཕྲལ་ཡུན་ཀུན་ཏུ་ཕན་པའི་སློབ་གསོ་དང་བློ་སྐྱེད་ཐོབ་པར་བརྟེན། ལུགས་གཉིས་ཀྱི་བླངས་དོར་ལ་མཁས་པ་སོགས་ལེགས་པའི་ཡོན་ཏན་དུ་མས་ཕྱུག་པར་འགྱུར་བ་ལས། ཉེས་པ་དང་འགལ་བའི་ཆ་ཏིལ་ཙམ་ཡང་མེད་དོ། །

དཔེ་ཚོགས་ཆེན་པོ་འདི་ནི་བོད་ལྗོངས་མི་དམངས་དཔེ་སྐྲུན་ཁང་གི་རྣན་ཤེས་འཛིན་ལྷག་བསམ་གྱིས་ཕྱུག་པ་པ་སངས་དབང་ཆེན་ལགས་གཙོས་པའི་འབྲེལ་ཡོད་མི་སྣ་རྣམ་པས་རྒྱབ་སྐྱོར་བླ་མེད་ཐོབ་པར་བརྟེན། བོད་རབ་བྱུང་བཅུ་བདུན་པའི་མེ་བྱ་ལོ་ནས་བཟུང་ལོ་རེ་བཞིན་དེབ་བཅུ་གྲངས་རེ་དཔེ་སྐྲུན་བྱེད་འཆར་ཡོད་པས། སྒྲིག་སྟངས་སོགས་གང་ཅིའི་ཐད་ནས་མཛུབ་སྟོན་དང་དགོངས་འཆར་ལྷུག་སྤྱོལ་དང་། འདིར་བསྡུ་འོས་ཀྱི་མ་དཔེ་དག་མཁོ་སྤྲོད་གནང་བར་ཞུའོ། །

མཇུག་ཏུ་རྩལ་འདིར་འབྲེལ་བ་ཐོག་པ་རྣམས་ཀྱི་གཙོས་ལུས་ཅན་ཡོངས་ལ་གནས་སྐབས་མཐར་ཐུག་ཀུན་ཏུ་བདེ་སྐྱིད་འབྱུང་བ་དང་། འཛམ་གླིང་ཡངས་པའི་ས་གྲུ་ཀུན་ཏུ་ནད་མུག་འཁྲུགས་རྩོད་དང་། འབྱུང་བཞིའི་གནོད་པ་སོགས་རང་སར་ཞི་ཞིང་། བོད་གངས་ཅན་པའི་ཆོས་དང་རིག་གནས་དབྱར་མཚོ་དང་ཡར་ཟླ་ལྟར་གོང་ནས་གོང་དུ་འཕེལ་བའི་རྒྱུ་རུ་འགྱུར་བར་སྨོན།

དེ་ལྟར་མེས་པོའི་ཕྱག་རྗེས་ཀྱི་དཔེ་ཚོགས་ཆེན་མོའི་འགོ་བརྗོད་མདོར་བསྡུས་པ་འདི་བོད་ལྗོངས་མི་དམངས་དཔེ་སྐྲུན་ཁང་གི་དབུ་ཁྲིད་རྣམ་པའི་བཀའ་ལྟར་ཕ་མེས་རིག་གཞུང་ལ་དུང་བ་ཟབ་པའི་ཁྲོ་ཐར་འཛམ་གླིང་འབོད་པས་སི་ཁྲིན་བོད་ཡིག་དཔེ་རྙིང་བསྡུ་སྒྲིག་ཁང་ནས་༢༠༡༧ལོའི་ཟླ་༧པའི་ཚེས་༣༠ཉིན་བྲིས་པ་དགེ་བར་གྱུར་ཅིག །

བསྡུ་སྒྲིག་གསལ་བཤད།

དེ་ཡང་ཁ་བའི་འདབ་བརྒྱ་བརྩེགས་པའི་དཀར་མཛེས་ལྷུན་སྟུག་གི་རི་ཚོགས་ཚར་དུ་དངར་བས་ཟླུམ་པོར་བསྐོར་ཞིང་། དྭངས་གཙང་ཡན་ལག་བརྒྱད་ལྡན་གྱི་ཆུ་མོའི་བཞུར་རྒྱུན་ལྷུང་ལྷུང་དུ་འབབ་པའི་ས་སྣང་གོ་ལའི་ཡང་རྩེར་ཁྱེངས་སེམས་ཀྱིས་ཆགས་པའི། གདོང་དམར་ཁ་བ་ཅན་གྱི་ཡུལ་ཞེས་རང་བྱུང་ཕྱི་སྣོད་ཀྱི་བཀོད་པ་མཛེས་ཤིང་། རླུང་ཁམས་སྦྲག་བཙོག་གི་དྲི་མས་མ་བསླད་པའི་མཁའ་དབུགས་དྭངས་གཙང་། སྣ་མང་རིན་ཆེན་གྱི་གཏེར་ཁས་ཡོངས་སུ་གཏམས་ཤིང་། ནགས་ལྗོངས་སྤང་ཐང་གི་ཁོར་ཡུག་ཀུན་ནས་མཛེས་པ། དུས་བཞིའི་རྒྱལ་མོའི་འཕོ་འགྱུར་རེས་མོས་སུ་གསལ་ཞིང་། བསིལ་དྲོད་སྙོམས་འཇམ་གྱི་གནམ་གཤིས་དྭངས་མ། ནད་སེལ་རྩྭ་དང་རྩི་ཤིང་གི་ཚང་ཚིང་འཁྲིགས་ཤིང་། རྩ་ཆེའི་རི་དྭགས་བག་ཡངས་སུ་རྒྱུ་བའི་ཕ་ཁྲིམ་དྲོན་མོ། མདོར་ན་གོ་ལ་ཆེན་པོ་འདིའི་ཆུ་བོའི་འབྱུང་ཁུངས་དང་། གནམ་གཤིས་དྲོ་གྲང་སོགས་ཆེད་དུ་བྱས་པ་ལྟ་བུ་ཞིང་འདིར། འགྲོ་བ་མིའི་རིགས་ཐོག་མར་ཆགས་པ་ནས་བཟུང་ཐུན་མིན་གྱི་ཡུལ་སྲོལ་གོམས་གཤིས་དང་། གདོད་མའི་ཆོས་དང་རིག་གཞུང་གི་མ་ལག་གྲུབ་པ་དང་ཆབས་ཅིག །མི་དབང་གཉའ་ཁྲི་བཙན་པོས་རླབས་ཆེ་བའི་བཙན་པོའི་རྒྱལ་རབས་བཙུགས་པ་ནས། ད་ལྟ་དུས་རབས་གསར་པའི་མཛེས་ཞལ་ཇོམས་པའི་བར། སྐབས་རེ་འཛམ་གླིང་གི་གཙུག་རྒྱན་དམ་པ་རྭ་ཁྱེངས་དྲེགས་ཀྱིས་འཚོ་སྐྱོང

ལ། མཐོ་སྣང་ནས་མཆེད་པའི་ཧ་བོའི་རྨིག་སྒྲ་དང་། ཁྲི་འབུམ་ལྷ་དམག་གི་ཀི་སྒྲ་དྲག་པོས་ཡ་གླིང་གི་ས་གཞི་ཆེན་པོ་འཁྲོམ་ཞིང་། སུམ་གཉིས་ས་ལ་དབང་བའི་དཔའ་བོའི་མཛད་རྗེས་ཀྱི་རྗོ་རིང་བསྣང་ཡོད་ལ། སྐབས་རེ་བཙན་པོའི་རྒྱལ་རབས་འཐོར་ཞིག་ཏུ་སོང་ཞིང་སིལ་བུའི་རྒྱལ་ཕྲན་གྱིས་བསྐྱངས་པས་སྟོབས་ཤུགས་ཁ་འཐོར་དང་། ཁྲི་སྲུང་དན་འབྲེལ་གྱིས་མདུང་སོ་ནང་ལ་གཏད་ཅིང་ཕུ་ནུའི་ཚེ་སྲོག་འཕྲོག་པ། གྲུབ་མཐའ་མི་མཐུན་པའི་འཐེན་འཁྱེར་གྱིས་བཟོས་པའི་སྐྱི་གཡའ་བའི་ནང་དམེ་སོགས་ཡ་ང་བའི་ལོ་རྒྱུས་ཀྱི་སྐྱོ་གར་རིང་མོ་གཅིག་ཐོག་ཉིས་བརྩེགས་སུ་ཐོན་པས། སྲིད་འཁྱོར་རིག་གསུམ་ཉམས་རྒྱུད་དུ་སོང་། མདོ་དབུས་ཁམས་གསུམ་ཁ་འཐོར་དུ་སོང་བ་བཅས་ཕམ་ཁ་མི་ཉུང་བ་དང་འཕྲད་མྱོང་།

འོན་ཀྱང་མི་རིགས་གཞན་དང་འདྲ་བར་སྒྲོལ་རྒྱུན་གྱི་རིག་གཞུང་ཡོད་ལ། རིག་གནས་ནང་འདྲེན་གྱི་སྙིང་སྟོབས་ཡོད་པས། སྔོན་གྱི་ཆོས་རྒྱལ་ལོ་པཎ་བཀའ་དྲིན་ཅན་རྣམ་པས་དཀའ་བའི་ཚོགས་དང་དགོན་མོའི་རྒྱ་ལ་མ་འཛེམས་པར། ལུས་སྲོག་ཕངས་མེད་ཀྱིས་རྒྱ་དཀར་ནག་དང་། ཞང་ཞུང་སོགས་ངེས་པ་དང་མ་ངེས་པའི་གནས་མང་པོར་ཁྱུར་ལྡི་མོ་རྒྱབ་ཏུ་ཁྱུར། ལམ་སྐྱ་མོ་རྫོག་པས་མནན་ནས། ས་གསུམ་སྐྱེ་དགུའི་སྤྱི་ནོར་ཐུབ་པའི་བསྟན་པ་རིན་པོ་ཆེའི་གཞུང་ཤིང་། རྒྱལ་བའི་བཀའ་བསྟན་གྱིས་མཚོན་པའི་རྩ་ཆེའི་རིག་གཞུང་མང་པོ་ནང་འདྲེན་དང་ཉན་བཤད་བསྒྱུར་སྤེལ་གྱི་ལམ་ནས་དར་རྒྱས་སུ་བཏང་བ་དང་། གངས་ཅན་སྨྲ་བརྒྱུད་ཤིང་རྟ་བརྒྱད་དང་། བཤད་པའི་ཀ་ཆེན་བཅུ། དེང་སང་ལྟར་ན་ས་དགེ་བཀའ་རྙིང་རྗོ་ནང་བོན་པོ་དང་བཅས་ཏེ་ཆོས་བརྒྱུད་ཆེན་པོ་ལྔ་འམ་དྲུག་གི་ལུགས་བཟང་དྲི་མ་མེད་པའི་སྒྲོལ་བརྗོད་དེ། ལེགས་པར་བསྐྱངས་ཤིང་བསྲེག་བཅད་བརྡར་བའི་གསེར་བཞིན་གཏན་ལ་ཕབ་པའི་ལུང་རྟོགས་ཀྱི་བསྟན་པ་རིན་པོ་ཆེ་འདི་ཉིད་དར་བ་ནས་རྒྱུད་པ་དང་། འཕེལ་བ་ནས་འགྲིབ་པ་སོགས་ཅི་རིགས་ཤིག་བྱུང་བ་ནི་ལོ་རྒྱུས་ཀྱིས་ར་སྤྲོད་བྱེད་ཐུབ།

དེང་བསྟན་པ་བསྐྱར་དར་གྱི་དུས་འདིར་བསྟན་བདག་སྤྲུལ་སྐུ་དང་། མཁན་པོ། དགེ་བཤེས། རིགས་པ་སྨྲ་བ། སློབ་དཔོན་ཆེན་མོ། དབང་བསྐུར་རྒྱུད་བཤད་མན་ངག་སྟོན་པའི་བླ་མ། གསང་ཆེན་བསྟན་པའི་བདག་པོ་མཆོག་གི་རྡོ་རྗེ་སློབ་དཔོན། དགེ་འདུན་འདུས་པའི་སྡེ་གཉིས་བཅས་ཀྱི་མཚན་གནས་དང་། སྲོལ་བཟང་འགའ་རེ་ཕྱོགས་ཙམ་བསྐྱར་གསོ་ཐུབ་ཡོད་ལ། བོད་བརྒྱུད་ནང་བསྟན་ཆོས་ལུགས་ཞེས་འཛམ་བུ་གླིང་ན་དོ་སྣང་བྱེད་མཁན་ཡང་ཇེ་མང་དུ་འགྲོ་བཞིན་པ་དོན་བཟང་ཞིག་ཏུ་ངོས་བཟུང་ན་མི་འགྲིག་པ་མེད་པར་སེམས། འོན་ཀྱང་རྒྱལ་བ་ཚངས་དབྱངས་པས། །ནོར་བུ་རང་ལ་ཡོད་དུས། །ནོར་བུའི་ནོར་ཉམས་མ་ཚོད། །ནོར་བུ་གཞན་ལ་ཤོར་དུས། །སྙིང་དབུགས་སྟོད་ལ་འཚངས་བྱུང་། །ཞེས་གསུངས་པའི་ཚུལ་ལ་མནོ་བསམ་བཏང་སྟེ། དུས་རབས་ཤིག་གི་དར་ཆ་རུ་འཕྱུར་ཆོག་པའི་ཕ་མེས་ཡང་མེས་ཀྱི་རྩ་ཆེའི་རིག་དངོས་དང་། ལྷག་ཏུ་གསུང་རབ་རིག་པའི་གཞུང་ལུགས་མང་པོ། དུས་འགྱུར་གྱི་བར་ཆད་དང་། རང་བྱུང་ཁམས་ཀྱི་འཇིགས་པ། མི་ཡི་འདོད་ཧམ། སྲོག་ཆག་གི་གནོད་སྐྱོན་བཅས་ལས་ཐབས་ཚུལ་སྣ་ཚོགས་ཀྱིས་མྱུར་སྐྱོབ་དང་ཉམས་གསོ་བྱེད་རྒྱུ་གལ་ཆེའོ། །

འདིར་དཔེ་ཚོགས་ཆེན་མོ་མེས་པོའི་ཕྱག་རྗེས་ཀྱི་ཐེངས་དང་པོའི་སྐོར་ལས། སྒྲུབ་བརྒྱུད་བསྟན་པའི་མངའ་བདག་འགྲོ་མགོན་བཀའ་བརྒྱུད་པ་ལ་ཆེ་བཞི་ཆུང་བརྒྱད་ཅེས་གྲགས་པའི་བཀའ་བརྒྱུད་ཆེ་བཞིའི་ཡ་གྱལ། དཔལ་མཉམ་མེད་ཟླ་འོད་གཞོན་ནུའི་ཐུགས་སྲས་དམ་པ། འབའ་རོམ་པ་དར་མ་དབང་ཕྱུག་རྡོ་རྗེ་མཆོག་གིས་ལ་སྟོད་བྱང་དུ་འབའ་རོམ་པའི་དགོན་པ་བཏབ་ཅིང་འབའ་རོམ་པའི་བསྟན་པའི་སྲོལ་བཏོད་པ་ནས། འགྲོ་མགོན་ཏཻ་ཤྲི་རས་པ་དང་། རས་པ་དཀར་པོ་སོགས་ཞལ་སློབ་དང་ཡང་སློབ་ཀྱིས་བསྐྱངས་ཏེ། རི་དགོན་བཅོ་བརྒྱད་སོགས་མ་དགོན་དང་བུ་དགོན་མང་དུ་འཕེལ་ཏེ་དེང་སང་གི་བར་དུ་མ་ཉམས་པར

བཞུགས་པ་སྟེ། ཆོས་བརྒྱུད་འདི་དང་འབྲེལ་ཡོད་ཀྱི་ལོ་རྒྱུས་ཡིག་ཆ་གལ་ཆེན་ཁག་གཅིག་ཕྱོགས་གཅིག་ཏུ་བསྒྲིགས་པའི་དང་པོ་འགྲོ་མགོན་ཏི་ཤྲཱི་རས་པས་མཛད་པའི་བླ་མ་རིན་པོ་ཆེ་འབའ་རོམ་པའི་རྣམ་པར་ཐར་པ་ཞེས་པ་དང་།

གཉིས་པ་སོ་རག་བྱ་བྲལ་གྱིས་མཛད་པའི་དཔལ་ལྡན་འབའ་རོམ་པའི་བརྒྱུད་པ་གསེར་རིའི་ཕྲེང་བ་རྣམ་ཐར་ཡོན་ཏན་རྒྱ་མཚོའི་གཏེར་མཛོད་ཅེས་བྱ་བ་རྡོ་རྗེ་འཆང་ནས། གྲུབ་ཆེན་ཏཻ་ལོ་པ་དང་། པཎ་ཆེན་ནཱ་རོ་པ། མར་མི་དྭགས་གསུམ། འགྲོ་མགོན་དར་མ་དབང་ཕྱུག་བཅས་ཀྱི་རྣམ་ཐར་དང་། འབའ་རོམ་གསེར་ཕྲེང་གི་རྣམ་ཐར་མདོར་བསྡུས་རིན་ཆེན་རྒྱན་ཕྲེང་བཅས་བཞུགས།

གསུམ་པ་ཤོར་ཕྱུ་ཀརྨ་རབ་གསལ་གྱིས་མཛད་པའི་འབབ་རོམ་བཀའ་བརྒྱུད་དང་ནང་སོ་གཉིས་རི་ཁག་བཅོ་བརྒྱད་ཀྱི་བྱུང་བ་གསལ་བར་བྱེད་པ་སྔོན་མེད་གསར་པའི་རྣམ་ཐར་ངག་གི་གཟུགས་བརྙན་དབང་པོའི་ལྕུགས་ཀྱུ་ཞེས་བྱ་བ། འབམ་རོམ་པ་དར་མ་དབང་ཕྱུག་དང་། འགྲོ་མགོན་ཏི་ཤྲཱི་རས་ཆེན། གུར་དཀར་བ། མང་སྒོམ་རས་པ། རས་པ་དཀར་པོ། གུང་སྒོམ་ཨལླུ བྱང་ཆུབ་རྡོ་རྗེ། དཔལ་རྡོར་ཤེས་རབ། ཤེས་རབ་དགོན་མཆོག །ཤཱཀྱ་རྒྱལ་བ། ཞང་སྒོམ་རས་པ། གཟི་ཧྲུ་རས་པ། ནམ་མཁའ་རས་པ། ལུས་མེད་རྡོ་རྗེ། དབོན་བྱང་ཆུབ་གཞོན་ནུ། གྲགས་པ་བྱང་ཆུབ། བརྩོན་འགྲུས་རྒྱལ་མཚན། ནང་སོ་བཀྲ་ཤིས་རྒྱལ་མཚན། ཀྱེ་ལ་སངས་རྒྱས་དཔལ། བྱང་ཆུབ་མགོན་བཅས་ཀྱི་ལོ་རྒྱུས་རྣམ་ཐར་གསལ་པོར་འཁོད་ཡོད་པའི་ཆོས་འབྱུང་རྩ་ཆེན་།

བཞི་པ་ཚངས་སར་བློ་གྲོས་རིན་ཆེན་གྱིས་མཛད་པའི་དཔལ་ལྡན་འབའ་རོམ་བཀའ་བརྒྱུད་ཀྱི་རྣམ་ཐར་ཆོས་འབྱུང་མདོར་བསྡུས་གསལ་བྱེད་སྒྲོན་མེ་ལས། སྟོན་པ་རྡོ་རྗེ་འཆང་གི་རྟོགས་པ་བརྗོད་པ་ནས། ཏེ་ལོ་པའི་རྣམ་ཐར། ནཱ་རོ་པའི་རྣམ་ཐར། མར་པ་ལོ་ཙྪ་བའི་རྣམ་

ཐར། མི་ལ་རས་པའི་རྣམ་ཐར། དྭགས་པོ་རིན་པོ་ཆེའི་རྣམ་ཐར་བཅས་བཀའ་བརྒྱུད་སྤྱི་དང་། གཉིས་པ་སྒྲུབ་བརྒྱུད་རང་དང་མཐུན་པའི་ཆོས་འབྱུང་ལས། འབའ་རོམ་པའི་རྣམ་ཐར། འགྲོ་མགོན་ཏི་ཤྲཱི་རས་པའི་རྣམ་ཐར། སྤྱན་སྔ་པ་དཀར་པོའི་རྣམ་ཐར། ལུས་མེད་རྡོ་རྗེའི་རྣམ་ཐར། དཔོན་བྱང་ཆུབ་ཀྱི་རྣམ་ཐར། བྱང་ཆུབ་མགོན་པོའི་རྣམ་ཐར་བཅས་དང་། རྩ་བའི་གཉིས་པ་ཆོས་སྲིད་ཟུང་འབྲེལ་གྱི་སྒོ་ནས་རྒྱས་པར་བཤད་པ་ལས། སྒོམ་སྡེ་ཚང་གསར་བའི་ལོ་རྒྱུས་རྒྱས་པར་བཤད་པ་བཅས་ལོ་རྒྱུས་སྤྱི་དང་བཀའ་བརྒྱུད་པའི་སྐོར། ཁྱད་པར་འབའ་རོམ་བཀའ་བརྒྱུད་ཀྱི་སྐོར་ལ་ཞིབ་འཇུག་དང་། རྒྱུས་ཡོན་བྱེད་འདོད་ཡོད་པ་རྣམས་ལ་རིན་ཐང་བྲལ་བའི་སྐྱེས་བཟང་པོ་ཞིག་ཡིན་པས་ཐུགས་དགྱེས་པའི་སྤྱན་རས་གཡོ་བཞིན་ཉམས་བཞེས་གནང་རོགས་ཞུ་འོ། །

འདི་དག་གི་མ་དཔེ་འབའ་རོམ་བཀའ་བརྒྱུད་ཀྱི་གསུང་རབ་དར་སྤེལ་གནང་མཁན་བླ་མ་ཀརྨ་དཔལ་འབྱོར་མཆོག་མདོ་རྒྱུད་རིག་པའི་གཞུང་ལ་མཁྱེན་རབས་ཀྱི་སྤྱན་དཀྲུས་རིང་བ་མཁན་རིན་པོ་ཆེ་བསོད་ནམས་ཆོས་དབྱིངས་ལགས་ཀྱིས་ངོས་སྦྱོར་མཛད་པ་ལྟར། ཁོང་གིས་ལྷག་བསམ་ཟློལ་མེད་ཀྱིས་ཕྱག་དཔེ་མཁོ་སྤྲོད་གནང་བ་དང་། དེ་རྗེས་འབའ་རོམ་གསུང་རབ་ཕྱོགས་སྒྲིག་ཁང་གི་དབུ་ཁྲིད་རྣམ་པས་མཐོང་གཟིགས་ཀྱིས་ཡིག་ཆ་གང་མང་མཁོ་འདོན་གནང་བ་བཅས་ཀྱི་རྐྱེན་འབྱུང་བཟང་པོའི་འདུ་འཕྲོད་ཀྱིས། འདི་ལྟར་གློག་པ་པོ་ཡོངས་ཀྱི་སྤྱན་སྔར་འབུལ་ཐུབ་པ་བྱུང་།

མ་དཔེ་ལ་མ་དག་པ་དང་། ཡུལ་སྐད་ཀྱིས་བསླད་པ་ཧ་ཅང་མང་བ་སྟེ། དཔེར་ན་ཆོས་འབྱུང་སོ་སོར་འབྲི་སྟངས་མི་གཅིག་པ་ཧྥ་བྲོམ་དང་། འབབ་བྲོམ། འབའ་སྒྲོམ་བཅས་ལ་དེང་སང་ཡོངས་གྲགས་ལྟར་འབའ་རོམ་ཞེས་བཅོས་ཡོད་ལ། གཞན་ཡང་དར་མ་དབང་ཕྱུག་རྣམ་ཐར་ལས། བུ་མེད། བྱིན་བརླབ། འཇར་མ་དབང་ཕྱུག །འབལ་རྩོལ། ཞབས་སྟོགས། དགར་

འགྲོ་ངེས་མེད། རྒྱན་ཟླ། རྒྱང་གི་རྐ་བ། སྟག་གཟིགས་སོགས་དང་། དཔལ་ལྡན་འབའ་རོམ་པའི་བརྒྱུད་པ་གསེར་རིའི་ཕྲེང་བ་རྣམ་ཐར་ཡོན་ཏན་རྒྱ་མཚོའི་གཏེར་མཛོད་ལས། ལུང་རིག །གཏུམ་མུག །འཇིག་བྱེད། བཀའ་རྒྱལ་བ། ཐབས་ཅན། ཤུན་ཏུ། བསྟན་གྲགས། སུམ་བཅུ། ཞང་རུམ་པ། བླ་བརྩོངས། གཙུག་གཏོར། བརྩོན་འགྲོས། བཀའ་སྲུད། ངག་སྐྱུགས་པ། བརྒྱུག་བསྐྱིལ་བ། བདུན་རྩ། ལྷ་གོན། གཟོ་བོ། བཏང་རག །ཞབས་ལྟོག །གཡོ་རྒྱུ་སོགས་དང་། ཡང་ཞོར་ཕུ་གསེར་ཕྲེང་ལས་བརྒྱུད་བཅུ། དྲུག་བཅུ། རྒྱལ་མཚོ། རྩོང་ཀ་སོགས་བརྗོད་དག་དང་མི་མཐུན་ལ་དགོས་པ་ཡང་མི་གཙོ་བ་དག་དེང་སང་གི་བརྗོད་སྦྱོར་ལྟར་བཅོས་ཡོད་ལ། ཡང་བྱིས་སྒྲ། རྣན་རྐོག །སྒྲོང་ང་སོགས་འགའ་རེ་སྐབས་དེ་དུས་ཀྱི་འབྲི་ཚུལ་ལ་བསམ་སྟེ་སོར་བཞག་བྱས་ཡོད་པས། རྒྱ་ཆེའི་ཀློག་པ་པོ་ཡོངས་ཀྱིས་དགོངས་དབྱིངས་སུ་ཚུད་པར་འཚལ་ལོ། །ད་དུང་གཟབ་ནན་མ་སོང་བ་དང་བཙོས་ཐལ་ཆེ་བ། མིག་ཡིད་ཀྱི་སྤྱོད་ཡུལ་དུ་མ་གྱུར་པའི་སྐྱོན་གྱིས་འགལ་འཁྲུལ་ཆད་ལྷག་ཅི་བྱུང་ཀུན་བླ་མ་ལྟར་བཅས་དང་། གཟུར་གནས་ཡོངས་ཀྱི་དྲུང་དུ་ཐོགས་མེད་ནས་བཤགས་པའི་སྡིག་ལྟུང་དང་ལྡན་དུ་མཐོལ་ཞིང་བཤགས་ན་འཕྲལ་ཡུན་གྱི་སྒྲིབ་པར་མི་འགྱུར་བ་དང་། ལེགས་བྱས་ཟླ་བའི་རེག་པས་སྐྱེ་དགུའི་མ་རིག་པའི་མུན་པ་ཀུན་ནས་འཕྲོག་ཅིང་། བདེ་འགྲོའི་ལམ་བཟང་གསལ་བའི་རྒྱུ་རུ་སྨོན་ནོ། །

ཁྲིའུ་ཐར་འཛམ་གླིས་སི་ཁྲོན་བོད་ཡིག་དཔེ་རྙིང་བསྡུ་སྒྲིག་ཁང་ནས།

༢༠༡༧ ལོའི་ཟླ་༤པའི་ཚེས་༥ཉིན།

དཀར་ཆག

༄༅། །བླ་མ་རིན་པོ་ཆེ་འབའ་རོམ་པའི་རྣམ་པར་ཐར་པ་བཞུགས་སོ། །

འགྲོ་མགོན་ཏི་ཤྲཱི་རས་པ།

བླ་མ་རིན་པོ་ཆེ་འབའ་རོམ་པ་དེ་ཡང་དང་པོ་སྐུ་འཁྲུངས་པའི་ཡུལ་ནི་འཕན་ཡུལ་བྱ་བ་ཡིན། རིགས་ནི་བྲན་ཀ ཡབ་གནས་བརྟན་སྟོན་པ་དང་ཡུམ་ལོ་ཆུང་མ་གཉིས་ལ་སྲས་གསུམ་ཡོད་པའི་གསུམ་པ་མཚན་འབུམ་སྐྱབས་བྱ་བ་ཡིན། ལོ་བདུན་ལོན་ཙམ་ན། བུད་མེད་མཁའ་འགྲོ་མའི་གཟུགས་སུ་བྱས་པའི་གོས་རེའུ་ཕྲུག་གཉིས་སྤྲུག་པའི་འཁོར་བཅུ་ཙམ་གྱིས་བསྐོར་བ་ལག་ན་ཆགས་ཤིང་ཐོགས་པ་གཅིག་བྱུང་བ་ལ། བླ་མས་ཁྱོད་སུའི་སློབ་མ་ཡིན་བྱས་པ་ལ། དྭགས་པོ་གཉེ་སྒོམ་གྱི་སློབ་མ་ཡིན་ཟེར། བླ་མ་རིན་པོ་ཆེ་ས་བཟང་བ་ཨང་བྱས་པས་བྱིས་པའི་རྩེ་རོགས་མང་པོ་རོགས་མང་བུད་མེད་ཀྱི་སློབ་མ་མེད་ཟེར་བ་ལ། ཁྱོད་རྫུན་ཟློ་ཨང་བྱས་པ་ལ། མོ་ན་རེ་དྭགས་པོ་གཉེ་སྒོམ་བས་གལ་ཏེ་ང་བཟང་ན་ཡང་ཅི་ཆ་ཟེར། དེ་སྐད་ཟེར་བ་ལ་མ་དགའ་བས་ཁྱོད་རིན་པོ་ཆེ་བས་བཟང་བ་ཨང་བྱས་པས་བྱིས་པར་རྩེ་རོགས་མང་པོ་ཡོད་པ་སྟོན་ནས། བུད་མེད་དེའི་ཕྱོགས་སུ་རྡེ་མང་པོ་གཏོར་བ་ལ། དྭགས་པོའི་ཁ་འཛིན་ལུགས་དེས་དད་པ་གཅིག་ཡོད་པའི་རྟགས་ཡིན་པས་ཁྱོད་ལ་མི་འཐབ་ཟེར་ནས་སོང་སྐད། དེ་ནུབ་གཉིད་ལོག་ཏུ་མ་ཉན་པས་ང་སྨྲམ་པོར་ཐོན་ན་སྨྲམ་པའི་བསམ་པ་མང་པོ་བྱུང་བས་བླ་མ་རིན་པོ་ཆེ་ཐུགས་རྗེས་དྲངས་བྱས་ནས། གསོལ་བ་དྲག་ཏུ་བཏབ་པས། ནམ་མཐོ་རངས་ཁ་ནས་ཤར་ཕྱོགས་ནས་འོད་དཀར་པོ་ཉི་མའི་སྲ་མདའ་ལྟ་བུ་ཞིག་བྱུང་བས་ཐུགས་ཀར་ཐོག་པ་རྨིས་ཙམ་ན། འདི་འདྲེ་ཡིན་ནམ་ཅི་ཡིན་སྙམ་པའི་ཐེ་ཚོམ་ཞིག་ཟོས་པས། དགེ་བའི་བཤེས་གཉེན་དབང་གཞོན་ལ་དྲིས་པས་འདྲེ་མིན། ཁྱོད་བླ་མ་དེ་ལ་གསོལ་བས་བཏབ་པས་བླ་མ་དེའི་བྱིན་རླབས་ཞུགས་པ་ཡིན་སྲིད་གསུངས་སྐད།

དེ་ནས་དགུང་ལོ་བརྒྱད་ལ་མཁན་པོ་སྐྱ་བ་དང༌། སློབ་དཔོན་དབང་ཕྱུག་གཞོན་ནུ་གཉིས་ལ

རབ་ཏུ་བྱུང་། མཚན་ཡང་དར་མ་དབང་ཕྱུག་བྱ་བར་བཏགས། ཡབ་མེས་ཀྱིས་བཙུགས་པའི་སྣ་བ་ཡུལ་སྣ་བྱ་བའི་གནས་གཞི་གཅིག་གི་དཔོན་དུ་མངའ་གསོལ། དེ་ནས་སློབ་དཔོན་དབང་ཕྱུག་གཞོན་ནུས་གཏེར་ཆེན་མཛད་ནས་གཏེར་དབང་བསྐུར། ཆོས་སྐྱོང་ཆེན་པོ་ཁྱེད་ཀྱིས་ང་ལ་ཇི་ལྟར་གྲོགས་མཛད་པ་དེ་བས་ཀྱང་ལྷག་པར་ང་རང་གི་བཙུན་ཆུང་འདི་དང་ལུས་དང་གྲིབ་མ་བཞིན་དུ་ཐུགས་ཡེངས་པ་མེད་པར་གདོང་གྲོགས་མཛོད། སྐུ་མ་གཡེལ། གསུང་མ་གཡེལ། ཐུགས་མ་གཡེལ། གསུངས་ནས་དབུ་ཐོག་ཏུ་གཏེར་མ་བཞག དེ་ནས་དོ་ནུབ་ངའི་རྩར་ཉོལ་དང་རྨི་ལམ་བརྟགས་པ་ཞིག་ཀྱང་བྱ་གསུངས་ནས་དབུ་སྙུད་ནས་གཟིམས་པས། ནང་པར་ཁྱེད་ཀྱིས་འགྲོ་བ་ལ་ཕན་ཐོགས་པ་ཞིག་འོང་བར་འདུག །ཆོས་སྐྱོང་ཡང་ཁྱེད་ལ་དགའ་བར་འདུག །ལུས་དང་གྲིབ་མ་བཞིན་དུ་འགྲོགས། དགོས་དུས་དྲན་པས་ཚོག་པ་ཞིག་ཡོད་པར་འདུག །ངས་ད་ནང་མཐོ་རིས་ཁ་དུད་ཤིན་ཏུ་ཆེ་བ་ཞིག་སྣང་བ་ལ་དུང་མཁས་པ་གཉིས་ཀྱིས་དཀོན་མཆོག་གི་སྤྱན་སྔར་དུང་རྣམ་གྱིས་ལ་ཕུལ་བྱས་པས། དེར་དུང་རྣམ་བྱས་པས་དུང་སྐད་ཇེ་ཆེ་ལ་སོང་ནས། དུང་དེ་སྐད་ཤིན་ཏུ་ཆེ་བས་མདོ་སྨད་ཁམས་སུ་ཡང་ཐོས་ངེས་པ་ཞིག་བྱུང་། དུང་འདི་འདྲ་བ་རྐྱ་བས་འདི་བཙུན་ཆུང་འདིའི་བྱེད་དགོས་བྱས་ཙམ་ན། མི་ནག་པོ་བོང་ཀེ་ཤིན་ཏུ་ཆེ་བ་སྨ་ར་ཅན་ཞིག་འོང་ནས་ངས་འདི་ལེགས་པར་ཉར་བྱེད་ཟེར་ནས་དགའ་སྤྲོ་དང་དུང་ལག་ཏུ་བླངས་པ་ལ། འོ་ན་བཙུན་ཆུང་འདིའི་ཉེ་གནས་ཀྱང་ཁོ་ལ་བཅོལ་དགོས་སྙམ་པ་བྱུང་ནས། འོ་དེ་ཙུག་མཛོད་ཟེར་བ་ཅིག་རྨིས་གསུངས། ཡང་གཏེར་མ་ཅིག་བཤམས་ནས་བཙུན་ཆུང་འདི་དང་ལུས་གྲིབ་མ་བཞིན་དུ་འགྲོགས་ལ་སྲུངས་ཞིག་བྱས་ནས་བཀའ་བསྒོ་ནན་དུ་མཛད་དོ། །

དེ་ནས་དགོང་ལོ་བཅུ་གཅིག་ལ་དགེ་བའི་བཤེས་གཉེན་བྱ་ཡུལ་བ་མཁར་བུད་དགོན་དུ་རབ་གནས་ལ་གདན་དྲངས་པ་དང་མཇལ། ལམ་རིམ་གྱི་ཁྲིད་ཀྱང་མཛད། ཁྲོ་བོའི་རྒྱལ་པོ་མི་གཡོ་མགོན་གྱིས་བཟླས་ལུང་དང་། ཇོ་བོ་ཐུགས་རྗེ་ཆེན་པོ་དང་། ཇོ་མོ་སྒྲོལ་མ་ལ་སོགས་པའི་ལུང་ཡང་གནང་བ་ཐོབ། ཆོས་ཀྱང་མང་དུ་གསན་གསུངས་སོ། །དེ་ནས་དགེ་བཤེས་གྲུབ་ལུང་པའི་སྤྱན་སྔར་ཕྱིན་པས། ཁོང་ལ་བྱམས་པའི་ཆོས་ལྔ་དང་། བསླབ་པ་ཀུན་ལ་བཏུས་པ་དང་། བྱང་ཆུབ་སེམས་དཔའི་སྤྱོད་འཇུག་ལ་སོགས་པའི་མཚན་ཉིད་ཀྱི་ཆོས་མང་དུ་གསན། དེར་ཡང་སྐྱེས་བུ་གསུམ་གྱི་ཁྲིད་ཀྱང་མཛད་གསུངས། དེ་ནས་དགེ་བཤེས་གྲུབ་བུ་ལུང་པ་འདས་ནས། ཡང་ཁོ་རང་གི་མཁན་པོ་

དགེ་བའི་བཤེས་གཉེན་སྨྲ་བའི་སྤྱན་སྔར་བྱོན་ནས་ཁོང་ལ་འདུལ་བ་མདོ་རྒྱ་མན་ཆད་ཀྱི་སློབ་གཉེར་བྱེད་ཀིན་ཡོད་ཙམ་ན། བླ་མ་རིན་པོ་ཆེ་སྒམ་པོ་པའི་སྐུ་སྙན་པ་ཐོས་ནས་དད་པ་སྐྱེས། དེ་ནས་འཁོར་བ་ལ་སྐྱོ་བ་སྐྱེས་ནས་ཐུགས་དགོངས་བཏངས་པ་ལ། ཡོང་ཆོས་ཐམས་ཅད་བུ་རམ་གྱི་གཟུགས་བརྙན་དང་འདྲ་ཞེར་ཡང་། གསང་སྔགས་ཐབས་ཀྱི་ལམ་ཉེ། ཁ་ན་མ་ཐོ་བ་གསུམ་ལ་ཤ་བུ་ལ་ཐུགས་པ་བས་ཀྱང་འཛེམས་ཀྱང་འཆི་ཁར་ཞེ་སྡང་དམ་ལོག་ལྷ་སྐྱེས་ན་ངན་སོང་དུ་འགྲོ་ངེས། འཆི་བ་དང་མི་རྟག་པ་བསྒོམས་པ་ཆོས་ཀྱི་རྒྱ་བ་ཡིན་ཞིང་དུས་རྒྱུན་དུ་སྒོམ་ཞིང་འཁོར་བ་ལ་ཞེན་པ་གཏིང་ནས་ལོག་པའི་གཏད་མེད། ཐོས་བསམ་གྱི་སྒྲོ་འདོགས་ཆོད་ཞེར་ཡང་། སྒོམ་མ་ལེགས་ན་གཉེན་པོར་མི་འགྲོ་བར་ང་རྒྱལ་གྱི་སྣོན་པར་འགྲོ་བ་ལ་ཚེགས་མེད། བྱམས་དང་སྙིང་རྗེ་གཞན་དོན་ཆེན་ཡིན་ཡང་། དམིགས་པ་མེད་པའི་སྟོང་ཉིད་གཤའ་མ་ངེས་ཤེས་ཆེ་བ་དང་བཅས་པར་དབྱེར་མེད་དུ་མ་འདྲེས་པའི་ཉེ་ཚོའི་སྙིང་རྗེས་གཞན་དོན་འབྱོངས་པའི་ངེས་པ་མེད། བླ་མ་དཀོན་མཆོག་གསུམ་གྱི་རྒྱ་བ་ཡིན་ཏེ་ཆོས་རྗེ་འགྲོ་བའི་མགོན་པོ་ཡང་དག་པར་རྫོགས་པའི་སངས་རྒྱས་སྤྲུལ་པའི་སྐུ་འཇིག་རྟེན་དུ་འབྱོན་ངེས་པས་གཞན་དང་འདྲ་བ་མིན། བསྒོམས་པས་དོན་རྟོགས་ཞེར་ཏེ། བླ་མ་བརྒྱུད་པ་དང་ལྡན། གདམས་ངག་ཚད་དང་ལྡན་པ་ཞིག་དགོས་པ་ཡིན། དེ་རྣམས་མ་འཛོམས་ན་ཞི་གནས་འཕྲི་བ་ཉལ་བ་དང་འདྲ་བས་ལམ་འགོ་བཏུམས། བླ་མ་ལ་ཡོན་ཏན་མེད་པར་སློབ་མས་ཡོན་ཏན་འདོད་པ་ནི་རྒྱུ་སྲུབ་པ་ལ་མར་འདོད་དང་འདྲ་བས་དེས་བླ་མ་ཕལ་པ་ལ་མོས་གུས་མི་སྐྱེ། དེས་ཡོན་ཏན་གོང་མ་རྒྱུད་ལ་མི་སྐྱེ། གལ་ཏེ་སྐྱེས་ཀྱང་ངོ་སྤྲོད་མི་ཤེས་པར་ཐེ་ཚོམ་ཟ་བས་ཡོན་ཏན་སྐྱོན་དུ་འགྲོ། སྐྱོན་བྱུང་ན་ཡོན་ཏན་དུ་བསྒྱུར་མི་ཤེས། ཉམས་སྣང་འདྲེས་བཟུང་རེ་བས་འགོག་དོགས་པས་བསུ་བདུད་འཇུག །དངོས་གྲུབ་ཐོས་པས་སྐུ་གཙོད་བྱུང་ཞེར་ནས་ལོག་ལྟ་སྐྱེས། དེའི་ནང་གས་བསྒྲུབ་པ་དང་དཀའ་ལས་བྱས་པ་ཐམས་ཅད་ཆུང་ངོ། སློབ་དཔོན་དང་གྲོགས་པོ་དམ་པ་རྣམས་ལ་སྡིག་སོགས། ཁྲིད་གསོད་ཀྱི་ཚིག་རྒྱུག་ཆོས་མི་བདེན། བདེན་ན་ད་ལྟ་ངས་འབད་རྩོལ་ལམ། ཞབས་ཏོག་གམ་བསྒྲུབ་པ་ཡུན་རིང་དུ་བྱས་པ་ལ་ནང་དང་འདི་འདྲ་འོང་མི་ཐང་ཞེར་ནས་སྣང་བ་ལོག་པ་ཡང་མཐོང་ཐོས་ཞེར་བ་ཡོད་དེ་བླ་མ་མཚན་ཉིད་དང་ལྡན་པ་དང་མ་མཇལ་བའི་སྐྱོན་ཡིན། ཆོས་སྡེ་སྣོད་གསུམ་ཀ་ནས་བླ་མ་གལ་ཆེ་བར་གསུངས་པ་ལ་བླ་མ་སྲུན་བཏོན་ན་སངས་རྒྱས་མི་སྲིད་གསུངས། ལུས་ཀྱི་འབད་རྩོལ་གྱིས་བསྒྲུབ་དུ་ཉན་པའི་ཆོས་ཤིག་རྙེད་པར་སོང་ན། ཡོན་ཏན་རང་ལ་རག་སྐམ་ནས་དེ་

ནུབ་ཉལ་བ་ལ་གཉིད་དུ་མ་ཉན། ཕྱིར་ཉིན་འགོ་ལས་ཤིག་ཏུ་སོང་ནས་གཉིད་སྐམ་ནས་ཡར་ལ་སོང་ཙམ་ན་གང་ཕུག་ཅིག་དུ་རྣལ་འབྱོར་པ་སྒྲ་ཕོར་ཀ་ཡོད་པ་གཞོན་ནུ་ཤིན་ཏུ་མཛེས་པ་ཅིག་པོར་ལུས་ནད་བཅས་ནས་སྡོན་ན་གདའ་བ་ལ་ཁྱེད་གང་ནས་འོང་། དགར་བཞུད་བྱས་པ་ལ། ང་སྐམ་པོ་ནས་བླ་མ་རིན་པོ་ཆེའི་ཞབས་དྲུང་ནས་འོང་བ་ཡིན། གར་འགྲོ་ངེས་པ་མེད་ཟེར་དེ་ལ་དགའ་བ་དང་མོས་གུས་ཐུན་མོང་མ་ཡིན་པ་ཞིག་སྐྱེས་པ་དང་། བླ་མ་སྐམ་པོ་པ་དེ་སྐུ་སྙན་པ་ཤིན་ཏུ་ཆེ་ན་སྐུ་ཁམས་བདེའམ། སྐུ་འཁོར་ཅི་ཙམ་བདོག །ཆོས་ཅི་ལྟ་བུ་ལ་གཙོ་བོ་མཛད། ལེགས་པར་ཁྱེད་ཀྱིས་གསུངས་པར་ཞུ་བྱས་ནས་ཞུས་པ་ལ། རྣལ་འབྱོར་པ་དེ་ཐལ་མོ་ཞིག་སྦྱར་ནས་ཡོངས་ཀྱི་བླ་མ་རིན་པོ་ཆེ་དེ་སྐུ་སྙན་པ་ཤིན་ཏུ་ཆེ་ཡང་ཐང་། ཡང་དག་པར་རྫོགས་པའི་སངས་རྒྱས་ཀྱིས་གདུལ་བའི་དོན་དུ་འཇིག་རྟེན་དུ་བྱོན་པ་ལགས་མོད། སྐུ་ཁམས་ནི་ཤིན་ཏུ་བདེ། སྐུ་འཁོར་ནི་ཤིན་ཏུ་མང་བར་བཞུགས། ཆོས་ནི་ངེས་དོན་ཕྱིན་ཅི་མ་ལོག་པ་ཐེག་པ་ཆེན་པོ་གསང་སྔགས་ཀྱི་གདམས་པ་ཁྱད་པར་ཅན་ཚེ་གཅིག་ལུས་གཅིག་ལ་སངས་རྒྱས་པའི་གདམས་ངག་འབའ་ཞིག་གསུངས། དེ་མ་ཡིན་པ་ཉིན་གཅིག་ལ་རབ་གནས་གཉིས་མཛད་པ་དང་། དུས་དེར་ཟངས་ཟླུམ་ན་བཞུགས་པ་དང་ངོ་མཚར་ཁྱད་པར་ཅན་གྱི་མཛད་པ་ཡོད། ཉི་ཟེར་ལ་ཆོས་གོས་བཀལ་བ་དང་། ཤིང་སྐམ་པོ་བཙུགས་ནས་ངའི་བསྟན་པ་འདི་དར་ཞིང་རྒྱས་པར་འགྱུར་ན་ཤིང་འདི་ཡང་སྐྱེ་བར་གྱུར་ཅིག །ཅེས་སྨོན་ལམ་བཏབ་པས་ཤིང་ཕུང་ཆེན་པོ་སྐྱེས་པ་དང་། ཟད་པར་གྱིས་ཏིང་ངེ་འཛིན་ཐམས་ཅད་ལ་བཞུགས་པ་དང་། མངོན་པར་ཤེས་པ་དྲུག་དང་། གདུལ་བྱའི་རིག་དང་བག་ལ་ཉལ་བ་མཁྱེན་པས་གང་ལ་གང་འདུལ་གྱིས་ཆོས་གསུངས་པ་དང་། ཡོན་ཏན་གོང་མ་རྒྱུད་ལ་མི་སྐྱེ་མི་སྲིད་པ་དང་། འཁོར་རྣམས་ཀྱང་ས་ལ་གནས་པའི་བྱང་ཆུབ་སེམས་དཔའ་ཤ་སྟག་ཡིན། འཛམ་བུའི་གླིང་ན་སེམས་ཅན་རེ་རེའི་རྩར་ཐུགས་དགོངས་རེ་རེ་བཀྱེ་བ་དང་། ང་འདྲ་བ་རེ་ཁྱོད་འདྲ་བའི་རྩར་ཡོང་བ་ཡང་ཁོང་གིས་ཐུགས་དགོངས་པ་བཀྱེ་བ་ཡིན། བྱ་བ་ལ་སོགས་པའི་རྣམ་པར་ཐར་པ་དཔག་ཏུ་མེད་པ་ཅིག་གསུངས། སྟོན་ཆུང་ཁྱོད་རྗེ་རིན་པོ་ཆེ་ལ་ཤིན་ཏུ་དད་པར་འདུག་པ་ལ་དེ་སྐུ་ཕན་ཚད་རྐྱེན་གྱིས་བར་ཆད་བྱས་པ་ཡིན། ཁྱོད་རྗེ་རིན་པོ་ཆེའི་རིགས་ཅན་དུ་འདུག་པས་ངས་དྲང་ཚད་བཟླས་པ་ཡིན་གསུངས། སློབ་དཔོན་པས་ཆུང་ཆུང་ནས་བླ་མ་རིན་པོ་ཆེ་དེའི་སྐུ་སྙན་པ་ཤིན་ཏུ་ཆེ་བ་ཐོས་ནས་དད་པ་ལ་དེ་སྐུ་ཆོས་ཉན་དུ་གཟས་ཏེ་སྤྱིས་བཏང་། ཆོས་རྒྱུགས་ཀྱང་བཟང་པོ་བསྐུར་བ་ལ་ཁོས་སློབ་གཉེར་མ་བྱུང་ཟེར་ནས

དོགས་པའི་རྒྱུ་མཚན་གྱི་སྒོ་ནས་ཐོན། དེ་རིང་ཁྱེད་དང་མཇལ་བས་རྣམ་ཐར་དེ་ཐོས་པས་ཤིན་ཏུ་དགའ་བས་ད་ཅིས་ཀྱང་འགྲོ། མང་ང་ཡང་འཁོར་བ་ལས་གྲོལ་བར་འདོད་པས་རིན་པོ་ཆེའི་སྤྱན་སྔར་མ་ཕྱིན་ན་ཅིས་ཀྱང་མི་ཕན་པའི་དགོངས་པ་བྱུང་བ་ལ་སོགས་པ་རྣམ་བཤད་པས། ད་ཅི་ལྟར་བྱ་བའི་གྲོས་བྱས་ས་ཁྱེད་མིན་པ་ཡེ་མེད། ཁྱེད་ལ་རྩམ་པ་ཞིག་ཀྱང་འབུལ་བགྱིས་པ་དང་། རྣལ་འབྱོར་པ་དེ་ན་རེ་སྤྱིར་གསང་སྔགས་ཐབས་ཀྱི་ལམ་ཉི་ཟེར་ཡང་ཁོང་ཅག་གི་བླ་མ་རིན་པོ་ཆེའི་བར་ཆད་མེད་པ་ཁྱད་པར་གྱི་ལམ་མོས་གུས་གཅིག་པུ་ལ་བཞེད་པ་ལགས་པས། ཁྱོད་མོས་གུས་སྐྱེས་པས་ཡོན་ཏན་སྐྱེ་བ་དེ་རང་ལགས་མོད། སྐད་ཅིག་ཙམ་ཡང་དད་པ་སྐྱེས་པས་ནི། བསོད་ནམས་ངམ་བའི་མཆོག་ཏུ་འདི་འགྱུར་རོ་གསུངས་བས། ད་ལྟ་རང་དུས་ལ་བབས་སློབ་གཉེར་བྱ་མ་སྐྱུ་བས་སྒོམ་གྲྭར་ཕྱིན་ཡང་སྒོམ་ཡང་མ་བྱུང་ཟེར་བའི་དོགས་པ་མེད་ཀྱིས་ཁྱོད་ལ་གྲུབ་ཐོབ་ཅིག་འོང་བར་ང་རང་གིས་ཁས་བླངས་གིས། ཡོན་ཏན་གོང་མ་མ་བྱུང་ན་ངས་ཁྱོད་བསླུས་པ་ཡིན། རིན་ཆེན་ཆོས་ཀྱང་དཀོན་ལ་རྟག་ཏུ་འཚེ་བ་འང་མང་གསུངས་ནས། རིན་ཆེན་ཆོས་ནི་དོན་ཕྱིན་ཅི་མ་ལོག་པ་ཚེ་གཅིག་གིས་སངས་རྒྱས་པ་སྣང་སེམས་ངོ་སྤྲོད་ཀྱིས་གདམས་པ་ཕྱག་རྒྱ་ཆེན་པོ་དང་། བསྒོམས་པ་བརྩོན་འགྲུས་ཀྱི་སངས་རྒྱས་བ་གཏུམ་མོ་དང་། མ་སྒོམ་པར་བཙན་ཐབས་ཀྱིས་སངས་རྒྱ་བ་འཕོ་བ། གཏི་མུག་ཅན་གཉིད་དང་རྨི་ལམ་གྱིས་སངས་རྒྱ་བ་འོད་གསལ། མོས་གུས་ཅན་བླ་མ་ཅི་མཉེས་བསྒྲུབ་ཅིང་དམ་ཚིག་ལ་ནན་ཏན་བྱས་ན་ཅིས་ཀྱང་སངས་མི་རྒྱ་མི་སྲིད་པ་ཡིན་པས་ཐེ་ཚོམ་ཟ་མི་དགོས། དགེ་བཤེས་ཆེན་པོ་དང་གནས་གཞི་བཙན་པོས་དགོས་པ་མེད། ཚེ་འདིར་སྡུག་ཕྱི་མ་དམྱལ་བར་འགྲོ་ངེས་པས་ཆོས་བརྒྱུད་ཀྱི་སློབ་གཉེར་ཞོག །ང་རྒྱལ་གྱི་དཔེ་ཆ་སྤྱོངས། ཁེ་གྲགས་ཀྱི་གནས་གཞི་ཐོར། ཆགས་སྡང་གི་འཁོར་བ་སྐྱུངས། ཕྲག་དོག་གི་བྱ་བྱེད་ཐོངས། གཏི་མུག་གི་རྒྱུན་ཐག་ཆོད་ལ་ང་ལ་ཕྱི་བཞིན་ཟེར་བ་དེ་གྲོ་ཕྱེ་གྱིས་ལ་སང་ནས་སོང་། སྙིང་གཏི་དང་གཏད་ཉེར་མ་བྱེད། ཕྱིས་ཡི་གེ་བསྐུར་བས་ཆོག །བྱ་བྱེད་སྣ་ཀ་མང་ན་ཆོས་ཀྱི་བར་ཆད་ཡིན། བྱ་བ་ཅག་གིས་ཞོག་ལ་བཞུད་པར་ཞུ་ཟེར་སྐད། རོག་ངའི་ཁ་ལ་ཉན་པ་ཞིག་ཡོད་པ་དེ་ཁྲིད་ན་བྱས་པ་ལ་ཉན་ན་ཁྲིད། དགེ་ལ་བསྐུལ་ན་གྲོགས་ཀྱི་མཆོག་ཟེར་བས། དགེ་བ་ཁྱད་པར་དུ་འཕགས་པ་ནི་རྗེ་རིན་པོ་ཆེའི་ཞལ་མཐོང་ཡང་ཕྱིར་མི་ལྡོག་པའི་ས་ཐོབ་པ་ཡིན། འདིར་ཐ་སྙད་ཀྱིས་བསེ་ཁྲལ་དང་། ཁེ་གྲགས་ཀྱིས་རྩོད་པ་བྱས་པ་ནི་མི་ཚེ་སྟོང་སྐྱེལ་རང་ཡིན་མོད། བླ་མ་སངས་རྒྱས་དང་ཞལ་འཕྲད་པའི་རྐྱེན་བྱས་པས་ཁོའི་འདྲེན

པའི་བླ་མ་དྲིན་ཅན་དུ་ཁྱོད་འོངས་པ་ཡིན་གསུངས། ཁྱེད་བཞུད་ན་དགའ་བ་ལ་ད་ཁྱེད་སྟམ་པོར་འབྱོན་ནམ་བྱས་པ་ལ། ཁྱེད་དགའ་ན་དྲན་དྲན་གྱིས་འགྲོགས་པ་ཡིན་མོད། ང་རྣལ་འབྱོར་པ་ཡིན་པས་འགྲོ་འོང་གི་གཏད་མེད། རྗེ་རིན་པོ་ཆེ་ལ་གསོལ་བས་ཐོབ་ཅིང་སོང་དང་ཅིས་ཀྱང་བར་ཆད་མི་འོང་། མོས་གུས་ཆེ་བས་ཡོན་ཏན་སྐྱེ་བ་ལ་ཆེགས་མེད། དེའི་དུས་སུ་ང་ལ་ཡང་དགའ་བར་འོང་། སང་ནས་བཞུད་གསུངས་ནས་རྣལ་འབྱོར་པ་དེ་བཞུད་དོ། །

དེ་ནས་བླ་མ་འབའ་རོམ་པ་ཡུལ་དུ་བྱོན་ནས་འགྲོ་བའི་ཆས་ཀ་བྱས། གྲོགས་པོ་བླ་མ་པོས་ཀའི་སངས་རྒྱས་སྒོམ་པ་བྱ་བ་དེ། དེའི་དུས་ན་བཙུན་ཆུང་གཅིག་ཡིན་པ་ལ་ཁྱོད་དྭགས་པོར་བླ་མ་རིན་པོ་ཆེ་ལྷ་རྗེའི་སྤྱན་སྔར་ཨེ་འགྲོ། བླ་མ་དེ་ཡང་དག་པར་རྫོགས་པའི་སངས་རྒྱས་དང་ཞལ་ཁྲད་མེད་པ་གཅིག་ཡིན་ཟེར། འཁོར་བ་འདི་ལ་སྙིང་མེད་ཆོས་བྱེད་དགོས། ཆོས་བྱེད་པ་ལ་དང་པོ་བླ་མ་གཅིག་འཚོལ་དགོས། བླ་མ་དེ་འདྲ་དེ་སང་འཛམ་བུའི་གླིང་དུ་བཙལ་ཡང་མི་རྙེད་བྱས་ནས། བླ་མའི་ཡོན་དཔག་ཏུ་མེད་པ་བརྗོད་པ་དང་། དེར་ཁོང་ཡང་དད་པས་འོ་ན་འགྲོ་གསུངས་སྐད། བླ་མ་འབའ་རོམ་པས་ད་མྱུར་བར་འགྲོ། མིས་ཆོར་དུ་མ་འཇུག་བྱས་ནས། དེར་རྣམ་པ་གཉིས་ཀྱི་ཕྱག་རྟེན་ལ་ཧྲ་དང་གསེར་ཡོད་པ་ཁྱེར་ནས་བླ་མ་དྭགས་པོ་རིན་པོ་ཆེའི་སྤྱན་སྔར་ཕྱིན། ཧྲ་དང་གསེར་ཡོད་པ་ཕྱག་ཏུ་གཏད། ངེད་བླ་མ་རིན་པོ་ཆེའི་སྐན་པ་ཤིན་ཏུ་ཆེ་བ་ཐོས་པས་དད་པ་སྐྱེས་ནས་སྤྱན་སྔར་ཆོས་ཞུ་བྱེད་པ་ལ་འོངས་པ་ཡིན་ཐུགས་ལ་འདོགས་པར་ཞུ་བྱས་པ་ལ། བླ་མ་རིན་པོ་ཆེའི་ཞལ་ནས་དེ་ལྟར་དུ་བྱ། ངེས་པར་ཆོས་བྱེད་པ་ལ་ཁམས་གསུམ་འཁོར་བ་འདི་ལ་ཡིད་བྱུང་ནས་ཚུལ་ཁྲིམས་རིན་པོ་ཆེ་མིག་གི་འབྲས་བུ་ལྟར་སྲུང་བ་དང་། བླ་མ་དམ་པ་ལ་མོས་གུས་བྱེད་ཅིང་ལས་རྒྱུ་དང་འབྲས་བུ་ལ་ནན་ཏན་བྱེད་དགོས་པ་ཡིན། དེ་ལྟར་བྱས་ན་ཡོན་ཏན་སྐྱེ་གསུངས། དེ་ནས་ཆོས་བཅུའི་ནང་མཆོད་ཅིག་མཛད་པའི་དུས་བླ་མ་དྭགས་པོ་རིན་པོ་ཆེ་ལ། དེར་ཁོང་གིས་ཡང་དག་པར་རྫོགས་པའི་སངས་རྒྱས་དྲུག་པ་རྡོ་རྗེ་འཆང་དངོས་ཡིན་སྙམ་པའི་མཐོང་སྣང་ངེས་ཤེས་དང་བཅས་པ་ཞིག་སྐྱེས། བླ་མ་རིན་པོ་ཆེའི་ཞལ་ནས་ཁྱོད་མོས་གུས་ཆེ་བར་འདུག །ཁྲིད་རྒྱུ་མེད། ཁྱོད་ཀྱིས་འགྲོ་བ་མང་པོ་ལ་ཕན་ཐོགས་པ་ཡོད་པ་ཡིན། ཁྱོད་རང་ནང་དུ་སྡོད་གསུངས། དེ་ལྟར་ཞུ་བྱས་པས་ནང་དུ་བསྡད། ཐུགས་ལ་བཏགས།

དེ་ནས་དྭགས་ལྷ་སྒམ་པོར་བྱོན་ནས་དགུན་ཟླ་གཅིག་ཙམ་ལོན་པའི་དུས་སུ་སྐུ་ཁམས་ཤིན་ཏུ

མ་བདེ། གློ་བུར་དུ་ཆུ་བུར་མང་པོ་བྱུང་ནས་ནད་ཀྱིས་ཟུག་གཟེར་བཟོད་བསྲན་མེད་པ་ཞིག་བྱུང་ནས་ནད་ཀྱི་སྡུག་བསྔལ་བས་ད་ཅིས་ཕན་སྙམ་པའི་རྟོག་པ་ཞིག་སྐྱེས་པ་ལ། ག་རེ་བླ་མ་རིན་པོ་ཆེ་ཡང་དག་པར་རྫོགས་པའི་སངས་རྒྱས་དང་ཞལ་ཐ་དད་མེད་པ་འཇིག་རྟེན་དུ་བྱོན་པའི་ཞབས་དྲུང་དུ་ཕྱིན་པ་དེ་ལ་ཐབས་གཞན་དུ་བཙལ་ན་ང་རང་ངན། ཡུལ་གཞན་གྱི་ནད་པ་གྲུབ་མཐའ་བློ་མ་བསྒྱུར་བས་འདིར་སྡིག་པ་དད་མོས་གུས་བྱེད། གསོལ་བས་བཏབ་པས་ནད་སོས་པ་དང་ཕན་དུ་རེ་བ་ལ། ངས་ཐོས་བསམ་ཡང་མང་དུ་བྱས། དཔེ་དང་ནོར་ཟས་གནས་གཞི་ལ་ཡང་མ་ཆགས་པར་སློབ་དཔོན་སྣ་བའི་ས་ནས་ཀྱང་དམ་བཅས་ནས་འོངས་པ་ལ། ད་ནད་དང་བར་ཆད་བྱུང་ན་ང་རང་གི་སྐྱོན་ཡིན་སྙམ་ནས། ཐུགས་ཡེངས་པ་མེད་པར་དམིགས་པ་རྩེ་གཅིག་ཏུ་བསམ་གཏན་དང་། མོས་གུས་དྲག་པོའི་སྒོ་ནས་གསོལ་བས་བཏབ་པ་དང་། མོས་གུས་དྲག་པོའི་དེ་ནས་རྨི་ལམ་དུ་ལྷ་ཁང་གི་དབུ་རྩེ་འདྲ་བ་གཅིག་ལ་མཐོང་ཁྲུང་བུ་འདྲ་བ་གཅིག་ན་ཕར་བལྟས་ཙམ་ན། མཚོ་ནག་པོ་ཆེ་བ་ཞིག་གི་ནང་ན་ཉ་དང་ལྕོང་མོ་ལ་སོགས་པ་མང་པོ་འདུག་པ་ཅིག་སྣང་བ་ལ། འཇིག་བཞིན་དུ་དེའི་ནང་ན་འགྲོ་སྙིང་འདོད་པ་ཞིག་བྱུང་། དུས་དེར་རྗེ་རིན་པོ་ཆེ་དང་ཐེངས་གཅིག་མཇལ་ན་དགའ་བ་ལ་ཁོང་ལ་ཞུ་ནས་འགྲོ་དགོས་སྙམ་པ་ཞིག་བྱུང་བ་དང་། སྐད་ཅིག་མ་དེ་བླ་མ་རིན་པོ་ཆེ་སྐུ་གཏུམ་པའི་ཉམས་དང་ལྡན་པ་ཞིག་སྣང་བ་ལ་བྱུང་ནས། རིན་པོ་ཆེ་འབའ་རོམ་པའི་ཕྱག་གཡོན་པའི་སྲིན་ལག་ལ་དམ་དུ་བཟུང་ནས། བསམ་ངན་ཞེ་སྡང་སྦྱོར་བ་ཡིས། །རིགས་ངན་དུད་འགྲོའི་གནས་སུ་ནི། །རྒྱུན་ངན་རྣམ་རྟོག་ཡིད་འཇུག་ཀྱང་། །ལས་ངན་གྱི་གནས་སུ་ཆས་དོན་མེད། །སྣང་སྲིད་འཁོར་འདས་རང་གི་སེམས། །མོས་གུས་དྲན་པ་རྟེན་འབྲེལ་གནད། །ཐུགས་རྗེའི་ལྕགས་ཀྱུས་རྒྱུན་དུ་འཛིན། །འགྱུར་མེད་བདེ་ཆེན་གནས་སུ་འདེངས། །གསུངས་ནས་ཕྱག་གིས་ཡར་འཐེན་ནས་ཡབ་སྲས་ནམ་མཁའ་ལ་གཤེགས་པ་རྨིས་གསུངས། རྣལ་སད་པ་དང་ཁམས་ཀྱང་སངས་ཀྱིས་སོང་། ཆུ་བུར་རྣམས་ཀྱང་བརྗོལ། སྦར་བས་ཀྱང་ལུས་ཡང་ཞིང་ཤེས་པ་ལ་ཡང་བདེ་གསལ་མི་རྟོགས་པའི་ཉམས་ཁྱད་པར་ཅན་སྐྱེས་སྐད། ཡང་མཛོ་ཀར་ཡུ་བ་ཞིག་ཡོད་པ་ལ་རིན་པོ་ཆེས་བཅིས་པ་མཛད་ནས་སྐྱེ་འཕྲང་བྱ་བ་ལ་འགྲོ་ཙམ་ན། མཛོ་ལག་པ་འདྲེད་ནས་མཛོ་གོང་ནས་ལྷུང་བ་ལ་བླ་མ་འབའ་རོམ་པས་སྐུ་ས་ལ་མ་ལྷུང་བ། རིན་པོ་ཆེ་པང་དུ་རྟོག་གིས་བླངས་པས་ཤིན་ཏུ་མཉེས་ནས། ཁྱོད་ཀྱིས་དེ་རིང་གོ་བཅད་གསུངས་ནས་སྐུ་ཚེའི་བར་ཆད་བསལ་བ་དང་། ཡང་བླ་མ་རིན་པོ་ཆེ་ལྷ་ལུང་ན་བྱོན་པའི་དུས་སུ་ཧ

དཀར་པོ་ལུ་གུ་བྱ་བ་ལ་བཅིབས། བླ་མ་འབའ་རོམ་པས་བཅིབས་ཀ་མཛད་ནས་བཞུད་བདོ་ལ་གློ་བུར་དུ་བཞུགས་གིས་རྟ་ཕོ་འགྲོགས་ནས་འུར་སྒྲ་བྱུང་བ་དང་། བཅིབས་པ་ཡང་འགྲོགས་པས་རིན་པོ་ཆེ་གོང་ནས་ལྷུང་བ་དང་། ཡང་ས་ལ་མ་ཕྱིན་པར་བླ་མ་འབའ་རོམ་པས་ཕྱག་གཉིས་ཀྱིས་ཅེན་གྱིས་བླངས་པ་དང་། རིན་པོ་ཆེ་ཡང་མཉེས་སྐུ་ཚེའི་བར་ཆད་བསལ་བ་དང་། ཡང་དྭགས་པོ་རོང་ཀ་བས་བླ་མ་རིན་པོ་ཆེ་རབ་གནས་ལ་སྤྱན་དྲངས་པའི་དུས་སུ་དྭགས་པོ་ལུང་པའི་མི་ཡོད་ཚད་འདུས། གྲྭ་པ་ཤིན་ཏུ་མང་བར་འཚོགས་པའི་དུས་སུ་བུམ་ཆུ་དང་མེ་ཏོག་ལྷ་བཤོས་དང་རྟུལ་ཚོན་ལ་སོགས་པ་རྣམས་ཀུན་གྱིས་ཧབ་རྫོད་བྱས་པས། རིན་པོ་ཆེས་ཁྱེད་ཚོས་དེ་ཙུག་མ་བྱེད་བྱས་ཀྱང་མ་ཉན་བར་བརྫོད་པས། རིན་པོ་ཆེ་ཉིད་མིའི་འོག་ཏུ་གླེབ་ཤིན་མ་ཐུབ་པ་དང་བླ་མ་འབའ་རོམ་པ་ཕར་རྒྱུགས་ནས། རིན་པོ་ཆེ་ཁྱུར་ནས་མིའི་ནང་ནས་ཚུར་བྲིས་ནས་འོངས། རིན་པོ་ཆེའི་ཞལ་ནས་ད་རེས་ཀྱི་གནས་འདི་ནི་ཤིན་ཏུ་གཉན་པར་བྱུང་། དེ་རིང་ཁྱོད་མེད་ན་གྲོད་ཅན་དེ་རྣམས་ཀྱིས་ཁོ་བོ་གསོད་ངེས་པར་འདུག་གསུངས་ནས་ཤིན་ཏུ་མཉེས་སྐད། གྲོགས་པོ་རྣམས་ཀྱིས་ནི་ངེད་རྣམས་ཀྱིས་རྟུལ་ཚོན་འདི་འདྲ་བ་ཐོབ་ན་ཁྱོད་ཀྱིས་ཅི་ཐོབ་ཟེར་བ་ལ་ངས་ཆོས་སྐུ་ཞིག་ཐོབ་གསུངས་པ་དང་། ཁོང་རྣམས་ན་རེ་ཁྱོད་བདེན་ཏེ་ཆོས་སྐུ་ཡིན། ཁྱོད་མིན་ན་རིན་པོ་ཆེ་སྐུ་མ་བཞུགས་པ་ལ་ཐེ་ཚོམ་མེད་གསུངས་ནས་ཐམས་ཅད་ཀྱང་དགའ་བས་དེ་ར་ཡང་སྐུ་ཚེའི་བར་ཆད་བསལ། དེའི་དུས་སུ་བླ་མ་འབའ་རོམ་པ་དེ་མོས་གུས་ལ་འགྱུར་བ་མེད། ཅིག་ཅར་དུ་བྱིན་རླབས་ཞུགས། །འཛིགས་དང་ཉམས་ང་མེད། །རྒྱན་ངན་གྲོགས་སུ་ཤར། །སྣང་སེམས་གཉིས་སུ་མེད། །དབྱེར་མེད་ཆོས་སྐུར་གསལ། །རྣམ་རྟོག་ངོས་བཟུང་མེད། །སྒོམ་བྱ་སྒོམ་བྱེད་སྟོར། །ཉམས་ཀྱིས་ཆགས་ཞེན་མེད། །རྟོགས་པའི་རྗེད་དང་ལྡན། །རིགས་པ་དྲི་མ་མེད། །ཡིད་བྱེད་རྣམ་པར་དག །སྐྱེ་འགག་གནས་པ་མེད། །གཉུག་མ་ལྷན་ཅིག་སྐྱེས། །ཐུགས་རྗེ་དམིགས་པ་མེད། །གཞན་དོན་ལྷུན་གྱིས་འགྲུབ། །རྣམ་རྟོག་རང་སར་གྲོལ་ནས་ཐམས་ཅད་སེམས་སུ་ཤེས་པས། །དང་པོའི་ཤེས་པ་མ་བཅོས་པར་དེ་མ་འགགས་པར་འཛིན་ཆགས་དང་བྲལ་བ། བློས་མ་བྱས་པའི་ངེས་ཤེས་དང་བཅས་པར་ཐེ་ཚོམ་མི་ཟ་བར་བརྗོད་པར་དཀའ་བ། བརྡས་མཚོན་དུ་མེད་པའི་རྟོགས་པ་གཤའ་མར་ཤར་གསུངས་སྐད།

ཡང་བླ་མ་དྭགས་པོ་རིན་པོ་ཆེས་བླ་མ་འབའ་རོམ་པ་ལ་བྱིན་རླབས་ཞིག་མཛད་པའི་དུས་སུ། ཁྱོད་ལ་བྱིན་རླབས་བྱས་པས་ང་ལ་ཕན་པ་ཞིག་བྱུང་གསུངས། སྟོན་ཁ་པོའི་སློབ་དཔོན་ལྟུགས་རི་

གོང་ཀ་བ་ལ་དབང་བསྐུར་གཅིག་ཞུས་པ་ལ། ཁོང་གི་ཞལ་ནས་མདང་ངས་ཁྱོད་ལ་དབང་བསྐུར་གཅིག་བྱས་པས་ངའི་སྒྲིབ་པ་དག་པ་ཞིག་བྱུང་གསུངས། ཁྱོད་ལ་ཡང་དེ་འདྲ་ཞིག་བྱུང་བས་ཁྱོད་ཀྱིས་འགྲོ་བ་ལ་བརྡ་བྱས་པས་ཀྱང་ཕན་པ་གཅིག་འོང་བ་ཡིན་གསུངས་སྐད། ཡང་རིན་པོ་ཆེའི་ཞལ་ནས་ཚོགས་པ་བདུན་བརྒྱའི་ནང་ནས་ཀྱང་། གནས་བརྟན་ཡུལ་སྣ་བ་དང་འགར་སྒོམ་དཀར་པོ་གཉིས་ལས་ཉམས་དང་རྟོགས་པ་ཆེ་བ་སུ་ཡང་མེད་གསུངས། ཉིན་གཅིག་ཡང་བླ་མ་རིན་པོ་ཆེ་འབའ་རོམ་པ་མོས་གུས་བྱེད་ཤིང་བཞུགས་ཙམ་ན། སྒོམ་པ་ཡེ་ཤེས་གཡུང་དྲུང་བྱ་བས་རིན་པོ་ཆེའི་སྤྱན་སྔར་ཁྲེར་མྱུར་བར་བྱོན་ཟེར་བའི་སྐད་བྱུང་བ་དང་། བླ་མ་འབའ་རོམ་པ་མྱུར་བར་རྒྱུགས་ཙམ་ན་བྲག་རོང་ཟབ་མོ་འཇིགས་སུ་རུང་བ་ཞིག་ཡོད་པ་ལ་བྲག་དེའི་འགོ་བསྐོར་ན་ནི་ཡུན་རིང་འགོར་བས། སྔ་ནས་ཁོང་ཡང་མཆོང་ཐར་བ་གཅིག་ཡོད་པས་མཆོངས་པ་དང་། ཞབས་གཉིས་འཕྲེང་ནས་ཕྱམ་གྱིས་སོང་བ་དང་། ད་ནི་ངེས་པར་ཤི་སྙམ་ནས་བླ་མ་རིན་པོ་ཆེ་སྤྱི་བོར་བཞུགས་པ་དྲན། བླ་མ་རིན་པོ་ཆེ་ལ་སྐྱབས་སུ་མཆིའོ་ཡང་བྱས། རྐང་པ་བརྩུགས་ས་ཇེ་འོང་སྙམ་ནས་ལྷུང་བཙན་ཐབས་སུ་བཟུང་བ་དང་། མདུན་གྱིས་བྲག་དཀྱིལ་ཙམ་ན་ཞབས་ཐོགས་ས་ཡོད་མེད་ཅིག་ལ་བརྟེན་ནས་ཐོས་པས་ཕྱུགས་རྫིས་ཐོས་པ་དང་། དེས་གཞན་ལ་སྦྲན་པས་ཐག་པ་རིང་པོ་མཐུད་ནས་བྱུང་བས་ཐག་པ་ལ་འཛུས་ནས་ཡར་ཕྱིན། སྣད་པ་དང་ལུས་ལ་ན་བ་ཡེ་མི་འདུག །རིན་པོ་ཆེ་ལ་ཞུས་པ་ལ་འཆི་ལྟས་ཤིན་ཏུ་བཟློག་དཀའ་བ་གཞན་གྱིས་མི་བཟློག་པ་ཞིག་བྱུང་བ་ལ་ང་ལ་ཁྱོད་མོས་གུས་ཀྱི་གདུང་སེམས་ཤིན་ཏུ་ཆེ་བས་འཆི་ལྟས་བཟློག་པ་ཡིན་གསུངས། ང་ཕྱུག་ལ་སོང་བའི་དུས་སུ་ཡང་རིན་པོ་ཆེ་དྲན་ནས་མོས་གུས་བགྱིས་ཞུས་པ་ལ། འོ་ཁོ་བོ་དེར་ཁྱོད་ཀྱི་དྲུང་ན་ཡོད་པ་ཡིན་མོད་གསུངས། ད་ནི་ཚེ་རིང་བར་འོང་གསུངས། དེ་ཕྱིན་ཆད་འཇིག་རྟེན་གྱི་བྱ་བ་ཐམས་ཅད་ལ་ཞེན་པ་གཏིང་ནས་ལོག་པ་གཅིག་དུས་རྒྱུན་ཆད་མེད་པར་བྱུང་སྐད།

ཡང་གཏོར་ལུང་ན་བྱ་རྐོང་དུ་འགྲོ་བའི་ལམ་དུ་ཧྲ་དཀར་པོ་ལུ་གུ་ལ་བཅིབས་པ་མཛད། ལམ་མི་བདེ་བ་ལ་ཧྲ་ལག་ཐུབ་ཅིག་བརྒྱབ་པས་སྐྱ་བསྐྱོད་པ་དང་ཡང་བླ་མ་འབའ་རོམ་པས་སྐྱ་ཏོག་གིས་བླངས་གསུངས། ཧྲ་འདིའི་གོང་ན་ང་འཇིགས། ཁྱོད་ཀྱིས་ཡང་ཡང་གོ་བཅད་གསུངས། དེར་ཡང་སྐྱ་ཚོའི་བར་ཆད་བསལ་བ་དང་། དེ་ནས་ཕྱུག་གཉིས་ལ་ཁྲི་མཛད་པ་ལྟར་བྱས། ཡོར་སྣམ་འཇམ་པོའི་ཕྱམ་ཕྱེ་ཞིག་ཡོད་པ་ལ་ཕྱུག་གི་སྟོང་ན་ཕར་བཀབ་ནས་གདན་བྱས། དེའི་སྟེང་དུ་བཞུགས་པར་ཞུ

བྱས་པས། བཞུགས་ནས་ཐག་རིང་པོ་ཅིག་ནས་གདན་དྲངས་ནས། རིན་པོ་ཆེའི་ཞལ་ནས་རྒྱ་གར་གྱི་འདོ་ལ་དང་འདྲ་བར་སྣང་། ཤིན་ཏུ་བདེ་བར་བྱུང་། ཁྱོད་ཀྱིས་གོ་བཅད་གསུངས་ནས་ཤིན་ཏུ་མཉེས་སྐད། ལར་དྭགས་པོའི་ལུང་པ་དེས་གཟུགས་པ་དང་། ལམ་མི་བདེ་བ་རིན་པོ་ཆེ་སྐུ་ནས་སུ་བྱོན་པས། བླ་མ་འབའ་རོམ་པས་ཡར་གཤེགས་མར་གཤེགས་ལ་རིན་པོ་ཆེ་སྐུ་རྒྱབ་ཏུ་ཁུར་ཞིང་ཞབས་ཏོག་མཛད་པས་ཤིན་ཏུ་མཉེས་པ་ཡིན་གསུངས།

དེ་ལ་སོགས་པ་ལུས་ཀྱི་ཞབས་ཏོག་གཞན་གྱིས་བསྒྲུབས་པར་དཀའ་བ་ཡིད་ནས་ཡང་དུ་ལན་མང་དུ་མཛད། བླ་མ་དྭགས་པོ་རིན་པོ་ཆེ་དེས་ཤིན་ཏུ་མཉེས་པས་ཉམས་མྱོང་དང་རྟོགས་པ་ཕུན་སུམ་ཚོགས་པ་ཁྱད་པར་ཅན་རྒྱུད་ལ་སྐྱེས་པས་དུས་རྒྱུན་དུ་མཉམ་རྗེས་མེད་པར་འོད་གསལ་ཆེན་པོའི་ངང་ལ་བཞུགས་པ་ཡིན་གསུངས། དེ་ནས་ཉིན་གཅིག་ན་བླ་མ་རིན་པོ་ཆེའི་ཞལ་ནས། ངས་ཁྱོད་ལ་གདམས་པ་དང་འདོད་ཆོས་སོ་སོའི་ཁྲིད་ལ་སོགས་པ་ཐམས་ཅད་ནི་ཁོ་བོས་ཚར་བར་བྱས་པ་ཡིན་པས། ད་ཁྱོད་བྱང་འབའ་རོམ་བྱ་བའི་རི་ཁྲོད་རྣམ་པར་དག་པ། གངས་ཏི་སེ་ནས་གངས་རྒྱུད་མ་ཆད་པ། རྗེ་བཙུན་མར་པ་ལྷོ་བྲག་པ་ཡབ་སྲས་ལ་སོགས་པ་གྲུབ་ཐོབ་དཔག་ཏུ་མེད་པ་བཞུགས་པའི་གྲུབ་གནས་ཡིན་པས། དེར་སོང་ལ་བསྒྲུབ་པ་གྱིས་གསུངས་ནས་གསེར་སྲང་གང་གནང་། ངས་གཞན་ལ་མི་སྦྱིན་པ་ཡིན་ཏེ། འོ་ཅག་ཕ་སྤྱད་(ཞེ)འགྲོགས་ཡུན་རིང་བ་ཡིན། ཁྱོད་ཀྱིས་ལུས་དང་སྲོག་ལ་མ་བལྟས་པར་ཞབས་ཏོག་ཡང་ནས་ཡང་དུ་བྱས། ངའི་ངག་བཅག་མ་མྱོང་། དང་པོ་གསེར་འདི་འཚོ་བ་བསྒྲུབས་ལ་དེ་ལ་རྟེན་དང་དེ་ནས་ཁྱོད་ལ་མིས་ཁྱོད་འཚོ་བ་སྟེར་མི་འོང་གསུངས། དེར་བླ་མ་འབའ་རོམ་པའི་ཐུགས་དགོངས་ལ་ཡང་བླ་མ་རིན་པོ་ཆེ་སངས་རྒྱས་འཇིག་རྟེན་དུ་བྱོན་པ་དང་ཞལ་མཇལ་ནས་ཀྱང་ཡང་དགོན་དུ་སྡོད་དུ་བཅུག །རྒྱུད་རྣམ་པར་དག་པར་བྱིན་གྱིས་བརླབས། ལོ་གྲངས་མང་པོར་ཞབས་ཏོག་ཡང་བྱས། གདམས་ངག་དང་རྗེས་སུ་བསྟན་པ་ཡང་མཛད།

ཚོགས་པ་མང་པོའི་ནང་ནས་ཀྱང་གཞན་དང་མི་འདྲ་བར་བརྩིས་ནས་ཐུགས་ལ་བཏགས། བླ་མ་རིན་པོ་ཆེ་ལས་འཇིག་རྟེན་གྱི་ཁམས་ན་ང་ལ་དྲིན་ཆེ་བ་མེད། མི་ལམ་དུ་ཆོས་རྗེ་རིན་པོ་ཆེ་གཞན་དོན་དུ་དགོངས་ནས་སྤྲུལ་སྐུའི་དཀྱིལ་འཁོར་བདེ་བ་ཅན་དུ་གཤེགས་པ་རྨིས། ཁོང་སྤྲུལ་པའི་སྐུ་ལ་ཉོན་མོངས་པ་མི་མངའ་ན་ཡང་གདུལ་བྱ་རྟག་འཛིན་ཤས་ཆེ་བ་རྣམས་དྲང་བར་བྱ་བའི་ཆེད་དུ་འཕགས་པ་སྟོན་པ་ནས་གསུངས་པའི་དོན། རྒས་དང་ན་དང་འཆི་བ་མེད་ཀྱང་འཆི་འཕོ་སྟོན། བྱ

བའི་དོན་གྱིས་གདུལ་བྱའི་དོན་དུ་སྐུ་བདེ་བར་གཤེགས་པ་ཡང་སྲིད། དེ་ཡང་སྐུ་ནས་སུ་བྱོན། སྐུ་འབོར་ལྗི་བ་དང༌། ཞལ་ལྷ་ཡང་སྟར་དང་མི་འདྲ་བ་མང་དུ་བྱོན། ངས་ཀྱང་ལུས་སྲོག་ལ་མ་བལྟས་པར་སྐུ་ཚེའི་བར་ཆད་ལན་གྲངས་དང་གྲངས་ཀྱིས་བསལ། མི་མཉེས་པ་སྐད་ཅིག་ཙམ་ཡང་བྱེད་མ་མྱོང༌། ཁོང་གིས་ཀྱང་ང་རྒྱ་ན་འདུག་པ་དེ་བཞེད་པ་ལ་རི་ཁྲོད་དུ་སོང་གསུངས་པ་དེ་དགོངས་པ་ཅན་ཡིན་ཡང་སྲིད། དེ་ལྟར་མ་ཡིན་ཡང་ང་རང་སོང་ཤུལ་དུ་རིན་པོ་ཆེ་སྐུ་ཡལ་ན། ཁོས་རིན་པོ་ཆེ་ཡུན་དུ་བསྟེན་པ་ལ་འདའ་ཀར་ཁོ་མེད་ཟེར་ནས་མིས་ཀྱང་འཕྱ། དེའི་སྟོབས་ཀྱིས་ཀྱང་ང་རང་ཡང་ཕྱིས་འགྱོད་རུང༌། ད་རུང་ལུས་ཀྱི་ཞབས་ཏོག་ཡང་ནུས་ཚད་བྱ། མི་འགའ་ཞིག་གིས་ཞབས་ཏོག་བྱེད་འདོད་ཀྱང་ཐུགས་ཀྱིས་མི་བཞེད། ངས་ཀྱང་འདས་བྲལ་མིན་བ་རྒྱ་ནས་འབྲལ་མི་ཕོད། ད་རུང་སྐུ་བཞུགས་རིང་ལ་གར་ཡང་མི་འགྲོ་བྱས་ནས་ཕྱག་འཚལ་ནས་ཞུས། དེ་ནས་སྔ་ཕྱི་ཅི་ལྟར་བཀའ་དྲིན་ཆེན་པོས་ཡང་ནས་ཡང་དུ་བསྐྱབས་ཤིང་བྱིན་གྱིས་བརླབས་པ་ཐམས་ཅད་དྲན་ནས། སྤྱན་ཆབ་མང་པོ་ཡང་བྱུང༌། གསེར་གནང་བ་ཡང་ང་ལ་མི་འཚལ་བྱས་ནས་ཞུས་པ་ལ། བླ་མ་རིན་པོ་ཆེའི་ཞལ་ནས། རྒྱུ་ལ་ཆགས་ཀྱང་ཤིན་ཏུ་ཕྲ། གང་ལ་ཆགས་པ་དེས་འཆིང་བས། རྒྱ་བྲལ་ནམ་མཁའི་མདུད་པ་ཁྲོལ། ༈ ལམ་རི་ཁྲོད་རོ་སྙོམས་ཀྱིས་གསུངས་ནས། གསེར་ཁོ་བོས་ཁྱོད་ལ་བྱིན་པས་ངས་བློས་བཏང་ནས་ཡོད། ད་རེས་ཁྱོད་ཀྱིས་ང་ལ་ལན་ཅིག་ཕུལ་བས་དེའི་རྟེན་འབྲེལ་གྱིས་ཁྱོད་ལ་གསེར་ལ་སོགས་པ་འབུལ་བ་མང་པོ་འོང་གསུངས། དེ་ནས་སློབ་དཔོན་འཕགས་པ་ལ་ཁྱོད་ཆོས་ཁྲུག་ཁྱེར་ལ་ཤོག །ཁོ་བོས་དཔེ་ཡོད་ཚད་ཁོ་ལ་སྟེར་དགོས་གསུངས་པ་ལ་བླ་མ་འབའ་རོམ་པས་དཔེ་མི་འཚལ། ང་ཡིས་སློབ་དཔོན་བྱ་སྙམ་ནི་མེད། བླ་མ་རིན་པོ་ཆེའི་དྲིན་གྱིས་ཉམས་སུ་བླངས་རྒྱུ་ནི་རང་གིས་ཤེས་ཞུས་པ་ལ། ཁྱོད་ལ་གཞན་གྱིས་སློབ་དཔོན་བྱ་བསམ་མེད་པ་དང་དཔེ་མི་དགོས་སྙམ་པ་དེ་རང་གིས་དཔེ་ཡོད་ཚད་དགོས་པ་ཡིན་གསུངས་ནས། དཔེ་འབྲི་འོས་ཐམས་ཅད་གནང་ནས་ཀུན་གྱིས་ལུང་གནང་བ་དང༌། ཁྲིད་ནི་ངས་བྱེས་ཟིན་དཔེ་དགོས་ཟེར་བ་ལ་ཁོ་བོས་ཀྱང་མི་སྟེར་གསུངས་ནས། ཞེན་འདོད་མེད་པའི་བསྒྲུབ་སེམས་ཅན། །དམིགས་པ་མེད་པའི་ཐུགས་རྗེ་ཡིས། །གསོལ་བས་བཏབ་ན་དགོས་འདོད་འབྱུང༌། ཅེས་འདུས་སྣ་ཚོགས་འཕྲིན་ལས་འཚལ་གསུངས། ཡང་ཁྱོད་ལ་ནོར་སྣལ་དུ་ཕོར་སྟེར་གཉིས་དང་རྒྱབ་ཡོལ་གཅིག་དང་གསུམ་བཞིན་མི་འདོད་མ་ཟེར། ཁྱོད་ནི་སེམས་ཀྱི་སྙིང་དུ་ཞིང་རྨོ་བའི་ཡུལ་དུ་སོང་ཡང་ལྗོ་རྒྱབ་གཉིས་ཕྱིད། ཡི་དྭགས་ཀྱི་ཡུལ་དུ་བསླངས་ཀྱང་དྲོ་

རྙེད། ཁྱོད་ཀྱིས་བསྒྲུབ་པའི་ཆ་རྐྱེན་འཚོ་བ་ལ་སོགས་པ་རྙེད་མི་རྙེད་ཁོ་བོ་རང་ཤེས་གསུངས་ནས།
རེ་དོགས་མེད་པའི་གདེང་དང་ལྡན་པར་གྱིས། རྣམ་གཡེང་གིས་ནོར་ལ་ཞེན་མེད་འགྲོས་པར་འགྱུར།
གཞན་དོན་མཛད་ན་སླར་ཡང་གངས་ལ་མཆི། དུས་དེ་ཙམ་ན་ཁོ་བོ་རྗེས་སུ་དྲན་པ་ཡིན་གསུངས།
ངས་བླ་མ་ལ་ཟང་ཟིང་གིས་ཞབས་ཏོག་མ་བྱས་མ་བསམ། ངའི་བསྒྲུབ་པའི་ཞབས་ཏོག་གིས་མཉེས
པ་ཡིན་གྱིས། ཟིང་ཟིང་གིས་ནི་ཁོ་བོ་མཉེས་པ་མ་ཡིན་ནོ། །གནས་རི་ཁྲོད་དགོན་པར་ཕྱིན་ནས་ཏིང་
ངེ་འཛིན་ཁྱད་པར་ཅན་དུས་རྒྱུན་ཆད་མེད་པར་ཉམས་སུ་བླངས་ནས་རྗེ་སྒོང་ལམ་གྱིས་རོ་བསྙམས
པས་འགྲོ་བ་སྐྱབས་མེད་པ་མང་པོ་ལ་ཕན་འདོགས་པར་འོངས་པས། མཐའ་མར་བྱང་འབའ་རོམ་བྱ
བ་གྲུབ་གནས་ཁྱད་པར་ཅན་ཡིན་པས་རི་ཁྲོད་རྣམ་པར་དག་པ་དེ་ར་སོང་ལ་སྒྲུབས་པ་གྱིས་གསུངས
ནས་ལུང་བསྟན།

དེ་ནས་ཁྱོད་ཀྱིས་ཞོ་བ་ངོ་མི་གཅོག་ཁྱོད་ཀྱིས་དགའ་བ་བྱ། ཞག་སུམ་ཅུ་རྩ་བདུན་གྱིས་བར
དུ་འོ་སྐོལ་ཕ་བུ་ལྷན་ཅིག་ཏུ་བསྡད་གསུངས། དེར་བླ་མ་འབའ་རོམ་པ་བཞེངས་ནས་བླ་མ་རིན་པོ་ཆེ
ལ་མཇལ་ཕྱུལ་ནས་ཕྱག་འཚལ། བླ་མ་རིན་པོ་ཆེས་རླུང་སེམས་ལ་དབང་ཐོབ་པས་ཅི་ཡང་ཉན་པས།
ཅིས་ཀྱང་མྱ་ངན་མི་འདའ་བར་བཞུགས་སུ་གསོལ་བྱས་ནས་ཞུ་བ་ཕུལ་བ་ལ། བླ་མ་རིན་པོ་ཆེའི་
ཞལ་ནས། ད་ལྟ་འདི་བས་གཞན་ན་འགྲོ་དོན་ཆེ་བ་ཡོད་པས་ཅིས་ཀྱང་མི་ཕན་བར་འགྲོ་དགོས
གསུངས་པ་དང་། དེ་ནས་བླ་མ་འབའ་རོམ་པ་དེ་ཐུགས་ཤིན་ཏུ་སྐྱོ་ནས། བཀའ་བརྒྱུད་ཀྱིས་བླ་མ
རིན་པོ་ཆེ་རྣམས་ལ་གསོལ་བས་འདེབས་པ་དང་། བླ་མ་རིན་པོ་ཆེ་སྒམ་པོ་པ་ལ་སངས་རྒྱས་ཀྱི་འདུ
ཤེས་པའི་མོས་གུས་ཡང་ཡང་བྱས་ཤིང་བཞུགས་པས། རང་གིས་སེམས་རྟོགས་པའི་དོན་ཉམས་མྱོང
དབྱེར་མེད། འཁོར་འདས་ཀྱི་ཆོས་ཐམས་ཅད་རང་གིས་སེམས། སེམས་ཕྱག་རྒྱ་ཆེན་པོ་ལྷུན་གྱིས
གྲུབ་པར་རྟོགས་པས། སྒོམ་མ་ཡིན་པའི་ཡུལ་མེད། སྣང་བ་མ་ཡིན་པའི་ཐབས་གཞན་ནས་བཙལ
མི་དགོས། དེ་ཉིད་མ་ཡིན་པའི་ཤེས་རབ་སྟོང་པ་ཉིད་ལོགས་སུ་སྒོམ་མི་དགོས། གཉིས་སུ་མེད་པའི
དོན་ལ་བཏང་བཞག་མེད་པའི་ཚུལ་གྱིས་ཡེངས་པ་མེད་པར་བྱས་ནས། རྩོལ་བསྒྲུབས་མེད་པར་ངང
གིས་འགྲོ་འོང་མེད་པར་བཞུགས་ནས། བདུད་དང་མཚན་མ་དང་བར་ཆད་ཐམས་ཅད་རང་སར
གྲོལ། ཐུན་མོང་གི་ཡོན་ཏན་དང་དྲོད་རྟགས་ཅི་བྱུང་ཡང་བླ་མ་ལ་ཞུ་བ་མ་ཡིན་པ་གསང་སྤྱོད་མཛད།
བླ་མ་ལ་མོས་གུས་བྱས་པས་ཡོན་ཏན་ཐམས་ཅད་བླ་མའི་བྱིན་བརླབས་ཀྱིས་རྫོགས་པར་བྱས་ནས

བཞུགས་ཙམ་ན། ཉིན་གཅིག་རིན་པོ་ཆེའི་ཞལ་ནས་ཆོས་ཤིག་གཤའ་མར་བྱེད་ན་གཞི་དད་པ་དང་མོས་གུས་ཁྱད་པར་ཅན་གྱིས་ཀུན་ནས་བསླངས། ལམ་བརྟོན་འགྲུས་ཡེངས་པ་མེད་པའི་སྒོ་ནས་ཉམས་སུ་བླངས་ན་འབྲས་བུ་སངས་རྒྱས་ཟེར་བ་དེ་མངོན་དུ་བྱེད་པ་ལ་ཆེགས་མེད་པ་ཡིན་པས་འཁོར་བ་བློ་ནས་སྤྱོངས། བཤེས་གཉེན་ཤུལ་དུ་ཞོག །ཆོས་བརྒྱུད་རྒྱབ་ཏུ་སྐྱུར། འདུ་འཛི་གཡེང་བ་སྤྱོངས། ཚུལ་ཁྲིམས་རྒྱུན་དུ་གྱིས། དད་པ་གཏིང་ནས་སྐྱེད། སེམས་ཀྱི་གཞི་རྩ་ཆོད། འཁྲུལ་པ་ནང་ནས་འཛིག །སྣང་སེམས་གཉིས་སུ་མེད། རྣམ་རྟོག་ཆོས་སྐུར་གསལ། ཐ་མལ་ཤེས་པ་དེ། འོད་གསལ་ངང་དུ་འདུ་འབྲལ་མེད་པའི་དུས་སུ་ཆོས་ཐམས་ཅད་ལམ་དུ་འགྲོ། རྐྱེན་ངན་པ་གྲོགས་སུ་འཆར། དེ་དུས་ན་མོས་གུས་ཁྱད་པར་ཅན་སྐྱེ་བས་དངོས་གྲུབ་འཇུག །བར་ཆད་ཞི། གཞན་ཕན་ཆེ། གྲུབ་ཐག་ཉེ། མཁའ་འགྲོ་འདུ། བླ་མ་མཉེས་པ་ཡོན་ཏན་ཐམས་ཅད་ཀྱི་རྩ་བ་ཡིན་དེ་དུས་ན་རི་ཁྲོད་རྣམ་པར་དག་པ་ན་བག་ཚ་བ་དང་ཉམ་ང་བ་མེད་པར་རྡོ་རྗེའི་མགུར་ཤུགས་ལས་བྱུང་བ་བླངས་ན་མཁའ་འགྲོ་མཉེས་པ་ཡིན་པས། རྟོགས་པ་དོན་གྱི་མགུར་ཡང་ལོངས་གསུངས། ཁོ་བོའི་འདས་མཆོད་ལ་ནི་ཁྱོད་རི་ཁྲོད་རྣམ་པར་དག་པ་ན་སྒྲུབ་པ་རྩེ་གཅིག་ཏུ་བྱེད་པ་ཞིག་གྱིས། མི་རྟག་སྦྱར་གང་དང་ཆུ་ཕོར་གང་ཕུལ་ནས་མོས་གུས་བྱས་ཤིང་གསོལ་བ་བཏབ་ན་རབ་ཡིན་གསུངས། མར་མེ་འབར་བ་ཉིད་རུང་གིས། །མར་མེ་ཤི་བ་དེ་ལྟར་མིན། །དངོས་པོར་འཛིན་པ་ཉིད་རུང་གིས། །དངོས་མེད་འཛིན་པ་དེ་ལྟར་མིན། །གང་ཟག་གི་ལྟ་བ་རི་རབ་ཙམ་དུ་འཛིན་པ་ནི་བླའི། ཆོས་ཐམས་ཅད་སྟོང་པ་ཉིད་དུ་ལྟ་བ་ནི་དེ་ལྟར་མ་ཡིན་ནོ། །ཁྱོད་བྱས་པ་ཤེས་ཤིང་དྲིན་དུ་གཟོ་བ་དང་། ཁ་ལྟོས་ཆགས་ཞེན་མེད་ཟེར་ནས་ཁྱད་གསོད་མི་བྱེད་པ་ལེགས། ཅེས་ཀྱང་བྱང་འབའ་རོམ་དུ་སྒོམ་དུ་སོང་གསུངས། དེ་ནས་ཞབས་རྟོག་བྱེད་གིན་བཞུགས་ཙམ་ན་ཞག་སུམ་ཅུ་རྩ་གསུམ་ན་རིན་པོ་ཆེ་སྐུ་ཡལ།

དེ་ནས་ས་འབུམ་ཚར་གྱི་བར་དུ་ཡོན་བདག་ཅིག་གིས་ཁང་བཞི་སྟེ་ཞིག་གི་བསྙེན་བཀུར་བྱེད་པ་ཅིག་བྱུང་བས་དེའི་བར་ལ་བཞུགས། དེར་ས་འབུམ་ཚར་བ་དང་ཡུལ་དུ་བྱོན། རྟ་གཅིག་ལ་ཁྱེ་ཡ་བཞི་བཀལ་ནས་འདམ་ཀོ་ཁྲིམ་གསེར་གྱི་ལྷ་ཁང་དུ་བྱོན། རྟ་དེ་ཡང་དེར་བཅོང་། སྟོན་པ་ཚུལ་ཁྲིམས་གྲགས་ཀྱིས་འཚོ་བ་དང་ཆ་རྐྱེན་སྦྱར་བ་ཁྱེར་ནས་བླ་མས་ལུང་བསྟན་པའི་བྱང་འབའ་རོམ་བྱ་བ་ཡུལ་ཆེན་ཏི་སེའི་གངས་རྒྱུད། ཆུ་ཆེན་གང་གཱའི་མགོ་བོ། སྤོ་ཆེན་པ་ཚབ་ཀྱིས་ཁྱུལ། རིན་ཆེན་རྫ་མོ་སྤུང་བ། རྫོང་ཆེན་བྲག་དམར་བསམ་ཡས། ཐང་ཆེན་ཕྱུག་མོའི་གོང་བ། རུ་ཆེན་བཞིའི་རྒྱུན་ལམ།

བྱང་ཆེན་རི་ཁྲོད་རྣམ་དག །མཚོ་ཆེན་ཕྱུག་མོའི་ལྷག་པ། ལོ་ཆེན་སྦྲའི་སྒྲུར་ས། སྟོན་ཆེན་བཤད་གྲྭ་བཙུག་ས། སྒོམ་ཆེན་སེང་ཁྲིའི་སྒྲུབ་གནས། མཐུ་ཆེན་ནུས་པ་ལྟས་ས། ཙམས་ཆེན་ལྷ་སྒོ་གདངས་དཀར། འཛམ་གླིང་མིའི་རྒྱལ་པོ་ཡིན་བས། ཁྲིད་པར་དུ་མཐོ་ལ་བརྗིད་ཆེ་བ། བྱ་རྒོད་ཀྱི་རྒྱལ་མཚན་ཕྱར་བ། དགུང་གི་ཀ་བ་འདྲ་བ། དབྱིབས་ལེགས་པ། རྩེ་ལ་ལྗོ་སྤྲིན་འཁྲིགས་ནས། མགུལ་པར་གཡུའི་ན་བུན་འཐིབས་པ་འདྲ་བས་ཡིད་འཇུག །ཡང་དག་པར་རྫོགས་པའི་སངས་རྒྱས་པའི་སངས་རྒྱས་ཀྱི་ཞལ་སྟོབས། གནོད་སྦྱིན་གྱི་སྡེ་དཔོན་ཆེན་པོ་གང་བ་བཟང་པོའི་ཕོ་བྲང་གི་གནས་བཅས་པའི་རི། ལྗོན་ཆགས་པའི་དྲུང་། བྱིན་ཆགས་པའི་ས། ཉམས་དགའ་བའི་ཡུལ། ཙམ་ལྷ་སྒོའི་ཞོལ། གྲུབ་གནས་འབའ་རོམ་ལྷུན་གྱིས་གྲུབ་པའི་གཞལ་ཡས་ཁང་། རྗེ་རིན་ཆེན་སྤྱུངས་པར་གཤེགས་ནས། རྒྱགས་སྐྱེལ་ཞང་བཙུན་འབྱུང་གནས་འོད་མིན་པ་སུས་ཀྱང་མ་མཐོང་བར་དྲང་སྲོང་ཆེན་པོ་ལྟ་བུར་གཅིག་པུར་སྒྲུབ་པ་ལ་ནན་ཏན་མཛད་སྐད། ཡང་དུས་རེས་ཤིག་ན་རྗེ་ལ་བཞུགས་པའི་དུས་ན་ཉིན་གཅིག་མི་དཀར་པོ་གཅིག་འོང་ནས་ཕྱག་འཚལ་སྐོར་བ་བྱེད་གིན་སྣང་བས། བླ་མས་དེ་ལ་བདེ་འམ་བྱས་པ་ལ་ངེད་བདེ། ཆོས་ཤིག་ཞུར་མཆིས་པ་ལ་ཞུ་མ་ཕོད་ཟེར། དེར་བླ་མས་སྐྱབས་འགྲོ་དང་ལས་རྒྱུ་འབྲས་ཀྱི་ཆོས་ཞིབ་ཏུ་གསུངས། དགེ་བསྙེན་གྱི་སྡོམ་པ་ཕོག་པ་ལ་ཆོས་ཉན་ཆེ་ཡར་ལྟ་མར་ལྟ་མང་དུ་བྱེད་གིན་འདུག །

དེ་ནས་ཡང་ཉིན་གཅིག་བྱུང་ནས་ངའི་ཉེ་འབྲེལ་འགའ་ཡང་ཆོས་ཞུ་ཟེར་བ་ལ། བླ་མས་ཁྱོད་རང་ཆོས་ཉན་བའི་བར་ལ་མི་ཟུག་པར་སྣང་བ་ལ་ཁོང་གིས་ཆོས་ཞུར་ཅི་ཡོང་བྱས་པ་ལ། ངེད་མི་མ་ཡིན་བྱ་བ་ཡིན་པས་བག་ཀྱིས་སློབ་པ་ལགས། ཁོང་ལ་ཡང་ཆོས་གནང་བར་ཞུ་ཟེར་བ་དང་། འོན་ཛུང་བྱས་པ་ལ་གནོད་སྦྱིན་ཕོ་མོ་མང་པོ་རྩ་ནས་བྱུང་བས་ཕྱག་འཚལ་བ་དང་། བྱམས་པ་ཆེན་པོའི་ཏིང་ངེ་འཛིན་ལ་སྙོམས་པར་ཞུགས་པས། ཆོས་སྟར་ལྟར་གསུངས་པས་མི་མ་ཡིན་པ་ཐམས་ཅད་དགའ་ནས། ངེད་ཀྱིས་འབུལ་བ་ཡང་བྱེད་པ་ལགས་ཟེར་བ་ལ་ལན་ཅང་མ་གསུངས། དེར་ཕྱག་རྒྱ་ཆེན་པོའི་སྒོམ་ཞིག་བསྟན་སྙམ་པ་དང་། ཆར་སྤྲིན་དེད་པ་ལྟར་ཡལ་ནས་ཐལ། དེ་ནས་ཞག་དགའ་ལོན་པ་དང་། ཕུ་ཕྱོགས་སུ་སོང་དང་འབྲི་གཅིག་ཡོད་ཟེར་བའི་སྐད་གཅིག་གཟུགས་མེད་པར་ལྟངས་ཀྱིས་རྣ་ལམ་དུ་བྱུང་། དེ་ཅི་ཡིན་ནམ་སྙམ་ནས་ཡར་ལ་གཤེགས་ཙམ་ན། འབྲི་གཅིག་སྤྱང་ཀུས་བསད་མ་ཐག་ཅིག་འདུག་པའི་རོ་སྣང་བས། ཡུལ་འབྲི་ཨེ་ཡིན་ན་ཡིན་ན་གཞན་གྱིས་འབྲི་

བཀྲུས་ཟིན་སྐམ་ནས་སྐུར་པ་འདེབས་དོགས་པས། ལེགས་པར་གཟིགས་པས་བྱུང་འབྱིར་སྣང་བས་ཁོག་པའི་སློ་བོར་ནས་རྐང་ལག་རྣམས་ཚུར་རྐྱབ་ལ་གཏད་ནས་ཁྱུར་ནས་འོང་། བཤུ་བ་དང་ཤ་ཚིལ་ཡང་ཡག་པར་མ་ཤེས་གསུངས། དེར་བསམ་པ་ལ་འདི་ཁ་སང་གི་གནོད་སྦྱིན་དེ་ཀུན་ལ་ཆོས་བསྟན་དུས་ན་འབུལ་བ་བྱེད་ཟེར་བས་དེའི་རྣམ་འཕྲུལ་ཡིན་ཏེ་འོང་། དེ་ཀུན་གྱིས་མ་ལེགས་པ་བྱས་སྐམ་ནས། ཏིང་ངེ་འཛིན་གྱི་དགུག་ཞུགས་བྱས་ནས་དགེ་བསྙེན་དཀར་པོ་བྱས་ནས་བོས་ནས་ཁོ་བྱུང་། དེར་ཁྱེད་ལ་ངས་དགེ་བསྙེན་གྱི་སྡོམ་པ་ཕོག །ལས་རྒྱུ་འབྲས་ཀྱི་ཆོས་དེ་ཙམ་ཞིག་བསྟན་པ་ལ་འདི་འདྲའི་སྡིག་པ་བྱས་ནས་བཀྱོན་པ་དང་། འབྲི་དེ་ངེད་ཀྱིས་བསད་པ་མ་ཡིན། འདིར་བཙན་བདུད་གནོད་སྦྱིན་དྲི་ཟའི་ཚོགས་དཔག་ཏུ་མེད་པ་ཡོད། དེ་ཀུན་ལ་འཁོར་ལྔེ་སྦྱང་གི་ཚོགས་གཟུགས་ཅན་ཡོང་བ་ཡིན་པས་དེ་ཀུན་གྱིས་བསད་པ་ཡིན། ངེད་ཀྱིས་སློབ་དཔོན་ལ་བསྙང་པ་ཡིན་ཟེར། དེར་འབའ་རོམ་པས་ང་ལ་བླ་མ་རིན་པོ་ཆེས་བྱང་འབའ་རོམ་བྱ་བ་གྲུབ་གནས་ཡིན་པས་དེར་སོང་ལ་བསྒྲུབ་པ་གྱིས་ལས་རྒྱུ་འབྲས་ལ་འཛེམས་གསུངས་པས། བླ་མའི་གསུང་བསྒྲུབ་པའི་ཆེད་དུ་འདིར་སྡོད་པ་ཡིན་པ་ལ་ཁྱེད་ཡུལ་བདག་གིས་སྡིག་པ་ལ་སྦྱོར་བར་འདུག །ཁྱོད་རང་ཡང་དག་ཚིག་མི་སྲུང་བར་འདུག །ད་ང་འགྲོ་དགོས་པར་འདུག་གསུངས་པ་དང་། དེར་ཁོང་རྣམས་དང་མི་མ་ཡིན་པ་མང་པོ་འཚོགས་ནས་ངེད་མི་མ་ཡིན་བྱ་བ་ཚད་ལ་བརྩོན་པ་ཡིན་པས། དམ་ཚིག་སྲུང་བ་ཡིན། ཁྱད་པར་དུ་ངེད་རྣམས་སྔོན་སློབ་དཔོན་པད་མ་འབྱུང་གནས་བོད་དུ་བྱོན་ཙམ་ན་ལས་རྒྱུ་འབྲས་ཀྱི་ཆོས་ཀྱང་མང་དུ་ཞུས་པའི་སློབ་མ་དམ་ཚིགས་ཅན། སུ་ཡིན་ཡིན་ལ་ངེད་མི་མ་ཡིན་བྱ་བ་རོ་གྲོང་བས་ཆོས་མི་ཞུ། བླ་མ་ཁྱེད་མི་མེད་ལུང་སྟོང་ན་བརྩོན་འགྲུས་དྲག་པོའི་སྒོ་ནས་གྲོགས་མེད་པར་ཐུགས་དམ་རྩེ་གཅིག་ཏུ་མཛད་པས། ཁྱེད་ལ་དད་པར་བྱུང་ནས་ཆོས་ཞུས་པ་ཡིན། ད་ཕྱིན་ཆད་སྡིག་བྱེད་རེ་ཟེར་ནས་ཐམས་ཅད་ཀྱིས་མནའ་བསྐྱལ། སློབ་དཔོན་ཆེན་པོ་དེ་སྐད་མི་གསུངས་བར་ཅིས་ཀྱང་བཞུགས་པར་ཞུ། ཅི་ལྟར་གསུངས་པ་བཞིན་དུ་དུས་ད་ནས་བཟུང་སྟེ་སང་མ་ཤིའི་བར་དུ་ཨང་ཅང་ཡང་ཆེས་ཏེ། སངས་མ་རྒྱས་ཀྱི་བར་དུ་བཀའ་ལས་མི་འདའ་བར་གསུངས་བཞིན་དུ་བཀའ་བསྒྲུབ་པ་ལགས་ཟེར་ནས། ཀུན་གྱིས་ཕྱག་འཚལ་ནས་ཞུ་དོན་ནན་ཏན་གྱིས་ཕུལ་བ་ལ། དེར་བླ་མས་སློབ་དཔོན་པད་མའི་སློབ་མ་ཡིན་པ་ལྟ་ལེགས་ཏེ། འོན་ངའི་བཀའ་ལས་མ་འདའ་བར་སྡོམ་པ་སྲུང་། ཆོས་ཀྱིས་ལ་སངས་རྒྱས་ཀྱི་བསྟན་པ་བསྲུང་། ཁྱད་པར་དུ་བཀའ་འཁོར་རིགས་རྒྱུད་དུ་གྱུར་པའི་བུ་སློབ་རྣམས

ལ་བསྲུང་ཞིང་བསྐྱབས་པ་དང་སྟོང་འགྲོགས་ཀྱིས། དམ་ཚིག་ལས་མ་འདའ་བར་ཆོས་དང་མཐུན་པར་གྱིས་དང་བསྟོད་གསུངས་པ་ལ། དེ་ནས་མི་མ་ཡིན་པ་ཐམས་ཅད་དགའ་ནས་གསུངས་པ་ལྟར་བགྱི། ཐུགས་ལ་བདགས་ཟེར་ནས་ཐམས་ཅད་ཀྱིས་ཕྱག་འཚལ་ནས། འཛའ་ཚོན་ནམ་མཁའ་ལ་ཡལ་བ་ལྟར་དེང་ནས་སོང་གསུངས། ཡང་དུས་རེ་ཞིག་ཙམ་ན་སློབ་དཔོན་རྫ་ཕུག་གཅིག་ན་ཐུགས་དམ་ལ་བཞུགས་ཙམ་ན། ཕྱི་སོན་ཀུ་ཏི་རི་རི་བ་གཅིག་གྲགས། ཕྱི་ལངས་ནས་སྔོན་ཕ་བོང་ཆེན་པོ་གཅིག་ཡོད་པའི་ཁ་ལ་བཞེངས་ནས་གཟིགས་པས། རྟ་པ་མང་པོ་གཅིག་གིས་རྨུས་མ་གཅིག་དཔང་ཁྲིར་བྱས་ནས་བྲོས་ནས་བྱུང་། དེ་ཅི་ཡིན་སྙམ་ཙམ་ན། དེ་རྣམས་ན་རེ་ད་བཞུགས་ན་སླེབས་ནས་བྱུང་། རྨུས་མ་སློབ་དཔོན་ལ་བཙོལ་ན་རང་རེ་ལ་འོར་བྲོས་ཟེར་ནས། རྨུས་མ་སློབ་དཔོན་གྱིས་རྩར་བསྐྱུར་ནས་ཁོང་རྣམས་བྲོས་པ་ལ། མར་གཟིགས་ཙམ་ན་རྟ་པ་གོ་གྱོན་མཚོན་ཐོགས་པ་མདའ་འགེངས་ཤིང་ཡར་རྒྱུགས་ནས་བྱུང་བ་དང་། འཚོར་རམ་མི་འཚོར་ལྟ་ཡིན་ཟེར་བ་དང་། རྟ་མ་རྒྱུགས་ཁྱེད་རྣམས་ཀྱི་བར་ངས་བྱ། ངའི་ཁ་ལ་ཉོན་གསུངས་པ་དང་། ཀུན་ཀ་རྒྱུགས་འཕྲོ་བཅད་ནས་འཚོགས་ནས་བསྡད། དེ་ནས་ཕྱིར་ལོག་ནས་རྐབ་དུ་དར་ཅིག་བསྡད། ད་ཅི་བྲོས་མི་རྣམས་བྱུང་ནས་སྨན་མ་ཁོལ། ཁོང་གིས་སློབ་དཔོན་ལ་ཅང་མི་ནུས་པར་འདུག །དེ་རིང་སློབ་དཔོན་གྱིས་གོ་བཅད་ཟེར་ནས་ཕྱག་འཚལ་བ་དང་ཕུ་ཕྱོགས་སུ་སོང་སྐད། ཁོང་རྣམས་ཡར་སོང་བ་དང་རྟ་པ་ཕྱི་རྟ་པ་ཕྱི་ཏ་རྣམས་ཡར་ལོག་ནས་དེ་རིང་འཁྲུགས་པ་དེ་སློབ་དཔོན་ལ་འབུལ་ཟེར་བ་དང་ཕྱག་འཚལ་བ་དང་། ཡོན་བདག་ལ་བུལ་ཆེ་གོ་བཅད་གསུངས། ལྷ་འདྲེ་ཡིན་པ་མཁྱེན་ཡང་མི་མཁྱེན་པ་ལྟར་མཛད་ནས། ཁྱེད་མི་སུ་གང་ཡིན་གསུངས་པ་ལ་ངེད་མི་མ་ཡིན། ལྷ་འདྲེ་འཁྲུགས་པ་ཡིན་ཟེར་ནས་ཁོང་རྣམས་ཕྱིར་ལོག་ནས་སོང་སྐད། ཕྱིས་ཡང་ནུབ་གཅིག་ན་སྔར་ལྟར་གྱི་རྟ་པ་སྨན་མ་ཁྲིར་ནས། ཁྱེད་ལ་བཙོལ་ཟེར་བ་དེ་རྣམས་ཀྱི་འཁོར་དུ་བུ་ཚ་བུད་མེད་ལ་སོགས་པ་མང་དུ་ཁྲིད་ནས་བྱུང་། མར་དང་ཐུད་ལ་སོགས་པའི་འབུལ་བ་ཆེན་པོ་ཡང་བྱས། དེ་རྣམས་ཀྱི་དཔོན་གྲགས་པ་གཅིག་གིས་ཞོ་སྣན་གྱི་རྫ་ཆེ་གང་སློབ་དཔོན་ལ་དྲངས་ནས། སློབ་དཔོན་གྱིས་བཀའ་དྲིན་ཆེན་པོས་ངེད་བསྐྱབས་དེ་ཉིན་སྨན་མ་བཙོལ་ནས་མ་བྲོས་ན་བསད་ཤི་མང་དུ་འོང་བར་སྣང་། ད་ཆོས་ཀྱང་ཞུ་ཅི་གསུང་བསྒྲུབ་པ་ཡིན་སློབ་མ་བྱེད་ཟེར་བ་ལ། བླ་མ་འབའ་རོམ་པས་དེ་དུས་སུ་ཁྱེད་ཀྱིས་ང་འདི་ན་ཡོད་པ་ཅི་ཙུག་མཐོང་གསུངས་པས། ངེད་རྣམས་ཞེད་པས་ཡར་བྲོས་ཙམ་ན་ཕ་བོང་དེའི་ཁ་ན་མེ་ལྷུང་ཆེན་པོ་གཅིག་

ནམ་མཁའ་ལ་རིག་གེ་འབར་བའི་ནང་ན་སློབ་དཔོན་བཞེངས་ནས་བཞུགས་པར་མཐོང་བས། ད་འདི་ལ་བཙོལ་བྱས་པས་དེར་རྨུས་མ་བཙོལ་ནས་བྲོས་པ་ལགས། ཁོང་རྣམས་ཀྱིས་ཀྱང་དེ་ལྟར་མཐོང་བས་ཡར་མ་དེད་པ་ལགས་ཟེར་སྐད། དེར་སློབ་དཔོན་གྱིས་ཆོས་བསྟན་པ་དང་བཀའ་དྲིན་ཆེ་ཟེར་ནས་ཀུན་ཀ་ཡལ་ནས་སོང་སྐད། སྤྱིར་རྗེ་རིན་ཆེན་སྤུངས་པ་ལ་ལོ་བཞི་བཞུགས། མདའི་བྲག་ལ་དགོན་བཟུང་ནས་གསུམ། ཕོན་དུ་ལོ་བདུན་འབའ་རོམ་དགོན་དུ་བཞུགས། དེ་ནས་མདོ་ཁམས་སུ་གཤེགས། ལོ་མང་དུ་བཞུགས།

དེ་ནས་དབུས་སུ་ཡར་བྱོན་ནས་འབའ་རོམ་དགོན་དུ་ལོ་བཅུ་གཉིས་སུ་གྲྭ་པ་བསྐྱངས་ཤིང་བཞུགས་པ་ལ་ཉིན་གཅིག་འབའ་རོམ་གྱི་བྲག་དམར་རྫོང་ཆེན་གྱི་ཡང་ཐོག་གོང་མ་དང་འོག་མའི་བར་གྱི་བྲག་སྣའི་ཐད་ཀའི་ནམ་མཁའ་ལ་རྨ་བྱའི་གདུགས་ཆེན་པོ་ཤིན་ཏུ་ངོ་མཚར་ཆེ་བ་གཅིག་ནམ་མཁའ་ལ་ཀྱི་ལི་ལི་འདུག་པ་ལ། འདི་སྔོན་མེད་པ་ཅི་ཡིན་སྙམ་ཙམ་ན་བླ་མ་འབའ་རོམ་པ་གདུགས་དེའི་འོག་ན་ནམ་མཁའ་ལ་ཞལ་ཤར་དུ་གཟིགས་ནས་ས་གནོན་གྱི་ཕྱག་རྒྱ་མཛད་ནས་བཞུགས་པ་ཡང་འཁོར་འགས་མཐོང་སྐད། ཡང་གསེར་འབུམ་གཉིས་དང་། ཐང་སྐུ་འགའི་རབ་གནས་མཛད་དུས་གཅིག་ན་བཀའ་གདམས་པའི་དགེ་བཤེས་གཅིག་གིས་བླ་མའི་སྐུ་སངས་རྒྱས་ཤཱཀྱ་ཐུབ་པར་མཐོང་བ་ལ། བླ་མས་ཁྱོད་དེ་འདྲ་མཐོང་བྱ་བ་མི་ལ་མ་ཟེར་གསང་གསུངས་སྐད། ཡང་སློབ་དཔོན་པ་ལ་མི་འགས་བྱིན་བརླབས་གཅིག་ཞུས་པའི་དུས་སུ་ཚོགས་བྱིན་གྱིས་བརླབས་བདོ་ལ། སྟོན་པ་རིན་ཆེན་བླ་མ་བྱ་བས་སློབ་དཔོན་འབའ་རོམ་པ་དྲུག་པ་རྡོ་རྗེ་འཆང་དུ་རྒྱན་ཆ་ལ་སོགས་པས་བརྒྱན་པ་གར་གྱི་ཉམས་དགུ་དང་ལྡན་པར་གཟིགས་པ་ལ་ངས་རིན་པོ་ཆེ་འདི་ལྟར་བཞུགས་པར་མཐོང་བྱས་པ་ལ། དེ་ཡང་མཐོང་དུ་རུང་། ད་ཁྱོད་མི་ལ་མ་ཟློ་གསང་གསུངས་སྐད།

ཡང་སློབ་དཔོན་པ་གཟིམ་མལ་ན་བཞུགས་པའི་དུས་གཅིག་ན་ཤེས་རབ་རྒྱལ་མཚན་བྱ་བ་འོངས་ནས་བལྟས་ཙམ་ན་གཟིམ་མལ་ན། བཅོམ་ལྡན་འཁོར་ལོ་བདེ་མཆོག་ལྷན་ཅིག་སྐྱེས་པའི་སྐུར་བཞུགས་ནས་འདུག །ཡང་ཡང་མིག་ཕྱིས་ཞིང་བལྟས་པ་ལ། རྒྱན་དང་ཆ་ལུགས་ཤིན་ཏུ་གསལ་བ་སླ་ལ་ཁད་དུ་བཞུགས་ནས་འདུག །དེར་ཕྱིར་གོ་ལེ་བཞུད་ཙམ་དེར་སུ་འོང་གསུངས། དེར་རང་འོངས་ཞུས་པ་ལ་ཅི་སྣང་གསུངས། སློབ་དཔོན་མེན་པ་ཅིག་གཟིམ་མལ་ནས་སྣང་བ་དེ་ཅི་ཡིན་སྙམ་ནས་ཕྱིར་སོང་ལ་ལགས་ཞུས་པ་ལ། དམ་པའི་ཆོས་འདུལ་བའི་ནང་ནས། བླ་མ་གནས་པའི་སྒོ་

ལེགས་ལ། ལག་པས་ངལ་གྱིས་བརྡུང་བར་བྱ་ཟེར་བ་ཁྱོད་ཀྱིས་མ་ཐོས་སམ། རྐང་རྗེན་དུ་འཛབ་ཡིན་འོང་བས་མི་ལྷ་རེ་ཡང་སློམ་དུ་མི་སྟེར། ང་མིན་པ་མལ་ན་སུ་ཡོད། ཁྱོད་རང་མི་འཕྲུལ་པ་ཡིན་བས་འཕྲུལ་གདམ་མི་ལ་མ་ཟློ་བར་གསང་གསུངས་སྐད། ཡང་ནུབ་ཅིག་མེ་ཏོག་ར་བ་འགེབ་པ་བརྗེད་པ་ལ་ནམ་སྲོད་འཁོར་ཙམ་ན་རྗེ་བཙུན་མའི་སྐུ་གསལ་ཞིང་རྒྱན་དང་ལྡན་པ་གཟིམ་མལ་ནས་བཞེངས་ནས་མེ་ཏོག་ར་བར་ཕྱིན་ནས་མེ་ཏོག་འགེབ་ཤིང་སྣང་། ལེགས་པར་བལྟས་པས་རྗེ་བཙུན་མ་དངོས་སུ་བཞུགས་པ་བཞིན་དུ་འདུག །ཁྱོད་ནམ་ལ་མི་ཉལ་བར་དུས་མ་ཡིན་པར་ཅི་ལྟ་གསུངས། ངས་སློབ་དཔོན་པ་བཞེངས་ནས་འདུག་པས་འོངས་པ་ལགས་བྱས་པ་དང་། སློབ་དཔོན་གང་ན་སྣང་གསུངས། འདི་རང་མ་ཡིན་ནམ་ཞུས་པ་ལ། ཉིན་མོ་དཔལ་ཧེ་རུ་ཀམཚན་མོ་རྒྱན་ལྡན་རྣལ་འབྱོར་མ། ཞེས་གསུངས་པ་དེ་མ་ཐོས་སམ། གསུངས། ཐོས་ལགས་བྱས་པ་ལ་འོ་དེ་ཡིན་གསུངས། ཡར་རྣལ་འབྱོར་པའི་ཉམས་ལ་ཅི་ཡང་འབྱུང་ཡང་བདེན་འཛིན་དང་དགའ་སྤྲོ་མ་བྱེད། བདུད་འཇུག་པའི་རྒྱུ་ཡིན། བླ་མ་རིན་པོ་ཆེའི་བཞེད་པས་ཡོན་ཏན་གོང་མ་རྒྱུད་ལ་སྐྱེ་བ་ལ་བླ་མའི་ཞབས་ཏོག་ལ་འབད་པ་བྱང་ཆུབ་ཀྱི་སེམས་རྣམ་གཉིས་ལ་སྦྱངས་པ་དང་། ལས་རྒྱུ་འབྲས་ལ་ནན་ཏན་དུ་བྱེད་པ་དང་། རྩ་བའི་བླ་མ་ལ་མོས་གུས་འགྱུར་བ་མེད་པ་བྱེད་པ་གནད་དུ་ཆེ། དེ་ལྟར་བྱས་པས་ཡོན་ཏན་རྒྱུད་ལ་མ་སྐྱེས་ན་རྟེན་ཅིང་འབྲེལ་པར་འབྱུང་བས། བསླུ་པ་ཡིན་བས་དེ་འདྲ་བ་འབྱུང་མི་སྲིད། ཕྱག་རྒྱ་ཆེན་པོ་ནི་རང་གི་སེམས་འདི་ལས་མ་གཏོགས་པ་གཞན་གཅིག་ལས་མི་ཟེར། བླ་མ་བསྟེན་པའི་ཐབས་དང་རང་གིས་བསོད་ནམས་བསགས་པས་རྟོགས་པ་ཡིན། དེ་གང་གིས་ཤེས་ན། གཞན་གྱིས་བརྗོད་མིན་ལྷན་ཅིག་སྐྱེས། གང་དུ་ཡང་ནི་མི་གནས་ཏེ། བླ་མའི་དུས་མཐའ་བསྟེན་པ་དང་། རང་གི་བསོད་ནམས་ལས་ཤེས་བྱ་གསུངས་པས། སེམས་འགྱུར་བ་མེད་པ་རྟེན་འབྲེལ་གྱི་ཆེ་བས་རང་གིས་རང་ཤེས་ནས་འོངས་བ་ཡིན་གསུངས། སྐམ་བྱེད་མང་པོས་ཡིད་འགྱུར་བ་མེད་པ་ལ་མངོན་ཞེན་མེད། ཤིན་ཏུ་གསང་དགོས་པ་ཡིན། སྒྲོ་སྐུར་འོངས། རང་ལ་ཡོན་ཏན་ཡོད་ཀྱང་མ་གསང་བར་བཟླས་ན་དུང་ཕྱིན་པ་བཞིན་དུ་འགྲོ་བ་ཡིན། རྗེ་མོས་ཀྱང་ས་དང་པོའི་བདེན་པ་མཐོང་བས་རྨི་ལམ་གཞན་ལ་བཤད་པས་རྫོང་རྟག་ཕྲ་མོ་ཡལ་བར་འགྱུར་བ་དང་། གསང་སྔགས་གསང་ན་འགྲུབ་པས་ཐམས་ཅད་གསང་དགོས་པར་བསྟན་པ་ཡིན་གསུངས་ནས། ཕྱིར་གཟིམ་མལ་དུ་བཞུད་སྐད། ཡང་བཅོམ་ལྡན་འདས་འཁོར་ལོ་བདེ་མཆོག་ལྷ་དྲུག་ཅུ་རྩ་གཉིས་རིགས་ལྔ་དང་དྲུག་པ་རྡོ་རྗེ་འཆང་དུ་ཞལ་གཟིགས་

པའི་དུས་སུ་དཔལ་ལྷ་ལ་བབས་པ་ཚངས་པའི་དབྱངས་བྱ་བ་བསྙོད་པ་ཡོད་གསུངས། ཡང་སློབ་དཔོན་པས་འགའི་ཆོས་སྒོ་འབྱེད་པའི་དུས་སུ་བྱིན་བརླབས་མཛད་དུས་སྤྱོག་ཆོག་མཛད་དུས་ན། ཡང་འགས་རྣལ་འབྱོར་མ་ཞལ་གཟིགས་ནས་ཉམས་ཁྱད་པར་ཅན་རྒྱུད་ལ་སྐྱེས་སྐད། ཡང་བསོད་ནམས་རྒྱལ་མཚན་བྱ་བས་གཟིམ་མལ་ན་འོད་དམར་པོའི་འཕོར་གིན་འདུག་པར་མཐོང་། ཕྱིར་ལོག་ནས་སློར་སོང་། ཡང་ཡར་ནང་དུ་འོངས་ནས་བལྟས་ཙམ་ན་སློབ་དཔོན་པ་མགུར་ལྷང་ལྷང་མཛད་གིན་གདའ་སྐད།

ཡང་དགེ་བསྙེན་ཞིག་གིས་སློབ་དཔོན་བླ་དབྱེ་ན་བཞུགས་དུས་སུ་རྡོ་བོ་ཐུགས་རྗེ་ཆེན་པོ་ཡི་གེ་དྲུག་མའི་སྐུར་བཞུགས་ནས་ཆོས་གསུངས་པ་མཐོང་གསུངས་སྐད། ཡང་ཞང་བཙུན་ཐོག་བཞེར་བྱ་བ་བཙུན་པ་གཅིག་གིས་རྗེ་བཙུན་མའི་སྒྲུབ་ཐབས་ཤིག་ཞུ་དགོས་ཏེ། ཁོང་གིས་ཆང་འཐུང་དགོས་ཟེར་ན་སྐྱེ་པད་ཀྱིས་བཅད་ཀྱང་ཆང་མི་འཐུང་བྱ་བ་ལ་ཞུ་དགོས་སྙམ་ནས་ཕྱིན། སློབ་དཔོན་པ་ལ་རྗེ་བཙུན་མའི་སྒྲུབ་ཐབས་ཤིག་ཞུར་མཆིས་པ་ལགས་གནང་བར་ཞུ་བགྱིས་ཙམ་ན། ཆང་ནི་རྣལ་འབྱོར་མ་ཉིད་དེ། །རྣལ་འབྱོར་མ་ནི་ཆང་གི་གཟུགས། །གལ་ཏེ་གོ་འཕང་མཆོག་འདོད་ན། །དེ་དག་ཐ་དད་པར་མི་རྟགས། །གསུང་བ་སྟོན་པས་མ་གསན་ནམ། སྐྱེ་བཅད་ཀྱང་ཆང་མི་འཐུང་སྙམ་པའི་རྟོག་ངན་ཅན་ལ་རྣལ་འབྱོར་མའི་སྒྲུབ་ཐབས་ཀྱིས་ཅི་བྱེད། གསེར་སྤྱངས་པའི་སེར་པོ་ག་ལ་ཡོད། གཙན་གཟན་ཕྲ་མོ་ཟ་འདོད་ཟས་ཀྱིས་འཇིགས་བྱ་བ་ཡིན། སྡུག་པ་བསྒྲུབས་ཀྱང་མི་འཚལ། རྟོག་ངན་ཡང་མ་བསམ་གསུངས་སྐད། ཡང་ཡོན་བདག་དབང་སེང་གི་བུ་ཆུང་བ་ལ་ཐུགས་དམ་འཕྲེང་རྡོག་གཅིག་བཏགས་པ་ལ་དུས་རེས་ཤིག་ན་དེ་ཤི་བའི་རོ་བསྲེག་ཙམ་ན་འཕྲེང་རྡོག་མ་ཉམས་པར་ཐལ་བའི་གསེབ་ན་རྙེད་པ་དང་། དབང་སེང་རང་གི་མགུལ་དུ་བཏགས་སྐད།

ཡང་ཡོན་མགོན་གྱིས་བུ་ཆུང་བ་ལ་སྔགས་མདུད་བཏགས་པ་ཡང་དུས་རེས་ཤིག་དེ་ཤི། ཡང་རོ་སྲེག་དུས་སྔགས་མདུད་མ་ཚིག་པར་ཕ་མས་ཕྱིར་ཉིན་ཐལ་བའི་ནང་དུ་སྔགས་མདུད་རྙེད་པ་ལ། མེ་ཉི་མ་གཉིས་འབར་བ་ལ་སྐྱུད་པ་ཕྲ་མོ་འདི་མི་འཚིག་པ་དེ་མཚར་ཆེ། བྱིས་བཤི་བ་ནི་ལས་ཀྱི་ཤི་བ་ཡིན། མདོ་སྡེ་ནས་བཅོམ་ལྡན་འདས་ཀྱིས་ཀྱང་ལས་ཀྱི་རྣམ་པར་སྨིན་པ་ནི་མ་གཏོགས་སོ། །ཅེས་གསུངས་པ་དེ་འདི་འདྲ་ལ་དགོངས་པ་ཡིན་ཏེ་འོངས་ཟེར་ནས་ཀུན་ག་མྱ་ངན་མི་བྱེད་པར་འདུག་སྐད། ཡང་ཉེ་གནས་གཅིག་གིས་གཟིམ་མལ་ན་བལྟས་ཙ་ན་མི་བཞུགས་པར་འདུག །ད་ལྟ་སྔར

གྱིས་འདི་ན་བཞུགས་པ་ཡིན་པ་ལ་བྱས་ནས་སྒོར་ཕྱིར་ལོག་ནས་འོངས་ཙམ་ན་བཞུགས་ནས་འཕོད་གིན་འདུག །ཞང་དུ་ཕྱིན་ཙམ་ན་ཁྱོད་ཕྱིར་ལྡོག་པ་ཅི་ཡིན་གསུངས། སློབ་དཔོན་མི་བཞུགས་པར་འདུག །གདན་ངས་མ་མཐོང་ཞུས་ཙམ་ན། ངས་འདི་ཙུག་བྱས་པ་ཡིན་གསུངས་ནས་ཁྲུས་རས་གཅིག་གི་ཞལ་བཀའ་པ་ལྟར་མཛད། དེ་ཙུག་མཛད་ཀྱང་ད་ཅི་ཡེ་མི་འདུག །ད་ལྟ་བཞིན་གདའ་ཞུས་པ་ལ། གླིན་པ་དབྱར་ཀྱི་སྤྲངས་ལ་ཅི་ཡང་སྐྱེ། རྣལ་འབྱོར་གྱི་ཉམས་ལ་ཅི་ཡང་འཆར་ཟེར་བ་མ་ཐོས་སམ། ཐམས་ཅད་ཉམས་སྣང་ཡིན་པས་བདེན་འཛིན་མ་བྱེད། རང་སྣང་བཟླས་ན་སྒྲོ་སྐུར་འོང་། དུས་ད་ལྟ་ཅི་བྱེད་ཀྱང་ཡིད་ཆེས་པར་དགའ་བས། ཁྱེད་ཀྱིས་དེ་ཙུག་ཡིན་ན་འདི་ལྟ་བུ་འོང་དགོས་ཟེར་ནས་ལུང་འདྲེན་ཤད་ཤད་བྱེད། ལས་དང་པོ་ལ་འདི་ཙུག་བཤད་ཟེར་བ་ལ་ཐོས་པ་ཆེན་པོ་མ་བྱས་པ་ལ་སྐྱོན་ཡོད་ཟེར་ནས་སྡིག་རྩར་འགྲོ་བས། ད་ལྟའི་དུས་ན་ཅིས་ཀྱང་གསང་དགོས་པ་ཡིན་གསུངས། ལར་ས་ལམ་གྱི་རྟགས་མི་དགོས་བླ་མ་དམ་པ་ཞིག་ལ་མོས་གུས་ཁྱད་པར་ཅན་གཅིག་གི་སྒོ་ནས་དམ་ཚིག་མ་ཉམས་པར་བསྟེན་ན་དངོས་གྲུབ་རྣམ་པ་གཉིས་ཚེ་འདི་ཉིད་ལ་ཐོབ་པ་ཡོད། ལུང་ལས་ཀྱང་སྐད་ཅིག་གིས་རྫོགས་སངས་རྒྱས་བྱ་བ་ཡང་བཤད། དེ་བློ་ཆུང་བ་ཚོགས་མ་བསགས་པའི་བློར་མི་ཤོང་གསུང་སྐད།

ཡང་དགོན་དུ་རྒྱུགས་སྐྱིལ་འགའ་ཡོད་པའི་རྟ་རྫག་པས་ཁྱེར་བ་ལ་ལྟ་སྣང་གཅིག་དང་ཕྱག་རྒྱ་གཅིག་མཛད་པས་རྫག་པ་རྣམས་རྟ་རྒྱུགས་བདོ་ལ་འདམ་ལ་ཟུགས་པ་བཞིན་དུ་སོང་ནས་རེངས་པར་གདའ། ཁྱེད་ཀུན་སོང་ལ་རྟ་ལོང་ལ་ཅང་མ་ཀློ་སྙིང་རྗེ་གསུངས་སྐད། ཡང་སྐྱོ་ཏུ་ཀམ་བྲག་བྱ་བ་ལ་ཉིན་ས་སྐམ་པོར་ཆུ་ཡེ་མི་འདུག་པའི་སར་འདིར་གཏོར་མ་གཅིག་ཁྱེར་ལ་ཤོག་གསུངས། གཏོར་མ་གཅིག་བསྒོས་ནས་ཕྱག་མཁར་གྱིས་ས་ལ་རྗེས་གཅིག་ཕྱུང་ནས་འདིའི་ཤུལ་དུ་ལུག་གསུངས་ནས་གཏོར་མ་དེ་བླུག་པ་དང་། འོ་སྦྲགས་ཀྱི་བདག་པོ་འཇིག་རྟེན་མཐུ་ཆེན་པོ་ལ་སོགས་པ་ཁྱེད་རྣམས་ཀྱི་ངེད་ལ་ཆུ་མེད་པ་མྱུར་དུ་ཆུ་གཅིག་ཞུ་གསུངས།

ཕྱིར་ཉིན་དེར་བལྟས་ཙམ་ན་བཀྲན་བག་ཙམ་གཅིག་བྱུང་ནས་སྣང་ཞུས་ཙ་ཡང་གཏོར་མ་གཅིག་ཁྱེར་ལ་དེར་སྐྱོལ་ལ་སང་ནང་པར་ལས་ལས་མི་ཕྱི་བར་ཆུ་གཅིག་འབབ་གིན་སྣང་། དེར་ཆུ་བླངས་ནས་ལོངས་སྤྱོད་གསུངས། ཕྱིས་ཡུལ་མི་རྣམས་ཀྱིས་ཆུ་དེ་ལ་བླངས་ནས་ནད་པ་དང་བར་ཆད་ཅན་རྣམས་ལ་བླུད་ཙམ་ན་སངས་སངས་འགྲོ་གིན་འདུག་སྐད། རང་རེ་ཡང་སྣང་བ་དག་པ་ཁོན་

མ་ལགས་ཏེ་འོ་ན་ཡང་བླ་མ་རིན་པོ་ཆེ་སྟག་ལུང་ཐང་པ་ཙམ་དུ་བྱོན་པ་དང་བླ་མ་འབའ་རོམ་པ་དང་མཇལ་བ་དང་། བསྙེན་བཀུར་བྱེད་པ་དང་དྲོ་ལམ་གཅིག་ཏུ་གཤེགས་པ་དང་། འཛའ་ཁ་དོག་སྣ་ཚོགས་ཀྱི་གདུགས་ཀྱིས་བླ་མ་འབའ་རོམ་པའི་དབུ་ཐོག་ཏུ་ཕུབ་ནས་བཞུད་པ་མཐོང་བ་དང་། དེ་ལ་སོགས་པའི་མཐོང་སྣང་ཁྱད་པར་ཅན་དཔག་ཏུ་མེད་པ་ཡོང་བ་དེ་འདིར་མང་བས་མ་བཀོད་པ་ཡིན། བླ་མ་རིན་པོ་ཆེ་དཔལ་འབའ་རོམ་པ་ཆེན་པོ་དེས་འཛིན་པ་དང་རེ་དོགས་མེད་པར་ཆུ་བོ་རྒྱུན་གྱིས་རྣལ་འབྱོར་གྱི་ངང་ལས་བླ་མ་དྭགས་པོ་རིན་པོ་ཆེའི་སྐུའི་ཞབས་ཏོགས་ཁྱད་པར་ཅན་མཛད་ནས། དུས་གསུམ་གྱི་སངས་རྒྱས་ཀྱི་སྐུའི་ངོ་བོར་བློ་ངེས་ཤིང་། ཡང་དག་པར་རྫོགས་པའི་སངས་རྒྱས་ལོངས་སྤྱོད་རྫོགས་པའི་སྐུ་དྲུག་པ་རྡོ་རྗེ་འཆང་དུ་གཟིགས་པས་རང་དང་གཞན་སྣང་བསྒྱུབ་ཅིང་དུས་གསུམ་གྱི་སངས་རྒྱས་ཐམས་ཅད་ཀྱིས་གསུངས་དུ་ངེས་པའི་ཤེས་པ་སྐྱེས་པས། ངག་ནུས་པ་དང་ལྡན་ཞིང་གསོལ་བ་བཏབ་པ་ཙམ་གྱིས་ཀུང་མངོན་གསུམ་དུ་འགྲུབ་པ་དང་། འགྲོ་བ་ཐམས་ཅད་དད་པ་དང་འདུན་པ་ཡིན། བླ་མ་དེ་ཉིད་ཀྱིས་ངང་ལ་དུས་སྐད་ཅིག་ཆད་པ་མེད་པར་བཞུགས་པ་ཡིན། བླ་མ་རིན་པོ་ཆེ་དེ་ཉིད་ལ་རབ་བསྒྲུབ་པའི་ཞབས་ཏོག་ལ་རང་ཉིད་ཀྱིས་ལུས་དང་སྲོག་ལས་མ་ལྟོས་པར་ཙམ་ལྷ་སྒོ་གངས་ཀྱི་རྩ་བ། རི་ཁྲོད་རྣམ་པར་དག་དེར་འཁོར་བ་བློས་སྤྱངས་ནས་གངས་ལ་ཡང་ཉམ་ང་མེད་པར་སེང་གེའི་རྒྱལ་པོ་ལྟར་མཉན་རྗེས་མེད་པར་ཕྱུག་རྒྱ་ཆེན་པོའི་ངང་ལ་དུས་རྒྱུན་ཆད་མེད་པར་བཞུགས་པས་སེམས་སྙིང་པོ་མེད་པ་ལས་སྙིང་པོ་བླངས་པ་ཡིན། འབྲིང་ལུས་ཀྱི་ཞབས་ཏོག་ལ་དཀའ་ལས་དཔག་ཏུ་མེད་པའི་སྒོ་ནས་ལུས་དང་སྲོག་ལ་མ་ལྟོས་པར་བླ་མ་དེ་ཉིད་ཀྱིས་སྐུ་ཚེའི་བར་ཆད་ལན་གྲངས་ཀྱིས་བསལ་བས་ལུས་སྙིང་པོ་མེད་པ་ལ་སྙིང་པོ་བླངས་པ་ཡིན། ཐ་མ་རྫས་ཟང་ཟིང་གིས་ཞབས་ཏོག་ལ་མདོ་རྒྱས་པ་ལ་སོགས་པའི་པོ་ཏི་མང་པོས་སྣས་དྲངས་པའི་ཇ་དང་གསེར་དངུལ་དང་སྟག་གཟིག་དང་ཁྲབ་རྨོག་དང་གཡུ་དང་དངུལ་སྣ་དང་། གནག་རྟ་ལ་སོགས་པ་ཤིན་ཏུ་ངོ་མཚར་བའི་འབུལ་བ་ནོར་རྫས་ཕུལ་བས་ལོངས་སྤྱོད་སྙིང་པོ་བླངས་པས། ཞབས་ཏོག་གསུམ་གྱི་སྒོ་ནས་བླ་མ་རིན་པོ་ཆེ་དེ་ཤིན་ཏུ་མཉེས་པར་བྱས་པ་ལགས།

ཡང་འགྲོ་བའི་མགོན་པོ་བླ་མ་རིན་པོ་ཆེ་དེ་བྱང་ཆུབ་ཀྱི་སེམས་རིན་པོ་ཆེ་འབྱོངས་པས་སྐུ་ལ་རིང་བསྲེལ་ཁ་དོག་སྣ་ཚོགས་བྱོན་པ་ཡིན། བླ་མའི་ཞབས་ཏོག་དང་སྨིན་པའི་ཕ་རོལ་ཏུ་ཕྱིན་པ་རྫོགས་པས། ཕྱག་དང་ཞབས་ལ་འཁོར་ལོ་དང་པདྨས་ལེགས་པར་བརྒྱན་པ་ཡིན། ཐུགས་ཀར་

དཔལ་བཻཌཱུ་ཡིས་རི་མོ་ཤིན་ཏུ་གསལ་བར་ཡོད་པ་ཡིན། ཕྱག་གི་ཨུཏྤལ་ཁ་ཕྱེན་དུ་ལྟ་ཞིང་རིངས་པ་ཡིན། ཕྱག་གཡོན་པའི་སྲིན་ལག་གིས་རྩ་བར་ཧཱུྃ་སྤྲུ་ཤད་ལྟ་བུར་ཤིན་ཏུ་གསལ་བར་ཡོད་པ་ཡིན། སྐུ་གཟི་བརྗིད་ཆེ་ཞིང་མདངས་དང་ལྡན་པས་ཐམས་ཅད་ཟིལ་གྱིས་ནོན་པར་བཞུགས་པ་ཡིན། ཆོས་ཐམས་ཅད་ཕྱི་ནང་གསང་གསུམ་གྱི་རྟེན་འབྲེལ་དུ་ཤར་བས། དམིགས་པ་མེད་པའི་ཐུགས་རྗེས་ཕྱོགས་རིས་མེད་པར་གདུལ་བྱ་བསམ་གྱིས་མི་ཁྱབ་པའི་དོན་ལ་རྟེན་འབྲེལ་སྣ་ཚོགས་ཀྱི་སྒོ་ནས་སེམས་ཅན་མང་པོའི་དོན་མཛད་པ་ཡིན། བཞུད་པ་ནས་ཐུགས་རྗེ་ཆེན་པོས་འགྲོ་བ་ལ་ཕན་པ་མཛད་ཅིང་བཞུད་པ་ཡིན། བཞུགས་པ་ན་གདན་བཅས་པས་སྐུ་དཀྱིལ་མོ་ཀྲུང་གིས་ལེགས་པར་བཞུགས་པ་ཡིན། གཟིམ་ཙམ་ན་འོད་གསལ་འགྲོ་འོངས་མེད་པའི་ངང་ལ་གཟིམས་པ་ཡིན། སྤྱོད་ལམ་རྣམ་བཞིར་མཉམ་ཞག་ཆེན་པོའི་ངང་ལ་བཞུགས་པ་ཡིན། མངོན་པར་ཤེས་པ་དྲུག་དང་ལྡན་པའི་སྒོ་ནས་གསང་སྤྱོད་མཛད་པ་ཡིན། སྐུ་གསུང་ཐུགས་འཕྲིན་ལས་རྣམས་གང་ལ་གང་འདུལ་གྱིས་གདུལ་བྱའི་ཁམས་དང་བག་ལ་ཉལ་བ་དང་བསྟུན་ནས་དེ་ལ་དེ་ལྟར་སྟོན་པ་ཡིན། སྐུ་གསུང་ཐུགས་བྱམས་པའི་ལས་དང་ལྡན་པས་གཟིམ་པའི་སར་རི་དྭགས་རྣམས་ཀྱིས་རྣལ་ལ་སོགས་པ་སྲུང་བ་ཡིན། བྱ་བྱེའུ་རྣམས་ཀྱི་རྣལ་ལ་སོགས་པ་སྲུང་ཤིང་ཕྱག་མཐིལ་དུ་སྡོད་པ་དང་ཤངས་ཀྱིས་ཐོག་ཏུ་བབས་ནས་སྨྲུན་རྣག་སེལ་ཞིང་འདུག་པ་ཡིན། རྣལ་སད་ཙམ་ན་དཔའ་བོ་དང་དཔའ་མོ་ཌཱ་མ་རུའི་སྒྲ་དང་ཕྱག་གི་བརྡས་ཐུགས་དམ་དང་གཤེགས་བཞུད་ཀྱི་དུས་ཚོད་མ་ཡོལ་བར་བསྐུལ་བ་ཡིན། གཞན་ཡང་བླ་མ་རིན་པོ་ཆེ་དེས་ཡི་དམ་ལྷའི་ཞལ་གཟིགས་པ་ཡིན། ནམ་མཁའ་ལ་འགྲོ་བ་དང་ཆུ་ལ་མི་བྱིང་བ་དང་། སྐུའི་བཀོད་པ་དུ་མ་མཛད་པ་དང་། ཟད་པར་གྱི་ཏིང་ངེ་འཛིན་ཐམས་ཅད་ལ་སྟོང་པ་འཇུག་པ་དང་། རྩིག་པ་དང་བྲག་ལ་ཐོགས་པ་མེད་པར་གཤེགས་པ་དང་། མངོན་པར་ཤེས་པ་རྒྱ་ཆེན་པོ་མངའ་བ་དང་། ཕྱག་རྒྱ་ཆེན་པོ་མཆོག་གི་དངོས་གྲུབ་ཐོབ་ཅིང་ཐུན་མོང་གི་ཡོན་ཏན་མ་ལུས་པ་མངོན་དུ་གྱུར་པ། འགྲན་གྱི་དོ་ཟླ་མེད་ཅིང་རྩོད་པ་དང་བྲལ་བའི་གྲུབ་ཐོབ་ཆེན་པོར་གྱུར་པ་ཡིན། འགྲོ་བ་ཀུན་གྱི་མགོན་དང་སྐྱབས་སུ་གྱུར་པའི་བླ་མ་རིན་པོ་ཆེ་དེ་ལ་སྐྱེ་རྒ་ན་འཆི་མི་མངའ་ན་ཡང་དགུང་ལོ་བདུན་ཅུ་རྩ་གསུམ་གདུལ་བྱ་འགའ་ཞིག་ལ་གཟིགས་ནས། ཡང་དག་པར་རྫོགས་པའི་སངས་རྒྱས་ཀྱིས་མཛད་པ་བཅུ་གཉིས་ཀྱིས་ཕྱི་ཏ་བླ་ན་མེད་པ་དང་མཐུན་པར་དགོངས་ནས། ཉིན་གཅིག་ན་ངའི་རྨི་ལམ་ན་སང་ཕོད་ཀྱི་ལོ་ལ་ཤི་བ་ཞིག་རྨིས། ཅེས་ཀྱང་མི་བཟློག་པར་འགྲོ་

དགོས་པར་སྣང་བས་མི་གསར་དུ་འོངས་ནས་ཆོས་ཞུ་བ་རྣམས་དེ་རྩ་ར་མ་འཛོག་གོ་བ་ལོང་། ཅེས་ཀྱང་མ་བཞག་གསུངས། ཁྱེད་མི་ལ་དགའ་སྟེ་ཡིད་གདུང་ནས་འགྲོ་བ་ཡིན། བླ་མ་གཞན་གྱིས་ཅན་དུ་ཐོང་། ཡུན་རིང་བས་གཙོ་མི་ཆེ་སྟེ། མོས་གུས་ཆུང་བས་གྱོད་ཆེ་བས་མི་འགའ་རེས་ཆོས་བྱ་རྒྱུ་མ་རྙེད་ཟེར་བ་དེ་མི་བདེན། རྟོད་པ་མེད་པའི་བླ་མ་མཚན་ཉིད་དང་ལྡན་པ་དང་མཇལ་ནས་མོས་གུས་བྱས་ཏེ་བསླུ་བ་མེད་པའི་ལས་རྒྱུ་འབྲས་ལ་ནན་ཏན་མཛད་ཅིང་གཡེང་བ་མེད་པར་བྱང་ཆུབ་རིན་པོ་ཆེ་སྒྲུངས་ན་རེ་དོགས་མེད་པར་ཕྱག་རྒྱ་ཆེན་པོ་རང་ལ་ཡོད་པ་དེ་ལྷུན་གྱིས་གྲུབ་པ་རྒྱུན་ཆད་མེད་པར་གོ་ཞིང་རྟོགས་ན་ཐེ་ཚོམ་མེད་པར་ཚེ་འདི་ཉིད་ལ་དངོས་གྲུབ་རྣམ་པ་གཉིས་ཐོབ་པར་ངེས་ཤིང་ཐོགས་པ་མེད་པར་སེམས་ཅན་བསམ་གྱིས་མི་ཁྱབ་པའི་དོན་རླབས་པོ་ཆེ་འབྱུང་བ་ནི་རྟེན་ཅིང་འབྲེལ་པར་འབྱུང་བའི་ཆེ་བ་ཡིན་པས་གང་གིས་ཀྱང་འགག་པར་ནུས་པ་མ་ཡིན། སང་ཕོད་སྒྲིད་ནི་ང་འགྲོ་བ་ཡིན་གསུངས་པ་ལ། རིམ་གྲོ་བྱས་ན་བཟློག་སྟེ་འོངས་བས་རིམ་གྲོ་བྱེད་པར་ཞུ་བྱས་པ་ལ། གླེན་པ་ཀུན་གོང་དུ་བཟླས་པ་དེ་མ་གོ་འམ། བླ་མའི་གསུང་ལ་ཚད་མར་མི་འཛིན་པའི་མིས་བྱིན་རླབས་འདོད་པ་དེ་རེ་བླུན། ཁྱེད་ལ་དབང་མེད་སྙིང་སྟོང་སང་ཀྱིས་སོང་ཙམ་ན་ད་གཟོད་བདེན་སྙམ་པ་ཞིག་འོང་བ་ཡིན། ཅེས་ཀྱང་སང་ཕོད་མི་བཟློག་གསུངས། ཕྱི་དེ་ལོ་ནུབ་གཅིག་རྨང་ལམ་ན་འབྲུལ་བ་གཅིག་འོང་ཟེར་བ་ལ་ང་ད་ལྟ་འདས་ནས་གདུང་བཞུ་བདོ་བ་འདི་ཡིན་བྱས་པ་རྨིས་གསུངས། དེ་ནས་སོག་ཏུ་ཇ་པ་མང་པོ་ཕེབས་པའི་ནང་ན་འབའ་རོམ་པའི་འབྲུལ་སྐྱེལ་འོང་ཟེར་བའི་སྐད་བྱུང་བ་ལ། བླ་མས་དེ་ཀུན་དང་ཕྲད་ན་ཁོང་ཡིད་ཆེམ་བ་ཡིན་ཏེ་ང་མེད་པ་གཅིག་དང་འཕྲད་དོགས་ཡོད་གསུངས་ལ། ཁོང་འགའ་རེས་ཤི་བ་རྨིས་པ་བཟང་བ་ཡིན་ཟེར་བ་མི་བཟང་ངམ་ཞུས་པ་ལ་དེ་དང་མི་འདྲ། ངས་བླ་མ་མཉེས་པར་བྱས་པ་ཡིན། གདམས་ངག་གི་གནད་ལ་མཁས་པ་ཡིན། བསྒྲུབ་པ་ལ་རྩེ་གཅིག་ཏུ་ནན་ཏན་བྱས་པ་ཡིན། ཉམས་མྱོང་དང་རྟོགས་པ་ངེས་ཤེས་དང་ཆས་པ་ཐེ་ཚོམ་མི་ཟ་ཡོད་པ་ཡིན། འཆི་ལྟས་ལ་ཤིན་ཏུ་མཁས་པ་ཡིན་པས་དེས་ཕན་པ་མེད། ད་གསོལ་བས་བཏབ་ལ་ཁོང་ལ་ཨེན་ཅིག་སྟོད་དགོས། མགྲོན་པོ་ཡར་ཆེས་ལ་ཡོང་བར་སྣང་གསུངས། དེ་ནས་ཞག་དྲུག་བདུན་ལ་སྐུ་བསྙུང་། ཆོས་གཅིག་དང་གཉིས་ལ་ཇ་བ་ཕྱི་ཡོས་སླེབས། དེར་རིན་པོ་ཆེས་འགྲོན་པོ་ཐག་རིང་ནས་ཡོང་བས་སྤྱན་ཐོང་གསུངས་པ་ལ། མགྲོན་པོས་ཡར་ཞུས་པས་བླ་མ་རིན་པོ་ཆེའི་སྐུ་ཁམས་ཀྱི་བཙའ་བཟིབ་གྱིང་པ་གལ་ཆེ་བས་ད་རེས་མི་མཇལ་བས་མི་མཇལ་བས་ཆུར་ལམ་

མཇལ་བར་ཞུ་ཟེར་བ་ལ། ཚུར་ལམ་ང་ནི་གར་ཡོད། ཁྱེད་ནི་གར་ཡོད། ས་ཐག་རིང་ནས་ཡོང་བའི་མིས་དཀའ་ལས་མང་པོ་བྱས་པ་ཡིན། མ་འགོག་པར་ཐོང་མཇལ་དགོས་པ་ཡིན། ངས་འབུལ་བའི་ངོ་ལ་ལྟ་བ་མ་ཡིན། ཁོང་རྣམས་དང་ཕྲད་ན་ད་རེས་ཕྱི་ཏ་ཡིན། གཞི་བྱེས་ལ་སོགས་པ་འཛོམས་པ་ཡིན་པས་ང་ཐོང་དང་ཆོས་བྱ་དགོས་པ་ཡིན་གསུངས། དེར་མགྲོན་པོ་རྣམས་ཀྱིས་སྐྱབས་འགྲོ་སེམས་བསྐྱེད་གཏོར་མ་ལ་སོགས་པ་ཐམས་ཅད་ལེགས་པར་མཛད་ནས། དེ་ནས་དགོན་པའི་གྲྭ་པ་རྣམས་དང་ཡང་མཇལ་འཕྲད་ལེགས་པར་མཛད་ནས་ཞལ་ཏ་ཡང་ཞིབ་ཏུ་གསུངས། དེ་ནས་ས་གས་རིའི་ཟླ་བ་ཡར་ངོའི་ཚེས་གཉིས་ཀྱི་ནུབ་མོ་གུང་ཡོལ་ཙམ་ན་སྐུ་མྱ་ངན་ལས་འདས་པའི་ཚུལ་བསྟན་པ་ཡིན།

དེ་དུས་སུ་འོད་དམར་པོ་ནམ་མཁའ་ལ་འཁོར་ཤིན་ཏུ་འདུག་པ་དང་། མེ་ཏོག་སྣ་ཚོགས་ཀྱི་ཆར་དང་། རོལ་མོའི་སྒྲ་དཔག་ཏུ་མེད་པ་དང་། ཁྱད་པར་དུ་ཊཱ་མ་རུ་དང་། ཅང་ཏེའུ་ཡི་སྒྲ་འཁོལ་བ་དང་། ས་གཡོ་བ་དང་། ཞུར་ཆེན་པོ་དང་། འོད་དང་འཇའ་དང་ལྷས་ཆེན་པོ་དཔག་ཏུ་མེད་པ་ངོ་མཚར་ཆེན་པོ་དཔག་ཏུ་མེད་པ་བྱུང་། དེ་ནས་ཡར་གྱི་ཆེས་བཅུ་ལ་གདུང་བཞུས། དེའི་དུས་སུ་ཡང་དུད་པ་ཐམས་ཅད་ཀའི་ནམ་མཁའ་ལ་ཡར་སོང་ནས་འཁྱིལ་བ་ལ་འཇའི་གདུགས་ཁ་དོག་སྣ་ཚོགས་པར་སོང་། ནམ་མཁའ་ལ་འཇའ་ཚོན་དང་པདྨ་དང་། ཤིང་ལྗོན་པ་དང་། རྒྱལ་མཚན་དང་། པདྨ་ལྟ་བུ་དཔག་ཏུ་མེད་པས་གང་བ་བྱུང་། འགྲོ་བ་དང་བ་ཁྱད་པར་ཅན་འདྲེན་པ་དང་། མོས་གུས་བྱེད་པའི་རྟེན་ལ་རིང་བསྲེལ་ཁ་དོག་སྣ་ཚོགས་མང་པོ་དང་། རིན་པོ་ཆེ་འབར་བ་ལྟ་བཟོས་ཚོན་རྩིས་བྲིས་པ་ལྟར་ཤིན་ཏུ་གསལ་བ་ངོ་མཚར་ཅན་དང་། བཀྲ་ཤིས་ཀྱི་རྟགས་རྣམ་པ་བརྒྱད་དང་། རྗེ་བཙུན་མའི་སྐུ་ལ་སོགས་པ་རྟེན་མང་དུ་བྱོན་པ་ཡིན་ནོ། །དེ་ལྟ་བུའི་བླ་མ་ཆོས་ཀྱི་རྒྱལ་པོ་འགྲོ་བའི་མགོན་པོ་རིན་པོ་ཆེ་དེས་ལ་སློབ་མ་ངོ་མཚར་ཅན་མང་པོ་བཞུགས་ན་ཡང་བུ་ཆེ་བཞི་ནི། རྩེ་བྲོམ་དབང་ཕྱུག་སེང་གེ། བྲན་ཀ་རྗེ་བཙུན་ནམ་མཁའ། བླ་མ་ཆེན་པོ་ལྷོ་པ། སྟོན་པ་རིན་ཆེན་བླ་མ་དང་བཞི་ཡིན། དེ་ལ་ཉེ་བའི་སྲས་ནི་བྲན་ཀ་ལྷ་སྟོན། གཞོན་ནུ་གྲགས། ཁྱིམ་མཉེས་ཨཱཙྪ་དེ་བ། ལྷ་སྡེ་བློ་གྲོས་མཆོག་དང་བཞི་ཡིན། བརྒྱུད་པ་འཛིན་པའི་སྲས་ལྔ་ནི། བླ་མ་རིན་པོ་ཆེ་འབྲི་གུང་བ། བླ་མ་ཉིན་སློམ་པ། བླ་མ་དཔལ་རྒྱལ། བླ་མ་སེང་གེ་རྒྱལ་མཚན་ཡོན་པོ་ཤེས་རབ་བྱང་ཆུབ་དང་ལྔའོ། ། །།

༄༅། །དཔལ་ལྡན་འབའ་རོམ་པའི་བརྒྱུད་པ་གསེར་རིའི་ཕྲེང་བའི་རྣམ་ཐར་ཡོན་ཏན་རྒྱ་མཚོའི་གཏེར་མཛོད་བཞུགས་སོ། །

སོ་རག་བུ་བྲལ།

ཨོཾ་སྭ་སྟི། དཔལ་ལྡན་བླ་མ་དམ་པའི་ཞབས་ལ་ཕྱག་འཚལ་ལོ། །གང་གི་མཁྱེན་གཉིས་ཡངས་པའི་ལྷ་ལམ་དེར། །ཚད་མེད་ཐུགས་རྗེས་ཆུ་འཛིན་གསར་པ་འཁྲིགས། །ཐེག་ཆེན་ཆོས་ཀྱི་འབྲུག་སྒྲ་ཆེར་སྒྲོག་ཅིང་། །འཕྲིན་ལས་ཆུ་གཏེར་རྒྱུན་དགའ་ལེགས་དྲངས་ནས། །སྐྱེ་དགུ་རྒྱ་མཚོའི་གོས་ཅན་ཡོངས་བརླན་ཏེ། །ཕན་བདེའི་རྩི་འབྲས་དཔག་མེད་བསྐྱེད་མཛད་པའི། །དཔལ་ལྡན་བླ་མ་རྡོ་རྗེ་འཆང་དངོས་ཀྱི། །ཞབས་པད་དྲི་མ་མེད་གང་སྤྱི་བོར་ལེན། །བཀའ་བརྒྱུད་རི་དབང་ཡོན་ཏན་རྒྱ་མཚོའི་ཕྱུག །ཚད་མེད་བང་རིམ་ལུང་རིགས་འོད་ཟེར་འཕྲོ། །གྲགས་པའི་བ་དན་རྣམ་པར་གཡོ་བ་གང་། གདུལ་བྱའི་གླིང་བཞིའི་དབུས་ན་རྒྱལ་གྱུར་ཅིག །གང་དེའི་ཡོན་ཏན་བསྟགས་པ་མཐའ་ཡས་དག །དམ་པ་རྣམས་དང་མཁས་པ་དུ་མ་ཡིས། །དུས་རིང་བརྗོད་ཀྱང་དཔག་པར་མི་ནུས་ན་འང་། །སྐྱེ་བོ་སྨོངས་པ་རྣམས་ཀྱིས་སློས་ཅི་དགོས། །འོན་ཀྱང་གོང་མའི་གསུང་སྒྲོས་ལ་བརྟེན་ནས། །མ་འོངས་གདུལ་བྱ་དྭངས་པ་འདྲེན་པའི་ཕྱིར། །བཀའ་བརྒྱུད་རིན་ཆེན་གསེར་གྱི་ཕྲེང་འདྲ་ཡི། །རྣམ་པར་ཐར་པའི་ཆ་ཤས་འདི་བརྗོད་དོ། །

འདིར་དད་པ་ཅན་རྣམས་ལོ་རྒྱུས་ཀྱིས་རྗེས་སུ་འབྲང་བར་བྱ་བ་ནི། ཁུང་བཙུན་ཞིང་ཡིད་ཆེས་པའི་ཕྱིར་དུ། བླ་མ་བརྒྱུད་པའི་ལོ་རྒྱུས་གལ་ཆེ་བ་ཡིན་ཏེ། དེ་ཡང་བླ་མ་བརྒྱུད་པའི་རྩ་བ་ཅན་ཞེས་གསུངས་པས། སངས་རྒྱས་ནས་རང་གི་རྩ་བའི་བླ་མའི་བར་དུ་བརྒྱུད་པ་ལ་སེལ་མ་ཞུགས་ཤིང་བར་མ་ཆད་པ་གཅིག་དགོས་པ་ཡིན་ཏེ། དེ་ལྟ་བུའི་གསང་སྔགས་རྡོ་རྗེ་ཐེག་པའི་ལམ་ཟབ་མོ་ལ་བརྟེན་

ནས། སྙིང་པོའི་དོན་ཕྱིན་ཅི་མ་ལོག་པ་ཐུགས་ཉམས་སུ་བཞེས་པས། ཕྱག་རྒྱ་ཆེན་པོ་མཆོག་གི་དངོས་གྲུབ་ཐོབ་ནས། རང་བཞིན་གྱི་དོན་འབད་མེད་དུ་བྱུང་བ་ནི། རྗེ་རྣལ་འབྱོར་གྱི་དབང་ཕྱུག་དྭགས་པོ་བཀའ་བརྒྱུད་ཞེས་ཡོངས་སུ་གྲགས་པ་འདི་ཉིད་ཡིན་ཏེ། འདི་ལ་ཕྱོགས་ཕྱོགས་སུ་བརྒྱུད་པ་སོ་སོའི་ལུགས་ཀྱི་རྣམ་པར་ཐར་པ་རྒྱས་བསྡུས་ཀྱི་བྱེ་བྲག་བསམ་གྱིས་མི་ཁྱབ་པ་གཅིག་འདུག་ཀྱང་། འདིར་སངས་རྒྱས་དྲུག་པ་རྡོ་རྗེ་འཆང་ཆེན་པོ་ནས་རང་གི་རྩ་བའི་བླ་མ་ཡན་ཆད་ཀྱི་རྣམ་པར་ཐར་པ་ཕྱོགས་གཅིག་ཏུ་བསྒྲིགས་པ་ཡིན་ཏེ། དེ་ཡང་ཐོག་མར་རྡོ་རྗེ་འཆང་། ཏེ་ལོ། ནཱ་རོ། མར་པ། མི་ལ། དྭགས་པོ་རིན་ཆེན་དང་དྲུག་གི་རྣམ་པར་ཐར་པའོ། །

དེའི་དང་པོ་སྟོན་དཔོན་འཕགས་པ་ཀླུ་སྒྲུབ་ཀྱིས། དང་པོ་བྱང་ཆུབ་མཆོག་ཏུ་སེམས་བསྐྱེད་དེ། །བསྐལ་པ་གྲངས་མེད་གསུམ་དུ་ཚོགས་བསགས་ཤིང་། །བར་དུ་གཅོད་པའི་བདུད་བཞི་འཇོམས་མཛད་པ། །བཅོམ་ལྡན་སེང་གེ་ཁྱོད་ལ་ཕྱག་འཚལ་ལོ། །ཞེས་གསུངས་པས་འདི་ལ་གསུམ། དང་པོ་བྱང་ཆུབ་མཆོག་ཏུ་ཐུགས་བསྐྱེད། བར་དུ་བསྐལ་པ་གྲངས་མེད་གསུམ་ལ་ཚོགས་བསགས། མཐར་མངོན་པར་རྫོགས་པར་སངས་རྒྱས་པ་ཡིན་ཏེ། འདི་ལ་གཉིས། ཐེག་པ་ཆུང་ངུའི་ལུགས་དང་། ཐེག་པ་ཆེན་པོའི་ལུགས་སོ། །དེའི་དང་པོ་ཐེག་པ་ཆུང་ངུའི་ལུགས་ལ་གསུམ། དེ་ཡང་དང་པོ་སེམས་བསྐྱེད་ཚུལ་ནི། སྔོན་བྱུང་བ་འདས་པའི་དུས་སུ་རྒྱལ་པོ་གསལ་གྲགས་ཞེས་བྱ་བ་གཅིག་བྱུང་ངོ་། །དེས་སངས་རྒྱས་ཤཱཀྱ་ཐུབ་པ་ཆེན་པོའི་དྲུང་དུ་བསྙེན་བཀུར་ཞིང་སེམས་བསྐྱེད་པ་ནི། སྨྲིན་པ་འདི་ཡིས་ཤཱཀྱའི་རིགས་སྐྱེས་ནས། །ཡོན་ཏན་མཉམ་པའི་སངས་རྒྱས་ཉིད་གྱུར་ཏེ། །ཚངས་པའི་བར་གྱི་ཉམས་ཐག་འཆིང་བ་རྣམས། །ཞི་བ་རྒྱ་ཆེན་འཇིག་མེད་སྒྲོལ་བར་ཤོག །ཅེས་སྨོན་ལམ་བཏབ་སྟེ་སེམས་བསྐྱེད་དོ། །གཉིས་པ་བསྐལ་པ་གྲངས་མེད་གསུམ་དུ་ཚོགས་བསགས་ཚུལ་ནི། ཤཱཀྱ་ཐུབ་པ་ནས་བཟུང་སྟེ། ཡུལ་འཁོར་སྐྱོང་གི་བར་དུ། སངས་རྒྱས་བདུན་ཁྲི་ལྔ་སྟོང་བསྙེན་བཀུར་ཞིང་། བསྐལ་བ་གྲངས་མེད་པར་ཚོགས་བསགས་པས་གྲངས་མེད་དང་པོ་རྫོགས་པ་ཡིན་ཏེ། སངས་རྒྱས་ཤཱཀྱ་ཐུབ་པ་ནས། །འདྲེན་པའི་ཡུལ་འཁོར་སྐྱོང་གི་བར། །བདུན་ཁྲི་ལྔ་སྟོང་ཚང་བ་ཡིན། །སངས་རྒྱས་རྣམས་ནི་ངས་མཆོད་དོ། །ཞེས་གསུངས་སོ། །དེ་ནས་སངས་རྒྱས་ལེགས་མཛད་ནས་བཟུང་སྟེ། དབང་པོའི་རྒྱལ་མཚན་གྱི་བར་བདུན་ཁྲི་དྲུག་སྟོང་བསྙེན་བཀུར་ཞིང་། གྲངས་མེད་གཉིས་པ་རྫོགས་པར་མཛད་པ་ཡིན་ཏེ། སངས་རྒྱས་ལེགས་མཛད་ནས་བཟུང་སྟེ། །དབང་པོའི་རྒྱལ་མཚན་

ཐུབ་པའི་བར། །བདུན་ཁྲི་དྲུག་སྟོང་ཚང་བ་ཡི། །སངས་རྒྱས་རྣམས་ནི་ངས་མཆོད་དོ། །ཞེས་གསུངས་སོ། །དེ་ནས་མར་མེ་མཛད་ནས་འོད་སྲུང་གི་བར་བདུན་ཁྲི་བདུན་སྟོང་བསྙེན་བཀུར་ཞིང་། གྲངས་མེད་གསུམ་པ་རྫོགས་པར་བྱས་ཏེ། སངས་རྒྱས་མར་མེ་མཛད་ནས་ནི། སངས་རྒྱས་འོད་སྲུང་བར་དག་ཏུ། བདུན་ཁྲི་བདུན་སྟོང་ཚང་བ་ཡི། །སངས་རྒྱས་རྣམས་ནི་ངས་མཆོད་དོ། །ཞེས་གསུངས་སོ། །ཡང་མངོན་པ་མཛོད་ལས། རིན་ཆེན་གཙུག་ཏོར་ཅན་ཡན་ཆད་ཀྱིས་གྲངས་མེད་དང་པོ་རྫོགས། དེ་ནས་མར་མེ་མཛད་ཡན་ཆད་ཀྱིས་གྲངས་མེད་གཉིས་པ་རྫོགས། དེ་ནས་རྣམ་པར་གཟིགས་ཡན་ཆད་ཀྱིས་གྲངས་མེད་གསུམ་པ་རྫོགས་པར་བཤད་དེ། རྣམ་གཟིགས་མར་མེ་རིན་ཆེན་གཙུག །གྲངས་མེད་གསུམ་གྱི་ཐ་མར་བྱུང་། །དང་པོ་ཤཱཀྱ་ཐུབ་པ་ཡིན། །ཞེས་གསུངས་སོ། །དེ་ནས་བསྐལ་པ་ཆེན་པོ་བརྒྱར་མཚན་བཟང་པོའི་རྒྱུ་སྒྲུབ་པར་བྱེད་པ་ལ། བྱང་ཆུབ་སེམས་དཔའ་ངེས་གནས་ཞེས་ཟེར་བ་ཡིན་ནོ། །དེ་ཡང་བསྐལ་པ་བརྒྱ་ལུས་པས། སངས་རྒྱས་སྐར་རྒྱལ་ལ་ཞག་བདུན་དུ་ཚིགས་སུ་བཅད་པ་གཅིག་གིས་བསྟོད་ཅིང་བསྐོར་བ་བར་མ་ཆད་པར་བྱས་པའི་བརྩོན་འགྲུས་ཀྱི་བསྐལ་པ་ཆེན་པོ་དགུ་ཚོགས་འདུས་སོ། །

དེ་ནས་བསྐལ་པ་ཆེན་པོ་དགུ་བཅུ་རྩ་གཅིག་འདས་པ་ན། གྲོང་ཁྱེར་ཉེར་ལྡན་དུ་སངས་རྒྱས་འོད་སྲུང་བྱོན་པའི་ཚེ། བྲམ་ཟེའི་ཁྱེའུ་བླ་མར་གྱུར་པ་ཡན་ཆད་ཀྱིས་མཚན་བཟང་གི་རྒྱུ་རྫོགས་སོ། །དེ་ནས་དམ་པ་ཏོག་དཀར་དུ་སྐྱེ་འཁྲུངས་པ་ལ་སོགས་པ་མཛད་པ་བཅུ་གཉིས་ཀྱི་བར་དུ་བསྐལ་པ་གྲངས་མེད་པར་ཚོགས་བསགས་ཚུལ། མཐར་མངོན་པར་རྫོགས་ནས་སངས་རྒྱས་ཚུལ་ལོ། །དང་པོ་སེམས་བསྐྱེད་ཀྱི་ངོ་བོ་ནི། མངོན་རྟོགས་རྒྱན་ལས། སེམས་བསྐྱེད་པ་ནི་གཞན་དོན་དུ། །ཡང་དག་རྫོགས་པའི་བྱང་ཆུབ་འདོད། །ཅེས་གསུངས་པས། སེམས་ཅན་གྱི་དོན་དུ་རང་སངས་རྒྱས་འཐོབ་པར་འདོད་པ་ནི་སེམས་བསྐྱེད་པའི་མཚན་ཉིད་དོ། །སེམས་དེ་བསྐྱེད་ཚུལ་ནི། སྙིང་རྗེ་པདྨ་དཀར་པོ་དང་། ཕུང་པོ་གསུམ་དང་དྲིན་ལེན་བསབས་པ་ལ་སོགས་ནས་མང་དུ་གསུངས། བསྐལ་བཟང་དུ་ནི། ང་ནི་སྔོན་ཚེ་སྣན་པར་གྱུར་པའི་ཚེ། །དེ་བཞིན་གཤེགས་པ་ཤཱཀྱ་ཐུབ་དེ་ལ། །འཇམ་བུ་ཞིག་ནི་དབུལ་བ་བྱས་ནས་ཀྱང་། །དང་པོ་བྱང་ཆུབ་ཏུ་ནི་སེམས་བསྐྱེད་དོ། །ཞེས་གསུངས་ཤིང་། ཡང་རྫ་མཁན་གྱི་ཁྱེའུ་སྣང་བྱེད་དུ་གྱུར་པའི་ཚེ། དེ་བཞིན་གཤེགས་པ་ཤཱཀྱ་ཐུབ་པ་ཆེན་པོར་རྫ་མའི་ཞུམ་པ་གཅིག །མགྲོན་བུ་ལྔ་མཆིལ་ལྷམ་ཟུང་ཅིག །གདུགས་གཅིག་རྣམས་ཕུལ་ཏེ། དེ་བཞིན་གཤེགས་པ

ཁྱེད་སྐུ་ཅི་འདྲ་དང་། །འཁོར་དང་སྐུ་ཚེའི་ཚད་དང་ཞིང་ཁམས་དང་། ཁྱེད་ཀྱི་མཚན་མཆོག་བཟང་པོ་ཅི་འདྲ་བ། །དེ་འདྲ་ཁོ་ནར་བདག་ཀྱང་འགྱུར་བར་ཤོག །ཅེས་སྨོན་ལམ་བཏབ་ཏེ་སེམས་བསྐྱེད་དོ། །

གཉིས་པ་ཚོགས་བསགས་ཚུལ་ལ་གསུམ། གང་བསགས་བྱའི་ཚོག་དོས་བཟུང་བ། ཅི་ཙམ་བསགས་པའི་དུས། ཇི་ལྟར་བསགས་པའི་ཚུལ་དང་གསུམ་མོ། །དང་པོ་ནི་མདོན་མཐོ་དང་ངེས་ལེགས་ཀྱི་རྒྱུར་གྱུར་པའི་དགེ་བ་ཟག་བཅས་དང་ཟག་མེད་དུ་འདུག་པ་རྣམས་ནི་ཚོགས་ཀྱི་རང་བཞིན་ནོ། །གཉིས་པ་ཅི་ཙམ་དུ་བསགས་པའི་དུས་ནི་གསུང་རབ་རྣམས་ནས་མི་འདྲ་བ་མང་དུ་འབྱུང་སྟེ། སྐལ་པ་གྲངས་མེད་གསུམ་དང་། བདུན་དང་བཅུ་དང་། བཅུ་གསུམ་དང་། སུམ་ཅུ་རྩ་གསུམ་ལ་སོགས་གསུངས་པ་དང་། གསུང་རབ་ཕལ་ཆེར་ནས་གྲངས་མེད་གསུམ་དུ་གསུངས་ཞིང་། བསྟན་བཅོས་རྣམས་ནས་ཀྱང་གཙོ་ཆེར་དེ་ལྟར་བཞེད་པ་ཡིན་ལ་དེ་ཡང་བགྲང་བའི་གྲངས་ལས་འདས་པའི་གྲངས་མེད་པ་ཡིན་གྱི། གྲངས་ཀྱི་གནས་གཞན་དྲུག་ཅུར་ཕྱིན་པའི་གྲངས་མེད་པ་བཞེད་པ་མིན་ནོ། །

གསུམ་པ་ཇི་ལྟར་བསགས་པའི་ཚུལ་ནི། དེ་ཡང་འདི་ལ་བཞེད་དགོངས་མང་དུ་ཡོད་ཀྱང་། བྱང་ཆུབ་སེམས་དཔའི་སྡེ་སྣོད་ལྟར་བཤད་པ་ནི། རྒྱལ་བའི་ཕོ་བྲང་རྣམ་པར་རྒྱལ་བའི་རྒྱལ་མཚན་དུ། རྒྱལ་པོ་རྣམ་པར་རྒྱལ་བའི་སྲས་གཞོན་ནུ་བརྩོན་འགྲུས་སྒྲོད་ཅེས་བྱ་བར་གྱུར་པའི་ཚེ། དེ་བཞིན་གཤེགས་པ་ཕུང་པོ་ཆེན་པོ་འཇིག་རྟེན་དུ་བྱོན་པ་ལ། བསྙེན་བཀུར་ཞིང་དགེ་བའི་རྩ་བ་བསྐྲུན་པ་ནས་བརྩམས་ཏེ། བསྐལ་པ་གྲངས་མེད་གཅིག་ཏུ་ཚོགས་བསགས་པས་ས་དང་པོ་ཐོབ་པར་གྱུར། དེ་ནས་གྲོང་ཁྱེར་འཛམ་བུའི་ཆུ་བོའི་གསེར་དུ་རྒྱལ་པོ་མཛེས་པར་སྣང་བའི་གནང་ཆེན་པོ་དེ་ཚོང་དཔོན་ཤེས་རབ་བཟང་དུ་གྱུར་པའི་ཚེ། དེ་བཞིན་གཤེགས་པ་དཀོན་མཆོག་ཡན་ལག་འཇིག་རྟེན་དུ་བྱོན་པ་ལ་བསྙེན་བཀུར་ཞིང་། རྗེས་སུ་བསྟན་པ་མནོས་ནས་བཟུང་སྟེ། གྲངས་མེད་པ་གཅིག་ཏུ་ཚོགས་བསགས་པས་ས་བདུན་པ་ནོན་པར་གྱུར། དེ་ནས་བྲམ་ཟེའི་ཁྱེའུ་སྤྲིན་ཞེས་བྱ་བར་གྱུར་པའི་ཚེ། དེ་བཞིན་གཤེགས་པ་མར་མེ་མཛད་འཇིག་རྟེན་དུ་བྱོན་པ་ལ་ཨུཏྤལ་ལྔ་ཉོས་ནས་གཏོར་ཏེ། རལ་པ་གསེར་གྱི་མདོག་ཅན་གདན་དུ་བཏིང་སྟེ་ཡི་དམ་བརྟན་པོར་བཅས་པ་ན། དེ་བཞིན་གཤེགས་པ་མར་མེ་མཛད་ཀྱིས། འདི་ནི་ལྷ་དང་བཅས་པའི་འཇིག་རྟེན་གྱི་མཆོད་གནས་ཡིན་ཏེ། མ་འོངས་པའི་དུས་སུ་ཤཱཀྱ་ཐུབ་པ་ཞེས་བྱ་བའི་སངས་རྒྱས་སུ་འགྱུར་རོ། ཞེས་ལུང་བསྟན་པ་དང་དགའ་ཆེས་ཏེ། ཤིང་

ཧ་ལ་བདུན་ཕྲིད་དུ་འཕགས་ནས་ཏིང་ངེ་འཛིན་བརྒྱ་སྟོང་ཡང་མངོན་སུམ་དུ་བྱས་ཤིང་ས་བརྒྱད་པ་ཐོབ་སྟེ། ཇི་སྐད་དུ། སངས་རྒྱས་མར་མེ་མཛད་ལ་ཨུཏྤལ་ལྔ་གཏོར་ཏེ། རལ་པ་གསེར་མདོག་གདན་དུ་བཏིང་བྱས་པས། མི་སྐྱེའི་ཆོས་ལ་བཟོད་པ་ཐོབ་གྱུར་ནས། ཤཱཀྱའི་རྒྱལ་པོ་འགྱུར་ཅེས་ལུང་བསྟན་ཏོ། །ཞེས་པ་དང་། ལུང་ལས། གང་ཚེ་མར་མེ་མཛད་ཀྱིས་ང་ལ་ལུང་བསྟན་པར་གྱུར་པ་དེའི་ཚེ། །ས་བརྒྱད་པ་ནི་ཐོབ་གྱུར་ཏེ། །དབང་བཅུ་དག་ཀྱང་ཐོབ་པར་འགྱུར། །ཞེས་སོ། །དེ་དག་གི་སྐབས་སུ་ཡང་སངས་རྒྱས་གྲངས་མེད་པ་བསྙེན་བཀུར་ཞིང་ཆོས་གསན་པ་ཡིན་ཏེ། ཟླ་བ་སྒྲོན་མ་ལས། སངས་རྒྱས་དག་ནི་བྱེ་བ་ཁྲག་ཁྲིག་དང་། །དེ་ལས་ལྷག་པ་གང་གཱའི་བྱེ་མ་སྙེད། །ཀུན་ཀྱང་བྱ་རྒོད་ཕུང་པོའི་རི་ར་བཞུགས་ཏེ། །མི་དབང་དེ་ཀུན་ང་ཡིས་བཀུར་སྟི་བྱས། །ཞེས་གསུངས་སོ། །

གསུམ་པ། མངོན་པར་རྫོགས་པ་སངས་རྒྱས་པའི་ཚུལ་ནི། སངས་རྒྱས་ཀྱི་ངོ་བོ་ངོས་བཟུང་བ་སྟེ། སངས་རྒྱས་ཀྱི་ངོ་བོ་དེ་རྟེན་སྐུ་བརྟེན་པ་ཡེ་ཤེས་མཛད་པ་འཕྲིན་ལས་གསུམ་དུ་འཆད་པ་དང་། སྐུ་གསུང་ཐུགས་ཀྱི་ཡོན་ཏན་འཕྲིན་ལས་ལྔར་འཆད་པ་དང་། སྤང་རྟོགས་འཕྲིན་ལས་གསུམ་དུ་འཆད་པ། ཕུན་སུམ་ཚོགས་པ་ལ་གཉིས་སམ་གསུམ་དུ་འཆད་པ་ལ་སོགས་པ་བཤད་ཚུལ་མང་དུ་ཡོད་ཀྱང་ངོས་འཛིན་ལུགས་ཀྱི་རྣམ་དབྱེ་ཡིན་ཏེ། ཐམས་ཅད་སངས་རྒྱས་པའི་ཆོས་ལ་འདུས་པས་དོན་ལ་མི་གཅིག་པ་མེད། དེ་ཡང་སངས་རྒྱས་ཞེས་པ་ནི། སྤང་བྱ་ཉོན་མོངས་པ་ཐམས་ཅད་སྤངས་ཤིང་། རྟོགས་བྱ་ཤེས་བྱ་ཐམས་ཅད་ལ་བློ་རྒྱས་པའི་ཕྱིར་སྤངས་རྟོགས་མཐར་ཐུག་པ་ཡིན་ཏེ། དེ་སྐད་དུ་ཡང་སློབ་དཔོན་ཟླ་བ་གྲགས་པས། ཉོན་མོངས་མ་ལུས་སྤངས་ཕྱིར་དང་། །ཤེས་བྱ་ལ་ཡང་བློ་རྒྱས་ཕྱིར། །སངས་རྒྱས་པདྨ་ལྟར་སངས་རྒྱས། །དེ་ཕྱིར་སངས་རྒྱས་དེ་སངས་རྒྱས། །ཞེས་གསུངས་སོ། །དེ་ལྟར་སངས་རྒྱས་དེ་ཡང་སྐུ་གཉིས་དང་། སྐུ་གསུམ་དང་། སྐུ་བཞི་དང་། སྐུ་ལྔ་ལ་སོགས་རྣམ་དབྱེ་མང་དུ་ཡོད་ཀྱང་། སྐུ་གསུམ་ལ་འདུས་པ་ཡིན། ཡང་རང་བཞིན་གྱི་སྐུ་དང་། རྣམ་དག་གི་སྐུ་དང་། ངོ་བོ་ཉིད་ཀྱི་སྐུ་རྣམས་ནི་ཆོས་སྐུའི་རྣམ་གྲངས་ཡིན་པ་ལ། ཆོས་ཀྱི་སྐུ་ལ་འདུས་པ་ཡིན། དེ་ཡང་ཟག་པ་མེད་པའི་ཆོས་བསགས་པས་སྐུ་ཞེས་བྱ་སྟེ། བདེན་གཉིས་ལས། ཆོས་རྣམས་ཀུན་གྱི་ལུས་ཡིན་ཕྱིར། །ཡོན་ཏན་བསམ་ཡས་ཀུན་བརྟེན་ཕྱིར། །རིག་པའི་རྗེས་འབབས་ངོ་བོའི་ཕྱིར། སྐྱོབས་པ་རྣམས་ཀྱིས་ཆོས་སྐུ་ཡིན། །ཞེས་པ་ལྟར་ཐམས་ཅད་ལ་ཁྱབ་པ་དང་། གཟུགས་སྐུ་གཉིས་ཀྱི་བརྟེན་བྱེད་པ་དང་། ངོ་བོ་ཉིད་དུ་གྲུབ་པས་ཆོས་སྐུའོ། །ལོངས་སྤྱོད་རྫོགས་པའི་སྐུ་ནི།

ཐེག་པ་ཆེན་པོའི་ཆོས་ལ་རྫོགས་པར་ལོངས་སྤྱོད་པ་སྟེ། སྣ་ཚོགས་ཆོས་ལ་རྫོགས་ལོངས་སྤྱོད། །ཅེས་དང་། མངོན་རྟོགས་རྒྱན་ལས། མཚན་ནི་སུམ་ཅུ་རྩ་གཉིས་དང་། །དཔེ་བྱད་བརྒྱད་ཅུའི་བདག་ཉིད་འདིས། །ཐེག་ཆེན་ཉེ་བར་ལོངས་སྤྱོད་ཕྱིར། །ཐུབ་པ་ལོངས་སྤྱོད་རྫོགས་སྐུར་བཞེད། །ཅེས་གསུངས་སོ། །སྤྲུལ་པའི་སྐུ་ནི། སེམས་ཅན་གང་ལ་གང་འདུལ་གྱི་ཐབས་སྣ་ཚོགས་སུ་སྤྲུལ་ཏེ། དཔག་མེད་བསམ་ཡས་སྤྲུལ་པ་ཡིས། །སེམས་ཅན་དོན་ཀུན་སྒྲུབ་པ་པོ། །ཞེས་གསུངས་པས་སྐུ་གསུམ་དུ་འདུས་པ་ཡིན་ཏེ། སྐུ་གསུམ་དག་གིས་སངས་རྒྱས་ཀྱི། །སྐུ་བསྡུས་པར་ནི་ཤེས་བྱས་ཏེ། །སྐུ་གསུམ་དག་གི་རང་བཞིན་གྱིས། །དོན་འདི་བསྟན་དང་བཅས་པར་བསྟན། །ཞེས་གསུངས་སོ། །དེ་ཡང་རང་དོན་ཆོས་སྐུ་ནི། གཞན་གཟུགས་སྐུ་གཉིས་ཀྱི་རྟེན་བྱེད་པ་ཡིན་ཏེ། རྒྱན་ལས། སངས་རྒྱས་རྣམས་ནི་སྐུ་དབྱེ་བ། །རང་གཞན་ལོངས་སྤྱོད་རྫོགས་པ་དང་། །གཞན་ནི་སྤྲུལ་པའི་སྐུ་ཡིན་ཏེ། །དང་པོ་གཉིས་པའི་རྟེན་ཡིན་ནོ། །ཞེས་པས་ཆོས་སྐུ་ནི་གཟུགས་སྐུ་གཉིས་ཀྱི་རྟེན་ཡིན་ནོ། །དེ་ཡང་ཆོས་སྐུ་ཡོངས་རྫོགས་ནི། སངས་རྒྱས་ཁོ་ནའི་སྤྱོད་ཡུལ་ཡིན་ཞིང་། རྗེས་མཐུན་པ་ས་བརྒྱད་པའམ། ས་དང་པོ་ཐོབ་ཀྱང་མངོན་དུ་བྱེད་ནུས་ལ། མོས་པར་སྤྱོད་པས་ཀྱང་དོན་སྤྱི་ཙམ་ཡུལ་དུ་བྱེད་དོ། །ལོངས་སྐུ་ནི། བྱང་སེམས་ས་བཅུ་ཐོབ་པ་ཡན་ཆད་ཁོ་ནའི་ཡུལ་དུ་འདོད་པ་དང་། ས་ཐོབ་པ་ཐམས་ཅད་ཀྱི་ཡུལ་དུ་འདོད་པ་དང་གཉིས་སོ། །མཆོག་གི་སྤྲུལ་སྐུ་ནི། དྲོད་ཐོབ་པ་ཡན་ཆད་ནས་ནམ་འདོད་མཐོང་ཞིང་། ཚོགས་ལམ་ཆེན་པོ་ནས་ཕལ་ཆེར་མཐོང་། དེ་མན་ཆད་དུ་མཐོང་བ་ཡང་མི་སྲིད་དོ། །སྐྱེ་བའི་སྤྲུལ་པ་ལ་སོགས་ནི་གང་ལ་གང་འདུལ་དུ་སྣང་བ་ཡིན་ཏེ། གང་དང་གང་ལ་གང་དང་ནི། །གང་ཚེ་བྱ་བ་ཕན་གྱུར་པ། །དེ་ཚེ་དེ་ལ་དེར་སྣང་ངོ་། །ཞེས་གསུངས་སོ། །གདུལ་བྱ་མིན་པ་དང་། མི་སྣང་བའི་འདུལ་བས་རིགས་རྣམས་ལ་མི་སྣང་བ་ཡིན་ནོ། །རྒྱན་ལས། ཅི་ལྟར་ཆུའི་སྣོད་ཆགས་ནས། །ཟླ་བའི་གཟུགས་བརྙན་མི་སྣང་ལྟར། །དེ་བཞིན་སེམས་ཅན་ངན་པ་ལ། །སངས་རྒྱས་གཟུགས་ཀྱང་མི་སྣང་ངོ་། །ཞེས་གསུངས་སོ། །དེ་ཡང་ཆོས་སྐུ་ནི་དེ་ཁོ་ན་ཉིད་ཡང་དག་པའི་ཡེ་ཤེས་ཉིད་ཙམ་དུ་གནས་པ་དེ་ནི་ཆོས་ཀྱི་སྐུ་ཞེས་གསུངས་པས། ཆོས་ཉིད་དམ་ཡེ་ཤེས་སམ། འདུས་བྱས་འདུས་མ་བྱས་གཉིས་སོ། །ལོངས་སྤྱོད་རྫོགས་པའི་སྐུ་ནི་རྒྱན་སྟུག་པོ་བཀོད་པའི་འོག་མིན་དུ། ངེས་པ་ལྔ་དང་ལྡན་པའི་ཚུལ་གྱིས་སངས་རྒྱས་པ་ཡིན་ཏེ། དེ་ཡང་གནས་ངེས་པ་ཡིན། འོག་མིན་འཕེལ་བའི་སྟེང་ན་ཡོད་པར་བཞེད་དེ། ལངྐར་གཤེགས་པ་ལས། རིན་ཆེན་སྣ་ཚོགས་མཛེས་རྒྱན་སྟུག་པོའི

མོད་ལ་ཡིས། །འོག་མིན་གནས་ནི་ཉམས་དགའ་བར། །གཙང་མའི་གནས་ཀྱི་སྟེང་བཞུགས་ནས། །ཡང་དག་སངས་རྒྱས་དེར་སངས་རྒྱས། །སྤྲུལ་པ་པོ་གཅིག་འདིར་སངས་རྒྱས། །ཞེས་དང་། རྒྱན་སྟུག་པོ་བཀོད་པའི་མདོ་ལས། སངས་རྒྱས་ཐམས་ཅད་འོག་མིན་དུ། །སངས་རྒྱས་མ་གྲུར་འདོད་ཁམས་སུ། སངས་རྒྱས་མཛད་པ་མི་མཛད་དོ། །ཞེས་གསུངས་སོ། །

ཡང་བཀའ་ཡིས་བཅད་པ་ལ་སོགས་འོག་མིན་གཙང་མའི་གནས་གཅིག་ཏུ་ཡོད་པར་ཡང་བཞེད། སྤྲུལ་སྐུ་ནི། བཟོ་དང་སྐྱེ་དང་བྱང་ཆུབ་ཆེ། །མྱ་ངན་འདས་པ་རྟག་སྟོན་པ། །སངས་རྒྱས་སྤྲུལ་པའི་སྐུ་འདི་ནི། །རྣམ་པར་གྲོལ་བའི་ཐབས་ཆེན་པོ། ཞེས་པས། དང་པོ་ནི་བཟོའི་སྤྲུལ་པ་དང་། གཉིས་པ་ནི་བྱ་ལ་སོགས་སྐྱེ་བའི་སྤྲུལ་པ་དང་། གསུམ་པ་ནི་ཤཱཀྱ་ཐུབ་པ་ལྟ་བུ་མཆོག་གི་སྤྲུལ་པ་སྟེ། དེ་ནི་མཛད་པ་བཅུ་གཉིས་ཀྱི་ཚུལ་དུ་བསྟན་པ་ཡིན་ཏེ། འཕོ་དང་ལྷུམ་ཞུགས་བལྟམས་པ་དང་། །བཟོ་དང་རོལ་རྩེད་ངེས་འབྱུང་དང་། །དཀའ་སྤྱད་བྱང་གཤེགས་བདུད་སྡེ་བཅོམ། །བྱང་ཆུབ་ཆོས་འཁོར་མྱ་ངན་འདས། །ཅེས་པའི་མཛད་པ་བཅུ་གཉིས་འདི་དག་ཐུགས་རྗེ་ཆེན་པོའི་ལོངས་སྐུའི་སྤྲུལ་པ་ཙམ་དུ་བཞེད་པ་ཡིན་ནོ། །

གཉིས་པ་གསང་སྔགས་རྡོ་རྗེ་ཐེག་པའི་ལུགས་ནི། དེ་ཡང་འོ་སྐོལ་གྱི་སྟོན་པ་ཡང་དག་པར་རྫོགས་པའི་སངས་རྒྱས་བཅོམ་ལྡན་འདས་འདི་ནི་ཡང་དག་པར། སྐྱེ་དགུ་བླངས་དོར་གྱི་གནས་ལ་མ་རྨོངས་པ། མཐའ་ཡས་པའི་དོན་དུ་ཐུགས་རྗེ་བ་ཆེན་པོའི་སྒོ་ནས། དང་པོར་བྱང་ཆུབ་མཆོག་ཏུ་ཐུགས་བསྐྱེད། དེ་ནས་བརྩོན་འགྲུས་རླབས་པོ་ཆེའི་ཤུགས་ཀྱིས་བསོད་ནམས་དང་ཡེ་ཤེས་ཀྱི་ཚོགས་རྒྱ་མཚོ་ལྟ་བུ་ཟུང་འཇུག་ཏུ་བསགས་ཤིང་། ཁྱད་པར་དུ་ཡང་གསང་སྔགས་རྡོ་རྗེ་ཐེག་པའི་མྱུར་ལམ་རིམ་གཉིས་ཟབ་མོའི་སྒོ་ནས་བདེ་སྟོང་ལྷན་ཅིག་སྐྱེས་པའི་ཡེ་ཤེས་མངོན་དུ་མཛད་ནས། མཐར་འོག་མིན་སྟུག་པོ་བཀོད་པའི་ཞིང་དུ། སྐུ་བཞི་ཡེ་ཤེས་ལྔ་ཡི་བདག་ཉིད་རིགས་དྲུག་པ་རྡོ་རྗེ་འཆང་ཆེན་པོར་སངས་རྒྱས་པའི་ཚུལ་བསྟན་པ་ཡིན་ཞིང་། དེར་ཡང་སངས་རྒྱས་ཐམས་ཅད་ནི་རྟེན་སྐུ། རྟེན་པ་ཡེ་ཤེས། མཛད་པ་འཕྲིན་ལས་དང་གསུམ་དུ་འདུས་པ་ཡིན་ཅིང་། དེའི་དང་པོ་ནི་ཆོས་སྐུ། ལོངས་སྐུ། སྤྲུལ་སྐུ་གསུམ་མམ། ངོ་བོ་ཉིད་ཀྱི་སྐུ་དང་བཞིའོ། །དེ་ཡང་དང་པོ་ཆོས་སྐུ་ནི་དག་པ་གཉིས་དང་ལྡན་པ་སྟེ། རང་བཞིན་གྱིས་དག་པ་དང་། གློ་བུར་གྱིས་དག་པ་ནི། གཞིའི་ཆོས་ཉིད་སྐྱེ་འགག་གནས་གསུམ་སྤྲོས་པའི་མཐའ་ཐམས་ཅད་དང་བྲལ་བར་གནས་པ་དེ་ཉིད་རང་བཞིན་གྱི་སྐུ་འམ། འདུས་མ་

བྱས་ཀྱི་ཆོས་སྐུ་ཡིན་པ་ལ། སྦྱངས་པས་དག་པ་འམ། ཡུལ་ཅན་གྱིས་དག་པ་ནི་ལམ་སྒོམ་པས་སྒྲིབ་པ་ཐམས་ཅད་དག་ནས་གནས་ལུགས་ཀྱི་དོན་ཅི་ལྟ་བ་བཞིན་རྟོགས་པ་དེ་ནི་ཡེ་ཤེས་ཆོས་ཀྱི་སྐུའོ། །དེ་ལྟ་བུའི་དག་པ་གཉིས་ལྡན་གྱི་ཆོས་སྐུ་དེའི་རྟེན་པ་ལོངས་སྤྱོད་རྫོགས་པའི་སྐུ་ནི་ཡན་ལག་བདུན་དང་ལྡན་པ་སྟེ། རྡོ་རྗེ་འཆང་ཆེན་པོ་མཚན་དང་དཔེ་བྱད་ཀྱིས་བརྒྱན་པ་ནི་ལོངས་སྤྱོད་རྫོགས་པའི་སྐུ་དང་། ཐབས་ཤེས་སམ་བདེ་སྟོང་ཟུང་འཇུག་པའི་བརྡར་རང་འོད་ཀྱི་ཡུམ་དང་བཅས་པ་ཁ་སྦྱོར་གྱི་སྐུ་དང་། དེའི་ཐུགས་མཆོག་ཏུ་མི་འགྱུར་བའི་བདེ་བ་ཆེན་པོའི་ཡེ་ཤེས་ནི་བདེ་ཆེན་དང་། དེ་ལྟ་བུའི་སྐུ་དང་ཡེ་ཤེས་ཐམས་ཅད་ནི་བདེན་འཛིན་དང་བྲལ་བའི་ཧིང་འཛིན་མེད་པ་གཅིག་བསྒྲུབ་བྱ་ཡིན་པས། ངོ་བོ་ཅིར་ཡང་མ་གྲུབ་པར་གནས་པ་ལ་དེ་ར་མཁྱེན་པའི་རང་བཞིན་མེད་པ་དང་། སེམས་ཅན་ཐམས་ཅད་ལ་དམིགས་པ་མེད་པའི་སྙིང་རྗེ་ཆེན་པོ་ཡུལ་དུ་ཕྱིན་པ་མངའ་བས་སྙིང་རྗེས་གང་བ་དང་། དེ་ལྟར་བདེ་སྟོང་གཉིས་སུ་མེད་པའི་ཡེ་ཤེས་ཕུན་སུམ་ཚོགས་པ་དང་ལྡན་པའི་ལོངས་སྐུ་དེ་ཉིད་ནམ་མཁའ་ཅི་སྲིད་པར་གནས་པས་རྒྱུན་མི་ཆད་པ་དང་། དམིགས་པ་མེད་པའི་ཐུགས་དང་། བྱང་ཆུབ་ཀྱི་སེམས་དང་། སྨོན་ལམ་གྱི་མཐུ་དེ་དག་ཚོགས་པའི་འགལ་བའི་རྐྱེན་གང་གིས་ཀྱང་གཅོད་པར་མི་ནུས་ཤིང་། གནས་སྐབས་སུ་ཡང་རིགས་འདྲ་མི་འགགས་པས་འགོག་པ་མེད་དེ། དེ་སྐད་དུ་སློབ་དཔོན་ངག་གི་དབང་ཕྱུག་གྲགས་པས། ལོངས་སྤྱོད་རྫོགས་དང་ཁ་སྦྱོར་བདེ་ཆེན་རང་བཞིན་མེད། །སྙིང་རྗེའི་ཡོངས་གང་རྒྱུན་མི་ཆད་དང་འགོག་པ་མེད། །ཡན་ལག་བདུན་བཤད་དོན་དང་ལྡན་པ་བསྒྲུབ་བྱ་འདི། །བདག་འདོད་ཚད་མས་ཡོངས་བསྔོས་བློ་ཅན་གྱིས་ཀྱང་བསྟེགས། །ཞེས་གསུངས་སོ། །

དེ་ཡང་ངེས་པ་ལྔ་དང་ལྡན་པ་ནི། གནས་ངེས་པ་འོག་མིན་སྟུག་པོ་བཀོད་པའི་ཞིང་ཁམས་དང་ངོ་བོ་ངེས་པ་ནི་ལོངས་སྤྱོད་རྫོགས་པའི་སྐུ། ཆོས་ངེས་པ་ནི་ཐེག་པ་ཆེན་པོའི་ཆོས་ལ་ལོངས་སྤྱོད་ཅིང་། འཁོར་ངེས་པ་ནི་ས་བཅུའི་བྱང་ཆུབ་སེམས་དཔའ་རྣམས་ཡིན་ལ། དུས་ངེས་པ་ནི་ཇི་སྲིད་འཁོར་བ་མ་སྟོང་གི་བར་དུ་བཞུགས་པ་ཡིན་ནོ། །དེ་ལྟར་རྒྱུའི་ཧེ་རུ་ཀ་སངས་རྒྱས་དྲུག་པ་རྡོ་རྗེ་འཆང་ཆེན་པོ་ཆོས་ཀྱི་སྐུ་དབྱིངས་དང་ཡེ་ཤེས་དབྱེར་མེད་ཀྱི་ངང་ལས་གསང་བ་མཆོག་གི་གནས་འོག་མིན་གྱི་ཕོ་བྲང་དུ། འཁོར་དེ་བཞིན་གཤེགས་པ་དང་། བྱང་ཆུབ་སེམས་དཔའ་ཚད་མེད་པ་འདུས་པ་ལ། འོད་གསལ་ལྷན་ཅིག་སྐྱེས་པའི་ཆོས་བསྟན་པའི་ཚེ། དྲག་པོ་འཇིགས་བྱེད་འཁོར་དང་

བཅས་པ་འདུལ་བའི་དུས་ལ་བབས་པར་མཁྱེན་ནས། སྤྲུལ་སྐུ་འབྲས་བུའི་ཧེ་རུ་ཀར་བཞེངས་ནས་རི་རབ་ཀྱི་རྩེ་མོར་བྱོན་པ་ལས་མི་བསྐྱོད་པས་གཞལ་ཡས་ཁང་གདན་དང་བཅས་པ་ཕུལ། རིན་འབྱུང་གིས་འཇམ་དཔལ་ལ་སོགས་པའི་དཔའ་བོ་ཉི་ཤུ་རྩ་བཞི་དང་། རྡོ་རྗེའི་ཕོ་ཉ་མོ་ལ་སོགས་པ་དཔའ་མོ་ཉི་ཤུ་རྩ་བཞི་སྤྲུལ་ཏེ་ཕུལ། སྣང་བ་མཐའ་ཡས་ཀྱིས་ལྷ་མོ་བཅུ་གཉིས་སྤྲུལ་ཏེ་ཕུལ། དོན་ཡོད་གྲུབ་པས་གོ་ཆའི་ལྷ་བཅུ་གཉིས་སྤྲུལ་ཏེ་ཕུལ། རྣམ་སྣང་གི་ཕུང་ཁམས་སྐྱེ་མཆེད་བྱིན་གྱིས་རློབས་པའི་ལྷ་རྣམས་ཕུལ། སྤྲུལ་པའི་འཁོར་རྣམས་ལ་ཡང་སྤྲུལ་དང་ཉེར་སྤྲུལ་གྱི་ཚོགས་བསམ་གྱིས་མི་ཁྱབ་པ་དང་བཅས་ཏེ་དེ་རྣམས་ནི་ཞན་པའི་འཁོར་རོ། །དེ་དག་གིས་འདུལ་བའི་ལྷ་དབང་ཕྱུག་ཆེན་པོ་ལ་སྐུ་བཞི་ཡོད་པའི་མངོན་སྤྱོད་ཀྱི་དྲག་པོ་འཇིགས་བྱེད་ནག་པོའི་ཚུང་མ་དུས་མཚན་པ་དང་སྙོམས་པར་འཇུག་པ། འཛམ་བུ་གླིང་གི་དབུས་མ་ག་དྷ་ན་གནས་པའོ། །དེའི་ཚེ་ནམ་མཁའ་ནས་ལྷ་བཞི་དང་། དྲི་ཟ་བཞི། ས་སྟེང་ནས་གནོད་སྦྱིན་བཞི་དང་སྲིན་པོ་བཞི། ས་འོག་ནས་ཀླུ་བཞི་དང་ལྷ་མ་ཡིན་བཞི་རིམ་པ་ལྟར་བྱུང་ནས། པུ་ལི་ར་མ་ལ་སོགས་པའི་ཡུལ་ཉི་ཤུ་རྩ་བཞི་བཟུང་། མི་འམ་ཅི་བཞི་དང་ཕྲ་མན་མ་བཞི་འམ། མ་མོ་བཞི་སྟེ་བརྒྱད་ཀྱིས་གཏུམ་དྲག་ལ་སོགས་པའི་དུར་ཁྲོད་ཆེན་པོ་བརྒྱད་བཟུང་ངོ་། །ཐམས་ཅད་ཀྱང་སྲིད་པ་གསུམ་ལ་དབང་དུ་བྱ་བའི་བདག་པོ་འདོད་པའི་ལྷ་དབང་ཕྱུག་ཆེན་པོ་སྤྱན་དྲངས་ཏེ་མཆོད་པ་བྱེད་པ་ལ། དབང་ཕྱུག་ཆེན་པོ་ཨུ་མ་དང་འཁྲུད་ཅིང་རོལ་པས་འགྱུར་མི་ཁོམ་སྟེ། དེའི་སྤྲུལ་པ་རྡོའི་ལིང་ག་མགོ་ལྔ་ལ་སོགས་པ་ཉི་ཤུ་རྩ་བཞིར་སྤྲུལ་ནས། ཡུལ་རེ་རེར་རྟེན་རེ་རེ་བཞག་གོ། དེ་རྣམས་ཀྱང་རྟེན་ལ་དམིགས་ནས་མཆོད་ཅིང་ཚོགས་འཁོར་བྱེད་དོ། །ལྷ་དེ་རྣམས་ཀྱང་འདོད་ཆགས་ཤས་ཆེ་བས་སྤྱོད་ལམ་དུས་བཞིར་ཚུང་མ་དང་འཁྲུད། ཞེ་སྡང་ཤས་ཆེ་བས་མི་མང་པོ་བསད་ནས་མི་ཤ་དང་མི་ཁྲག་ལ་རོལ། གཏི་མུག་ཤས་ཆེ་བས་ལས་རྒྱུ་འབྲས་དང་དེ་ཁོ་ནའི་དོན་ལ་རྨོངས། དེ་རེ་རེར་འང་འཁོར་གདུག་པ་ཅན་མང་པོས་ནི་བསྐོར། འདོད་ཡོན་ལྔ་ནི་རང་དགར་སྤྱོད། འཛམ་བུ་གླིང་ཐམས་ཅད་དབང་དུ་བསྡུས་ནས་དྲེགས་པའི་རློམ་ཚིག་སྨྲ་ཞིང་། ལམ་ལོག་པ་ལ་རང་ཡང་ཞུགས་ནས་གཞན་ཡང་འགོད་པར་བྱེད་དོ། །དེའི་ཚེ་སྤྲུལ་སྐུ་འབྲས་བུའི་ཧེ་རུ་ཀ་བཅོམ་ལྡན་འདས་འཁོར་ལོ་བདེ་མཆོག་ཞལ་བཞི་ཕྱག་བཅུ་གཉིས་པ་འཁོར་དང་བཅས་པ་རི་རབ་ཀྱི་རྩེ་མོ་ནས་འཛམ་བུའི་གླིང་ཡུལ་མ་ག་དྷར་བྱོན། དྲག་པོ་འཇིགས་བྱེད་འཁོར་དང་བཅས་པ་རྣམས་དབང་དུ་བྱེད་པ་དང་། ལོངས་སྤྱོད་པ་དང་། ཐིམ་པའི་ཚུལ་གསུམ་གྱིས་

བཏུལ་སྟེ། ཁོའི་ལུས་ངག་ཡིད་གསུམ་དབང་དུ་བསྡུས་ནས། འཇིགས་བྱེད་དུས་མཚན་ཞབས་འོག་ཏུ་མནན། འཇིག་རྟེན་པའི་བྲ་ཀ་ར་སོགས་འདས་པའི་ཨོཾ་ཧཱུཾ་ཧཱུཾ་ཕཊ་ཀྱིས་བར་དུ་བཙུག་ནས་སྔགས་སུ་བྱིན་གྱིས་བརླབས། སེམས་རྒྱལ་བར་བྱས་ཤིང་གཟུང་འཛིན་གྱི་རྟོག་པ་རྒྱུན་བཅད་དེ། ཡེ་ཤེས་ཆེན་པོས་བྱིན་གྱིས་བརླབས་ནས་ཟག་པ་མེད་པའི་བདེ་བ་ལ་བཀོད་པས་འཇིགས་བྱེད་ས་འོག་ཏུ་མངོན་པར་རྫོགས་པར་སངས་རྒྱས། འཁོར་རྣམས་དལ་གྱི་འཁོར་ལོར་བཀོད་ནས། མཛད་པ་མ་བསྡུས་པར་འཛམ་བུའི་གླིང་དུ་དངོས་སུ་བཞུགས་པ་ཡིན་ཏེ། རྡོ་རྗེ་གདན་དུ་འཁོར་ལོ་ཆེན་པོ་བསྐོར་བ་དང་། ཡུལ་ཉི་ཤུ་རྩ་བཞི་ན་ཐུགས་གསུངས་སྐུའི་འཁོར་ལོ་གསུམ་དང་། ཡུལ་མཐའི་དུར་ཁྲོད་བརྒྱད་དུ་དམ་ཚིག་གི་འཁོར་ལོའོ། །དེ་ལྟར་སངས་རྒྱས་པའི་གནས་འོག་མིན་ལ་སྤྲུལ་ཞིང་རྒྱུད་བཤད་པའི་གནས་རི་རབ་ཀྱི་རྩེ། གདུལ་བྱ་བཏུལ་བའི་གནས་འཛམ་བུའི་གླིང་གདུལ་བྱའི་འཁོར་དྲག་པོ་འཇིགས་བྱེད་འཁོར་བཅས། དལ་ལ་བཀོད་པའི་འཁོར་འཁོར་ལོ་ལྷའི་ལྷ་ཚོགས། ཉན་པའི་འཁོར་སངས་རྒྱས་བྱང་སེམས་རི་རབ་ཀྱི་རྡུལ་དང་མཉམ་པ་དང་། བསྐལ་པ་དང་ལྡན་པའི་ལྷ་མི་སོགས། ཞུ་བ་པོའི་འཁོར་ཕག་མོ་འམ་ཕྱག་རྡོར། རྒྱུད་པ་པོའི་འཁོར་ཡང་དེ་ཉིད་ཡིན་ལ། ཆོས་བདག་པོས་རྩ་རྒྱུད་བཤད་རྒྱུད་ལ་སོགས་རྣམས་གསུངས་ཏེ། དེ་ཡང་ཆོས་གཞན་རྣམས་བསྐལ་པ་འཇིག་ཆགས་དབང་གིས་ནུབ་ཀྱང་། བདེ་མཆོག་ཡུལ་ཉི་ཤུ་རྩ་བཞི་ན་གནས་པའི་དཔའ་བོ་དང་། དཔའ་མོ་ཉམས་སུ་བླངས་ཏེ་གནས་པའི་ཕྱིར་ཉམས་མི་ནུས་པས། ཐུབ་པ་ཟས་གཙང་གི་སྲས་སུ་གྱུར་པས་བསྒྱུར་ནས་གསུངས་པ་མེད་ལ། ཕྱིན་ཆད་ཀྱང་མི་ནུབ་པར་གསུངས་ཤིང་། ཁྱད་པར་དུ་ཡང་ནུབ་ཕྱོགས་ཨོ་རྒྱན་ཡུལ་དུ། ཕོ་ཐམས་ཅད་དཔའ་བོ་དང་། མོ་ཐམས་ཅད་དཔའ་མོར་གནས་པའི་ས་ཕྱོགས་དེ་ར་ཧེ་རུ་ཀ་རང་བྱུང་གི་ཕོ་བྲང་དྷརྨ་གཉྫ་ཆོས་ཀྱི་དཀོར་མཛོད་བྱ་བ། འོབས་དང་ལྕགས་རི་ལ་སོགས་བསམ་གྱིས་མི་ཁྱབ་པས་བསྐོར་ཞིང་། གང་ཟག་ཕལ་གྱིས་བགྲོད་པར་བཀའ་བའི་གནས་དེ་ཉིད་དུ། དུས་གསུམ་གྱི་སངས་རྒྱས་ཐམས་ཅད་ཀྱི་ཡུམ་རྡོ་རྗེ་རྣལ་འབྱོར་མ་འཁོར་འཇིག་རྟེན་དང་འཇིག་རྟེན་ལས་འདས་པའི་མཁའ་འགྲོ་མ་དཔག་ཏུ་མེད་པས་བསྐོར་ནས། སྤྱིར་གསང་སྔགས་ཀྱི་རྒྱུད་སྡེ་མང་པོ་དང་། ཁྱད་པར་བདེ་མཆོག་གི་རྒྱུད་རྣམས་ཀྱི་བདག་པོ་མཛད་ཅིང་བཞུགས་ལ། རྒྱ་གར་དུ་ཡང་རྒྱུད་ཕལ་ཆེར་དེ་ནས་བྱུང་ཞིང་གདུལ་བྱ་སྨིན་གྲོལ་གྱི་ལམ་ལ་བཀོད་དོ། །གཞན་ཡང་རིན་པོ་ཆེ་ལྷ་བུའི་གང་ཟག་ལ་གསང་བ་འདུས་པ་དང་། དབང་པོ་རྣོན་པོ་དག་ལ་ཀྱཻའི་

རྡོ་རྗེ། མ་ཧཱ་མ་ཡ། རྡོ་རྗེ་གདན་བཞི་དུས་ཀྱི་འཁོར་ལོ་ལ་སོགས་དུ་མ་དང་། གཏི་མུག་ཤས་ཆེ་བ་རྣམས་འདུལ་བའི་དོན་དུ་རྣམ་པར་སྣང་མཛད། ཞེ་སྡང་ལ་མི་བསྐྱོད་པ། ང་རྒྱལ་ལ་རིན་ཆེན་འབྱུང་ལྡན། འདོད་ཆགས་ལ་འོད་དཔག་མེད། ཕྲག་དོག་ལ་དོན་ཡོད་གྲུབ་པ། འགྲོ་བ་ནད་ཀྱི་ཉེན་པ་ལ་སྨན་གྱི་རྒྱལ་པོ། ངན་འགྲོ་ནས་མྱུར་དུ་འདྲེན་པ་ལ་ཀུན་རིགས། ཞི་བས་མི་ཐུལ་བ་ལ་ཁྲོ་བོ་བཅུ། བསྟན་པ་བསྲུང་བ་ལ་ཡེ་ཤེས་པའི་ཆོས་སྐྱོང་བའི་སྲུང་མ་དང་། དབུལ་བ་སེལ་བ་ལ་ནོར་ལྷ་ལ་སོགས་གང་ལ་གང་འདུལ་དུ་མ་ཞིག་ཏུ་སྤྲུལ་ནས་དོན་མཛད་དོ། །ཁྱད་པར་དུ་ཡང་སྟོང་གསུམ་མི་མཇེད་འཇིག་རྟེན་གྱི་ཁམས་འདིར་དུས་གསུམ་སངས་རྒྱས་ཀྱིས་ཀྱང་འདུལ་བར་དཀའ་བའི་སྙིགས་མ་ལྔ་བདོ་བའི་སེམས་ཅན་དམུ་རྒོད་དཔག་ཏུ་མེད་པའི་དོན་དུ་གླིང་བཞི་བྱེ་བ་ཕྲག་བརྒྱར་མཆོག་གི་སྤྲུལ་པའི་སྐུ་ཤཱཀྱའི་རྒྱལ་པོ་བྱེ་བ་ཕྲག་བརྒྱར་སྤྲུལ་ནས། མཛད་པ་བཅུ་གཉིས་ཀྱི་སྒོ་ནས་མངོན་པར་རྫོགས་པར་སངས་རྒྱས་པའི་ཚུལ་བསྟན་ཏེ། བཀའ་འཁོར་ལོ་རིམ་པ་གསུམ་བསྐོར་ཞིང་གདུལ་བྱ་མཆོག་དམན་དཔག་ཏུ་མེད་པའི་དོན་རྒྱ་ཆེན་པོ་མཛད་པ་ཡིན་ནོ། །གཞན་ཡང་བཟོའི་སྤྲུལ་པ་གརྨ་བི་ཤྭ་ལ་སོགས་དང་། སྐྱེ་བའི་སྤྲུལ་པ་སྟག་དང་སེང་གེ་དང་། སྤྲེའུ་དང་། སྲོག་ཆགས་དེས་པ་དང་རྟ་རྟ་ལ་སོགས་པ་དུ་མ་ཞིག་དང་། གཟིངས་དང་། ཟམ་པ་དང་། འབྱུང་བ་བཞི་ལ་སོགས་པ་མདོར་ན་གང་ལ་གང་འདུལ་གྱི་ཚུལ་གྱིས། མཆོག་དམན་གྱི་སྤྲུལ་པ་བསམ་གྱིས་མི་ཁྱབ་པ་ཞིག་བསྟན་ནས་མཐའ་ཡས་པའི་སྐྱེ་དགུ་རྣམས་ཕན་བདེ་ལ་འགོད་པར་མཛད་དོ། །

དེ་ཡང་ཆོས་ཀྱི་སྐུ་དང་། ལོངས་སྤྱོད་རྫོགས་པའི་སྐུ་དང་། སྤྲུལ་པའི་སྐུ་དང་། སྐུ་གསུམ་དབྱེར་མེད་པ་ངོ་བོ་ཉིད་བདེ་བ་ཆེན་པོའི་སྐུ་སྟེ། དེ་ལྟར་སྐུ་བཞིའི་དབང་ཕྱུག་སྟོན་པ་ཡང་དག་པར་རྫོགས་པའི་སངས་རྒྱས་བཅོམ་ལྡན་འདས་དྲུག་པ་རྡོ་རྗེ་འཆང་ཆེན་པོ་འདི་ཉིད་འོག་མིན་སྟུག་པོ་བཀོད་པའི་ཞིང་དུ་སངས་རྒྱས་ནས་འདོད་ཁམས་སུ་སེམས་ཅན་གྱི་དོན་ལ་མཛད་པ་བཅུ་གཉིས་སྟོན་པར་ཐེག་པ་ཆེན་པོའི་ལུགས་ལས་གསུངས་ཏེ། དེ་ཡང་བྲམ་ཟེའི་ཁྱེའུ་བླ་མ་དགའ་ལྡན་དུ་དམ་པ་ཏོག་དཀར་ལ་སྐྱེས་ནས་ཟས་གཙང་གི་སྲས་སུ་ཐུབ་པར་འཕྲུངས་ཏེ། མྱ་ངན་ལས་འདས་པ་ཆེན་པོའི་བར་ཐམས་ཅད་ལོངས་སྐུའི་སྤྲུལ་པ་ཙམ་ཞིག་ཡིན་པས་སྤྲུལ་སྐུ་ཟེར་བ་ཡིན་ཏེ། ངག་གི་དབང་ཕྱུག་གྲགས་པའི་ཞལ་ནས་ཀྱང་། དཔལ་ལྡན་སྟུག་པོ་བཀོད་པ་ཉིད་དུ་དོན་དམ་ཐུགས་ཆུད་ཅིང་། །དགའ་ལྡན་སྐྱེ་བོའི་དོན་མཛད་ཕྱིར་ན་དམ་པ་ཏོག་དཀར་གྱུར། །དེ་ནས་འདིར་ནི་འགྲོ་བའི་དོན་དུ

ཤཱཀྱའི་ཏོག་གྱུར་གང་། །འཆི་བདག་ལས་རྒྱལ་སྒྱུ་མ་ཀུན་སྟོན་དེ་ནི་རྒྱལ་གྱུར་ཅིག །ཅེས་གསུངས་སོ། །ཡང་ཆོས་ཀྱི་གཤེགས་གཉེན་ལ་སོགས་ཀྱིས་གཞི་དང་སྙིང་པོ་མི་ཏོག་གིས་བརྒྱན་པའི་ཞིང་ཁམས་ལོངས་སྐུའི་ཞིང་དུ་བཞེད་དེ། དེ་ཡང་གླིང་བཞི་བྱེ་བ་ཕྲག་བརྒྱ་ལ་སྟོང་གསུམ། དེ་བྱེ་བ་ཕྲག་བརྒྱ་ལ་རབ་འབྱམས་ཀྱི་མཚམས་སྦྱོར་བ་གཅིག །དེ་བྱེ་བ་ཕྲག་བརྒྱ་ལ་རབ་འབྱམས་ཀྱི་རྒྱུད་གཅིག །དེ་བྱེ་བ་ཕྲག་བརྒྱ་ལ་རབ་འབྱམས་ཀྱི་རྒྱུད་པར་མ་གྱུར་གཅིག །དེ་བྱེ་བ་ཕྲག་བརྒྱ་ལ་མེ་ཏོག་གི་གཞིའི་སྙིང་པོའི་རྒྱན་བཀོད་པ་སྟེ། རྣམ་སྣང་གི་ཞིང་གཅིག་གོ། དེ་ཡང་རྣམ་སྣང་གངས་ཆེན་མཚོའི་ཕྱག་གི་མཐིལ་གྱི་རྡུལ་ཕྲན་གཅིག་ལ་གནས་ཤིང་། དེ་ལོངས་སྐུར་འདོད་པ་ལ་སོགས་བཞེད་པ་མང་དུ་ཡོད་དོ། །དེ་ཡང་སྐུ་གསུམ་གྱི་ཡོན་ཏན་ལས། ཆོས་སྐུའི་ཡོན་ཏན་བྲལ་འབྲས་སུམ་ཅུ་རྩ་གཉིས་ནི། སྟོབས་བཅུ། མི་འཇིགས་པ་བཞི། མ་འདྲེས་པའི་ཆོས་བཅོ་བརྒྱད་དང་སོ་གཉིས་ཏེ། ཡོན་ཏན་གྱི་སྡེ་ཚན་ཉི་ཤུ་རྩ་གཅིག་གསུངས་པ་ཡང་འདི་ཡི་ནང་དུ་འདུས་པ་ཡིན། གཟུགས་སྐུའི་ཡོན་ཏན་སྨིན་འབྲས་སུམ་ཅུ་སོ་གཉིས་ནི། མཚན་བཟང་པོ་སུམ་ཅུ་རྩ་གཉིས་དང་། མཚན་གྱི་ཡན་ལག་ཏུ་གྱུར་པའི་དཔེ་བྱད་བཟང་པོ་བརྒྱད་ཅུ་རྣམས་སོ། །

སྤྱི་དོན་གཉིས་པ་བརྟེན་པ་ཡེ་ཤེས་ནི། མཉམ་བཞག་ཅི་ལྟ་བ་མཁྱེན་པའི་ཡེ་ཤེས་དང་། རྗེས་ཐོབ་ཅི་སྙེད་མཁྱེན་པའི་ཡེ་ཤེས་གཉིས་སོ། །དེ་ཡང་དབྱེ་ན་ལྔ། ཆོས་ཀྱི་དབྱིངས་ཀྱི་ཡེ་ཤེས། མེ་ལོང་ལྟ་བུའི་ཡེ་ཤེས། མཉམ་པ་ཉིད་ཀྱི་ཡེ་ཤེས། སོ་སོར་རྟོགས་པའི་ཡེ་ཤེས། བྱ་བ་གྲུབ་པའི་ཡེ་ཤེས་སོ། །དེ་ལ་གནས་འགྱུར་གྱི་རྒྱུ་དང་། ཐོབ་པའི་རྒྱུ་རྣམ་གཉིས་ཏེ། དེ་ཡང་དང་པོ་ནི། རྣམ་པར་ཤེས་པའི་ཚོགས་བརྒྱད་གནས་འགྱུར་བ་ཡིན་ཏེ། ཀུན་གཞིའི་རྣམ་པར་ཤེས་པ་གནས་འགྱུར་བ་ནི་མེ་ལོང་ལྟ་བུའི་ཡེ་ཤེས། ཉོན་མོངས་པ་ཅན་ཡིད་གནས་འགྱུར་བ་ནི་མཉམ་པ་ཉིད་ཀྱི་ཡེ་ཤེས། ཡིད་ཀྱི་རྣམ་པར་ཤེས་པ་གནས་འགྱུར་བ་ནི་སོ་སོར་རྟོགས་པའི་ཡེ་ཤེས། སྒོ་ལྔའི་རྣམ་པར་ཤེས་པ་གནས་འགྱུར་བ་ནི་བྱ་བ་གྲུབ་པའི་ཡེ་ཤེས་སོ། །དེ་ཡང་ཀུན་གཞིའི་རྣམ་ཤེས་ཀྱིས་གཞན་རྣམས་ཀྱི་རྟེན་བྱེད་པ་ལྟར། མེ་ལོང་ལྟ་བུའི་ཡེ་ཤེས་ཀྱིས་གཞན་རྣམས་ཀྱི་རྟེན་བྱེད་དེ། རྒྱན་ལས། མེ་ལོང་ཡེ་ཤེས་མི་གཡོ་བ་སྟེ། །ཡེ་ཤེས་གསུམ་ནི་དེ་ལ་བརྟེན། །མཉམ་པ་ཉིད་ནི་སོ་སོར་རྟོགས། །བྱ་བ་གྲུབ་པ་ཁོ་ནའོ། །ཞེས་གསུངས་སོ། །ཡང་ཉོན་མོངས་པ་ཅན་གྱི་ཡིད་ནི་ཆོས་སྤྱི་དང་རང་གི་བྱེ་བྲག་མི་འབྱེད་པ་དང་། ཡིད་ཀྱི་རྣམ་པར་ཤེས་པ་ནི་དུས་གསུམ་གྱི་ཡུལ་ལ་ཆགས་ཐོགས་མེད་པ་དང་། སྒོ་ལྔའི་རྣམ་པར་

ཤེས་པ་ནི་ཡུལ་ལ་འབད་པ་མེད་པར་འཇུག་པ་བཞིན་དུ་མཉམ་པ་ཉིད་ཀྱི་ཡེ་ཤེས་ནི་གཉིས་སུ་འཛིན་པ་ལས་གྲོལ་བ་དང་། སོ་སོར་རྟོགས་པའི་ཡེ་ཤེས་ནི་ཤེས་བྱ་ལ་ཆགས་ཐོགས་མེད་པར་འགྲོ་བ་དང་། བྱ་བ་གྲུབ་པའི་ཡེ་ཤེས་ཀྱིས་གདུལ་བྱའི་དོན་ལ་འབད་རྩོལ་མེད་པར་འཇུག་པའོ། །ཐོབ་པའི་རྒྱུ་ནི། རྒྱན་ལས། འཛིན་པའི་ཕྱིར་དང་སེམས་མཉམ་ཕྱིར། ཡང་དག་ཆོས་རབ་སྟོན་ཕྱིར་དང་། །བྱ་བ་གྲུབ་པ་ཉིད་ཀྱི་ཕྱིར། །ཡེ་ཤེས་བཞི་པོ་ཡང་དག་འབྱུང་། གསུངས་ཏེ་སྡེ་སྣོད་གསུམ་གྱི་ཆོས་ཐོས་ཤིང་འཛིན་པའི་ཤེས་རབ་ནི་མེ་ལོང་ལྟ་བུའི་རྒྱུ་ཡིན་ལ། སེམས་ཅན་ཐམས་ཅད་ལ་སེམས་མཉམ་པར་བསྒོམ་པ་ནི། མཉམ་པ་ཉིད་ཀྱི་ཡེ་ཤེས་ཀྱི་རྒྱུ་ཡིན་ལ། གཞན་ལ་ཆོས་བསྟན་པ་ནི། སོ་སོར་རྟོགས་པའི་ཡེ་ཤེས་ཀྱི་རྒྱུ་ཡིན། གཞན་ལ་བྱ་བ་སྒྲུབ་པ་ནི་བྱ་བ་གྲུབ་པའི་ཡེ་ཤེས་ཀྱི་རྒྱུ་ཡིན་ནོ། །ཆོས་ཀྱི་དབྱིངས་ཀྱི་ཡེ་ཤེས་ནི་ཆོས་ཀྱི་དབྱིངས་རྣམ་པར་དག་པ་སྟེ་འཁོར་འདས་ཀྱི་ཆོས་ཐམས་ཅད་ལ་ཁྱབ་པས་ངོ་བོ་ཉིད་ཀྱི་སྐུ་དང་མཚུངས་སོ། །

དེ་ཡང་སྐུ་དང་ཡེ་ཤེས་གཉིས་འབྲེལ་ཚུལ་ནི། ཆོས་ཀྱི་དབྱིངས་ཀྱི་ཡེ་ཤེས་དང་། མེ་ལོང་ལྟ་བུའི་ཡེ་ཤེས་གཉིས་ཆོས་སྐུ་ཡིན་ཞིང་། མཉམ་ཉིད་དང་སོ་སོར་རྟོགས་པ་ཉིད་ལོངས་སྐུ། བྱ་བ་གྲུབ་པ་སྤྲུལ་སྐུ་ཡིན་ནོ། །ཡང་ཡེ་ཤེས་ཐམས་ཅད་ཚོགས་པ་ཆོས་སྐུ། མེ་ལོང་ལྟ་བུའི་ལོངས་སྐུ། མཉམ་པ་ཉིད་དང་ཆོས་དབྱིངས་གཉིས་ལོངས་སྐུའི་ཐུགས། སོ་སོར་རྟོགས་པ་ལོངས་སྐུའི་གསུངས། བྱ་བ་གྲུབ་པ་ལོངས་སྐུའི་མཛད་པ་སྟེ་སྤྲུལ་སྐུ་ཡིན་ནོ་ཞེས་དང་། ཡང་ཆོས་དབྱིངས་ཆོས་སྐུ། མེ་ལོང་ལྟ་བུ་མཉམ་པ་ཉིད། སོ་སོར་རྟོགས་པ་ལོངས་སྐུ། བྱ་བ་གྲུབ་པ་སྤྲུལ་སྐུར་བཞེད་པ་ཡིན་ནོ། །དེ་རྣམས་གང་ཡང་དོན་ལ་འགལ་བ་མེད་པས། སངས་རྒྱས་རྣམས་ནི་ཡེ་ཤེས་ཀྱི་སྐུ་ཡིན་པའི་ཕྱིར་རོ། །སྤྱི་དོན་གསུམ་པ་མཛད་པའི་འཕྲིན་ལས་ནི། སྔོན་གྱི་སྨོན་ལམ་དང་སྙིང་རྗེའི་དབང་གིས། རྒྱུ་རྐྱེན་རྟེན་འབྲེལ་ཚོགས་པ་ལས་རྟེན་འབྲེལ་དང་། རྟོག་པ་མི་མངའ་བར་འབད་མེད་དུ་འབྱུང་བ་ནི། རྩོལ་རྟོག་མི་མངའ་བར་ལྷུན་གྱིས་གྲུབ་པ། འཁོར་བ་མ་སྟོང་གི་བར་དུ་འབྱུང་བས་རྒྱུན་མི་འཆད་པ། རྒྱ་ཆེ་བས་ནམ་མཁའ་དང་མཉམ་པར་འབྱུང་བ། གང་ལ་གང་འདུལ་གྱི་ཚུལ་དུ་བྱུང་བས་སྣ་ཚོགས་སུ་སྣང་སྟེ། འཕྲིན་ལས་ཆོས་བཞི་ཚང་བའོ། །གདུལ་བྱ་གང་འདུལ་གྱི་དོན་དཔག་ཏུ་མེད་པ་འབྱུང་བ་ནི། དཔེར་ན་ཡིད་བཞིན་གྱི་ནོར་བུ་འམ། དཔག་བསམ་གྱི་ཤིང་ངམ། བུམ་པ་བཟང་པོ་འམ། ནམ་མཁའ་མཛོད་ཀྱི་མཆོད་སྡོང་ལྟ་བུས་དུས་ཅི་སྲིད་འཁོར་བ་གནས་ཀྱི་བར་དུ་སེམས་ཅན་གྱི་དོན་

འབྱུང་བ་ཡིན་ཏེ། ས་ར་ཧས། གོམ་པའི་མཐུ་ཡིས་དོག་པ་ཐམས་ཅད་ཟིལ་གྱིས་མནན། །འབྲས་བུ་གཉིས་ནི་རང་དང་གཞན་དོན་ཕུན་ཚོགས་ཡིན། །རྒྱུ་དང་འབྲས་བུ་གཉིས་ནི་ངོ་བོ་དེ་དབྱེར་མེད། །སྨོན་ལམ་སྙིང་རྗེའི་སྟོབས་ཀྱིས་གཟུགས་སྐུ་རྣམ་གཉིས་འབྱུང་། །ཐུམ་པ་བཟང་དང་དཔག་བསམ་རིན་ཆེན་ནོར་བུ་ལྟར། །གང་གིས་བཟུང་བ་མེད་པའི་སྐུ་ནི་རབ་ཏུ་མཛེས། །གདུལ་བྱ་རྣམས་ལ་སྣ་ཚོགས་པ་ཡི་གཟུགས་ཤར་བ། །དེ་དག་ཐམས་ཅད་བསམ་མི་ཁྱབ་ཀྱི་སྤྲུལ་པ་སྟེ། །ཞེས་དང་། སྤྱོད་འཇུག་ལས། ཡིད་བཞིན་ནོར་བུ་དཔག་བསམ་ཤིང་། །ཅི་ལྟར་རེ་བ་ཡོངས་སྐོང་བ། །དེ་བཞིན་གདུལ་བྱའི་སྨོན་ལམ་གྱིས། དབང་གི་རྒྱལ་པོའི་སྐུར་སྣང་བ། །དཔེར་ན་ནམ་མཁའ་ལྡིང་གིས་ནི། །མཆོད་སྡོང་སྒྲུབ་ནས་འདས་གྱུར་པ། །དེ་འདས་ཡུན་རིང་ལོན་ཡང་དེར། །དུག་ལ་སོགས་པ་ཞི་བྱེད་བཞིན། །བྱང་ཆུབ་སྤྱོད་དང་རྗེས་མཐུན་པའི། །རྒྱལ་བའི་མཆོད་སྡོང་སྒྲུབ་པ་ཡང་། །བྱང་ཆུབ་སེམས་དཔའ་མྱ་ངན་འདས། །འདས་ཀྱང་དོན་རྣམས་ཐམས་ཅད་མཛད། །ཅེས་གསུངས་པ་དང་། རྗེ་བཙུན་གྱི་རྒྱལ་པོ་མི་ལ་རས་པས་དེ་ལ་སྙིང་རྗེའི་ཤུགས་འབྱུང་སྟེ། སྟོབས་དང་མི་འཇིགས་གཟུངས་ལ་སོགས། །སངས་རྒྱས་ཡོན་ཏན་གང་ཡིན་པ། །ནོར་བུ་རིན་ཆེན་ཚུལ་གྱིས་འབྱུང་། ཞེས་གསུངས་པས། འབད་རྩོལ་དང་རྟོག་པ་མི་མངའ་བཞིན་དུ། སེམས་ཅན་གྱི་དོན་འབད་མེད་ལྷུན་གྲུབ་ཏུ་འབྱུང་བ་ཡིན་ཏེ། དཔེར་ན་ཡིད་བཞིན་གྱི་ནོར་བུ་རིན་པོ་ཆེ་ལ་དགོས་འདོད་སྨེར་བསམ་པའི་རྟོག་པ་མི་མངའ་ཡང་རྒྱལ་མཚན་གྱི་རྩེ་མོ་ལ་བཏགས་ཤིང་གསོལ་བ་བཏབ་པས། དགོས་འདོད་ཐམས་ཅད་ཆར་བཞིན་དུ་འབབ་པ་དང་འདྲ་བར་བཞེད་པ་ཡིན་ནོ། །ཞེས་རྡོ་རྗེ་འཆང་གི་རྣམ་པར་ཐར་པ་འདི་ཉིད་སོ་རག་བྱ་བྲལ་གྱིས་ཡང་དགོན་རི་ཁྲོད་དུ་བརྗོད་པའོ། ཤུ་བྷཾ། །དཔལ་ལྡན་བྲཱཧྨ་ཧ་དྲའི་རྣམ་པར་ཐར་པའོ། །

གཉིས་པ་གྲུབ་ཆེན་ཏཻ་ལོ་པའི་རྣམ་ཐར་ནི། དཔལ་ལྡན་བླ་མ་དམ་པ་ལ་ཕྱག་འཚལ་ཞིང་སྐྱབས་སུ་མཆིའོ། །འཁོར་ལོ་བདེ་མཆོག་མི་ཡི་བླ་མ་གྲུབ་ཐོབ་ཏཻ་ལོ་པ་ཞེས་བྱ་བ། རྡོ་རྗེ་ཐེག་པའི་རྣལ་འབྱོར་པ་གཅིག་གི་ཚུལ་བཟུང་ནས་སྤྲུལ་པ་མི་འདྲ་བ་སྣ་ཚོགས་བསྟན་ཞིང་། སྙིགས་དུས་ཀྱི་སེམས་ཅན་དཔག་ཏུ་མེད་པའི་དོན་མཛད་པ་ཡིན་ཏེ། འདི་ལ་ལྔ། མི་རང་རྒྱུད་པར་བསྟན་པ་དང་། འཁོར་ལོ་བདེ་མཆོག་གི་སྤྲུལ་པར་བསྟན་པ་དང་། བདེ་མཆོག་དངོས་སུ་བསྟན་པ་དང་། སངས་རྒྱས་ཐམས་ཅད་ཀྱི་ངོ་བོར་བསྟན་པ་དང་། དེ་ལྟ་བུའི་བདག་ཉིད་ཆེན་པོ་དེས་གདུལ་བྱ

རྣམས་བཏུལ་ཞིང་སྨིན་གྲོལ་གྱི་ལམ་ལ་བཀོད་ཚུལ་ལོ། །དང་པོ་ནི། དེ་ཡང་དང་པོ་སྐུ་འཁྲུངས་པའི་ཡུལ། རྒྱ་གར་ཤར་ཕྱོགས་ཟ་ཧོར་གྱི་ཡུལ། གྲོང་ཁྱེར་ཛ་གོ་ཞེས་བྱ་བར། ཡབ་དེ་ཡང་ཤེས་རབ་ཆེ་ཞིང་གདམས་ངག་ཟབ་མོ་མང་དུ་ཐོས་པ། ཡིད་གཞུངས་པ་ཡོན་ཏན་དང་ལྡན་པ་བྲམ་ཟེ་གསལ་བ་དང་། ཡུམ་དེ་ཡང་དང་རྒྱུད་རིང་ཞིང་ཤིན་ཏུ་མཛེས་པ་བྲམ་ཟེ་མོ་གསལ་སྒྲོན་གཉིས་ལ། བུ་མོ་གསལ་སྒྲོན་བྱ་བ་ཡོད་ཀྱང་། སྲས་ཀྱིས་ཤིན་ཏུ་དབེན་པས། འགྲོ་བའི་ཡོ་བྱད་བསམ་གྱིས་མི་ཁྱབ་པ་མངའ་བ་རྣམས་སྐྱེ་བོའི་ཚོགས་དཔག་ཏུ་མེད་པ་ལ་སྦྱིན་པ་བཏང་ཞིང་ཆོམ་པར་བྱས། དཀོན་མཆོག་གསུམ་ལ་མཆོད་པ་རྒྱ་ཆེན་པོ་ཕུལ་ཏེ་གསོལ་བ་བཏབ་པས། ཟླ་བ་དགུ་ངོ་བཅུ་ནས་ཁྱེའུ་མཚན་དང་ལྡན་པ་གཅིག་བཙས་ཏེ། ས་ཕྱོགས་ཐམས་ཅད་འོད་ཀྱིས་གང་བ་ལ་སོགས་ལྟས་དང་ཆོ་འཕྲུལ་ངོ་མཚར་ཅན་སྣ་ཚོགས་བྱུང་བ་ལ། ཐམས་ཅད་དགའ་སྤྲོ་དང་བཅས་པར་གྱུར་ཅིང་། ཁྱད་པར་དུ་ཡང་དེ་དང་ཧ་ཅང་ཐག་མི་རིང་བ་ཞིག་ཏུ། གཙུག་ལག་གི་རིག་བྱེད་དུ་མ་ལ་མཁས་པ། བྲམ་ཟེ་མཚན་མཁན་ལེགས་བྱིན་ཞེས་བྱ་བ། སློབ་མའི་ཚོགས་དུ་མ་དང་ལྷན་ཅིག་གནས་པས། ལྟས་དེ་དག་མཐོང་བ་ལ་ངོ་མཚར་སྐྱེས་ནས། འཁོར་དང་བཅས་པ་བྲམ་ཟེ་གསལ་བའི་ཕོ་བྲང་དུ་བྱོན་ཏེ། ཁྱེའུ་ངོ་མཚར་ཅན་དེའི་མཚན་ལྟས་གཅེས་པ་ལས། དེར་ཡང་མི་ལྷས་རྩིས་དུས་ལྷ་དང་། ལྷའི་བརྩིས་དུས་ལྷ་དང་། ལྷའི་བརྩིས་དུས་ཀླུ་དང་། ལྷ་མ་ཡིན་དང་གནོད་སྦྱིན་དང་། དྲི་ཟ་དང་། མིའམ་ཅི་དང་། འཁོར་ལོའི་བསྒྱུར་བའི་རྒྱལ་པོ་དང་། སངས་རྒྱས་ཀྱི་མཚན་ལ་སོགས་སྣ་ཚོགས་ཤར། འདི་ཡིན་ཟེར་ནས་གཅིག་གིས་ལུང་བསྟན་མ་ནུས་ཀྱང་། སངས་རྒྱས་ཀྱི་སྤྲུལ་པ་ཁྱད་པར་ཅན་ཞིག་ཡིན་ནམ་སྙམ་སྟེ། འདི་ནི་ལྷ་ཀླུ་གནོད་སྦྱིན་དང་། སངས་རྒྱས་གང་ཡིན་མ་མཚལ་སྟེ། བྱུང་ན་རྒྱལ་བའི་སྲས་པོ་དང་། མ་བྱུང་མི་ཡི་བདག་པོར་འགྱུར། དེ་བས་སྐྱེས་བུ་ངོ་མཚར་ཅན། མཆོག་འདི་ཁྱོད་ཀྱིས་ལེགས་པར་སྐྱོངས། ཞེས་བརྗོད་ཅིང་གྲོང་ཁྱེར་འོད་ཀྱིས་གང་བ་དང་། ཡབ་ཡུམ་གྱི་མཚན་ལྟས་དང་བསྟུན་ནས་གསལ་འོད་དུ་བཏགས་ཤིང་། ཁྱེའུ་གདོང་ལ་བལྟས་ཏེ། མོས་པ་གུས་པ་དུ་མ་བྱས། བྲམ་ཟེ་གསལ་བས་ཀྱང་བསྙེན་བསྐུར་ལ་སོགས་ཡོ་བྱད་ཕུན་སུམ་ཚོགས་པས་ལེགས་སྦྱིན་འཁོར་བཅས་མཉེས་པར་བྱས་ནས་རང་གི་གནས་སུ་སོང་ངོ་། །དེ་ནས་བྲམ་ཟེ་འཁོར་དང་བཅས་པ་གཙུག་ལག་ཁང་དུ་བཞུགས་ནས་འབྱུང་བ་ལྟར་རིམ་གྲོ་ལ་སོགས་ཐབས་དུ་མའི་སྒོ་ནས་བསྐྱངས་པས། གཞན་གྱི་ཟླ་སྐྱེད་པས་འདི་ཞག་སྐྱེད་ཆེ། གཞན་གྱི་ལོ་སྐྱེད་པས་ཀྱང་འདི་ཟླ་སྐྱེད་ཆེ་ཞིང་། ལོ་གཅིག་ལྷག་

ཙམ་ལོན་པའི་དུས་སུ། ལོ་བཅུ་གཉིས་པའི་ཚད་དུ་ཡོད་པ་ལ། ཉིན་གཅིག་ཡབ་ཕྱི་སྐོར་བཞུད་པའི་ཤུལ་དུ་ཡུམ་དང་ལྷན་ཅིག་ཕོ་བྲང་གི་དབུས་ན་གནས་པ་ལ། བུད་མེད་མི་སྡུག་པའི་མཚན་མ་སུམ་ཅུ་རྩ་གཉིས་ཚང་བ་གཅིག་བྱུང་ནས། མཁར་བ་ལ་ཨོཾ་རྩུགས་བྱས་ཏེ། གཅེས་པར་བསྐྱངས་ཀྱང་མི་འཆི་བའི། །ས་ཕྱོགས་དེ་ནི་ཡོད་མ་ཡིན། །ཟེར་ཞིང་དུས་པ་ལ། ཡུམ་ཤིན་ཏུ་སྐྲག་ནས་དེ་ལ་ཐབས་ཅི་ལྟར་བྱས་ན་ཐར་བར་འགྱུར་ཞེས་དྲིས་པ་ལ། གཞོན་ནུ་མཛེས་པ་མཚན་དང་ལྡན། །དམ་ཆོས་བརྡ་སྐད་འཕྲོད་ན་བདེ། །ཞེས་ཟེར་ནས་མི་སྣང་བར་གྱུར། དགོང་མོ་ཡབ་ཕོ་བྲང་དུ་ཕེབས་པ་ལ། གོང་གི་ལོ་རྒྱུས་དེ་དག་ཞིབ་ཏུ་བསྐད་དེ། ཡི་གེ་ལ་སོགས་པ་རིག་བྱེད་དུ་མ་བསླབ་པས། ཐོགས་པ་མེད་པར་མཁྱེན་ཞིང་རིགས་པའི་གནས་ཐམས་ཅད་ལ་མཁས་པར་གྱུར་ནས། ཡོན་ཏན་ཕུན་སུམ་ཚོགས་པ་དང་ལྡན་བཞིན་དུ་ཡབ་ཡུམ་ལ་སོགས་འཁོར་གྱི་དབུས་སུ་གནས་པ་ལ། ཡང་སྔར་གྱི་བུད་མེད་དེ་གར་བྱུང་ཆ་མེད་པར་བྱུང་ནས། ལྷོས་མེད་ས་ལའི་ནགས་གསེབ་ཏུ། །བྲམ་ཟེའི་ཁྱེའུ་གསལ་འོད་མཐོང་། །ཡི་གེ་བལྟ་ཞིང་མ་ཧེ་སྐྱོང་། མཁའ་འགྲོ་མ་ཡི་ལུང་བསྟན་འབྱུང་། །ཞེས་ཟེར་ཞིང་ནམ་མཁའ་ལ་ཡལ་ནས་སོང་བས། དེ་ཉིད་མཁའ་འགྲོ་མ་ཡིན་པར་ཤེས་ཏེ། ལུང་བསྟན་པ་བཞིན་དུ་མ་ཧེའི་ཁྱུ་ཆེན་པོ་དེད་ནས། འཁོར་དཔག་ཏུ་མེད་པས་བསྐོར་ཞིང་བྱོན་ཏེ། ནགས་ཚལ་ཕུན་སུམ་ཚོགས་པ་ཉམས་དགའ་གཅིག་ཏུ་ཕེབས་པ་དང་། ཡབ་ལ་སོགས་སྐྱེལ་མའི་འཁོར་རྣམས་གྲོང་ཁྱེར་དུ་ཕྱིར་བཏང་། མ་ཧེའི་ཁྱུ་རྣམས་མདུན་དུ་གཟན་ལ་བཀོད། ཤིང་ཤ་པའི་སྡོང་པོ་ཆེན་པོ་ལ་རྒྱབ་གཏད་ནས། ཡིག་གེའི་རིགས་རྣམས་ལྟ་བ་དང་། བྲི་བ་ལ་སོགས་བྱེད་ཅིང་ཡོད་ཙམ་ན། གོང་གི་མཁའ་འགྲོ་མ་དེ་བྱུང་ནས། ཁྱོད་ཀྱི་ཡུལ་གང་ཡིན། གྲོང་གང་། ཕ་གང་། མ་གང་། སྲིང་མོ་གང་། ཁྱོད་ཉིད་དང་ཤིང་མ་ཧེ་ཡི་གེ་སོགས་གང་ཡིན། ཡི་གེར་བལྟས་ནས་ཅི་བྱེད་ཟེར་བ་ལ། གསལ་འོད་ཀྱིས་སྨྲས་པ། ཡུལ་ནི་ཤར་ཕྱོགས་ཟ་ཧོར་ལ། །གྲོང་ཁྱེར་ཆེན་པོ་ཛ་གོ་ཡིན། །ཡབ་ནི་བྲམ་ཟེ་གསལ་བསྟོང་། །ཡུམ་ནི་བྲམ་ཟེ་གསལ་ལྡན་མ། །སྲིང་མོ་བྲམ་ཟེ་གསལ་སྒྲོན་སྐྱེ། །ང་རང་བྲམ་ཟེ་གསལ་འོད་ཡིན། །ཤིང་ནི་ཤ་པའི་སྡོང་པོ་ལ། །མ་ཧེ་ནོར་ཕྱིར་མཚོ་ཞིང་སྐྱོང་། །ཡི་གེ་ལྟ་ནས་དམ་ཆོས་བྱེད། །ཅེས་བརྗོད་པས། བུད་མེད་དེ་ན་རེ་དེ་ཐམས་ཅད་ཁྱོད་ཀྱིས་བོར་བ་ཡིན། ཡི་གེ་ལྟ་བ་དང་བྲིས་པས་སངས་མི་རྒྱ། རྒྱ་ན་དམུས་ལོང་སོགས་ཀྱིས་ཀྱང་རང་བྱུང་གི་ཡེ་ཤེས་རྟོགས་དགོས་ཏེ་མ་རྟོགས་ཟེར་བ་ལ། འོ་ན་དེ་དག་ལ་ཁྱོད་གང་ཡིན་དྲིས་པས། ཡུལ་ནི་ནུབ་ཕྱོགས་ཨོ་རྒྱན་ཡིན། །གྲོང་ཁྱེར

དཔལ་གྱི་སར་གནས་ཏེ། །ཡབ་ནི་བདེ་མཆོག་འཁོར་ལོ་སྟེ། །ཡུམ་ནི་རྡོ་རྗེ་རྣལ་འབྱོར་མ། །ང་ནི་སྲིང་མོ་བདེ་སྟེར་མ། །མིང་པོ་པཎྜུ་པ་ན་ཡིན། །བྱང་ཆུབ་ཤིང་གི་ནགས་ཚལ་དུ། །ཉམས་མྱོང་མ་ཧེ་སྐྱོང་འདོད་ན། །བསྟན་བརྒྱུད་ཡི་གེ་མེད་པ་ནི། །དྲི་མེད་མཁའ་འགྲོའི་ཕྱུག་ན་ཡོད། །གསུངས་པ་ལ། དེ་ངས་མི་ལོན་བྱས་པས། ལུང་བསྟན་དམ་ཚིག་ལྡན་པ་ཡིས། དངོས་གྲུབ་ཁྱོད་ཀྱིས་བླང་ན་ལོན། ཞེས་གསུངས་པས། འོ་ན་ཇི་ལྟར་བྱ་ཞུས་པས། ཤེལ་གྱི་སྣམས་དང་རིན་ཆེན་ཟམ། །ཁྱེ་ཟུང་སྟེ་མིག་གསུམ་ཁྱེར་ལ། །ཐེ་ཚོམ་མེད་པར་ཤད་ཀྱིས་སོང་། །སྟན་བརྒྱུད་དྲི་མེད་ལོན་པར་འགྱུར། །ཅེས་གསུངས་ནས། བུད་མེད་དེ་ཉིད་ན་ཆུང་ལང་ཚོ་ཕུན་སུམ་ཚོགས་པ། མཛེས་ཤིང་ཡིད་དུ་འོང་བ་གཅིག་ཏུ་སྤྲུལ་ཏེ། རྫས་དེ་གསུམ་བསྐུར་ནས་ཐེ་ཚོམ་མེད་པར་སོང་ཞིག་གསུངས་ཤིང་ནམ་མཁའ་ལ་འཇའ་ཡལ་བ་བཞིན་མི་སྣང་བར་གྱུར་རོ། །

དེ་ནས་པཎ་ཙ་པ་ནས་ཀྱང་མ་ཧེའི་ཁྲུ་རྣམས་དེད་ནས། རྡོ་རྗེའི་གླུ་ལེན་ཞིང་གྲོང་ཁྱེར་དུ་བྱོན་ཏེ། གོང་གི་ལོ་རྒྱུས་རྣམས་ཞིབ་ཏུ་བཤད་ཅིང་ཨུ་རྒྱན་དུ་འགྲོ་བར་ཞུས་པས། ཡབ་ཡུམ་ལ་སོགས་ཀྱིས་ཡང་གནང་ནས་ཨུ་རྒྱན་དུ་བྱོན་ནོ། །དེར་ཡང་ཨུ་རྒྱན་གྱི་ཡུལ་དེ་གང་ཟག་ཕལ་གྱིས་བགྲོད་པའི་གནས་མ་ཡིན་ཞིང་དེའི་མི་ཕོ་མོ་ཐམས་ཅད་དཔའ་བོ་དང་དཔའ་མོའི་རིགས་སུ་ཡོད་པ། གྲོང་ཁྱེར་དཔག་ཏུ་མེད་པས་བསྐོར་བའི་དབུས་སུ། དྷརྨ་གཉྫ་ཆོས་ཀྱི་དགོར་མཛོད། ཧེ་རུ་ཀ་རང་བྱུང་གི་གནས་གན་དྷོ་ལ་ཡི་གཙུག་ལག་ཁང་ཆེན་པོ་དེ་ཉིད། རོ་གསར་པའི་གཙོག་དང་། གདན་ལ་སོགས་རྒྱན་སྣ་ཚོགས་ཀྱིས་བརྒྱན་ནས། མཛེས་ཤིང་ཡིད་དུ་འོང་བའི་ཕྱི་རོལ་དུ། འོབས་དང་ལྕགས་རི་རིམ་པ་གསུམ་གྱིས་བསྐོར་ཞིང་། དེ་དག་ཏུ་གཅན་གཟན་དང་། སྦྲུལ་གདུག་པ་ཅན་དུ་མ་དང་། ཀླུ་བདུད་དང་སྲིན་མོའི་ཚོགས་མ་རུངས་པ་རྣམས་གནས་པའི་དབུས་སུ། ཕྱི་སྒོ་སྲུང་བ་ཟ་བྱེད་ལས་ཀྱི་མཁའ་འགྲོ་ལས་མཁན་གྱི་ཚུལ་དང་། བར་སྒོ་བསྲུང་བ་སྤྲུལ་སྐུ་འཇིག་རྟེན་གྱི་མཁའ་འགྲོ་མ་འབངས་ཀྱི་ཚུལ་དང་། ནང་སྒོ་སྲུང་བའི་ལོངས་སྐུ་ཟ་བྱེད་ཀྱི་མཁའ་འགྲོ་རྣམས་བློན་མོའི་ཚུལ་དུ་གནས་ཏེ། དེ་དག་ཀྱང་འཁོར་དཔག་ཏུ་མེད་པས་བསྐོར་ཞིང་བཞུགས་པ། ཕོ་བྲང་དེའི་དབུས་སུ་ཆོས་འབྱུང་བསྙོལ་མའི་ལྟེ་བར། གདན་གསུམ་བརྩེགས་ཀྱི་སྟེང་དུ་དུས་གསུམ་གྱི་སངས་རྒྱས་ཐམས་ཅད་ཀྱི་ཡུམ་རྗེ་བཙུན་རྡོ་རྗེ་རྣལ་འབྱོར་མ་ཆོས་ཀྱི་སྐུ་ལས་མ་གཡོས་བཞིན་ཏུ་ཟུང་འཇུག་ལྷུན་གྲུབ་བདེ་བ་ཆེན་པོར་ལོངས་སྤྱོད་རྫོགས་པའི་སྐུ་མཚན་དང་དཔེ་བྱད་ཀྱིས་བརྒྱན་པ། འོད་ཟེར་

དཔག་ཏུ་མེད་པ་ཕྱོགས་བཅུར་འཕྲོ་ཞིང་གཟི་བརྗིད་དང་ལྡན་པ། འཁོར་མཁའ་འགྲོ་མ་བསམ་གྱིས་མི་ཁྱབ་པས་བསྐོར་ནས། ལྷའི་བུ་དང་བུ་མོ་ལ་སོགས་མཆོད་པའི་ལྷ་མོ་རྣམས་ཀྱིས་རྡོ་རྗེའི་གླུ་གར་དང་། རོལ་མོའི་སྒྲ་ལ་སོགས་པ་མཆོད་པའི་བྱེ་བྲག་དཔག་ཏུ་མེད་པ་རྣམས་ཀྱིས་མཆོད་དེ། རྡོ་རྗེ་ཐེག་པའི་རྒྱུད་སྡེ་རྣམས་གསེར་དངུལ་གྱི་བྱང་བུ་ལ་བཻཌཱུརྻ་ཞུན་མས་བྲིས་ནས་རིན་པོ་ཆེའི་སྒྲོམ་བུར་བཅུག་ཅིང་། རྒྱ་རིམ་པ་གསུམ་གྱིས་བཏབ་ནས་གཅེས་པར་འཛིན་ཏེ། ཐེག་པ་ཆེན་པོ་གསང་སྔགས་ཀྱི་ཆོས་ལ་ལོངས་སྤྱོད་ཅིང་བཞུགས་སོ། །དེ་ནས་པཎྜུ་པ་ནས་འོབས་རྣམས་ལ་རིན་པོ་ཆེའི་ཟམ་པ་བྲིས། ལྕགས་རི་ལ་ཤེལ་གྱི་སྐས་བཙུགས་བྱེ་ཟུང་གིས་སྒོ་ཕྱེས་ནས་ཕོ་བྲང་ནང་དུ་ཕྱིན་པ་ལ། ཕྱི་སྒོ་སྲུང་བའི་ཟ་བྱེད་ལས་ཀྱི་མཁའ་འགྲོ་མ་རྣམས་ཀྱིས་མཚོན་ཆ་སྣ་ཚོགས་འཕྱར་ཞིང་། འཇིགས་པའི་གཟུགས་བསྟན་ནས་མི་སྙན་པའི་སྒྲ་སྒྲོག་ཅིང་། ང་ནི་ཟ་བྱེད་མཁའ་འགྲོ་མ། །ཤ་ལ་དགའ་ཞིང་ཁྲག་ལ་རྔམས། །ཁྱོད་ཀྱི་ཤ་ཟ་ཁྲག་ལ་བཏུང་། །རུས་པ་ཐལ་བ་རྡུལ་དུ་བརླག །ཅེས་ཟེར་བ་ལ། པཎྜུ་པ་ནས་ལུས་ཀྱིས་འཇིགས་པར་བྱེད་པའི་ལྟ་སྟངས། ངག་གིས་དངངས་པར་བྱེད་པའི་ལྟ་སྟངས། སེམས་ཀྱིས་སྐྲག་པར་བྱེད་པའི་ལྟ་སྟངས་གསུམ་བྱས་སྟེ། ཆེར་འཇིགས་མཁའ་འགྲོ་དུ་མས་ཀྱང་། །ང་ཡི་བ་སྤུ་རྩེ་མི་གཡོ། །ཞེས་གསུངས་པས། མཁའ་འགྲོ་མ་རྣམས་ཁ་སྦུབ་ཏུ་འགྱེལ་ཞིང་བརྒྱལ་ལོ། །བརྒྱལ་སངས་ནས་ཐལ་མོ་སྦྱར་ཞིང་ཕྱག་འཚལ་ཏེ་བཟོད་པར་གསོལ་ཤིང་། མར་མེ་ལ་ནི་སྦྲང་མ་བཞིན། །བདག་འཛེམས་སྒོ་མ་ག་ལ་འོང་། །བདག་ནི་བྲན་ལྟར་དབང་ཆུང་བས། །བར་བློན་དག་ལ་མ་དྲིས་ན། །བདག་གིས་ཤ་ཟ་ཁྲག་འཐུང་བས། །དམ་པ་བདག་ལ་ཉེར་དགོངས་མཛོད། །ཟེར་ནས་བར་བློན་རྣམས་ལ་དྲིས་པས། ནང་དུ་ཐོངས་དང་ང་རང་རྣམས་ཀྱིས་ཟ་བར་བྱེད་ཟེར་ནས་དེར་ཕྱིན་པ་ལ། ང་ནི་འཇིག་རྟེན་མཁའ་འགྲོ་མ། །ཤ་ལ་དགའ་ཞིང་ཁྲག་ལ་རྔམས། །མི་ཤ་ཟ་ཞིང་མི་ཁྲག་འཐུང་། །ཁྱོད་ཀྱི་ཤ་ཟ་ཁྲག་ལ་བཏུང་། །ཟེར་བ་ལས་པཎྜུ་པ་ནས་ལྟ་སྟངས་མཛད་ཅིང་། །ཆེར་འཇིགས་མཁའ་འགྲོ་མ་དུ་མས། །ང་ཡི་བ་སྤུའི་རྩེ་མི་གཡོ། །གསུངས་པས་མཁའ་འགྲོ་མ་རྣམས་ཁ་སྦུབ་ཏུ་འགྱེལ་ཞིང་བརྒྱལ་ལོ། །བརྒྱལ་སངས་ནས་ཐལ་མོ་སྦྱར་ཞིང་ཕྱག་འཚལ་ཏེ་བཟོད་པར་གསོལ་ཞིང་། མར་མེ་ལ་ནི་སྦྲང་མ་བཞིན། །བདག་འཛེམས་སྒོ་མ་ག་ལ་འོངས། །བདག་ནི་འབངས་ལྟར་དབང་ཆུང་བས། །ནང་བློན་དག་ལ་མ་དྲིས་ན། །བདག་གི་ཤ་ཟ་ཁྲག་འཐུང་བས། །དམ་པས་བདག་ལ་ཉེར་དགོངས་མཛོད། །ཟེར་ནས་ནང་བློན་རྣམས་ལ་དྲིས་པས། འདིར་ཐོངས་དང་དེད་རང་

རྣམས་ཀྱིས་ཟ་བར་བྱེད་ཟེར་ཏེ་ནང་དུ་ཕྱིན་པ་ལ། ང་ནི་འཇིག་རྟེན་མཁའ་འགྲོ་མ། །ཤ་ལ་ཟ་ཞིང་ཁྲག་ལ་རྔམས། །མི་ཡི་ཤ་ཁྲག་ལ་དགའ་བས། །ཁྱོད་ཀྱི་ཤ་ཁྲག་ཟ་འཐུང་བྱེད། །ཟེར་ཞིང་བཀྲལ་དུ་བྱུང་བ་ལ། པཎྜུ་པ་ནས་ལྷ་སྣང་གསུམ་མཛད་ཅིང་། ཆེར་འཇིགས་མཁའ་འགྲོ་མ་དུ་མས་ཀྱང་། །ང་ཡི་བ་སྤུའི་རྩེ་མི་གཡོ། །གསུངས་པས་ཁ་སྦྱུབ་ཏུ་འགྱེལ་ཞིང་བརྒྱལ་ལོ། །བརྒྱལ་སངས་ནས་ཐལ་མོ་སྦྱར་ཞིང་བཟོད་པར་གསོལ་ཏེ། མར་མེ་ལ་ནི་སྦྲང་མ་བཞིན། །བདག་འཇོམས་བློན་མོ་ག་ལ་འོངས། །བདག་ནི་བློན་ལྟར་དབང་ཆུང་བས། །རྒྱལ་མོ་དག་ལ་མ་དྲིས་ན། །བདག་གི་ཤ་ཟ་ཁྲག་འཐུང་བས། །དམ་པ་བདག་ལ་ཉེར་དགོངས་མཛོད། ཟེར་ནས་ཁོང་རྣམས་གཙོ་མོའི་དྲུང་དུ་སོང་ཞིང་། ཨ་ཙ་ར་ནག་པོ་གཟི་མདངས་ཅན་ཞིག་བྱུང་བས། ངེད་ཀྱིས་ཟ་བར་བརྩམས་པ་ལ། ཨ་ཙ་ར་དེས་ལྷ་སྣང་གསུམ་ལ་སོགས་པའི་སྒོ་ནས་ངེད་རྣམས་ཐམས་ཅད་ཟིལ་གྱིས་མནན་ནས་བརྒྱལ་བར་བྱས་ཏེ། མ་ཐུབ་པས་ད་ཅི་ལྟར་བྱ་ཞུས་པས། དེ་ཁྱེད་རྣམས་ཀྱིས་མི་ཟློས་པའི་སྐལ་བ་དང་ལྡན་པ་ཡིན་པས། རས་དམར་པོ་དྲི་མ་མེད་པས་ནང་དུ་གདོངས་ལ། ནང་དུ་ཐོངས་ཤིག་གསུངས། དེར་པཎྜུ་པ་ན་ཕོ་བྲང་གི་ནང་དུ་བྱོན་ཏེ་ཕྱག་མ་བྱས་པར་གཟི་མདངས་དང་ལྡན་པའི་ངང་དུ་བཞེངས་ཏེ། ཏོག་གཅིག་ངོ་བོར་བཞུགས་པ་ལ། འཁོར་གྱི་མ་རྣམས་ཀྱིས། འདི་ནི་དུས་གསུམ་སངས་རྒྱས་ཀྱི་ཡུམ་གྱུར་བཅོམ་ལྡན་འདས་མ་ལགས། མི་གྲུས་ཚུལ་ཅན་ཞེས་མི་གཞོམ། ཟེར་ནས་ནམ་མཁའ་ནས་རྡོ་རྗེའི་ཆར་འབེབས་པར་གཟས་པ་ལ། རྡོ་རྗེ་རྣལ་འབྱོར་མའི་ཞལ་ནས། འདི་ནི་དུས་གསུམ་སངས་རྒྱས་ཀྱི། །ཡབ་གྱུར་བདེ་མཆོག་འཁོར་ལོ་སྟེ། །འདིར་ནི་མཁའ་ལ་རྡོ་རྗེ་ཡི། །ཆར་པ་ཕབ་ཀྱང་གཞོམ་མི་ནུས། །དེ་བས་འདི་ལ་ཆོས་བྱིན་ཅིག །ཅེས་གསུངས་པས། བདེ་མཆོག་ལེའུ་ལྔ་བཅུ་རྩ་གསུམ་བྱིན་ཏེ། ཡང་རྡོ་རྗེ་རྣལ་འབྱོར་མའི་ཞལ་ནས། ཁྱོད་སུ་ཡིན་འདིར་སུས་བཏངས་ཅི་འདོད་གསུངས་པ་ལ། ཏཻ་ལོ་པའི་ཞལ་ནས། ང་རང་པཎྜུ་པ་ན་ཡིན། །སྲིད་མི་བདེ་སྐྱེར་མ་ཡིས་བཏངས། །ལྷ་སྒོམ་སྤྱོད་པ་འབྲས་བུ་དང་། །དམ་ཚིག་རང་གྲོལ་གདམས་ངག་འདོད། །ཅེས་ཞུས་པ་ལ། རྡོ་རྗེ་རྣལ་འབྱོར་མས་དཀོར་མཛོད་གསུམ་གྱི་བརྡ་ནི། སྐུ་རང་བྱུང་ལྷན་ཅིག་སྐྱེས་པ་ངོ་བོ་ཉིད་ཀྱི་སྐུ། སྐུ་རང་བྱུང་ལྷན་ཅིག་སྐྱེས་པ་ཡབ་ཡུམ་གྱི་སྐུ་དང་། གསུང་ཆོས་འབྱུང་གྲུ་གསུམ་ཨཱ་ལི་ཀཱ་ལིས་གང་བ་དང་། ཐུགས་རྡོ་རྗེ་རྩེ་ལྔ་པ་བསྟན་ནས། སྐུ་ཙ་ཁ་ལི་ཡི་དཀོར་མཛོད་ན། །བརྒྱུད་པ་ཡིད་བཞིན་ནོར་བུ་ཡོད། །ཡིག་འབྲུ་གསུངས་ཀྱི་དཀོར་མཛོད་ན། །སྨིན་ལམ་ཡིད་བཞིན་ནོར་བུ་ཡོད། །ཕྱག་མཚན་

ཐུགས་ཀྱི་དགོར་མཛོད་ན། །གྲོལ་ལམ་ཡིད་བཞིན་ནོར་བུ་ཡོད། །ང་ཡི་དགོར་མཛོད་གསུམ་ན་ནི། །ཡིད་བཞིན་ནོར་བུ་རྣམ་གསུམ་ཡོད། །མ་རིག་མུན་སེལ་ལྷན་ཅིག་སྐྱེས། །བཙ་ཡི་ཤེས་ནས་ཁྱོད་ལ་སྦྱིན། །ཞེས་གསུངས་པ་ལ། ཏི་ལོ་པས། སྐུ་ཙ་ཁ་ལི་ཡི་དགོར་མཛོད་ནས། །བརྒྱུད་པ་ཡིད་བཞི་ནོར་བུ་ཞུ། །ཡིག་འབྲུ་གསུང་གི་དགོར་མཛོད་ནས། །སྨིན་ལམ་ཡིད་བཞིན་ནོར་བུ་ཞུ། །ཕྱག་མཚན་ཐུགས་ཀྱི་དགོར་མཛོད་ནས། །གྲོལ་ལམ་ཡིད་བཞིན་ནོར་བུ་ཞུ། །ཞེས་ཞུས་པ་ལ། རྡོ་རྗེ་རྣལ་འབྱོར་མས། སྐུ་ཙ་ཀ་ལི་ཡི་དགོར་མཛོད་ནས། །བརྒྱུད་པ་ཡིད་བཞིན་ནོར་བུ་ལ། །ལུང་བསྟན་དག་གི་ལྕགས་བཙུག་པས། །མ་བསྟན་པ་ཡི་ཕྱེད་མི་འགྱུར། །ཡིག་འབྲུ་གསུང་གི་དགོར་མཛོད་ནས། །སྨིན་ལམ་ཡིད་བཞིན་ནོར་བུ་ལ། །དམ་ཚིག་ལྡན་པས་ལྕགས་བཙུག་པས། །དམ་ཚིག་མེད་པས་ཕྱེ་མི་འགྱུར། །ཕྱག་མཚན་ཐུགས་ཀྱི་དགོར་མཛོད་ནས། །གྲོལ་ལམ་ཡིད་བཞིན་ནོར་བུ་ལ། །སྐལ་ཐོབ་དག་གི་ལྕགས་བཙུག་པས། །མི་ཐོབ་པ་ཡིས་ཕྱེ་མི་འགྱུར། །ཞེས་གསུངས་པས། ཏི་ལོ་པས། ང་ལ་དེ་གསུམ་ཡོད་གསུངས་ཏེ། ལུང་བསྟན་དམ་ཚིག་ལྡན་པ་ཡི། །སྐལ་ཐོབ་ཁྱོད་ཀྱིས་བླངས་ན་ལོན། །ཅེས་གསུངས་ས་ལའི་ནགས་འདབས་ནས། མཁའ་འགྲོའི་ལུང་བསྟན་ལྡེ་མིག་ཡོད། ཞུས་པ་ལ་འཁོར་རྣམས་ཀྱི་མཁའ་འགྲོ་མ་རྣམས་རྐོང་ཅིང་ཐལ་མོ་བརྡེབས་པར་བྱེད་པ་དང་། རྡོ་རྗེ་རྣལ་འབྱོར་མ་ཡང་བཞད་ནས། དམུས་ལོང་བལྟས་པས་གཟུགས་མི་མཐོང་། །འོན་པས་ཉན་པའི་སྒྲ་མི་ཐོས། །ལྐུགས་པས་སྨྲ་བ་དོན་མི་གོ། ཞ་བོ་རྒྱུག་པས་རྗེས་མི་སླེབས། །ལྷ་མོ་ཀླུ་མོ་བདུད་མོ་ཉིད། །གང་ཡིན་འཁྲུལ་པའི་སྒྲ་སྐད་ཀྱིས། །བདུད་ཀྱི་བསླུས་ལ་བདེན་པ་མེད། །ཅེས་དེ་ལྟར་ཁྱོད་ལ་ལུང་བསྟན་པ་དེ་བདུད་ཡིན་གསུངས་པ་ལ། ཏི་ལོ་པས། རྫུན་ནི་ཉེས་པའི་ཚིག་ཡིན་ཏེ། །ཉེས་པ་བྱེད་ན་རྫུན་གྱིས་ཚིག །སླུ་བར་མི་འགྱུར་རྒྱུ་མེད་ཕྱིར། །ནམ་ཡང་གསུངས་པ་མེད་པས་ན། །བུད་མེད་མཁའ་འགྲོ་མ་རྒྱུ་བདེན། །ཞེས་བདུད་མེད་པར་ལན་གདབ་ཅིང་། ཡང་སྨྲས་པ། གསང་བའི་མཛོད་གསུམ་རྒྱས་བཏབ་པ། གནད་ཀྱི་ལྡེ་མིག་རྣམ་གསུམ་གྱིས། །རིམ་པ་བཞིན་དུ་ཕྱེ་བ་ནི། །དྲི་བ་སྡོམ་པའི་རྒྱུད་དོན་ཡིན། །མཁའ་འགྲོའི་གསང་ཚིག་ཐུགས་ཀྱི་སྡོམ། །མ་རིག་མུན་སེལ་ཡེ་ཤེས་སྒྲོན། །རང་རིག་རང་བྱུང་གསལ་བ་ཡི། །དམ་ཚིག་རང་གྲོལ་ལྡེ་མིག་ཡོད། །གང་ཡང་སྐྱེ་བ་མེད་པ་ཡི། །སེམས་ཉིད་སྐྱེ་མེད་ཆོས་སྐུ་སུ །ལུང་བསྟན་ཕྱག་རྒྱ་ཆེན་པོ་ཡི། །ལྷུན་གྲུབ་ཉམས་ཀྱི་ལྡེ་མིག་ཡོད། །དམིགས་མེད་ཡིད་ལ་མི་བྱེད་ཅིང་། །དྲན་པ་རྟུལ་ཙམ་བྲལ་བ་ཡི། །དབྱེར་མེད་ལྷན་གཅིག་སྐྱེས་པ

ལ། །གྲུབ་ཐོབ་དག་གི་ལྟེ་མིག་ཡོད། །ཅེས་ལྟེ་མིག་གསུམ་ཡོད་པའི་ལན་གདབ་པས། མཁའ་འགྲོ་མ་རྣམས་མཉེས་ཤིང་རྣལ་འབྱོར་མའི་ཞལ་ནས། བདག་གི་ཡབ་གྱུར་བཅོམ་ལྡན་འདས། །བདེ་མཆོག་འཁོར་ལོ་བདེ་བའི་མཆོག །ཏཻ་ལོ་སངས་རྒྱས་འགྲོ་བའི་མགོན། །ཡིད་བཞིན་ནོར་བུ་རྣམ་གསུམ་འབུལ། ། ཞེས་གསུངས་ནས་དགྱེས་ཤིང་འཛུམ་པའི་ཚུལ་བསྟན་པས། སྐད་ཅིག་དེ་ཉིད་ལ་ཕྱོགས་བཅུའི་སངས་རྒྱས་དང་། བྱང་ཆུབ་སེམས་དཔའ་དཔའ་བོ་དཔའ་མོའི་ཚོགས་དཔག་ཏུ་མེད་པ་བྱོན་ནས་དབང་བཞི་བསྐུར་བའི་བརྡ་བསྟན། སྐུ་གསུང་ཐུགས་ཀྱིས་གསང་མཛོད་རྒྱ་རིམ་པ་གསུམ་གྱིས་བཏབ་པའི་ནང་ནས་སྙན་བརྒྱུད་ནོར་བུ་རྣམ་གསུམ་དང་བདེ་མཆོག་འཁོར་ལོ་ལ་སོགས་པའི་རྒྱུད་དང་གདམས་པ་རྣམས་བཏོན་ནས་ཕུལ་བས་ཏཻ་ལོ་པ་ཤིན་ཏུ་དགྱེས་ཏེ། ཉིད་ཀྱི་ཞལ་ནས། ང་ནི་མཁའ་ལ་བྱ་བཞིན་དུ། །ཐོགས་མེད་ཤེས་རབ་བཟང་པོ་འགྲོ། །ཞེས་གསུངས་ཤིང་བར་སྣང་ལ་ཚུར་བྱོན་པས་འཁོར་གྱི་མཁའ་འགྲོ་རྣམས་ཀྱིས། དམ་པ་ཁྱེད་ནི་གང་དུ་གཤེགས། །བདག་ཅག་དོན་དུ་བཞུགས་སུ་གསོལ། །ཞེས་གསོལ་བ་བཏབ་པ་ལ། ཏཻ་ལོ་པས། ནཱ་རོ་རི་རི་ཀ་སོ་རི། །བུ་རྣམས་དོན་དུ་རྣལ་འབྱོར་བདག །གཙུག་གི་ནོར་བུའི་དགོན་པར་འགྲོ། །གསུངས་ནས་གཤེགས་པས། སྐད་ཅིག་དེ་ཉིད་ལ་ཡེ་ཤེས་ཀྱི་མཁའ་འགྲོ་མས་ལུས་མངོན་དུ་མི་སྣང་བར་བྱས་ནས་སྒྲའི་སྒོ་ནས་ཆོས་སྐོར་ཕུལ་བ་ནི། སྨིན་གྲོལ་སེམས་ཀྱི་རྒྱ་མདུད་ཤིག །དམ་ཚིག་རང་གྲོལ་མེ་ལོང་ལྟོས། །སྤྱོད་པ་ཆུ་ལ་རལ་གྲི་རྒྱོབ། །རོ་སྙོམས་ཕྱི་ཡི་མེ་ལོང་ལྟོས། །དམ་རྫས་རྟོགས་པའི་ཉི་མ་འདེབས། །རིག་པ་ཡེ་ཤེས་སྒྲོན་མེ་བལྟམས། །རྩ་རླུང་དྭ་མིག་འཁོར་ལོ་བསྒོར། །རང་གྲོལ་ཕྱག་རྒྱ་ཆེན་པོ་བསྒོམ། །བདེ་ཆེན་གསུང་གི་རིན་ཆེན་ཐུངས། །ཞེས་ལུས་མེད་མཁའ་འགྲོའི་ཆོས་སྐོར་ཕུལ་བ་ལ། ཏཻ་ལོ་པའི་ཞལ་ནས། སྒྱུ་མ་ལུས་ཀྱི་ཝཱཀྐི་ལས། །ལུས་མེད་མཁའ་འགྲོའི་གསུང་བཅུག་སྟེ། །བརྗོད་མེད་ངག་གི་ལྡུགས་བཅུག་ནས། །འོད་གསལ་སེམས་ཀྱི་བྱ་འཕུར་འགྲོ། །ཅེས་གསུངས་ཤིང་ནམ་མཁའ་ལ་འཕུར་ནས་བྱོན་ནོ། །

དེ་ནས་བཀའ་བབས་བཞི་ཡི་བླ་མ་བསྟེན་ཚུལ་ནི། དེ་ཡང་ཨོ་རྒྱན་གྱི་ཡུལ་དེའི་ས་ཕྱོགས་དུ་ལ་ཀེ་དུ་བྱ་བའི་གཙང་པོའི་འགྲམ་ན། མྱ་ངན་མེད་པའི་གཙུག་ལག་ཁང་གི་ནང་དུ། རྣལ་འབྱོར་མ་སུ་མ་ཏི་སྐལ་བ་བཟང་མོ་ཞེས་བྱ་བ་བཞུགས་པའི་དྲུང་དུ། ཏཻ་ལོ་པ་བྱོན་ནས་བསྐོར་བ་བྱས་ཕྱག་འཚལ་མཎྜལ་ལ་སོགས་པ་ཕུལ་ཏེ། ཞབས་སྤྱི་བོའི་བླངས་ནས་གདམས་པ་ཞུས་པ་ལ། དབང་གི་

རིམ་པ་རྣམས་བསྐུར་ཞིང་། འཕོ་བ་བར་དོ་ལ་སོགས་པའི་གདམས་ངག་རྫོགས་པར་གནང་། དེ་ནས་སློབ་དཔོན་ལ་བ་པའི་དྲུང་དུ་བྱོན་ནས་མནྜལ་ཕུལ་ཏེ་འོད་གསལ་ལ་སོགས་པའི་གདམ་པས་མང་དུ་ཞུས། དེ་ནས་སློབ་དཔོན་ཙཎྜ་པའི་མདུན་ཏུ་གཏུགས་ཏེ། གུས་པར་བཏུད་ཅིང་གཏུམ་མོ་ལ་སོགས་རྩ་རླུང་ཐིག་ལེ་དང་། བདེ་མཆོག་འཁོར་ལོའི་གཙོར་བྱས་མ་རྒྱུད་ཀྱི་གདམས་པ་ལ་སོགས་རྣམས་རྫོགས་པར་གསན་ནོ། །དེ་ནས་རྒྱ་གར་ལྷོ་ཕྱོགས་ཀྱི་རྒྱུད་དུ་པ་ལ་ཧེ་རུ་ཀ་འཇིགས་བྱེད་དུར་ཁྲོད་དེར་ནི་སློབ་དཔོན་ཀླུ་སྒྲུབ་བཞུགས་པ་ལ། གདམས་པ་ཞུ་དགོངས་ནས། ཧཻ་ལོ་པ་དེར་བྱོན་པ་ལ། སློབ་དཔོན་གྱིས་དེ་མཁྱེན་ནས་ཉིད་ཀྱི་ཐུགས་ཀྱི་སྤྲུལ་པ་མ་ཧང་གི་ཞེས་བྱ་བ་བཏུལ་ཤུགས་སྤྱོད་པ་རྣལ་འབྱོར་གྱི་དབང་ཕྱུག་ཆེན་པོ་གཅིག་ཧཻ་ལོ་རྗེས་སུ་འཛིན་པའི་ཕྱིར་བཞག་སྟེ། ངཱ་དྲེ་ཟའི་རྒྱལ་པོ་ལ་ཆོས་བཤད་དུ་འགྲོ་དགོས་པས། འདིར་ཧཻ་ལོ་པ་འོང་བས་ཁྱོད་ཀྱིས་རྗེས་སུ་ཟུངས་ཤིག །ཅེས་གསུངས་ནས་སློབ་དཔོན་དྲི་ཟའི་ཡུལ་དུ་བཞུད་དོ། །དེར་ཧཻ་ལོ་པ་ཕྱིན་པ་ལ། ས་ར་ཧེ་རུ་འཇིགས་བྱེད་བཞད་པའི་དུར་ཁྲོད་དེ་ནི་ལྷ་དབང་ཕྱུག་ཆེན་པོའི་བྱིན་གྱིས་རླབས་ཤིང་། མཁའ་འགྲོ་མ་རྣམས་ཀྱིས་དུས་བཟང་ལ་ཚོགས་འཁོར་བྱེད་པའི་གནས། རོ་གསར་རྙིང་མང་པོ་བཅལ་དུ་བཀྲམ་ཞིང་། བྱ་གཅན་གདུག་པ་ཅན་མང་པོ་རྒྱུ་བ། ཤིན་ཏུ་འཇིགས་པའི་དུར་ཁྲོད་ཆེན་པོའི་དེའི་དབུས་སུ་པདྨ་རཱ་གའི་མདོག་ལྟར་དམར་བའི་ཤིང་ལོ་དམར་པོའི་སྐྱིལ་པོའི་ནང་དུ་རྒྱལ་སྲས་མ་ཧང་གི་བཞུགས་པ་དང་མཇལ། འདིར་སློབ་དཔོན་ཀླུ་སྒྲུབ་བཞུགས་སམ་བྱས་པ་ལ། འདིར་མི་བཞུགས་དྲི་ཟའི་ཡུལ་དུ་བྱོན། སྐྱེས་བུ་ལས་ཅན་ཁྱོད་འདུལ་བའི་དོན་དུ་ང་བཞག་པ་ཡིན་གསུངས་པས་དེ་ཉིད་དུ་ཕྱག་འཚལ་མཆོད་པ་ཕུལ་གུས་པས་གསོལ་བ་བཏབ་ཅིང་། ཆོས་ཞུས་པས། རྨི་ལམ་སྒྱུ་མ་གསུམ་རྒྱུད་དང་། གསང་འདུས་ལ་སོགས་ཕ་རྒྱུད་ཀྱི་སྐོར་རྣམས་རྫོགས་པར་གནང་ངོ་། །དེ་ཡང་ཕྱི་རབས་ཀྱི་སློབ་མས་སྒྲུབ་པ་ཉམས་སུ་ལེན་དགོས་པའི་བརྡར། ཧཻ་ལོ་པ་ཉིད་ནུབ་ཕྱོགས་སོ་མ་པུ་རིའི་གཙུག་ལག་ཁང་དུ་རང་གི་ཞབས་ལྕགས་སུ་བཙུག་ནས། ལྕགས་འོག་ཏུ་བསྒྲུབ་པ་མཛད་པས་དཀྱིལ་འཁོར་གྱི་ལྷ་ཚོགས་ཞལ་གཟིགས་ཤིང་། ཐུན་མོང་གི་དངོས་གྲུབ་ཐམས་ཅད་མངོན་དུ་གྱུར་པའི་ཚུལ་བསྟན་ཏོ། །

དེ་ནས་སློབ་དཔོན་ཆེན་པོ་རྒྱལ་སྲས་མ་ཧང་གིའི་ཞལ་ནས། ཁྱོད་རིགས་བཟང་བའི་ང་རྒྱལ་ཆོག་ནས་ཤར་ཕྱོགས་ཛ་ག་ལ་ཡི་རྒྱུད་ཐག་རིང་པོར་ཕྱིན་པ་ན། ཏ་རི་ཀ་ལ་ཟ་ཧོར་གྱི་གྲོང་ཆེན་པོ་

གཅིག་ཡོད། དེ་སྔོན་རྒྱལ་པོ་ཨུ་མ་ཀ་པ་ར་བསྐོན་པའི་སེང་གེ་བྱ་བ། རྡོ་རྗེ་འཆང་གི་སྤྲུལ་པ་རྒྱལ་པོ་ཆེན་པོ་གཅིག་གིས་བྱིན་གྱིས་རླབས་པའི་གནས་ཡིན་པས། རིམ་གྱིས་གྲུབ་ཐག་ཉེ་ཞིང་ལམ་བགྲོད་མྱུར་བ་ཡིན་པས་གྲོང་ཁྱེར་དེའི་དབུས་ན་པཎྜ་པ་ན་བྱ་བ། བོད་སྐད་དུ། འདོད་ཡོན་ལྔ་འཛོམས་པའི་ཚོང་དུས་ཤིག་ཡོད། དེ་ན་ནཱ་རི་མོ་སྨད་ཚོང་མ་གཡོག་འཁོར་མང་པོ་དང་བཅས་པ་ཡོད་པས། དེའི་ཏིལ་བརྡུང་བ་སོགས་གཡོག་གྱིས་ལ་ལམ་གྱི་རྟོགས་པ་སྦྱོང་དང་དེ་ལ་བརྟེན་ནས་རིང་པོར་མི་ཐོགས་པར་ཕྱག་རྒྱ་ཆེན་པོ་མཆོག་གི་དངོས་གྲུབ་འཐོབ་ཅིང་འགྲོ་བ་མང་པོ་ཡང་གྲོལ་བར་འགྱུར་རོ། །ཞེས་ལུང་བསྟན་ཅིང་ཏཻ་ལོ་པས་བླ་མའི་བཀའ་བཞིན་སྒྲུབ་ནས་དེར་བྱོན་ཞིང་ནཱ་རི་མོ་ཡི་གཡོག་མཛད་དོ། །མཚན་མོ་སྐྱེས་པ་འགུགས་པ་དང་སྐྱེལ་བའི་གྲོགས་བྱེད། ཉིན་པར་ཏིལ་བརྡུངས་ཤིང་སེམས་ཉིད་འདུ་འབྲལ་མེད་པར་བསྐྱངས་པས་ཅི་ཞིག་ལྟར་ན་ཏིལ་གྱི་ལས་དེ་ལ་བརྟེན་ཏེ། སེམས་ཉིད་ལྷན་ཅིག་སྐྱེས་པའི་ཡེ་ཤེས་ཀྱི་གནས་ལུགས་དེ་ཁོ་ན་ཉིད་མངོན་དུ་གྱུར་ཅིང་། ཕྱག་རྒྱ་ཆེན་པོ་མཆོག་གི་དངོས་གྲུབ་ཐོབ་སྟེ། དེ་ཉིད་དུ་དྲུག་པ་རྡོ་རྗེ་འཆང་ཆེན་པོ་དང་དངོས་སུ་མཇལ་ནས་རྒྱུད་སྡེ་བཞི་ལ་སོགས་པའི་གདམས་པ་ཐམས་ཅད་མ་ལུས་པར་གསན་པ་ཡིན་ཏེ། གྲུབ་ཆེན་རྡོ་རྗེ་གདན་པ་ཆེན་པོས་གྲུབ་ཐོབ་བརྒྱད་བཅུའི་བསྟོད་པ་ལས། ཏིལ་བརྡུང་མཆོག་གི་དངོས་གྲུབ་བརྙེས། །ཛྙ་ག་ལ་རུ་སངས་རྒྱས་མཇལ། །ཏཻ་ལོ་པ་ཞེས་བྱ་བ་ཡི། །བླ་མ་དེ་ལ་ཕྱག་འཚལ་ལོ། །ཞེས་བསྟོད་པ་ལྟར་རོ། །དེར་ཏཻ་ལོ་པས་རྫུ་འཕྲུལ་གྱི་བཀོད་པ་དུ་མ་མཛད་ཅིང་བཞུགས་པས་གྲོང་ཁྱེར་གྱི་མི་རྣམས་ཀྱི་མཐོང་སྣང་ལ། ལ་ལས་མེ་དཔུང་ཆེན་པོ་འབར་བའི་དབུས་ན་བཞུགས་པ་ལ་མར་མེ་བཅུ་བཞིས་བསྐོར་བ་མཐོང་། ལ་ལས་འོད་ཀྱིས་ཕུང་པོའི་ནང་དུ་དགེ་སློང་གི་ཆ་ལུགས་མཛད་ནས་མཉམ་བཞག་ལ་བཞུགས་པ་མཐོང་། ལ་ལས་རྣལ་འབྱོར་པ་དུར་ཁྲོད་ཀྱི་ཆས་ཀྱིས་བརྒྱན་པ་གཅིག་ལ་ལྷའི་བུ་དང་བུ་མོ་མང་པོས་ཕྱག་དང་བསྐོར་བ་བྱེད་ཅིང་། མི་རྟོག་གཏོར་བ་ལ་སོགས་མཐོང་སྣང་མི་འདྲ་བ་སྣ་ཚོགས་བྱུང་ནས། དེ་རྣམས་ཀྱིས་ནཱ་རི་མོ་ལ་ཁྱོད་ཀྱི་གཡོག་པོ་དེ་རྫུ་འཕྲུལ་སྟོན་ནུས་པའི་གྲུབ་ཐོབ་གཅིག་ཏུ་འདུག་པས་ཁྱོད་ཀྱིས་སྡིག་མང་པོ་བསགས་པ་མ་ལེགས་ཞེས་སྨྲས་པས་མོ་བལྟ་རུ་ཕྱིན་པ་ལ་མདུན་གྱི་ནམ་མཁར་འོད་ཕུང་གི་ནང་དུ་རྒྱལ་པོ་རོལ་པའི་ཆ་ལུགས་སུ་བཞུགས་ནས། ཕྱག་གཡོན་པས་བཏུན་ཤིང་ལྡུང་ཐབས་སུ་བསྣབས་ནས། གཡས་པས་ཏིལ་བརྡུང་བའི་ཚུལ་མཛད་པ་མཐོང་སྟེ། མོ་དད་ཅིང་གུས་པས་ཕྱག་དང་བསྐོར་བ་བྱས་ཏེ་ནང་དུ་སྤྱན་དྲངས་ནས་ཞབས་སྤྱི་བོར་

བླངས་སྟེ། རིན་པོ་ཆེའི་མནྜལ་ཕུལ་ནས། རྗེ་བཙུན་ཁྱེད་གྲུབ་ཐོབ་ཆེན་པོར་འདུག་པ་ལ་ངས་དེ་ལྟར་མ་ཤེས་ནས་སྡིག་མང་པོ་བསགས་པ་བཟོད་པར་གསོལ། ད་ཕྱིན་ཆད་རྗེས་སུ་བཟུང་ཞིང་སྐྱབས་སུ་གསོལ་ཞུས་པས། ཏི་ལོ་པས་ཁྱོད་ཀྱིས་ང་ལ་གང་ཟག་དམ་པ་ཆ་ཡོད་བཞིན་དུ་ལས་བཅོལ་བ་ནི་མ་ཡིན་པས་ཉེས་པ་མི་འོང་། ངས་ཁྱོད་ཀྱི་ཏིལ་བརྡུང་བ་ལ་བརྟེན་ནས་ལམ་སྦྱངས་པ་ཡིན་པས་ད་ལྟ་ང་ཡི་རྒྱུད་ལ་སྐྱེས་པའི་ཆོས་ཉིད་སྐྱེ་བ་མེད་པ། གཉུག་མ་ལྷན་གཅིག་སྐྱེས་པའི་ཡེ་ཤེས་དེ་ཁྱོད་ཀྱི་རྒྱུད་ལ་སྐྱེ་བར་གྱུར་ཅིག་གསུངས་ནས་མེ་ཏོག་སྤྱི་བོར་བཞག་པ་ཙམ་གྱིས་མ་རིག་པའི་སྒྲིབ་གཡོག་དང་བྲལ་ནས་གཉུག་མ་ལྷན་ཅིག་སྐྱེས་པའི་ཡེ་ཤེས་མངོན་དུ་གྱུར་ཅིང་། ཌཱ་རི་མོ་དེ་ཉིད་དུ་གྲོལ་ཏེ། དེའི་ཚེ་སྤྲུལ་པའི་རྣལ་འབྱོར་པ་ཆེན་པོ་གཅིག་བྱོན་ནས་ཌཱ་རི་མོ་བྱིན་གྱིས་བརླབ་པ་ཙམ་གྱིས་གྲུབ་པ་ཐོབ་བོ། །ཞེས་གྲོང་ཁྱེར་ཐམས་ཅད་དུ་གླེང་བ་རྒྱལ་པོའི་སྙན་དུ་ཐོས་པས་ངོ་མཚར་སྐྱེས་ཏེ། རྒྱལ་བློན་བཙུན་མོ་འཁོར་འབུམ་ཕྲག་དུ་མ་རྣམས་ཡན་ལག་བཞི་པའི་དཔུང་དང་བཅས་ཏེ། ཏི་ལོ་པའི་མདུན་དུ་བྱོན་པ་ལ། དེ་དག་འདུལ་བའི་དུས་ལ་བབས་པར་དགོངས་ཞིང་སྤྲོ་བསྐྱེད་པའི་ཆེད་དུ། ཚོང་འདུས་ཀྱི་དབུས་སུ་ཤིང་ཏཱ་ལ་བདུན་སྲིད་ཙམ་གྱི་ནམ་མཁའ་ལ་འཕགས་ཏེ། ཌཱ་རི་མོ་དང་བཅས་པ་འཇའ་འོད་ཀྱི་ནང་དུ་ཏིལ་བརྡུང་བའི་ཚུལ་མཛད་ནས་ཚངས་པའི་དབྱངས་ཀྱིས་ལྷ་བ་རྗོ་རྗེའི་མགུར་བཞེངས་པ། གང་ཞིག་སྙིང་པོ་གྱུར་པ་ཏིལ་གྱི་མར། །རྨོངས་པས་ཏིལ་ལ་མར་ཡོད་ཤེས་མོད་ཀྱང་། །རྟེན་ཅིང་འབྲེལ་འབྱུང་ཡན་ལག་མ་ཤེས་པས། །ཏིལ་མར་སྙིང་པོ་འབྱིན་པར་མི་ནུས་ལྟར། །ལྷན་ཅིག་སྐྱེས་པ་གཉུག་མའི་ཡེ་ཤེས་དེ། །འགྲོ་བ་ཀུན་གྱི་སྙིང་ལ་ཡོད་གྱུར་ཀྱང་། །བླ་མས་མ་མཚོན་རྟོགས་པར་མི་ནུས་ཤིང་། །ཏིལ་བརྡུང་ཕུབ་མ་གསལ་བར་གྱུར་པ་ལ། །ཏིལ་མར་སྙིང་པོ་འབྱུང་བ་དེ་བཞིན་དུ། །བླ་མས་བསྟན་པ་དེ་བཞིན་ཉིད་ཀྱི་དོན། །ཏིལ་མར་བཞིན་དུ་འབྱུང་བ་གསལ་བར་བྱས། །ཡུལ་རྣམས་དབྱེར་མེད་ངོ་བོ་གཅིག་ཏུ་གྱུར། །ཀྱཻ་ཧོ་རིང་དུ་འགྲོ་བ་གཏིང་དཔག་དཀའ་བའི་དོན། །ད་ལྟ་ཉིད་དུ་གསལ་བ་ངོ་མཚར་ཆེ། །ཞེས་གསུངས་ནས་དེ་དག་གི་དོན་ཚིག་ལྷུག་པར་བཀྲོལ་བ་དཔེར་ན་ཏིལ་ལ་མར་ཡོད་པར་ཤེས་ཀྱང་དེའི་བྱ་བ་བྱེད་མི་ཤེས་ན། །མར་ཁུ་མི་འབྱུང་བ་དེ་བཞིན་དུ། སངས་རྒྱས་ཀྱི་དགོངས་པ་སེམས་ཅན་གྱི་རྒྱུད་ལ་ཡོད་ཀྱང་། མཚན་ཉིད་དང་ལྡན་པའི་བླ་མ་དང་རྟེན་འབྲེལ་མ་འཛོམས་ན་མངོན་དུ་འགྱུར་བའི་ཐབས་མེད། དཔེར་ན་ཏིལ་བརྡུང་བའི་རྟེན་འབྲེལ་ཐམས་ཅད་ཚོགས་ན་མར་འབྱུང་བ་བཞིན་དུ། སེམས་ཅན་

ཐམས་ཅད་ལ་ཆོས་སྐུའི་ཁྱབ་པར་གནས་པ་དེ་བཞིན་དུ་ཡང་བླ་མ་དམ་པའི་གདམས་ངག་གིས་ངོ་སྤྲོད་ནས་ལམ་སྦྱངས་པས་འབྲས་བུ་གཉུག་མ་ལྷན་ཅིག་སྐྱེས་པ་དེ་ཉིད་མངོན་དུ་འགྱུར་བ་ཡིན། རྒྱལ་པོ་ཆེན་པོ་དེ་ལྟར་མཁྱེན་པར་མཛོད་ཅིག །ཅེས་ཚངས་པའི་དབྱངས་ཀྱིས་བཀའ་བསྩལ་པ། ཀུན་གྱིས་ཐོས་ནས་འདོད་ཡོན་ལྔ་འཛོམས་པའི་དུས་དེར་ཚོགས་པའི་རྒྱལ་འབངས་ཐམས་ཅད་ཉོན་མོངས་ལས་གྲོལ་ཞིང་། ལྷན་ཅིག་སྐྱེས་པའི་ཡེ་ཤེས་མངོན་དུ་གྱུར་ཏེ། ཡུལ་ཁམས་དེ་རེ་ཞིག་སྟོང་པར་གྱུར་ཏོ། །

དེ་ནི་འདུལ་ཞིང་གི་གཙོ་བོ་ཡིན་ཞིང་བརྒྱུད་འཛིན་གྱི་སློབ་མ་རྣམས་ཀྱང་དེ་ནས་མགོ་ཙམ་སྐྱེ་འབྱུང་བ་ལ་དགོངས་ནས། ཨོ་ཊན་ཊའི་གཙུག་ལག་ཁང་གཙུག་གི་ནོར་བུའི་དགོན་དུ་བྱོན་པ་ལ། ཏི་ལོ་པ་ཨུ་རྒྱན་གྱི་ཡུལ་དུ་ཛྫ་འཕྲུལ་གྱིས་མངོན་སུམ་དུ་བྱོན་ཏེ། རྡོ་རྗེ་རྣལ་འབྱོར་མའི་དྲུང་དུ་ཆོས་གསན་ནས་སྟུགས་ཀྱི་རྒྱུད་སྡེ་མང་པོ་དང་། མཁའ་འགྲོ་མའི་སྙན་བརྒྱུད་ཀྱི་གདམས་པ་རྣམས་གདན་དྲངས་ནས། མཆོག་ཐུན་མོང་གི་དངོས་གྲུབ་ཐོབ་སྟེ། ཛྫ་འཕྲུལ་སྣ་ཚོགས་བསྟན་ཞིང་ཆོས་གསུངས་པས། ཤར་ཕྱོགས་ཧྂ་ག་ལ་ཡི་འགྲོ་བ་རྣམས་གྲོལ་བར་མཛད་དོ། །

དེ་ནས་སྒྲ་རྟོགས་གཉིས་མཐུན་པར་ཐམས་ཅད་དུ་གྲགས་པའི་དུས་སུ་དེར་བྱོན་པས། མཁས་པ་པཎྜི་ཏ་རྣམས་ཀྱང་ཐེ་ཚོམ་གཅོད་འདོད། རྣལ་འབྱོར་ཀུ་སུ་ལུ་རྣམས་ཀྱང་ཐེ་ཚོམ་གཅོད་འདོད། སྐྱེ་བོ་ཕལ་པ་རྣམས་ཀྱང་ཞལ་ལྟ་འདོད་ནས་ཐམས་ཅད་འཚོགས་ཏེ། ཁྱེད་ཀྱི་བླ་མ་སུ་ཡིན་དྲིས་པ་ལ། ཏི་ལོ་པས། ང་ལ་མི་ཡི་བླ་མ་མེད། །ང་ཡི་བླ་མ་ཐམས་ཅད་མཁྱེན། །ཞེས་གསུངས་པས། འགའ་ཞིག་ཐེ་ཚོམ་དུ་གྱུར་པ་ལ། ཏི་ལོ་པས། ང་ལ་མི་ཡི་བླ་མ་ཡོད་གསུངས། ཅི་ལྟར་ལགས་ཞུས་པས། ཙརྻ་ཀླུ་སྒྲུབ་ལ་བ་པ། །བསྐལ་པ་བཟང་མོ་ང་ཡི་ནི། །བཀའ་བབས་བཞི་རྣམས་བླ་མ་ཡིན། །ཞེས་གསུངས་ཤིང་ཐམས་ཅད་བདེ་བ་ལ་བཀོད་དོ། །དེ་ནས་བཀའ་བབས་བཞིའི་བླ་མ་འདི་དག་ལ། རྒྱུད་པ་སོ་སོའི་རྣམ་ཐར་དུ་བཞེད་ཚུལ་མི་འདྲ་བ་མང་དུ་ཡོད་ཅིང་། འགའ་ཞིག་ལ་ས་ལའི་ནགས་སུ་མཁའ་འགྲོ་མས་ཨུ་རྒྱན་དུ་འབྱོན་པར་ལུང་བསྟན་པའི་རྗེས་དེ་ཉིད་དུ་ཏིང་ངེ་འཛིན་རྒྱ་མཚོ་ལ་བཞུགས་ཤིང་། དེ་ཉིད་ལས་མ་གཡོས་པའི་ངང་ལས་སྐྱུ་ལུས་ཀྱི་སྤྲུལ་པ་དུ་མ་མཛད་ནས། འོག་མིན་དུ་རྡོ་རྗེ་འཆང་དང་། ལྷང་ལོ་ཅན་དུ་ཕྱག་ན་རྡོ་རྗེ་དང་། བྱ་རྒོད་ཕུང་པོའི་རི་ལ་ཤཱཀྱ་སེང་གེ་དང་། དཔལ་གྱི་རི་ལ་ས་ར་ཧ་དང་། ཀླུ་སྒྲུབ་ལ་སོགས་པའི་བཀའ་བབས་བཞིའི་བླ་མ་རྣམས་ལས་ཆོས

གསན་པའི་ཚུལ་བསྟན་ནས་ཡབ་ཡུམ་ལ་འབྱོན་པའི་བཀའ་སྩལ་ཞུས་ཏེ། ཨོ་རྒྱན་དུ་འབྱོན་པར་བཞེད། འགའ་ཞིག་གིས་ཨུ་རྒྱན་དུ་རྡོ་རྗེ་རྣལ་འབྱོར་མ་ཡི་དྲུང་དུ་ཕེབས་མ་ཐག་སྐུ་ལུས་ཀྱི་སྤྲུལ་བ་དུ་མ་བྱོན་ཏེ། གོང་ལྟར་བཀའ་བབས་བཞི་ཡི་བླ་མ་ལ་སོགས་བསྟན་ནས། ཆོས་གསན་པའི་ཚུལ་མཛད་པར་བཞེད་པ་དང་བཀའ་བཞིའི་བརྒྱུད་པ་དེ་དག་སོ་སོའི་གྲངས་ཀྱི་མང་ཉུང་གོ་རིམ་གོང་འོག་དང་། ཆོས་ཞུས་ཚུལ་དང་། བཀའི་བབས་ལུགས་ལ་སོགས་ལ་ཚུལ་མི་འདྲ་བ་མང་དུ་སྣང་བས་འདི་རམ་བྲིས་སོ། །འོན་ཀྱང་དེ་དག་མི་ཕལ་པའི་སྤྱོད་ལམ་གྱི་འདྲ་མིན་ལྟ་བུ་མ་ཡིན་པས། སངས་རྒྱས་ཀྱི་རྣམ་འཕྲུལ་མཛད་སྤྱོད་བསམ་གྱིས་མི་ཁྱབ་པ་ཡིན་ཏེ། གང་ལ་ཡང་འགལ་བ་མེད་པར་གསུངས་པ་ལྟར་རོ། །

གཉིས་པ་འཁོར་ལོ་བདེ་མཆོག་གི་སྤྲུལ་པར་བསྟན་པ་ནི། རྒྱ་བོ་ཏ་ལ་ཀེ་ཏའི་འགྲམ་དུ་དུར་ཁྲོད་སྐྱེ་ཤ་ཅན་གྱི་རྩ་བར་གནས་གཞི་མྱ་ངན་མེད་པའི་ཚལ་དུ་ཧེ་ལོ་པ་བྱོན་ཏེ། ཞང་པོ་གནས་བརྟན་ཟླ་འོད་གཞོན་ནུ་མཁན་པོ་མ་ལ་སློན་དཔོན་ཞུས་ནས་དགེ་སློང་མཛད། མཚན་ཀ་ལ་པར་བཏགས་ཏེ། སྐད་རིག་གཅིག་ལ་འགྲོ་བ་འདྲེན་པར་ཟེར་རོ། །རྣམ་ཐར་ཁ་གཅིག་ཏུ་གོང་གི་ལྟུགས་འོག་ཏུ་སྤྲུལ་པ་མཛད་པའི་ལོ་རྒྱུས་དང་སྐབས་འདིར་བཤད་པའང་ཡོད། གནས་འདིར་ཁྲིམས་གསུམ་བཅའ་བ། སྦྲ་དྲི་བསམ་གཏན་དང་གསོ་སྦྱོང་བྱེད། ཕྱི་དྲོ་དྲི་བཤད་གླེག་གསུམ་ལ་སོགས་ཆོས་དང་མཐུན་པར་བྱེད་ཅིང་། མི་མཐུན་པ་རྣམས་ཆད་པས་གཅོད་པ་ལ། ཀ་ལ་པས་དེ་ལས་བཟློག་སྟེ། སྦྲ་དྲི་སྲོག་ཆགས་མང་པོ་བསད། ཕྱི་དྲོ་སྲང་བར་འཁྲིམ་ཞིང་ཆང་རྔོང་མའི་སྦྲང་མ་འབྲུ་རེད་པ་གསོལ་བ་སོགས་མི་མཐུན་པ་སྣ་ཚོགས་བྱས་པས་གཞན་རྣམས་ཀྱིས། ཀ་ལ་པས་མི་དགེ་སྣ་ཚོགས་འདི་ལྟར་བྱེད་ཀྱང་ཁྲིམས་མ་གཅོད་པ་ཟེར་ནས་གཤེ་བས། མཁན་སློབ་དང་དཀོར་གཉེར་གྱིས་གསན་ནས་དེ་ལྟར་མ་བྱེད་བྱས་པ་ལ། འོ་ལགས་དེ་ལྟར་བྱའོ། །ཟེར་ནས་སླར་ཐུ་རུ་སོང་། ཡབ་རྒྱལ་པོ་འཁོར་དང་བཅས་པ་ཡང་དུས་མཆོད་དུ་འགྲོ་བའི་ལམ་ཁར་སྐྱུ་ག་མང་པོ་བསད་ནས་མགོ་ལུས་སོ་སོར་སྤྱངས་ཞིང་ཡོད་པ་ལ། རྒྱལ་པོས་བཙུན་གཟུགས་ཁྱོད་དམྱལ་བར་འགྲོ་བའི་ལས་འདི་ལྟ་བུ་བྱེད་པ་མ་ལེགས་སམ། ཁྱོད་ཀྱི་གནས་དང་མཁན་སློབ་དང་མིང་ཅི་ལྟ་བུ་ཡིན་དྲིས་པ་ལ། ཀ་ལ་པས། གནས་ནི་མྱ་ངན་མེད་པའི་ཚལ། །མཁན་སློབ་མ་དང་ཞང་པོ་ཡིན། །ང་རང་དགེ་སློང་ཀ་ལ་པ། །ངས་ནི་བསྐལ་པ་དུ་མ་རུ། །ཀླུ་སྒྲུབ་ཨརྱ་དེ་བ་དང་། །སངས་རྒྱས་དང་ཡང་ངང་གཏམ་བྱས། །ང་ནི་ཞིང་

ཁམས་བརྒྱ་ཡང་ཕྱིན། །སངས་རྒྱས་བརྒྱ་ཡི་ཞལ་ཡང་མཐོང་། །སྤྲུལ་པ་བྱེ་བ་ཕྲག་བརྒྱ་བཀྱེ། །ས་ར་ཧ་ནི་ཆེན་པོས་ཀྱང་། །རྟོགས་པ་ང་ལ་འདྲེན་པ་དཀའ། །ངས་ནི་སེམས་ཅན་བསད་པ་མེད། །ཅེས་གསུངས་ནས་སེ་གོལ་གཅིག་བཏབ་ནས་སྐྱ་ག་རྣམས་མགོ་ལུས་འབྱར་ཞིང་འོད་དང་བཅས་ཏེ་འཕུར་ནས་སོང་ངོ་། །དེར་ཐམས་ཅད་ངོ་མཚར་སྐྱེས་ནས་འདི་ནི་འཁོར་ལོ་བདེ་མཆོག་གི་སྤྲུལ་པར་འདུག་ཅེས་གྲགས་སོ། །

གསུམ་པ་འཁོར་ལོ་བདེ་མཆོག་དངོས་སུ་བསྟན་པ་ནི། ཤར་ཕྱོགས་ཀྱི་རྒྱལ་པོ་སེང་གེ་ཟླ་བ་འཁོར་བཅས་ཕོ་བྲང་གི་སྟེང་དུ་བཞུགས་པའི་མདུན་ཕྱོགས་སུ། ཏཻ་ལོ་པ་དགེ་སློང་གི་ཚུལ་དུ་བྱོན་པ་རྒྱལ་པོའི་མཐོང་ཏེ། བློན་པོ་དང་བྲམ་ཟེ་རྣམས་བཏང་ནས་ཅི་འདྲ་རེད་ལྟར་བརྟག་པ་ལ། དགེ་སློང་ཞི་བ་དུལ་བ་ཚིག་དོན་ལྡན་ལུང་རིགས་སྒྲ་ཚད་དང་མི་འགལ་བར་བླམ་བརྗོད་པ་དང་། སྔོན་ཐོས་པ་དང་མ་ཐོས་པའི་མདོ་རྒྱུད་མང་པོ་འདོན་པ། ཐག་རིང་པོར་ཡང་ཐོས་པ་ངོ་མཚར་ཅན་གཅིག་འདུག་ཞུས་པས། ཕོ་བྲང་དུ་སྤྱན་དྲངས་ཏེ་བསྙེན་བཀུར་བྱས་པ་བཞེས་ནས། རྒྱལ་པོ་དང་མཐུན་པའི་སྨོན་ལམ་མང་པོ་བཏབ་པས། རྒྱལ་པོ་དད་ནས་ཁྱེད་ཀྱི་ཕ་མ་དང་མཁན་སློབ་གང་ཡིན། བཤེས་གཉེན་ཅི་བསླབ་ཁྱེད་རང་ཅི་སྐད་བྱ་བ་ཡིན་ཞུས་པ་ལ། དགེ་སློང་ན་རེ། ང་ནི་ཕ་མ་དང་བྲལ་ཏེ། བྲམ་ཟེའི་རིགས་འཁྲུངས་ཏཻ་ལོ་པ། །ང་ལ་མཁན་སློབ་ཡོང་མེད་དེ། །ང་ནི་རང་བྱུང་སངས་རྒྱས་ཡིན། །ང་ནི་བཤེས་གཉེན་མ་བསླབ་སྟེ། །སྒྲ་ཚད་རིག་པ་རང་རྗོར་ཡིན། །བདེ་མཆོག་སྐུ་གསུངས་ཐུགས་དང་ནི། །ང་ནི་དབྱེར་མེད་བརྗོད་དུ་མེད། །ཅེས་གསུངས་པས་ཐམས་ཅད་ངོ་མཚར་སྐྱེས་ཏེ། འདིར་འཁོར་ལོ་བདེ་མཆོག་དངོས་ཡིན་པར་འདུག་ཅེས་གྲགས་སོ། །

བཞི་པ་དུས་གསུམ་གྱི་སངས་རྒྱས་ཐམས་ཅད་ཀྱི་སྐུ་བསྡུས་པར་བསྟན་པ་ནི། རྒྱལ་པོ་མེ་ཏོག་གླིང་པ་ཞེས་བྱ་བ་དེས་ཏཻ་ལོ་པ་ལ་དད་ནས་མོས་གུས་བྱས་ཞིང་གསོལ་བ་བཏབ་པ་ཏཻ་ལོ་པས་མཁྱེན་ནས་རྒྱལ་པོའི་ཕོ་བྲང་དུ་བྱོན་པས་རྒྱལ་པོ་དགྱེས་ཏེ། རྣལ་འབྱོར་པ་ཐམས་ཅད་བསྡུས་ནས་ཏཻ་ལོ་པས་ཚོགས་དཔོན་བྱས་ཞིང་ཚོགས་ཀྱི་འཁོར་ལོ་བསྐོར་བ་ལ། དེར་ཚོགས་པ་རྣམས་ཀྱིས་ཏཻ་ལོ་པ་ལ་མཐོང་སྣང་ཐ་དད་པར་བྱུང་སྟེ། ལ་ལས་དགྱེས་རྡོར་དང་། ལ་ལས་མ་ཧཱ་མ་ཡ། བདེ་མཆོག །གསང་འདུས། དགྲ་ནག །འཇིགས་བྱེད་ལ་སོགས་སྣ་ཚོགས་སུ་མཐོང་བ་ལ་རྒྱལ་པོའི་འདིར་ཚོགས་པ་རྣམས་ལ་མཐོང་སྣང་ཐ་དད་དུ་བྱུང་བ་འདི་ཅི་ལྟར་ལགས་ཞུས་པས། ཏཻ་ལོ་པའི་ཞལ་ནས། ང་

ལུས་ཀྱི་ཡི་ཛྙཱ་ཛྙེ་སྟེ། །ངག་ནི་མ་ཧཱུམ་ཡ་ཡིན། །སེམས་ནི་འཁོར་ལོ་བདེ་མཆོག་སྟེ། །དབང་པོ་གསང་བ་འདུས་པ་ཡིན། །ཡན་ལག་དགྲ་རྒྱུད་ནག་པོ་ལ། །སྙིང་ལག་རྡོ་རྗེ་འཇིགས་བྱེད་ཡིན། །བསྐྱེད་དུས་གསུམ་སངས་རྒྱས་ཏེ། །བདེ་གཤེགས་སྐུ་གསུངས་ཐུགས་དང་ནི། །ང་ལུས་དབྱེར་མེད་བརྗོད་ཏུ་མེད། །ཅེས་གསུངས་ནས་རྒྱལ་པོ་འཁོར་བཅས་བདེ་བ་ལ་བཀོད་དོ། །དེར་ཚོགས་པ་ཐམས་ཅད་ཀྱིས་འདི་ནི་དུས་གསུམ་གྱི་སངས་རྒྱས་ཐམས་ཅད་ཀྱི་ངོ་བོ་ཡིན་པར་འདུག་ཅེས་གྲགས་སོ། །

ལྷ་པ་དེ་ལྷ་བུའི་བདག་ཉིད་ཆེན་པོ་དེས། གདུལ་བྱ་རྣམས་བཏུལ་ཞིང་སྨིན་གྲོལ་གྱི་ལམ་ལ་བཀོད་པའི་ཚུལ་གསུམ་ལས། རྣལ་འབྱོར་པ་བརྒྱད་བཏུལ་བའི་ཚུལ་དང་། ཉིན་གཅིག་ལ་སྤྲུལ་པ་དུམ་བསྟན་ཚུལ་དང་། རྒྱ་གར་ཕྱོགས་བཞིའི་དུར་ཁྲོད་ཡུལ་ཁམས་བདེ་བ་ལ་བཀོད་པའི་ཚུལ་ལོ། །དང་པོ་རྣལ་འབྱོར་བརྒྱད་བཏུལ་ཚུལ་ནི། རྒྱལ་པོ་སེང་གེ་ཟླ་བ་བྱ་བ་མངའ་ཐང་ཆེ་ཞིང་རང་གི་མ་ལ་བྱམས་པ་གཅིག་གིས་མའི་དྲིན་དྲན་ནས་དེའི་དོན་དུ་དགེ་བ་ཆེན་པོ་བྱེད་འདོད་ནས་ཅི་ལྟར་བྱ་དྲིས་པ་ལ། མ་ན་རེ། ངཡི་དགེ་བ་བྱེད་ན་རྒྱལ་ཁམས་ཀྱི་པཎྜི་ཏ་དང་། ཀུ་སུ་ལུ་དང་། རྣལ་འབྱོར་པ་དང་། རི་ཁྲོད་ཀྱི་བསམ་གཏན་པ་ཐམས་ཅད་གདན་དྲངས་ལ། དེ་ལ་སོ་སོའི་ཐུགས་དམ་གྱི་དཀྱིལ་འཁོར་རིན་པོ་ཆེ་སྣ་ཚོགས་ཀྱིས་བྲིས་ཏེ། ཚོགས་ཀྱི་འཁོར་ལོ་རྒྱ་ཆེན་པོ་བསྐོར་ལ། ངཡི་ཡི་དམ་གྱི་ལྷ་གང་ཡིན་ངོ་སྤྲོད་ཅིང་། དེ་དག་གི་གདམས་པ་ཉམས་སུ་བླངས་ན་ང་ལ་ཡང་ཕན། ཁྱེད་རང་གི་ཡང་ཚོགས་རྫོགས་ཟེར། སློབ་དཔོན་གཅིག་ལ་དྲིས་པས་ཀྱང་དེ་སྐད་ཟེར། དེར་རྒྱལ་པོའི་དྲིལ་བསྒྲགས་ཏེ། ཐམས་ཅད་སོ་སོ་ནས་བཀུག་སྟེ་ཚོགས་པའི་མདུན་དུ་མཆོད་རྫས་དཔག་ཏུ་མེད་པ་བཀོད་ཀྱང་དཔོན་གང་གིས་བྱེད་མ་མཐུན་ནས། རྒྱལ་པོའི་ནུས་པ་གང་ཆེ་བས་ཀྱིས་ཤིག་ཟེར་བ་དང་། རྣལ་འབྱོར་པ་ནུས་ལྡན་བྱ་བས་ང་ལས་ནུས་པ་ཆེ་བ་སུ་ཡོད། ངས་བྱེད་ཟེར་ནས་ཁྲི་ཁར་བསྡད་པ་ལ། དེར་ཡང་རྣན་མོ་མི་སྡུག་པའི་མཚན་དང་ལྡན་པ་གཅིག་བྱུང་ནས། ཁྱེད་འདིར་ཚོགས་པ་རྣམས་ལ་ནི་ཚོགས་དཔོན་འོང་བ་སུ་ཡང་མི་འདུག་ཟེར། འོན་གང་གིས་འོང་བྱས་པས། ངཡི་མིང་པོའི་འོང་ཟེར་དེ་གར་ཡོད་བྱས་པས། དུར་ཁྲོད་ཆེན་པོ་འབར་བ་འཛིན་བྱ་བ་ན་ཡོད་ཟེར། ནུས་ལྡན་ན་རེ། དེ་ཁྱུག་དང་ནུས་པ་འདྲེན་ཟེར་བ་དང་དེར་བུད་མེད་སོང་ནས་གདན་དྲངས་པས། མི་ནག་པོ་གཟི་མདངས་དང་ལྡན་པ། རལ་པའི་ཐོར་ཚུགས་ཅན། སྤྱན་རྩ་དམར་ཀྱག་གེ་བ་ཞིག་བྱོན་ནས་ནུས་ལྡན་དང་ཁྲི་

མཉམ་སོགས་བཞམས་པའི་སྟེང་དུ་བཞུགས་ཤིང་ནུས་པ་དྲངས་ཏེ། དང་པོ་ནུས་ལྡན་གྱིས་དཀྱིལ་འཁོར་ལྷ་དང་བཅས་ནམ་མཁའ་ལ་སྤྲུལ་པ་དང་། ཧཱི་ལོ་པས་ཏིང་ངེ་འཛིན་དང་སེ་གོལ་བརྡབས་ནས་མེད་པར་བྱས་ཡང་ནུས་ལྡན་གྱི་དུར་ཁྲོད་ནས་རོ་གསར་རླིང་མང་པོ་བཀུག་སྟེ་མཆོད་རྫས་སུ་བསྒྱུར། ཧཱི་ལོ་པས་བཞིག་ནས་མེད་པར་བྱས། ཡང་ཧཱི་ལོ་པས་རོ་གསར་རླིང་མང་པོ་བཀུག་ཏེ་མཆོད་རྫས་སུ་བསྒྱུར། ནུས་ལྡན་གྱིས་བཞིག་ནས་མེད་པར་བྱས། དེ་ནས་ཧཱི་ལོ་པས་རང་གི་ལུས་ཕྱི་ནས་བཟློག་ནས། བསྟུའི་བུ་ག་རེ་རེ་དཀྱིལ་འཁོར་གྱི་ལྷ་ཚོགས་རེ་རེ་དང་། འཛམ་བུའི་གླིང་དུ་སངས་རྒྱས་མང་པོའི་སེམས་ཅན་གྱི་དོན་མཛད་པ་རེ་སྤྲུལ་ཞིང་། ཉི་ཟླ་ས་ལ་ཕབ་པའི་སྟེང་དུ་སེང་གེ་བཅིབས་ནས་ཕར་རྒྱུག་ཚུར་རྒྱུག་བྱས་པས། ནུས་ལྡན་གྱི་དེ་ལྟར་མ་ནུས་ནས་ཐལ་མོ་སྦྱར་ཏེ། ཨེ་མ་འདི་ལྟ་བུའི་ངོ་མཚར་སྤྱོད་པ་ཅི་ལས་བྱུང་ཞེར་བས། ཧཱི་ལོ་པས། དོན་རྟོགས་རྣལ་འབྱོར་ཧཱི་ལོ་པ། །ཅི་བྱེད་འབད་རྩོལ་ཀུན་དང་བྲལ། །ཞེས་གསུངས་ནས་ཚོགས་དཔོན་མཛད་ཅིང་། རྒྱལ་པོ་འཁོར་བཅས་བདེ་བ་ལ་བཀོད་དོ། །དེར་ནུས་ལྡན་གྱིས་ཕྱག་དང་མཎྜལ་ཕུལ་ནས་གདམས་ངག་ཞུས་པས་དངོས་གྲུབ་ཐོབ་ཅིང་། དེར་རྗེས་སུ་བཟུང་བ་ནི་བྱང་ཆུབ་སེམས་དཔའི་བློ་གྲོས་ཏེ། ད་ལྟ་ནུབ་ཕྱོགས་ཨུ་རྒྱན་ན་བཞུགས་པས། ནུས་ལྡན་བློ་གྲོས་ཨོ་རྒྱན་ཡུལ། །ཞེས་སོ། །གཉིས་པ་མི་སྡིགས་པ་བརྟུལ་བའི་ལོ་རྒྱུས་ནི། མུ་སྟེགས་ཀྱི་པཎྜི་ཏ་སྒྲ་ཚད་ལ་མཁས་ཤིང་། ནུས་པ་ཆེ་ལ་དང་ཚུལ་ངན་པ་ནག་པོ་བྱ་བ་གཅིག་གིས། ནང་པའི་སྡེ་དགོན་རྣམས་སུ་རྩོད་པ་བྱས་པས། གང་གིས་ཡང་མ་ཐུབ་པའི་དུས་སུ། ཧཱི་ལོ་པས་འདུལ་བའི་དུས་ལ་བབས་པར་མཁྱེན་ནས། ཁོ་ཡི་རྩར་བྱོན་ནས། སྣང་མིག་བལྟ་ཞིང་ཐལ་མོ་བརྡེབ་པ་ལ་སོགས་པ་མ་རུང་བའི་ལྟས་ཚུལ་མང་དུ་བསྟན་པས། ཁོང་ཁྲོས་ནས་འོ་སྐོལ་གཉིས་རྩོད་པ་དང་ནུས་པ་འདྲེན་ནས་གང་རྒྱལ་བའི་བསྟན་པ་ལ་འཇུག་གོ་ཟེར་ནས་རྩོད་པའི་དུས་བཏབ་པ་དང་། རྒྱལ་པོ་སེང་གེ་ཟླ་བ་ལ་སོགས་ཕྱི་ནང་གི་པཎྜི་ཏ་མང་པོ་དཔང་པོར་བཞག་ནས་རྩོད་པས་ཧཱི་ལོ་པ་ལན་གསུམ་རྒྱལ། དེ་ནས་ནུས་པ་དྲངས་ཏེ་དཀྱིལ་འཁོར་ལྷ་དང་བཅས་པ་སོ་སོར་སྤྲུལ་པ་དང་། བཞིགས་པ་མཉམ་པར་བྱུང་། ཡང་ནག་པོས་ཉི་མ་སྐྱོད་ལ་བཟུང་། ཧཱི་ལོ་པས་ནུབ་པར་བྱས། ཧཱི་ལོ་པས་ཉི་མ་སྐྱོད་ལ་བཟུང་། ནག་པོ་པས་ཕུལ་སྣང་གཡབ་མོ་བརྡེབ་པ་སོགས་ཅི་བྱས་ཀྱང་ནུབ་པར་མ་ནུས་པ་ལ། ཁྱོད་ཀྱི་སྒྲ་ཡི་ལྷ་བ་བྲོགས་ལ་ང་ཡི་བསྟན་པ་ལ་ཞུགས་གསུངས་པས། ཁོ་ཁྲོས་ཤིང་ཁ་ནས་མེ་ཕུང་འབར་ཏེ། ཧཱི་ལོ་པ་ལ་བཏང་ནས། ཁམས་གསུམ་

ཀུན་ཀྱང་གཡོ་བྱེད་པའི། ང་ཡི་མི་འཇིགས་རྣལ་འབྱོར་སྨྲ། ཟེར་བ་ལ། ཏི་ལོ་པས་མེ་དེ་ཆེར་འབར་བར་བྱས་ནས་ཕར་བཟློག་པས། ཁོའི་སྒྲ་ཡི་ལྕ་བ་བསྲེགས་ནས་ང་ནི་འཇིགས་པ་ཐམས་ཅད་ལས་ཡོངས་སུ་གྲོལ་བའི་ཏི་ལོ་ཡིན། ཞེས་གསུངས་པས་ཁོ་སྐྲག་ནས་ཕྱག་འཚལ་བ་དང་། མནྜལ་ཕུལ་ཞིང་གསོལ་བ་བཏབ་པས། ཏི་ལོ་པས་རྗེས་སུ་བཟུང་ཞིང་གྲོལ་བར་བྱས་པ་ནི་གྲུབ་ཐོབ་དགེ་བ་ཞེས་དུར་ཁྲོད་ཆེན་པོ་བསིལ་བའི་ཚལ་ན་བཞུགས་པ་ཡིན་ཏེ། ནག་པོ་དགེ་བ་བསིལ་བའི་ཚལ། །ཞེས་པ་ལྟར་རོ། །

གསུམ་པ་སྒྲུ་མ་མཁན་བཏུལ་བ་ནི། རྒྱལ་པོ་སེང་གེ་ཟླ་བ་དང་། སྒྲུ་མ་མཁན་བསླུ་བྱེད་གཉིས་མ་མཐུན་ནས། བསླུ་བྱེད་ཀྱིས་སྒྲུ་མའི་དམག་མང་པོ་དྲངས་ནས། ཡུལ་ཁམས་འགའ་ཞིག་བཅོམ་པས། ཐམས་ཅད་སྐྲག་ནས་གྲོས་བྱེད་པའི་དུས་སུ་ཕོ་བྲང་གི་སྒོ་ཁར་རྒན་མོ་གཅིག་བྱུང་ནས་ང་ནང་དུ་ཐོངས་དང་། གྲོས་ཡོད་ཟེར་བས་རྒྱལ་པོ་ལ་བསྙད་པ་དང་། རྒྱལ་པོའི་གྲོས་གང་ལ་ཡོད་མི་ཤེས་པས་ནང་དུ་ཁྲིད་གསུངས་ནས་མདུན་དུ་ཕྱིན་པ་ལ། ཕྱག་མི་བྱེད་པར་ཕེར་སྣ་ལ་ཤོཾ་ཚུག་བྱས་ནས་བསྡད་པ་ལ། རྒྱལ་པོའི་ཁྲིད་ལ་གྲོས་ཅི་ཡོད་ད་ཅི་ལྟར་བྱ་དྲིས་པ་ལ། ཁྱེད་ལ་དམག་དཔོན་འོང་བ་མི་འདུག །ང་ཡི་མིང་པོ་ཡིན་ན་འོང་ཟེར་དེ་གར་ཡོད་དྲིས་པས། དུར་ཁྲོད་ཆེན་པོ་སོ་སགླིང་ན་ཤིང་ཤ་པའི་སྡོང་པོ་དཔག་ཚད་ཙམ་ཡོད་པའི་ཡལ་ག་ལ་རྫ་འཇག་བཏགས་ནས་རོའི་རྐང་པ་ཐེའུ་ཆུང་ལ་བཏགས་རོ་དེའི་ལག་པའི་སྲིན་ལག་ལ་རྫ་འཇག་བཏགས་པ་ལ་འཛུམ་ནས། གར་བྱེད་ཅིང་ཡོད་ཟེར་ནས་རྒན་མོ་གར་སོང་ཆ་མེད་པར་གྱུར་ཏོ། །དེར་རྒྱལ་པོའི་དེ་འདྲ་མི་སྲིད་གལ་ཏེ་བདེན་པར་འདུག་ན་འདིར་གདན་དྲོངས་ལ་ཤོག་གསུངས་ནས་བང་ཆེན་པ་བཏང་བས། དེ་ལྟར་འདུག་པ་མཐོང་སྟེ། ངེད་ལ་རྒྱལ་པོ་གཞན་གྱི་དམག་བྱུང་བས། ཁྱེད་ངེད་ཀྱི་དམག་དཔོན་ལ་འབྱོན་དགོས་ཞུས་པས། ཁྱེད་རང་དམག་དུས་ཐོབ་དང་འོངས་གསུངས། དེར་ཁོང་རྣམས་སོང་ནས་རྒྱལ་པོ་ལ་བསྙད་པས། དམག་དུས་བཏབ་ནས་སྒྲུ་མ་མཁན་གྱི་དམག་དང་གཡུལ་སྤྲད་པས། མ་ཐུབ་ནས་རྒྱལ་ཁམས་ཕལ་ཆེར་བཅོམ་ཞིང་ཕོ་བྲང་བསྐོར་བ་ལ། རྒན་མོའི་གྲོས་ཀྱིས་ཕུང་ཟེར་ནས་ཐམས་ཅད་སྐྲག་པའི་དུས་སྔར་གྱི་རྒན་མོ་དེ་བྱུང་ནས་རྒྱལ་པོ་དྲེད་མི་དགོས། ང་ཡི་མིང་པོ་བྱོན་ཡོད་ཟེར་བས་དེར་ཨ་ཙ་ར་སྔོ་ནག་མིག་རྩ་དམར་ལྷིགས་སེ་བ་གཅིག་བྱོན་པ་ལ། རྒྱལ་པོའི་ཕྱག་འཚལ་ཞིང་བདག་ཅག་སྐྱབས་སུ་གསོལ་ཞུས་པས། སྐད་ཅིག་དེ་ཉིད་ལ་སྤྲུལ་པའི་དམག་དཔོན་དཔག་ཏུ་མེད་

པ་བཀྱེས་ནས། སྒྱུ་མའི་དམག་རྣམས་དེད་ཅིང་ལ་ལ་བསད། ལ་ལ་བཟུང་། ལ་ལ་བསེས། བསླུ་བྱེད་མཁན་པོ་རང་ཡང་བཟུང་སྟེ། རྒྱལ་པོའི་མདུན་དུ་བཞག་པས། ཀོ་ན་རེ། ཆོས་ལ་གནག་པའི་དམག་དཔོན་ཁྱེད། །འདི་ལྟར་བྱེད་པ་ག་ལ་རུང་། །ཟེར་བས། ཏི་ལོ་པས། སྒྱུ་མའི་ལུས་ཀྱིས་སྐྱེས་བུ་བསད་སོགས་ལ། །སེམས་མེད་ཕྱིར་ན་སྡིག་པ་ཅི་ཡང་མེད། །ཅེས་གསུངས་ཤིང་རྗེས་སུ་བཟུང་བས་གྲུབ་པ་ཐོབ་སྟེ། བསླུ་བྱེད་བདེན་སླ་ཧ་ཧ་དགོད། །ཅེས་གསུངས་སོ། །

བཞི་པ་ཆང་ཚོང་མ་བཏུལ་བའི་ལོ་རྒྱུས་ནི། གྲོང་ཁྱེར་ཆེན་པོ་གཅིག་ཏུ་ཆང་ཚོང་མ་ཉི་མའི་འོད་ཟེར་བྱ་བ་ལོངས་སྤྱོད་ཕུན་སུམ་ཚོགས་པ་རྒྱལ་པོ་ཆེན་པོའི་ཕོ་བྲང་དང་འགྲན་དུ་རུང་བ་གཅིག་ཡོད་པའི་བུ་ཕྲུད་དང་བྲན་གཡོག་ཕལ་ཆེར་མེ་ཤིང་ལ་སོགས་པའི་དོན་དུ་ཕྱི་རོལ་སོང་བའི་ཤུལ་དུ། མོ་རང་ཆང་གི་བྱ་བ་ལ་བརྩོན་བཞིན་ཡོད་པ་ལ། ཏི་ལོ་པས་འདུལ་བའི་དུས་ལ་བབས་པར་དགོངས་ནས་དེའི་སྒོ་དྲུང་དུ་བྱོན་ཏེ། ཆང་ཉོས་པའི་གཏའ་མར་ཉི་མ་བཞག་ཅིང་། ཉིན་ཕྱེད་རིན་འཛལ་བར་བྱས་ནས། ཆང་རྣམས་གསོལ་བསྲིངས་རྒྱུ་རྣམས་བྱི་བར་སྤྲུལ་ནས་ཐམས་ཅད་བཤིག་ཅིང་མེད་པར་བྱས། དེ་ནས་མོ་སྡུག་བསྔལ་ཞིང་ངུ་བ་བརྟུང་ཞིང་། ཡང་སྣང་མ་ལ་ཆུ་བརྒྱབ་པས་ད་རུང་ངེ་ཡི་ཆང་འདི་རྣམས་ལ་ཆང་མ་གཞན་གྱི་ཆང་ཙམ་ཡོད་ཟེར་ནས། མོ་རང་སྒོར་སོང་བའི་ཤུལ་དུ་ཡང་བྱི་བས་ཐིམ་བུ་བཤད་ནས་ཆང་རྣམས་མེད་པར་བྱས། མོ་ཡང་དེར་ཕྱིན་ནས་ཆང་མེད་པར་སྡུག་བསྔལ་ཞིང་ཡོད་ཙམ་ན་བུ་ཕྲུད་དང་བྲན་གཡོག་ལ་སོགས་ཡང་ཕྱིན་ཏེ། ཐམས་ཅད་ཀྱིས་བྱི་བ་བརྟུང་ཞིང་བསད་པའི་རོ་ཆུ་ནང་དུ་འཕང་ཞིང་མྱ་ངན་བྱས་པ་ལ། ཏི་ལོ་པ་བྱོན་ནས་ཅི་ཉེས་གསུངས། དེར་གྲོང་གི་ལོ་རྒྱུས་རྣམས་ཞུས་པས། ཏི་ལོ་པས་ཉི་མ་ཡང་བསྲིང་། ཆང་རྣམས་ཀྱང་སྔར་བས་མ་ཉམས་ཤིང་བཟང་བར་སྤྲུལ་ནས། དེར་ལྟོས་དང་གསུངས་པ་ལ་བལྟས་པས་ཆང་རྣམས་སྔར་བས་བཟང་བར་མཐོང་སྟེ། ཤིན་ཏུ་དད་ནས་ཞབས་སྤྱི་བོར་བླངས། དམ་པ་ཁྱེད་ནི་ཅི་ལྟ་བུ། །བདག་ཅག་རྗེས་སུ་བཟུང་དུ་གསོལ། །ཞུས་པས། ཏི་ལོ་པས། དོན་རྟོགས་སྨྲང་པོ་ཏི་ལོ་པ། །ཁྱོད་ཀྱི་རྣལ་འབྱོར་མཐོང་མེད་ཡིན། །གསུངས་ནས། རྗེས་སུ་བཟུང་བས་གྲུབ་པ་ཐོབ་ནས་དུར་ཁྲོད་སོ་སོ་གླིང་ན་བཞུགས་ཏེ། ཉི་འོད་སྒྲོན་མ་སོ་སོ་གླིང་། །ཞེས་གསུངས་སོ། །

ལྔ་པ་ཆད་ལྟ་བ་བཏུལ་ཚུལ་ནི། ཡུལ་ཁམས་ཆེན་པོ་གཅིག་ཏུ་ལས་རྒྱུ་འབྲས་ཡོད་པར་འདོད་པ་གཅིག་དང་མེད་པར་འདོད་པའི་པཎྜི་ཏ་གཉིས་མ་མཐུན་ནས། ཏི་ལོ་པ་ལ་དཔང་པོ་ཞུས་པས།

ལས་རྒྱུ་འབྲས་ཡོད་པར་འདོད་པ་རྒྱལ་པོ་གསུངས་པས། མེད་པར་འདོད་པ་མ་དྲི་འཛིན་བྲིས་ནས། འོན་ཁྱོད་དང་རྩོད་པར་བྱའོ་ཞེས་ཟེར་ཞིང་དེར་བརྩད་པས་ཧྭ་ཤང་པ་རྒྱལ་བ་ལ། ཁོ་ན་རེ། ལས་ཀྱི་འབྲས་བུ་དངོས་མ་མཐོང་བས་ཡིད་མི་ཆེས་ཟེར་བར་ཧྭ་ཤང་པས་ང་ལ་འཇུས་ཤིག་དང་བསྟན་པར་བྱའོ་གསུངས་ནས་སྐད་ཅིག་དེ་ཉིད་ལ་དམྱལ་བར་ཁྲིད་དེ་ཚ་གྲང་དང་བཙོས་བསྲེག་གི་སྡུག་བསྔལ་མང་པོ་བསྟན་ཅིང་། ཟངས་གཅིག་ཏུ་བཙོ་རྒྱུ་མི་སྣང་བས་དམྱལ་སྲུང་ལ་འདི་ཅི་ཡིན་དྲིས་པས། འདི་འཛམ་བུ་གླིང་ན་རྒྱུ་འབྲས་མེད་པར་འདོད་པ་གཅིག་ཡོད་པ་བཙོ་ས་ཡིན་ཟེར། ཁོ་སྐྲག་ནས་མྱུར་དུ་གཤེགས་ཟེར་བ་ལ། ཧྭ་ཤང་པས། རང་གིས་བྱས་པའི་སྡིག་པ་ཡི། །རྣམ་སྨིན་འབྲས་བུ་མཐོང་བས་སྲུ། །ལས་ཀྱིས་འཕང་པའི་སྡིག་པ་ལ། །དམྱལ་བ་རང་སེམས་རང་ལ་འཁོར། །ཞེས་གསུངས་ནས། ཡང་ལྷའི་གནས་སུ་ཁྲིད་དེ། གཞལ་ཡས་ཁང་དུ་ལྷའི་བུ་དང་བུ་མོ་མང་པོའི་འདོད་ཡོན་སྣ་ཚོགས་ལ་ལོངས་སྤྱོད་པ་མང་པོ་བསྟན། ཁང་པ་གཅིག་ན་ལྷའི་བུ་མེད་པར་ལྷ་མོ་རྣམས་ཀྱིས་མཆོད་རྫས་ཐོགས་ནས་སྡད། དེ་ཅི་ཡིན་དྲིས་པས། འཛམ་བུ་གླིང་དུ་རྒྱུ་འབྲས་ཡོད་པར་འདོད་པར་དགེ་བ་ལ་སྤྱོད་པར་འདོད་པ་གཅིག་ཡོད་པ་འདིར་སྐྱེ་བ་ཡིན། དེར་ཧྭ་ཤང་པས། ལས་ཀྱིས་འཕང་པའི་དགེ་ཅན་ལ། །བདེ་འགྲོ་རང་སེམས་རང་ལ་ཤར། །གསུངས་པས། ཁོ་ཡིད་ཆེས་པས་གདམས་པ་ཞུས་ནས་གྲུབ་པ་ཐོབ་ཅིང་། ལྷོ་ཕྱོགས་དཔལ་གྱི་རི་ལ་བཞུགས་ཏེ། འཛིན་བྱང་ཆུབ་དཔལ་གྱི་རི། །ཞེས་གསུངས་སོ། །

ཏྲུག་པ་གླུ་མཁན་བཏུལ་བའི་ཡོན་ཏན་ནི། དེ་ཡང་དུས་རེ་ཞིག་ན་ཡུལ་ཁམས་ཆེན་པོ་གཅིག་ཏུ་གླུ་མཁན་མཁས་པ་བྱ་བ་གཅིག་ཡོད་པས། གྲོམ་ཆེན་པོའི་ནང་དུ། ཀྱེ་མ་ཟེར་ནས་གླུ་སྐན་ཞིང་ཡིད་འཕྲོག་པ་ལེན་པས། ཧྭ་ཤང་པས་ཁོ་འདུལ་བའི་དུས་ལ་བབས་པར་དགོངས་ནས་དེར་བྱོན་ཏེ། ཁྱོད་ཅི་ཉེས་སྐྱེ་སྡུགས་འདོན་པ་ཡིན། ཀྱེ་མ་ཟེར་བ་ནི་ཏྲུ་བའམ་མྱུ་ངན་གྱི་ཚིག་ཡིན་ནོ། །གསུངས་པས། ཁོ་བྲོས་ནས་ཁྱོད་ང་ལ་གླུ་ཤགས་འདྲེན་གཅིག་ཟེར་བ་ལ། ཧྭ་ཤང་པས་གླུ་དབྱངས་སྐན་པ་ཀུན་ཏུ་ཐོས་པ་བླངས་པས་ཐམས་ཅད་ཡིད་འཕྲོག་ཅིང་གྲོང་ཁྱེར་གྱི་དུད་འགྲོ་རྣམས་ཀྱང་གླུ་དབྱངས་ལ་ཆགས་ནས་འགྲོ་བདོ་སྡོད་ཅིང་ཉན་པས་ཚངས་པའི་དབྱངས་ལྷ་བུ་བྱུང་བ་ལ་ཐམས་ཅད་ངོ་མཚར་སྐྱེས་ཏེ་གང་ནས་བྱོན་ཞེས་དྲིས་པས། ཧྭ་ཤང་པས། ང་ནི་ཚངས་པའི་འཇིག་རྟེན་ཡང་། སྐྱོང་བའི་གླུ་མཁན་ཧྭ་ཤང་ཡིན། །ཞེས་གསུངས་ནས། དེར་ཚོགས་པ་རྣམས་སྨིན་གྲོལ་ལ་བཀོད་དོ། །དབྱངས

ལྡན་དད་དེ་གདམས་པ་ཞུས་པས། གྲུབ་པ་བརྙེས་ཤིང་གྲོང་ཁྱེར་ན་ག་རར་བཞུགས་ཏེ། དབྱངས་ལྡན་རྐྱུག་པ་ན་ག་རར། །ཞེས་གསུངས་སོ། །

བདུན་པ་ཤན་པ་བཏུལ་བའི་ལོ་རྒྱུས་ནི། ཤར་ཕྱོགས་ཀྱི་རྒྱལ་ཁམས་གཅིག་ཏུ། རང་གི་བུ་གསོ་བའི་ཆེད་ཏུ་སེམས་ཅན་མང་པོ་གསོད་པའི་ཤན་པ་བདེ་བྱེད་བྱ་བ་གཅིག་ཡོད་པ་ལ། རེ་ཞིག་ཏཻ་ལོ་པས་དེ་འདུལ་བའི་དོན་དུ་ཁོའི་སྒོ་ཁར་བྱོན་ནས། ཤ་བསླངས་པས་ཁོ་ཁྲོས་ཏེ་ཤ་མ་བྱིན་པར་བོར་གེ་ཐོག་ནས་འཐབ་ཅིང་སླར་ནང་དུ་སོང་བ་ལ་བུ་མི་སྣང་། གཞན་དུ་བཙལ་ཡང་མ་རྙེད། དེ་ནས་ཐབས་ཀྱིས་ཤ་རྣམས་འདོན་སྐམ་ནས་བལྟས་པས་བུའི་མགོ་ལུག་རྣམས་བཙོས་ནས་སྣང་། དེར་ཁོ་སྐྲག་ཅིང་དངངས་ཏེ་སྡུག་བསྔལ་ཆེན་པོའི་ས་ལ་འགྲེལ་ཞིང་བརྒྱལ་ལོ། །བརྒྱལ་སངས་པ་དང་། ཏཻ་ལོ་པ་བྱོན་ནས་ཅི་ཉེས་གསུངས་པ་ལ། ངས་སེམས་ཅན་གཞན་གྱི་ཤ་བཙོས་པ་ནོར་ནས་བུ་བཙོས་འདུག །ང་ལ་བུ་མེད་པ་སྐྲག་ཞིང་དངངསནས་སྡུག་བསྔལ་ཆེན་པོའི་ཧེ་ལྷར་བྱ་ཟེར་ཏེ། མྱ་ངན་གྱིས་ས་ལ་འདྲེ་ཞིང་འདུག་པས། ཁྱོད་ཀྱི་བུ་མེད་པའི་སྡུག་བསྔལ་ཅི་ལྟ་བ་བཞིན་དུ། གཞན་གྱི་བུ་བསད་ན་ཡང་དེ་དང་འདྲ་གསུངས་པས། ངཡི་བུ་དེ་བྱུང་ན་ད་ནི་གཞན་མི་གསོད་ཟེར། ཏཻ་ལོ་པས་དེ་ངེས་པར་བདེན་ན་ད་ལྟ་ཁྱོད་ཀྱི་བུ་དེ་སོས་པས་ཐབས་ཡོད་གྱུས་པས། ངཡི་བུ་བྱུང་ན་ཕྱིན་ཆད་སྲོག་མི་གཅོད་ཅིང་། ཁྱེད་ཀྱིས་ཅི་གསུངས་པའི་ཆོས་བྱེད་ཟེར་ནས་དམ་བཅས་པ་ལ། ཏཻ་ལོ་པས་ཁོའི་བུ་དེ་ཉིད་དུ་སྣང་བར་བྱས་ནས། རང་གི་སྡིག་པ་བྱས་པ་ཡི། །འབྲས་བུ་རང་ལ་སྨིན་ནས་ཡོངས། །གསུངས་ནས། ཁོ་རྗེས་སུ་བཟུང་ནས་གྲོལ་ཞིང་སྲིན་མོའི་གླིང་ན་བཞུགས་ཏེ། བདེ་བྱེད་དགའ་བ་སྲིན་མོའི་གླིང་། །ཅེས་གསུངས་སོ། །

བརྒྱད་པ་མཐུ་མཁན་བཏུལ་བའི་ལོ་རྒྱུས་ནི། ཡུལ་ཁམས་ཆེན་པོ་གཅིག་ཏུ་མུ་སྟེགས་པ་ཉི་ཟླ་བྱ་བ་མཐུ་བོ་ཆེ། མི་ཐམས་ཅད་མཐུས་གསོད་པ་གཅིག་ཡོད་པ་ལ། ཏཻ་ལོ་པས་དེ་འདུལ་བའི་དུས་ལ་བབས་པར་དགོངས་ནས། ཁོ་སྒྲུང་ཁ་གཅིག་ཏུ་ཡོད་པའི་ཅར་བྱོན་ཏེ་ས་གཏོར་ཐལ་མོ་བརྡབས། སྟང་མིག་དང་སྡིག་མཛུབ་བྱས་པས། ཁོ་ཁྲོས་ནས་ངས་ཁྱོད་བསད་དོ་ཟེར་ནས་ཁྱིམ་དུ་སོང་སྟེ་མཐུ་བྱས་པས། ཏཻ་ལོ་པས་ཁོའི་ཆོས་སྐྱོང་རྣམས་ཏིང་ངེ་འཛིན་གྱིས་བཟློག་པས། ཁོའི་ཉེ་དུ་རྣམས་ཤི་ནས་རོའི་ཁྱིམ་གང་བའི་སྣང་བ་བྱུང་ཞིང་། རོ་གསེབ་ཏུ་སྡུག་བསྔལ་གྱི་སྨྲེ་སྔགས་ཆེན་པོ་བཏོན་པས། ཏཻ་ལོ་པ་དེར་བྱོན་ནས་ཁྱོད་ཅི་ཉེས་གསུངས། ཁྱོད་ལ་མཐུ་ཕར་བྱས་པ་ཚུར་ལོག་ནས། ཉེ་དུ་རྣམས་ཤི

བས་སྡུག་བསྔལ་ལོ་ཞེར། སྟོན་ཆད་ཁྱོད་ཀྱིས་བསད་པའི་ཉེ་དུ་རྣམས་ཀུང་སྡུག་བསྔལ་ཁྱོད་དང་འདྲ་བས་ད་ཕྱིན་ཆད་དེ་ལྟར་མི་བྱེད་ན་ཁྱོད་ཀྱི་ཉེ་དུ་རྣམས་སོས་པའི་ཐབས་ཡོད་གསུངས། ང་ཡི་ཉེ་དུ་རྣམས་སོས་ན་ད་ཕྱིན་ཆད་ཁྱེད་ཀྱི་བཀའ་ལས་མི་འདའ་བར། དམ་པའི་ཆོས་ལ་དམ་བཅའ་བྱེད་ཞེར་བ་དང་། དེར་ཏཻ་ལོ་པས། དོན་རྟོགས་རྣལ་འབྱོར་ཏཻ་ལོ་པས། །སེམས་ཅན་གཅིག་ཀུང་བསད་པ་མེད། །གསུངས་ནས། སེ་གོལ་བརྡབས་པས་ཐམས་ཅད་སོས་པར་གྱུར་ཏོ། །དེ་ནས་ཁོ་རྗེས་སུ་བཟུང་ཞིང་གདམས་ངག་བསྟན་པས་གྲོལ་བར་མཛད་ནས། སེང་ག་གླིང་ན་བཞུགས་ཏེ། ཉེ་ཟླ་ཨེ་མི་སེང་ག་གླིང་། །ཞེས་གསུངས་སོ། །དེ་དག་ནི་རྣལ་འབྱོར་པ་བརྒྱད་བཏུལ་བའི་ལོ་རྒྱུས་སོ། །

ཉིན་གཅིག་ལ་སྤྲུལ་པ་དུ་མ་བསྟན་ཚུལ་ནི། དེ་ནས་རེ་ཞིག་གིས་དུས་ན་རྒྱལ་ཁམས་ཆེན་པོ་གཅིག་ཏུ་བྱོན་པ་ལ། རྒྱལ་ཁམས་དེའི་སྒོམ་ཆེན་རི་ཁྲོད་ལ་གནས་པ་དང་། པཎྜི་ཏས་བགྲོ་གླེང་བྱེད་པ་དང་རྣལ་འབྱོར་པ་ཚོགས་འཁོར་བ་རྣམས་ནས་དགེ་བའི་ལས་སྣ་ཚོགས་བྱེད་པ་དང་། ལྷ་བཟོ། ཡི་གེ་བྲིས་པ། སྨན་པ། མགར་བ་ལ་སོགས་བཤེས་གཉེན་སྣ་ཚོགས་དང་། གཙོ་བོའི་མདུན་ལས་བྱེད་ཚུལ་ནས་སྐྱེས་པའི་འཕོང་ཐབས། བུད་མེད་ཀྱི་སྒྱུ་ཐབས། བྱིས་པའི་རྩེ་མོ་བྱེད་པ་ཡན་ཆད་དང་། ཤན་པ་རྔོན་པ་ཉ་པ་ལ་སོགས་དེ་དག་སོ་སོའི་རྒྱར་སྤྲུལ་པའི་ཏཻ་ལོ་པ་རེ་རེ་བྱོན་ཏེ། དེ་དག་ཐམས་ཅད་ཀྱིས་ལས་ཚུལ་བསམ་གྱིས་མི་ཁྱབ་པ་རྣམས་འདི་ལྟར་བྱེད་པ་ཡིན། ཞེས་གསུངས་ནས་གཞན་ལས་ཁྱད་པར་དུ་འཕགས་ཤིང་ཀུན་གྱི་ཡིད་འཕྲོག་པ་བསྟན་པ་ལ། སྒོམ་ཆེན་པ་རྣམས་ཀྱིས་བསྒོམ་མཁན་གཅིག་རེད་ཞེར་བ་ན། ཉ་པ་རྣམས་ཉ་གཤོར་བ་ལ་མཁས། ཞེས་པའི་བར་དེ་དག་རང་རང་གི་སོ་སོའི་ལས་ཚུལ་ལ་མཁས་པ་གཅིག་རེད་དོ་ཞེར་ནས་གླེང་བ་བྱུང་བས་དེར་ཐམས་ཅད་ངོ་མཚར་དུ་གྱུར་ནས། དེ་རིང་ཉིན་གཅིག་རྒྱལ་ཁམས་ཀྱི་མི་རྣམས་ལ་རང་རང་སོ་སོའི་ལས་བྱེད་ཚུལ་དང་མཐུན་པའི་བྱ་བ་སྣ་ཚོགས་བསྟན་པ་འདི་ཅི་ལྟར་ལགས་ཞུས་པས། ཏཻ་ལོ་པས། དོན་དམ་རྣལ་འབྱོར་ཏཻ་ལོ་པས། །དགེ་སྡིག་བྱས་པས་ཅི་ཡང་མེད། །འོན་ཀྱང་སོ་སོའི་སྣང་བ་ནི། །ཐམས་ཅད་སྐྱེ་བ་མེད་པ་ཡིན། །ཞེས་གསུངས་ནས་ཐམས་ཅད་བདེ་བ་ལ་བཀོད་དོ། །དེ་དག་ནི་ཉིན་གཅིག་ལ་རྫུ་འཕྲུལ་སྣ་ཚོགས་བསྟན་པའི་ལོ་རྒྱུས་སོ། །

གཉིས་པ་ནི་རྒྱ་གར་ཕྱོགས་བཞིའི་ཡུལ་ཁམས་བདེ་བ་ལ་བཀོད་ཚུལ་ནི། དེ་ཡང་དང་པོ་རྒྱ་གར་ལྷོ་ཕྱོགས་སུ་རྒྱལ་པོ་གཉིས་ཡོད་པའི་གཅིག་མུ་སྟེགས་པའི་དབང་དུ་སོང་ནས་ཕྱི་པའི་བསྟན་པ

དར་བའི་དུས་སུ་རྒྱལ་པོ་གཅིག་ནང་པ་ལ་དད་དེ། ཏི་ལོ་པའི་རྣམ་ཐར་ཐོས་ནས་གསོལ་བ་བཏབ་པས། ཏི་ལོ་པས་མཁྱེན་བཞིན་དུ་དེ་ཉིད་དུ་བྱོན་ཏེ་ཕྱི་ནང་རྒྱལ་པོ་རྣམས་དབང་དུ་བཙུག །ནང་པ་རྣམས་གཡས་གྲལ། ཕྱི་པ་རྣམས་གཡོན་གྲལ་ནས་བརྩད་པས་ཏི་ལོ་པ་ལན་གསུམ་ལ་རྒྱལ་བས། མུ་སྟེགས་པ་རྣམས་ནང་པའི་བསྟན་པ་ལ་ཞུགས་སོ། །དེར་ནང་པ་ལ་དགའ་བའི་རྒྱལ་པོ་དེས་དགའ་སྟོན་གྱི་སྟོན་མོ་ཆེན་པོ་བྱས་པའི་གྲལ་དུ། ཏི་ལོ་པས་ཏེ་ཏེ་གསུངས་ནས་གད་མོ་ཆེན་པོ་མཛད་པ་ལ། རྒྱལ་པོའི་དེ་རིང་ཁོང་རྩོད་པ་ལས་རྒྱལ་བས་དགའ་བ་ཡིན་ནམ། འོན་ཀྱང་ཕྱུག་གཙང་བྱེད་པའི་བུ་མོ་ཞིག་ཏུ་མཛེས་མ་རྣམས་ལ་དགའ་བ་ཡིན་སྙམ་ནས། སློབ་དཔོན་ཆེན་པོ་ཅི་ལ་བཞད་ཞུས་པས། ཏི་ལོ་པས། འདི་ནས་ལྷོ་ནུབ་ཀྱི་མཚམས་ཀི་རུ་སྲ་ར་བྱ་བ་ན། མར་གྱི་ཚོས་བཅུའི་མཆོད་པ་ཆེན་པོ་གཅིག་བྱེད་པའི་སར། ལྷ་གཅིག་མ་ལུའི་གར་དང་རོལ་མོ་བྱེད་བདོ་ལ། དབུས་མ་དེའི་དོར་སྒྲོག་གྲོལ་ནས་ལྷུགས་ཀྱིས་སོང་བ་ལས་མྱུར་དུ་ཡར་འཕེན་ཡང་ཨེན་ཙམ་ཐོག་པའི་ཚེ། ཁྲིམ་ཐམས་ཅད་གད་མོ་ཏེར་གྱིས་སོང་བ་དེ་ལ་དགོད་ཤོར་བ་ཡིན་གསུངས། རྒྱལ་པོའི་དེ་བརྟགས་པའི་བང་ཆེན་པ་བཏང་བས་ཟླ་བ་གཅིག་གིས་ཡུལ་དུ་ཕྱིན་ནས་དྲིས་པ་ལ། ཟླ་བ་སྔ་མའི་ཉི་ཤུ་ལྔ་ལ་དེ་ཁོ་ན་བཞིན་བྱུང་ཡང་དེ་སྐྱེ་དེ་ལྟར་མཁྱེན་པའི་དངོས་གྲུབ་ངོ་མཚར་ཆེ་ཟེར་ནས་ཐམས་ཅད་ངོ་མཚར་དད་པར་གྱུར་ཏོ། །དེ་ནས་བང་ཆེན་པས་རྒྱལ་པོ་འཁོར་བཅས་ལ་དེའི་ལོ་རྒྱུས་བསྙད་པས། ཡིད་ཆེས་ནས་མངོན་ཤེས་ཐོགས་མེད་དུ་མངའ་བའི་གྲགས་པས་ཕྱོགས་ཐམས་ཅད་ཁྱབ་ཅིང་དེར་ཚོགས་པ་རྣམས་ཀྱང་བདེ་བ་ལ་བཀོད་དོ། །

གསུམ་པ་ནི། ཏི་ལོ་པ་ཆེན་པོ་རྒྱ་གར་ཤར་ཕྱོགས་སུ་སྤྱོད་པ་དུ་མས་སེམས་ཅན་གྱི་དོན་མཛད་ཅིང་བཞུགས་པའི་ཚེ། རྒྱ་གར་ནུབ་ཕྱོགས་སུ་ཕྱི་པའི་པཎྜི་ཏ་ལྷའི་རྒྱན་ཞེས་བྱ་བ་ཐུན་མོང་གི་དངོས་གྲུབ་ཐོབ་ཅིང་། ཟག་བཅས་ཀྱི་མངོན་ཤེས་མངའ་བ་རྒྱལ་པོའི་བླ་མཆོད་ཐོབ་པར་རློམ་པའི་ཐམས་ཅད་དབང་དུ་བསྡུ་བར་འདོད་ནས་རོལ་ཆ་སྣ་ཚོགས་འཁོར་སྟོང་ཕྲག་རེས་བསྐོར་ནས། ཤར་ཙ་སི་ལ་ཐུགས་ཀྱི་བར་སྟེ་དགོན་ཐམས་ཅད་འགྲིམ་ཞིང་། རྩོད་པ་བྱེད་ལ་གང་རྒྱལ་བའི་བསྟན་པ་ལ་འཇུག་དགོས། དེ་ལྟར་མི་བྱེད་ན་ནུས་པ་འདྲེན་ཟེར་བ་ལ། སུས་ཀྱང་བཟློག་པར་མི་ནུས་པའི་ཚེ། ཏི་ལོ་པས་དེ་འདུལ་བའི་དུས་ལ་བབ་པར་མཁྱེན་ནས། ཤར་ཙ་སིར་བྱོན་ཏེ། སྤྲུལ་པ་སྣ་ཚོགས་བསྟན་པ་ལས་ཐམས་ཅད་དད་ཅིང་དགེ་འདུན་འདུས་ནས། འདིར་མུ་སྟེགས་ཀྱི་སྟོན་པ་ལྷའི་རྒྱན་བྱ་

བས་རྩོད་པ་བྱས་ནས་ནང་པ་རྣམས་ཕམ་པར་བྱས། རྩོད་པ་མི་བྱེད་པ་རྣམས་མཐུ་ཁར་བཏང་ཞིང་བསྟན་པ་བཤིགས་པས་འདི་ཟློག་ཏུ་གསོལ་ཞེས་ཞུས་པ་ལ། ཧེ་ལོ་པས་དེ་རུང་གི་ཁྱེད་རང་རྣམས་རྩོད་པའི་དུས་ཐོབ་ཅིག་གསུངས། དེར་རྩོད་པའི་དུས་བཏབ་པས་ཁོ་ཡི་ཡོན་བདག་རྒྱལ་པོས་ཀྱང་ཐོས་ནས་ང་ཡི་མཆོད་གནས་པཎྜི་ཏ་ལྷའི་རྒྱན་ཚངས་པ་མངོན་སུམ་པ་ལྟ་བུ་ལ། དོ་བསྙོ་བའི་པཎྜི་ཏ་རྣལ་འབྱོར་པ་དེ་ལ་བལྟ་བར་འགྲོ་གསུངས་ནས་དྲིལ་བསྒྲགས་ཏེ། ཡན་ལག་བཞི་པའི་དཔུང་དང་བཅས་ཏེ་ཕ་ར་ཆ་སེར་བྱོན། གཞན་ཡང་ཕྱོགས་ཕྱོགས་ནས་མི་སྡེ་རྣམས་འདུས་ཏེ། གོང་གི་ཁྲི་ཆེན་པོ་ལ་རྒྱལ་པོ་རྣམས་བཞུགས། ཕྱི་པ་རྣམས་དབང་ཆེ་བས་གཡས་ཕྱོགས་དང་། ནང་པ་གཡོན་ཕྱོགས་སུ་བཞུགས། དེར་ཧེ་ལོ་པས་དང་པོ་རྩོད་པ་བྱའམ་ནུས་པ་འདྲེན་གསུངས་པས། ཁོའི་དང་པོ་ནུས་པ་འདྲེན་ཟེར་ནས། སྔགས་དང་ཕྱག་རྒྱ་དང་ཏིང་ངེ་འཛིན་བྱས་ནས་ནམ་མཁའ་ལས་རྡོ་རྗེའི་སེར་བ་ཕབ་པས། ཧེ་ལོ་པས་མཛུབ་བསྐོར་གཅིག་བྱས་པས། རྡོ་རྗེའི་གུར་དུ་གྱུར་པ་ལས་མ་ཚུགས་ཤིང་ཁྲེད་ནས་ཕྱི་རོལ་དཔག་ཚད་ཙམ་དུ་སོང་ངོ་། །དེ་ནས་ཡང་ཧེ་ལོ་པས་རྡོ་རྗེའི་སེར་བ་ཕབ་པས། ཁོའི་ལྷ་སྐྱངས་མཛུབ་རིས་གཡབ་མོ་ལ་སོགས་ཅི་བྱས་ཀྱང་མ་ཕན་ནས་མུ་སྟེགས་པ་རྣམས་བཅོམ་པས་ཐམས་ཅད་ཁྲེད་ཅིང་སྐྲངས་ཏེ། པཎྜི་ཏ་ལྷའི་རྒྱན་རྒྱལ་པོ་ཡོན་མཆོད་ཀྱིས་ཧེ་ལོ་པ་ཡི་ཞབས་ལ་འཛུམ་ནས་ནང་པའི་བསྟན་པ་ལ་ཞུགས། དེར་ཚོགས་པ་ཐམས་ཅད་ཀྱང་ངོ་མཚར་སྐྱེས་ནས་རྩོད་པ་ཞི། ནུབ་ཕྱོགས་ཀྱི་ཡུལ་ཁམས་རྣམས་ཀྱང་བདེ་བ་ལ་བཀོད་དོ། །

བཞི་པ་ནི། རྒྱ་གར་བྱང་ཕྱོགས་ཏི་ར་ཧུ་ཏི་གར་གྱི་ཡུལ་བྱ་བ་ན་ཧྱེ་བ་བྱ་བའི་སྡིག་སྤྱོད་ཀྱི་རྒྱལ་པོ་ཞིག་ལ། མུ་སྟེགས་ཀྱི་པཎྜི་ཏ་འབྲས་མ་འམ་ཚངས་པའི་ལྷ་བྱ་བ་ནུས་པ་ཅན་གཅིག་ཡོད། ཡུལ་དེར་ནང་པའི་རིགས་མི་ཚུད་ཅིང་རེ་རེ་ངན་གསོད་བྱེད་པ་ཅིག་ཡོད་པ་ལ། ཧེ་ལོ་པས། ཡུལ་དེ་སྨྲིན་པའི་སྤྱོད་པས་འདུལ་བར་གཟིགས་ནས་རང་ཉིད་གཟུགས་བྱད་ཤིན་ཏུ་མཛེས་ཤིང་ཡིད་དུ་འོང་བ་སྨིན་པའི་ཆ་ལུགས་སུ་སྤྱོད་པས། ཡུལ་དེའི་ཕྲང་ཀ་ལ་སོགས་གར་ཐོད་དུ་འགྲོ་ཞིང་། གཅེར་ཐབས་ཀྱིས་ཉལ་ནས། དྲི་ཆེན་དྲི་ཆུ་ལ་ལོངས་སྤྱོད་ཅིང་གནས་པ་ལ། ནད་པ་ལ་སོགས་མི་བདེ་བ་ལ་རེག་པ་ཙམ་གྱིས་སོས་པ་གཅིག་ཏུ་སྤྲུལ་ནས་བཞུགས་པས། དེའི་སྒྲ་གྲགས་པས་ཕྱོགས་ཕྱོགས་ཀྱི་ནད་པ་ལ་སོགས་འདུས་ནས་དེ་ལ་དད་ཅིང་བསྐོར་བའི་ཚེ། ཚངས་པའི་ལྷས་འདི་ཅི་ཡིན་སྙམ་ནས་རིག་པས་དཔྱད་ཅིང་བརྩིས་པས། རང་གི་བསྟན་པ་ལ་གནོད་པར་འདུག་པ་ཤེས་ཏེ། དེ་དྲིལ་བསྒྲགས

ནས་ཡུལ་འདིར་ནད་པ་མང་བ་དེ་སྨྱོན་པ་དམ་ཉམས་འདིས་ཙན་ཧི་ཀ་དང་འཇིགས་བྱེད་ལ་སོགས་པའི་རྟེན་གྱི་རྩར་བག་མེད་པའི་ངན་སྤྱོད་ཀྱིས་བཀང་བས་ལེན་པས། འདིའི་རྩར་སྲུམ་འདུག་ཅིག་ཟེར་ཀྱང་ནད་ཀྱིས་ཉན་པ་རྣམས་དེར་འགྲོ་ཞིང་བཏུད་དེ། ཡང་རྒྱལ་པོ་ལ་སྨྲས་པ་ཤར་ཕྱོགས་ཧྲ་ག་ལ་ནས་རྒྱལ་པོ་ཀི་ནི་ཤི་ནི་མཚན་ཉིད་ཅན་བྱ་བའི་དམག་འོངས་ནས། ཡུལ་འདི་འཇོམས་ཤིང་ནད་ཡམས་འོང་བའི་སྔ་ལྟས་སྨྱོན་པ་དམ་ཉམས་འདི་ཡིན་པས་འདི་ལ་སྲུ་བཏུད་པ་ལ་ཆད་པ་དྲག་པོ་བཅད་དོ། །ཞེས་སྒྲོགས་དང་སྨྱོན་པ་འདི་འཆི། དེ་ནས་འཇིགས་པ་ཆེན་པོ་བཟློག་པར་འགྱུར་རོ་བྱས་པས། རྒྱལ་པོས་དྲིལ་བསྒྲགས་པ་ལ་ཆད་པས་འཇིགས་ནས་ཐམས་ཅད་བྱེར་རོ། །དེ་ནས་ཚངས་པའི་ལྷ་ཡིས་མི་དྲུག་བཏང་ནས། ས་ར་བྱ་བ་རིན་པོ་ཆེའི་ཐུར་མ་རྣོན་པོ་ཕྲ་ཞིང་གཉེན་པ་ཞིག་གཏད་ནས། མི་ལྔས་སྨྱོན་པའི་ཡན་ལག་ལྔ་ནོན་ཅིང་། གཅིག་གིས་ས་ར་རྣ་བར་རྒྱུས་ལ་གླུད་པ་དགྲུག་ཅིང་། རྨ་མེད་པར་སོད་ཅིག་ཅེས་བསྒོས་པས། སྨྱོན་པས་ཀྱང་དེ་དག་ཤེས་ནས་ཕྱི་རྐན་དུ་ཉལ་བ་ལ་ཁོང་རྣམས་ཀྱིས་སྒོས་པ་ལྟར་བྱས་པས། རྣ་བ་གཡོན་ནས་ཆུ་སེར་བརྩིགས་པ་ལས་གཞན་རྨ་མེད་པར་ཉེས་པ་བཟློག་པའི་སྔ་ལྟས་འཆི་གསུངས་པ་ལྟར་ཤི་འོ་ཞེས་གྲགས་སོ། །དེར་ཚངས་པའི་ལྟས་དར་འཕྱུར་དུང་བོས་ལྷ་གསོལ་བྱས་ནས། ང་ལ་ཉེས་པ་བཟློག་པའི་ཐབས་འདི་ལྟ་བུ་ཡོད་པ་ཡིན། ད་ཡང་དེའི་རོ་དེ་རུལ་ནས་གནོད་པ་འོང་བས་མེར་བསྲེགས་ནས་རུས་པ་ཐལ་བ་རྣམས་བསྡུས་ལ། བྱང་ཕྱོགས་ཉི་མ་མི་འཆར་བའི་སར་ཆུ་ནང་དུ་བོར་ལ་རྡོ་རྗེའི་བྲུག་ཅིག་ཅེས་བསྒོས་ནས་དེ་ལྟར་བྱས། རྒྱལ་འབངས་རྣམས་ཀྱིས་ཚངས་པའི་ལྷ་ལ་མཆོད་བཀུར་མང་དུ་བྱས་ཏེ། དེའི་ཚེ་རྒྱལ་པོ་ལ་སོགས་ཡུལ་མི་ཐམས་ཅད་ལ། རྣ་གསེར་གྱི་ནད་བཟོད་ཐབས་མེད་པ་བྱུང་ནས་དང་པོ་རྣ་བ་གསེར་མི་དྲུག་ཤི ལྷ་ཚངས་པའི་ལྟས་རིམ་གྲོ་ཅི་ལྟར་བྱས་ཀྱང་ཕན་པ་མེད་ཅིང་ཐུ་རུ་སོང་། དེར་མོ་བཏབ་རྩིས་བྱས་སྦྲ་མོ་ཕབ་པས་ཐམས་ཅད་མཐུན་པར་སྤྲུལ་པའི་སྐྱ། སྨྱོན་པའི་ཆ་ལུགས་སུ་འདུག་པ་གཅིག་གི་རྣ་བ་ལ་ངན་སེམས་ཀྱི་གནོད་པ་བྱས་པའི་རྣམ་སྨིན་གྱིས་མཁའ་འགྲོ་མ་རྣམས་འཁྲུགས་ཤིང་ཉེས་པར་འདུག་པས། དེ་ཉིད་རང་ལ་བཏུད་དེ་མཆོད་ཅིང་བཤགས་ན་གྲོལ་བར་ངེས་ཟེར་བ་ལ། ཐམས་ཅད་ཀྱིས་གོང་གི་སྨྱོན་པ་དེ་ཡིན་པར་ཤེས་ནས་དེ་གར་བཞུགས་མཐོང་ངམ་ཞེས་དྲིལ་བསྒྲགས་པ་ལ་འགའ་ཞིག་ན་རེ། རུས་པ་ཆུ་ལ་བཏབ་ལས་ཡོག་མ་ཐག་ཏུ་སྨྱོན་པ་བཞེངས་ཏེ་ཤིང་ཤ་པའི་སྡོང་པོ་ལ་རྒྱབ་གཏད་ནས། སྙིང་སེམས་དབྱེར་མེད་སྒོམ་ཞིང་སྐབས་སུ་ཤིང་གི་ཡལ་

ག་ལ། རྫ་འཛུག་བཏགས་ཤིང་དེ་ལ་ཐེ་གུ་བཏགས་ནས་གར་བྱེད་ཅིང་སྡང་ཟེར། དེར་བང་ཆེན་པ་རྣམས་བཏང་བས་བྱང་ཕྱོགས་ཀྱི་ནགས་གསེབ་ཏུ་བཞུགས་པ་དང་མཇལ་ནས་གོང་གི་ལོ་རྒྱུས་རྣམས་བྱས་ཏེ། སྔོན་ཆད་སུ་ཡིན་ངོ་མ་ཤེས། ད་འགྲོན་པར་ཞུ་བྱས་པ་ལ། ང་ཀྱི་ལོ་པ་བྱ་བ་ཡིན། དེར་མི་འོང་ཚངས་པའི་ལྷས་མི་དྲུག་རྐོག་ཏུ་བཏང་ནས། ང་ཡི་རྣ་བར་ས་ར་བརྒྱུད་པའི་རྣམ་སྨིན་ཡིན། དེ་འདྲས་ཀྱི་ལོ་ངག་ལ་འཆི། གསུངས་པས། བང་ཆེན་པ་རྣམས་སོང་ནས་རྒྱལ་པོ་ལ་དེ་ལྟར་བསྙད་པས། ཚངས་པའི་ལྷ་དཔོན་སློབ་རྣམས་ངོ་ཚ་ཞིང་མཚན་མོ་ཕྱོགས་མེད་དུ་བྲོས་ནས་སོང་། རྒྱལ་པོ་འཁོར་བཅས་ཡན་ལག་བཞི་པའི་དཔུང་དང་བཅས་པ་ཀྱི་ལོ་པའི་དྲུང་དུ་སོང་བ་ལ། དགེ་སློང་ཆོས་གོས་རྣམ་གསུམ་ལྷུང་བཟེད་དང་འཁར་གསིལ་ཐོགས་པ་གཅིག་མཛད་ནས་བཞུགས་པའི་མདུན་དུ་ཕྱག་འཚལ་ཞིང་སྡིག་པ་བཤགས་པས། ཐམས་ཅད་རྣ་གཟེར་གྱི་ནད་ལས་གྲོལ་དེ་ནས་རྒྱལ་པོའི་ཕོ་བྲང་དུ་གདན་དྲངས་ནས། རྒྱལ་སྲིད་མངའ་ཐང་ཐམས་ཅད་ལྟོས་མེད་དུ་ཕུལ། ཁྲི་བཟང་གིས་ཕྱག་ཅིང་བཤགས་པ་བྱས། གསོལ་བ་བཏབ་ཅིང་ཆོས་ཞུས་པས། ཀྱི་ལོ་པས་དུས་གསུམ་གྱི་སྡོམ་པ་གནང་། དེ་ནས་ཁྱོད་ཀྱི་ཡུལ་ཁམས་འདི་བསོད་ནམས་མི་བསགས་པའི་ཡུལ་ཡིན་པས། སྔོན་ཡང་མུ་སྟེགས་ཚངས་པའི་ལྷ་ལ་སེམས་ཅན་གྱི་སྲོག་དབུག་འབུལ་བ་ལ་སོགས་པའི་ལམ་ལ་སྤྱོད་པས་མ་བཏུབ་པ་ཡིན། ད་ཕྱིན་ཆད་སྡིག་པ་མི་དགེ་བའི་ལས་རྣམས་སྤངས། དཀོན་མཆོག་གསུམ་ལ་མཆོད་ཅིང་གསོལ་བ་བཏབ། དགེ་བའི་ལས་རྣམས་ཅི་ནུས་སུ་བསྒྲུབས་ན་ཡུལ་གྱི་ནད་ཡམས་ལ་སོགས་མི་དགེ་བ་རྣམས་ཆད་ཅིང་། བདེ་བ་དང་ལོ་སུམ་བརྒྱའི་བར་དུ་དཀར་པོའི་ཆོས་ལ་ལོངས་སྤྱོད་པར་འོང་གསུངས་པས་དེ་ཁོ་ན་བཞིན་དུ་གྱུར་ཏོ། །

ལྷུ་པ་ནི་རྒྱ་གར་གྱི་ཕྱོགས་ར་ཧ་བྱ་བར་རྒྱལ་པོ་བདེ་སྐྱོང་བྱ་བ་དཀར་པོའི་ཆོས་ལ་དད་ཅིང་མོས་གུས་ཆེ་བ་གཅིག་གིས་བརྟེན་དང་། རྣལ་འབྱོར་པ་ཀུན་མཆོད་གནས་སུ་བསྟུས་ནས་ཚོགས་བསགས་ཤིང་ཡོད་པ་ལ། ཏི་ལོ་པས་རྒྱལ་པོའི་རྒྱུད་ལ་བསོད་ནམས་འཕེལ་བར་དགོངས་ནས། རྣལ་འབྱོར་པ་སྨུག་ནག་རལ་པའི་ཐོར་ཚུགས་ཅན་སྤྱན་ཙ་དམར་ལྟི་ལི་བ། བཀྲག་གཟི་མདངས་དང་ལྡན་པ་གཅིག་མཛད་ནས། ཕོ་བྲང་དུ་བྱོན་པས་རྒྱལ་པོའི་ང་ཡི་བླ་མཆོད་མཛད་དགོས་ཞུས་པས། འོ་ན་དེ་བྱས་པས་རུང་གསུངས། དེར་ཚོགས་ཀྱི་འཁོར་ལོ་བསྐོར་བའི་སར་ཏི་ལོ་པས། ཁམས་གསུམ་མ་ལུས་ང་ཡི་ཟས། །སྲིད་གསུམ་མ་ལུས་ང་ཡི་སྣོམ། །ཟས་སུ་མ་གྱུར་གང་ཡང་མེད། །སྣོམ་དུ་མ་

གྱུར་གང་ཡང་མེད། །ཅེས་གསུངས་པས། རྒྱལ་བློན་ཐམས་ཅད་ཧ་ལས་ཏེ། ཁྱེད་དེ་ལྟར་ཡིན་ན་ཁམས་གསུམ་དང་སྲིད་གསུམ་མི་དགོས། གྲོང་ཁྱེར་འདི་ཡི་ཟས་སྐོམས་རྣམས་གསོལ་ཐུབ་བམ་ཞུས་པས། ཐུབ་གསུངས། དེའི་དྲིལ་ཆེན་པོ་བསྒྲགས་ཏེ། ནང་པར་གྲོང་ཁྱེར་གྱི་མི་རྣམས་སོ་སོའི་ཟས་སྐོམ་རྣམས་མ་ཟ་བར་ཞོག །དེ་བཞིན་དུ་རྟ་གླང་ལ་སོགས་དུད་འགྲོ་རྣམས་ཀྱི་ཟས་སྐོམ་སོ་སོའི་མལ་དུ་ཞོག་དང་། དེ་རྣམས་ཟ་མཁན་གཅིག་འོང་བས་ཅི་ལྟར་བྱེད་ལྟོས་ཅེས་བསྒོས། ཕྱིར་ནང་ཏེ་ལོ་པ་རྒྱལ་པོའི་མདུན་དུ་སྤྱན་དྲངས་ནས་ཟས་སྐོམ་སྣ་ཚོགས་དྲང་ཞིང་གསུང་གླེང་མཛད། ཏ་པ་བརྒྱ་ཞལ་དུ་བཏང་བས་གྲོང་ཁྱེར་གྱི་གཟའ་མི་རྣམས་ཀྱི་གྲངས་དང་མཉམ་པའི་རྣལ་འབྱོར་པ་གཟི་མདངས་ཅན་རེར་འདུག་ནས་བཟའ་བཏུང་བྱེད་པར་སྣང་། ནོར་ཕྱུག་རྣམས་ཀྱི་ཟ་སར་ཡང་དེ་དག་སོ་སོ་འདྲ་བ་རེ་འདུག་ནས་ཟ་ཞིང་སྣང་། དེར་ཏ་པ་རྣམས་རྒྱལ་པོའི་དྲུང་དུ་ཕྱིན་པས་ཡོན་མཆོད་གསུང་གླེང་མཛད་ཅིང་ཡོད་པ་ལ་གོང་གི་ལོ་རྒྱུས་རྣམས་ཞུས་པས། ཐམས་ཅད་ངོ་མཚར་དུ་གྱུར་ཏེ་སོ་སོའི་རྒྱུད་ལ་བསོད་ནམས་དཔག་ཏུ་མེད་པ་འཕེལ་ཞིང་བདེ་བ་ལ་བཀོད་དོ། །དེ་ལྟ་བུའི་བདག་ཉིད་ཆེན་པོ་དེ་ནི་བདེ་མཆོག་རྡོ་རྗེ་ཕྲེང་བ་ཞེས་བྱ་བའི་རྒྱུད་ལེའུ་དྲུག་ཅུ་རྩ་བཞི་པའི་ལེའུ་བཅུ་གསུམ་པའི་ནང་ནས། བདེན་གཉིས་མཐའ་དང་བྲལ་བ་ཏཻ་ལོ་པ། །རིག་པའི་གནས་ལྔ་དག་ལ་མཁས་པ་ནི། །དེ་བཞིན་གཤེགས་པའི་སྤྲུལ་སྐུ་ཁྱོད་ལུང་བསྟན། །ཁྱོད་ཀྱི་བླ་མ་ཐམས་ཅད་མཁྱེན་པ་ཡིན། །ཞེས་ལུང་བསྟན་པ་ལྟར་འཁོར་ལོ་བདེ་མཆོག་མི་ཡི་བླ་མའི་ཚུལ་བཟུང་ནས། རིགས་པའི་གནས་ལྔ་དག་ལ་མཁས་པའི་གྲུབ་ཐོབ་གཅིག་གིས་འདུལ་བའི་དུས་ལ་བབས་པའི་གདུལ་བྱ་རྣམས་ཀྱི་སྣང་ངོར་རྫུ་འཕྲུལ་སྣ་ཚོགས་བསྟན་ནས་སྨིན་གྲོལ་གྱི་ལམ་ལ་བཀོད་དེ། སྐྱེ་འཆི་མེད་པའི་རྡོ་རྗེའི་སྐུ་བརྙེས་ནས་ད་ལྟ་ཡང་བཞུགས་ཤིང་། འགྲོ་བའི་དོན་དཔག་ཏུ་མེད་པ་རྒྱུན་ཆད་མེད་པར་གང་ལ་གང་འདུལ་གྱི་ཚུལ་དུ་མཛད་པ་ཡིན་ཏེ། མདོར་ན་གདུལ་བྱའི་བློ་ངོར་སྣང་ཚུལ་བསམ་གྱིས་མི་ཁྱབ་ཅིང་། བརྗོད་ཀྱིས་མི་ལང་བ་གཅིག་བསྟན་པས། འདི་ཡི་རྣམ་ཐར་ཕྱོགས་གཅིག་འདི་ལྟར་ཡིན་གྱི། ངེས་ངེས་མེད་ཀྱང་འདིར་བླ་མ་གོང་མ་རྣམས་ཀྱི་གསུང་སྒྲོས་ཆ་ཤས་ཙམ་གཅིག་བརྗོད་པའོ། །འདི་ལ་སློབ་མ་དཔག་ཏུ་མེད་པ་ཡོད་པའི་ནང་ནས། རྒྱུད་འཛིན་དམ་པ་ནི། རྒྱལ་རིགས་ལ་ནཱ་རོ་པ། བྲམ་ཟེའི་རིགས་ལ་རི་རི་པ། རྗེའུ་རིགས་ལ་ཀ་སོ་རི་པའོ། །གཞན་ཡང་སྤྲུལ་པས་བཏུལ་བའི་གྲུབ་ཐོབ་བརྒྱད་དང་། དཔལ་མཻ་ཏྲི་འཛོ་ཀི་ལ་སོགས་པ་ཡང་འདིའི་བརྒྱུད་འཛིན་གྱི་སློབ་མར་གསུངས་ཤིང་།

མདོར་ན་ཟ་ཧོར་གྱི་རྒྱལ་པོ་ལ་སོགས་འབུམ་ཕྲག་གྲངས་མེད་པ་གྲུབ་པ་བརྙེས་ནས་མཁའ་སྤྱོད་དུ་བཞུད་དོ། །ཧེ་ལོ་པའི་རྣམ་པར་ཐར་པ་སོ་རག་བྱ་བྲལ་གྱིས་སྦྱར་བའོ། །

གསུམ་པ་གནས་ལྔ་རིགས་པའི་པཎ་གྲུབ་ཆེན་པོ་བླ་མ་དཔལ་ལྡན་ནཱ་རོ་པའི་རྣམ་ཐར་བརྗོད་པར་བྱ་སྟེ། དཔལ་ལྡན་བླ་མ་དམ་པ་ལ་ཕྱག་འཚལ་ལོ། །དེ་ཡང་སྐུ་འཁྲུངས་པའི་ཡུལ་ནི་རྒྱ་གར་ཤར་ཕྱོགས་ཛ་ག་ལ་ཡི་ས་ཕྱོགས། ཤྲི་ན་ག་རིའི་གྲོང་ཁྱེར་ཛམ་བུ་བྱ་བར་ཡབ་ས་སྐྱོང་གི་རྒྱལ་པོ་དགེ་བའི་གོ་ཆ་དང་ཡུམ་བྲམ་ཟེ་དཔལ་གྱི་བློ་གྲོས་གཉིས་ལ་སྲས་མོ་དཔལ་གྱི་ཡེ་ཤེས་བྱ་བ་ཡོད་ཀྱང་། སྲས་ནི་ཤིན་ཏུ་དབེན་ནས་དཀོན་མཆོག་མཆོད་ཅིང་། གསོལ་བ་འདེབས་པ་སོགས་སྲིད་སྒྲུབ་པའི་ལས་ལ་ཤིན་ཏུ་བརྩོན་པས་སྟག་ལོ་སྟག་གི་ཟླ་བའི་ཚེས་བཅོ་ལྔ་སྐར་མ་རྒྱལ་ལ་བབས་པའི་ཚེ་སྲས་ངོ་མཚར་བ་ཞིག་འཁྲུངས་པ་དེ་བྲམ་ཟེ་མཚན་མཁན་ལ་བསྟན་པས། འདི་ནི་ཟས་གཙང་སྲས་བཞིན་དུ། །མ་བྱུང་མི་ཡི་བདག་པོར་འགྱུར། །བྱུང་ན་སངས་རྒྱས་སྲས་པོར་འགྱུར། །ཞེས་ལུང་བསྟན་ཅིང་རྒྱལ་བུའི་མཚན་ཀུན་ཏུ་བཟང་པོར་བཏགས་སོ། །ཡབ་ཡུམ་གྱི་རྒྱལ་ས་གཏོན་ཞིང་རབ་ཏུ་བྱུང་མི་འདོད་པས། འདོན་ཡོན་སྣ་ཚོགས་ཀྱིས་བྲིད་ཀྱང་སྐབས་སུ་ཡི་གེ་བསླབ་པས་ཐོགས་པ་མེད་པར་མཁྱེན་ཞིང་། རྒྱལ་སྲིད་ལ་སོགས་འདོད་ཡོན་ལ་སྙིང་པོ་མེད་པར་དགོངས་ནས། ཆོས་བྱེད་པའི་ཐུགས་ཐག་བཅད་དེ་སྨྲས་པ། ཆོས་ལ་མ་བརྟེན་ཅི་བྱས་དག །སྡུག་བསྔལ་ཡིན་ཕྱིར་དམ་ཆོས་ཉན། །གསུངས་ནས་གང་གིས་ཡང་བཞོལ་བ་མེད་པར། །ཁ་ཆེའི་གྲོང་ཁྱེར་ཕུལླ་ཧ་རར་བྱོན་ཏེ། བྲམ་ཟེའི་གནས་བརྟན་ནམ་མཁའ་ལས་དགེ་བསྙེན་གྱི་སྡོམ་པ་བླངས། མཚན་ནམ་མཁའི་སྙིང་པོ་བཏགས། མངོན་པ་ལ་སོགས་རིགས་པའི་གནས་ཐམས་ཅད་ལ་མཁས་པར་མཛད། དེ་པཎྜི་ཏ་ཡི་ཚོགས་མང་པོས་བསྐོར་ནས་ཡབ་ཡུམ་གྱི་དྲུང་དུ་བྱོན་པ་ལ། ཡབ་ཀྱིས་རྒྱལ་སྲིད་མ་བསྐྱངས་ཤིང་ཆོས་བྱས་པ་ལ་མ་དགྱེས་ནས། ཕ་མའི་ངག་བཅག་དམ་ཆོས་ཅི། །ཁྱིམ་གྱི་གནས་སུ་བཞུགས་པར་རིགས། །ཟེར་ཞིང་བཙུན་པ་ནམ་མཁའི་སྙིང་པོས། འགྲོ་དྲུག་ཕ་མའི་རང་བཞིན་ལ། །གཅིག་གཉིས་ཕ་མར་མ་ངེས་ཀྱང་། །བཀའ་བཅག་མི་རུང་ཁྲིམ་རིག་ན། །རྟོག་མེད་གཙང་སྦྲ་ལ་གནས་ཞིང་། །མུ་སྟེགས་དྲི་མེད་ཐེག་ཆེན་རིགས། །སྙིང་ན་དཀའ་བ་བཀའ་སྩོལ་ཞིག །ཅེས་གསུངས་པས། རྒྱལ་པོ་དགྱེས་ནས་བློན་འབངས་རྣམས་བསྡུས་ཤིང་གྲོས་བཏབ་པས། བློན་པོ་ཤེས་རབ་གོ་ཆ་ན་རེ། ཤར་ཕྱོགས་ཀྱི་བྲམ་ཟེ་སྐར་རྒྱལ་ལ་བུ་མོ་མཚན་ལྡན་ཅིག་ཡོད་པར་ཐོས་སོ་ཟེར་བ་ལ། དེར་ཐམས་ཅད་ཞལ་

འཆམ་ནས་རྒྱལ་བུས་བཞེད་པའི་མཚན་ཡི་གེར་བཏབ་ཏེ། བང་ཆེན་པ་དག་བརྫངས་པས། སྣར་རྒྱལ་གྱི་ཡུལ་དུ་ཕྱིན་ནས་བུ་མོ་མཚན་དང་ལྡན་པ་ཤིན་ཏུ་མཛེས་པ་གཅིག་བྱུང་བ་ལ་ཆུ་བླངས་པ་བྱེད་ཞིང་། གླེང་སླང་ཞིབ་ཏུ་བྱུང་བ་ལ། མུ་སྟེགས་ཀྱི་བྲམ་ཟེ་སྣར་རྒྱལ་གྱི་བུ་མོ་ཡིན་པར་ཤེས་ནས་མཚན་ལྟས་ཀྱི་ཡི་གེ་བསྒྲིང་ཞིང་མཚན་འདི་དང་ལྡན་ན་རྒྱལ་བུའི་བཙུན་མོ་བྱེད་པར་ཞུ་བྱས་པས། འདི་དག་ཚང་ཡང་ང་ལ་དབང་མེད་པས་ཡབ་དང་མིང་པོར་ཞུས་ཟེར་ཏེ་ཆུ་ཁུར་ནས་སོང་ངོ་། །དེ་ནས་བང་ཆེན་པ་དག་ཀྱང་ཕོ་བྲང་གི་ནང་དུ་ཡབ་སྣར་རྒྱལ་དང་། མིང་པོ་བྲམ་ཟེ་ནི་གུ་འཁོར་དང་བཅས་པའི་མདུན་དུ་ཡི་གེ་ཕྱག་ཏུ་བཏང་སྟེ། སྲས་མོ་དྲི་མེད་མ་འདི་ལ་ཡི་གེར་བཏབ་པའི་མཚན་རྟགས་འདི་དག་ཚང་ན། རྒྱལ་པོ་དགེ་བའི་གོ་ཆའི་སྲས། རྒྱལ་བུ་ནམ་མཁའི་སྙིང་པོ་བྱ་བའི་བཙུན་མོ་ལ་གཏོང་བར་ཞུ་བྱས་པས། བུ་མོ་འདི་ལ་མཚན་ལྟས་འདི་དག་ཚང་བས་རྒྱལ་བུས་ཅིས་ཀྱང་བཞེད་ན་བཏང་བས་རུང་ཟེར་ཞིང་ཡབ་ཡུམ་ལ་སོགས་ཐམས་ཅད་བཀའ་གྲོས་བསྡུན་ནས་དྲི་མེད་མ། ཉེར་མཁོའི་ཡོ་བྱད་ཕུན་སུམ་ཚོགས་པ་དང་བཅས་ཏེ། རྒྱལ་བུའི་བཙུན་མོར་བཏང་བས། རྒྱལ་བློན་འཁོར་བཅས་ཀྱང་མཉེས་ཤིང་། རྒྱལ་བུ་དང་དྲི་མེད་མ་ཡང་ལྷན་ཅིག་ཏུ་དགའ་བདེའི་དཔལ་ལ་ལོངས་སྤྱོད་ཅིང་། རྒྱལ་སྲིད་ཀྱི་བྱ་བ་རྣམས་ཆོས་དང་མཐུན་པར་ཡུན་རིང་དུ་བསྐྱངས། དྲི་མེད་མ་ཡང་ཆོས་ལ་མཁས་ཤིང་དད་པར་གྱུར། དེ་ནས་རྒྱལ་བུས་འཁོར་བ་འདི་ལ་སྙིང་པོ་མེད་པས་ཆོས་གཅིག་བྱེད་བསམ་ཡང་། ཡབ་ཡུམ་གྱི་བཀའ་ཉན་པས་དེ་ལྟར་མ་ཡིན། ད་ནི་ཅིས་ཀྱང་ཆོས་ལ་འགྲོ་བའི་དུས་ལ་བབས་ཞེས་སོགས་གྲོས་ཞིབ་ཏུ་བཏབ་པས། དྲི་མེད་མས་དེ་ལྟར་དགོངས་ན་ཡང་བདག་གིས་གེགས་མི་བྱེད་ལ། ཡབ་ཡུམ་གཉིས་ཀྱི་གེགས་མི་མཛད་པའི་ཐབས་སུ་ངས་མི་སྡུག་པའི་སྤྱོད་པ་ལ་བསྟད་ནས་སོ་སོར་འགྲོ་བ་འཐད་པས། བདག་ཀྱང་རྒྱུན་དུ་ཐུགས་རྗེས་ཟུངས་ཞེས་གྲོས་འཆམ་པར་མཛད་དོ། །

དེར་ཡང་རྒྱལ་པོའི་དུས་སྟོན་ཆེན་པོ་བྱས་པའི་སར་ཐམས་ཅད་རྩེ་འཛོ་དང་གླུ་གར་བྱས་པ་ལ། དྲི་མེད་མས་མི་སྡུག་པའི་སྤྱོད་པ་སྣ་ཚོགས་མཛད་པས། ཀུན་གྱིས་སྨྱོས་པ་ཡིན་ནམ་ཟེར་བ་ལ་བཀྲད་ནས་རང་གི་ཡུལ་དུ་སོང་། རྒྱལ་བུས་ཀྱང་། བུད་མེད་སྨྱོན་ནི་མཐའ་ཡས་པ། །གཡོ་རྒྱུ་དག་གི་འདམ་རྫབ་ཏུ། །རང་སེམས་གླང་པོ་བྱིང་བར་འགྱུར། །དེ་ཕྱིར་བདག་ནི་རབ་ཏུ་བྱུང་། །གསུངས་ནས་གནས་གཞི་དགའ་བའི་ཚལ་དུ་བྱོན་ནས། མཁན་པོ་སངས་རྒྱས་སྐྱབས་དང་། སློབ་དཔོན་ཡེ་ཤེས

འོད་གཉིས་ལས་དགེ་ཚུལ་གྱི་སྡོམ་པ་བླངས་ཏེ། མཚན་སངས་རྒྱས་ཡེ་ཤེས་བྱ་བར་བཏགས། དེར་དགེ་ཚུལ་བསྟན་པ་ལ་ཞུགས་བསྙེན་པར་ཡང་མ་རྫོགས་པ་ཡིན་པས། བསྙེན་པར་རྫོགས་དགོས་དགོངས་ནས། མཁན་པོ་ཆོས་ཀྱི་བློ་མ། སློབ་དཔོན་ཆོས་ཀྱི་ཡེ་ཤེས། གསང་སྟོན་ཆོས་ཀྱི་བྱང་ཆུབ་ལ་སོགས་རྣམས་ལས། དགེ་སློང་གི་སྡོམ་པ་རྣམ་པར་དག་པ་བླངས་ཏེ། མཚན་ཆོས་ཀྱི་རྒྱལ་མཚན་གསོལ། ཡོངས་གྲགས་ཀྱི་མཚན་ནི་རྡྭོ་ན་སི་ཏྲི་དབང་བསྒྱུར་དུས་ཀྱི་མཚན་ཡིན་པར་བཞེད་པ་ཡང་ཡོད། ནུ་རོ་འགྲེལ་ཆེན་ལས་སྐན་གྲགས་བཟང་པོར་ཡང་བཤད། དེར་ཐོས་བསམ་སྒོམ་གསུམ་མཐར་ཕྱིན་པར་མཛད་པས། ཐམས་ཅད་ཀྱི་གཙུག་གི་ནོར་བུ་ལྟར་གྱུར་ཏེ། བི་ཀ་མ་ལ་ཤྲཱི་ལའི་གཙུག་ལག་ཁང་ཆེན་པོར་བྱོན་ནས་འཆད་ཉན་གྱི་དུས་འདའ་བར་མཛད་པས་བསྟན་པ་ཤིན་ཏུ་རྒྱས་པར་མཛད། དེ་ནས་ཕུ་ལ་ཧ་རིར་བྱོན་ཅིང་བཤད་སྒྲུབ་ཚུལ་བཞིན་དུ་མཛད་ནས། ཚོགས་པ་བསྐྱང་པས་མཚན་གནས་བརྟན་བསྟན་པ་འཛིན་པ་ཞེས་གྲགས་སོ། །

དེར་ན་ལེནྡྲ་ཡི་གཙུག་ལག་ཁང་ཆེན་པོར་པཎྜི་ཏ་ལྔ་བརྒྱ་ལ་སོགས་པ་བཞུགས་པའི་གཙོ་བོར་ཕྱོགས་བཞིར་སྒོ་སྲུང་གི་པཎྜི་ཏ་མཁས་པ་ཆེན་པོ་བཞི་དབུས་ན་གཅིག་དང་ལྔའི་འཆད་ཉན་མཛད་ཅིང་ཕྱི་ནང་གི་མཚམས་གཅོད་ནས་བསྟན་པ་སྐྱོང་བ་ལ། བྱང་སྒོ་སྲུང་བའི་པཎྜི་ཏ་གཅིག་འདས་ནས་དེའི་མལ་དུ་སུ་བསྐོས་གྲོས་བྱས་པས། འགྲན་ཟླ་དང་བྲལ་བའི་གནས་བརྟན་བསྟན་པ་འཛིན་འཐད་ཟེར་ནས་ཐམས་ཅད་ཞལ་མཐུན་ཞིང་ཕུལླ་ཧ་རི་ནས་དེ་ཉིད་གདན་དྲངས་ཤིང་རོལ་ཆ་ལ་སོགས་བསུ་བ་ཆེན་པོ་མཛད་ནས་བྱང་སྒོ་བསྲུང་བའི་པཎྜི་ཏ་ཆེན་པོར་མངའ་གསོལ་ཞིང་དབང་བསྒྱུར་བའི་ཚེ། རྒྱལ་པོ་ལ་སོགས་ཐམས་ཅད་འཚོགས་ནས་དགའ་སྟོན་ཆེན་པོ་བྱས་པའི་གྲལ་དུ་ནང་པའི་པཎྜི་ཏ་རྣམས་དང་བགྲོ་གླེང་མཛད་པས། གནས་བརྟན་བསྟན་པ་འཛིན་རྒྱལ་བས། ཐམས་ཅད་ཀྱིས་ཕྱག་འཚལ་ཞབས་སྤྱི་བོའི་བླངས་སོ། །དེ་ནས་མུ་སྟེགས་ཀྱི་པཎྜི་ཏ་མང་པོ་འདུས་ནས་རྩོད་པ་བྱས་པ་ལ་གནས་བརྟན་བསྟན་པ་འཛིན་ལན་དུ་མར་རྒྱལ་བས། ཕྱི་པ་རྣམས་ནང་པའི་བསྟན་པ་ལ་བཙུད་དེ། སངས་རྒྱས་བསྟན་པ་དར་ཞིང་རྒྱས་པར་མཛད་ནས་གསུངས་པ། ཐ་སྙད་དོན་ཚུལ་ལུགས་ཀུ་ཡིས། །རྩོལ་ངན་མཆེན་པ་གཞན་ལ་དྲངས། །རིག་པ་སྨྲ་ཚད་རལ་གྲི་ཡིས། །རྩོལ་ངན་སྡོང་པོ་རྩད་ནས་གཅོད། །ལུང་རིགས་ཡེ་ཤེས་སྒྲོན་མེ་ཡིས། །རྩོལ་ངན་མ་རིག་མུན་པ་བསལ། །སྡོམ་གསུམ་དག་པའི་ཆུ་རྒྱུན་གྱིས། །མ་དག་འཆལ་བའི་དྲི་མ་འཁྲུད། །མན་ངག་ལ་བརྟེན་འཁྲུལ

འཁོར་གྱིས། །སྤྲུ་མ་ལོག་ལྡའི་གྲོང་ཁྱེར་འཛོམས། །རྒྱལ་པོ་པཎ་ཆེན་སྤྱན་སྔ་སྒྲུ །ནཱ་ལེནྡྲ་རུ་བདར་བདར་ནས། །མུ་སྟེགས་ལྡོན་ཤིང་རྩད་ནས་བཅད། །སངས་རྒྱས་བསྟན་པའི་རྒྱལ་མཚན་བཙུགས།ཞེས་གསུངས་ཤིང་ཕྱི་ནང་གི་རྩོལ་བ་གང་ལ་ཡང་འཇིགས་པ་མེད་པས། མཚན་དཔལ་ལྡན་འཇིགས་མེད་གྲགས་པ་ཞེས་གྲགས་སོ། །དེར་འཇིགས་མེད་གྲགས་པས་སེམས་བསྐྱེད་པ་དང་། སྡོམ་པ་འབོགས་པ་དང་། ཆོས་བཤད་པ་དང་། དབང་བསྐུར་བ་དང་། རབ་ཏུ་གནས་པ་དང་། བསྐྱེད་རྫོགས་སྒོམ་པ་ལ་སོགས་ཆོས་སྤྱོད་ཀྱི་རིམ་པས་དུས་འདའ་བར་མཛད་ཅིང་། སྐབས་གཅིག་ཏུ་གསུང་རབ་ལ་གཟིགས་རྟོག་མཛད་ཅིང་ཡོད་པའི་ཚེ་གྲིབ་མ་གཅིག་བྱུང་བ་ལ་བལྟས་པས་མདུན་དུ་རྐན་མོ་མི་སྡུག་པའི་མཚན་སུམ་ཅུ་རྩ་དྲུག་དང་ལྡན་པ་སྟེ། མིག་དམར་ལ་ཀེམ་པ། སྐྲ་ཁམས་ལ་གཟེང་བ། སྣ་ཞོམ་ལ་ཤོ་བ། ཞལ་ཡོལ་ལ་བསྒྲད་པ། སོ་སྟ་ལ་འཐོར་བ། ལྟེ་མུར་ལ་སོ་འཆའ་བ། རྣ་བ་འཕྱང་ལ་ལྦ་བ་ཆེ་བ། མདོག་ནག་ལ་སྐྱོ་བ། ལག་པ་དགུ་ལ་རོ་སྐོད་དགུ་བ། སྨ་ར་སེར་ལ་རྫི་མ་དཀར་བ། སྡུག་པ་དགུ་ལ་རོ་སྐོད་དགུ་བ། གཡོ་སྒྲུ་ཆེ་ལ་འཁྱོར་བ། སྤོ་ཞིང་ཧམ་པས་ཁྱེར་བ། འདར་ཞིང་དངངས་པ། གླལ་ཞིང་སྐྱུག་པ་འདེབས་པ། དུ་ཞིང་འཆི་མ་འཛག་པ། མཐིང་ཞིང་མཁར་བ་ལ་བརྟེན་པ། ཨོཾ་རྩུག་བྱས་པ་གཅིག་སྣང་བ་ན་རེ། ཁྱོད་ཀྱི་ལྟ་ས་དེ་ཅི་ཡིན་ཟེར། གསུང་རབ་ཀྱི་ཆོས་གཅིག་ཡིན་བྱས་པས། ཁྱོད་ཀྱིས་དེའི་ཚིག་ཤེས་སམ། དོན་ཤེས་ནས་ལྟ་བ་ཡིན་ཟེར་བ་ལ། དོན་ཤེས་བྱས་པ་ལ་མི་དགའ་ཞིང་དུ་བར་སྣང་། ཚིག་ཤེས་བྱས་པས་འོ་དེ་ཡིན་ཟེར་ནས་དགའ་ཞིང་དགོད་པར་འདུག་པས། དེ་ལྟར་བྱེད་པའི་དོན་ཅི་ཡིན་བྱས་པས། གོང་མ་དོན་མི་ཤེས་བཞིན་དུ་ཤེས་ཟེར་བ་ལ་མ་དགའ་བ་ཡིན། འོག་མ་དྲང་པོར་སྨྲ་བས་དགའ་བ་ཡིན་ཟེར་བ་ལ། འོ་ན་དོན་ཤེས་པ་སུ་ཡོད་བྱས་པས། ང་ཡི་མིང་པོ་ཡོད་ཟེར། དེ་གང་དུ་བཞུགས། ཁོ་བོས་མཇལ་བར་ཞུ་བྱས་པས། ད་ལྟར་མཇལ་བས་མི་མཐོང་སྟེ། བརྩོན་འགྲུས་དྲག་པོ་བསྐྱེད་ཅིང་གསོལ་བ་བཏབ་ན་མཇལ་བར་འགྱུར་རོ་ཟེར་ནས། སྐད་ཅིག་ལ་ན་ཆུང་མཛེས་མ་གཅིག་ཏུ་སྤྲུལ་ནས་མི་སྣང་བར་གྱུར་ཏོ། །དེར་འཇིགས་མེད་གྲགས་པས་ཡང་དག་པའི་བླ་མ་དང་མ་མཇལ་ཞིང་ཆོས་བརྒྱུད་མ་བྲལ་བའི་ཐོས་བསམ་དང་། འཆད་ཉན་གྱིས་འཁོར་བ་ལས་མི་འདས་པར་དགོངས་ཤིང་། འཁོར་བའི་ཉེས་དམིགས་སུམ་ཅུ་སོ་གསུམ་གསུངས་པ་ནི། འཁོར་བ་དབང་པོ་གཞན་སྐྱོན་རྟོགས། །འཁོར་བ་མེ་དོང་བཟོད་དང་བྲལ། །འཁོར་བ་ཁྲི་མུན་མུན་པ་ནག །འཁོར་བ་དུག་གསུམ་འདམ་རྫབ་བྲལ། །

འཁོར་བ་ངན་སོང་ཐ་རླབས་སྒྲག །འཁོར་བ་ཆུ་ཤིང་སྙིང་པོ་མེད། །འཁོར་བ་ཆུ་ཟླ་ངོས་བཟུང་མེད། །འཁོར་བ་ཆུ་ལྦུ་སྙིང་པོ་མེད། །འཁོར་བ་སྲིན་གྱི་ཁ་ཆུའི་འཕུམ། །འཁོར་བ་རྒྱ་ཡི་གསེབ་ཏུ་ཚུད། །འཁོར་བ་བདུད་ཀྱི་ཕོ་ཉས་ཟིན། །འཁོར་བ་སུམ་སྒྲིལ་སྒྲོག་ཏུ་བཙུག །འཁོར་བ་ཆུ་གཉེར་ན་བུན་འཁྲིགས། །འཁོར་བ་རི་དྭགས་སྨིག་སྒྱུ་སྙེག །འཁོར་བ་ལས་ཀྱི་རྒྱུ་མདུད་དམ། །འཁོར་བ་སྦྲང་མ་རྩི་ལ་ཞེན། །འཁོར་བ་ཚེ་འདིའི་བ་མོ་འཛོ། །འཁོར་བ་སྐྱེ་རྒས་གྲིབ་སོའི་གཏུག །འཁོར་བ་འཆི་བདག་དབང་དུ་སོང་། །འཁོར་བ་དབང་མེད་ཤ་ཁྲིས་དེད། །འཁོར་བ་རི་དྭགས་མཐའ་ལ་ཆུད། །འཁོར་བ་རྫོན་པ་རྩེ་དང་བྲལ། །འཁོར་བ་སྐྱབས་མེད་ལམ་འཕྲང་རིགས། །འཁོར་བ་གཟུགས་འཛིན་ཐང་མཐའ་མེད། །འཁོར་བ་ཆོས་བརྒྱད་རྟ་ཕོ་རྒྱུག །འཁོར་བ་མིག་ལོང་མིག་བུ་བྲལ། །འཁོར་བ་སྲིན་པའི་གླིང་དུ་འཁྱམས། །འཁོར་བ་སྒྱུ་གྲིའི་སྦྲང་རྩི་མྱང་། །འཁོར་བ་དགྲ་བུ་ལན་ཆག་བསླགས། །འཁོར་བ་ལན་ཚའི་ཆུ་ལ་འཕུང་། །འཁོར་བ་མི་ཤེས་མུན་པ་འཁྲིགས། །འཁོར་བ་དུག་སྦྲུལ་རིག་པས་འཛོམས། །འཁོར་བ་མུ་ངན་ཐང་ལ་འཁྱམས། །འཁོར་བ་མ་རིག་མུན་པ་འཐིབས། །འཁོར་བ་ལོག་པའི་མཐའ་ལས་ལྷུང་། །འཁོར་བ་མི་ཤེས་སྒྲ་ཤད་འཛིངས། །འཁོར་བ་སྡུག་བསྔལ་བདེ་བྲལ་ལ། །བསྒོམ་ཞིང་བླ་མ་ཅིས་མི་བཙལ། །ཞེས་འཁོར་བའི་སྐྱོན་མཚང་རྣམས་གསུངས་ནས་དཔེ་ཆ་དང་ལྷ་རྟེན་རྣམས་ན་ལེནྡྲ་པ་ལ་བཀྲུས་ནས་སྦྱོང་དག་མཛད་ཞིང་། །བདག་དལ་འབྱོར་གྱི་མི་ལུས་འདི་ལ་བརྟེན་ནས་ཡང་དག་པའི་དོན་སྟོན་པའི་བླ་མ་མཚན་ཉིད་དང་ལྡན་པ་གཅིག་འཚོལ་དུ་འགྲོ་གསུངས་པས། ན་ལེནྡྲ་པ་རྣམས་ཀྱིས་བཤོལ་བཏབ་པ་ནི། དང་པོ་ཤར་སྒོ་བ་རཏྣ་ཨ་ཀར་ཤཱནྟིས། བསྟན་རྩ་དགེ་འདུན་སྡེ་ཡིན་པས། །སྡེ་སར་ཆོས་མེད་བཞུགས་སུ་གསོལ། །ལྷོ་སྒོ་བ་དགེ་གི་དབང་ཕྱུག་གྲགས་པས། བསྟན་རྩ་ཁྲིམས་ལྡན་གྲོགས་ཡིན་པས། །གྲོགས་སྤངས་ཆོས་མེད་བཞུགས་སུ་གསོལ། །ནུབ་སྒོ་བ་ཤེས་རབ་འབྱུང་གནས་སྦས་པས། བསྟན་རྩ་དགེ་འདུན་ཁྲིམས་ཡིན་པས། །ཁྲིམས་སྤངས་ཆོས་མེད་བཞུགས་སུ་གསོལ། པཎྜི་ཏ་སྤྱི་རྣམས་ཀྱིས་གསོལ་བ། བདག་ཅག་མི་ཤེས་གཏི་མུག་པས། ཆོས་ཀྱི་སྨན་པ་མཁས་དང་བྲལ། དེ་བས་དཔལ་ལྡན་འཇིགས་མེད་གྲགས། །བདག་ཅག་དོན་དུ་བཞུགས་སུ་གསོལ། ཞེས་གསོལ་བ་བཏབ་པས་མ་གནང་ནས། སྐྱེས་པ་འཆི་ཞིང་འདུས་མཐའ་འབྲལ། །བསགས་པ་མཛད་པའི་བདག་ཉིད་ལ། །མི་འཆི་ཐར་ལམ་ག་ལ་ཡོད། །སྒྲ་ཚད་བསྟན་བཅོས་སྣ་ཚོགས་དང་། གནས་ལྔ་རིག་པར་མཁས་གྱུར་ན། །སྡེ་སྣོད་རྒྱ་མཚོའི་

དོན་ཤེས་ཀྱང་། །མཚན་ལྡན་བླ་མ་མེད་གྱུར་ན། །སྒོམ་པའི་ཚད་པ་ཞི་མི་ནུས། །ཆོས་བརྒྱུད་ཚེ་འདིའི་ཧ་མི་རྒྱུག །རྒྱུད་སྡེ་རྒྱ་མཚོ་ལྟ་བུ་ཡི། །སྙིང་པོ་བྱིན་རླབས་བདུད་རྩིའི་རྒྱུན། །བླ་མའི་བྱིན་རླབས་དངོས་གྲུབ་ཀྱིས། །རང་རྒྱུད་ཚིམ་པར་མ་བྱས་ན། །རྫུ་འཕྲུལ་མངོན་ཤེས་ཡོན་ཏན་ཚོགས། །དུ་མ་ཡོད་ཀྱང་དོན་མི་མཐོང་། །དེ་ནས་བདག་གིས་ཅི་ནས་ཀྱང་། །ཀྱེ་ཡི་རྡོ་རྗེ་ལ་བརྟེན་ནས། །བླ་མ་དམ་པ་བཙལ་བར་བྱ། །ཞེས་གསུངས་པས། གཞན་ཐམས་ཅད་ཀྱིས་སྨྲས་པ། ཨེ་མ་ཧོ། ལྟོས་ཤིག་དང་། པཎྜི་ཏ་དུ་མའི་དབུས་ན། སེང་གེའི་ཁྲིའི་སྟེང་དུ་ཉམས་ང་བག་ཚ་མེད་པར་ཆོས་འཆད་པའི་སྒོ་སྲུང་ཆེན་པོ་ལ་སོགས་འདི་དག་གིས་བཤོལ་བཏབ་ཀྱང་མི་གནང་བའི་སྐྱེ་དགུའི་བླ་མ་འདི་ལྟ་བུས། བླ་མ་གཞན་འཚོལ་དུ་འགྲོ་ཟེར་བ་ནི། འདི་ལ་བསྟད་ནས་དོན་གཞན་གཅིག་ལ་དགོངས་པ་ཡིན་ལས་ཆེ། འོན་ཀྱང་འདི་ལྟ་བུ་འཇིག་རྟེན་དུ་འབྱུང་བར་དཀའ་འོ། །ཟེར་ཞིང་ཐམས་ཅད་གདོང་འཆི་མས་ཁྱབ་བཞིན་དུ་གནས་སོ། །དེར་འཇིགས་མེད་གྲགས་པས་ཆོས་གོས་གསུམ་དང་། འཁར་གསིལ་བྱང་ཆུབ་ཆེན་པོར་ཕུལ་ནས། ཀུ་སུ་ལུའི་ཆས་མཛད་དེ་དགྱེས་པ་རྡོ་རྗེ་ལ་བརྟེན་ནས་བླ་མ་འཚོལ་དགོངས་ཏེ་བྱོན་པ་ལ་ནམ་མཁའ་ནས་སྒྲ་གྲགས་པ་དང་། བདེ་མཆོག་འཁོར་ལོ་ལ་བརྟེན་ནས། །བླ་མ་སངས་རྒྱས་ལུང་བསྟན་འབྱུང་། །གསུངས་ནས་ཕྱོགས་ཡིད་དུ་འོང་བ་ནགས་ཚལ་ཕུན་སུམ་ཚོགས་པ་དང་ལྡན་པ། མེ་ཏོག་སྣམ་བུ་ཅན་གྱི་དུར་ཁྲོད་བྱ་བ་གཅིག་ཏུ་རྫྭའི་སྤྱིལ་པོ་གཅིག་ཏུ་བྱས་ཏེ་བདེ་མཆོག་གི་ཡི་གེ་བདུན་པ། འབུམ་ཕྲག་གསུམ་བཟླས་པས་ས་གཡོ་བ་དང་། སྒྲ་སྙན་པ་དང་། འཇའ་འོད་དྲི་ཞིམ་པོའི་ཁྱབ་སྟེ། ནམ་མཁའ་ལས། ཤར་ཕྱོགས་ངོས་སུ་ཏཻ་ལོ་པ་ཞེས། བླ་མ་སངས་རྒྱས་ཡོད་ཀྱིས་སོང་ན་ཞེས་གྲགས་ལ་ཡང་ནཱ་རོ་པས། དེང་ནས་བརྩམ་ཏེ་བདག་ཉིད་ཀྱིས། །ལུང་བསྟན་བླ་མ་ཅིས་མི་བཙལ། །གསུངས་ནས་ཤར་ཕྱོགས་སུ་བྱོན་ཏེ། ཟླ་བ་གཅིག་ལ་བཙལ་བས་མ་རྙེད་ནས་ཡི་མུག་སྟེ་སྨྲས་པ། ཀྱེ་མ་ལུང་བསྟན་བླ་མ་དག །བཙལ་ཡང་མ་རྙེད་བདུད་ཀྱིས་བསླུས། །ཞེས་བྱས་པ་ལ། ཡང་ནམ་མཁའ་ནས། ལེ་ལོའི་བདུད་ལ་མ་བསྒྱུར་བར། །ཚོལ་དང་བླ་མ་སངས་རྒྱས་རྙེད། །ཅེས་གྲགས་པ་དང་། ནཱ་རོ་པས། དོན་མེད་ཚེ་འདིའི་བྱ་བ་དག །བོར་ནས་བླ་མ་ཅིས་མི་བཙལ། །ཞེས་གསུངས་ནས་དེར་ཕྱོགས་ཐམས་ཅད་དུ་འཚོལ་ཞིང་སོང་བ་ལ། ཕྲག་རོང་དོག་མོ་གཅིག་ཏུ་མཛེ་མོ་ཤིན་ཏུ་བཅོག་པ་སྣང་བ་ཕར་གཟུར་སྨྲས་པས། དེ་ན་རེ། གཟུར་མི་ནུས། མི་རིང་ན་གཞན་ནས་བསྐོར། རིང་ན་མཆོང་ནས་སོང་ཟེར་བ་ལ། གཞན་དུ་བསྐོར་བ་ཡང་མི་

གདའ་བས་ནུ་རོ་པས་སྣ་སྐབས་ནས་མཆོང་སོང་བས། གཙང་སྦྲ་དང་བཅས་ཁྱོད་ཉིད་ནས། །བླ་མ་རྙེད་པར་ག་ལ་འགྱུར། །ཟེར་ནས་ཅི་ཡང་མི་སྣང་བར། བྱེ་ལྟོས་གཅིག་ཏུ་འདུག་གོ། དེ་བླ་མའི་སྤྲུལ་པ་གཅིག་ཡིན་པར་འདུག་པ་མ་ཤེས་སྙམ་ནས་འགྱོད་པ་དང་བཅས་པར་གྱུར་ཏོ། །

ཡང་མོས་གུས་བྱས་ཤིང་འཚོལ་དུ་བྱོན་པ་ལས། ལམ་འཕྲང་དོག་མོ་གཅིག་ཏུ་ཁྱི་མོ་ཁོག་སྟོད་ཟུག་ཅིང་ཁོག་སྨད་རུལ་ནས་འབུར་སོང་བ་ཞིག་སྣང་དེ་འགོམ་ནས་སོང་བ་ལ། རྟོག་དང་བཅས་ལ་བླ་མ་དཀའ། །གཞན་དུ་བླ་མ་ཅི་ལྟ་བུ། །འགྲོ་དྲུག་ཕ་མའི་རང་བཞིན་ལས། །ལོགས་སུ་བཙལ་བས་ག་ལ་རྙེད། །ཟེར་བས་ཁྱེད་མིན་ནམ་བྱས་པ་ལ། བརྩེ་མེད་གཞན་ལ་[དམན]ལྟ་བ། །ཁྱོད་འཛིན་བླ་མ་ག་ལ་རྙེད། །ཟེར་ནས་མི་སྣང་བར་གྱུར། དེ་བླ་མའི་སྤྲུལ་པ་གཅིག་ཡིན་པར་འདུག་པ་མ་ཤེས། ད་ནི་སུ་ལ་ཐུག་ཀྱང་དྲི་དགོས་སྙམ་ནས། ཡང་འཚོལ་དུ་ཕྱིན་པ་ལ། མི་གཅིག་དང་ལམ་དུ་འཕྲད་པ་ལ་དྲིས་པས། ལ་འདི་བརྒལ་བ་ཡི་ཕར་ཕྱོགས་ན། མི་གཉིས་ཀྱིས་མི་གཅིག་བཟུང་ནས་དེའི་མགོ་བརྡུང་ཞིང་ཡོད་པ་ལ་དྲིས་ཟེར། དེར་ཕྱིན་ནས་བླ་མ་ཏཻ་ལོ་པ་བྱ་བ་མཐོང་ངམ་བྱས་པ་ལ། མགོ་འདི་རྡུང་རོགས་ཀྱིས་དང་བསྟན་ཟེར་ང་བླ་མ་འཚོལ་དུ་འགྲོ་བ་ལ་སྡིག་པ་བྱེད་པ་ག་ལ་འོང་བྱས་པས། ངར་འཛིན་མགོ་བོ་མ་བརྡུང་ན། །བླ་མ་རྙེད་པར་ག་ལ་འགྱུར། །ཟེར་ནས་མི་སྣང་བར་གྱུར། ཡང་འཚོལ་དུ་ཕྱིན་པ་ལས། མི་ནག་ཆེན་པོ་གཅིག་གིས་མི་གཞན་གཅིག་གསོན་བསྲེགས་བྱེད་ཅིང་ཁྲིད་པ་ལ། བླ་མ་ཏཻ་ལོ་བ་བྱ་བ་མཐོང་ངམ་བྱས་པས། མི་འདི་སྲེག་རོགས་ཀྱིས་དང་བསྟན་ཟེར། དེ་འདྲའི་རོགས་མི་བྱེད་བྱས་པས། ངར་འཛིན་བུད་ཤིང་མི་སྲེག་པར། །བླ་མ་རྙེད་པར་ག་ལ་འགྱུར། །ཟེར་ནས་མི་སྣང་བར་གྱུར་ཏོ། །ཡང་འཚོལ་དུ་ཕྱིན་པ་ལས། མི་གཉིས་ཀྱིས་མི་གཅིག་བསད་ནས་ཁོག་ལྟོ་ཁ་ཕྱེས་ཤིང་སྒྱུ་མ་འདྲེན་ཅིང་གཅོད་གཏུབ་བྱེད་པ་དང་འཕྲད་པ་ལ། བླ་མ་ཏཻ་ལོ་པ་བྱ་བ་མཐོང་ངམ་བྱས་པས། ངེད་ཀྱི་རོགས་ཀྱིས་དང་བསྟན་ཟེར། དེ་འདྲ་བའི་ལས་མི་བྱེད་སྨྲས་པས། འཁོར་བའི་རྒྱུན་ཐག་མ་བཅད་ན། །བླ་མ་རྙེད་པར་ག་ལ་འགྱུར། ཟེར་ནས་མི་སྣང་བར་གྱུར་ཏོ། །ཡང་འཚོལ་དུ་སོང་བ་ལ་ཆུ་ཕྲན་གཅིག་འབབ་པའི་འགྲམ་དུ་མི་གཅིག་གིས་རོ་གཅིག་རྩར་བཞག་ནས། དེའི་ནང་ཆ་རྣམས་དྲངས་ཞིང་ཆུ་ལ་བཀྲུ་བ་དང་ཕྲད་པ་ལ། བླ་མ་ཏཻ་ལོ་པ་བྱ་བ་མཐོང་ངམ་སྨྲས་པས། ང་ཡི་རོགས་ཀྱིས་དང་བསྟན་ཟེར། མི་བྱེད་སྨྲས་པས། སེམས་ཀྱི་དྲི་མ་མ་བཀྲུས་པར། །བླ་མ་རྙེད་པར་ག་ལ་འགྱུར། །ཟེར་ནས་མི་སྣང་བར་གྱུར་ཏོ། །

ཡང་འཚོལ་དུ་ཕྱིན་པ་ལ། ཡུལ་ཁམས་གཅིག་ཏུ་ཕྱིན་ཏེ། ཡུལ་དེའི་རྒྱལ་པོ་ཕོ་བྲང་ཡིད་དུ་འོང་ཞེས་བྱ་བའི་སྟེང་དུ་འདུག་པས་མཐོང་ནས། བློན་པོ་གཅིག་བཏང་སྟེ། ནཱ་རོ་པ་སྤྱན་དྲངས་པས་ཕོ་བྲང་དུ་གཤེགས་ཏེ། རྒྱལ་པོ་མཇལ་བས་གསུང་གླེང་མཛད། ང་བླ་མ་ཏཻ་ལོ་པ་བྱ་བ་འཚོལ་དུ་འོངས་པས། རྒྱལ་པོས་དེ་མཁྱེན་ནམ་སྨྲས་པས། ཁྱེད་རིགས་བཟང་བ་གཅིག་འདུག་པས། ངའི་བུ་མོ་ཤིན་ཏུ་མཛེས་པ་གཅིག་ཡོད་པ་དང་ལྷན་ཅིག་སྡོད་ལ་བློན་པོ་གྱིས་དང་མཇལ་བར་བྱ་ཡི་གསུངས། བླ་མ་དང་མཇལ་ན་དེ་རུང་སྙམ་ཞིང་། རྒྱལ་པོའི་སྲས་མོ་དང་ལྷན་ཅིག་བཞུགས་ནས་དགའ་བདེའི་དཔལ་ལ་ལོངས་སྤྱོད་ཅིང་ཡོད་པ་ན་དུས་ལན་གཅིག་གི་ཚེ། བཙུན་མོ་གཞན་གྱིས་ཁྱེར་ནས་སོང་ངོ་། ། དེར་ནཱ་རོ་པ་ཐུགས་འཁྲུགས་ཏེ་ནགས་ཚལ་དབེན་པ་གཅིག་ཏུ་བྱོན་ནས་སྒྲུབ་པ་ལ་བཞུགས་ཤིང་། དགྲ་ཡི་ལིང་ག་བསད་ཁང་དུ་བཞག་ནས་དགུགས་བཞུགས་བྱེད་ཅིང་དྲག་སྔགས་བཟླས་པའི་ཚེ། ནམ་མཁའ་ནས། གཡོ་སྒྱུ་ཆགས་པའི་བུད་མེད་ཀྱིས། །སྒྱུ་མའི་སྐྱེས་བུ་མ་བསླུས་སམ། །འདོད་ཡོན་ལ་ཞེན་ཞེ་སྡང་གིས། །ངན་སོང་གནས་སུ་ཁྲིད་བྱེད་ཅིང་། །བླ་མ་རྙེད་པར་ག་ལ་འགྱུར། །ཞེས་གྲགས་པ་དང་མིག་ཕྱེས་ནས་བལྟས་པས་གྲོང་ཁྱེར་ལ་སོགས་གང་ཡང་མི་སྣང་བར་གྱུར་ཏོ། །ཡང་གསོལ་བ་བཏབ་ཅིང་འཚོལ་དུ་སོང་བ་ལ། རི་སྣ་ཆེན་པོ་གཅིག་ཏུ་ཆུ་གཅིག་འབབ་པའི་སར་ཕྱིན་པ་དང་། དེར་བྲག་དང་ནགས་འདྲེས་པའི་གསེབ་ཏུ་མི་ནག་པོ་རལ་པའི་ཐོར་ཅུག་ཅན། ཕྱག་ན་མདའ་གཞུ་བཀང་བ་གཅིག་གིས། རི་དྭགས་ཁ་དམར་བཏིང་བ་གཅིག་དེད་ནས་བྱུང་བ་ལས། ཁྱོད་འདི་འདྲ་བའི་ལས་མ་བྱེད་ཅིག །སྐྱེ་བ་ཕྱི་མར་ངན་སོང་གསུམ་ཟེར་བའི་འཇིགས་པ་ཆེན་པོ་གཅིག་ཡོད་དོ་བྱས་པ་ལ། ཆོས་བཤད་ཞོག་ཟེར། འོ་ན་བཞག་པས་ཆོག་ཟེར། བླ་མ་ཏཻ་ལོ་པ་བྱ་བ་མཐོང་ངམ་བྱས་པས། ངའི་རྗོན་རོགས་གྱིས་དང་བསྟན་ཟེར། ངའི་ཆོས་བཤད་མ་ཟུག་པའི་སྟེང་དུ་རྗོན་རོགས་གྱིས་ཟེར་བས། མི་མཚམས་པའི་གཏམ་འདི་ལྟ་བུ་བྱེད་པའི་སྡིག་ཅན་ཁྱོད་ལྟ་བུ་བྱས་པ་ལ། དེས་སྨྲས་པ། སྒྱུ་ལུས་ཞེན་པ་མེད་པའི་མདའ། །འོད་གསལ་ཉམས་ཀྱི་གཞུ་བརྡུངས་ནས། །ངར་འཛིན་ལུས་ཀྱི་རི་བོ་ལ། །གཟུང་འཛིན་རི་དྭགས་མ་བསད་ན། །བླ་མ་རྙེད་པར་ག་ལ་འགྱུར། །གསོད་ལ་དགའ་བའི་ཇོན་པ་བདག །ཟེར་ནས་མི་སྣང་བར་གྱུར་ཏོ། །ཡང་འཚོལ་དུ་སོང་བ་ལ་གཞན་གཅིག་གིས་རྗེས་དེ་སྣང་བ་དེ་འཚོལ་ཞིང་སོང་བས། ཐང་གཅིག་ཏུ་མི་གཅིག་དང་འཕྲད་པ་ལ། བླ་མ་ཏཻ་ལོ་པ་བྱ་བ་དེ་མཐོང་ངམ་སྨྲས་པས། གནས་གཞི་གཅིག་ན་དེ་སྐད་བྱ་བ་འདུག་ཟེར་བས། ཐང་འོག

གཅིག་ཏུ་ཕྱིན་ཏེ། དགེ་བསྙེན་ཞིང་ཁྲུར་བ་གཅིག་དང་འཕྲད་ནས་དེ་དང་འགྲོགས་ཏེ་བྱོན་པ་ལ། ཡོ་ཏན་ཏའི་གཙུག་ལག་ཁང་ཆེན་པོར་ཕྱིན་ཏེ། དེར་ཐམས་ཅད་ཀྱིས་ངོ་ཤེས་ནས་ནང་དུ་གདན་དྲངས་བསྙེན་བཀུར་བྱས་པས་གསོལ་ཞིང་ཡོད་པ་ལ། མི་ནག་པོ་གཅིག་གིས་ཉ་བདུན་ལག་ཏུ་བཟུང་སྟེ། དགེ་འདུན་གྱི་ཐབ་ཀ་མེ་འབར་བ་རེ་འདུག་པའི་ནང་དུ་བསྐུར་བ་ཅིག་ནས། ཤི་མ་ནུས་ནས་འདྲེ་མ་ལོག་ལོག་བྱེད་པ་ལ། ཐམས་ཅད་ཀྱི་སྡིག་ཅན་འདི་ལྟ་བུ་ཟེར་བ་ལ། དེ་ལ་ཁྱེད་རྣམས་མི་དགའ་བ་ཡིན་ནམ་ཟེར། དགེ་འདུན་གྱི་གནས་སུ་ཉ་གསོན་སྲེག་བྱས་པ་གང་ལ་དགའ་སྨྲས་པས། ཧཱུྃ་ཧཱུྃ་གསུངས་སེ་གོལ་གཅིག་བརྡབ་པས། ཉ་རྣམས་ནམ་མཁའ་ལ་འཕུར་ནས་སོང་ངོ་། །

ཁོང་རང་ཡང་སྒོར་ཤད་ཀྱིས་སོང་བ་ལ། ཐམས་ཅད་ཐེ་ཚོམ་དུ་སོང་བས། ན་རོ་པས་བླ་མའི་སྤྲུལ་པ་ཡིན་པར་དགོངས་ནས་དེའི་ཕྱི་བཞིན་དུ་སོང་།དགེ་འདུན་རྣམས་ཀྱང་ལྟད་མོའི་ཆེད་དུ་དེར་སོང་བ་ལ། ཚལ་གཅིག་ཏུ་མེ་ཆེན་པོ་དམར་ལྷབས་སེ་འབར་བ་ལ་འདི་ཞིང་སྣང་། ན་རོ་པས་ཕྱག་དང་བསྐོར་བ་བྱས་ནས་གདམས་པ་ཞུ་བྱས་པས། ཕྱག་གི་ལུས་ལ་ཡར་བྲུག་མར་བྲུག་མཛད་དེ། ཤིང་སྤུར་བ་གང་བསྣུས་པས་ཁོང་ལ་བྱིན་ཤིང་མེ་ཡི་ནང་དུ་སྲེག་གསུངས་ཀྱང་སྲེག་མ་ནུས་པ་ལ། ཁོང་གི་མགོ་ལ་རྡོག་ཐོ་གཅིག་བརྒྱབ་ནས། ཁམས་གསུམ་འཁོར་བའི་སེམས་ཅན་རྣམས། །བསད་ན་འཇོད་ཀྱི་སོད་ལ་ཐོངས། །མ་བསད་བླ་མ་ག་ལ་རྙེད། །སང་ནི་ཉ་པས་རྒྱ་མཚོ་བསྐྱག །ཅེས་གསུངས་ཤིང་། དེ་དག་གང་ཡང་མི་སྣང་ཞིང་། གར་སོང་ཆ་མེད་པར་གྱུར་ཏོ། །ཡང་མོས་གུས་བྱས་ཤིང་འཚོལ་དུ་སོང་བ་ལ། རྒྱ་མཚོ་ཆེན་པོ་གཅིག་གི་འགྲམ་དུ་གྲོང་པ་གཅིག་སྣང་བ་ལ། མཚོ་ལ་ཡུར་བ་དྲངས་པའི་ནང་དུ་བུ་ཚ་ཉ་གསོད་པ་མང་དུ་འདུག་པ་དེར་རྒན་རྐོན་གཉིས་ཞིང་རྨོ་ཞིང་སྣང་བ་ལ། བླ་མ་ཏཻ་ལོ་པ་མཐོང་ངམ་ཞེས་དྲིས་པས་བླ་མ་ཏཻ་ལོ་པ་བྱ་བ་དགོན་པ་དང་བཅས་པ་མཐོང་ཞིང་། དེ་དག་གི་ལོ་རྒྱུས་ལ་ཡང་མཁས་པས་འདོད་ན་ཁྱོད་ལ་བསྟན་པས་ཚོག །འོན་ཀྱང་དང་པོ་ནང་དུ་བྱོན་ལ་གྲོ་མཇོད་ཟེར་བས་ནང་དུ་ཕྱིན་པ་ལ། ཉ་བདུན་གསོན་ཚོས་བྱས་ནས་དྲངས་པས། ཉ་རྣམས་མ་ཤི་བ་བཞིན་དུ་མིག་ཅེར་རེ་འདུག་པས་ཟ་མ་ཕོད་ནས་དེ་དག་ལ་ལྟ་ཞིང་ཡིངས་ནས་འདུག་པའི་ཚེ། ཡུལ་ཕྱོགས་སྣང་སྲིད་ཆོས་རྣམས་ཀུན། །ངོ་སྤྲོད་བླ་མར་མ་ཤར་ན། །རྟོག་པས་བཅིངས་ལ་བླ་མ་དཀའ། །སང་ནི་ཕ་མ་གསོད་དུ་འགྲོ། །ཞེས་གསུངས་ཤིང་། དེ་རྣམས་གང་ཡང་མི་སྣང་བར་གྱུར་ཏོ། །ཡང་འཚོལ་དུ་སོང་བ་ལ། ཡུལ་ཕྱོགས་གཅིག་ན་ཕྱིན་ཙམ་ན། མི་གཅིག་གིས་རང་གི་ཕ་

གསལ་ཤིང་གི་རྩེ་ལ་བསྐྱོན། མ་ཁྲི་སྨན་གྱི་དོང་དུ་བསྐུར་ནས། ལག་རིས་བྱེད་ཅིང་། འཁོར་བ་ཐོག་མ་མེད་པ་ནས་ད་ལྟའི་བར་དུ་ཕུང་བའི་ཕུང་འདྲེ་སྐྱོན་ཐམས་ཅད་ཀྱི་རྩ་བ། སྡུག་བསྔལ་ཐམས་ཅད་ཀྱི་འབྱུང་ཁུངས་ཟེར་ནས་མཚང་འབྲུ་ཞིང་བསོད་ཐབས་མང་པོ་བྱེད་པ་ལ། ཏཻ་ལོ་པ་མཐོང་ངམ་བྱས་པས། ང་ཡི་ཕ་མ་འདི་གཉིས་བསད་རོགས་གྱིས་དང་བསྟན་ཟེར། བདག་ཆོས་འདོད་པས་བླ་མ་དམ་པ་འཚོལ་བ་ལ་འོང་བ་ཡིན་མོད། ཁྱོད་ཕ་མ་བསོད་པ་མཚམས་མེད་པའི་ལས་ཡིན་པས་དེ་བྱེད་པ་གང་ནས་འོང་བྱས་པ་ལ། འདོད་ཆགས་མ་ལ་ཞེ་སྡང་ཕ། །ཆགས་སྡང་འབྲུགས་པའི་གཞི་རྩ་ཡིན། །གཟུང་འཛིན་མ་བསད་བླ་མ་དཀའ། །སང་ནི་ལྟད་མོ་ལྟ་རུ་འགྲོ། །ཞེས་གསུངས་ཞིང་ནམ་མཁའ་ལ་འཕུར་ནས་སོང་ངོ་། །དེར་བླ་མ་དང་མཇལ་ཡང་ངོ་མ་ཤེས་པ་ལ་འགྱོད་པ་སྐྱེས་ཏེ། ཡང་བླ་མ་ལ་གསོལ་བ་བཏབ་ནས་འཚོལ་དུ་སོང་བ་ལ། ཡུལ་ཁམས་གཅིག་ཏུ་མི་མང་པོ་ཚོགས་པའི་ནང་དུ་ཕྱིན་པ་ལ། དེར་མི་མིག་གཅིག་པ་གཅིག་དང་། དམུས་ལོང་དང་། འོན་པ་དང་། ལྐུག་པ་དང་། ཞ་བོ་སྟེ། དེ་རྣམས་ཀྱིས་རོ་མང་པོ་གཡབ་མོ་བརྡེབ་ཅིང་གད་མོ་ཀྲོད་པ་གདའ་བས། བླ་མ་ཏཻ་ལོ་པ་མཐོང་ངམ་ཞེས་དྲིས་ཤིང་། དེ་རྣམས་ལ་ཡིངས་ནས་ཡོད་པའི་སྐབས་སུ་མི་མིག་གཅིག་པ་དེ་ན་རེ། སྙིང་ནས་བླ་མ་འཚོལ་བ་ན། །དད་ལྡན་སློབ་མའི་སྣོད་ཆེན་དུ། །དད་གུས་ངེས་ཤེས་ནང་ནས་བསྐྱེད། །བརྒྱུད་ལྡན་བླ་མའི་བརྒྱུད་པ་ཟུངས། །ལྟ་བ་རྟོགས་པའི་རལ་གྲི་ཕྱོར། །སྒོམ་པ་བདེ་གསལ་རྟ་ཕོ་རྒྱུག །སྤྱོད་པ་གཟུང་འཛིན་རྒྱ་མདུད་ཤིག །འབྲས་བུ་རང་གསལ་ཉི་མ་འདེམས། །ཉམས་མྱོང་བདེ་ཆེན་མེ་དཔུང་སྦོར། །རྟོགས་པ་ཡིད་བཞིན་ནོར་བུ་ལོངས། །མིག་གཅིག་དུ་མ་རོ་གཅིག་སྟེ། །དམུས་ལོང་ཆོས་ཉིད་བདེན་པ་མཐོང་། །འོན་པ་ཉོན་རྒྱུ་མེད་པ་ཉོན། །ལྐུག་པ་སྨྲ་བསམ་བརྗོད་དུ་མེད། །ཞྭ་བོ་འགྲོ་འོང་མེད་པར་རྒྱུག །དབུག་བྲལ་སྐྱེ་བའི་གཡབ་མོ་རྡེབ། །ཅེས་གསུངས་ཤིང་དེ་རྣམས་གར་སོང་ཆ་མེད་པར་སོང་ནས་མི་སྣང་། རང་ཉིད་ཐང་ཆེན་པོ་གཅིག་གི་དཀྱིལ་དུ་འདུག་པས། སྐྱོ་བ་དྲག་པོ་སྐྱེས་ནས། ད་ནི་ལུས་ཐོག་འདིར་བླ་མ་དམ་པ་དང་མི་མཇལ་བར་འདུག་པས། དེའི་གེགས་བྱེད་པའི་ལུས་འདི་ལེན་པས་ལྟོས་མེད་དུ་ངེས་པར་དོར་ནས་སྐྱེ་བ་ཕྱི་མར་མཇལ་བའི་སྨོན་ལམ་འདེབས་སྐམ་པའི་ཐུགས་ཐག་ཆད་ཀྱིས་བཅད་དེ། ཕྱག་གཡོན་པས་སྤྱི་བོའི་སྐྲ་ནས་བཟུང་གཡས་པས་སྤུ་གྲི་འཕྱུར་ཞིང་སྙི་སྟུགས་བརྟོན་པ་ནི། མཁའ་འགྲོའི་ལུང་བསྟན་རྗེས་འབྲང་ནས། །བསྟན་རྩ་དགེ་འདུན་སྡེ་བོར་ཞིང་། །སྡོམ་ལྡན་ཆོས་ཀྱི་གྲོགས་པོ་སྤངས། །ཆོས་ལྡན་ཁྲིམས་ཀྱི་བཀའ་བཅག་ཏེ། །

བརྩེ་ལྡན་གྲོགས་ཀྱི་ངག་བཅག་ནས། ། སྡུག་བསྔལ་དཀའ་བ་ཉམས་བླངས་ཀྱང་། །བླ་མ་རྙེད་པར་མ་གྱུར་པ། །བདག་གིས་ལུས་འདིས་གེགས་བྱས་པས། །འདི་དོར་བླ་མ་ཅིས་མི་བཙལ། །ཞེས་བརྗོད་མ་ཐག་ཏུ་ནམ་མཁའ་ནས། གདན་དུ་འགྲོགས་ཀྱང་མ་མཐོང་སྟེ། །བླ་མ་མ་རྙེད་སངས་རྒྱས་དག །བཤད་པས་བླ་མ་ག་ལ་རྙེད། །ཁྱོད་འདོད་སྣང་པ་ངོ་མིན་ནམ། །ཞེས་གསུངས་པ་དང་། སྤྱན་ཕྱེས་ནས་བལྟས་པས། མདུན་གྱི་ནམ་མཁའ་ལ་འཇའ་འོད་ཀྱི་ནང་དུ། ཨ་ཙ་ར་ནག་པོ་གཟི་མདངས་ཅན། སྤྱན་རྩ་དམར་ཅི་ལེ་བ་ཞལ་འཛུམ་བག་ལྡན་པ། དབུ་སྐྲའི་ཐོར་ཚུགས་ཅན། ཕྱག་གཉིས་མཉམ་བཞག་དང་སྐྱབས་སྦྱིན་མཛད་ཅིང་། ཞབས་རྡོ་རྗེ་སྐྱིལ་ཀྲུང་གིས་བཞུགས་པ་ཞལ་གྱིས་མཐོང་བས། ནཱ་རོ་པ་ཡུས་ཀྱིས་མནང་སྟེ་མཆི་མ་ཤོར་ནས། ཐལ་མོ་སྦྱར་ཞིང་གསོལ་པ། ནམ་མཁའི་སྤྲིན་བཞིན་ငེས་མེད་པས། །བླ་མ་བཙལ་བས་ག་ལ་རྙེད། །ཀྱཻ་མ་ཐུགས་རྗེས་མི་གཟིགས་སམ། །ད་ནི་ཐུགས་རྗེས་བཟུང་དུ་གསོལ། །ཞེས་ཞུས་པས། ཏཻ་ལོ་པའི་ཞལ་ནས། སྣོད་ལྡན་དྲི་མེད་གཟི་བརྗིད་ཁྱོད། །མཁའ་འགྲོ་མ་ཡི་གསང་བའི་གནས། །གསང་སྔགས་ཡིད་བཞིན་ནོར་བུ་ཡིན། །
དབང་གི་སྣོད་དུ་དགྱུར་ཏོ། །ཁྱོད་དང་པོ་མཇེ་མོ་དང་འཕྲད་པའི་དུས་ནས། ང་དང་འགྲོགས་པ་ཡིན་ཏེ། སྒྲིབ་པས་བསྒྲིབས་ནས་དེ་ལྟར་མ་མཐོང་ཞིང་། ད་ལྟ་ཡང་ལུས་སྲོག་ལ་ལྟོས་པ་མེད་པའི་གདུང་ཤུགས་དྲག་པོའི་སྟོབས་ཀྱིས་སྒྲིབ་པ་དག་ནས་མཐོང་ཞིང་། གདམས་ངག་གི་སྣོད་དུ་གྱུར་པ་ཡིན་གསུངས་སོ། །

ད་ནི་དཀའ་བ་སྤྱད་པ་ལ་བརྟེན་ནས། བརྡ་དོན་བཀྲོལ་ཞིང་སྨིན་གྲོལ་གྱི་ལམ་བསྟན་པའི་དང་པོ་སྨིན་ལམ་དབང་གི་བསྐོར་ནི། དེ་ཡང་ཏཻ་ལོ་པ་བྱོན་ནས་ཐང་ཆེན་པོ་ཞིག་གི་དབུས་ན། ལུས་སྤྱངས་ལ་ཕུར་པ་བཏབ་བ་བཞིན་ཏུ་གཡོ་འགུལ་མེད་པར་བཞུགས། ངག་ལྐུགས་པ་ལྟར་མི་སྨྲ་ཞིང་། ཐུགས་ཏིང་ངེ་འཛིན་གཉིས་སུ་མེད་པའི་ངང་ལ་གནས་པ་ལ། ནཱ་རོ་པས་ཕྱག་དང་བསྐོར་བ་བྱས་ཤིང་མནྜལ་ཕུལ་ནས་གདམས་ངག་ཞུ་བྱས་པས། ཏཻ་ལོ་པས་བརྡ་བཅུ་གཉིས་བསྟན་པ་ནི། རས་ཡུག་གཅིག་མེ་སྟག་གི་བསྲེགས་པ་དང་གཅིག །ཤེལ་སྒོང་བསྟན་པ་དང་གཉིས། རྒྱ་མདུད་བཀྲོལ་བ་དང་གསུམ། ནོར་བུ་བསྟན་པ་དང་བཞི། ཐལ་མོ་སྦྱར་བ་དང་ལྔ། རུ་ཡོར་གང་འཕྱུང་བཙུག་པ་དང་དྲུག །ཆོས་འབྱུང་བསྟན་པ་དང་བདུན། རུ་སྣོད་མང་པོ་གཅིག་ཏུ་བླུག་པ་དང་བརྒྱད། ཐིག་ལེ་དམར་པོ་བྱུང་བ་དང་དགུ། མེ་ལོང་བཟུང་བ་དང་བཅུ། ལྐུགས་པའི་ཚུལ་དུ་མཛད་པ་དང་བཅུ་གཅིག །

ཤིང་ཐོག་རྔོན་པ་གནང་བ་དང་བཅུ་གཉིས་མཛད་ནས། དེ་རྣམས་གོ་འམ་གསུངས་པས། ནཱ་རོ་པས་དེ་རྣམས་གོ་བའི་བརྡ་བཀྲོལ་བ་ནི། དཔང་དོན་མེ་སྟག་ལྷ་བུ་ཡིས། །ཉོན་མོངས་རས་ཡུག་ལྟར་བསྲེག་པས། །རས་ཀྱི་བྱ་བ་མི་བྱེད་ཀྱང་། །རས་ཀྱི་རྒྱ་ཡང་མ་ཉམས་ལྟར། །དངོས་པོའི་བྱ་བ་མི་བྱེད་ཀྱང་། །ལྷ་ཡི་སྐུ་ལུས་གསལ་བ་སྣང་། བདག་རྒྱུད་ཤེལ་སྒོང་ལྟར་དག་པས། །ཆོས་བརྒྱུད་ཚེ་འདིའི་རྒྱ་མདུད་གྲོལ། བླ་མ་ནོར་བུ་རིན་ཆེན་ལ། །དད་གུས་དབང་པོ་འགྱུར་མེད་ལྟོས། །གདམས་ངག་དྲི་མེད་ཆུ་རྒྱུན་འབབ་ང་། །ཆོས་འབྱུང་སྐྱེ་བ་མེད་པ་ཡིན། །ཆོས་རྣམས་དུ་མ་རོ་གཅིག་ཡིན། །ཆོས་སྐུ་ཐིག་ལེ་རང་ལ་གནས། །མེ་ལོང་སྣང་གསལ་རང་ངོ་སྤྲོད། །ལྐུག་པས་མི་སླ་རྒྱ་ཆེར་བཤད། །ཤིང་ཐོག་བདག་གཞན་དོན་གཉིས་འགྲུབ། །ཞེས་བཀྲོལ་བས། ཏཻ་ལོ་པའི་ཞལ་ནས། ཁྱོད་ནི་བརྡ་ཤེས་སྐྱེས་བུ་ཡིན། །མཁའ་འགྲོ་མ་ཡི་གསང་བའི་གནད། །གསང་སྔགས་ཡིད་བཞིན་ནོར་བུ་ཡིན། །ཕྱི་ལམ་སེམས་ཀྱི་མེ་ལོང་ལྟོས། །ཞེས་གསུངས་ནས། རྡུལ་ཚོན་གྱི་དཀྱིལ་འཁོར་དང་། སིནྡྷུ་ར་འདི་ལ་བརྟེན་ནས་དབང་བསྐུར་བས་དབང་བཞི་ངོ་འཕྲོད། ཡང་ནཱ་རོ་པས། མ་རིག་མུན་པས་གདུང་གྱུར་པས། །དམུས་ལོང་བདག་གིས་ཅི་ལྟར་ལྟ། །ཞུས་པས། ཏཻ་ལོ་པས། ལྟ་བ་མེད་པའི་ཚུལ་གྱིས་ལྟོས། ། མཐོང་བ་མེད་པའི་ངང་ཉིད་ལས། །དོན་མཐོང་རྣལ་འབྱོར་རང་གྲོལ་འགྱུར། །གསུངས་ནས་གོང་བཞིན་ངོ་སྤྲད་དོ། །ཡང་ནཱ་རོ་པས། ཁམས་གསུམ་འཁོར་བའི་རྒྱ་མཚོ་ནས། །རང་སེམས་ནོར་བུ་རིན་པོ་ཆེ། །བླ་མའི་གྲུ་གཟིངས་ལ་བརྟེན་ནས། །དབང་གི་དོན་མཐོང་རྣལ་འབྱོར་བདེ། །ཞུས་པ་ལ། ཏཻ་ལོ་པས། འདི་དབང་གི་ཉམས་ལ་ཞེན་ནས་འདུག་དགོངས་ཏེ། བདེ་གནས་བདེ་བར་ངོ་སྤྲད་པའི་བླ་མའི་གདམས་ངག་ལ་མ་ཞེན་མཛོད། །བཟང་ངན་གང་ལ་ཆགས་ཀྱང་བསླུ་འགྱུར་ཞེས། །བདེ་གཤེགས་གསུང་གི་ངེས་པ་མ་མཐོང་ངམ། །ཞེས་གསུངས་སོ། །

དེ་ནི་དཀའ་བ་ཆེན་པོ་བཅུ་གཉིས་མཛད་པས་གྲོལ་ལམ་རྫོགས་པར་གནང་སྟེ། སྨིན་སྒྲོ་རྣམ་པར་གྲོལ་བ་དང་། འོག་སྒོ་བདེ་བ་ཆེན་པོ་ལ་བརྟེན་པའོ། །དེ་ཡང་དང་པོ་ནི། ཏཻ་ལོ་པའི་ཆགས་ཕྱིར་འབྲངས་ཤིང་ལོ་གཅིག་འདས་པ་ན། ཐང་ཆེན་པོ་གཅིག་ཏུ་ལུས་གནད་མཛད་ཅིང་། སྤྱན་རྩ་དམར་ལྷོ་ལེ་ནམ་མཁའ་ལ་གཟིགས་ནས་བཞུགས་པ་ལ། ཕྱག་འཚལ། བསྐོར་བ་བྱས། མནྡལ་ཕུལ། གདམས་པ་ཞུ་བྱས་པས་ཀཀ་ཀྱིས་བཞེངས་ནས་བྱོན་ཏེ། ཨོན་ཏན་ཏའི་གཙུག་ལག་ཁང་ཆེན་པོ་ཐོག་རིམ་པ་བཅུ་གསུམ་ཡོད་པའི་ཁར་བཞུགས་ཤིང་ནཱ་རོ་པ་ལ་སྤྱན་ཅེར་གྱིས་གཟིགས་ནས།

སྐྱེས་བུ་དམ་པ་མོས་གུས་ཅན་བླ་མའི་བཀའ་མི་ཅོག་ཞིང་། ཅི་གསུངས་སྒྲུབ་པ་ཡོད་ན། འདི་ནས་མར་འཚོངས་ནུས་སམ་གསུངས། ང་ལ་གསུངས་པ་ཡིན་ཨང་སྙམ་ཞིང་། ཐེ་ཚོམ་མེད་པར་མཆོང་སྟེ། སྒྲོག་རྡོ་འཕངས་པ་བཞིན་དུ་ཐང་ལ་བརྒྱབ་པས། ལུས་ས་ལ་ཟུག་བཞིན་དུ་ཡན་ལག་དང་ཉིང་ལག་ཐམས་ཅད་ཆག་ནས་ཉབ་ཉོག་ཏུ་སོང་སྟེ། སྲོག་གི་ལྷག་མ་ཙམ་ལུས་ཡོད་པ་ལ། ཏཻ་ལོ་པ་བྱོན་ནས་ཅི་ཉེས་གསུངས། ནཱ་རོ་པས། རྣམ་སྨིན་ལུས་ཀྱི་རྫ་མ་འདི། །འདམ་བུ་ལྟར་ཆག་རོ་བཞིན་སོང་། །ཞུས་པ་ལ། ཏཻ་ལོ་པས། ངར་འཛིན་ལུས་ཀྱི་རྫ་མ་འདི། །ཆག་ཀྱང་རུང་གི་ནཱ་རོ་པ། །མཁའ་འགྲོ་མ་ཡི་གསང་བའི་གནས། །གསང་སྔགས་ཡིད་བཞིན་ནོར་བུ་ཡི། །བརྒྱུད་པ་སེམས་ཀྱི་མེ་ལོང་ལྟོས། །གསུངས་ནས་ཕྱག་གིས་བྱུགས་པས། ལུས་ཀྱི་སྟོབས་སྔར་བས་ཀྱང་ཆེ་ཞིང་བཀྲག་མདངས་བཟང་བ་བཞིན་དུ་གྱུར། གདམས་ངག་གི་བླ་མ་བརྒྱུད་པའི་རྣམ་ཐར་རྣམས་གསུངས། དུས་གསུམ་གྱི་སངས་རྒྱས་ཐམས་ཅད་ཀྱི་ངོ་བོ་བླ་མའི་གསུང་ཚུལ་བཞིན་སྒྲུབ་ཏེ། མོས་གུས་ཆེན་པོར་བརྟེན་ནས་ཡོན་ཏན་ཁྱད་པར་ཅན་སྐྱེ་བའི་བརྡར་གོ།

གཉིས་པ་ནི། ཡང་ཆགས་ཕྱིར་འབྲངས་ཤིང་ལོ་གཅིག་སོང་བ་དང་། ནགས་ཚལ་འཐུག་པོ་གཅིག་གི་དབུས་ན་བཞུགས་པ་ལ། ཕྱག་འཚལ་མཎྜལ་ཕུལ་ནས་གདམས་ངག་ཞུས་པས། ཤིང་སྙམ་པོ་མང་དུ་བསྟུས་ལ་མེ་ཆེན་པོ་གཅིག་གྱིས་གསུངས་པས། དེ་ལྟར་བྱས་ཙ་ན། སྐྱེས་བུ་དམ་པ་བླ་མའི་བཀའ་བསྒྲུབས་ཤིང་། གདམས་ངག་འདོད་ན་མེའི་ནང་དུ་མཆོང་ཅིག་གསུངས་པས། ནཱ་རོ་པ་ཐེ་ཚོམ་མེད་པར་མཆོང་བས་ལུས་ཀྱི་ཤ་ཁྲག་ཐམས་ཅད་ཚིག་ནས། ཀེང་རུས་ཀྱི་ཚིག་རྣམས་རྒྱུ་རྒྱུས་ཀྱི་སྦྲེལ་ཞིང་། ཅེམ་རེག་མ་བྲལ་བ་ཙམ་དུ་ཡོད་པ་ལ། ཏཻ་ལོ་པ་བྱོན་ནས་ཅི་ཉེས་གསུངས། ནཱ་རོ་པས། ངར་འཛིན་ལུས་ཀྱི་བུད་ཤིང་འདི། །མེ་དང་དབྱེར་མེད་བདག་སྡུག་བྲལ། །ཞུས་པས། ཏཻ་ལོ་པས། ངར་འཛིན་ལུས་ཀྱི་བུད་ཤིང་འདི། །ཚིག་ཀྱང་རུང་གི་ནཱ་རོ་པ། །མཁའ་འགྲོ་མ་ཡི་གསང་བའི་གནས། །གསང་སྔགས་ཡིད་བཞིན་ནོར་བུ་ཡི། །ཐུན་མོང་སེམས་ཀྱི་མེ་ལོང་ལྟོས། །གསུངས་ནས་ཕྱག་གིས་བྱུགས་པས་ལུས་སོས་ནས་སྔར་བཞིན་གྱུར། ཐུན་མོང་གི་ཆོས་སྐོར་རྣམས་གནང་། ཕྱི་སྣོད་གཞལ་ཡས་ཁང་ནང་བཅུད་ལྷ་དང་ལྷ་མོའི་བརྡར་གོ་ཞིང་ཐུགས་སུ་ཆུད་དོ། །

གསུམ་པ་ནི། ཡང་ཆགས་ཕྱིར་འབྲངས་ཤིང་ལོ་གཅིག་འདས་པ་ན། གཙོང་རོང་དོག་པ་ཆུ་ཧྲུར་མི་གཅིག་གི་འགྲམ་དུ་ཡར་འགྲོན་ཕྱིར་འགྲོན་བྱེད་པ་ལ། ཕྱག་དང་མཎྜལ་ཕུལ་ནས་གདམས

ངག་ཞུ་ཞུས་པས། གདམས་ངག་འདོད་ན་ཆུ་འདི་ལ་ཟམ་པ་གྱིས་གསུངས། ནཱ་རོ་པས། ཟམ་པ་རྒྱུ་གཞན་མ་རྙེད་ནས། ཁོང་རང་ཆུའི་སྟེང་དུ་ཉལ་ནས་ཟམ་པ་བྱས་པ་ལ། ཏཻ་ལོ་པ་དེའི་སྟེང་དུ་ཕར་བཞུད་པས། ནཱ་རོ་པ་ཆུ་ནང་དུ་ལྷུང་བ་དང་། དེ་ནས་སྲིན་བུ་པད་མ་དཔག་ཏུ་མེད་པ་ཡོད་པས། ལུས་ཕྱི་ནང་ཟང་ཐལ་དུ་ཞུགས་ནས་ཟོས་པའི་ཟུག་གཟེར་ཆེན་པོ་མི་བཟོད་ཅིང་སྡུག་བསྔལ་བའི་ཚེ། ཏཻ་ལོ་པ་བྱོན་ནས་ཅི་ཉེས་གསུངས། ནཱ་རོ་པས། སྲོག་ཆགས་པདྨས་ཟང་ཐལ་གྱིས། །ཞུག་ཅིང་ཟོས་པས་བདག་སྡུག་བསྔལ། །ཞུས་པས། ཏཻ་ལོ་པས། རྣམ་སྨིན་ལུས་ཀྱི་ཆུ་རྒྱུས་འདི། །ཞུག་ཀྱང་རུང་གི་ནཱ་རོ་པ། །མཁའ་འགྲོ་མ་ཡི་གསང་བའི་གནས། །གསང་སྔགས་ཡིད་བཞིན་ནོར་བུ་ཡི། །དམ་ཚིག་སེམས་ཀྱི་མེ་ལོང་ལྟོས། །གསུངས་ནས་ཕྱག་གིས་བྱུགས་པས་ལུས་སྔ་མ་བཞིན་དུ་གྱུར་ཏོ། །དམ་ཚིག་དང་སྡོམ་པའི་ཆོས་སྐོར་རྣམས་གནང་། སྡོམ་པ་གསུམ་ཉེས་པས་མ་གོས་ཤིང་བསྲུང་དགོས་པའི་བརྡར་གོ།

བཞི་པ་ནི། ཡང་ཏཻ་ལོ་པའི་ཆགས་ཕྱིར་འབྲངས་ཤིང་ལོ་གཅིག་འདས་པ་དང་ནགས་ཚལ་ཡིད་དུ་འོང་བ་གཅིག་ཏུ་བཞུགས་པ་ལ། ཕྱག་དང་མནྡལ་ཕུལ་ནས་གདམས་ངག་ཞུས་པས། གདམས་ངག་འདོད་ན་མེ་དང་སྟག་མ་མར་ནག་གསུམ་ཁྱེར་ཤོག་གསུངས། དེ་རྣམས་ཕྱག་ཏུ་བཏང་བ་ལ་སྟག་མ་མེ་ལ་བསྲེགས་ཤིང་། སོ་བཏོན་ནས་མར་ནག་གིས་ངར་བླུད་ཅིང་། ནཱ་རོ་པའི་ལུས་སྟེང་འོག་ཕན་ཚུན་ཐམས་ཅད་དུ་བརྒྱབ་པས་ཏལ་ཏལ་ཞུག་ནས་བཟོད་གླག་མེད་པའི་ཟུག་གཟེར་ཆེན་པོ་བྱུང་བ་ལ་ཏཻ་ལོ་པ་བྱོན་ནས་ཅི་ཉེས་གསུངས། ནཱ་རོ་པས་རྣམ་སྨིན་ལུས་ཀྱི་ཕུང་པོ་འདི། །ཟུག་དུ་དང་བཅས་བདག་སྡུག་བསྔལ། །ཞུས་པས། ཏཻ་ལོ་པས། ངར་འཛིན་ལུས་ཀྱི་རྒྱ་མདུད་འདི། །ཞིག་ཀྱང་རུང་གི་ནཱ་རོ་པ། །མཁའ་འགྲོ་མ་ཡི་གསང་བའི་གནས། །གསང་སྔགས་ཡིད་བཞིན་ནོར་བུ་ཡི། །གཏུམ་མོ་སེམས་ཀྱི་མེ་ལོང་ལྟོས། །གསུངས་ནས་ཕྱག་གིས་བྱུགས་པས་སྔ་མ་བཞིན་གྱུར། ཐབས་ལམ་གྱི་ཆོས་རྣམས་གནང་ནས། ཙ་ཀླུང་ཐིག་ལེ་ལ་གནད་དུ་བསྟུན་པས། བདེ་སྟོང་ལྷན་ཅིག་སྐྱེས་པ་རྒྱུད་ལ་སྐྱེ་བའི་བརྡར་གོ།

ལྔ་པ་ནི། ཡང་ཆགས་ཕྱིར་འབྲངས་ནས་ལོ་གཅིག་འདས་པ་དང་། ཏཻ་ལོ་པ་ནགས་ཚལ་གཅིག་ཏུ་བཞུགས་པ་ལ། ཕྱག་དང་མནྡལ་ཕུལ་ནས་གདམས་ངག་ཞུས་པས། གདམས་ངག་འདོད་ན་བསོད་སྙོམས་གྱིས་གསུངས། དེར་སོང་བས་ཆོས་སྟོན་བྱེད་པ་གཅིག་དང་འཕྲད་ནས། འབྲས

མཆན་རོ་མཆོག་དང་ལྡན་པ་ཐོད་ཕོར་གང་བྱིན་པ་ཁྱེར་ནས་བླ་མ་ལ་དྲངས་པས། ཐུགས་ཤིན་ཏུ་
དགྱེས་པར་གསོལ་ནས། དེ་གོང་དུ་ཟས་གང་ལ་འང་དགྱེས་ཆེར་མི་མཛད་དེ་འདི་ལ་དགྱེས་པར་
འདུག་སྙམས་ནས། ཡང་སྔོང་དུ་ཕྱིན་པས་མ་བྱིན། ཐོད་ཕོར་གང་བཙོས་ནས་བྲོས་པས་དེར་ཀུན་
གྱིས་བདས་ཀྱང་མ་སླེབས་ཏེ། བླ་མ་ལ་དྲངས་པས་དགྱེས་བཞིན་དུ་གསོལ་ནས། ད་རུང་གསོལ་
དང་ཐབས་ཨེ་ཡོད་གསུངས་ཏེ། རྒྱ་བུམ་པ་གང་རལ་གྲི་གཅིག་ཐག་པ་གཅིག་དང་གསུམ་བསྐུར་
ནས་བཏང་། དེར་གཞན་དུ་བཙལ་ས་མེད་པས། སྔ་མར་མལ་དུ་སོང་སྟེ། ཡིངས་སྐབས་ལ་ལྷག་མ་
གཅིག་གདའ་བས་ཐོད་པ་གང་བཙུས་ནས་བྲོས་པས་ངན་པ་འདི་ཡང་ཡང་འོང་བ་ཐམས་ཅད་ཀྱིས་
དེད་ཟེར་ནས། བདས་པས་སླེབས་ལ་ཁད་པ་དང་། རྒྱ་བུམ་དེ་ཕོས་པས་རྒྱ་བོ་ཆེན་པོ་གཅིག་ཏུ་གྱུར་
པའི་རྩུར་ཁར་བྲོས་ཀྱང་། གྲུ་བཏང་ནས་བདས་པས་སླེབས་ལ་ཁད་པ་དང་། ཐག་པ་བསྐྱུར་བས་ལ་
ཆེན་པོ་གཅིག་ཏུ་གྱུར་པའི་ཁར་ཕྱིན་ནས་བྲོས་པ་དང་ཡང་སླེབས་ལ་ཁད་པ་དང་། རལ་གྲི་གླད་ལ་
བསྐོར་བས་ལྕགས་ཀྱི་སྦྱིལ་པོ་གཅིག་ཏུ་གྱུར་པའི་ནང་དུ་འདུག་པ་ལ། ཐམས་ཅད་ཀྱིས་བསྐོར་ཞིང་
གཅིག་ན་རེ། འདི་ལ་ཡང་ཐབས་ཡོད་ཟེར་ནས། ཐམས་ཅད་ཀྱིས་ཤིང་མང་པོ་སྤུངས་ཤིང་མེ་བཏང་
བས་ཁང་པ་ཚིག་ནས་མ་ཟུག་ཅིང་ཕྱིར་བྲོས་པ་ལ། ཐམས་ཅད་ཀྱིས་བཟུང་ཞིང་བརྡུང་ནས་འགྱུལ་
འཆུག་མེད་པར་བྱས་ཏེ་བསྐྱུར་ཡོད་པ་ལ། ཏཻ་ལོ་པ་བྱོན་ནས་ཅི་ཉེས་གསུངས། ནཱ་རོ་པས། འབྲས་
ལྟར་བརྡུང་ཞིང་ཏིལ་བཞིན་དུ། །བཙིར་ཞིང་བཙགས་པས་བདག་སྡུག་བསྔལ། ཞུས་པས། ཏཻ་ལོ་
པས། ངར་འཛིན་ལུས་ཀྱི་ཟངས་རྐྱོད་འདི། །ཞིག་ཀྱང་རུང་གི་ནཱ་རོ་པ། །མཁའ་འགྲོ་མ་ཡི་གསང་
བའི་གནས། །གསང་སྔགས་ཡིད་བཞིན་ནོར་བུ་ཡི། །སྒྱུ་ལུས་སེམས་ཀྱི་མེ་ལོང་ལྟོས། །གསུངས་
ནས་ཕྱག་གིས་བྱུགས་པ་ཙམ་གྱིས་སྔ་མ་བཞིན་དུ་གྱུར་ཏོ། །གདམས་ངག་སྒྱུ་ལུས་ཀྱི་སྐོར་རྣམས་
གནང་། འཁོར་འདས་ཀྱི་ཆོས་ཐམས་ཅད་སྣང་ལ་རང་བཞིན་མེད་པར་སྒྱུ་མ་ལྟ་བུ་ཡིན་པའི་
བརྡར་གོ།

དྲུག་པ་ནི། ཡང་ཆགས་ཕྱིར་འབྲངས་ནས་ལོ་གཅིག་འདས་པ་ན། མེ་ཏོག་སྣ་ཚོགས་བཀྲ་
བའི་ཐང་ཆེན་པོ་ཁྲ་ཅེམ་མེ་བ་གཅིག་ལ་བཞུགས་པ་ན། ཕྱག་དང་མཎྜལ་ཕུལ་ནས་གདམས་ངག་ཞུ་
བྱས་པས། གདམས་ངག་འདོད་ན་ན་ནིང་ཁྱོད་བརྡུང་མི་དེ་མི་ཕ་གི་རེད་པས་དེད་ལ་ཤོག་གསུངས།
དེར་ཐང་དུ་མི་གཅིག་འགྲོ་བདོ་བ་ཤི་མ་ཤི་མེད་པར་དེད་པས་ཇེ་རིང་ཇེ་རིང་ལ་སོང་སྟེ་མ་སླེབས

ནས་ཆད་དེ་རྟལ་གྱིས་འགྲིལ་བ་དང་། ཏི་ལོ་པ་བྱོན་ནས་ཅི་ཉེས་གསུངས། ནཱ་རོ་པས། རི་དྭགས་སྙིག་སྦྲུ་བདས་པ་བཞིན། །མི་སྣང་རིང་སོང་བདག་སྡུག་བསྔལ། །ཞུས་པས། ཏི་ལོ་པས། ངར་འཛིན་ལུས་ཀྱི་དགོན་པ་འདི། །ཞིག་ཀྱང་རུང་གི་ནཱ་རོ་པ། །མཁའ་འགྲོ་མ་ཡི་གསང་བའི་གནས། །གསང་སྔགས་ཡིད་བཞིན་ནོར་བུ་ཡི། །རྨི་ལམ་སེམས་ཀྱི་མེ་ལོང་ལྟོས། །གསུངས་ནས་རྨི་ལམ་གྱི་གདམས་པ་རྣམས་གནང་བས། སྣང་གྲགས་ཀྱི་ཆོས་ཐམས་ཅད་སྒྱུ་མ་རྨི་ལམ་གྱི་སྣང་བ་ཡིན་པའི་བརྡར་གོ།

བདུན་པ་ནི། ཡང་ཆགས་ཕྱིར་འབྲངས་ཤིང་ལོ་གཅིག་འདས་པ་ན། ཡང་ཞིང་མཐོ་ལ་གསལ་བའི་ས་ཕྱོགས་གཅིག་ཏུ་བཞུགས་པ་ལ། ཕྱག་དང་མཎྜལ་ཕུལ་ནས་གདམས་ངག་ཞུ་བྱས་པས། གདམས་ངག་འདོད་ན་དེ་རིང་འདིར་བག་མ་སོ་མ་གཅིག་འོང་བ་ཡིན། དེ་ལ་དང་པོ་མེ་ཏོག་གི་རྒྱན་སྲུམ་སྤྲིལ་འདི་ཐོགས། དེ་ལ་ཁོང་རྣམས་དགའ་ནས་བསྙེན་བཀུར་བྱེད་པ་ཡིན། དེ་མ་ལེན་པར་ནུ་མ་མཉེས་གསུངས། ནཱ་རོ་པས་གསུངས་པ་བཞིན་བྱས་པས། དེའི་ཉེ་འབྲེལ་རྣམས་ཀྱི་ངེད་རྣམས་བདག་པོ་ཡོད་བཞིན་དུ། མི་རིགས་པ་འདི་ལྟ་བུ་བྱས་ཟེར་ཞིང་བརྡུང་བས། ལུས་པོ་ཐམས་ཅད་ཉབ་ཉོབ་དུ་སོང་ནས་དབུགས་གི་རྒྱུ་བ་མ་ཆད་པར་ཡོད་པ་ལ། ཏི་ལོ་པ་བྱོན་ནས་ཅི་ཉེས་གསུངས། ནཱ་རོ་པས། སྐྱབས་མེད་རི་དྭགས་རྒྱུར་ཆུད་བཞིན། བཙོམ་པས་མགོན་མེད་བདག་སྡུག་བསྔལ། །ཞུས་པས། ཏི་ལོ་པས། །ཁམས་གསུམ་འཁོར་བའི་རྒྱུན་ཐག་དེ། །ཆད་ཀྱང་རུང་གི་ནཱ་རོ་པ། །མཁའ་འགྲོ་མ་ཡི་གསང་བའི་གནས། །གསང་སྔགས་ཡིད་བཞིན་ནོར་བུ་ཡི། །འོད་གསལ་སེམས་ཀྱི་མེ་ལོང་ལྟོས། །གསུངས་ནས་ཕྱག་གིས་བྱུག་པ་ཙམ་གྱིས་ལུས་སྔ་མ་བཞིན་དུ་གྱུར། འོད་གསལ་གྱི་གདམས་པ་རྣམས་རྫོགས་པར་གནང་བས། ཉིན་མཚན་སྣང་གྲགས་ཐམས་ཅད་འོད་གསལ་ཁོར་ཡུག་ཏུ་འཆར་བའི་བརྡར་གོ།

བརྒྱད་པ་ནི། ཡང་ཆགས་ཕྱིར་འབྲངས་ཤིང་ལོ་གཅིག་འདས་པ་ན་རི་ཆེན་པོ་གཅིག་ལམ་གསུམ་གྱེན་དུ་དྲངས་ཏེ་ལོ་འདུག་པའི་ལམ་དབུས་མ་དེའི་རྩར་བར་བཞུགས་པ་ལ། ཕྱག་དང་མཎྜལ་ཕུལ་ནས་གདམས་པ་ཞུས་པས། གདམས་པ་འདོད་ན་རྒྱལ་པོའི་བཙུན་མོ་ཕ་གི་ཁྲིའི་ཁ་ནས་ཕོབ་གསུངས། ཕར་བལྟས་པས་བཙུན་མོ་བློན་པོ་ལ་སོགས་ལྷག་རུམ་པའི་འཁོར་གྱིས་བསྐོར་བ་བྱུང་སྟེ། བླ་མ་དམ་པ་བཞུགས་པར་ཁྲི་ལས་མི་འབབ་པར་མ་རིག་པའི་ལས་འདི་ལྟ་བུ་སྣམ་ཞིང་།

ཤིད་ཀྱིས་སོང་ནས་ཁྲི་ལས་ཕབ་པས། བློན་པོ་ལ་སོགས་ཀུན་གྱི་ནང་དུ་བཞག་ནས་འཕངས་པས། ལུས་ཕྱེད་མན་ས་ལ་འདས་ཤིང་ཉག་ཉོག་ཏུ་བཏང་ཞིང་སྡུག་བསྔལ་བའི་ཚེ། ཏཻ་ལོ་པ་བྱོན་ནས་ཅི་ཉེས་གསུངས། ནཱ་རོ་པས། རྒྱལ་པོའི་གཞུ་ཡི་བདག་བདེ་ཉིད། །མདའ་བཞིན་འཕངས་བས་བདག་སྡུག་བསྔལ། །ཞུས་པས། ཏཻ་ལོ་པས། ངར་འཛིན་ལུས་ཀྱི་བག་ཆགས་འདི། །འཕངས་ཀྱང་རུང་གི་ནཱ་རོ་པ། །མཁའ་འགྲོ་མ་ཡི་གསང་བའི་གནས། །གསང་སྔགས་ཡིད་བཞིན་ནོར་བུ་ཡི། །འཕོ་བ་སེམས་ཀྱི་མེ་ལོང་ལྟོས། །གསུངས་ནས་ཕྱག་གིས་བྱུགས་པས་སྔར་བཞིན་དུ་གྱུར། །འཕོ་བའི་གདམས་པ་མ་ལུས་པ་གནང་། འདིར་སངས་རྒྱས་ཀྱི་ས་ལ་ཉིང་མཚམས་སྦྱོར་དགོས་པའི་བརྡར་གོ།

དགུ་པ་ནི། ཡང་ཆགས་ཕྱིར་འབྲངས་ཤིང་ལོ་གཅིག་འདས་པ་ན། དབེན་པའི་གནས་གཅིག་ཏུ་བཞུགས་པ་ལ། ཕྱག་དང་མཎྜལ་ཕུལ་ནས་གདམས་ངག་ཞུས་པས། གདམས་ངག་འདོད་ན་རྒྱལ་བུ་ཁྲི་ཁ་ནས་ཕོབ་གསུངས། དེར་རྒྱལ་བུ་ཡན་ལག་བཞི་པའི་དཔུང་དང་བཅས་པ་སྐྱོ་བསང་ལ་འགྲོ་བདོ་ཁྲི་ཁ་ནས་ཕབ་པས། བློན་པོ་ལ་སོགས་ཀྱིས་བརྡུངས་ནས་ཉབ་ཉོབ་ཏུ་བཏང་བ་དང་། ཐེམ་རིགས་མ་ཐལ་བ་ཙམ་ལ་ཏཻ་ལོ་པ་བྱོན་ནས་ཅི་ཉེས་གསུངས། ནཱ་རོ་པས། བརྩེ་མེད་བློན་པོ་ལྷ་བཟོ་ཡིས། །རྗི་བཞིན་བཏགས་པས་བདག་སྡུག་བསྔལ། །ཞུས་པས། ཏཻ་ལོ་པས། ངར་འཛིན་ལུས་ཀྱི་སྡོང་རྡུལ་འདི། །ཞིག་ཀྱང་རུང་གི་ནཱ་རོ་པ། །མཁའ་འགྲོ་མ་ཡི་གསང་བའི་གནས། །གསང་སྔགས་ཡིད་བཞིན་ནོར་བུ་ཡི། །གྲོང་འཇུག་སེམས་ཀྱི་མེ་ལོང་ལྟོས། །ཅེས་གསུངས་ནས་ཕྱག་གི་བྱུགས་པས་སྔ་མ་བཞིན་དུ་གྱུར། གྲོང་འཇུག་གི་གདམས་ངག་རྣམས་གནང་བས། གཞན་ལུས་གསར་པ་ལ་ཞུགས་ནས་སྒོམ་ན་སངས་རྒྱས་ཀྱི་ཉེ་ལམ་ཡིན་པའི་བརྡར་གོ།

དེ་ནས་བཅུ་པ་ནི། འོག་སྒོ་བདེ་བ་ཆེན་པོ་བསྟན་པའོ། །དེ་ནས་ཆགས་ཕྱིར་འབྲངས་ནས་ལོ་གཅིག་འདས་པ་དང་། སྐྱིད་མོས་ཚལ་གཅིག་ན་བཞུགས་པ་ལ། ཕྱག་དང་མཎྜལ་ཕུལ་ནས་གདམས་ངག་ཞུ་བྱས་པས། གདམས་ངག་འདོད་ན་མཚན་ལྡན་གྱི་ཕྱག་རྒྱ་མ་བརྟེན་ཅིག་གསུངས་ནས་བྲི་མེད་མ་བརྟགས་བཀུག་སྟེ། ནཱ་རོ་པ་ལ་སྐྱེར་བས། དེར་ཕྱག་རྒྱ་མ་མཛད་པ་ལ་དགའ་བདེ་འཕེལ་ཡང་། ལུས་ཤིན་ཏུ་རིད་ནས་སོང་བའི་དུས་སུ། ཏཻ་ལོ་པས། འདོད་ཆགས་ཅན་འདི་སངས་རྒྱས་ནས་སྐྱུག་ཕུར་དང་མ་རྡོ་རྗེའི་བུག་པར་བསྟུན་ཞིང་། གསང་གནས་རྡོ་བར་དུ་བརྡུང་བས་ཁྲག་རྣག་མང་པོ་ཡུན་རིང་དུ་འཛག་ཅིང་། རྩ་སྨྱུག་གུ་སྡོང་པ་ཤད་ཤད་ཏུ་སོང་བས། རྩ་ཤད་པ་ཞེས་གྲགས། ཏཻ་ལོ་པ་བྱོན

ནས་ཅི་ཉེས་གསུངས། ནཱ་རོ་པས། གཉིས་སྣང་ཡུལ་གྱི་བག་ཆགས་བཅས། །འབད་པ་དྲུག་པས་བདག་སྡུག་བསྔལ། །ཞུས་པས། ཏཻ་ལོ་པས། འཁོར་དང་མྱང་འདས་དབྱེར་མེད་ལ། །འབད་ཀྱང་རྟུང་གི་རྩ་ཤད་པ། །མཁའ་འགྲོ་མ་ཡི་གསང་བའི་གནས། །གསང་སྔགས་ཡིད་བཞིན་ནོར་བུ་ཡི། །སྐྱེ་མེད་སེམས་ཀྱི་དོན་སྟོན་པ། །སྙིང་པོ་དོན་གྱི་གདམས་ངག་སྟེ། །བདེ་ཆེན་སེམས་ཀྱི་མེ་ལོང་ལྟོས། །གསུངས་ནས་ཕྱག་གིས་བྲུགས་པས་སྔར་བཞིན་དུ་གྱུར། །འོག་སྒོ་བདེ་བ་ཆེན་པོའི་གདམས་ངག་རྣམས་གནང་། ཕྱག་རྒྱ་མ་ལ་བརྟེན་ནས་ལྷན་ཅིག་སྐྱེས་པའི་ཡེ་ཤེས་སྐྱེ་བའི་བརྡར་གོ།

བཅུ་གཅིག་པ་ནི། ཡང་ཆགས་ཕྱིར་འབྲངས་ཤིང་ལོ་གཅིག་འདས་པ་དང་། ལྷོན་ཤིང་ལོ་འབྲས་མེ་ཏོག་སྣ་ཚོགས་རྒྱས་པའི་སྡོང་པོ་གཅིག་གི་རྩར་བཞུགས་པ་ལ། ཕྱག་དང་མཎྜལ་ཕུལ་ནས་གདམས་ངག་ཞུས་པས། གདམས་ངག་འདོད་ན་ཤེས་རབ་མ་ཡོན་དུ་ཕུལ་གསུངས། ནཱ་རོ་པས། ཕྱག་རྒྱ་མའི་ལག་པ་ནས་བཟུང་སྟེ། ལྟོས་མེད་ཏུ་ཕུལ་བ་ལས། ཏཻ་ལོ་པས། ཁྲོད་བདེ་འམ་གསུང་ཞིང་ནཱ་རོ་པས། ལྟོས་མེད་བླ་མ་སངས་རྒྱས་ལ། །ཤེས་རབ་ཡོན་ཕུལ་རྣལ་འབྱོར་བདེ། །ཞུས་པས། ཏཻ་ལོ་པས། ཆོས་ཀྱི་དབྱིངས་ཀྱི་གློང་ཡང་ནས། །བདེ་ཡང་རྟུང་གི་ནཱ་རོ་པ། །མཁའ་འགྲོ་མ་ཡི་གསང་བའི་གནས། །གསང་སྔགས་ཡིད་བཞིན་ནོར་བུ་ཡི། །སྐྱེ་མེད་སེམས་ཀྱི་མེ་ལོང་ལྟོས། །གསུངས་ནས་ཕྱག་རྒྱ་ཆེན་པོའི་གདམས་ངག་རྣམས་གནང་ནས། རིག་མ་ལ་བརྟེན་པའི་ལྷན་སྐྱེས་དེ་ཉིད་བླ་མའི་ཚིག་གིས་ངོ་སྤྲོད་པས། རང་གི་རྒྱུད་གོམ་པར་བྱེད་པའི་བརྡར་གོ།

བཅུ་གཉིས་པ་ནི། ཡང་ཆགས་ཕྱིར་འབྲངས་ཤིང་ལོ་གཅིག་འདས་པ་དང་། ཚུ་དང་རྡོ་ཤིང་ལ་སོགས་གང་ཡང་མེད་པའི་བྱེ་ཐང་གཅིག་ཏུ་བཞུགས་པ་ལ་ཕྱག་དང་མཎྜལ་ཕུལ་ནས་གདམས་ངག་ཞུས་པས། གདམས་ངག་འདོད་ན་ལུས་ཀྱི་མཎྜལ་ཕུལ་གསུངས། དེར་ནཱ་རོ་པས་ལུས་ཀྱི་རྩ་བོ་ཆེ་རྣམས་བཀྲོལ་ནས། བྱེ་མ་ལ་ཆག་ཆག་བཏབ་ཞིང་མཎྜལ་བྱས་པ་ལ། མཎྜལ་རྒྱན་མེད་ཞིང་ཁམས་སྟོང་བར་སྐྱེ། གསུངས་པས། ཡང་རང་གི་ཡན་ལག་བཅད་ནས་རྒྱན་བྱས་པ་ཕུལ་བས། ཏཻ་ལོ་པས་བདེ་འམ་གསུངས། ནཱ་རོ་པས། ཤ་ཁྲག་ལུས་ཀྱི་མཎྜལ་འདི། །བླ་མ་ལ་ཕུལ་རྣལ་འབྱོར་བདེ། །ཞུས་པས། ཏཻ་ལོ་པས། ཟག་བཅས་སྙིང་པོ་མེད་པའི་ལུས། །ཕུལ་ཡང་རྟུང་གི་ནཱ་རོ་པ། །མཁའ་འགྲོ་མ་ཡི་གསང་བའི་གནས། །གསང་སྔགས་ཡིད་བཞིན་ནོར་བུ་ཡི། །བར་དོ་སེམས་ཀྱི་མེ་ལོང་ལྟོས། །གསུངས་ནས་ཕྱག་གིས་བྲུག་པ་ཙམ་གྱིས་རྨ་རྣམས་སོས་ནས་ལུས་སྔར་བཞིན་པས་ཀྱང་བཟང་བར

གྱུར། བར་དོའི་གདམས་ངག་རྣམས་གནང་དེ་ཡང་གོང་གི་གདམས་ངག་རྣམས་དོན་གསུམ་དུ་བསྡུས་ནས། དངོས་པོའི་གནས་ལུགས་ལམ་དང་ནི། །འབྲས་བུ་སྐྱེ་བའི་རིམ་པའོ། །གསུངས་པས། གོང་དུ་བསྟན་པའི་གདམ་པ་རྣམས་ཀྱང་གཞི་ལམ་འབྲས་གསུམ་དུ་འདུས་པའི་བརྡར་གོ་ཞིང་ཐུགས་སུ་ཆུད་དོ། །

དེ་ནས་ཉེ་ལོ་བས། ཕར་གཟིགས་ཚུར་གཟིགས་མཛད་ནས་མཆིལ་ལྷམ་ཀྲོག་པོ་གཅིག་མདུན་དུ་འདུག་པ་བླངས་ནས། ནཱ་རོ་པའི་དཔྲལ་བར་བརྒྱབ་པས། ནཱ་རོ་པ་ལིང་གིས་བརྒྱལ་ནས་སོང་། བརྒྱལ་སངས་པ་དང་། ཐུགས་གཞུག་མ་ལྷན་ཅིག་སྐྱེས་པའི་ངང་ལས་མ་གཡོས་བཞིན་དུ། མདོ་རྒྱུད་ཀྱི་ཆོས་ཐམས་ཅད་རྒྱ་མཚོ་ལ་གཟའ་སྐར་བཀྲ་བ་ལྟར་ཐུགས་ལ་བཀྲ་ལམ་མེ་ཤར་ནས་འདུག །ཏེ་ལོ་པས་དེའི་དོན་ངོ་སྤྲོད་པ་ནི། ཀྱེ་ཧོ་འདི་ནི་རང་རིག་ཡེ་ཤེས་ཏེ། །ངག་གི་ལམ་འདས་ཡིད་ཀྱི་སྤྱོད་ཡུལ་མིན། །ཏེ་ལོ་ངས་ནི་ཅི་ཡང་བསྟན་དུ་མེད། །རང་གི་རང་ཉིད་མཚོན་ཏེ་ཤེས་པར་གྱིས། །ཞེས་དང་། མི་མནོ་མི་བསམ་མི་སེམས་ཤིང་། །མི་སྒོམས་མི་སྤྱོད་སེམས་ཉིད་ནི། །རང་གི་གནས་ལུགས་ངང་དུ་བཞག །དམིགས་མེད་ཡིད་ལ་མི་བྱ་ཞིང་། །དབྱེར་མེད་ལྷན་གཅིག་སྐྱེས་པ་ཡི། །སེམས་ཉིད་རང་རིག་རང་གསལ་ལ། །ང་ཡིས་ཅི་ཡང་བསྟན་དུ་མེད། །གསུང་པས་ནཱ་རོ་པས། ཡིད་ལ་མི་བྱེད་ཕྱག་རྒྱ་ཆེན་པོའི་ལམ། །སྤྲོས་བྲལ་བརྗོད་མེད་སྒྲིབ་བྲལ་སེམས་ཀྱི་ནི། །ངོ་བོ་ལྷན་ཅིག་སྐྱེས་པ་མཐོང་བ་སྟེ། །ད་ནི་སུ་ལ་འང་དྲི་བར་མི་བྱའོ། །ཞེས་གསུངས་ནས་ཐུགས་ཐག་ཆོད་དོ། །

འདི་ལྟ་བུའི་དོན་རྟོགས་པ་ནི་བླ་མ་དམ་འདིའི་བཀའ་དྲིན་ཁོན་ཡིན་ཞིང་། དྲིན་ལ་འཁོར་མཐའ་མེད་ཀྱང་། ད་ནས་དངོས་པོའི་ཡོ་བྱད་ཙུང་ཟད་ཙམ་ཡང་འབུལ་དུ་རུང་ངོ་སྙམ་དུ་སེམས་ཞིང་། དེ་ནས་བྱོན་ཏེ་སྔར་གྱི་གྲོགས་པོ་མགར་བ་ཕྱུག་པོ་གཅིག་ཡོད་པ་ལ། བྱི་རུ་བྲེ་དོ་དང་མུ་ཏིག་ལ་སོགས་པ་རིན་པོ་ཆེ་སྣ་ཚོགས་བསླུས་ནས་འབུལ་དུ་སོང་བས། ཏེ་ལོ་པས། འདི་ད་རུང་དངོས་པོ་ལ་ཞེན་ནས་འདུག་དགོངས་ནས། བྱི་རུའི་རི་ལ་འབུར་ཆེན་པོ་གཅིག་ལ་རིན་པོ་ཆེ་སྣ་ཚོགས་ཀྱིས་སྤྲས་པའི་སྟེང་དུ་བཞུགས་ཅིང་དཔའ་བོ་དཔའ་མོས་ཚོགས་ཀྱིས་བསྐོར་ནས་ཕྱོགས་ཐམས་ཅད་ནས་ལྷའི་བུ་དང་བུ་མོ་དཔག་ཏུ་མེད་པས་མཆོད་རྫས་སྣ་ཚོགས་ཐོགས་ནས་མཆོད་པ་འབུལ་བ་གཅིག་ཏུ་སྤྲུལ་ཏེ་ཡོད་པ་ལ། ནཱ་རོ་པས་མཐོང་ནས་བསྐྱིང་བ་བཞིན་སོང་སྟེ། འོན་ཀྱང་བླ་མ་དམ་པ་འཁོར་འདས་ཀྱི་དཔལ་འབྱོར་ལ་དབང་བསྒྱུར་བས། དངོས་པོའི་དགོས་པ་མེད་ཀྱང་རང་གི་བསམ་པ་དག་པས

བསྒོམས་པ་ཡིན་ཞིང༌། བསྒོམས་ལོག་མི་རུང་སྐམ་ནས་མདུན་ཕྱོགས་སུ་གཏོར་ནས་བཞག་གོ། དེ་ཡང་བླ་མ་དུས་གསུམ་སངས་རྒྱས་འདི་ལྟ་བུ་དང་མཇལ་བ་ལ། སྐད་ཅིག་ཀྱང་མི་འབྲལ་བར་འདིའི་དྲུང་དུ་སྡོད་དགོས་བསམ་པ་ལ། ཏི་ལོ་པས། བསྟོད་པས་དམུས་ལོང་གཟུགས་མི་མཐོང༌། བསྟོད་པས་ལྐུགས་པས་དོན་མི་ཁྲོལ། །བསྟོད་པས་ཞྭ་བོ་རྗེས་མི་སླེབས། །བསྟོད་པས་སྟོང་པོ་རྩ་མི་བརྟན། །བསྟོད་པས་ཕྱུག་རྒྱུ་ཆེ་མི་རྟོགས། །ནཱ་རོ་སྤྱོད་པ་བྱ་བར་རིགས། ཞེས་གསུངས་ནས་ཕྱག་གི་ཐོད་པ་བདུད་རྩི་གང་བ་དེ་གནང་ནས། སྤྱོད་པ་ལ་གཤེགས་པར་ལུང་བསྟན་ཏོ། །

དེ་ནས་ནཱ་རོ་པས་ཐོད་པ་དང་ཊཱ་རི་གཅིག་བཟུང་ཞིང་རྒྱལ་པོ་སེང་གེ་ཟླ་བའི་རྒྱལ་ཁམས་སུ། བིདྡྷ་བིདྡྷ་ཞེས་ཟེར་ཞིང་བྱོན། བྲམ་ཟེའི་བྱིས་པ་སྨྲ་ཤེས་པ་གཅིག་ན་རེ། ཅི་ཟེར་བཞུན་འདི་ཟེར་ནས་ཆུ་གྲི་དར་མ་གཅིག་ཐོད་པར་འཕངས་ཏེ་ལྐེམས་སེ་ཞུ་བ། ནཱ་རོ་པས་གསོལ་བས་སྐྱུ་ལུས་མདངས་དང་ལྡན་པ་ལ་བྱིས་པ་དད་ནས། རང་རེ་ཅི་ལྟ་བུ་ལགས་ཞུས་པས། ནཱ་རོ་པས། བདག་ནི་རྒྱལ་རིགས་རབ་ཏུ་བྱུང་བའི་མིང༌། །ཚོར་བས་མི་འཇིག་འཇིགས་མེད་གྲགས་པ་ཞེས་བྱ། །རིགས་ཀྱི་བྱེ་བྲག་རྣམ་གསལ་ནཱ་རོ་པ། །བསྟན་པ་འཛིན་པ་ཞེས་ཀྱང་ཁ་གཅིག་སྨྲ། །གསུངས་པས་བྱིས་པ་ཤིན་ཏུ་དད་ནས་དེ་ཉིད་དུ་གྲོལ་ཏེ། ས་དང་ཆུ་དང་མེ་དང་རླུང༌། །འཇིག་རྟེན་འཇིག་རྟེན་འདས་པ་གང༌། །སྒྱུ་མ་ཙམ་རེ་རང་བཞིན་མེད། །བླ་མའི་དྲིན་གྱིས་དེ་མཐོང་ངོ༌། །ཟེར་ནས་ནམ་མཁའ་ལ་གར་བསྒྱུར་ཞིང་སོང་ངོ༌། །དེ་ཀུན་གྱིས་མཐོང་ཞིང་ཐམས་ཅད་དུ་གྲགས། རྒྱལ་པོའི་སྙན་དུ་གསོལ་ཏེ་གྲུབ་ཐོབ་ཡིན་མིན་ཉམས་སད་པའི་ཕྱིར། གླང་པོ་ཆེ་གར་ཆང་གིས་བཟི་བའི་སྣ་ལ་རལ་གྲི་བཏགས་ནས་སྟེང་དུ་བཏང་བས། ནཱ་རོ་པས་སྡིག་མཛུབ་མཛད་པས་རྡུལ་ཏེ་འགྱེལ་ལོ། །དེར་རྒྱལ་པོ་ལ་སོགས་ཐམས་ཅད་ཀྱིས་གླང་པོ་ཆེ་འདི་མེད་ན་གཞན་གྱི་དམག་ཚོགས་མི་བཟློག་པས་ཅི་ལྟར་བྱ་ཟེར་ནས། མྱ་ངན་བྱེད་པ་ལ་གཅིག་ན་རེ་བླ་མ་རང་ལ་ཞུས་ན་ད་སོས་པའི་ཐབས་ཡོད་ལས་ཆེ་ཟེར་རོ། །དེར་ཐམས་ཅད་ཀྱིས་ཕྱག་འཚལ་ནས་གླང་པོ་ཆེ་འདི་ཅིས་ཀྱང་སོས་པའི་ཐབས་གཅིག་མཛད་པར་ཞུ་ཞེས་ནན་གྱིས་ཞུས་པ་ལ། བླ་མས་ཡང་སེ་གོལ་གཅིག་བརྡབས་པས་གླང་པོ་ཆེ་ཀག་གྱིས་ལངས་ནས་སོང༌། དེར་ཐམས་ཅད་ཤིན་ཏུ་དད་པར་གྱུར་ནས་བླ་མཆོད་བྱེད་པར་ཞུས་པས་གནང་ཞིང༌། རྒྱལ་པོའི་སྲས་མོ་ཡེ་ཤེས་སྒྲོན་བྱ་བ་ཉེ་གནས་སུ་ཕུལ་ཏེ་ཡོ་བྱད་ཕུན་སུམ་ཚོགས་པ་དག་གིས་མཆོད་ནས་ཡོད་པ་ལ། དེར་དུས་རེ་ཤིག་གི་ཚེ། ནཱ་རོ་པས་རྒྱ་ཁྱུར་ཁྲི་དང་གཡོག་མི་མང་པོ

ཁྲིད་ནས་ཇོན་བྱེད་པའི་ཚེ། ཐམས་ཅད་ཀྱིས་མཐོང་ཞིང་ཐོས་ནས་མ་དད་དེ། རྒྱལ་པོ་ལ་ཞུས་པས་དེ་འདྲ་བྱེད་པ་མི་སྲིད་གསུངས། དེ་བདེན་ནམ་མི་བདེན་ཉིད་རང་གཟིགས་པར་ཞུ་སྨྲས་པས། རྒྱལ་པོས་གཟིགས་པས་དེ་ལྟར་བྱེད་པར་མཐོང་བས། ནཱ་རོ་པ་ལ་མི་ཐམས་ཅད་མི་དད་པས། འདི་ལྟ་བུའི་ལས་མི་མཛད་པར་ཞུ་ཞེས་བསྐེན་བསྐུལ་བྱས་པ་ལ། དེ་ལྟར་བྱ་གསུངས་ཤིང་། ཡང་སྔ་མ་བས་ཀྱང་མང་བའི་རི་དྭགས་མང་པོ་བསད་པ་ལ། ཤ་རྣམས་ལྷ་གཅིག་གིས་ཀྱང་སྐྱེལ་རོགས་བྱེད་ཅིང་། ཤ་ཁྲག་གི་ཕུང་པོ་ཆེན་པོ་བྱས་པ་དང་སྐྱེ་བའི་བླ་མཆོད་རྣམས་ཀྱིས་ཡང་། འདི་ལྟ་བུའི་ལས་བྱེད་པ་ནི་བསྟན་པ་ལ་གནོད་ཅིང་རྒྱལ་རིགས་སུན་ཕྱུང་བ་ཡིན་པས་མཆོད་གནས་སུ་བཀུར་བར་མི་རིགས་ཏེ། དྲང་སྲོང་བྲམ་ཟེ་ཆོས་ལྡན་དེ་དག་དང་། །སྟོན་པའི་སློབ་མ་བསྟན་ལ་གུས་པ་རྣམས། །རྒྱལ་པོ་རྣམས་ཀྱིས་བཀུར་བར་འོས་པ་སྟེ། །མ་རབ་སྡིག་ལ་དགའ་བ་ཅི་ཡི་ཕྱིར། །ཞེས་སོགས་ནན་གྱིས་བསྐུལ་བས། རྒྱལ་པོས་འདོན་ཕྱིན་ཆད་དེ་ལྟར་མི་བྱེད་པའི་དྲན་བསྐུལ་བྱའོ། །གསུངས་ནས། ནཱ་རོ་པ་ལ་སྨྲས་པ། ཁྱེད་བླ་མཆོད་དུ་བཀུར་ནས་འདི་ལྟ་བུའི་ལས་མི་མཚམས་པ་བྱེད་པ་ནི་བསྟན་པ་ལ་ཡང་གནོད་ཅིང་རྒྱལ་ཁམས་ཐམས་ཅད་མ་དད་ནས་ཁ་ལོག་པས་ད་ནི་ཅི་ནས་ཀྱང་མི་མཛད་པར་ཞུ་བྱས་པས། འོན་དེ་ལྟར་བྱའོ་གསུངས་ཤིང་། ཡང་སྔར་བས་ཀྱང་ཐུ་ནུ་སོང་བའི་སྟེང་དུ། ནམ་མཁའ་ལ་འཕུར་བའི་བྱ། ས་སྟེང་དུ་འགྲོ་བའི་དུད་འགྲོ། ཆུ་ནང་གི་ཉ་སྲམ་ལ་སོགས་མིག་གིས་མཐོང་ཚད་ཐམས་ཅད་ལ། ལྟ་སྟངས་རྣམ་པ་གསུམ་མཛད་ནས་མདུན་དུ་བཀུག་ཅིང་བསད་དེ། མ་ཉན་པར་དེར་ཡོན་མཆོད་བློན་འབངས་ཐམས་ཅད་ཀྱིས་ཁྲིམས་ལ་སྦྱར་བར་ཞལ་འཆམ་ནས། ནཱ་རོ་པ་ལྷ་གཅིག་དང་བཅས་པ་ཐང་ཆེན་པོ་གཅིག་ཏུ་ཁྲིད་ནས། དང་པོ་བྲོས་པས་མི་ཐར་བའི་འཁོར་ལོ་ཡིན་ཟེར་ནས་དམ་དུ་བཀྱིག །ཚིག་རྩུབ་ངན་སྨྲས་ཀྱི་འཁོར་ལོ་ཡིན་ཟེར་ནས་གོང་གི་ཉེས་པ་རྣམས་བརྗོད་ཅིང་ཐམས་ཅད་ཀྱི་ཐོ་ལེ་བཏབ། ཡོན་མཆོད་ཁྲིམས་ཀྱི་ཐོ་བ་ཡིན་ཟེར་ནས། ཐལ་མ་ནལ་མར་བརྡུངས། གཅོད་པ་མཚོན་ཆའི་འཁོར་ལོ་ཡིན་ཟེར་ནས་མཚོན་ཆ་སྣ་ཚོགས་བརྡེགས། བསྲེག་པ་མེའི་འཁོར་ལོ་ཡིན་ཟེར་ནས་ཙནྡན་ལ་སོགས་ཤིང་མང་པོ་སྤུངས་ནས་མེ་ཆེན་པོ་བཏང་ཞིང་བསྲེགས། ཕྱིར་ནང་རུས་པ་དང་ཐལ་བ་ཆུ་ནང་དོར་བྱས་ནས་སོང་བ་ལ། མེ་འབར་བའི་ནང་དུ་ཕྱུག་ནརྡོ་རྗེ་དང་དྲིལ་བུ་བསྣམས་ནས་ལྷ་གཅིག་ལ་འཁྱུད་ཅིང་། རུས་པའི་རྒྱན་དྲུག་དང་ལྡན་ཞིང་། སྐུ་གཟི་མདངས་བཅས་པ་ཟིལ་པ་ཁྲོམ་མེ། མེའི་དབུས་ན་གར་ཁྱུག་ཁྱུག་བྱེད་པ་མཐོང་ངོ་། །དེ་ལ

ཐམས་ཅད་ངོ་མཚར་དུ་གྱུར་ནས་མདུན་དུ་འཚོགས་ཤིང་འགྲོད་སེམས་དྲག་པོ་དང་བཅས་པས་འདུག་པ་ལ། ནཱ་རོ་པའི་ཞལ་ནས། ཨེ་མ་ཧོ། མནར་མེད་ལས་ཀྱི་རྒྱ་མདུད་འདི། །དུག་གསུམ་མདུད་པ་གྲོལ་བའི་གྲོགས། །ཚིག་རྩུབ་ངན་སྨྲས་འཁོར་ལོ་དེ། །བཟོད་པའི་ཕུབ་ཆུང་འཛུག་པའི་གྲོགས། །ཡོན་མཆོད་ཁྲིམས་ཀྱི་ཐོ་བ་དེ། །བདག་འཛིན་མགོ་བོ་རྡུང་བའི་གྲོགས། །ཞེ་སྡང་མཚོན་ཆའི་འཁོར་ལོ་དེ། །འཁོར་བའི་རྒྱུན་ཐག་གཅོད་པའི་གྲོགས། །ཙནྡན་མེ་ཡི་འཁོར་ལོ་དེ། །ངར་འཛིན་སྡོང་པོ་སྲེག་པའི་གྲོགས། །ལྷོས་མེད་གཞན་སྲོག་གཅོད་བྱེད་པ། །སྡོམ་གསུམ་དག་དང་མི་འགལ་ཞིང་། །ངན་སོང་གསུམ་དུ་མི་སྐྱེ་ན། །ནཱ་རོའི་སྤྱོད་པའི་གྲོགས་སུ་བདེ། ཞེས་གསུངས་ནས། དེའི་དུས་སུ་དཔལ་མེ་མ་མུར་བྱ་བར་གྲགས་སོ། །དེ་ནས་རྒྱལ་པོ་ཡོན་མཆོད་གཉིས་སྐད་ཅིག་དེ་ཉིད་ལ་གཉིད་དུ་སོང་བ་དང་། དམྱལ་བའི་སྡུག་བསྔལ་དཔག་ཏུ་མེད་པ་བྱུང་ནས་སྡུག་བསྔལ་བའི་ཚེ། ཆོས་རྒྱལ་མྱ་ངན་མེད་པའི་མདོ་ལས་གསུངས་པའི་དོན་རྣམས་དྲན་ཏེ་ཡར་སད་པ་དང་དྲན་པ་སྙིང་ནས་འགྱོད་པ་དྲག་པོ་སྐྱེས་པས། རྒྱལ་པོའི་བཤགས་པ་བྱས་པ་ནི། ཨེ་མ་རྨད་བྱུང་འགྲོ་བའི་མགོན། །སྐལ་པ་དུས་མཐའི་མེ་དང་ནི། །བསྟན་པ་སྡེར་འབྲུགས་མེར་བསྲེགས་ཤིང་། །བདག་རྒྱུད་གཟུགས་འཛིན་མེར་བསྲེགས་པས། །ཆོས་རྒྱལ་མྱ་ངན་མེད་པ་ཡིས། །ཞུས་པའི་དོན་རྣམས་རྨི་ལམ་དུ། །སྐྱེས་པར་མཐོང་བར་གྱུར་པ་ཡིས། །མི་མཚལ་ཉེས་རྣམས་བཟོད་པར་གསོལ། །ཞེས་བཤགས་སོ། །རྒྱལ་པོའི་བླ་མཆོད་ཉན་ཐོས་གྲོགས་སྡེ་པའི་སློན་དཔོན་ཡང་འགྱོད་པ་སྐྱེས་ཏེ། ཆོས་བརྒྱུད་གཞུང་དང་བླ་མའི་མདུན། །འཕངས་བས་ངན་སོང་གསུམ་པོ་སྲུ །རྨི་ལམ་དག་ཏུ་སྐྱེས་མཐོང་བས། །བདག་གི་ཉེས་རྣམས་བཟོད་པར་གསོལ། །ཞེས་བཤགས་པས། ནཱ་རོ་པས། ཆོས་བརྒྱུད་ཆེ་འདིའི་རྒྱ་མདུད་གྲོལ། །དུག་གསུམ་འཁོར་བའི་འདམ་རྫབ་སྐེམས། །མ་རིག་མུན་པའི་དམག་ཚོགས་བཟློག །འགྲོད་སེམས་ཡེ་ཤེས་སྒྲོན་མེ་སྒྲོན། །བཤགས་པ་སྐྱེ་མེད་ངང་དུ་གྱིས། །དེ་ལྟར་བྱས་པས་སྡིག་པ་འདགས། །ཞེས་གསུངས་པས་འགྲོད་སེམས་དྲག་པོ་དང་། བླ་མའི་བྱིན་རླབས་ཀྱི་སྟོབས་ཀྱིས་མ་འོང་པ་ན་མྱོང་གྱུར་གྱི་ལས་རྣམས། ད་ལྟར་རྨི་ལམ་ཙམ་དུ་སྨིན་ཞིང་། སྟོབས་བཞིའི་བཤགས་པས་སྡིག་པ་ཐམས་ཅད་དག་ནས་རྒྱལ་པོ་འཁོར་བཅས་གྲོལ་བར་གྱུར་ཏོ། །

དེ་ཡང་ཆོས་རྒྱལ་མྱ་ངན་མེད་པའི་མདོ་ལས། སྡིག་པ་སྟོབས་གང་ཆེ་ན། སྡེ་པ་མི་གཅིག་པའི་དགེ་སློང་བཞི་སྡེ་རེ་ཡོད་པའི་སྡེ་འབྲུགས་ཏེ། ཅི་སྐད་དུ། རྩོད་པས་གསུམ་དང་སྙིང་པོ་ཉམས། །

ཞན་གྱི་གནོད་པར་གྱུར་པ་ལ། །དེ་དག་མི་གནོད་པར་ཤེས་བྱ། །དོན་རྟོགས་ཐ་སྙད་བྲལ་བ་དང་། ། དོན་ཆེན་ལྡན་དང་བསྒྲུབ་མི་ནུས། །ངེས་མེད་དག་ཏུ་ཤེས་པར་བྱ། །སྙིང་མེད་དོན་རྟོགས་ཀུན་ལའོ། ། བླ་མ་བརྙས་དང་སྐུར་འདེབས་དང་། །དགེ་འདུན་དཀོར་ལ་སྙིང་པོ་མེད། །ཅེས་གསུངས་པ་དང་དེས་ངན་སོང་སྐྱེས་པའི་ཡུན་ཚད་ཀྱང་། བསྐལ་པ་སྟོང་ཕྲག་བདུན་དང་ནི། །སྟོང་དང་རྒྱ་གསུམ་གནས་པའོ། །ཞེས་པ་དང་། བཤགས་པའི་ཐབས་ཀྱང་དེ་ཉིད་ལས། འགྲོད་སེམས་ཡུལ་སྦྱང་སྦྱིན་བཅས་བཅབས། །རྣམ་སྨིན་སྦྱངས་ནས་འདག་པར་འགྱུར། །ཞེས་གསུངས་སོ། །

དེ་ནས་རྒྱལ་དང་ལྷ་གཅིག་ལ་སོགས་ཀྱིས་བཞུགས་པར་གསོལ་ཡང་མ་གནང་ཞིང་། ཆུ་བོ་གང་གའི་འགྲམ་དུ་ཤད་ཀྱིས་བྱོན་ནས་བྱེ་མ་ལ་རྩེ་མོ་མཛད་ཅིང་བཞུགས་པ་ལ། ཏི་ལོ་པ་མདུན་གྱི་ནམ་མཁར་བྱོན་པའི་ཚེ། ཕྱག་འཚལ་ཞིང་གདམས་ངག་ཞུ་བྱས་པས། ཕྱག་རྒྱ་ཆེན་པོ་བསྟན་དུ་མེད་ཀྱང་། །དཀའ་བ་སྤྱད་ཅིང་བླ་མ་ལ་གུས་པའི། །སྡུག་བསྔལ་བཟོད་ལྡན་བློ་ལྡན་ནཱ་རོ་པ། །སྐལ་ལྡན་ཁྱོད་ཀྱི་སྙིང་ལ་འདི་ལྟར་བྱོས། །ཞེས་གསུངས་གདམས་པ་མང་དུ་གསུངས་ནས་མི་སྣང་བར་གྱུར་ཏོ། ། དེ་ཡང་ནཱ་རོ་པས་སླུ་ལ་རས་ཀྱི་ཨང་རག་གསོལ་ཞིང་། ཐོད་པ་དང་ཌཱ་རུ་ཕྱག་ཏུ་བསྣམས་ནས་སྤྱོད་པ་སྣ་ཚོགས་མཛད་ཅིང་དམ་དུ་གཤེགས་པ་དང་། གཅིག་གིས་ཌ་རུ་ཐོད་པར་འཕང་བ་ལྕེམ་སེ་ཞུ་བ་གསོལ་བ་དང་། གཞན་ཡང་རྡོ་རྗེ་གྲི་ཁྲུག་ལ་སོགས་རྫས་ཀྱི་དངོས་པོ་གང་བཞག་ཐབས་ཅད་ལྕེམ་ལྕེམ་ཞུ་བ་གསོལ་ཞིང་། སྤྲུལ་པ་སྣ་ཚོགས་མཛད་པས་ཐམས་ཅད་དད་དེ། དེར་ལུགས་རིའི་སློ་ཁར་གླང་པོ་ཆེ་ཡམས་ནད་ཀྱིས་ཤི་བའི་རོ་ཡོད་པ་རྩུལ་ནའང་གྲོང་ཁྱེར་ལ་གནོད་པ་ཆེན་པོ་འོང་འདུག ། དེ་མི་འོང་བ་ཐུགས་རྗེས་བཟུང་དུ་གསོལ། ཞུས་པས། གླང་པོ་ཆེ་ཤོང་བའི་དོང་ཅིག་ཐག་རིང་དུ་རྐོས་གསུང་ནས། ཐམས་ཅད་ཀྱིས་དོང་བརྐོས་ཏེ། དེ་ལ་གྲོང་འཇུག་མཛད་པས་གླང་པོ་ཆེ་ཀག་གིས་ལངས་ནས་དོང་དུ་ཕྱིན་པ་དང་ཧྲུལ་ཏེ་འགྱེལ། བླ་མ་ཀག་གིས་བཞེངས་ནས་བྱོན་པས་ཐམས་ཅད་ངོ་མཚར་དུ་གྱུར་ཏོ། །

ཡང་དུས་རེ་ཞིག་གི་ཚེ། ཨཙྪའི་སྲུང་འཁོར་གཅིག་ཡོད་པ་ཤིང་གི་ཡལ་ག་ལ་བཀལ་ནས་ཡོད་པ་ཁྲུས་མཛད་ཅིང་བཞུགས་པའི་ཚེ། བྱ་ཁྭ་ཏ་ཞིག་བྱུང་ནས་སྲུང་འཁོར་ཁྱེར་བ་ལ། ནཱ་རོ་པས་ཧཱུཾ་གསུངས་ནས་སྡིག་མཛུབ་དང་ལྟ་སྟངས་མཛད་པས། བྱ་ཁ་ཏ་ནམ་མཁའ་ལ་རིང་ཞིང་འགྲོ་མི་ནུས་པར་གྱུར་པས། དེར་ཚོགས་པ་རྣམས་དད་ཅིང་ངོ་མཚར་དུ་གྱུར། དེ་ཡང་རེས་འགའ་དགེ་སློང་ཆོས

གོས་གསུམ་ལྷུན་ལྷུང་བཟེད་དང་ཆོས་གོས་འཁར་གསིལ་ཐོག་པའི་ཆ་ལུགས་ཅན་དང་། རེས་འགའ་ན་བཟའ་རྒྱལ་ཧོལ་བརྟབ་ཅིང་ཕྱག་ན་ཐོད་ཕོར་བཟུང་ནས་སྤྲུང་པོའི་ཆ་ལུགས་དང་། རེས་འགའ་རྣལ་འབྱོར་པ་གཅེར་བུ་རས་ཀྱི་ཨང་རག་གསོལ་ནས་སྐྲ་ཐོར་གཙུག་ཏུ་བཅིང་ཞིང་། སྤྱན་རྩ་དམར་ལ་གཟི་མདངས་དང་ལྡན་པ། ཕྱག་ན་ཐོད་པ་ཊཱ་རུ་བསྣམས་པའི་ཆ་ལུགས་དང་། རེས་འགའ་སྐུ་ལ་རུས་པའི་རྒྱན་དྲུག་གསོལ་ནས། ཕྱག་ན་ཐོད་པ་དང་ཁ་ཊྭཱཾ་བསྣམས་པ་ལ་སོགས་ཆ་ལུགས་དུ་མའི་སྒོ་ནས་འགྲོ་བ་འདུལ་བའི་སྤྱོད་པ་སྣ་ཚོགས་མཛད་དོ། །གཞན་ཡང་རྫོན་བྱེད་པ་ཞིང་རྨོ་བ། རྒྱ་འདྲེན་པ་ལ་སོགས་གང་ལ་གང་འདུལ་གྱི་ཐབས་དཔག་ཏུ་མེད་པ་བྱིས་པའི་རྩེ་མོ་ལྟར་མཛད་ཅིང་། བྱ་སྒྲོ་རླུང་གི་བསྐྱོད་པ་བཞིན། ཆག་ཐོགས་མེད་པར་ཐམས་ཅད་དུ་འགྲོན་པ་ལ། དུས་རེ་ཞིག་གི་ཚེ། ཏི་ལོ་པ་མདུན་གྱི་ནམ་མཁར་བྱོན་ནས། བླ་མ་མཁའ་འགྲོ་མ་གནང་ཞིང་། །ཉམས་མྱོང་རྟོགས་པ་མ་རྒྱས་ཏེ། །ཤུགས་འབྱུང་ཞེན་པ་མ་ལོག་པར། །སྤྱོད་པ་མ་བྱེད་ནཱ་རོ་པ། །ཞེས་གསུང་པས། དེར་ནཱ་རོ་པས། འོ་ན་ཆོས་ཉན་ཞུས་པས། ཆོས་ཉན་ལན་ཚྭའི་ཆུ་བཞིན་དུ། སྲེད་པ་མ་ལྡོག་ནཱ་རོ་པ། །གསུངས། འོ་ན་བཤད་ཞུས་པས། ཚིག་གི་སྦྲུས་པའི་ཕྲེང་བ་ལ། དོན་ཉིད་མི་རྟོགས་ནཱ་རོ་པ། གསུངས། འོ་ན་སྒོམ་འམ་ཞུས་པས། དབྱེར་མེད་ལྷན་ཅིག་སྐྱེས་པ་ལ། །གཉེན་པོའི་རྟོགས་པ་རང་སར་གྲོལ། །སྒོམ་དུ་མེད་དོ་ནཱ་རོ་པ། གསུངས། །འོ་ན་སྤྱོད་པ་བྱའི་ཞུས་པས། གཟུང་འཛིན་གཉིས་དང་བྲལ་བ་ལ། །སྤྱོད་པ་བྱར་མེད་ནཱ་རོ་པ། །གསུངས། འོ་ན་འབྲས་བུ་བསྒྲུབ་བམ་ཞུས་པས། རེ་དོགས་གཉིས་དང་བྲལ་བ་ལ། །འབྲས་བུ་མེད་དོ་ནཱ་རོ་པ། གསུངས། ནཱ་རོ་པས་ཞུས་པས། སྣང་བ་གཟུགས་ཀྱི་དངོས་པོ་འདི། །སྐྱེ་བ་མེད་པའི་རང་བཞིན་ལ། །གལ་ཏེ་ཡོད་ན་སྦྱུད་རིགས་ཏེ། །མེད་པར་སྦྱུད་དུ་འདོད་པ་ཅི། །རང་རིག་བདེ་གསལ་ཤེས་པ་འདི། །གཡེང་བ་མེད་པའི་སྟོང་པ་ལ། །གྲུབ་ན་ཞེ་འདོད་རིགས་པ་སྟེ། །གྲུབ་པ་མེད་པའི་ཞེ་འདོད་ཅི། །སེམས་ཉིད་འོད་གསལ་སྟོང་པ་འདི། །སྒྲོ་སྐུར་གཉིས་དང་བྲལ་བ་སྟེ། །སྐྱེ་ན་ཉམས་མྱོང་རིག་པ་ལ། །མེད་པར་ཉམས་སུ་མྱོང་བ་ཅི། །ལྷུན་གྱིས་གྲུབ་པའི་བདེ་ཆེན་འདི། །དགེ་སྡིག་ཡོད་ན་བདེ་སྡུག་གཉིས། །འབྲས་བུ་འབྱིན་པར་རིག་པ་སྟེ། །ཐམས་ཅད་མཉམ་པའི་ངོ་བོ་ལ། །དགེ་སྦྱུད་སྡིག་པ་སྤང་བ་ཅི། །ཞེས་ཞུས་པའི་ལན་དུ། ཏི་ལོ་པའི་ཞལ་ནས། སྣང་བ་རྟེན་ཅིང་འབྲེལ་འབྱུང་འདི། །སྐྱེ་བ་མེད་པར་མ་རྟོགས་པར། །ཚོགས་གཉིས་ཤིང་རྟའི་འཁོར་ལོ་དང་། །འབྲལ་བར་མ་བྱེད་ནཱ་རོ་པ། །སྐྱེ་མེད་སྟོན་པའི་སློབ་དཔོན་དུ། །

སྣང་བ་དཀར་དམར་ཤར་བ་ན། །ཤེས་པ་བྱ་རོག་གཟིང་འཕུར་ཐོང་། །འདོད་ཡོན་སྤྱོད་ཅིག་ནཱ་རོ་པ། །སེམས་ཉིད་རང་རིག་རང་གསལ་ལ། །སྣང་བ་འཕྲུལ་བྱུང་མ་རྟོགས་ན། །ཞེན་པ་དང་བཅས་ཉམས་མྱོང་གི།བདག་ཉིད་འཆིང་གྱུར་ནཱ་རོ་པ། །འདོད་ན་ཕྱི་ནང་ཆོས་རྣམས་ཀུན། །སྐྱེ་མེད་སྤྲོས་དང་བྲལ་བ་ལ། །ཉམས་མྱོང་དྲན་རིག་གློ་བུར་བའི། རྫུན་པར་རྟོགས་ན་ཅི་དགར་སྤྱོད། །འཁོར་བའི་མུ་མཐར་སྐྱེ་བ་ཡི། །རྣམ་རྟོག་གཟུང་འཛིན་སྣ་ཚོགས་འདི། །རྟོགས་པའི་སྟ་རེ་རྣོན་པོ་ཡིས། །ཅིར་སྣང་ཆོད་ཅིག་ནཱ་རོ་པ། །འདོད་ཡོན་གཟུགས་སྒྲ་ལ་སོགས་པ། །སེམས་ཀྱི་ཞེན་པ་སྐྱེ་བ་ནི། སྦྲང་མ་རྩི་ལ་འབྱུར་བ་འདྲ། །ཞེན་པ་ཐོངས་ཤིག་ནཱ་རོ་པ། །ལྟ་བ་བསྒོམས་པ་སྤྱོད་པ་གསུམ། །ངོ་བོ་ཉམས་རྟོགས་སམ་དགེ་སྡིག་མེད། །གལ་ཏེ་རྟོགས་པ་གཞན་བྱུང་ན། །གདེང་མེད་ཕྱིར་ན་རྨོངས་པར་ཟད། །ཅེས་གསུངས་སོ། །ཡང་ནཱ་རོ་པས། བདག་སྐྱོན་ བླ་བའི་རབ་རིབ་རྟོག །ཞེན་པ་སྦྲང་མ་རྩི་ལ་འབྱུར། །འདོད་ཡོན་སྲིན་གྱིས་ཁ་ཆུས་འཐུམས། །དུག་གསུམ་འཁོར་བའི་འདམ་རྫབ་ཟབ། །ཆོས་བརྒྱུད་ཚེ་འདིའི་རྒྱ་མདུད་དམ། །ཉམས་མྱོང་རྟུས་སྤྲུལ་སྤྱི་རྣམས་འཐོར། །རྟོགས་པ་ནམ་མཁའི་མེ་ཏོག་ཡལ། །དམུས་ལོང་ཞེན་པ་ཅི་ལྟར་བཏང་། །ཞེས་ཞུས་པས།

ཡང་ཏཻ་ལོ་པས། ཆོས་དྲུག་རྡོ་རྗེའི་མགུར་གྱི་ངོ་སྤྲོད་པ་ནི། སྟོད་ལྡན་དོན་མཐོང་ནཱ་རོ་པ། །ཕྱུ་ལ་ཏ་རིའི་དགོན་པ་རུ། །འོད་གསལ་བརྗོད་མེད་མཁའ་དབྱིངས་སུ། །ཟུང་འཇུག་གཤོག་པ་ལྡན་པ་ཡིས། །འཕོ་བའི་སེམས་ཀྱིས་བྱེའུ་ཆུང་སྤྱུར། །བདག་ཏུ་འཛིན་པའི་ཞེན་པ་ཐོངས། །གཉིས་སུ་མེད་པའི་དགོན་པ་རུ། །སྒྱུ་མ་ལུས་ཀྱི་རྟོམ་ཁུང་དུ། །བདེ་དྲོད་གཏུམ་མོ་ཡེ་ཤེས་མེས། །རྨི་ལམ་བག་ཆགས་བུད་ཤིང་བསྲེག །བཟུང་དང་འཛིན་རྟོག་ཞེན་པ་ཐོངས། །བརྗོད་དུ་མེད་པའི་དགོན་པ་རུ། །བདེ་ཆེན་ཕྱག་རྒྱ་ཆེན་པོ་ཡི། །ངོ་བོ་ལྷན་ཅིག་སྐྱེས་མཐོང་བ། །རྟོགས་པའི་མཚོན་ཆ་རྣོན་པོ་ཡིས། །བར་དོའི་མིག་སེར་རྒྱུན་ཐག་ཆོད། །ཆགས་ཞེན་མཚན་མའི་ཞེན་པ་ཐོངས། །ཡིད་བཞིན་ནོར་བུའི་གསེབ་ལམ་བགྲོད། །འགྱུར་མེད་ལྷོན་ཤིང་རྩད་ནས་ཆོད། །སྨྲ་མེད་ལྷུགས་པའི་སྨྲ་ལྕེ་བྲེགས། །བྱིན་རླབས་འཁོར་བའི་རྒྱུན་ཐག་ཆོད། ། སྤུར་འདྲིས་ངོ་ཤེས་མ་བུ་སྤྲོད། །ཅེས་པ་དང་། རྡོ་རྗེ་ལུས་ཀྱི་གནས་ལུགས་ལ། །ས་ལམ་ཐམས་ཅད་རབ་རྫོགས་པ། །སེམས་ཀྱི་རྟེན་འབྲེལ་འགྲིག་པ་ཡིས། །སྐད་ཅིག་ལྷན་ཅིག་སྐྱེས་རྟོགས་ནས། །ཞེན་པ་ཐམས་ཅད་རང་གྲོལ་འགྱུར། །མི་མནོ་མི་བསམ་མི་སེམས་ཞིང་། །མི་སྒོམ་མི་སྤྱད་རང་སར་བཞག །བསམ་བརྗོད་དང་བྲལ་བདེ་བ་ཆེ། །མཐའ་དབུས

མེད་པར་རྟོགས་བྱ་རུ། །ཞེས་གསུངས་པས། གནས་ལུགས་ཀྱི་དོན་མངོན་དུ་གྱུར་ཏེ་ཆེད་དུ་བརྗོད་པ། ཡིད་ལ་མི་བྱེད་ཕྱག་རྒྱ་ཆེན་པོའི་ལམ། །དམིགས་མེད་སྤྲོས་བྲལ་སྒྲིབ་མེད་སེམས་ཀྱིས་ནི། །ངོ་བོ་མཐོང་སྟེ་སུ་ལའང་དྲི་མི་བྱ། དྲི་མེད་ཤུགས་འབྱུང་རྣལ་འབྱོར་རང་གྲོལ་ཡིན། །ཞེས་ཆེད་དུ་བརྗོད་ནས་ཡུལ་མེད་གནས་མེད་དུ། བྱ་བྲལ་གྱི་སྤྱོད་པ་མཛད་ནས་བྱོན། །དེའི་དུས་སུ་རི་རི་པ་དང་། ཀ་སོ་རི་པ་གཉིས། ཏཻ་ལོ་པའི་མདུན་དུ་ཕྱག་བྱས་ཏེ། ནཱ་རོ་པ་གར་བྱོན་ཞུས་པས་ཕྱག་རྒྱ་ཆེན་པོའི་དོན་རྟོགས་ནས་ཕྱོགས་མེད་ཡུལ་མེད་དུ་བྱ་བྲལ་ལ་བྱོན་གསུངས། འོན་ནཱ་རོ་པ་ལྷ་བུའི་མཁས་གྲུབ་ཆེན་པོ་བྱ་བྲལ་ལ་བཏང་ནས་བསྟན་པ་ལ་མི་ཕན་པས། རྒྱལ་བའི་བསྟན་པ་དར་བའི་ཆེད་དུ་བརྒྱུད་པ་འཛིན་པར་ལུང་བསྟན་ཞིང་། འགྲོ་དོན་བྱེད་པར་གསུངས་དགོས་ཞུས་པས། འོན་ཁྱུག་ལ་ཤོག་དང་དེ་ལྟར་བྱའོ་གསུངས། དེར་རྣམ་པ་གཉིས་པོ་རྫུ་འཕྲུལ་གྱིས་བྱོན་ཞིང་། དེ་ཉིད་དུ་ནཱ་རོ་པ་གདན་དྲངས་ནས་ཕྱིན་ཏེ་དེ་ནས་འགྲོ་དོན་བྱེད་པར་དབང་བསྐུར་ཞིང་བརྒྱུད་འཛིན་ལུང་བསྟན་པ་ནི། ཏཻ་ལོ་པས། བླ་མའི་གདམས་ངག་དྲི་མེད་ཆུ་རྒྱུན་འདི། །ཐེ་ཚོམ་བྲལ་ཞིང་གུས་པར་འཐུང་གྱུར་ན། །རྒྱ་མཚོ་ཆེན་པོ་བཞི་ཡིས་བདུད་རྩི་མཆོག །ཐ་གླིང་ཆེན་པོ་བཞི་ཡི་སྐྱ་བཞི་སྟེ། །དྭངས་ལ་རྙོག་པ་མེད་པ་མཁྱེན་གཉིས་གསལ། །སྐལ་ལྡན་ནཱ་རོའི་ཐུགས་ལ་དེ་ལྟར་ཞོག །ཕྱི་རབས་ཀུན་ལ་ཁྱོད་ཀྱིས་དེ་ལྟར་སྟོན། །འདི་ནི་ཏཻ་ལོའི་གདམས་ངག་དམ་པའོ། །ཡང་དག་རྒྱུད་སྡེ་བཞི་ཡི་སྙིང་པོ་མཆོག །རྡོ་རྗེ་འཆང་གི་ཐུགས་ཀྱི་སྙིང་ཁུ་སྟེ། །ཡང་དག་དོན་ལྡན་བླ་མ་དམ་པ་ནི། །སྙིང་གི་དཀྱིལ་དང་སྤྱི་བོར་མོས་བྱས་ཏེ། །ཡང་དག་བླ་མའི་ཞལ་ནས་བྱུང་གྱུར་པའི། །གདམས་ངག་དམ་པ་འདི་ནི་སྒོམ་པར་བྱ། །འདི་ལ་བཅིངས་པ་མེད་ཅིང་གྲོལ་བ་མེད། །ཐ་སྙད་ཚིག་མེད་འདི་ལ་བརྗོད་དུ་མེད། །དེ་དོན་མྱོང་ན་ཡིད་ནི་དགའ་བར་འགྱུར། །དགག་པ་གཉིས་ནི་རང་བྱུང་ཆེན་པོ་སྟེ། །ཏཻ་ལོ་པ་ཡི་གདམས་ངག་དམ་པ་ཡིན། །འདི་ལ་ཐ་སྙད་ཚིགས་སུ་བརྗོད་པ་མེད། །དུས་གསུམ་སངས་རྒྱས་བརྗོད་དང་བྲལ་བ་སྟེ། །བརྗོད་དུ་ཡོད་ན་ཀུན་རྫོབ་ཉིད་དུ་འགྱུར། །ཀུན་རྫོབ་གཉིས་སུ་འཛིན་པའི་རྟོག་པ་དེ། །གཉིས་སུ་འཛིན་པ་ཀུན་འབྱུང་འཁོར་ལོ་ཡིན། །དེ་ཕྱིར་གཅིག་པུའི་དོན་ལ་རྩལ་སྦྱོང་མཛོད། །དུས་གསུམ་རྒྱལ་བ་གཅིག་པུ་ཉིད་དུ་རྫོགས། །གཅིག་པུའི་དོན་ཉིད་ཁོང་དུ་ཆུད་ལགས་ན། །སྡེ་སྣོད་གསུམ་དང་རྒྱུད་སྡེ་བཞི་པོ་དང་། །དུས་གསུམ་རྒྱལ་བའི་གསུང་རྣམས་སྐད་ཅིག་ལ། །མི་བརྗེད་གཟུང་དུ་འགྱུར་རོ་ནཱ་རོ་པ། །གཟུངས་འདི་ཐོབ་པའི་རྣལ་འབྱོར་ནཱ་རོ་ཁྱོད། །རྒྱུད་ནས་རིམ་

བཞིན་གཟུངས་འདི་ཁྱོད་ཀྱིས་སྟོན། །ཐམས་ཅད་ཀུན་གྱི་ཡིད་ནི་གཟུང་འདིས་ཚིམ། །གཟུངས་ཐོབ་ཁྱེད་ཀྱི་སྙིང་ལ་དེ་ལྟར་འཕོང་། །ཕུ་ལ་ཧ་རིའི་དགོན་པ་རུ། །རང་གྲོལ་ཡེ་ཤེས་ཉི་མ་ཡིས། །ཁ་བ་ཅན་གྱི་སྐལ་ལྡན་པ། །མ་ཧེའི་མ་རིག་མུན་པ་སོལ། །ཡེ་ཤེས་སྣང་བས་ཁྱབ་པར་གྱིས། །གང་ཡང་སྐྱེ་བ་མེད་པ་ཡི། །རང་རིག་རང་གསལ་ནམ་མཁའ་ལ། །དམ་ཆོས་སྤྲིན་གྱི་ཆར་རྒྱུན་གྱིས། །གདུལ་བྱའི་ལོ་ཏོག་སྨིན་པར་མཛོད། །ཅེས་གསུངས་སོ། །དེ་ནས་རི་རི་པ་རྟྣ་ན་གཏམས་ཕྱག་འཚལ་ཏེ་སྨྲས་པ། ནཱ་རོ་ཆོས་ཀྱི་སྨིན་པ་ཡིས། །འགྲོ་རྣམས་ནད་ཀྱིས་ཟིན་པ་ལ། །དམ་ཆོས་བདུད་རྩིའི་སྨན་སྦྱོར་གྱིས། །ཉོན་མོངས་ཟུག་རྔུ་སྦྱངས་དུ་གསོལ། །ཞེས་དང་། ཀ་སོ་རི་པས། གཅིག་པུ་ཞི་བདེ་དོན་གཉེར་བ། །ཤན་རང་ལྷ་བུའི་བློ་དོར་ནས། །ནཱ་རོ་ཆོས་ཀྱི་སྒྲོན་མེ་ཡིས། །འགྲོ་བའི་མུན་པ་བསལ་དུ་གསོལ། །དེར་ཁ་ཆེ་དགོན་པ་དང་། བྲམ་ཟེ་རིན་ཆེན་རྡོ་རྗེ་ལ་སོགས་འགའ་ཞིག་ཕྱིན་ནས་གདམས་ངག་ཞུ་བྱས་པས། ཧེ་ལོ་པའི་ཞལ་ནས། ང་ནི་ཞིང་ཁམས་བརྒྱར་ཡང་ཕྱིན། །སངས་རྒྱས་བརྒྱ་ཡི་ཞལ་ཡང་མཐོང་། །སྤྲུལ་པ་བྱེ་བ་བརྒྱར་ཡང་བཀྱེས། །ཀླུ་སྒྲུབ་ཙནྡྲ་ལ་བ་པ། །བཅོམ་ལྡན་འདས་དང་ང་གཏམ་བྱས། །ས་ར་ཧ་ནི་ཆེན་པོས་ཀྱང་། །རྟོགས་པ་ང་ལ་འདྲེན་དུ་མེད། །མི་བརྗེད་གཟུངས་ཐོབ་ནཱ་རོ་པ། །བཅུ་གཉིས་བར་དུ་ང་མཉེས་བྱས། །ང་ཡི་རྟོགས་པ་ཁོ་ལ་ཡོད། །ཕྱི་རབས་དོན་གཉེར་སྐལ་ལྡན་རྣམས། །རྟོགས་པར་འདོད་ན་ནཱ་རོ་བསྟེན། །ཞེས་གསུངས་ནས། །རྒྱུད་འཛིན་གྱི་སློབ་མ་དང་། གདུལ་བྱ་སྨིན་གྲོལ་ལ་དགོད་པར་ལུང་བསྟན་པས། ནཱ་རོ་པས་ཕྱག་འཚལ་ཞིང་བླ་མ་དམ་པའི་བཀའ་ལུང་དང་། རྡོ་རྗེ་སྤུན་གྱི་གསུང་བཞིན་དུ། མདོ་རྒྱུད་སྙིང་པོ་དོན་གྱི་བཅུད། །ངེས་མེད་ཡུལ་དུ་བསྒྲུབ་པར་བྱ། ཞེས་གསུངས་ཏེ། ཕུ་ལ་ཧ་རིའི་དགོན་པར་བྱོན་ནོ། །དེར་པི་ཀ་མ་ལ་ཤཱི་ལའི་གཙུག་ལག་ཁང་ཆེན་པོ་ལ་སོགས་སུ་ཡང་། ཕྱི་ནང་གི་རྒོལ་བ་ཐམས་ཅད་ཚར་བཅད་ཞིང་གདུལ་བྱ་རྣམས་སྨིན་གྲོལ་ལ་བཀོད་དོ། །

དེ་ནས་ཕུ་ལ་ཧ་རིའི་དགོན་པ་དེ་ནི་ནགས་ཚལ་དང་། མེ་ཏོག་ཕུན་སུམ་ཚོགས་པ་ཆོས་བྱེད་པའི་ཡོ་བྱད་ལ་མ་སྨོངས་ཞིང་། མི་མཐུན་པའི་རྐྱེན་མེད་ལ་དགེ་སྦྱོར་འཕེལ་བའི་གནས་ཡིན་ལ། །དེར་ཐུགས་དམ་གྱི་རིམ་པས་དུས་འདའ་བའི་ངང་ནས། འགྲོ་བའི་དོན་རྒྱ་ཆེན་པོ་མཛད་ཅིང་བཞུགས་པ་ལ། དུས་ནམ་ཞིག་གི་ཚེ་ན། ནང་པ་དང་མུ་སྟེགས་གཅེར་བུ་པ་རྣམས་རྩོད་པ་བྱུང་བས། མུ་སྟེགས་རྒྱལ་ཏེ། ནང་པའི་བསྟན་པ་འཇིག་ལ་ཁད་དུ་གྱུར་པ་ན། རྒྱལ་པོ་པཧྲི་ཏ་ལྷ་བརྒྱ་ལ་སོགས་ལ།

མི་ཏོག་ཕྲེང་བ་གཏད་པ་སུས་ཀྱང་ལེན་མ་ནུས་པས། རྒྱལ་པོ་ན་རེ། ད་རུང་བཀའ་སློབས་ལ་རྩོད་པ་གྱིས་ཤིག །གལ་ཏེ་རྩོད་མི་ནུས་ན་གཙུག་ལག་ཁང་གཅེར་བུ་པ་ལ་འབུལ་ལོ་བྱས་པས། པཎྜི་ཏ་རྣམས་གྲོས་བྱས་ནས་ནཱ་རོ་པ་ལ་གསོལ་བ་བཏབ་པས། དེ་ཙམ་ལ་ཐུག་ན་བརྩད་པས་ རུང་གསུངས་ཤིང་ཞལ་གྱིས་བཞེས་སོ། །དེར་གཅེར་བུ་པ་འོང་དུ་མ་བཏུབ་པ་ལ། ཁོའི་སྒོ་དྲུང་དུ་ཕར་སོང་ནས། དཔང་པོ་རྒྱལ་པོ་དང་ཕྱི་ནང་གི་པཎྜི་ཏ་མཁས་པ་རྣམས་ཀྱིས་ཁྲི་བཤམས་ཏེ་རྩོད་པ་བྱས་པས། ནཱ་རོ་པ་ཞན་ཞན་འདྲ་བས། ངཱ་བུ་སླ་བའི་དབང་ཕྱུག་ཞན་པ་ལྟར་འདུག་པ་ཅི་ཡིན་སྙམ་པས་སྔར་ཏཻ་ལོ་པས་དབེན་པར་དམ་བཅས་ཤིང་དགེ་སྦྱོར་ལ་བརྩོན་ནས་གཞན་དོན་འཕེལ་བའི་སྐབས་སུ་རྩོད་པ་མ་བྱེད། བྱས་ན་ཆོས་ལ་སྣང་བའི་ལྟུང་བ་དྲུག་པ་ཕོག་དོགས་ཡོད་གསུངས་པའི་བཀའ་བཅག་པ་དྲན་ནས། ཉེས་པ་བཟོད་པར་གསོལ་ཞིང་བཤགས་ནས། ཡིད་ཀྱིས་གསོལ་བ་བཏབ་པས། ཏཻ་ལོ་པས། ཕྱག་གཡོན་ན་མིའི་ཐོད་པ་བཅད་མ་ཐག་ཀླད་པས་གང་བ་གཅིག་ཐོགས་ཏེ་བྱོན་པ་ལ། ནཱ་རོ་པས་ཕྱག་འཚལ་བས། གཅེར་བུ་པ་ན་རེ། ཁྱོད་སངས་རྒྱས་པ་སྙིང་རྗེ་དང་བྲལ་བ། སྲིན་པོའི་གཟུགས་ཅན་འདི་ལྟ་བུ་ལ་ཕྱག་འཚལ་བ་དེ་ཉིད་ཕམ་པའི་གནས་སུ་གྱུར་ཏོ། །ཞེས་ཟེར་བ་ལ། ཏཻ་ལོ་པའི་ཞལ་ནས་ཕམ་ཕམ་ཟེར་ཞིང་ཁོའི་ལྷ་ཁང་འདི་བུ་མ་བྱ་བ། མཆོད་རྟེན་གྱི་རྣམ་པ་འདྲ་བ་ཟུར་བརྒྱད་དང་ལྡན་པ་གསུམ་ཐོག་གཅིག་ཡོད་པ་ལ། སྡིག་མཛུབ་ལན་གསུམ་མཛད་པས་ཐོག་གསུམ་ཁ་འགྱེལ་ཏེ། གཅེར་བུ་པ་རྣམས་སྐྲག་ནས་ཐམས་ཅད་ཀྱིས་ཏཻ་ལོ་པའི་ཞབས་ལ་མགོ་བོའི་ཕྱག་འཚལ་ཞིང་སྐྱབས་སུ་སོང་བ་ལ། དེ་དག་སངས་རྒྱས་ཀྱི་བསྟན་པ་ལ་བཙུད་དོ། །དེར་ཏཻ་ལོ་པས། ད་ནི་ཁྱོད་ཀྱིས་ཆོས་སྟོན་གཅིག་དང་། དེས་འགྲོ་བ་མང་པོ་ལ་ཕན་པར་འགྱུར་རོ། །ཁྱོད་ཀྱིས་ཀྱང་སློབ་མ་དང་དེའི་ཡང་སློབ་ལ་སོགས་ལ་མར་རིམ་པ་བཞིན་དུ་ཕན་རྗེ་ཆེ་རྗེ་ཆེར་འགྱུར་རོ་གསུངས་ནས་མི་སྣང་བར་གྱུར་ཏོ། །དེར་ནཱ་རོ་པས་བླ་མའི་གསུང་སྒྲུབ་ཅིང་ཡོད་པ་ལ། ཡང་དུས་རེ་ཞིག་གི་ཚེ་གཅེར་བུ་པ་ལ་བརྟེན་ནས་བྱང་ཕྱོགས་ཀྱི་མུ་སྟེགས་པ་ཐམས་ཅད་འདུས་ནས། ནཱ་རོ་པའི་མདུན་དུ་འཁོད་ཅིང་། ཕྱི་ནང་གི་གྲུབ་མཐའ་རྩོད་དགོས་ཟེར་བས། བསྟན་པ་རྒྱལ་དུ་བཞག་རྒྱལ་པོ་དང་ཕྱི་ནང་གི་པཎྜི་ཏ་མང་པོ་དཔང་པོར་བཞག་ནས། ཉི་མ་གསུམ་ལ་བརྩད་པས་ནཱ་རོ་པ་རྒྱལ་ཏེ། མུ་སྟེགས་པ་རྣམས་ནང་པའི་བསྟན་པ་ལ་བཙུད་ཅིང་། སངས་རྒྱས་ཀྱི་བསྟན་པ་དར་བར་མཛད་དོ། །

དེ་ལྟ་བུའི་བླ་མ་དམ་པ་དཔལ་ལྡན་ནཱ་རོ་པ་ཆེན་པོ་དེ་ཉིད་ཀྱིས་འཕྲིན་ལས་རྣམ་པ་བཞིའི་སྒོ

ནས། རྒྱ་གར་ཕྱོགས་བཞིའི་གདུལ་བྱ་དཔག་ཏུ་མེད་པ་སྨིན་གྲོལ་གྱི་ལམ་ལ་བཀོད་དེ། གསང་སྔགས་སྙིང་པོའི་དོན་མཁའ་འགྲོ་མ་རྣམས་ཀྱི་ཕྱག་ན་ཡོད་པ་རྣམས་ཀྱང་། སྐལ་ལྡན་མཐའ་དག་ལ་སྣང་བར་བྱས་ནས། སྐྱེས་མཆོག་མར་པ་ལ་སོགས་བརྒྱུད་འཛིན་གྱི་སློབ་མ་དམ་པ་རྣམས་ཀྱང་གཞན་དོན་དུ་ལུང་བསྟན་ཅིང་། སངས་རྒྱས་ཀྱི་བསྟན་པ་རིན་པོ་ཆེ་སྤྱི་ཐམས་ཅད་དུ་དར་ཞིང་རྒྱས་པར་མཛད་དེ། རྡོ་རྗེའི་སྐུ་བརྙེས་པ་དེ་ཉིད་སོ་སོའི་སྐྱེ་བོའི་ངོར་མཐར་འདིར་གྲོན་འདིར་འདས་འདིར་གནས་མེད་ཀྱང་། ངེས་པ་དོན་དུ་མཁའ་འགྲོ་མ་རྣམས་ཀྱིས་འདོ་ལིའི་ཁར་ཨུ་རྒྱན་གྱི་ཡུལ་དུ་དངོས་སུ་གདན་དྲངས་ནས་འགྲོ་བའི་དོན་མཛད་ཅིང་ད་ལྟའི་བར་དུ་བཞུགས་ཞེས་གྲགས་སོ། །འདི་ལ་ཁ་གཅིག་གོང་དུ་མུ་སྟེགས་གཅེར་བུ་པ་དང་བརྩད་པས་ཆོས་ལ་སྨོད་པའི་ལྟུང་བ་དྲུག་པ་ཐོག་ནས། བཀའ་བཅག་པས་སྐྱེ་བ་འདི་ལ་མཆོག་མ་ཐོབ་སྟེ། བར་དོར་མཆོག་གི་དངོས་གྲུབ་ཐོབ་པར་ལུང་བསྟན་ཟེར་བ་དང་ཡང་རིགས་བྲམ་ཟེ་ཡིན་ཟེར་བ་དང་། ཕྱིས་སྐུ་འདས་ནས་གདུང་བཞུས་པའི་ཤུལ་དུ་ཡང་ཟླ་རེ་རེ་བཞིན་གཤེགས་པའི་དུས་མཆོད་དུ་ལྷའི་མཆོད་པ་འོང་སྟེ། རོལ་མོའི་སྒྲ་དང་མེ་ཏོག་གི་ཆར་བབས་པ་ཡང་དེང་སང་གི་བར་དུ་ཀུན་གྱིས་མཐོང་ཞིང་ཐོས་པ་ཡོད་ཟེར་བ་ལ་སོགས་ཀྱི་བཞེད་པ་འགའ་ཞིག་ཡོད་ན་ཡང་། བཀའ་བརྒྱུད་པ་ཕལ་ཆེར་རྣམས་ཀྱིས་གོང་དུ་བཤད་པ་ལྟར་བཞེད་པ་ཡིན་ནོ། །

དེ་ལྟར་སྤྲུལ་པ་དུ་མའི་སྒོ་ནས་སེམས་ཅན་གྱི་དོན་མཛད་པའི་གྲུབ་ཆེན་ནཱ་རོ་པ་ཆེན་པོ་དེ་ཉིད་བདེ་བར་གཤེགས་པས་ལུང་བསྟན་པ་ནི། བདེ་མཆོག་གི་རྒྱུད་རྡོ་རྗེ་ཕྲེང་བ་ཞེས་བྱ་བའི་ལེའུ་དྲུག་བཅུ་རྩ་བཞི་པའི་ལེའུ་བཅུ་གསུམ་པའི་ནང་ནས། ནཱ་རོ་པ་ཞེས་གྲགས་པའི་རྣལ་འབྱོར་པ། །བཅོམ་ལྡན་ཤཱཀྱ་ཐུབ་པའི་བསྟན་པ་ལ། །སྤྱོ་དན་མི་འདའ་སྤྲུལ་སྐུས་འགྲོ་དོན་མཛད། །འདི་ནི་རྒྱལ་བ་ཉིད་ཀྱི་རྣམ་པར་འཕྲུལ། །ཞེས་པ་དང་། ཡེ་ཤེས་གསང་བ་དམ་ཚིག་གི་རྒྱུད་ལས། བདེ་ཆེན་བདེ་བའི་འབྱུང་གནས་ཀྱི། །བྱང་ཆུབ་ལམ་སྟོན་འགྲོ་བ་ཡི། །མགོན་གྱུར་ཁྱོད་ཀྱི་སྤྱན་ལྡན་གྱི། །བཅོམ་ལྡན་རྩ་ཤད་ཕྱིར་མི་ལྡོག །ཅེས་ལུང་བསྟན་པ་དེ་ལྟ་བུའི་དཔལ་ལྡན་ནཱ་རོ་པ་ཆེན་པོ་དེ་ཉིད་ལ། རང་དང་མཚུངས་ཤིང་ཆེར་གྲགས་པའི་བུ་ཆེན་དམ་པ་བདུན་བྱུང་བ་ནི་མངའ་བདག་ཆེན་པོ་མཻ་ཏྲི་པ་དཔལ་ཞི་བ་བཟང་པོ། རྡོ་བོ་བླ་མ་འབིར་བ་པ། མཁས་པ་ཆེན་པོ་ཤེ་རྡུ་པ། བལ་པོ་སྤྱི་ཐེར་བ། དགེ་ཚུལ་ཤེས་རབ་སེང་གེ །ཁ་ཆེ་ཨ་ཀར་སིདྡྷི་སྟེ་བདུན། པྲཛྙཱ་རཀྵི་ཏ་ལ་སོགས་ཕྱོགས་བཞིའི་རཀྵི་ཏ་ཆེན་པོ་བཞི་

དང༌། མཁས་པ་ཆེན་པོ་མྲི་ཏི། ཞི་བའི་གོ་ཆ་ཛྙཱ་ན་ཀ་ར། སུ་མ་ཏི་ཀིརྟི་ལ་སོགས་པ་པཎྜི་ཏའི་སློབ་མ་དུ་མ་དང༌། ཀ་ན་རི་པ་དང་ཁ་ཆེ་བྱང་ཆུབ་བཟང་པོ་ཕམ་མཐིང་བ་བྱང་ཆུབ་སྐྱ་མཆེད་ལ་སོགས་གྲུབ་ཐོབ་བརྒྱ་རྩ་བརྒྱད། སེན་ཏ་བ་ལ་སོགས་བརྟུལ་ཞུགས་གྲུབ་པའི་རྣལ་འབྱོར་པ་ལྔ་བཅུ་རྩ་བཞི། མཚན་ལྡན་གྱི་རྣལ་འབྱོར་མ་སྟོང་དང་ཚིག་བརྒྱ་ལ་སོགས་པ་སྨིན་པར་མཛད་ཅིང༌། སྙན་བརྒྱུད་ཕལ་ཆེར་གནང་བ་ཡང༌། ཕམ་མཐིང་བ་འཇིགས་མེད་གྲགས་པ་དང༌། ཛྙཱ་ན་ཀ་ཤྲཱི་ཀ་ན་ཀ་ཀ་ར་ཤྲཱི་ཤྲཱི་ཧྣྨ་ཀ་ཤྲཱི་སྟེ་ཤྲཱི་རྣམ་པ་བཞི། མ་ན་བྲི་དང་ཏི་ཕུ་པ་རྣམས་སོ། ཁྱད་པར་དུ་འཕགས་ཤིང་བརྒྱུད་འཛིན་དམ་པར་ལུང་བསྟན་པ་ནི། སྐྱེས་མཆོག་མར་པ་ཆོས་ཀྱི་བློ་གྲོས་ལགས་སོ། །ཅེས་ནཱ་རོ་པའི་རྣམ་པར་ཐར་པ་སོ་རག་བྱ་བྲལ་གྱིས་བགྱིས་པའོ། །

བཞི་པ་སྐྱེས་མཆོག་མར་པ་ལོ་ཙཱའི་རྣམ་ཐར་ནི། བླ་མ་དམ་པ་ལ་ཕྱག་འཚལ་ལོ། དེ་ཡང་དང་པོ་སྐུ་འཁྲུངས་པའི་ཡུལ་ནི་ལྷོ་ཕྲག་ཆུས་ཁྱེར་བྱ་བར། ཕྱུག་པོ་མར་སྟོན་དཀོན་མཆོག་བྱ་བའི་ཚ་བོ། ཡབ་མར་པ་དབང་ཕྱུག་འོད་ཟེར་དང༌། ཡུམ་རྒྱ་མོ་འོ་དེ་བྱ་བའི་སྲས་སུ་ཆུ་ཕོ་བྱི་བའི་ལོ་ལ་འཁྲུངས་ཏེ། གཟུགས་བྱད་མཛེས་ཤིང་ལྟ་ན་སྡུག་པ། ཐམས་ཅད་ཀྱི་ཡིད་དུ་འོང་ཞིང་དབང་པོ་གསལ་བ་བློ་གྲོས་ཤིན་ཏུ་ཆེ་བ་གཅིག་བྱུང་བས། མཚན་ཡང་ཆོས་ཀྱི་བློ་གྲོས་བྱ་བར་གྲགས། སྐྱེ་བ་སྔོན་གྱི་ཆོས་ཀྱི་བག་ཆགས་ཡོད་པས་བྱིས་པའི་དུས་ཀྱི་རྩེད་མོ་ལ་ཡང་དགོན་པ་འདེབས་པ་དང༌། གསུང་རབ་དཀྱིལ་འཁོར་འབྲི་བ་གཏོར་མཆོད་བཤམས་པ་གཞན་ལ་ཆོས་བཤད་པ་སོགས་ཀྱི་རྣམ་འགྱུར་མང་དུ་བྱེད་ཅིང༌། ཆོས་ལ་ཤིན་ཏུ་མོས་པ་གཅིག་བྱུང་ངོ༌། །དེ་ནས་སློབ་དཔོན་སྙིང་མ་བ་གཅིག་ལས་སློབ་གཉེར་བྱས་པས་ཤེས་རབ་རྣོ་ཞིང་ཐོགས་པ་མེད་པ་སློབ་གཉེར་མང་པོ་ལོབས་ནས་བྲིས་ཀློག་ལ་སོགས་ལ་ཡང་མཁས་པར་གྱུར། འོན་ཀྱང་ཐུགས་རྒྱུད་ཅུང་ཟད་རྩུབ་པས་ཆང་སྨྱོན་དང་གཞན་ལ་འཐབ་མོ་ཡང་བྱེད་དེ། རྟེན་རྫས་ངན་པའི་དབང་གི་ཤེ་རྒྱན་བག་རེ་བྱུང་བས་ནོར་རྫས་རྣམས་ཀྱང་ཟད་དེ། དེར་ཡང་ཆང་བཏུང་པ་གཅིག་ཏུ་ཡང་སྐྱོ་བ་སྐྱེས་པ་ལ་བརྟེན་ནས། གྲོགས་པོ་གཅིག་དང་གྲོས་བྱས་པ་ནི། སྔ་མ་མི་ཐམས་ཅད་བྱམས་པ་ཡིན་པ་ལ། ད་ལྟ་སྡང་ཞིང་བཤེ་བཀུར་བྱེད་པ་བྱུང་བས། ངས་འཇིག་རྟེན་གྱི་བྱ་བ་འདི་ལ་དགོས་པ་ཅི་ཡང་མི་གདའ་སྟེ། ད་ནི་རྒྱ་གར་དུ་འགྲོ་ནས་ལོ་ཙཱ་མཁས་པར་སློབ་ཅིང༌། འདི་ཕྱི་གང་ལའང་ཕན་པའི་ཆོས་རེ་བྱེད་བྱས་ནས་དེར་ཐག་བཅད་ཅིང་གཞན་ཐམས་ཅད་ལ་ཡང་ཅིས་ཀྱང་རྒྱ་གར་དུ་འགྲོ་བ་ཡིན་སྨྲས་པས། ཉེ་བཞི་རྣམས

འདུས་ནས། མི་ངན་པ་འདི་ལྟ་བུ་གཅིག་བྱུང་བས། འདིར་བཞག་པས་ཁ་མཆུ་ཡང་འབྱེད། དེ་བས་གྲྭ་སར་བཏང་ན་ཞེས་འབྱེད་ནས་འོང་བ་ཡང་སྲིད་པས། གཏོང་བ་འཐད་ཟེར་ནས་གྲོས་འཆམ་པས། དེར་ཉེ་བཞི་རྣམས་འདུས་ཏེ། ཁྱོད་རང་ཡུལ་དུ་འདུག་ནས་ཕ་མེས་ཀྱི་བཞག་པའི་རང་གི་ལམ་ཁ་འཛིན་པ་མི་འོང་བ་རྒྱ་གར་དུ་འགྲོ་ནས་ཆོས་སློབ་པ་ཡང་ཅི་འདྲ་ཟེར། ཅེས་ཀྱང་རྒྱ་གར་དུ་འགྲོ་བ་ཡིན་ཟེར་བ་ལ། འོན་ཐག་ཆོད་ཀྱིས་དེ་ལྟར་བསམ་ན་འཐད་ཟེར་ནས། དེ་དག་གིས་གསེར་དང་རྟ་གཉིས་དང་གྲོ་ཕྱེ་ལ་སོགས་དངོས་པོས་ཆ་ཤས་རྣམས་རྫོངས་པ་བྱས། གྲོགས་པོ་དེ་ཉེ་རིང་རྣམས་ཀྱིས་བཞོལ་ནི་མ་བཏབ། མར་པས་དངོས་པོ་རྣམས་རྟ་ལ་བཀལ་ནས་བྱོན་པས་མྱང་སྟོད་རྩིས་ཀྱི་ལྷ་ཁང་དུ་ཕེབས་ཏེ་ཡོད་པ་ལ། དེར་པཎ་ཆེན་གཅིག་དང་དཔོན་གཡོག་འགའ་བྱུང་ནས་རྟ་དྲིལ་གྱི་ཁལ་ཕབས་ནས་བསྡད་པ་དང་། མར་པས་པཎ་ཆེན་ལ་ཕྱག་འཚལ་བས། དེས་ན་རེ། ཁྱོད་སུ་ཡིན་གར་འགྲོ་ཟེར་ང་ལྷོ་བྲག་མར་པ་ཡིན། རྒྱ་གར་དུ་སློབ་གཉེར་ལ་འགྲོ་བྱས་པས་གསེར་ཅི་ཙམ་ཡོད་ཟེར། གསེར་མང་པོ་མེད་བྱས་པས་རྒྱ་གར་དུ་འགྲོ་བ་ལ་གསེར་དགོས། གསེར་མེད་ན་ཕ་ཧེ་ཆུ་འཕྱུང་བྱ་བ་ཡིན་པས། སློབ་གཉེར་ལོབ་པ་དཀའ་ཟེར། མར་པས་ལོབ་ཀྱང་མ་ལོབ་ཀྱང་འགྲོ་ཟེར། པཎ་ཆེན་དེ་གཉོས་ལོ་ཙཱ་བ་ཡིན་པར་འདུག་སྟེ། ཇ་གསོལ་ཟེར་ནས་ཇ་གཅིག་དྲངས་དེ་ནས་གཉོས་ནི་མང་ཡུལ་དུ་སོང་། མར་པ་མྱུ་གུ་ལུང་གི་དགོན་པར་བླ་མ་འབྲོག་མི་ཤཱཀྱ་ཡེ་ཤེས་རྒྱ་གར་ནས་ཕེབས་ཤིང་ཆོས་གསུངས་པ་དང་ཐུག་སྟེ། དེར་བྱོན་ནས་ལོ་ཙཱ་ཡང་བསླབས་ཆོས་ཀྱང་ཞུས་པས། ཆོས་ཞུ་བསྙེན་ལ་གསེར་ཞོ་རེ། བར་དུ་ཚོགས་མཆོད་རེ། ཐོན་སྐྱེམས་དང་། མཚོ་སྐྱེས་སྒྲུབ་ཐབས་ཙམ་རེ་ལ་ཡང་། འབྲི་བཟང་རེ་འབུལ་དགོས། ཆ་རྐྱེན་ཡང་དཀའ་ཞིང་ང་ཡི་འདི་རྣམས་གསེར་ཆོས་དང་གཡུ་ཆོས་ཡིན་གསུངས་ནས། ཆོས་སྒོ་ཡང་དོགས་ལ་རྗིང་པ་ཡང་ཚང་བ་བཀའ་སྟེ། ཞལ་ཚ་ནས་འདུག་སྙིང་མ་འདོད། འདི་བས་རྒྱ་གར་རང་དུ་འགྲོ་དགོས་དགོངས་ཏེ་བྱོན་པས། ཡུལ་དུ་ཕེབས། གཉོས་ལོ་ཙཱ་བ་དེར་གདའ་བ་ཡང་འཕྲད།

དེ་ནས་ནགས་འདབ་གཅིག་ཏུ་རྣལ་འབྱོར་པ་དང་བླ་རི་མང་ལ་སོགས་ཆོས་ཉན་དུ་འགྲོ་ཞིང་འདུག །ཡ་གི་ན་སུ་བདོག་བྱས་པས། རྒྱ་གར་གྱི་གྲུབ་ཐོབ་ནཱ་རོ་པཎ་ཆེན་གྱི་སློབ་མ་སྤྱི་ཐེར་བ་དང་། བཻ་ཌྷ་བ་རྣམ་གཉིས་བཞུགས་ནས་ཡང་གསང་སྔགས་ཀྱི་རྒྱུད་སྡེ་ཟབ་མོ་འཆད་པ་ཡིན་ཟེར། ནཱ་རོ་པའི་མཚན་ཐོས་པ་ཙམ་གྱིས་ཤིན་ཏུ་དད་དེ། གཉོས་དང་རྣམ་གཉིས་ཆོས་ཞུར་སོང་བ་ལ། གཅིག་

གིས་བོད་འདི་ཀུན་དབང་བསྒྱུར་མེད་པར་ཆོས་གཏུབ་བམ་ཟེར། གཅིག་ན་རེ་སྐད་མི་གོ་བས་བ་གླང་དང་འདྲ་ཟེར་བས་གཉོས་མ་དགའ་སྟེ། ཕྱིར་ཉིན་གཉོས་འགྲོ་འམ་བྱས་པས། འདི་ཀུན་རྒྱ་གར་བ་ཡང་མིན། རང་རེ་བོད་ཀྱང་མིན། ཕོ་མིན་མོ་མིན་བྱ་བ་ཡིན་པས་ཆོས་མི་ཞུ། རྒྱ་གར་དུ་འགྲོ་ནས་པཎྜི་ཏ་ཉི་ཟླ་ལྷ་བུ་ལ་ཞུ་བ་ཡིན་ཟེར་ནས་སོང་ངོ་། །མར་པས་ཉིན་རེ་བཞིན་ཞུས་པས། དགྱེས་རྡོར་གྱི་རྒྱུད་གདམས་ངག་ཀྱང་མང་དུ་གསན། དབང་བསྒྱུར་ཡང་ཐོབ། ད་ནི་གསེར་གཅིག་བཙལ་ནས་རྒྱ་གར་དུ་འགྲོ་བསམ་ཞིང་། ཚུར་བོད་དུ་བྱོན་ཏེ་གཙང་དུ་ཕེབས་པ་དང་། དེར་ཉ་མ་དང་མི་སྐྱ་ལ་སོགས་ཆོས་ཞུ་བ་མང་དུ་བྱུང་ཞིང་འབུལ་བ་ཆེན་པོ་བྱས་ཏེ། རྟ་ནག་པོ་སེང་གེ་སྲབ་མེད་བྱ་བ་དང་། སེང་ལྡེང་གི་སྣ་བགྲ་དང་། ཟབ་ཆེན་ཡུག་གཅིག་གིས་གཞི་བྱས་ཡོ་བྱད་ཐམས་ཅད་གསེར་ལ་བསྒྱུར་བས་གསེར་སྲང་བཅོ་བརྒྱད་ཙམ་འགྲུབ་ཅིང་། ཡར་འབྱོན་བཞེད་པས་ལམ་རོགས་མེད་པ་ལ། གཙང་གྱེར་ཕུའི་གློག་སྐྱ་སྟོན་པ་ཆེན་པོ་དེ་དེར་སློབ་མ་འགའ་ཞིག་གིས་ཆོས་འཁོར་ལ་གདན་དྲངས་ནས། འབུལ་བ་མང་པོ་དང་བཅས་པས་ཡར་འབྱོན་པ་དང་མཇལ་ཤིང་། ལམ་རོགས་ཞུས་ནས་འགྲོགས་ཏེ་བྱོན་པས་ལམ་ཟ་དང་བྱ་ན་མ་ཆགས་པར་གནང་། སྐབས་སུ་དྲིའུ་ལ་ཞབས་སྦྲོང་ཡང་བྱས་ཤིང་། གློག་སྐྱུར་ཕེབས་པ་དང་། རྡོ་བོ་འདི་དམ་ཚིག་ཅན་གཅིག་འདུག་སྙམ་པ་དང་། ད་ལན་ཐུགས་ལ་བཏགས། ད་ཡང་རྒྱ་གར་དུ་འགྲོ་བས་བར་ཆད་མེད་པར་ཚུལ་ཕྱིན་ན་ངཡིས་སྣ་ལེན་དང་བཅས་བབས་པ་ཡང་མཛད་པར་ཞུ་བྱས་པས། ཁོ་བོ་ཐུས་པས་ཁྲོད་དང་མཇལ་ཏེ་མི་འོང་། ངཡི་རྗོ་ སྲས་ཀུན་ལ་དེ་བཞིན་བྱེད་དུ་འཇུག་པས་ཅིས་ཀྱང་འབྱོན་པར་ཞུ་ཞུས་པས། གསེར་སྲང་ཕྱེད་དང་རེའུ་སྣམ་བུ་གཅིག་ཇོངས་བ་བྱས། དེར་གསེར་སྲང་ལྔ་བཅུ་ཙམ་ཡོད་པ་འདི་ནས་བལ་ཡུལ་དུ་ཕྱིན་ཏེ། བླ་མ་རྣམས་ལ་མནྜལ་བྱས་ནས་ཕུལ། རང་བྱུང་གི་མཆོད་རྟེན་དུ་ལོ་གསུམ་བཞུགས་ཤིང་ཚད་པ་ལ་གོམས་སུ་བཅུག་ནས་ལོ་ཙྪ་ཡང་བསླབས། སྤྱིར་ཐེར་བ་ལས་གདན་བཞིའི་སྐོར་རྒྱུད་མན་ངག་དང་བཅས་པ་དང་། བཀའ་སྲུང་ལྷ་མོ་དུད་སོལ་མ་ལ་སོགས་མང་དུ་གསན།

པེ་ཏྲ་བ་ལ་སོགས་ལས་ཡང་གདམས་པ་མང་དུ་ཞུས། བལ་པོར་སློབ་གཉེར་བྱེད་པ་ལ་ལྟད་མ་ཟེར། རྒྱ་གར་དུ་བྱེད་པ་ལ་ནས་མ་ཟེར་ཞིང་། ནས་དང་ལྟད་ཙམ་གྱི་ཁྱད་བྱེད་འདུག་པ་དང་། ནཱ་རོ་པ་ལ་ཡང་དད་པའི་སྟོབས་ཀྱིས་དེར་རྒྱ་གར་དུ་བྱོན་ནས། པཎྜི་ཏ་ཡེ་ཤེས་ཁ་པ་དང་། ཡེ་ཤེས་སྙིང་པོ་དང་། ཀུ་སུ་ལུ་བ་ལ་སོགས་བསྟེན་ཅིང་། གྲི་ཡ་ལ་སོགས་པ་རྒྱུད་དང་། མ་རྒྱུད་ཀྱི་གདམས་པ་ལ་

སོགས་མང་དུ་ཞུས་ནས་ལོ་ལྔ་སོང་བ་དང་། ཡང་རྒྱུགས་ཆད་ནས་བལ་པོར་གསེར་འཚོལ་དུ་ཐོན་པ་ལ། ལྷོ་བྲག་ནས་ཉེ་བཞི་ལ་སོགས་དང་། གཙང་གི་སློབ་མ་རྣམས་ཀྱིས་གསེར་མང་པོ་བསྡུས་ནས་བསྐུལ་ཏེ་བསྐྱལ་བ་དང་འཕྲད་པས། བལ་པོའི་བླ་མ་རྣམས་ལ་ཞོ་ཤས་ཀྱི་མཎྜལ་བྱས།

དེ་ནས་རྒྱ་གར་དུ་ཐོན་ཞིང་གོང་གི་བླ་མ་རྣམས་ལ་གསེར་གྱི་མཎྜལ་ཕུལ། པེ་ཌྷ་བ་སྐུ་མཆེད་གཉིས་དེར་བཞུགས་པ་ལ་ཡང་གསེར་ཕྲག་བརྟེན་ལ་ཕུལ་ནས་མཇལ་བས་ཤིན་ཏུ་དགྱེས་ཏེ། ཁྱོད་དམ་ཚིག་ཅན་ཡིན་པས་བླ་མ་ཆེན་པོ་དང་སྤྲད་དགོས་གསུངས་ཤིང་དགེ་ཚུལ་ཤེས་རབ་སེང་གེ་ལ། བོད་ཀྱི་ལོ་ཙཱ་བ་འདི་དད་པ་ཆེ་ཞིང་དམ་ཚིག་དང་ལྡན་པ། སྐལ་ལྡན་གྱི་རིགས་སུ་གདའ་བས་བླ་མ་ཆེན་པོ་དང་མཇལ་བའི་ཞུ་སྣ་མཛོད། ཁྱེད་རང་གི་ཐུགས་ལ་ཐོག །ཅེས་སོགས་ཡི་གེ་ཞིབ་ཏུ་བྱས་ཏེ་རྫོང་པ་དང་སྦྲགས་ནས་བཏང་བས། ལམ་དུ་གཉོས་ལོ་ཙཱ་བ་དང་འཕྲད་པས་ཁོང་ན་རེ། འདིར་སྔོན་དང་གསེར་མཉམ་པོར་སྤྱད་ཅིང་། ངཡི་བླ་མ་པཎྜི་ཏ་ལ་ཆོས་ཞུ་ཟེར་ཡང་མ་བསྟུད་ནས་ཐོན་པས། ནཱ་ལེནྡྲའི་བྱང་སྒོར་དགེ་ཚུལ་ཤེས་རབ་སེང་གེ་དང་མཇལ་བས། གོང་གི་ལོ་རྒྱུས་རྣམས་ཞུས་པས། ཁོང་གི་ཞལ་ནས་བླ་མ་ཆེན་པོ་རྒྱ་གར་ནུབ་ཕྱོགས་སུ་ཆོས་གསུངས་པ་ལ་བཞུད་ཀྱང་། ད་ཙི་སྣ་ལ་ཞེས་པ་ཡིན་པས་དེའི་བར་དུ་ཁྱོད་རང་འདིར་ངལ་སོས་ལ་སྡོད་གསུངས་ནས་བཞུགས་པའི་ཚེ། ཉིན་གཅིག་ནང་མོར་ནཱ་རོ་ཆེན་པོ་འབྱོན་ཞིང་ཡོད་ཟེར་ནས་གླེང་འདུག །ཉི་མ་ཤར་བཟང་ཙམ་ན་ཨ་ཙ་ར་འགའ་སྔོ་ཙར་ཕྱིན་ནས་ནཱ་རོ་པ་ཆེན་པོ་ཆགས་ཕེབས་ནས་ཡོད། ཡང་རྒྱ་གར་ནུབ་ཕྱོགས་སུ་ཆོས་འཁོར་ལ་འགྲོ་བ་ཡིན་ཟེར་ནས། དེ་ཉིད་དུ་ཤེས་རབ་སེང་གེས་མར་པ་ཁྲིད་ནས་ཐོན་པས་ཕྱག་འཚལ་སྟེ། པུ་ལ་ཧ་རིའི་དགོན་པ་དེར་ལྷོངས་མི་རྟོག་གི་རྒྱན་པ་ཞེས་བྱ་བར། བླ་མ་ནཱ་རོ་ཆེན་པོ་ཤིང་སྟོང་པོ་ལ་སྐུ་རྒྱབ་གཏད་དེ་འབྲས་ཆེན་གཅིག་གསོལ་ནས་འཁོར་མང་པོ་ལ་ཆོས་གསུངས་ཤིང་འདུག་པ་དང་མཇལ། ཆོས་གསུངས་པ་ཅི་ཡིན་བྱས་པས་སྒྲ་ཚད་ལ་འཇུག་པ་བྱ་བ་ཡིན། དེར་མར་པས་གསེར་གྱི་མཎྜལ་ཕུལ་ཞིང་། ཞབས་སྤྱི་བོར་བླངས་ཏེ། མོས་གུས་ཆེན་པོའི་ཕྱག་དང་བསྐོར་བ་བྱས། ཉེ་གནས་ཤེས་རབ་སེང་གེས་མི་འདི་བོད་ཡུལ་ནས་བླ་མ་ལ་དད་ཅིང་འོང་བས་ལམ་དུ་དཀའ་བ་ཡང་མང་དུ་སྤྱད། ཅེས་སོགས་ལོ་རྒྱུས་ཞིབ་ཏུ་ཞུས་པས་བླ་མའི་ཞལ་ནས། ཁྱོད་ཀྱི་མིང་ཅི་ཡིན་གསུངས། ཆོས་ཀྱི་བློ་གྲོས་བྱ་བ་ལགས་ཞུས་པས། ཤིན་ཏུ་དགྱེས་ཏེ་དབང་བསྐུར་ཐོབ་བམ་གསུངས། བལ་པོར་བླ་མའི་སློབ་མ་རྣམས་ལས་དགྱེས་རྡོར་གྱི་དབང་ལ་སོགས་ཐོབ་ཞུས་པས། འོ་

ན་དེས་ཚིག་གསུངས་ནས། བདེ་མཆོག་ཇོ་མོ་ལྡན་ཅིག་སྐྱེས་མ་ལ་སོགས་རྒྱུད་སྤྲུབ་ཐབས་ཆ་ལག་དང་བཅས་པ་གནང་། ཐབས་ལམ་གཏུམ་མོ་ལ་སོགས་ཁྲིད་མཛད་ནས། ཕྱག་རྒྱ་ཆེན་པོ་ཐོབ། ཡང་བླ་མ་ཉིད་ཀྱིས་ཀྱི་རྡོ་རྗེ་ར་ལ་སོགས་པའི་དབང་མཛད་པའི་ཚེ། དཀྱིལ་འཁོར་གྱི་ལྷ་ཚོགས་ནམ་མཁར་ཞལ་མཐོང་ཞིང་དབང་བཞིའི་རྟོགས་པ་ཡང་ཤར།

ཡང་དེ་ནས་མི་ཟན་དུག་གི་ཆུ་ལས་བསྒྲལ་ཏེ། ལུས་དུག་སྦྲུལ་གྱི་ཤུན་པ་ལྟར་བརྗེས་ནས་ནུབ་དུ་ལ་ཁེ་ཏའི་དགོན་པར་བྱོན་ཞིང་ཡེ་ཤེས་སྙིང་པོའི་ཞབས་ལ་གཏུགས་ཏེ། ཕྱག་དང་གསེར་གྱི་མནྜལ་ཕུལ་ནས། གསང་བ་འདུས་པའི་སྐོར་རྣམས་གནང་ཞིང་རིམ་པ་ལྔའི་ཁྲིད་ཀྱང་མཛད་དེ། ནུབ་དུ་ལ་ཁེ་ཏའི་གྲོང་ཁྱེར་དུ། །དཔལ་ཡེ་ཤེས་སྙིང་པོའི་ཞབས་ལ་གཏུགས། །ཕ་རྒྱུད་གསང་བ་འདུས་པ་ཉན། །སྒྱུ་ལུས་འོད་གསལ་གྱི་གདམས་ངག་ཐོབ། །ལམ་རིམ་པ་ལྔའི་དོན་ལ་བསླབས། །ཞེས་གསུངས་སོ། །

དེར་གཏང་རག་གི་མཆོད་པ་ཚོགས་ཀྱི་འཁོར་ལོ་བསྐོར་ཞིང་། དེའི་ གྲལ་དུ་བླ་མ་ལ་རྟོག་པ་ཕུལ་བའི་མགུར་བླངས་པ། རྗེ་སངས་རྒྱས་ཀུན་དང་མཉམ་པའི་ངང་། བླ་མ་རྣམས་ལ་ཕྱག་འཚལ་ལོ། །ཞིང་དག་པ་རྗེ་བཙུན་རིན་པོ་ཆེ། །དཔལ་ཡེ་ཤེས་སྙིང་པོའི་ཞབས་ལ་འདུད། །ཅེས་སོགས་མཛད་དོ། །དེ་ནས་ཇོ་བོ་ཁ་སར་པཱ་ཎི་རང་བྱུང་གི་མཆོད་རྟེན་ལྷ་ཁང་དུ་ཕྱིན་པས་གཉིས་ལོ་དང་ཕྲད། ཅི་ཤེས་ཟེར་བས་དགྲེས་རྫོར་དང་འཕྲད་ཤེས། དེ་དག་གི་བགྲོ་གླེང་བྱས་པས་མར་པ་རྒྱལ་ལོ། །

དེར་གཉོས་ན་རེ། གནས་པ་རྩ་ལ་གཡོ་བ་རླུང་། བགོད་པ་བྱང་ཆུབ་སེམས་དང་གསུམ་བྱ་བའི་གདམས་ངག་སྒྱུ་མ་ཆེན་པོ་བྱ་བ་དགོས་པ་ཡིན། བདེ་དགྲེས་བོད་དུ་དར་ནས་ཡོད་ཟེར། མར་པ་ནཱ་རོ་པའི་དྲུང་དུ་ཕྱིན་ཏེ། དེའི་ལོ་རྒྱུས་ཞིབ་ཏུ་ཞུས་ནས་མ་ཏྲི་པའི་གདམས་ངག་གནང་བར་ཞུས་པས། །མ་ཏྲི་པ་ང་མཁས་ཏེ། དེའི་བདག་པོ་ཀུ་ཀུ་རི་པ་ཡིན་པས། ཁྱོད་དེར་གཏོང་དགོས་གསུངས་ནས་དུར་ཁྲོད་འཛིན་པ་དང་། སོ་ས་གླིང་ནས་ཁོང་རང་གི་སློབ་མ་རྣལ་འབྱོར་པ་གྲུབ་ཐོབ་གསུམ་བཏགས་བཀུག་སྟེ། ཚོགས་གཏོར་མཛད་ནས་མར་པ་ལོ་ཙྪ་ལྗོའི་དུག་མཚོ་ཁོལ་མའི་གླིང་དུ་འགྲོ་བ་ལ། འཇིགས་པ་མེད་པར་བྱིན་གྱིས་རློབས་ཤིག །གསུངས་པས། གཅིག་ན་རེ། དུག་གིས་མི་ཚུགས་པར་བྱའོ་ཟེར། གཅིག་ན་རེ་སྲིན་མོའི་འཇིགས་པ་མེད་པར་བྱའོ་ཟེར། གཅིག་ན་རེ་། མི་མ་

ཡིན་གྱི་གནོད་པ་མེད་པར་བྱའོ་ཟེར། དེར་བླ་མའི་ཞལ་ནས་ད་ཁྱོད་ལམ་དུ་གསོལ་བ་ཐོབ་ཅིང་སོང་དང་། ཆུ་ཆུང་སར་བོལ་ནུབ་ཆེ་སར་བླར་ཕྲ་སྒོམ་སླེབས་ཙམ་ལ་ཟླ་བ་ཕྱེད་དགོས། ཤིང་གཉིས་ཟུག་པའི་བར་དུ་སོང་། གཅིག་སོང་བའི་དྲུང་དུ་ཕར་སོང་དང་ཞག་པ་རེ་འོང་བ་ཡིན། ཆུའི་ཕར་ཁར་ཕྱིན་པ་དང་། ཁོང་སྤྲུལ་པ་སྣ་ཚོགས་སྟོན་ཅིང་ཅིའི་ཆ་ལུགས་སུ་བཞུགས་ངེས་པ་མེད་པས། གང་ལའང་ཐེ་ཚོམ་མ་ཟ་བར་ཆོས་ཞུས་ལ་ཐོག་གསུངས། དེར་ཡང་སོང་སྟེ་ཆུའི་ཕར་ཀར་ཕྱིན་པས་སྤྲེའུ་གདོང་བཞིན་ཡོད་པ་ལུས་པོ་སྤུས་འཐུམ་པའི་གསེབ་ནས་མིག་དམར་གེ་གེ་བྱེད་པ་ཅིག་འདུག་པ་ལ། བླ་མ་ཀུ་ཀུ་རི་པ་མཐོང་ངམ་བྱས་པས། ང་སྔོན་ནས་འདིར་བསྡད་པས་དེ་འདྲ་མིག་གིས་མ་མཐོང་ཟེར། གོང་དུ་བླ་མས་ཆ་ལུགས་མ་ངེས་པས་ཐེ་ཚོམ་མ་ཟ་གསུངས་པ་དྲན་ནས་དེ་ཉིད་དུ་མཇལ་ཕྱུལ་ཞིང་ཕྱག་འཚལ་ནས་གདམས་ངག་གནང་བར་ཞུ་ཞུས་པས། ཁྱོད་སུས་བཏང་གསུངས། ནཱ་རོ་པས་བཏང་ཞུས་པས། ནཱ་རོ་པ་ཟེར་ནས་གཤེ་ཡིན་གདའ། དེ་ལ་རྟོག་པ་ཅིག་སྐྱེས་པ་མཁྱེན་ནས། ཐེ་ཚོམ་དེ་འདྲ་སྐྱེ་མི་དགོས་གསུངས། ཁྱོད་བསུ་བ་ལ་རྣལ་འབྱོར་པ་གཉིས་བཏང་བ་དང་འཕྲད་དམ་གསུངས། བྱ་གཉིས་མིན་པ་གཞན་སུ་དང་ཡང་མ་འཕྲད་ཞུས་པས། འོ་དེ་གཉིས་ཡིན་གསུངས། ད་ཕར་འདོང་གདམས་ངག་ཀྱང་བྱ་གསུངས་ཤིང་ནགས་གསེབ་ཏུ་སོང་བ་དང་བཞུགས་སར་ཕྱིན་ནས་དེ་ཉིད་དུ་དབང་བསྐུར་ཞིང་ཟླ་བ་ཕྱེད་བཞུགས་པ་ལ། ཀུག་ཆེན་ཀུག་ཆུང་ལ་སོགས་རྫོགས་རིམ་ཉི་ཤུ་རྩ་བཞི་ཡན་ལག་དང་བཅས་པ་གནང་། དེ་ཡང་དམན་པ་དབྱིབས་ཀྱི་རྣལ་འབྱོར་ལ་བརྟེན་ནས་ཕྱག་རྒྱ་གསུམ་ལམ་དུ་བྱེད། ཟབ་པ་སྔགས་ཀྱི་རྣལ་འབྱོར་ལ་བརྟེན་ནས་རིག་པ་གསུམ་ལམ་དུ་ཁྱེར། མཐར་ཐུག་ཆོས་ཀྱི་རྣལ་འབྱོར་ལ་བརྟེན་ནས་གནད་ཀྱི་ཆིང་ལྔ་རྫོགས་རིམ་དང་བཅས་པ་འདི་ལྔ་བུར་ཡིན་ནོ་གསུངས་ཤིང་རྫོགས་པར་གནང་། ཕྱག་སྤྱི་བོར་བཞག་ནས་བྱིན་གྱིས་བརླབས་ཤིང་། ད་སོང་དང་ལམ་དུ་བར་ཆད་མི་འབྱུང་ཞིང་མྱུར་དུ་ཕྱིན་པར་འགྱུར་རོ་གསུངས།

དེ་ནས་གཏང་རག་གི་ཚོགས་གྲལ་དུ་རྟོགས་པ་ཕུལ་བའི་མགུར་ནི། དུས་གསུམ་སངས་རྒྱས་རྣམས་ཀྱི་སྲས། །འགྲོ་བ་རྣམས་ཀྱི་རྡོ་རྗེ་འཆང་། །རྒྱུད་གཉེན་པོ་རྣམས་ཀྱི་གཏེར་བདག་པོ། །དཔལ་ཞི་བ་བཟང་པོའི་ཞབས་ལ་འདུད། །ཅེས་སོགས་དང་། འདི་ན་བཞུགས་པའི་རྗེ་བཙུན་དང་ཅེས་སོགས་མཛད་དོ། །དེ་ནས་བྱོན་པས་བླ་མའི་བྱིན་རླབས་ཀྱིས་ཞག་བདུན་ནས་པུ་ལ་ཧ་རིར་སླེབས་ཏེ། དེ་དག་གི་ལོ་རྒྱུས་རྣམས་ཞུ་བསམ་ཡང་། ཞུམ་དགོས་པར་མཁྱེན་ནས་ཚུར་ལ་ཞིབ་ཏུ

གསུངས་ཤིང་། ད་ནི་ཁོ་བོའི་ཡང་ཚར་གཅིག་བཤད་དོ་གསུངས་ནས་གནང་བས་ནམ་ལངས་པའི་སྐེང་དུ་ཉི་མ་ཤར་བ་བཞིན་སོང་བས་ཤིན་ཏུ་དད་པ་སྐྱེས་སོ། །

དེ་ནས་ཡང་དུས་རེ་ཞིག་གི་ཚེ། གནས་གཞི་གཅིག་ཏུ་སོང་བ་ལ་གཉོས་ལོ་ཙྪ་དང་འཕྲད་པས་མ་ཧཱ་མཱ་ཡའི་བགྲོ་གླེང་བྱས་པས་མར་པ་རྒྱལ་བས། ཁོ་ན་རེ་སྔ་ལས་ཉན་པ་ཡིན་ཟེར་བའི་ལན་དུ། དམན་པ་དབྱིབས་ལ་ཟབ་པ་སྦྱགས། །མཐར་ཐུག་ཆོས་ཀྱི་རྣལ་འབྱོར་རྣམས། །ལེགས་པར་སྟོན་པའི་སློབ་དཔོན་ནི། བླ་མ་ཐར་པའི་ལམ་སྟོན་ཡིན། །ཞེས་བླ་མའི་མཚན་གསང་ཞིང་སླུས་པས་ཁོ་ན་རེ། ཉི་ཟླ་ལྟར་གྲགས་པ་དཔལ་གསང་བ་འདུས་པའི་ཆོས་རྣམས་གལ་ཆེ་བ་ཡིན་ཟེར། དེ་ནས་གཉོས་ཀྱིས་གོང་གི་བླ་མ་དེ་ལྷ་བུ་གང་དུ་བཙལ་ཀྱང་མ་རྙེད་ཟེར། མར་པས་བླ་མའི་མདུན་དུ་ལོ་རྒྱུས་རྣམས་ཞུས་པས་ནཱ་རོ་པས་བླ་མའི་མཚན་མ་གསང་ཡང་ཁོ་གསེར་མང་བས་དེར་མི་ཕྱིན་ངས་གྲུབ་ཐོབ་གསུམ་ལ་བྱིན་གྱིས་རླབས་ཏུ་བཅུག་པས་ཁྱོད་དེར་ཕྱིན་པ་ཡིན། འོན་ཀྱང་དེ་ལྟར་གསང་བ་ཁྱོད་བོད་ཀྱི་ལུགས་ཀ་ཡིན་ལས་ཆེ་གསུངས། ཁོ་ལ་གསང་བ་འདུས་པ་རྒྱུད་རྐྱང་གི་ལུགས་བས་མེད། ཁོ་བོ་ལ་རྒྱུད་དང་མན་ངག་གཉིས་ཀའི་ལུགས་ཡོད་དེ། དུས་ཚོད་གཅིག་ན་སྟོན་གསུངས། དེ་ནས་པུ་ལ་ཧ་རིའི་དགོན་དུ་ཉིན་གཅིག་གི་ཚེ། ཁ་ཆེའི་པཎྜི་ཏ་ཨ་ཀར་སིདྡྷི་བྱ་བ་དེ་བྱུང་ནས། བདག་རྒྱ་ནག་རི་བོ་རྩེ་ལྔར་བསྐོར་དུ་འགྲོ་བས། གསང་བ་འདུས་པ་གནང་བར་ཞུ་ཞུས་པས། ནཱ་རོ་པའི་ཞལ་ནས་ལོ་ཙྪ་བ་ཁྱོད་ཀྱི་དུས་ལ་བབས་སོ་གསུངས། དེ་ནས་དབང་བསྐུར་ཞིང་གདམས་ངག་རྣམས་རྫོགས་པར་གནང་། དེར་ཡང་ཨ་ཀ་ར་སིདྡྷི་བྱོན་ནས་མང་ཡུལ་དུ་ཕེབས་ཏེ། ནག་ཚོ་ལོ་ཙྪ་བ་དཔོན་སློབ་གསུམ་ལ་གསང་འདུས་བཤད་ཅིང་ཡོད་པ་ལ་མར་པའི་ཐུགས་དགོངས་ལས། ཁོང་ལྷ་བུ་མཁས་གྲུབ་ཆེན་པོ་བོད་དུ་སོང་བ་ལ་ད་ང་ཡིས་བཤད་ས་མི་རྙེད་ལས་ཆེ་བསམ་ནས་བློ་མ་བདེ་བས། དེ་མཁྱེན་ཞིང་ང་ཡི་གྲོགས་པོ་གཅིག་བློ་མ་བདེ་ནས་ཡོད་པས་རྒྱ་གར་ལ་འགྲོ་དགོས་གསུངས་ཤིང་། པུ་ལ་ཧ་རིར་བྱོན་ཏེ། གྲོགས་པོ་ཐུགས་བདེ་བར་མཛོད་ཅིག་གསུངས་ནས་ཨོ་རྒྱན་དུ་བཞུད་དོ། །དེ་ནས་མངའ་བདག་མཻ་ཏྲི་པ་མཇལ་དུ་འགྲོ་བ་ལ་ཞུས་པས་གནང་ཞིང་སོང་བས། ཆུ་བོ་གང་གཱའི་འགྲམ་རི་བོ་མེ་ལྟར་འབར་བའི་གནས་སུ་བཞུགས་པ་ལ། ཕྱག་དང་གསེར་གྱི་མཎྜལ་ཕུལ་ནས་ཞུས་པས། རྒྱུད་བསྟོད་པ་གླུར་བླངས་དང་། ཕྱག་རྒྱ་ཆེན་པོ་ལ་སོགས་པ་གདམས་པ་དཔག་ཏུ་མེད་པ་གནང་སྟེ། ཇི་སྐད་དུ། ཤར་ཆུ་བོ་གང་གཱའི་འགྲམ་དུ་ཕྱིན། །རྗེ་མཻ་ཏྲི་ཆེན་པོའི་བཀའ་དྲིན་

གྱིས། །གཞི་ཆོས་ཉིད་སྐྱེ་བ་མེད་པར་རྟོགས། །སེམས་སྟོང་པ་ཉིད་ལ་སྦྱར་ཟིན་བྱས། །དོན་སྤྲོས་བྲལ་གཉུག་མའི་ངོ་བོ་མཐོང་། །སྐུ་གསུམ་མ་དང་མངོན་དུ་མཇལ། །མི་ཁོ་བོའི་སྤྲོས་པ་དེ་ནས་ཆོད། ། ཅེས་གསུངས་སོ། །

དེ་ནས་གཏང་རག་གི་མཆོད་པའི་སྐབས་སུ་རྟོགས་པ་ཕུལ་བའི་མགུར་ནི། ལས་ཀྱི་ས་ཡི་འཛམ་གླིང་འདིར། །བྲམ་ཟེའི་རིགས་ལས་སྐྱེ་བ་བཞེས། །ཕྱི་ནང་གྲུབ་མཐའ་ཐམས་ཅད་མཁྱེན། ། བརྙེད་ལ་ཕྱག་འཚལ་ལོ། །ཅེས་སོགས་མཛད་དོ། །ཡང་ནཱ་རོ་པའི་ཞལ་ནས། ལྷོ་དུག་མཚོ་ཁོལ་མའི་ཕར་ཀ་རྣའི་སྒྲིལ་པོའི་ནང་དུ། ཡེ་ཤེས་ཀྱི་མཁའ་འགྲོ་མ་རུས་པའི་རྒྱན་ཅན་བཞུགས་པ་ལས། གདན་བཞིའི་སྐོར་རྣམས་ཞུས་གསུངས། དེར་སོང་བས་བྱིན་རླབས་ཀྱིས་ཆུའི་གནོད་པས་མ་ཚུགས་ཤིང་། མཁའ་འགྲོ་མའི་དྲུང་དུ་ཕྱིན་ཏེ། ཕྱག་དང་གསེར་གྱི་མཎྜལ་ཕུལ་ནས་གདམས་པ་ཞུས་པས་དབང་བསྐུར་ཞིང་། གདན་བཞི་ལ་སོགས་གདམས་པ་རྣམས་རྫོགས་པར་གནང་། གསང་མཚན་བདེ་བའི་རྡོ་རྗེར་བཏགས། གཞན་ཡང་བླ་མ་མང་པོ་ལས་ཆོས་དཔག་ཏུ་མེད་པ་ཞུས་ཤིང་སྒྲོ་འདོགས་རྣམས་ལེགས་པར་བཅད་དོ། །

དེ་ནས་མར་པ་ལོ་ཙྪས་ད་ནི་ལན་གཅིག་བོད་དུ་འགྲོ་ནས་གསེར་ཞིག་བསྒྲུབ་སྟེ། མཚན་ལྡན་གྱི་བླ་མ་འདི་ལྷ་བུ་དང་མཇལ་བ་ད་ལན་ཙམ་ཡིན་པས། འདི་རྣམས་ཀྱི་མདུན་དུ་ཚོགས་ཀྱི་འཁོར་ལོ་བསྐོར་ཞིང་མེ་ཏོག་གི་མཆོད་པ་རེ་ཡང་འབུལ། རྡོ་རྗེ་གདན་ལ་སོགས་པའི་གནས་ཁྱད་པར་ཅན་འདི་རྣམས་ལ་ཡང་མཆོད་པ་རེ་འབུལ་སྙམ་ནས། ང་རེས་གཅིག་བོད་དུ་འགྲོ་བ་ལགས་ཞུས་པས། ནཱ་རོ་པའི་ཞལ་ནས་ཁྱོད་བོད་དུ་འགྲོ་ན་གསང་སྔགས་ཀྱི་ཆོས་དང་། ཡོན་ཏན་ཐམས་ཅད་བླ་མའི་བཀའ་བཞིན་སྒྲུབ་པ་ལས་བྱུང་བ་ཡིན་པས་འདི་བཞིན་ཡིད་ལ་ཟུངས་ཤིག་གསུངས་ནས། ཆོས་བརྒྱད་ཆེ་འདིའི་རྩ་མ་རྒྱུག །གཟུང་འཛིན་ང་ཁྱོད་རིས་མ་གཅོད། །གཉིས་འདྲེན་སེམས་ཀྱི་གཞུམ་བརྡུང་། །མཐོ་སེམས་ཕྲག་དོག་མདའ་མ་འཕེན། ཕ་ཡུལ་ས་འཚམས་དགོན་མ་བཟུང་། །ཉེ་དུ་དགྲ་ལ་སྐུར་མ་འདེབས། །གཞན་གྱི་ཆོས་ལ་སྒྲོ་མ་འདོགས། །ཐོས་བསམ་མ་རིག་མུན་སེལ་ཡིན། །ཐར་པའི་ལམ་མཆོག་འཕྲང་མ་གཅོད། །སྔར་ཡང་བླ་མ་རྗེ་ཡིན་ཕྱིར། །ཕྱིས་ཀྱང་ཁུར་ཅིག་བློས་མ་སྤྱངས། །རང་སེམས་ནོར་བུ་རིན་ཆེན་འདི། །བརྗེད་པོར་ཆུ་ལ་མ་བསྐུར་བར། །བག་ཟོན་ཡེངས་མེད་ངང་ལ་སྲུངས། །དགོས་འདོད་བསམ་པ་ཐམས་ཅད་འགྲུབ། །ཅེས་གསུངས་སོ། །

དེ་ནས་མར་པས་གསེར་ལྷག་མ་ཅུང་ཟད་ཙམ་ཡོད་པ་བཙོང་ནས་ཉི་ཤུ་དགུའི་ནུབ་མོ་ཚོགས་ཀྱི་འཁོར་ལོ་བསྐོར་ནས་ཚོགས་གྲལ་དུ་བླ་མ་ལ་རྟོགས་པ་ཕུལ་ཏེ། ཏམྦུ་རའི་ཁོང་འགྱུར་བྱ་བའི་མགུར་འདི་བླངས་སོ། །རྗེ་མཚན་ལྡན་གྱི་བླ་མ་རིན་པོ་ཆེ། །སྨོན་སྦྱངས་བསོད་ནམས་བསགས་པའི་ཕྱིར། །ཞེས་སོགས་གསུངས་ཞིང་། དེ་ནས་ཡང་ཞུས་པ། བདག་བསམ་པ་འགྲུབ་ཅིང་མྱུར་དུ་ཕེབས་ནས་མཇལ་བ་ཐུགས་རྗེས་བཟུང་དུ་གསོལ་ཞེས་སྤྱན་ཆབ་ཕྱུང་ཞིང་གསོལ་བ་བཏབ་པས། བླ་མའི་ཞལ་ནས། རྒྱ་གར་ཕྱོགས་བཞིན་གདུལ་བྱ་བྱིན་གྱིས་བརླབ་པའི་བླ་མ་བཞི་ཡོད་དེ། ཤར་ཕྱོགས་ཛཾ་ག་ལར་ནག་པོ་ཞབས། ལྷོ་ཕྱོགས་སེང་ག་གླིང་དུ་ནཱ་ག་ཛུ་ན། ནུབ་ཕྱོགས་ཨོ་རྒྱན་དུ་ཨིནྡྲ་བྷཱུ་ཏི། བྱང་ཕྱོགས་པཎ་ཏ་ངས་བྱིན་གྱིས་བརླབས་པ་ཡིན་ནོ། །ཁོ་བོ་ལ་ཏཻ་ལོ་པས་ཕྱིད་ལུང་བསྟན་པའི་བུ་ཡིན་པས་བོད་དུ་སོང་ལ་འགྲོ་དོན་གྱིས་དང་བླ་མ་རྣམས་ཀྱང་མཉེས་ཤིང་ང་དང་ཡང་འདུ་འབྲལ་མེད་པ་ཡིན་ནོ་གསུངས་ནས་ནམ་ཐོ་རངས་ཁར་ཕྱག་གཡོན་པ་སྤྱི་བོར་བཞག་ནས། ནམ་མཁའི་མེ་ཏོག་སྐྱེས་བུ་ཡིས། །ཞེས་སོགས་བཛྲ་ཚིག་རྣམས་གསུངས་ཤིང་དོན་འདི་ཡིན་ནི་མ་གསུངས། མར་པས་ཀྱང་མ་ཞུས་ཚིག་ནི་མ་བརྗེད། དེ་ནས་གཉོས་དང་འགྲོགས་ནས་བྱོན་པས་བལ་ཡུལ་དུ་ཕེབས་ལ་ཁད་པའི་གྲོ་མལ་གཅིག་ཏུ། རྟགས་གཉིས་ཀྱི་དཔེ་བུམ་ལུས་པ་ལེན་དུ་བྱོན་པས། ལུང་པ་དེར་མེ་ཤོར་བས་བཞུགས་པའི་ས་ཕྱོགས་འདོམ་སབསྐོར་གཅིག་མ་ཚིག་པས་ངེས་ཤེས་སྐྱེས། དེར་དཔེ་བཟུང་ནས་བྱོན་པས་བླ་མ་སྤྱི་ཐེར་བ་དང་མཇལ། ཆོས་མང་དུ་གནང་ཞིང་རྗོངས་བ་ཡང་མཛད། དེ་ནས་བྱོན་པས་ཆུ་བོ་གཅིག་གི་འགྲམ་དུ་ཕྱིན་ཏེ། གྲུ་གཅིག་གི་ནང་དུ་ཕྱུག་དཔེ་དང་གཉོས་ལོ་བསྡད་ནས་སྔོན་ལ་བཏང་། མར་པ་དང་དཔེ་ལྷག་རྣམས་རྗེད་དུ་བྱོན་ནས་ཕར་ཀར་ཕྱིན་པ་དང་། གཉོས་ཀྱི་དཔེ་རྣམས་ཆུ་ལ་ཤོར་བ་སྐད་ཟེར་ནས་མ་གཏད། དེར་བདག་གིས་དཀའ་ལས་དེ་ཙམ་བྱས་པའི་དཔེ་རྣམས་མེད་པས་ཅི་ལྟར་བྱ་སྙམ་ཤིང་འོང་བས། ལི་ཤྭ་ཀ་ར་བྱ་བ་མཐའ་འཁོབ་ཀྱི་གྲོང་ཚུང་ཤྭ་གམ་གཅོད་པ་གཅིག་ཏུ། ཤྭ་གམ་མ་འཕྲོད་ནས་ཞག་ལྔ་ལུས་པའི་རྨི་ལམ་དུ། མཁའ་འགྲོ་མ་གཉིས་རྒྱན་སྣ་ཚོགས་ཀྱིས་བརྒྱན། ཁྱོད་ལྷོ་ཕྱོགས་དཔལ་གྱི་རི་ལ་བྲམ་ཟེ་ཆེན་པོ་མཇལ་དུ་འགྲོ་དགོས་ཟེར་ཞིང་། དར་གྱི་འདོ་ལིའི་ཁ་ན་བཞག་ནས་ཁོ་རང་གཉིས་ཀྱི་ཕྲག་ལ་བཀལ་ནས་སོང་བས། སྐད་ཅིག་དེ་ཉིད་ལ་བྲམ་ཟེ་ཆེན་པོའི་མདུན་དུ་ཕྱིན་ཏེ། དོ་ཧ་རྡོ་རྗེ་མགུར་གསུངས་པས། དཔེ་ཆ་མེད་ཀྱི་མྱ་ངན་ཀྱང་དེར་སངས་ཏེ། དེ་ནས་ཚུར་བྱོན་པ་ལ། སྟར་གྱི་གླིག་སྒྲ་སྟོན་པ་ཆེན་པོ་དེ་འདས་ནས།

དེའི་ཇོ་ཐྲས་ཀྱིས་དཔལ་མོ་ཇོ་འཕྲང་ནས་བསུས་ཤིང་གྱིར་ཕྱུར་གདན་དྲངས་ཏེ། ཟླ་བ་ཕྱེད་དུ་ཆོས་གླུ་བཙུགས། འབུལ་ཞབས་ཕྱུན་སུམ་ཚོགས་པ་བྱས། དེ་ནས་ཆོས་བཅུའི་མཆོད་པ་གཅིག་གི་ཚོགས་གྲལ་དུ་དེད་ཅག་དེ་སྟ་ཡང་ཞབས་ཏོག་མི་ཆུང་ཞིང་ད་ཡང་བྱེད་པ་ཡིན་པས། དེ་སྟ་བཞེངས་མ་མྱོང་བའི་མགུར་གཅིག་ཞུ་ཟེར་བ་ལ། ཁོ་བོ་མདང་གསུམ་དཔྱིད་ཀ་བལ་པོད་འཚམས་ཀྱི་ལི་ཤྭ་ཀ་ར་བྱ་བའི་གྲོང་དུ། བྲམ་ཟེ་ཆེན་པོ་དང་དངོས་སུ་མཇལ་བའི་ཞལ་ནས། སྙིང་པོའི་དོན་འདི་སྐད་གསུངས་ཏེ། དཔལ་དེ་རིང་བཀྲ་ཤིས་ཡར་གྱི་ངོ་། ཞེས་སོགས་དོ་ཧཱ་རྗེའི་གླུ་ལྷ་བ་ཁྲུང་ཆེན་གཞོག་བརྒྱངས་བྱ་བ་དེ་བླངས་པས་ཐམས་ཅད་དད་དོ། །

དེ་ནས་བྱོན་པས་མྱང་སྟོད་རྩིས་ཀྱི་ལྷ་ཁང་དུ་ཕེབས་ཅིང་གཉོས་དང་འཕྲད་པས་ངེད་དང་འགྲོགས་ནས་འགྲོ་ཟེར་ཡང་མ་བྱས་ཏེ། ལྷོ་བྲག་ཏུ་བྱོན་པས་སློབ་དཔོན་དང་ཉེ་གཞིས་རྣམས་ཀྱིས་སྣ་ལེན་ཙམ་རེ་བྱས། ཆོས་མཁས་པར་ཤེས་ཀྱང་སྟ་ན་མི་ངན་པའི་དོན་གྱིས་ཞུ་མི་མ་བྱུང་། ཆང་ས་གཅིག་ཏུ་སྟགས་པ་གཅིག་ལ་ཁ་འགྲམས་བྱུང་བས་ཁོ་ཐབ་ནས་ཤིདེ་ནས་ཡང་དཔོན་པོ་ཇོ་བོ་དེ་ན་རེ་ཁྱེད་ཀྱིས་ཅི་ཤེས་ཟེར། ཧེ་བཛྲ་དང་ཙཀྲ་སམྦྷ་ར་དང་། མཉྫུ་ཤྲཱི་ཤེས་བྱས་པས། བ་རི་ཟ་རི་དེ་ཀུན་མ་གོ་ཟེར་ཡང་དོན་ལ་དད་ནས་སྣང་། ཡང་ཆང་གྲལ་གཅིག་ཏུ་ཇོ་བོ་དེ་ལ་ཁྱོད་ཀྱི་གྲོ་བོ་ལུང་གི་ས་ཆ་དེ་ང་ལ་ཡོད་ན། རྒྱ་གར་ནས་ཕྱུར་ཕྱིན་པའི་ཚེ། ཕྱུག་ན་འབྲོག །ཁར་ན་དགོན། མདའ་ན་ཞིང་བྱེད་པ་ཡིན་བྱས་པས་སློབ་དཔོན་དེས་ཅིས་ཀྱང་འབུལ་བ་འཐད་ཟེར། ཇོ་བོས་ཀྱང་ཁྱོད་ཀྱི་དེ་ལྟར་བྱེད་ན་འབུལ་བས་རུང་སྟེ། དེ་ཀུན་ཅི་འདྲ་ཟེར། དེ་ཉིད་དུ་ཆ་ཡོད་པ་བཞག་ཅིང་ཐོའི་བསྒོར་ནས་བདག་པོ་བྱས་སོ། །

དེར་ཀུན་གྱིས་བཞོལ་བ་ལ་ཡང་མར་པས། ད་ཅིས་ཀྱང་རྒྱ་གར་དུ་འགྲོ། །ལས་ཅི་ལ་ཐུགས་ཀྱང་རྒྱ་གར་དུ་འགྲོ། །འཆི་བ་སྲོག་ལ་བབས་ཀྱང་རྒྱ་གར་དུ་འགྲོ། །གསུངས་ནས་མ་བཞོལ་ཏེ། དེའི་ཚེ་བྱང་ནམ་རའི་གསེར་ཁ་བརྗོལ་བ་དང་ཐུག་སྟེ། ཏ་དཀར་པོ་གཅིག་ལ་དཔེ་ཆ་ལ་སོགས་ཆ་རྐྱེན་རྣམས་བཀལ་ཞིང་། གཡོག་པོ་གཅིག་ཁྲིད་ནས་བྱོན་པས་ཆུ་འགྲམ་ཅིག་ཏུ་གྲོ་བྱས་པས། བརྙེ་ཅིག་བྱུང་ནས་ཕྱག་འཚལ་ཞིང་ཅི་ལྟར་ཡིན་ཟེར་བ་ལ། ཉེ་གནས་ཀྱིས་རྒྱ་གར་གྱི་གྲུབ་ཐོབ་ནཱ་རོ་པའི་སློབ་མ་མར་པ་ལོ་ཙྪ་བ་ཡིན་ཞེས་སོགས་ལོ་རྒྱུས་ཞིབ་ཏུ་བྱས་པས། ཁོང་རྗོག་སྟོན་ཆོས་རྗོར་ཡིན་པར་གདའ་བས་ཤིན་ཏུ་དད་ནས། གདན་དྲངས་ཤིང་འབུལ་ཞབས་བཟང་པོ་བྱས། དབང་དང་

གདམས་པ་མང་དུ་ཞུས། དེ་ནས་འཕན་ཡུལ་དུ་བྱོན་ཏེ་སྲིའུ་བཅུ་དགུ་གསོས་པས་རེ་རེ་ལ་གསེར་ཞོ་བཅུ་གཅིག་རེ་བྱུང་། རེ་མ་ཏིའི་མཐུ་ཡང་རྩོང་བ་དང་གཙང་དར་ཡེ་ལ་སོགས་ཆོས་ཞུ་མང་དུ་བྱུང་བས། འབུལ་བ་ཆེན་པོ་བྱས་པས་ཐམས་ཅད་གསེར་དུ་བསྒྱུར་བས་གསེར་མང་དུ་འགྲུབ། དེ་ཙམ་ན་འདམ་སྙིང་དྲུང་པའི་ཚོགས་པ་ཕྱིན་པའི་ནང་ནས། མར་པ་མགོ་ཡག་བྱ་བའི་ཕྲུག་པོ་གཅིག་རྡུས་པའི་ཞེན་གྱིས། བླ་མ་ལ་ཕྲུག་འབུལ་ཕྱིན་པས། དེར་གླིང་བསླངས་བྱུང་བས་ཁོ་ན་རེ། འཕན་ཡུལ་སྐྱ་མོ་ན་བྱིའུ་ལ་ལྷུ་ཐང་བྱེད། བྱང་ཁ་སྣང་བརྒྱད་ན་གཡག་ལ་གཟུགས་ཐང་བྱེད་ཟེར་བ་ཡིན། ང་ཡི་ཡུལ་དུ་འབྱོན་པར་ཞུ་ཟེར་བས་བྱོན་ཆད་བྱས། དེར་དེད་བྱང་པ་བྱ་བ་མཆོར་ཆེ་བས། ང་སྔོན་ལ་འགྲོ་ནས་འབོད་མི་གཏོང་བས་དེ་དང་འགྲོགས་ལ་བྱོན་ཟེར་ནས་སོང་། དེ་ནས་གདན་འདྲེན་པ་ལ་རྟ་གཉིས་དང་ཕྲུམ་སེ་ལ་སོགས་བསྐུར་ནས། སྙིང་པ་བོར་ལ་ཆས་སོ་མ་གྱིས་ཟེར་ཡང་སྙིང་པ་བཀལ་ནས་སོང་བས། སྐྱེས་བུ་མཚུལ་པ་སྣའི་འཕྲང་དུ་ཁོ་རང་ཡང་བསུ་བ་ལ་ཕྱིན་ཏེ། སྙིང་པ་བཟུང་བ་རུང་མ་དགྱེས། དེ་ནས་འདམ་དུ་ཕྱིན་པ་དང་འབུལ་བ་ཞབས་ཏོག་མང་དུ་བྱས། དེར་ཁོང་ནོར་ལ་ཞེན་པ་ཆེ་བ་ལྟར་མཛད་པས་སློབ་མ་རྣམས་རུང་མ་མགུ་བ་མཁྱེན་ནས། ཁོ་བོ་ནོར་ལ་ཅིས་ཀྱང་ཆགས་པ་ཆེ་བ་མ་ཡིན། བླ་མ་རྣམས་ཀྱི་སྐུ་དྲིན་དྲན་ཅིང་རྟེན་ངོ་མཚར་ཅན་རྣམས་ལ་མཆོད་པའི་རྒྱུ་ཨེ་རྙེད་བསམ་པ་ཡིན། ད་ངས་ཀྱང་སྐྱིད་འདོན་ཁྱེད་རྣམས་ཀྱང་ཆོས་ཞུས་གསུངས་པས། མགོ་ཡག་ལ་སོགས་སློབ་མ་རྣམས་ཀྱིས་ཆོས་ཞུས་ནས་འབུལ་བ་མང་དུ་བྱས། དེའི་ཚེ་ཡོན་བདག་མོ་གཅིག་མ་དད་པས་དེ་བཟློག་པའི་ཕྱིར། ལུ་གུ་གཅིག་ཤི་བའི་རོ་ལ་གྲོང་འཇུག་མཛད་པས་སྐད་འབྱིན་ཅིང་བྲོ་འཁྲབ། དེར་ལུ་གུ་འགྱེལ་སྐེ་བླ་མ་བཞེངས་ནས། ངས་འཆི་མེད་ཡེ་ཤེས་བཅུད་བླངས་ནས། །ཀླུང་སེམས་གཉིས་ལ་རང་དབང་ཐོབ། །དམ་ཆོས་བདུད་རྩིའི་སྨན་སྦྱོར་གྱིས། །ལུ་གུ་ཤི་སོས་གར་དང་ལྡན། །གསུངས་པས་ཡོན་བདག་མོ་ཤིན་ཏུ་དད་ཅིང་། འབུལ་བ་མང་པོ་བྱས་སོ། །ཡང་ཡོན་བདག་ཞིག་གིས་ལྷ་གཡག་དཀར་པོ་ཤིན་ཏུ་ཆེ་བ་གཅིག་ཡོད་པ་གད་འདྲེན་བྱས་པར་ཤི་བ་ལ། བླ་མས་གཡག་རོ་འདི་དེད་ལ་བྱིན་ན་གསེར་སྒྲུབས་གསུངས་པས། ངེད་ཀྱིས་ས་གཉན་པས་རེག་མ་ཐོད། བླ་མས་བཞེད་ན་འབུལ་བ་ལགས་ཟེར་བས་དེར་གཡག་རོ་གཅིག་ལ་སྲུང་བཅུག་ཅིང་། བླ་མ་གསེར་ཁར་བྱོན་ནས་གདན་གྱི་སྟེང་དུ་བཞུགས་ཏེ། བྱིན་རླབས་ཞུ་བའི་ཡོན་བདག་ཕོ་མོ་རྣམས་ཁྱེད་རྣམས་སུས་ཀྱང་ཁོ་བོ་ལ་རག་ཐུག་མ་བྱེད། འདིར་ལྷ་གཡག་དཀར་པོ་གཅིག་འོང་བ་མ་སྐྲག །བླ་མ་

ལ་གསོལ་བ་ཐོབ་ཅིང་སྨོད་གསུངས། ཅུང་ཞིག་ལོན་པ་དང་། ལྷ་གཡག་དཀར་པོ་བྱུང་ནས་བླ་མའི་མདུན་དུ་འགྱེལ། བླ་མ་ཀག་གིས་བཞེངས་ནས་ཨ་ན་ན་གསུངས་ཕར་འཁྱོན་ཚུར་འཁྱོན་བྱས་ཤིང་དུད་འགྲོ་རྟེན་ངན་པའི་སྟོབས་ཀྱིས་མགོ་ན་བར་འདུག་གསུངས། དེར་གྲུབ་ཐོབ་ཆེན་པོའི་སྐན་པས་ཕྱོགས་ཐམས་ཅད་ཁྱབ་ཅིང་། ཆོས་ཞུ་བ་དང་འབུལ་བ་དཔག་ཏུ་མེད་པ་བྱུང་བ་ལ། བླ་མས་ཐུགས་གར་ཐལ་མོ་སྦྱར་ནས་སྤྱན་ཆབ་ཉིལ་ཉིལ་མཛད་ཅིང་། འདི་རྣམས་ཐམས་ཅད་རྗེ་བཙུན་ནཱ་རོ་པའི་བཀའ་དྲིན་ཡིན་གསུངས།

དེ་ནས་མར་པ་མགོ་ཡག་ལ་སོགས་སློབ་མ་མང་པོའི་དབང་ཞུས་པའི་ཚེ་ནམ་ཐོ་རངས་ཁ་ཙམ་ན། མཁའ་འགྲོ་མ་དཔག་ཏུ་མེད་པ་བྱུང་ནས་གླུ་གར་ལ་སོགས་བྱེད་ཅིང་། གོང་དུ་ནཱ་རོ་པས་གསུངས་པའི་བརྡ་རྣམས་བཀྲོལ་ཞིང་གནང་། ཧཱུ་ལོས་ལུང་བསྟན་ནཱ་རོའི་བུ། །ལྷུན་གྲུབ་ཆོས་ཀྱི་བློ་གྲོས་ཁྱོད། །པུ་ལ་ཧ་རིའི་དགོན་པ་ན། །རྣལ་འབྱོར་དབང་ཕྱུག་ནཱ་རོ་པ། །སྐྱེ་བ་མེད་པའི་དབྱིངས་སུ་ཡལ། །ཁྱེད་བཞུད་ན་ངེད་དང་འགྲོགས་ལ་གཤེགས། །ཞེས་ཟེར་ནས་བསྐུལ་བས། རྣལ་སད་པ་དང་གདུང་ཤུགས་དྲག་པོས་མང་དུ་བཤུམས་པ་ལ། མགོ་ཡག་ལངས་ནས་འདི་ལྟར་མཛད་པ་ཅི་ལགས་ཞུས་པས། ང་རྒྱ་གར་དུ་འགྲོ་དགོས་པར་འདུག་གསུངས་ཤིང་ཆོས་འཁོར་རྣམས་ཀྱང་འཕྲད་ནས་ཚར་བར་འདུག །གོང་དུ་མགོ་ཡག་གིས་གཡུ་སེང་གེའི་མགོ་བྱ་བའི་མིང་ཅན་གཅིག་ཡོད་པ་འབུལ་ཆད་བྱས་པའི་ཁྲ་ལ། ཛ་ཤོང་སིག་བཞི་ཕུལ་བ་དང་། གཞན་ཡང་རྟ་ཁྲ་བོ་མགོ་དཀར་ལ་སོགས་འབུལ་བ་མང་དུ་བྱས། དེར་དངོས་པོ་རྣམས་གསེར་དུ་བསྒྱུར་ནས་གསེར་སྲང་སུམ་བརྒྱ་ལྷག་ཙམ་འགྲུབ་པ་དང་"། དེ་ནས་མགོ་ཡག་ལ་སོགས་པའི་སློབ་མ་བཅུ་དགུས་བསྐྱལ་ནས་མང་ཡུལ་དུ་ཕྱིན་ཏེ། སྐྱེལ་མི་རྣམས་ཀྱང་ཕྱིར་འགྲོ་བ་ལ་ཐག་རིང་བས་གྲོ་ཕྱེ་ཡང་བསྐུར་ལས་ཆེ་བསམ་པ་ལ། བླ་མའི་ཞལ་ནས་ངས་འདི་ཕན་ཆད་ཟས་ནོར་གྱི་ལམ་བྱེད་ཅིང་། རྒྱ་ཕོར་རེ་ལ་ཡང་རིན་འཛལ་བའི་ཡུལ་དུ་འགྲོ་དགོས་པས། ཁྱེད་ཀྱི་གོ་ཟས་ལ་སོགས་གྲགས་པ་རྣམས་ཀྱང་ཁོ་བོ་ལ་སྐུར། ཁྱེད་རྣམས་རང་ཡུལ་དུ་འགྲོ་བ་ལ་ཅི་ལྟར་བྱས་ཀྱང་ཉན་པ་ཡིན་གསུངས། དེ་ནས་བྱོན་པས་བལ་པོར་ཕེབས་ཏེ། པེ་ཏྲ་བ་མཇལ་བས་གསེར་སྲང་ཕྱེད་ཕྱག་རྟེན་དུ་ཕུལ་བ་ལ། བླ་མས་ཕྱག་ལ་འཇུས་སྟེ་བུ་འོང་ཙ་ཕ་མེད། ཁྱོད་ན་ཞིང་མི་འོང་བའི་དཔེ་ཅི་ཡོད། བླ་མ་ནི་སྤྱོད་པ་ལ་གཤེགས་གསུངས་ནས་མང་དུ་བཤུམས། དེ་ནས་བལ་པོ་སྤྱི་ཐེར་བ་ལ་གསེར་སྲང་གང་ཕྱག་རྟེན་བྱས་ནས་མཇལ་བས་

གོང་བཞིན་གསུངས། དེ་ཡི་ཚེ་འཕགས་པ་ཤིང་ཀུན་ལ་ཡང་མཆོད་པ་ཆེན་པོ་ཕུལ་ཞིང་སྨོན་ལམ་བཏབ། བླ་མ་རྣམ་གཉིས་ལ་སོགས་ཀྱི་མདུན་དུ་ཚོགས་ཀྱི་འཁོར་ལོ་བསྐོར་ཞིང་གསོལ་བ་བཏབ། གདམས་པ་ཡང་མང་དུ་ཞུས། དེ་ནས་སྤྱི་ཐེར་བས་ཡིག་འཕྲིན་བསྐུར་བ་དང་། པེ་རྡ་བས་ཀྱང་བསྐུལ་ནས་རྒྱ་གར་དུ་བྱོན་པས། དགེ་ཚུལ་ཤེས་རབ་སེང་གེ་ཆོས་གསུངས་ལ་འབྱོན་པ་དང་ལམ་དུ་མཇལ་བ་ལ། ཕྱག་འཚལ་ཞིང་གསེར་སྲང་གང་ཕྱག་རྟེན་དུ་ཕུལ། ཁོང་གིས་བུ་ཕྱིན་རྩ་ཕ་མེད། ན་ཉིང་མི་འོང་བའི་དཔེ་གར་ཡོད། ད་སྤྱིལ་པོར་སོང་དང་ཆོས་གཅིག་བཤད་ནས་འོང་གསུངས། དེ་ནས་སྤྱིལ་པོར་ཕེབས་ནས་དར་གཅིག་ལན་པ་དང་། བྱོན་ནས་བྱུང་ཞིང་བླ་མ་སྤྱོད་པ་ལ་གཤེགས་པའི་ལོ་རྒྱུས་ཞིབ་ཏུ་གསུངས་ནས། མཆོད་གནས་ཀུན་བུ་སློབ་རྣམས་ལ་སོ་སོར་གནང་སྟེ། དགྱེས་རྡོར་གྱི་ཐང་ཀ་གཅིག །ཀ་པཱ་ལའི་ནང་དུ་རྩ་རྒྱུད་བཞག་པ་གཅིག །རྡོ་རྗེ་དྲིལ་བུ་གཅིག་དང་གསུམ་པོ་འདི་མར་པ་བོད་ནས་འོང་བ་ལ་གཏོད་གསུངས་ཀྱང་། རྡོ་རྗེ་དྲིལ་བུ་མཆོད་འགྲམ་ནས་རྐུན་མས་ཁྱེར་རྩད་གཅོད་པ་བྱུང་ཡང་སྡིག་བསོགས་དོགས་པས་མ་བཙད། ཐང་སྐུ་དང་ཀ་པ་ལ་འདི་ཡིན་པས་དད་པའི་རྟེན་མཛོད་གསུངས་ནས་གནང་། དེར་མར་པས་བླ་མ་དྲན་ནས་མང་དུ་བཤུམས་ཏེ་ད་ཅི་ལྟར་བྱས་ན་གྲགས་ཞུས་པས། གསེར་ཅི་ཙམ་ཡོད་གསུངས། མང་དུ་ཡོད་ཞུས་པས། འོ་ན་ཅི་ཡོད་དོན་ལ་བྱ་བ་ཡིན་པས། མཻ་ཏྲི་བ་ལ་སོགས་གྲུབ་ཐོབ་རྣམས་ཀྱི་མདུན་དུ་སོང་ལ་གསོལ་བ་ཐོབ་དང་ཁྲིད་ལུང་བསྟན་པའི་སྐྱེས་བུ་ལས་འགྲོ་ཅན་ཡིན་པས། མཇལ་ནས་འོང་གིས་གསུངས་སོ། །

དེ་ནས་རྒྱལ་བ་མཻ་ཏྲི་པའི་མདུན་དུ་སོང་སྟེ། གནས་དེ་མེ་ཏོག་དམར་པོའི་ཚལ་གྱིས་གང་བའི་འོད་ཀྱིས་མི་ལ་སོགས་མདངས་འཕྲོག་ཅིང་དམར་པོར་བསྒྱུར་ནུས་པས། མེ་ཏོག་མདངས་འཕྲོག་གི་རི་མེ་ལྟར་འབར་བ་ཟེར་ཏེ། དེ་ན་ཤིང་སྡོང་པོ་གཅིག་གི་དྲུང་དུ་སྐུ་གཟི་མདངས་དང་བཅས་པར་བཞུགས་པ་ལ། ཕྱག་དང་གསེར་གྱི་མཎྜལ་ཕུལ་ནས། ཚོགས་ཀྱི་འཁོར་ལོ་ཟླ་བ་གཅིག་བསྐོར་ཏེ་གསོལ་བ་བཏབ་པས། ངོ་མཚར་གྱི་ཆོ་འཕྲུལ་མང་པོ་ཡང་མཐོང་གནམ་གང་གི་ཉིན་པར། སྨི་ལམ་མི་ངན་སྨི་ལམ་བཟང་། །ནོར་བུ་རྒྱལ་མཚན་རྩེ་ལ་འཕྱུར། །སྒྲིག་མོའི་མེ་ལོང་ཟུར་མིག་བལྟ། །དེད་དཔོན་ཆེན་པོས་གྲུ་གཟིངས་གཏོང་། །གྲུ་འཕྱུར་སྟེང་ན་རྒྱལ་མཚན་བཙུགས། །གྲུ་མགོ་བོད་དུ་བསྟན་པ་སྨིས། །དཔལ་ནཱ་རོ་པ་དང་མཇལ་ཏེ་འོང་། གསུངས། དེ་ནས་ཀུ་ཀུ་རི་པའི་མདུན་དུ་སོང་བས་ཁོང་དུག་མཚོའི་གླིང་ནས་ཚུར་བྱོན་ཏེ། ཚུ་འགྲམ་དུ་ཤིང་ཏིང་ཏིང་ཀུན་གྱི་རྩ་བར་བཞུགས་པ་ལ།

ཚོགས་ཀྱི་འཁོར་ལོ་ཟླ་བ་གཅིག་ལ་བསྐོར་ཞིང་གསོལ་བ་བཏབ་པས། རྗེ་བཙུན་དཔལ་ལྡན་ནཱ་རོ་པ། །གླིང་པོ་ཆེ་ཡི་ལྷ་སྟངས་ཀྱིས། །སྤྱན་མིག་གཉིས་ནི་ཉི་ཟླ་ཡི། །འོད་ཟེར་བོད་དུ་བཀྱེ་བ་སྨིས། །དཔལ་ནཱ་རོ་པ་དང་མཇལ་ཏེ་འོང་། ཞེས་གསུངས། ཁྱེད་ཀྱི་གདམས་ངག་ཐུན་མོང་མ་ཡིན་པ་གཅིག་ཀྱང་ཐོབ་པ་ཡིན་གསུངས། རྫས་པའི་རྒྱན་ཅན་དུར་ཁྲོད་སོ་ས་གླིང་དུ་བཞུགས་པའི་དྲུང་དུ་སོང་ནས། ཚོགས་ཀྱི་འཁོར་ལོ་ཟླ་བ་གཅིག་ལ་བསྐོར་ཏེ་གསོལ་བ་བཏབ་པས། རི་གསུམ་རྩེ་ནས་དུང་འབུད་ཅིང་། །ལུང་གསུམ་མདོ་ནས་ལམ་སྣ་འདྲེན། །ཐུམ་ནང་མར་མེ་འབར་བ་ཡིས། །འཛམ་གླིང་ཐམས་ཅད་གསལ་བར་སྨིས། །དཔལ་ནཱ་རོ་པ་དང་མཇལ་ཏེ་འོང་། ཞེས་གསུངས། དེ་ནས་དགེ་ཚུལ་ཤེས་རབ་སེང་གེའི་མདུན་དུ་ཚོགས་ཀྱི་འཁོར་ལོ་ཟླ་བ་གཅིག་བསྐོར་ནས་གསོལ་བ་བཏབ་པས། བདག་གི་མྱ་ངན་ཐང་ཆེན་ལས། །དམུས་ལོང་ཁྱིད་དེ་གཉིས་ལ་བཏད། །གཉིས་ཀྱི་རབ་རིབ་མིག་ཕྱེས་ནས། །སེམས་ཀྱི་མེ་ལོང་བལྟ་བ་སྨིས། །དཔལ་ནཱ་རོ་པ་དང་མཇལ་ཏེ་འོང་། གསུངས། ཡང་རི་རི་པའི་མདུན་དུ་ཚོགས་ཀྱི་འཁོར་ལོ་ཟླ་བ་གཅིག་ལ་བསྐོར་ནས། གསོལ་བ་བཏབ་པས། བྲམ་ཟེ་ཆེན་པོ་བཟང་ལྡན་གྱིས། རིགས་ངན་ཆོས་ཀྱི་རྒྱལ་པོ་ལ། གསོལ་བཏབ་དགེ་བཟང་དཔང་བཙུག་པས། འབྲས་བུས་འདིར་ཡང་མཇལ་བར་ངེས། གསུངས་ཏེ། དེར་ཡང་སྔོན་ནཱ་རོ་པ་རིགས་ངན་ཆོས་ཀྱི་རྒྱལ་པོ་བྱ་བའི་པཎྜི་ཏ་གཅིག་ཏུ་གྱུར། ཀ་སོ་རི་པ་དང་ངེད་གཉིས་དགེ་སློང་དགེ་བ་བཟང་པོ་གཉིས་སུ་གྱུར། ཁྱོད་དེའི་ཚེ་བྲམ་ཟེ་བཟང་ལྡན་བྱ་བ་གཅིག་ཏུ་སྐྱེས་ནས་ཚོགས་འཁོར་གྱི་གྲལ་དུ་ངེད་གཉིས་དཔང་པོར་བཞག་ནས། སྐྱེ་བ་ཕྱི་མར་ནཱ་རོ་པའི་གདུལ་བྱར་གྱུར་པའི་སྨོན་ལམ་བཏབ་སྟེ། དེའི་དབང་གིས་ཅིས་ཀྱང་མཇལ་བར་འགྱུར་རོ། །ཞེས་གསུངས།

དེ་ནས་ཀ་སོ་རི་པའི་མདུན་དུ་ཟླ་བ་གཅིག་ལ་ཚོགས་ཀྱི་འཁོར་ལོ་བསྐོར་ཞིང་གསོལ་བ་བཏབ་པས། ཡང་དག་ཟླ་བའི་དཀྱིལ་འཁོར་དུ། །སེམས་ཉིད་ཆོས་སྐུའི་མེ་ལོང་ནི། །མི་གཡོ་ཐུ་ལ་ཧ་རི་ན། །ནཱ་རོ་པ་ཡི་སྟོན་པར་འགྱུར། །ད་སྟེ་ཟླ་བ་བརྒྱད་ན་ཕུ་ལ་ཧ་རིར་མཇལ་བར་གདའ་འོ། །ཞེས་ལུང་བསྟན་ནོ། །གཞན་ཡང་སྤྲས་པའི་རྣལ་འབྱོར་པ་ལྷ་རྣལ་འབྱོར་མ་དྲུག་སྟེ་བཅུ་གཅིག་གི་མདུན་དུ་ཚོགས་ཀྱི་འཁོར་ལོ་བསྐོར་ནས་གསོལ་བ་བཏབ་པས་མཇལ་བར་ལུང་བསྟན་ནོ། །

དེ་ནས་ནཱ་ལེནྡྲར་བྱོན་ནས་བཞུགས་པས་བླ་མ་དྲན་ཞིང་གདུང་ཤུགས་དྲག་པོ་སྐྱེས་ནས་སྡོད་མི་ཚུགས་སྟེ། སྒྲ་བསྒྱུར་མར་པ་ལོ་ཙྭ་ངས། །ཤར་སྒོ་བརྩེགས་པའི་ཕོ་བྲང་ནས། །རྒྱུད་ལ་ལྷ་རྟོགས

བྱེད་པའི་ཚེ། །སྙིང་གཅིག་མ་དགའ་སེམས་གཅིག་འཁྱོ། །སེམས་གཞུ་ལྟར་བཀུག་ཀྱང་མདའ་ལྟར་ཤོར། །དཔལ་ཆེན་ནཱ་རོ་བཏུལ་གྱིས་དྲན། །ང་མི་འདུག་བླ་མ་འཚོལ་དུ་འགྲོ་གསུངས་སོ། །དེ་ནས་ཕྱོགས་ཐམས་ཅད་དུ་འཚོལ་དུ་བྱོན་པ་ལས། རིགས་ངན་གྱི་རྒྱལ་པོས་བླ་མཚོད་དགོས་ཟེར་ནས། ཞག་གསུམ་བཞུགས་པ་ལ་ཁ་ཟས་དང་ལོངས་སྤྱོད་ཀྱི་བྱེ་བྲག་མང་དུ་སྣང་ཞིང་། རོམ་ཁྲུང་གཅིག་གི་ནང་དུ་འདོད་པའི་ལོངས་སྤྱོད་ལྷ་འབྱུང་བ་གཅིག་ཀྱང་མཐོང་ངོ་། །དེ་ནས་བླ་མས་དེ་དག་ལ་སླས་པ། སྒྲ་བསྒྱུར་མར་པ་ལོ་ཙྪ་ང་། །དཔལ་ཆེན་ནཱ་རོ་འཚོལ་དུ་མཆིས། །རྒྱལ་པོ་དྲེགས་པས་བཙོན་དུ་བཟུང་། །དབང་མེད་ཞག་གསུམ་བླ་མཆོད་བྱས། །ད་ནི་བླ་མ་འཚོལ་དུ་འགྲོ། །གསུངས་ནས་འབྲས་ཞོ་གཅིག་དང་། ཉའི་ཁོག་པ་གཅིག་བསྐུར་ནས་བཏང་ངོ་། །དེ་ནས་བླ་མ་པེ་ཏྲ་བ་དང་མཇལ། ཁོང་དང་ཁྱེའུ་གསེར་ཕྲེང་ཅན་གཉིས་ཁྲིད་ནས་ཐམས་ཅད་དུ་འཚོལ་ཞིང་སོང་བ་ལ། ཙནྡན་གྱི་སྡོང་པོ་གཅིག་གི་ལོགས་ལ་འཇའ་གུར་གྱི་ནང་དུ་ཀྱཻ་རྡོ་རྗེ་ལྷ་དགུ་ཐུགས་ཀའི་སྟགས་ཕྲེང་དང་བཅས་པ་གསལ་བར་མཐོང་། དེ་ལ་ཕྱག་དང་བསྐོར་བ་བྱས་ནས་གསོལ་བ་བཏབ་པས་དེ་ནུབ་རྨི་ལམ་དུ་ཟླ་བའི་སྟེང་དུ་ནཱ་རོ་པ་སེང་གེ་ལ་བཅིབས་ནས་བཙུན་མོ་གཉིས་ཀྱིས་བརྟེན་ཞིང་གླུ་གར་ལ་སོགས་བྱེད་པ་མཐོང་སྟེ། རྣལ་སད་པ་དང་། བུད་མེད་གཉིས་ཀྱིས་མཐའ་བརྟེན་ནས། སེང་གེ་ཞོན་ནས་ཉི་ཟླའི་སྟེང་། །གར་བྱེད་གླུ་ལེན་བྱེད་རྨིས་པས། །རྨི་ལམ་འཕྲུལ་བས་མི་བསླུའམ། །ཞེས་ནམ་མཁའ་ལས་གྲགས་སོ། །ཡང་འཚོལ་དུ་སོང་བ་ལ། རོགས་གཉིས་ཐང་ཆད་དེ་ཐེ་ཚོམ་སྐྱེས་པས། ནམ་མཁའ་ནས། དད་གུས་རྟ་ལ་བརྩོན་འགྲུས་ལྕགས། །བསྐུལ་ཏེ་བླ་མ་མ་བཙལ་ན། །གཟུང་འཛིན་རི་དྭགས་རྡོན་པ་ཡི། །རྒྱུར་རྒྱུད་འཁོར་བར་མི་འཁྱམས་སམ། །ཞེས་གྲགས་སོ། །ཡང་འཚོལ་དུ་སོང་བ་ལ། ཁྲིས་པ་གཅིག་དང་འཕྲད་པས། ནཱ་རོ་པ་མཐོང་ངམ་ཁྲིས་པས། ད་ཙི་ཡ་གི་ན་འབྱོན་སྣང་ཟེར། དེར་རྒྱུགས་ནས་སོང་བ་ལ་ཞབས་རྗེས་བཀྲ་ལམ་མེ་བ་གཅིག་དང་འཕྲད། དེའི་ས་རྣམས་སྤྱི་བོར་བཞག་ཅིང་སོང་བས། ཤེལ་གྱི་ཕ་བོང་གཅིག་གི་སྟེང་དུ་བླ་མའི་ཞབས་རྗེས་གསལ་བར་དོད་པ་གཅིག་མཐོང་། དེ་ལ་ཕྱག་དང་བསྐོར་བ་བྱས་ནས་གསོལ་བ་བཏབ་པས་ནམ་མཁའ་ནས། རྗེས་ནི་བྱ་ལམ་རི་བཞིན་དུ། །ངོས་བཟུང་མེད་པར་མ་ཤེས་ན། །ཁྲའི་བྱིའུ་འཕྱུར་བསྡིགས་པ་བཞིན། །དོན་མེད་ཕྱལ་བར་མི་འགྱུར་རམ། །ཞེས་གྲགས་སོ། །དེར་སེ་ཏྲ་བ་དང་། ཁྲམ་ཟེའི་ཁྱེའུ་གཉིས་ཆད་དེ་འགྲོ་མ་ནུས་པས་ཁྱིམ་དུ་ལོག །ཁོ་རང་ཕྱོགས་ཐམས་ཅད་དུ་བྱོན་ཞིང་གསོལ་བ་བཏབ་པས། མདུན་གྱི་

ནམ་མཁར་འཇའ་ཚོན་ལྟ་བུའི་སྐུ་གཅིག་བལ་གྱི་མཐོང་སྟེ། ཐེ་ཚོམ་གཅིག་ཟློས་པས། གང་ཡང་སྐྱེ་བ་མེད་པ་ཡི། །སེམས་ཉིད་སྐྱེ་མེད་ཆོས་སྐུ་ལ། །ཐེ་ཚོམ་སྤྲུལ་མདུད་མ་གྲོལ་ན། །རྩེ་གཉིས་ཁབ་ཀྱི་དོན་མི་འགྲུབ། །ཅེས་གྲགས་སོ། །དེར་བླ་མ་དང་མཇལ་ཡང་ངོ་མ་ཤེས་བསམ་ཞིང་། གསོལ་བ་བཏབ་ནས་ཕྱོགས་ཐམས་ཅད་དུ་བཙལ་བས། མདུན་གྱི་ནམ་མཁར་སྟེ་མ་བས་ཀྱང་ཤིན་ཏུ་གསལ་བའི་སྐུ་གཅིག་ལམ་གྱིས་མཐོང་བ་ལ། ཕྱག་འཚལ་བས་གར་སོང་ཆ་མེད་པར་གྱུར་ཏོ། །འཇའ་ཚོན་ལྟ་བུའི་ཞེན་མེད་ལུས། །ངོས་བཟུང་མེད་པར་མ་ཤེས་ན། །དམུས་ལོང་ལྟད་མོ་ལྟ་བ་བཞིན། །དེ་ཉིད་མཐོང་བར་ག་ལ་འགྱུར། །ཅེས་གྲགས་སོ། །མོས་གུས་ཆེན་པོའི་ཡིད་ལ་མ་བརྗེད་པར་དུ་རི་བྲུས་སོང་བ་ལ། ཙནྡན་གྱི་ནགས་ཚལ་གཅིག་ཏུ་སྐུ་གཟི་མདངས་དང་ལྡན་པ་ལམ་མེ་བཞུགས་པ་མཐོང་བ་ལ། རྒྱུགས་ནས་སོང་ཡང་ཇེ་རིང་ཇེ་རིང་ལ་སོང་སྟེ་མི་སྣང་བར་གྱུར། ཆོས་ཉིད་བྱ་བྲལ་འོད་གསལ་ཏྲ། །འགྲོ་འོང་མེད་པར་མ་རྒྱུགས་ན། །རི་དྭགས་སྨིག་རྒྱུ་འདེད་པ་བཞིན། །བསྒོམས་པས་དོན་དེ་ག་ལ་འགྲུབ། །ཅེས་གྲགས་སོ། །ཡང་གསོལ་བ་བཏབ་ཅིང་འཚོལ་དུ་སོང་བ་ལ། བྲག་ཕུག་ཅིག་ཏུ་བཞུགས་ནས་མི་ཡི་ཐོད་པར་ཀླད་ཁྲག་བསྲེས་ནས་མིའི་རྩི་བས་མས་དགྲུག་ཅིང་གསོལ་བ་དང་མཇལ་བས་ཕྱག་འཚལ་ཅན་ཕྱག་ཏུ་གསོལ་འཕྲོ་ཅུང་ཟད་ཅམ་ཅིག་འདུག་པ་དེ་གནང་ཞིང་། བདེ་བ་ཆེན་པོའི་སྣོད་ཆེན་དུ། །བདེ་ཆེན་ལོངས་སྤྱོད་རོ་སྙོམས་དག །བདེ་བ་ཆེན་པོར་མ་སྤྱད་ན། །བདེ་ཆེན་ལོངས་སྤྱོད་འབྱུང་མི་འགྱུར། །ཞེས་གསུངས་ནས་མི་སྣང་བར་གྱུར་ཏོ། །དེར་གསོལ་འཕྲོའི་བདུད་རྩི་རོ་མཆོག་བརྒྱད་དང་ལྡན་པ་དེ་གསོལ་བས་ཟག་པ་མེད་པའི་བདེ་སྟོང་རྒྱུད་ལ་ཤར་རོ། །

དེ་ནས་ཡང་གསོལ་བ་བཏབ་ཅིང་འཚོལ་དུ་སོང་བ་ལས། རི་བོ་གསེར་གྱི་དགོན་པ་བྱ་བའི་ནགས་ཁྲོད་གཅིག་ན་བླ་མའི་སྐུ་གཟི་མདངས་དང་ལྡན་པ། ཐོད་པ་དང་ཁཊྭཱཾ་བསྣམས་ནས་གར་མཛད་ཅིང་འཁྱོན་པ་དང་མཇལ་བས། དགའ་ཆེས་ཞིང་གསོལ་བ་བཏབ་ཅིང་གསེར་སྐྱེམ་པས་གཙུས་ནས་ཕུལ་ཏེ། ཕ་རྗེ་བཙུན་ཐུགས་རྗེས་བཟུང་དུ་གསོལ་ཞུས་པ་ལ། བླ་མ་དགོན་མཆོག་མཆོད་གསུངས་ནས་གསེར་རྣམས་ནགས་གསེབ་ཏུ་གཏོར་བས། མར་པས་ངས་བོད་ནས་དཀའ་ལས་མང་དུ་བྲུས་ཤིང་བཙལ་བ་ཡིན་པ་ལ་སྙམ་པའི་ཚེ། བུ་འདོད་ན་ཐམས་ཅད་གསེར་གླིང་ཡིན་གསུངས་ནས་ཞབས་ཀྱི་མཐེ་བོང་ས་ལ་རེག་པས་ས་རྫོ་ཐམས་ཅད་གསེར་དུ་གྱུར། གོང་དུ་ཕུལ་བའི་

གསེར་རྣམས་རང་གི་སྐྱིམ་པར་མ་ཉམས་པར་བྱུང་བ་ལ་ངོ་མཚར་སྐྱེས་པས། སྣང་སྲིད་གདོད་ནས་དག་པ་ཡིན། །ཆོས་ཉིད་མཉལ་མ་ཕྱལ་ན། །ཞེན་བཅས་རིན་ཆེན་མཉལ་ཀུན། །ཆོས་བརྒྱུད་སྒྲོགས་སུ་མ་རྩད་དམ། །ཞེས་གསུངས་ཤིང་མི་སྣང་བར་གྱུར་ཏོ། །

དེ་ནས་ས་གཞི་གསེར་དུ་སོང་བ་དེ་དག་བླ་མས་བྱིན་གྱིས་བརླབས་པའི་དངོས་གྲུབ་ཡིན་སྙམ་ནས། གསེར་སྲམ་འགའ་ཞིག་བཟུང་སྟེ་ཚོགས་ཀྱི་འཁོར་ལོ་མང་དུ་བསྐོར་ཞིང་གསོལ་བ་བཏབ། མོས་གུས་དྲག་པོས་ཐམས་ཅད་དུ་ཚོལ་ཞིང་སོང་བ་ལ། རི་བོ་གསེར་གྱི་དགོན་པར་ནགས་ཚལ་ཕུན་སུམ་ཚོགས་པ་གཅིག་ཏུ་ཕྱིན་པས། བར་སྣང་ལ་ཌཱ་མ་རུའི་སྒྲ་ཁྲོལ་ཁྲོལ་གྲགས་ནས་བལྟས་པས་ནཱ་རོ་པ་སྐུ་གཟི་མདངས་དང་ལྡན་པ། རུས་པའི་རྒྱན་དྲུག་གིས་བརྒྱན་ཞིང་ཕྱག་ན་ཐོད་པ་དང་ཌཱ་མ་རུ་ཐོགས་པ་ལམ་མེ་བཞུགས་པ་ལ། ཐུགས་རྗེ་མ་ཆུང་བྱས་ཞིང་སྐད་མི་ཐོན་པ་ཙམ་དུ་གསོལ་བ་བཏབ་པས་ཙནྡན་གྱི་སྡོང་པོ་གཅིག་གི་རྩ་བར་བཞུགས་པ་ལ། གསེར་གྱི་མཎྜལ་ཕུལ་ཞིང་ཕྱག་འཚལ་ནས་ཞབས་ལ་འཇུས་ཤིང་སྤྱི་བོར་བཞག་སྟེ། ངབོད་ནས་དཀའ་ལས་མང་པོ་བྱས་ནས་འོང་། འདིར་བླ་མ་རྙེད་ནས་དཀའ་བ་དཔག་ཏུ་མེད་པ་སྤྱད་པ་ལ་རྗེ་བཙུན་དེ་ཙམ་དུ་ཐུགས་རྗེ་ཆུང་བ་ཞེས་ཡུས་ཀྱིས་བརྣངས་ནས་སྤྱན་ཆབ་མང་པོ་ཕྱུང་བ་ལ། ངདུས་རྟག་ཏུ་ཁྱོད་དང་མ་བྲལ་བསྡད་པ་ལ་ཁྱོད་རང་ལས་ཀྱི་སྒྲིབ་པས་བསྒྲིབས་ནས་རང་གི་བག་ཆགས་ཀྱིས་མ་མཐོང་བ་ཡིན། ད་ལྟ་བག་ཆགས་ངན་པ་དང་། སྒྲིབ་པ་ཐམས་ཅད་དག་ནས་མཐོང་བ་ཡིན། ཏཻ་ལོ་པའི་ཞལ་ནས། རང་གྲོལ་ཡེ་ཤེས་ཉི་མ་ཡིས། །ཕུ་ལ་ཧ་རིའི་དགོན་པ་རུ། །ཁ་བ་ཅན་གྱི་སྐལ་ལྡན་པ། མ་ཏྲིའི་མ་རིག་མུན་སེལ་ལ། ཡེ་ཤེས་སྣང་བས་ཁྱབ་པར་གྱིས། །བླ་མས་སངས་རྒྱས་གསུངས་ཕྱིར་འདི། གསུངས་པས། དེར་ཡབ་སྲས་འགྲོགས་ནས་པུ་ལ་ཧ་རིར་བྱོན་པའི་ལམ་ནས་མཁའ་འགྲོ་མང་པོས་ནཱ་རོ་པ་ལ་མཆོད་པ་ཕུལ། མར་པར་འཇིགས་པའི་ཆ་ལུགས་ཀྱིས་བསྡིགས་པ་ལ། ནཱ་རོ་པས།བླ་མས་ལུང་བསྟན་བདག་གིས་བུ། །སྡོད་ལྡན་མར་པ་བློ་གྲོས་ལ། །མཁའ་འགྲོའི་མིང་ཅན་བདུད་མོ་རྣམས། །བར་ཆད་ཙམ་གྱུར་ད་ལྟ་ཉིད། །བྱིན་གྱིས་རློབས་ཤིག་རྗེ་བཙུན་མགོན། །ཞེས་གསོལ་བ་བཏབ་པས། ཏཻ་ལོའི་སྤྲུལ་པ་འཇིགས་པའི་ཁྲོ་བོ་མཚོན་ཆ་ཐོགས་པ་ནམ་མཁའ་གང་བས་གར་བྱེད་ཅིང་འཇིགས་པའི་ང་རོ་འབྲུག་ལྟར་སྒྲོགས་ཏེ། མི་དཔུང་འབར་བའི་ནང་དུ་བྱོན་པས། མཁའ་འགྲོ་མ་རྣམས་སྐྲག་ཅིང་དངངས་པ་ནས་བརྒྱལ་ཏེ་བརྒྱལ་སངས་པ་དང་ཐལ་མོ་སྦྱར་ནས། འཇིགས་པའི་སྐུ་ལ་འཇིགས་པའི་

གསུངས། །འདྲེན་པའི་མཆོད་ཆ་སྣ་ཚོགས་བསྣམས། །འདྲེན་ཆེན་སྐུ་ལ་སྐྱབས་སུ་མཆི། །བདག་ཅག་གནོད་སྐྱེལ་མ་ལགས་ཏེ། །བསྟན་སྲུང་བྱ་ར་བྱེད་པ་དང་། །རྣལ་འབྱོར་ལམ་གྱི་དྲོད་ཚད་ཤུལ། །ལུང་བསྟན་མར་པ་བློ་གྲོས་འདི། །ཡང་དག་མཐར་ཕྱིན་སྟོང་གྲོགས་བྱེད། །ཟླ་གསུམ་སོང་བའི་ནང་པར་ནས། །རྗེ་བཙུན་དཔལ་ལྡན་ནཱ་རོ་པ། །ཕུ་ལ་ཧ་རིའི་དགོན་པ་ནས། །ཤིང་རྟ་ཆེན་པོའི་རྟར་བསྐྱོད་དེ། །ཨོ་རྒྱན་རང་བྱུང་ཕོ་བྲང་དུ། །ལུང་བསྟན་རང་གྲོལ་མཁའ་འགྲོའི་བསུ། །ཞེས་གསོལ་ཏེ། དེར་ཁྲོ་བོ་རྣམས་འདུས་ཏེ་འོད་ཀྱི་ཕུང་པོར་གྱུར་པའི་དཀྱིལ་དུ། ཏཻ་ལོ་པའི་སྐུ་སྐྱེད་ཡན་ཐོན་པ་མར་པས་ཀྱང་ཞལ་མཐོང་ངོ་། །

དེ་ནས་ཕུ་ལ་ཧ་རིར་ཕྱིན་ཏེ། དེར་ནཱ་རོ་པས། བོད་ཀྱི་མར་པ་བློ་གྲོས་ཁྱོད། །དེ་དེ་ཡིན་ཏེ་དེ་ཉིད་མེད། །དེ་སྐྱེ་བསྟན་པ་རྣམས་གཙོ་ཆེར་རྒྱུད་དང་འབྲེལ་པ་ཐབས་ལམ་གྱི་གདམས་ངག་ཡིན། ད་ནི་བྱིན་རླབས་དང་འབྲེལ་པ་སྙན་བརྒྱུད་ཀྱི་གདམས་ངག་སྟོན་པ་ཡིན་གསུངས་ནས། དེར་ཚོགས་ཀྱི་འཁོར་ལོ་བསྐོར་ཏེ། ཐབས་གཙོ་བོར་སྟོན་པ་རྟུལ་མཆོན་གྱི་དཀྱིལ་འཁོར་དུ་དབང་བསྐུར་བའི་ཚེ། བླ་མའི་ཐུགས་ཀར་ལྷན་ཅིག་སྐྱེས་མ་ཕྱིན་སྟེ། ཐུམ་པའི་དབང་བསྐུར། ཐུགས་ཀའི་སྟགས་ཀྱི་འཁོར་ལོ་ཞལ་ནས་ཐོན་ཏེ། མར་པའི་ཐུགས་ཀར་འཐིམས། སྣོད་བཅུད་ཐམས་ཅད་ལྷ་དང་ལྷ་མོའི་རང་བཞིན་དུ་མཐོང་། གསང་མཚན་ཞེ་སྡང་རྡོ་རྗེར་བཏགས། ཤེས་རབ་དང་འབྲེལ་བ་སཱི་ཀྲ་རའི་དཔལ་ལ་བརྟེན་ནས་བྱིན་གྱིས་རླབས་པའི་ཚེ། བླ་མ་ཡབ་ཡུམ་གྱི་སྦྱོར་མཚམས་ནས་བདུད་རྩིའི་རྒྱུན་འབབ་ཅིང་མར་པ་ལ་ཐིམ་པས་རྩ་མདུད་གྲོལ་ཏེ་བདེ་སྟོང་ཟག་པ་མེད་པའི་ཏིང་འཛིན་རྒྱུད་ལས་སྐྱེས་པ་བླ་མས་ངོ་སྤྲད། དེ་དག་གི་སྐབས་སུ་རང་བྱུང་ཤེལ་གྱི་མཆོད་རྟེན་ཁྲུ་གང་བ་དང་། བཅོམ་ལྡན་འདས་ལྷན་ཅིག་སྐྱེས་པའི་སྐུ་ལ་སོགས་ལྷ་ཚོགས་དཔག་ཏུ་མེད་པ་རང་བྱུང་དུ་བྱོན་ཞིང་། མཆོད་པའི་བཀོད་པ་ཕུན་སུམ་ཚོགས་པ་ཡང་བྱུང་། ཙནྡན་གྱི་སྡོང་པོ་གཅིག་ལ་སྒྲ་དང་འོད་བྱུང་བའི་ནང་ནས་དགྱེས་པ་རྡོ་རྗེ་ལྷ་དགུ་བྱུང་བ་དེའི་འོད་ཀྱིས་གསལ་བར་གྱུར། དེ་ལ་སོགས་པའི་རྟགས་ངོ་མཚར་ཅན་དཔག་ཏུ་མེད་པ་བྱུང་ངོ་། །དེ་ནས་དེ་ཉིད་དུ་བླ་མ་ནཱ་རོ་པ་ཆེན་པོའི་ཞབས་དྲུང་དུ་ཟླ་བ་གསུམ་བཞུགས་ཏེ། གོང་དུ་གསུངས་པའི་ཆོས་རྣམས་ཀྱང་གསལ་བཏབ་ཅིང་། ག་དར་དང་ཞུ་གཏུགས་ལེགས་པར་མཛད་ནས་ཐེ་ཚོམ་མེད་པར་བྱས་སོ། །གོང་དུ་མ་ཐོབ་པའི་སྙན་བརྒྱུད་ཡིད་བཞིན་ནོར་བུ་རྣམ་གསུམ་དང་། ལུས་མེད་མཁའ་འགྲོའི་ཆོས་སྐོར་ལ་སོགས་མང་དུ་གནང་ཞིང་། སྒྲོ་འདོགས

ཐམས་ཅད་ཆོད་པར་བྱས་པ་ཡིན་ནོ། །དེར་ནཱ་རོ་པའི་ཞལ་ནས་མདོ་རྒྱུད་ཐམས་ཅད་ཀྱི་དགོངས་པ་ཕྱོགས་གཅིག་ཏུ་དྲིལ་ཞིང་སྙིང་པོའི་དོན། མར་གྱི་སྙིང་ཁུ་ལྟ་བུ་ཚེ་གཅིག་ལུས་གཅིག་ལ་སངས་རྒྱས་པར་བྱེད་པའི་ཆོས། སྙན་བརྒྱུད་ཆོས་དྲུག་དང་བཅས་པ་འདི་དག་ཡིན་ཏེ། དེ་ཡང་གདམས་པའི་མཆོག་ཏུ་གྱུར་པ། བླ་མ་དམ་པ་ལ་སངས་རྒྱས་ཀྱི་འདུ་ཤེས་བསྐྱེད་ཅིང་། ཅི་གསུང་གི་བཀའ་ལས་མི་འདའ་ཞིང་། སྒྲུབ་པ་ལ་བརྩོན་ཏེ་འགྲོ་དོན་བྱེད་པ་ཡིན་པས། སྣོད་མིན་ལ་གསང་ཞིང་སྣོད་ལྡན་ལ་སྟོན་པར་གྱིས་ཤིག །ཏི་ལོ་པས་ང་ལ་ཁྱོད་ལུང་བསྟན་པ་ཡིན་པས། ཕྱག་རྒྱ་ལ་བརྟེན་ནས་གདུལ་བྱ་རྣམས་སྨིན་ཅིང་གྲོལ་བར་གྱིས་དང་། ཁྱོད་ཀྱི་སློབ་མ་དང་ཡང་སློབ་ལ་སོགས་ནས་ཀྱང་གཞན་དོན་རྗེ་ཆེར་འགྲོ་ཞིང་སངས་རྒྱས་ཀྱི་བསྟན་པ་དར་བར་འགྱུར་རོ། །ཞེས་གསུངས་སོ། །

དེ་ནས་གདམས་པ་ཐམས་ཅད་གྲུབ་པ་དང་། གཏང་རག་གི་མཆོད་པ་ཆེན་པོ་བྱེད་པའི་ཕྱིར། གྲུབ་པ་ཐོབ་པའི་རྣལ་འབྱོར་ཕོ་མོ་མང་པོ་བཛས་བཀུག་སྟེ། ཚོགས་ཀྱི་འཁོར་ལོ་རྒྱ་ཆེན་པོ་བསྐོར་ནས་ཚོགས་ལ་ལོངས་སྤྱོད། ཡི་དམ་མཁའ་འགྲོ་ཆོས་སྐྱོང་གི་ལྷས་ངོ་མཚར་ཅན་མང་པོ་ཡང་མཐོང་བས་ཤིན་ཏུ་དགའ་སྟེ། རྟོགས་པ་ཕུལ་བས་བླ་མ་ཡང་ཤིན་ཏུ་མཉེས་ནས། བླ་མའི་མཚན་ཉིད་བརྒྱུད་པར་ལྡན། །སེམས་ཉིད་མཚན་ཉིད་ཟུང་དུ་འཇུག །སྣང་བའི་མཚན་ཉིད་སྐྱེ་བ་མེད། །འཁོར་བའི་མཚན་ཉིད་གཞི་རྩ་བྲལ། །མོས་གུས་གདན་གྱི་མཚམས་སྦྱར་ནས། །སྟོང་ཉིད་སྙིང་པོ་རོ་མཉམ་པས། །རང་བྱུང་འོད་གསལ་བརྗོད་ལས་འདས། །རྟོགས་པ་ཕྱག་རྒྱ་ཆེན་པོ་ཡིན། །དེར་ནཱ་རོ་པས། ཁོང་གི་ཐུགས་དམ་པདྨ་དམར་པོའི་ཕྲེང་བ་བརྒྱ་རྩ་བརྒྱད་གནང་ནས། བུ་ཁྱོད་དང་ཁོ་བོ་འདུ་འབྲལ་མེད་དེ། །ཁྱོད་འཕོ་བའི་དུས་སུ་ཁོ་བོ་ཡང་འོང་ཞིང་ཡི་དམ་མཁའ་འགྲོ་ཆོས་སྐྱོང་གིས་ལྷས་ངོ་མཚར་ཅན་དུ་མ་སྟོན་ནས་བསུ་ཞིང་སྐྱེ་བ་ཕྱི་མར་ཁྱོད་རྒྱ་གར་ཤར་ཕྱོགས་སུ་བྲམ་ཟེའི་རིགས་མཆོག་ཏུ་གྱུར་པ་ཞིག་ཏུ་སྐྱེས་ནས་ཁོ་བོ་དང་ལྷོ་ཕྱོགས་དཔལ་གྱི་རི་ལ་མཇལ་བར་འགྱུར་རོ་གསུངས། དེ་ནས་སྐྱ་རེངས་དང་པོ་ཤར་བའི་ཚེ། ཕྱག་གཡོན་པ་མར་པའི་སྤྱི་བོར་བཞག་སྟེ། སྨོན་ཚུལ་བཞིན་སྦྱངས་པའི་ལས་འཕྲོ་ཅན། །བོད་ཡུལ་གྱི་མར་པ་ལོ་ཙཱ་ཁྱོད། །འཁོར་ལོའི་སྒྱུར་རྒྱལ་རིན་ཆེན་འཛིན། །ཞེན་པ་རྗོ་ལ་རི་མོ་བྲིས། །འཁོར་བ་ཆུ་རིས་ཡལ་བར་འགྱུར། །རིགས་རྒྱུད་ནམ་མཁའི་མེ་ཏོག་ཡལ། །ཆོས་རྒྱུད་ཆུ་བོའི་གཞུང་ལས་རིང་། །སེང་གེ་ཁྱུང་གི་ཕྲུག་གུ་བཞིན། །བུ་སློབ་མ་བས་ཀྱང་ཡང་སློབ་བཟང་། །ཐེག་ཆེན་སྙིང་པོའི་དོན་བསྡུས་ནས། །ལས་ཅན་སྨིན་དང་གྲོལ་བྱེད་པ། །སྐལ་ལྡན་གདུལ་བྱའི་རྒྱལ

པོ་ཁྱོད། །ཆོས་ཀྱི་རྒྱལ་སྲིད་སྐྱོང་བའི་ཕྱིར། །ད་ནི་བོད་ཡུལ་དབུས་སུ་སོང་། །བྱང་ཕྱོགས་ཁ་བ་ཅན་གྱི་ལྗོངས། །སྲོས་ཀྱི་ཤིང་སྣ་རྒྱས་པའི་ས། །སྨན་སྣ་ཚོགས་སྐྱེ་བའི་རི་མགུལ་ན། །སྐལ་ལྡན་གདུལ་བྱ་སྣོད་ལྡན་ཡོད། །ཁྱོད་དེ་རུ་སོང་ལ་འགྲོ་དོན་སྒྲུབ། །ཁྱོ་ཁྱོད་ཀྱི་འགྲོ་དོན་འགྲུབ་སྟེ་མཆིས། །སྐྱེ་བ་འདི་ཉིད་འདས་གྱུར་ན། །མཉམ་ཉིད་བདེ་བ་ཆེན་པོའི་གནས། །འོད་གསལ་དང་དུ་མཇལ་བར་བགྱི། །གསུངས་ཏེ། དེའི་ཚེ་འོད་དང་རོལ་མོའི་སྒྲ་དང་སྤོས་ཀྱི་དྲི་དང་། མེ་ཏོག་གི་ཆར་དང་། འཇའ་འོད་ཀྱི་གུར་ལ་སོགས་པ་མཚོད་པའི་བྱེ་བྲག་བསམ་གྱིས་མི་ཁྱབ་པའི་དབུས་སུ། སེང་གེའི་ཁྲི་པདྨ་བརྩེགས་པའི་སྟེང་དུ་ནཱ་རོ་ཆེན་པོ་བཞུགས་ཏེ། དཔའ་བོ་མཁའ་འགྲོ་གྲངས་མེད་པས་གདན་དྲངས་ནས་ནམ་མཁའ་རུ་ཧེ་མགོ་ཧེ་མགོ་ལ་སོང་ནས་ཨུ་རྒྱན་དུ་གཤེགས་སོ། །དེ་ནས་མར་པ་ཐུགས་ཤིན་ཏུ་སྐྱོ་བར་གྱུར་ཏེ། ཕྱིར་ཉིན་ཉི་མ་ཤར་ཙ་སེང་ལྡིང་ནགས་ཚལ་གྱི་ནང་དུ་སོང་ཞིང་གསོལ་བ་བཏབ་པས། ནཱ་རོ་པ་ཤིང་ཏྲུ་གྲོ་ཏའི་སྡོང་པོ་གཅིག་གི་སྟེང་དུ་བཞུགས་ནས་འདི་སྐད་གསུངས། དཔལ་འཁོར་གཟུགས་ཀྱི་ཕུང་པོ་འདི། །གཡར་སྒྱུ་ཙམ་ན་འདི་སྐད་དོག །ཅེས་སོགས་ཆོས་དྲུག་དྲིལ་བ་རྡོ་རྗེའི་མགུར་གསུངས་པས། སྐྱོ་བ་སངས་ཏེ་ཤིན་ཏུ་དགའ་བར་གྱུར་ཏོ། །

དེ་ནས་མངའ་བདག་མཻ་ཏྲི་པའི་མདུན་དུ་སོང་ཞིང་ཕྱག་དང་གསེར་གྱི་མཎྜལ་ཕུལ་ནས་ནཱ་རོ་པ་དང་མཇལ་བའི་ལོ་རྒྱུས་རྣམས་ཞིབ་ཏུ་ཞུས་ཤིང་། གདམས་ངག་ཞུས་པས་སྣན་བརྒྱུད་ཀྱི་གདམས་པ་རྣམས་བུམ་པ་གང་བྱོའི་ཚུལ་དུ་གནང་བས། གཏང་རག་ཏུ་ཚོགས་ཀྱི་འཁོར་ལོ་བསྐོར་ཞིང་། བླ་མ་ལ་རྟོགས་པ་ཕུལ་བའི་མགུར་ནི། སྤྱི་གཙུག་བདེ་ཆེན་གཞལ་ཡས་ནས། །ཅེས་སོགས་གསུངས་པས་མཻ་ཏྲི་པ་ཡང་ཤིན་ཏུ་དགྱེས་ཏེ། ཕྱག་སོར་ལ་གསེར་གྱི་མགུ་ཡ་རྡོར་དྲིལ་བྲུང་ཡོད་པ་གནང་ནས། དུས་གསུམ་གྱི་སངས་རྒྱས་ཐམས་ཅད་ཀྱི་ངོ་བོ་བླ་མ་དམ་པ་སྤྱི་བོར་ཁུར་ཞིང་། ཡི་དམ་མཁའ་འགྲོ་ཆོས་སྐྱོང་གི་ཚོགས་གཏོར་མ་མ་གཅོད་དང་ཅི་བསམ་འགྲུབ་སྟེ། གཞན་དོན་འབད་མེད་དུ་འབྱུང་ཞིང་། མཆོག་གི་དངོས་གྲུབ་ཐོབ་པར་འགྱུར་རོ། །ཞེས་གསུངས་སོ། །དེ་ནས་ཀུ་ཀུ་རི་པ། ཀ་སོ་རི་པ། རྣལ་འབྱོར་མ་རུས་པའི་རྒྱན་ཅན་ཀུ་སུ་ལུ་པ་ཡེ་ཤེས་སྙིང་པོ་དགེ་ཚུལ་ཤེས་རབ་སེང་གེ་ལ་སོགས་བླ་མ་རྣམས་ལ་ཚོགས་ཀྱི་འཁོར་ལོ་དང་ཕྱག་རྟེན་ཕུལ་ཞིང་། གདམས་པ་གོང་དུ་ཞུས་པ་རྣམས་གསལ་བཏབ། མ་ཐོབ་པ་རྣམས་རྩད་བཅད་ཅིང་སྒྲོ་འདོགས་ཆོད་པར་བྱས། བྱིན་གྱིས་བརླབས་ཤིང་སྨོན་ལམ་བཏབ། ཕྱི་ཕྱག་འཚལ་ཏེ་གཏང་རག་དགའ་སྟོན་ཆེན་པོ་བྱས། དེ་དག་

ཐམས་ཅད་ཤིན་ཏུ་མཉེས་ཤིང་རྗོངས་བ་ཡང་མཛད་དེ། མཆེད་གྲོགས་རྡོ་རྗེ་སྤྱན་ཟླ་དང་བྲམ་ཟེའི་ཁྲིའུ་གསེར་ཕྲེང་ཅན། དད་དཔོན་གྱི་བུ་མོ་ཙ་ཀྲ་མ། ཚང་ཚོང་བུ་མོ་ཀུ་ཏྲ་ལི། གནས་པོའི་བུ་མོ་ལ་སོགས་རྣམས་ལ་སོ་སོར་ཕྱག་རྟེན་ཕུལ་བས། དགའ་ཞིང་རྗོངས་བ་དང་བསུ་སྐྱེལ་བྱས་ནས་སྨོན་ལམ་བཏབ། རྡོ་རྗེ་གདན་ལ་སོགས་པའི་གནས་ཁྱད་པར་ཅན་རྣམས་སུ་རྟེན་ངོ་མཚར་ཅན་དུ་མ་ཡོད་པའི་དྲུང་དུ་ཡང་ཚོགས་ཀྱི་འཁོར་ལོ་བསྐོར་ཞིང་མཆོད་པ་ཕུལ་ནས་སྨོན་ལམ་རྒྱ་ཆེན་བཏབ། དེ་དག་ཏུ་གྲོང་འཇུག་ལ་སོགས་པ་འགའ་ཞིག་གིས་མཛད་པས་གྲུབ་ཐོབ་རེད་ཟེར་བའི་གྲགས་པ་ཡང་བྱུང་།

དེ་ནས་ཤིང་ཨ་མྲའི་ཚལ་དུ་ཞག་གཅིག་བཞུགས་པ་མཆེད་གྲོགས་བརྒྱད་ཀྱིས་བསྐྱལ་བ་ལས། ངའི་ཚེ་ལ་བར་ཆད་མེད་ནས་ལོ་ཙཱ་མཁས་པར་སློབ་ཅིང་སློབ་གཉེར་མཐར་ཕྱིན་ཏེ་སྐད་བརྒྱུད་གདམས་པ་ཐུན་མོང་མ་ཡིན་པ་རྣམས་ཐོབ་སྟེ་བོད་ཏུ་འགྲོ་བ་ལ་བྲོད་ཀྱང་། དྲིན་ཆེ་བའི་བླ་མ་མཆེད་གྲོགས་སྙིང་དང་འདྲ་བ་རྣམས་ལ་ཕྲེང་ཞིང་། ལམ་གྱི་ཆུ་དང་གཅན་འཕྲང་ལ་སོགས་བགྲོད་པར་དཀའ་བ་རྣམས་ལ་ཡང་ཅུང་ཟད་འཚེར་ནས་གསུངས་པས། རྗེ་འགྲོ་བ་འདྲེན་མཛད་བཀའ་དྲིན་ཅན། ཞེས་སོགས་ལམ་གླུ་རིང་མོ་བཞེངས་ནས་གྲོགས་པོ་བརྒྱད་སྤྱན་ཆབ་ཤོར་རོ། །དེ་ནས་ནེཔཱ་ལར་བྱོན་ནས་ཚོགས་ཀྱི་འཁོར་ལོ་བསྐོར་བའི་གྲལ་དུ་ཁ་ཆེའི་པཎྜི་ཏ་ཤྲཱི་ཛྙཱ་ནས་དེད་རང་གི་བླ་མ་དང་། མཻ་ཏྲི་པ་གཉིས་དགོངས་པ་སུ་ཟབ་ཟེར་བ་ལ། གསོན་དང་སྙིང་གྲོགས་བཟང་པོ་དཔལ། ཞེས་སོགས་གསུངས་པས། ཡང་དག་དོན་གྱི་ལྷ་སྒོམ་སྒྲོད་གསུམ་ཅི་ལྟར་བཞེད། གསུངས་པ་ལ། ཐུགས་གཞན་དུ་མི་འགྲུལ་སྐད་གཡར་ཞུ། །ཞེས་སོགས་གླངས་པས། ཡང་ཐབས་ལམ་ལ་བརྟེན་ནས་ཁྲིད་དམ། གདམས་ངག་ཅིག་ཅར་དུ་འདེབས་གསུངས་པས། ཡབ་གཅིག་མཆེད་གྲོགས་གོང་མ་བ། ཞེས་སོགས་གླངས་པས་ཁོང་ཤིན་ཏུ་དགྱེས་ནས་མཐུན་པར་མཛད་དོ། །ཡང་ཚོགས་གྲལ་གཅིག་ཏུ་རྣལ་འབྱོར་པ་གཅིག་གི་ཁྲིད་ནཱ་རོ་པཎ་ཆེན་གྱིས་དངོས་སློབ་ཡིན་པས། བོད་དུ་འབྱོན་ཁ་གླུ་གཅིག་ལོངས་ཟེར་བས། རྗེ་བླ་མ་རྣམས་ལ་ཕྱག་འཚལ་ལོ། ཞེས་སོགས་གླངས་པས་ཚོགས་གྲལ་དེར་ཡོད་པའི་རྣལ་འབྱོར་པ་རྗེ་འཕྲུལ་ལ་དབང་ཐོབ་པ་བཞི་བཅུ། མཁས་པ་པཎྜི་ཏ་ཐུབ་པའི་གསུངས་ལ་ཐོགས་པ་མེད་པ་བཞི་བཅུ་སྟེ། བརྒྱ་བཅུ་པོ་རྣམས་ཤིན་ཏུ་དད་དེ་བསྟགས་པ་བརྗོད་དོ། །དེར་སྐྱེས་མཆོག་མར་པ་ལོ་ཙཱ་དེ། རྒྱ་གར་དུ་ལན་གསུམ་བྱོན་པ་ལ། སྔོན་རེས་ལོ་ལྔ། བར་དུ་ལོ་དྲུག་དང་ཟླ

བ་བདུན། མཐར་ལོ་བདུན་སྟེ་ཀུན་ཏུ་ལོ་བཅུ་དགུ་བཞུགས་པ་ལ། དཔལ་སེང་གེ་ཁ་པ་ལ་སོགས་པ་སྤྱིར་བླ་མ་བརྒྱ་རྩ་བརྒྱད། དེའི་ནང་ནས་བཤད་སྒྲོལ་འཛིན་པ་ལྔ་བཅུ། དེ་ཡི་ནང་ནས་སྣང་བ་འགྱུར་ངེས་བཅུ་གསུམ། དེའི་ནང་ནས་ཁྱད་པར་འཕགས་པ་རྣམ་བཞི། དེའི་ནང་ནས་འདྲེན་གྱི་དོ་མེད་རྣམ་གཉིས། དེའི་ནང་ནས་གཙུག་རྒྱན་ནཱ་རོ་པཎ་ཆེན་བརྟེན་ཅིང་། ཞབས་ཏོག་གསུམ་གྱིས་མཉེས་པར་བྱས་ནས། སྙན་བརྒྱུད་ཀྱི་གདམས་པ་ཟབ་མོ་རྣམས་རྫོགས་པར་གནང་ཞིང་འགྲོ་དོན་འབྱུང་བར་ལུང་བསྟན། བླ་མ་སྐུ་དྲིན་ཅན་རྣམས་དང་། རྟེན་ཁྱད་པར་ཅན་རྣམས་ལ་མཆོད་པ་དང་ཕྱི་ཕྱག་ཕུལ་ནས་བོད་དུ་བྱོན་པའི་ཚེ། བལ་པོར་ཆགས་ཕེབས་པ་ལ། ནཱ་རོ་སྐྱོད་པ་ལ་གཤེགས་ཀྱང་བོད་ཀྱི་མར་པ་ལོ་ཙྪས་མཇལ་ཞིང་གདམས་པ་ཟབ་མོ་ཐོབ་ཟེར་བའི་གྲགས་པས་ས་སྐྱིང་ཁྱབ་ནས་ཕྱག་དང་བསྙེན་བཀུར་བྱེད་པ་མང་དུ་བྱུང་། དེའི་ཚེ་ཡེ་རང་གྲོང་མོ་ཁྱེར་དཔང་བསྐུར་གྱི་དགའ་སྟོན་ལ་མང་པོ་འདུས་པས་ན་རེ། ཁྱེད་ད་ལན་ནཱ་རོ་པ་དང་མཇལ་ཟེར་བ་ངོ་མཚར་ཆེ། སྤྱིར་བླ་མ་དུ་ཡོད་ད་གཙོ་བོ་གང་ལ་བྱེད། ངོ་མཚར་ཆེ་བ་ཅི་མཐོང་། ཡོན་ཏན་ཅི་ཡོད། མགུར་གཅིག་ཞུ་ཟེར་བ་ལ། ང་འོང་བ་ལ་བོད་ཀྱི་ཡུལ་ནས་འོང་། །ཞེས་སོགས་མགུར་མཛད་པས་ཐམས་ཅད་དད་པར་གྱུར། ཡང་བལ་པོར་ཕེབས་ནས་ཞག་གཉིས་ལོན་པ་དང་། ཕམ་མཐིང་བའི་ཆོས་བཅུའི་མཆོད་པ་ལ་གདན་དྲངས་ཞིང་། རྣལ་འབྱོར་ཕོ་མོ་མང་དུ་ཚོགས་པས་ཁོང་ན་རེ། ཁྱོད་བོད་བྱ་བ་གླུ་ལ་མཁས་པ་ཡིན་ཏེ། བླ་མ་མཻ་ཏྲི་བས་ལྟ་བ་ལ་སོགས་དགོངས་པ་ཅི་ལྟར་བཞེད་གླུ་གཅིག་ལོངས་ཟེར་བས།རྗེ་རི་ཁྲོད་ཞབས་ཀྱིས་བྱིན་བརླབས་ཤིང་། ཞེས་སོགས་འབྲས་བུ་ཟད་སར་སྐྱོལ་བ་ཆོས་ཉིད་ལྟ་བའི་མགུར་མཁའ་འགྲོ་མའི་སྙི་ཐུགས་ལས་དྲངས་ཏེ། བཞེངས་པས་ཁོང་དགྱེས་ཏེ། རྗེ་མཻ་ཏྲི་པའི་དགོངས་པ་དེ་ངོ་མཚར་ཆེ། ད་རང་བླ་མ་དང་གང་དུ་མཇལ། ཡོན་ཏན་ཅི་ལྟ་བུ་གཟིགས་ཟེར་བ་ལ། མཚན་བརྗོད་པར་དཀའ་བའི་ནཱ་རོ་པ། ཞེས་སོགས་མཛད་སྤྱོད་རྫུ་འཕྲུལ་ངོ་མཚར་ཅན་གྱི་མགུར་ཆོས་སྐྱིང་གི་ཕྱུག་གླུ་ལས་དྲངས་ཏེ་བླངས་པས་ཤིན་ཏུ་མཉེས་པར་གྱུར། དེ་ནས་དུར་ཁྲོད་རམ་དོ་ལིར་རྣལ་འབྱོར་ཕོ་མོ་མང་པོ་འདུས་ནས་ཆོས་བཅུའི་མཆོད་པ་བྱེད་པའི་སར་མར་པ་སྤྱན་དྲངས་ཏེ། ཁྱོད་ཀྱི་རྒྱ་གར་དུ་ངོ་མཚར་ཅན་གྱི་ཚོགས་འཁོར་ཅི་ལྟ་བུ་མཐོང་བ་ལ། ཚོགས་ཀྱི་འཁོར་ལོ་བསམ་གྱི་མི་ཁྱབ་པ་མཐོང་། ཞེས་མཁའ་འགྲོ་མའི་ཕྱུག་གླུ་བླངས་པས་ཐམས་ཅད་དད་པར་གྱུར་ཏོ། །དེ་ནས་ཞག་འགའ་ནས་མེ་ཛ་གླིང་དུ་བླ་མ་མི་མཉམ་རྡོ་རྗེའི་རྩར་བྱོན་པས་ཁོང་ནས་གསང་འདུས་ཀྱི་

ཐང་ཁ་རབ་གནས་དགའ་སྟོན་བྱེད་པའི་ཚོགས་གྲལ་དུ་འདུས་པ་རྣམས་ན་རེ། ཁྱོད་ནཱ་རོ་པའི་དྲུང་དུ་ཡུན་རིང་བཞུགས་པས་ཆོས་ཅི་གསན། ཡོན་ཏན་གྱི་གདེང་ཅི་ཡོད། རྒྱ་གར་ནས་བྱོན་པའི་བྱོན་སྐྱེམས་ཀྱི་གླུ་ཅིག་ལོང་ཟེར་བ་ལ། རྗེ་གྲུབ་ཐོབ་རྣམས་ལ་ཕྱག་འཚལ་ལོ། །ཞེས་སོགས་བཀྲ་ཤིས་བྱོན་སྐྱེམས་ཀྱིས་མགུར་དྲང་སྒྲོང་སེང་གེའི་ང་རོ་སྒྲོགས་པའི་དབྱངས་བླངས་པས་ཐམས་ཅད་ངོ་མཚར་དུ་གྱུར་ཡང་ཁོང་ན་རེ། བལ་པོ་ཕན་དུ་བླ་མ་དུ་ཡོད་གཙོ་བོ་གང་ཡིན། མཻ་ཏྲི་པའི་དྲུང་ནས་ཆོས་ཅི་ཐོབ་ཡོན་ཏན་ཅི་གཟིགས་ཟེར་བ་ལ། རྗེ་བྲམ་ཟེ་རྒྱུད་པའི་གདུང་འཚོབ་ཅིང་། །ཅེས་སོགས་བླངས་པས་ཐམས་ཅད་དད་པར་གྱུར་ཏོ། །

དེ་ནས་བལ་ཡུལ་རིན་ཆེན་རྩུལ་གྱི་གཙུག་ལག་ཁང་སྟོན་གྱི་རྒྱལ་པོ་ཨིནྡྲ་བོ་དྷི་བཞུགས་པའི་གནས་དེར། བླ་མ་སེ་རྡ་བ་ལས་རལ་གཅིག་མ་དང་བདུད་རྩི་འོད་ཀྱི་སྒྲུབ་ཐབས་རྗོགས་རིམ་ཁ་འཁོར་བ་འགའ་ཞིག་གསན་པའི་ཚེ། ནུབ་གཅིག་རྗེ་མཻ་ཏྲི་བ་བྱོན་ནས། ཡང་དག་པའི་གདམས་ངག་བསྟན་པ་རྨིས་པས། དེའི་ཕྱིར་ནུབ་ཚོགས་གྲལ་དུ་སེ་རྡ་བ་མཆོད་ལྡུམ་རྣམས་ལ་རྨི་ལམ་མགུར་དུ་བཞེངས་པ། རྗེ་སྙིང་པོའི་དོན་རྟོགས་ཆོས་ཀྱི་སྐུ། །ཞེས་སོགས་མཚན་ལྡས་དྲན་པའི་མགུར་ཆུ་ལྡུག་གི་ཟིལ་པ་བླངས་པས། སེ་རྡ་བའི་ཞལ་ནས། གྲོགས་སྙིང་དང་འདྲ་བའི་ལོ་ཙཱ་བ། ཞེས་སོགས་ལན་གསུངས་པ་དང་། ཡང་མར་པས་དྲིས་ལན་མགུར་དུ་བཞེངས་པ། རྗེ་བརྩོན་ཞུགས་སྤྱོད་པའི་སེ་རྡ་བ། །ཞེས་སོགས་གསུངས་པས་ཐམས་ཅད་ངོ་མཚར་དུ་གྱུར་ཏོ། །དེའི་ཚེ་མཻ་ཏྲིའི་དངོས་སློབ་མར་པ་ལོ་ཙཱ་བྱ་བ་གདམས་ངག་ཟབ་མོ་རྣམས་ཁྱེར་ནས་བོད་དུ་སོང་ངོ་། །ཞེས་པའི་གྲགས་པས་ཁྱབ་ཅིང་བྱོན་པས་མང་ཡུལ་དུ་ཕེབས། དེར་མར་པ་མགོ་ཡག་བྱ་བ་བླ་མ་བོད་དུ་ཨེ་བྱོན་དྲི་བ་ལ་མང་ཡུལ་དུ་འགྲོ་དགོས་སྙམ་སོང་བས་རྩུར་མང་ཡུལ་དུ་བྱོན་པ་དང་མཇལ་ཏེ། ཞབས་ཏོག་མཛད་ཅིང་བྱོན་པས་མང་ཡུལ་གླང་པོ་མཁར་དུ་ཟུར་བན་གཙུག་ཏོར་དང་། སྟོན་པ་རྒྱལ་གཉིས་ཀྱིས་དབང་དང་གདམས་ངག་ཞུས། བསྙེན་བསྐུར་མང་དུ་བྱས། དེ་ནས་བྱོན་པས་ལ་སྟོད་དུ་ཡོན་བདག་ཁྱུམ་བུའི་སྒོ་རྩར་ཕེབས་པའི་ཚེ། དད་པ་བགྱི་བའི་གཡེར་པོ་ཆེ། ཞེས་སོགས་མགུར་བཞེངས་པས་ཁྱུམ་བུ་ལ་སོགས་དད་པ་སྐྱེས་ནས་ཞབས་ཏོག་བཟང་པོ་བྱས། ཡང་སྟོད་སྟག་ཚལ་དུ་མེས་སྟོན་ཚོན་པོ་དང་མཇལ་ཏེ། ཆོས་ཀྱང་ཞུས་ནས་འབུལ་བ་ཞབས་ཏོག་ཆེར་མཛད་དོ། །

དེ་ནས་མྱང་སྟོད་བཞངས་ཀྱི་མཁར་རྒྱང་དཀར་པོ་བྱ་བ་ན་མར་པ་མགོ་ཡག་གི་མྱེས་པོ་ཕྱུག

པོ་གཅིག་ཡོད་པས་སྣ་ལེན་བྱས་ནས་ཟླ་བ་གཅིག་ཆོས་གསུངས་ཤིང་། ལྷོ་བྲག་ཏུ་འབྱོན་ཁར་གདང་རག་གི་མཆོད་པར་ཚོགས་ཀྱི་འཁོར་ལོ་གཅིག་བསྐོར་བའི་སར། མར་པ་མགོ་ཡག་གིས་བླ་མ་ལགས། ད་ལན་ནཱ་རོ་པ་དང་ཞལ་ལེགས་པར་མཇལ་ལམ། སྔར་དང་ད་ལན་གདམས་ངག་ལ་ལྷག་ལུས་སམ་ཁྱད་པར་ཅི་གདའ་ཞུས་པས། རྗེ་སྒྲུབ་སྐུའི་བཞུགས་གནས་རྒྱ་གར་ཡུལ། །ཞེས་སོགས་ངོ་མཚར་ཅན་གྱི་ཡོན་ཏན་མཐོང་ཚུལ་མར་པ་མགོ་ཡག་ལ་དྲིན་ལན་གྱི་ཚུལ་དུ་མགུར་གསུངས་ཏེ། དཔལ་ནཱ་རོ་པའི་ཐུགས་དམ་པདྨ་དཀར་པོའི་ཕྲེང་བ་བརྒྱ་རྩ་བརྒྱད་པ་གཅིག་དང་། མངའ་བདག་མཻ་ཏྲི་པའི་ཕྱག་སོར་གྱི་འགུ་ཡ་གསེར་གྱི་རྡོར་དྲིལ་ཟུང་གཅིག་ཡོད་པ་གནང་ནས། བུ་ཁྱོད་ང་ལ་བྱས་པ་ཆེ་བས་མ་ཤི་བར་དུ་འགྲོགས་དགོས། ཕྱི་མ་ལ་མི་མཇལ་ཐབས་མེད་པའི་སྨོན་ལམ་འདེབས། དམ་ཚིག་གིས་བསྡུས་པའི་འོ་སྐོལ་ཕ་སྤད་སྐྱེ་གནས་མཚུངས་ཏེ། རྟེན་འབྲེལ་དག་པས་སྦྲུངས་པ་སྟ་མའི་ལས་སད་ནས་འོང་བས། དེའི་དུས་སུ་ལམ་བསྐྱེད་རྫོགས་ཀྱི་གདམས་པ་མཐར་དབྱུང་ལ་རྡོ་རྗེ་འཆང་གི་གོ་འཕང་ཅི་ཐོབ་བྱ་གསུངས། མར་པ་མགོ་ཡག་གིས་དེ་ཕྱིན་ལུས་དང་གྲིབ་མ་བཞིན་དུ་ཆགས་ཕྱི་མཛད་དོ། །

དེ་ནས་དཔོན་སློབ་གཉིས་ལྷོ་བྲག་ཏུ་བྱོན་པས། ལྷོ་ལ་ཡག་ཏུ་མོན་ཐང་བ་རྣམས་ཀྱི་བསུ་བ་དང་འབུལ་བ་བྱས་དེར་ཆོས་གསུངས་ནས་ཐམས་ཅད་བདེ་བ་ལ་བཀོད་དོ། །དེ་ནས་བ་རང་སྦ་བ་ཅན་གྱིས་ལྷོ་ལ་ཡག་ཏུ་གདན་དྲངས་ནས་ཆོས་གྲྭ་ཆེན་པོ་བཙུགས་པའི་སར་མཚུར་སྟོན་ཆོས་འབྱུང་དང་། མར་པ་མགོ་ཡག་ལ་སོགས་ཀྱིས་ཞུས་པ། སྤྱིར་ལྷོ་བལ་ན་བླ་མ་དུ་བཞུགས། གྲུབ་པ་ཐོབ་ཅིང་སྐུ་དྲིན་ཆེ་བ་གང་ལགས། ཅི་གསན་མགུར་གཅིག་ཞུ་ཟེར་བ་ལ། རྗེ་རྩོད་ལྡན་དུས་ཀྱི་རྡོ་རྗེ་འཆང་། །ཞེས་སོགས་དཀའ་བ་སྤྱད་ལུགས། རིག་པ་ཆོས་དང་བསྲེ་བའི་མགུར་སེམས་ཀྱི་ལྟུགས་ཀྱུ་བཞེངས་པས་ཐམས་ཅད་དད་པར་གྱུར་ཏོ། །དེ་ནས་ལྷོ་བྲག་ཏུ་ཆགས་ཕེབས་ཏེ། སྔར་གྱི་སློབ་མ་དཔོན་དང་། རྗེ་བོ་དང་། ཁུ་བོ་ལ་སོགས་ཡུལ་མི་རྣམས་ཀྱིས་བསུ་བ་དང་ཞབས་ཏོག་བྱས། གྲོ་བོ་ལུང་དུ་བཞུགས་ཏེ་ཆོས་གསུངས་པའི་ཚེ། དེ་དག་གིས་བླ་མ་ཅི་ཙམ་བཞུགས་ཞུས་པས། སྤྱིར་བླ་མ་བརྒྱ་རྩ་བརྒྱད་བཤད་སྒྲོལ་འཛིན་པ་ལྔ་བཅུ་སྣང་བ་འགྱུར་ངེས་བཅུ་གསུམ། ཁྱད་པར་འཕགས་པ་རྣམ་བཞི། འདྲེན་གྱི་དོ་མེད་རྣམ་གཉིས། གཙུག་རྒྱན་ནཱ་རོ་པཎ་ཆེན་རྣམས་བཞུགས་གསུངས། དེ་ནས་ཚང་གྲལ་གཅིག་ཏུ་སྡུགས་པ་གཅིག་གིས་ཆོས་གདམ་བྱས་པས་མ་ཐུབ་སྟེ་མཐུ་ཁས་བླངས་ནས

སོང་བས་འཕྲུལ་དུ་ཁོ་རང་ཤི་དེར་མཐུ་ཆེ་བའི་གྲགས་པས་སུས་ཀྱང་གནོད་པར་མི་ནུས་སོ། །དེའི་ཚེ་སྟར་གྱི་སློབ་མ་རྟོག་སྟོན་ཆོས་རྗེར་གྱིས་གཞུང་དུ་གདན་དྲངས་ནས་ཆོས་ཀྱི་འཁོར་ལོ་བསྐོར། དེ་ནས་དོར་གྱི་མཚུར་སྟོན་དབང་ངེས་དོལ་དུ་གདན་དྲངས་ནས་ཆོས་གསུངས་ཤིང་། ཚོགས་གྲལ་གཅིག་ཏུ་ངས་ཀྱང་ཆོས་ཕྱིར་དཀའ་བ་མང་དུ་བྱས། ཁྱེད་རྣམས་ཀྱང་བསླབ་པ་ལ་བརྩོན་པར་གྱིས་གསུངས་ནས་མགུར་བཞེངས་པ། རྗེ་མི་བསྐྱོད་ཀྱི་ངོ་བོ་ཐུགས་རྗེ་ཅན། ཞེས་སོགས་ཆོས་ཕྱིར་དཀའ་བ་སྤྱད་པའི་མགུར་མྱ་ངན་བྱེད་བྱ་བ་གསུངས་སོ། །

དེ་ནས་རྗེ་མར་པ་ལོ་ཙྪ་བ་དེ་ཉིད་བླ་མས་ལས་ཀྱི་ཕྱག་རྒྱ་ལ་བརྟེན་ནས་འགྲོ་དོན་ཆེན་པོ་གྱིས་གསུངས་པ་ལྟར། ཁོང་རང་ཡང་གསང་སྔགས་ཀྱི་མངའ་བདག་ཆེན་པོ་ཡིན་ཞིང་། ཁྱད་པར་ཀྱཻའི་རྡོ་རྗེའི་རྣམ་འཕྲུལ་ཡིན་པར་སྟོན་པའི་ཕྱིར། བདག་མེད་མ་ལ་སོགས་རྡོ་རྗེ་མོ་དགུ་ཁབ་ཏུ་བཞེས་ཏེ། དེ་དག་ཀྱང་བླ་མ་ལ་གུས་ཤིང་དད་པ་དང་། སྙིང་རྗེ་ཆེ་བ་དམ་ཚིག་དང་ལྡན་ཞིང་གསང་སྔགས་ནས་བཤད་པའི་རིགས་ལྡན་ཁོ་ན་ཡིན་ནོ། །གཞན་ཡང་གྲྭ་སློབ་མང་དུ་འཚོགས་པ་དང་། གྲོ་བོ་ལུང་གི་ཕུ་ན་གནག་ལུག་སོགས་འབྲོག་སྐྱོང་། བར་ན་དགོན་འདེབས། མདའ་ན་ཞིང་བྱེད་པ་ལ་བྱིན་རླབས་དང་ནུས་མཐུ་ཆེ་བའི་གྲགས་པས་ཕྱི་ནང་གང་གིས་ཀྱང་གནོད་འཚེ་བ་མི་ནུས་པ་བྱུང་། དེའི་ཚེ་རྡོ་རྗེ་མོ་རྣམས་ཀྱིས་ངེད་ཅག་འདི་ར་སྣང་ཞེན་རྟོགས་པ་ཆུང་བ་གཅིག་བྱུང་བ་བླ་མ་རང་གི་བྱིན་རླབས་ལགས་སམ་ཞུས་པས། དེ་ལྟ་བུ་ཁོ་ན་ཡིན་ཏེ་དེ་ཡང་བླ་མ་དམ་པ་དང་། ཡི་དམ་མཁའ་འགྲོ་ཆོས་སྐྱོང་གི་བྱིན་རླབས་ཡིན་པས། ཚོགས་འཁོར་ལོ་ཆེན་པོ་ཤོམས་ཤིག་གསུངས། རྗེ་མོས་དོ་ནུབ་ཉི་མ་ཡང་འཕྱིས། ཡོ་བྱད་ཀྱང་བླ་མ་ལ་ཞུ་བའི་ཆང་ཕེམ་ཆུང་གང་དང་། ཉ་ཤ་སྐམ་པོ་འགའ་ཞིག་ཙམ་ལས་མེད་པས་སང་ནུབ་བྱས་ན་ཞུས་པས། ད་ལྟར་རང་ཤོམས་དང་འགྲུབ་པ་ཡིན་གསུངས། དེ་ནས་གཏོར་མཆོད་རྣམས་བཤམས་ཏེ། མཆོད་ཁང་དུ་བཤམས་པ་ལ་སོགས་པས་དེར་ཤ་དང་ཤིང་ཐོག་ལ་སོགས་མཆོད་རྫས་ཀྱི་བྱེ་བྲག་རི་མཆོག་ཕུན་སུམ་ཚོགས་པ་དཔག་ཏུ་མེད་པ་གང་ནས་འདུག་པ་ལ་ངོ་མཚར་སྐྱེས་ནས། ཚོགས་མཆོད་མང་དུ་བཤམས་ནས་ཚོགས་ཀྱི་འཁོར་ལོ་བསྐོར་བ་ལ། མེ་ཏོག་གི་ཆར་བབས་ཤིང་། སྤོས་ཀྱི་དྲི་བཟང་པོས་ཁྱབ་སྟེ། རོལ་མོའི་སྒྲ་དང་གླུ་དབྱངས་ཡིད་དུ་འོང་བ་དུ་མ་ཡང་བྱུང་། དེར་བླ་མ་དཔལ་ཀྱཻའི་རྡོ་རྗེ་གྱུར་པའི་ཐུགས་ཀ་ནས་འོད་ཟེར་འཕྲོས་ཏེ་རྡོ་རྗེ་མོ་རྣམས་ལ་ཕོག་པས། གཙོ་མོ་ཡུམ་བདག་མེད་མ་དང་། གཞན་རྣམས་གཽ་རི་ལ་སོགས་ལྷ་མོ་བརྒྱད་དུ་བྱིན་གྱིས

བསླབས་པས་ཐམས་ཅད་དད་པར་གྱུར་ཏོ། བླ་མའི་ཞལ་ནས་ཁྱེད་རྣམས་དྲངས་ཤིང་གཡོ་སྒྱུ་ཆུང་བར་འདུག །ནུ་རོ་པའི་རིགས་རྒྱུད་ནམ་མཁའི་མི་ཏོག་འདྲ། གསུངས་པས་དེ་ཁྱེད་རྣམས་ལ་ཐུགས་རྗེའི་གཟིགས་པའི་གསུང་ཡིན། དེ་ཡང་ཉན་ཐོས་པས་ཉོན་མོངས་པ་སྤང་། མཚན་ཉིད་ཐེག་པས་གཉེན་པོ་བསྟེན། གསང་སྔགས་པས་ལམ་བྱེད་པ་ཡིན་ཏེ། ང་ལ་ཚེ་གཅིག་གི་སངས་རྒྱས་པའི་གནད་ཟབ་མོ་ཡོད་པས། རང་སྣང་ལ་ཉོན་མོངས་པའི་རྟོགས་པ་མེད་ཀྱང་། གཞན་གྱི་བློ་ངོ་དང་བསྟུན་ནས་ཐ་མལ་སྤྱོད་པ་ལྟར་བྱེད་པ་ཡིན་གསུངས། དེའི་ཚེ་མར་པའི་སྐན་པ་ཐོས་པ་ལ་དད་ནས་མི་ལ་ཆོས་ཞུ་རུ་ཕྱིན་པ་ལ་སྒྲིབ་པ་སྦྱངས་བའི་དོན་དང་ཕྱི་རབས་ཀྱི་གདུལ་བྱ་རྣམས་ཀྱི་དོན་དུ་དགོངས་ནས། མཁར་དགུ་ཐོག་པ་སྐན་འཛི་རའི་གདན་དང་རྒྱུག་བཅུ་ཡོད་པ་གཅིག་མི་ལ་ཁོན་ལ་བརྩིག་ཏུ་བཅུག །ཆོས་ཀྱང་ཆེར་མ་གནང་བས། རྒྱུག་བདུན་ཐོན་པའི་དུས་སུ་རྫོག་གཞུང་པ་ཅན་དུ་སོང་། དེ་ནས་མཁར་ཐོན་པའི་དཀའ་སྐྱོན་ལ་རྫོག་པ་བྱོན་པ་དང་འགྲོགས་ཏེ། མི་ལ་ཡང་བྱོན་པའི་བླ་མ་དང་མཇལ་སྟེ། གདམས་པ་ཡང་གནང་ཞིང་། འདི་ན་འཕྲུ་བྱེད་པ་གནག་ལུག་སྐྱོང་བ་མཁར་རྩིག་པ་རྣམས་ཀྱིས་ཁོ་བོ་ལ་དགོས་པ་མེད་དེ། ཁྱེད་གདུལ་བྱ་རྣམས་ཀྱི་དོན་དུ་ཡིན། ཁོ་བོ་གྲོ་བོ་ལུང་གཅིག་ཕྱུན་འདུག་པ་ཡང་ལྷོ་བྲག་པ་རྣམས་ཀྱི་སྣང་བ་ཡིན་མོད། ཁྱོད་ཀྱི་མཁར་དེ་རྫོགས་པར་བརྩིགས་ན་དཀའ་བ་མེད་པར་དེ་ཉིད་ཀྱིས་གྲོལ་བ་ཡིན་ཏེ་མ་བྱུས། ད་སླུབ་པ་ལ་བརྩོན་པར་གྱིས་དང་གྲོལ་བར་འགྱུར་རོ། །འོན་ཀྱང་བཀའ་ཟུར་ཙམ་བཅགས་པའི་ཉེས་པ་ཡང་འོང་བར་འདུག་གསུངས། དེར་མི་ལ་བཞུམ་ཞིང་ས་ལ་འགྲེལ་བས། ལོངས་དང་བཤད་རྒྱུ་ཡོད་གསུངས་ནས། ཐུ་ཁྱོད་ཀྱིས་མཁར་དགུ་བརྩེགས་དེ་བར་མ་ཆད་པར་བྱུས་ན། ཁྱོད་རང་དང་ཡོན་ཏན་མཉམ་པའི་བརྒྱུད་པ་དགུ་འབྱུང་སྟེ། ད་བདུན་ལས་མི་འོང་བརྒྱུད་པ་གཉིས་ཀྱི་ནང་དུ་སྤྱོད་པ་རྩིང་བ་འགའ་རེ་འབྱུང་གསུངས། དེ་བྱིན་གྱིས་བརླབ་ཏུ་གསོལ་ཞུས་པས། རང་རང་གིས་བསགས་པ་དང་རྟེན་འབྲེལ་གྱི་ཆ་ཡིན་པས་འགྲུབ་པར་དཀའ་གསུངས། རྒྱུད་པ་གཉིས་པོ་དེར་ཉམས་རྟོགས་ཀྱི་རྒྱུད་འཆད་དམ་ཞུས་པས། ཉམས་རྟོགས་ཀྱི་བརྒྱུད་པ་རྒྱུན་མི་ཆད་པར་འོང་བ་ཡིན་གསུངས། དེའི་དུས་སུ་རྗེ་མོས་མི་ལ་ལཤ་སོགས་པ་ཕྱེད་ཤག་དང་། ཆང་ཕོམ་ཆུང་གང་གནང་བ་བླ་མ་ལ་དྲངས་པས་གང་ནས་བྱུང་གསུངས། རྗེ་མོས་གནང་བ་ལགས་ཞུས་པས། འོན་མཁའ་འགྲོ་མའི་དངོས་གྲུབ་ཏུ་འདུག་གསུངས་ནས། ཕྱེད་མི་ལ་ལ་གནང་བ་ཟོས་པས་ལུས་སེམས་དགའ་བདེའི་ཆེམ་པར་

བྱུང་ངོ། །

ཡང་ཉིན་གཅིག་གི་ཚེ་ཁོ་བོས་ཁྱེད་ལ་གདམས་ངག་ཐམས་ཅད་སྟོན་དུས་རྫོགས་པ་ཅན་དུ་སོང་བ་དེ་ངོ་ཚ་བ་གཅིག་བྱས་ཨང་གསུངས། དེར་རྗེ་མོ་སྒྲུག་གམ་གྱིས་སོང་ནས་ཁོ་མོ་ལན་པ་ལགས་ཞུས་པས། དེ་ཙམ་སྒྲུག་མི་དགོས་དེ་ཁོན་ཡིན་ན་ཅི་ལྟར་བྱས་ཀྱང་བཏུབ་སྟེ། སྙིགས་མའི་དུས་སུ་ཕྱི་རབས་ཀྱི་སློབ་མ་ངན་པ་རྣམས་ཀྱིས་ཅི་གསུངས་མི་སྒྲུབ་པའི་སྟེང་དུ། བླ་མ་ཡང་གནད་ལ་འབེབས་པ་འབྱུང་བས། དེ་འདྲ་བ་ལ་བསམ་ནས་དེ་ལྟར་བྱས་པ་ཡིན་གསུངས། ཡང་དུས་རེ་ཞིག་གི་ཚེ་གཙང་གི་མེས་སྟོན་ཆེན་པོའི་ཞིང་ཞོ་དྲུག་གི་མལ་འབྱུལ་བ་གསུམ་རིམ་གྱིས་བཀང་ནས་ལན་གསུམ་ཕུལ་ནས། ཚོགས་ཀྱི་འཁོར་ལོ་ཆེན་པོ་བསྐོར་བའི་ཚོགས་གྲལ་དུ་མེས་སྟོན་གྱིས་ཞུས་པ། ནཱ་རོ་པཎ་ཆེན་གྱི་སློབ་མ་ལྷོ་བྲག་གི་མར་པ་ལོ་ཙྪ་བ་གསང་སྔགས་ཀྱི་ཆོས་ལ་མངའ་བརྙེས་ཞིང་། རྩ་རླུང་ཐིག་ལེ་ལ་གནད་དུ་བསྣུན་པས་མ་སྒོམ་པར་སངས་རྒྱས་པའི་གདམས་ངག་ཟབ་མོ་ཡོད་པ་གཅིག་ད་ལྟ་ལྷོ་གྲོ་བོ་ལུང་ན་བཞུགས། ཞེས་པའི་སྙན་གྲགས་ཀྱི་ཕྱོགས་ཐམས་ཅད་དུ་ཁྱབ་ཅིང་བྱུང་བའི་རྒྱུ་མཚན་ཅི་ལགས་ཞུས་པས། ཁོ་བོ་བོད་ན་མི་ཚད་བལ་པོ་རྒྱ་གར་ན་ཡང་གྲགས་པ་ཆེ་བ་ཡིན་གསུངས། རྒྱུད་པ་སྙན་པར་མི་གྲགས་སུ། །ཞེས་སོགས་ཀྱི་མགུར་གསུངས་སོ། །

ཡང་དུས་རེ་ཞིག་གི་ཚེ་རྔོག་གཞུང་པ། མར་པ་མགོ་ཡག །ཀློག་ཀྱ་སྟོན་པ། མེས་སྟོན་ཚོན་པོ། མཚུར་དབང་ངེ། ཤུད་སྤྲལ་ལ་སོགས་དགུའི་ཡོ་བྱད་མང་པོ་བསྡུས་ཤིང་ཚོགས་བཤམས་ནས་འབུལ་བ་བྱས་ཏེ། བླ་མ་རྒྱ་གར་ནས་བོད་དུ་འབྱོན་དཀར་ཚོགས་ཀྱི་འཁོར་ལོ་ཅི་ལྟར་མཛད་པ་དེ་འདྲ་བ་གཅིག་ད་ལན་ཐུགས་རྗེའི་བཟུང་དུ་གསོལ་ཞུས་པས། ཁྱེད་ཞུ་བ་པོ་རྣམས་བཟང་བས་དེ་ལྟར་བྱ་གསུངས་ནས། ཚོགས་ཀྱི་འཁོར་ལོ་བསྐོར་བས་འདུས་པ་ཐམས་ཅད་ཀྱི་ལུས་སེམས་བདེ་བས་གང་ཞིང་ཉམས་རྟོགས་ཁྱད་པར་ཅན་རྒྱུད་ལ་སྐྱེས་སོ། །མེས་སྟོན་གྱིས་འདི་ལྟ་བུའི་བྱིན་རླབས་བྱུང་བ་ངོ་མཚར་ཆེ་ཞུས་པས། རྒྱུད་པ་ཀུན་ལ་ཡོད་མོད་ཀྱང་། ཞེས་སོགས་ཡོན་ཏན་གྱི་ཆེ་བའི་མགུར་གསུངས་སོ། །

ཡང་མེས་སྟོན་གྱིས་རྒྱ་གར་དུ་ཚོགས་ཀྱི་འཁོར་ལོ་ངོ་མཚར་ཆེ་བ་ཅི་ལྟ་བུ་གཟིགས་ཞུས་པས། སྤྱིར་ཚོགས་ཀྱི་འཁོར་ལོ་བསྐོར་བ་དེ། ཞེས་སོགས་མགུར་དུ་གསུངས་པས་མེས་སྟོན་ལ་སོགས་དད་པར་གྱུར་ཏོ། །ཡང་རེས་གཅིག་གི་ཚེ་རྗེ་མོ་བདག་མེད་མ་དང་མི་ལ་གཉིས་ལ། ཁོ་བོ་ཟླ་བ་གཅིག་ལ

དབེན་པར་སྡོད་པས་ཁྲིད་གཉིས་མིན་པ་གཞན་སུ་ཡང་ནང་དུ་མ་གཏོང་གཅིག་གསུངས་ཏེ། གཟིམ་ཁང་གི་སྒོ་ལ་བཞེས་པ་འདྲེན་པའི་སྐར་ཁུང་གཅིག་མིན་པ་ཞལ་བྱས་པ་ལ། དེའི་དུས་སུ་ཆུ་གང་དཔལ་ལེ་མཚམས་ལ་བཞུགས་པའི་མཚམས་ཁང་དུ་བྱོན་པས་རིམ་ལྔའི་ཁྲིད་གསུངས་པ་དང་། རི་ཁྲོད་གཅིག་ན་བཞུགས་ནས་དྲིའི་མིའུ་ཆུང་ལ་ཆོས་གསུངས་བ་དང་། དོལ་བ་གནད་སྟོན་ན་རེ། ལུང་པའི་མདར་བླ་མས་ཡུལ་པ་རྣམས་ལ་ཆོས་གསུངས་ནས་འོང་བ་ཡིན་ཟེར་བ་དང་། ཇོ་མོ་རྣམས་ལ་ཡང་རང་རང་སོ་སོར་ཐུགས་ལ་བཏགས་ཤིང་ཆོས་གསུངས་པ་དང་། གྲྭ་སློབ་མང་པོ་ལ་རྒྱུད་སྡེའི་བཤད་སྒྲོལ་མཛད་པ་དང་སྒོམ་ཆེན་མང་པོ་ལ་སོ་སོར་སྒོམ་ཁྲིད་མཛད་པ། དེ་དག་དང་དུས་མཚུངས་པར་འབྲོག་ཏུ་གནག་ལུག་སྐྱོང་བ་དང་། ཡུལ་འཕྲུ་རྨོ་བ་དང་། མཁར་ལས་ཀྱི་ཞལ་ལྟ་མཛད་པ་ལ་སོགས་མཐོང་སྣང་ཐ་དད་པ་གཅིག་སོ་སོར་བྱུང་ནས་འདུག་པ་བདེན་ནམ་མི་བདེན་བརྟག་པའི་ཕྱིར། ངས་དེ་དག་གི་ཁང་པའི་རྒྱབ་ཏུ་ཕག་ཉན་བྱས་པས་གསུང་སྐད་ཀྱང་ཐོས་ཅེས་མི་ལས་ཇོ་མོ་ལ་ཞུས་པས། ཇོ་མོས་ན་རེ། ངས་ཀྱང་སྐབས་སྐབས་སུ་ཡི་དམ་ལྷ་མང་པོ་དང་། སྐབས་སྐབས་སུ་རྒྱ་གར་གྱི་རྣལ་འབྱོར་པའི་ཚ་བྱད་ལ་མཁའ་འགྲོ་མས་བསྐོར་ནས་བཞུགས་པ་ལ་སོགས་མཐོང་སྣང་དུ་མ་གཅིག་བྱུང་བས་དེ་རྣམས་ཅི་ཡིན་ངེད་རང་གཉིས་བླ་མ་ལ་ཞུ་དགོས་གསུངས། དེ་ནས་སྐུ་མཚམས་གྲོལ་བ་དང་། ཕྱོགས་ཕྱོགས་ཀྱི་སློབ་མ་རྣམས་འདུས་པ་ལ་རྒྱུད་སྡེའི་བཤད་བཀྲོལ་ཆོ་གའི་འགྲིག་ཆགས་གདམས་ངག་གི་ཕྱག་ལེན་མང་དུ་མཛད་པའི་ཚེ། ཇོ་མོས་ཞུས་ནས་བླ་མ་ཟླ་གཅིག་སྐུ་མཚམས་ལ་བསྡད་པའི་ཚེ། མི་ལ་ངེད་གཉིས་ཀྱི་འདགས་ཆར་གྱི་ཞུག་པ་ནས། བཞོས་འདྲེན་པ་མིན་པ་གཞན་སུ་ཡང་མཇལ་བ་མེད་པ་ལ། ཁོང་མང་པོ་ལ་མཐོང་སྣང་ཐ་དད་པ་གཅིག་བྱུང་བར་འདུག་པ་ཅི་ལྟ་བུ་ལགས་ཞུས་པས། དེ་ལ་རྒྱུ་མཚན་གཅིག་ཡོད་པས་སློབ་མ་རྣམས་བསྡུས་ལ་ཚོགས་ཀྱི་འཁོར་ལོ་གཅིག་ཤོམས་གསུངས། ནང་དུ་ཆང་གཅིག་ལས་མེད་པས་བཙལ་དགོས་ཞུས་པས། འཚོལ་མི་དགོས་དེའི་འབྱུང་གསུངས། དེ་ནས་དེ་བཞིན་དུ་བྱས་པས་ཡོ་བྱད་ཕུན་སུམ་ཚོགས་པ་བྱུང་སྟེ། ཚོགས་ཀྱི་འཁོར་ལོ་བསྐོར་བའི་གྲལ་དུ་བདེ་མཆོག་དགྱེས་རྡོར་གསང་འདུས་མ་ཧཱ་མ་ཡ་ལ་སོགས་མཐོང་སྣང་མི་འདྲ་བ་མང་པོ་གཅིག་བྱུང་བ་དེའི་རྒྱུ་མཚན་ཅི་ལྟ་བུ་ལགས་ཞུས་པས། གནས་པ་རྩ་ལ་གཡོ་བ་རླུང་། །བཀོད་པ་བྱང་ཆུབ་སེམས་ཀྱི་ཏྲ། །རོ་སྙོམས་ལུགས་ཀྱིས་ཡོངས་བསྐྱལ་བས། །འོད་གསལ་འགྲོ་འོང་མེད་པར་བསྡུགས། །ཁོ་བོ་ལ་དཀྱིལ་འཁོར་གྱི་ལྷ་དེ་དག་གི་

གདམས་ངག་ཡོད་པས་དེ་བཞིན་དུ་འོང་བ་ཡིན་གསུངས། དེ་ནས་རྟོག་གཞུང་པ་ཆོས་ཀྱི་རྡོ་རྗེ་དེས་སྤྱིར་སྒོ་ཁྲི་ལྷུགས་ཐག་དང་བཅས་པ་ལ་ལན་གསུམ་སྦྱོང་དག་བྱས་ནས་ཕུལ་ཏེ། ཡང་སྐབས་གཅིག་ཏུ་བླ་མའི་མདུན་ཏུ་བྱོན་པ་ལ། ཆོས་ཀྱི་རྡོ་རྗེ་འོ་ཅག་གཉིས་མཐུ་ཆེན་མཁར་བརྩེགས་འདོགས་གསུངས་ནས་བྱོན་པས།ནུབ་ཕྱོགས་ནས་སྤྲིན་དཀར་པོ་གཅིག་བྱུང་བ་ལ་གཟིགས་ཤིང་། ངཡི་བླ་མ་སྤྲིན་ཕ་ཀའི་ཐད་ཏུ་བཞུགས་པ་ཡིན་གསུངས་མང་དུ་བཤུམས། དེ་ནུབ་གསོལ་བ་འདེབས་པའི་དགའ་སྟོན་སར། བཅོམ་ལྡན་རྡོ་རྗེ་འཆང་ཆེན་དེ། ཞེས་སོགས་མགུར་དུ་གསུངས་སོ། །ཡང་བླ་མ་རྗེ་བཙུན་མི་ལས་འོ་སྐོལ་མཉམ་བཞག་རྗེས་ཐོབ་ལམ་དུ་ཅི་ལྟར་འཁྱེར་ཞུས་པ་ལ། ཐ་མལ་གྱི་དུས་སུ་སྲོག་རྩོལ་བསྒོམས། ཞེས་སོགས་མགུར་དུ་གསུངས་སོ། །

ཡང་དུས་རེ་ཞིག་གི་ཚེ། རྒྱང་རོ་ཞང་སྟོན་གྱིས་ཕ་ཞིང་བསྒྱུར་ཏེ། རྟོགས་ཆེ་བཞི་བཅུ་ཞེ་གཉིས་ཕུལ་བའི་དུས་སུ། རྒྱུད་པ་ཀུན་ལ་ཡོད་མོད་ཀྱི། ཞེས་སོགས་མགུར་དུ་བཞེངས་སོ། །ཡང་མར་པ་བྱ་ཟེ་བ་ན་རེ། ཆོས་ཀྱི་བློ་གྲོས་ཁོང་ཉོན་མོངས་པ་གྲྭ་ཡ་ལེ་བ་ལ་སངས་རྒྱས་ཡོད་ཟེར་བ་ད་དུང་སངས་མི་རྒྱས་པ་ཅི་ཡིན་ཟེར་བ་གསན་པས། རང་སེམས་སངས་རྒྱས་སུ་སྟོན་པ་ཡི། ཞེས་སོགས་མགུར་དུ་བཞེངས་སོ། །ཡང་བླ་མ་མར་པ་ལ་སྲས་བརྒྱུད་ཡོད་པ་ལ་རེས་སེའུ་ཤཱཀྱ་ལ་སོགས་ཀྱིས་ད་ལན་རྗེ་མོ་ལ་སྲས་གཅིག་ཡོད་པ་འདྲ་ཞུས་པས། བླ་མའི་ཞལ་ནས། རྗེ་ན་རོ་པཎ་ཆེན་གྱི་གདམས་པ་ཡོད། སྲིད་པ་ལྟེ་བསྒྱུར་གྱི་མན་ངག་ཤེས། །རྩ་མདོ་རྒྱུད་བགག་པའི་གདམས་ངག་ཡོད། །སྲས་བུ་མོར་སྐྱེ་བ་ཅང་སྲིད་དམ། །ཞེས་གསུངས་པས་ཐམས་ཅད་ཡིད་ཆེས་སོ། །

དེ་ནས་རེས་གཅིག་མདོ་སྨེ་དང་ཡབ་སྲས་མཚམས་ལ་བཞུགས་པའི་ཚེ་ཛ་མོ་རྩ་ཤུལ་དུ་ལོ་དུས་ཀྱི་སྟོན་མོ་ཆེན་པོ་ཡོད་པ་ལ། ཁྲིམ་ཚོགས་ཀྱི་དབུ་འཛིན་དུ་གདན་དྲངས་པས། བླ་མས་ད་ལན་མི་འགྲོ་སོང་ན་བར་ཆད་ཆེན་པོ་ཡོད་གསུངས་པས། སྲས་ཀྱིས་ཅིས་ཀྱང་འགྲོ་བ་ལགས་ཞུས་པས། བླ་མས་དམ་བཅའ་བདུན་མཛད་ནས་འོ་ན་དམ་བཅའ་འདི་དག་ཐུབ་པར་གྱིས་གསུངས། དེར་མེས་སྟོན་གྱིས་ཕུལ་བའི་རྟ་གླིང་བཞི་བདེ་འཁོར་བཅིབས་ནས་བྱོན་ཏེ། ཁྲིམ་ཆེན་པོའི་དབུ་འཛིན་མཛད་པས་དམ་བཅའ་བདུན་པོ་ཡང་མ་ཐུབ་སྨེ་སྟོན་མོ་ཐོན་ནས་ཚུར་འོང་བའི་ལམ་དུ་རྟ་འདྲོགས་ནས་ཡོབ་ཆེན་བྱ་འདས་སྨེ་དྲུད་པས་དབུ་ཚལ་པར་བཏང་བ་ཕྱག་གིས་སྐྱོར་ནས་གླད་པ་མ་ལུགས་པར་ཡོད་ཞུས་པས། བླ་མས་གཟིགས་ཏེ་སྲས་མི་འཚོ་བར་དགོངས་ཏེ། རྗེ་བླ་མ་རྣམས་ལ་ཕྱག་འཚལ་ལོ། །

ཞེས་སོགས་མགུར་དུ་གསུངས་པས་ཡུམ་གྱིས་ང་བསྐྱེད་པའི་མ་མ་ཡིན་པས་ཐུགས་བརྩེ་བའི་དབང་གིས་བདག་ལ་འཕོ་སྙམ་སྟེ། དུས་གསུམ་སངས་རྒྱས་ཐམས་ཅད་ཀྱིས། ཞེས་སོགས་མགུར་དུ་གསུངས་པས། སྲས་ཀྱིས་ཡབ་ཡུམ་གཉིས་ཀྱིས་ཐུགས་ཁྲལ་མི་མཛད་པར་ཞུ་དང་ངས་ཀྱང་མི་གཙང་བའི་ལུས་འདི་བོར་བ་ལ། ཉམ་ང་བག་ཚ་རྡུལ་ཙམ་ཡང་མེད། གསུངས་ནས། རྗེ་གསུམ་ལྡན་གྱི་བླ་མ་རིན་པོ་ཆེ། །ཞེས་སོགས་མགུར་དུ་བཞེངས་པས། ཡབ་ཀྱི་ང་ཡི་རིགས་རྒྱུད་ཆད་ཅིང་སློབ་རྒྱུད་ཀྱི་བསྟན་པ་དར་བར་བླ་མས་ལུང་བསྟན་ཡང་། རིས་གཅིག་སྲས་འདི་ཐུགས་ཁྲལ་དུ་མ་སོང་བར་བྱ་དགོས་དགོངས་ནས། བུ་གསོན་དང་རྗེ་སྲས་མདོ་སྡེ་བ། ཞེས་སོགས་ནས། ཀློག་ཀྱ་མགོ་ཡག་མེས་རྗོག་བཞི། །སྙིང་དང་འདྲ་བའི་བུ་བཞི་ཡིན། །བསྟན་པ་དར་བ་དེ་ཚུག་ལགས། །ཅི་གསུངས་བཀའ་བཞིན་སྒྲུབ་པ་དེ། །མི་ལ་རྡོ་རྗེ་རྒྱལ་མཚན་ཡིན། །གདམས་ངག་སྒྲུབ་པ་དེ་ཚུག་ལགས། །ཞེས་གསུངས་པས། སྲས་དར་མ་མདོ་སྡེ་ཡང་ཐུགས་དགྱེས་ཏེ་མྱ་ངན་ལས་འདས་སོ། །

དེ་ནས་སྲས་ཀྱིས་ཕྱུག་རོན་གྱི་རོ་གསར་པ་ལ་གྲོང་འཇུག་མཛད་དེ་རྒྱ་གར་དུ་བྱོན་ནས། ཁྲམ་ཟེའི་ཁྲེའུ་ལོ་བདུན་ལོན་པ་གཅིག་གི་རོ་རིར་བསྐྱལ་མ་ཐག་དང་འཕྲད་ཅིང་དེ་ལ་གྲོང་འཇུག་མཛད་པས། རྒྱ་གར་ལ་ཕྱུག་རོན་ལ་ཏི་པུ་ཟེར་བའི་དོན་གྱིས་དེའི་མཚན་ཡང་ཏི་པུ་ཞེས་གྲགས་ཤིང་གསང་སྔགས་ཀྱི་བསྟན་པ་དར་བར་བྱས་པ་ཡིན་གསུངས་སྐད། དེ་ནས་སྲས་མདོ་སྡེའི་གདུང་སྦྱོང་བས། འཇའ་དང་འོད་ཀྱིས་ཐམས་ཅད་ཁྱབ་པར་གྱུར་ཏེ། དེ་ནས་བླ་མ་ཆེན་པོ་ཡང་མྱ་ངན་མཛད་པའི་ཚུལ་བསྟན་པས། གྲྭ་སློབ་ཐམས་ཅད་འདུས་ནས་འབུལ་བ་ཆེན་པོ་བྱས་ཤིང་། ཐུགས་ཁྲལ་མི་མཛད་པའི་ཞུ་བ་ཕུལ་བས། དེར་མྱ་ངན་སངས་པ་ལྟར་མཛད་ནས་གསུངས་པ། བུ་གཅེས་ཕྲུག་ཏུ་བཙངས་པའི་མདོ་སྡེ་བ། ཞེས་སོགས་མགུར་དུ་གསུངས་ནས། དེར་ཚོགས་པ་ཐམས་ཅད་ལ་སྟོན་མོ་དང་གནང་སྦྱིན་རྒྱ་ཆེན་པོ་མཛད་དོ། །

དེར་རྗེ་མོ་དང་མི་ལ་གཉིས་ལ་བུ་མདོ་སྡེ་དེ་ཡང་རྨི་ལམ་སྒྱུ་མ་དང་འདྲ་བས་ཁོ་བོའི་རྣམ་པར་རྟོག་པ་ཙམ་དུ་འདུག་སྟེ། རྣམ་པར་རྟོག་པའི་རང་བཞིན་སྤྲོས་བྲལ་ཆོས་ཀྱི་སྐུར་མི་འདུག་གམ་གསུངས་པ་ལ། དེ་ལྟར་ལགས་མོད། དེའི་མཚན་ཉིད་མགུར་ཅིག་གསུང་བར་ཞུ་ཞུས་པས། བུ་ཆུང་ནས་བསྐྱང་བའི་མདོ་སྡེ་དེ། ཞེས་སོགས་མགུར་དུ་བཞེངས་སོ། །དུས་རེ་ཞིག་གི་ཚེ། མི་ལས་ང་རེས་གཅིག་ཡུལ་དུ་འགྲོ་ཞུས་པས། བླ་མའི་ཞལ་ནས་མདོ་སྡེ་ཡང་རྒྱ་གར་ན་འདུག་སྟེ། དེའི་དུས་མཆོད་

ཀྱང་བྱེད་པས་དེ་བར་དུ་སྡོད་གསུངས། དེ་ནས་གྲྭ་སློབ་ཐམས་ཅད་བསྡུས་ནས་ཚོགས་ཀྱི་འཁོར་ལོ་ཆེན་པོ་བསྐོར་ཏེ། བླ་མའི་ཞལ་ནས་མར་པ་ལོ་ཙྪ་འདི་ད་རུང་འཕྲུ་བྱེད་ཅིང་བཙུན་མོ་བཅས་ཐ་མལ་པ་ལྟར་འདུག་སྙམ་པ་འགའ་ཞིག་འོང་སྟེ། མ་དག་པའི་སྣང་ངོར་ཡིན། རང་སྣང་མ་དག་པ་ལ་ཡོན་ཏན་སྐྱོན་དུ་འཆར་ཞིང་། དེང་སང་དབུས་གཙང་གཉིས་ན་གཉག་གཡུང་སྟོན་ཁྲོ་རྒྱལ་ཁོང་བས་མཐུ་ཆེ་སུ་ཡོད་ཟེར་སྟེ་ཁོང་ལ་ཡང་ལམ་རྒྱ་ཡང་ཡོད་པའི་གཡེར་གྲགས་ནས་སོང་བས་ཁ་རག་ན་བཞུགས་པ་སེམས་ཀྱི་གཞི་རྩ་བཅད་པ་གལ་ཆེ་བ་ཡིན་གསུངས། དེ་ནས་སློབ་མ་རྣམས་ཀྱིས་རྗེ་སྲས་མདོ་སྡེ་འདྲ་བ་ཡང་དྲོངས། ད་འོ་སྐོལ་ལ་བརྒྱུད་པ་འཛིན་ཅིང་བསྟན་པ་སྤེལ་བ་ཅི་ལྟ་བུ་འོང་ཞུས་པས། དོ་ནུབ་རྨི་ལམ་བརྟག་གསུངས། དེ་ནས་ཕྱིར་ནང་རྨི་ལམ་མགྱུར་དུ་གསུངས་པ། ཤར་དུ་ཀ་ཆེན་གཅིག་བཙུགས་པ་རྨིས། །ཀ་ཐོག་ཏུ་སེང་ཆེན་གཅིག་བབས་པ་རྨིས། །སེང་ཆེན་གནམ་དུ་འཕྱོང་བ་རྨིས། །སེང་གཡུ་རལ་གྲྭ་རུ་རྒྱས་པ་རྨིས། །ཤར་རྨི་ལམ་མི་ངན་རྨི་ལམ་བཟང་། །ལྷོ་རུ་ཀ་ཆེན་གཅིག་བཙུགས་པ་རྨིས། །ཀ་ཐོག་ཏུ་སྟག་མོ་བབས་པ་རྨིས། །སྟག་ཁོང་འཛུམ་ཐེངས་གསུམ་བྱས་པ་རྨིས། །སྟག་རི་མོ་གྲྭ་རུ་རྒྱས་པ་རྨིས། །ལྷོ་རྨི་ལམ་མི་ངན་རྨི་ལམ་བཟང་། །ནུབ་ཏུ་ཀ་ཆེན་གཅིག་བཙུགས་པ་རྨིས། །ཀ་ཐོག་ཏུ་ཁྱུང་ཆེན་བབས་པ་རྨིས། །བྱ་སྤྱུ་གནམ་དུ་གཟིང་བ་རྨིས། །བྱ་མིག་གཉེན་ལ་ཟློག་པ་རྨིས། ནུབ་རྨི་ལམ་མི་ངན་རྨི་ལམ་བཟང་། །བྱང་དུ་ཀ་ཆེན་གཅིག་བཙུགས་པ་རྨིས། །ཀ་ཐོག་ཏུ་རྒོད་པོ་བབས་པ་རྨིས། །རྒོད་སྒྲོ་རྩེ་གྲྭ་རུ་རྒྱས་པ་རྨིས། །བྱ་ཚང་བྲག་ལ་བཅས་པ་རྨིས། །བྱ་དེ་ལ་བུ་གཅིག་སྐྱེས་པ་རྨིས། །བྱ་ཕྲུག་གིས་ནམ་མཁའ་ཁེངས་པ་རྨིས། །བྱང་རྨི་ལམ་མི་ངན་རྨི་ལམ་བཟང་། །ཞེས་གསུངས་ཤིང་།

ཡང་དེའི་བརྡ་བཀྲོལ་བ་ནི། ཤར་དུ་ཀ་ཆེན་བཙུགས་པ་དེ། །ཁོང་དོལ་གྱི་མཚུར་སྟོན་དབང་ངེ་ཡིན། །ཀ་ཐོག་ཏུ་སེང་ཆེན་བབས་པ་དེ། །ཁོང་མི་གཞི་སེང་གེ་འདྲ་བ་ཡིན། །སེང་གེ་གནམ་དུ་མཆོང་བ་དེ། །ཁོང་བླ་མའི་གདམས་ངག་གོ་བ་ཡིན། །སེང་གཡུ་རལ་གྲྭ་རུ་རྒྱས་པ་དེ། །ཁོང་གདམས་ངག་གི་བརྒྱུད་པ་ཟིན་པ་ཡིན། །ལྷོ་རུ་ཀ་ཆེན་གཅིག་བཙུགས་པ་དེ། །ཁོང་གཞུང་གི་རྔོག་སྟོན་ཆོས་རྡོར་ཡིན། །ཀ་ཐོག་ཏུ་སྟག་མོ་བབས་པ་དེ། །ཁོང་མི་གཞི་སྟག་དང་འདྲ་བ་ཡིན། །སྟག་ཁོང་འཛུམ་ཐེངས་གསུམ་བྱས་པ་དེ། །ཁོང་བླ་མའི་གདམས་ངག་གོ་བ་ཡིན། །སྟག་རི་མོ་གྲྭ་རུ་རྒྱས་པ་དེ། །ཆོས་རྒྱུད་སྡེའི་ཉན་བཤད་འོང་བ་ཡིན། །ནུབ་ཏུ་ཀ་ཆེན་གཅིག་བཙུགས་པ་དེ། །ཁོང་གཙང་

གི་མེས་སྟོན་ཆེན་པོ་ཡིན། །ཀ་ཐོག་ཏུ་ཁྱུང་ཆེན་བབས་པ་དེ། །ཁོང་མི་གཞི་ཁྱུང་ཆེན་འདྲ་བ་ཡིན། །བྱ་སྤྱི་གནམ་དུ་གཟེང་བ་དེ། །ཁོང་བླ་མའི་གདམས་ངག་གོ་བ་ཡིན། །བྱ་མིག་གྱེན་ལ་ཟློག་པ་དེ། །ཁོང་འཁོར་བ་ལ་ཕྱི་ཕྱག་འཚལ་བ་ཡིན། །བྱང་དུ་ཀ་ཆེན་བཙུགས་པ་དེ། །གུང་ཐང་མི་ལ་རས་པ་ཡིན། །ཀ་ཐོག་ཏུ་རྒོད་པོ་བབས་པ་དེ། །ཁོང་མི་གཞི་རྒོད་དང་འདྲ་བ་ཡིན། །རྒོད་སྒྲོ་རྩེ་གྲྭ་རུ་རྒྱས་པ་དེ། །ཁོང་བླ་མའི་གདམས་ངག་གོ་བ་ཡིན། །བྱ་ཚང་བྲག་ལ་བཅས་པ་དེ། །སྙིང་རུས་བྲག་བས་སྲ་བ་ཡིན། །བྱ་དེ་ལ་བུ་གཅིག་སྐྱེས་པ་དེ། །འགྲན་གྱི་དོ་མེད་གཅིག་འབྱུང་བ་ཡིན། །བྱ་ཕྲུག་གིས་ནམ་མཁའ་ཁེངས་པ་དེ། །སྒྲུབ་བརྒྱུད་ཀྱི་བསྟན་པ་དར་བ་ཡིན། །བུ་ཚ་བོ་བས་ཀྱང་ཡང་ཚ་བཟང་། ཆ་ལ་རེ་བཟང་རེ་བཟང་འགྲོ། ཞེས་གསུངས་སོ། །འདི་ལ་འགའ་ཞིག་གི་རྨི་ལམ་དང་པོ་རྗེ་བཙུན་ལ་བྱུང་ཞིང་། སྐྱེས་མཆོག་མར་པས་དེའི་དོན་བཀྲོལ་བས་བཤད་པའང་ཡོད།

ཡང་དགེ་བཤེས་ཁེ་རྒྱད་ན་རེ། ཕྱོགས་ལྷུང་བྲལ་ན་ལམ་གྱི་མཐར་ཐུག་ཡིན་གསུངས་པ་དེའི་རྒྱུ་མཚན་གཅིག་ཞུ་ཟེར་བ་ལ། རྗེ་བླ་མ་རྣམས་ལ་ཕྱག་འཚལ་ལོ། ཞེས་སོགས་མགུར་དུ་གསུངས་སོ། །ཡང་ཇོ་བོ་བཙུན་པ་གཅིག་གིས། བླ་མས་བུད་མེད་སྤྱང་ན་མི་ལེགས་སམ་ཞུས་པས། རྒྱུད་ཀྱི་རྒྱལ་པོ་དགྱེས་རྡོར་ལས། ཞེས་སོགས་མགུར་དུ་བཞེངས་པས་དད་པར་གྱུར་རོ། །

དུས་རེ་གཅིག་གི་ཚེ་གྲྭའི་མཆོད་ཕུར་རྟག་གཉིས་གསུང་བའི་ཚེ། ཕུག་རོན་གཅིག་ཁྲའི་དེད་ནས་ཆོས་གྲྭའི་དབུས་སུ་བྱུང་བས་སྙིང་ལ་བསྐལ་སྟེ། ཤི་བ་ལ་གྲོང་འཇུག་མཛད་པས་འདབ་གཤོག་སྤྲུག་ཅིང་ཕར་བཏིང་ཚུར་བཏིང་བྱས་པའི་རྩར་ཕུག་རོན་གྱི་ཕྲུ་གུ་གཅིག་བྱུང་བ་ལ། དེར་གཅིག་གིས་ད་མི་མཛད་པར་ཞུ་ཟེར་བ་དང་། ཕུག་རོན་རྣོན་གྱི་འགྲེལ། བླ་མ་ཀག་གིས་བཞེངས་ནས། རྗེ་མ་ལྷ་བུའི་ལུས་དོར་ནས། །སྒྱུ་མ་ལུས་ཀྱི་བྱ་ཚང་དུ། །སེམས་ཀྱི་བྱེའུ་ཆུང་རྩལ་སྦྱངས་པས། །བྱ་སྐྱད་མ་དང་བུ་རུ་མཛལ། །ཞེས་བྱ་དེ་གཉིས་མ་བུར་འདུག་གསུངས་སོ། །ཡང་སྐབས་གཅིག་ཏུ་གྲོ་བོ་ལུང་གི་ཕུར་མེ་ཏོག་ཐུབ་པ་ལ་དཔོན་སློབ་སྟེགས། ནེའུ་ཐང་གཅིག་ཏུ་བཞུགས་ཙམ་ན། ཤ་བ་གཅིག་ཁྱིས་དེད་བྱུང་བ་ལ། དེར་སླེབ་པ་དང་དབུག་པོ་ནས་ཤི་སྟེ་བླ་མའི་ཞལ་ནས་ཤ་བ་འདི་ལ་རྩེད་མོ་ཅིག་བྱེད་དགོས་གསུངས་ནས་གྲོང་འཇུག་མཛད་པས་ཤ་བ་ཀག་གིས་ལང་བ་དེད། བླ་མའི་སྐུ་ལུས་གཅིག་གིས་ཁུར་ནས་འོང་བས་སྒོ་དྲུང་དུ་སླེབས་པ་དང་། ཤ་བ་རྟལ་སྟེ་འགྲེལ་བླ་མ་ཀག་གིས་བཞེངས་ནས། བླ་མའི་བཀའ་བཞིན་བདག་གིས་ནི། གདམས་པ་ཟབ་མོ་ཉམས་བླངས་པས། །

འདོད་པ་ཐམས་ཅད་སྒྲུབ་བྱེད་ཀྱིས། །ཤ་བ་ཡིད་བཞིན་ནོར་བུ་རྙེད། །ཅེས་གསུངས་སོ། །ཡང་རྒྱ་མིག་གཉེན་པོ་གཅིག་གི་རྩར་འབྲི་རྐན་གཅིག་གི་ཆུ་འཐུང་བས་བྱུབ་སྟེ་ལང་མ་ནུས་ནས་ཤི་བ་ལ་གྲོང་འཇུག་མཛད་ནས་ཡང་གསུངས་པ། མཁའ་འགྲོའི་སྐུ་གསུང་ཐུགས་ཀྱི་གསང་། །རྩ་རླུང་བྱང་སེམས་གནད་ཀྱི་རྟ། །རོ་སློམས་ལུགས་ཀྱིས་ཡོངས་བསྐྱལ་ནས། །འབྲི་མོ་འཇིགས་པའི་འཕྲང་ལས་བསྒྲལ། །ཞེས་གསུངས་སོ། །

ཡང་ཡོན་བདག་གཅིག་གིས་དཔོན་སློབ་འགའ་གདན་དྲངས་པའི་སར་ལུ་གུ་མ་ཞོས་བཏང་ནས་ཤི་བའི་རོ་ལ་གྲོང་འཇུག་མཛད་པས། ལུ་གུ་ལངས་ནས་ཕར་འགྲོ་ཚུར་འགྲོ་བྱས་ཤིང་སྐད་འདོན་པ་ལ། ཡོན་བདག་མོས་མདངས་ཤི་བ་ད་ནང་ལངས་ནས་འགྲོ་བ་འདི་མི་རུང་ཟེར་ནས་དབྱུག་པ་ཁྱེར་བ་ལ། ཉེ་གནས་གཅིག་གིས་མ་བྱེད་བླ་མས་གྲོང་འཇུག་མཛད་པ་ཡིན་ཟེར་བ་དང་ལུ་གུ་འགྱེལ་ཏེ་བླ་མ་བཞེངས་ནས། དུས་གསུམ་སངས་རྒྱས་ཀུན་གྱི་ཡུམ། །བཙུན་ལེན་འཆི་མེད་ཡེ་ཤེས་ཀྱི། །དམ་ཆོས་བདུད་རྩིའི་སྨན་སྦྱོར་གྱིས། །ལུ་གུ་ཤི་སོས་གར་དང་ལྡན། །ཞེས་གསུངས་པས་ཐམས་ཅད་དད་པར་གྱུར་ཏོ། །

དེར་ཡང་གྲོང་འཇུག་བྱས་པ་རྣམས་ལ་ཁོ་བོས་རྣམ་ཤེས་བཞུགས་པའི་ཞེད་ཀྱིས་དེ་དག་གི་ཤ་ལ་ཁྱེད་སུས་ཀྱང་ལོངས་སྤྱོད་པར་མ་བྱེད་ཅིག་གསུངས་ནས་ཚོགས་ཀྱི་འཁོར་ལོ་བྱས་པར་གདའ། དེ་ལྟར་བླ་མ་དང་མཁའ་འགྲོས་ཁ་བ་ཅན་གྱི་གདུལ་བྱ་འདུལ་བར་ལུང་བསྟན་ཞིང་། བྱང་ཆུབ་སེམས་དཔའ་ཀུན་ཏུ་བཟང་པོའི་རྣམ་འཕྲུལ་སྐྱེས་མཆོག་མར་པ་ལོ་ཙྪ་དེ་ཉིད་སྤྲས་པའི་རྣལ་འབྱོར་པ་ཡིན་ཏེ་མ་དག་པའི་སྣང་ངོར་འཇིག་རྟེན་གྱི་བྱ་བ་སྣ་ཚོགས་ལ་འཇུག་པའི་ཚུལ་མཛད་ཀྱང་། སྐལ་བ་དང་ལྡན་པ་ལ་སྐུ་ལུས་ཀྱི་བཀོད་པ་དང་། རྫུ་འཕྲུལ་སྣ་ཚོགས་སྟོན་ཅིང་། གང་ལ་གང་འདུལ་གྱི་གདུལ་བྱ་རྣམས་སྨིན་གྲོལ་གྱི་ལམ་ལ་བཀོད་ནས་བརྒྱུད་འཛིན་གྱི་སྲས་དམ་པ་རྣམས་ཀྱང་གཞན་དོན་དུ་ལུང་བསྟན་པར་མཛད་དོ། །དེ་ནས་རེ་ཞིག་གི་ཚེ། བླ་མའི་ཞལ་ནས་ཁྱེད་རྣམས་ལེ་ལོས་མི་ཁོམ་པར་འདུག །ཁོ་བོ་ལ་ཏྰཱ་ཀྐིའི་བསུ་མ་བྱུང་ནས་འགྲོ་དགོས་པར་གདའ། རྗེ་བཙུན་ནཱ་རོ་པ་ལ་དཔའ་བོའི་མཁའ་འགྲོའི་ཚོགས་བསམ་གྱིས་མི་ཁྱབ་པས་བསྐོར་བ། མདུན་གྱི་ནམ་མཁའ་ལ་བྱོན་ནས་སྣང་བས་ཚོགས་མཆོད་ཕུལ་གསུངས། དེར་ཚོགས་མཆོད་ཆེན་པོ་ཞིག་ཕུལ་ཞིང་གསོལ་བ་བཏབ་པའི་ཚེ། དགུང་ལོ་བརྒྱད་ཅུ་རྩ་གཉིས་བཞེས་པའི་ཆུ་མོ་བྱའི་ལོ་ཧ་ལྦ་བའི་ཚེས་བཅུའི་ཉིན་

པར་བླ་མའི་ཐུགས་ཀ་ནས་འོད་འཕྲོས་ནས་རྗེ་མོ་བདག་མེད་མ་ལ་ཐིམ་སྟེ། འོད་དུ་ཞུ་ཞིང་བླ་མའི་ཐུགས་ཀར་ཐིམ་པའི་ཚེ། དབུ་གཙུག་ནས་འོད་དཀར་པོ་ཟླ་བའི་དཀྱིལ་འཁོར་ལྟ་བུ་ནམ་མཁའ་ལ་རྒྱང་གིས་སོང་བ་དང་། དེ་དང་དུས་མཚུངས་པར་མྱ་ངན་ལས་འདས་པའི་ཚུལ་བསྟན། ལྷོ་བྲག་གི་ལུང་པ་ཐམས་ཅད་མེ་ཏོག་གི་ཆར་དང་། འཇའ་དང་འོད་ཀྱིས་ཁྱབ་པར་གྱུར། སྐུ་གདུང་བཞུས་པའི་ཚེ། དབུ་ཐོད་ལ་འཁོར་ལོ་བདེ་མཆོག་དང་། ཐུབ་པའི་སྐུ་བྱོན་པ་ནི་ལྷོ་བྲག་དང་མདོ་སྨད་དུ་བཞུགས་ལ། སྙུར་ཁང་གི་རྡོ་ལ་ཨ་ཡིག་བྱོན་པ་ནི། ཚལ་གུང་ཐང་དུ་བཞུགས་སོ། །དེ་ལྟ་བུའི་སྐྱེས་མཆོག་མར་པ་ལོ་ཙྪ་དེ་ཉིད་ལ་བུ་ཆེན་བྱོན་ཚུལ་ནི། བཀའ་བབས་ཀྱི་བུ་ཆེན་བཞི་ནི། རིགས་ཀྱི་སྲས་དར་མ་མདོ་སྡེ་ལ་གྲོང་འཇུག་གི་བཀའ་བབས། ཆོས་ཀྱི་སྲས་དོལ་གྱི་མཚུལ་སྟོན་དབང་དེ་ལ་འཕོ་བའི་བཀའ་བབས། གཞུང་གི་རྔོག་སྟོན་ཆོས་རྡོར་ལ་བཤད་རྒྱུད་ཀྱི་བཀའ་བབས། གཙང་གི་མེས་སྟོན་ཚོན་པོ་ལ་འོད་གསལ་གྱི་བཀའ་བབ་བོ། །ལས་ཅན་གྱི་སློབ་མ་བཞི་ནི། འདམ་གྱི་མར་པ་མགོ་ཡག །ཁྱེར་ཕུའི་ཀློག་ཀྱ་རྡོ་སྲས། འཕན་ཡུལ་གྱི་ཉ་མ་དཔལ་མོ། རྐྱང་རོ་ཞང་སྟོན་རྣམས་སོ། །ཐུགས་ཀྱི་སྲས་བཞི་ནི། དོལ་པ་དགའ་སྟོན། བྲེའི་མི་ཆུང་། ཚུང་གོང་དཔལ་ལེ། དགེ་བཤེས་ཁེ་རྒད་དང་བཞིའོ། །གཞན་ཡང་ཤུད་ཁེ་ལྷ་བ་ཅན་དང་། བ་རང་ལྷ་བ་ཅན་དང་། ལྷ་རྗེ་སེ་རིན། རྒྱ་སྒོམ་ཞིག་པོ། མར་པ་བྱ་ཟེ། ཉང་སྒོམ་སྤྲང་སྟག །རྩང་དར་དར་ཡེ་ལ་སོགས་དཔག་ཏུ་མེད་པ་བྱུང་ངོ་། །

དེ་དག་གི་ནང་ནས་མཆོག་ཏུ་གྱུར་ཅིང་འགྲན་ཟླ་ཐམས་ཅད་དང་བྲལ་བ་ཐབས་ལམ་ལ་སོགས་གདམས་པ་ཐམས་ཅད་ཀྱི་བཀའ་བབས་ཅིང་། བརྒྱུད་འཛིན་གྱི་སྲས་དམ་པར་གྱུར་པ་ནི། རྗེ་གྲུབ་ཐོབ་ཀྱི་རྒྱལ་པོ་མི་ལ་རས་པ་ལགས་སོ། །མངའ་བདག་མར་པ་ལོ་ཙྪ་རྣམ་པར་ཐར་པ་འདི་ནི་འང་སོ་རག་བྱ་བྲལ་གྱིས་བཀོད་པའོ། །མངྒ་ལམ། ། ། །

ལྔ་པ་རྗེ་གྲུབ་ཐོབ་ཀྱི་རྒྱལ་པོ་མི་ལ་རས་པའི་རྣམ་ཐར་ནི། བླ་མ་རྣམས་ལ་ཕྱག་འཚལ་ལོ། རིགས་དང་འབྲེལ་པ་དཀའ་བ་སྤྱད་པའི་ལོ་རྒྱུས་དང་། ཧིང་ངེ་འཛིན་དང་འབྲེལ་བ་ཉམས་སུ་བླང་བའི་ཡོན་ཏན་ནོ། །དེ་ཡང་དང་པོ་སྐྱ་འབྱུངས་པའི་ཡུལ་ནི། མང་ཡུལ་གུང་ཐང་གི་གྲོང་སྐྱ་རྫ་རྩའི་གོ་རོན་བྱ་བར་རིགས་ཁྱུང་པོ་ཡིན་ཞིང་། ཡབ་མི་ལ་ཤེས་རྒྱལ་དང་། ཡུམ་ཉང་བཟའ་དཀར་ལེགས་གཉིས་ལ་ལྕགས་ཕོ་འབྲུག་གི་ལོ་ལ། ཡ་མཚན་གྱི་ལྟས་དུ་མ་དང་བཅས་ཏེ་སྲས་ངོ་མཚར་གཟུགས་བྱད་ལེགས་པ་ཤིན་ཏུ་མཛེས་པ་ཐམས་ཅད་ཀྱི་ཡིད་དུ་འོང་བ་གཅིག་འཁྲུངས། དེ་ནས་ལོ་གསུམ་

དང་ཞག་བདུན་ན་སྲིད་མོ་པེ་ཧ་མགོན་སྐྱིད་བྱ་བ་སྐྱེས། རྗེ་བཙུན་སྐུ་ན་ཆུང་ངུའི་དུས་ན་གླུ་སྒྲུང་ལ་དགའ་བས་མཚན་མི་ལ་ཐོས་པ་དགའ་བྱ་བར་བཏགས། མི་ལ་ཞེས་པའི་དོན་ནི། ཡབ་མེས་གོང་མའི་རིགས་ལ། མི་ལ་ཙ་ཏ་བྱ་བའི་གདོན་གཅིག་གིས་གནོད་པ་བྱུང་བ་ལས། བོན་པོ་ལ་སོང་གིས་བཏུལ་ནས་ཕྱིས་མི་གནོད་པར་བྱས་ཀྱང་། དེའི་མིང་རུས་མཚན་ལ་འཛོག་པ་ཡིན་སྐད་གསུངས། དེ་ནས་རྗེ་བཙུན་དགུང་ལོ་བདུན་པའི་དུས་སུ་ཡབ་འདས་པ་དང་། དེ་ཚེ་ཨ་ཁུ་གཡུང་རྒྱལ་བྱ་བ་དང་། ཨ་ནེ་བདུད་མོ་སྟག་འདྲེན་མ་ལ་སོགས་ཕ་སྤུན་མི་མང་ལ་ནོར་རྫས་མེད་པ་ཐུམ་གཅིག་ཡོད་པས། ཁོ་མ་བུའི་ཁང་ཞིང་ལ་སོགས་དང་ནོར་རྫས་རྣམས་ཕྲོགས་ནས་ཁོ་རང་རྣམས་བགོས་པ་དང་། དེར་ཡུམ་གྱིས་ཕ་མིང་རྣམས་ཀྱི་ཕ་སྤུན་རྣམས་དང་གྲོང་མི་ལ་སོགས་བསྡུས་ནས་སྔོན་མོ་བྱས་གཞན་མི་སྙེར་ན་ཡང་བུ་འདི་ལ་ཁོ་རང་གི་ནོར་སྐལ་ཙམ་ཞིག་གི་སྙིང་རྗེ་ལྟོས་ལ་བྱིན་སླས་ནས་ཞེས་ཞུས་བྱས་ཀྱང་མ་ཉན་ཏེ། ཁྱེད་མ་སླད་མ་བསད་པར་ཚོག་པ་ཡིན་ཟེར་བས་འཇིག་སྐམ་གྱིས་སོང་།

དེ་ནས་རྗེ་བཙུན་དགུང་ལོ་བཅོ་ལྔ་ཙམ་བཞེས་པས་སློབ་དཔོན་གཅིག་གི་རྩར་བཞག་ནས་ཡི་གེ་ལ་སོགས་སློབ་གཉེར་བྱེད་དུ་བཅུག །མས་འཕེལ་གླུ་ལ་སོགས་བླངས་ནས་མཐུན་རྐྱེན་སྦྱོར། སྔོན་ཡབ་དང་འཛོམས་དུས་ནས་ཆུང་གཉེན་བྱས་པའི་ལེགས་སེའི་ཕ་མ་རྣམས་ཀྱིས་གྲོགས་བྱས་སྟེ་ཡི་གེ་ལ་སོགས་ཐོགས་པ་མེད་པར་ལོབ་པ་དང་། ཡང་རེས་གཅིག་གི་ཚེ་མ་ན་རེ། འོ་སྐོལ་མ་སྨད་འདྲ་བ་རང་གི་ནོར་ཉ་ར་མི་ཐུབ་ཞིང་ཐམས་ཅད་འཕྲོག་པའི་སྙིང་གསོད་སྡིག་བྱེད་པ་འདི་འདྲ་བས་སྡུག་པ་མེད་པས། ཁྱོད་ཀྱིས་མཆོན་ཐོགས་ནས་འཛིང་བའི་འཕོས་ཀ་མེད་པས་མཐུ་གཅིག་བསླབ་ནས་འདི་རྣམས་ལ་མཐུ་བྱེད་དགོས་དེ་མི་བྱེད་ན་ཁྱོད་རང་ཡང་གར་འགྲོར་སོང་། ང་ནི་ཕ་མིང་གི་ཡུལ་དུ་འགྲོ་བ་ཡིན་ཟེར་ནས་གཙུད་ལ་བོར་བས་མཐུ་བྱེད་པར་ཁས་བླངས་དེར་ཡང་སྔར་མ་རང་རྫོངས་སུ་བྱིན་པའི་ཞིང་གཅིག་ཡོད་པ་བཙོང་ནས་རྟ་ཁམས་པ་རྟེལ་ལ་གྲགས་པ་བྱ་བ་དང་། ཆོས་སྲང་དྲུག་ལ་སོགས་ཁྱུག་པས་ཆོས་སྲང་བཞི་གྲོ་ཕྱེ་དང་བཅས་པ་རྟ་ལ་བཀལ་སྟེ་རོགས་མི་ལྔ་དྲུག་བྱུང་བ་དང་སྦྲགས་ནས་དཔལ་ཐང་བར་བསྐྱལ་ཞིང་བུ་ཁྱོད་སྙིང་རུས་ཀྱིས་ལ་མཐུ་གཅིག་བྱུང་ན་ཨ་མས་ད་རུང་ཡང་འཕེལ་གླུ་བྱེད་ནས་བསྐུར་རྒྱུ་ཙི་རྙེད་ལྟ་ཟེར་བ་དང་། རོགས་རྣམས་ལ་ཡང་ང་ཡི་བུ་འདི་དགྲ་གཉེན་གང་གི་ཡང་ངོ་ལ་ལྟ་མི་ཤེས་པ་གཅིག་ཡིན་པས། འདི་ལ་སྙིང་རྗེས་ལྟོས་ཟེར་ནས་བཙལ་གཏམ་ནན་ཅག་བྱས་ཏེ་བཏང་ངོ་། །

དེ་ནས་ཁོང་རྣམས་འགྲོགས་ཏེ་མཐུ་སྟུ་ཆེ་དྲིས་ཤིང་གཙང་ནས་མར་སོང་བས། ཐམས་ཅད་མཐུན་དགག་ན་སྐྱོན་ཡོན་ཏན་དུ་འཆར་ཏེ། ནང་དུ་རང་གི་སེམས་ལ་སྐྱོན་ཡོན་གང་ཡོད་ཀྱི་རྟེན་འབྲེལ་གྱིས་ཕྱི་རོལ་གྱི་སྣང་བ་འཆར་བ་ཡིན་པས་དེ་དག་ལ་བདེན་པར་མི་བཟུང་ཞིང་དེ་དང་མཇལ་རྟ་ལ་སོགས་པའི་དངོས་པོ་ཅི་ཡོད་ཕུལ་ནས་མཐུ་སློབ་ཏུ་འོང་བ་ཡིན་བྱས་ནས་དེར་བསྡད་ཅིང་མཐུ་བསླབ། དེ་ནས་ཕྱིར་ལོ་ཡར་འགྲོ་རན་པ་ལ་རྗེ་བཙུན་གྱིས་ཁྱེད་རྣམས་སོང་། ང་ཡ་གིར་མཐུ་གཅིག་བྱུང་ན་མིན་པ་ཡུལ་དུ་མགོ་མི་ཚུད་པས་འགྲོ་ས་མེད་གསུངས་ཤིང་། ཁོང་རྣམས་བསྐྱལ་ནས་ཚུར་ལོག་པའི་ལམ་དུ་རྟ་ལུད་ལ་སོགས་ཐུ་གང་བསྡུས་ནས་ཞིང་ཐོག་ཏུ་བླུགས་པས། དེར་སློབ་དཔོན་གྱིས་གཟིགས་ཤིང་ཤིན་ཏུ་དགྱེས་པས་འདིར་མཐུ་སློབ་མི་མང་པོ་གཅིག་བྱུང་ཡང་ཁྱོད་འདྲ་བ་སྙིང་རྗེ་ཞིང་ང་ལ་ཡང་ཤ་ཚ་བ་མ་བྱུང་། ད་ཡང་ང་ཡི་མཐུ་དྲག་སྔགས་གཟའ་གདོང་དམར་ནག་བྱ་བ་དཔལ་རང་བྱས་ཀྱང་འོང་བ་གཅིག་གདའ་བ་དེ་ང་ལ་བྱིན་ནས་རེད་གཉིས་ཕན་ཚུན་དུ་བཀའ་རྒྱས་གཏབ་ནས་ཡོད་པས། ཁྱོད་དེར་གཏོང་དགོས་གསུངས་ཏེ་འབུལ་བ་ལ་རྟ་དཀར་པོ་སྟོང་ལ་དྲག་བྱ་བ་དང་། སྣམ་བུ་འགའ་ཞིག་བསྐྱལ་ཞིང་ཁོང་རང་གི་བུ་གཅིག་དང་སྦྲགས་ནས་བཏང་སྟེ། བོན་པོ་ལ་ལོ་རྒྱུས་ཞིབ་ཏུ་བྱས་པས་དཔེ་གཅིག་གཏད་ནས་འདི་བློ་ལ་ཟུངས་ཟེར། དེ་ནས་ཁོ་རང་གི་བུ་གཅིག་དང་གཉིས་མཚམས་ལ་བཞུགས་པས་ཟླ་བ་གཅིག་གིས་འགྲུབ་སྟེ། སེང་ལྡེང་གི་ཕུར་པ་གཅིག་ཐང་མགྲོགས་པ་གཉིས་ལ་བསྐུར་ནས་འདི་ང་ཡི་མ་ལ་གཏོང་ལ་ཁོང་ཚོའི་མཁར་ལ་འདེབས་སྟང་མང་དུ་གྱིས་བྱས་པས། དེ་ཙམ་ན་དེའི་ཁོལ་མོ་གཅིག་གིས་སྡིག་སླང་ཤ་ཙམ་གཅིག་གིས་མཁར་གྱི་ཀ་བ་ལ་འཐེན་པ་མཐོང་། དེར་ཨ་ཁུའི་མནའ་མ་བླང་བའི་ཚང་སྟོན་སར་ཕྱི་མི་རྣམས་ཀྱིས་ནང་མི་རྣམས་མ་གྱིས་པ་ལ་མཁར་འགྱེལ་ནས་མི་ཉི་ཤུ་རྩ་ལྔ་ཤི་བས་གྲོང་པ་རྣམས་ཀྱིས་མི་ལའི་མཐུ་ཡིན་པས་གསོད་དུ་གཏོང་ཟེར་ནས་ལྷོག་ཆད་བྱས་པ་ཡུལ་དེའི་གཙོ་བོ་གཅིག་གི་ཚུང་མས་ཆོར་ཏེ། དེར་རྗེ་བཙུན་ཕ་མ་དང་འཛོམས་དུས་ཀྱི་གཡོག་མོ་གཅིག་ཡིན་པས་ཕྱི་དག་བྱས་ནས་རྗེ་བཙུན་གྱི་མ་ལ་བྱ་བཏང་མས་ཀྱང་རྣལ་འབྱོར་པ་གཅིག་ལ་བརྟན་བྱིན་ནས་གསེར་འགའ་ཞིག་ཡོད་པ་དེ་ཡང་དུག་པོའི་རྒྱབ་ཏུ་མ་རིག་པར་སྦྲས་ནས་བཙེམ་ཏེ། སྟེང་དུ་ལྷན་པ་ནག་པོ་གཅིག་བརྒྱབ་ཡི་གེའི་ནང་དུ་བུ་ཁྱོད་ཀྱི་མཐུ་བྱུང་བ་གོ་བཅད། ཁོང་རྣམས་ཀྱིས་ཁྱོད་གསོད་མི་བཏང་ཐེར་ཟེར་བས་དོགས་གྱིས། གྲོང་པ་འདི་ལ་སེར་བ་གཅིག་ཐོངས། རྒྱགས་ཆད་ན་རི་ཆེན་པོའི་ནུབ་ཕྱོགས་སྤྲིན་ནག་པོའི་འོག་ཏུ་ཞིབ་

པར་ལྟོས་དང་ཡོད་ཟེར་བ་བྱུང་བས། ཁོང་སློབ་དཔོན་གྱིས་མ་གོ་ཡང་བོན་པོའི་ཇོ་མོས་གོ་སྟེ་རྣལ་འབྱོར་པ་ལ་ཆང་བླུད་དེ་དུག་པོའི་རྒྱབ་ནས་གསེར་བཏོན། ཡང་ཁྱེད་རྣམས་ཀྱི་དེར་མི་ལ་གསོད་པའི་གྲོས་ལྐོག་ཏུ་བྱེད་པ་རྣམས་ངེད་ཀྱི་ཆོས་སྐྱོང་གིས་ཤེས་ནས། འདིར་ཁོ་བོ་ལ་ཟེར་བས་ད་ཡང་ཁྱེད་ཀྱི་ཡུལ་དུ་སེར་བ་ཆེན་པོ་གཏོང་བ་ཡིན་ཅེས་པ་ལ་སོགས་ཀྱི་ཡི་གེ་བསྐུར་བས། ཁོང་རྣམས་ཀྱིས་ཀྱང་མ་ཕོད་པར་གདའ། དེར་བོན་པོ་ན་རེ་སེར་བ་ངས་ཀྱང་ཤེས་ཆད་ལ་གནོད་པས་ཁོང་ཅན་དུ་སོང་ཟེར་ནས་ཕྱིན་པས། གཉག་གི་བུ་གཅིག་ངེད་གཉིས་སྐྱབ་ཁང་དུ་ཞུགས་ནས་སེར་བ་བསྐྱབས་པས། ཞག་ཉི་ཤུ་རྩ་ལྔ་ནས་ཐུན་ཐམས་ཅད་ཁོལ་སྟེ། གཉག་ན་རེ། ཁྱེད་ཀྱི་ཡུལ་གྱི་ལོ་རྣམས་ཅི་ཙམ་གྱི་ཚོད་ཡིན་གསུངས་པས། ཡུར་མ་ཐོན་པའི་ཚོད་ཙམ་ཡིན་ཞུས་པས། འོ་ན་ད་འགྲོ་རན་པས་སོང་ལ་ཞིང་དཀྱིལ་དུ་སེར་རྡ་ཞོག །ཐུན་རྣམས་གཏོར་གཡབ་མོ་གྱིས་ལ་ཤོག་གསུངས། དེ་ནས་རོགས་གཅིག་དང་འགྲོགས་ནས་སོང་བས། ཞིང་རྣམས་སྙི་མ་ཐོན་ཙམ་དུ་འདུག་སྟེ། ཨ་ཁུའི་ཞིང་དཀྱིལ་དུ་སེར་རྡ་བཞག་ཅིང་གསུངས་པ་ལྟར་བྱས་ཏེ་འོང་བས། ལོ་ཐམས་ཅད་ས་དང་བསྲེས། དེ་ནས་ཕྱིན་པས་གཉག་གི་ཞལ་ནས། ཡང་དེ་ལ་སྐྱེ་རྒྱུ་གཅིག་ཡོད་སྲིད་པས། ད་ཞག་བར་ངལ་གསོས་དང་། ཡང་ལན་གཅིག་འགྲོ་དགོས་གསུངས། དེ་ནས་སྙི་མ་ལ་ཟ་རྒྱུ་ཡོད་པའི་ཚེ། ད་ལན་སོང་དང་རྡ་བཞོག་མི་དགོས། ཡུལ་པ་མཐོང་བའི་རི་མགོ་ནས་ཐུན་གཏོར་བས་ཆོག་གསུངས། དེར་རོག་གཅིག་དང་འགྲོགས་ནས་སོང་སྟེ། དེ་བཞིན་དུ་བྱས་ནས་ཤིང་གི་བྱང་བུ་ལ་ད་སྟེ་ལོ་བཅུ་གསུམ་དུ་སེར་བ་ལོ་རེ་ལན་གཉིས་གཉིས་མ་ཆགས་པར་གཏོང་བ་ཡིན་ཟེར་བའི་ཡི་གེ་བྲིས་ནས་ལམ་སོ་རྣམས་སུ་བཙུགས་ཤིང་བཞག་སྟེ། ཕྱིར་འོང་ཞིང་གཉག་མདུན་དུ་འདུག་ཙ་ན། མས་བོང་བུ་གཅིག་ལ་རྟང་ཆེ་གཉིས་བཀལ་ནས་འཁྲིམས་པ་ལ་བསྐུར་ཞིང་། དེར་ཡང་བུ་ཡིས་གོ་བཅད་མི་སྡེ་རྣམས་མེད་པ་ལ་བཏང་བའི་དོན་གྱིས་བུ་ཡུལ་དུ་མགོ་མི་ཚུད་པར་བྱས་པ་མ་ལེན་པས། ད་ཡུལ་དེ་ཀུན་ན་འདུག་གམ་གཞན་དུ་འགྲོ་བ་གང་མོས་གྱིས་ལ། དམ་པའི་ཆོས་གཅིག་ཨེ་འོང་ལྟོས་ཟེར་བའི་ཡིག་འཕྲིན་བྱུང་ངོ་། །

དེ་ནས་དུས་རེས་གཅིག་གི་ཚེ། སྤྲང་པོ་གཅིག་ཤི་བ་ལ་བརྟེན་ནས་གཉག་ཁྲོ་རྒྱལ་མང་དུ་བཤུམས་ཤིང་། ཨ་ཙམ་ཨ་ཙམ་གཡུང་སྟོན་ད་ཅི་ལྟར་བྱ། ཕུ་མདའ་བར་གསུམ་ནས་མི་མང་པོ་ཡང་ཤི་ཟེར། སྤྱིར་འདུས་བྱས་ཀྱི་མཚན་ཉིད་མི་རྟག་ཅིང་ཐམས་ཅད་ལ་སྐྱེ་ཤི་ཟེར་བའི་ཤིན་ཏུ་འཇིགས་

པ་གཅིག་གདའ། ངེད་རང་འདི་ཀུན་ཡང་འཆི་བའི་རང་བཞིན་ཡིན་པ་ལ། ང་རང་ལ་སྡིག་པ་ཆེན་པོ་ཡོད་པའི་སྟེང་དུ་ཁྱོད་ལ་འང་སྡིག་པ་ཆེན་པོ་བྱེད་བཅུག་པས། རང་རེ་གཉིས་ལ་འགྲོ་ས་བཟང་པོ་མེད་པས་ང་ཡང་ཤིན་ཏུ་འཇིགས་ཤིང་དུ་བ་ཡིན། དེ་ཁྱོད་སྙིང་རུས་ཤིན་ཏུ་ཆེ་བ་ལ་ངེད་རང་གཉིས་ཀ་ལ་ཕན་པའི་ཆོས་གཤའ་མ་གཅིག་གྱིས། དེར་ཡང་དད་ལྷ་མི་རྣམས་ན་རེ། གཙང་རོང་སྟོན་ལྷ་དགའ་བྱ་བ། ཁོང་གདམས་ངག་ཤིན་ཏུ་ཟབ་ཟེར་ནས་གྲགས་པ་ཆེ་བས། དེར་སོང་དང་ངས་ཀྱང་སྐྱབ་རྒྱུགས་བསྐུར་གསུངས། ཡང་བོན་པོ་རྟབ་ཚུང་གི་རྟ་ར་ཕྱིན་པས་གསུངས་ཏེ། ཁོང་རྣམས་ཀྱི་རྟ་ནས་སྣམ་བུ་ལ་སོགས་བསྐུར་བ་རྣམས་བཟུང་ནས་གཙང་རོང་དུ་ཕྱིན་ནོ། །

འབུལ་བ་བཏང་ཞིང་མཇལ་བས། གྱེར་སྟོན་གྱི་ཞལ་ནས། ཁྱོད་གང་ནས་འོང་གསུངས། ང་ཁྲོ་རྒྱལ་དང་རྟབ་ཚུང་གཉིས་ཀྱི་རྟ་ནས་འོང་ཞུས་པས། ཨེ་མཐུ་སེར་གྱིས་མི་མང་པོ་གྱོད་ལ་སྒྲུར་ཨང་གསུངས། མཐུ་སེར་མང་དུ་བྱས་ཤིང་སྡིག་པ་ཤིན་ཏུ་ཆེ་བས་ཐུགས་ལ་འདོགས་ཞུས་པས། འདིར་འོང་བ་ཤིན་ཏུ་ལེགས་ང་ཡི་དམ་ཆོས་རྫོགས་པ་ཆེན་པོ་འདི། ནང་རྟོགས་ན་ནང་སངས་རྒྱས་ནུབ་རྟོགས་ན་ནུབ་སངས་རྒྱས་པའི་ཆོས་ཡིན་པས་སྒྲུག་མི་དགོས་གསུངས། གདམས་པ་མང་དུ་གནང་། མྱང་སྟོད་ཁ་རེ་བྱ་བ་ན། ཁ་མི་བྱང་ཆུབ་རྒྱལ་པོ་ལ་སྒྲུ་འཕྲུལ་ལ་སོགས་ཆོས་མང་དུ་ཞུས། ཡར་འབྲོག་ཏུ་མར་པ་འབྱུང་ངེ་བྱ་བ་ལ་མདོ་སེམས་ཕྱོགས་ཀྱི་ཆོས་མང་དུ་ཉན། གཞན་ཡང་བླ་མ་འགའ་ཞིག་ལས་ཆོས་མང་དུ་ཉན་ཞིང་སློབ་གཉེར་ཡང་བག་རེ་བྱས།

དེ་ནས་གཙང་རོང་དུ་སྙིང་རུས་དྲག་པོ་བསྐྱེད་ནས་བསྒྲུབས་པ་ལ་བརྩོན་པའི་ཚེ། ཉིན་གཅིག་གྱེར་སྟོན་གྱི་ཞལ་ནས། བུ་ང་ཡི་རྫོགས་པ་ཆེན་པོ་འདི་ལྟ་བ་མཐོ་སྟེ། རྒྱུད་ལ་དྲིལ་བའི་ཉམས་ལེན་རང་ལ་ཡང་ཕྱོ་ལེ་བ་གཅིག་བས་མེད་པས། ཁྱོད་སྙིང་ནས་ཆོས་གཅིག་བྱེད་ན། ད་ལྟ་ལྷོ་བྲག་ཆུས་ཁྱེར་དུ་མར་པ་ལོ་ཙྪ་བ་རྒྱ་གར་དུ་ལན་གསུམ་བྱོན་ཞིང་། ནཱ་རོ་པཎ་ཆེན་གྱི་སྡིག་སྣག་ཅེས་པ། སྡིག་པོ་ཆེ་རབ་ཁ་ནས་སངས་རྒྱས་པའི་གདམས་པ་ཟབ་མོ་ཡོད་པ་གཅིག་གྲགས་པས་ཁྱེད་དེར་སོང་དང་། ང་ཡང་ཕྱི་ནས་ཐོན་ནས་འོང་གསུངས། དེར་མར་པ་ལོ་ཙྪ་བྱ་བའི་མཚན་ཐོས་པ་ཙམ་གྱིས། ཐུན་མོང་མ་ཡིན་པའི་དད་པ་སྐྱེས་ནས། དེ་ཉིད་དུ་ཁྲེལ་པོ་ཁུར་ནས་བྱོན་པས། ལྷོ་བྲག་ཏུ་ཕེབས་པ་དང་། མི་འགའ་ཞིག་ལ་མར་པ་ལོ་ཙྪ་གར་བཞུགས་དྲིས་པས། དེ་འདྲ་ཟེར་བ་འདི་ན་མེད་ཟེར། གཅིག་ན་རེ། འདིའི་ཟེར་ལུགས་ཀྱིས་འོ་སྐོལ་གྱི་ཨ་ཁུ་བློ་གྲོས་ཡིན་པ་འདྲ། ཁོ་རྒྱ་གར་ལ་ཐང་

འགའ་ཕྱིན་ཟེར་ལོ་རྒྱུས་མང་པོ་བཤད་ལེ་ཡིན། དེ་ཡིན་ན་ལུང་པའི་ནང་དུ་ཡར་སོང་དང་སྒོ་ཐོ་རོ་ཞིང་ཡོད་ཟེར། དེར་སོང་བས་རྣལ་འབྱོར་པ་གཟུགས་ཕུང་ཆེ་བ་རལ་པ་སིག་གེ་བ་གཅིག་སྒོ་ཐོ་རོ་ཞིང་གདའ་བ་ལ། མར་པ་ལོ་ཙཱ་གར་བཞུགས་ངའི་མཇལ་འདོད་བྱས་པ། སྤྱང་ལ་རི་མོ་གཅིག་བྱས་ནས་འདི་ཕན་རྐོས་དང་ངས་འཕྲིན་བྱེད་དེ་བླ་མ་ལ་སྤྲོལ་ཟེར། སྤྱང་དེ་བརྐོས་པས་ཐོན་པ་དང་། བླ་མ་དམ་པའི་གདམས་ངག་གནང་། རྩ་ཁམས་དབུ་མར་བསྡུས་པ་ཡི། །ཉོན་མོངས་ཐ་བ་འདུལ་ལགས་ན། །འབྲས་བུ་སྐུར་དུ་སྨིན་ཏེ་མཆིས། །ཟེར་ནས་ས་ལ་རི་མོ་གཅིག་བྱས་ཏེ། འང་འདི་ཙམ་གཅིག་རྐོས་ཟེར། ཡང་དེ་བརྐོས་པས་ཐོན་ཙམ་ན། བརྒྱུད་ལྡན་བླ་མའི་བྱིན་རླབས་ཀྱིས། །སེམས་ཉིད་ལྷུག་པའི་ངོ་བོར་གནས། །དྲན་པའི་ཐ་བ་འདུལ་ལགས་ན། །སྨིན་ཐོག་འབྲས་བུ་སྐུར་དུ་སྨིན། །ཞེས་ཟེར་ཞིང་ལས་ལ་རེམས་པོ་གཅིག་འདུག་ཟེར། དེ་ནས་སྒོ་ཐོའི་གསེབ་ནས་ཆང་གཅིག་བླངས་ཏེ། ཁོ་རང་གིས་གསོལ་ཏེ། འཕྲོ་གཅིག་གདའ་བ་མི་ལ་ལ་བླུད་ནས་ངོམས་པར་བྱུང་། དེ་ནས་ཡང་། བདེ་བ་ཆེན་པོའི་ཆང་གི་དངོས། །ཡང་དག་དོན་ཆེན་གསང་བ་འདེས། །ཡོངས་དག་ཐ་བ་འདུལ་ལགས་ན། །སྨིན་ཐོག་འབྲས་བུ་སྨིན་སྐྱེ་མཆིས། །ཞེས་ཟེར་ཡང་དེ་དག་ཁ་འགྱུར་གི་ཚིགས་སུ་གོ་ཞིང་། གཞན་གྱི་རྟོག་དཔྱོད་ཅི་ཡང་མ་བྱུང་། བླ་མ་ཡིན་པར་ཡང་མ་ཤེས། དེ་ནས་ལག་ཆ་རྣམས་བཟུང་ནས་སྒོ་རྩར་ཕྱིན་པ་དང་། འདིར་སྡོད་དང་ངས་ཞུས་ལེན་གཅིག་བྱེད་ཟེར། དེ་ནས་དཔལ་གཅིག་ལོན་པ་དང་། གཅིག་བྱུང་ནས་མཇལ་འདོད་ན་ནང་དུ་བྱོན་ཟེར། དེར་སོང་བས་བར་ཁང་གཅིག་ཏུ་ཕྱིན་པ་དང་། ད་ཅིའི་རྣལ་འབྱོར་པ་དེ་རལ་པ་ས་བྲུལ་ལེ་ན་བཟའ་དང་སྟེགས་གཅིག་གི་ཁ་ན་སང་ངེ་བཞུགས་པས་ཞལ་མཐོང་བ་དང་། དངངས་ཡེར་གྱིས་སོང་བས། བླ་མའི་ཞལ་ནས་དེ་ཙམ་འཛིགས་མི་དགོས་གསུངས། ངའི་སྤྱོད་ལམ་འདི་ལ་གཞན་མང་པོས་ཀྱང་ངོ་མ་ཤེས་པ་ཡིན། ཁྱོད་སུ་ཡིན་གང་ནས་འོང་གསུངས། དེར་ཡིན་ཚུལ་གྱི་ལོ་རྒྱུས་རྣམས་ཞིབ་ཏུ་ཞུས་ནས། བདག་སྡིག་པ་ཤིན་ཏུ་ཆེ་བས་ལུས་ངག་ཡིད་གསུམ་བླ་མ་ལ་འབུལ། ལྟོ་གོས་ཆོས་གསུམ་ཐུགས་ལ་འདོགས་པར་ཞུ་བྱས་པས། གསུམ་ཀ་མི་འོང་གང་ཡིན་པ་གཅིག་སྟེར་བས་ཁྱོད་རང་དོམ་གསུངས། འོ་ན་ཆོས་གཅིག་ཐུགས་ལ་འདོགས་པར་ཞུ་ཞུས་པས། དེ་བཞིན་དུ་བུ་ཁྱོད་ཀྱིས་ལུས་ངག་ཡིད་གསུམ་ཁོ་བོར་དབང་བ་ཡིན། ཁྱོད་ཀྱི་མིང་མཐུ་ཆེན་བྱ་བར་ཐོགས་གསུངས། དེ་ནས་མི་སྡེའི་སྨིན་ཐོག་གཙོད་རན་ཏེ། མཐུ་ཆེན་ཡང་བསོད་སྙོམས་ལ་སོང་བས་ནས་མང་དུ་རྙེད་པའི་འགའ་ཞིག་ཡོན་བདག་ལ་བཙོང་།

ནས་ཡོག་ཆུང་གང་ཁྱེར་ནས་འོང་སྟེ་བླ་མའི་མདུན་དུ་ཕོག་པས། གླེན་པ་དེ་ཙམ་ཁྱེར་བ་ཁྱོད་ཤེད་པོ་ཆེ་བས་མི་ཆོག་ཁང་ཤིང་ཆག་དོགས་ཡོད་གསུངས། དེ་ནས་བླ་མའི་ཞལ་ནས་ཁྱོད་ལས་ཀ་རེམ་པོ་གཅིག་འདུག་པས། ང་ཡི་རྗེ་སྲས་མདོ་སྡེ་འཕོགས་པའི་མཁར་གཅིག་བརྩིགས་དགོས་གསུངས་ནས། མཁར་སྒོར་མོ་ཟླ་གམ་གྲུ་གསུམ་པ། སོག་ཀ་ལ་སོགས་ཀྱི་རྩིག་ཕྱེད་རེ་ཙམ་ཤིང་ཡང་བཤིག །མཁར་ཁང་གྲུ་བཞི་ཕྱི་ཁྲམས་ཀ་བ་སུམ་ཅུ་སོ་གཉིས་དང་བཅས་པའི་སྨིང་བཞག་སྟེ། མཐུ་ཆེན་པོ་རང་གི་སྒོ་ཁྱེར་ཞིང་བརྩིགས་གོ་དེ་རྗེ་མོས་མཐུ་ཆེན་འདི་དཀའ་ལས་ཆེ་བས་གདམས་པ་གནང་བར་ཞུ་བྱས་པས་ང་ལ་ནཱ་རོ་པཎ་ཆེན་གྱི་སྙིག་སྟུག་བྱ་བ་ཡོད་པས་བསྟན་ལོང་ཡོད། ད་དུང་མཁར་བརྩིགས་པ་ལ་འབུང་གསུངས། དེར་ཉིན་གྱི་རིང་ལ་སྒོ་ཁྱེར་ཞིང་མཁར་བརྩིགས། ནང་སྟ་ནུབ་འཕྱི་ཆུ་དང་མེ་ཤིང་བསོགས། སྔོད་ལ་རྗེ་བཏག་བྱས། བླ་མ་རྣ་འཆིབ་པའི་དུས་སུ་ཡང་བཅིབས་པའི་སྟེགས་དང་། རྗེ་མོས་བཞོ་བྱེད་པའི་དུས་སུ་བཞོ་སྟེགས་ལ་སོགས་ལུས་སྒྲོག་ལ་བལྟས་པ་མེད་པར་མོས་གུས་བྱས་ཤིང་བརྩིགས་པས་མཁར་རྩིག་གསུམ་ཐོན་ཏེ། དེའི་དུས་སུ་རྔོག་གཞུང་པ་ལ་སོགས་སློབ་མ་མང་པོས་དབང་བསྐུར་ཞུ་བའི་ཚེ། རྗེ་མོས་ད་ལན་ཁྱེད་ལ་ཡང་ཨེ་གནང་གསུངས་ནས་དབང་གྲལ་དུ་མར་ཆེ་བ་གཅིག །ཤ་དཀར་གཅིག་སྣམ་བུ་གཅིག་དང་གསུམ་གནང་བ་བཟུང་ནས་བླ་མའི་མདུན་དུ་བཞག་སྟེ། ད་ལན་ང་ལ་ཡང་དབང་བསྐུར་ཐུགས་ལ་བཏགས་དགོས་ཞུས་པས། འདི་ཚོ་ཁྱོད་ལ་གང་ནས་བྱུང་གསུངས། རྗེ་མོའི་གནང་བ་ལགས་ཞུས་པས། འདི་ཚོ་ང་ལ་ཡོན་བདག་འདི་དང་འདི་ཞེས་བྱ་བས་ཕུལ་བ་ཡིན། རྗེ་མོ་ཁྱོད་གཉིས་ལ་གང་ནས་བྱུང་། ང་ཡི་དངོས་པོའི་ཁྱོད་ཀྱི་འབུལ་བ་མི་འོང་། ཁྱོད་རང་ལ་ཡོད་ན་ཁྱེར་ཤོག་གསུངས་ནས་གནང་མ་ཉན། དེར་ཐུགས་སྨུག་ཅིང་མང་དུ་བཤུམས་པས། རྗེ་མོས་ད་ཁྱོད་དེ་ཙམ་མི་དགོས་དང་། བླ་མས་ཅི་དགོངས་མི་ཤེས་པས་གདམས་པ་རྟིང་ནས་འོང་བ་ཡིན་གསུང་ནས། ཉིན་ཅིག་དུས་གསུམ་ཚལ་མ་ཡང་རྒྱུ་རེ་མ་ཆགས་པར་བྱིན། ཚད་དང་སྒོམ་པའི་ཚེ་ཆང་རོམ་པ་རེ་ཡང་བླུད་དེ་ཤིན་ཏུ་ཐུགས་ལ་བཏགས་པས། ཡང་མཁར་བརྩིགས་ཞིང་ཡོད་ཙམ་ན། དཀྱིལ་པའི་འབུལ་སྐྱེལ་བ་མང་པོ་འོང་བ་ལྷོ་སྨད་པའི་ཧག་པས་ཁྱེར་ཟེར་བའི་སྐད་བྱུང་བས། བླ་མས་མཐུ་ཆེན་ད་ལན་འདི་བསྟན་པ་ལ་གནོད་པས། ཁྱོད་ཀྱིས་སེར་བ་གཅིག་ཕོབ་དང་སྡིག་པས་མི་གནོད་པའི་ཐབས་ང་ལ་ཡོད་གསུངས། དེར་སེར་བ་ཆེན་པོ་ཕབ་ཅིང་། རྗེ་མོའི་མཐུ་ཆེན་ཁྲིད་དེ། བླ་མའི་མདུན་དུ་སོང་ནས་ཁོ་གཞན་སུ་དང་ཡང་མི་འདྲ

བའི་ལུས་ངག་གི་ཞབས་ཏོག་བྱས། ད་ནི་ཡང་སེར་བ་ཕབ་ཅིང་བསྣུན་པ་ལ་ཡང་ཕན་པར་བྱས་པས། ཅེས་ཀྱང་གདམས་པ་གནང་བར་ཞུ་ཞུས་པས། ཁོའི་སྡིག་པ་བྱས་པའི་རྗེན་ལ་གདམས་པ་སྟོན་དུ་མི་རུང་གསུངས་ནས་མ་གནང་། དེར་ཡང་མི་ལས་སྡིག་པ་འདགས་པའི་ཐབས་འཚོལ་དུ་འོང་བ་ལ། ཆོས་མ་གནང་བའི་སྙིང་དུ་ལས་ངན་གྱི་རྣམ་སྨིན་འདི་འདྲ་གཅིག་རེད། ད་སྡིག་པ་སྦྱོང་བ་ལ་གཞན་དུ་འགྲོ་ཞུས་ཞིང་མང་དུ་བཤུམས་པས། གཞན་དུ་སོང་བས་སྡིག་པ་མི་འདག །སྡིག་པ་ཨི་འདག་ན་ང་ཡི་མཁར་འདི་བརྩིགས་དང་རུང་། གཞན་དུ་ཡང་འགྲོ་ས་མེད། འགྲོ་བ་ཡང་མི་དགའ་གསུངས། དེར་རྗེ་མོས་ཕྱེ་ཤད་བུ་གང་གྲོ་ཁ་དང་བཅས་པ་གནང་བ་ཁྱུར་ནས་སོང་ཞིང་བྲག་རྩ་གཅིག་ཏུ་ཉལ་བས། དེ་ནུབ་ཁ་བ་ཆེན་པོ་གཅིག་བབས། ཕྱིར་ནང་ཚ་བ་གཅིག་བསྐོལ་བའི་དོན་ལ་ཐབ་ཀ་དང་མེ་ཤིང་བསྡུས་པ་ལ། ཀ་རེ་གོ་རེ་འགག་བྱས་པས་ཚ་བ་ཐོན་པ་དང་རྗེས་ཀྱི་གང་ནས་འདུག །དེར་ཡང་བསམ་པ་ལ་ང་མི་གཅིག་གི་ཚ་བ་ལ་རྗེས་འདི་ཙམ་བྱུང་བས། དེ་སྔའི་ལས་དེ་རྣམས་ཕྱེད་བླ་མའི་ཡིན་ཡང་ཕྱེད་རང་གི་ཟ་གཡོག་རེད། བླ་མས་ཐུགས་ལ་མ་བཏགས་ཀྱང་རྗེ་མོའི་ཐུགས་ལ་བཏགས། གཞན་ན་ཡང་གདམས་པ་ཟབ་མོ་འདི་འདྲ་ཡོད་ཟེར་བ་མ་ཆོར་བསམ་ནས། ཚུར་འོང་ཞིང་ཁྱིམ་དུ་ཕྱིན་པས་རྗེ་མོ་ཡང་ཤིན་ཏུ་དགའ་སྟེ། བླ་མའི་མདུན་དུ་སོང་ནས། མཐུ་ཆེན་གྱིས་འོ་སྐོལ་བློ་ཡི་མ་ཐེང་ནས་ཚུར་བྱུང་བ་ལ་གདམས་པ་གནང་བར་ཞུ་བྱས་པ་ལ། འོ་སྐོལ་བློ་ཡི་མ་ཐེང་བ་མིན་ཁོ་རང་བློ་ཡི་མ་ཐེང་བ་ཡིན། མཁར་བརྩིགས་དང་གདམས་པ་བྱེད་གསུངས། དེ་ནས་འབད་པ་བརྟོན་ཞིང་བརྩིགས་པས་རྒྱབ་ཀྱི་སྐལ་པ་བྱང་ཞིང་རྨ་རུལ་སོང་བ་བླ་མས་གཟིགས་སྟེ། སྐལ་ཁང་ཕུབ་ནས་ཏ་བོང་ལ་ཡང་འདིའི་ཆོག་པ་ཡིན་གསུངས། ཡང་རེས་གཅིག་དབང་ཞུ་མང་དུ་བྱུང་བ་ལ། མཐུ་ཆེན་མ་ཚུད་པས་རྗེ་མོས་ཐབས་གཅིག་བྱ་ཟེར་ནས་ཕྱེ་ཤད་དཔུ་གང་གི་སྟེང་དུ་པོ་ཏི་གཅིག་བཞག་ཅིང་མཐུ་ཆེན་ལ་ཁྱུར་བཅུག་ནས། སྒོ་ཁར་མཐུ་ཆེན་འགྲོ་བ་སྣད་བྱས་ནས་ཕར་འཐེན་པ་དང་། རྗེ་མོས་བཤོལ་བ་སྣད་བྱས་ནས་ཚུར་འཐེན་པས་བླ་མས་གཟིགས་ནས་ཁྱེད་གཉིས་ཅི་བྱེད་པ་ཡིན་ཟེར། མཐུ་ཆེན་འགྲོ་བ་ཡིན་ཟེར་བས་ངས་བཤོལ་བ་ཡིན་བྱས་ཀྱང་མ་གནང་། ཕྱིར་ནང་མ་ཚུད་པར་ཁྱོད་ང་ལ་ཞེ་སྡང་ངམ་གསུངས། བླ་མ་ལ་ཞེ་སྡང་བ་མེད་དེ། ང་རང་ལས་ངན་གྱི་བསྒྲིབས་པས་ཆོས་ཀྱི་སྐལ་བ་མེད་པ་རེད་སྙམ་ནས་མཚན་ཐོག་ཐག་ཏུ་མཆི་མ་བྱུང་ཞུས་པས། ཁྱོད་ཀྱིས་ང་ལ་དུ་ཤག་འདེབས་པའི་ཡུས་ཅི་ཡོད་གསུངས་ནས་ཕྱག་མཁར་གཅིག་རྒྱབ་ནས་སྐོར་ཐུད་དོ། །

དེ་ནས་ཇོ་མོ་ན་རེ། བླ་མས་ང་ཡིས་རྒྱ་གར་ནས་བླངས་པའི་ཆོས་འདི་རྣམས་སེམས་ཅན་ལ་ཕན་ཐོགས་སུ་རེ་བ་ཡིན་གསུངས་ཞིང་། སོ་སོའི་དབང་པོ་དང་མཚམས་པར་ཐམས་ཅད་ལ་གནང་སྟེ། ཁྱེད་ཀྱིས་ཞབས་ཏོག་འདི་ཙམ་གཅིག་བྱས་ཀྱང་མི་གནང་བ་ཅི་ཡིན་མི་ཤེས་པས། ད་དུང་ཡི་མ་ཆད་ལ་གཞུག་བསྒྲིང་དང་། ངས་ཀྱང་ཞུ་བ་བྱེད་པས་གནང་བ་ཡིན་གསུངས་ཤིང་། ཁོང་རང་གིས་ཕྱག་རྒྱ་ཆེན་པོའི་གདམས་པ་གཅིག་གནང་བ་དེ་ཉམས་སུ་བླངས་པས་སེམས་ལ་ཤིན་ཏུ་འཁྲིད་པ་གཅིག་བྱུང་། སྙིང་རུས་དྲག་པོ་བསྐྱེད་དེ། ལོ་རེའི་ནང་མཁར་རྩིག་རེ་བརྩིགས་པས། རྩིག་བདུན་ཐོན་ནས་ཡོད་པའི་དུས་སུ། རེས་གཅིག་གི་ཚེ་ངོ་ལ་གྱི་མཚུར་སྟོན་དབང་དེ་དཔོན་སློབ་རྣམས་ཀྱིས་འབུལ་བ་ཆེན་པོ་བཟུང་ནས། བདེ་མཆོག་གི་དབང་ཞུ་བ་ལ་བྱུང་བ་དང་། ཇོ་མོས་ད་ཡང་ཁྱེད་ཀྱི་དབང་ཡི་ཐོབ་གསུངས་ནས། གཡུ་བཟང་པོ་གཅིག་བཟུང་ནས་མཐུ་ཆེན་ཡར་ཁྱེར་ཅིང་གཡུ་བླ་མའི་ཕྱག་ཏུ་བཏང་ནས། འདི་མཐུ་ཆེན་གྱི་འབུལ་བ་ཡིན་པས། ད་ལན་ཅིས་ཀྱང་དབང་བསྐུར་གནང་དགོས་ཞུས་པས། གཡུ་རང་གི་ཡིན། ཁོ་རང་གི་ལུས་ངག་ཡིད་གསུམ་ངས་དབང་བ་ཡིན་སྟེ། ང་ཡི་རྒྱུའི་ཁོ་ཡི་འབུལ་བ་མི་འོང་། ཁོ་ལ་ཡོད་ན་ཁྱེར་ཤོག་གསུངས་པས། ཇོ་མོས་གཡུ་ཁྱེད་ཀྱི་མིན། ང་རང་ལ་མས་བསྐུར་ནས། བླ་མ་ཐུགས་ཤིན་ཏུ་གཏུམ་སྟེ། ཁྱོད་དང་ཡང་ལྷན་དུ་འཁྲིད་ངེས་མེད་པས། འདི་ཙམ་གཅིག་ཉིད་དུ་དགོས་པ་ཡིན། གལ་ཏེ་འཁྲིད་ཀྱང་བླ་མ་ཟས་ཟློག་ལ་གནག་པས། གྲྭ་སློབ་ཡང་མི་འཁོར་ཞིང་གདམ་ངན་ཕོག་སྟེ། འདི་ལྐོག་ཏུ་ཆོང་ལ་ཐབས་ཀ་གྱིས་ཟེར་བའི་ཆ་ཡོད་ཀྱང་། ཤུད་ཁེ་ཐ་བ་ཅན་ལ་སོགས་མང་པོ་གཅིག་གིས་ཁྱེད་ཆོས་མི་གནང་ན་ང་རང་གི་གཡུ་ཕྱིར་གཏོད་ཞུས་པས། གཡུ་ཁྱོད་ཅི་ལ་དབང་སྟེ། ཁྱོད་ལ་བདག་པོ་ང་བས་མེད། གཡུ་ངས་མི་དབང་ཟེར་བ་གར་ཆོང་གསུངས་ནས། ཕྱག་མཁར་གཅིག་བརྒྱབ་པས་ཁོང་གཉིས་ཕྱིར་བྲོས་ནས་སོང་། དེར་ཇོ་མོ་ན་རེ། ནཱ་རོ་མེ་ཏྲི་ཡང་ཆོས་བཅུ་ལ་ཐུགས་དམ་གཙོ་བོར་བཟུང་ཟེར་ནས། ཁོང་ཡང་ཆོས་བཅུའི་མཆོད་པ་ལ་བརྩོན་པས་དེའི་དུས་སུ་ཐབས་གཅིག་ཡོད་ཟེར། དེར་ཆོས་བཅུའི་མཆོད་པ་བྱས་པའི་རྗེས་སུ་ཆང་གཅིག་གིས་གཅིག་བསྒྲིང་བྱས་ནས་མང་དུ་ཞུས་པ་ལ། བླ་མ་བད་ནས་གཟིམས་པའི་ཚེ། ཏཻ་ལོ་ནཱ་རོའི་དབུ་སྐྲ་དང་ན་བཟའ་དུམ་བུ། དམ་རྫས་ཀྱི་བདུད་རྩི་ཕྱག་ཕྲེང་གི་ཇོ་མ་རྣམས་ལས་ཅུང་ཟད་ཙམ་རེ་བླངས་ནས། འདི་རྣམས་ཁྱེར་ལ་ཇོག་ཅན་དུ་སོང་དང་། ཁོང་གིས་སྤྱོང་དག་ལན་གསུམ་བྱས་ནས་ཕུལ་བས་བླ་མའི་གདམས་པ་ཐམས་ཅད་ཁོང་ལ་ཡོད་ཞུས་གསུངས་ནས་བཏང་ངོ་། །ཕྱིར་ནང་

མཐུ་ཆེན་གར་སོང་གསུངས། འོ་སྐོལ་གྱིས་ཁྲེལ་མེད་བྱས་པས་ཆེ་མ་ཕྱེད་དེ། ཕྱོགས་མེད་དུ་སྦྲང་ནས་སོང་ཞུས་པས། ཨེ་ཨེ་གསུང་ནས་སྤྱན་ཟིམ་མེ་བཞུགས་ཏེ། ད་ལན་གཞན་དུ་མ་སོང་ཟིན་པོང་བུའི་རྣ་བ་བཞིན་དུ་རང་ལ་འཁོར་པ་གཅིག་ཏུ་འདུག་སྟེ། ལར་ཁྱོད་ཀྱང་ངས་ཅི་བསམ་མི་ཤེས་པར་རྩོམ་ལས་བྱེད་པ་གཅིག་གསུངས་སོ། །

དེ་ནས་མཐུ་ཆེན་རྫོག་གི་མདུན་དུ་ཕྱིན་པ་ལ། ཁྱོད་འོང་བ་ཤིན་ཏུ་ལེགས། འབོད་མི་གཏོང་བསམ་ཡང་མཁར་མ་ཚར་བར་མ་ཕོད་གསུངས། དེར་མཆོད་གནས་རྣམས་ཕྱག་རྟེན་བྱས་ཤིང་ལོ་རྒྱུས་ཞུས་པས། རྟེན་རྣམས་ང་རང་གི་དད་པས་བྱོན་པ་ཡིན་ཏེ། འོན་ཀྱང་གདན་དྲངས་པ་ངོ་མཚར་ཆེ། ད་ཅི་ནས་ཟེར་ན་བསུ་བ་ཆེན་པོ་དགོས་ཏེ་མ་བྱུང་། མཆོད་གཏོར་ཤོམ་གསུངས་ནས་ཚོགས་འཁོར་གཅིག་མཛད། དེ་ནས་ཕྱིར་ནང་དོལ་ཚོང་དུས་པའི་འོ་སྐོལ་གྱི་འབྲོག་ནོར་ཐམས་ཅད་དེད་ནས་སོང་། གཏད་མ་ཉན་པས་ད་ལན་འདི་ལ་ཅིས་ཀྱང་མཐུ་སེར་བ་བཏང་དགོས། གདམས་པ་ལ་ང་རང་ཤེས་ཡེ་གསུངས། དེར་གསུངས་མ་ཚོག་ནས་སེར་པ་ཕབ་པས། ལོ་ཏོག་རྣམས་རྡུལ་དུ་བརླགས་ནས་ཇག་པ་རྣམས་སྐྲག་ཅིང་། དེ་མ་ཐག་ཏུ་བཤགས་པའི་འབུལ་བ་དང་ནོར་རྣམས་དེད་ནས་འོང་བའི་ལམ་དུ་བྱ་བྱིལ་གྱི་རོ་ཤད་བུ་གང་བཟུང་བ་དང་། དེད་ཀྱི་རང་རེའི་ནོར་དེད་པ་ཡིན། འདི་རྣམས་ཀྱིས་ཅི་བྱས་ཟེར་བས། མཐུ་ཆེན་ལུས་ས་ལ་བརྡབ་ཅིང་བརྒྱལ་བ་ཙམ་དུ་བཤུམས་པས། བུ་དེ་ཙམ་བྱེད་མི་དགོས། ང་ལ་ནཱ་རོ་པཎ་ཆེན་གྱི་སྡིག་སྡུག་བྱ་བ་ཡོད་པ་ཡིན་གསུངས་ནས་སེ་གོལ་གཅིག་བརྡབ་པས་བྱིའུ་རོ་རྣམས་ནམ་མཁར་ཅིག་ཏེ་རེ་འཕུར་ཞིང་སོང་བ་ལ། མཐུ་ཆེན་ཡང་བློ་བདེ་ཞིང་ཇག་པ་རྣམས་ཀྱང་དད་པར་གྱུར་ཏོ། །

དེ་ནས་དེ་ནུབ་དགྱེས་པ་རྡོ་རྗེའི་དབང་བསྐུར་ཞིང་། ཕུག་གཅིག་ཡོད་པ་ལ་འདགས་ཆར་བྱས་ཏེ། བུག་པ་གཅིག་བཞག་ནས་བླ་མ་ཡང་བུག་པའི་སྒོ་ཁར་བྱོན་ནས་ཁྲིད་བསྟན་ཅིང་གདམས་པ་བཏབ། རྗེ་མོས་ཀྱང་བུག་པ་ཞབས་ཏོག་བྱས། ཕུག་དེ་ལ་དེང་སང་གི་བར་དུ་མི་ལ་ཕུག་ཅེས་གྲགས་སོ། །དེར་སྙིང་རུས་བསྐྱེད་ཅིང་བསྒོམ་ཡང་ཡོན་ཏན་གྱི་སྐྱེད་ཆེར་མ་བྱུང་བས་ཉིན་གཅིག་བླ་མའི་ཞལ་ནས། ཁོ་དེ་འོ་སྐོལ་གྱི་བརྒྱུད་པ་འདི་མོས་གུས་ཀྱི་ལམ་པ་ཁོ་ན་ཡིན་པས། བླ་མའི་བཀའ་བསྒྲུབས་ཤིང་མོས་གུས་ཆེན་པོའི་སྒོམ་ན་དམ་སེལ་བྱུང་ན་མིན་པ་དགེ་སྦྱོར་མི་སྐྱེ་མི་སྲིད་པས། འདིར་འོང་དུས་སུ་བླ་མའི་བཀའ་ཡོད་དམ་གསུངས། བླ་མའི་གསུང་མེད་རྗེ་མོའི་བཏང་ཞུས་པས

ཨེ་ཨེ་དེ་ཐང་ད་འོ་སློལ་གྱིས་བླ་མའི་བཀའ་བཙགས་པས་ཡོན་ཏན་མི་འོང་། བླ་མས་སྐུ་མཁར་ཚར་བའི་དཀའ་སྤྱོན་དུ་སློབ་མ་ཐམས་ཅད་ལ་ཁྲལ་བཀྱབ་ཅིང་ངེད་ལ་ལུག་ཚེར་མོ་བརྒྱ། སྣམ་ཕྲུག་བརྒྱ། ནས་ཡ་བརྒྱ། མར་ཐུད་རྒྱ་མ་བརྒྱ་སོགས་ཁྲེར་ཞོག་གསུངས་པ་གདའ་ཡང་ཕྱོགས་ཕྱོགས་ཀྱི་གྲྭ་སློབ་ཆེན་པོ་འཚོགས་པའི་ནང་དུ། དེ་དག་སྨད་པ་ཆེ་བས་ཞོལ་མོ་རྒན་མོ་དེ་མི་ཐོན་པས་བཞག་གཞན་ཐམས་ཅད་སྦྱོང་དག་བྱས་ནས་ཁྲེར། ཁྱོད་ཀྱིས་ཟང་དཀར་ལུང་བཞི་མ་འདི་བཟུང་ནས་འདག་ཆར་གྱི་སྔོ་སོལ་གསུངས། དེ་ནས་གསུངས་པ་ལྟར་བྱས་ཤིང་དཔོན་སློབ་བྱོན་པས་ལྷོ་བྲག་གི་མདར་ཕེབས་པ་དང་། མཐུ་ཆེན་སྔོན་དུ་སོང་ནས་ཇོ་མོ་དང་མཇལ་ཏེ། ལོ་རྒྱུས་ཞུས་པས་གཞན་གང་བས་ཀྱང་ཁྱོད་ཕྱིན་པ་དགའ་གསུང་ཞིང་མྱེས་ཆེན་པོ་མཛད་དེ། བླ་མའི་མདུན་དུ་ཞུས་གསུངས། བླ་མའི་མདུན་དུ་ཕྱག་འཚལ་ནས། རྫོག་གཞུང་པས་འབུལ་བ་ཆེན་པོ་དེད་ནས་འབྱོན་ཞིང་ཡོད་པས་བསུ་བ་ཅིག་ཨེ་འཐད་ཞུས་པས། ང་རྒྱ་གར་ནས་ཆེ་གཅིག་ལ་སངས་རྒྱས་པའི་གདམས་ངག་རྒྱུད་སྡེ་ཟབ་མོ་གདན་དྲངས་པས་བསུ་བ་བྱེད་མི་མ་བྱུང་། ཁོས་དུད་འགྲོ་འདྲེད་ནས་འོང་བ་ལ་བསུ་བ་མི་འཕྲོད་གསུངས་ཏེ། ཇོ་མོ་ལ་དེ་ལྟར་བྱས་པས་མི་རུང་། བླ་མའི་མཛད་སྤྱོད་ཡང་འདི་ཀ་རང་ཡིན། རྫོག་ལྷ་བུའི་མི་ཆེན་ལ་བསུ་བ་ལོས་དགོས་གསུངས་ཏེ། ཇོ་མོ་རང་གིས་སྦྱོས་ཕོར་བཟུང་ནས་བསུ་བ་ཆེན་པོ་མཛད་དེ། དེར་ཕྱོགས་ཀྱི་བུ་ཆེན་རྣམས་བྱོན་པའི་སྐྱ་ལེན་ལ་ཚོགས་ཀྱི་འཁོར་ལོ་བསྐོར་ཞིང་དབང་བསྐུར་ཡང་གནང་།

ཡང་རྫོག་ལ་མཐུ་ཆེན་ཁྱོད་ཅན་དུ་སོང་བ་ལ་གདམས་པ་ཨེ་བྱིན་གསུངས། དབུ་སྐྲ་ལ་སོགས་མཆོད་གནས་རྣམས་ལ་བསྐུར་བྱུང་བས་བྱིན་ལགས་ཞུས། ཇོ་མོས་དེ་ང་ལེན་ཟེར་ང་ལ་འདི་འཚོས་ཀྱ་བྱས་གསུངས་ནས་ཇོ་མོ་ལ་སྦྲ་ལྷུགས་བརྒྱབ། མཐུ་ཆེན་གྱིས་བླ་མ་ཡབ་སྲས་ལ་སངས་རྒྱས་ཀྱི་འདུ་ཤེས་སྐྱེས་ནས། ཕྱིར་ནང་དཀའ་སྤྱོན་ཆེན་པོ་མཛད་པའི་གྲལ་དུ། བླ་མའི་ཞལ་ནས། ན་མོ་བླ་མ་བཀའ་དྲིན་ཅན་ལ་གསོལ་བ་འདེབས། །ཞེས་སོགས་བཀྲ་ཤིས་ཀྱི་མགུར་གསུངས་ཀྱང་རྫོག་གི་སྐན་དྲིལ་གནང་དགོས་ཞུས་པས། ཁྱོད་ཀྱང་ནོར་གྱི་ཕྱི་མོ་དེ་བཞག་འདུག །ངས་ཀྱང་སྐན་དྲིལ་ཆོས་ཀྱི་ཕྱི་མོ་ཡིན་པས་དེ་བཞག་གོ་གསུངས། དེར་ཞོལ་མོ་ཐག་དྲྭ་བྱས་ནས་ཕྱིན་པས། ང་ལ་དེའི་དགོས་པ་མེད་དེ་ཆོས་ཀྱི་ཆེ་བ་ཡིན། ཆོས་ཀྱི་ཆེ་བ་མེད་ན་ཤི་བའི་རོ་དང་འདྲ་བས་གོ་བར་མཛོད། ལར་འཇིག་རྟེན་བློའི་བཏང་བའི་མི་ལས་འབྱུང་བ་ལེན་དུ་མི་རུང་ཉམས་སུ་བླང་ན་དེ་གས་ཆོག །

དངོས་པོ་ཆོས་ལ་གཏོང་མི་ནུས་པའི་མིའི་དམ་པའི་ཆོས་མི་བྱེད། ཚེ་འདིའི་མིག་བྲིད་པའི་མི་ལ་བསྟན་དུ་མི་རུང་། ཁྱོད་ལྷ་བུ་རེ་རེ་ནི་བསྐལ་པ་དུ་མ་ནས་ཚོགས་བསགས་པའི་སྐལ་ལྡན་ཡིན་པས། གཞན་ལ་དེ་བཞིན་དུ་མི་གཏུབ་གསུངས་ཏེ། བསྙེན་ནས་སྙན་དྲིལ་བཏོན་ཞིང་གནང་སྟེ་མཉེས་པར་མཛད་དོ། །

དེ་ནས་མཐུ་ཆེན་གྱིས་ཟངས་ཞུལ་བ་ལ་དགྱེས་ཏེ། སྦྲ་བེར་བརྒྱབ་ཅིང་རྟེན་འབྲེལ་བཟང་ཆེ་རྒྱུ་མེད་དེ་རང་ལ་གནོགས། ནང་གཙང་བས་དམ་ཚིག་གཙང་ཞིང་སྙོད་དང་ལྡན། མདོག་དམར་བས་མཁའ་འགྲོ་འདུ་ཞིང་གདམས་པ་ཟབ་མོ་འཐོབ། ཕྱི་ནག་པས་འཕྲུལ་སྡུག་དཀའ་བ་སྤྱད་དགོས། ནང་ན་ནས་འབྲུ་གསུམ་བླུག་པས་ལྷོ་བ་གསེར་རི་བ་འབྱུང་། ལུང་བཞི་ཡོད་པས་རྒྱུ་མཚན་བཞི་འོངས། རྒྱུ་བཟང་བས་བརྒྱུད་པ་ཇི་བཟང་ལ་འགྲོ། སྐད་སྙན་པས་སྙན་པ་ཆེ་གསུངས། དེ་ནས་མཐུ་ཆེན་ལ་དགེ་བསྙེན་གྱི་སྡོམ་པ་གནང་ཞིང་། མཚན་ རྡོ་རྗེ་རྒྱལ་མཚན་དུ་བར་བཏགས། བདེ་མཆོག་ལ་སོགས་པའི་དབང་བསྐུར་བས། བླ་མ་འཁོར་ལོ་བདེ་མཆོག་དངོས་སུ་ཞལ་གཟིགས། ད་ཡང་མཐུ་ཆེན་དེད་གཉིས་མཚམས་ལ་འདུག་དགོས་གསུངས་ནས་སྐུ་མཚམས་མཛད་ཅིང་། སྙན་བརྒྱུད་ཆོས་དྲུག་ཕྱག་རྒྱ་ཆེན་པོ། རིམ་ལྔའི་དམར་ཁྲིད། བསྲེ་འཕོ་སྐོར་གསུམ་ལ་སོགས་གདམས་པ་ཐམས་ཅད་བུམ་པ་གང་བྱོའི་ཚུལ་དུ་གནང་ཞིང་ཁྱོད་ལ་བྱིན་དང་གཞན་ལ་བྱིན། གལ་ཏེ་སྲུང་ལ་གཞལ་ཡོད་ན། སུམ་འགྱུར་བས་ཀྱང་མི་ལྷག་སྟེ། གསུང་ཞིང་ད་ཡང་གདམས་པ་ཐམས་ཅད་རྫོགས་པར་ཐོབ་པ་ཡིན་པས། ལྷོ་བྲག་སྟག་ཉའི་ཕུག་ཏུ་སོང་ལ་སྒོམས་གསུངས། དེར་སོང་ནས་བསྒོམས་པས་ཡོན་ཏན་ཐམས་ཅད་རྒྱུད་ལ་སྐྱེས་ནས་ཡོད་པའི་ཚེ། མཁའ་འགྲོ་མའི་ལུང་བསྟན་བྱུང་ཞིང་བླ་མའི་མདུན་དུ་སོང་སྟེ། རང་ལ་བདེ་མ་བདེ་བྱུང་ཞིང་འདོད་ཆོས་ཀྱི་བྱེ་བྲག་མང་དུ་ཞུས་པས་ཐམས་ཅད་རྫོགས་པར་གནང་ཞིང་མགུར་གསུངས་པ།

ན་མོ་བཀའ་བརྒྱུད་གོང་མའི་རྣམ་ཐར་འདི། །བསམ་པ་དེ་གདམས་ངག་དེ་ཀ་ཉིད། །མང་པོ་འཐོབ་འདོད་གཡེང་བའི་རྒྱུ། །གནད་ཀྱི་གསུངས་ངག་སྙིང་ལ་ཚོངས། །ཞེས་སོགས་ནས། ང་དང་གདམས་ངག་ཁྱོད་དང་གསུམ། །མ་རུལ་མ་སད་མ་སྐམ་པར། བུ་ཡི་ལག་ཏུ་བཞག་པ་འདིས། །འབྲས་བུ་ལོ་འདབ་རྒྱས་པར་ཤོག །ཅེས་གསུངས་ཏེ། ངཡི་གདམས་ངག་འདི་སྙོད་ལྡན་གྱི་སློབ་མ་མིན་པ་ལ་སྦྱིན་དུ་མི་རུང་བས། གང་ཡིན་པ་ལ་མ་སྦྱིན་ཅིག་གསུངས་ནས་བཀའ་རྒྱས་བཏབ་བོ། །དེ་

ནས་ཇོ་མོ་བདག་མེད་མས་ཀྱང་ཁོང་རང་ལ་མངའ་བའི་གདམས་པ་རྣམས་གནང་ཞིང་། མི་རྟག་པའི་ཉམས་མང་པོ་མཛད་ནས། མགུར་འདི་གསུངས་སོ། ཁྱོད་སྙིང་རུས་ཅན་གྱི་སྟུག་བསྲན་ཅན། ཞེས་སོགས་གསུངས་པས་མི་ལ་ཡང་ཤིན་ཏུ་དགའ་སྟེ། བླ་མ་དང་ཇོ་མོས་ཐུགས་ལ་བཏགས་ཤིང་གདམས་ངག་ཐམས་ཅད་རྫོགས་པར་ཆར་བས། ད་ཡང་ཡར་ལ་འགྲོ་ཞུས་པས། མགུར་ལ་སྟ་བ་གཙང་ལ་ཡར་འགྲོའི་མགུར་འདི་ཕུལ། རྗེ་མི་བསྐྱོད་ཀྱི་ངོ་བོ་ལྷོ་བྲག་པ། །ཞེས་སོགས་མགུར་དུ་ཞུས་པས། བླ་མའི་ཞལ་ནས། རྗེ་བླ་མའི་སྐུ་ལ་གསོལ་བ་འདེབས། །ཞེས་སོགས་ནས། མི་ལ་རས་པའི་སྙིང་རུས་ལ། །སངས་རྒྱས་བསྟན་པའི་སྲོག་ཤིང་ཡོད། །ཅེས་སོགས་སྨོན་ལམ་གྱི་མགུར་གསུངས་ཏེ། ད་ཁྱོད་ཞག་ཁ་ཡར་མ་འགྲོ་དང་། ན་ནིང་ཇོ་སྲས་མདོ་སྡེ་འདས་པའི་དུས་མཆོད་ཅིག་ཡང་བྱེད་ཅིང་། ངས་རྟེན་འབྲེལ་ཟབ་མོ་སྒྲིག་རྒྱུ་ཡོད་གསུངས། དེ་ནས་གྲྭ་སློབ་ཐམས་ཅད་མདོ་སྡེའི་དུས་མཆོད་ཚོགས་ཏེ། ཚོགས་ཀྱི་འཁོར་ལོ་བསྐོར་བའི་ཚོགས་གྲལ་དུ། མཐུ་ཆེན་གྱི་ཕྱག་ཕུལ་ཏེ་ཞུས་པ། ཇོ་སྲས་འགྲན་ཟླ་མེད་པ་འདི་རེད་གདུལ་བྱའི་བསོད་ནམས་ཀྱིས་མ་དབང་། ད་ཡང་ཆོས་རྒྱུད་འདི་འཛིན་པའི་སློབ་མ་ཅི་ལྟ་བུ་འབྱུང་། མཐའ་གང་དུ་དར་རྒྱས་འོང་ཞུས་པས། ངས་ཀྱང་ནུབ་མོ་རྨི་ལམ་བརྟག་ནས་ནང་པར་ཆོས་ཀྱིས་ཕས་ཕོག་བྱེད་གསུངས།

དེ་ནས་ཕྱིར་ནང་ཐམས་ཅད་དགའ་སྟོན་ལ་འཚོགས་པའི་སར། རྨི་ལམ་གྱི་མགུར། ཀ་བཞི་སེང་ཆེན་གསུང་ཞིང་ཆོས་ཀྱི་ཕས་ཕོག་མཛད་པ་ནི། ཤར་དུ་ཀ་ཆེན་གཅིག་བཙུགས་པ་རྨིས། །ཀ་ཐོག་ཏུ་སེང་ཆེན་གཅིག་འགྲིང་བ་རྨིས། །སེང་གཡུ་རལ་གྲྭ་རྒྱས་པ་རྨིས། །སེང་གངས་དཀར་གྱི་ལྟེངས་སུ་འཕྱོ་བ་རྨིས། །ཤར་རྨི་ལམ་མི་ངན་རྨི་ལམ་བཟང་། །ལྷོ་རུ་ཀ་ཆེན་གཅིག་བཙུགས་པ་རྨིས། །ཀ་ཐོག་ཏུ་སྟག་མོ་ངར་བ་རྨིས། །སྟག་འཛུམ་དྲུག་མཐའ་ནས་རྒྱས་པ་རྨིས། །ཁོང་འཛུམ་ལན་གསུམ་བྱས་པ་རྨིས། །ནགས་མའི་གསེབ་ཏུ་འཕྱོ་བ་རྨིས། །ཐང་ཤིང་གི་རྒྱུད་ལ་འབྲེལ་བ་རྨིས། །ལྷོ་རྨི་ལམ་མི་ངན་རྨི་ལམ་བཟང་། །ནུབ་ཏུ་ཀ་ཆེན་གཅིག་བཙུགས་པ་རྨིས། །ཀ་ཐོག་ཏུ་ཁྱུང་ཆེན་གཅིག་བབས་པ་རྨིས། །ཁྱུང་རྩེ་སྒྲོ་གྲྭ་རྒྱས་པ་རྨིས། །བྱ་སྤྱི་གནམ་དུ་གཟེང་བ་རྨིས། །བྱ་མིག་ཕྱིན་ལ་ལྟ་བ་རྨིས། །ནུབ་རྨི་ལམ་མི་ངན་རྨི་ལམ་བཟང་། །བྱང་དུ་ཀ་ཆེན་གཅིག་བཙུགས་པ་རྨིས། །ཀ་ཐོག་ཏུ་རྒོད་པོ་གཅིག་བབས་པ་རྨིས། །རྒོད་རྩེ་སྒྲོ་གྲྭ་རྒྱས་པ་རྨིས། །བྱ་ཚང་བྲག་ལ་བཅས་པ་རྨིས། །བྱ་དེ་ལ་བུ་གཅིག་སྐྱེས་པ་རྨིས། །བྱ་ཕྲན་གྱི་ནམ་མཁའ་གང་བ་རྨིས། །བྱང་རྨི་ལམ་མི་ངན་རྨི་ལམ་བཟང་། །

ངས་སྨོན་ཆད་དབྱངས་ལ་བསྒྱུར་མ་མྱོང་། །ད་ལན་གྱི་ཚིག་འདི་གསལ་གཅིག་འདེབས། །ཉི་མ་ཤར་དུ་ཀ་ཆེན་བཅུགས་པ་དེ། །དོལ་གྱི་མཚུར་སྟོན་དབང་ངེ་ཡིན། །ཀ་ཐོག་ཏུ་སེང་གེ་འཁྱིང་བ་དེ། །ཁོང་མི་གཞི་སེང་དང་འདྲ་བ་ཡིན། །གཡུ་རལ་གྲྭ་རུ་རྒྱས་པ་དེ། །བླ་མའི་གདམས་ངག་གོ་བ་ཡིན། །སེང་གངས་དཀར་གྱི་ལྟོངས་སུ་འགྲོ་བ་དེ། །གདམས་ངག་གི་བརྒྱུད་པ་ཟིན་པའི་རྟགས། །ཤར་སྨི་ལམ་བཟང་བ་དེ་ལྟར་ལགས། །ཉི་མ་ལྷོ་རུ་ཀ་ཆེན་གཅིག་བཙུགས་པ་དེ། །གཞུང་གི་རྟོག་སྟོན་ཆོས་རྗེར་ལགས། །ཀ་ཐོག་ཏུ་སྟག་མོ་ངར་བ་དེ། །ཁོང་མི་གཞི་སྟག་དང་འདྲ་བའི་རྟགས། །སྟག་འཛུམ་དྲུག་མཐའ་ནས་རྒྱས་པ་དེ། །བླ་མའི་གདམས་ངག་གོ་བ་ལགས། །ཁོང་འཛུམ་ཐེངས་གསུམ་བྱས་པ་དེ། །བཤད་རྒྱུད་ཀྱི་བསྟན་པ་དར་བའི་རྟགས། །སྟག་ནགས་མའི་གསེབ་དུ་འགྲོ་བ་དེ། །ཚེ་གཅིག་གི་གྲུབ་པ་བརྙེས་པའི་རྟགས། །ཐང་ཤིང་གི་རྒྱུད་ལ་འཁྲིལ་བ་དེ། །བུ་ཚ་བོའི་བརྒྱུད་པ་འཛིན་པའི་རྟགས། །ལྷོ་སྨི་ལམ་བཟང་བ་དེ་ལྟར་ལགས། །ཉི་མ་ནུབ་ཏུ་ཀ་ཆེན་གཅིག་བཙུགས་པ་དེ། །གཙང་རོང་གི་མེས་སྟོན་ཆེན་པོ་ཡིན། །ཀ་ཐོག་ཏུ་ཁྱུང་ཆེན་ལྡིང་བ་དེ། །ཁོང་མི་གཞི་ཁྱུང་དང་འདྲ་བ་ལགས། །ཁྱུང་རྩེ་སྒྲོ་གྲྭ་རུ་རྒྱས་པ་དེ། །བླ་མའི་གདམས་ངག་གོ་བ་ལགས། །བྱ་སྤྱི་གནམ་དུ་གཟེང་བ་དེ། །གདམས་ངག་གི་བརྒྱུད་པ་ཟིན་པའི་རྟགས། །བྱ་མིག་གྱེན་ལ་བལྟས་པ་དེ། །འཁོར་བ་ལ་ཕྱི་ཕྱག་འཚལ་བའི་རྟགས། །ནུབ་སྨི་ལམ་བཟང་བ་དེ་ལྟར་ལགས། །ཉི་མ་བྱང་དུ་ཀ་ཆེན་བཙུགས་པ་དེ། །ཁྱོད་གུང་ཐང་གི་མི་ལ་རས་པ་ཡིན། །ཀ་ཐོག་ཏུ་རྒོད་པོ་བབས་པ་དེ། །ཁྱོད་མི་གཞི་རྒོད་དང་འདྲ་བ་ཡིན། །རྒོད་རྩེ་སྒྲོ་གྲྭ་རུ་རྒྱས་པ་དེ། །བླ་མའི་གདམས་ངག་གོ་བ་ལགས། །བྱ་ཚང་བྲག་ལ་བཅས་པ་དེ། །ཚེ་སྒྲོག་བྲག་ལས་སྲ་བའི་རྟགས། །བྱ་དེ་ལ་བུ་གཅིག་སྐྱེས་པ་དེ། །འགྲན་གྱི་དོ་མེད་གཅིག་འབྱོན་པའི་རྟགས། །བྱ་བྲན་གྱིས་ནམ་མཁའ་གང་བ་དེ། །བཀའ་བརྒྱུད་ཀྱི་བསྟན་པ་དར་བའི་རྟགས། །བྱང་སྨི་ལམ་བཟང་བ་དེ་ལྟར་ལགས། །ང་མི་རྒན་གྱི་ཁ་ལ་གཏད་ཡོད་ན། །ཆོས་སྒྲུབ་རྒྱུད་ཀྱི་བསྟན་པ་དར་སྙེ་མཆིས། །ཞེས་གསུང་ཞིང་།

ཡང་གཞུང་གི་རྟོག་སྟོན་ཆོས་རྗེ་ར་ཁྱོད། བཤད་རྒྱུད་ཆུ་བོའི་གཞུང་འདྲ་བས། རང་གཞན་གཉིས་ཀྱི་དོན་གྱིས་ཤིག །དོལ་གྱི་ཚུལ་སྟོན་དབང་ངེ་ཁྱོད། འཕོ་བ་སྐར་མཐོང་ཁ་ཕྱེས་པ་ལྟ་བུའི་རང་གཞན་སྨིན་པར་གྱིས། གཙང་གི་མེས་སྟོན་ཆེན་པོ་ཁྱོད། འོད་གསལ་བུམ་ནང་གི་མར་མེ་འདྲ་བས་རང་གཞན་སྨིན་པར་གྱིས། རྗེ་བཙུན་གྱི་ཐུགས་ཀར་ཕྱག་མཁར་གཏད་དེ། གཏུམ་མོ་སྦྱོང་སྐམ

ལ་མི་ཤོར་བ་འདྲ་བས་རང་གཞན་སྨིན་པར་གྱིས། ཡར་མཁར་གྱིས་ཁོ་བོ་ལ་དགོས་པ་མེད་དེ། ཁྱོད་ཀྱི་སྒྲིབ་པ་སྦྱོང་ཞིང་ཞི་རྒྱས་དབང་དྲག་གི་འཕྲིན་ལས་འགྲུབ་པའི་དོན་ཡིན་པས། རྫོགས་པར་བརྩིགས་ན་སྡིག་སྒྲིབ་ཐམས་ཅད་འདག་ཅིང་དེ་ཉིད་དུ་གྲོལ་བ་ཡིན་ཏེ་དེ་ལྟར་མ་བྱུང་། དགངས་ཁྲིད་འཁྲིམས་ཤིང་སྒྲུབ་པ་ལ་བརྩོན་པར་གྱིས་དང་མྱུར་དུ་གྲོལ་བར་འགྱུར་རོ། །ཡར་དེ་དག་གི་དོན་ཡང་ང་ལ་རྗེ་བཙུན་ནཱ་རོ་པའི་ཞལ་ནས། རིགས་རྒྱུད་ནམ་མཁའི་མེ་ཏོག་ཡལ། །ཆོས་རྒྱུད་ཆུ་བོའི་གཞུང་བཞིན་འགྱུར། །ཞེས་གསུངས་པས་གོ་བར་མཛོད་ཅིག །

དེ་ནས་བླ་མ་ཡབ་ཡུམ་ལ་སོགས་དཔོན་སློབ་མང་པོས་རྗེ་བཙུན་སྤ་དྲོ་གཅིག་གི་ལམ་དུ་བསྐྱལ་ནས། བླ་མས་རྗེ་བཙུན་གྱི་ཕྱག་ལ་འཇུས་ནས། རྒྱ་གར་ནས་ལུས་མེད་མཁའ་འགྲོའི་ཆོས་དགུ་ཡོད་པའི་བཞི་ངས་བླངས་ཡོད། ད་ལྟ་པོ་དེ་ཁྱོད་ཀྱིས་ཨོ་ལོན་ལྟོས། བདེ་མ་བདེའི་ཐེ་ཚོམ་བྱུང་ན་ཤོག་དྲིལ་འདི་ལ་ལྟོས་དང་ཁོ་བོ་ཡང་ཡང་དྲན་པར་གྱིས་དང་། བླ་མས་ཁོ་བོ་ལ་ལུང་བསྟན་པའི་བརྒྱུད་འཛིན་དམ་པ་ཡིན་གསུངས་ཤིང་སྨོན་ལམ་མང་དུ་བཏབ་བོ། །

དེ་ནས་རྗེ་བཙུན་བྱོན་ཞིང་ཡུལ་དུ་ཕྱིན་པ་ལ། ཁང་པ་འཇིག་ཞིང་རྩྭ་སྐྱེས། དཀོན་མཆོག་བརྩེགས་པ་ཡང་ཞལ་ཆེར་རུལ། ཞིང་རྣམས་ཀུང་འཇག་མས་གང་། སྲིང་མོ་ཡང་སྤྲང་དུ་སོང་། དེར་ཡང་ནུབ་མོ་གཟིམས་པས་ཐུགས་ཤིན་ཏུ་སྐྱོ་བ་སྐྱེས་ཏེ། ཀྱཻ་མ་མི་རྟག་སྙིང་པོ་མེད། ཅེས་སོགས་མགུར་གསུངས་སོ། །

དེ་ནས་སྟར་གྱི་སློབ་དཔོན་རྙིང་མ་བ་དེ་ཅན་དུ་སོང་བས། ཁོང་དགའ་ཞིང་ཞབས་ཏོག་བྱས་ནས་གླེང་བསླངས་ཞིབ་ཏུ་བྱས་པ་ལ། རྗེ་བཙུན་གྱིས་མི་རྟག་པའི་མགུར་མཛད་པས་ཁོང་ན་རེ། དེ་བཞིན་ཡིན་ན་གོ་བཅད། ད་ཡང་ཨ་ནེ་ཕུན་འབྲོག་དང་འཛོམས་སར་ཡོད་གསུངས་ནས། དེར་སོང་སྟེ་ཨ་ནེ་ལ་ལོ་རྒྱུས་བྱས་པས། སྤྲང་པོ་བླ་བཙོང་ཟེར་ཞིང་སྦྲ་ཡི་ཀ་བ་ཕབ་ནས་བཏང་བས། ཡུལ་ངན་རྩ་རྫའི་ཀོ་རོན་དུ། །གཉེན་འདུན་དགྲར་ལང་མ་སྨད་གསུམ། །ཞེས་སོགས་མགུར་གསུངས་པས་མོ་ཡང་ཅུང་ཞིག་སྐྱེངས་ཏེ། ཁྱོད་ཀྱིས་ཐམས་ཅད་ཕུང་བས་སྣ་ལེན་བཟུང་ན་ཐམས་ཅད་ཞེ་སྡང་སྡེ་ཞིང་དེ་ང་ལ་བྱིན་དང་དེའི་རིན་ཕྲན་ཚག་གཅིག་སྤྲད་ཟེར། དེ་ནས་གུང་ཐང་གི་ཕུག་ཅིག་ཏུ་བསྡད་ནས་བསྒོམས་པས། ཉིན་གཅིག་ཕྱི་དུམ་པ་གཅིག་བཟུང་ནས་འདི་རིན་རྙིང་ཡིན། ད་ནས་འདིར་མ་འདུག་གཞན་དུ་སོང་ཟེར་རོ། །

དེ་ནས་རག་མ་བྱང་ཆུབ་ནམ་མཁའི་རྫོང་དུ་སོང་ནས་བསྒོམས་པས། ཐུབ་གཅིག་རྨི་ལམ་དུ་ཞིང་ཐ་བ་སྲ་མོ་གཅིག་ལ་ཆུ་སྐྱེས་ཤིང་རྨོས་པས་ཐུལ་སྐེ། བསྒོམ་པ་ཡང་དེ་དང་འདྲ་ཞིང་སྙིང་རུས་དགོས་པར་གོ་ནས་མགུར་མཛད་དེ། འབྱུངས་ནས་སྒོམ་པས་ཉིན་གཅིག་ཨ་ནེའི་ཕྲུ་དང་ཐུད་གཅིག་བཟུང་ནས། ད་ཕྱིན་ཆད་ཞིང་ལ་གཏམ་དུ་མེད་པའི་ཡི་གེ་གཅིག་དགོས་ཟེར་བས། སྐྱོ་བ་དྲག་པོ་སྐྱེས་ནས་མགུར་མང་དུ་མཛད་ཅིང་ལོ་གཅིག་སྒོམ། དེ་ནས་བྲག་དཀར་སྤོ་མཐོན་ནམ་མཁའི་རྫོང་དུ་སོང་ནས་ཟ་མེད་ཚྭ་མེད་གསོལ་ཞིང་སྒོམ་པས་ལུས་ཐམས་ཅད་ཀྱང་རིད་ཅིང་སྐམ་ཏེ་ཟྭའི་མདོག་བཞིན་སོང་བས། དེའི་དུས་སུ་གོས་མེད་པས་སྤྲང་པོ་གཅིག་ཤི་བའི་ཐུལ་རྐོད་གཅིག་གོན་པ་ཡང་ཟད། ཉིན་གཅིག་མི་མང་པོ་སྒྲོ་འཚོལ་དུ་ཕྱིན་པས་རིག་སྐྱེ་འདྲེ་རེད་ཟེར་ཞིང་བྲོས་ནས་སོང་། ང་འདི་བཞིན་ཡིན་བྱས་པས་རྒྱང་དུ་བསྡད་ནས་བླའོ་བྱས། དེ་ནས་ཞག་འགའ་ནས་སྒྲོ་འཚོལ་མི་མང་པོ་བྱུང་བས་ཙམ་པ་གཅིག་བྱིན་པས་དེ་ལ་ཟྭ་ཚོད་ཀྱི་ཐལ་བྱས་ཤིང་སྒོམ་པས། དེར་ཡུལ་དུ་སྒྲོ་འཚོལ་རྣམས་ཀྱིས་རྗེ་བཙུན་གྱི་ལོ་རྒྱུས་བྱས་པ་པེ་ཏས་ཚོར་ནས་འཚོལ་དུ་སོང་སྟེ། རྗེ་བཙུན་དང་མཇལ་ནས་སྐུ་ལུས་མཐོང་བས་ཡི་མུག་སྟེ་མང་དུ་ངུས། དེ་ནས་བླའོ་ཞིབ་ཏུ་བྱས་ཞིང་ཟ་ཚོད་བཀོལ་བས་ཚྭ་དང་ཐལ་ཡབ་གང་ཡང་མེད་པས་པེ་ཏ་ནི་ཁམས་ལོགས། རྗེ་བཙུན་གྱིས་ཞིམ་བཞད་མཛད་ནས་གསོལ། ད་འདིར་ཤི་བཙུག་པས་མི་འོངས་བསོད་སྙོམས་ལ་སོང་ཟེར་བས། ང་སྡིག་པ་ཡང་ཆེ་བས་དགེ་སྦྱོར་གཅིག་ཨེ་ཡོང་བསམས་པས་མི་འགྲོ་གསུངས། དེར་པེ་ཏ་སོང་ནས་ཁྲི་སྒྲུ་ར་བལ་གང་རྙེད་བསྡུས་ནས་སྣམ་བུ་སྲེའོ་གཅིག་ཐོན་པ་དང་། སྔོན་མོ་བ་འགའ་ཞིག་ཏུ་བསྲུས་པས་ཆང་སྤྲང་ཟོ་གང་དང་ཤ་ཟན་ལ་སོགས་ཤད་ཕུ་གང་རྙེད་པ་ཁུར་ནས་སོང་སྟེ། སྣམ་བུ་འདི་ལ་ན་བཟའ་གཅིག་མཛོད། དགེ་བཤེས་པ་རི་བ་ལ་སོགས་གཞན་གྱི་ཆོས་དེས་བདག་གཞན་སྐྱིད་པ་གཅིག་གདའ། མིང་པོ་ཁྱོད་ཀྱི་ཆོས་དེས་མི་ཚེ་སྡུག་ལ་བསྐྱལ་བས་ཅི་འདྲ་ཟེར་ཞིང་། དེ་ནས་བཙོན་འགྲུས་དྲག་པོ་བསྐྱེད་ནས་བསྒོམས་པས་བདེ་དྲོད་ཐམས་ཅད་རང་འབར་ལ་སོང་ངོ། །

ཡང་པེ་ཏས་སྤྲང་ཟས་ཀྱི་ལྷག་མ་འགའ་ཞིག་བསྐྱལ་ནས་བྱུང་སྟེ། སྣམ་བུ་ཨི་བཟོས་ཞུས་པས་ནམ་འཆི་མི་ཤེས་སྙམ་སྟེ། བཟོ་བ་མ་རེད་པས་འབུ་སྲིན་གྱི་ཟོས་གསུངས། དེ་ཡང་ལེགས་ཏེ་ངོ་ཨེ་མ་ཚ་ཞུས་པས། དེའི་ལན་དུ་ངོ་མི་ཚ་བའི་མགུར་གསུངས་སོ། །

དེ་ནས་ཁྲི་ར་བ་འགའ་ཞིག་ཕྱིན་པས་ཤ་དང་གྲོ་ཕྱེ་ལྷག་མ་བྱིན་སྟེ་མགུར་མང་དུ་གསུངས

པས་དད་ནས་སོང་། དེའི་དྲག་ཤོས་གཤེན་རྡོར་མོ་ཟེར་བས་རྟིང་དུ་ཡང་ཙམ་པ་འགའ་ཞིག་བསྐྱལ་ནས་མགུར་མང་དུ་གསུངས་པས་དད་ནས་སོང་ངོ་། །གནས་དེར་ལོ་དྲུག་སོང་བ་དང་། བྲག་དམར་མཆོང་གླིང་ཁྲུང་རྫོང་དུ་སོང་ནས་ལོ་བཅུ་གཉིས་གཞན་དུ་མི་འགྲོ་བའི་དམ་བཅའ་མཛད་དེ། དེར་བསྒོམ་ཞིང་བཞུགས་པ་ལ་ཉིན་གཅིག་ཐུག་མ་བཏུས་ནས་རྡོ་ལེབ་སྟེང་དུ་གཏིང་བས་རླུང་གིས་གཏོར། ཕ་བོང་གི་སྟེང་དུ་རྫ་ཁོ་ཡོད་པ་ཡང་བྱའི་ཐབ་ལ་བསྒྲིལ་ཏེ་ཆགས་པའི་ནང་ནས་བྱ་ཚོད་མཁར་བའི་རྫ་ཁོ་འདྲ་བ་གཅིག་བྱུང་ནས་སྐྱོ་བར་གྱུར། ཡང་ཤིང་སྐམ་པོ་གཅིག་བཅག་པས་འགྲེལ་ནས་སོང་། བརྒྱལ་སངས་པ་དང་ཤར་ཕྱོགས་སུ་བལྟས་པས། བླ་མ་བཞུགས་པའི་ཐད་དུ་སྤྲིན་དཀར་པོ་བྱུང་བས་བླ་མ་དྲན་སྟེ་སྤྲིན་དཀར་མིའི་མགུར་བཞེངས་པས། སྤྲིན་དཀར་པོ་དེ་སྣམ་བུ་བསྐྱང་བ་བཞིན་ཡར་ཡར་བྱུང་བའི་ནང་དུ་བླ་མ་སེང་གེ་ལ་བཅིབས་ནས་ཞལ་མཐོང་བས་དགའ་དྲག་པས་གསོལ་བ་འདེབས་པའི་མགུར་མཛད་དོ། །

དེ་ནས་སྣང་བ་བདེ་ཞིང་ཁྲ་མ་ཁྱེར་ནས་ཡར་སོང་བས། ཕུག་པ་ནང་དུ་ལྕགས་ཀྱི་ཨ་ཙ་ར་བདུན་བྱུང་ནས་ཆོ་འཕྲུལ་མང་པོ་སྟོན་ཞིང་འདུག་པ་ལ། བྱམས་པ་སྒོམ་ཞིང་མགུར་མང་དུ་མཛད་པས་འཇའ་ཡལ་བ་བཞིན་སོང་། དེ་ནས་ལོ་བཅུ་གཉིས་ཀྱི་དམ་བཅའ་རྫོགས་པ་དང་། ལ་ཕྱི་རྒྱུ་བཟང་དུ་བྱོན་ནས་བསྒོམས་པས། སྟོན་ཟླ་ར་བའི་ཚེས་བཅུ་བཞིའི་ནུབ་མོ་ལྷ་འདྲེ་ཐམས་ཅད་དམག་བྱས་ནས་ཆོ་འཕྲུལ་སྣ་ཚོགས་བསྟན་པས། དེར་རྗེ་བཙུན་གྱིས་མགུར་མང་དུ་མཛད་པས། ཁོ་རྣམས་དད་ནས་ཕྱག་དང་བསྐོར་བ་བྱས་ཏེ་བསྙེན་བཀུར་ཡང་ཡང་འདྲེན་ཟེར་ནས་སོང་། ཕྱིར་ནང་ཉི་མ་ཤར་བ་དང་བྲག་ཁ་གཅིག་ཏུ་ཡར་བྱོན་པ་ལ། ཁོང་རྣམས་ཀྱིས་ཁ་ཟས་ཀྱི་བྱེ་བྲག་མང་པོ་དྲངས་ཤིང་དགའ་སྤྲོ་དང་བཅས་ནས་སོང་། རྗེ་བཙུན་ཡང་ཁམས་དྭངས་ཞིང་ཟླ་བ་མང་པོ་ལ་འཚོ་བ་མི་དགོས་པ་བྱུང་ངོ་། །

ཡང་ཟྭ་རང་འཐུ་བ་འདི་ཡང་འབུ་མང་པོ་འཆི་བར་འདུག་དགོངས་ནས། སྐྱེ་ནམ་དུ་བྱོན་པས་གཤེན་རྡོར་མོ་དང་། སྟོན་པ་ཤག་གྱུ་ལ་སོགས་མང་པོ་འཚོགས་ནས་མགུར་གཅིག་ཞུ་ཟེར་བ་ལ། རྗེ་བཙུན་གྱི་མགུར་མང་དུ་མཛད་པས། ཁོང་རྣམས་དད་ཅིང་ཡོན་བདག་བྱས་སོ། དེ་ནས་རྗེ་བཙུན་ལ་ཕྱིའི་གངས་ལ་བྱོན་གསུངས་ནས་མ་བཤོལ་སྟེ། ཕྱི་བྲེ་དོ་འབྲས་བྲེ་གང་། ཤ་གཟུགས་གཅིག་མར་ཤག་གཅིག་བཟུང་ནས་བྱོན། ཁོང་རྣམས་ཀྱིས་དགུན་རྒྱུགས་ཁྱེར་ནས་འགྲོ་བའི་གྲབས་བྱས་པ་ལ།

སྨ་ཡོས་གཉིས་ཀྱི་ལོ་འཚམས་སུ་ཁ་བ་ཉིན་མཚན་བཅོ་བརྒྱད་བབས་ནས་ལམ་ཆད། ཡོན་བདག་རྣམས་ཀྱིས་འདས་པར་ཐག་བཅད་ནས་འདས་མཆོད་བྱས། ཕྱིས་ཟླ་བ་དྲུག་པའི་ནང་དུ་མི་དྲུག་འཚོལ་བར་གངས་བཤགས་ནས་སོང་བས། ཕ་བོང་གཅིག་གི་ཁ་ན་གསའ་གཅིག་གདའ་གདུང་འདིས་ཟོས་ངེས་པས་ད་དབུ་སྐྲ་དང་ན་བཟའི་དྲུམ་བུ་དང་། གདུང་རུས་འདྲ་ཨེ་ཡོད་བྱས་ནས་སོང་བས་རྗེ་བཙུན་དང་མཇལ་སྐེ། གླེན་པ་ད་ཅི་ནས་མི་འོང་ངེ། ད་ཚ་བ་ཡང་དྲངས་གསུངས་ནས། འབྲས་ཆ་ལྔ་གཟུགས་བཏབ། ཟན་དྲུག་བྱས་ནས་གདའ་བ་གནང་། རྗེ་བཙུན་ཉིན་ཐང་རང་བས་གཟི་མདངས་ཆེ་བར་འདུག་པས་ལྷ་འདྲེ་འདྲ་བས་ཞབས་ཏོག་བྱས་པ་ལགས་སམ་ཞུས་པས། ཕལ་ཆེར་ཏིང་ངེ་འཛིན་ལ་ལོངས་བས་ཟ་མ་དགོས། སྐབས་སུ་རྒྱ་གར་ནས་མཁའ་འགྲོ་མ་རྣམས་ཀྱིས་ཚོགས་སྐལ་ཡང་བྱུང་། ལན་རེ་མི་མ་ཡིན་གྱིས་འཚོ་བ་སྦྱར། རེས་འགའ་ཕྱི་ཕྲུར་མ་གང་རེ་ལ་ཡང་འགམ། མདང་ད་ནང་རྟའི་ཟླ་བ་ལ་ཁྱེད་གྲྭ་སློབ་མང་པོའི་མཐའ་བསྐོར་ནས་བཟའ་བཏུང་མང་པོ་བཏུང་བའི་སྣང་བ་བྱུང་། དེས་ཡང་ཞག་མང་པོར་ཟ་མ་དགོས་གསུངས། དེ་འདས་མཆོད་བྱས་པའི་དུས་སུ་གདའ་སྐེ། གཤིན་པོ་ལ་བདུན་ཚིག་ལ་སོགས་བྱས་ན་ཕན་ཆེ་བར་འདུག་གསུངས། དེར་ནན་ཞུས་བྱས་ཏེ་གདན་དྲངས་པས་རྗེ་བཙུན་མ་འདས་ནས་འདིར་འབྱོན་དོ་ཟེར་བའི་གྲགས་པས། སྐྱེ་ནམ་པ་ཐམས་ཅད་འདུས་ནས་ཕྱག་འཚལ་ནས་གངས་མགུར་རིང་མོ་གསུངས་ཤིང་ཐམས་ཅད་ལ་ཆོས་བསྟན་པས། གྲུབ་ཐོབ་ཆེན་པོའི་གྲགས་པ་ཡང་བྱུང་ངོ་། །

དེ་ནས་སྐྱེ་ནམ་གྱི་བྲག་གཅིག་ལ་བསྒོམ་པས། རྐྱེན་སྣང་ཐམས་ཅད་བདེ་བར་འཆར་བ་བྱུང་། དེའི་དུས་སུ་རས་ཆུང་བ་ལ་སོགས་པའི་སློབ་མ་མང་དུ་བྱུང་ཞིང་ཆོས་གསུངས་ཏེ། འདིར་ཡང་གཡེང་བ་ཆེ་བས་འགོལ་ས་གཅིག་ཏུ་འགྲོ་གསུངས། དེ་ནས་ལྷོ་མོན་གྱི་རི་ཁྲོད་གཅིག་ཏུ་བཞུགས་པ་ལ། རས་ཆུང་བས་འདི་འདྲ་ན་མི་ཐུགས་པར་གདའ་ཞུས་པས། ཚེ་འདིར་ལྷུར་ལེན་པའི་མི་ལ་ཆོས་པའི་མིང་མེད་གསུངས་ནས་མགུར་མང་དུ་མཛད་དོ། །དེ་ནས་སེང་ག་ལའི་ནགས་གསེབ་ཤེལ་ཕུག་ནམ་མཁའི་རྫོང་དུ་བྱོན་ནས་སྒོམ་པས་ཡོན་བདག་གཤེན་རྫོར་མོ་ལ་སོགས་རྒྱགས་སྐྱེལ་བ་མང་དུ་བྱུང་། གཞན་གྱི་གྲྭ་སློབ་ཆོས་ཞུ་མང་དུ་བྱུང་ཞིང་། ཆོས་མང་པོ་ཡང་གསུངས་པས་རས་པ་འགའ་ཞིག་ཐོན་ཏེ། དེ་དག་གིས་གནས་འདི་མི་བདེ་ཞིང་བགྲོད་དཀའ་བས། གཞན་འཛོམས་པ་གཅིག་དགོན་པ་བྱེད་དགོས་ཞུས་པ་ལ། གནས་དེའི་བསྟོད་པ་དང་གཞན་དུ་ཡང་དགོན་མི་འདེབས་པའི་མགུར་མང

ཏུ་བཞེངས་པས། ཁོང་རྣམས་དད་ཅིང་སྤྲོ་བ་སྐྱེས་ཏེ། དགེ་སྦྱོར་ལ་བརྩོན་པར་གྱུར། དེ་ནས་ཡང་བྲག་གསེབ་གཅིག་ཏུ་བྱོན་ནས་བཞུགས་པ་ལ། འདི་ཤིན་ཏུ་མི་བདེ་བར་འདུག་ཞུས་པས། འདི་སྐྱིད་ཕུག་ཉི་མའི་རྫོང་བྱ་བ་ཡིན་པས་བདེ་གསུངས་ནས་གནས་ལ་བསྟོད་པའི་མགུར་མཛད། སྐྱོ་ལ་མི་མང་པོ་བྱུང་བ་ཆོས་དང་མགུར་གྱིས་ཚིམ་ཞིང་གཞན་ཡང་ཆོས་ལ་བསྐུལ་ལོ། །

ཡང་དེ་ནས་རྗེ་བཙུན་གྱིས་གནས་གཅིག་ཏུ་ལོ་མང་བ་བས། གཉན་པར་སྣོམ་ན་བོག་ཆེ་བས་ལིང་པའི་བྲག་ལ་སོང་ཤིག་གསུངས་པས་ཁོང་རྣམས་འགྲོ་མི་ཕོད་ཟེར་བས། སུ་འགྲོ་མི་ཕོད་པའི་གནས་སུ་ང་འགྲོ་བ་ཡིན། ཁྱེད་རང་རྣམས་འདིར་སྡོད་གསུངས། དེར་ལིང་པའི་བྲག་གསེབ་ཏུ་བྱོན་ནས་བཞུགས་པ་ལ། བྲག་གི་སེར་ག་ནས་འོད་དམར་པོ་བྱུང་བའི་སྣ་ལ། མི་དམར་པོ་གཅིག་གླ་བ་ལ་ཞོན་ནས་བུད་མེད་གཅིག་གིས་སྣ་ཁྲིད་དེ་བྱུང་བ་ལ། དེར་འདྲེ་དམགས་ཐམས་ཅད་དུས་གཅིག་ཏུ་འཚོགས་ནས་ཆོ་འཕྲུལ་སྣ་ཚོགས་བསྟན། བུད་མེད་དེ་ཁྲི་མོ་དམར་མོ་གཅིག་ཏུ་སྤྲུལ་ནས་རྗེ་བཙུན་གྱི་ཞབས་གཡས་པའི་ཐེ་བོང་ལ་འཛུས་པ་དང་། ཞུས་ལེན་གྱི་མགུར་མང་དུ་མཛད་པས། མཐར་བྲག་སྲིན་མོ་ཡང་དམ་ལ་བཏགས་ཤིང་མོ་ཡང་དད་ནས་ཕྱག་དང་མཆོད་པ་ཕུལ། དེ་ཕྱིན་ཆད་སུ་བསྡད་ཀྱང་གནོད་པ་མེད་ཅིང་སྡོང་གྲོགས་བྱེད་དོ། །

དེ་ནས་བུ་སློབ་རྣམས་ཀྱིས་ལིང་པ་བྲག་ནས་སྐྱེ་ནམ་གྲོད་ཕུག་ཏུ་གདན་དྲངས་ཏེ། ཁྲིད་ཞུ་མི་དང་ཡོན་བདག་ཕོ་མོ་མང་དུ་ཚོགས། ཨ་ནེས་ཡང་ཚོགས་སོགས་ཁྱེར། པེ་ཏ་ཡང་ཕྱིན་ནས་ད་ཡང་འདི་རང་དུ་དགོན་བྱེད་ནས་བཞུགས་དགོས་ཞུས་པ་དང་། རྗེ་བཙུན་ཡང་ཞེན་པ་རང་སར་ལོག་ནས་མགུར་གསུངས། དེར་ཨ་ནེ་ཡང་ཚོགས་སྐྱེལ་དུ་ཕྱིན་པ་ལ། པེ་ཏ་ན་རེ། འོ་སྐྱོལ་ལ་འདི་བས་དགྲ་ཆེ་བ་མེད་པ་ལ་འཕྲད་ཐབས་མེད་ཟེར། རྗེ་བཙུན་གྱིས་ང་ལ་དགྲ་གཉེན་གཉིས་ཁྱད་པར་མེད། འོན་ཀྱང་དགྲ་ལ་འདུན་མ་གྲུབ་པ་དེ་སོ་ནམ་གྱི་ཡ་རབས་ཡིན་ཟེར་བས་ཐབས་གཅིག་ཡོད་གསུངས་ནས་ཡོལ་བ་བྱས་པའི་ནང་དུ་བཞུགས་ཏེ། ཨ་ནེས་མཛལ་ཞིང་ཁམས་འདྲི་བྱས་པའི་ལན་དུ་མགུར་མཛད་པས། དེར་དུམ་ཞིང་དད་ནས་བདེ་བ་སྐྱེ། ཨ་ནེ་པེ་ཏ་ཉིད་ཀྱང་ཆོས་ལ་བརྩོན་པར་གྱུར་ཏོ། །
དེ་ནས་དེར་ཚོགས་པའི་བུ་སློབ་དང་ཡོན་བདག་རྣམས་ཀྱིས་ཞུས་པ། དེར་རྗེ་བཙུན་ཡང་སྔར་དང་མི་འདྲ་སྐུ་ན་བསྒྲིམས་པ་དང་། འདིར་དགོན་པ་གཅིག་འདེབས་ནས་འབུལ་བ་ཡང་ལེན་གཞོན་མ་ཡང་བསྐྱབས་ཤིང་། ཇ་ཚང་གི་ལོངས་སྤྱོད་ཀྱང་བྱེད་དགོས་ཞུས་པ་ལ། འཇིག་རྟེན་ཆོས་བརྒྱད་འདི་ཆོས

པའི་ཕྱུང་འདྲེ་ཡིན་གསུངས་ནས་མགུར་བཞེངས་པས། ཐམས་ཅད་དད་ཅིང་འགྲོ་དོན་འཕེལ་ཏེ། རས་པ་དང་སྒོམ་ཆེན་ཡང་མང་དུ་བྱུང་ཞིང་གདམས་ངག་བས་ཀྱང་རྣམ་ཐར་དང་ཁྲིད་གལ་ཆེ་བ་དེར་སོང་བ་རྣམས་ཚེ་འདིའི་སྣང་བ་མེད་ཅིང་། བྱ་བ་བཏང་སྟེ་གཅིག་པུ་ལ་དགའ་བའི་སྙིང་རུས་ཅན་མང་དུ་བྱུང་ངོ་། །

དེ་ནས་རྗེ་བཙུན་གྲུབ་ཐོབ་ཆེན་པོར་གྱུར་པའི་གྲགས་པས་ཕྱོགས་ཐམས་ཅད་ཁྱབ་ཅིང་། མི་སྡེ་རྣམས་ཀྱི་ཆོས་ཞུ་དང་ཚོགས་གསོག་ལ་སོགས་ཡང་དེར་བྱས་ཏེ། ཁྲིད་གསུངས་པས་རས་པ་སྒོམ་ཆེན་མང་དུ་བྱུང་ནས་ཡོད་པ་ལ། སྐྱེ་ནམ་སྟེང་ཆེན་ན་ལོ་སྟོན་དང་དར་ལོ་གཉིས་ཀྱིས་གཞི་བྱས་བཀའ་གདམས་པའི་མཚན་ཉིད་མང་པོ་ཡོད་པས། ལོ་སྟོན་ན་རེ། རྣལ་འབྱོར་པ་ཐོག་པོ་འདི་ལ་ཐམས་ཅད་དད་ཅིང་། འོ་སྐོལ་གྱིས་མཐའ་རྒྱ་འགྲིམས་པས། དེར་སྒྲ་ཚད་ལ་མཁས་པ་གསུམ་སོང་ལ་བགྲོ་གླེང་གྱིས་དང་། ཁོ་ལ་ལེན་བྱེད་རྒྱུ་མེད་པས་མཚང་བྱུང་ནས་འགྲོ་བ་ཡིན་ཟེར། དེར་སྟོན་པ་གསུམ་སོང་ནས་བགྲོ་གླེང་བྱས་པས། རྗེ་བཙུན་གྱིས་དེའི་ལན་ལ་མགུར་མང་དུ་གསུངས་པས། སྟོན་པ་གསུམ་དད་པ་སྐྱེས་ཏེ། མ་གོ་མ་ཤེས་མ་རིག་གསུམ། །འཛིག་རྟེན་འདི་ན་དབང་རེ་ཆེ། །ཞེས་ཟེར་ནས་ཆགས་ཕྱིར་འབྲངས་ངོ་། །

དེ་ནས་རེས་གཅིག་གི་ཚེ། སྟོན་མོ་ཆེན་པོ་གཅིག་གི་སར། ཁྲི་གཉིས་ཀྱི་སྟེང་དུ་ལོ་སྟོན་དང་། རྗེ་བཙུན་གཉིས་བཞུགས་ཏེ། གྲྭ་པ་རྣམས་སོ་སོར་གྲལ་བྱས་པས། རས་པའི་གྲལ་སྨད་དུ་ཙོག་པ་ལ་སོང་བའི་སྟོན་པ་གསུམ་ཡང་རས་པའི་ཆས་སུ་འདུག །དེ་ནས་སྟོན་པ་གཉིས་ཀྱིས་ཞ་མར་བཟུང་ནས། རྗེ་བཙུན་ལ་མཇལ་བ་སྙད་བྱས་ཤིང་མདུན་དུ་བཞག་སྟེ། ལོ་སྟོན་ན་རེ། ཆོས་ཐམས་ཅད་ཚད་མས་གཏན་ལ་འབེབས་དགོས་པས། མངོན་སུམ་དང་རྗེས་དཔག་ལ་སོགས་གྲུབ་མཐའི་དབྱེ་བ་གཅིག་ཐོངས་དང་ཟེར་བས། རྗེ་བཙུན་གྱིས་སྟོན་པ་ཐ་སྙད་ཀྱི་རྗོང་ལ་མ་ཞེན་པར་ཆོས་ཉིད་སྐྱེ་མེད་གཉུག་མའི་ངང་ལ་ཞོག་དང་ཡོན་ཏན་ནང་ནས་སྐྱེ་ཞིང་འདུག །ཕྲག་དོག་ངན་སོང་གི་རྒྱུ་ཡིན་པས་རང་རྒྱུད་མ་བསྲེགས་གསུངས་ནས་མགུར་མཛད་ཅིང་། སྐྱེ་ནམས་རིའི་དགོན་པ་ན། །མི་ལ་རས་པ་སྒོམ་པ་ལ། །སྟོན་པ་ལོ་སྟོན་ཟླུག་ཇུ་སྐྱེས། །དེ་རང་སྟོན་པ་ཨེ་མ་འཁྲུལ། །ཡོན་བདག་ཕོ་མོའི་དང་ཟས་ལ། །ཁྲེད་མཁས་བཙུན་བཟང་པོ་སེར་སྣ་སྐྱེས། །དེ་རང་མཁས་པ་ཨེ་མ་འཁྲུལ། །དོན་མེད་ཚིག་གི་སྟོང་སྒྲ་ལ། །དོན་བདེན་པར་མ་འཛིན་སྟོན་པ་བ། །ཚིག་ཐ་སྙད་མུ་སྟེགས་རྟོག་པ་ལ། །ཚེ་

སུམ་གཉིས་ཟད་པ་མ་ཆོར་རམ། །རྟོག་གེའི་ངན་ཚིག་སྣ་ཚོགས་ལ། །ཆེ་སྟོང་པར་མ་ཟད་སྟོན་པ་བ། །ངས་ཚིག་ངན་གྱི་ཡ་བོ་ལབ་མི་ཁོམ། །མུ་སྟེགས་སྟོན་པ་དྲང་མི་ལ། །ཚད་མ་ཆོད་མ་འཕྱུང་མ་སྨྲོང་། །ད་རེས་རྩོད་པ་སྟོན་པ་རྒྱལ། །ཞེས་གསུངས་པས། ཁོ་ཁྲོས་ནས་དྲིས་པའི་ལན་མེད་པར་ཁ་ནད་བྱེད་པའི་ཟློག་པོ་གཅིག་ཟེར་ནས། ཐལ་བ་སྤུར་གང་བླ་མ་ལ་བཏབ་པས། མི་སྣེ་ཐམས་ཅད་དད་པ་ལོག་ནས་ཁོ་བསོད་ནམས་ཆུ་ཆད་པ་བཞིན་སོང་ཟེར།

དེར་རས་ཆུང་བས་ལོ་སྟོན་ལ་བེར་ཐུ་ཕུར་བ་བླ་མས་བཟུང་ནས། ཁ་ཐོམ་ལྷོ་སྙིད་ཀྱི་ཆོས་པ་འདི། །རྐྱེན་ངན་བྱུང་དུས་ཐ་མལ་པ། །རྒྱུད་ངན་དུ་སོང་ན་བར་ཆད་ཆེ། །འཁྲུགས་པ་བྱུས་ན་རང་ཉིད་ཕམ། །ཞེས་སོགས་མགུར་གསུངས་པས་རས་ཆུང་པ་བསྟོད། དར་ལོ་དང་ཅིང་ཆོས་ཀྱི་དྲི་བ་འགའ་ཞུས་པའི་ལན་དུ་མགུར་མང་དུ་གསུངས། གདམས་ངག་ཞུས་ནས་སྒོམ་པས། སྟོན་སྒོམ་ཆེ་བ་གཅིག་ཏུ་གྱུར། དེ་ནས་རས་ཆུང་བས་རྒྱ་གར་དུ་འགྲོ་ཟེར་བས། བླ་མས་བཞོལ་བས་མ་བཞོལ་ཏེ། སླེ་ནམ་དུ་གསེར་གྱི་བསོད་སྙོམས་མཛད་པས། གསེར་མང་དུ་ཕུལ་བ་རས་ཆུང་བ་ལ་བཙྟངས་ཤིང་། ད་ཁྱོད་ཅིས་ཀྱང་འགྲོ་ན། རྒྱ་གར་དུ་ལུས་མེད་མཁའ་འགྲོའི་ཆོས་སྐོར་དགུ་ཡོད་པའི་བཞི་བླ་མས་བླངས་ནས། ལྔ་པ་དེ་ང་ལ་གདན་དྲོངས་གསུངས་ཡང་མ་ཕྱིན་པས། ད་ཁྱོད་ཀྱིས་གདན་དྲོངས་ལ་ཞོག་གསུངས། དེ་ནས་རས་ཆུང་བ་རྒྱ་གར་དུ་སོང་ནས་ཕྱིན་པས། ཏི་ཕུ་པ་དང་། མ་གཅིག་གྲུབ་པའི་རྒྱལ་མོ་ལ་སོགས་ལ་གསེར་གྱི་མཎྜལ་ཕུལ་ནས། ལུས་མེད་མཁའ་འགྲོའི་ཆོས་སྐོར་ལྔ་དང་། གདམས་པ་མང་དུ་ཞུས་ནས་འབྱོན་རན་པ་ལ། ཏི་ཕུ་པས། ག་ཕུར། གུར་གུམ། སེ་རླུ་ར། ཨ་ག་རུ་ནག་པོ་འབའ་ཞིག་གི་ཕྱག་མཁར་རྣམས་བསྐུར་ནས། འདི་རྣམས་ཁྱེད་ཀྱིས་རྗེ་བཙུན་ལ་ཕུལ་དང་། ཕྱག་མཁར་འདི་རྟའི་དོད་ཡིན་གསུངས་ཏེ། རས་ཆུང་བྱོན་ཏེ་བལ་པོར་ཐེབས་པ་དང་། མུ་སྟེགས་ཀྱི་སྟོན་པ་ངན་སྔགས་སྣ་ཚོགས་ཤེས་པ་གཅིག་འདུག་པ་ལ། གསེར་ལྷག་མ་རྣམས་ཕུལ་ནས། ངན་སྔགས་གནང་བར་ཞུས་ནས་འོང་བ་ན། རྗེ་བཙུན་བྲག་དམར་མཆོང་གླིང་ན་བཞུགས་པས། རས་ཆུང་པ་གསེར་གྱི་མཆོད་རྟེན་གཅིག་ཏུ་གཟིགས་ཤིང་ཡོད་པ་ལ། ངན་སྔགས་སྣ་ཚོགས་ཞུས་པས་ལྟེང་དམར་འཚུབ་མ་གཅིག་ཏུ་གྱུར་སོང་བས། ལམ་དུ་བར་ཆད་བྱུང་བར་མཁྱེན་ནས། ཐུགས་ཀྱིས་མ་བཟོད་དེ་བསུ་བ་ལ་བྱོན་པས། དཔལ་མོ་དཔལ་ཐང་དུ་མཇལ་ཏེ། ཞུས་ལན་གྱི་མགུར་མང་དུ་མཛད་ནས་བྱོན་པ་ལ། ལམ་དུ་སེར་བ་ཆེན་པོ་གཅིག་གིས་བརྡུངས་པས། རས་ཆུང་བ་མགོ་བཏུམ་

ནས་བསྟོད། དེར་སེར་བ་སྲབ་པ་དང་། རྗེ་བཙུན་གར་ཡང་མི་བཞུགས་པ་བཙལ་བས། གཡག་ར་གཅིག་གི་ནང་དུ་བྱོན་ནས་གཡག་ར་ཆེར་མ་སོང་། རྗེ་བཙུན་གྱི་སྐུ་ཆུང་དུ་མ་སོང་བར་བཞུགས་ཤིང་། གཡག་རའི་ཡང་ས་ཁྱོད་ལ་བཞག་པས་ཡར་ཤོག་གསུངས་ཀྱང་ལག་མགོ་ཡང་མ་ཐར། དེར་གཡག་རའི་ནང་ནས་ཕྱིར་བྱོན་ཞིང་ལྷ་སྣང་མཛད་པས་སྤྲིན་རྣམས་སོ་སོར་བྱེར་ནས་ཉི་མ་སེར་ལྷག་གེ་བྱུང་སྟེ། རས་གོས་བསྐམས་པ་དང་། ད་ཉི་མ་ཡང་འཕྱིས་པས་རྟ་བ་འདི་ལ་བསོད་སྙོམས་གཅིག་བྱེད་ཞུས་ནས་བྱོན་པས། རྒན་མོ་གཅིག་གིས་ཚིག་ངན་མང་དུ་ཟེར་བས་ཐག་རིང་གཅིག་ཏུ་བྱོན་ནས་གཟིམས་པས། རྟ་བ་དེ་ནམ་ཕྱེད་ཚོག་ཅིལ་གྱིས་སོང་། ཕྱིར་ནང་ལྟས་པས་རྒན་མོའི་སྦྲ་འུ་བས་མི་སྣང་། དེར་སོང་བས་རྒན་མོ་ཤི་བའི་མཚན་དུ་ཞོ་ཟོ་བ་གང་། ཐུད་དང་རྩམ་པ་མང་དུ་གདའ་བ་གསོལ་ནས་ལྷག་མ་ཁུར་སྟེ། གཡག་ར་བསྐོར་གསུམ་ལ་སོགས་ཀྱི་མགུར་མང་དུ་གསུངས་ཏེ། ཐམས་ཅད་མི་རྟག་པ་མདང་གི་རྒན་མོ་དང་འདྲ། རང་ཡང་འཇིག་རྟེན་འདི་ན་བསྡད་ལུང་མེད་པས། ཏི་སེའི་གངས་ལ་འགྲོ་གསུངས། ཚད་ནས་འགྲོ་མི་ནུས་ཞུས་པས། བྲག་དམར་མཆོང་གླིང་དུ་བྱོན་ཏེ། བྲག་གསེབ་ནས་རྗེའུ་གཉིས་བརྟོན་ཏེ་ཆུ་ལོངས་གསུངས་པས་སོང་བ་དང་། རྒྱང་མ་བུ་བདུན་དང་། སྤྱང་ཀི་མ་བུ་བདུན་རྩེ་མོ་བྱེད་པ་ལ་ཐབས་གཅིག་ཡིངས་ནས་སོང་། དེར་ཆུ་ཁྱེར་ནས་ཡོང་བ་ལ། ཤོག་གུ་ཚིག་པའི་དྲི་མ་བྲོ་བས། གོང་དུ་གདམས་ངག་ལ་སྐད་བརྒྱག་ལུག་གིས་དཔེ་ཆ་རྣམས་བསྲེགས་པ་མིན་ནམ་སྙམ་སྟེ་སོང་བས། ཐམས་ཅད་བསྲེགས་ནས་འདུག །དེར་དད་པ་ལོག་ནས་སེམས་སྡུག་པས། རྗེ་བཙུན་གྱིས་སྐུ་ལུས་ཀྱི་བཀོད་པ་དང་། རྫུ་འཕྲུལ་སྣ་ཚོགས་བསྟན་ཅིང་རྒྱང་མགུར་བསྐོར་གསུམ་ལ་སོགས་མགུར་མང་དུ་མཛད་པས། ངན་སོང་དུ་འགྲོ་བའི་ངན་སྤྱགས་རྣམས་མེ་ལ་བསྲེགས། གཞན་རྣམས་མཁའ་འགྲོ་མའི་ཕྱག་ཏུ་ཡོད་པས་གསོལ་བ་ཐོབ་གསུངས་པས། དེར་གསོལ་བ་བཏབ་པས་བྲག་གསེབ་ནས་དཔེ་ཀུན་ཆིལ་གྱིས་བྱུང་བ་དང་། རང་དབང་མེད་པར་དད་པ་སྐྱེས་ནས་སངས་རྒྱས་ཀྱི་འདུ་ཤེས་བྱུང་ངོ། །

དེ་ནས་སྐྱེ་ནམ་གྱི་བོན་པོ་གཅིག་འཆི་ཀ་ཉེ་དུ་རྣམས་ཀྱིས་དགེ་བ་ཁས་བླངས་པས། བོན་པོ་ན་རེ། ང་ཡི་ཁ་ལ་ཉན་ན་རྗེ་བཙུན་དཔོན་སློབ་གདན་དྲངས་ལ་བདུན་ཚིགས་ལ་སོགས་ཀྱིས། གཞན་ཅི་བྱས་ཀྱང་མི་ཕན་ཟེར་ཏེ། རྗེ་བཙུན་དཔོན་སློབ་གདན་དྲངས་ཏེ། བདུན་ཚིགས་ཀྱི་ནུབ་མོ་བོན་པོ་དངོས་སུ་བཀུག་ནས་ལམ་སྟོན་སྤྲུངས་ཀྱི་ཚུལ་དུ་མགུར་གསུངས་པས། ནམ་མཁའ་འོད་

གྱིས་ཁྱབ་ཅིང་མི་ཧོག་གི་ཆར་འབབ་པ་ཀུན་གྱི་མཐོང་བས་ཐམས་ཅད་དད་དོ། །དེར་པེ་ཧ་ན་རེ། ངེད་རང་གི་ཕ་མ་གཉིས་རྒྱུག་སོང་ཟེར་བ་ལ། བདུན་གཅིག་ལ་སོགས་བྱས་ནས་དྲང་ཚར་ཡོད་གསུངས་ཞིང་མགུར་མང་དུ་མཛད་པས་མོ་ཡང་དགའ་སྟེ་སྒོམ་སྒྲུབ་ལ་བརྩོན་ནོ། །

དེ་ནས་ཡང་ཉིན་གཅིག་སྤྲུལ་པ་མང་དུ་མཛད་དེ། རི་ལ་སྒོམ་པ་དང་། གྲོང་དུ་བསོད་སྙོམ་མཛད་པ་དང་། ཆོས་གསུངས་པ་དང་། ཁྲིན་དུ་ནགས་ལ་མེ་ཤོར་བ་གསོད་པ། སྣེ་ནམ་གྱི་ཟམ་པ་ཆུར་ལྷུང་བ་འདོན་པ་དང་། རིགས་དྲུག་སོ་སོའི་གནས་སུ་བྱོན་ནས་ཆོས་གསུངས་པ་ལ་སོགས་མཐོང་སྣང་དུ་མ་བྱུང་བ་ཇི་ལྟར་ལགས་ཞུས་པས། སྣ་ཚོགས་ཆུ་ཡི་སྣོད་རྣམས་སུ། །ཅི་ལྟར་ཟླ་བའི་དཀྱིལ་འཁོར་བཞིན། །དག་པའི་འགྲོ་རྣམས་ཐམས་ཅད་ལ། །ཐ་དད་སྣང་ཡང་དེ་བཞིན་མིན། །ཞེས་སོགས་མགུར་མང་དུ་གསུངས་སོ། །ཡང་རེས་གཅིག་གཟིམ་ཁང་དུ་འོད་འཁྲིལ་བ་དང་། མཆོད་རྟེན་སེར་པོ་དང་། མར་མེ་དང་ཡོན་ཆབ་མང་པོ་དང་། ཀླུང་གི་དལ་ལ་དང་། ཅི་ཡང་མ་མཐོང་བ་སོགས་ཟད་པར་གྱི་ཏིང་འཛིན་དུ་མ་དང་། སེང་གེ་ལ་བཅིབས་པ་དང་། མཁའ་འགྲོ་མས་བདུད་རྩི་འདྲེན་པ་ལ་སོགས་མཐོང་སྣང་མང་དུ་བྱུང་བ་ཅི་ལགས་ཞུས་པས། མེ་ཡིས་མི་ཚིག་ཆུས་མི་ཁྱེར། །སྤྱོད་པ་གླང་ཆེན་འགྲོས་ཀྱི་གར། དག་པའི་འགྲོ་རྣམས་ཐམས་ཅད་ལ། །ཐ་དད་སྣང་ཡང་དེ་བཞིན་མིན། །གསུངས། ཡང་མ་ཇོ་ལྕམ་མོའི་ཚོགས་འཁོར་གཅིག་བསྐོར་བའི་གྲལ་དུ་ཁྲིད་ལ་སློབ་མ་གྲུབ་ཐོབ་ཨེ་ཡོད་ཞུས་པས། མཁའ་འགྲོའི་ལུང་བསྟན་སྤྲུལ་པའི་སྐུ། །དྭགས་པོ་ཉི་མ་འགྲོ་ལ་འཆར། རས་ཆུང་ཟླ་བ་སྤྲུལ་པའི་སྐུ། །སྒོམ་སྟག་ཛོ་དར་ཞི་བ་འོད། །འབྲི་སྒོམ་ལ་སོགས་ཉི་ཤུ་ལྔས། །འགྲོ་དོན་བྱེད་འབྱུང་མཁའ་འགྲོའི་གསུངས། །གྲུབ་ཐོབ་ལྔ་དང་རྟོགས་ལྡན་བརྒྱད། །རང་བྱུང་ཉམས་ཤར་བརྒྱ་རྩ་བརྒྱད། །ཆོས་མཐུན་སློབ་མ་སྟོང་རྩ་འོང་། །ཆོས་འབྲེལ་ཐོབ་པ་ཁྲི་འབུམ་སྟེ། །ལག་ལེན་སྙིང་བ་འགའ་རེ་འདུག །ཁྱོད་དྲི་རྟོག་བྱེད་པ་བག་ཆགས་བཟང་། །ཞེས་གསུངས་སོ། །དེ་ནས་འོམ་ཆུང་དུ་བཞུགས་པ་ལ། ཐན་པ་ཆེན་པོ་བྱུང་ཅིང་མི་ཕྱུ་རྣམས་ཆུར་བཙད་ནས་མ་དུམ་སྟེ། གཙོ་བོ་བརྒྱད་ཀྱིས་རྗེ་བཙུན་ལ་ཞུས་པས། ངས་འཇིག་རྟེན་གྱི་འདུན་མ་མི་ཤེས། བླ་མ་ལ་གསོལ་བ་འདེབས་གསུངས་ནས་མགུར་བཞེངས་པས། ཞག་བདུན་ལ་ཆར་ཆེན་པོ་བབས་ནས་འབྲུག་པ་རང་ཞི་ལ་སོང་སྟེ་གདང་རག་གི་འབུལ་བ་མང་དུ་བྱས་པ་མ་བཞེས་ནས་བལ་པོ་རྗང་སྟེ་ཕྱུགས་སུ་བྲོས་ནས་བཞུགས་པ་ལ། བལ་པོའི་རྒྱལ་པོས་ཀ་ཤི་ཀའི་རས་གཅིག་ཀ་ར་སེང་གེ་ཅན་གཅིག །ཨ་རུ

རྣམ་པར་རྒྱལ་བ་གཅིག་དང་གསུམ་ཕྱུལ་བ་ལ། རས་ཆུང་བ་ཕྱིན་ནས་སུས་ཕྱུལ་ཞུས་པས། མི་ཡི་རྒྱལ་པོ་རིགས་ཀྱི་རྗེ། །ཆོས་རྒྱལ་ཆོས་ཀྱི་སྤྱན་ཅན་གྱིས། །ཤིང་བལ་འཇམ་པོའི་རས་གོས་འདི། །གཏུམ་མོ་ལྷུན་གྲུབ་གོས་སུ་ཕྱུལ། །ཞེས་གསུངས་སོ། །ཡང་སྐེ་ནམ་གྲོད་ཕུག་ན་བཞུགས་པ་ལ། རྒྱ་གར་གྲུབ་ཐོབ་ཌམྦྷ་ཧེ་རུ་ཀ་རྗེ་བཙུན་མཇལ་དུ་རྫུར་བྱོན། རྗེ་བཙུན་སེང་གེ་ལ་བཅིབས་ནས་ཕར་བྱོན། བལ་པོའི་མཐིལ་དུ་མཇལ་བས་ཕྱག་དང་བསྟོན་སྨེད་ཀྱི་མགུར་མང་པོ་སོ་སོར་མཛད་པས། བལ་པོའི་ཁྲིམ་ཚོགས་ཐམས་ཅད་དད་ཅིང་ངོ་མཚར་དུ་གྱུར། རྫུར་ཕེབས་པ་དང་ལོ་རྒྱུས་ཞུས་པས། ཡིད་འོང་བལ་པོའི་ལྗོངས་ཤིད་དུ། །བོད་ཀྱི་མི་ལ་རས་པ་ལ། །རྒྱ་གར་ཌམྦྷུ་ཧེ་རུ་ཀ་ཡིས། །སྒྱུ་མ་ལུས་ཀྱི་ཕྱག་བྱས་ཏེ། །ཟུང་འཇུག་ཐལ་སྦྱར་ཕུས་བཙུག་སྟེ། །བསྟོན་སྨེད་འོད་གསལ་ངང་དུ་བྱས། །སྐྱུ་ཁམས་ཕྱག་རྒྱ་ཆེན་པོར་དྲིས། །ཆ་ལ་རྒྱལ་ཁམས་གྲགས་སུ་འོང་། །ཞེས་གསུངས་སོ། །

ཡང་གུང་ཐང་སྣ་རྩེའི་ཕུག་ཏུ་གཅིག་ཕུར་བཞུགས་པ་ལ། ཕུག་རོན་གསེར་གྱི་རྣ་ཆ་འཕྱུང་བ་གཅིག་བྱུང་བས། བསྒོར་བ་བྱས་ཤིང་གདན་འདྲེན་རྣམ་འགྱུར་བྱས་ནས། ཕ་རིའི་བྲག་གསེབ་གཅིག་ཏུ་འཕུར་ནས་སོང་། རྗེ་བཙུན་ཡང་དེར་བྱོན་པས་བྲག་རྩ་གཅིག་ཏུ་འབྲས་དཀར་མོ་ཁལ་གཅིག་སྤུངས་ནས་སྟ་བ་གསོལ་ཞིང་བཞུགས་པ་ལ། ཕུག་རོན་བདུན་ཁྲིད་ནས་བྱུང་ཞིང་བསྐོར་བ་བྱས་པས། ཆོས་འདོད་ན་སྤྲུལ་པ་ཤིག་གསུངས་པས། ལྷ་མོ་མཛེས་མ་བརྒྱད་དུ་བྱས་ཏེ། སུམ་རྩ་རྩ་གསུམ་ནས་མཇལ་དུ་འོང་བ་ལགས་ཟེར་བ་ལ། མགུར་མང་དུ་མཛད་པས་དད་ཅིང་འཕུར་ནས་སོང་ངོ་། །དེ་ནས་རྗེ་བཙུན་དཔོན་སློབ་བྲག་སྟེང་ཕ་བོང་ཧ་སྣ་ཅན་དང་། དོམ་ལུང་གི་བྲག་དང་སྐེ་ནམ་སྒྲོ་བདེ་ཕུག་ལ་སོགས་རི་ཁྲོད་རྣམས་སུ་གདམས་པ་བསྟན་ཅིང་བསྒོམ་ཏེ། ཧ་སྣ་སྐོར་གསུམ་ལ་སོགས་པའི་མགུར་མང་དུ་མཛད་པས་འཁོར་བ་ལ་ཞེན་པ་ལོག་ནས་གཅིག་ཕུར་རི་ཁྲོད་འགྲིམ་ཞིང་བསྒོམ་པ་མང་དུ་བྱུང་ངོ་། །དེ་ནས་ཡང་ཉིན་གཅིག་དམ་པ་རྒྱ་གར་དིང་རི་ནས་རྫུར་བྱོན། རྗེ་བཙུན་སྐེ་ནམ་ནས་ཕར་བྱོན་ཏེ། ཐོག་ལའི་ལ་ཁར་ཤིང་བྲ་མའི་ཕུང་པོ་གཅིག་ཏུ་སྤྲུལ་ནས་བཞུགས་པ་ལ། དམ་པས་རྟོག་སྲུབ་གཅིག་བྱས་སྟེ། རྣལ་འབྱོར་པའི་གྲུབ་རྟགས་དང་། ཁྱི་ལུད་ནང་གི་མེ་ཏོག་འདྲ་ཁྱད་མེད། ཁྱོད་མཁའ་འགྲོའི་སྲོག་སྙིང་གླུ་རུ་བླངས་པས་ཞག་བདུན་ནས་འཆི་གསུངས་པ་ལ། རྗེ་བཙུན་གྱིས་ཤི་བ་བདེ་དྲུག་ལ་སོགས་ཀྱི་མགུར་མཛད་པས། ཁྱེད་ཀྱི་དམ་ཆོས་སྟུག་བསྔལ་ཞི་བྱེད་བྱ་བ་དེ་ལ་ཅི་འདྲ་ཡོད་བྱས་པས། དམ་པས་དེའི་དོན་མགུར་དུ་གསུངས་ནས་རྩ་འཛག་མ་གཅིག་གི་

སྟེང་དུ་དཀྱིལ་དཀྲུང་བཅས་ཏེ་སྤྱན་ཟིམ་མེ་བཞུགས། རྗེ་བཙུན་ཡང་རྩ་ཐུར་གཅིག་གི་སྟེང་དུ་དཀྱིལ་དཀྲུང་བཅས་ནས་བཞུགས། ཁྱེད་ཅི་མཛད་ཞུས་པས། ཁྱོད་ལ་ངོ་མཚར་སྐྱེས་པའི་གཏམ་སྙན་རྒྱ་གར་དུ་བསྐྱལ་བ་ཡིན། ཁྱེད་འདྲ་བ་རྒྱ་གར་ནའང་དཀོན་གསུངས་ནས་དགྱེས་ཏེ་སོ་སོར་ཕྱིན་ནོ། །

རྗེ་བཙུན་སྣེ་ཤང་བྲག་དམར་གྱི་སྒྲིད་ཕུག་ཉི་མ་རྫོང་དུ་བཞུགས་པ་ལ། ཉིན་ཕྱེད་འུར་སྒྲ་གྲགས་ནས་གཟིགས་པས། ཤ་ཕོ་ཏུལ་རྩ་རེ་བ་གཅིག་བྱུང་བ་ལ་སྙིང་རྗེ་སྐྱེས་ནས་མགུར་མཛད་པས་གཡས་རོས་སུན་བཟའ་ལ་མཆུལ་པ་གཏད་ནས་ཉལ། ཡང་ཁྱི་མོ་དམར་མོ་ཟ་མས་བརྒྱན་པ་གཅིག་བྱུང་བ་ལ་མགུར་མཛད་པས་གཡོན་རོས་སུན་བཟའ་ལ་མཆུ་གཏད་ནས་ཉལ། ཡང་མི་སྔོན་པོ་རྒྱ་ཁྱུར་བ་གཅིག་བྱུང་བ་ལ་མགུར་མང་དུ་གསུངས་པས། ཁྱི་ར་བ་མགོན་པོ་ཁོ་དད་ནས་མདའ་གཞུ་བཅགས་ཁྱི་དང་རྒྱ་ཕུལ་ཏེ། ཁྲིད་ཞུས་ཤིང་ཆགས་ཕྱིར་འབྲངས་པས། རས་པ་བརྒྱུད་ཀྱི་ཡ་རྒྱལ་ཁྱི་ར་རས་པ་བྱུང་། ཁོའི་བུ་སྨད་རྣམས་ཀྱང་སྔར་བས་བརྒྱུག་ཅིང་ཆོས་དང་མཐུན་པ་བྱུང་། ཁྱི་དང་ཤྭ་བ་གཉིས་ཡང་ཆགས་ཕྱིར་འགྲོ་ཞིང་། དེ་ཉིད་དུ་ཤི་བའི་རུས་པ་དང་། མདའ་གཞུ་ཆགས་དུམ་རྣམས་ཀུན་གྱིས་མཐོང་བར་ཡོད་དོ། །ཡང་དུས་རེས་གཅིག་དཔོན་སློབ་རྩང་གི་གདར་ཁ་ཆེའི་མགྲོན་ཁང་དུ་བསོད་སྙོམས་ལ་ཕྱིན་པས། ཚོང་དཔོན་ཟླ་བ་ནོར་བུའི་བུ་ལ་སོགས་མང་པོས་དགེ་བཤེས་གཡག་རུ་ཐང་པ་ལས་ཆོས་ཉན་ཅིང་འདུག་པའི་མཚན་དུ་ཉལ་ནས་བཞུགས་པས། ཆོས་པ་འདི་འདྲ་ཟེར་ཀུན་གྱིས་འབར་བ་ལ། བཞེངས་ནས་མགུར་མཛད་པས་ཐམས་ཅད་དད་དེ། དགེ་བཤེས་ཁྲི་ཁ་ནས་བབས་ཤིང་ཕྱག་འཚལ་ནས་ཆོས་ཞུས་པས་སྟོན་སྒོམ་བཟང་པོ་གཅིག་བྱུང་ངོ་། །གཞན་ཡང་ཚོང་དཔོན་གྱི་བུ་དང་འགྲོ་ཆོས་བཟང་ལ་སོགས་མང་དུ་གྲོལ། ཁྱད་པར་སེ་བན་སྟོན་ཆུང་བྱ་བ་དད་ནས་ཆགས་ཕྱིར་འབྲངས་པས་ཐུགས་སྲས་བཞིའི་གཅིག་ཏུ་གྱུར།

དེ་ནས་བྲིན་གྱི་ཕུག་པར་སུ་བསྡད་ཤི་ནས་འགྲོ་མ་ཕོད་པ་དེར་རས་ཆུང་བ་ཁྲིད་ནས་ཕྱིན་པས། དེ་ནུབ་ཆོ་འཕྲུལ་མང་དུ་བསྟན། ཕྱི་ཉིན་རས་ཆུང་པ་བྲག་གསེབ་ཏུ་སྦས། བླ་མ་མཚོ་སྔོ་སྐེམ་མ་བ་གཅིག་བྱས་པས། བུད་མེད་གཅིག་གི་སྣ་དྲངས་ནས་མང་པོ་བྱུང་སྟེ། བཙལ་བས་མ་རྙེད་ཅིང་། གཅིག་གིས་ཆུ་ནང་དུ་རྡེལ་བུ་གཅིག་བསྐྱུར་ནས་མདང་འདིར་ཡོད་པ་ལ་ད་མི་འདུག་ཟེར་ཞིང་སོང་། དེར་ཏིང་ངེ་འཛིན་ལས་བཞེངས་པ་དང་། ཕོ་བ་མ་བདེ་བ་དེ་ཀུན་གྱིས་ཅི་བྱས་གསུངས། ཆུ་ནང་དུ་རྡེལ་བུ་བསྐྱུར་ཞུས་པས། འོ་ན་རྡེལ་བུ་ཐོན་གསུངས་ནས་ཆུའི་ཏིང་ངེ་འཛིན་ལ་བཞུགས་ཏེ། རྡེལ་བུ་

བཏོན་པས་ད་བདེ་གསུངས། དེའི་ཕྱིར་ནུབ་རྒྱལ་པོ་གཉིས་དང་འདྲེ་མོ་གཅིག་གིས་གཙོ་བྱས་ནས་འདྲེ་དམག་བསམ་གྱིས་མི་ཁྱབ་པ་བྱུང་ནས་ཚ་འཕྲུལ་སྣ་ཚོགས་བསྟན་པས། རྗེ་བཙུན་གྱིས་མགུར་མཛད་ཅིང་ཏིང་ངེ་འཛིན་གྱིས་དམ་ལ་བཏགས། སྲོམ་པ་ཡོག་སྟེ་སློབ་མར་ཁས་བླངས། དེ་ཕྱིན་ཆད་སུ་སོང་ཡང་གནོད་པ་མེད་པར་བྱས། དེར་སློབ་མ་རྣམས་ཀྱིས་ད་ལན་ཅི་ལྟར་མཛད་ཞུས་པས། ཕྲིན་གྱི་ལ་སོ་དགོན་པ་རུ། །སྒྱུ་མ་ལུས་ཀྱི་དཀྱིལ་ཀྱང་བཅས། །སྐྱེ་བ་མེད་པའི་ཆོས་ཉིད་ལ། །ཡིངས་བ་མེད་པའི་བློ་བཞག་ནས། །མ་རུངས་སེམས་བྲལ་སློབ་མར་བྱས། །ཞེས་གསུངས་སོ། །

ཡང་རས་ཆུང་བ་དང་ལེགས་སེ་ལ་སོགས་སློབ་མ་མང་པོའི་དབང་ཞུས་པ་ལ། དངོས་གཞིའི་སྐབས་སུ་མི་ལ་རྐས་པས་ལང་མི་ནུས་གསུངས་ཏེ། བུམ་པ་ནམ་མཁའ་ནས་སོང་ཏེ་ཐམས་ཅད་ལ་དབང་བསྐུར་སྐབས། སྟན་རྒྱུད་དྲི་མེད་དཀྱིལ་འཁོར་དུ། །ཞེན་པ་མེད་པའི་མཆོད་བཤམས་ནས། །སངས་རྒྱས་ཡེ་ཤེས་ངོ་སྤྲོད་ཀྱིས། །ཆུ་དབང་དྲི་མེད་བུམ་པས་བསྐུར། །ཞེས་གསུངས་སོ། །ཡང་ཐང་ཀ་མང་པོ་ལ་རབ་གནས་མཛད་པས། མི་ལ་རྐས་པས་འཐོར་མི་ནུས། མེ་ཏོག་དགོས་ན་ལན་དུ་ཤོག་གསུངས་པས། ཐང་ཀའི་ལྷ་རྣམས་བུ་ཚུར་གཡོན་པའི་སྤྱི་བོར་མེ་ཏོག་ཆགས་པ་ཀུན་གྱིས་མཐོང་ཞིང་ནམ་མཁའ་ལས་ཀྱང་མེ་ཏོག་གི་ཆར་བབས་ཏེ། ཐུབ་པ་ཆོས་ཀྱི་སྐུ་ཅན་ཕྱིར། །འཇའ་ཚོན་ལྷ་བུའི་རང་བཞིན་གྱི། །མེ་ཏོག་གཟུག་སྐུ་ཞེན་མེད་དག །ཆགས་སྡང་དེ་ཉིད་ཡིན་རྒྱུ་མེད། །ཞེས་གསུངས་སོ། །

ཡང་གྲུང་ཐང་གྲོང་མོ་ཆེའི་སྨད་དུ་རྐན་མོ་གཅིག་བསྙེན་བཀུར་བྱས་པ་ལ། མགུར་མང་དུ་མཛད་པས་ད་ཅི་རང་གཞན་ཆོས་ལ་བསྒྱུར་བ་བྱུང་། དེ་ནས་རྗེ་བཙུན་རྩིབས་རིའི་ལྷོ་ཕྱོགས་སུ་སྟོན་གཅིག་བཞུགས་པའི་རྨི་ལམ་དུ་བུད་མེད་སྨ་ར་ཅན་གཅིག་གིས་ཁྲིའུ་ལོ་ཉི་ཤུ་ལོན་པ་གཅིག་ཁྲིད་ནས། རྣལ་འབྱོར་པ་ཁྱོད་ལ་སྙིང་ཚལ་པ་བརྒྱད་ཡོད་པའི་གཅིག་འདི་ལ་དབང་བ་ཡིན་པས་བྱིན་ཟེར། དེའི་ཕྱིར་ནང་ང་ལ་ལས་ཅན་གྱི་སློབ་མ་བརྒྱད་ཡོད་པའི་གཅིག་དེ་རིང་འོང་བར་འདུག་དགོངས་ཏེ། བོང་ཆུའི་འགྲམ་དུ་ཆུ་མིག་དཔྱལ་འབུམ་གྱི་རྩར་བྱོན་པ་དང་། བོང་ཞོན་སྐྱེས་བཟང་ཆས་ཅན་གཅིག་བྱུང་བ་ལ། ཆུ་འདི་ལ་རྟ་འཕོང་གཡར་དགོས་གསུངས་པས། ངཤར་ཕྱོགས་སུ་ལྟད་མོ་ལ་རིང་། རྟ་ལ་གནོད་ཟེར་ནས་སོང་བས། རྗེ་བཙུན་ཡང་རླུང་བཟུང་ནས་ཆུའི་སྟེང་དུ་ཕར་བྱོན་པ་ཁོས་མཐོང་ནས། ཐུན་མོང་མ་ཡིན་པའི་དད་པ་སྐྱེས་ནས་རྟ་ལས་བབས་ཤིང་ཞུས་ལེན་གྱི་མགུར་

མང་དུ་བྱས་ནས། རྟེང་དུ་རྗེ་བཙུན་གྱི་ཆགས་ཕྱི་བྱེད་པའི་ཆད་བྱས་ཏེ། སྨོན་ལམ་དང་བྱིན་རླབས་ཀྱི་དབང་ཞུས་ནས་སོང་ངོ་། །

དེ་ར་ཁོའི་ཡུལ་གཞིས་ཐམས་ཅད་ཆོས་ཕྱོགས་སུ་བཏང་ཞིང་། ཞང་པོ་གཅིག་དང་འགྲོགས་ནས་རྗེ་བཙུན་གྱི་དྲུང་དུ་ཕྱིན་ཏེ། གདམས་པ་ཞུས་ནས་བསྒོམས་པས་ཡོན་ཏན་དུ་མ་སྐྱེས་ཏེ། གོང་གི་མིང་དར་མ་དབང་ཕྱུག་ཡིན་ཡང་། ཕྱིས་རས་པ་ཞི་བ་འོད་དུ་གྲགས་ཅིང་། རས་པ་མཆེད་བརྒྱད་ཀྱི་ནང་ནས་ཡང་མཆོག་ཏུ་གྱུར་པ་གཅིག་བྱུང་ངོ་། །ཡང་གུང་ཐང་ལྷོ་སྒོར་བྱོན་པས། མི་མང་པོ་ཚོགས་པའི་ནང་ནས་ཉ་མ་བཙུན་སེང་ངེ་བ་གཅིག་བྱུང་བ་ལ་མགུར་མང་དུ་གསུངས་པས། སྐྱན་བརྒྱུད་འཛིན་པའི་རྣལ་འབྱོར་མ་གཅིག་ཏུ་གྱུར། ཡང་གུང་ཐང་ཡངས་པ་ཅན་གྱི་སྟོང་འདུས་ན་བྱོན་པས། བུད་མེད་ཤེས་རིག་གསལ་བ་གཅིག་བྱུང་བ་ལ། མགུར་མང་དུ་མཛད་པས། རང་བྱུང་གི་རྣལ་འབྱོར་མ་བཀའི་གསང་བ་འཛིན་པ་གཅིག་ཏུ་གྱུར། ཡང་ལྟེམ་ལུང་གི་ཆུ་མཐའ་མཁར་ཕུར་བྱོན་པས། ཡོན་བདག་ངན་རྫོང་བྱང་ཆུབ་འབར་བྱ་བ་ཞིང་རྨོ་ཞིང་འདུག་པ་ལ། སྟ་མགུར་ལ་སོགས་གསུངས་པས་ཁོ་དད་ཅིང་རང་གཞན་ལ་ཕན་པར་བྱུང་ངོ་། །

ཡང་གཙང་གི་དིང་རི་མཁར་དམར་ན་བྱོན་པས་ལྷ་རྗེ་ཡེངས་ལ་མགུར་མང་དུ་མཛད་པས། ཡེངས་ལ་སོགས་མང་པོས་ལམ་སྣ་ཟིན་པ་བྱུང་། ཡང་བོང་རོང་གི་གྲོང་དུ་བྱོན་པས། བུ་མོ་མང་པོ་ཚོགས་པའི་ནང་ནས་གཅིག་གིས་རྣལ་འབྱོར་པ་སྙིང་རེ་རྗེ་ཟེར་བ་ལ། མགུར་མཛད་པས་གཅིག་ན་རེ། འདི་རྗེ་བཙུན་ཆེན་པོ་རེད། ངག་གི་ཉེས་པ་ཡོད་ཟེར་ནས་བཤགས་པ་བྱེད་དུ་བཅོལ་བ་ལ། ཡང་མགུར་མཛད་པས་ཁོང་རྣམས་དད་ཅིང་སྙིང་རྗེ་སྒོམ་མཁན་ལ་སོགས་ཡང་ལམ་སྣ་ཟིན་ཅིང་། བཤགས་པ་ལ་བསྐུལ་མི་དེ་རྟོག་ལྡན་རས་ཆུང་མ་བྱ་བ་སྲིང་བཞིར་གྲགས་པའི་གཅིག་ཏུ་གྱུར་ཏོ། །

དེ་ནས་ཡང་རྗེ་བཙུན་ཉིན་མཚན་མེད་པ་ལ་དབུ་བཏུམས་ནས་ཏིང་ངེ་འཛིན་གྱི་ངང་ལ་གཟིམས་པས། འདི་ལྟར་མཛད་པ་ཅི་ལགས་ཞུས་པའི་ལན་དུ་མགུར་མང་དུ་མཛད་པས། དེར་ཚོགས་པ་ཐམས་ཅད་ཀྱིས་ཏིང་ངེ་འཛིན་ཁོར་ཡུག་ཏུ་སོང་བར་གོ་ཞིང་། དད་པ་ཐུན་མོང་མ་ཡིན་པ་སྐྱེས་ནས། ཏིང་ངེ་འཛིན་ལ་གནས་པ་ཤ་སྟག་བྱུང་ངོ་། །དེ་ནས་ཡང་རེས་གཅིག་གི་ཚེ། རྗེ་བཙུན་ཆེན་པོ་སྨན་ལུང་ཆུ་བར་དུ་ཆུ་བོ་རྒྱུན་གྱི་རྣལ་འབྱོར་ལ་བཞུགས་པའི་ཚེ། ཆུ་ཕོ་འབྲུག་གི་ལོའི་ཚེས་བརྒྱད་ཀྱི་ནུབ་མོ། ཤ་ཟ་ཆེན་མོ་ལྷ་ལ་སོགས་པ་སྣང་སྲིད་ཀྱི་ལྷ་འདྲེ་ཐམས་ཅད་ཚོགས་ནས་ཚོ་

འཕྲུལ་སྣ་ཚོགས་བསྟན་པ་ལ། རྗེ་བཙུན་གྱིས་མགུར་མང་དུ་མཛད་པས། ཁོང་རྣམས་ཤིན་ཏུ་དད་ནས་བཟོད་གསོལ་བྱས་ཏེ་ཕྱག་འཚལ་ནས་སོང་ངོ་། །ཡང་དབྱར་ཟླ་ར་བའི་ཚེས་བཅུའི་ནུབ་མོ། མཚར་སྡུག་འོད་དུ་ཆགས་པའི་བུད་མེད་ལྔ་བྱུང་ནས། ཕྱག་འཚལ་བསྐོར་བ་བྱས་མཆོད་པ་སྣ་ཚོགས་ཕུལ་ནས། བྱང་ཆུབ་མཆོག་ཏུ་སེམས་བསྐྱེད་པའི་སྨོན་པ་ཞུ་ཟེར་བ་ལ། རྗེ་བཙུན་གྱིས་མགུར་མང་དུ་གསུངས་ཤིང་། སྐྱབས་འགྲོ་སེམས་བསྐྱེད་བསླེན་གནས་བསླབ་བྱ་དང་བཅས་པ་ཞིབ་ཏུ་གནང་བས། དགའ་ཞིང་ཞབས་སྤྱི་བོས་བླངས་ནས་སོང་ངོ་། །ཡང་ཟླ་བ་དེའི་ཕྱི་མའི་ཚེས་བཅུ་གཅིག་གི་ནུབ་མོ་སྔོན་ཆད་ཐོ་མཚམས་པའི་ལྷ་སྲིན་དེ་རྣམས་མཛེས་པའི་ཆ་བྱད་ཀྱིས་མེ་ཏོག་གི་ཆར་དང་། སྤོས་དང་རོལ་མོ་སྣ་ཚོགས་ཀྱི་མཆོད་པ་ཕུལ་ནས། ངེས་དོན་མཐར་ཐུག་པ་གཅིག་གནང་བར་ཞུ་ཟེར་བ་ལ། ངེས་དོན་གྱི་མགུར་དང་། སྒྲོལ་མའི་རིག་གཏད་ལྷ་མོ་ཀུ་རུ་ཀུལ་ལེ་ཡི་དམ་དུ་གནང་བས་དགའ་སྟེ་ཅི་གསུང་སྒྲུབ་པར་ཁས་བླངས་ནས་སོང་ངོ་། །ཡང་སྟོན་ཟླའི་མར་ངོ་ལ། མི་ལ་རིམས་ནད་སྣ་ཚོགས་བྱུང་ནས་གནོད་པར་གྱུར། ཟླ་བ་དེའི་ཕྱི་མའི་སྟོན་ཟླ་འབྲིང་པོའི་ཚེས་བཅུ་གཅིག་གི་དགོང་ཀ་བུད་མེད་མཛེས་མ་གཅིག་གིས་ཕྱག་འཚལ་ཞིང་། རྗེ་བཙུན་ཆེན་པོ་ལགས་ཁོ་མོ་དག་གི་ཇོ་མོ་བྲོ་འཚལ་བས། དེ་ལ་ཕན་ཕྱིར་གངས་ཕ་ཀི་གཤེགས་འཚལ་ཟེར་ནས་སྣུམ་བུད་དཀར་པོ་གཅིག་ནམ་མཁའ་ལ་བརྒྱངས་པའི་སྟེང་དུ་བྱོན་པས་ཡུད་ཙམ་གྱིས་ཕྱིན་པ་ན། དར་དཀར་གྱི་གུར་ནང་དུ་བུད་མེད་བཟང་བ་གཅིག་འདུག་པ་ལ། ཅི་ཙམ་ན་དྲིས་པས། ཡུལ་འདིའི་ཕྱུག་རྗེའི་དམར་ཐབས་ཆེན་པོ་ཤོར་བའི་ཁ་རླང་ཕོག་པས་མ་བདེ། ང་ཡི་ཁ་རླངས་ལ་ཡུལ་འདིར་ནད་ཡམས་སྣ་ཚོགས་བྱུང་བ། ཁོ་མོ་བདེ་ན་དེ་དག་ཀྱང་བབས་ཀྱིས་བདེ་ནས་འགྲོ་ཟེར་རོ། །དེར་རྗེ་བཙུན་གྱིས་ཡི་གེ་བརྒྱ་པའི་ཁྲུས་དང་། གཙུག་ཏོར་རྣམ་རྒྱལ་གྱི་ཚེ་བསྲིང་མཛད་པས་ཞག་བདུན་ནས་བདེ་སྟེ། ནད་ཡམས་ཞི་བའི་ཐབས་ཕུལ་བ་ཡང་མི་སྡེ་རྣམས་ལ་བསྟན་ནས་ཐམས་ཅད་བདེ་བ་ལ་བཀོད་དོ། །

དེ་ནས་ཟླ་བ་དེའི་ཉི་ཤུ་དགུའི་ཉིན་པར་བཀྲ་ཤིས་ཚེ་རིང་མ་དཔོན་གཡོག་ལྔ། ཡུལ་འཁོར་དང་། ལྷ་ཚོགས་དང་བཅས་པས་མཆོད་པའི་བྱེ་བྲག་སྣ་ཚོགས་ཕུལ་ནས། ཕྱག་འཚལ་ཞིང་མགུར་གྱི་ཞུས་ལན་མང་དུ་མཛད་པས། བར་དོ་འཕྲང་སྒྲོལ་གྱི་གདམས་ངག་རྣམས་ཞིབ་ཏུ་གསུངས། དད་ཅིང་ཞབས་སྤྱི་བོའི་བླང་སྟེ། དེ་ནས་ཡང་ཕྱི་བ་ཟླ་བའི་ཚེས་བརྒྱད་ཀྱི་ནུབ་མོ། བཀྲ་ཤིས་ཚེ་རིང་མ་དཔོན་གཡོག་ལྔས་མཆོད་པའི་བྱེ་བྲག་སྣ་ཚོགས་ཕུལ་ཞིང་། ཕྱག་འཚལ་ཏེ་མགུར་གྱི་ཞུས་ལན་བྱས

ནས་ལས་ཀྱི་ཕྱག་རྒྱ་མཛད་དེ་བུ་སློབ་ཏུ་བསྒྱུར་བ་ལ་སྟོང་གྲོགས་བྱེད་པར་ཁས་བླངས་སོ། །ཡང་ལོ་ར་རས་ཆུང་དང་དཔོན་སློབ་ལྷན་གཅིག །ཅིག་རོ་འབྲིང་འཚམས་དང་། མཚོ་ལྷའི་དྲི་ཆུང་དུ་བྱོན་པས། ཉ་མ་མང་པོས་བསྙེན་བཀུར་བྱས་ཤིང་། དེའི་ནང་ནས་བུ་མོ་གཞོན་ནུ་ལྷ་དང་མགུར་གྱི་ཞུས་ལེན་མཛད་པས། དཀྱིལ་མ་དེ་དང་ནས་ཆགས་ཕྱིར་འབྲངས་ཤིང་གདམས་ངག་ཞུས་པས། མིང་རས་ཆུང་མར་ཐོགས་ནས། སེ་མོ་དོ་ལ་ལོ་བརྒྱད་སྒོམ་ཞིང་མཁའ་སྤྱོད་དུ་བྱོན་ནོ། །ཡང་དཔོན་སློབ་རྣམས་ཆུ་བར་ན་བཞུགས་པ་ལ་ཆར་ཆེན་པོ་བབས། ཉིན་གཅིག་ཉི་མ་བྱུང་བས་ཇོ་བོ་བོན་རིའི་རྩེ་མོར་བྱོན་ནས་མགུར་མང་དུ་མཛད་པས། རས་པ་རྣམས་ཀྱང་ཉམས་རྟོགས་འཕེལ་ལོ། །

ཡང་ཡོན་བདག་དཀོན་མཆོག་བརྩེགས་ལ་སོགས་པར་མགུར་མང་དུ་མཛད་པས་སྒོམ་ལ་གནས་པ་འགའ་ཞིག་བྱུང་ངོ་། །ཡང་རེས་གཅིག་ཉ་མ་རྣམས་ཀྱིས་རས་ཆུང་བ་ལ་བསྙེན་བཀུར་བཟང་པོ་བྱས་ཤིང་། རྗེ་བཙུན་ལ་དེ་ཙམ་མ་བྱས་པར་བླ་མའི་ཞབས་འདྲེན་དུ་འགྲོ་དགོངས་ནས། རས་ཆུང་བས་བླ་མ་ལགས། ང་ཡང་འདིར་ཕྱིན་ནས་ལོ་སུམ་ཅུ་རྩ་བཞི་རེད། ད་གནས་མཇལ་དང་། གྲྭ་སྐོར་ལ་འགྲོ་ཞུས་པས། རྗེ་བཙུན་གྱིས་བཞོལ་བའི་མགུར་མང་དུ་གསུངས་ཀྱང་མ་བཅོལ་སྐྱེ་སོང་བས་སྣེ་ནམ་གྱི་ཕོ་ལ་གྲུ་ཁར་ཕྱིན་པ་དང་། རྗེ་བཙུན་ཁྲམ་པ་མི་བདུན་སྤྲུལ་ནས་བསྡིག །ཡང་རས་པ་བདུན་དུ་བསྒྱུར་ནས་མགུར་མཛད། རས་པ་བདུན་ཡང་རྗེ་བཙུན་རང་དུ་མཛད་ནས་རྟེན་འབྲེལ་བསྒྲིགས་ཤིང་། ཁྱོད་ཅིས་ཀྱང་འགྲོ་ན་འཇིག་རྟེན་གྱི་ཁྲི་མོ་དམར་མོ་གཅིག་གིས་རྐང་པ་ནས་བཟུང་ཞིང་རྐྱེན་ངན་གྱི་བར་ཆད་འབྱུང་བས་དེའི་དུས་སུ་ཁོ་བོ་དྲན་པར་གྱིས་གསུངས་ནས་སོང་ངོ་། །དེར་ཉ་མ་རྣམས་བསྙེན་བཀུར་བཟང་པོ་རས་ཆུང་བ་ལ་ཁྱེར་ཡང་མི་བཞུགས་པས། རྗེ་བཙུན་ལ་གར་བྱོན་ཞུས་པས། དབུས་སུ་སོང་གསུངས་ནས་མགུར་མང་དུ་མཛད་པས་ཁོང་རྣམས་དད་ཅིང་བློ་ཆོས་སུ་འགྱུར་རོ། །

རས་ཆུང་བ་ཡར་ལུང་སྐྱོ་ལེན་དུ་བྱོན་ནས། བཙན་པོའི་མཛེ་ནད་ཐམས་ཅད་ལ་ཕན་པར་མཛད་པའི་དྲིན་ལན་དུ། སྲས་མོ་ལྷ་ལྕམ་ལེ་མ་བུ་དང་། མལ་ཁ་ཐམས་ཅད་ཕུལ་ནས། ལྷ་ལྕམ་གྱི་ཞབས་ཏོག་བྱས་ནས་དེར་ལོ་གསུམ་བཞུགས་པ་ལ། རྗེ་བཙུན་གྱིས་ཉམ་ཐག་པའི་སྤྲང་པོ་ཕ་མ་བུ་གསུམ་གཅིག་ཏུ་སྤྲུལ་ནས་བོས་པས། རས་ཆུང་བ་སྙིང་རྗེ་སྐྱེས་ཤིང་། རབ་ཆད་རྒན་རྒོན་གཉིས་ཀྱིས་ཕུལ་བའི་གཡུ་བཟང་པོ་གཅིག་ཡོད་པ་གནང་བས། ལྷ་ལྕམ་ཁྲོས་ཏེ་ཞ་ཕོད་བྱས་པས། རས

ཆུང་བ་བྲོས་ནས་བྱོན་ཏེ། རྗེ་བཙུན་གྱི་དྲུང་དུ་ཕེབས་ཀྱང་ཞག་བཅོ་ལྔ་ལའང་མཇལ་ཁ་མ་བྱུང་། དེ་ནས་རས་པ་རྣམས་ཀྱི་གྲྭ་ལ་མཇལ་ཞིང་བཤགས་པ་བྱས། རས་པ་ལྔ་བཅུ་ཙམ་ལ་དེ་ནུབ་བདེ་མཆོག་གི་དབང་གཅིག་མཛད་ནས། ཁྱོད་འགྲོ་འདུག་མང་བས་ངའི་སེམས་སྐྱུན་དུ་བཅུག །ལར་ང་མིན་ན་ཁྱོད་ཀྱི་བླ་བཙོང་ཅི་བྱས་གསུངས་ཏེ། མནལ་གྱི་དབུས་སུ་སྟེར་སྐྱང་པོ་ལ་གཡུ་བྱིན་པའི་གཡུ་དེ་ངོ་ཤེས་ལྷག་གེ་འདུག་པས་ལུས་པོ་སྦྲིད་ཅི་ལེ་སོང་། ཡས་དུས་རེས་གཅིག་གི་ཚེ། སྐྱུང་ང་བ་དང་སྟེ་ཟུར་པའི་སློབ་མ་འགའ་ཞིག་མཇལ་དུ་སོང་བ་ལ་རྗེ་བཙུན་གྱིས་ཁྱེད་དབུས་ན་གྲུབ་ཐོབ་ཅི་འདྲ་བྱས་པས། སྐྱུང་ང་བས་ཡི་དམ་ལྷའི་ཞལ་མཐོང་བ་ཡིན། རྗེ་བཙུན་གྱིས་ཡང་མཐོང་ངམ་ཟེར་བས། མ་རིག་མུན་པ་སངས་གྱུར་ཅིང་། །སྐྱེ་བ་མེད་པའི་དོན་རྟོགས་པས། །ཞལ་ནི་མཁའ་འགྲོ་མས་ཡང་སྟོན། །ཆོས་ཉིད་ཀློང་ལ་ལྷ་རྡུ་མེད། གསུངས། ཡང་དེས་མི་ཚད་ཆོས་ཀྱང་གསུངས་ཟེར་བས། གང་ཡང་སྐྱེ་བ་མེད་པ་ཡང་། །སེམས་ཉིད་སྐྱེ་མེད་དོན་མཐོང་ན། །ཆོས་ལྷ་མཁའ་འགྲོ་མས་ཡང་གསུངས། །བླ་མས་གསུངས་པ་ཉན་སྐོམ་མེད། །གསུངས། དེར་མི་ཚད་དངོས་གྲུབ་ཀྱང་སྟེར་བྱས། ཐུན་མོང་དངོས་གྲུབ་ལ་སོགས་པ། །དགོས་པ་ཐམས་ཅད་ཚེ་འདི་རུ། །འགྲུབ་ཅེས་མཁའ་འགྲོ་མས་ཀྱང་གསུངས། །དེར་ཡང་གྲུབ་ཐོབ་ཡིན་སྐོམ་མེད། །གསུངས། ལྷ་རྗེ་སྒ་རིང་ལ་ལྷས་བཤོས་འདྲེན་ཟེར་བས། ཡིད་བཞིན་ནོར་བུ་དཔག་བསམ་ཤིང་། །མཆོག་དང་ཐུན་མོང་དངོས་གྲུབ་རྣམས། །དགོས་པ་ཐམས་ཅད་ཚེ་འདི་རུ། །འགྲུབ་ཅེས་མཁའ་འགྲོ་མས་ཀྱང་གསུངས། གཉེན་མི་བསམ་གཏན་ལ་གཞན་ཕང་ལྷས་བཤོས་འདྲེན་ཟེར་བ་ལ། མི་ཟད་ནམ་མཁའི་མཛོད་ལྟ་བུ། །ཏིང་ངེ་འཛིན་གྱི་གཡོ་སྒྲོལ་གྱིས། །བཀྲེས་སྐོམ་ཟས་ཀྱི་འདུན་པ་དང་། །བྲལ་བར་མཁའ་འགྲོ་མས་ཀྱང་བྱེད། །དེར་ཡང་གྲུབ་ཐོབ་ཡིན་སྐོམ་མེད། །གསུངས་སོ། །

ཡང་རྒྱན་ཆུ་མིག་པ་ཟེར་བའི་གཞི་གཅིག་གིས། རྗེ་བཙུན་ལ་གཤེ་སྐུར་བྱེད་པས། རེས་གཅིག་དེར་བྱོན་ནས་བཞུགས་པས། མི་རྣམས་ཀུན་གྱིས་རྡོ་དང་དབྱུག་པས་བརྡུངས་པས། དེའི་རྗེས་ཁོ་རང་རྣམས་ལ་ཕར་དོད། ཡང་ལྷ་ཁང་གཅིག་ཏུ་བཅུག་ནས་སྒོ་ལྕགས་ཀྱང་ཕྱི་ན་བྱུང་། ཡང་ནང་དུ་ཁྲིད་ནས་ཀ་བ་ལ་བཅིངས་པས་ཁོ་རང་བཅིང་ནས་འདུག །དེར་ཀུན་གྱིས་ཕྱིར་དྲུད་ཀྱང་གཡོ་འགུལ་མ་ཐུབ་སྟེ། ཤེལ་སྒོང་བར་དོའི་སེམས་བཞིན་དུ། །སྒྲིབ་བྱེད་ཐོགས་རྡུག་ཀུན་དང་བྲལ། །གཟུང་མི་ཟིན་ཅིང་བཏང་མི་ཅིག །སྐར་མདའ་ལྟ་བུའི་སྤྱོད་འགྲོས་འདི། །མ་དད་བསལ་ཕྱིར་བྱས

པ་ཡིན། །ད་ཡང་སྦྱོད་པ་མི་བྱེད་དོ། །གསུངས་པས་དད་ཅིང་བཞུགས་པ་ཕུལ་ལོ། །

ཡང་ཉིན་གཅིག་ཤིང་ལ་འཛེགས་པས་ནད་ནས་རྨ་འབྲས་སུ་སོང་བ་ལ། ནང་གཅིག་རྨ་ཡི་མལ་ཡང་མི་སྣང་སྟེ། དེ་ཅི་ལགས་ཞུས་པས། རྐྱེན་མེད་རླུང་གིས་གཡོས་པ་ལ། །སེམས་མེད་ཤིང་གིས་གནོད་པ་ཡིས། །འབྲས་ཀྱི་ཟུག་རྡུ་མི་བཟོད་པའི། །སྨན་སྦྱོར་མཁའ་འགྲོ་མ་རྣམས་བྱེད། །ཅེས་གསུངས་སོ། །ཡང་ལེགས་སེ་དང་བཀྲ་ཤིས་བརྩེགས་གཉིས་ཀྱི་སྒྲུབ་རྒྱུགས་བཅལ་ནས་འོང་བའི་ལམ་དུ། སྟག་བྱུང་བ་ལ་རྗེ་བཙུན་གྱིས་གཟིགས་ཏེ་འཛུམ་འཛུམ་མཛད་པས། སེ་བན་གྱིས་ཅི་ལགས་ཞུས་པས། རྣལ་འབྱོར་རི་ཁྲོད་འགྲིམ་པ་ཡི། །མཐུན་རྐྱེན་སྒྲུབ་པའི་ཡོན་བདག་ལ། །སྟག་སོགས་བར་ཆད་བྱེད་པ་ཡི། །འཇིགས་པ་མཁའ་འགྲོ་མ་རྣམས་བསལ། །ཁོ་བོ་འཛུམ་པ་དེ་ལྟར་ལགས། །གསུངས། ཡང་དཔོན་སློབ་བྲག་དཀར་རྟ་སོའི་རྩེ་ལ་བྱོན་པས། རྗེ་བཙུན་ལྷུང་སྟེ། སློབ་མ་རྣམས་གདུང་འཚོལ་དུ་བྱོན་པ་ལ། ཟུང་འཇུག་གཤོག་པ་ལྡན་པ་ཡིས། །འཕུར་བ་བྲག་དཀར་རྩེ་ནས་འཕུར། །བབས་པ་རོང་ཁོང་ཤོད་དུ་བབ། །ཉམས་སུ་བདེ་སྟོང་གཉིས་མེད་སྨྱོངས། །འཁོར་བ་མྱང་འདས་ཤུགས་ལས་གྲོལ། །ད་ཡང་གྲོལ་དགོས་མི་སྣམ་མོ། །གསུངས།

ཡང་བྲག་དམར་གཅིག་གི་མདུན་དུ་བཞུགས་པ་ལ། ཐུད་མེད་བརྒྱད་ཀྱི་ཕྱག་ནས་འཇུས་ཞིང་། གདན་དྲངས་ནས་རིང་ཞིག་ཏུ་ཕེབས་པ་དང་། བྲག་དེ་ཞིག་པས། རྣལ་འབྱོར་ལུས་ཀྱི་མེ་ཏོག་འདི། །སྲོག་འཇོམ་བྲག་དམར་གཤེད་མ་ཡིས། །འཆི་བདག་རྐྱེན་ལས་མཁའ་འགྲོའི་དྲངས། །ད་ཡོད་བདུད་ཀྱི་ཁྲེར་སྣམ་མེད། །གསུངས། ཡང་སྐེ་ནམ་ཆོང་དུས་ནས། ནད་པ་གཅིག་གི་རྩར་ཕྱིན་པ་ལ་ཕན་པས། ཐ་མལ་ལུས་ཀྱི་ནད་པ་ལ། །ཡི་དམ་ལྷ་ཡི་སྨན་སྦྱོར་བྱས། །གཟུང་འཛིན་གཉིས་ཀྱི་ནད་པ་ལ། །གཉིས་སུ་མེད་པའི་སྨན་སྦྱོར་བྱས། །བཞི་བརྒྱ་རྩ་བཞིའི་ནད་རྣམས་ལ། །དམ་ཆོས་རོ་སྙོམ་སྨན་སྦྱོར་བྱས། །བསལ་ནས་དད་ཀྱང་སེལ་སེལ་འདྲ། །གསུངས། ཡང་བྲན་གྱི་བོན་པོ་ནད་པ་གཅིག་གདའ་བས་མཇལ་ཙམ་གྱིས་ཕན་པ་ལ། ཞི་ཁྲོ་གཉིས་ཀྱི་དགུག་གཞུགས་བྱས། །བྱམས་དང་སྙིང་རྗེའི་རྟ་སྒྲོན་ནས། །མ་རུང་སྡོང་ཕྲག་བརྒྱད་བཅུ་ཡི། །གདོན་བསལ་ནད་པ་ཡོ་ནས་བསླངས། །ཞེས་གསུངས་སོ། །

དེ་ནས་ཡང་རེས་གཅིག་གི་ཚེ། བལ་ཡུལ་མགོན་པོ་འཕྲང་གི་བྲག་ལ་དཔལ་མ་ཏྲ་ཀ་ལའི་ལྷ་ཚོགས་བཞུགས་པས་དེར་འགྲོ་གསུངས་ནས་བྱོན་པས། བྲག་དཀར་རྟ་སོར་ཕེབས་པ་དང་། ང་འདི་

རང་དུ་ཁམས་དྭངས་གསུངས་ནས་བཞུགས་པས། དེར་འབྲི་སྒོམ་རས་པ། སེ་བན་རས་པ། ངན་རྫོང་རས་པ། ཞི་བ་འོད་ལ་སོགས་མང་དུ་བཞུགས་པ་ལ། རས་ཆུང་བས་བླ་མ་ལགས། རང་རེ་ལྷོ་བྲག་མར་པའི་ཞབས་ལ་གཏུགས་པས། དེད་སློབ་མ་རྣམས་ལ་བརྒྱུད་འཛིན་ཅིང་ཚོགས་པ་སྐྱོང་བ་འགའ་རེ་ཡི་འོང་ཞུས་པས། དེ་སྐད་མ་ཟེར་ཁྱོད་ཀྱིས་ང་ཡི་ཚོད་མི་ཟིན། ལྷོ་བྲག་མར་པའི་དྲུང་དུ་མེ་ཛོག་མཚུར་གསུམ་དང་། མགོ་ཡག་ལ་སོགས་རྟེ་རྟ་ཀ་དངོས་སུ་ཞལ་བཞུགས་པ་འདྲ་ཡོད་ཀྱང་། ང་ཡི་སྙིང་ཁར་ཕྱག་མཁར་གཏད་ནས། ཁོ་བོའི་བརྒྱུད་པ་འདི་ཁྱོད་ལ་གཏད་པ་ཡིན་པས་ཟུངས་གཅིག་གསུངས་བས། ད་ངའི་བརྒྱུད་འཛིན་དམ་པ་གཅིག་ཅི་སྟར་འོང་སྟེ་ཡུན་མི་གཙོ་གསུངས་ནས་སྙིང་པ་བརྒྱུད་ཀྱི་མགུར་མཛད་དོ། །

དེ་ནས་ཞག་བཅོ་ལྔ་ལོན་པ་དང་། ཆོས་རྗེ་དྭགས་པོ་རྗེ་བཙུན་གྱི་མདུན་དུ་ཕེབས་ནས་གསེར་དང་ཇའི་ཕྱག་རྟེན་ཕུལ་ཏེ། གསེར་དང་ཇ་བོ་བློ་མི་མཐུན། ཇ་ཡང་ཁོལ་བའི་ཐབ་ཚ་མེད། ཁྱོད་རང་གི་སྒྲུབ་རྒྱུགས་གྱིས་གསུངས་ནས་མ་བཞེས་ཏེ། མགུར་གཅིག་མཛད་ནས་དབུས་པ་སྟོན་པ་ཁྱོད་ཀྱི་སྟེ་ལེན་གྱིས་གསུངས། དེ་ནས་ཐབས་ལམ་ལ་སོགས་གདམས་པ་དཔག་ཏུ་མེད་པ་ཞུས་ནས་བསྒོམས་པས། ཡོན་ཏན་ཁྱད་པར་ཅན་ཐུགས་ལ་འཁྲུངས་ཤིང་། རྨི་ལམ་གྱི་མགུར་གོང་འོག་ལ་སོགས་པ་རྣམས་ཞུས་ལེན་མཛད་དོ། །

ཡང་ཉིན་གཅིག་བུ་སློབ་ཐམས་ཅད་ཀྱིས་བསྐོར་ནས་ཡོད་པ་ལ། མགུར་གཅིག་མཛད་ནས། ཁྱེད་ལ་ཡོན་ཏན་སྐྱེ་བ་ལ་ཆོགས་མི་འདུག་གསུངས། ཡང་བར་དོའི་གདམས་ངག་ཞུས་པས། བར་དོའི་མགུར་གཅིག་མཛད་ནས་གདམས་ངག་གནང་ནས་རས་ཆུང་བ་བྱུང་བའི་ནུབ་མོ་སེང་གེ་གཅིག་ལ་ཁྲི་མང་པོས་བསྐོར་བ་རྨིས། ཁྱེད་བྱུང་བའི་ནུབ་མོ་ཁྱུང་གཅིག་ལ་བྱ་རྒོད་མང་པོས་བསྐོར་ཞིང་། མེ་ཏོག་སེར་པོའི་ཐང་དུ་བཞུགས་པ་རྨིས་ཞིང་། བླ་མ་གོང་མ་རྣམས་ཀྱིས་བརྒྱུད་འཛིན་དུ་ལུང་བསྟན་པ་ལྟར། ང་ཡི་བརྒྱུད་པ་འདི་ཁྱོད་ལ་གཏད་པས་ཟུངས་དང་སྒྲུབ་བརྒྱུད་ཀྱི་བསྟན་པ་དར་ནས་འོངས། ད་དབུས་སུ་སོང་ལ་སྒོམས་གསུངས་ཤིང་། མགུར་གཅིག་མཛད་ནས་སྒོར་སྐྱེལ་ཐུང་མཛད་དེ། ད་ནི་གདམས་ངག་ཐམས་ཅད་རྫོགས་པར་ཐོབ་པས་རེས་གཅིག་སོང་ལ། སང་ཕོད་ཡོས་བུའི་ལོ་ཧྭའི་ཟླ་བའི་ཚེས་བཅུ་བཞི་ལ་འདིར་ཕྱིན་པ་གྱིས་གསུངས་ནས། བསྐྱལ་ཆོས་ཞལ་ལྟའི་མགུར་མཛད་དོ། །དེ་ཡང་ཡོན་བདག་བཀྲ་ཤིས་ལ་སོགས་ལ་མགུར་མང་དུ་གསུངས་པས། ཁོང་རྣམས

དད་ཅིང་སྣང་བ་ཆོས་ལ་འགྱུར། དེར་དེ་དག་དང་ལྷ་མི་ལ་སོགས་ཀྱིས་བསྙེན་བཀུར་བྱས་ནས་བསྐོ་བ་ཞུས་པས། སྒྲོལ་མ་ནམ་མཁར་བྱོན་ནས། བསྐོ་བ་མཛད་པའི་རམ་བུ་རྗེ་བཙུན་གྱིས་བརྟེགས་ཏེ། བསྐོ་བ་བྱས་པས་ཐམས་ཅད་ངོ་མཚར་དུ་གྱུར། ཡང་ལྕམ་ལྷན་ཅིག་སྐྱེས་མའི་སྒྲོན་མེ་དང་། མགུར་གྱི་ཞུས་ལེན་མཛད། དམ་པ་རྒྱག་ཕུ་པ་ལ་མགུར་གསུངས་པས་འགྲོ་བ་མང་པོ་ཆོས་ལ་བློ་འགྲོ་བ་བྱུང་། ཡང་རས་པ་འགའ་ཞིག་ཐག་རིང་དུ་བསོད་སྙོམས་ལ་སོང་བས་བུད་མེད་གཅིག་ན་རེ། ཁྱོད་ཀྱི་རྗེ་བཙུན་ཆེན་པོ་ལ་ང་ཡིས་དད་པ་བྱས་པས། རིའི་མཆོད་རྟེན་འདིའི་ནང་དུ་ཉིན་གཅིག་ལན་གསུམ་གསུམ་འཁྱོན་ནས་འགྲོ་བ་མང་པོའི་དོན་མཛད་པ་ཡིན་ཟེར་སྐད། ཡང་སྐྱེ་ནམ་རྒྱ་ར་མའི་མི་མང་པོ་བྱུང་ནས། ངེད་ཀྱིས་མནའ་མ་གྲོང་སྟོད་པས་ཁྱེར་ནས་འབྲུགས་པ་བྱུང་བས། སུས་ཀྱང་འདུལ་མ་ཐུབ་པས་བླ་མ་ལ་ཞུ་བ་ལགས་ཞུས་པས། མགུར་མཛད་ནས་འབྲུགས་པ་རང་ཞི་ལ་སོང་ཞིང་། ཐམས་ཅད་ཆོས་ལ་དད་པ་བྱུང་ངོ་། །

དེ་ནས་ཡང་རེས་གཅིག་གི་ཚེ། རས་ཆུང་བ་རྡོ་མོན་གྱི་མཚམས་སུ་ལུང་བསྟན་ཞིང་། ད་ནི་རེས་གཅིག་དབུས་སུ་སོང་། མ་འགྲོ་ཟེར་དུས་འགྲོ་རང་ཟེར། ད་མ་འདུག་པར་སོང་ལ་འགྲོ་དོན་གྱིས་གསུངས་ནས་ཞལ་ཏའི་མགུར་མཛད་པས། རས་ཆུང་བས་ཀྱང་སློན་ལམ་ཞལ་མཇལ་ལ་སོགས་ཀྱི་མགུར་ཕུལ་ནས་བྱོན་ནོ། །དེ་ནས་ཡང་དུས་རེས་གཅིག་གི་ཚེ། བྲིང་སྐྱེ་ནམ་གྱི་མི་ང་དང་མ་འཕྲད་པ་ཐམས་ཅད་འདི་རཎོག་གྱིས་ལ་སྣད་ཐོངས། ཡོད་པ་རྣམས་ཀྱི་ཚོགས་འཁོར་རྒྱུ་རེ་འབྱོར་ན་ཡང་བཟང་། དེར་ཐམས་ཅད་འཚོགས་ཤིང་ཚོགས་ཀྱི་འཁོར་ལོ་བསྐོར་སྟེ། ཆོས་མང་དུ་གསུངས་པས་ནམ་མཁའ་འོད་ཀྱིས་གང་ཞིང་མེ་ཏོག་གི་ཆར་མང་དུ་བབས་པས། འདི་ལྟར་བྱུང་བ་ཅི་ལགས་ཞུས་པས། མགུར་མང་དུ་མཛད་ཅིང་སློན་ལམ་བཏབ་ནས། ཁོ་བོ་འདིར་ཡུན་རིང་དུ་བསྡད་པ་ལ། ཁྱེད་རྣམས་ཀྱིས་བསྙེན་བཀུར་བྱས་ཤིང་། དགེ་སྦྱོར་མ་བཅགས་པ་དྲིན་ཆེ་སྟེ། འདི་ལྟར་བོས་ནས་ཆོས་བསྟན་ཅིང་སློན་ལམ་བཏབ་པ་སྟོན་མོའི་དོད་པོ་ཡིན་པས་ཡིད་ལ་ཟུངས། སྤྱིར་འདུས་བྱས་ཀྱི་ཆོས་ཐམས་ཅད་མི་རྟག་ཅིང་། ནམ་འཆི་ཆ་མེད་པས། ལུས་ངག་ཡིད་གསུམ་དམ་པའི་ཆོས་ལ་བརྩོན་པར་གྱིས་དང་ཡུལ་ཕྱོགས་འདིར་བདེ་སྐྱིད་ལེགས་པ་འོང་ཨང་གསུངས། དེར་ཕྱག་དང་བསྐོར་བ་བྱས་ཤིང་སློན་ལམ་བཏབ་ནས་དགའ་སྤྲོ་དང་བཅས་ཏེ་སོང་ངོ་། །

དེ་ནས་འབྲི་སྒོམ་དང་སེ་བན་རས་པ། ངན་རྫོང་རས་པ་སོགས་མང་དུ་ཚོགས་པ་ལ། བླ་མའི་

ཞལ་ནས། རྣལ་འབྱོར་ལུས་ཀྱི་མེ་ཏོག་འདི། །འཆི་བདག་རྐྱེན་གྱི་བ་མོ་ཡིས། །བཅོམ་ཏེ་ཕ་རོལ་འགྲོ་དུས་སུ། །ང་ལ་མགོན་སྐྱབས་སྣ་ཚོགས་འོང་། ཞེས་གསུངས་ཤིང་། འབྲི་སྒོམ་ཁྱོད་དྲང་པོ་ཡིན། ཇི་ལྟར་འོང་སྨྲོས་ཤིག་གསུངས་པ་ལ། རྗེ་བཙུན་ཆེན་པོ་ལ་མགོན་སྐྱབས་ལ་སོགས་སྐྱེ་འཆི་མི་མངའ་ཡང་། དག་མ་དག་གི་མགོན་སྐྱབས་ལ་སོགས་འབྱུང་བ་ལགས་སམ་ཞུས་པས། ཁྱོད་ཀྱིས་གོ་ནས་འདུག་གསུངས། དེར་སེ་བན་གྱིས་རྗེ་བཙུན་གྲོང་ན་ཇི་ལྟར་བྱེད་ཞུས་པས། ལྷོ་བྲག་མར་པའི་བཀའ་དྲིན་གྱིས། །བྱ་བ་ཐམས་ཅད་བྱས་ནས་ཡོད། །མི་ལ་རས་པའི་སྙིང་རུས་ཀྱིས། །བྱེད་པ་ཐམས་ཅད་ཟིན་ནས་ཡོད། །ཅེས་སོགས་མགུར་མཛད་ཅིང་། ད་ང་ཡི་ཤུལ་དུ་དངོས་པོ་ཆེན་པོ་མེད། ཨ་ག་རུ་ནག་པོ་འབའ་ཞིག་གི་ཕྱུག་འཁར་དང་། ཨ་རུ་ར་རྣམ་པར་རྒྱལ་བ་དང་། རས་ཀྱི་པན་ཞུ་དང་། རས་དུམ་གཅིག་དྭགས་པོ་ལ་བསྐུར། སྦ་པེར་དང་རས་དུམ་གཅིག་རས་ཆུང་པ་ལ་བསྐུར། གྲི་གུ་མེ་ཆམ་འདི་འབྲི་སྒོམ། པཊ་ཞུ་རྟུལ་པོ་འདི་སེ་བན་ནས་ཟུང་། རས་འདི་དུམ་བུ་གྱིས་ལ་རས་པ་རེ་རེ་ལ་རེ་རེ་བྱིན། ནོར་ཆེ་བ་མིན་ཏེ། དངོས་གྲུབ་སྣ་རེ་འོང་སྲིད། སྒོམ་ཁང་གི་ཞུག་པར་གསེར་གཅིག་ཡོད་པ་ལ་གསེར་འགྱེད་གྱིས་གསུངས་སོ། །དེར་མ་དག་པའི་བོན་སྟོན་གཅིག་གིས། ཡུལ་དུ་ནད་ཡམས་དགོན་པ་རྗེ་བཙུན་གྱི་བྱིན་རླབས་ཡིན་ཏེ། ང་ཡི་ཁ་ཡི་ཟ་ཕྱུ་འགགས་ཟེར་ནས། མཛོ་མོ་གཅིག་ལ་རྟེན་དུ་གཡུ་བྱིན་ནས། ཞོ་ཞོར་གང་ལ་དུག་བཏབས་ཏེ་བསྐུར་བ་དྲངས་པ་དང་། རྗེ་བཙུན་གྱིས་མཛོ་མོ་ཁྱོད་ཀྱིས་གཡུ་ཐོབ་པར་བྱ་བའི་ཆེད་དུ་འཐུང་བ་ཡིན་གསུངས་ནས་གསོལ་བ་དང་། ཕོར་པ་ཡང་བཀྲུས་ནས་གནང་སྟེ། མཁའ་འགྲོ་མ་ཡི་ཚད་པས་དེ་ནུབ་བོན་པོ་ཤི་བས་དུག་དྲངས་པར་ཤེས་ཏེ། ཨ་ག་མཁྱེན་བཞིན་དུ་གསོལ་བའི་དཔེ་ཡོད་དམ་ཞུས་པས། ཨ་མཚར་པོ་ང་ཡི་འདུལ་ཞིང་ཐམས་ཅད་རྫོགས་པ་ཡིན། གསུངས་ནས་གསོལ་འདེབས་དང་བསྔོ་བ་མང་དུ་མཛད་ཅིང་བོན་པོ་མཛོ་མོ་གཉིས་ཀྱང་མཐོ་རིས་སུ་དྲངས་སོ། །

དེ་ནས་རྗེ་བཙུན་ཆེན་པོ་དེ་གཞོན་ནུ་ནོར་བཟང་དང་། ནཱ་རོ་ཆེན་པོའི་རྣམ་ཐར་བཞིན་དཀའ་བ་དཔག་ཏུ་མེད་པས་བླ་མ་དམ་པ་བསྟེན་ཅིང་། གདམས་པ་ཟབ་མོའི་ཐུགས་བལྟམས་ཏེ། རི་ཁྲོད་རྣམ་དག་ཏུ་ལུས་སྲོག་ལ་ལྟོས་པ་མེད་པར་སྒྲུབ་པ་ཁས་བླང་ཞིང་བསྒོམས་པས། མཆོག་ཐུན་མོང་གི་དངོས་གྲུབ་ཐམས་ཅད་ཐོབ་སྟེ། འགྲོ་བ་མི་དང་མི་མ་ཡིན་པ་དཔག་ཏུ་མེད་པ་སྨིན་གྲོལ་གྱི་ལམ་ལ་བཀོད་ཅིང་། མཐར་ཡང་དག་པར་རྫོགས་པའི་སངས་རྒྱས་ཀྱི་མཛད་པ་དང་སྒོ་བསྟུན་ནས་ལེ་ལོ་

ཅན་ཆོས་ལ་བསྐུལ་བའི་ཕྱིར་དགུང་ལོ་བརྒྱད་ཅུ་རྩ་བཞི་བཞེས་པའི་དུས་སུ། ཆུ་མོ་ཡོས་ཀྱི་ལོ་ཧྲ་བ་ཟླ་བའི་ཚེས་བཅོ་ལྔའི་ཉི་མ་རི་རྩེར་ཤར་བ་ལ། མ་དག་པའི་སྣང་ངོར་མྱུ་ངན་ལས་འདས་པའི་ཚུལ་བསྟན་ཏོ། །དེའི་དུས་སུ་དག་པའི་སློབ་མ་ཆེན་རྣམས་ལ་འདུ་འབྲལ་མེད་པར་བཞུགས་པའི་སྣང་བ་དང་། འགའ་ཞིག་ལ་མཁའ་སྤྱོད་དུ་བྱོན་པ་དང་། སེང་གེ་ལ་བཅིབས་ནས་འབྱོན་པ་ལ་སོགས་མཐོང་སྣང་ཐ་དད་པ་བྱུང་ཞིང་། ནམ་མཁའ་ཐམས་ཅད་འཇའ་འོད་ཀྱིས་ཁྱབ་སྟེ། མེ་ཏོག་སྣ་ཚོགས་ཀྱི་ཆར་ལ་སོགས་པ་ལྟས་ངོ་མཚར་ཅན་དུ་མ་བྱུང་ངོ་། །

དེར་ཐམས་ཅད་ཚོགས་ཏེ་གདུང་བཞུ་བ་ལ་མ་འཆམས་པས། བྲིས་པ་རལ་པ་ཁམས་སིག་གེ་བ་གཅིག་ནམ་མཁའ་ལ་གར་བྱེད་ཅིང་། ཁྱེད་ཅག་མི་ཡུལ་གླེན་པ་འདི་ར། །མི་ལ་རས་པའི་གདུང་ལ་རྩོད། །བརྩད་པས་ཐོབ་ཏུ་མི་འཇུག་པ། །མཁའ་འགྲོ་སྤྱི་ཡི་དམ་ཚིག་ཡིན། །ཞེས་སོགས་དང་། །ལུང་པ་གཉིས་ཀྱི་བར་སྣང་འདི་ར། །བཞུས་ན་ཕན་པ་ཤིན་ཏུ་ཆེ། །ཟེར་བས་བྲིན་ཆུ་བར་གྱི་བྲག་སྟེང་དུ་བཞུས་པས་མཛེ་ནད་ཐམས་ཅད་ཆད་དོ། །ཡང་མཁའ་འགྲོ་མ་རྣམས་ཀྱི་ནམ་མཁའ་ནས། །རཾ་ཡེ་ཤེས་གཏུམ་མོ་མེ་ལྷའི་མེ། །ཞེས་སོགས་མགུར་བླངས་པས་ཐུགས་ཀ་ནས་མེ་རང་བྱུང་དུ་འབར་བ་ལས། མཁའ་འགྲོ་མས། རྗེ་ཡིད་བཞིན་ནོར་བུ་གཤེགས་པ་ལ། །ལ་ལ་དུ་ཞིང་ལ་ལ་བརྒྱལ། །བརྒྱལ་སངས་མྱུ་ངན་བྱེད་དུས་འདི་ར། །རང་བྱུང་མེ་ནི་རང་འབར་འགྱུར། །ཞེས་སོགས་གདུང་དབྱངས་མགྲིན་གཅིག་ཏུ་མཛད་དོ། །དེར་གདུང་ཁང་གི་སྟེང་དུ་གདུང་རིང་བསྲེལ་འདུས་པའི་གོང་བུ་སྒོང་ལྔ་བུ་འོད་འཕྲོ་བ་གཅིག་འདུག་པ་ལ། ཞི་བ་འོད་དང་། སེ་བན་གཉིས་ཀྱིས་མགུར་བླངས་ནས་གསོལ་བ་བཏབ་པས། མཆོད་རྟེན་གཅིག་ཏུ་གྱུར་ནས་བསྐལ་བཟང་གི་སངས་རྒྱས་སྟོང་དང་། བླ་མའི་སྐུ་གཅིག་ཏུ་འདུས་པས་མགུར་མཛད་ཅིང་། ནམ་མཁར་འཁོར་ལོ་བདེ་མཆོག་གི་ལྷ་ཚོགས་ཁྲ་དཔྱང་རེ་བ་གཅིག་ཡོད་པ་ལ་འཐིམས་སོ། །

མཆོད་རྟེན་མཁའ་འགྲོ་མ་དཀར་མོ་གཅིག་གིས་གདན་དྲངས་པ་ལ། ཞི་བ་འོད་ཀྱིས་མགུར་མཛད་ཅིང་གསོལ་བ་བཏབ་པས། མཆོད་རྟེན་གྱི་ནང་ནས་རྗེ་བཙུན་གྱི་མགུར་མཛད་པ་དང་། མཁའ་འགྲོ་མས་མཆོད་རྟེན་བུ་ཆེན་རྣམས་ཀྱི་དབུ་ལ་རེ་ཙམ་རེ་བྱུས་ཏེ་ནམ་མཁར་གདན་དྲངས་སོ། །དེ་ནས་ལེགས་སེ་ན་རེ། བླ་མའི་རྣམ་པར་ཐར་པ་དེ་ལ་གསེར་མེད་ཟེར་ནས་ཕྱག་པ་ཀློགས་པས། ཤུར་དཀར་ཊོག་པོ་གསུམ་རས་ཁ་གཅིག་ཏུ་བཏུམ། གྲིའི་ཡུ་བ་ཁེམ་སོའི་གྲི་རྩེ་མོས

འབུག །ལྷག་པས་མེ་ཆ་འོང་བ་གཅིག་དང་། ཡི་གེ་གཅིག་འདུག་པ་ལ་བལྟས་པས་རས་དང་བུ་རམ་གྱི་འདིས་ཚོད་དང་ཐམས་ཅད་ལ་ཁྱབ་ཅིང་ཐོབ་པར་འོང་། དངོས་པོ་ལ་ཆགས་ཞེན་སྤྲང་ཞིང་། རི་ཁྲོད་འཁྲིམ་ལ་དགོན་པ་ར་བསྐྱབ་པ་དང་མི་ཚེ་སྐྱོལ་གསུངས་པ་གདའ་བས། དེར་བུ་རམ་དང་རས་ཁ་གཉིས་བཅད་ཅིང་བཀྱེས་པས་ཟད་པ་མ་བྱུང་ཞིང་། ཐམས་ཅད་མཆེད་ནས་ཚིམ་པར་གྱུར།

དེ་ཡང་རྗེ་བཙུན་ཆེན་པོ་དེ་གནས་ངེས་མེད་རི་ཁྲོད་འཁྲིམ་པའི་བཞུགས་གནས་མང་དུ་ཡོད་ཀྱང་ཡོངས་སུ་གྲགས་པའི་རྫོང་ཆེན་བཅོ་བརྒྱད། རྫོང་ཆུང་གཉིས་དང་ཉི་ཤུ་ནི། བྲག་དམར་ལིང་པ་རྫོང་། ཧ་སོ་དབུ་མ་རྫོང་། བྲག་དཀར་སྤོ་མཐོན་རྫོང་། རྐྱང་འཕན་ནམ་མཁའ་རྫོང་། རག་མ་བྱང་ཆུབ་རྫོང་། སྨིན་འཁྲུག་འཁྲིབ་མ་རྫོང་སྟེ་ཡོངས་གྲགས་ཀྱི་མི་ལའི་རྫོང་དྲུག་གོ། བྲག་སྐྱ་རྡོ་རྗེ་རྫོང་། ཁྲ་ཚང་སྲིན་པོ་རྫོང་། སྐྱིད་པ་ཉི་མ་རྫོང་། ཁུ་བྱུག་དབེན་པ་རྫོང་། ཤེལ་ཕུག་ནམ་མཁའ་རྫོང་། རྩིག་པ་རྐང་མཐོ་རྫོང་སྟེ། སྐྱ་ཐང་རྫོང་དྲུག་གོ །རྒྱ་བྲག་ནམ་མཁའ་རྫོང་། སྦྲས་ཕུག་མ་མོ་རྫོང་། སྟག་ཕུག་སེང་གེ་རྫོང་། ལ་ཕུག་པདྨ་རྫོང་། ཁྲོ་རྒྱལ་རྡོ་རྗེ་རྫོང་། གླང་མགོ་ཀླུ་བདུད་རྫོང་སྟེ། དེ་རྣམས་སློབ་དཔོན་ཆེན་པོ་པདྨས་བྱིན་གྱིས་རླབས་པའི་དཔལ་མོ་རྫོང་དྲུག་གོ། བྲག་དམར་སྤོ་མཐོན། སྐྱིད་ཕུག་ཉི་མ་རྫོང་སྟེ་རྫོང་ཆུང་གཉིས་སོ། །ཁྱད་པར་གྱི་གནས་ནི་ལ་ཕྱི་ཆུ་བར་ཏི་སེ་གསུམ་ཡིན་ནོ། །

རྗེ་བཙུན་ཆེན་པོ་དེ་ལ་རས་པ་ཕ་བཞི་བུ་བརྒྱད་ལ་སོགས་སློབ་མ་མང་དུ་བྱུང་བའི་ཆེ་བཞི་ནི། གྱུང་ཐང་གཉན་ཆུང་རས་པ། སྟག་མོའི་འབྲི་སྒོམ་རས་པ། མདོ་བཀྲའི་སེ་བན་རས་པ། ལྟེམ་ལུང་གི་ངན་རྫོང་རས་པའོ། །ཆུང་བརྒྱད་ནི། རས་པ་ཞི་བ་འོད། རས་པ་སངས་རྒྱས་སྐྱབས། རས་པ་རྡོ་རྗེ་དབང་ཕྱུག །གཤེན་སྒོམ་རས་པ། རོང་ཆུང་རས་པ། མཁར་ཆུང་རས་པ། གཉེན་སྒོམ་རས་པ། ཁྱི་ར་རས་པ་བརྒྱད་དོ། །སྐྱ་བགྲེས་པའི་སྲས་དྲུག་ནི། ལོ་སྐོར་འུ་པ། ལོ་སྟོན་དགེ་འདུན། སྐྱོ་སྟོན་ཤག་འགུ དམ་པ་རྒྱག་ཕུ་བ། འབྲི་བན་བཀྲ་ཤིས། གཤེན་རྡོར་མོ་དང་དྲུག་གོ །ཉེ་བའི་སྲས་བཞི་ནི། རས་པ་བདེ་བ་སྐྱོང་། རས་པ་རྩལ་ཡུལ་བ། གླན་བཙུན་རས་པ། ར་རྫི་རས་པ་དང་བཞིའོ། །སྲིང་བཞི་ནི། ལེགས་སེ་འབུམ། དཔལ་དར་འབུམ། གསལ་ལེ་འོད། རས་ཆུང་མ་དང་བཞིའོ། །དེ་རྣམས་ཀྱི་ནང་ནས་མཆོག་ཏུ་གྱུར་ཅིང་། རྒྱུད་འཛིན་དམ་པ་མི་ཡི་འགྲོ་བ་འདུལ་བའི་མཆོག །དྭགས་པོ་རིན་པོ་ཆེ། མི་མ་ཡིན་གྱི་འགྲོ་བ་འདུལ་བའི་མཆོག་ཇོ་མོ་བཀྲ་ཤིས་ཚེ་རིང་མ། ཌཱ་ཀི་མ་རྣམས་འདུལ་བའི་མཆོག །ལྷན་ཅིག་སྐྱེས་པའི་སྒྲོན་མ་སྟེ། འདི་གསུམ་མཆོག་ཏུ་གྱུར་པ་ཡིན་ནོ། །

གཞན་ཡང་རྡོ་རྗེ་རིར་སྒོམ་སྒྲུབ་ལ་སོགས་གྲུབ་ཐོབ་ཉི་ཤུ་རྩ་ལྔ། རས་པ་ཉེར་གཅིག །སྟོན་པ་བཅུ། རས་མ་བཅུ་གཉིས། ཁྱིམ་པའི་ཚུལ་གྱི་གྲུབ་ཐོབ་མ་དྲུག །མགོ་བརྩམས་ཏེ་སྔར་དང་ནས་གྲུབ་པ་ཐོབ་པའི་སློབ་མ་ལ་སོགས་དཔག་ཏུ་མེད་པ་བྱུང་ངོ་། །རྗེ་བཙུན་མི་ལ་རས་པའི་རྣམ་པར་ཐར་པ་འདི་ཡང་སོ་རག་བྱ་བྲལ་གྱིས་བསྒྲིགས་པའོ། ། ||

༈ དྭགས་པ་ཆོས་རྗེ་དྭགས་པོ་རིན་པོ་ཆེའི་རྣམ་ཐར་ནི། དཔལ་ལྡན་བླ་མ་རྣམས་ལ་ཕྱག་འཚལ་ལོ། དེ་ཡང་སྐུ་འཁྲུངས་པའི་ཡུལ་ནི་གཉལ་གྱི་སེ་བ་ལུང་། རིགས་སྣི་བ། ཡབ་དབུ་གཙོ་རྒྱ་འབར། ཡུམ་ཤོ་རོམ་བཟའ་ཚེ་ལྕམ་གཉིས་ལ་སྲས་གསུམ་ཡོད་པའི་ཆེ་བ་བླ་མ་རིན་པོ་ཆེ། དེ་འོག་རྒྱས་པ་སེ་རེ། ཆུང་བ་གྲགས་པ་སེང་གེ་རེ་ལ་སྲས་གསུམ་ཡོད་པའི་ཆེ་བ་སློབ་དཔོན་སྒོམ་པ། དེ་འོག་སྒོམ་ཆུང་ཆུང་བ་གྲགས་མཛེས་སོ། །གྲགས་པ་སེང་གེའི་སློབ་དཔོན་རྗེ་སྲས་མཆེད་གཉིས་ཡིན། དེ་ཡང་ཆེ་བ་བླ་མ་རིན་པོ་ཆེ་ནི་ངོ་མཚར་ཅན་གྱི་ལྟས་དུ་མ་དང་བཅས་པས་ས་མོ་ལུག་གི་ལོ་ལ་སྐུ་འཁྲུངས་ཏེ་མཚན་སྣི་བ་ཀུན་དགའ་བྱ་བར་བཏགས། སྐུ་གཟུགས་ཤིན་ཏུ་མཛེས་ཤིང་ལྟ་བས་ཆོག་མི་ཤེས་པ་ཐམས་ཅད་ཀྱི་ཡིད་དུ་འོང་བ་གཅིག་ཡིན། དེ་ཡང་ཞི་བ་དུལ་བ་བྱམས་སྙིང་རྗེ་དང་ལྡན་ཞིང་། ཤེས་རབ་ཤིན་ཏུ་ཆེ་བས་དགུང་ལོ་བཅུ་གཅིག་ལོན་པའི་དུས་སུ། གསོ་སྦྱོད་ལ་སོགས་ལ་མཁས་པར་མཛད་དོ། །གཞན་ལ་ཡང་ཕན་པའི་སྒོ་དུ་མ་མཛད་དོ། །

དེ་ནས་དགུང་ལོ་ཉི་ཤུ་རྩ་གཅིག་ལོན་པའི་དུས་སུ། འཆིམས་པ་རྗེ་སྲས་ཀྱི་བུ་མོ་ཁབ་ཏུ་བཞེས་པས། སྲས་མིང་སྲིང་གཉིས་བྱུང་ཞིང་དར་རྒྱས་ཤིན་ཏུ་ཆེ་བར་ཡོད་ཙམ་ན། དགུང་ལོ་རྩ་དྲུག་བཞེས་པའི་དུས་སུ། སྲས་པོ་ཤི་བའི་ཕུང་པོ་བསྐྱལ་ནས་ཚུར་ཕྱིན་པ་དང་། སྲས་མོ་ཡང་ཤི། དེར་ཡུན་མ་འགྱངས་པ་ལ་ཇོ་མོ་ཡང་ནད་སྟེ། ལྟ་རྗེ་གཟུགས་བཟང་བ་ལ་ཆགས་ཤིང་། ངཤི་ནས་ཁྱེད་ཀྱི་བུད་མེད་གཅིག་ལེན་ཨང་ཟེར་ཞིང་མཆི་མ་ཤྲུམ་ཤྲུམ་བྱས་པས། ལྟ་རྗེས་ངས་བུད་མེད་མི་ལེན་ཁྱོད་ཀྱི་རྗེས་སུ་དངོས་པོ་རྣམས་གཏོང་ཞིང་རབ་ཏུ་བྱུང་ནས་ཆོས་གཅིག་བྱེད་པ་ཡིན་བྱས་པས་དེ་ར་ཤི་བ་དང་དགེ་ལས་ཆེན་པོ་བྱས་སོ། །

དེ་ནས་དགེ་བཤེས་ཤ་བ་སྒྲིང་པ་ལ་དེ་ལོ་ནས་རབ་ཏུ་བྱུང་ཞིང་བསྙེན་པར་ཡང་རྫོགས་ནས་མཚན་བསོད་ནམས་རིན་ཆེན་བྱ་བར་བཏགས། བྱ་འདུལ་བ་འཛིན་པ་ལས་ཡང་འདུལ་བ་ལ་སོགས་མང་དུ་གསན། བླ་མ་བྱང་ཆུབ་སེམས་དཔའ་ལ་ཡང་ཁྲིད་གདམས་པ་མང་དུ་ཞུས་པས་ཞི

གནས་ཀྱི་ཏིང་ངེ་འཛིན་བཟང་པོ་བྱུང་། དགེ་བཤེས་མང་ཡུལ་བློ་ལྡན་ལས་ཕ་རྒྱུད་མ་རྒྱུད་ལ་སོགས་དབང་བསྐུར་ཞུས་ཤིང་རྒྱུད་དང་གདམས་ངག་ཡང་མང་དུ་ཐོབ། དགེ་བཤེས་ཟངས་དཀར་ལ་ཡང་གསང་སྔགས་ཀྱི་དབང་དང་གདམས་པ་མང་དུ་ཞུས། ཡང་ལྷ་རྗེ་གྲུ་བ་དང་། དྭགས་པོ་འདུལ་བ་འཛིན་པ་དང་། བྲ་རབ་དང་། དགེ་བཤེས་སྒྲེ་པ་ལ་སོགས་བརྟེན་ཅིང་བྱང་ཆུབ་སེམས་སོགས་དང་། མདོ་ཕྱོགས་བཀའ་གདམས་ཀྱི་ཆོས་མང་དུ་ཞུས། དེ་ནས་ཉམས་སུ་བླངས་པས་ཏིང་ངེ་འཛིན་བཟང་པོ་རྒྱུད་ལ་སྐྱེས། རེས་ཅིག་ཐོས་པ་ཡང་མང་དུ་བྱས་ཤིང་། ཉམས་ལེན་བཟང་པོ་རང་ལ་ཡོད་ཀྱང་བཀའ་གདམས་པའི་རྣམ་ཐར་དང་། བྱང་ཆུབ་སེམས་དཔའི་སྤྱོད་འཇུག་ལ་གཅིག་བལྟ་དགོངས་ནས། དབུ་རུ་བྱང་ཕྱོགས་སུ་བྱོན་ཏེ། དགེ་བཤེས་སྟུག་རུམ་པ་དང་། རྒྱ་ལྕགས་རི་གོང་ཀ་བ་དང་། མང་ར་སྒོམ་བརྩོན་དང་། རྒྱ་ཡོན་བདག་དང་། བྲ་ཡུལ་བ་ལ་སོགས་མང་དུ་བསྟེན་ཅིང་། སྐྱེས་བུ་གསུམ་གྱི་ལམ་གྱི་རིམ་པ་དང་། བཀའ་གདམས་ཀྱི་ཆོས་རྣམས་རྫོགས་པར་གསན། གཞན་ཡང་གདམས་པ་མང་དུ་ཞུས་ནས་སློ་འདོགས་ཆོད་པར་མཛད་དོ། །

ད་ནི་སྒྲུབ་པ་གཅིག་བྱེད་དགོས་སྙམ་ནས། རང་གི་ཕ་མེས་ཀྱིས་བཙུགས་པའི་སེར་ཀ་བྲ་བའི་གཙུག་ལག་ཁང་གཅིག་ཡོད་པ་དེར་བྲང་ཁང་བདེ་མོ་གཅིག་བརྩིགས། ཕ་ཞིང་ལ་ཡོན་བདག་བྱས་ནས་སྒྲུབ་པས་ཞག་བཅུ་གསུམ་ཙམ་གྱི་མི་འཆོར་བའི་ཏིང་ངེ་འཛིན་བཟང་པོ་བྱུང་། ཆགས་སྡང་དང་རབ་རིབ་རྣམས་ཞི་ནས་གཉིད་ཐུན་ཆུང་རེ་ལས་མི་འབྱུང་ངོ་། རྨི་ལམ་དུ་ཡང་མདོ་སྡེ་གསེར་འོད་དམ་པ་ལས་བཤད་པའི་ས་བཅུ་ཐོབ་པའི་སྔ་ལྟས་ཀྱི་རྨི་ལམ་དེ་ཚོ་ཁོ་ན་རྨིས། ངས་འདི་རྣམས་རྨི་མི་ཐང་བ་ལ་སེམས་རྨིས་ཡིན་ནམ། འོན་འདྲེ་ཡི་ཆོ་འཕྲུལ་ཡིན་ནམ་ཅི་ཡིན་སྙམ་པ་བྱུང་གསུངས། ལུས་ལ་ཤིག་དང་སྲིན་བུ་རྣམས་ཡེ་མེད། ཞག་ལྔ་ལྔ་ཙམ་དུ་ཚལ་མ་མ་ཟས་ཡང་ལྟོགས་པའི་འདུན་པ་ཡེ་མི་འབྱུང་། ལུས་ལ་བདེ་བའི་ཉམས་དང་ལྡན་པ་བྱུང་། དེ་ནས་ནམ་ཟླ་དཔྱིད་ཀ་གཅིག་གི་དུས་སུ་མཚམས་ནས་བྱུང་ཞིང་ལྕགས་རིའི་ལྷོ་ཕྱོགས་སུ་སྐྱོ་བསང་ལ་བྱོན་ཙམ་ན། སྤྲང་པོ་རྒན་པོ་གསུམ་ཤིག་སྲག་ཤིང་གཏམ་མང་པོ་བྱེད་ཀྱིན་འདུག །ཁོ་བའི་སེམས་རྒྱུད་ནི་ཏིང་ངེ་འཛིན་དུ་སོང་། ཕྱུག་གིས་ནི་ཡི་དྭགས་ལ་ཆུ་སྦྱིན་བྱེད་ཅིང་ཡོད་པ་ལ་སྤྲང་པོ་གཅིག་ན་རེ། འོ་སྐོལ་གསུམ་འདྲ་བའིབསོད་ནམས་ཆུང་བ་ཡོད་པ་རྩོལ་བ་མི་དགོས་པར་ཟན་ཆེན་པོ་རེ་དང་ལོ་ཚོད་ཕོར་པ་རེ་འཕྲུང་རྒྱུ་ཡོད་ན་ཅི་ལྟ་ཟེར། གཅིག་ན་རེ་ཡིད་སྨོན་བྱེད་ན་དེ་འདྲ་ལ་མ་བྱེད་དམ་མངའ་བདག་རྩེ་སྟེ་འདྲ་བ་རེ་ཡིན་ན

དགའ་མོད་ཟེར། གཅིག་ན་རེ། མངའ་བདག་རྩེ་སྟེ་ལ་ཡང་འཆི་བ་ཡོད། མི་ལ་རས་པ་འདྲ་བའི་གྲུབ་ཐོབ་ལུས་ལ་གོས་མི་དགོས་པ། ཟས་མེད་ཀྱང་མཁའ་འགྲོ་མས་བདུད་རྩི་འདྲེན་ཏེ། སེང་གེ་ལ་བཅིབས་ནས་ནམ་མཁའ་ལ་འགྲོ་བ་དེ་ལྟ་བུ་རེ་ཡིན་ན་དགའ་མོད་ཟེར་ཞིང་འདུག །དེར་བླ་མ་རིན་པོ་ཆེའི་ལུས་བ་སྤུ་རྣམས་ཟིང་གིས་སོང་ནས། མིག་མཆི་མས་འཁྲུགས་པ་གཅིག་བྱུང་། སྔར་གྱི་དེ་མ་ཡིན་པའི་དད་པས་ཀུན་ནས་བསླངས་བའི་སེམས་རྒྱུད་ལ་སྐྱེས་ནས་འདུག །ཡུན་རིང་པོ་གཅིག་ཏུ་འགྲོ་ཡང་མ་ཤེས། དེར་བྲང་ཁང་དུ་ཕྱིན་ནས་དགེ་སྦྱོར་གྱི་གཙོ་བོ་ཡན་ལག་བདུན་པ་བྱེད་པ་ཡིན་པས་དེ་བྱས་ཙ་སྟོར་མིན་སྟོར་ཡིན་སོང་། ང་ཅི་རེད་པ་ཡིན་སྙམ་ནས་མལ་དུ་བཞུགས་ཅིང་སྒོམ་པས། ཁང་པ་ལ་སོགས་ཕྱི་རོལ་གྱི་ཡུལ་རྣམས་མེད་པར་སོང་། འཇིག་རྟེན་གྱི་ཁམས་ཐམས་ཅད་ཡིད་ཀྱི་ཡུལ་དུ་བྱུང་བའམ། སེམས་ཅན་ཐམས་ཅད་ཀྱི་སེམས་ཤེས་པ་སྙམ་བྱེད་པ་གཅིག་བྱུང་། ཁམས་དང་དབང་པོའི་བྱེ་བྲག་རྣམས་ཀྱང་ཤེས་སྙམ་བྱེད། དེར་དགོངས་ཐུན་ཐོན་ནས་སྒྲུང་པོ་དེ་ཀུན་གར་སྣང་བལྟས་པས་མགྲོན་ཁང་གཅིག་ཏུ་ཉལ་འདུག །ད་ནང་ཁྱོད་ཀྱིས་གླེང་བའི་གྲུབ་ཐོབ་དེ་གར་ཡོད་བྱས་པས། དེ་ན་རེ། མང་ཡུལ་གུང་ཐང་བྱ་བ་ན་ཡོད། མི་ལ་རས་པ་བྱ་བ་ཡིན། དེའི་བླ་མ་གོང་མ་རྣམས་གང་ཡིན་བྱས་པས། དེའི་བླ་མ་དེ་མར་པ་ལོ་ཙྪ་བྱ་བ་ཡིན། དེའི་བླ་མ་ནཱ་རོ་པཎ་ཆེན་བྱ་བ་ཡིན་ཟེར། ཆོས་ཅི་གསུངས་བྱས་པས། ནཱ་རོའི་ཆོས་དྲུག་བྱ་བ་དགྱེས་རྡོར་གྱི་གདམས་ངག་ཟེར་བ་གཅིག་གསུངས། དེད་ཀྱིས་ཞལ་མ་མཐོང་། མི་ཐམས་ཅད་འགྲོ་ཞིང་འདུག་པ། ཕལ་ཆེར་གྱིས་སོང་ཡང་མ་རྙེད། ལ་ལས་མཆོད་རྟེན་དཀར་པོ་གཅིག་ཏུ་མཐོང་། ལ་ལས་ཤཱཀྱ་ཐུབ་པར་མཐོང་བ་སོགས་སྤྲུལ་པ་སྣ་ཚོགས་སྟོན་ནུས་པ་གཅིག་འདུག །གཙོ་ཆེར་བྲག་དང་སྐྱེ་ནམ་གྱི་རི་ཁོ་ན་ལ་བཞུགས་ཟེར། འོན་ང་དེར་འགྲོ་བས་རོགས་བྱེད་དམ་བྱས་པས། ཁྱོད་གཞོན་ནུ་གཅིག་འདུག་པས་ངས་ཁྱོད་ཀྱི་རྗེས་མི་སླེབས་ཁྱེད་རང་སོང་དང་ལ་སྟོད་རང་ནས་ཤེས་འོང་། ཁོང་གྲགས་པ་ཆེ་བ་ཡིན་ཟེར། དེར་ནང་དུ་བྱོན་ནས་ཟན་ཆེན་པོ་དང་ལོ་ཚོད་བསྐོལ་ནས་ཚིམ་པར་བྱས་སོ། །

དེ་ནས་དཀོན་མཆོག་ལ་མཆོད་པ་བྱས། གསོལ་བ་བཏབ་ནས་ཉལ་བའི་རྨི་ལམ་དུ། རག་དུང་རིང་པོ་གཅིག་བུས་པས་སྐད་འཇམ་བུའི་གླིང་དུ་ཐོས་པ་རྨིས། དེང་སང་དབུས་གཙང་གཉིས་ན་རག་དུང་འདི་བས་སྒྲ་ཆེ་བ་མེད་བྱས་པ་རྨིས། ཡང་ནམ་མཁའ་རྟེན་མེད་པ་ལ་ཙ་བོ་ཆེ་གཅིག་བཏེགས་ནས་བརྡུང་བས་སྐད་ཡང་དག་པ་བྱུང་། དེའི་སྒྲ་ལ་རི་དྭགས་མང་པོ་ཉན་ཞིང་འདུག །མི་དཔག་ཏུ་

མེད་པ་ཡང་འདུག །མོན་མོ་ལྷ་བུའི་བུད་མེད་གཅིག་གིས་མི་འདི་ཚོ་ལ་ཇ་འདི་བཏུང་། རི་དྭགས་འདི་ཚོ་ལ་འདི་བྱིན་ཟེར་ནས་འོ་མ་ཐོད་ཕོར་གང་བྱིན་པ་རྨིས། འདིས་རི་དྭགས་འདི་མི་མཆེད་བྱས་པ་ལ། ཁྱེད་རང་འཕྱུང་རི་དྭགས་ལ་བྱིན་དང་འདི་རྣམ་པས་འགྲོ་བ་རིགས་དྲུག་གི་སེམས་ཅན་ལ་ཡང་མཆོད་ནས་སོང་། ངའི་ཉི་མ་ནུབ་ཕྱོགས་སུ་འགྲོ་བ་ཡིན་ཟེར་ནས་སོང་བ་རྨིས། ད་ལྷ་སྣོད་དང་མི་ལྡན་པ་ཚོ་ལ། ལམ་རིམ་གྱིས་སྦྱངས་ཏེ་ཇ་ལ་ཉན་པའི་མི་དེ་རྣམས་ཡིན་པར་འདུག །བཀའ་གདམས་པའི་བླ་མ་དེ་རྣམས་དྲིན་ཆེ་བར་འདུག་གསུངས། རི་དྭགས་དེ་རྣམས་ང་ཡི་སློབ་མ་རི་ཁྲོད་འཛིན་པའི་མི་ཚོ་ཡིན་པར་འདུག་སྟེ། བླ་མ་མི་ལའི་ཐབས་ལམ་ཕྱག་ཆེན་ཁ་ན་བསྒྲུངས་པས། སྔོན་གྱི་རྨི་ལམ་གྱི་སྙིང་ཁ་ནར་སོང་གསུངས། དེར་ཞིང་བཟང་པོ་གཅིག་ཡོད་པ་གསེར་སྲང་དོ་ལ་བཙོང་ནས། དགེ་བཤེས་ལྷུགས་རི་བའི་མདུན་དུ་ཕྱི་ཕྱག་འཚལ་ཏེ། བལ་བོད་འཚམས་སུ་རྗེ་བཙུན་གྱི་དྲུང་དུ་འགྲོ་ཞུས་པས་བཀའ་མ་གནང་། ཡང་བསྐྱར་ནས་ཞུས་པས་འཐད་གསུངས། དགེ་བཤེས་རྒྱ་ཡོན་བ་ལ་ཞུས་པས་འཐད་གསུངས། དེར་གྲུབ་ཐོབ་གཅིག་ཡིན་པར་གྲགས་པས་རེས་གཅིག་སོང་ལ། ལོ་གཅིག་ཡན་མ་འགོར་བར་ཆོས་ཀྱི་སྐྱོས་མ་ཟུངས་ལ་འདིར་ཡང་ཕྱིར་ལམ་ཤོག་གསུངས་ནས་ལམ་རྒྱུགས་གསེར་ཡང་གནང་། སྤྱང་ང་བའི་ཞལ་ནས། ཁྱོད་རྣལ་འབྱོར་པ་ཁྱི་ཐུལ་ཅན་གྱི་རྩ་ར་མ་འགྲོ་ཅིས་ཀྱང་འགྲོ་ན་དེད་ཀྱི་རྟགས་དང་ང་དང་མ་བོར་བར་སེར་སྐྲ་ལ་ཕན་ན་ཁྱི་ཚིལ་བཟང་ན་ཡང་ཁྱི་ཚིལ་ཡིན། ཟངས་དེད་ཀྱི་བཏུང་ཟངས་སྐད་མིའི་འདོན་པ་གཅིག་འོང་བར་འདུག་སྟེ་ཐབས་མེད་གསུངས། སྟག་རུམ་པའི་ཞལ་ནས། ཁོ་བོ་ཡང་རྒས་པས་ཅི་ལྟར་ཤོག་གསུངས་ཤིང་བླ་མ་རྣམས་ཀྱི་བཀའ་གནང་བ་ཡང་ཐོབ་བོ། །

ཡང་རྨི་ལམ་དུ་མི་དཀར་པོ་འོད་ཀྱི་རང་བཞིན་ཅན་ཤིན་ཏུ་མཛེས་པ་གཅིག་གིས། ལྷ་བའི་མན་ངག་རྡོ་རྗེའི་ཚིག་བཞི་བྱ་བ་གསུངས་པས་ཕྱིས་རྗེ་བཙུན་གྱི་གསུངས་དང་ཁྱད་མ་བྱུང་སྟེ། སྤྱན་རས་གཟིགས་རྣམ་འཕྲུལ་ཡིན་པར་འདུག་གསུངས། དེ་ནས་ས་མོ་གླང་གི་ལོ་སོ་གཅིག་བཞེས་པའི་དུས་སུ་འགོང་སྟོན་སྦྲང་སྟོན་གཉིས་དང་ཕྲད་དེ་འགྲོགས་ནས་བོད་ཚུག་གི་ཟླ་བ་ཕྱེད་གཉིས་ཀྱི་ས་བཅད་ནས། ཞག་བཞི་བཅུས་སླེབས་པར་བྱས་པ་ལ། འགོང་སྟོན་མགུར་མོ་ཚོང་འདུས་ནས། དེ་ནས་ཞག་བདུན་སོང་བ་ན་སྦྲང་སྟོན་ལུས། དེར་བྱོན་ནས་ཉི་མ་ཕྱེད་གཉིས་ཀྱི་ས་བཅད་ནས་འགོ་ཡམ་བྱ་བའི་སྒང་གཞི་དྲག་པོ་གཅིག་བྱུང་ནས་ཉིན་ཞག་བདུན་དུ་ལུས་པ་ལས། རྗེ་བཙུན་བཞུགས

པའི་གང་དེ་ལ་བལྟས་ཞིང་གསོལ་བ་བཏབ་པས་སྨྱུང་དེ་ལས་གྲོལ་བར་གྱུར། དེ་ནས་བཀྲ་ཤིས་སྒང་དུ་བྱོན་ནས་བུད་མེད་ཐག་འཐག་པ་གཅིག་འདུག་པ་ལ། རྗེ་བཙུན་མི་ལ་རས་པ་བྱ་བ་གཞན་རྒྱུད་ཀྱི་བསམ་པ་མཁྱེན་ཞིང་། སྤྲུལ་པ་སྣ་ཚོགས་སྟོན་នུས་པ་གཅིག་བཞུགས་ཟེར་བ་གང་ན་བཞུགས་བྱས་པས། དེ་རྒྱུས་ཡོད་པའི་ཉ་མ་གཅིག་བསྟན་ནོ་ཟེར་བ་ལ། བུད་མེད་རྒན་མོ་རས་གོས་ཀྱི་སྙིང་ན་རྒྱ་མ་ལྷོད་དེ་བ་བཅིངས་པ་གཅིག་ལ་དྲིས་ཟེར་བས། དེ་ལ་དྲིས་པས་བུད་མེད་དེ་ན་རེ། དོ་ནུབ་སླེབས་པ་མེད། ང་ཡི་ཁང་ཐོག་ཏུ་བཞུགས་ཟེར་ནས་སྙིང་ཁང་གཅིག་གི་ནང་དུ་གདན་དྲངས་པས། ཁར་སང་རྗེ་བཙུན་ཆེན་པོའི་སྤྱན་སྔར་ཕྱིན་པས། དབུས་ནས་བཀའ་གདམས་པའི་སྟོན་པ་གཅིག་ང་ལ་འཕྲད་དུ་འོང་བས། དེ་དང་མཇལ་སྣ་སུས་བྱས་པ་དེ་ལ་ངན་སོང་གསུམ་གྱི་འཇིགས་པ་ལས་སྐྱོབ་པར་ནུས་གསུངས་པས། ང་ཡི་བུ་མོ་སྒོམ་མ་གཅིག་རྗེ་བཙུན་གྱི་དྲུང་ན་ཡོད་དེ་མོ་ལ་མཇལ་སྣ་བཙོལ་བ་ཡིན་ཟེར། ཕྱི་དེ་ནང་པར་བྱོན་ནས་བཞུགས་སར་ཕེབས་པ་ལ། སྣེ་ཤང་ཁྲི་ར་བ་བྱ་བ་གཅིག་བླ་མའི་ཉེ་གནས་བྱེད་ཅིང་འདུག་པས། དབུས་པ་སྟོན་པ་ཁྱེད་འདིར་བྱོན་པ་བླ་མས་མཁྱེན་ཅིང་ཐུགས་ལ་འདོགས་པར་འདུག །ད་དང་ཐུང་མ་བྱེད་པར་འདིར་སྡོད་དང་མཇལ་བ་ཡིན་ཟེར་ནས་ཕ་བོང་གཅིག་གི་འོག་ཏུ་བཞག །སེ་བན་རས་པས་ཀྱང་ཕྲུ་བ་གཅིག་དང་ཤིང་དབང་གང་བྱིན་ནས་འདི་སྐད་ཟེར། དོ་ནུབ་གསོལ་བ་བཏབ་ཅིང་དེར་བསྡད། དེ་ནས་ཕྱིར་ཉིན་ཉིན་ཕྱེད་ཙམ་ན་ཤོག་ཟེར་བ་ལས་བླ་མ་ཕ་བོང་གཅིག་གི་སྟེང་དུ་བཞུགས་ཏེ། རས་པ་རྣམས་ཀྱི་བསྐོར་ནས་འདུག །དེར་ཕྱག་འཚལ་ཞིང་གསེར་སྲང་གང་དང་། ཇ་ཟེ་བོལ་གཅིག་ཕྱག་རྟེན་བྱས་པ་ལ། གསེར་དང་བན་རྒན་བློ་མི་མཐུན། ཇ་ལ་བསྐོལ་བའི་ཐབ་ཆ་མེད། ཁྱེད་རང་བསྒྲུབ་པའི་ཆ་རྐྱེན་གྱིས་གསུངས་ནས་མ་བཞེས། ཆང་ཐོད་ཕོར་གང་གསོལ་བའི་འཕྲོ་གདའ་བ་གནང་བས། རྗེན་དགེ་སློང་ཡིན་པ་དང་སྒྲུ་འཁོར་མང་བས་ལེན་མ་ནུས་པ་ལ། རྣམ་རྟོག་མ་མང་བར་འཐུང་གསུངས། དེར་ལྷག་མ་མ་ལུས་པར་འཐུང་བས། བརྒྱུད་པ་ཟིན་ཅིང་གདམས་ངག་མ་ལུས་པའི་སྣོད་དུ་གྱུར་པར་མཁྱེན་ཏོ། །

དེ་ནས་ཕ་བོང་གཅིག་གི་འོག་དེར་འཁན་པ་དང་། རི་ཤོ་ཁོག་མོ་དང་། ཤང་ཤིང་རྣམས་བསྡུས་ནས་ཕྱེད་སྐྱོལ་བ་བྱས། ཡོན་བདག་མོ་དཀོན་འབར་དང་། འབར་སེང་གཉིས་ལ་གསེར་ཞོ་རེ་གཙོང་བའི་རིན་ཕྱེ་བླང་ནས་ཁྲིད་ཞུས། བླ་མའི་ཞལ་ནས། ཁྱོད་ལ་དབང་བསྐུར་གྱི་བཀའ་ཡོད་དམ་གསུངས། དགེ་བཤེས་མང་ཡུལ་བློ་ལྡན་ཤེས་རབ་ལས་གསང་འདུས་ཀྱི་དབང་བཞི་རྫོགས་པར

ཞུས། དགྱེས་རྡོར་གྱི་དབང་ལན་གཉིས། བདག་མེད་མའི་བྱིན་རླབས་དང་གསུམ། རྗེ་བོ་ལུ་ཧི་པའི་བཀའ་བབས་རིན་ཆེན་རྒྱན་དྲུག་མའི་བྱིན་རླབས་དང་། གཞན་ཡང་བླ་མ་མང་པོ་ལས་དབང་བསྐུར་མང་དུ་ཐོབ། ང་ལ་ཞག་བཅུ་གསུམ་དུ་མི་འཚོར་བའི་ཏིང་ངེ་འཛིན་བཟང་པོ་ཡོད་ཞུས་པས། ཧ་ཧ་གསུངས་ཤིང་གད་མོ་ཆེན་པོ་གཅིག་མཛད་ནས། བྱེ་མ་བཙིར་བ་ལ་མར་ཁུ་མི་འོང་། ཞུངས་ཀར་བཙིར་བ་ལ་མར་ཁུ་འོང་བ་ཡིན། དེ་འདྲ་ལ་དགོས་པ་མེད། ང་ཡི་གཏུམ་མོ་ཨ་ཐུང་གི་སྒྲོག་རྩོལ་འདི་སྒོམ་དང་། སང་དུ་བཟོད་སེམས་ཀྱི་ངོ་བོ་མཐོང་ནས་འོང་གིལ་ར་བོད་ཀྱི་སྙིང་ལ་འདྲེ་ཞུགས་པས། ཨ་ཏི་ཤ་ལ་གསང་སྔགས་བཤད་མ་བཅུག་པས་མི་མང་པོ་འཕྱུང་གསུངས། བཀའ་གདམས་པ་ལ་ཡང་གསང་སྔགས་ཀྱི་གདམས་ངག་ཡོད་ཞུས་པས། དེ་ཚོ་གསང་སྔགས་ཡིན་ཏེ་དོན་སྔགས་ཀྱི་མན་ངག་མིན། སྒྲུབ་ཐབས་རྒྱུད་པ་རེ་རེར་རྫོགས་རིམ་སྟོད་བཅུད་བསྡུས་པ་རེ་རེ་བཤད་ནས་འདུག་སྟེ། རྫོགས་སྦྱོད་ཀྱི་ཏིང་ངེ་འཛིན་བྱ་བ་ཡིན། ལམ་རིམ་གྱི་བདག་མེད་རང་བསྒོམ་པ་དོན་དཔྱད་རྒྱུད་པ་ཡིན། ཁ་རོག་ཐབས་ལམ་སྒོམ་གསུངས།

དེ་ནས་བླ་མ་ལྷ་རྗེ་ལ་རྨི་ལམ་གྱི་ལྟས་བྱུང་བའི་དོན་མགུར་དུ་ཞུས་པ། མདང་གསུམ་གཉིད་ཀྱི་རྨི་ལམ་ན། །ཡ་གི་སྤྱི་བོའི་གཙུག་རུམ་ན། །གཡུ་འབྲུག་སྔོན་མོ་འཁྱིལ་བ་རྨིས། །གཡུ་ཡི་ན་བུན་འཐིབས་པ་རྨིས། །དུང་གི་ཁྲུ་འཕང་བབས་པ་རྨིས། །གཡས་སུ་ཁྲུང་ཞིག་ལྡིང་བ་རྨིས། །གཡོན་དུ་རྒོད་ཅིག་འཕོར་བ་རྨིས། །དཔྲལ་བར་ཉི་མ་ཤར་བ་རྨིས། །གལ་ལྷ་ཕྲག་ལ་བཀལ་བ་རྨིས། །གླང་དཀར་ཕྱུག་ན་བསྣམས་པ་རྨིས། །རྒྱབ་ཏུ་དགྲ་ལྷ་བསད་པ་རྨིས། །མདུན་དུ་ཆུ་མིག་བརྡོལ་བ་རྨིས། །འོག་ན་སེང་གེ་ཉོན་པ་རྨིས། ཞེས་ཞུས་པ་ལ། བླ་མའི་ཞལ་ནས། ཨེ་མ་སྐལ་ལྡན་ལས་འཕྲོ་ཅན། །རྨི་ལམ་མི་ངན་རྨི་ལམ་བཟང་། །སྐྱེས་བུ་ལས་དང་སྐལ་པར་ལྡན། །ཡ་གི་སྤྱི་བོའི་གཙུག་རུམ་ནས། །གཡུ་འབྲུག་སྔོན་མོ་འཁྱིལ་བ་དེ། །བླ་མ་རྗེ་བཙུན་བཞུགས་པ་ཡིན། །གཡུ་ཡི་ན་བུན་འཐིབ་པ་དེ། །སངས་རྒྱས་ཞིང་ཁམས་སྤྲིབས་པ་ཡིན། །དུང་གི་ཁྲུ་འཕང་འབབ་པ་དེ། །ཉོན་མོངས་ཐ་བ་སྦྱང་པ་ཡིན། །གཡས་ན་ཁྲུང་ཅིག་ལྡིང་བ་དེ། །དཔའ་བོ་དཔའ་མོ་འཕོར་བ་ཡིན། །གཡོན་ན་རྒོད་ཅིག་ལྡིང་བ་དེ། །རིག་འཛིན་ཕོ་མོ་འཕོར་བ་ཡིན། །དཔྲལ་བར་ཉི་མ་ཤར་བ་དེ། །འཕགས་པའི་སྤྱན་གྱིས་གཟིགས་པ་ཡིན། །གལ་ལྷ་ཕྲག་ལ་བཀལ་བ་དེ། །ཐབས་ཤེས་ཟུང་དུ་འབྲེལ་བ་ཡིན། །གླང་དཀར་ཕྱུག་ན་བསྣམས་པ་དེ། །བག་ཆགས་དབྱུག་པས་དེད་པ་ཡིན། །རྒྱབ་ཏུ་དགྲ་ལྷ་བསད་པ་དེ། །དུག

ལྷ་རྒྱུད་ནས་བཅད་པ་ཡིན། །མདུན་དུ་རྒྱ་མིག་བརྫོལ་བ་དེ། །རྣལ་འབྱོར་བསོད་ནམས་སྐྱེས་པ་ཡིན། །
འོག་ན་སེང་གེ་ཞོན་པ་དེ། །བདུད་བཞི་ཟིལ་གྱིས་མནན་པ་ཡིན། །ཅེས་གསུངས་སོ། །

དེ་ནས་རྗེ་བཙུན་བལ་ཡུལ་དུ་འབྱོན་གསུངས་པས། འཁོར་རྣམས་བལ་ཡུལ་དུ་ཚད་པ་ཡོད་ཟེར་ནས་སེམས་ནད་བྱེད་ཅིང་འདུག །ཁོ་བོ་ནི་ཚད་པས་ཤི་ཡང་ཆགས་ཕྱིར་འགྲོ་དགོས་སྙམ་པ་ལ། བྲིན་ནས་བླ་མ་འབྱོན་པར་ཐོས་ནས་ཕྱུར་བ་ཆེན་པོ་བཏང་ཞིང་ཕྱག་རྟེན་གསེར་ཞོ་གསུམ་དང་འབྲས་མང་པོ་སྤྱངས་ཀྱང་མ་བཞེས་ཏེ། དེའི་ནང་པར་ནས་བྱོན་ཏེ་བྲག་རྒྱ་གཅིག་ཏུ་བཞུགས་པས། བུད་མེད་གོས་ནག་པོ་གྱོན་ཞིང་བོང་རིང་བ། ངམ་ནག་པ་མིག་རྒྱ་དམར་བ་གཅིག་བླ་མའི་ཞལ་ལ་འབྲུ་ཚུགས་སུ་བལྟས་ཏེ། འགྲོ་བ་གར་འགྲོ། གཏོང་མཁན་སུ་ཡིན་ཟེར། དེའི་ནུབ་མོ་ནས་ཐུགས་འཁྲུར་ཞིང་མ་བྱོན། བུད་མེད་དེ་ཡང་མཁའ་འགྲོ་མར་འདུག་གསུངས། དེ་ནས་སྨན་ལུང་དུ་བཞུགས་ཏེ་ཆོས་ཞུས་པ་ལ། སྔར་དབང་བསྐུར་རྣམས་ཀྱིས་གོ་མི་ཆོད་པ་མིན་ཏེ། རྟེན་འབྲེལ་ཡིན་པས་ང་རང་གི་ལུགས་ཀྱི་བྱིན་རླབས་ཆུང་ངུ་གཅིག་བྱ་དགོས་གསུངས་ནས། སིན་རྡྷུ་རའི་དཀྱིལ་ལ་བརྟེན་ནས་སྨན་བརྒྱུད་ཀྱི་བྱིན་རླབས་མཛད་དོ། །དེ་ནུབ་རྗེ་བཙུན་གྱི་སྤྱན་སྔར་ཉལ་ཞིང་གསུང་གླེང་ཁོ་ཐག་ཆོད་པ་གཅིག་ཞུ་དགོས་སྙམ་ནས། བྲག་ནང་དུ་བྱོན་ཏེ། བླ་མ་རིན་པོ་ཆེ་ཚོགས་གསོག་པའི་སྟོབས་གང་ཆེ་བ་ལགས། བདག་གིས་དགེ་བཤེས་རྒྱ་ལ་ཞུས་པས་ཁོང་ན་རེ། གསང་བ་འདུས་པ་དང་། རྡོ་རྗེ་གདན་བཞི་ལ་སོགས་པ་རྣམས་ནས་ཀྱང་། དུས་གསུམ་སངས་རྒྱས་ཀུན་མཆོད་པས། །སློབ་དཔོན་བ་སྤུ་ཁུང་བུ་མཆོད། །ཅེས་གསུངས། དུས་གསུམ་གྱི་སངས་རྒྱས་ཐམས་ཅད་ལ་རིན་པོ་ཆེའི་ཕུང་པོ་རི་རབ་ཙམ་སྤུངས་ནས་ཕུལ་བ་ལས། བླ་མའི་བ་སྤུའི་གཅིག་མཆོད་པ་བསོད་ནམས་ཆེ་གསུངས། དེ་བས་ཟབ་པའི་ཚོགས་བསག་ཐབས་ཡོད་དམ་ཞུས་པས། གཅིག་ཡོད་གསུངས། དེ་བདག་ལ་གནང་བར་ཞུ་ཞུས་པས། བླ་མས་བསྟན་པའི་གདམས་ངག་དེ་ཚུད་མ་ཟོས་པར་ཉམས་སུ་བླངས་ན་དེ་ཀ་ཡིན་གསུངས། བདག་གིས་དགེ་བའི་བཤེས་གཉེན་སྟུག་རུམ་པ་ལ་ཚེ་གཅིག་ལུས་གཅིག་ལ་སངས་རྒྱས་པ་སྒྲིད་དམ་ཞུས་པས། ཚེ་འདི་ལ་ལྟོས་པ་སྤུ་ཙམ་ཡང་མེད་པ་གཅིག་དགོས་པ་ཡིན་གསུངས། དགེ་བའི་བཤེས་གཉེན་ཡར་ཀླུང་པ་ལ་ཞུས་པས་གསུངས་དེ་ངེས་པ་ཅན་མིན། དགོངས་པ་ཅན་ཡིན། སྨན་རིལ་བུ་འགྲུབ་པ། ཚེ་ཉི་ཟླ་དང་མཉམ་པ། སྐྱེ་བ་བདུན་པ་ཡིན་པ། ཡི་དམ་ལྷ་ཡི་ཞལ་མཐོང་བ། མཁའ་སྤྱོད་དུ་འགྲོ་ནུས་པ་གཅིག་དགོས་པ་ཡིན་གསུངས། དེ་ལྟར་དུ

ལགས་སམ་ཞུས་པས། གསུངས་དེ་དགོངས་པ་ཅན་མིན། ངེས་པ་ཅན་ཡིན། ཚེ་འདི་ལ་ལྟོས་པ་མེད་པ་གཅིག་གིས། བླ་མ་མཚན་ཉིད་དང་ལྡན་པ་གཅིག་ལ་སློབ་མ་སྣོད་དང་ལྡན་པ་གཅིག་གིས། གསང་སྔགས་ཀྱི་དཀྱིལ་འཁོར་དུ་དབང་རྫོགས་པར་ཞུས་ནས། བསྐྱེད་རྫོགས་ཀྱི་གདམས་ངག་བར་མ་ཆད་པར་བསྒོམས་པས། རབ་ཚེ་འདིར་སངས་རྒྱས། འབྲིང་འཆི་ཀའམ་བར་དོར། ཐ་མ་ཡང་སྐྱེ་བ་བདུན་ནམ་བཅུ་དྲུག་ཚུན་ལ་འགྲུབ། དེས་མ་གྲུབ་ན་དམ་ཚིག་ལ་སེལ་ཡོད་པ་ཡིན་ཏེ་རེ་ཞིག་ངན་སོང་དུ་སྐྱེ་དོགས་ཡོད། ལར་ལྷ་རྗེ་སྟོན་པ་ཁྲིད་ལྟ་བ་ཁ་ལྟ་ལ་བསྐུར་བའི་མི་དང་བློ་མ་བསྟུན། དེའི་ངག་ལ་མ་ཉན། རྗེས་སུ་མ་འབྲངས། བསྒོམ་པ་ཉམས་སུ་ལེན་པའི་མི་དང་བློ་བསྟུན། དེའི་ངག་ལ་ཉོན། རྗེས་སུ་འབྲངས་དགོས་པ་ཡིན། གྲོས་ཕྱུག་ཐམས་ཅད་ཚེ་འདི་བློས་བཏང་བའི་སྐྱེས་བུ་དམ་པ་རྣམས་ལ་བྱེད་དགོས། ཚེ་འདིས་མིག་ཁྲིད་པའི་གང་ཟག་འགའ་ཞིག་གིས་ཆོས་བརྒྱད་སློབ་དུ་འོང་བ་ཡིན། ལར་སྟོང་ཉིད་ལ་ཤོར་ས་ཡོད་པ་ཡིན་ཏེ། སྟོང་ཉིད་རྒྱས་འདེབས་སུ་ཤོར་བ་དང་། ཤེས་བྱའི་གཤིས་ལ་ཤོར་བ་དང་། གཉེན་པོར་ཤོར་བ་དང་། ཆགས་པར་ཤོར་བ་དང་། བཞི་ཡིན་ཏེ། སྟོང་ཉིད་རྒྱས་འདེབས་སུ་ཤོར་བ་ནི་འདི་ལྟར་བཟུང་བ་དང་། འཛིན་པ་བློ་ཡུལ་དུ་བྱུང་བའི་ཆོས་ཐམས་ཅད་སྟོང་པ་ཉིད་ཟེར་བ་ཡིན། སྟོང་ཉིད་ཤེས་བྱའི་གཤིས་ལ་ཤོར་བ་བྱ་བ། འདི་ལྟར་འཁོར་བ་དང་མྱ་ངན་ལས་འདས་པའི་ཆོས་ཐམས་ཅད་སྟོང་པ་ཡིན་ཟེར་བ་ཡོད། སྟོང་ཉིད་གཉེན་པོར་ཤོར་བ་བྱ་བ་ཉོན་མོངས་པ་སྣ་ཚོགས་གང་སྐྱེས་ལ་བལྟས་པས་དེ་ཀ་སྟོང་པ་ཡིན་མོད་ཟེར་བ་ཡིན། སྟོང་ཉིད་ཆགས་པར་ཤོར་བ་བྱ་བ་ང་ལ་སྒོམ་རྒྱུ་མེད་ཅིང་སྒོམ་ཐམས་ཅད་སྟོང་པ་ཡིན་མོད་ཟེར་བ་ཡོད། དེ་རྣམས་ཡང་དག་པ་མ་ཡིན། འོན་ཀྱང་ལས་དང་པོ་པ་བློའི་བདེན་ཞེན་བཟློག་པ་ལ་ཕན་དུ་རུང་ཙམ་ཡིན། ལར་སེམས་ཀྱི་གཞི་རྩ་མ་ཆོད་ན། བདེ་གསལ་མི་རྟོག་གསུམ་གྱི་ཉམས་ཡོད་ཀྱང་སྲིད་པ་གསུམ་ལས་མ་འདས། རྩ་བ་མ་ཆོད་པའི་ཉམས་བྱ་བ་ཡིན། འོན་ཡང་དག་པའི་ཉམས་གང་ཡིན་ན། བླ་མ་མཚན་ཉིད་དང་ལྡན་པ་གཅིག་གིས། སློབ་མ་སྣོད་དང་ལྡན་པ་གཅིག་ལ་ངོ་སྤྲོད་དེ་ཁྲིད་པས། གཞུག་མའི་ཤེས་པ་དེ་སེམས་ཅན་ཐམས་ཅད་ལ་ཁྱབ་པར་གནས། སངས་རྒྱས་ཐམས་ཅད་ལ་ཆོས་སྐུའི་སྣང་བ་གསལ། རྣལ་འབྱོར་པས་ཐབས་དཔག་ཏུ་མེད་པའི་སྒོ་ནས་བསྒོམས་པས། ལྟ་བ་ཤུགས་ཀྱི་རྟོགས། ཉོན་མོངས་པ་རང་གིས་འགགས་རྣམ་རྟོག་རང་ཤུགས་ཀྱིས་ཆོད། ཡེ་ཤེས་ཤུགས་ལ་འཆར། དེའི་དུས་ཉམས་སུ་མྱོང་བའི་རྟོགས་པ་དེ་ངག་ཏུ་སྨྲར་མི་བཏུབ། དཔེར་ན་གཞོན་ནུའི་བདེ་

བའམ། ལྐུགས་པའི་རྨི་ལམ་བཞིན་ཏེ། གཞི་དེ་ནི་སེམས་ཅན་ཀུན་ལ་ཡོད་ཀྱང་ངོ་མ་ཤེས། དེས་ན་བརྒྱུད་ལྡན་གྱི་བླ་མ་བསྟེན་པ་གལ་ཆེ། དེ་བས་གཉུག་མའི་ཤེས་པ་དེ། ཕྱག་གར་ཡང་མ་གཏད། སྒོ་གར་ཡང་མ་འགགས། དཔེ་གང་གིས་ཀྱང་མཚོན་པར་མི་ནུས། བརྗོད་པ་གང་གིས་ཀྱང་ཐོག་ཏུ་མི་ཕེབས། ཐ་སྙད་གང་གིས་ཀྱང་མཚོན་པར་མི་ནུས། དེས་ན་བཅས་བཅོས་མི་བྱ། རང་གར་མ་བཅོས་པའི་ངང་ལ་ལྷོད་དེ་ཞོག་དང་། གསུངས་ནས་མགུར་འདི་གསུངས་པ། ལྷ་བ་ཡིན་པར་ངེས་ཀྱི་རང་གི་སེམས་ལ་ལྟོས། །ཞེས་སོགས་གསུངས་སོ། །

དེར་ཇེ་འཇིགས་ཇེ་འཇིགས་ལ་སོང་སྟེ། སྐྱ་ཡི་གཟི་བརྗིད་མ་ཚུག་པས། བཞུགས་གདན་ཁྲེར་ནས་ཡང་མ་ཟད་གཅིག་ཏུ་བྱོན་ནས་གཟིམས་སོ། །དེའི་དུས་ཐུགས་དགོངས་ནུབ་གཅིག་བཏང་བས། བྲིན་སྣེ་ནམ་གྱི་མཚམས་འདིར་ཡུན་རིང་དུ་བསྡད་ཅིང་། གདམས་ངག་ཐམས་ཅད་ཀྱི་རྩ་ཆོད་པ་གཅིག་བྱེད་ནས་བསྒྲུབས་པ་མཐར་ཐོན་པ་གཅིག་བྱེད་དགོས་པ་ལ། ང་ཡི་རྒྱུགས་འདི་ལུང་ནས་འདུག་པས། ཡུལ་འདིར་མི་གཅེས་པ་གཅིག་ན་ནས་དེ་བཅོས་ནས་ཡོན་དྲག་པོ་ཞིག་བླང་ཞིང་། འཆོ་བས་བཅོར་བ་མེད་པ་ཞིག་བྱེད་ནས་སྡོད་དགོས་བསམ་པ་ལ། དེའི་ནང་པར་སེ་བན་སྟོན་ཚུང་འབོད་དུ་བྱུང་བས། དབུས་པ་སྟོན་པ་ཁྱེད་རྗེ་བཙུན་གྱི་སྨྱུན་སྦྱར་ཤོག་གསུངས་ཟེར་བས། རྗེ་བཙུན་གྱི་སྨྱུན་སྦྱར་བྱོན་ནས་ཕྱག་འཚལ་ཞིང་ཡོད་པ་ལ། རྗེ་བཙུན་གྱི་ཞལ་འཛུམ་པ་མཛད་ནས། དབུས་པ་སྟོན་པ་ཁྱོད་ཆོས་གཤའ་མ་གཅིག་བྱེད་བསམ་ན། ཡོན་ཏན་འཚོང་བ་དང་དགེ་སྦྱོར་བྱེད་པ་གཉིས་རྒྱབ་བསྙོལ་ཡིན་པས། སྟོན་བྲིན་དང་སྣེ་ནམ་དུ་བསོད་སྙོམས་ཀྱིས་ལ་ནུབ་མོ་གྲོང་གསེབ་ཏུ་མ་བསྡད་པར་སྒྲུབ་བདེ་ཕུག་ཏུ་དགེ་སྦྱོར་ལ་བསྐྱེགས་གསུངས། རྗེ་བཙུན་མད་དགོངས་ནས་བསོད་སྙོམས་མཛད་དོ། །

དེ་ནས་གཏུམ་མོའི་ཁྲིད་ཞུས་ནས་བསྒོམ་པས་བདེ་དྲོད་རང་འབར་ལ་སོང་། ཞག་བདུན་གྱི་ནང་པར་རྒྱལ་བ་རིགས་ལྔའི་ཞལ་མཐོང་། བླ་མ་ལ་ཞུས་པས་མིག་བཙིར་ནས་བལྟས་པས། ཟླ་བ་གཉིས་སུ་མཐོང་བ་དང་འདྲ་བས་འབྱུང་བ་ལྔའི་རླུང་ཟིན་པ་ཡིན། སྐྱོན་དང་ཡོན་ཏན་གང་ཡང་མིན་གསུངས། ཡོན་ཏན་མིན་གསུངས་ཡང་བྲོད་པ་སྐྱེས་ནས་སྒོམ་པས། ཟླ་བ་གསུམ་ལོན་པའི་ཐོ་རངས་ཁ་གཅིག་སྟོང་གསུམ་གྱི་སྟོང་ཆེན་པོའི་འཇིག་རྟེན་གྱི་ཁམས་འདི། འཁོར་ལོ་བསྐོར་བ་ལྟར་འཁོར་ཞིང་སྟོང་སྐྱུག་མང་པོ་བྱས། ཡུན་རིང་གཅིག་ཏུ་འགྱེལ་ནས་འདུག་སྟེ། བླ་མ་ལ་ཞུས་པས། རོ་རྐྱང་

གཉིས་ཀྱི་རླུང་རྣུར་ཏིར་ཚུད་པ་ཡིན། སྐྱོན་དང་ཡོན་ཏན་གང་ཡང་མིན་སྒོམ་དང་གསུངས། ཡང་ཉིན་གཅིག་ཕྱུགས་རྫི་ཆེན་པོས་ཐེམ་མེར་ནེམ་མེར་འདུག་པ་ལ་དབུའི་སྟེང་དུ་ཟླ་བའི་དཀྱིལ་འཁོར་རེ་རེ་འདུག་པར་མཐོང་ནས། བླ་མ་ལ་ཞུས་པས། སྤྱི་གཙུག་བདེ་ཆེན་གྱི་འཁོར་ལོ་ལ་ཐིག་ལེ་འཕེལ་བ་ཡིན། སྐྱོན་དང་ཡོན་ཏན་གང་ཡང་མིན་གསུངས། ཡང་དགོང་མོ་གཅིག་ལ་དམྱལ་བའི་ཐིག་ནག་མཐོང་ནས། དེས་རྐྱེན་བྱས་ཤིང་སྙིང་ཁར་འཚང་ནས་སྙིང་རླུང་དྲག་པོ་བྱུང་། བླ་མ་ལ་ཞུས་པས། བསྒོམ་ཐག་ཐུང་བས་རྩ་བཅིངས་པ་ཡིན་ཙུང་ཟད་རིང་དུ་གྱིས། ཀྱིན་དུ་རྒྱུ་བའི་རླུང་ཟིན་པ་ཡིན། སྐྱོན་དང་ཡོན་ཏན་གང་ཡང་མིན་སྒོམ་དང་གསུངས། ཡང་ཉིན་གཅིག་འདོད་ལྷ་རིགས་དྲུག་གི་ལྷ་རྣམས་གསལ་པོར་མཐོང་བས། གོང་མའི་གོང་མས་འོག་མའི་འོག་མ་ལ་བདུད་རྩིའི་ཆར་འབེབས་ཤིང་འདུག །ལྷ་རྣམས་ངོམ་ཞིང་ཚིམ་ནས་འདུག་པ་ལ། བདག་གི་ཨ་མ་སྒོམ་གྲིར་ཤི་ཡིན་འདུག་པ་གཅིག་མཐོང་། བླ་མ་ལ་ཞུས་པས། བདུད་རྩི་བབ་པ་དེ་མགྲིན་པ་ལོངས་སྤྱོད་འཁོར་ལོའི་ཐིག་ལེ་འཕེལ་བ་ཡིན། མ་སྒོམ་པ་དེ། རྟ་ཏིའི་ཁ་མ་ཕྱེ་བ་ཡིན་པས། ལུས་ཀྱི་འཁྲུལ་འཁོར་འདི་ལྟར་གྱིས་གསུངས་ནས། འཁྲུལ་འཁོར་བཙན་ཐབས་སུ་གནང་བ་ཟླ་བ་གཅིག་ལ་བྱས་པས། ལུས་འཕར་བ་དང་། འདར་བ་དང་། གཡུག་པ་དང་། ཆོད་འདོད་པ་རྒྱུན་ཆད་མེད་པ་དང་། རང་དབང་མེད་པར་ཀུ་འདེབས་འདོད་པ་བྱུང་འདྲེ་ཡིན་ནམ་སྙམ་ནས། བླ་མ་ལ་ཞུས་པས། སྙིང་ཁ་ཆོས་ཀྱི་འཁོར་ལོ་ཐིག་ལེའི་གང་བ་ཡིན། འཁྲུལ་འཁོར་འཕྲོ་མ་ཆད་པར་འབུང་ལ་སྒོམ་སྐྱོན་དང་ཡོན་ཏན་གང་ཡང་མིན་གསུངས། དེ་ནས་ཁ་ཟས་ཆེ་བར་མི་དགོས་པ་བྱུང་ཡང་ཉིན་གཅིག་ཙ་ན་མདུན་གྱི་ནམ་མཁའ་ལ་ཉི་ཟླ་གཟས་ཟིན་ནས་འདུག །གཟའ་དེ་ཧ་ར་ཕྲ་མོ་གཅིག་ཏུ་འདུག །བླ་མ་ལ་ཞུས་པས། རྟ་ཏིར་རོ་རྐྱང་གཉིས་ཀྱི་རླུང་ཚུད་པ་ཡིན། སྐྱོན་དང་ཡོན་ཏན་གང་ཡང་མིན་གསུངས། ཕོ་རྒོད་རང་འདུག །ད་ནི་ད་ནི་ཕྱི་བ་ལན་གསུམ་གསུངས་པས། དེ་ནས་དྲག་ཏུ་བསྒོམས་པས་ཟླ་བ་གཅིག་ནས། དཀྱིས་པ་རྡོ་རྗེ་དམར་པོའི་དཀྱིལ་འཁོར་གཅིག་མཐོང་། བླ་མས་ད་ནི་གསུངས་པ། ཡི་དམ་གྱི་ལྷ་འདི་ཡིན་པར་འདུག་སྙམ་ནས་ཞུས་པས། སྙིང་ག་ཆོས་ཀྱི་འཁོར་ལོར་མ་ལས་ཐོབ་པའི་རྟགས་བརྟན་པ་ཡིན། སྐྱོན་དང་ཡོན་ཏན་གང་ཡང་མིན་གསུང་ཤུགས་ཕྱུང་ལ་སྒོམ་གསུངས། ཡང་འབད་ནས་སྒོམ་པས། ཉིན་གཅིག་ཙ་ན་བདེ་མཆོག་ལུ་ཧི་པའི་ཀེང་རུས་ཀྱི་དཀྱིལ་འཁོར་གཅིག་མཐོང་། བླ་མ་ལ་ཞུས་པས། ལྟེ་བ་སྤྲུལ་པའི་འཁོར་ལོ་ཐིག་ལེས་གང་བ་ཡིན། སྐྱོན་དང་ཡོན་ཏན་གང་ཡང་མིན་སྒོམ

གཅིག་གསུངས། དེར་འབད་ནས་སྒོམ་པས་ཞག་བཅུ་ལོན་ཙ་ན་མཚན་ཐོག་གཅིག་ལ་བདག་གི་ལུས་འདི་ནམ་མཁའི་ཁམས་ཙམ་གཅིག་བྱུང་འདུག །སྤྱི་བོའི་གཙུག་ནས་རྐང་མཐིལ་ཡན་ཆད་ལ། འགྲོ་བ་རིགས་དྲུག་གི་སེམས་ཅན་རྣམས་འདུག་པ་ལ་ཕལ་ཆེར་འོ་མ་འབབ་ཞིག་འཐུང་ཞིང་འདུག །ལ་ལས་སྐར་མ་བཞོས་པའི་འོ་མ་འཐུང་ཞིང་འདུག །འུར་ལྦིང་གི་སྒྲས་ལྷང་ལྷང་བ་གཅིག་གང་ནས་བྱུང་ཆ་མེད་པར་དུས་རྒྱུན་དུ་འོང་ཞིང་འདུག །ནམ་ལང་ནས་སྒོམ་ཐག་བཀྱིལ་ཙ་ན་ཡང་མེད་ནས་སོང་། བླ་མ་ལ་ཞུས་པས། ལུས་ཀྱི་རྩ་སྟོང་ཕྲག་ཙམ་བསམ་གྱིས་མི་ཁྱབ་པའི་ནང་དུ་ལས་ཀྱི་རླུང་གིས་ཐིག་ལེ་ཁྲིད་པ་ཡིན་རླུང་དེ་ཡེ་ཤེས་ཀྱི་རླུང་དུ་བསྒྱུར་འཚར་བར་གདའ་གསུངས་ཤིང་། མཆོག་གི་གཏུམ་མོ་གནང་ནས་སྒོམ་པས། ཉིན་གཅིག་གྲུང་ཐང་གི་ལུང་པ་ཐམས་ཅད་དུད་པས་གང་ནས་འདུག །ཕྱི་དྲོར་སོང་ནས་མུན་ནག་གཅིག་བྱུང་ནས་འདུག །ལམ་མ་རྙེད་ནས་ལོང་བ་འགྲོ་འགྲོ་བྱས་ནས་བླ་མའི་དྲུང་དུ་ཕྱིན་པས། བླ་མའི་ཞལ་ནས་ཅི་ཡང་མི་ལྟོ། དེར་སྡོད་ལ་སྒོམ་དང་གསུངས་སྐྱེ། སྐྱིང་གིས་གེགས་སེལ་གནང་བས་ནམ་ལང་བ་བཞིན་སོང་། དེ་ནས་ཡང་ཞུབ་གཅིག་རང་གི་ལུས་འདི་ཀེང་རུས་ཤ་ཡེ་ནས་མེད་པ་རྩ་མང་པོས་སྤྲིལ་ནས་འདུག་པ་མཐོང་། བླ་མ་ལ་ཞུས་པས། རླུང་རྩུབ་ཐལ་བ་ཡིན། འཇམ་པར་གྱིས་གསུངས། དེ་ནས་སྤྲོད་ལ་ཡི་དམ་གྱི་ལྷ་སྒོམ་ཞིང་བཟླས་པ་བྱས། གྲུང་ལ་བླ་མའི་རྣལ་འབྱོར་སྒོམ་ཞིང་གསོལ་བ་བཏབ། ཐོ་རངས་སྲོག་རྩོལ་གྱི་རླུང་སྒོམ་པས་ནང་པར་སྐྱ་རེངས་ཤར་ཙམ་ན། གཉིད་ཐུན་ཕྲན་ཙམ་སོང་བ་ལ་སྨར་འདྲིས་བག་ཆགས་མེད་པའི་རྨི་ལམ་དུ། མཚན་ལྡན་ཉེ་ཤུ་རྩ་བཞི་བྱུང་བ་ལ། དེར་རྣལ་སད་པ་དང་། རྨི་ལམ་འདི་རྣམས་དགེ་འམ་མི་དགེ་སྙམ་ནས་དོགས་པ་ཚུང་ཞིག་སྐྱེས་པ་ལས། ཡང་ཐུགས་དགོངས་བཏང་བས། བླ་མ་རྗེ་བཙུན་སངས་རྒྱས་མདོན་སུམ་པ་ཅི་ཡང་མཁྱེན་པ་ལ་དྲི་བས་ཚོག་སྙམ་ནས་ཚ་བ་མ་བཀོལ་བར་དེ་ཀ་ནས་བཞེངས་ཏེ་བྱོན། རྗེ་བཙུན་ཆུ་བར་གྱི་བྲག་རྩ་གཅིག་ཏུ་དབུ་བཏུམ་ནས་བཞུགས་པ་ལ་དེར་ཕྱག་བྱས་ཤིང་མཇལ་ཕུལ་ནས། རྗེ་བཙུན་ལགས་ཁོ་བོ་ལ་དོགས་ཚུང་ཟད་མཆིས་པས་བཞེངས་པར་ཞུ་ཞུས་པས། རྗེ་བཙུན་གྱི་ཞལ་ནས་ཁྱོད་ལ་རྣམ་རྟོག་གཅིག་སྐྱེས་ནས་འདུག་པ་དེ་ད་ནང་ང་ཡི་ཉམས་ལ་བྱུང་། ད་མ་བདེ་བ་ཡོད་ན་སློས་ཤིག་གསུངས་པས། རྨི་ལམ་གྱི་དོན་རྣམས་མགུར་དུ་ཞུས་པ་ནི། རྗེ་བརྟུལ་ཞུགས་སྤྱོད་པའི་རྣལ་འབྱོར་པ། །ཞེས་པ་ལ་སོགས་རྨི་ལམ་གྱི་ལྟས་རྣམས་སྙན་དུ་གསོལ་ནས། དགེ་འམ་མི་དགེ་ཅི་ལྟར་ལགས་ཞུས་པས། རྗེ་བཙུན་གྱི་ཞལ་ནས་བུ་ལྷ་རྗེ་སྟོན་པ་བ། ཐུགས་

མི་བདེ་མི་འཚལ་བར་ཤེས་པ་ལྷོད་ཀྱི་གློད་ལ་ཞོག་མཛོད། བདག་འཛིན་གྱི་དྲྭ་བ་ལ་རེ་དོགས་ཀྱི་
ནང་ཚང་མ་བཞུགས་པར་ཐེ་ཚོམ་གྱི་མདུད་པ་རང་གྲོལ་དུ་ཐོངས། གཉིས་འཛིན་ཐག་པ་འཕྲ་ས་རུ་
ཆོད། བག་ཆགས་རྫུལ་བསྟན་སྲབ་པར་བརྗོལ། སེམས་འཕྲོ་འདུ་མ་མང་བར་མ་བཅོས་པའི་ངང་ལ་
ཞོག །ང་རྒྱུ་ལུས་སྦྱངས་པའི་རྣལ་འབྱོར་པ་ཡིན་པས། རྨི་ལམ་འཆད་པ་ཡང་ཤེས། རྨི་ལམ་བསྒྱུར་བ་
ཡང་ཤེས། རྨི་ལམ་གྱི་དེ་ཁོ་ན་ཉིད་ཀྱི་རྒྱུས་ཐེབ་པའི་གདེང་ཡོད་དེ། ལར་རྨི་ལམ་གྱི་དེ་ཁོ་ན་ཉིད་ཀྱི་
ཆོས་ཉིད་ཁོང་དུ་ཆུད་པ་ཡིན་པས། བུ་ཁྱོད་ཀྱི་རྨི་ལམ་མཚན་ལྟས་དེ་རྣམས་དུས་ད་རེས་ཕ་རྒན་ང་
ཡིས་ཚིག་ཞིབ་ཚགས་སུ་ལེན་ནས་གོ་ངེས་སུ་བཤད་པས། བརྡ་དོན་ངོ་སྤྲོད་ལ་ཐུགས་མ་གཡེང་བར་
སྙན་ལྟན་ནེ་གསོན་གཅིག་གསུངས་པའི་རྗེས་ལ། རྗེ་བཙུན་གྱིས་རྨི་ལམ་ཞུ་གསོལ་གྱི་གསུངས་
དབྱངས་མགུར་དུ་བཞེངས་པ། གླུ་དྲིས་ལེན་འཛལ་ལོ་ལྷ་རྗེ་བ། །ཞེས་སོགས་གསུང་ནས་བུ་ལྷ་རྗེ་
དུས་ད་རེས་ཁྱེད་ལ་བྱུང་བའི་མཚན་ལྟས་དེ་རྣམས་མ་འོངས་ལུང་བསྟན་ཆོས་རྒྱུད་ལ་སྐྱེ་བའི་རྒྱུ་ཡིན་
ཏེ་ཕ་རྒན་ང་ཡིས་འཆད་ཤེས་པས་ཚིག་ཞིབ་ཚགས་སུ་བཀྲོལ་བས། གང་བརྡ་དོན་ངོ་སྤྲོད་པ་དེ་
རྣམས་མ་བརྗེད་པར་གྱིས་ལ། ཕྱིན་ཆད་བདེན་བརྫུན་སྟོན་ལ་ཕོབ་གཅིག །འོན་ཀྱང་བདེན་པར་
གྱུར་ཙམ་ན་ང་བླ་མ་ལ་མོས་གུས་ཁྱད་པར་ཅན་ད་ལྟ་དང་འདྲ་བ་མ་ཡིན་པ་གཅིག་སྐྱེ་བ་ཡིན། བུ་
ཁྱོད་ལ་ཡང་སེམས་ཀྱི་ངོ་བོ་མ་བཅོས་པ་མཐོང་བའི་རྟོགས་པ་ཁྱད་པར་ཅན་གཅིག་དེའི་དུས་སུ་
འཆར་བ་ཡིན་ཏེ། ཚེ་འདིར་རང་གི་སྣང་བ་སྐྱེ་ཤི་གཉིས་ལས་བཟློག་མ་མཆིས། ལར་བུ་ཁྱོད་སྒོམ་
ཆེན་གཤའ་མ་གཅིག་བྱེད་ན། རྨི་ལམ་མཚན་ལྟས་ལ་མངོན་ཞེན་མ་ཆེ། བདུད་འཇུག་པའི་རྒྱུ་ཡིན།
བླ་མས་གསུངས་པ་དང་། ཞེ་བཅད་མ་གཏོང་པ་གཞན་གྱི་ངག་སུ་མ་འབྲང་སེམས་སོ་མི་ཟིན་པའི་
རྒྱུ་ཡིན། གཡས་གཡོན་གྲོགས་ཀྱི་སྐྱོན་མ་ལྟ། ངན་རྟོག་མ་མང་བཅས་བཅོས་མ་བྱེད། གཞན་རྒྱུད་
ཀྱི་སེམས་མི་ཤེས་པར་ལྟུང་བ་འཕོག་པའི་རྒྱུ་ཡིན། འོ་སྐོལ་ད་ལྟ་སྐྱེ་ཤི་བར་དོ་སྒྱུ་མ་ཉིད་འཕྲུལ་བྱ་བ་
ཡིན། བག་ཆགས་དེ་གོམ་པ་མཐར་ཕྱིན་པས་ལས་དགེ་སྡིག་གི་རྗེས་སུ་འབྲང་སྟེ། སྲིད་པ་བར་དོར་
བདེ་སྡུག་གི་ཚོར་བ་ཉམས་སུ་མྱོང་བ་སྟེ། རྨི་ལམ་ན་སྒྱུ་ལུས་སྦྱངས་པའི་རྩལ་མཐར་ཕྱིན་འཚལ།
ཤུགས་ཕྱུང་ལ་སྒོམ་མཛོད་གསུངས་སྐད། དེ་ནས་ཟླ་བ་གཅིག་བསྒོམས་པས། དང་པོ་སྨན་ལྷ་མཆེད་
བདུན་གྱི་ཞལ་མཐོང་ཉིན་གཅིག་ཐུན་འགྲོ་འོང་གཅིག་གི་ཚོག་པར་བྱུང་། ཐུན་བཏང་ཙ་ན་ཡལ་ནས་
ཐལ། ཕྱི་དྲོ་ཐུན་བཟུང་ཙ་ན། ལོངས་སྐུའི་ཞིང་ཁམས་རབ་འབྱམས་རྣམས་མཐོང་ནས། དེ་ལ་

སེམས་གཡེང་བས་རླུང་བཏང་ཙན་སྒྲོད་དུ་རེད་ནས་འདུག །བླ་མའི་ཏིང་ངེ་འཛིན་ལ་གནོད་སྐམ་ནས། དེ་ནུབ་མ་ཞུས་མཇལ་ཕུལ་ཞིང་གསོལ་བ་བཏབ། ཐོ་རངས་ཀྱི་ཐུན་ལ་རླུང་བཟུང་ཙན།སངས་རྒྱས་སྟོང་རྩ་གཉིས་ཀྱི་གཙོ་བོ་ཤཱཀྱ་ཐུབ་པས་བྱུས་པ་མཐོང་། ནང་པར་ནམ་ལངས་ནས་བླ་མ་ལ་ཞུ་ར་འབྱོན་ཙན། ཕྱག་འཚལ་ནས་ཞུ་མ་ཁོམ་པར། བླ་མའི་ཞལ་ནས་ཡི་དམ་ལྷའི་ཞལ་མཐོང་སྟེ། ལོངས་སྐུ་དང་སྤྲུལ་སྐུ་གཉིས་སྟོན་ལ་མཐོང་ཆོས་སྐུ་ད་བཟོད་མཇལ་བར་འདུག་གི་ད་ཡང་དབུས་སུ་སོང་ལ་སྒོམས་ཤིག །སྔར་གྱི་འཕྲང་དེ་ཙ་ངས་བསལ་བ་ཡིན། ད་ཡང་མངོན་པར་ཤེས་པའི་འཕྲང་ཡོད། མངོན་ཤེས་བྱུང་ཙན་ལྷའི་བུའི་བདུད་འཇུག་པ་ཡིན་པས་ཤིན་ཏུ་གསང་བ་གལ་ཆེ། ཕྱིར་ཡང་ཡོན་ཏན་ཐམས་ཅད་གསང་བ་གལ་ཆེ། ལར་དབང་པོ་རྣོན་པོ་རྒྱུའི་སྟོབས་ཅན་ལ་བདུད་ཐམས་ཅད་ཀྱིས་མི་ཚུགས་པ་ཡིན་པས། གསང་སྔགས་གསང་ན་འགྲུབ་པ་ཡིན། གསོང་ལ་སྒྲུབ་པ་གྱིས་ཤིག །སེམས་ཅན་ལ་ཕན་པར་འདུག་པས་དེ་དུས་ཚོགས་པ་སྐྱོང་ཅིག་གསུངས། ཚོགས་པ་སྐྱོང་བའི་དུས་ཚོད་ནམ་ལགས་ཞུས་པས་སེམས་ཀྱི་ངོ་བོ་མཐོང་ནས་བསྟན་པ་སྐྱོང་ཅིག །ཅི་ཞིག་ལྟར་ན་ད་ལྟ་དང་འདྲ་བ་མ་ཡིན་པའི་རྟོགས་པ་གཅིག་རྒྱུད་ལ་སྐྱེ་བ་ཡིན་ཏེ། དེའི་དུས་སུ་མི་ཁྱན་ང་ལ་སངས་རྒྱས་སུ་ངོ་ཤེས་པའི་ངེས་ཤེས་བརྟན་པོ་གཅིག་སྐྱེ་ལ། བུ་ཁྱོད་རང་ལ་ཡང་སེམས་ཀྱི་ངོ་བོ་མ་བཅོས་པ་མཐོང་བའི་རྟོགས་པ་སྐྱེ་བས། དེའི་དུས་སུ་འཚོགས་པ་སྐྱོངས་ཤིག །རླུང་ལག་སོར་ལ་ཚུད་པ་འདུག་མི་འདུག་ལྟོས། དེ་ཚུད་པར་འདུག་པ་དང་རླུང་གི་འཕྲང་ལས་ཐར་བ་ཡིན་གསུངས་པས། དེ་ནས་རྗེ་ལེབ་སྟེང་དུ་ཐལ་བ་བླུགས་ནས་སོར་མོ་གཏད་ཅིང་རླུང་བཟུང་པས། ནམ་ཕྱེད་ཙན་ཐལ་བ་ཕུན་ཕུན་འདུག །ནང་པར་བླ་མའི་སྤྱན་སྔར་དེ་གཙུག་བྱས་པས། བླ་མའི་ཞལ་ནས་རྩ་རླུང་དབང་ཐོབ་བྱ་བ་ཞེ་མིན་ཏེ། རྩ་རླུང་ལས་སུ་རུང་བ་བྱ་བ་ཡིན་པས་ད་ང་དང་འགྲོགས་མི་དགོས་པས་སོང་། སྤྲུལ་པ་དང་བསྒྱུར་བ་ལ་སོགས་པའི་ཆོ་འཕྲུལ་དང་། མཆོག་དང་ཐུན་མོང་གཉིས་ཀ་ཐོབ་ནས་འོང་གི་ད་ནི་འདི་ནས་ཤར་ཕྱོགས་ན། སྐམ་པོ་གདར་གྱི་རི་བོ་རྒྱལ་པོ་གདན་ལ་བཞུགས་པ་ལྟ་བུ། རྩེ་མོ་རིན་པོ་ཆེའི་ཕྲོག་ཞུ་འདྲ་བ། རྩེ་མོ་ལྷ་རུ་ཡོད་པ། ངཡི་ཞྭ་འདི་ལྟ་བུ། སྤང་ཐང་གསེར་གྱི་མཎྜལ་བཀོད་པ་ལྟ་བུ་མདུན་རི་རིན་ཆེན་སྤུང་པ་འདྲ་བ། རྒྱབ་རི་དར་དཀར་ཕྱར་བ་ལྟ་བུ། རི་བདུན་བློན་པོ་ཕྱག་འཚལ་བ་ལྟ་བུ། དེའི་མགུལ་ན་ཁྱོད་ཀྱི་གདུལ་བྱ་ཡོད་པས། དེར་སོང་ལ་འགྲོ་བ་སེམས་ཅན་གྱི་དོན་གྱིས་ཤིག་གསུངས་ནས་མགུར་འདི་གསུངས་སོ། །བུ་སྟོན་པ་དབུས་སུ་བཞུད་མི་བཞུད། །ཅེས་པ་ལ་

སོགས་མགུར་མང་དུ་གསུངས་ནས། ཁྱོད་ཀྱི་མིང་དགེ་སློང་རྡོ་རྗེ་འཛིན་པ་འཛམ་གླིང་གྲགས་པ་བྱ་བ་ཡིན་ནོ་གསུངས། དེ་ནས་དབང་དང་བྱིན་རླབས་མཛད་ནས་ཆོས་ཐམས་ཅད་རྫོགས་པར་གནང་ཞིང་། ད་ཡུལ་དུ་སོང་དང་ང་བས་ཀྱང་འགྲོ་དོན་ཆེ་བ་གཅིག་འབྱུང་བར་འདུག་གསུངས་སོ། །དེ་ནས་ཕྱག་དཔེ་ཐམས་ཅད་གཉེར་མཛད་པའི་ལྷུམ་ལྷན་ཅིག་སྐྱེས་པའི་སྒྲོན་མ་ལ་ཞུསཏེ། ལེགས་སེའི་རྩ་ནས་ཕྱག་དཔེ་ཐམས་ཅད་ལྷག་ལུས་མེད་པར་ཞལ་བཤུས་ནས་བཅད་དོ། །

དེ་ལྟར་རྗེ་བཙུན་གྱི་དྲུང་དུ་ཟླ་བ་བཅུ་གསུམ་བཞུགས་ནས། ལྷུགས་ཕོ་སྟག་གི་ལོ་ལ་དབུས་སུ་འབྱོན་པར་བརྩམ་སྟེ། ཤིང་སྟག་པའི་ནགས་ཡོད་པ་གཅིག་གི་ཆུ་ལ་རྡོ་ཟམ་ཡོད་པའི་བར་ལ་སྐྱིལ་ཐུང་མཛད་དེ། དབུས་པ་སྟོན་པ་རྟེན་འབྲེལ་གྱི་གནད་ཞིག་གིས། ཆུ་འདི་ཡི་ཕར་ཀར་ཁོ་བོ་བགྲོད་མི་བཏུབ་པར་འདུག་པས། འོ་སྐོལ་ཕ་སྤད་ཀྱི་ཕྲིན་སྒོམ་འདི་ར་བྱ། ཁྱོད་ཁྲེས་པོ་ཕོག་ལ་སྟོད་ཅིག་གསུངས་ནས། ཨ་རུ་ར་གསེར་མདོག་གཅིག་དང་མེ་ཆ་གཅིག་གནང་སྟེ། དབུས་པ་སྟོན་པ་ཕ་ཚན་གྱི་ཁེ་གྲགས་སྤྱོང་། གཉེན་འདུན་གྱི་ཐག་པ་ཆོད། ཆེ་འདིའི་གདོས་ཐག་མེད་པར་གྱིས། རི་ཡི་བུ་གྱིས། ཆོས་ཐམས་ཅད་གཅིག་ཏུ་དྲིལ་ནས་ཉམས་སུ་ལོངས། མི་རྒན་ང་ལ་གསོལ་བ་ཐོབ། གཞན་ཡང་དུག་གསུམ་རྒྱས་པའི་མི་དང་འགྲོགས་སུ་མི་རུང་། དེའི་གྲིབ་མ་ཕོག་པ་ཡིན། དེ་གང་ཡིན་ན་སྣང་བ་དཀྲར་ལང་བའི་མིས། ཆོས་དང་གང་ཟག་ཐམས་ཅད་ལ་ངན་སླས་ཕྱིར་ར་འཐག་པའི་གང་ཟག་ཡོད། དེའི་ནང་དུ་ཞེ་སྡང་མེ་བཞིན་འབར་ནས་ཡོད་པ་ཡིན། དཔེར་ན་སེམས་ཅན་སྤྲུལ་ལ་གཤོག་པ་ནི་མེད། རྐང་ལག་ནི་མེད། སྤྲུལ་ལས་ཉམ་ཆུང་བ་མེད་པ་ལ། ཁོ་མཐོང་བ་དང་མི་རྣམས་བྲེད་ཅིང་སྐྲངས་ནས་ཡོད་པ་དེ། ནང་ན་ཞེ་སྡང་མེ་བཞིན་འབར་ནས་ཡོད་པ་ཡིན། ནང་ན་ཞེ་སྡང་ཡོད་ན་ཕྱི་རོལ་ཐམས་ཅད་དགྲར་ལངས་ནས་འོང་བ་ཡིན། གང་ཟག་ཁ་གཅིག་རྡོ་བུག་པ་ཅན་དང་། ཤིང་ཉ་ག་ཅན་ཙུན་ཚད་ཚག་བྱེད་པ་ཡོད། རྐས་ན་རྐན་རྒྱུགས་དང་། ཤི་ན་དུར་ཟན་དགོས། དེ་མེད་ན་ཆོས་མི་འོང་། གཞོན་པའི་དུས་སུ་ཚོགས་བསགས་པ་ལ། ནོར་དགོས་ཟེར་ནས་ཐ་བ་བུན་སྐྱེད་ལ་སོགས་པའི་ལོག་འཚོ་འབའ་ཞིག་བྱེད་པ་ཡོད། དེའི་ནང་ན་འདོད་ཆགས་ཆུ་བཞིན་ཁོལ་ནས་ཡོད་པ་ཡིན། གང་ཟག་ཁ་གཅིག་ཡང་དག་པའི་དོན་བསྒོམ་པའི་དུས་ད་ལྟ་མ་ཡིན། ཚེ་གཅིག་ལུས་གཅིག་ལ་སངས་རྒྱས་པར་བྱ་བ་ཤེས་བྱ་ལ་མི་སྲིད། ཚོགས་མ་བསགས་པར་སྡིག་པ་མི་བྱང་། སྙིང་རྗེ་མ་བསྒོམ་པར་ཉན་ཐོས་སུ་གོལ། ཐབས་ཁྱད་དུ་བསད་པས་ཆད་ལྟ་བ་ཡིན་ཟེར་བ་ཡོད། དེའི་ནང་ན

གཏེ་མུག་མུན་ལྟར་གཏིབས་ནས་ཡོད་པ་ཡིན། དེ་འདྲ་བའི་མི་དང་གཏམ་བྱེད་དུ་མི་ཉན། གཏམ་བྱས་ན་ཁྱེད་ཀྱི་དང་པོ་སྟོན་པ་སུ་ཡིན་ཟེར། ཆོས་གང་ཡིན་ཟེར་ནས་བླ་བོ་དེ་ལ་བརྟེན་ཏེ་ཁོ་ཞེ་སྡང་སྐྱེ་སྟེ། ཐོས་ནས་བློ་ཆུང་དེ་ཡིས་འདི་ནི་སྤོང་བྱེད་དེ། སྤངས་ནས་སྐྱབས་མེད་གྱུར་པ་དེ་ནི་དམྱལ་བར་འགྲོ། བྱ་བ་དེ་ནི་དེའི་དུས་སུ་འབྱུང་བས་ན། བདག་ལ་བརྟེན་ནས་གཞན་རྒྱུད་ལ་ཡང་སྡིག་བསགས་པས། དུག་གསུམ་རྒྱས་པའི་མི་དང་འགྲོགས་སུ་མི་རུང་། དམ་ཚིག་གི་ཆོས་ཀྱི་ནང་ནས་ཀྱང་། ཉན་ཐོས་ནང་དུ་ཞག་བདུན་གནས། ཞེས་བྱ་བའི་དོན་ཡང་དེ་དང་འདྲ་བ་ལ་ཟེར་བ་ཡིན། སྤྱིར་ཡང་རི་དྭགས་རྨུས་མའམ། བྱ་བཞིན་བྱོན་བག་ཆེ་བར་བྱ། ཞི་བ་དུལ་བ་རྩེ་རག་ཆུང་བར་བྱ། ཐམས་ཅད་དང་མཐུན་པར་བྱ། གཙང་སྦྲ་ཤིན་ཏུ་ཆེ་བར་བྱ། རྟོག་པ་ཤིན་ཏུ་ཆུང་བར་བྱ། རི་མཚམས་དང་སྒྲུབ་བཅད་འདག་ཆར་གསུམ་གྱི་དུས་འདའ་བར་བྱ། རང་སེམས་སངས་རྒྱས་སུ་རྟོགས་ཀྱང་བླ་མ་རྡོ་རྗེ་སློབ་དཔོན་མི་སྤང་བ་ལ་བསླབ། བསགས་སྦྱངས་གཉིས་པོ་རང་སར་དག་ཀྱང་ཚོགས་ཆུང་ངུ་ཆུང་ངུ་ནས་བསགས། ལས་རྒྱུ་འབྲས་ནམ་མཁའ་ལྟར་གོ་ཡང་། སྡིག་པ་ཆུང་ངུ་ཆུང་ངུ་ལ་འཛེམ། མཉམ་བཞག་དང་རྗེས་ཐོབ་མེད་པའི་ཉམས་ལེན་ཡོད་ཀྱང་ཐུན་བཞིའི་རྣལ་འབྱོར་རྒྱུན་ཆད་མེད་པར་ཉམས་སུ་ལོངས། བདག་གཞན་མཉམ་པ་ཉིད་དུ་གོ་ཡང་། ཆོས་དང་གང་ཟག་ལ་སྐུར་པ་མ་འདེབས་གསུངས་ནས། བུ་ཁྱོད་སང་ཕོད་ཡོས་བུ་ལོའི་ཧོར་ཟླ་བའི་ཚེས་བཅུ་བཞི་ལ་ཕྲིན་སྐྱེ་ནམ་གྱི་རི་ལ་སླེབས་པར་གྱིས་ཤིག་གསུངས་ནས། བུ་སློབ་ཁྲལ་སེམས་ལ་ཤར་དུས་སུ། ཞེས་སོགས་དགྱེས་པོའི་སྐྱེལ་མགུར་མཛད་དོ། །

དེ་ནས་རྗེ་བཙུན་ཡར་བྱོན་ཏེ། སློབ་མ་ཐམས་ཅད་བསགས་ནས། ལྷ་རྗེ་སྟོན་པ་དེས་སེམས་ཅན་མང་པོ་ལ་ཕན་ཐོགས་པར་འདུག །མདང་ངའི་རྨི་ལམ་དུ། བྱ་རྒོད་པོ་སེར་པོ་གཅིག་དབུས་སུ་འཕུར་ནས་སོང་། དེ་རི་ཆེན་པོ་གཅིག་གི་རྩེ་ལ་བབས་ཏེ། ཕྱོགས་ཕྱོགས་ནས་ངང་པའི་འཁོར་མང་པོ་འདུས་ནས། དར་གཅིག་ན་སོ་སོར་གྱེས་ཏེ། ངང་པ་རེ་རེ་ལ་གཡོག་ལྔ་བརྒྱ་ལྔ་བརྒྱས་བསྐོར་ནས་ལུང་པའི་གཞིས་ཐམས་ཅད་ངང་པས་སེར་ཉོག་གིས་གང་ནས་སོང་བ་རྨིས། ཁོ་བོ་རྣལ་འབྱོར་པ་ཡིན་པ་ལ། ཁོ་བོའི་རྗེས་སུ་རབ་ཏུ་བྱུང་བ་མང་པོ་ཡོང་བར་འདུག །ལྷ་རྗེ་སྟོན་པ་དེས་སེམས་ཅན་མང་པོ་ལ་ཕན་ཐོགས་པར་འདུག །ཁོ་བོས་ཀྱང་སངས་རྒྱས་ཀྱི་བསྟན་པ་ལ་བྱ་བ་བྱས་པར་འདུག་གསུངས།

དེ་ནས་དྭགས་པོ་དབུས་སུ་བྱོན་ཏེ། བཀའ་གདམས་ཀྱི་ཆས་རྣམས་མ་བོར་བར་དགེ་བཤེས་སྙུག་རུམ་པའི་རྩར་ཕྱིན་པས། ཁྱོད་ལ་ཡོན་ཏན་ཅི་བྱུང་གསུངས་པ་ལ། རླུང་ཕྱི་ནང་དུ་མི་རྒྱུ་རྟོགས་པ་ནམ་མཁའ་དང་མཉམ་ཞུས་པས། ངོ་མཚར་ཆེ་གསུངས་ནས་ཆོ་བསྒྲིང་བའི་ཆོ་ག་ཡང་གནང་ངོ་། །དེ་ནས་གཉལ་དུ་བྱོན་ནས་བཞུགས་ཙམ་ན། བླ་མའི་གསུང་དྲན་ནས། རྒྱ་པ་གསེར་རེ་ལས་གསེར་ཞོ་བཅུ་གཉིས་ནས་ཀྱིས་ཉོས་ནས། རས་སློམ་རས་པ་ཁྲིད་དེ་བྱོན་པས་ཡར་ལུང་གི་མདར་སླེབས་ཙ་ན། གཙང་གི་བོང་ཚོང་བ་དང་འཕྲད་ནས། དེ་རྣམས་ན་རེ། རྗེ་བཙུན་རྟའི་ཟླ་བའི་ཆོས་བཅུ་བཞི་ལ་གཤེགས་ཟེར་ནས། ཕྱག་འཁར་དང་ན་བཟའི་རས་དུམ་གཅིག་མཆོད་པའི་རྟེན་དུ་བསྐུར་བ་ཡང་གཏད། དེའི་མོད་ལ་སྤྱན་ཆབ་མང་པོ་ཡང་ཤོར་ནས་དྲན་མེད་དུ་བརྒྱལ་སོང་སྐད། དེར་རྩ་ན་ཡོད་པ་རྣམས་ཀྱིས་ཕྱག་ཞབས་ལ་སྐྱུ་མཉེ་ཕུལ། ཞལ་ལ་ཆུ་མང་དུ་བཏབ་པས་དར་ཅིག་ལ་དྲན་པ་རྙེད་ནས་གསེར་རྣམས་བྲིན་གྱི་ཕྱོགས་སུ་གཏོར་ནས་བླ་མ་ལ་གསོལ་བ་འདེབས་པའི་མགུར་གསུངས་སོ། །དེ་ནས་ཁོ་རང་གི་ཕྱོགས་ལ་ཕྱིར་བྱོན་ཏེ། ཉི་མ་དྲོས་རན་དུ་སོང་འདུག་པས་སེའུ་ལྷོག་གཅིག་གི་རྩ་ན་བུད་མེད་གཅིག་འདུག་པ་ལ་གྲོ་གཅིག་འདོད་གསུངས་པས། དེ་ན་རེ་གྲོ་དྲངས་པས་ཆོག་སྟེང་ཁང་འདིར་བྱོན་ཟེར་ནས། དེར་བུད་མེད་དེས་ནས་སྤར་གང་ཁྱེར་ནས་ས་གཅིག་ལ་ཞིང་རྨོ་བའི་ཚུལ་བྱས་ནས་དེ་ལ་བཏབ་པས་ལྗང་བུ་སྐྱེས་ནས་ནས་སུ་སྨིན་ཏེ། དེ་ལ་རྔས་མ་བྱས། དབྱུགས་པས་བརྡུངས་ནས་བརྔོས་ཏེ་བཏགས་ཤིང་ཟན་དུ་བཟོས་ཆབ་བསྐོལ་ཞིང་བླ་མ་ལ་གྲོ་དྲངས་ཏེ་ཆབ་གཅིག་བཏང་བས་དེའི་ཞལ་བཤལ་ནས་བཞེངས་པ་སྙམ་བྱེད་ཙན་སེའུ་ལྷོག་དང་བུད་མེད་གང་ཡང་མི་འདུག་པས་ང་འཁྲུལ་བ་ཡིན་བསམ་ཙ་ན། མ་འཁྲུལ་བར་ཟན་གྱི་སྒྲིག་པ་ཆིལ་ཆིལ་འདུག །ཡར་འཁོར་འདས་ཀྱི་ཆོས་ཐམས་ཅད་སྣང་ཞིང་བདེན་པ་པོ་དང་། རྫུན་པའི་མཐའ་དང་བྲལ་བ་འདི་ལྟ་བུ་གཅིག་ཨང་སྙམ་སྟེ། ཉམས་སུ་མྱོང་བ་ཁྱད་པར་ཅན་རྒྱུད་ལ་སྐྱེས་སོ། །

དེ་ནས་འཁོར་ལ་སྟོ་བ་རས་སློམ་རས་པ་བྱ་བ་ཉེ་གནས་བྱས། གཉལ་ཕྱི་བ་ལུང་དུ་ལོ་དྲུག་བསྒོམས། དེའི་དུས་སུ་བཀའ་གདམས་ཀྱི་གྲོགས་པོ་རྣམས་བྱ་བའི་ཆོས་སྤྱོད་མང་དུ་བྱེད་པར་འདུག་པ་དེའི་རམ་འདེགས་མ་བྱས་ན་སྡིག་པ་སོགས་པར་འདུག་པས། ཁོང་རྣམས་ཀྱི་རམ་འདེགས་བྱས་པས་སྔར་གྱི་ཉམས་མྱོང་ཁྱད་པར་ཅན་དེ་མེད་ནས་སོང་། དེར་ཐུགས་མ་བདེ་ནས་ད་ཡང་ང་ལ་སྒོམ་གྱི་སྐལ་བ་མེད་ལས་ཆེ་བས་སྔར་གྱི་བཀའ་གདམས་པའི་བླ་མའི་སར་འགྲོ་དགོས་སྙམ་ན་ཡང་།

དེར་བློ་འགྱུར་ནས་ངའི་བླ་མ་རྗེ་བཙུན་ཞལ་ནས། ཕྱག་རྒྱ་ཆེན་པོ་བསྒོམ་དུས་སུ། ལུས་ངག་གི་དགེ་སྦྱོར་མ་བརྩོན་ཅིག །མི་རྟོག་ཡེ་ཤེས་ཡལ་ཉེན་ཡོད། །གསུངས་པ་དེ་འདི་ཡིན་པར་འདུག་སྙམ་ནས། ད་ནི་དམྱལ་བར་ད་ལྟ་རང་སོང་ཡང་བླ་མ་དེ་ལ་ལྟོས་པ་གཅིག་འཆའ་བ་ཡིན། ཁོ་རང་མཁྱེན་པའི་བློ་བཙོས་མ་མ་ཡིན་པ་གཅིག་སྐྱེས་ནས། བློ་ཁེལ་ངེས་སུ་བཀལ་ནས་གསོལ་བ་བཏབ་པས། དར་གཅིག་ན་བླ་མ་རྗེ་བཙུན་གྱི་སྣང་བ་ཤར་ནས་མདུན་དུ་རྩེན་གྱིས་བྱོན། དེ་ནས་རིང་པོར་མ་ལོན་པར་ཕྱག་རྒྱ་ཆེན་པོ་ནམ་མཁའ་དང་མཉམ་པའི་མཆོག་གི་རྟོགས་པ་སྐྱེས་ཏེ། ཨེ་མ་ཧོ་རང་རིགས་ཡེ་ཤེས་འོད་གསལ་འདི། །ཞེས་སོགས་མགུར་མཛད་དེ། དེ་ནས་བོ་ཧྲི་ཙི་ཡི་ཐུགས་དམ་བརྒྱ་ཉི་ཤུ་རྩ་གཅིག་ཡོད་པ་དེ། ཕྱག་གིས་ལྟུང་མའི་སྟོང་པོ་གཅིག་ལ་བཏབ་ཏེ། དུས་གསུམ་སངས་རྒྱས་ཐམས་ཅད་ཀྱིས་ང་ལུང་བསྟན་ན་ཤིང་འདི་ལ་སྐྱེ་བར་གྱུར་ཅིག །གལ་ཏེ་མ་བསྟན་ན་མི་སྐྱེ་བར་གྱུར་ཅིག་གསུངས་པས་བོ་ཧྲི་ཙི་དེ་ལྟུང་མ་ལ་སྐྱེས་སོ། །དེའི་དུས་སུ་རང་སེམས་སྐྱེ་བ་མེད་པས་ཅིར་ཡང་མ་གྲུབ་པས། རྣམ་པ་གསལ་བར་ཅིར་ཡང་སྣང་བ་ཅིར་ཡང་བཏུབ་པ་འདི་ངོ་མཚར་ཆེ་གསུངས་ཏེ། སེམས་ཉིད་འོད་གསལ་སྟོང་པ་འདི། །ཞེས་སོགས་མགུར་དུ་གསུངས་སོ། །

དེ་ཕྱིན་ཆད་ནས་སྡིག་སོགས་འཕྲོ་ཆད་ཀྱང་ཐུགས་སོ་མ་གསོད་ནས་འོལ་དཀར་བྱོན་ཏེ། དགེ་ལུང་དུ་ཕེབས་ནས་ལོ་གསུམ་བསྒོམས་པས། དེར་སེམས་ཀྱི་ངོ་བོ་ཅི་ལྟ་བ་བཞིན་དུ་རྟོགས་ཏེ། དེ་གོང་དུ་གཉལ་ན་ཡོད་པའི་ཚེ་གསེར་གཞོང་པ་གང་རྙེད་པས་བརྒྱད་སྟོང་པ་གཅིག་བྲི་བྱས་པ་རྨིས་འདིར་ཕྱིན་ནས་ཀྱང་ནུབ་ཅིག་བསྲེའི་གཙུ་ཇོ་བོ་རྗེའི་གདུང་རིང་བསྲེལ་དང་བཀའ་གདམས་ཀྱི་ཆོས་རྣམས་བཞུགས་པ་ཅིག་རྙེད་དེ་བསྒོམ་པ་བཀྲ་ཤིས་གཡུང་དྲུང་ལ་བསྟན་པ་རྨིས། ཡང་མི་གཅིག་ལ་ཟངས་དུང་གཅིག་འབུད་བཙུག་པས། ད་ལྟ་དབུས་གཙང་གཉིས་ན་འདི་ལས་སྐད་ཆེ་བ་མེད་བྱས་པ་རྨིས། ཡང་རང་གི་ལུས་ལ་རིང་བསྲེལ་བྱུང་སྟེ། སྤྱང་གཞོང་གཅིག་གང་བས་རང་གིས་ཟོས་པ་རྨིས། དེ་ཡང་ཕྱི་རབས་ཀྱི་སློབ་མ་ལ་བར་ཆད་མི་འབྱུང་བའི་བརྡར་འདུག །ཡང་ནུབ་གཅིག་རང་གི་བརླ་ཤ་ནས་བཅད་ཅིང་རང་གིས་ཟོས་པ་རྨིས་གཞན་ལ་ཡང་བྱིན་པ་རྨིས་ཏེ། གཉིད་སད་པ་དང་གོ་བ་གཅིག་རྙེད། ཡང་ལག་ཏུ་སྒྲོ་ང་གཉིས་འདུག་པའི་ནང་ནས་བྱིའུ་ཕྲུག་མང་པོའི་སྐད་འདོན་པ་རྨིས། དེ་ཐམས་ཅད་སེམས་ཀྱི་ངོ་བོ་མཐོང་ནས་རང་གཞན་ལ་ཕན་པའི་རྟགས་སུ་འདུག་སྟེ། དེ་ཡང་ལྷན་ཅིག་སྐྱེས་པ་གཉུག་མའི་ཡེ་ཤེས་རང་ལ་གནས་པའི་དཔེ་བརྒྱུད་ཀྱི་ཁོག་པར་ནོར་བུ་ཡོད་པ་ལྟ་

བུའམ། དབུལ་པོའི་མལ་འོག་ན་གཏེར་ཡོད་པ་ལྟ་བུ་དེ་བླ་མའི་གདམས་ངག་གིས་ངོ་ཤེས་པ་ལྟ་བུ་མུན་རུམ་དུ་ཟླ་བ་ཤར་བ་ལྟ་བུའམ། སྦྲོན་མེ་ཐོགས་ནས་ཕྱིན་པས་མུན་པའི་ནང་ནས་གསེར་གྱི་བུམ་པ་རྙེད་པ་ལྟ་བུ་སྟེ། དཔེའི་དགོངས་པ་བཞི་པའོ། །གཉིས་འཛིན་རྟོགས་པ་ཐམས་ཅད་རང་སར་གྲོལ་བ། རྒྱ་མཚོ་འཁྲུགས་པ་ཞུ་བའི་དཔེ་དང་སྣང་རིག་གི་དངོས་པོ་ཐམས་ཅད་རང་སར་དག་པའི་དང་དུ་རོ་གཅིག་པ་ཆུ་གླུང་དུ་ཁ་བ་འབབ་པ་ལྟ་བུའི་དཔེ་དང་། ཚོགས་དྲུག་གི་སྣང་བ་ཐམས་ཅད་ཆོས་ཉིད་ཀྱི་དབྱིངས་སུ་དག་པའི་ནམ་མཁའ་ལ་སྤྲིན་ལྡིང་པ་ལྟ་བུའི་དཔེ་དང་། སེམས་ཉིད་ཡོངས་སུ་དག་པའི་ངོས་ལ་ཤེས་བྱའི་དཀྱིལ་འཁོར་མ་ལུས་པ་གསལ་བ་དེ་མེ་ལོང་གཡའ་དང་བྲལ་བ་ལྟ་བུའི་དཔེ་སྟེ། དགོངས་པ་བརྒྱད་པའོ། །

ལུས་སེམས་བདེ་བ་རྒྱས་པ་གཞོན་ནུའི་བདེ་བ་རྒྱས་པ་ལྟ་བུའི་དཔེ་དང་། དེ་ཉམས་སུ་མྱོང་བ་གཞན་དུ་བཤད་མི་བཏུབ་པ་ལྐུགས་པའི་ལྡེ་ཐོག་ཏུ་སྦྲང་རྩིའི་རོ་བཞག་པ་ལྟ་བུའི་དཔེ་དང་། ཕྲ་རགས་ཀྱི་བག་ཆགས་རང་སར་དག་པས་འཁོར་བའི་ཆོས་ལ་ཉམ་ང་བག་ཚ་མེད་པ་རི་དྭགས་རྒྱལ་པོ་སེང་གེའི་དཔེ་དང་། ཚོགས་དྲུག་གི་སྣང་བ་ཐམས་ཅད་རང་སར་དག་ནས་སེམས་ཉིད་ཡིད་བཞིན་ནོར་བུ་དེ་ལ་འཁོར་འདས་ཀྱི་དགོས་འདོད་མ་ལུས་པ་འབྱུང་བས་ནོར་བུ་རིན་པོ་ཆེ་དབང་གི་རྒྱལ་པོའི་དཔེ་དང་། དཔེའི་དགོངས་པ་བཅུ་གཉིས་མགུར་དུ་གསུངས་པས། ཨེ་མ་ངོ་མཚར་རྨད་ཀྱི་ཆོས། །ཞེས་སོགས་མགུར་དུ་གསུངས་སོ། །དེ་ནས་བླ་མས་གསུངས་པ་དེ་འདི་ཡིན་པར་འདུག་ཨང་སྙམ་པ་བྱུང་། ཆོས་ཐམས་ཅད་ཀྱི་ཕྱི་ཤུན་དང་སྦྲུན་པ་བཞིན་དུ་ཡལ་ནས་སོང་། སྐྱེས་བུ་དབུལ་པོས་གཏེར་རྙེད་པ་ལྟ་བུའམ་ སྤྱར་འདྲེས་ཀྱི་མི་དང་འཕྲད་པ་ལྟ་བུའམ། མགྲོན་པོ་རང་ཁྱིམ་སླེབས་པ་བཞིན་དུ་བྱ་སེམས་ཐམས་ཅད་དང་བྲལ་ང་སྙེ་བ་གཅིག་གིས་ཐོགས་པའི་སྲིད་པ་ཐ་མ་པ་ཡིན་ཨང་སྙམ་པ་བྱུང་། སྒོམ་ལྟ་ཐོག་ཏུ་སྐྱོལ། སྒོམ་བདག་པོའི་ལག་ཏུ་གཏད། བླ་མ་དྲིན་ཆེ་ཨང་། གདམས་ངག་ངོ་མཚར་ཆེ་ཨང་སྙམ་དུ་དུས་དེ་ནས་ད་ལྟའི་བར་དུ་ཉམས་ལ་འཕེལ་འགྲིབ་མེད། རྟོགས་པ་འོད་གསལ་ལ་མཐོ་དམན་མེད། སྦྱང་བླང་མེད་པར་ཐེ་ཚོམ་བསལ་ནས་སྒོམ་ཤིང་ཡོད་པ་ལ། ནུབ་གཅིག་རྨི་ལམ་དུ་བུ་གཅིག་འདུག་པ་དེའི་སྐྲ་བཅད་ནས་སྐྱེ་རྒྱུད་བཅད་དོ་བྱས་ནས། རོ་རྣབ་ལ་བཏང་བ་གཅིག་རྨིས། དེ་ཕྱིན་ཆད་རྨི་ལམ་མ་རྨིས། གཉིད་འོང་བར་འདུག་སྟེ། འོད་གསལ་འབབ་ཞིག་ལ་འགྲོ་བར་འདུག་གསུངས་ནས། དེའི་དུས་སུ་ཉང་སྒོམ་དང་ཟངས་རི་རས་པ་ལ་སོགས་པའི་

འཁོར་རྣམས་ལ་མགུར་འདི་གསུངས། ཆོས་ཉིད་ཀྱི་ངང་ནས་དབྱངས་གཅིག་ལེན། །ཞེས་སོགས་གསུངས་སོ། །

ལར་ཁོ་བོ་ལ་ནི་སྒོམ་རྒྱུད་ལ་སྐྱེ་བར་བྱེད་པ་ལ་དཀའ་ལས་ཆེན་པོ་དགོས་པར་བྱུང་། ད་ལྟ་ཁྱེད་རྣམས་ལ་ནི་ཚེགས་མེད་པར་སྐྱེ་བར་འདུག་སྟེ། གདམས་ངག་ལམ་འདི་ཟབ་པའི་སྟེང་དུ་བཀའ་བརྒྱུད་འདི་ལ་བྱིན་རླབས་ཀྱི་བཀའ་བབས་ཆེན་པོ་འོང་བར་འདུག་སྟེ། གཞན་དང་མི་མཉམ་པ་ཡོད་པས། སྒོམ་ཞིང་དཀའ་བ་སྤྱོད་ནུས་ན། ལམ་སྣ་ཟིན་པ་མང་པོ་འདུག་གསུངས། བོག་འདོན་པ་དང་བར་ཆད་སེལ་བ། ཉམས་མྱོང་རྒྱུད་ལ་སྐྱེ་བར་བྱེད་པ་ལ་ལམ་ཟབ་མོ་བླ་མའི་ལམ་གྱི་དབང་བསྐུར་ཐོབ་ནས་དེ་ཁ་ཡར་སྒོམ་པ་དང་། ཕྱག་རྒྱ་ཆེན་པོ་སྒོམ་པ་དང་། གཏུམ་མོ་འབའ་ཞིག་བསྒོམ་པས་ཆོག་པར་འདུག་གསུངས། འོར་ཀར་སྒྲུབ་པ་ལོ་བདུན་ཉམས་སུ་བླངས་པ་དང་། མི་མང་པོ་འདུས་ནས་འདུག་ཀུ་མ་སྟེར་བ་དང་། ཟང་ཟིང་ཆེན་པོ་བྱུང་བའི་ཡོ་བྱད་རྣམས་འོལ་ཀའི་སྡེ་པ་རྣམས་ལ་སྒོས་ནས་བྱིན་ཏེ། དབྱར་འོ་དེ་གུང་རྒྱལ་གྱི་གངས་ལ་བསྒོམ་དུ་ཕྱིན་ཙ་ན། ཐོ་རངས་ཁར་དངོས་ཀྱི་གདུལ་བྱ་ཡལ་བར་དོར་ན་བྱང་ཆུབ་སེམས་དཔའི་ལྟུང་བ་ཡིན་ཟེར་བའི་ནམ་མཁའ་ནས་སྒྲ་གཅིག་བྱུང་། དགུན་ཁ་བ་བབས་ནས་འདུག་པས་དེ་ནས་འགྲོ་དགོས་སྙམ་ཙ་ན། བཙན་པོའི་གཟུགས་སུ་འདུག་པ་དར་གྱི་ལ་ཐོད་ཆེན་པོ་བཅིངས་པ། མགུལ་དུ་གཡུ་ཆེན་པོ་གཅིག་བཏགས་པ་ན་རེ། འདི་རང་དུ་བཞུགས་ན་ཡོན་བདག་ངས་བྱེད་པ་ཡིན་ཏེ། ད་མི་བཞུགས་ན་ང་ཡི་དྭགས་ལ་སྐམ་པོ་ཙན་དུ་བཞུད། ཁོས་ཁྱེད་ཀྱི་ཐུགས་དགོངས་ཡོངས་སུ་རྫོགས་པར་བྱེད་ཀྱི་ཟེར། བདག་མཁའ་ལ་རྒྱུ་བའི་ཡི་དྭགས་སུ་སོང་བས། སེམས་ཅན་ལ་གནོད་པ་བྱེད་སྙམ་པ་མེད་ཀྱང་མང་པོ་ལ་གཤིས་ཀྱིས་གནོད་པར་འདུག་པས། སྡིག་བཤགས་གཅིག་ཀྱང་ཞུ་སྐྱབས་འགྲོ་སེམས་བསྐྱེད་གཅིག་ཀྱང་ཞུ་ཟེར། དེར་སྟོབས་བཞིའི་སྒོ་ནས་སྦྱངས་ཐབས་དང་བྱམས་སྙིང་རྗེས་བློ་སྦྱོངས་པའི་ཐབས་དང་སྐྱབས་འགྲོ་སེམས་བསྐྱེད་གནང་ནས་ཕྱག་རྒྱ་ཆེན་པོའི་སྒོམ་གཅིག་བཏབ་དགོས་སྙམ་ཙ་ན། ནམ་མཁའི་འཇའ་བཞིན་ཡལ་ནས་སོང་། དེ་ནས་དྭགས་ལ་སྐམ་པོར་བྱོན་ནས་ལོ་བཅུ་གཉིས་སུ་འདག་ཆར་བྱ་དགོས་སྙམས་ནས། ཟངས་ལུང་དུ་འདག་ཆར་གྱི་ཁང་པ་ལེགས་པོ་གཅིག་བྱས་ནས། དང་པོ་ཆུའི་བཅུད་ལེན་གཅིག་བྱ་དགོས་སྙམ་ཡང་། རས་སྒོམ་རས་པས་ཆུ་མི་འདུག་ཞུས་པས། ཁར་སང་ང་སྨད་པའི་བྲག་རྩའི་སྨན་ཆུང་དེ་སོལ་ལ་ལྟོས་གསུངས་པས། བཞུགས་གདན་བསལ་བའི་འོག་ནས་ཆུ་ཁོལ་

མའི་ཁ་ཙམ་གཅིག་འདུག །འདི་ལ་ཧྲིང་ཙི་ཙམ་ཡོད་སྙམ་ནས་སྐྱོགས་བཏང་བས་ཧྲིང་མི་འདུག །ཁོ་བོའི་འདི་ནི་བཅོམ་ལྡན་འདས་ཀྱིས་མདའ་ཆུ་ཁྲིན་པ་དང་སྐྱེས་དང་འདྲ་གསུངས་ནས། དེའི་དུས་སུ་རྟོག་ལྡན་ལ་དགེ་སྦྱོར་དགོས་པའི་རྒྱུ་མཚན་ལྟའི་མགུར་འདི་གསུངས་ཏེ། ཤེས་བྱ་གཤིས་ཀྱི་སྟོང་པ་དེ། །ཞེས་སོགས་གསུངས་སོ། །

དེར་འདག་ཆར་བྱ་དགོས་སྙམ་ཙན། བུད་མེད་ལུས་ལ་ཐལ་བ་བྱུགས་པ་ལག་ན་རྨ་བྱའི་སྒྲོ་ཆུན་བཟུང་བ་ཞིག་ན་རེ། བཅུ་གཉིས་འདག་ཆར་བྱས་པ་བས། །བཅུ་གཉིས་བསྟན་པ་སྤེལ་ན་དགའ། །ཟེར་ནས་མི་སྣང་བར་སོང་། དེ་ནས་ཞག་འགའ་ལོན་ནས་གཙང་གི་གློག་སྐྱ་སྟོན་པ་བྱ་བ་འཛིག་རྟེན་གྱི་ཆོས་བརྒྱད་ལ་ཞེན་ཅིང་། ཚུལ་འཆོས་ཆེ་བ་གཅིག་བྱུང་ནས། གདམས་ངག་གཅིག་ཞུ་ཟེར་བ་ལ་མ་མགུ་ནས། ཕུང་པོ་སངས་རྒྱས་ལྷ་བདག་དེ། །ཞེས་སོགས་མགུར་མཛད་ནས། བསྒོམ་བཏབ་པས་ཆོས་བརྒྱད་ཆུང་ཞིང་སྒོམ་ཆེན་གཤའ་མ་གཅིག་བྱུང་ངོ་། །དེ་ནས་ཞག་འགའ་ན་དགེ་བཤེས་རྒྱལ་བ་ཁྲུང་ཚང་བ་ཕྱིན། དེ་ནས་གཉག་ནག་པོ་བྱུང་། དེ་ནས་གཉག་དམར་པོ་ཕྱིན། དེར་དཔོན་སློབ་དྲུག་ཅུ་ཙམ་དུ་བྱུང་། དེ་རྣམས་ཀྱི་ཁྲིད་ཚར་ནས་མཚམས་བྱ་དགོས་སྙམ་ཙན། དབུས་གཙང་ཁམས་གསུམ་གྱི་སྟོད་ལྡན་རྣམས་འདུས་ཏེ། དེ་དག་རིང་པོར་མ་ལོན་པར་ཉམས་རྟོགས་དང་རྩ་རླུང་གི་ཡོན་ཏན་ལ་སོགས་མངོན་ཤེས་དང་ལྡན་པ་ཤ་སྟག་བྱུང་ཞིང་། དེ་ཡང་མ་དག་པའི་དངོས་པོ་བརྒྱད་མི་འཆང་ཞིང་ཅིག་ཕུའི་རྣལ་འབྱོར་ལ་བརྩོན་པ། སྦྱངས་པའི་ཡོན་ཏན་བཅུ་གཉིས་ལ་གནས་པ། གསང་སྤྱོད་དང་སྦྲ་བཅད་རི་མཚམས་ཁོ་ནས་དུས་འདའ་བ་བྱུང་ངོ་། །

དེའི་ཚེ་ཐུགས་སོ་མ་གསོད་དེ། སྟོད་ལུང་བྱ་བའི་གཉེན་པོ་མི་མ་ཡིན་དངོས་སུ་འོང་པ་དེར་བྱོན་ཏེ། འཁོར་རྣམས་འོང་མི་ནུས་སྙམ་པ་ལ་འགའ་ཞིག་བྱུང་བས། ཁྲིད་རྣམས་སྲོག་དང་བསྡོས་ནས་འདིར་བྱོན་པ་སླེང་ནས་ཆོས་བསམ་པ་ཡིན་གསུངས་ནས་མགུར་མཛད་པ། ཡུན་རིང་མི་སྡོད་འཆི་བར་ངེས་ཀྱི་ཐར་པ་མྱུར་དུ་སྒྲུབ། །ཉི་མ་ནུབ་ཀའི་གྲིབ་སོ་བཞིན་དུ་མི་རྟག་ཕ་རོལ་འཆི་ངེས་ཀྱི། །ལེ་ལོ་སྒོམ་ལས་སྤྱོངས་ལ་བརྩོན་འགྲུས་མེ་བཞིན་སྦོར། །ཚེ་ལ་བློ་གཏད་མེད་པས་ནམ་འཆི་ཆ་མེད་ཉམས་སུ་ལོངས། །ཞེས་སོགས་མགུར་མཛད་ནས། ལར་རང་གི་རིག་པའི་ངོ་བོ་ཅིར་ཡང་མ་གྲུབ་པ། ཐ་མལ་གྱི་ཤེས་པ་རྗེན་པ་འདི་རང་སྒོམ་ན་གཞན་གང་བས་ཀྱང་དགའ་བ་ཡིན་ཏེ། གཞན་གྱི་བརྗོད་མིན་ལྷན་ཅིག་སྐྱེས། །གང་གི་ཡང་ནི་མི་རྙེད་དེ། །བླ་མ་དུས་ཐབས་བསྟེན་པ་དང་། །རང་གི་བསོད་

ནམས་ལས་རིགས་བྱ། །ཞེས་གསུངས་སོ། །དེ་ནས་སྣམ་པོར་ཕེབས་པའི་ཚེ། ང་ཡི་བཀའ་གདམས་ཀྱི་བླ་མ་རྣམས་ཀྱིས་སྟོང་པ་ཉིད་རྟོགས་ན། ལས་རྒྱུ་འབྲས་ལ་ཞིབ་ཆ་ཆེར་འགྲོ་གསུངས་པ་དེ་མད་པར་འདུག །ད་ཕྱིད་རྣམས་ཀྱང་ཁོ་བོས་སླས་པ་འདི་ལ་ཉོན་གསུངས་ཏེ། དགྲ་ལ་ཞེ་སྡང་ཆེ་བ་དང་གཅིག །གཉེན་ལ་གདུང་སེམས་ཆེ་བ་དང་གཉིས། །ནོར་ལ་ཆགས་པ་ཆེ་བ་དང་གསུམ། །དེ་གསུམ་ཆོས་ཀྱི་སྤྱང་བྱ་ཡིན། །ཞེས་སོགས་མགུར་གསུངས་སོ། །གཞན་ཡང་དྲང་སྲོང་ཆེན་པོ་དེས་སྐུ་ཡི་བཀོད་པ་རྫུ་འཕྲུལ་བསམ་གྱིས་མི་ཁྱབ་པ་མཛད་དོ། །

དེར་ཡང་དྭགས་པོ་ལྷ་ས་བ་ན་རེ། དགུན་ཟླ་ར་བའི་ཉེར་གསུམ་གྱི་ཉིན་པར་བླ་མ་རིན་པོ་ཆེ་དྭགས་པོ་ལྷ་སར་བྱོན་ཏེ། བཅུ་བཞི་ལ་སྐུ་གོན་བྱས། བཅོ་ལྔ་ལ་མེ་ཏོག་འཐོར། བཅུ་དྲུག་ལ་གཏང་རག་གི་མཆོད་པ་དང་ཆོས་སྟོན་འབུལ་བ་ཆེན་པོ་བྱས། བཅུ་བདུན་གྱི་ཉིན་པར་གསུང་རབ་མང་པོ་དང་། ནས་དང་ཤ་མར་དང་སྣམ་བུ་ལ་སོགས་མང་པོ་སྣམ་པོར་བསྐྱལ་ནས་དེ་རྣམས་ཀྱི་སྔོ་བ་མཛད་དོ། །གྲལ་དེ་ཡང་མ་ཞིག་པར་ཡོན་བདག་དགེ་འདུལ་འཁོར་བཅས་ཕྱིན་ཏེ། བླ་མ་རིན་པོ་ཆེའི་རེད་ཐུགས་ལ་བཏགས་པས་བཅུ་བཞི་ཉིན་པར་སྐུ་གོན་བྱས། བཅོ་ལྔ་ལ་མེ་ཏོག་གཏོར། བཅུ་དྲུག་ལ་དཔོན་སློབ་བདུན་མཁའ་ལ་བཞུགས་པ་ངོ་མཚར་ཆེ་ཟེར་ཏེ། ནས་དང་ཤ་མར་མང་པོའི་འབུལ་བ་བསྐྱལ་ནས་དེའི་བསྔོ་བ་ཡང་མཛད་དོ། །གཞི་ལ་ཡོད་པའི་གྲྭ་པ་ཐམས་ཅད་ན་རེ། རིན་པོ་ཆེ་པ་ནི་དུས་དང་གནས་སྐབས་ཐམས་ཅད་དུ་མཚམས་ལ་གནས་པ་ཡིན་པ་ལ། ཟླ་བ་ཉ་གསུམ་ལ་མཚམས་ལས་བྱུང་སྟེ། བཅུའི་ཉིན་མཚན་ལ་གཙང་པ་རྣམས་ལ་ཁྲིད་མཛད་དེ། བཅོ་ལྔའི་ཉིན་མཚན་ལ་ཁམས་པ་ལ་ཁྲིད་མཛད། བཅུ་དྲུག་གི་ཉིན་མཚན་ལ་དབུས་པ་རྣམས་ལ་ཁྲིད་མཛད་དེ། བླ་མ་རིན་པོ་ཆེ་ནི་གང་དུ་ཡང་མ་བཞུད་ཟེར་རོ། །

ཉེ་གནས་གསལ་བྱ་དང་། ཤོ་སྒོམ་བྱང་ཡེ་དང་། སྒོམ་པ་ལེག་མཛེས་གསུམ་ན་རེ། བླ་མ་རིན་པོ་ཆེ་ནི་ཟླ་བ་ཉ་གསུམ་ལ་ཆོས་ཀྱང་མ་བཤད་གང་དུ་ཡང་མ་བཞུད། གསོལ་ཟས་ཀྱང་མ་གསོལ་སྨྲ་བཅད་མཛད་དེ། སྐྱོ་བསང་ལ་ཡང་མ་བཞེངས་ནས་གཟིམ་མལ་ཁོན་ལ་བཞུགས་ཟེར་རོ། །ཡང་དུས་ཚོད་གཅིག་གི་ཚེ་ན། སྒོམ་པ་ལེགས་མཛེས་ཀྱིས་ཉན་ཐོས་རྣམས་ནི་ཟད་པར་དང་ཟིལ་གནོན་གྱི་ཏིང་ངེ་འཛིན་མང་པོ་འགྲུབ་པར་འདུག །ད་ལྟ་མི་འགྲུབ་པར་འདུག་པ་དེ་ཅི་ལགས་ཞུས་པས། དེ་སེམས་སྦྱོང་མི་བྱེད་པས་ལེན་པ་ཡིན། བསྒྲུབ་ན་མི་འགྲུབ་པའི་དོན་མེད་གསུངས། ནང་པར་ཞོའི་

ནང་དུ་བུ་རམ་བླུགས་ནས་འདྲེན་དུ་སོང་ཙ་ན། བླ་མའི་གཟིམ་མལ་ན་མེ་ཆེན་པོ་གཅིག་འབར་ཞིང་འདུག་པ་ཐོག་ལ་རེགས་རེགས་འདུག །ཁོ་བྲེད་ནས་གསལ་བྱང་གི་རྩར་རྒྱུག་སྐྱེ་སོང་། དེར་གཉིས་ཀ་འགྲོགས་ནས་ཕྱིན་ཙ་ན། ཟད་པར་མེའི་སྣང་བ་བསྟན་པར་སྣང་ངོ་། །བླ་མ་བཞུགས་མལ་ལ་བཞུགས་ནས་འདུག །ཡང་དུས་གཅིག་གི་ཚེ་ན། མར་མེ་བྱས་ནས་མཆོད་ཁང་དུ་སོང་ཙ་ན། མཆོད་ཁང་མཚོ་ཆུང་དུ་འདུག །དེ་ཙི་ཡིན་སྙམ་ནས་སེ་སྒོར་བྱས་ཙ་ན། བླ་མའི་ཞལ་ནས་ཡར་ཤོག་གསུངས་པས་ཟད་པར་ཆུའི་ཏིང་ངེ་འཛིན་བསྟན་ཏོ། །ཡང་དུས་གཅིག་གི་ཚེ་གྲོང་རྡེང་ལ་སྟེང་ཁང་ན་བཞུགས་པའི་དུས་སུ། ཡོན་བདག་དར་རྒྱལ་སྒོ་ཙར་བྱུང་ནས། རིན་པོ་ཆེ་ལ་ཛ་འདི་འབུལ་འདོད་ཟེར་ནས་དེ་ཞུའི་སོང་ཙ་ན་གསེར་གྱི་མཆོད་རྟེན་གཅིག་ཏུ་འོད་ལྷག་གེ་འདུག །དེར་ཟད་པར་སའི་ཏིང་ངེ་འཛིན་བསྟན་ཏོ། །

ཡོན་བདག་ལ་བསྟན་དགོས་སྙམ་ནས་ཁྲིད་དེ་སོང་ཙ་ན། བླ་མ་ཉིད་བཞུགས་ནས་འདུག །ཡང་དུས་གཅིག་གི་ཚེ་ན་འདྲེ་བཞི་རྩད་གཅོད་ཀྱི་གདམས་ངག་དེ་ཞུ་སྙམ་ནས། གཏོར་མ་ཁྱེར་ནས་སོང་ཙ་ན། ནང་ན་ཡང་མི་སྣང་སྟེང་ཁང་ན་ཡང་མི་བཞུགས་པར་འདུག །ཁྱོད་ཙི་འདོད་ཡར་ཤོག་གསུངས་ནས་བླ་མ་མལ་དུ་བཞུགས། དེ་དག་ནི་ཟད་པར་གྱི་ཏིང་ངེ་འཛིན་རྣམས་བསྟན་པར་གདའ། ཡང་དགེ་བཤེས་ཁམས་པ་ན་རེ། སློབ་དཔོན་སྒོམ་པ་ལ་བླ་མ་རིན་པོ་ཆེ་ལ་གྲིབ་མ་མེད་པ་ཁྱོད་ཀྱིས་རྟོགས་སམ་གསུངས། ཉུབ་མོ་མར་མེ་ལ་བལྟས་ཀྱང་གྲིབ་མ་མི་འདུག །ཉི་མ་ལ་བལྟས་ཀྱང་གྲིབ་མ་མི་འདུག་སྟེ། དུས་ཐམས་ཅད་དུ་གྲིབ་མ་མི་འདུག་གོ། ཡང་སྒོམ་པ་བློ་བརྟན་གྱིས་ཤོག་གུ་འབུམ་ཆ་གཅིག་འབུལ་རྒྱུ་བྱུང་། བླ་མ་ལ་ཞུས་ནས་ཁོ་རང་སྤྱན་སྔར་བཏང་ཙ་ན། ཁྱོད་ཀྱི་ཐུགས་རྗེ་ཆེན་པོ་ཕྱག་སྟོང་སྤྱན་སྟོང་གི་འདེར་སོ་འདི་ཡི་བཟོ་བོ་སུ་ཡིན། བླ་མ་གར་བཞུགས་དང་སྤྲོད་ཟེར། ལེགས་མཛེས་ཀྱི་ཁྲིད་ནས་སོང་བས། བླ་མ་བཞུགས་ནས་འདུག་གོ། ཡང་རོ་སྙམ་པའི་དགེ་འདུན་རྣམས་ཀྱིས་སྟོང་འབུལ་གཅིག་བྱས་ནས། ཤིང་སྤྱང་དུ་ཁྲི་བརྩིགས་ཏེ་མང་བསྐོལ་གཅིག་བྱས་ནས། སྒོམ་པ་ཤེར་གཞོན་གདན་འདྲེན་དུ་བྱུང་བས། སྟོན་ལ་བེར་ཐུལ་ཁུར་ལ་སོང་། ཉེ་གནས་ཀུན་མི་འདུག་ཏེ། དེ་བས་ཁྲིམ་ལོག་པས་ངས་སྒོ་བྱས་ནས་འོང་གི་གསུངས། ཤེར་གཞོན་སོང་ནས་འཕྲང་ཁ་ན་བསྡད་དེ། འབྱོན་དུ་རེ་ནས་བལྟས་པས། ཤིང་སྤྱང་གི་ཁྲི་ལ་བཞུགས་ནས་འདུག །དེ་ཙི་ལྟར་ཡིན་སྙམ་ནས་འོང་ཙ་ན། བན་སྐྱེ་སྟོང་ཙམ་གྱིས་ཕྱག་རྟེན་གཏོང་བ་ཡང་ཚར་འདུག །ཡོན་བདག་ལ

སོགས་པས་ཤེར་གཞོན་ལ་གྲོལ་དུ་བྱུང་སྟེ། ཁྱེད་ཀྱི་རིན་པོ་ཆེ་བསིལ་དུ་བཙུག་ཟེར་ནས། ཐང་རྒྱང་ལ་བཞུགས་ནས་འདུག་གོ། ཡང་སློབ་དཔོན་ལ་སྒོམ་པས་བླ་མ་ལ་བྱང་ཆུབ་སེམས་དཔའ་ས་དང་པོ་པས་སྟོང་གསུམ་རྡུལ་ཕྲ་རབ་གཅིག་ཏུ་བཙུག་པས་རྡུལ་ཆེར་མ་སོང་། སྟོང་གསུམ་ཆུང་དུ་ལ་མ་སོང་ཟེར་ཏེ། དེ་མཚར་ཞུས་པས་ཤེས་པའི་ཆོས་ཅན་ཡིན་པས་ཀུན་རྫོབ་ཀྱི་སྣང་བ་ལ་ཅིར་ཡང་ཉན། མིག་ཡུང་འབྲུ་ཙམ་གྱི་ནང་དུ་མཐོ་གང་གི་གཟུགས་བརྙན་ཚུད། མེ་ལོང་སོར་བཞི་པའི་ནང་དུ་རྟ་དང་། གླང་པོ་ཆེའི་གཟུགས་བརྙན་ཚུད། ཆུ་ཕོར་གང་གི་ནང་དུ་ཟླ་བའི་དཀྱིལ་འཁོར་དང་ནམ་མཁའ་ཡང་ཚུད། ང་ལ་ཚུར་ལྟོས་དང་གསུངས་བལྟས་ཙ་ན། བླ་མ་བྱང་ཆུབ་ཆེན་པོའི་སྐུ་སྐྲམ་པོ་རིའི་ཆེ་ཙམ་གཅིག་ཏུ་གྱུར་ནས་འདུག་པ་ལ། གཟིམ་ཁང་མི་ལྔ་ཤོང་བ་དེའི་ནང་དུ་ཚུད་ནས་འདུག ། ཡང་ཉི་མ་གཟས་ཟིན་པས་ཤིང་སྤྲང་ན་མང་བསྐོལ་བྱས། དགེ་འདུན་སྟོང་ཙམ་འཚོགས་པའི་དུས་སུ། རིན་པོ་ཆེ་ཡང་དགོན་གྱི་ཐང་ཀའི་ནམ་མཁའ་ལ་བྱོན་ནས། རྗོ་ར་བའི་རྩ་ན་མར་ཐུམ་ཆུ་མང་པོ་གཏོར་ཞིང་། ཕར་བཞུད་ཚུར་བཞུད་བྱེད་པ་མི་སྟོང་ཙམ་གྱིས་མཐོང་། ཡང་མགར་སྒོམ་དཀར་པོས་ལྷ་བཅུ་གསུམ་པའི་ལུགས་དེ་ཞུས་པས། དེ་བྱ་བས་ཆོག་གསུང་ནས་ལྷ་བཅུ་གསུམ་པའི་ཕྲེང་སྟུགས་དེ་ཞལ་ནས་ནར་གྱིས་གསུངས་པས། འོད་ཟེར་ཁ་དོག་དམར་པོ་བྱུང་ནས་འགར་སྒོམ་གྱི་ཐུགས་ཀར་ཐིམ། འགར་སྒོམ་གྱི་ཕྱག་འཚལ་མོས་གུས་བྱས་པས། བླ་མ་བདེ་མཆོག་ཞལ་བཞི་པ་ཕྱག་བཅུ་གཉིས་པར་གྱུར་ནས་འདུག ། ཡང་སྐྱོ་སྒོམ་གྱི་མ་ཤི་ནས་དེའི་དགེ་རྩ་ལ་རིགས་ལྔ་ཚར་གཅིག་བཞེངས་ཏེ། དེ་མ་ཐག་ཏུ་བླ་མ་བྱང་ཆུབ་ཆེན་པོའི་སྐུར་གྱུར་ནས་འདུག་པའི་དབུ་ཡི་གཙུག་ཏོར་ནས། འོད་ཟེར་འཇའ་ཚོན་ལྔ་བུར་བྱུང་བ་ཐང་སྐུ་ལ་ཟུག་ཅིང་དྲིལ་ཤིང་ཁྲོལ་ཏེ་བྱུང་བས་བླ་མས་སྤྱན་ཏར་གྱིས་ཕྱེས་ནས། རབ་གནས་མཛུར་པོར་བྱེད་ན་དེའི་གཙུག་བྱེད་པ་ཡིན་ད་རྒྱུག་གསུངས་སོ། ། ཡང་རྒྱལ་བ་ཁྱུང་ཚང་བ་ཅན་གྱི་བསམ་པ་ལ། བླ་མ་རིན་པོ་ཆེའི་བཙུན་ཆུང་འདི་རྣམས་ལ་ཐོས་པ་བག་རེ་བྱེད་དུ་མི་འཇུག་པར། སྒོམ་ཉི་ཚེ་ལ་བཙུག་པས་ཡོན་ཏན་ཅང་སྐྱེའམ་སྙམ་ཙ་ན། དེའི་ནུབ་མོ་རྨི་ལམ་ན་སྒོམ་པོའི་རི་ཐམས་ཅད་ཕུག་གིས་གང་ནས་འདུག ། དེ་རྣམས་ཀྱི་ནང་ན་རིན་པོ་ཆེའི་མཆོད་རྟེན་མང་པོ་འདུག ། ཕལ་ཆེར་བཟོ་ཤིན་ཏུ་ལེགས་པ་འོད་ནམ་མཁའ་ལ་འཕྲོ་བ་ཁོ་ན་འདུག ། ལ་ལ་ནི་བཟོ་ཕྱེད་ཙམ་ཚར་ནས་འདུག ། ལ་ལ་ནི་གཟུགས་དོད་པ་ཙམ་དཀར་ཆབ་གསོལ་ཏེ། མི་མང་པོའི་ཕྱག་འཚལ་ཞིང་འདི་རྣམས་འཇིག་རྟེན་ལྷ་དང་བཅས་པའི་མཆོད་གནས་ཡིན་ཟེར་བ་རྨིས། དེའི་ནང་པར་བླ་མ་ལ་ཞུར་

སོང་བས། ཕྱག་འཚལ་ནས་དེ་ཚོ་ཞུ་མ་ཁོམ་པར་བླ་མའི་ཞལ་ནས། སྤྱིར་མཚན་ཉིད་པ་རྣམས་ཀྱིས་ང་ལ་སྨད། སྒོས་སུ་ཁྱོད་ཀྱིས་ང་ལ་བརྙས་ཏེ་ང་ཡི་བཙུན་ཆུང་འདི་ཚོ་ལ། ཁྱོད་ཀྱི་རྨིས་པ་ཁོ་ན་བཞིན་ཡོད་པ་ཡིན། སྤྲང་ཕྲུག་འདི་ཚོ་ཡང་འཇིག་རྟེན་ལྷ་དང་བཅས་པའི་མཆོད་གནས་སུ་ཡོང་བ་ཡིན། ཁོ་བོ་ལ་ནི་ཆེ་རིག་ཆེ་འཆིངས་ཆུང་རིག་ཆུང་འཆིངས་བ་ཡིན་ཏེ། མི་ལ་ལས་ཁོ་བོས་བསྟན་པ་བསྐྱབས་ཟེར་བ་དེ། བསྟན་པའི་བདག་པོ་སུ་ཡིན། བསྟན་པ་ལ་སུས་ཕན། སེམས་ཅན་གྱི་དོན་སུ་ཡིས་བྱས་ཉི་འོག་གི་རྒྱལ་ཁམས་འདི་ན་བསྟན་པ་སུས་བསྲུང་། རང་རེ་ཚོ་ལ་ལོ་འགའ་ནས་གསལ་ཏེ་འོང་གསུངས་ནས། ལར་མི་ལ་ལས་འདུས་བྱས་ཁྱད་པར་དུ་བསད་དེ་ཆད་ལྟ་བ་ཡིན་ཟེར་བ་ཡོད་དེ། ཁོ་བོའི་བྱ་ཆའི་ཆོས་སྤྱོད་གཅིག་ཀྱང་གཅོད་མ་མྱོང་གསུངས་ནས་མགུར་འདི་གསུངས་སོ། །

རྗེ་འཁོར་ལོ་སྡོམ་པ་བདེ་མཆོག་དང་། །ཞེས་སོགས་གསུངས་སོ། །

གཞན་ཡང་ར་ཧྀ་སྒོམ་སྐྱེས་ཀྱིས་བླ་མའི་མཚན་ཐོས་པས་སྒོམ་བྱུང་བ་དང་། རྒྱ་སྒོམ་རྡོར་སེང་གིས་ཡེ་མ་མཐོང་བར་མོས་གུས་བྱས་མཆུལ་ཕྱུལ་བས་སྒོམ་བྱུང་བ་དང་། ནང་པ་འཕན་ལ་སོགས་པ་མི་མང་པོས་ཞལ་མཐོང་ཙམ་གྱིས་སྒོམ་སྐྱེས་པ་དཔག་ཏུ་མེད་དོ། །གཞན་ཡང་ཉང་སྟོན་དང་ཤེལ་སྒོམ་གཉིས་ཀྱིས་སྒོམ་ཞུར་བྱོན་པས་སྨམ་པོར་མ་སླེབས་པར་རི་ཐང་མཚམས་སུ་ཉལ་ནས་བསྡད་པ་ལ་སྦྲོད་ལ་ཉང་སྟོན་ལ་ཕྱག་རྒྱ་ཆེ་པོའི་རྟོགས་པ་སྐྱེས། ཤེལ་སྒོམ་ལ་ནམ་ལངས་ཁར་རྟོགས་པ་སྐྱེས། དེ་ནས་བླ་མའི་སྤྱན་སྔར་ཕྱིན་ནས་སྣམ་བུ་རེ་རེ་ཕྱག་རྟེན་བྱས་ནས་ཕྱག་འཚལ་བ་དང་། བླ་མའི་ཞལ་ནས་མདང་ཁྱོད་གཉིས་ཀྱི་དོན་འགྲུབ་ཨང་གསུངས། གཞན་ཡང་མོས་གུས་བྱས་པ་ཚེ་འདིའི་རྐྱེན་སེལ་བ་ཡིན་ཏེ། འོལ་དཀར་མཛེ་མོ་གཅིག་ཟག་ནས་འགྲོ་རྒྱུ་མེད་པ་ལ། བླ་མ་བཞུགས་པའི་གངས་དཀར་རམ་མེ་བ་ལ་བལྟས་ནས་མོས་གུས་བྱས་པས། ནད་སོས་ནས་ཕྱག་རྒྱ་ཆེན་པོའི་རྟོགས་པ་སྐྱེས་ཏེ་བདེ་དྲོད་རང་འབར་ལ་སོང་། ཕྱིས་བླ་མས་སྟོད་ལྷན་དུ་གཟིགས་ནས་སྒོམ་བཏབ་པས་དཔེ་ཆུང་དུ་བཙུན་མ་ངོ་མཚར་ཅན་གཅིག་ཏུ་གྱུར་ནས་བན་མོ་ལྔ་བརྒྱ་ཙམ་གྱི་ཚོགས་དཔོན་བྱེད་པ་བྱུང་། ཡང་འབྲོམ་དམར་ཡུ་བ་བྱ་བས་དང་པོ་དགེ་སྦྱོང་བྱས། རིན་པོ་ཆེ་ལས་གཏུམ་མོའི་ཁྲིད་རྫོགས་པར་ཞུས། ལས་ཀྱི་དབང་གིས་ཁྱིམ་ཐབ་བྱས་པས་བུ་སྨད་མང་པོ་ཡོད། ཕག་མང་པོ་གསོ་ཉེན་པར་ཆང་དང་སྣོག་པ་ཟས་བྱས། མཚན་མོ་གཉིད་ནམ་སད་པ་དང་། གཏུམ་མོ་ཕྱག་རྒྱ་ཆེན་པོ་སྒོམ་པའི་མི་གཅིག་ཡོད་པ་དེ། ཁོ་ནད་དྲག་པོས་ཐེབས་ནས་འཆི་བར་སོང་བ་ལ། སྤྱན་སྔ་ཀུན་གྱིས

ཁྱེད་འཆི་བར་འདུག་པ་ལ། སྡིག་པ་ནི་ཁྱེད་ལས་ཆེ་བ་མེད། སྨོམ་པ་ཤོར། དམ་ཚིག་ཉམས། རིན་པོ་ཆེའི་གསུངས་བཅགས་པས། དགེ་བཤེས་རྣམ་པ་འདུལ་བ་འཛིན་པ་པོས་ནས་འབུལ་བ་ཡང་བྱ། སྐྱབས་འགྲོ་ཡང་ཞུ་དགོས་བྱས་པས། ནད་པ་ན་རེ། དེ་རྟུང་ཟེར། དེ་ནས་དགེ་བཤེས་པོས་འབུལ་བ་ཡང་བྱས་པ་དང་། སྐྱབས་འགྲོ་བྱས་པས་ནད་པ་ན་རེ། བླ་མ་རིན་པོ་ཆེའི་སྐྱབས་འགྲོ་དང་མི་མཐུན་པར་འདུག་ཟེར། བླ་མ་རིན་པོ་ཆེའི་ཅི་སྐད་གསུངས་བྱས། རིན་པོ་ཆེའི་ཞལ་ནས། སེམས་ཆོས་ཉིད་སྤྲོས་པའི་མཐའ་དང་བྲལ་བར་རྟོགས་ན། སངས་རྒྱས་ལ་སྐྱབས་སུ་སོང་བ་ཡིན། དུས་ཐམས་ཅད་དུ་སྤྱོད་ལམ་རྣམ་བཞིར་ཉམས་མྱོང་དྲན་ཤེས་ཀྱི་ཐག་པས་བཟུང་ནས། མཉམ་རྗེས་མེད་ན་ཆོས་ལ་སྐྱབས་སུ་སོང་བ་ཡིན། ཅི་བྱེད་ཐེག་པ་ཆེན་པོའི་ལམ་དུ་སོང་ན་དགེ་འདུན་ལ་སྐྱབས་སུ་སོང་བ་ཡིན་གསུངས་པས་ངས་དེ་ཁོ་ན་བཞིན་བྱས། ཁྱེད་ཀྱི་དེ་ཁ་ཚིག་གི་སྐྱབས་འགྲོར་འདུག་ཟེར་བས་དེར་དགེ་བཤེས་ན་རེ། རེ་སྡུག་འདི་དམྱལ་བར་འགྲོ་བར་འདུག །ང་ཡི་ཆོས་ལ་ལོག་ལྟ་སྐྱེས་ཟེར་ནས་སོང་། འབྲོམ་དམར་ཡུ་ཤེ་སྟེ་རོ་བསྲེགས་པས་རིང་བསྲེལ་ཁ་དོག་སྣ་ལྔ་ཕུལ་ལ་འཇལ་བ་བྱུང་། དུད་པ་ཐམས་ཅད་འཇའ་འོད་ཀྱི་དཀྱིལ་འཁོར་དུ་བྱུང་སྣལ་ཚོགས་ལ་དེ་བཞིན་གཤེགས་པའི་སྐུ་ཆེན་གང་བ་གཅིག་བྱོན། དེ་ལ་སོགས་པའི་སྡིག་པོ་ཆེ་མང་པོ་རིན་པོ་ཆེ་དང་མཇལ་བ་ཙམ་གྱིས་ལྟས་བཟང་པོ་དང་བཅས་ཏེ་སོང་བ་ལ་ཟད་པ་མེད་དོ། །

ཡང་སློབ་དཔོན་སྒོམ་པས་རོ་གཅིག་གི་རྣལ་འབྱོར་རྒྱུད་ལ་སྐྱེས་པའི་དུས་སུ་ལུས་སེམས་སྣང་བ་གསུམ་གཅིག་ཏུ་འདྲེས། གསུངས་པ་དེའི་དོན་ཅི་ཙུག་ལགས་ཞུས་པས། མདུན་ན་ཀ་བ་གཅིག་ཡོད་པ་དེ་ལ་ཕྱག་གཡུག་མཛད་པས། ནམ་མཁའ་ལ་གཡུག་པ་བཞིན་དུ་ཐོགས་པ་མེད་པར་ཕྱུལ་ཕྱུལ་སོང་འདུག །དེ་གསུམ་འདྲེས་ལུགས་དེ་ཙུག་འདྲེས་པ་ཡིན་གསུངས། ཡང་གྲུབ་ཀྱི་གཙང་པོ་ལ་བཞུད་ཙ་ན། ཆུའི་སྟེང་ནས་ཕྱག་གཡོན་པས་ཕྲེང་བ་འདྲེན། གཡས་པ་ཆུ་སྦྱིན་མཛད་ཀྱིན་བཞུད། ཡང་འབྲི་གུང་གི་རི་ལ་བཞུགས་པའི་དུས་སུ་བཙན་པོ་ལྷ་སྒོམ་གྱི་རྟེན་ལ་རབ་གནས་མཛད་པས། མེ་ཏོག་རྣམས་རྟེན་ལ་རང་འབྱུར་ལ་སོང་བ་དང་། མེ་ཏོག་གི་སྣོད་ལྷུང་བཟེད་ནམ་མཁའ་ལ་བཞག་པ་དང་། ཉི་མའི་འོད་ཟེར་ལ་ཆོས་གོས་བཀལ་བ་དང་། ལྷ་སྒོམ་པ་ལ་སོགས་པའི་མི་བརྒྱ་ཙམ་གྱིས་ཐུགས་རྗེ་ཆེན་པོ་ཁ་སར་པ་ཎི་མཐོང་བའི་སྣང་བ་གཅིག་བྱུང་ངོ་། །གཞན་ཡང་དབེན་ཕུག་ཏུ་བཞུགས་པའི་དུས་སུ་ཉེ་གནས་ལེགས་མཛེས་ལ། ང་ལ་ཞག་བདུན་དུ་གདམས་མ་བྱེད་གསུངས་ནས།

རྟོག་པ་ལ་ཐོགས་པ་མེད་པར་ཕར་བཞུད་ཚུར་བཞུད་བྱེད་དོ། །

ཡང་ཀེང་རུས་ཀྱི་མི་ཆེན་པོ་གཅིག་གི་ལག་པ་གཡས་ན་གྲི་གུག །གཡོན་ན་ཐོད་པ། ཁ་ཊྃ་ག་འཕྲུག་པ་ལ་བཀལ་ནས་སྟག་ལ་ཞོན་ཏེ། བྲཱྃ་བི་ཏེ་རུ་ཀ་ནི་སྟག་ལ་ཞོན། །ལུས་ངན་བུ་མོ་འཕོང་ན་བཏག །དུར་ཁྲོད་གནས་ནི་ཁྱབ་པར་རྒྱུག །དེ་ང་ཡིན་གསུངས་པ་ནི་མིན་གསུངས་ཤིང་ནམ་མཁའ་ལ་བཞུད་དོ། །ཡང་ཆོས་གོས་རྣམ་གསུམ་བརྣབ་ནས་བཞེངས་ཏེ་ཞབས་ཀྱི་རྟིང་པ་གཉིས་སྤྲད། བདུད་རྩི་ཐལ་སྦྱོར་གྱི་ཕྱག་རྒྱ་སྤྱི་བོར་མཛད་ནས་ཞག་གསུམ་བཞུགས་པ་ལ། ནུབ་དང་པོ་ལ་བདུན་དུ་སྣང་། གཉིས་པ་ལ་བཅུ་བཞིར་སྣང་། གསུམ་པ་ལ་ཁང་ཆུང་དེ་ཐམ་སེ་གཏམ་པ་བཞིན་དུ་སྣང་། ཡང་སྐད་ཅིག་ལ་མི་སྣང་བར་གྱུར་ཏོ། །གཞན་ཡང་གཅིག་ཕྱུར་བཞུགས་པའི་དུས་ཞག་གཅིག་སྒྲོག་རྩོལ་ལན་གཉིས་སྒོམ་པས་ཆོག་པ་དང་། ཉམས་རྟོགས་འབུལ་བ་དང་། གེག་སེལ་བ་དང་། གདམས་ངག་ཞུ་བ་ལ་སོགས་ཅི་ཞུས་ཡང་གཏོར་མ་བཤམས་མཆོད་འབུལ། འཁྲུལ་འཁོར་བཅས་ནས་འདུག་པ་དེ་ཙམ་གྱི་དྲི་མི་དགོས་ཤིང་། སོ་སོ་རང་རང་གི་སེམས་ལ་ཅི་ལྟར་འདོད་པ་བཞིན་དུ་འབྱུང་གསུངས། དེ་ལ་སོགས་པ་གཞན་གྱི་སེམས་ཤེས་པའི་མངོན་པར་མཁྱེན་པ་རྒྱ་ཆེན་པོ་མངའ་སྟེ། དེ་དག་གི་ཤེས་ལུགས་རྣམས་བྲིས་ན་ཟད་པ་མེད་དེ། འདིར་མ་བྲིས་སོ། །ཡང་འབྲོག་གི་ཕྱུག་རྫི་གཉིས་འཁྲུགས་ནས་མ་དུམ་པས་སྤྱན་དྲངས་ཏེ། བླ་མ་འཇའ་འོད་ཀྱི་དཀྱིལ་ནས་བྱོན་པས་འཁྲུགས་པ་རང་ཞིར་སོང་། ཡང་ཙ་རི་ཙ་གོང་བྱ་བའི་ཡུལ་དུ་གཤེགས་གསུངས་ནས། དཔོན་སློབ་མང་པོ་གཅིག་འབྱོན་པ་གངས་ཁྲོད་དུ་ཆར་དྲག་གིས་བདས་ཏེ། བླ་མའི་དབུ་ཞྭ་ལ་ཆར་འབྲུ་གཅིག་ཙམ་ཡང་མ་ཕོག་གོ། ཡང་དུས་རེ་ཞིག་གི་ཚེ། གྲུབ་ཐོབ་ཤངས་པ་ཆེན་པོ་དེ་ཉིད་ཀྱི་ཐུགས་སྲས་བརྒྱུད་འཛིན་དམ་པ་རྨོག་ཅོག་པ་རིན་ཆེན་བརྩོན་འགྲུས་བྱ་བ་ལ་སྒོམ་པའི་ཉམས་མྱོང་དང་འཆར་སྒོ་དཔག་ཏུ་མེད་པ་བྱུང་བས། འདི་རྣམས་མཐོ་དམན་ཅི་ཙམ་ཡིན་དྭགས་པོ་ལྷ་རྗེ་བྱ་བ་བྱ་རྒོད་ལ་སྒོམ་ཐེབ་པའི་གྲུབ་ཐོབ་ཆེན་པོའི་དྲུང་དུ་སྒྲོ་འདོགས་བཅད་དགོས་སྙམ་ཏེ། ཕ་ཞིང་ལྷག་མ་ཡོད་པ་བཙོང་ནས། གསེར་ཞོ་བཅུ་གཅིག་དང་བུར་ལྷང་གསུམ་ལ་སོགས་པའི་དངོས་པོ་རྣམས་བཟུང་ནས། གཙང་པའི་འབུལ་སྐྱེལ་བ་རྣམས་དང་འགྲོགས་ནས་སྒམ་པོའི་ཕྱེད་ཐང་དུ་སླེབས་པ་དང་། བླ་མ་ལྷ་རྗེ་དེ་ཆོས་གོས་གསུམ་མནབས་ནས། བསུ་བ་མཛད་པའི་ཚུལ་དུ་དར་ཡུག་གཅིག་གནང་ཞིང་། ཕྱག་འཁར་མདུན་དུ་བཙུགས་ནས་འདི་སྐད་གསུངས། སྐྱེ་བ་མང་པོའི་སྔོན་རོལ་ནས། །འོ་སྐོལ་གཉིས

པོ་དཔོན་སློབ་ཡིན། །དམ་ཚིག་མཚོན་ལྷག་མེད་པ་དེས། །ད་རེས་སྨམ་པོའི་བྲག་ལ་འཛོམས། །ང་ཡི་བུ་དེ་འདིར་འོང་ངམ། །ཞེས་སོགས་མགུར་མཛད་པས་རང་དབང་མེད་པའི་དད་པ་སྐྱེས་ནས་མཆི་མ་བྱུང་སྟེ། ཏིང་ངེ་འཛིན་བཟང་པོ་སྐྱེས་སོ། །དེ་ནས་གཟིམ་ཁང་དུ་ཕྱག་རྟེན་ཕུལ་ཞིང་། ཐབས་ལམ་དང་རྨི་ལམ་འོད་གསལ་གྱི་ཉམས་མྱོང་འདི་ལྟ་བུ་སྐྱེས་པས། ང་ཡི་བླ་མ་ཤངས་པ་དེ་འདས་ནས་ཐག་རིང་པོ་ནས་དཀའ་བ་སྤྱད་ཅིང་འདིར་ཞུ་གཏུགས་ལ་འོང་བ་ལགས། ཆོས་དྲུག་ལ་སོགས་པའི་གདམས་པ་ཡང་གནང་བར་ཞུ་བྱས་པས། བླ་མའི་ཞལ་ནས་ཆོས་དྲུག་གི་ཉམས་རྟོགས་བཟང་པོ་རྒྱུད་ལ་སྐྱེས་འདུག་སྟེ། ལྟ་བ་ཐག་ཆོད་པ་གཅིག་སྟོན་དགོས་པར་གདའ་ཁྱོད་རྨི་ལམ་ལ་དབང་ཐོབ་པ་ཡིན་པས་རྨི་ལམ་ཟུངས་ལ་ཤོག་དང་ཁྲིད་བྱ་ཡི་གསུངས་ནས། དེ་ནུབ་རྨི་ལམ་དུ་གནང་ཞིང་ཁྲིར་ནང་ཞུ་གཏུག་བྱས་པས་ཚར་གཅིག་བཤད་དེ། ཁོ་བོ་རྗེ་བཙུན་དང་མཇལ་དུས་དངོས་དང་རྨི་ལམ་གྱི་གདམས་པ་ཁྱད་མེད་དེ། རྨི་ལམ་རང་སྟོབས་ཆེ་བ་ཡིན་ཁྱོད་ཀྱང་དེ་དང་འདྲ་བར་གདའ་གསུངས། དེ་ནས་ཟླ་གཅིག་ལྷག་དྲུང་དུ་བསྡད་པས་བཀའ་བརྒྱུད་པ་དང་། བཀའ་གདམས་པ་ལ་སོགས་ཀྱི་གདམས་ངག་དང་དབང་རྫོགས་པར་ཞུས་ནས་སྒོམ་པས། ལྟ་བ་ཐག་ཆོད་ཅིང་སྒྱུ་ལུས་རྨི་ལམ་ལ་དབང་ཐོབ་པ་ལ་སོགས་ཡོན་ཏན་དུ་མ་འབྲུངས་ཏེ། བླ་མའི་དྲིན་དུ་གོ་ནས་འདི་སྐད་དོ། །སྐྱེ་མེད་གྲོང་ནས་འགགས་མེད་འགྲོ། །བསམ་པ་ཙམ་གྱིས་ཐོགས་པ་མེད། །ཅེས་སོགས་མགུར་བླང་ངོ་། །དེ་ནས་ང་ཡར་འགྲོ་བས་ཐུགས་རྗེའི་བཟུང་བར་ཞུ་ཞུས་པས། བླ་མས་ཕྱག་གཡས་པ་སྤྱི་བོར་བཞག་ནས་རྒྱུན་དུ་ཁོ་བོ་དྲན་པར་གྱིས། གནས་གཞི་དང་དགེ་འདུན་གྱི་བྱ་བ་མ་བྱེད་པར་རི་ཁྲོད་དུ་སྒོམ་དང་ལེགས་པར་འོང་གི་ཁོ་བོས་སྐྱུས་ཆེན་པོ་འདེགས་དུས་སུ་དེར་ཡུད་ཙམ་གཅིག་འོང་ངོ་གསུངས། དེར་འོང་ནས་བསམ་ཡས་སུ་ཕེབས་པ་ན། རམ་ཉེ་ཆོས་གཡུང་དང་ཕྲད་པས། གཉེན་མཁར་ནག་འདིས་གཞན་ལ་གནོད་པས་ངེད་རང་གཉིས་འདུལ་དགོས་བྱས་ནས། དེ་ནུབ་རྨི་ལམ་བཟུང་སྟེ་བཏུལ་བ་ལ། ཁོ་སྦྲུལ་ནག་ཆེན་པོ་ཁ་ནས་ཁྲག་ལྷུད་ལྷུད་པ་གཅིག་བྱས་ནས། ད་ཅི་གསུངས་སྒྲུབ་ཅིང་སྲོག་སྔགས་འབུལ་ཟེར་ཙན། ཆོས་གཡུང་གིས་གྲུར་གྱིས་མེད་པས་དུས་དེ་ཕྱིན་ཆད་གནོད་པ་ཆུང་བར་གྱུར། དེ་ནས་ཡར་བྱོན་ཅིང་རྨོག་ཅོག་གི་བྲག་ལ་ལོ་མང་པོ་བསྒོམས་པས་ཡོན་ཏན་དུ་མ་དང་ལྡན་ཞིང་རང་གཞན་གྱི་དོན་རྒྱ་ཆེན་པོ་བྱུང་། དེ་ནས་སྟོན་ཟླའི་ཉ་ལ་བླ་མ་ལྷ་རྗེ་བྱོན་ནས་ཕྱག་རྒྱ་ཆེན་པོ་གནང་བས་འདས་པར་ཤེས་ནས་ཅི་ཡོད་མཆོད་པ་ལ་བཏང་། དེ་ནུབ

མཁའ་འགྲོ་ནི་གུ་མས་ཀྱང་ཆོས་གནང་ངོ་། །ཡང་རིན་པོ་ཆེ་དབུ་སེ་བ་ལ། བླ་མའི་ཞལ་ནས། ད་ལན་ཁྱོད་གྲུབ་ཐོབ་སྐྱེ་མོ་མ་རྫོང་པ་བྱ་བ་ནུ་རོ་པའི་བུ་སློབ་དེ་དང་མཇལ་ཨང་སྙམ་ནས། ལོ་རྒྱུས་རྣམས་མ་ཞུས་པར་གསུངས། ཁོ་བོ་སློན་སྔམ་པོ་གནས་ནང་དུ་འགྲོ་བསམ་ཡང་འགྲོ་བར་མ་བྱུང་། ད་ཁྱེད་རང་དེར་སོང་དང་སྟོད་སྨད་བར་གསུམ་དུ་གྲགས་པའི་གདུལ་བྱ་དང་འགྲོ་དོན་འབྱུང་བར་གདའ་གསུངས་ནས་ལུང་བསྟན་ནོ། །

ཡང་ཞི་བྱེད་རྒྱུད་པའི་གྲུབ་ཐོབ་རྒྱལ་བ་རྗེན་ནེ་བྱ་བ་དེ། ལོ་བདུན་ལོན་པའི་དུས་སུ་བླ་མ་ལྷ་རྗེ་དང་མཇལ་བ་དང་། ཕྱག་རྒྱ་ཆེན་པོའི་སློམ་བཏབ་ནས་རྗེ་སྲས་སྐྱབས་པ་ཁྱོད་ཀྱི་བུ་འདི་ཆེར་སྐྱེས་པ་དང་། ཁོ་བོའི་དུང་དུ་ཁྲིད་ཤོག་དང་འདི་ལ་གྲུབ་ཐོབ་རྩོད་མེད་གཅིག་འོང་བ་ཡིན་ནོ། །གསུངས་ནས་ལུང་བསྟན། ཕྱིས་དེ་ཁོ་ན་བཞིན་དུ་བྱུང་ངོ་། །ཡང་དུས་བཟང་ཐམས་ཅད་དུ་གཟིམ་ཁང་ལ་འཇའ་ཚོན་ཟུག་པ་དང་། དགེ་བཤེས་ཁམས་པ་ལ་སོགས་ཀྱི་ཅི་ཡིན་ཞུས་པས། དེའི་ཚེ་ḍཱ་ཀི་རྣམས་བྱུང་བ་ཡིན་གསུངས། ཡང་རྩེ་འབྱུང་གནས་ཡེ་ཤེས་ཀྱི་གདན་དྲངས་པས་དེ་རུང་གསུངས། ཕྱིར་ནང་ཁོ་བོ་མི་འགྲོ་ང་ཡི་རྟ་ར་བཙུན་ཆུང་གཅིག་ཞོག །ཁྱེད་རང་རྣམས་སོང་གསུངས་ཏེ་ཕྱིན་པས། བླ་མ་སློན་དུ་ཐེབས་ནས་འདུག །ཆོས་སློན་ཚར་ནས་ཡར་ཕྱིན་ཙ་ན་བཙུན་ཆུང་ལ་ཆོས་གསུངས་ཞིང་སྐུའི་སྤྲུལ་པ་བསྟན་ཏོ། །ཡང་བླ་མའི་གཟིམ་ཁང་དུ་བུད་མེད་མང་པོས་གད་མོ་བྱེད་པ་དང་། ཡང་སློམ་ཆེན་འགའ་ཞིག་རི་ཟུར་དུ་ཕྱིན་པས། བླ་མའི་མདུན་དུ་བུད་མེད་མང་པོས་གླུ་གར་བྱེད་པ་མཐོང་བས་མདུན་དུ་ཕྱིན་ཙ་ན་མི་སྣང་བས་དེ་དག་ཡང་ཡེ་ཤེས་ཀྱི་ḍཱ་ཀི་མ་ཡིན་པར་འདུག །ཡང་རོང་ཀའི་དུས་མཆོད་ལ་བྱོན་པ་དང་། མལ་དུ་བཞུགས་པ་གཉིས་མཐོང་སྣང་གཅིག་ཏུ་བྱུང་བ་དང་། དགེ་བཤེས་ཁམས་པས་ཅི་ལྟར་ལགས་ཞུས་པས། དེ་ལ་དཀའ་རྒྱུ་མེད་རྟོགས་པའི་ཕྱོགས་གཉིས་ཡིན་གསུངས། ད་རིས་ཞུ་བའི་སྐབས་གཅིག་བྱུང་སྙམ་ནས། སྤྲུལ་པ་ཅི་ཙམ་མཛད་ཞུས་པས། ངས་སེམས་ཅན་རེ་རེའི་མདུན་དུ་སྤྲུལ་པ་རེ་རེ་བསྐྱེས་ཀྱང་དཀའ་ལས་མེད་གསུངས། ཁོ་བོའི་དྲི་རྒྱུ་ཟད་པ་ལྟར་དེ་ལས་ཞུ་མ་སྤྱོབས་ཞེས་དགེ་བཤེས་ཁམས་པས་གསུངས་སོ། །ཡང་བླ་མའི་ཞལ་ནས། སྔམ་པོའི་རི་རྩེ་ཐམས་ཅད་བུད་མེད་དར་དམར་པོ་ཕྱར་བ་མང་པོས་གར་བྱེད་ཅིང་གཞན་དུ་མི་འགྲོ་བ་རྨིས་ཏེ། ཁོ་བོའི་ཚེ་མཇུག་ཡང་འདི་རང་དུ་འདུག་པ་འོངས་གསུངས། ཡང་བླ་མའི་ཞལ་ནས། ཚུལ་ཁྲིམས་སྙིང་པོ་དང་ཤེས་རབ་བྱང་ཆུབ་གཉིས་ཁོ་དང་ཁྱུ་མཆན་ཡིན་ཏེ། ཐ་མལ་གྱིས་རྟོགས་པ་

ཙམ་ཡིན་མོད། ང་སྐྱེ་མཐའི་བྱང་ཆུབ་སེམས་དཔར་མི་འདུག་གམ་ཞེས་གསུངས་སོ། །

གཞན་ཡང་སྐྱེས་བུ་ཆེན་པོ་དེ་ཉིད་གང་དུ་བྱོན་ཡང་འཇའ་འོད་ཀྱིས་ལམ་སྣ་འདྲེན་ཅིང་། མི་ནད་དང་ཕྱུགས་ནད་ཡམས་ནད་ཐམས་ཅད་རྒྱུན་ཆད་ནས་བཀྲ་ཤིས་བདེ་ལེགས་དང་ལྡན་པར་མཛད་པ་ཡིན་ཏེ། དགེ་བཤེས་ཁམས་པས། ཁྱེད་ནི་མཐོང་ཐོས་དྲན་པ་ཙམ་གྱིས་ཀྱང་། །སྡུག་བསྔལ་ནྲུག་རྫུ་མ་ལུས་སེལ་མཛད་པའི། །སྨན་གྱི་རྒྱལ་པོ་ཁྱེད་ལ་ཕྱག་འཚལ་ལོ། །གསུངས། དེ་ནས་རེ་ཞིག་བྱར་ལྷོགས་ན་བཞུགས་པའི་ཚེ། བྱང་ཡེ་ལ་སོགས་འཁོར་རྣམས་ལ་ད་ནི་ཁོ་བོ་ཡང་འཇིག་རྟེན་འདིར་ཡུན་རིང་པོར་མི་སྡོད་པས། ཆོས་ཀྱི་ལྷག་མ་དང་དྲི་རྒྱུ་ཡོད་ན་མྱུར་དུ་དྲིས་ཤིག །འོན་ཀྱང་ཉམས་སུ་ལེན་པ་ལ་ཚིག་མང་མི་དགོས་འདི་རྣམས་ཡིད་ལ་ཞོག་གསུངས་ཏེ། དུས་གསུམ་རྒྱལ་བ་ཐམས་ཅད་འདུས་པའི་སྐུ། །ཞེས་སོགས་གསུངས་སོ། །དེ་ནས་ཉིན་གཅིག་རིན་པོ་ཆེའི་ཞལ་ནས། བླ་མ་འབའ་རོམ་པ་ལ་འོ་སྐོལ་ཕ་སྤད་འགྲོགས་ཡུན་རིང་བས་ཁྱོད་ཀྱིས་ལུས་སྲོག་ལ་ལྟོས་པ་མེད་པའི་ཞབས་ཏོག་བྱས་ཤིང་། གདམས་ངག་ཐམས་ཅད་ཀྱང་ཚར་བ་ཡིན་གསུངས་ནས། གསེར་སྲང་གང་གནང་སྟེ། ད་ཁྱོད་ཀྱང་འབའ་རོམ་བྱ་བ་ལྷོ་བྲག་མར་པ་ཡབ་སྲས་ལ་སོགས་ཀྱི་སྒྲུབ་གནས་ཡིན་པས། དེར་སོང་ལ་དང་པོ་གསེར་འདིས་སྒྲུབ་རྒྱུགས་གྱིས་ལ་བསྒྲུབས་དང་། དེ་ནས་སྟེར་མི་འོང་གསུངས། བླ་མ་འབའ་རོམ་པས་གསེར་མཎྜལ་བྱས་ནས་ཡར་ཕུལ་ཞིང་ཕྱག་འཚལ་ཏེ། སྤྱན་ཆབ་མང་པོ་ཕྱུངས་ནས་བླ་མ་རིན་པོ་ཆེ་སྐུ་ཚེ་མཐར་མ་ཕྱིན་གྱི་བར་དུ་སེམས་ཅན་གྱི་དོན་ལ་བཞུགས་པར་ཞུ། བདག་ཀྱང་གཞན་དུ་མི་འགྲོ་ནས་དེ་བཞིན་དུ་ཞབས་ཏོག་བྱེད་ལགས་ཞུས་པས། ཁོ་བོས་གསེར་བློས་བཏང་ཡང་། ལན་གཅིག་ཙུར་ཕུལ་བའི་རྟེན་འབྲེལ་གྱིས་གསེར་ལ་སོགས་འབུལ་བ་མང་དུ་འོང་། ཁྱོད་ཀྱིས་ང་ཡི་ངག་གཅོག་མ་སྨྱོང་ཞིང་། ནན་ཞུས་བྱེད་པའི་ངོར་ཞག་གསུམ་ཙུ་ཙ་གསུམ་གྱི་བར་དུ་འོ་སྐོལ་ཕ་སྤད་ལྷན་ཅིག་འདུག་གོ །དེ་ནས་ཅིས་ཀྱང་འབའ་རོམ་དུ་སོང་སྟེ། རེ་དོགས་མེད་པའི་གདེངས་དང་ལྡན་པར་གྱིས། རྣམ་གཡེང་གི་ནོར་ལ་ཞེན་མེད་འབྲས་པར་འགྱུར། གཞན་ཡང་སེམས་ཅན་གྱི་དོན་མཛད་ནས་སླར་ཡང་གངས་ལ་འཆི། དེ་དུས་ཙམ་ན་ཁོ་བོ་རྗེས་སུ་དྲན་པ་ཡིན་ཏེ་གསུངས་ཤིང་། དེ་ནས་ཞག་སུམ་ཙུ་ཙ་གསུམ་ནས་སྐུ་ཡོལ་བ་ཡིན་ནོ། །

དེ་ནས་བསྒྲུང་བ་ཆེར་མེད་ཀྱང་སྐུ་ཤེད་ཆུང་དུ་སོང་བས། ལེགས་མཛེས་ཀྱི་སྐུ་ཁམས་ཅི་འདྲ་ཞུས་པས། བླ་མ་དམ་པའི་མཚན་ཐོས་ནས། །ཞེས་སོགས་གསུངས་སོ། །དེ་ནས་མྱ་ངན་ལས་འདས་

པའི་རྩལ་སྟོན་པའི་ཟླ་བ་ཕྱེད་ཙམ་གྱི་གོང་ནས། ཁོ་བོ་སྐྱུས་ཆེན་པོ་གཅིག་འདེགས་པས། གདམས་ངག་གི་ལྷག་མ་རྣམས་དང་དྲི་རྒྱུ་ཡོད་པའི་ཚིག་དྲིས་ཤིག་གསུངས་ཏེ། སྒོམ་ཆེན་པ་རྣམས་ཀྱི་ཞལ་སྐྱ་ལ་ཡིན་བསམས་ནས་འདུག་གོ། དགེ་བའི་བཤེས་གཉེན་ཁམས་པའི་ཐུགས་ལ་ཤར་ནས། འདི་འདྲ་བའི་བླ་མའི་སྤྱན་སྔར་ཞག་རེ་སྡོད་པ་ལའང་དཀའ་ལས་དཔག་ཏུ་མེད་པ་ཡོད་པ་ལ། ཁྱེད་རྣམས་ཀྱང་རྒྱུ་འབྲུལ་མ་བྱེད་གདམས་ངག་ལྷག་མ་ཡོད་པ་རྣམས་ཀྱང་ཞུས་གསུངས་ནས། གྲོགས་པོ་ཕྱོགས་སུ་འགྲོ་འདོད་པ་རྣམས་ཀྱང་བཞོལ་བཏབ་བོ། །དེ་ལོ་ཆོས་གང་ཞུས་ཀྱང་ཕྱག་རྒྱ་ཆེན་པོ་ཁོན་གསུངས་ཏེ། ཉིད་རང་ཕྱག་རྒྱ་ཆེན་པོ་ཁོར་ཡུག་ཏུ་བཞུགས་གདའ། ཞལ་འཛུམ་པ་མཛད་ནས ཁྱེད་ཀྱིས་མཐོང་ངམ། ང་རང་གིས་མཐོང་གསུངས་ནས་དེའི་དུས་སུ་ཞིང་ཁམས་དཔག་ཏུ་མེད་པ་གཟིགས་པར་འདུག་གོ། དེའི་ཚེ་སློབ་དཔོན་སྒོམ་པས་བླ་མ་རིན་པོ་ཆེ་ཕྱི་རབས་གདུལ་བྱ་རྣམས་ལ་ཞལ་ཏ་གདམས་ངག་དང་བཅས་པ་རྣམས་གནང་བར་ཞུ་ཞུས་པས། ཁོ་བོས་དེ་སྔ་ཚོགས་དཔེན་དུ་བཤད་པ་དེ་ཚོ་ཡིན་མོད། འོན་ཀྱང་འདི་བཞིན་ཐུགས་ལ་ཐོགས་མཛོད། གསུངས་ཏེ། འཆི་བ་ཞེས་བྱ་རྣམ་རྟོག་ཡིན། །དཔའ་བོ་རྣལ་འབྱོར་མ་ཚོགས་ཀྱིས། །མཁའ་སྤྱོད་གནས་སུ་ཁྲིད་པར་བྱེད། ། ཅེས་སོགས་གསུངས་མགུར་མཛད་ཅིང་།

ཡང་འདི་སྐད་ཀྱང་གསུངས། བླ་མ་དམ་པ་དུས་གསུམ་གྱི་སངས་རྒྱས་རྣམས་དང་། ང་ཡི་སེམས་དབྱེར་མི་ཕྱེད་པར་བརྟན་གཡོ་ཐམས་ཅད་ལ་ཁྱབ་པར་གནས་པ་ཡིན་པ་དེ་བཞིན་དུ་གོ་ཞིང་རྟོགས་པར་མཛད་པར་ཞུ། ཆོས་ཐམས་ཅད་ཀྱི་མཐར་ཐུག་པའི་དོན་སྟོང་པ་ཉིད་དང་སྙིང་རྗེ་གཉིས་སུ་མེད་པ་བསྒོམ་པར་ཞུ། ལམ་རྣམས་ཀྱི་ནང་ནས་མཆོག་ཏུ་གྱུར་པ་ཟབ་མོ་ནཱ་རོའི་ཆོས་དྲུག་བསྒོམ་པར་ཞུ། ཡོན་ཏན་སྐྱེས་ཚད་མཆོག་ཏུ་མི་འཛིན་པར་གོང་ནས་གོང་དུ་བསྐྱེགས་པར་ཞུ། སྒོམ་སྐྱོན་དང་ཐེ་ཚོམ་བྱུང་ན་གེགས་སེལ་གྱི་དཔེ་རྣམས་ལ་གཟིགས་པར་ཞུ། ཞི་བདེ་འདོད་ན་འདོད་ཆུང་ཆོག་ཤེས་ལ་བརྟེན་པར་ཞུ། རྫོགས་པའི་སངས་རྒྱས་བཞེད་ན་རི་ཁྲོད་དགོན་པ་འགྲིམ་པར་ཞུ། འཁོར་བའི་སྡུག་བསྔལ་དྲན་པར་གྱིས་ལ་ཚེ་འདི་བློ་ཡིས་གཏོང་བར་ཞུ། བླ་མ་རང་སེམས་ཡིན་པས་གཞན་ནས་མི་འཚོལ་བར་ཞུ། རྣམ་རྟོག་མི་མངའ་ས་ལེར་མཁྱེན་པའི་ཆོས་རྣམས་རྟེན་འབྲེལ་དུ་རྟོགས་པར་ཞུ། སྨོན་ལམ་ཇི་ལྟར་བཏབ་པ་བཞིན་དུ་འགྲུབ་པ་ཡིན་པས་སྨོན་ལམ་ཟབ་ཅིང་རྒྱ་ཆེ་བ་འདེབས་པར་ཞུ། གཞི་སྐྱེ་བ་མེད་པ་ཆོས་ཀྱི་སྐུ། ལམ་འགགས་པ་མེད་པ་ལོངས་སྤྱོད་རྫོགས་པའི་སྐུ།

འབྲས་བུ་གང་ལ་གང་འདུལ་སྤྲུལ་པའི་སྐུ་སྟེ་སྐུ་གསུམ་དུ་ཆོས་ཐམས་ཅད་མ་ལུས་པ་མེད་པས། དེ་བཞིན་དུ་གོ་ཞིང་རྟོགས་པར་ཞུ། སེམས་ཅན་ལ་གནོད་པ་ནི་འོང་། ཕན་པ་ནི་དཀའ་བས་གདན་ས་དང་སྐུ་ལྟེར་དང་འབུམ་པ་ལ་སོགས་པ་ནི་མི་མཛད་པར་ཞུ། བླ་མའི་གདན་ས་གང་ཡིན་ཆོས་དང་མཐུན་པ་དེ་ཡིན་པས། རྒྱལ་བའི་བཀའ་དང་མི་འགལ་བ་གཅིག་མཛད་པར་ཞུ། མ་འོངས་པའི་གང་ཟག་ང་དང་མ་མཇལ་སྙམ་པ་རྣམས་ཀྱང་། ཁོ་བོས་བརྩམས་པའི་བསྟན་བཅོས་ལམ་མཆོག་རིན་པོ་ཆེའི་ཕྲེང་བ་དང་། རྣམ་པར་ཐར་པའི་རྒྱན་ལ་སོགས་པ་རྣམས་ལ་གཟིགས་དང་ང་དང་མངོན་སུམ་དུ་མཇལ་བ་དང་ཁྱད་མེད། ད་ལྟ་ང་ཡི་འཁོར་སྙིང་མེད་པོ་འགའ་ཞིག །བླ་མ་དུས་གསུམ་གྱི་སངས་རྒྱས་འདི་དང་མ་མཇལ་ནས་ང་ལ་མེད་སྙམ་པ་ཡང་འབད་དེ་གུས་པས་གསོལ་བ་ཐོབས་དང་། བྱིན་རླབས་ཀྱི་ཡོན་ཏན་རང་འབར་དུ་འབྱུང་བས། དེ་ལྟར་དུ་དགོངས་པར་ཞུ། ལར་བླ་མར་སྣང་བ་སྨི་ལམ་ཙམ་འདི་ནུབ་ཀྱང་ཐུགས་རྗེ་དང་བྱིན་རླབས་ཆུང་དུ་མི་འགྲོ་ཞིང་། སྡུག་བསྔལ་ལས་སྐྱོབ་པ་དང་། འཁོར་བར་མི་ལྟུང་བར་ང་རང་ཤེས་ཀྱིས་མོས་པ་དང་གུས་པའི་གདུང་བ་མི་གཅོད་པར་ཞུའོ་གསུངས་ཏེ། ཀཱ་ཡེ་རང་ལ་སེམས་པའི་སློབ་མ་རྣམས། །འཁོར་བར་མི་བཏང་ང་རང་ཤེས། །ཞེས་སོགས་མགུར་དུ་གསུངས་སོ། །

ལར་བསྟུང་བ་མེད་དེ་སྐུ་ཤེད་ཆུང་བར་འདུག་པས། གསོལ་ཇ་བ་རྣམས་ཀྱིས་སློབ་དཔོན་སྒོམ་པ་དང་། ཤེལ་སྒོམ་འཕགས་པ་གཉིས་ལ་སྨྲན་ཏེ། །སྟོང་དྲི་ཞུས་པས་ཙུང་མ་བདེ་གསུངས་ནས། ཆོས་ཐམས་ཅད་ཀྱི་གནས་ལུགས་སྐྱེ་བ་མེད་པ་སྤྲོས་པའི་མཐའ་ཐམས་ཅད་དང་བྲལ་བའི་ངང་ལ་སྒོམ་པར་ཞུགས་སོ། །དེ་ནས་འདུས་བྱས་ཐམས་ཅད་མི་རྟག་པར་སྟོན་པ་དང་། གདུལ་བྱ་ལོ་ལོ་ཅན་རྣམས་ལ་མི་རྟག་པར་བསྐུལ་བར་བྱ་བའི་ཕྱིར། དགུང་ལོ་བདུན་ཅུ་རྩ་ལྔ་བཞེས་པའི་དུས་སུ་ཆུ་མོ་བྱའི་ལོ་སྟོན་ཟླ་འབྲིང་པོའི་ཚེས་བཅོ་ལྔའི་སྔ་གྲོ་སྐར་མ་ཁྲུམ་སྟོད་ལ་བབ་པའི་ཚེ། སྐུ་ཡོངས་སུ་མྱ་ངན་ལས་འདས་པའི་ཚུལ་བསྟན་ཏེ། ནམ་མཁའ་ལ་འཇའ་འོད་དང་མེ་ཏོག་གིས་ཁྱབ་པར་གྱུར། དེ་ཡང་གཉལ་བ་དང་རོང་དཀའ་བ་དང་། འབྲོང་ཁ་བ་རྣམས་ཀྱིས་ཞིང་སེར་མའི་རྩས་མ་བྱེད་པའི་དུས་སུ་ཡིན་ཞིང་། རྩས་མ་བྱེད་པའི་མི་རྣམས་ཀྱིས་བལྟས་པས། འཇའ་དང་འོད་ཀྱིས་བར་སྣང་ཁེངས་ཤིང་། སྐམ་པོའི་ཐད་ཀྱི་སྟེང་གི་ནམ་མཁར་ཤེལ་གྱི་མཆོད་རྟེན་བརྒྱ་རྩ་བརྒྱད་ཀྱིས་བསྐོར་བར་མཐོང་། དེར་ཡང་བླ་མ་འགྲོན་པའི་སར་འཇའི་ལམ་སྣ་འདྲེན་པ་ཡིན་པས། མི་བྱིང་པོ་ན་རེ། བླ་

མ་སྨྱུན་འདྲེན་མཁན་གཅིག་ཡོད་པར་འདུག་ཟེར། དགེ་བཤེས་ཁམས་པས་ཞུར་སྒྲ་ཆེན་པོ་གསན། ཁོ་རང་གིས་སྤྱིལ་པོ་དང་། ཡང་དགོན་འཇའ་འོད་ཀྱི་འཁྲིལ་བར་གཟིགས། ཨ་ཙ་ར་ནི་བྱ་བ་ཡོད་པས། འོད་ཀྱི་སྒམ་པོ་གང་བར་མཐོང་ནས་ལྷ་རྗེ་སྙི་སྒོམ་འདས་ཟེར་བའི་སྒྲ་ཐོས། དེའི་ནུབ་མོ་སྒོམ་ཆེན་པ་ཐམས་ཅད་མཚམས་ཐོན་ལ་ཤོག་ཟེར་བ་ཐོས་ནས། ཕྱིན་ཙ་ན་བླ་མ་འདས་ནས་གདུང་ལྷ་ཁང་ཆེན་མོར་སྤྱན་དྲངས་ཤིང་། དར་ཟབ་དང་རིན་པོ་ཆེ་སྣ་ཚོགས་ཀྱི་ཁྲི་ལ་བཞུགས་འདུག་པ་ལ། བཙུན་ཆུང་གཉིས་ཀྱི་ལྷ་བཤོས་ཕུལ་ཏེ། མཆོད་གཉེར་བྱས་པས་ཕྱག་རྒྱ་ཆེན་པོའི་སྒོམ་སྐྱེས་ཏེ། དེར་འཚོགས་པའི་ཡོན་བདག་ཐམས་ཅད་ཀྱིས་མོས་པའི་མཆོད་པ་ཕུལ་ཞིང་གསོལ་བ་བཏབ་པས། ཐལ་ཆེར་ཏིང་ངེ་འཛིན་གྱི་ཉམས་མྱོང་ཁྱད་པར་ཅན་དང་ལྡན་པར་གྱུར་རོ། །

དེ་ནས་ཞག་གསུམ་གྱི་ནང་པར་གདུང་བཞུ་བའི་ཕྱིར། དར་གྱི་ཁྲི་ལ་གདན་དྲངས་ཏེ། དགེ་སློང་རྣམས་ཀྱི་སྣ་དྲངས་པའི་དགེ་འདུན་རྣམས་ཀྱིས་སེར་ཕྲེང་བྱས་ནས། མཆོད་རྫས་སྣ་ཚོགས་དང་རོལ་མོའི་ཆ་བྱེད་དཔག་ཏུ་མེད་པ་ཐོགས་ཏེ། ཆོས་བཅོ་བརྒྱད་ཀྱི་ཉིན་པར་གདུང་སྦྱངས་པས། ས་གཡོ་བ་དང་། འོད་དང་རོལ་མོའི་སྒྲ་དང་། དུད་པ་འཇའ་ཁ་དོག་སྣ་ལྔར་གྱུར་ཏེ། དྭགས་པོའི་ལུང་པ་ཐམས་ཅད་ཁེངས་ནས། ཐམས་ཅད་ཀྱི་མཐོང་སྣང་ལ་མེ་ཏོག་སྔོན་པོའི་ཆར་བབས་ཤིང་། ཐུགས་ལྡུགས་དང་རིང་བསྲེལ་དཔག་ཏུ་མེད་པ་བྱོན་ནོ། །དེར་གདུང་རུས་གདན་འདྲེན་པའི་ཕྱིར། ལེན་དུ་ཕྱིན་པས་འོད་རྫ་མ་ཙམ་གཅིག་སྤྱུར་ཁང་ནས་འཁྱིལ་བར་མཐོང་། གཞན་ཡང་དགེ་བཤེས་ཁམས་པ་དང་། སྟོང་ཞུག་པ་དང་། ཇོ་བོ་རྟོས་དང་། ཇོ་རྗེ་བློ་གྲོས་དང་། སྒོམ་ཤེལ་དང་། དྭགས་པོ་རོང་ཁ་བ་སོགས་ཀྱིས་འཇའི་གུར་ཕུབ་པ་དང་། མཁའ་འགྲོ་མས་བསྐོར་བ་བྱེད་པ་དང་། གདུང་ཁང་དང་འཇག་སྐྱིལ་གྱི་བར་འཇའ་སྲུམ་སྒྲིལ་གྱིས་འཁྲིལ་བ་དང་། བུད་མེད་སྨྱ་ར་ཅན་མང་པོའི་མཆོད་པ་དང་། གདུང་ཁང་སྒམ་པོའི་རི་ལ་མཆོད་རྟེན་བརྒྱ་རྩ་བརྒྱད་ཀྱིས་བསྐོར་བ་ལ་སོགས་མཐོང་སྣང་དཔག་ཏུ་མེད་པ་བྱུང་ངོ་། །

ཁྱད་པར་དུ་གདུང་ཁང་ནང་དུ་ཐུགས་མེའི་མ་གནོད་པར་བྱོན་པས། སླར་ཡང་སླ་ངའི་ནང་དུ་ཏིལ་མར་བླུགས་ནས་སོལ་མེས་བསྲེགས་ཀྱང་རྣམ་པ་གསལ་དུ་འོང་བས། སངས་རྒྱས་སྒོམ་པའི་ཞལ་ནས། འདི་འོ་སྐོལ་རྣམས་ལ་ཐུགས་རྗེའི་འཛིན་པའི་རྟེན་དུ་འདུག་གསུངས། རྗེ་བླ་མེད་དྭགས་པོ་རིན་པོ་ཆེ། །ཞེས་སོགས་བསྟོད་པའི་མགུར་མཛད་ནས། ཐུགས་དེ་ལ་སྤོས་དང་དྲི་བཟང་ལ་

སོགས་པས་སྐུ་ཁྲུས་གསོལ་ཏེ། གདུལ་བྱ་རྣམས་ལ་ཞལ་བསྟན་ཅིང་དབང་བསྐུར་རོ། །

དེ་ནས་སྡེ་པ་རྣམས་ཀྱིས་བཟང་འདྲེན་བྱས་ནས། དར་གྱི་ཁྲི་རེ་བཟུང་ནས་གདུང་སྐལ་གདན་འདྲེན་དུ་འོང་བ་ལ། ཟླ་གཅིག་ལ་གདུང་ལ་མཆོད་པ་ཕུལ་ནས་སྡེ་རྣམས་ལ་བཞི་ཆ། སྒོ་མང་དུ་སློབ་དཔོན་སྒོམ་པ་ལ་བཞི་ཆ། དགེ་འདུན་རྣམས་ཀྱི་ཕྱེད་ཐོབ་པ། སློབ་དཔོན་སྒོམ་པས་གསེར་ཞོ་ལ་གཏེགས་དམ་ཚིག་དཀར་ཏེ་རྒྱལ་ཕམ་མེད་པར་བགོས་སོ། །སྡེ་པ་རྣམས་ཀྱིས་ཁྲིའི་ཁར་བཞག་སྟེ། སྟེང་དུ་གདུག་ཕུབ་ནས་རོལ་མོ་ལ་སོགས་པ་མཆོད་རྫས་སྣ་ཚོགས་དང་བཅས་པས་ཕྱོགས་ཕྱོགས་སུ་གདན་དྲངས་པས། བར་སྣང་ཐམས་ཅད་འཇའ་ཚོན་དང་སྤོས་དྲིས་ཁྱབ་པ་བྱུང་། མི་དང་མི་མ་ཡིན་པ་རྣམས་སྐྱི་ཐུགས་བརྗོད་པས་ས་གཡོ་བ་ཙམ་དུ་གྱུར་ཏེ། སྒོམ་ཆེན་ཕལ་ཆེར་སྐྲབ་པ་བྱེད་པ་རྣམས་རི་ཁྲོད་དུ་སྐྲབ་པ་ལ་གྱིས། ས་ཡི་བཀྲག་ཉམས་ནས་སྡོད་མི་འདོད་པར་གྱུར་པའི་ཚེ། དགེ་བཤེས་ཁམས་པའི་ཞལ་ནས། ཡུགས་ས་མོ་དང་ཁྲེལ་འཛེམ་ཆེ་བར་འདོད་པ་ཀུན་ཡང་དབྱར་རེ་དགུན་རེ་སྨྱུ་ངན་བྱེད་འདུག་པས། ཁོ་བོ་ཡང་དལ་ན་སློབ་དཔོན་སྒོམ་པའི་དྲུང་དུ་སྡོད་པ་ཡིན་གསུངས་ནས། འཚོ་བ་དཀོན་པོ་ལས་མེད་ཀྱང་། སློབ་དཔོན་སྒོམ་པའི་ཆག་ཕྱི་མཛད་ནས་བཞུགས། དེའི་ཚེ་བླ་མ་རིན་པོ་ཆེའི་དུས་སུ་མ་སླེབས་པའི་སྒོམ་ཆེན་རྣམས་ཀྱི་དྲི་བ་བྱས་པའི་ལན་དུ། གདུང་དབྱངས་སྐྱི་ཐུགས་ཀྱི་ང་རོ་འདི་མཛད།

སྐྱེས་ཆེན་མི་ཡི་སེང་གེ་ཉི་མ་དེ། །དུས་ཀྱི་རྒྱལ་པོ་བྱ་ལོ་ཤར་བའི་ཚེ། །སྟོན་ཟླ་འབྲིང་པོའི་བཅོ་ལྔའི་སྔ་གྲོ་ལ། །སངས་རྒྱས་ཉི་མ་གདུལ་བྱའི་སྣང་ངོར་ནུབ། །རྒྱུ་སྐར་ཁྲུམ་སྟོད་མཁའ་ལ་རྒྱུ་བའི་ཚེ། །རྩི་ཤིང་ནགས་ཚལ་འབྲས་བུ་སྨིན་གྱུར་ཅིང་། །ཉེ་དང་རིང་བའི་སྐྱེ་བོ་ཐམས་ཅད་ཀྱིས། །འཇའ་ཡི་གུར་ཕུབ་གདུང་མཆོད་སྣང་བ་ཤར། །དུ་བ་འོད་ཀྱི་ཕུང་པོ་ཆེན་པོ་འཁྱིལ། མཁའ་འགྲོའི་ཚོགས་རྣམས་སྤྲིན་ཕུང་བཞིན་དུ་གཏིབས། །སྤྲིན་ཚོགས་རབ་དང་ཉི་མའི་དཀྱིལ་འཁོར་དེ། །འོད་ཟེར་རབ་བཀྱེས་མཆོད་པའི་ཆར་པ་ཕབ། །ཡེ་ཤེས་མེ་ལ་ཐུགས་ཉིད་བཞུས་གྱུར་ཀྱང་། །འགྱུར་བ་མེད་པར་ཆོས་རྗེའི་ཕྱག་ཏུ་བྱོན། །རྗེས་བཞུགས་བཀའ་འབངས་རྣམས་ལ་ཐུགས་རྗེ་ཡིས། །ལྕགས་ཀྱུ་ཞགས་པས་དུས་གསུམ་གཟིགས་པར་ངེས། །ཟླ་བ་གཅིག་ཏུ་གདུང་ལ་མཆོད་ཕུལ་ནས། །མཆོད་པའི་རྟེན་དུ་རྟེན་རྣམས་སོ་སོར་དགོས། །སྡེ་པ་རྣམས་ཀྱིས་ཕྱོགས་ཕྱོགས་རྣམས་སུ་ཡང་། ཤིང་རྟ་རབ་བཅས་རྒྱལ་མཚན་བསྒྲེང་བྱས་ཤིང་། །གདུགས་རྣམས་རབ་ཕུབ་རོལ་མོའི་ཚོགས་ཀྱིས་བསྐོར། །

སྤྲོས་ཀྱི་དུད་པས་སྟོང་གསུམ་ཁྱབ་གྱུར་ཅིང་། མཁའ་ལ་འཇའ་དང་འོད་ཀྱིས་ཁེངས་པར་གྱུར། །དགེ་འདུན་རྣམས་ཀྱི་གདོང་ཡང་མཆེ་མས་གཡོགས། །མཁའ་འགྲོ་རྣམས་ཀྱང་རང་བཞིན་གནས་སུ་གཤེགས། །སློམ་ཆེན་རྣམས་ཀྱང་རང་རང་ཡུལ་དུ་བཞུད། །ཆོས་སྐྱོང་རྣམས་ཀྱང་རྟོགས་ལྡན་ཕྱི་བཞིན་འབྲངས། །དབེན་ཞིང་ཉམས་དགའི་དགོན་གནས་སྟོང་པར་གྱུར། །ཡི་དྭགས་རྣམས་ལ་གཏོར་མའི་རྒྱུན་ཡང་ཆད། །འགྲོ་བའི་ཉི་མ་སྒྲིམ་པོར་ནུབ་པར་གྱུར། །དགོས་འདོད་འབྲས་བུ་ཆོས་དབྱིངས་རྒྱ་མཚོ་སྟོར། །ཤེས་རབ་སྒྲོན་མེ་དུས་ཀྱི་རླུང་གིས་བསྐྱོད། །ས་ཡི་བཀྲག་ཉམས་ཐར་པའི་གྲོང་ཁྱེར་ཞིག །ཀྱེ་ཧུད་འདོད་འཇོའི་རྒྱ་མཚོ་སྐེམ་པར་གྱུར། །ཐུབ་པའི་བསྟན་པ་སྒྲིམ་པོའི་རི་ལ་ནུབ། །འདི་འདྲའི་བཤེས་གཉེན་རྙེད་པར་ག་ལ་འགྱུར། །འོད་གསལ་ཉི་མ་ནུབ་པར་གྱུར་པ་ལ། །ལྷ་ངན་མུན་པ་སེལ་བར་སུ་ཞིག་ཡོད། །གྲུ་ཆེན་རྒྱ་མཚོར་ཞིག་པར་གྱུར་པ་ལ། །ཆུ་བོ་བཞི་ལས་གང་གིས་སྒྲོལ་བར་འགྱུར། །ཡེ་ཤེས་རི་བོ་ཉིལ་བར་གྱུར་པ་ལ། །ཤེས་རབ་ཉི་མ་གང་ལ་འཆར་བར་འགྱུར། །གདུང་བའི་ཚར་པ་ཆད་པར་གྱུར་པ་ལ། །སྨིན་པའི་སྨྱུ་གུ་གང་ལ་སྨིན་པར་གྱུར། །ཀྱེ་ཧུད་སྐྱེས་མཆོག་ཆོས་རྗེ་གང་ལ་གཤེགས། །འགྲོ་བའི་སྒྲོན་མེ་གང་དུ་གཤེགས་པར་གྱུར། །སྔོན་གྱི་དུས་སུ་མེ་ཏོག་ཟླ་མཛེས་དེ། །ཐུབ་པའི་སྤྱན་སྔར་ཟླ་འོད་གཞོན་ནུར་གྱུར། །ལྔ་བརྒྱའི་དུས་འདིར་སྐྱེས་མཆོག་ཆེན་པོ་ཉིད། །ཁྱེད་ནི་མཐོང་དམ་ཐོས་སམ་དྲན་གྱུར་པ། །ཁྱེད་ལ་དད་པའི་སྐྱེ་བོ་མ་ལུས་རྣམས། །སྡིག་པ་རབ་ཟད་རྟོགས་པ་མཐར་ཐུག་འཆར། །སྐྱེས་བུ་ཁྱེད་ཀྱི་ཐུགས་ཀྱི་བྱིན་རླབས་ཀྱིས། །སངས་རྒྱས་ཞིང་དུ་ཁྱེད་དང་མི་འབྲལ་ཤོག །ཅེས་བསྟོད་ནས། བླ་མ་རིན་པོ་ཆེ་དང་མ་མཇལ་ན། ཁོ་བོ་མི་ལུས་འདི་ཆུད་ཟོས་གསུངས་ཤིང་། ལར་སློབ་མ་བྱ་བ་བླ་མའི་རྣམ་ཐར་སྐྱོང་བ་ལ་ཟེར་བ་ཡིན་པས། ཁོ་བོས་ཀྱང་བླ་མ་རིན་པོ་ཆེའི་རྣམ་ཐར་བསྐྱང་བ་ཡིན་གསུངས་ནས། དུས་རྟག་ཏུ་མཚམས་ལ་གནས་པ་དང་། རྐང་བཞིའི་འབུལ་བ་མི་ལེན་པ་དང་། གསེར་དངུལ་ལག་ཏུ་མི་ལེན་པ་དང་། ཡར་ངོ་ལ་སྐུ་མཚམས་མཛད་པ་དང་། མར་ངོ་ལ་ཁྲིད་མཛད་པ་དང་། དེ་ལ་སོགས་པའི་རིན་པོ་ཆེའི་རྣམ་ཐར་ནི་མཛད་དོ། །དེ་ནས་སློབ་དཔོན་སྒོམ་པས་བཀྲ་ཤིས་སྒོ་མང་ལ་སོགས་ཕྱི་རྟེན་ནང་རྟེན་རྣམས་གྲུབ་པར་མཛད་ཅིང་། སྐམ་པོ་དང་དགེ་འདུན་རྣམས་ཀྱི་རྐྱེན་མཛད་ནས་ཐམས་ཅད་ཆོས་ཀྱིས་ཚིམ་པར་མཛད་དོ། །

དེ་ཡང་སློབ་དཔོན་སྒོམ་པ་མཚན་ཚུལ་ཁྲིམས་སྙིང་པོ་བྱ་བ་འདི། བླ་མ་དམ་པའི་རྟུས་དཔོན་

ཡིན་ཏེ། ལོ་ལྔ་ལོན་པའི་དུས་སུ་མཇལ་བས་ལྷ་སའི་ཞིག་གསོས་བྱེད་པར་ལུང་བསྟན་ཅིང་། མི་གཡོ་བའི་སྒོམ་ལུང་ཐོབ་པས་ཞལ་གཟིགས། དེར་གདམས་པ་རྣམས་ཞུས་ནས་སྒོམ་པས། མཆོག་ཐུན་མོང་གི་དངོས་གྲུབ་ཐོབ་པ་ལ་སོགས་ཡོན་ཏན་དཔག་ཏུ་མེད་པ་མངའ་བ་ཡིན་ཏེ། བཅོམ་ལྡན་འདས་ཀྱིས་མདོ་སྡེའི་སྙིང་པོ་པདྨ་དཀར་པོ་ལས། ཞིག་གསོས་བྱེད་པར་ལུང་བསྟན་པ་ལྟར། ལྷ་སར་སྔོ་འབྲུགས་ཆེན་པོ་བྱུང་བ་དང་། གཙུག་ལག་ཁང་མེས་བཞེངས་པའི་ཚེ། འབྲུགས་པ་རྣམས་ཞུམ་ཞིང་གཙུག་ལག་ཁང་གི་ཞིག་གསོས་མཛད་ནས་གསེར་ལ་སོགས་པའི་རྒྱན་དུ་མས་བརྒྱན་པར་མཛད་ཅིང་ཐམས་ཅད་བདེ་བ་ལ་བཀོད་དོ། །

དེ་བཞིན་དུ་ཆོས་རྒྱལ་ཆེན་པོའི་བཀའ་ཆེམས་ལས་ཀྱང་། བྱང་ཆུབ་སེམས་དཔའ་ཤར་ཕྱོགས་སྐུ་འབྲུངས་པས། །གདམས་ངག་འཆད་པའི་རྣལ་འབྱོར་པ་ཆེན་པོ། །སྙིང་པོའི་མཐའ་ཅན་སྐྱེས་བུ་དམ་པ་སྟེ། །གཙུག་ལག་ཁང་ཆེན་འདི་ལ་ཕན་པར་འགྱུར། ཞེས་གསུངས་སོ། །བླ་མ་བདེ་བར་གཤེགས་པ་དྭགས་པོ་རིན་པོ་ཆེ་དེ་ཉིད་ཀྱི་ཞལ་ནས་སྔོན་བཅོམ་ལྡན་འདས་ཀྱི་སྤྱན་སྔར་ཁེ་བོ་ཟླ་འོད་གཞོན་ནུར་གྱུར་ནས་གསེར་ལ་སོགས་པའི་རྒྱན་དུ་མས་རྒྱན་དུ་མཛད་དོ། །ཏིང་ངེ་འཛིན་དམ་པ་བཙལ་ཞིང་འདིར་ཡང་ཁོ་བོས་ཁྲིད་རྣམས་ཏིང་ངེ་འཛིན་དེ་ལ་བཀོད་དོ། །སངས་རྒྱས་ཀྱི་བསྟན་པ་ལ་བྱ་བ་བྱས་པ་ཡིན་གསུངས་པ་ལྟར་ཏིང་ངེ་འཛིན་གྱི་རྒྱལ་པོའི་མདོ་དེ་ཉིད་དུ་ལུང་བསྟན་པ་ཡིན་ཏེ། འདི་ནི་ཕྱི་དུས་འཇིགས་པ་ཆེན་པོ་ལ། །རྟག་ཏུ་ཚངས་སྤྱོད་གཙང་མང་རབ་གནས་པ། །ཏིང་འཛིན་འདི་ནི་ཤིན་ཏུ་རྒྱས་བྱེད་འགྱུར། །འདི་ལས་མ་ཕམ་ཁྲིད་གཉིས་ང་ཡིས་དཔང་། །ཅེས་དང་། ཡང་། ཧང་གཉིས་གཙོ་ལ་མཆོད་པ་མཆོད་བྱས་ཏེ། །ཡེ་ཤེས་བླ་མེད་དེ་ན་རབ་བསྒྲུབས་ན། །ཕྱི་མའི་དུས་ན་དེ་ནི་འཇིག་རྟེན་མགོན། །རྒྱལ་བ་དྲི་མེད་འོད་ཅེས་བྱ་བར་འགྱུར། ཞེས་དང་། ཟླ་འོད་གཞོན་ནུར་གྱུར་པ་སེམས་དགའ་ནས། །སངས་རྒྱས་སྤྱན་སྔར་འདུག་སྟེ་ཚིག་སྨྲས་པ། །སྐྱེས་བུ་དམ་པ་མྱ་ངན་ཡོངས་འདས་ནས། །མ་འོངས་དུས་ན་བདག་གིས་མདོ་འདི་ཟུངས། །བདག་གི་ལུས་དང་སྲོག་ཡང་ཡོངས་བཏང་ནས། །འཇིག་རྟེན་སྐྱིད་པ་ཅི་མཆིས་ཀུན་བཏང་བ། །བདག་གིས་འཇིགས་པ་ཆེན་པོའི་དུས་དེར་ཡང་། །ཏིང་འཛིན་ཞི་མཆོག་འདི་ནི་བཟུང་བར་བགྱི། །དེའི་ཚེ་ན་ཏིང་འཛིན་ལྡན་པ་དག །ལྔ་བརྒྱ་ལས་ནི་མི་ཉུང་དེར་འབྱུང་སྟེ། །མདོ་སྡེ་མཆོག་ནི་རྒྱ་ཆེར་བཟུང་བ་ལ། །དེ་དག་མངོན་དུ་འདྲེན་པ་གཞོན་ནུ་ཡིན། །ཞེས་གསུངས་སོ། །གཞན་ཡང་མདོ་སྡེ་ལས། རྡོ་རྗེ་

གདན་གྱི་བྱང་ཕྱོགས་ཁ་བ་ཅན་གྱི་ལྗོངས། རྒྱུ་བོ་མ་ནུ་ལོ་ཧི་ཏའི་འགྲམ། རི་བྲག་ཚང་ཚིང་ཅན་ན། དགེ་སློང་འཚོ་བྱེད་ཅེས་གྲགས་པ། དག་པའི་འཁོར་དང་། མ་དག་པའི་འཁོར་དྭངས་བ་འདྲེན་པ། ལྔ་བརྒྱ་ལས་མི་ཉུང་བ་ལྷན་གཅིག་ཏུ། དེ་བཞིན་གཤེགས་པའི་ཡེ་ཤེས་ལ་ལོངས་སྤྱོད་དོ། །ཅེས་གསུངས་སོ། །

ཡང་སྙིང་རྗེ་ཆེན་པོ་པདྨ་དཀར་པོ་ལས། ཀུན་དགའ་བོ་ང་འདས་ནས། མ་འོངས་པའི་དུས་ན་བྱང་ཕྱོགས་ཁ་བ་ཅན་གྱི་རྒྱུད་དུ། དགེ་སློང་འཚོ་བྱེད་ཅེས་བྱ་བ་སྔོན་གྱི་རྒྱལ་བ་ལ་ལྷག་པར་བྱ་བ་བྱས་པ། སངས་རྒྱས་བརྒྱ་སྟོང་མང་པོ་ལ་བསྙེན་བཀུར་བྱས་པ། དགེ་བའི་རྩ་བ་བསྐྱེད་པ། ལྷག་པའི་བསམ་པ་བསྐྱེད་པ། ཐེག་པ་ཆེན་པོ་ལ་ཡང་དག་པར་ཞུགས་པ། སྐྱེ་བོ་མང་པོ་ལ་ཕན་པ་དང་བདེ་བའི་ཕྱིར། མང་དུ་ཐོས་པ་བྱང་ཆུབ་སེམས་དཔའི་སྡེ་སྣོད་འཛིན་པ། ཐེག་པ་ཆེན་པོའི་བསྟོད་པ་བརྗོད་པ། ཐེག་པ་ཆེན་པོ་ཡང་དག་པར་རབ་ཏུ་སྟོན་པ་གཅིག་འབྱུང་བར་འགྱུར་ཏེ། ཞེས་སོགས་ནས། དེ་བཞིན་གཤེགས་པ་འོད་དཔག་མེད་ཀྱི་སངས་རྒྱས་ཀྱི་ཞིང་འཇིག་རྟེན་གྱི་ཁམས་བདེ་བ་ཅན་དུ་སྐྱེ་བར་གྱུར་ཏེ། འཇིག་རྟེན་གྱི་ཁམས་ཡོན་ཏན་ཐམས་ཅད་ཀྱིས་བརྒྱན་པ་ཞེས་བྱ་བར། དེ་བཞིན་གཤེགས་པ་འོད་དྲི་མ་མེད་པ་ཞེས་བྱ་བར་འགྱུར་རོ། །ཀུན་དགའ་བོ་དགེ་སློང་འཚོ་བྱེད་དེས་ཀྱང་ངའི་བསྟན་པ་འདི་ཡང་དར་རྒྱས་ཆེ་བར་འགྱུར་གྱི། ཀུན་དགའ་བོ་མྱ་ངན་མ་བྱེད་སྨྲེ་སྔགས་མ་འདོན་ཅིག །ཀུན་དགའ་བོ་ངའི་ཚངས་པར་སྤྱོད་པ་རྒྱས་པ་དང་། ལྷ་དང་མི་རྣམས་ཀྱིས་མནོས་པར་འགྱུར་རོ། །ཞེས་སོགས་བར་དུ་ལུང་བསྟན་པ་ཡིན་ཞིང་། གཞན་ཡང་མདོ་སྡེ་མང་པོ་ནས་ལུང་བསྟན་པ་ཡིན་ནོ། །

གཞན་ཡང་མདོ་རྒྱུད་དུ་མ་ནས་ལུང་བསྟན་པའི་ཆོས་རྗེ་དྭགས་པོ་རིན་པོ་ཆེ་ལ། སློབ་མ་ངོ་མཚར་ཅན་མང་དུ་བྱུང་བའི་བུ་ཆེན་བཞིར་ཡོངས་སུ་གྲགས་པ་ནི། བླ་མ་ཤོ་རོམ་འཕགས་པ། གསེར་སྒོམ་ཡེ་ཤེས་སྙིང་པོ། འོལ་ཀ་རམ་ཉེ་ཆོས་གཡུང་། ཟིམ་ཤིང་ཡེ་ཤེས་སྙིང་པོ་དང་བཞིའོ། །རྒྱུད་པ་འཛིན་པའི་སྲས་བཞི་ནི། སློབ་དཔོན་དྭགས་པོ་སྒོམ་ཚུལ། བདེ་གཤེགས་ཕག་མོ་གྲུབ་པ། ཆོས་རྗེ་དུས་གསུམ་མཁྱེན་པ། བླ་མ་དཔལ་ཆེན་འབའ་རོམ་པ་དང་བཞིའོ། །ཐུགས་ཀྱི་སྲས་བཞི་ནི། དཔོན་པོ་དྭགས་པོ་སྒོམ་ཚུང་། བླ་མ་སྨྱོག་གཅོག་པ། གྲུབ་ཐོབ་གསལ་སྟོང་ཤོ་སྒོམ། བླ་མ་ཆེན་པོ་འོལ་ཀ་བ་དང་བཞིའོ། །ཉེ་བའི་སྲས་བཞི་ནི། དྭགས་པོ་འདུལ་འཛིན། རྗོ་སྲས་ལྷོ་ལ་ཡག །ཀྱི་སོ་ཡེ་རྗོར།

མགར་སྒོམ་དཀར་པོ་དང་བཞིའོ། །སྐལ་ལྡན་གྱི་སློབ་མ་དྲུག་ནི། ཁམས་སྒོམ་ཆོས་ཀྱི་བླ་མ། ཞེལ་སྒོམ་འཕགས་པ། སྐྱེ་སྒོམ་ཡེ་རྡོར། ཐང་ལ་མོན་སྒོམ། ཏི་སྒྲོ་ཉང་སྒོམ། གནམ་མཚོ་དེ་སྒོམ་དང་དྲུག་གོ། ལས་ཅན་གྱི་བུ་བཞི་ནི། སྐྱེ་རོང་རྩ་སྤྱིལ་བ། རྒྱལ་བ་ཁྱུང་ཚང་བ། བླ་མ་ཟངས་རི་བ། ཞིག་པོ་འཇང་ཐུལ་དང་བཞིའོ། །ཞབས་ཏོག་བྱེད་པའི་གནས་བཞི་ནི། རྗོ་གདན། ལེགས་མཛེས་བྱང་ཡེ། གསལ་བྱང་དང་བཞིའོ། །

གཞན་ཡང་ས་ཐོབ་ཀྱི་སློབ་མ་ལྔ་བརྒྱ་ཕྲག་གཅིག །གདུགས་ཐོགས་ཀྱི་སློབ་མ་སྟོང་ཕྲག་གཅིག་བྱུང་བ་ཡིན་ནོ། །འདི་དག་རྣམ་པར་ཐར་པ་རྒྱས་བསྡུས་ཀྱི་ཁྱེ་བྲག་དཔག་ཏུ་མེད་པ་གཅིག་ཕྱོགས་ཕྱོགས་སུ་མཛད་པ་སྣང་སྟེ། ཁྱད་པར་དུ་ཡང་སྐྱེས་མཆོག་མར་པ་དང་། རྗེ་བཙུན་ཆེན་པོ་གཉིས་ཀྱི་དགོང་སྙིང་དགུང་ལོ་འདྲ་མིན་མང་དུ་འདུག་ཅིང་། དྭགས་པོ་རིན་པོ་ཆེ་ཡང་རབ་ཏུ་བྱུང་བའི་དགུང་ལོ་ལ་སོགས་མི་འདྲ་བ་སྣང་ཡང་། འདིར་ཁུངས་ཐུབ་པའི་རྣམ་ཐར་རྣམས་དང་། གཙོ་ཆེར་འདི་བཞིན་དུ་བཞེད་པ་མཐུན་པ་རྣམས་ཀྱི་ལུགས་བཞིན་དུ་བྱས་ཏེ། མི་ཕོ་བྱའི་ལོ་ལ་སོ་རག་བྲེ་བྲལ་གྱིས་ཡང་དགོན་བཀྲ་ཤིས་སྒོ་མང་དུ་སྦྱར་བའོ། །རྡོ་རྗེ་འཆང་ཆེན་ཏཻ་ལོ་ནཱ་རོ་དང་། །མར་པ་མི་ལ་དྭགས་པོ་རིན་ཆེན་གྱི། །རྣམ་པར་ཐར་པ་ཆ་ཙམ་བརྗོད་པ་ལས། །ཉེས་པར་གྱུར་ན་དམ་པ་རྣམས་ལ་བཤགས།། །།

༄ འགྲོ་མགོན་དར་མ་དབང་ཕྱུག་གི་རྣམ་པར་ཐར་པ་མདོར་བསྡུས་ཉུང་ངུར་འཐུས་པའི་ཚུལ་བཞུགས་སོ། །ན་མོ་གུ་རུ། ཀུན་རྫོབ་ལས་ཀྱི་རླུང་རྣམས་དབུ་མར་ཚུད། །ཨེ་ཝཾ་སྟོང་ཆེན་འགྱུར་མེད་བདེ་བ་ཆེ། །བདེ་ཆེན་དེ་ཡིས་ཡེ་ཤེས་རོལ་པ་ལས། །འཁྲུལ་པ་རྩད་ནས་གཅོད་མཛད་བླ་མར་འདུད། །ཚུལ་འདི་དད་ལྡན་རྣམས་ཀྱི་ནི། །སྔོན་ནས་མང་དུ་སྨྲར་མོད་ཀྱང་། །ལེགས་བཤད་མཁས་པའི་སྒྲི་ནོར་ཏེ། །ཐུང་ཟད་འཆད་ལ་སྤྲོ་བ་སྐྱེས། །དེ་ཡང་རྗེ་དྭགས་པོ་རིན་པོ་ཆེའི་བརྒྱུད་འཛིན་གྱི་སྲས་བཞིའི་མཆོག་ཏུ་གྱུར་པ། འགྲོ་མགོན་དར་མ་དབང་ཕྱུག་གི་རྣམ་པར་ཐར་པ་མདོར་བསྡུས་ནི། འབའ་རོམ་པའི་སྐུ་འཁྲུངས་ཡུལ་འཕན་ཡུལ་གཞུང་། རིགས་ནི་བྲན་ཀ ཡབ་གནས་བརྟན་སྟོན་པ། ཡུམ་ལོ་ཆུང་མ་གཉིས་ཀྱི་སྲས་སུ་མེ་མོ་ལུག་ལོར་འཁྲུངས། དགུང་ལོ་བདུན་པའི་སྟེང་དུ་ཉིན་གཅིག་བུད་མེད་མཁའ་འགྲོའི་ཆས་སུ་བྱས་པའི་གོས་རིའུ་འཕྲུག་གཉིས་རྩེགས་སུ་གྱོན་པ་འཁོར་བུད་མེད་བཅུའི་བསྐོར་བ། ལག་ཏུ་ཆགས་ཤིང་ཐོགས་པ་གཅིག་བྱུང་བས་ཁོང་གིས་སུ་ཡིན་བཟླས་པས། བདག་དྭགས་པོ་སྒོ་སྒོམ་གྱི་

སློབ་མ་ཡིན་ཟེར། དྭགས་པོ་སྒོམ་ཚུལ་ལ་བྱུད་མེད་ཀྱི་སློབ་མ་ཡོད་པ་མ་ཚོར་བྱས་པས། མོ་ན་རེ། འོ་ན་སྒོ་སྒོམ་ལས་ང་བཟང་བ་ཅི་ཆ་ཟེར། ཁོང་ཚིག་དེ་ལ་མ་དགའ་བས་ཁྱོད་རིན་པོ་ཆེ་དེ་བས་བཟང་ཨང་བྱས་ཤིང་བྱིས་པ་རྩེ་རོགས་མང་པོ་ཡང་སྤྲན་ཞིང་སརྫོ་མང་པོ་གཏོར་བ་ལས། ཁྱོད་དྭགས་པོ་སྒོ་སྒོམ་གྱི་ཁ་འཛིན་བྱེད་ལུགས་ལ་དད་པ་ཡོད་རྟགས་སུ་འདུག །ཁྱོད་དང་ང་གཉིས་མི་འཐབ་ཟེར་ཞིང་སོང་སྐད། དེས་རྐྱེན་བ་འདྲ་བྱས་བྱུང་ནས་དེ་ནུབ་རྣལ་མ་བྱུང་མཚན་ཐོགས་ཐག་ཏུ་སྒམ་པོ་པའི་མདུན་དུ་སླེབས་ན་སྣམ་ཡིད་སྨོན་གསོལ་བ་བཏབ་པས། རྣལ་ཙུང་ཟད་འཐུས་པས་ཤར་ནས་འོད་དཀར་ཉི་ཟེར་ལྷ་བུ་ཁོང་གི་ཐུགས་ཀར་ཐིག་པ་ཐིམ། ཕྱིར་ནང་ཅི་ཡིན་སྙམ་ཤིང་དབང་གཞོན་ལ་དྲིས་པས། བླ་མ་ལ་གསོལ་བ་བཏབ་པའི་བྱིན་རླབས་ཡིན་ཟེར། དགུང་ལོ་བརྒྱད་ལ་མཁན་པོ་ཀ་བ་པ་དང་སློབ་དཔོན་དབང་ཕྱུག་གཞོན་ནུ་གཉིས་ལ་རབ་ཏུ་བྱུང་། མཚན་དར་མ་དབང་ཕྱུག་བཏགས། ཡབ་མེས་ཀྱི་བཞེངས་པ་ཡུལ་སྣ་ཞེས་གཞི་གཅིག་ཡོད་པ་བཟུང་ནས་བཞུགས། དེའི་དུས་སུ་སློབ་དཔོན་དབང་གཞོན་གྱིས་གཏོར་ཆེན་མཛད་ནས་ཁོང་ལ་དབང་བསྐུར་ཆོས་སྐྱོང་ཐམས་ཅད་བདག་ལ་སྟོང་གྲོགས་མཛད་པ་དེས་ཀྱང་ལྷག་པའི་སྟོང་གྲོགས་བཙུན་ཆུང་འདི་ལ་མཛོད་ཅིག །སྐུ་གསུང་ཐུགས་མ་གཡེལ་བར་ལུས་གྲིབ་མ་ལྟར་འགྲོགས་ཤིག །གསུངས་ནས་གཏོར་མ་བཞག །ཕྱིན་ཆད་ཁྱོད་ཀྱི་བསྟན་པ་དང་སེམས་ཅན་ལ་ཕན་ཐོགས་ཤིང་ཆོས་སྐྱོང་ཁྱོད་ཀྱི་རྗེས་སུ་འབྲང་གསུངས། དགུང་ལོ་བཅུའི་ཐོག་ཏུ་བྲ་ཡུལ་པ་མཛལ་ལམ་རིམ་གྱི་ཁྲིད་མི་གཡོ་བ་དང་ཐུགས་རྗེ་ཆེན་པོ་སྒྲོལ་མ་རྣམས་ཀྱི་རྗེས་གནང་ཞུས། དེ་ནས་གྲུམ་ལུང་མདུན་ནས་བྱམས་ཆོས། བསླབ་བཏུས། སྤྱོད་འཇུག་དང་ཆོས་སོགས་གསན། ཁོང་གི་མདུན་དུ་འདུལ་བ་མདོ་རྩ་བ་སོགས་སློབ་གཉེར་ཡོད་ཙ་ན། ཆོས་ཉིད་ཐམས་ཅད་བུ་རམ་གཟུགས་བརྙན་ལྟར་བུར་འདྲ་འདུག །གསང་སྔགས་ཐབས་ཀྱིས་ལམ་ཉེ་ཤིང་ཁ་ན་མ་ཐོ་གསུམ་རང་ལུས་ཀྱི་ཤའུ་ལ་ཐུག་པ་ལྟར་འཛེམ་རུང་འཆི་ཁ་ཞེ་སྡང་ལོག་ལྟ་ཙུང་ཟད་སྐྱེས་ནས་དམྱལ་བའི་རྒྱུ། མི་རྟག་པ་བསྒོམ་པ་ཆོས་ཀྱི་རྩར་འདུག་ཀྱང་རྒྱུན་དུ་སྒོམ་ཀྱང་ལྷོར་བའི་ཞེན་པ་དྲུང་ནས་འཁྲིན་ནུས་པའི་ངེས་པ་མེད། ཐོས་བསམ་སྒྲོ་འདོགས་གཅོད་པ་ལྟར་བྱེད་པ་འདིས་ཀྱང་སྟབས་མ་ལེགས་ན་ང་རྒྱལ་དུ་འགྲོ། བྱམས་སྙིང་རྗེ་གཞན་དོན་འབྱུང་བའི་རྒྱུ་ཡིན་ཀྱང་དམིགས་མེད་སྟོང་ཉིད་ཟུང་འཇུག་མ་རེད་པར་གཞན་དོན་མི་འབྱུང་། བླ་མ་དཀོན་མཆོག་གསུམ་གྱི་རྩ་བ་ཡིན་རུང་། བྱིན་མཐུ་མེད་པའི་བླ་མ་བརྟེན་ན། དཔེར་ན་ཆུ་བསྲུབ་ན་མར་མི་འབྱུང་བ་འདྲ

བས་སློབ་མའི་བརྩོན་འགྲུས་དཀའ་སླ་སུ་འདུག །བླ་མ་མཚན་ལྡན་བཙལ་དགོངས་ནས་དེ་ནུབ་རྣལ་མ་བྱུང་། ཕྱིར་ཉིན་ཙུང་གཟིམ་དགོངས་ནས་བྱོན་ཅན། གད་ཕུག་ཏུ་རྣལ་འབྱོར་གཞོན་མཛེས་དབུ་སྐྲ་ཡོད་ཁར་ཡོད་པ་ལུས་ཙུག་པོར་འདུག་པ་ལས། ཁྱེད་གང་ཡིན་གར་འབྱོན་གསུངས་པས། བདག་དྭགས་ཕྱོགས་སྒམ་པོའི་དྲུང་ནས་འོང་ཟེར་བ་དང་ད་ནི་གར་འགྲོ་འདིར་འགྲོ་བའི་ངེས་པ་མེད་ཟེར། དེར་ཁོང་དགའ་བ་དང་མོས་གུས་སྐྱེས། བླ་མ་སྒམ་པོ་པ་སྐུ་ཁམས་བདེ་བར་བཞུགས་སམ། སྐུ་འཁོར་ཅི་ཙམ་བདོག །དམ་ཆོས་གཙོ་བོ་ཅི་མཛད་ལགས་གསུངས་པས་རྣལ་འབྱོར་དེས་ཕྱག་ཐལ་མོ་སྦྱར་ནས་བླ་མ་རིན་པོ་ཆེ་དེ་ཡང་དག་པར་རྫོགས་པའི་སངས་རྒྱས་གདུལ་བྱའི་དོན་ལ་བྱོན་པ་ལགས། དེང་སང་སྐུ་ཁམས་བཟང་། སྐུ་འཁོར་མང་པོ་བཞུགས། ཆོས་ངེས་དོན་སྙིང་པོ་ཐེག་ཆེན་མན་ངག་ཚེ་གཅིག་ལ་སངས་རྒྱས་པའི་གདམས་པ་ཁོ་ན་འཆད་ཟེར། སྐུ་ཆེ་བའི་ཡོན་ཏན་མང་དུ་བརྗོད་ནས་སྟོན་ཆུང་ཁྱེད་རིན་པོ་ཆེ་དེ་ལ་དད་མོས་འདུག་པས་ངས་དྲང་ཚད་སྨྲས་པ་ཡིན་པས། ཁྱོད་དེ་སྔ་བར་ཆད་ཙུང་བྱུང་འདུག་པས། ད་འགྲོ་འདོད་ན་མྱུར་དུ་སོང་གསུངས་པས། དེ་མ་ཐག་ཏུ་འགྲོ་བ་ཐུགས་ཐག་བཅད་ནས། ད་ཁྱེད་ཀྱི་བདག་འགྲོ་བའི་གྲོགས་མཛད་རོགས། རྩམ་པ་ཞིག་འབུལ་གསུངས་པས། རྣལ་འབྱོར་པ་ལ་འགྲོ་འོང་གཏད་སོ་མེད་རྩམ་པ་མི་དགོས། ཁྱེད་རང་རིན་པོ་ཆེ་ལ་གསོལ་བ་བཏབ་ནས་སོང་ལ་བར་ཆད་མི་འོང་གསུངས་ནས་གཤེགས་པར་གདའ།

དེ་ནས་འབའ་རོམ་པ་རང་ཡུལ་དུ་བྱོན་ནས། སློབ་ཁ་སངས་རྒྱས་བསྒོམ་པ་ཁྱེད་དྭགས་པོ་མཇལ་དུ་ཨེ་འགྲོ་གསུངས་པས་ཁོང་ཡང་དད་ནས་འགྲོ་ཟེར། ཁོང་རྣམ་གཉིས་ཇ་དང་གསེར་ཁྱེར་ནས་གཉེན་འདུན་གྱིས་མ་ཚོར་བར་སོང་བས། དྭགས་ལྷ་སྒམ་པོར་སླེབས། དྭགས་པོ་མཇལ། ཇ་དང་གསེར་ཕུལ། བྱིན་རླབས་དང་ཆོས་ཞུས་པས། བླ་མས་དེ་ལྟར་བྱ་གསུངས་པས། ངེས་པར་ཆོས་བྱེད་ན་འཁོར་བ་དབྱུང་ནས་ཚུལ་ཁྲིམས་དེ་མིག་འབྲས་ལྟར་བསྲུང་། བླ་མར་ཟོལ་མེད་དད་མོས་བསྐྱེད། རྒྱུ་འབྲས་བླང་དོར་དགོས་གསུངས། དེ་ནས་ཚོགས་འཁོར་མཛད། སྐབས་དེར་བླ་མར་མི་ཕྱེད་པའི་དད་པ་སྐྱེས་ཆེ། དྭགས་པོའི་ཞལ་ནས་ཁྱོད་མོས་གུས་ཆེ་བར་འདུག་གསུངས། ཁྲིད་ཆེན་པོ་རང་མེད་ཁྱེད་ཀྱི་འགྲོ་བ་མང་པོ་ལ་ཕན་ཐོགས་འབྱུང་བ་ཡིན་ནོ་གསུངས། ཁྱོད་རང་ནང་དུ་སྡོད་གསུངས་ཐུགས་ལ་ཤིན་ཏུ་བཏགས་པར་མཛད། དེ་མཚམས་ཟླ་གཅིག་ཐོག་ནས་འབའ་རོམ་པ་ཁོང་སྐུ་ཁམས་མ་བདེ་ནས་སྐུ་ལ་ཆུ་བུར་མང་པོ་བྱུང་ཆེ། བླ་མར་གསོལ་བ་བཏབ་པས། དེ་ནུབ་མཆོ་ནག

པོ་གཅིག་གི་ནང་ན་ཉ་ལྷོང་མང་པོ་འདུག །དེར་འཇིགས་ནས་ནང་དུ་འགྲོ་འདོད་པ་གཅིག་བྱུང་། བླ་མ་མཇལ་ནས་ཞུ་བསམ་མ་ཐག །བླ་མ་རིན་པོ་ཆེ་ཁྲོ་ཚུལ་གྱིས་ཕེབས་ནས་ཕྱག་གཡོན་སྲིན་ལག་ནས་བཟུང་སྟེ། བསམ་ངན་ཞེ་སྡང་གིས་སྦྱོར་བ་ཡིས། །རིགས་ངན་དུད་འགྲོའི་གནས་དག་ཏུ། །རྐྱེན་ངན་རྣམ་རྟོག་གི་ཡིད་འཇུག་ཀྱང་། །ལས་ངན་གྱི་གནས་སུ་འཆར་དོགས་ཡོད། །སྣང་སྲིད་འཁོར་འདས་རང་གི་སེམས། །མོས་གུས་བརྟན་པ་རྟེན་འབྲེལ་གྱི་གནད། །ཐུགས་རྗེས་ལྕགས་ཀྱུས་རྒྱུན་དུ་འཛིན། །འགྱུར་མེད་བདེ་ཆེན་གནས་སུ་འདེང་། །གསུངས་ནས་ཕྱག་གིས་ཡར་འཐེན་ནས། དཔོན་སློབ་གཉིས་ནམ་མཁའ་ལ་གཤེགས་པ་རྨིས། རྣལ་སད་པ་དང་། སྐུ་ཁམས་དྭངས་བ་དང་བདེ་གསལ་མི་རྟོག་པའི་ཉམས་སྐྱེས་སོ། །

ཡང་ཉིན་གཅིག་བླ་མར་གསོལ་འདེབས་མཛད་ཅིང་བཞུགས་ཙ་ན། གཡུང་དྲུང་བྱ་བ་བྱུང་ནས་ཁྱོད་རིན་པོ་ཆེའི་མདུན་དུ་ཤོག་གསུངས་ཟེར་བས། དེ་མ་ཐག་ཏུ་བྲག་ལུང་ཆེན་པོ་ཡོད་པའི་སྟོད་སྨད་སྐོར་ལམ་ནས་འབྱོན་ལོང་མ་རེད་ནས། ཐད་ཀར་འཕྱོངས་ནས་ཐར་འགྲོ་དགོངས་ནས་བྱོན་པས་ཞབས་འདྲུད་ནས་གཡང་ལ་ལྷུང་བས། བླ་མར་གསོལ་བ་བཏབ་མ་ཐག་ཏུ་ཞབས་ཐེམ་བྲག་ལ་ཚུག་ནས་ཕ་གི་ན་ཕྱུགས་རྫི་གཅིག་འདུག་པས་མཐོང་ནས་ཡུལ་མི་སྦྲན་ནས་ཐག་པ་མང་པོ་མཐུད་ནས་སྟར་བྱུང་བས། དེ་ལ་ཕྱག་འཇུས་ནས་བྱོན་པས་སྐུ་ལ་སྐྱོན་མ་བྱུང་། བླ་མའི་མདུན་དུ་བྱོན་ཐུབ་ཞུས་པས། ཁྱོད་རང་ནས་ང་ལ་དད་མོས་ཆེ་བས་དེས་འཆི་ལྟས་རྣམས་བཟློག་གསུངས། ཡང་ཉིན་ཅིག་བྱིན་རླབས་དབང་བསྐུར་ཞུས་སྐབས། མདང་ཁྱོད་ལ་དབང་བསྐུར་བས་སྡིག་སྒྲིབ་ང་རང་བས་ཁྱོད་དག་པར་འདུག །འདིའི་འཚོགས་པ་བདུན་བརྒྱའི་ནང་ནས་ཉམས་རྟོགས་དར་མ་དབང་ཕྱུག་དང་མགར་སྒོམ་དཀར་པོ་གཉིས་ལས་མཐོ་བ་སུ་མེད་གསུངས།

རྗེ་དྭགས་པོ་རིན་པོ་ཆེའི་སྐུ་སྲོག་གི་རྐྱེན་བཞི་བཟློག་ཚུལ་ནི། རིན་པོ་ཆེ་མཛོ་དཀར་ཡུ་གཅིག་ལ་བཅིབས་ནས་རྐེད་འཕྲང་ནས་ཕེབས་ཚེ་མཛོ་འདྲེད་ནས་སྐུ་ལྷུང་བས། བར་སྣང་ནས་བླངས། ཡང་ལྷ་ལུང་བྱ་བར་ཆིབས་རྟ་ལུག་གྲུ་བྱ་བར་བཅིབས་ནས་ཕེབས་ཚེ་རྟ་འགྲོགས་པས་སྐུ་འཕང་བ་ནམ་མཁའ་ནས་ཟིན། ཡང་རབ་གནས་སྐབས། རྟུལ་ཚོན་རབ་གནས་ལྷ་བཤོས་རྣམས་ཏབ་ཐོབ་བྱེད་པར་ཁྲིམ་འུར་ཆེ་གྲྭ་པ་རྣམས་གར་སོང་མེད་པས། ཁོང་གིས་རིན་པོ་ཆེ་ཅེར་གྱིས་ཁུར་ནས་རྒྱུགས་པས་ཐར། ཡང་སྟོམ་ལུང་དུ་ཆིབས་པས་འཕང་ཚེ་སྐྲ་ཟུར་ནས་ཟིན། སྒོ་གསུམ་བགྱི་བས

གཞན་གྱིས་བསྒྲུབ་དཀའ་བའི་ཞབས་ཏོག་མང་པོ་བསྒྲུབས། དྭགས་པོའི་ཞལ་ནས་ངས་གདམས་ངག་ལྷག་ལུས་མེད་པར་གནང་ཚར། བྱང་འབའ་རོམ་དེ་སེའི་གངས་རྒྱུད་མར་པའི་བསྒྲུབ་གནས་རི་ཁྲོད་ལ་བསྒྲུབ་པ་གྱིས་གསུངས། ཁྱོད་དང་ང་གཉིས་འགྲོགས་ཡུན་ནི་རིང་། ལུས་སྲོག་ལྟོས་མེད་ཀྱི་ཞབས་ཏོག་མང་པོ་བསྒྲུབ་གསུངས། གསེར་སྲང་གང་ཕྱག་དཔེ་གནང་། གསེར་འདི་སྒྲུབ་རྒྱགས་གྱིས། དེ་ནས་ལྷ་འདྲེས་འཚོ་བ་སྐྱེར། ཕྱིས་མིའི་འཚོ་བ་ཡོངས་གསུངས། བླ་མ་ཁྱེད་ཀྱི་མདུན་འདི་ན་མ་ཤི་བར་འདུག་དགོངས་ཞུས་ནས་སྨྱུན་ཆབ་བསིལ། གསེར་ཡར་ཕུལ་བས་རྟེན་འབྲེལ་འགྲིག་གསུངས། ད་ཁྱོད་ཀྱི་ངོ་མི་ལྟོག་ཟླ་གཅིག་བར་དུ་སྡོད་གསུངས། དར་མ་དབང་ཕྱུག་ཁོང་ཐུགས་ཆེས་ནས་ཕྱག་འཚལ་མནྟལ་ཕུལ་ནས། རིན་པོ་ཆེ་ཁྱེད་སྐྱེ་འཆི་ལ་རང་དབང་ཐོབ་པས་བསྐལ་པར་མྱ་ངན་ལས་མི་འདའ་བར་གསོལ་བ་འདེབས་སོ། །འགྲོ་དོན་ད་ལྟ་བས་ལྷག་པར་འདུག་གསུངས་ནས་ཞག་པོ་གསུམ་ནས་དབྱིངས་སུ་འཐིམས། དེ་མཚམས་ལུང་བསྟན་པར་བྱོན་ནས་བསྒྲུབ་པ་མཛད་པས་མི་མ་ཡིན་མང་པོས་ཆོས་ཞུས། བྱམས་པའི་ཏིང་ངེ་འཛིན་ལ་བཞུགས་ནས་ཆོས་གསུངས། འཁྲུལ་བ་ཡོད་ཟེར་ནས་ནམ་མཁར་ཡལ། ཞག་འགའ་རེ་ནས་ལུང་ཕུ་ནས་བྱང་འབྲི་གཅིག་ལྕེ་སྤྱང་རྣམས་ཀྱིས་བསད་བསྡད་པས་གཟིགས་ཆེ་འཁྲུལ་བ་ཟེར་བ་ཡིན་དགོངས་པས། ཏིང་ངེ་འཛིན་གྱིས་ཁོང་རྣམས་བཀུག་ནས་ཁྱེད་རྣམས་ལ་ང་ཡི་ཆོས་བཤད་པའི་དམ་སྟོམ་ལ་འགལ་བ་མ་ཡིན་ནམ་གསུངས་པས། ངེད་རྣམས་མ་ཡིན། ཡ་གི་ཕུ་ནས་བཙན་བདུད་མང་པོ་ཡོད་པས་འཁོར་ལྕེ་སྤྱང་གིས་བསད་པར་འདུག་ཞུས་པས། ངེད་རྣམས་སློབ་དཔོན་པདྨ་ལ་ཆོས་མང་པོ་ཞུས་པས་ངེད་རྣམས་དམ་ལ་གནས། ཁྱེད་ཀྱི་དམ་ལ་ཡང་ངེད་རྣམས་གནས་ཤིང་ཅི་གསུངས་བསྒྲུབ། མ་འོངས་པར་ཁྱེད་ཀྱི་ཆོས་བརྒྱུད་རྣམས་ལ་སྟོང་གྲོགས་བྱེད་པར་ཁས་བླངས་ནས་བཞུད་དོ། །ཡང་རྫ་ཕུག་ཏུ་བཞུགས་པའི་ཚེ་ཡུལ་དེའི་ལྷ་འདྲེ་རྣམས་འཁྲུགས་པ་གཟིགས་ནས། བྱམས་པ་དང་སྙིང་རྗེ་ཆེན་པོའི་སྐད་ཅིག་ལ་འཁྲུག་པ་བསྡུམ། དེ་དག་གིས་དྲིན་ལན་ཚུལ་དུ་ལྷ་འདྲེ་རྣམས་ཀྱིས་འཚོ་བ་དང་སྟོང་གྲོགས་ཡུན་རིང་དུ་བསྒྲུབས།

བྲག་དམར་རྫོང་ཆེན་ནས་གཟིགས་ཚེ་ནམ་མཁར་རྨ་བྱའི་གདུགས་ཀྱི་ལི་ལི་འཁོར་བའི་འོག་བཞུགས་པ་ཀུན་གྱིས་མཐོང་། རབ་གནས་ཚེ་སངས་རྒྱས་ཤཱཀྱ་ཐུབ་པ་མངོན་སུམ་དུ་མཇལ། ཚོགས་འཁོར་སྐབས་སྟོན་པ་རིན་ཆེན་གྱིས་འབའ་རོམ་རིན་པོ་ཆེ་རྡོ་རྗེ་འཆང་དུ་མཐོང་། ཡང

གཟིམ་དཀྱིལ་དུ་བཞུགས་ཚེ་ཤིས་རྒྱལ་གྱིས་འཁོར་ལོ་བདེ་མཆོག་ཏུ་མཐོང་། ཡང་བླ་མ་ཉིད་རྡོ་རྗེ་ཕག་མོར་སྣང་བ་ཀུན་གྱིས་མཐའ་ལ། གཞན་གྱི་སེམས་རྒྱུད་འདས་མ་འོངས་ད་ལྟ་དུས་གསུམ་མཁྱེན་ཅིང་ལུང་བསྟན་རྣམས་བརྗོད་ཀྱིས་མི་ལང་། གྲུབ་རྟགས་ཧྲག་པས་འབྱུལ་རྟ་དེད་སྐབས་འབའ་རོམ་རིན་པོ་ཆེའི་ཕྱག་རྒྱ་བསྟན་ཅམ་ཧྲག་པ་རྣམས་རིད་ཅིང་བརྒྱལ། ཡང་སྐྱོ་དུ་ཀམ་བྲག་ཏུ་ཆུ་མེད་པས་བདེན་པ་བརྗོད་ཅིང་ཕྱག་འཁར་བཙུགས་པས་ཆུ་བཞོལ། གཞན་ཡང་ནམ་མཁའ་ལ་འཕུར་ཞིང་རི་བྲག་ལ་ཐོགས་མེད་འགྲོ་བ་ཆུ་ལ་མི་བྱིང་བའི་རྫུ་འཕྲུལ་མཐའ་ཡས་སོ། །དགྱེས་པོས་རབ་གནས་སུ་དམིགས་པའི་རྫ་རིན་ཆེན་སྤྱངས་པར་ལོ་བཞི། མདོ་བྲག་ལ་ལོ་གསུམ། འཕན་ཡུལ་ལ་ལོ་གསུམ། འབའ་རོམ་ནང་དུ་སྒྲུབ་རྩོགས་ལོ་བཅུ་གཅིག་བཞུགས། བླ་མ་རིན་པོ་ཆེ་ཁོང་སྐྱི་ཏ་ན་འཆིའི་ཚུལ་དུ་མི་མངའ་ཡང་། དགུང་ལོ་བདུན་ཅུ་དོན་བདུན་ལ་གདུལ་བྱ་རྟག་འཛིན་ཅན་རྣམས་དགེ་ལ་བསྐུལ་བའི་ཆེད་དུ་ཡང་དག་པར་རྫོགས་པའི་སངས་རྒྱས་ཀྱི་མཛད་པ་དང་སྒོ་མཐུན་པར་ཞག་དྲུག་གི་བར་དུ་ཅུང་ཟད་བསྙུང་ཚུལ་བསྟན་མཛད། ད་ནི་ཁོ་བོ་གཞན་དོན་དུ་འགྲོ་བས་ཆོས་ཕྱུག་གསར་པ་རྣམས་ང་ཡི་བསྒོམ་དུ་མ་འཇོག །སྙིང་པའི་གྲྭ་སློབ་དང་ཡོན་བདག་རྣམས་ཤོག་ད་དུང་སྨོན་ལམ་དང་རྒྱས་འདེབས་གྱིས། བསྔོ་བ་སྨོན་ལམ་ཞལ་ཏ་རིམ་བཞིན་གནང་ནས་ས་རི་ཟླ་བའི་ཚེས་གཉིས་ཀྱི་ནུབ་མོ་ངོ་མཚར་བའི་ལྟས་མང་དུ་བསྟན་ནས་འདའ་བའི་ཚུལ་བསྟན། དེ་ནས་སྐུ་གདུང་ཡི་དམ་དུ་མའི་དཀྱིལ་འཁོར་དང་བཅས་ཏེ་ཞུགས་སུ་ཕུལ་བའི་ཚེ། ནམ་མཁའ་ལ་གདུང་དུད་རྣམས་འཇའ་འོད་ཁ་དོག་ལྔ་ལས་གྲུབ་པ་དབྱིབས་ལྡོན་ཤིང་པདྨ་རྒྱལ་མཚན་བ་དན་ལྟ་བུའི་ཡོངས་སུ་ཁེབས་པར་གྱུར་པ་ངོ་མཚར་གྱིས་ལྟས་མང་པོ་བྱུང་། དད་རྟེན་དུ་འང་རིང་བསྲེལ་ཁ་དོག་ལྔ་ལྡན་དང་། བཀྲ་ཤིས་པའི་རྟགས་བརྒྱད། རྗེ་བཙུན་མའི་སྐུ་རྣམས་གསལ་པོར་བྱོན་པ་ཡིན་ནོ། །

སློབ་མའི་རྣམ་གྲངས་བྱུང་ཚུལ་ནི། ཆེ་བའི་བུ་བཞི། ཉེ་བའི་སྲས་བཞི། རྒྱུད་འཛིན་གྱི་སློབ་མ་བཅུ་གསུམ། བུ་ཆེན་བཞི་ནི། རྗེ་རོམ་དབང་ཕྱུག་སེང་གེ། རྗེ་བཙུན་ནམ་མཁའ། བླ་མ་ལྷོ་པ། སྟོན་པ་རིན་པོ་ཆེ་དང་བཞི། ཉེ་སྲས་བཞི་ནི། བྲན་ཀ་ལྷ་སྟོན་པ། གཞོན་ནུ་གྲགས། ཁྱིམ་མཉེས་ཨཱནྡ་དེ་བ། ལྷ་རྗེ་བློ་མཆོག་དང་བཞི། བརྒྱུད་འཛིན་ལྔ་ནི། འབྲི་གུང་པ། བླ་མ་ཉིན་དགོན་པ། དཔལ་རྒྱལ་བ། སེང་གེ་རྒྱལ་མཚན། ཤེས་རབ་དབང་ཕྱུག་དང་ལྔ། ཀུན་གྱི་ནང་ནས་མཆོག་ཏུ་གྱུར་པ་འགྲན་པའི་ཟླ་ཐམས་ཅད་དང་བྲལ་བ་ནི། འགྲོ་མགོན་ཏི་ཤྲཱི་ཤེས་རབ་སེང་གེ་འོ། །ཨོཾ་སྭ་སྟི། བཀའ་བརྒྱུད་བླ

མའི་རྣམ་ཐར་མཆོག །ཟབ་ཅིང་རྒྱ་ཆེ་དཔག་དཀའ་ཡང་། །མོས་པས་སྨོན་བཞག་འདི་བརྩམས་མོ། །དགེ་བས་འགྲོ་ཀུན་སངས་རྒྱས་ཤོག །ཅེས་པ་འདི་བརྒྱུད་པ་འདི་ཉིད་ཀྱི་སྒོར་ཞུགས་པའི་རྣལ་འབྱོར་པ་ཀརྨ་སྟན་གྲགས་བཟང་པོའི་དམ་པ་རྣམས་ཀྱིས་མཛད་པ་ལས་མདོར་བསྡུས་ནས་བྲིས་པ་དགེའོ།། །།ཤུ་བྷཾ། །བཀྲ་ཤིས།། །།

༄ སོ་རག་བྱ་བྲལ་གྱིས་མཛད་པའི་འབའ་རོམ་གསེར་ཕྲེང་གི་རྣམ་ཐར་མདོར་བསྡུས་རིན་ཆེན་རྒྱན་ཕྲེང་བཞུགས་སོ། །ཨོཾ་སྭ་སྟི། དཔལ་ལྡན་བླ་མ་དམ་པའི་ཞབས་ལ་ཕྱག་འཚལ་ལོ། །ཚོགས་གཉིས་ཡངས་པའི་མཁའ་རབ་འཕགས་པ་ཡོན་ཏན་ཆ་ཤས་ཡོངས་རྫོགས་ཤིང་། །བསླབ་གསུམ་རི་དྭགས་གཟུགས་མཛེས་ལེགས་བཤད་འོད་ཟེར་དུ་མ་རབ་འཕྲོ་བ། །ཉོན་མོངས་ཚ་གདུང་ཞིར་ཞི་སྐལ་ལྡན་བློའི་ཀུ་མུད་འཛུམ་མཛད་པའི། ཡོངས་འཛིན་དམ་པ་འོད་དཀར་དབང་པོ་གང་དེ་ཀུན་ཏུ་རྒྱལ་གྱུར་ཅིག །གང་གི་ཤེས་རབ་ཉི་མའི་འོད་ཟེར་གྱིས། །མ་རིག་མུན་པའི་ཚོགས་ཀུན་ལེགས་བཅོམ་ནས། །བྱང་ཆུབ་ཆེན་པོའི་གོ་འཕང་ལྷུར་ལེན་པ། །རས་པ་དཀར་པོའི་ཞབས་པད་སྤྱི་བོས་ལེན། །བྱང་ཆུབ་སེམས་ཀྱི་སྤྲིན་ཕུང་མཁའ་ལ་འཁྲིགས། །ཐེག་ཆེན་ཆོས་ཀྱི་ཆུ་རྒྱུན་རབ་གཡོས་པས། །གདུལ་བྱའི་དགའ་སྟོན་དུ་མ་བྱུང་བའི་དཔལ། །སྤྲིན་སྤྲུ་ལུས་མེད་རྡོ་རྗེ་དེ་ལ་འདུད། །ཚུལ་ཁྲིམས་གངས་རིའི་ངོས་ལ་ལེགས་གནས་ཤིང་། །ཡོན་ཏན་དུ་མའི་རལ་པའི་ཁྲུར་གྱིས་བརྗིད། །ལུང་རིག་མཆེ་ལྡེར་རྒྱས་པའི་སེང་གེ་གང་། །རྒྱལ་སྲས་ལྷ་པའི་ཞབས་ལ་གུས་པས་འདུད། །ཚུལ་ཁྲིམས་རྣམ་པར་དག་པ་བསྙོའི་ཚལ། །ཡེ་ཤེས་ཟེར་གྱིས་ཕྱེ་ལས་བྱུང་བ་ཡི། །སྟོང་ཉིད་སྙིང་རྗེའི་སྐལ་ལྡན་བུང་བ་ལ། །དགའ་སྟོན་སྤྱོལ་མཛད་སློབ་དཔོན་ཕྱུག་རྒྱལ་ཞེས། །དམ་པ་རྣམས་ཀྱི་རྣམ་ཐར་ཡང་། །ཡང་དག་འགྲོ་ལ་ཕན་བྱེད་གང་། །གང་གིས་ལེགས་པར་བསྒྲུལ་བ་འདི། །འདི་ན་ཆ་ཙམ་བཤད་པར་བྱ། །

འདིར་ཆོས་རྗེ་དྭགས་པོ་རིན་པོ་ཆེའི་བརྒྱུད་པ་འཛིན་པའི་སྲས་བཞིའི་ཡ་གྱལ་གཅིག་ནི་དཔལ་ལྡན་ཆེན་པོ་འབའ་རོམ་པ་ཡིན། འབའ་རོམ་དར་མ་དབང་ཕྱུག་གི་སྐུ་འཁྲུངས་པའི་ཡུལ་ནི་འཕན་ཡུལ་ལུང་། གདུང་ནི་བྲན་ཀ ཡབ་གནས་བརྟན་སྟོན་པ། ཡུམ་ལོ་ཆུང་མ་གཉིས་ཀྱི་སྲས་སུ་མེ་ལུག་ལ་འཁྲུངས། དགུང་ལོ་བདུན་པའི་དུས་སུ་མཁའ་འགྲོ་མས་རྒྱུད་བསྐུལ་བ་དང་བཅས་དྭགས་པོ་རིན་པོ་ཆེ་དང་མཇལ་འདོད་པ་བྱུང་། དགུང་ལོ་བརྒྱད་ནས་མཁན་པོ་ཀ་བ་དང་། སློབ་

དཔོན་དབང་ཕྱུག་གཞོན་ནུ་གཉིས་ཟུང་ལ་རབ་ཏུ་བྱུང་། མཚན་དར་མ་དབང་ཕྱུག་ཏུ་གསོལ། སློབ་དཔོན་དབང་ཕྱུག་གཞོན་ནུས་ཆོས་སྐྱོང་ཕྱག་བཞི་པའི་གཏོར་དབང་མཛད་པས། ཞལ་ནས་ཆོས་སྐྱོང་ཀྱང་ཁྱོད་ཀྱི་ལུས་དང་གྲིབ་བཞིན་འགྲོགས་པ་དང་སྙན་གྲགས་ཀྱང་ཆེན་པོ་ཡོང་བར་གདའ་གསུངས། དེ་ནས་སྤྲུལ་པའི་རྣལ་འབྱོར་པ་གཅིག་གི་དྭགས་པོ་རིན་པོ་ཆེ་སངས་རྒྱས་འཇིག་རྟེན་དུ་བྱོན་པ་ཡིན་ཞེས་པ་ལ་སོགས་བསྔགས་བརྗོད་དུ་མ་མཛད་ནས་སྙམ་པོར་ཕྲིན་དེ་མི་སྣང་བར་སོང་ངོ་། །

ཆོས་རྗེ་རིན་པོ་ཆེ་དང་མཇལ། ཇ་དང་གསེར་ཡོད་པ་ཕུལ། ཚེ་འདིར་སངས་རྒྱས་པའི་ཆོས་གཅིག་ཐུགས་ལ་འདོག་པར་ཞུས་པས། དེ་གཙུག་བྱ་ཡི་གསུངས། རྒྱུན་དུ་ཆོས་རྗེ་རིན་པོ་ཆེའི་ཞབས་ཁ་བ་མཛད། རིན་པོ་ཆེ་ཞབས་པས་བསྐྱོད་པར་ས་ལ་མ་ལྷུང་བར་རྩལ་གྱིས་བར་སྣང་ནས་བླངས་བར་མཛད་པ་སོགས་སྐུ་སྲོག་གི་བར་ཆད་ཆེན་པོ་བཞི་བསལ། མོས་གུས་ལ་རྒྱུན་ཆད་མེད། ཆོས་རྗེ་རིན་པོ་ཆེས་ཁྱོད་ལ་ཁྲིད་འདེབས་ཀྱིས་གསུངས་ནས་རྟེན་འབྲེལ་མཛད་པ་ཙམ་གྱིས་ཉིན་མཚན་དབྱེར་མེད་ཀྱི་རྒྱུ་ལུས་འབྱོངས། ཅིག་ཅར་དུ་བྱིན་རླབས་ཞུགས། རྐྱེན་ངན་གྲོགས་སུ་ཤར། སྣང་སེམས་གཉིས་མེད་ཆོས་སྐུར་གསལ་བ་བྱུང་། སྒོམ་བྱ་སྒོམ་བྱེད་དང་བྲལ། རྟོག་པའི་གདེང་དང་ལྡན། གཞུག་མ་ལྷན་ཅིག་སྐྱེས། གཞན་དོན་ལྷུན་གྱིས་གྲུབ་བརྟས་མཚོན་དུ་མེད་པའི་རྟོག་པ་བཤར་མ་ཞིག་ཤར་བས། རྟོག་པ་འདི་ལྷ་བུ་ཤར་ཞུས་པ་ལ་རིན་པོ་ཆེ་ཉིད་ཀྱི་ཞལ་ནས་དེ་ག་ཡིན་ནོ་གསུངས་ཤིང་སླར་ངོ་སྤྲོད་རྒྱས་པ་ཞིག་གནང་མཛད། རྗེ་མི་ལ་དང་མཁའ་འགྲོ་མས་ལུང་བསྟན་པ་བཞིན་རྡོ་རྗེའི་མགུར་དཔག་ཏུ་མེད་པ་མཛད། ཚོགས་ཀྱི་འཁོར་ལོ་མཛད་པའི་སྐབས་སུ། ཆོས་རྗེ་རིན་པོ་ཆེའི་ཞལ་ནས་སྒོམ་ཆེན་པ་བྱ་བ་ལ་ཉམས་མྱོང་ནང་ནས་ཤར་བའི་མགུར་དགོས་པས། ཁྱོད་ཀྱི་གྲེ་བ་འདི་རྫོགས་པའི་སངས་རྒྱས་རྗེ་མི་ལའི་མགུར་དབྱངས་དང་འདྲ་བར་འདུག་པས། རྟོགས་པ་དོན་གྱི་མགུར་ཞིག་མཛོད་དང་གསུངས་ནས་མགུར་ཕུལ་བས། རྗེ་བཙུན་རིན་པོ་ཆེ་རྫོགས་པའི་སངས་རྒྱས་བཞད་པ་རྡོ་རྗེའི་མགུར་དང་འདྲ་བར་འདུག་གསུངས་ཤིང་། ཕྱག་ཐལ་མོ་དབུ་མདུད་དུ་སྦྱར་ནས་སྤྱན་ཆབ་ཀྱང་བསིལ་མཛད། ཉིན་གཅིག་རིན་པོ་ཆེའི་ཞལ་ནས། ང་རང་གི་དཔེ་ཁུག་ཁྱེར་ལ་ཤོག །དཔེ་ཆ་ཡོད་ཚད་ཁྱོད་ལ་སྟེར་དང་བྱང་འབའ་རོམ་ཞེས་བྱ་བ་མར་པའི་སྒྲུབ་གནས་ཏི་སེའི་གངས་རྒྱུད་མ་ཆད་པའི་གནོད་སྦྱིན་གངས་བ་བཟང་པོའི་གནས་དེར་སོང་ལ་བསྒྲུབ་པ་གྱིས་དང་

གདུལ་བྱ་ཡོད་གསུངས་ཕྱག་དཔེ་དང་གསེར་སྲང་གང་གནང་བས། འབའ་རོམ་པས། རང་སེམས་བླ་མར་ཤར་ཙམ་ན། །ཡིག་ནག་དཔེ་ཆས་དགོས་པ་མེད། །ཅེས་སོགས་དགོས་མེད་ཞེར་གཉིས་ཀྱི་མགུར་ཕུལ་ཞིང་གཞན་དོན་བྱེད་བསམ་མེད་པས། ཕྱག་དཔེ་གནང་གྲུབ་མི་དགོས། གསེར་ཀྱང་ཡར་འབུལ་ལགས། རིན་པོ་ཆེ་ཉིད་སྐུ་མ་གཤེགས་བར་དུ་ཞབས་ཏོག་བསྒྲུབ་ཞུས་པས། སྐུ་ཤིན་ཏུ་མཉེས་ནས་ཁྱོད་ལ་གསེར་འབུལ་མཁན་མང་པོ་ཕྱི་ནས་ཡོངས་གསུངས། དེ་ནས་ཞག་པོ་སུམ་ཅུ་སོ་གཉིས་ནས་ཆོས་རྗེ་རིན་པོ་ཆེ་སྐུ་མྱ་ངན་ལས་འདའ་བའི་ཚུལ་བསྟན་མཛད། ཞུགས་སུ་ཕུལ་བ་དང་གདུང་འབུམ་གྲུབ་པར་མཛད།

དེ་ནས་འབའ་རོམ་དུ་བྱོན་ནས་ལོ་བཅུ་གཉིས་ལ་བསྐྱབས་པ་རྩེ་གཅིག་ཏུ་མཛད། གནོད་སྦྱིན་རྣམས་ཀྱིས་ཆོས་ཞུ་བ་དང་སྒྲུབ་རྒྱུག་ཕུལ་བར་བྱས། ལྷ་འདྲེ་རྣམས་འཁྲུགས་པའི་སྨྱུམ་མཛད་དེ་ཁམས་སུ་ཕེབས་ལམ་ཏ་རི་སྣར་མགུར་དང་གར་མཛད་པས་རྫོ་ལ་ཞབས་རྗེས་ཀྱང་བྱོན། རྩེ་རྒྱུད་ཀོ་མཛོ་བྲག་ལ་ལོ་མང་དུ་བཞུགས། གྲུབ་ཆེན་བརྒྱད་ཅུ་ཞལ་གཟིགས། ཐུགས་དམ་ལ་བོགས་ཤིན་ཏུ་ཆེ། འགྲོ་རྣམས་སྨིན་གྲོལ་ལ་བཀོད། ཁམས་ནས་ཡར་ཕེབས། འབའ་རོམ་དུ་ལོ་བཅུ་གསུམ་ལ་འཚོགས་པ་བསྐྱངས། ཉིན་གཅིག་བྲག་དམར་རྫོང་གི་མགོར་ནམ་མཁར་ལ་བླ་མ་འབའ་རོམ་པ་སྐུ་སྟེར་བས་གཟི་བརྗིད་འོད་དུ་འབར་བ་དབུ་ལ་རྨ་བྱའི་གདུགས་འཁོར་བ་ཐམས་ཅད་ཀྱིས་མཐོང་། གཟིམ་དཀྱིལ་ནའང་གཅིག་བཞུགས་པ་སོགས་རྫུ་འཕྲུལ་མཛད། གཞན་ཡང་སྟོན་འཁོར་རྣམས་ཀྱི་དག་སྣང་ལ། ཐུབ་པའི་སྐུ་དང་། རྡོ་རྗེ་འཆང་དང་། འཁོར་ལོ་བདེ་མཆོག །རྡོ་རྗེ་རྣལ་འབྱོར་མ་སོགས། བཀའ་ཆོས་འཆད་པའི་དུས་སུ་སྐུ་ཡི་བཀོད་པ་མི་འདྲ་བ་དུ་མ་དང་། འབར་བ་དང་། སྐུ་མི་སྣང་ཞིང་གསུང་འབྱོན་པ་སོགས་རྫུ་འཕྲུལ་བཀོད་པ་བསམ་ལས་འདས་སོ། །སྐྱོ་དུ་སྐམ་བྲག་ལ་ཕྱག་ལཔར་བཙུགས་པས་ཆུ་རྒྱུན་བཙོལ། བདེ་མཆོག་ལྷ་དྲུག་ཅུ་རྩ་གཉིས་ཞལ་གཟིགས་བསྟོད་པ་ལྷ་བབས་ཚངས་པའི་དབྱངས་ཞེས་བྱ་བ་མཛད། སྐུའི་ཡོན་ཏན་ལ་ཕྱག་ཞབས་འཁོར་ལོའི་བརྒྱན་པ། ཐུགས་ཀར་དཔལ་གྱི་བེའུ་ཤིན་ཏུ་གསལ་བ། ཕྱག་གཡོན་པའི་སྲིན་ལག་གི་རྩ་བར་ཧཱུྃ་སྦྱུ་ཤད་ཙམ་སོགས་ཀུན་གྱིས་མཐོང་བར་ཡོད་པ་སོགས་ཡོན་ཏན་མཐའ་ཡས་སོ། །དགོངས་ལོ་བདུན་ཅུ་རྩ་བདུན་གྱི་བར་དུ་འགྲོ་དོན་དཔག་མེད་མཛད་ནས་རྟགས་འཛིན་ཅན་རྣམས་མི་རྟག་རྒྱུད་ལ་སྐྱེ་ཕྱིར་ཞག་ལྔ་དྲུག་ཙམ་དུ་བསྟུང་ཚུལ་གནང་ནས། འདུས་པའི་ཚོགས་རྣམས་ལ་ཞལ་ཏ་ཞིབ་ཏུ་གནང་

ཞིང་། ས་རི་ཟླ་བའི་ཆོས་གཉིས་ཀྱི་ནུབ་མོ་སྐུ་མྱ་ངན་ལས་འདས། ཆོས་བཅུ་ལ་ཞུགས་སུ་ཕུལ། ངོ་མཚར་བའི་ལྟས་མང་དུ་བྱུང་། སྒྲོལ་མའི་སྐུ་ལ་སོགས་རིང་བསྲེལ་ཡང་མཐའ་ཡས་པ་དཔག་མེད་བྱོན། མཛད་ཆོས་ཀྱང་བདེ་མཆོག་དང་ཕག་མོའི་སྒྲུབ་བསྐོར། ཆོས་དྲུག་གི་ཁྲིད་རྒྱས་པ། གནང་ཆོས་བཅུ་གསུམ། བསྐྱོད་ཚོགས་ཞལ་གདམས་སྐོར་དང་རྡོ་རྗེའི་མགུར་སོགས་མང་དུ་མཛད། སློབ་མ་ཡང་དུ་མ་བྱོན་པའི་ནང་ནས། བུ་ཆེན་བཞི་ནི། རྩེ་ཁྲིམ་དབང་ཕྱུག་སེང་གེ་བྲན་ཀ་རྡོ་བརྩོན་ནམ་མཁའ། བླ་མ་ལྷོ་པ། སྟོན་པ་རིན་ཆེན་བླ་མ་དང་བཞི། ཉེ་བའི་སྲས་བཞི་ནི། བྲན་ཀ་ལྷ་སྟོན་པ། གཞོན་ནུ་གྲགས། ཁྲིམ་སེ་ཨུཏྟ་དེ་ཝ། ལྷ་རྗེ་བློ་གྲོས་མཆོག་དང་བཞི། ཐུགས་སྲས་བཞི་ནི། འབྲི་གུང་པ་རིན་ཆེན་དཔལ། བླ་མ་ཉེན་སྒོམ་པ། བླ་མ་དཔལ་རྒྱལ། སེ་དྒེ་རྒྱལ་མཚན་དང་བཞི། རྒྱུད་འཛིན་གྱི་སྲས་གཉིས་ནི། རིག་དབོན་ཤེས་རབ་དབང་ཕྱུག །འགྲོ་མགོན་ཏི་ཤྲཱི་ཤེས་རབ་སེ་དྒེ་དང་གཉིས་ལ་སོགས་པ་བགྲང་གིས་མི་ལང་བ་མང་དུ་བྱོན་ནོ། །

དེའི་སློབ་མ་རྣམས་ཀྱི་ནང་ནས་མཆོག་ཏུ་གྱུར་ཅིང་བརྒྱུད་འཛིན་དམ་པ་ནི་འགྲོ་བའི་མགོན་པོ་ཏི་ཤྲཱི་རས་པ་བྱ་བ་ལགས། དེ་ཡང་འདམ་ཤོད་དུ་སྐུ་འཁྲུངས་ཤིང་། ཤར་མི་ཉག་རྒྱལ་པོའི་ཡུལ་དུ་གདུལ་བྱ་སད། བྱང་སྐྱོ་ལྡག་ན་སེར་གྱི་གོང་བ་ན་འཆག་གིས་བཅགས་ཏེ། འབའ་རོམ་བཀའ་བརྒྱུད་ཀྱི་བསྟན་པ་དར་བར་མཛད། དེ་ལ་དྲིན་ཐོབ་ཀྱི་བླ་མ་ལྔ་ཡོད་པ་ནི། སེམས་ཉིད་ཡིད་བཞིན་ནོར་བུ་རིན་པོ་ཆེ་ངོ་འཕྲོད་པ་དེ་འབའ་རོམ་པ་རིན་པོ་ཆེའི་བཀའ་དྲིན། ལྟ་བ་ནམ་མཁའ་ལ་མདུང་སྐོར་འདྲ་བ་གཅིག་ཡོད་པ་དེ་ཞང་རིན་པོ་ཆེའི་བཀའ་དྲིན། གསང་སྔགས་ཀྱི་ཆོས་ལ་རང་བྱིན་ཚུད་པ་གཅིག་ཡོད་པ་དེ་སངས་རྒྱས་སྒོམ་པའི་བཀའ་དྲིན། རྟེན་འབྲེལ་ཕྱོགས་མེད་དུ་བསྒྲིགས་ཤེས་པ་གཅིག་ཡོད་པ་དེ་འབྲི་གུང་པ་རིན་པོ་ཆེའི་བཀའ་དྲིན། མོས་གུས་རྒྱུན་ཆད་མེད་པ་གཅིག་ཡོད་པ་དེ་སྟག་ལུང་པ་རིན་པོ་ཆེའི་བཀའ་དྲིན་ཡིན་གསུངས་ཏེ། དེ་ལྟར་རྩ་བའི་བླ་མ་ལྔ་པོ་སྤྱི་བོར་བསྒོམ་པའི་བརྡའ་ལ་དར་ཞྭ་རྩེ་ལྔ་དབུ་ལ་མནབས་པ་ཡིན་གསུངས། དེ་ཡང་ཞང་ཚལ་པ་ནི་དྭགས་པོ་སྒོམ་ཚུལ་གྱི་མདུན་དུ་རྟོགས་པ་འཁྲུངས་ཤིང་གྲུབ་ཐོབ་མར་ཡེར་པ་ཡང་རྩ་བའི་བླ་མར་འཛིན་ནོ། ཁྱད་པར་དུ་རྒྱ་གར་གྱི་མཁས་པ་ཨ་བྷྱ་ཀ་ར་དང་། ཙྪ་མི་ལོ་ཙྪ་གཉིས་ཀྱི་སློབ་མ་དཔལ་ཆེན་རྒ་ལོ་ལས་དེ་དག་གི་ཆོས་སྐོར་ཐམས་ཅད་གསན་སྟེ། ལག་ལེན་གྱི་ཆོས་སྐོར་ལ་སོགས་ཕལ་ཆེར་ཏི་ཤྲཱི་ལ་ཡང་དེ་ནས་བརྒྱུད་པ་ཡིན། རྗེ་བཙུན་ཆེན་པོའི་སློབ་མ་འབྲི་སྒོམ་ལ་གྲུབ་ཐོབ་མར་ཡེལ་པ་ཐུག་ཅིང་། དེའི་

བརྒྱུད་འཛིན་དམ་པ་ནི་སངས་རྒྱས་སྒོམ་པའོ། །

ཡང་བདེ་གཤེགས་ཕག་མོ་གྲུབ་པའི་སློབ་མ་འབྲི་སྟག་གཉིས་ཡིན་ཏེ། དེ་དག་གི་ལོ་རྒྱུས་ནི་ཏི་ཤྲཱི་རང་གིས་མཛད་པའི་རྣམ་ཐར་བརྒྱུད་པ་ཡིད་བཞིན་ནོར་བུ་ལས་ཤེས་པར་བྱའོ། །འགྲོ་བའི་མགོན་པོ་ཏི་ཤྲཱི་རས་པ་དེ་ལ་སློབ་མ་མང་དུ་བྱུང་བ་ནི། སྤྱན་སྔ་རས་པ་དཀར་པོ། གུར་དཀར་བ། སྤྱན་སྔ་ཡུལ་སྐྱོང་ཆེན་པོ། བཟང་སྐྱོང་ཆེན་པོ། མང་སྒོམ་རས་པ། རོང་ཀ་དགོན་པའི་མཁན་པོ། སློབ་དཔོན་ཅུང་པོ། ཇོ་སྲས་བྲ་བོ་དབང་། ཐད་ཆུང་སྒོམ་པ། གླིས་ཡས་པའི་དགེ་སློང་གྲག་ཡེ་ལ་སོགས་སྟོད་སྨད་བར་གསུམ་ན་སེམས་ཅན་ལ་ཕན་ཐོག་པ་མང་དུ་བྱུང་སྟེ། རས་པ་དཀར་པོས་མཛད་པའི་རྣམ་ཐར་ཆེན་མོ་ལས་ཤེས་པར་བྱའོ། །

དེ་དག་གི་ནང་ནས་མཆོག་ཏུ་གྱུར་ཅིང་བརྒྱུད་འཛིན་དམ་པ་ནི་སྤྱན་སྔ་རས་པ་དཀར་པོ་ཡིན་ཞིང་། གདུང་རུས་ནི་མེ་ཉག་འགའ་ཡིན་པས། དེ་ཡང་སྐྱེ་བ་དཔག་ཏུ་མེད་པའི་གོང་ནས་ཚོགས་བསགས་ཤིང་སྨོན་ལམ་གྱི་འབྲེལ་པ་ཡོད་པའི་དབང་གིས་བླ་མ་རིན་པོ་ཆེ་དང་མཇལ་བའི་དུས་སུ། ཐུན་མོང་མ་ཡིན་པའི་དད་པ་སྐྱེས་ནས་དེ་ར་ད་བདག་དལ་འབྱོར་གྱི་མི་ལུས་རྣམ་པར་དག་པ་ནི་ཐོབ། སངས་རྒྱས་ཀྱི་བསྟན་པ་རིན་པོ་ཆེ་དར་བའི་དུས་སུ་ནི་འཕྲད། བླ་མ་དུས་གསུམ་གྱི་སངས་རྒྱས་འདི་ལྟ་བུ་དང་མཇལ་བ་ན། དམ་པའི་ཆོས་གཅིག་མ་བྱས་ན་མི་ཚེ་སྟོང་ཟད་ལ་བཏང་ན་དགོས་པ་ཅི་ཡང་མེད། སྤྱིར་འདུས་བྱས་ཐམས་ཅད་མི་རྟག་ཅིང་། ཁྱད་པར་དུ་སྙིགས་མ་ལྔ་བདོ་བའི་དུས་སུ་མི་རྣམས་ལ། ནམ་འཆི་ཆ་མེད་ཅིང་འཆི་བའི་རྐྱེན་ལ་ཡང་བསམ་གྱིས་མི་ཁྱབ་ཤི་ནས་ངན་སོང་དུ་སྐྱེས་ན་ནི་ཐར་པ་ཐོབ་པའི་དུས་མེད་པས། གལ་ཏེ་ལྷ་མིའི་ལུས་ཙམ་གཅིག་ཐོབ་ན་ཡང་ཆོས་བྱེད་པའི་སྐལ་པ་དང་ཨེ་འཕྲད་ངེས་པ་མེད་པས། ད་ནི་བདག་ཀྱང་བླ་མ་དམ་པ་འདིའི་དྲུང་དུ་སྡོད་ཅིང་ལུས་དང་གྲིབ་མའི་ཚུལ་དུ་མི་འབྲལ་བར་བསྟེན་ནས་དམ་པའི་ཆོས་གཅིག་རང་བྱེད་དགོས་སྙམ་པའི་ཐུགས་ཐག་བཅད་དེ། དེ་ཉིད་དུ་བླ་མ་ཏི་ཤྲཱིའི་མདུན་དུ་རབ་ཏུ་བྱུང་ཞིང་མཁན་སློབ་གྲྭ་ཚང་བའི་དབུས་སུ་བསྙེན་པར་ཡང་རྫོགས་ཏེ་མཚན་ཤེས་རབ་བྱང་ཆུབ་བྱ་བར་བཏགས། འདུལ་བའི་བསླབ་བྱ་ལ་སོགས་སློབ་གཉེར་ཡང་མང་དུ་མཛད་དེ། ད་ནི་ཡང་གསང་སྔགས་ཀྱི་སྒོར་འཇུག་ནས་སྒྲུབ་པ་ཉམས་སུ་ལེན་དགོས་དགོངས་ཏེ། གསང་སྔགས་ཀྱི་དབང་བསྐུར་མང་དུ་ཞུས་ནས་རྒྱུད་སྨིན་པར་མཛད་དེ། དེ་དག་གི་དམ་ཚིག་ལ་སོགས་སྒོམ་པའི་ཆོས་སྐོར་ཡང་མང་དུ་ཉན་ནས་རྒྱུད་དང་

གདམས་ངག་ཡང་མང་དུ་གསན། དེ་ནས་ཐབས་ལམ་གཏུམ་མོ་དང་། ཕྱག་རྒྱ་ཆེན་པོ་ལ་སོགས་ཁྲིད་ཀྱི་རིམ་པ་རྣམས་གསན་ཏེ། རྩེ་གཅིག་ཏུ་སྒོམ་པས་ཡོན་ཏན་དཔག་ཏུ་མེད་པ་ཐུགས་ལ་འཁྲུངས་ཤིང་། ཁྱད་པར་དུ་ཡང་རྩ་ཐིག་རླུང་གསུམ་ལ་གནད་དུ་བསྣུན་ཞིང་གཙུན་པས་བྱང་སེམས་དཀར་པོ་ཡར་དྲོངས་ཤིང་སྐུ་ལུས་ལ་ཁྲིམས་པས། ཞལ་རས་བཅོ་ལྔའི་ཟླ་བ་ཉ་རྒྱས་པ་བཞིན་དུ་དཀར་ལ་དྭངས་ཤིང་དང་ལམ་མེ་གསལ་བར་ཡོད་པའི་དོན་གྱིས་རས་པ་དཀར་པོ་ཞེས་བྱ་བར་ཡོངས་སུ་གྲགས་པ་ཡིན་ནོ། །

དེ་ཡང་སྒོ་ལྷག་ལ་ཁ་ནས་ཡར་འབྲོན་པའི་དུས་སུ་ཆོས་བཅོ་ལྔའི་ཟླ་བ་ལ་ཁར་ཐོན་པ་བཞིན་དུ་ངང་རྒྱངས་སེ་འོང་བའི་གཟི་མདངས་ཡོད་པ་ཡིན་ཟེར་བའི་ལོ་རྒྱུས་ཡོད་པར་གདའ། དེ་ནས་བླ་མ་དམ་པ་མྱ་ངན་ལས་འདས་པའི་གཤེགས་རྫོང་ལ་སོགས་ཕྱི་ནང་རྟེན་གསུམ་གྱི་རིམ་པ་རྣམས་གྲུབ་པར་མཛད་ཅིང་། སྐུ་འབུམ་གྱི་མཆོད་རྟེན་ཆེན་མོ་དེ་བཞེངས་པའི་རྩ་རར་སྣར་པ་བསྟོད་པ་ལ་བརྟེན་ནས། མཁའ་དེལ་བྱ་བའི་དེལ་འབུར་གཅིག་གི་སྟེང་དུ། གཟིམ་ཁང་ནང་སོ་ཆེན་མོ་བརྩིགས་ཤིང་། དགོན་པ་དེར་བཏབ་པས་དགོན་པའི་མིང་ཡང་སྐུ་འབུམ་རྩ་ཞེས་གྲགས་སོ། །

དེ་ནས་སེ་ཆེན་རྒྱལ་པོ་ལ་རྒྱལ་བུ་གོ་བེ་ལར་གྲགས་པའི་དུས་སུ་མདོ་སྨད་དུ་ཕེབས་པ་ལ། རས་པ་དཀར་པོ་དང་གུང་སྒོམ་ཨ་འུ་ལ་སོགས་དཔོན་སློབ་རྣམས་མཇལ་དུ་བྱོན་ཞིང་། སྐུ་འབུམ་ཆེན་མོ་བཞེངས་པའི་དོན་དུ་གཙུག་ལག་ཁང་བཞེངས་པའི་བཀའ་ལུང་ཞུས་པས། གུང་སྒོམ་ཨ་འུ་གནས་དྲུག་ཁྲི་སྐོར་གྱི་དཔོན་དུ་བསྐོས་ཞིང་གཙུག་ལག་ཁང་བཞེངས་པའི་བཀའ་ལུང་གནང་། གཞན་ཡང་གོས་དར་གསེར་དངུལ་ལ་སོགས་པའི་གནང་སྦྱིན་ཆེན་པོ་མཛད། ཡར་བྱོན་ནས་གནས་དྲུག་པ་མདའ་ཞབས་སུ་བསྡུས་ཤིང་བླ་མ་དམ་པའི་ཐུགས་ཀྱི་དགོངས་པ་དང་སངས་རྒྱས་ཀྱི་བསྟན་པ་དར་བའི་ཆེད་དུ། ལྷ་ཁང་ཆེན་མོ་ནང་ག་བ་ཉི་ཤུ་རྩ་ལྔ། ཕྱིའི་ཁྱམས་ཆེན་སྐོར་ལམ་དང་བཅས་པ། རྒྱ་ཕིབས་སུ་བཞེངས། དེ་ནས་དགོན་པ་ལ་སོགས་ཀྱི་བདག་རྐྱེན་མཛད་ཅིང་གདུལ་བྱ་རྣམས་སྨིན་གྲོལ་གྱི་ལམ་དུ་བཀོད་དོ། །

དགུང་ལོ་དྲུག་ཅུ་རེ་ལྔ་བཞེས་པའི་དུས་སུ། ཧོའི་ཟླ་བའི་ཚེས་བཅོ་བརྒྱད་ལ་སྤྲུལ་སྐུའི་དཀྱིལ་འཁོར་མི་རྟག་པའི་ཚུལ་བསྟན་ཞིང་སྐུ་གདུང་རིང་བསྲེལ་གྱི་ཕུང་པོར་གྱུར། དེ་ནས་གཤེགས་རྫོང་གི་རིམ་པ་རྣམས་གྲུབ་པར་བྱས་ཤིང་། ཕྱི་ནང་གི་རྟེན་གསུམ་དང་སྐུ་འབུམ་གྱི་མཆོད་རྟེན། ལྷ་ཁང་

གསར་མ་དང་བཅས་པ་ལེགས་པར་བཞེངས་པ་སྟེ། གདུལ་བྱ་རྣམས་ཀྱང་ཚོགས་བསགས་པ་ཡིན། དེ་ལྟ་བུའི་བླ་མ་དེ་ལ་སློབ་མ་མང་དུ་བྱུང་བ་ནི། སྤྱན་སྔ་ལུས་མེད་རྡོ་རྗེ། མཁས་པ་བྱང་ཆུབ་རྡོ་རྗེ། དཔལ་རྡོར་ཤེས་རབ་ཡེ་ཤེས། སྤྱན་སྔ་བྱང་ཆུབ་མགོན་པོ། སྒོམ་པ་ཨའུ ཤེས་རབ་དཀོན་མཆོག ། ལྷ་ཤག་རྒྱལ་བ་སོགས་མང་དུ་བྱུང་ངོ་། །

སྤྱན་སྔ་གུར་དཀར་བ་ནི་གདུང་རུས་བམ་རི་གཟིང་བ་ཡིན་ཞིང་། མདོ་སྨད་ཀྱི་ཕ་བོང་གུར་དཀར་ཞེས་བྱ་བའི་ས་ཆ་ན་སྐུ་འཁྲུངས་པས། ཡུལ་གྱི་མིང་མཚན་ལ་ཐོག་པས་གུར་དཀར་ཞེས་པའི་མཚན་དུ་འདྲེན་པ་བྱུང་ངོ་། །དེ་ཡང་བླ་མ་ཏི་ཤྲཱིའི་མདུན་དུ་ཆུང་ངུ་ནས་རབ་ཏུ་བྱུང་ཞིང་མཚན་ཤེས་རབ་རྡོ་རྗེ་བྱ་བར་བཏགས། ཆོས་ཕྱི་ནང་གསང་གསུམ་ཐམས་ཅད་ཞུས་ནས་སྒྲོ་འདོགས་ཆོད་པར་མཛད། རས་གུར་གཉིས་ཟེར་ནས་མཚན་མཉམ་པོར་འདྲེན་པའི་བུ་ཆེན་དམ་པ་ཡིན་ཡང་དུས་ཕྱིས་དམུ་ཆུའི་བསྟུང་གཞི་དྲག་པོ་གཅིག་བྱུང་བས་ཁམས་གཞི་ཡིན་དགོངས་ཏེ། དབུས་གཙང་དུ་འབྱོན་པའི་ལམ་མགོ་རུ་པའི་ཁེ་ནང་དུ་བསྐྱུག་ནས་བཞུགས་པའི་ཚེ། རས་པ་དཀར་པོ་བྱོན་ནས་བཤོལ་བས། ང་ཡི་ལུས་ལ་ནད་གདུག་པ་ཅན་འདི་ལྟ་བུ་བྱུང་བས། བླ་མ་སྤྲུལ་པའི་སྐུ་དེ་མ་བཞུགས་ཕྱིན་ཆད་འདི་ཕྱོགས་སུ་སེལ་ནུས་པ་ནི་མེད། དེར་རེ་ཞིག་དབུས་གཙང་དུ་སོང་ན་འདི་སེལ་ནུས་པ་ཡོད་དམ་སྙམ་པ་ཡིན་གསུངས་པས། རས་པ་དཀར་པོའི་ཞལ་ནས་བླ་མ་རིན་པོ་ཆེ་མི་བཞུགས་ཀྱང་དེའི་གདམས་པ་ཟབ་མོ་རྣམས་ངེད་རང་ལ་བདོག་པས། འདི་སེལ་བ་ལ་དཀའ་བ་མ་ཡིན་གསུངས་ཤིང་གཟར་དཀར་པོ་གཅིག་གི་སྟེང་དུ་བཞུགས་སུ་བཅོལ་ནས། རྟེན་འབྲེལ་དང་བྱིན་རླབས་མང་དུ་མཛད་ཅིང་། འཁྲུལ་འཁོར་དང་དམིགས་པ་བསྟན་ནས་འཁྲུལ་འཁོར་མཛད་པས། དམུ་ཆུའི་ནད་ཐམས་ཅད་བ་སྤུའི་བུ་ག་ནས་ཅི་ལི་ལི་ཐོན་ཏེ། དེ་ཉིད་དུ་ཕན་པར་གྱུར། དེ་ལ་འགའ་ཞིག་གིས། སྒོམ་སྡེའི་བླ་མ་གུར་དཀར་བ། །ལྷ་སར་བྱོན་ཙ་ཁེ་སར་ཕེབས། །རྫོ་བོ་མ་མཐོང་གོ་བོ་མཐོང་། །བསྟུང་གཞི་རས་པ་དཀར་པོས་བསལ། །ཟེར་བའི་ཁ་མཚར་བྱེད་པ་ཡང་བྱུང་སྐད། དེ་ནས་ཕྱིར་དགོན་ཐོག་ཏུ་ཕེབས་ཏེ། དད་པ་ཐུན་མོང་མ་ཡིན་པ་སྐྱེས་པའི་སྒོ་ནས་ཆོས་ཕྱི་ནང་གསང་གསུམ་ཐམས་ཅད་གསན་ཅིང་རྗེ་བའི་བླ་མར་མཛད་པ་ཡིན་གུར་དཀར་བའི་སློབ་མ་ཨ་རོམ་སངས་རྒྱས་ཡེ་ཤེས་ཡིན་ཞིང་། དེའི་རུས་དབོན་ཤེས་རབ་བླུ་དང་རིན་ཆེན་བླུ་ལ་སོགས་ཏེ། དེ་དག་རྩོད་མེད་ཀྱི་ཐུགས་པ་དབང་ཐོབ་ཡིན་ཞིང་། དེ་ནས་བརྒྱུད་པ་རྣམས་ལ་ནང་ཆེན་པའི་ཐུགས་པའི་རིམ་པ་རྣམས

བྱུང་ངོ། །

མང་སྒོམ་རས་པས་ཡང་མདའ་དཀར་ཤར་གླིང་ཆེན་མོའི་ནང་དུ་རས་པ་དཀར་པོ་གདན་དྲངས་ཤིང་ཆོས་ཀྱི་གསུང་གླེང་མཛད་པས་དགྱེས་ཤིང་དད་དེ་གདམས་པ་ཐམས་ཅད་ཞུས་ནས་རྩ་བའི་བླ་མར་བཟུང་ངོ། །མཁས་པ་བྱང་ཆུབ་རྡོ་རྗེ་ཆུང་ངུའི་དུས་ནས་རས་པ་དཀར་པོའི་མདུན་དུ་རབ་ཏུ་བྱུང་ཞིང་མཚན་བྱང་ཆུབ་རྡོ་རྗེ་བྱ་བར་བཏགས། དབང་བསྐུར་ཞིང་གདམས་པ་རྣམས་རྫོགས་པར་ཞུས་པས་ཡོན་ཏན་གྱི་སྒོ་དུ་མ་དང་ལྡན་པར་གྱུར། དེ་ཡང་རེ་ཞིག་གི་ཚེ་མཛོ་པོ་བཅུ་གསུམ་ཁྲིད་ནས་རྐེ་མཛོ་རྡོ་རྗེ་ཐོག་འབེབས་བྱ་བའི་མགོ་ན་བྱོན་ནས་བཞུགས་པ་ལ། ནུབ་གཅིག་རས་པ་དཀར་པོའི་ཨང་རག་གྱོན་པ་གཅིག་གི་སྣ་དྲངས་ཤིང་། མི་མ་ཡིན་མང་པོ་ནམ་མཁའ་ལས་བྱུང་ནས་ཆོ་འཕྲུལ་སྣ་ཚོགས་བསྟན་ཅིང་ཐོག་དང་སེར་བ་ཆེན་པོ་ཕབ་པས་མཛོ་ཕོ་གཅིག་མལ་དུ་བསད། བཅུ་གཉིས་པོར་དེ་ཉིད་ལ་ཕན་པར་གྱུར། དེ་ནས་མོང་སེ་ར་སྣ་བྱ་བར་དགོན་པ་བཏབ་ཅིང་འགྲོ་དོན་ཆེན་པོ་ཡང་མཛད་ཅིང་། དེ་ཡང་མཁས་གྲུབ་ཆེན་པོ་ཡིན་ཏེ་བྱང་དཔལ་རྡོར་གཉིས་ཟེར་ནས་ལུས་མེད་རྡོ་རྗེ་དང་མཚན་མཉམ་པོར་འབོད་པ་བྱུང་ངོ། །དེའི་སྟག་དཔོན་ནི་བསྙེས་པོ་ཤག་ཡེ་སྐྱ་མཆེད་རྣམས་ཡིན་ཞིང་། དེའི་རྒྱུས་དཔོན་སློབ་དཔོན་དྲག་རྡོར་བ་ཡིན་ཏེ། དེ་དག་ཀྱང་ཆོས་སྐྱོང་གཙོ་འཁོར་གྱི་ཞལ་ལན་མང་དུ་མཐོང་ཞིང་ཡོན་ཏན་དུ་མ་དང་ལྡན་ཏེ་དབང་ཐོབ་ཀྱི་སྔགས་པ་ཆེན་པོ་རྩོད་མེད་དུ་གྲགས་པ་ཡིན་ནོ། །དེའི་རྒྱུས་དཔོན་ནི་བདག་ཅག་གི་སློབ་དཔོན་མཉྫ་ལ་ཀིར་ཏི་ཡིན་ཏེ། དེ་དག་ནས་བརྒྱུད་པ་ལ་ཚང་གསར་བ་དང་། སོ་རག་པ་ལ་སོགས་ཀྱི་སྔགས་པ་རྣམས་བྱུང་བ་ཡིན་ནོ། །

དཔལ་རྡོར་ཤེས་རབ་ཡེ་ཤེས་ནི་རས་པ་དཀར་པོའི་དྲུང་དུ་རབ་ཏུ་བྱུང་ཞིང་གདམས་པ་ཐམས་ཅད་རྫོགས་པར་ཞུས་ནས་ཡོན་ཏན་དུ་མ་དང་ལྡན། ཙོང་ཀ་མེ་ཉག་གི་ནང་དང་ཧོར་ཡུལ་དུ་བྱོན་པས་འགྲོ་དོན་དཔག་ཏུ་མེད་པ་བྱུང་ཞིང་རྒྱལ་པོའི་བླ་མཆོད་མཛད་ནས་རས་པ་དཀར་པོའི་སྐུ་འབུམ་གྱི་མཆོད་རྟེན་ལ་གསེར་ཞོག་གསོལ་བ་དང་། དེའི་མདུན་དུ་མཆོད་རྫས་ཀྱི་བྱེ་བྲག་མང་དུ་ཕུལ་ཞིང་། སྤྱན་སྔ་ལུས་མེད་རྡོ་རྗེའི་མདུན་དུ་ཡང་འབུལ་བ་དཔག་ཏུ་མེད་པ་དང་སྐུ་འབུམ་དགོན་དུ་འབུལ་བསྐུལ་ཆེན་པོ་བྱས་ཏེ། སྒོམ་སྟེའི་དར་མོ་ཆེ་བྱ་བ་ཡང་དེའི་དུས་སུ་བྱུང་བ་ཡིན། གུང་སྒོམ་ཨ་འུ་ནི་རྟུས་གྲུང་པ་ཡིན་ཞིང་། རས་པ་དཀར་པོའི་སྐུ་ཚེའི་སྨད་ལ་ཧོར་ཁྲིམས་བོད་ལ་འཛུགས་པའི་དུས་སུ་སྐུ་འབུམ་རྒྱ་ཡི་སྒོམ་པ་མཛད་དེ། དེ་ནས་གནས་དྲུག་ཁྲི་སྐོར་ཡང་ཞབས་སུ་བཙུག་ཅིང་ཁྲི་དཔོན

ཀྱི་ (སྟག་མགོ་ནོར་བུ་གསུམ་པ་སོགས་འདི་དུས་ཡོད) ལས་ཀ་བཟུང་ནས་བསྟན་པའི་ཞབས་ཏོག་མཛད་དོ། །དེའི་དུས་སུ་ལྷ་ནང་རྩལ་གསུམ་བྱ་བ་ཡོད་པའི་ནང་སོ་ནི་རས་པ་དཀར་པོ་ལུས་མེད་རྡོ་རྗེ་ཡབ་སྲས་ཡིན་ཞིང་། རྩལ་པ་ནི་ཤེས་རབ་དཀོན་མཆོག་སྐྱེ། རྡུལ་པ་ནི་མང་རྗེ། རས་པ་དཀར་པོའི་དྲུང་དུ་ཆུང་ངུ་ནས་རབ་ཏུ་བྱུང་བའི་མིང་ཤེས་རབ་དཀོན་མཆོག །

ད་ལྟའི་མེ་རག་སྒང་གི་མལ་དུ་རྩལ་ཁང་ནང་ཆུང་ཆེན་པོ་བྱས་ནས། རྩལ་དུ་དྲན་གྱིས་ནང་ཆུང་བདག་རྐྱེན་བྱས་ནས་ནང་སོ་ཆུང་བ་ཟེར་ཞིང་མིང་ནང་ཆུང་བ་ཐོག །ལྷ་པ་ནི་ཤག་རྒྱལ་སྐྱེ་རྡུལ་གསུམ་པ་འབྲོ་ལྡོག །རས་པ་དཀར་པོའི་དྲུང་དུ་རབ་ཏུ་བྱུང་བའི་མིང་ནི་ཤག་རྒྱལ། དེས་ལྷ་ཁང་ཆེན་མོའི་རྟག་ཏུ་ཁང་པ་ནང་སར་ཆེན་པོ་བྱས་ཤིང་ལྷ་ཁང་གི་བདག་རྐྱེན་མཛད་དོ། །ནང་སོ་སོ་མ་ཟེར་ཞིང་མིང་ནང་སར་བར་གྲགས་སོ། །དེ་ནས་སློམ་སྟེ་ཨཙུ་འདས་པ་དང་། ཤེས་རབ་དཀོན་མཆོག་དང་ལྷ་པ་ཤག་རྒྱལ་གཉིས་གོང་དུ་སོང་ནས་རྒྱལ་པོའི་གསེར་དངུལ་གྱི་ལས་ཀ་བླངས་ཤིང་རྒྱལ་ཁྲིམས་ཀྱི་ཞབས་ཏོག་མཛད་དེ། ཤེས་རབ་དཀོན་མཆོག་གི་དབོན་རྒྱུད་ལ་ནང་ཆུང་གསེར་ཡིག་པ་རྣམས་བྱུང་ཞིང་། ལྷ་ཤག་རྒྱལ་གྱི་གདུང་རྒྱུད་ལ་ནང་སར་པའི་དངུལ་ཡིག་པ་རྣམས་བྱུང་ངོ། །སྨར་ཚང་ཡང་དགོན་གྱི་སློབ་མ་ཞང་སློམ་རས་པ་བྱ་བ་དེ་མཐའ་བཞིའི་སོགས་ཀ་དགོན་ནས་རྫུ་འཕྲུལ་གྱིས་བྱོན་ཏེ། སྐུ་འབུམ་རྩ་རར་དེམ་གོང་དུ་ཕེབས་མཛད་ཅིང་རས་པ་དཀར་པོ་དྲུང་དུ་ཆོས་དྲུག་ཕྱག་ཆེན་ལ་སོགས་ཁྲིད་རྣམས་གསན་ཅིང་། ཏི་ཤྲཱི་ནས་བརྒྱུད་པའི་ཆོས་སྐོར་རྣམས་རྫོགས་པར་ཞུས་ཏེ་རྩ་བའི་བླ་མར་འཛིན་པ་བྱུང་ངོ། །གཟི་རྩ་རས་པ་དེ་ཉིད་ཀྱང་སྟོད་བན་གྱི་གྲྭ་པ་དང་བཅས་པ་གཙོ་ཆེར་རྟེ་ཡོས་སུ་བཞུགས་ཅིང་། དེའི་བུ་ཆེན་ནམ་མཁའ་རས་པ་ཚུར་བྱོན་ནས་རྣ་བ་རོང་གི་རོག་སོག་རྫོང་དུ་དགོན་བཏབ་ཏེ་གྲྭ་པ་བསྐྱངས་པས། གདན་ས་བ་གཞོན་ནུ་རྡོ་རྗེ། མཛོ་མཐའ་རས་པ། སྟག་སྒྲ་རས་པ་ལ་སོགས་བུ་ཆེན་ཡང་མང་དུ་བྱུང་ངོ། །

༄ དེ་རྣམས་ཀྱི་ནང་ནས་མཆོག་ཏུ་གྱུར་པ་ནི་སྤྱན་སྔ་ལུས་མེད་རྡོ་རྗེ་ཡིན་ཏེ། དེ་ཡང་སྐུ་འཁྲུངས་པའི་ཡུལ་ནི་མདོ་ཁམས་མཚོ་སྔོ་མདོའི་ཀོ་ལ་ཐང་ཁར། རུས་ཆེན་ནི་སྣ་ལས་ཚད་པ་ཡིན་ཞིང་། ཡབ་ཀྱི་ལ་དགེ་བཤེས་བྱ་བའི་སྲས་སུ་མེ་མོ་ཕག་གི་ལོ་ལ་སྐུ་འཁྲུངས། སྔོན་གྱི་རིགས་སད་པའི་སྟོབས་ཀྱིས་ཆོས་ལ་ཐུགས་འགྲོ་ཞིང་། ཡི་གེ་ལ་སོགས་སློབ་གཉེར་མང་དུ་མཛད་པ་ཡང་ཐོགས་པ་མེད་པར་མཁྱེན་པ་བྱུང་ངོ། །དེ་ནས་རེ་ཞིག་གི་ཚེ་གནས་དྲུག་ཁྲི་སྐོར་གྱིས་སློམ་སྟེའི་ལྷ་

ཁང་ཆེན་མོ་བརྩིག་པའི་ལས་དཀའ་བ་ལ་སྐྱ་འབུམ་རྩ་ར་ཕེབས་ཏེ། དད་པས་ཀུན་ནས་བསླངས་བའི་ལྷག་པའི་བསམ་པ་རྣམ་པར་དག་པས་ལུས་སྲོག་ལ་ལྟོས་པ་མེད་པར་ལྷ་ཁང་གི་ལས་ལ་འབད་པས། སྡིག་སྒྲིབ་དག་པའི་རྟགས་ཐུན་མོང་མ་ཡིན་པ་བྱུང་ངོ། །

དེ་ནས་རྗེ་ཡི་ཕ་རྟག་གསུམ་ལ་སོགས་པའི་རྩེ་ས་པའི་མི་སྡེ་ཐམས་ཅད་ཀྱིས་བྱང་ཕྱོགས་ཀྱི་ལོགས་དེ་ཁག་ཁུར་བྱས་པ་ཡིན་ཏེ། དེར་ཐམས་ཅད་ཀྱིས་བཙོན་འགྲུས་དྲག་པོའི་སྒོ་ནས་བརྩིགས་པས། གཙུག་ལག་ཁང་ལེགས་པར་གྲུབ་པའི་དུས་སུ་རས་པ་དཀར་པོ་ཆིབས་གོང་དུ་བྱོན་ཞིང་ཚུལ་ཁང་སྟར་བྱ་བར་གནས་དྲུག་པའི་ལས་ཀ་བ་ཐམས་ཅད་ལ་ཁྲིམ་ཆོས་ཆེན་པོ་གསུངས་ནས་ཞབས་དབང་གཤར་བའི་དུས་སུ། རས་པ་དཀར་པོས་སྐྱེ་བ་དཔག་ཏུ་མེད་པའི་གོང་ནས་ཚོགས་བསགས་ཤིང་གདམས་ངག་གི་སྣོད་དུ་རུང་བའི་ལས་ཅན་གྱི་སྐྱེས་བུ་ཁྱད་པར་ཅན་ཡིན་ཏེ། འགྲོ་བའི་དོན་རྒྱ་ཆེན་པོ་འབྱུང་བར་དགོངས་ནས་བུ་ཙ་གོ་འཛོ་བ་ཁྱོད་རང་འདི་ཀ་རང་དུ་སྡོད་ནས་རབ་ཏུ་བྱུང་སྟེ། དམ་པའི་ཆོས་བསྒྲུབ་པར་ནུས་སམ་གསུངས་པས་ལུས་ཐམས་ཅད་སྤྲིད་ཅིལ་གྱིས་སོང་ནས་གདོང་མཆི་མ་འཁྲུགས་ཤིང་དད་པ་ཐུན་མོང་མ་ཡིན་པ་སྐྱེས་ཏེ། བདག་ཅི་ནས་ཀྱང་བླ་མ་དམ་པའི་ཆགས་ཞབས་འདིར་སྡོད་པ་ཡིན་པས་ཐུགས་རྗེས་བཟུང་དུ་གསོལ་ཞེས་ཞུས་པ་ལ། རས་པ་དཀར་པོ་ཡང་ཤིན་ཏུ་ཐུགས་དགྱེས་པར་གྱུར། དེ་ནས་ཁོང་རང་གིས་ཉེ་གཞི་དང་ཁྲིམ་མཚེས་ལ་སོགས་ཕར་བཏང་ཞིང་། ང་འདིར་སྡོད་ནས་དགེ་སྦྱོར་གཅིག་ཨི་འོང་བལྟ། ད་ལྟ་མི་ལུས་ཐོབ་པའི་དུས་འདིར་དགེ་སྦྱོར་གཅིག་མེད་ན། ཕྱི་མ་ཕྱིན་ཆད་ཅི་འདྲའི་ལུས་ལེན་ངེས་པ་མེད་པས། ད་ལན་བླ་མ་དམ་པའི་ཞལ་ནས་སྡོད་གསུངས་ཤིང་ཐུགས་ལ་བཏགས་པར་གདའ་བས། ང་ཅིས་ཀྱང་འདིར་སྡོད་པ་ཡིན་གསུངས་ནས་བཞུགས་སོ། །

དེ་ནས་རས་པ་དཀར་པོ་ཉིད་ཀྱིས་དབུ་མཛད་པའི་མཁན་སློབ་མང་པོའི་མདུན་དུ་རབ་ཏུ་བྱུང་ཞིང་མཚན་བྱང་ཆུབ་དཔལ་བྱ་བར་བཏགས་འདུལ་བ་ལ་སོགས་པའི་བཤད་ཉན་དང་སློབ་གཉེར་ཡང་མང་དུ་མཛད། དེ་ནས་བདེ་དགྱེས་དང་མ་ཧཱ་ཡ་ལ་སོགས་ཀྱི་དབང་བསྐུར་མང་དུ་ཞུས་ཤིང་། གསང་མཚན་མི་བསྐྱོད་རྡོ་རྗེ་བྱ་བར་བཏགས། དེ་དག་གི་དམ་ཚིག་གི་ཆོས་སྐོར་དང་རྒྱུད་འགྲེལ་ལ་སོགས་པ་བཤད་པ་ལ་ཡང་མཁས་པར་མཛད། ཐབས་ལམ་ནཱ་རོ་ཆོས་དྲུག་གྲོལ་ལམ་ཕྱག་རྒྱའི་ཆེན་པོའི་ཁྲིད་གསན་ཅིང་སྒོམ་པས་ཉམས་མྱོང་གི་འཆར་སྒོ་དཔག་ཏུ་མེད་པ་བྱུང་། དེར་རས་པ་དཀར་པོ

དཔོན་སློབ་བཅོ་བརྒྱད་གླིང་སྟོད་ཀྱི་སྐྱིལ་པོ་གཅིག་ཏུ་གདན་དྲངས་ནས། གྲོ་མ་མར་ཁུ་ལ་སོགས་ཞུས་པ་ལ། བྱང་དཔལ་བས་ཁོང་རང་གི་སྣལ་བ་དང་། རིན་པོ་ཆེའི་གསོལ་རས་ཡོན་བདག་གིས་ལྷག་པོར་ཞུས་པ་ལ་སོགས་མར་ཁུ་མང་དུ་གསོལ་བའི་ཚེ། ཉེ་གནས་རྣམས་ཀྱིས་དེ་རིང་བྱང་དཔལ་བས་མར་ཁུ་དེ་ཙམ་གསོལ་བ་མི་འཇུ་ནས་ནད་དུ་འགྲོ་ཉན་ཡོད་བྱས་པ་ལ། བླ་མའི་ཞལ་ནས་ཁོ་བོས་རྩ་ཐིག་རླུང་གསུམ་ལ་གནད་དུ་བསྣུན་ཞིང་སྙིང་རུས་དྲག་པོ་བསྐྱེད་ནས་བསྒོམས་པས། དེ་ཙམ་གྱིས་གནོད་པ་མ་ཡིན་ཏེ། འོན་ཀྱང་ཁྱོད་རང་རྣམས་སོང་ལ་ལྟོས་ཤོག་གསུངས། དེ་ར་སོང་ནས་བལྟས་པས་བྲག་རྩ་གཅིག་ན་སྒོམ་སྟན་གཏིང་བའི་སྟེང་དུ་བཞུགས་ནས་འཁྲུལ་འཁོར་བྱེད་ཅིང་འདུག་པ་ལ། བསྐུའི་བུ་ག་ནས་མར་ཁུ་ཅིལ་ཅིལ་ཕྱིར་ཐོན་པར་འདུག་ཟེར་རོ། །ཡང་དེའི་དུས་སུ་རས་པ་དཀར་པོ་ཉིད་ཀྱིས་མཁན་པོ་མཛད་ཅིང་དགེ་སློང་གི་དགེ་འདུན་མང་པོ་ཚོགས་པའི་དྲུང་དུ་དགེ་སློང་གི་སྡོམ་པ་རྣམ་པར་དག་པ་བླངས་སོ། །

དེ་ནས་ཁྲིད་ཀྱི་རིམ་པ་ལ་སོགས་གདམས་པ་ཐམས་ཅད་རྫོགས་པར་གསན་ཅིང་། ཁྱད་པར་དུ་ཡང་ཕྱག་རྒྱ་ཆེན་པོ་ལ་རྩེ་གཅིག་ཏུ། ཡེངས་པ་མེད་པའི་བརྩོན་འགྲུས་བསྐྱེད་ནས་བསྒོམས་པས། སྣང་སེམས་དབྱེར་མེད་དུ་འདྲེས་མངོན་པར་ཤེས་པ་རྒྱ་ཆེན་པོ་མངའ་བ་ལ་སོགས་པ་ལམ་གྱི་ཡོན་ཏན་དཔག་ཏུ་མེད་པ་ཐུགས་ལ་བལྟམས་ཞིང་། དེ་ཡང་ཉིན་མོ་ཉི་མའི་འོད་ཟེར་དང་། མཚན་མོ་ཟླ་བ་དང་མར་མེའི་འོད་གང་ལ་བྱོན་ཡང་སྐུ་ལུས་ལ་གྲིབ་མ་མི་སྣང་ཞིང་། བྲག་ལ་ཞབས་རྗེས་བཞག་པ་སོགས་རྫུ་འཕྲུལ་མཐའ་ཡས། སྣང་བ་སྒྱུ་མ་ལ་མངའ་བརྙེས། རི་རབ་ཁང་ཁྱིམ་ལ་སོགས་འབྱུང་བའི་དངོས་པོ་གང་གིས་ཡང་མི་སྒྲིབ་ཅིང་ཤེལ་སྒོང་དང་འདྲ་ལ། དེ་དག་གང་ལ་འང་ཆགས་ཐོགས་མེད་པར་འགྲོན་པས་ཆོག་པའི་དོན་གྱིས་ལུས་མེད་ཟེར་ཞིང་། སྲ་ཞིང་སྙིང་པོ་ཁོང་སྟོང་བརྟན། །གཞོམ་དུ་མེད་ཅིང་གཞིག་ཏུ་མེད། །ཁྲིག་མེད་བཅད་དུ་མེད་པས་ན། །སྟོང་པ་ཉིད་ལ་རྡོ་རྗེར་བརྗོད། །གསུངས་པ་ལྟར་སྟོང་པ་ཉིད་ཀྱི་དོན་ཅི་ལྟ་བ་བཞིན་དུ་རྟོགས་པས་རྡོ་རྗེ་སྟེ། དེའི་དོན་གྱིས་མཚན་ལུས་མེད་རྡོ་རྗེ་བྱ་བར་ཡོངས་སུ་གྲགས་ཤིང་། དེ་ཡང་འཚོགས་པ་ཐམས་ཅད་ཀྱི་ནང་ནས་ཀུན་གྱི་མཆོད་སྟོང་ལྟ་བུར་གྱུར་ཅིང་། འགྲན་ཟླ་ཐམས་ཅད་དང་བྲལ་བ་ཡིན་ནོ། །

དེ་ནས་རེས་གཅིག་དབུས་གཙང་དུ་བྱོན་ཏེ། རྟོག་གི་གདུང་རྒྱུད་ལ་གཏུགས་ཤིང་རྟོག་པའི་ཆོས་སྐོར་ལ་སོགས་གདམས་པ་ཐམས་ཅད་རྫོགས་པར་ཞུས། ཁྱད་པར་དུ་ཡང་ལྷ་མོ་དུད་སོལ་མའི་

གདམས་པ་གསན་ནས་སྒྲུབ་པས་མི་རབ་བཅུ་གསུམ་ཚུན་ཆད་ལ། བསྟན་པ་བསྲུང་བར་ཁས་བླངས་སོ། །གཞན་ཡང་ཇོ་སྲས་ལ་སོགས་པའི་དབུས་གཙང་གི་བླ་མ་མང་དུ་བསྟེན་ཅིང་། འཁོར་ལོ་བདེ་མཆོག་ལ་སོགས་ཆོས་མང་དུ་གསན་ནས་ཐུགས་ཐག་ཆོད་པར་མཛད་དོ། །དེའི་དུས་སུ་ཧོར་ཁྲིམས་བོད་ལ་འཇམ་ཅིང་། གནམ་ལ་ཉི་ཟླ་གཉིས། ས་ལ་ཡོན་མཆོད་གཉིས། ཟེར་བ་བྱུང་བའི་དུས་སུ་ས་སྐྱའི་ཆོས་རྒྱལ་འཕགས་པ་ཡར་བྱོན་ཞིང་མདོ་སྟོད་དུ་ཕེབས་པ་ལ། སྐུ་འབུམ་རྩ་བ་རྣམས་ཀྱིས་འབུལ་ཞབས་བཟང་པོ་བྱས་ནས། ངེད་ཀྱི་བླ་མ་སྤྲུལ་པའི་སྐུ་ཆེན་པོ་དེ་ཞིང་ཁམས་གཞན་དུ་གཤེགས་ཏེ་མི་བཞུགས། ད་ཁྱེད་རང་རེ་བོད་ཀྱི་སེར་ཆགས་ཡོངས་ཀྱི་བདག་པོར་གྱུར་པས་ངེད་ཀྱི་བླ་མའི་གདན་ས་འདིར་བླ་མ་གཅིག་བསྐོ་བར་ཞུ་ཞུས་པས་འཕགས་པའི་ཞལ་ནས། འོ་སྐོལ་ཆོས་ལུགས་མི་གཅིག་པའི་ཞེད་ཀྱིས། ངེད་ཀྱི་བླ་མ་གཅིག་བསྐོས་པས་མགོ་ལུས་འགྲིག་པོ་རང་མི་ཡོང་། ཁྱེད་རང་གི་བུ་ཆེན་ཆེ་བ་གྲགས་པ་གཅིག་བསྐོས་ནས་བདག་རྐྱེན་ལ་སོགས་པ་ངེད་ཀྱིས་བྱེད་པ་འཐད་གསུངས། འདིར་བུ་ཆེན་མང་དུ་བཞུགས་ཀྱང་ཐམས་ཅད་མཐོ་བ་འདྲ་འདྲར་སོང་བས་བསྐོ་འོས་མེད། འགྲན་ཟླ་དང་བྲལ་བའི་ཐུགས་སྲས་ལུས་མེད་རྡོ་རྗེ་བྱ་བ་གཅིག་ཡོད་པ། ད་ལྟ་དབུས་གཙང་གཉིས་ན་བཞུགས་ཞུས་པས། འོ་ན་ངེད་ཀྱི་ཟླ་ལ་ཁྱེད་རང་གི་མི་ངོས་ཆོད་ཐོངས་དང་། ཡ་གིར་རྩད་ཆོད་ནས་བསྐོ་བཞག་བྱེད་ཅིང་འདིར་གཏོང་བ་ལེགས་གསུངས། དེ་ནས་ས་སྐྱ་བ་དབུས་གཙང་དུ་ཕེབས་ཏེ་ཆོས་རྒྱལ་འཕགས་པའི་དྲུང་ནས་ལུས་མེད་རྡོ་རྗེའི་དགུང་ལོ་སུམ་ཅུ་རྩ་དགུ་བཞེས་པའི་དུས། ཤིང་མོ་གླང་གི་ལོ་ལ་བསྐོ་བཞག་མཛད་ཅིང་། བླ་མའི་ཆས་ལ་སོགས་པའི་གནང་སྦྱིན་མང་དུ་བྱས་ཏེ་ཕྱིར་བྱོན་ནས་སྐུ་འབུམ་དགོན་དུ་ཕེབས་པ་ལ། དགེ་འདུན་གྱི་སེར་ཕྲེང་དང་རོལ་ཆ་ལ་སོགས་པའི་བསུ་བ་ཆེན་པོ་མཛད་ནས་ནང་ཆེན་ནང་དུ་གདན་ས་རིན་པོ་ཆེ་སེང་གེའི་ཁྲིའི་སྟེང་དུ་བཞུགས་པ་ཡིན། དེ་ཡང་སྡོམ་པ་གསུམ་དང་ལྡན་ཞིང་བསླབ་པ་གསུམ་ལ་ནན་ཏན་མཛད་དེ། བརྩོན་འགྲུས་ཆེན་པོའི་ཤུགས་ཀྱིས་མདོ་སྔགས་ཀྱི་ཆོས་ལ་ལོངས་སྤྱོད་ཅིང་ཐུགས་སྦྱངས་པས་བློ་གྲོས་ཀྱི་སྣང་བ་རྒྱས། དཔལ་ལྡན་བླ་མ་དམ་པ་རས་པ་དཀར་པོ་ལ་སངས་རྒྱས་ཀྱི་འདུ་ཤེས་བསྐྱེད་ནས། ཅི་གསུང་གི་བཀའ་སྒྲུབ་ཅིང་། ཁྱོད་ཀྱིས་ང་ཡི་ཆོས་འདི་ཡི་བརྒྱུད་པ་ཡང་ཟུངས་ཤིག་གསུངས་ནས་ཞལ་ཏ་གནང་ལྟར། གདམས་པ་ཟབ་མོ་ཞལ་གདམ་གདན་ས་དང་བཅས་པ་རྣམས་ཐུགས་སུ་ཆུད་པར་མཛད་ཅིང་། ཉམས་སུ་བླངས་པས་ཡོན་ཏན་གྱི་སྒོ་དུ་མ་དང་ལྡན་ཏེ། སོ་སོ་རང་རང་གི་

དབང་པོ་དང་མཚུངས་པར་ལྡན་པའི་ཆོས་བསྟན་ནས་གདུལ་བྱ་དཔག་ཏུ་མེད་པ་སྨིན་གྲོལ་གྱི་ལམ་ལ་བཀོད། གདན་ས་རིན་པོ་ཆེའི་བདག་རྐྱེན་མཛད་ནས་ལོ་ཉི་ཤུ་རྩ་བརྒྱད་ལ་བླ་མ་དམ་པའི་ཐུགས་དགོངས་རྫོགས་པའི་ཆེད་དུ་དགོན་པ་བསྐྱངས་ཤིང་བསྟན་པ་དར་བར་མཛད་པ་ཡིན་ནོ། །

དེ་ནས་ཡང་དག་པར་རྫོགས་པའི་སངས་རྒྱས་ཀྱི་མཛད་པ་དང་སྦྱོ་བསྟུན་ཞིང་། དགུང་ལོ་དྲུག་ཅུ་རྩ་དྲུག་བཞེས་པའི་དུས་སུ་ཆུ་ཕོ་འབྲུག་གི་ལོ་ལ། རོག་ཉ་ཟླའི་ཚེས་བཅོ་བརྒྱད་ཀྱི་ཉིན་ཕྱེད་མྱ་ངན་ལས་འདས་པའི་ཚུལ་བསྟན་ཏོ། །དེ་ནས་གདུང་འཁྲིད་ཆེན་པོ་བྱས་ཤིང་གདུང་སྦྱངས་པས། ནམ་མཁའ་ཐམས་ཅད་འཇའ་ཚོན་འཁྲིགས་ཤིང་མེ་ཏོག་གི་ཆར་མང་དུ་བབས། དུང་དཀར་གཡས་སུ་འཁྱིལ་བ་བཅུ་གསུམ་ལ་སོགས་སྐུ་གདུང་རིང་བསྲེལ་དཔག་ཏུ་མེད་པ་བྱོན། ཁྱད་པར་དུ་ཡང་ཞག་བདུན་ཕྲག་བདུན་པ་ལ་རིང་བསྲེལ་གྱི་ཆར་བབས། དེ་ནས་སྐུ་གསུང་ཐུགས་ཀྱི་རྟེན་དང་། གསེར་འབུམ་ཆེན་མོ་དང་། ལྷ་ཁང་འབུམ་ཆུང་བྱ་བ་རྩིག་གསུམ་པ་གཅིག་ལེགས་པར་བཞེངས། །ཡབ་སྲས་འདི་གཉིས་ཀྱི་མཆོད་པའི་དུས་ལ་བཅོ་བརྒྱད་གོང་འོག་ཟེར། ཁྱད་པར་ལུས་མེད་རྡོ་རྗེའི་དུས་མཆོད་བྱེད་པའི་དུས་ལ། སྨོམ་སྟེའི་རོག་མཆོད་ཆེན་མོ་ཟེར་བའི་མིང་ཡང་ད་ལྟའི་བར་དུ་བྱུང་ངོ་། །དེ་ལ་སློབ་མ་སེམས་ཅན་ལ་ཕན་ཐོགས་པ་མང་དུ་བྱུང་། ཁྱད་པར་དུ་ཡང་བརྒྱུད་པ་འཛིན་པའི་སྲས་བཞི་བྱུང་བ་ནི། དཔོན་པོ་བྱང་ཆུབ་(ཚངས་གསར)གཞོན་ནུ། སྤྱན་(ནང་ཆེན)སྔ་བྱང་ཆུབ་མགོན་པོ། བླ་མ་རྒྱལ་(ཉ་ཡག)སྲས་ལྷ་པ། དབུལ་རྫོང་བ་ཤཱཀྱ་རྡོ་རྗེ་དང་བཞི་ཡིན་ཏེ། སྨོམ་སྟེའི་རི་དགོན་ཐམས་ཅད་དེ་བཞིའི་སྐུ་རིང་ལ་གྲེས་ཤིང་བརྒྱུད་པ་ཡིན་ནོ། །

དེ་ཡང་དཔོན་པོ་བྱང་ཆུབ་གཞོན་ནུ་ནི། སྤྱན་སྔ་ལུས་མེད་རྡོ་རྗེའི་རུས་དཔོན་ཡིན་ཞིང་། སྐུ་ན་ཆུང་ངུའི་དུས་ནས་ལུས་མེད་རྡོ་རྗེའི་མདུན་དུ་རབ་ཏུ་བྱུང་ཞིང་། མཚན་བྱང་ཆུབ་གཞོན་ནུ་བྱ་བར་བཏགས་དབང་བསྐུར་ཞིང་གདམས་པ་ཐམས་ཅད་རྫོགས་པར་གནང་ནས་སྒོམ་པས་ཡོན་ཏན་དུ་མ་དང་ལྡན་པར་གྱུར། དེ་ནས་ལུས་མེད་རྡོ་རྗེ་འདས་པའི་གཤེགས་རྫོང་གི་རིམ་པ་རྣམས་གྲུབ་པ་དང་། མགོ་རུའི་ཡིབ་ཏེ་ཕུག་ཏུ་སྒྲུབ་པ་མཛད་ཅིང་བཞུགས་པ་ཕྱིར་གདན་དྲངས་ནས། ནང་ཆེན་ནང་དུ་གདན་སར་བསྐོས་པ་ཡིན། གདན་ས་མཛད་ཅིང་གྲྭ་པ་བསྐྱངས་ནས། ལོ་འགའ་ཞིག་ལོན་པའི་དུས་སུ་བླ་མ་གོང་མའི་གཙུག་ལག་ཁང་རྣམས་ཀྱི་གོང་དུ་ཐལ་བ་འཕོས་པ་འདི་མི་མཉེས་པར་འདུག་པས། ལྷ་ཁང་སྒོ་མདུན་གྱི་དེ་ལ་འབུལ་མ་གིའི་མགོ་ན་ཚང་མང་སོ་མ་བྱེད་དགོས་གསུངས་ནས།

དེ་ར་ན་འབྱུར་བྱ་བའི་དི་ལ་འབྱུར་ངེས་ན་ཆུ་འགོ་བག་ཙམ་ཡོད་པས། དེའི་སྟེང་དུ་ཚང་མང་སོ་མ་བྲང་ཁང་ཆེན་པོ་དང་བཅས་པའི་ཕོ་བྲང་མཛད་པས་མིང་ཚང་སར་བ་བྱ་བ་བཏགས་ཏེ། ཡ་ཏ་ནང་སོ་ཆེན་མོའི་ལྷ་རྟེན་དཔེ་གསུམ་ཐམས་ཅད་མར་སྤྱོས་ནས་བཞུགས་པ་ཡིན། དེ་ཡང་ནང་ཆེན་ནང་གི་ཚོགས་བདག་ཁང་ཟེར་བའི་ཁང་པ་ཀ་བ་གཉིས་མ་དེ་ལུས་མེད་རྡོ་རྗེའི་གཟིམ་ཁང་ཡིན་ཞིང་། དེའི་ནང་དུ་ཚོགས་བདག་གི་སྐུ་གཅིག་ཡོད་པ་དང་། དེར་གཟིགས་སྣང་དང་ལུས་མེད་རྡོ་རྗེའི་གཟིམ་ཁྲི་རྣམས་བདག་ཏུ་བཟུང་ཞིང་། གཞན་ཡང་ཟངས་བཀྲ་ཤིས་ཁ་དྲོན་དང་། དུང་དཀར་མོ་རྒྱུང་དྲུག་ལ་སོགས་ཡང་བདག་ཏུ་བཟུང་ནས་དེར་སྤྱོར་མ་བཏུབ། ཚོགས་བདག་ཡང་འོང་མ་འདོད་ནས་མལ་དུ་བཞག་ཅིང་ལྷ་ཁང་ཐབས་སུ་ཡོད་པ་ཡིན་ཏེ། དེ་ཡང་ཁྱད་པར་དུ་ཚོགས་བདག་འདི་ལུས་མེད་རྡོ་རྗེའི་གཟིམ་ཁྲི་དེ་ལ་འཁོར་ནས་ཡོད་པའི་དོན་གྱིས། གཟིམ་ཁྲི་ལ་སྤྱོ་བཤུགས་ཅི་ཡང་མ་བྱས་ནས་ད་ལྟ་ཡང་ཚོགས་བདག་ཁང་ན་ཡོད་པ་ཡིན། ཚོགས་བདག་ནི་ཇོ་བོ་རྗེ་བོད་དུ་བྱོན་པའི་ཕྱི་ལ་འོང་ཞིང་། ལུས་མེད་རྡོ་རྗེས་བཀའ་ལུང་བྱ་ཡུལ་དུ་ཞུས་ནས་སྤྲུབ་ཏེ་བསྟན་པ་སྲུང་བར་ཁས་བླངས་པ་ཡིན་ནོ། །ཕྱིས་སྤྱན་སྔ་ཆོས་ཀྱི་རྒྱལ་མཚན་གྱིས་གཞན་ལ་ཞུས་ཟེར་བའི་ལུགས་གཅིག་ཀྱང་ཡོད་དོ། །

ནང་ཆེན་ནི། བླ་མ་གོང་མ་རྣམས་ཀྱི་བཞུགས་གནས་ནང་སོ་ཆེན་མོ་ཡིན་པས་ནང་ཆེན་པ་ཟེར་བ་ཡིན་ཏེ། དེ་ཡང་བྱང་ཆུབ་གཞོན་ནུའི་གདུང་རྒྱུད་ནི། སྤྱན་སྔ་གྲགས་བྱང་བ། གྲགས་ཚུལ་བ། བརྩོན་འགྲུས་རྒྱལ་མཚན་པ། བཀྲ་ཤིས་རྒྱལ་མཚན། བསོད་ནམས་རིན་ཆེན། བསོད་ནམས་རྒྱལ་མཚན། བསོད་ནམས་བློ་གྲོས་ཏེ། ད་ལྟར་གྱི་སྐུ་མཆེད་ལ་སོགས་ཚང་སར་པའི་བླ་མ་བརྒྱུད་རིམ་རྣམས་བྱུང་ངོ་། །སློབ་བརྒྱུད་ནི་སྟོང་ནག་རས་པ་ཡིན་ཏེ། དེ་ཡང་གདུང་རུས་ནི་ཚབ་ཤིཁོ་རང་སྐྱུན་གཞོན་ནུའི་དུས་ནས་བན་གྲོས་ལ་ཚང་སར་ནང་དུ་བྱོན་ནས། སྤྱན་སྔ་བྱང་ཆུབ་གཞོན་ནུ་ལ་རབ་ཏུ་བྱུང་། མཚན་བློ་གྲོས་རྡོ་རྗེ་བཏགས་དེ་ནས་ཆོས་དྲུག་ལ་སོགས་པའི་གདམས་པ་ཐམས་ཅད་རྫོགས་པར་ཞུས། བྲང་ཁང་ཆེན་མོའི་ནང་དུ་སྒོམ་ཁང་མཛད་ཅིང་སྒོམ་པས་གཏུམ་མོའི་དྲོད་འབར་ཏེ། དགུན་སྨང་ཁ་བ་ཆེན་པོ་འབབ་པའི་ནང་དུ་བཞུགས་པས་སྐུ་ལུས་ཀྱི་འདོམ་སྐོར་ཙམ་ལ་ཁ་བ་མི་ཆགས་པ་གཅིག་བྱུང་། གཞན་ཡང་རྗེ་བཙུན་མ་ཞལ་གཟིགས་པ་ལ་སོགས་ཡོན་ཏན་དཔག་ཏུ་མེད་པ་མངའ་ཞིང་། ཇོ་མོ་གཡུ་སྒྲོན་དང་། ཇབ་དང་། ཀུ་སྐྱོ་ལ་སོགས་རྣམས་སུ་བཞུགས་ཤིང་གདུལ་བྱ་མང་པོའི་དོན་མཛད་ནས། དེ་ནས་ཟླ་ཉིན་གྱི་ལ་ཆིང་དུ་དགོན་པ་བཏབ་ཅིང་འགྲོ་བ་མང་པོའི་དོན་

མཛད་དེ་མཐར་དེ་ཉིད་དུ་ངོ་མཚར་ཅན་གྱི་ལྟས་དུ་མ་དང་བཅས་ཏེ་མྱ་ངན་ལས་འདས་སོ། །འདའ་བའི་དུས་སུ་མངོན་པར་ཤེས་པ་མངའ་བས། དབུས་གཙང་གཉིས་ཀྱི་མཚམས་སམ་འུ་ཡུག་བྱ་བ་ན་ཁོང་རང་གི་སྐྱེ་བ་འཁྲུན་གསུངས་ཏེ། མཐར་དེ་བཞིན་དུ་བྱུང་ངོ་། །

དེ་ལ་སློབ་མ་མང་དུ་བྱུང་ཞིང་གདུང་རྒྱུད་ལ། ད་ལྟ་ལྟིའི་སྟོང་ནག་ཡར་ཕྱིར་གྱི་དགོན་པ་རྣམས་བྱུང་ཞིང་། སློབ་རྒྱུད་ལ་ཤོར་བུ་བ་རིན་ཆེན་རྒྱལ་མཚན། རས་པ་བརྩོན་འགྲུས་དཔལ། སྟག་གེ་རས་པ། གསག་གེ་རས་པ་ལ་སོགས་མང་དུ་བྱུང་སྟེ། རིན་ཆེན་རྒྱལ་མཚན་པ་ནི་ཤོར་ཕུ་ཀག་ཡེར་བཞུགས་ཤིང་། ཡོན་ཏན་དུ་མ་དང་ལྡན་པ་ཡིན་ཏེ། དབོན་པོ་ཤེས་རབ་རྒྱལ་མཚན་ལ་སོགས་པའི་གྲྭ་རྒྱུད་ཡང་འགའ་ཞིག་བྱུང་ངོ་། །

ལྷ་རས་པ་ནི། ཚང་སར་བའི་སྤྱན་སྔ་གྲགས་བྱང་བ་དང་། སྟོང་ནག་རས་པ་གཉིས་ཀ་ལ་ཐུག་ཅིང་གདམས་པ་ཐམས་ཅད་རྫོགས་པར་ཞུས་ནས་གསན། ཟ་རོང་ལ་སོགས་ཐྲླ་རྒྱུད་ཀྱི་དབེན་གནས་རྣམས་སུ་སྐུ་ཚེ་སྒྲུབ་པ་དང་མཉམ་པའི་ཡོན་ཏན་ཅན་མཆོག་ཏུ་གྱུར་པ་ཡིན། དེ་ལ་སློབ་མ་མང་དུ་ཡོད་ཀྱང་གླང་རས་གྲགས་པ་རྒྱལ་མཚན་ནི། གདུང་རུས་གླང་ཡིན་ཞིང་། ལྷ་རས་པའི་མདུན་དུ་གདམས་པ་ཐམས་ཅད་རྫོགས་པར་ཞུས་ནས་སྒོམ་པས་ཡོན་ཏན་ཁྱད་པར་ཅན་ཐུགས་ལ་འཁྲུངས་ཤིང་། སྐྱོ་བྲག་དགོན་བཏབ་ནས་གྲྭ་པ་བསྐྱངས་ཤིང་འགྲོ་དོན་མང་དུ་མཛད།

དེའི་བརྒྱུད་འཛིན་རྟོག་ལྡན་བསོད་ནམས་བཟང་པོ་ནི། གདུང་རུས་འདན་མ་ཡིན་ཞིང་གླང་རས་པ་ལས་རབ་ཏུ་བྱུང་སྟེ་ཉེ་གནས་མཛད་ནས་གདམས་ངག་ཐམས་ཅད་རྫོགས་པར་ཞུས་ཤིང་ཉམས་སུ་བླངས་པས་ཡོན་ཏན་དུ་མ་དང་ལྡན་ཏེ། སྐྱོ་བྲག་ཏུ་བླ་མའི་གདན་ས་མཛད་ནས། གྲྭ་སློབ་རྣམས་ཆོས་དང་ཟིང་ཟིང་གིས་བསྐྱངས་པས་འགྲོ་དོན་འཕེལ་ཏེ། སྟོད་སྨད་བར་གསུམ་ཐམས་ཅད་ནས་སྐྱོ་བྲག་ཆོས་རྗེ་ཟེར་བའི་གྲགས་པས་ཁྱབ་པ་བྱུང་ངོ་། །

༈ སྤྱན་སྔ་བྱང་ཆུབ་མགོན་པོ་ནི། གདུང་རུས་འབེ་ཡིན་ཞིང་། སྐྱ་ན་ཆུང་ངུ་ནས་རས་པ་དཀར་པོ་ལས་རབ་ཏུ་བྱུང་། མཚན་བྱང་ཆུབ་མགོན་པོ་བཏགས། མང་སྒོམ་རས་པའི་ཉེ་གནས་མཛད་ཅིང་། རས་གྱུར་གཉིས་ཀ་ལས་ཆོས་མང་དུ་གསན། ཕྱིས་ལུས་མེད་རྡོ་རྗེ་ལས་གདམས་པ་ཕྱི་ནང་གསང་གསུམ་ཐམས་ཅད་རྫོགས་པར་ཞུས་ནས་རྩ་བའི་བླ་མ་དམ་པར་འཛིན་པ་ཡིན། དེའི་དོན་གྱིས་ནང་ཆེན་པའི་བླ་མའི་རྒྱུ་རིམ་ཡང་། རས་དཀར་བ། གུར་དཀར་བ། བྱང་དཔལ་བ། བྱང་ཆུབ་

མགོན་པོ་བ། ཡོན་ཏན་དཔལ་བ་དེའི་སྟག་དབོན་སྤྱན་སྔ་ཆོས་ཀྱི་རྒྱལ་མཚན། རྫུས་དབོན་གྱི་རྒྱུད་ནི་བཀྲ་ཤིས་དཔལ། སྤྱན་སྔ་གྲགས་པ་རྒྱལ་མཚན། ནམ་མཁའ་རྒྱལ་མཚན། དགེ་འདུན་དཔལ། ཤཱཀྱ་རྒྱལ་མཚན། ཡོན་ཏན་རྒྱ་མཚོ། དཔལ་ལྡན་རྒྱ་མཚོ། བསམ་འགྲུབ་རྒྱ་མཚོ་སྟེ་ད་ལྟར་གྱི་གདན་ས་བ་སྐུ་མཆེད་ལ་སོགས་པ་ནང་ཆེན་པའི་བླ་མའི་རྒྱུད་རིམ་རྣམས་བྱུང་ངོ་། །

དེ་ཡང་ནང་ཆེན་ནང་ལྷ་ཁང་ཐབས་སུ་ཡོད་པ་ལ་བྱང་ཆུབ་མགོན་པོ་ནི། བླ་མ་གོང་མ་རྣམས་ཀྱི་གཟིམ་ཁང་ནང་སོ་ཆེན་མོ་འདི་བྱ་རིལ་ཙགས་སེ་སྟོང་པར་བསྐྱུར་བ་མི་ལེགས་པར་འདུག་པས། ངས་འདིར་མར་མེ་འབུལ་གསུངས་ཤིང་། ཤར་གླིང་ཆེན་མོ་ནས་ཡར་ནང་ཆེན་ནང་དུ་བྱོན་ནས་བཞུགས། ཡོན་ཏན་དཔལ་ནི་བྱང་ཆུབ་མགོན་པོའི་ཚུང་པོར་བཞེད་ཅིང་། འགའ་ཞིག་གིས་སྟག་དབོན་དུ་འཆད་པ་ཡང་ཡོད། དེའི་དུས་སུ་ཡོན་དཔལ་ས་སྐྱར་བྱོན་ནས། ནང་ཆེན་ནང་ཡོན་ཏན་དཔལ་གྱིས་ཟུང་ཟེར་བའི་བཀའ་ཤོག་བླངས་ནས་ཕྱིར་བྱོན་ཏེ་ནང་ཆེན་ནང་དུ་བཞུགས་པས། ནང་ཡ་གཉིས་འདིའི་དུས་ནས་ཁ་གཉིས་སུ་གྱེས་པ་ཡིན་ནོ། །

དཧུལ་རྫོང་བ་ཤཱཀྱ་རྡོ་རྗེ་ནི། (བརྒྱུད་འཛིན་སྲས་བཞིའི་དཧུལ་རྫོང་བ་ནི།) གདུང་རུས་ནི་རག་ཤི་ཡིན་ཞིང་། བྱང་ཆུབ་རྡོ་རྗེ་མོང་སེ་ར་སྟ་ན་བཞུགས་པའི་དྲུང་དུ་ཕེབས་ནས་ཆོས་ཕྱི་ནང་གསང་གསུམ་མང་དུ་ཞུས། དེ་ནས་ལུས་མེད་རྡོ་རྗེའི་སྙན་པ་ཐོས་པས་སྐུ་འབུམ་དགོན་དུ་ཕེབས་ཏེ། ལུས་མེད་རྡོ་རྗེ་ལས་གདམས་པ་ཐམས་ཅད་ཞུས་ནས་བསྒོམས་པས་ཉམས་རྟོགས་ཀྱི་ཡོན་ཏན་དཔག་ཏུ་མེད་པ་བྱུང་སྟེ། བདག་བཟུང་ཅན་གྱི་དགོན་པ་མ་ཚུགས་ནས། ཁྲ་ཐེར་ལ་བརྟེན་ཞིང་རི་ཁྲོད་འགྲིམ་པའི་དམ་བཅའ་ཕུལ་ཏེ། སྤྲ་དགོན་མཛད་ཅིང་ཆ་པའི་ནང་དུ་བཞུགས་ནས་གདུལ་བྱ་རྣམས་བསྐྱང་ངོ་། །
དེའི་རྫུས་དབོན་ཚུལ་ཁྲིམས་རྒྱལ་མཚན་པ་ནི་དབྱི་ལུང་དང་། འདམ་ལུང་གཉིས་ཀྱི་བར་ཐོད་ཚང་ཁ་བྱ་བར་སྒར་པ་བཙུད་ཅིང་སྒྲུབ་པ་དང་འགྲོ་དོན་མཛད་ཅིང་མིང་ཐོད་ཚང་པ་བྱ་བར་གྲགས་ཏེ། དེར་བཞུགས་དུས་ཀྱི་སློབ་མ་ནི་དབྱི་མདའི་རྒྱལ་སྲས་ཀུན་དགའ་བློ་གྲོས་ཡིན་ཏེ། ཐོད་ཚང་བའི་མདུན་དུ་གདམས་པ་ཐམས་ཅད་རྫོགས་པར་ཞུས་ནས་སྒོམ་པས་ཡོན་ཏན་ཁྱད་པར་ཅན་ཐུགས་ལ་འཁྲུངས་ཏེ། གཙང་པ་ཆོས་རྗེ་འཛམ་གླིང་ཆོས་གྲགས་ཀྱིས་ཁྲིམ་ཆོས་གསུངས་ཤིང་ཡོད་པའི་སར་མཇལ་དུ་བྱོན་པ་ལ། ཆོས་རྗེ་ཁྲི་ཁ་ནས་བཞེངས་ཤིང་ལྷུང་བ་མཛད་པས། དེ་རིང་སྔ་པའི་བན་སྡེ་བོང་རིང་དེ་ལ་ལྷུང་བ་མཛད་པ་ཅི་ལགས་ཞུས་པས། དེའི་ཞབས་བཞག་སར་མི་རྟོག་པདྨ་ཁྲ་ལམ་

ལམ་འོང་བས་བྱང་ཆུབ་སེམས་དཔའ་གཅིག་ཏུ་འདུག་པར་གདའ། དེ་ལྟ་བུའི་བླ་མ་དེས་ཀྱང་དབྱི་མདའ་ལ་སོགས་པའི་དགོན་པ་བཏབ་ནས་གདུལ་བྱའི་དོན་མཛད་དོ། །དེའི་སློབ་མ་ནི་རིན་ཆེན་དཔལ་བ་དང་། རྒྱལ་བློ་ལ་སོགས་ཡིན་ཏེ། ཟུར་དགོན་རིན་ཆེན་དཔལ་བ་ནི། ཆོས་རྗེ་རོལ་པའི་རྡོ་རྗེ་དང་། ཀུན་དགའ་བློ་གྲོས་པ་གཉིས་ཀའི་སློབ་མ་ཡིན་ཞིང་ཡོན་ཏན་དཔག་ཏུ་མེད་པ་མངའ་སྟེ། སྒོ་སྟོད་དུ་ཟུར་ནས་དགོན་པ་བཏབ་ཅིང་འགྲོ་བ་མང་པོའི་དོན་མཛད་དོ། །

རྒྱལ་མཚན་བློ་གྲོས་པ་ནི། གདུང་རུས་གླིང་ཚང་ཡིན་ཞིང་། ཀུན་དགའ་བློ་གྲོས་པའི་དྲུང་དུ་ཁྲིད་དང་གདམས་པ་ཐམས་ཅད་རྫོགས་པར་ཞུས་ནས་སྒོམ་པས། ཉམས་རྟོགས་ཀྱི་ཡོན་ཏན་དཔག་ཏུ་མེད་པ་དང་ལྡན་ཞིང་། བླ་མའི་གདན་ས་ཞག་བདུན་མཛད་ནས། ཁམས་དབུས་གྲྭ་བསྐོར་ལ་བྱོན་ཞིང་འབྲི་གུང་ནམ་མཁའ་སྣང་དུ་དགོན་པ་བཏབ་པས། གྲྭ་པ་རྣམས་ཀྱང་མཚམས་ལ་གནས་པ་ཤ་སྟག་བྱུང་སྟེ། མཚམས་པའི་མགོ་མཐོང་ན་བྲི་གང་། ལག་པ་མཐོང་ན་འདོང་གང་ལེན་ཞིང་། མགོ་བྲི་ལག་འདོང་གི་ཁྲིམས་བཅའ་ཡིག་མཛད་ནས་གདུལ་བྱ་རྣམས་སྨིན་གྲོལ་གྱི་ལམ་ལ་བཀོད་དོ། །དེ་ནས་གློད་ཚང་པ་ཚུལ་ཁྲིམས་རྒྱལ་མཚན་པ་དེ་ཉིད་སྐུ་ཆེའི་སྨད་ལ་སྒོམ་སྡེའི་གདན་དྲངས་ནས། ལྷ་དོག་བཟླ་བའི་ནང་དུ་བཞུགས་ནས་སེམས་ཅན་གྱི་དོན་མཛད་དོ། །དེའི་དཔོན་པོ་ནི་ཡོན་ཏན་བཟང་པོ་དང་། ཀུན་དགའ་བཟང་པོ་རྣམས་ཡིན་ཞིང་། དེ་དག་གི་གདུང་རྒྱུད་ནི་ཚུལ་བཟང་བ་ལ་སོགས་ཏེ། ཟླ་ལྡིའི་གློད་ཚང་རི་པ་རྣམས་ཡིན་ནོ། །རྒྱལ་ཐུབ་ལྷ་པའི་རྣམ་པར་ཐར་པ་ནི། རུས་ཆེན་སྨུག་པོའི་གདོང་ཡིན་ཞིང་། ལྡོང་ལ་ཡང་སྟོད་ན་པ་ཚབ་དང་འབྲིང་ཡས། བར་ན་རག་ཤི་དང་རོ་མཛེ་ཟེར་བའི་ནང་གསེས་རག་ཤི་ཡིན། རག་ཤི་ལ་གཙང་སྡེ་དང་རྨང་སྡེ་གཉིས་ཡོད་པའི་ནང་ནས་གཙང་སྡེ་ཡིན་ཞིང་། དེ་ལ་འོག་མ་གསུམ་འཛོང་དུ་ཡ་བཞི་བྱ་བ་ཡོད་པའི་ནང་ནས་འཛོང་དུ་ཉ་ཡག་བྱ་བ་སྟེ། དེའི་ནང་ཚན་འབུམ་ཁྲི་བན་ཚ་བྱ་བ་ཡིན། དེ་ཡང་ཡུལ་ནི་ཟླ་རྒྱུད་ཀྱི་དབེ་དང་གནས་ཞུ་བཟུང་ཞིང་། དེ་དག་གི་གདན་ས་དང་མལ་ཀ་ཡང་ཆེན་པོ་ཡོད་ལ་ལོངས་སྤྱོད་དང་འཁོར་པ་ཕུན་སུམ་ཚོགས་པ་དང་ལྡན་ཞིང་ཡབ་མེས་གོང་མ་རྣམས་ཀྱང་ལྷ་ཁང་བཞེངས་པ་དང་། མཁར་བརྩེགས་པ་དང་ལྡན་ཞིང་ལྷ་འབྲི་ཆོས་བཞེངས་མང་དུ་བྱས་པའི་མི་ཆེན་པོ་རུ་གྲགས་པའི་གདུང་རྒྱུད་ཡིན་ཏེ། གནས་ཞུ་བྲག་གི་ར་བ་ན། །ཉ་ཡག་རྒྱལ་ཆེན་སྤྱན་བཞི་དེ། །བྱས་པ་དམ་པའི་ཆོས་ལ་བྱས། །རྟགས་མ་ནག་པོའི་དགྲ་ལ་བླངས། །རྟ་གང་གཞན་གྱི་ཕྱོགས་སུ་བསྐྱལ། །ཟེར་བ་བྱུང་ཞིང་། རྒྱལ་ཆེན་སྤྱན་བཞིའི་

ནང་ནས། བླ་མ་ལྷ་པ་ནི་ཡབ་རྡོ་རྗེ་རྒྱལ་པོ་བྱ་བའི་སྲས་སུ་འཁྲུངས་ཤིང་། སྐུ་ན་གཞོན་ནུའི་དུས་ནས་མི་གཞི་བཟང་ཞིང་ཐུགས་ཆོས་ལ་འགྲོ་བ་ཤེས་རབ་དང་བརྩོན་འགྲུས་ཆེ་ཞིང་ཕྱུག་བདེ་བ། ལྷའི་རི་མོ་བཟང་པོ་མཆེན་པའི་དོན་གྱི་མིང་ལྷ་པ་བྱ་བ་གྲགས་སོ། །དེ་ནས་དུས་རེ་ཞིག་གི་ཚེ་སྤྱན་སྔ་ལུས་མེད་རྡོ་རྗེ་ཀྱེ་ལ་ཐང་དུ་ཆགས་ཕེབས་ཏེ། ཁྲིམ་ཆོས་ཆེན་པོ་གསུངས་པའི་དུས་སུ། ལུས་མེད་རྡོ་རྗེའི་ཞལ་ནས། ལྷ་བཟོ་ཕྱིད་མི་གཞི་བཟང་ཞིང་ཆོས་སྣང་དང་ཤེས་རབ་ཆེ་བར་འདུག་པས། རབ་ཏུ་བྱུང་ནས་ངེད་ཀྱི་ཆགས་ཕྱི་ཤི་བྱེད་གསུངས་པས། ལྷ་པའི་རྒྱུད་ལ་དད་པ་ཐུན་མོང་མ་ཡིན་པ་སྐྱེས་ཤིང་། བླ་མ་དུས་གསུམ་གྱི་སངས་རྒྱས་རྒྱལ་བའི་རྒྱལ་ཚབ་གཉིས་པ་འདི་ལྷ་བུའི་གསུངས་ཀྱིས། བདག་ལ་རབ་ཏུ་བསྐུལ་བ་འདི། སྐྱེ་བ་སྔ་མའི་ཆོས་ཀྱི་བག་ཆགས་ཡོད་ཅིང་། ད་ལྟར་ཡང་ཆོས་བྱེད་པའི་སྐལ་པ་དང་ལྡན་པ་གཅིག་ཡིན་ལས་ཆེ། དེང་སང་གི་ཉེ་དུ་དང་ལོངས་སྤྱོད་ཁ་མལ་འདི་རྣམས་ཡང་མི་རྟག་ཅིང་སྒྱུར་བའི་རང་བཞིན་ཅན་ཡིན་པས། དགོས་པ་ཡང་མེད་སྙམ་པའི་ཐུགས་དགོངས་སྐྱེས་ནས། རབ་ཏུ་བྱུང་བའི་ཞུ་བ་ཕུལ་ལོ། །

དེ་ནས་ལུས་མེད་རྡོ་རྗེ་རང་གིས་དབུ་མཛད་ནས་མཁན་སློབ་མང་པོའི་མདུན་དུ་རབ་ཏུ་བྱུང་ནས་མཚན་ཚུལ་ཁྲིམས་སེང་གེ་བྱ་བར་བཏགས། དེ་ནས་བླ་མའི་ཆགས་ཕྱིར་སོང་ནས་སྐུ་འབུམ་དགོན་དུ་བཞུགས་ཤིང་སྤྱན་སྔ་ལུས་མེད་རྡོ་རྗེའི་དྲུང་དུ་དབང་བསྐུར་གྱི་བྱེ་བྲག་མང་དུ་ཞུས་པའི་ཚེ། གསང་མཚན་བདེ་བའི་རྡོ་རྗེར་བྱ་བར་བཏགས། གསང་སྔགས་ཀྱི་ཆོ་ག་རབ་གནས་ལ་སོགས་ལག་ལེན་གྱི་རིམ་པ་མང་པོ་ཐུགས་ལ་བཏགས་ཤིང་དེ་དག་ལ་མཁས་པར་བསླབས། རྒྱུད་དང་འགྲེལ་བའི་བཤད་ཉན་མང་པོ་བཏང་སྟེ་ཐུགས་སུ་ཆུད་པར་མཛད་དོ། །ཁྱད་པར་དུ་ཡང་སངས་རྒྱས་རས་ཆེན་ནས་བརྒྱུད་པའི་བཀའ་ལུང་། མན་ངག་ཁྲིད་ཀྱི་རིམ་པ་རྣམས་རྫོགས་པར་གསན་ཅིང་། བརྩོན་འགྲུས་དྲག་པོའི་སྒོ་ནས་ཉམས་སུ་བླང་ཞིང་བསྒོམས་པས། ཉམས་རྟོགས་ཀྱི་ཡོན་ཏན་དཔག་ཏུ་མེད་པ་ཐུགས་ལ་འཁྲུངས་ཤིང་། བླ་མ་དམ་པ་ལ་སངས་རྒྱས་ཀྱི་འདུ་ཤེས་སྐྱེས་ནས། བླ་མ་རིན་པོ་ཆེའི་དྲུང་དུ་ཡང་ཤིན་ཏུ་ཐུགས་ལ་བཏགས་ཤིང་གདམས་པ་ཐམས་ཅད་བུམ་པ་གང་བྱོའི་ཚུལ་དུ་གནང་ངོ་། །

དེ་ནས་རེས་གཅིག་དབུས་སུ་འགྲོ་བའི་དོན་དུ་བླ་མའི་མདུན་དུ་ཚོགས་ཀྱི་འཁོར་ལོ་བསྐོར་ཞིང་སྨོན་ལམ་ཞུས་ནས་བྱོན་ཏེ། རྫོག་པའི་གདུང་རྒྱུད་དང་། ཤངས་པ་བཀའ་བརྒྱུད་རྣམས་ལ

གཏུག་ཅིང་། ནི་གུ་ཆོས་དྲུག་ལ་སོགས་གདམས་པ་མང་དུ་ཞུས། གཞན་ཡང་རྟོག་ལྡན་རྣལ་འབྱོར་རས་ཆུང་ལ་སོགས་དབུས་གཙང་གི་བླ་མ་མང་པོ་བསྟེན་ནས། རྫོགས་ཆེན་ལམ་འབྲས་སྦྱོར་དྲུག་ལ་སོགས་གདམས་པ་དཔག་ཏུ་མེད་པ་ཞུས་ནས་སྒྲོ་འདོགས་ཆོད་པར་མཛད་དོ། །དེ་ནས་རེས་གཅིག་གི་ཚེ། བླ་མ་དམ་པའི་ཕྱི་རྟེན་རྗེ་བོའི་སྐུ་དང་། ནང་རྟེན་གསེར་འབུམ་ལྷ་ཁང་འབུམ་ཆུང་ལ་སོགས་བཞེངས་པའི་བདག་རྐྱེན་གྱི་གཙོ་བོ་ནི་བླ་མ་ལྷ་པ་ཡིན་ཞིང་། ཁྱད་པར་དུ་ཡང་ལྷ་ཁང་གི་ནང་ནས་ལོགས་བྲིས་བྲུས་པས་མ་མགོན་གྱི་སྐུ་ལ་སོགས་ཕལ་ཆེར་ལྷ་པ་རང་གི་ཕྱག་བྲིས་མཛད་ཅིང་ཡོད་པ་ལ། སྐབས་དེར་མཚལ་ཤིན་ཏུ་དཀོན་པ་གཅིག་བྱུང་བ་ཡིན་པར་འདུག་སྟེ། དེའི་དུས་སུ་སྦྲང་མོ་གཅིག་སྒོ་ཀར་བྱུང་ནས། ང་བླ་མ་ལྷ་པའི་དྲུང་དུ་མཇལ་འདོད་པས་འོང་བ་ཡིན། ལྷ་ཁང་ལ་སོགས་འདི་རྣམས་ལ་གཏོང་རྒྱུའི་བརྩག་ཐུམ་གཅིག་ཡོད་པ་ཀ་བ་རྡུལ་འབུལ་ཞིང་། བླ་མའི་ཕྱག་ཏུ་གཏོང་འདོད་ཟེར་བ་ལ། ཉེ་གནས་རྣམས་ཀྱིས་ཁྱོད་འདྲ་བ་བླ་མ་ལ་མཇལ་ས་མེད་བྱས་པས། མཇལ་ས་མེད་ཀྱང་ང་ཡི་ཞུ་བ་དེ་སྐད་དུ་ཐོས་ཙམ་གཅིག་གྱིས་ཟེར། དེའི་ལོ་རྒྱུས་ཐམས་ཅད་བླ་མ་ལ་ཞུས་པས་དེ་མི་གཞན་དག་དང་འདྲ་བ་མ་ཡིན་པས། མགྱོགས་པར་ནང་དུ་ཐོས་གསུངས་ནས། མདུན་དུ་ཐོས་ཏེ། ཞལ་ཏ་བཟང་པོ་མཛད། མཚལ་དཀར་ཐུམ་པོ་གཅིག་ཕུལ་བ་ལྷ་ཁང་ལ་སོགས་རྟེན་གསུམ་ལ་ཅི་གསོལ་བྱུང་ཞིང་། དེ་ཉིད་ཡང་ཡེ་ཤེས་ཀྱི་མཁའ་འགྲོ་མ་ཡིན་བླ་མའི་རྟེན་གསུམ་གའི་ཆ་རྐྱེན་དུ་བརྐྱལ་བར་གདའ། དེར་ཡང་ལྷ་ཁང་རྟེན་གསུམ་གྲུབ་པར་མཛད་ཅིང་། དཔོན་པོ་བྱང་ཆུབ་གཞོན་ནུ་ནང་ཆེན་དུ་བླ་མའི་གདན་སར་བསྐོས་ཏེ། སློམ་སྟེ་ལ་སོགས་གྲྭ་ནང་ཐམས་ཅད་མགོ་ལུས་ལེགས་པར་སྐྱོང་བ་ཡིན་ནོ། །

དེ་ལྟ་བུའི་བླ་མ་རིན་པོ་ཆེ་རྒྱལ་སྲས་ལྷ་པ་དེ་ཉིད་གྲུབ་ཐོབ་གླིང་རྗེ་རས་པའི་རྣམ་འཕྲུལ་ཡིན་ཞེས་ཡོངས་སུ་གྲགས་པར་གདའ། དེ་ནས་ཀོལ་སྟའི་ཕུག་དང་། རྫོ་གོང་། མ་གིའི་ཕུག་ལ་སོགས་སུ་བཞུགས་ཤིང་། སྤྲིངས་ཡིག་ཅལ་ཅོལ་རིང་མོ་དང་ཕྱག་རྒྱ་ཆེན་པོའི་གླུ་ལ་སོགས་པ་ཡང་མཛད་དོ། །དེ་ནས་ཁ་རོང་འཛའ་མོ་དང་། རྩི་པ་རྣམས་ཀྱི་གདན་དྲངས་ཏེ། རྩིའི་རོ་ལོ་ཁ་དང་། རྡོ་རྗེ་བྲག་སོགས་སུ་བན་སྐར་མཛད་ཅིང་བཞུགས་པའི་དུས། སློབ་མ་མང་པོ་ལ་ཆོས་དྲུག་དང་ཕྱག་རྒྱ་ཆེན་པོ་དང་། ལམ་འབྲས་དང་སྦྱོར་དྲུག་ལ་སོགས་ཀྱི་ཁྲིད་བཏབ་པས་གོ་ཉམས་བཟང་པོ་སྐྱེས་ནས་རི་ཁྲོད་འགྲིམ་ཞིང་། བསྒྲུབ་པ་ལ་བརྩོན་པ་མང་དུ་བྱུང་ངོ་། །ཡང་གླི་ཧ་རྫོང་ན་བཞུགས་པའི་དུས་སུ།

དགོན་སར་བའི་བླ་མ་གྲགས་རྡོར་བ། སྐུ་ན་གཞོན་ནུའི་དུས་དཔོན་སློབ་རྣམས་ཀྱིས་ཁྲིད་ཞུས་ནས་ཉམས་སུ་བླངས་པས་ཐུགས་དམ་བཟང་པོ་འཁྲུངས་ཤིང་། སེམས་ཅན་གྱི་ཚོགས་པ་བསྐྱངས་པས་འགྲོ་དོན་མཛད་པ་གཅིག་བྱུང་ངོ་། །གཞན་ཡང་ཡོ་གོང་དང་། སྟག་རྫོང་དང་ཀོ་མཛོ་བྲག་དང་། ལྷ་བཟང་ལ་སོགས་གནས་ངོ་མཚར་ཅན་རྣམས་སུ་བཞུགས་ཤིང་གྲྭ་པ་རྣམས་བསྐྱངས་ནས་མགུར་དང་བརྩམས་ཆོས་མང་པོ་མཛད་ཅིང་། མདོར་ན་འབྲི་ཟླ་གཉིས་ཀྱི་བར་གྱི་འགྲོ་བ་དཔག་ཏུ་མེད་པ་ལ་ཆོས་ཀྱི་འཁོར་ལོ་བསྐོར་ནས། ཐར་པ་དང་ཐམས་ཅད་མཁྱེན་པའི་ལམ་ལ་བཀོད་དོ། །དེ་ལྟ་བུའི་བླ་མ་དམ་པ་དེ་ཉིད་སེམས་ལེ་ལོ་ཅན་རྣམས་ཆོས་ལ་བསྐུལ་བའི་ཕྱིར། དགུང་ལོ་བདུན་ཅུ་དོན་བདུན་ལ་མི་རྟག་པའི་ཚུལ་བསྟན་ཏེ། གདུང་སྦྱངས་པས་མེ་ཏོག་གི་ཆར་དང་། འཇའ་འོད་ཀྱིས་ཁྱབ་ཅིང་། སྐུ་གདུང་རིང་བསྲེལ་གྱི་ཕུང་པོར་གྱུར་ཏོ། །གཞན་ཡང་ངོ་མཚར་ཅན་གྱི་ལྟས་དུ་མ་བྱུང་ཞིང་མི་སྡེ་ལྷ་སྡེ་ཐམས་ཅད་དད་པར་གྱུར་ཏོ། །

དེ་ལ་སློབ་མ་མང་དུ་བྱུང་བའི་ནང་ནས་མཆོག་ཏུ་གྱུར་པ་ནི། སློབ་དཔོན་ཚུལ་ཡེ་བ། གྲུབ་ཐོབ་སྟོན་པོ། གླེ་བན་འཕགས་པ། དགོན་སར་བའི་བླ་མ་གྲགས་རྡོར་བ། མགོན་པོ་རྡོ་རྗེ་ལ་སོགས་རྣམས་ཡིན་ནོ། །གྲུབ་ཐོབ་སྟོན་པོ་ནི་རྩེ་བའི་བསགས་ཧ་བ་ཡིན་ཞིང་། བླ་མ་ལྷ་པའི་དྲུང་ནས་ཕྱག་རྒྱ་ཆེན་པོ་ཞུས་ནས་སྒོམ་པས། མངོན་པར་ཤེས་པ་ཆགས་ཐོག་མེད་པ་མངའ་བ་ལ་སོགས་ཡོན་ཏན་གྱི་ཚོགས་དུ་མ་དང་ལྡན་ཞིང་། གྲུབ་ཐོབ་རྩོད་པ་མེད་པ་ཡིན་ཏེ། འཇིག་རྟེན་གྱི་བྱ་བ་བློའི་བཏང་ཞིང་གནས་དང་གོས་དང་ཟས་ལ་སོགས་པ་གང་ལ་ཡང་གཏད་པ་དང་འཛིན་པ་གང་ཡང་མེད་པར་ངེས་མེད་དུ་གྲུབ་ཐོབ་ཀྱི་སྤྱོད་པ་སྣ་ཚོགས་མཛད་ཅིང་འགྱོན་པ་ཡིན་ཏེ། གྲུབ་ཐོབ་སྟོན་པོའི་སྐན་པས་ཕྱོགས་ཐམས་ཅད་དུ་ཁྱབ་ཅིང་གྲགས་པ་གཅིག་བྱུང་ངོ་། །དེ་དག་གི་ནང་ནས་མཆོག་ཏུ་གྱུར་ཅིང་འགྲན་ཟླ་ཐམས་ཅད་དང་བྲལ་བ་ནི། སློབ་དཔོན་ཕྱུག་པ་ཚུལ་ཡེ་བ་ཡིན་ཏེ། དེ་ཡང་བླ་མ་ལྷ་པ་རང་གི་རུས་དབོན་ཡིན་ཞིང་། བྱིས་པའི་དུས་ནས་འཇིག་རྟེན་གྱི་བྱ་བ་ལ་བློ་མི་འཇུག་ཏེ། ཆོས་ཀྱི་ཕྱོགས་ལ་བློ་འགྲོ་ཞིང་མོས་པས། ཡི་གེ་ལ་སོགས་ཕྱག་ན་གང་ཕྱིན་འདོན་པ་དང་། ཐུགས་ལ་འཛིན་པ་ལ་བརྩོན་པ་གཅིག་ཡིན་པས། ཆུང་དུའི་དུས་ནས་ཡང་སློབ་གཉེར་མང་དུ་མཁྱེན། དེ་ནས་ལྷ་པའི་དྲུང་དུ་བདེ་མཆོག་དང་དགྱེས་རྡོར་ལ་སོགས་དབང་བསྐུར་མང་དུ་ཞུས་ནས། གསང་མཚན་ཆོས་དབྱིངས་རྡོ་རྗེ་བྱ་བར་བཏགས། དེ་དག་གི་ལག་ལེན་གྱི་རིམ་པ་དང་། གཞན་ཡང་སྒོམ་སྡེའི་ཆོས

སྤྱོད་ལ་སོགས་མང་པོ་ཐུགས་ལ་བཟུང་ཞིང་། དེ་དག་ལ་མཁས་པར་མཛད་དོ། །དེ་ནས་དགུང་ལོ་བདུན་བཞེས་པའི་དུས་སུ་རབ་ཏུ་བྱུང་ཞིང་མཚན་ཚུལ་ཁྲིམས་ཡེ་ཤེས་བྱ་བ་བཏགས། དགུང་ལོ་བརྒྱད་ལོན་པའི་དུས་སུ། ཆོས་དྲུག་དང་ཕྱག་རྒྱ་ཆེན་པོ་ལ་སོགས་ཀྱི་ཁྲིད་ཞུས་ནས་རྟ་ཤིང་བྱས་ཤིང་སྒོམ་པས་གོ་ཉམས་དང་ངེས་ཤེས་བཟང་པོ་སྐྱེས་ཏེ། དེ་ནས་ཐུགས་དགོངས་བཏང་བ་ལ། བདག་ད་ལན་མི་ལུས་རྣམ་པར་དག་པ་ཐོབ་ཅིང་བླ་མ་དམ་པ་དང་མཇལ་ནས་ཆོས་བྱེད་དབང་ཡོད་དུས་འདིར་སྒྲུབ་པ་གཅིག་ཀྱང་བྱེད་དགོས། ད་ལན་བླ་མ་དམ་པ་འདིའི་སྐྱབས་ཞབས་སུ་མཐུན་རྐྱེན་ཐམས་ཅད་འཛོམས་པའི་དུས་འདིར། སྒྲུབ་པ་གཅིག་མ་བྱུང་ན་ད་བྱེད་བསམ་པའི་ཕྱི་ཤོལ་གྱིས་བསམ་པ་བཟང་པོའི་ངང་དུ་ལུས་པས། ནམ་འཆི་ཆ་མེད་པར་འཆི་བའི་དུས་སུ་འགྱོད་པ་སྐྱེས་པས་མི་ཕན། འཆི་བ་ནི་མཐོ་དམན་རྒས་གཞོན་བཙན་ཕྱུག་འཕན་གསུམ་ཐམས་ཅད་ཀྱི་སྟེང་དུ་འོང་སྟེ། དེའི་དུས་སུ་བཙན་པོས་དཔུང་གིས་འཐབ་ས་མེད། ཕྱུག་པོས་ནོར་གྱིས་བསླུ་བ་མེད། གཉེན་ཉེ་དུ་རྩ་ལག་རྣམས་ཀྱིས་ཁ་ཤུགས་ཙམ་ཡང་བྱེད་ས་མེད་པར། བདག་ཏུ་བཟུང་བའི་ལུས་འདིས་ཕར་བཅད་པ་ཐམས་ཅད་བསྐྱུར་ནས། རང་ཉིད་གཅིག་པུར་མར་ནང་གི་སྤུ་བཞིན་གར་འགྲོ་ཆ་མེད་པར་འགྲོ་དགོས། དེའི་དུས་སུ་ཟོག་ཟས་ནོར་ཅི་ཙམ་ཡོད་ཀྱང་བཟུང་ནས་འགྲོ་བའི་དབང་མེད། དེ་ལྟར་ཡིན་པར་རང་གི་ཡང་ཤེས་ཤིང་གཞན་ལ་ཁས་བཤད་པ་སྐད་བྱེད་ཀྱང་། ཚེ་འདིའི་སྣང་ཞེན་ཟས་ནོར་ཁོ་ནའི་རྩོལ་སྒྲུབ་ལ་ཚེ་སྐྱོལ་ཞིང་འཆི་བ་ཡང་ཡོད། འགའ་ཞིག་ཆོས་བྱེད་ཆོས་ཁོ་ན་ལ་རྒས་ཤིང་འཆི་བ་ཡང་ཡོད། འགའ་ཞིག་རང་རྒྱུད་ལ་མི་ཕན་པའི་སློབ་གཉེར་སྤྲན་སྤྲུན་ལ་མི་ཚེ་བསྐྱེལ་ཞིང་། འཆི་ཀར་རང་རྒྱུད་ཐ་མལ་དུ་ལུས་ནས་འཆི་བ་ཡང་གདའ་སྟེ། དེ་ཡང་ཆོས་སྡེ་སྣོད་གསུམ་ལ་མཁས་ཀྱང་དེའི་དོན་ཉམས་སུ་མ་བླང་ཞིང་ཉོན་མོངས་པའི་གཉེན་པོར་མ་སོང་ན། རང་རྒྱུད་ལ་མི་ཕན་པའི་སྟེང་དུ་འདི་འདྲ་ཤེས་བསམ་པའི་ང་རོ་དང་ང་རྒྱལ་གྱི་དྲེགས་པས་གཞན་ལ་སྐུར་པ་འདེབས་ཤིང་ཆོས་བརྒྱད་ལྟར་ལེན་ནས། རང་ཉིད་འཆིང་བའི་རྒྱུ་བྱེད་ཅིང་ངན་སོང་དུ་འགྲོ་བར་གསུངས་པས། ཤེས་པ་ཙམ་གྱིས་མི་ཆོག་རང་ཉམས་སུ་ལེན་ཅིང་རང་རྒྱུད་ལ་ཕན་དགོས། དེར་ཡང་སྤྱིར་མི་འཆི་ཞིང་ཆོས་མི་དགོས་བསམ་པ་ནི་སྐྱེ་འགྲོའི་སེམས་ཅན་ལ་ཡང་མེད་དེ། འཕྲལ་དུ་མི་ཤི་བསམ་པའི་ཕྱི་བཤོལ་དང་། ཆོས་གཅིག་བྱེད་བསམ་པའི་སྣང་བ་ཁོ་ནས་མི་ཚེ་འཛད་པ་ཡིན་པས། ད་ནི་བདག་ཀྱང་ལོ་ལོའི་དབང་དུ་མ་ཤོར་བར་མྱུར་དུ་སྒྲུབ་པ་བྱེད་དགོས་སྙམ་ནས། དེར་བླ་མ་རིན་པོ་

ཆེའི་མདུན་དུ་བདག་ནམ་འཆི་ངེས་པ་མེད་པས་སྒྲུབ་པ་གཅིག་བྱེད་དགོས་ཞུས་པས། ཁྱོད་ཆུང་ངུ་ནས་ཀྱང་ཆོས་ལ་བློ་འགྲོ་ཞིང་ཁྲིད་བཏབ་ནས་སྒོམ་པས་གོ་བ་དང་ཉམས་མྱོང་བཟང་པོ་བྱུང་སྟེ། སྒོམ་ན་དགེ་སྦྱོར་བཟང་པོ་སྐྱེ་བའི་རིགས་སུ་འདུག །དེ་ཡང་འཇིག་རྟེན་པའི་ནང་དུ་བསྡད་ནས་དེ་དག་དང་སྤྱོད་ལམ་བསྟུན་པས་མི་འོང་། དབེན་པའི་གནས་སུ་གཅིག་པུར་སྡོད་ནས་སྒྲུབ་པ་ཉམས་སུ་ལེན་དགོས་པ་ཡིན། དེ་ཡང་ཆོས་ཤེས་པ་ཙམ་གྱིས་མི་ཆོག་ཉམས་སུ་ལེན་དགོས་པ་ཡིན་ཏེ། བཅོམ་ལྡན་འདས་ཀྱིས་ཆོས་ཤེས་ནས་ཉམས་སུ་མི་ལེན་པ་ནི། སྐྱེས་བུ་ཆུའི་ཁྱེར་ནས་ཆུའི་ནང་དུ་སྐོམ་པས་གདུང་ནས་ཤི་བ་དང་འདྲ། ཞེས་སོགས་དཔེ་དོན་མང་དུ་གསུངས་བས་ཉམས་སུ་ལེན་དགོས་པ་ཡིན། དེ་ཡང་བཀའ་བརྒྱུད་འདི་ལ་བྱིན་རླབས་ཀྱི་བཀའ་བབས་ཆེན་པོ་གཅིག་ཡོད་པས་དམ་ཚིག་ལ་སྐྱོན་བྱུང་ན་མིན་པས་ཉམས་སུ་བླངས་ན་རང་རང་གི་དབང་པོར་མཚམས་པའི་དགེ་སྦྱོར་མི་སྐྱེ་ཟེར་བ་མི་སྲིད། དེས་ན་ཁྱོད་ཀྱིས་བརྩོན་འགྲུས་དྲག་པོ་བསྐྱེད་ལ་བསྒོམ་དང་། དགེ་སྦྱོར་བཟང་པོ་སྐྱེ་བ་ལ་ཆེགས་མེད་པ་ཡིན་པས། སྒྲུབ་པ་གཅིག་བྱེད་པ་ཤིན་ཏུ་འཐད་གསུངས། དེ་ནས་སྣ་སྟོད་གནམ་ལུང་གི་གནམ་ར་འོག་གི་ཕུག་བྱ་བར་སྟོན་གཙང་པ་མི་བདུན་ལ་སོགས་གྲུབ་པ་ཐོབ་པའི་གནས་དེ་ཉིད་དུ་དགུང་ལོ་དགུ་ལོན་པའི་དུས་ནས་བཅོ་བརྒྱད་བར་ལ་འདུག་ཆར་མཛད། ཕྱི་ནང་གི་གཡེང་བ་མེད་པར་བརྩོན་འགྲུས་དྲག་པོ་བསྐྱེད་ནས་རྩེ་གཅིག་ཏུ་བསྒོམས་པས། ཏིང་ངེ་འཛིན་གྱི་འཆར་སྒོ་དང་ཉམས་རྟོགས་ལ་སོགས་པ་ལམ་གྱི་ཡོན་ཏན་དཔག་ཏུ་མེད་པ་ཐུགས་ལ་འཁྲུངས་ཤིང་མངོན་པར་ཤེས་པ་རྒྱ་ཆེན་པོ་མངའ། ཕྱག་རྒྱ་ཆེན་པོ་ལ་མངའ་བརྙེས་ཤིང་གྲུབ་ཐོབ་ཆེན་པོའི་སྙན་པས་ཕྱོགས་ཐམས་ཅད་དུ་ཁྱབ་ཅིང་། མཚན་སློབ་དཔོན་ཕུག་པ་བ་བྱ་བར་གྲགས་ནས། དེ་ཕྱིན་ཆད་སྒོམ་སྟེ་ནང་གི་རི་པའི་བླ་མ་རྣམས་ལ་ཕུག་པ་ཚང་ཟེར་བའི་མཚན་འདོགས་པ་བྱུང་ངོ་། །དེ་ནས་ཚུར་བྱོན་ནས་འབྲི་མདའི་མི་སྡེ་རྣམས་འདུས་ནས་འབུལ་ཞབས་མང་དུ་བྱས་ཤིང་། དེ་དག་ལ་ཁྲིམ་ཆོས་གསུངས་ནས་ངེད་འདིར་བསྡད་པའི་རིང་ལ་དགེ་སྦྱོར་གྱི་བར་ཆད་མ་བྱས་པ་ཤིན་ཏུ་བཟང་། ད་ཡང་བློ་ཕྱག་དཀོན་མཆོག་གསུམ་ལ་གཏད་ཅིང་ཡི་གེ་དྲུག་མ་ལ་འབད་དགོས་པ་ཡིན་གསུངས་པས་བློ་དཀར་པོའི་ཕྱོགས་སུ་འགྱུར་བ་བྱུང་ངོ་། །དེ་ནས་རྩེ་ཆུའི་ཚུར་ཀར་བྱོན་ཏེ། རོ་ལོ་ཁ་ལ་སོགས་སུ་བན་སྐར་མཛད་ནས་བཞུགས་སྟེ་མི་སྡེ་རྣམས་ལ་ཆོས་ཀྱི་འཁོར་ལོ་བསྐོར། དགེ་འདུན་རྣམས་ལ་ཡང་ཁྲིད་ཀྱི་རིམ་པ་དང་གདམས་པ་ཐམས་ཅད་རྫོགས་པར་གསུངས་ཤིང་། ད་ཕྱེད་

རང་རྣམས་ཀྱིས་ཡང་ཉམས་ལེན་ལ་གཙུན། ཆོས་ཐོབ་ནས་ཉམས་སུ་མ་བླངས་ན་པག་ཤིའི་གླུ་དང་ནེ་ཙོའི་འདོན་པ་དང་འདྲ་བས། སློམ་སྒྲུབ་ལ་འབད་པ་ཐོན། ངེད་ཀྱང་རེས་གཅིག་ལོ་བཅུ་གཉིས་སུ་མཚམས་ལ་སྡོད་ཅིང་དགེ་སྦྱོར་བྱེད་པ་ཡིན་གསུངས་ནས། རི་ལོ་ཞུག་ཏུ་ལོ་བཅུ་གཉིས་ལ་བཞུགས་པའི་དམ་བཅའ་མཛད་ཅིང་འདག་ཆར་ལ་བཞུགས་པས་ལོ་བཅུ་གཅིག་ལོན་པའི་དུས་སུ། འཇང་མོའི་ཡོན་བདག་གླེ་པ་དབང་རྒྱལ་བྱ་བ་གཅིག་གིས། གསུང་རབ་ཀྱི་ཆོས་མང་དུ་བཞེངས་ནས་དེ་དག་ལ་ཕྱག་ནས་འཐོར་བ་དང་། མི་སྟེ་རྣམས་ཀྱང་མ་མཇལ་ནས་ལོ་མང་དུ་སོང་བས། ཆོས་ཀྱི་འཁོར་ལོ་བསྐོར་བའི་ཕྱིར་གདན་འདྲེན་དུ་བྱུང་བ་ལས། བླ་མའི་ཞལ་ནས་རང་རེ་སྒྲུབ་པའི་དམ་བཅའ་ལ་ལོ་གཅིག་མ་ཐེམ་པ་ཡིན་ཏེ། ད་ལན་གྱི་ཐད་ནས་གཅིག་ཏུ་ཡོན་བདག་ངོ་གཉེན་པ་དང་། གཉིས་སུ་རྟེན་འབྲེལ་ཐམས་ཅད་འགྲིག་ནས་བྱུང་བ་དང་། གསུམ་དོན་ལ་དུས་ལ་བབས་པའི་རྟགས་འདྲ་བ་འོང་ནས་འདུག་པས་རེ་ཞིག་དེ་ལྟར་བྱས་ན་རུང་གསུངས་ཏེ། དེར་སྐུ་མཚམས་གྲོལ་ནས་བྱོན་ཞིང་ཆོས་རྣམས་ལ་རབ་ཏུ་གནས་པར་མཛད། དེར་ཚོགས་པ་རྣམས་ལ་ཆོས་ཀྱི་འཁོར་ལོ་བསྐོར་བས་མེ་ཏོག་གི་ཆར་འབབ་ཅིང་། ལུང་པ་ཐམས་ཅད་འཇའ་འོད་དཀར་སྟོ་དམར་གསུམ་གྱིས་ཁྲ་ལེམས་སེ་གང་ནས་བྱུང་བས། དེར་མི་སྟེ་ཐམས་ཅད་ཤིན་ཏུ་ངོ་མཚར་བར་གྱུར་ནས། ད་ལན་བླ་མ་རིན་པོ་ཆེ་གདན་དྲངས་པས་ཐམས་ཅད་དྲིན་ཆེ་ཞིང་། ཡོན་བདག་ལ་ཡང་དབང་རྒྱལ་ལྷ་བུའི་དད་པ་ཅན་ཡོད་ཅིང་། ཡོན་བདག་གིས་ཡང་སློབ་དཔོན་ཕྱག་པ་ལྷ་བུའི་བླ་མ་རྟེན་ཅིང་ཐུགས་ཟིན་པས་བསོད་ནམས་བསགས་པ་སྟེ། བླ་མ་ལྷ་པ་ཚང་གི་བརྒྱུད་པ་འདི་ལ་ཐུག་པ་རྣམས་ཁྲུང་གི་ཕྱི་སྟེར་ལ་ཟིན་པ་ཡིན་ཟེར་བའི་གྲགས་པ་ཆེན་པོ་བྱུང་། བླ་མའི་བྱིན་རླབས་ཀྱིས་དབང་རྒྱལ་ལ་བུ་གཅིག་སྐྱེས་པ་ཡང་གླེ་པ་དབང་ཆེན་བྱ་བ་བྱུང་ངོ་། །ཡང་བན་སྨར་གློང་དཀྱིལ་དུ་དབྱར་ངོ་གཅིག་བཞུགས་ནས་སྐྱ་སེར་མང་པོ་ལ་ཕྱག་རྒྱ་ཆེན་པོའི་ཁྲིད་བཏབ་པས། དཔོན་ཐར་(འབྲུ་ཨ་ཡག་ཐར་པ་རྒྱལ་མཚན་ཡིན་ནམ།)རྒྱལ་ལ་སོགས་སེམས་ངོ་འཕྲོད་པ་མང་དུ་བྱུང་ངོ་། །

དེ་ནས་གནམ་ལུང་གི་ར་འོག་ཞུག་ཏུ་སྔར་པ་བཞུགས་ཤིང་དགེ་འདུན་མང་པོ་ལ་རྫོགས་ཆེན། ཕྱག་རྒྱ་ཆེན་པོ། ཆོས་དྲུག །སྦྱོར་དྲུག །ལམ་འབྲས། གཟེར་ལྔ། གཅོད་ཁྲིད་ལ་སོགས་ཁྲིད་དང་གདམ་པ་མང་དུ་བཤད་པས། དགེ་བཤེས་ཟླ་བ་དང་། དགེ་སློང་སངས་རྒྱས་གྲགས་ལ་སོགས་ཕྱག་རྒྱ་ཆེན་པོའི་དགེ་སྦྱོར་སྐྱེས་པ་མང་དུ་བྱུང་ངོ་། །དེ་ནས་སློམ་སྟེའི་བླ་དཔོན་གསེར་དངུལ་རྣམས་ཀྱི་

གནམ་ལུང་ནས་ཚུར་གདན་དྲངས་ཏེ། ཀོ་མཛོ་བྲག་ཏུ་བཞུགས་ནས་ཆོས་གསུངས་ཤིང་། མདོ་ར་ན་གཞན་ཡང་འབའ་སེར་བརྟན་གསུམ་ནག་པང་ཚོ་བརྒྱད་བྲོས་པ་ཤ་ད་ལ་སོགས་དེ་དུས་རྩེ་བླ་བར་ན་ཡོད་པའི་མི་སྡེ་རྣམས་ལ་ཆོས་ཀྱི་འཁོར་ལོ་བསྐོར་ནས་ཚིམ་པར་མཛད་པ་ཡིན། དེ་དུས་ཚུར་ཀོལ་སྣའི་ཕུག་ཏུ་བྱོན་ནས་བཞུགས་ཏེ་གྲྭ་པ་སྐྱོང་ཞིང་ཡོད་པ་ལ། རེས་གཅིག་སྐྱེ་བ་དང་སྐྱེ་ཚུས་གདན་དྲངས་ཤིང་འབྱུལ་ཞབས་མང་དུ་བྱས་ཏེ། བདེ་མཆོག་ལུ་ཧི་པ་དང་ནག་པོ་པ་ལ་སོགས་ཀྱི་གདམས་པ་དང་དབང་བསྐུར་གནང་། གཞན་ཡང་མི་སྡེ་རྣམས་ལ་ཆོས་ལུང་མང་དུ་མཛད་ནས། ཁོ་བོའི་ཀྱང་འབྲི་བླ་བར་གྱི་སེམས་ཅན་ལ་ཆོས་ཀྱིས་ཕན་པར་བྱས་ཤིང་། ད་ལན་འདིར་ཕྱིན་པ་ཡང་གཞན་དོན་གྱི་ཉིང་པ་ཡིན་པས་ཐམས་ཅད་དགེ་བ་ལ་བརྩོན་པར་གྱིས་གསུངས་ནས་ཀོལ་སྣར་བྱོན་ཏེ། དགེ་འདུན་རྣམས་ལ་ཡང་ཞལ་ལྟ་ཞིབ་ཏུ་མཛད། དགུང་ལོ་དྲུག་ཅུ་རྩ་གསུམ་བཞེས་པའི་དུས་སུ། མྱ་ངན་ལས་འདའ་བའི་ཚུལ་བསྟན་པས། སྐུ་གདུང་རིང་བསྲེལ་དང་། ངོ་མཚར་ཅན་གྱི་ལྟས་དུ་མ་དང་ལྡན་པར་གྱུར་ཏོ། །དེ་ལ་བུ་ཆེན་བྱོན་ཚུལ་ཡང་། དབོན་པོ་ཚུལ་ཁྲིམས་རྒྱལ་མཚན། རྟོག་ལྡན་གཞོན་ནུ་འབྱུང་གནས། སངས་རྒྱས་མཐའ་ལྟོས། སེར་ཡེ་རས་པ། གྲུང་པ་རྣལ་འབྱོར་ལ་སོགས་མང་དུ་བྱུང་ཞིང་། དབོན་པོ་ཚུལ་ཁྲིམས་རྒྱལ་མཚན་པ་ནི། བླ་མའི་ནང་རྟེན་དངུལ་སྐུ་ལ་སོགས་གྲུབ་པར་མཛད་ནས་ཁ་རོང་འཛའ་མོས་གདན་དྲངས་ཏེ་བན་སྣར་དང་བཅས་པ་རོ་ལོ་ཕུག་ལ་སོགས་པར་གཙོ་ཆེར་བཞུགས་ནས་གདུལ་བྱའི་དོན་མཛད་པ་ཡིན། དེའི་དབོན་པོ་ཀུན་དགའ་ཚུལ་ཁྲིམས་ཡིན་ཏེ། བླ་མའི་གདན་ས་བཟུང་ཞིང་གཞན་དོན་མཛད་དོ། །

དེའི་དབོན་པོ་བན་སྣར་བཟུང་བའི་དབུ་སེ་བ་དང་། ཚུལ་བློ་བ་སྐུ་མཆེད་ཡིན། བླ་མ་ལྷ་པའི་གདུང་རྒྱུད་འདི་གཉིས་ནས་རྫོགས་པ་ཡིན། དེ་ནས་དེའི་དུས་སུ་ཀརྨ་པ་ཆོས་རྗེ་དེ་བཞིན་གཤེགས་པའི་སློབ་མ་རྨ་སེ་རྟོག་ལྡན་མཚན་བློ་གྲོས་རིན་ཆེན་བྱ་བ། སྐྱེ་བ་སྔ་མའི་དུས་སུ་བླ་མ་ལྷ་པ་ཉིད་ཡིན་པས། དེ་ཉིད་ཕེབས་ནས་རོ་ལོའི་བན་སྣར་རྣམས་བསྡུས་ཤིང་ཟུར་མང་དུ་དགོན་བཏབ་པས་རྟོག་ལྡན་ཡ་བརྒྱད་ལ་སོགས་མང་དུ་བྱུང་ཞིང་། གྲྭ་ལག་དང་བཅས་པ་ད་ལྟ་ཡང་དར་ཞིང་ཡོད་པ་འདི་ཉིད་ཡིན་ནོ། །སངས་རྒྱས་མཐའ་ལྟོས་ནི་སློབ་དཔོན་ཕུག་པའི་མདུན་དུ་གདམས་པ་རྣམས་རྫོགས་པར་ཞུས་ནས་སྒོམ་པས། ཉམས་རྟོགས་ཀྱི་ཡོན་ཏན་དང་ལྡན་ཏེ། སངས་རྒྱས་རྣམས་སེམས་ཅན་མཐའ་ལ་ལྟོས་གསུངས་ནས་བཤུམས་ཏེ་སྙིང་རྗེ་ཆེན་པོ་རྒྱུད་ལ་མངའ་བས། མཚན་སངས་རྒྱས

མཐའ་ལྟོས་བྱ་བར་གྲགས་ཏེ། སྔ་པ་དང་འདྲེན་མའི་ནང་དུ་ཁྲ་ཐེར་ལ་རྟེན་ནས་རི་ཁྲོད་འགྲིམ་ཞིང་གདུལ་བྱ་སྐྱོང་བ་བྱུང་ངོ་། །ཞར་པ་བསོད་ནམས་སེང་གེ་ནི་དེ་ཉིད་ལས་གདམས་པ་མང་དུ་ཞུས་ནས་སྒོམ་པས་ཡོན་ཏན་དང་ལྡན་ཏེ། སླར་ཚང་གི་ཆོས་རྗེའི་འོད་ཟེར་བླ་མ་ལས་ཀྱང་གདམས་པ་མང་དུ་གསན། དེ་ནས་སྒོམ་སྡེ་ནང་དུ་ཚུར་བྱོན་ཞིང་ཀིལ་སྣའི་རྟོག་ལྡན་རིན་པོ་ཆེ་ལས་གདམས་པ་རྣམས་རྫོགས་པར་ཞུས་ནས་རྡ་རོང་དུ་དགོན་བཏབ་ཅིང་འགྲོ་དོན་མཛད་པ་ཡིན་ཏེ། དགོན་པ་སྤྱོས་ནས་ད་ལྟ་ལྷ་སྟེང་དུ་བཏབ་པ་འདི་ཉིད་ཡིན། འདི་པའི་གྲྭ་ལགས་རྨ་ཁྲིམས་དང་བཀྲ་མདོ་དགོན་པ་ལ་སོགས་སོ། །

ཀིལ་སྣའི་དགོན་དུ་རྟོག་ལྡན་གཞོན་ནུ་འབྱུང་གནས་ནི། སློབ་དཔོན་ཕྱུག་པ་ལས་གདམས་པ་ཞུས་ནས་སྒོམ་པས་ཡོན་ཏན་དུ་མ་དང་ལྡན་ཏེ། ཀིལ་སྣའི་དགོན་བཏབ་ནས། སློབ་མ་བསྐྱངས་པས་བུ་ཆེན་རི་པ་བརྩོན་འགྲུས་འབྱུང་བ། ཞར་པ་བསོད་ནམས་སེང་གེ་སེང་གེའི་མཚན་ཅན། ཚུལ་གྲགས་པ། སོ་རག་མཁར་པ། སྟག་བན་ཆོས་རིན། རྟོགས་ལྡན་རིན་ཤེ་ལ་སོགས་སོ། །བརྩོན་འགྲུས་འབྱུང་བ་དང་། ཚུལ་གྲགས་པ་རྣམ་གཉིས་ནི། ཕ་སྤྱུན་སྐུ་མཆེད་ཡིན་ཏེ། གདུང་རུས་ནི་ཁྱུང་པོའོ། །དེ་ཡང་བརྩོན་འགྲུས་འབྱུང་བ་ནི། རྟོག་ལྡན་རིན་པོ་ཆེའི་སྟག་དབོན་ཡིན་ཞིང་། ཀིལ་སྣའི་གདན་ས་མཛད་ནས་གྲྭ་པ་བསྐྱངས་པས་དར་ཞིང་། གཞན་དོན་འཕེལ་བ་བྱུང་ངོ་། །ཚུལ་གྲགས་ཀྱི་དབོན་པོ་སངས་རྒྱས་གྲགས་ཀྱིས་ཡང་དེང་ཐོག་གི་དགོན་པ་བཏབ། སེང་གེ་མཚན་ཅན་གྱིས་ལྷུགས་ཕོ་འབྲུག་ལ་སོ་རག་གི་དགོན་བཏབ་ཅིང་། དེའི་བརྒྱུད་འཛིན་གྱི་སྲས་དམ་པ་ནི། སོ་རག་མཁར་པ་ཡིན་ཏེ། ཡབ་སྲས་དེ་གསུམ་གྱི་ལོ་རྒྱུས་ནི། སོ་སོའི་རྣམ་པར་ཐར་པ་ལས་ཤེས་པར་བྱའོ། །

སྤྱན་སྔ་ལུས་མེད་རྡོ་རྗེའི་སྐུ་རིང་ལ། འབྲོང་（སོག་རག་འབྲོང་པའི་གདུང་རྒྱུད་ནི）པའི་སྒོམ་པ་བཀྲ་ཤིས་རྒྱལ་བྱ་བ་ལ། བུ་གཉིས་ཡོད་པའི་ཆེ་བ་དགེ་སློང་རྡོ་རྗེ་རྒྱལ་མཚན། ཆུང་བ་སྒོམ་པ་ཆོས་སྐྱབས། ཆོས་སྐྱབས་ལ་བུ་བཞི་ཡོད་པའི་ཆེ་བ་ཨ་མཆོད་ཁྲ་མོ། དེ་འོག་དགེ་སློང་ཀུན་བཟང་། དེ་འོག་བླ་མ་དཔལ། ཐ་ཆུང་ནི་ཕག་སྒོམ་བརྩོན་གྲགས་སོ། །བརྩོན་གྲགས་ལ་བུ་ལྔ་ཡོད་པའི་ཆེ་བ་ནི། ཁོ་བ་ཕྱུག་པར་ཤེས་རབ་འོད་ཟེར་ཏེ། དེ་ཉིད་ས་མོ་ཕག་ལ་སྐུ་འཁྲུངས། རྟོག་ལྡན་གཞོན་ནུའི་མཚན་ཅན། ཞར་པ་བསོད་ནམས་སེང་གེ་ཕ་སྤྱུན་གཅེན་པོ་སེང་གེའི་མཚན་ཅན་ཏེ། ཡབ་སྲས་གསུམ་ལས་གདམས་པ་རྣམས་རྫོགས་པར་ཞུས་པས། ཡོན་ཏན་དུ་མ་དང་ལྡན་ཏེ། དགུང་ལོ་ལྔ་བཅུ། ས་ཕོ་ཁྱི་

བའི་ལོ་ལ། ཟླ་སྟོད་དུ་ཁོ་བ་དགོན་བཏབ་ནས། ལོ་བཅུ་བཞིར་བསྐྱངས་ཏེ། དྲུག་ཅུ་རྩ་གསུམ་ལྕགས་མོ་གླང་གི་ལོ་ལ་དེར་མྱ་ངན་ལས་འདས། ཨ་མཆོད་ཁྲ་མོ་ལ་བུ་གཉིས་ཡོད་པའི་ཆེ་བ་སེང་གེའི་མཚན་ཅན། ཆུང་བ་དཀོན་མཆོག་དཔལ། དཀོན་དཔལ་ལ་བུ་གསུམ་ཡོད་པའི་ཆེ་བ་བདག་ཅག་སྟེ། མེ་མོ་གླང་གི་ལོ་པའོ། །འབྲིང་པོ་ཁོ་བ་ཤུག་པ་བ། བསོད་ནམས་སེང་གེ་ནི། ལྕགས་མོ་སྤྲུལ་གྱི་ལོ་པ་སྟེ། ཁོ་བ་ཤུག་པ་དང་སོ་རག་ཤུག་པ་གཉིས་ལས། གདམས་པ་རྣམས་རྫོགས་པར་ཞུས་ནས་ཉི་ཤུ་རྩ་གཅིག་ལྕགས་མོ་གླང་གི་ལོ་ལ་ཁོ་བའི་གདན་ས་མཛད་ནས། ལོ་སུམ་ཅུ་རྩ་ལྔར་བསྐྱངས་པས། དགོན་པ་ཡང་དར་བར་བྱུང་ཞིང་། ལྔ་བཅུ་རྩ་ལྔ་ཤིང་ཕག་གི་ལོ་ལ་འདས། ཆུང་བ་སོ་རག་པ་ཚུལ་ཁྲིམས་རྒྱལ་མཚན། མེ་ཕོ་ཁྱིའི་ལོ་པའོ། །ཉི་ཤུ་རྩ་གཉིས་མེ་མོ་ལུག་གི་ལོ་ལ་སོ་རག་གདན་ས་མཛད་ནས་ད་ལྟ་མེ་ཕོ་བྱི་བའི་ལོ། ལྔ་བཅུ་རྩ་བཞི་ལ་ཞབས་པད་བརྟན་པར་བཞུགས་སོ། །

དེ་ལྟར་རྣམ་པར་ཐར་པའི་རིམ་པ་འདི་དག་ཀྱང་ཡབ་སྲས་བཞི་པོ་འདི་ལ་རྣམ་པར་ཐར་པ་བསྒྲིགས་པ་མི་སྣང་བས། བརྒྱུད་པའི་རྣམ་ཐར་གྱི་བཀའ་མི་འཆད་ཅིང་། ཕྱི་རབས་ཀྱི་བརྒྱུད་འཛིན་དང་བ་འདྲེན་པའི་དོན་དུ་འདི་དག་གི་རྣམ་པར་ཐར་པ་མདོར་བསྡུས་པ་ཙམ་གཅིག་གྱིས་ཟེར་ནས། སོ་རག་གི་མཚམས་པ་རྣམས་ལ་སོགས། འགའ་ཞིག་གིས་ཡང་ཡང་བསྐུལ་བའི་ཕྱིར། སོ་རག་བྲ་བྲལ་གྱིས། མེ་ཕོ་བྱི་བའི་ལོ་ལ་སོ་རག་ཡང་དགོན་བཀྲ་ཤིས་སྒོ་མང་དུ་ཐོ་ཡིག་ཙམ་གཅིག་སྦྱར་བའོ། །སརྦ་མངྒ་ལཾ། །དགེའོ།། །།

༈ སློབ་དཔོན་ཚུལ་ཁྲིམས་ཡེ་ཤེས་ཀྱི་རྣམ་པར་ཐར་པ་དད་གསུམ་ཡིད་ཀྱི་པདྨོ་བཞད་བྱེད་ཟླ་བའི་འཛུམ་ཟེར་བཞུགས་སོ། །

དཔལ་ལྡན་བླ་མ་དམ་པའི་ཞབས་ལ་ཕྱག་འཚལ་ལོ། ཚུལ་ཁྲིམས་རྣམ་པར་དག་པ་པདྨོའི་ཚལ། །ཡེ་ཤེས་ཟེར་གྱིས་ཕྱེ་ལས་བྱུང་བ་ཡི། །སྟོང་ཉིད་སྦྲང་རྩི་སྐལ་ལྡན་བུང་བ་ལ། །དགའ་སྟོན་སྤྱོལ་མཛད་སློབ་དཔོན་ཤུག་པ་བར། །གུས་པས་བཏུད་དེ་ཉེ་བར་ཕྱག་འཚལ་ལོ། །སློབ་དཔོན་ཚུལ་ཁྲིམས་ཡེ་ཤེས་ཀྱི་རྣམ་པར་ཐར་པ་ནི། བླ་མ་ལྷ་པ་རང་གི་རུས་དཔོན་ཡིན་ཞིང་། སྐྱེ་བ་སྔ་མའི་ཆོས་ཀྱི་བག་ཆགས་བཟང་པོ་ཡོད་པའི་དོན་གྱིས། བྱིས་པའི་དུས་ནས་འཇིག་རྟེན་གྱི་བྱ་བ་ལ་བློ་མི་འཇུག་སྟེ། ཆོས་ཀྱི་ཕྱོགས་ལ་བློ་འགྲོ་ཞིང་མོས་པས། ཡི་གེ་ལ་སོགས་ཕྱག་ན་གང་ཕྱིན་འདོན་པ་དང་། ཐུགས་ལ་འཛིན་པ་ལ་བརྩོན་པ་གཅིག་ཡིན་པས་ཆུང་ངུའི་དུས་ནས་ཡང་སློབ་གཉེར་མང་དུ་མཛིན། དེ་ནས་ལྷ་པའི་དྲུང་དུ་བདེ་མཆོག་དང་། དགྱེས་རྡོར་ལ་སོགས་དབང་བསྐུར་མང་དུ་ཞུས་ནས་གསང་མཚན་

ཆོས་དབྱིངས་རྡོ་རྗེ་བྱ་བར་བཏགས། དེ་དག་གི་ལག་ལེན་གྱི་རིམ་པ་དང་། གཞན་ཡང་སྒོམ་སྡེའི་ཆོས་སྤྱོད་ལ་སོགས་མང་པོ་ཐུགས་ལ་བཟུང་ཞིང་དེ་དག་ལ་མཁས་པར་མཛད། དེ་ཡང་དགུང་ལོ་བདུན་བཞེས་པའི་དུས་སུ། རབ་ཏུ་བྱུང་ཞིང་ཚུལ་ཁྲིམས་ཡེ་ཤེས་བྱ་བར་བཏགས། དེ་ཡང་དགུང་ལོ་བརྒྱད་ལོན་པའི་དུས་སུ། ཆོས་དྲུག་དང་ཕྱག་རྒྱ་ཆེན་པོ་ལ་སོགས་ཀྱི་ཁྲིད་ཞུས་ནས་རྩ་ཤིང་བྱས་ཤིང་སྒོམ་པས། གོ་ཉམས་དང་ངེས་ཤེས་བཟང་པོ་སྐྱེས་ཏེ་དེ་ནས་ཐུགས་དགོངས་བཏང་བ་ལ། བདག་ད་ལན་མི་ལུས་རྣམ་པར་དག་པ་ཐོབ་ཅིང་བླ་མ་དམ་པ་དང་མཇལ་ནས་ཆོས་ཀྱི་དབང་ཡོད་པའི་དུས་འདིར་སྒྲུབ་པ་གཅིག་ཅིས་ཀྱང་བྱེད་དགོས། ད་ལན་བླ་མ་དམ་པ་འདིའི་སྐྱབས་ཞབས་སུ་མཐུན་རྐྱེན་ཐམས་ཅད་འཛོམ་པའི་དུས་འདིར། སྒྲུབ་པ་གཅིག་མ་རེད་ན་ད་བྱེད་རེ་ཤི་བསམ་པའི་ཕྱི་བཤོལ་གྱིས་བསམ་པ་བཟང་པོའི་ངང་དུ་ལུས་ནས་འཕྱིས་པས། ནམ་འཆི་ཆ་མེད་པར་འཆི་བའི་དུས་སུ་འགྱོད་པ་སྐྱེས་ཀྱང་མི་ཕན། འཆི་བ་ནི་མཐོ་དམན་རྒས་གཞོན་བཙན་ཕྱུག་འཕན་གསུམ་ཐམས་ཅད་ཀྱི་སྟེང་དུ་འོང་སྟེ། དེའི་དུས་སུ་བཙན་པོའི་དཔུང་གིས་འཐབ་ས་མེད། ཕྱུག་པོའི་ནོར་གྱི་བསླུ་ས་མེད། གཉེན་ཉེ་བཞི་བརྩེ་བ་རྣམས་ཀྱིས་ཁ་ཤུགས་ཙམ་ཡང་བྱེད་ས་མེད་པར། བདག་ཏུ་བཟུང་བའི་ལུས་འདིས་ཕར་བཅད་པ་ཐམས་ཅད་བསྐྱུར་ནས། རང་ཉིད་གཅིག་པུ་མར་ནང་གི་སྐྱུ་བཞིན་གར་འགྲོ་ཆ་མེད་པར་འགྲོ་དགོས། དེའི་དུས་སུ་ཟས་ནོར་ཅི་ཙམ་ཡོད་ཀྱང་བཟུང་ནས་འགྲོ་བའི་དབང་མེད། དེ་ལྟར་ཡིན་པར་རང་གིས་ཡང་ཤེས་ཤིང་གཞན་ལ་ཁས་བཤད་པ་སྨྲད་བྱེད་ཀྱང་། ཚེ་འདིའི་སྣང་ཞེན་ཟས་ནོར་ཁོ་ནའི་རྩོལ་སྒྲུབ་ལ་མི་ཚེ་སྐྱེལ་ཞིང་འཆི་བ་ཡང་མང་། འགའ་ཞིག་ཆོས་བྱེད་ཆོས་ཁོ་ན་ལ་རྒྱས་ཤིང་འཆི་བ་ཡང་མང་། འགའ་ཞིག་རང་རྒྱུད་ལ་མི་ཕན་པའི་སློབ་གཉེར་ཐུན་ཐུན་ལ་མི་ཚེ་སྐྱེལ་ཞིང་འཆི་ཁར་རང་རྒྱུད་ཐ་མལ་དུ་ལུས་ནས་འཆི་བ་ཡང་གདའ་སྟེ། དེ་ཡང་ཆོས་སྡེ་སྣོད་གསུམ་ལ་མཁས་ཀྱང་། དེའི་དོན་ཉམས་སུ་མ་བླངས་ཤིང་ཉོན་མོངས་པའི་གཉེན་པོར་མ་སོང་ན། རང་རྒྱུད་ལ་མི་ཕན་པའི་སྟེང་དུ་འདི་འདྲ་ཤེས་བསམ་པའི་ངའོ་དང་ང་རྒྱལ་གྱི་དྲེགས་པས། གཞན་ལ་སྨྲར་པ་འདེབས་ཤིང་ཆོས་བརྒྱད་ལྷུར་ལེན་ནས། རང་ཉིད་འཆིང་བའི་རྒྱུ་བྱེད་ཅིང་ངན་སོང་དུ་འགྲོ་བར་ཡང་གསུངས་པས། ཤེས་པ་ཙམ་གྱིས་ཀྱང་མི་ཆོག །ཉམས་སུ་ལེན་ཅིང་རང་རྒྱུད་ལ་ཕན་དགོས། དེ་ཡང་སྤྱིར་མི་འཆི་ཞིང་ཆོས་མི་དགོས་བསམ་པ་སྐྱེ་འགྲོའི་སེམས་ཅན་གང་ལ་ཡང་མེད་དེ། འཕྲལ་འཕྲལ་དུ་མི་འཆི་བསམ་པའི་ཕྱི་ཤོལ་དང་ཆོས་གཅིག་རྟིང་དུ་བྱེད་སྣང་ཁོ་ནས

མི་ཆེ་འཇོད་པ་ཡིན་པས། ད་ནི་བདག་ཀྱང་ལེ་ལོ་ལ་མཤོར་བར་མྱུར་དུ་སྒྲུབ་པ་གཅིག་བྱེད་དགོས་སྙམ་ཏེ། དེ་ནས་བླ་མ་རིན་པོ་ཆེའི་མདུན་དུ། བདག་ནམ་འཆི་ངེས་པ་མེད་པས། སྒྲུབ་པ་གཅིག་བྱེད་པ་ཡིན་ཞུས་པས་ཁྱོད་ཆུང་ངུ་ནས་ཀྱང་ཆོས་ལ་བློ་འགྲོ་ཞིང་། ཁྲིད་བཏབ་ནས་བསྒོམས་པས་གོ་བ་དང་ཉམས་མྱོང་བཟང་པོ་བྱུང་སྟེ། སྒོམ་ན་དགེ་སྦྱོར་བཟང་པོ་སྐྱེ་བའི་རིགས་སུ་འདུག །དེ་ཡང་འཇིག་རྟེན་པའི་ནང་དུ་བསྡད་ནས་དེ་དག་དང་སྤྱོད་ལམ་བསྟུན་པས་མི་འོང་། དབེན་པའི་གནས་སུ་གཅིག་པུར་སྡོད་ནས་སྒྲུབ་པ་ཉམས་སུ་ལེན་དགོས་པ་ཡིན། དེ་ཡང་ཆོས་ཤེས་པ་ཙམ་གྱི་མི་ཆོག་ཉམས་སུ་ལེན་དགོས་ཏེ། བཅོམ་ལྡན་འདས་ཀྱིས། ཆོས་ཤེས་ནས་ཉམས་སུ་མ་བླངས་པ་ནི། སྐྱེས་བུ་གཅིག་ཆུས་ཁྱེར་ནས། ཆུའི་ནང་དུ་སྐོམ་པས་གདུང་སྟེ་ཤི་བ་དང་འདྲ། ཞེས་སོགས་དཔེ་དོན་མང་དུ་གསུངས་པས་ཉམས་སུ་ལེན་དགོས་པ་ཡིན། དེ་ཡང་བཀའ་བརྒྱུད་འདི་ལ་བྱིན་རླབས་ཀྱི་བབ་ཆེན་པོ་གཅིག་ཡོད་པས། དམ་ཚིག་ལ་སྐྱོན་བྱུང་ན་མིན་པ་ཉམས་སུ་བླངས་རང་རང་གི་དབང་པོ་དང་འཚམས་པའི་དགེ་སྦྱོར་མི་སྐྱེ་ཟེར་བ་མི་སྲིད། དེས་ན་ཁྱོད་ཀྱང་བརྩོན་འགྲུས་བསྐྱེད་ལ་སྒོམ་དང་དགེ་སྦྱོར་བཟང་པོ་སྐྱེ་བ་ལ་ཚེགས་མེད་པ་ཡིན་ཏེ། སྒྲུབ་པ་གཅིག་བྱེད་པ་ཤིན་ཏུ་འཐད་གསུངས། དེ་ནས་སྣ་སྟོད་གནམ་ལུང་གི་གནམ་ར་འོག་ཕུག་བྱ་བར་སྟོན་གཙང་པ་མི་བདུན་ལ་སོགས་ཀྱི་གྲུབ་པ་ཐོབ་པའི་གནས་དེ་ཉིད་དུ། དགུང་ལོ་དགུ་ལོན་པའི་དུས་ནས་བཅོ་བརྒྱད་ཀྱི་བར་ལ་འདུག་ཆར་མཛད་དེ། ཕྱི་ནང་གི་གཡེང་བ་མེད་པར་བརྩོན་འགྲུས་དྲག་པོ་བསྐྱེད་ནས་རྩེ་གཅིག་ཏུ་བསྒོམས་པས། ཏིང་ངེ་འཛིན་གྱི་འཆར་སྒོ་དང་ཉམས་རྟོགས་ལ་སོགས་པ་ལམ་གྱི་ཡོན་ཏན་དཔག་ཏུ་མེད་པ་ཐུགས་ལ་འཁྲུངས་ཤིང་། མངོན་པར་ཤེས་པ་རྒྱ་ཆེན་པོ་མངའ་སྟེ། ཕྱག་རྒྱ་ཆེན་པོ་ལ་མངའ་བརྙེས་ཤིང་གྲུབ་ཐོབ་ཆེན་པོའི་སྣང་བས་ཕྱོགས་ཐམས་ཅད་དུ་ཁྱབ་སྟེ། མཚན་ཕུག་པ་བྱ་བར་གྲགས་ནས། དེ་ཕྱིན་ཆད་སྒོམ་སྡེའི་ནང་གི་རི་པའི་བླ་མ་རྣམས་ལ་ཕུག་པ་ཚང་ཟེར་བའི་མཚན་འདོགས་པ་བྱུང་ངོ་། །དེ་ནས་ཚུར་བྱོན་ཞིང་འབྲི་མདའི་ནང་གོང་གི་ར་ལམ་ཕུག་བྱ་བར་ལོ་བདུན་འདུག་ཆར་མཛད་ཅིང་། ཐུགས་དམ་ལ་རྩེ་གཅིག་ཏུ་བཞུགས་པ་ཡིན། དེ་ནས་ཚུར་བྱོན་པའི་དུས་སུ་འབྲི་མདའི་མི་སྡེ་རྣམས་འདུས་ནས། འབུལ་ཞབས་མང་དུ་བྱུས་ཤིང་། དེ་དག་ལ་ཁྲིམ་ཆོས་གསུངས་ནས་ངེད་འདིར་བསྡད་པའི་རིང་ལ་དགེ་སྦྱོར་གྱི་བར་ཆད་མ་བྱུས་པ་ཤིན་ཏུ་བཟང་། ད་ཡང་བློ་ཕུག་དཀོན་མཆོག་གསུམ་ལ་གཏད་ཅིང་ཡི་གེ་དྲུག་མ་བགྲངས་བ་ལ་འབད་དགོས་པ་ཡིན

གསུངས་པས་ཐམས་ཅད་བློ་དཀར་པོའི་ཕྱོགས་སུ་འགྱུར་བ་བྱུང་ངོ་། །དེ་ནས་རྩེ་ཆུ་ཕར་ཀར་བྱོན་ཏེ། རོ་ལོ་ཁ་ལ་སོགས་སུ་བན་ཐར་དང་བཅས་པ་བཞུགས་ནས་མི་སྡེ་རྣམས་ལ་ཡང་ཆོས་ཀྱི་འཁོར་ལོ་བསྐོར་ནས། དགེ་འདུན་རྣམས་ལ་ཡང་ཁྲིད་ཀྱི་རིམ་པ་དང་གདམས་པ་རྣམས་རྫོགས་པར་གསུངས་ཤིང་ཁྲིད་རང་རྣམ་པ་ཡང་ཉམས་ལེན་ལ་གཙུན་ཆོས་ཐོས་ནས་ཉམས་སུ་མ་བླངས་པ་པག་ཤིའི་གླུ་དང་ནེ་ཙོའི་འདོན་པ་དང་འདྲ་བས། སྒོམ་སྒྲུབ་ལ་འབད་པ་ཐོན། ངེད་ཀྱང་རེས་གཅིག་ལོ་བཅུ་གཉིས་སུ་འཚམས་ལ་སྡོད་ནས་དགེ་སྦྱོར་བྱེད་པ་ཡིན་གསུངས་ནས། རོ་ལོ་ཕུག་ཏུ་ལོ་བཅུ་གཉིས་ལ་བཞུགས་པའི་དམ་བཅའ་མཛད་ཅིང་འདག་ཆར་དུ་ལོ་བཅུ་གཅིག་ལོན་པའི་དུས་སུ། འཇའ་མོའི་ཡོན་བདག་གླེ་པ་དབང་རྒྱལ་བྱ་བ་གཅིག་གིས། གསུང་རབ་ཀྱི་ཆོས་མང་དུ་བཞེངས་ཏེ་དེ་དག་ལ་ཕྱག་ནས་འཐོར་བ་དང་། མི་སྡེ་རྣམས་ཀྱང་མ་མཇལ་ནས་ལོ་མང་དུ་སོང་བས། ཆོས་ཀྱི་འཁོར་ལོ་བསྐོར་བའི་ཕྱིར་གདན་འདྲེན་བྱས་པ་ལ། བླ་མའི་ཞལ་ནས་རང་རེ་སྒྲུབ་པའི་དམ་བཅའ་ལ་ལོ་གཅིག་མ་ཐེམ་པ་ཡིན་ཏེ། ད་ལན་གྱི་ཐད་ནས་གཅིག་ཏུ་ཡོན་བདག་ངོ་གཉན་པ་དང་། གཉིས་སུ་རྟེན་འབྲེལ་ཐམས་ཅད་འགྲིག་ནས་བྱུང་། གསུམ་དོན་ལ་དུས་ལ་བབས་པའི་རྟགས་འདྲ་བ་འོང་འདུག་པས། རེས་གཅིག་དེ་ལྟར་བྱས་པས་རུང་གསུངས་ཏེ། དེར་སྐུ་མཚམས་གྲོལ་ནས་བྱོན་ཞིང་ཆོས་རྣམས་ལ་རབ་ཏུ་གནས་པ་མཛད། དེར་འཚོགས་པ་རྣམས་ལ་ཆོས་ཀྱི་འཁོར་ལོ་བསྐོར་བས་མེ་ཏོག་གི་ཆར་འབབ་ཅིང་། ལུང་པ་ཐམས་ཅད་འཇའ་སྟོ་དམར་གྱིས་ཁྲ་ལྷེམས་སེ་གང་བ་བྱུང་བས་མི་སྡེ་ཐམས་ཅད་ངོ་མཚར་དུ་གྱུར་ནས། ད་ལན་བླ་མ་རིན་པོ་ཆེ་འདིར་གདན་དྲངས་པས་ཐམས་ཅད་ལ་དྲིན་ཆེ་སྟེ། ཡོན་བདག་ལ་ཡང་དབང་རྒྱལ་ལྷ་བུའི་དད་པ་ཅན་ཡོད་ཅིང་། ཡོན་བདག་གིས་ཀྱང་སློབ་དཔོན་ཕུག་པ་ལྷ་བུའི་བླ་མ་རྙེད་ཅིང་ཐུགས་ཟིན་པ་བསོད་ནམས་བསགས་པ་ཡིན་ཏེ། བླ་མ་ལྷ་པ་ཚང་གི་བརྒྱུད་པ་འདི་ལ་ཐུག་པ་རྣམས་ཁྱུང་གི་ཕྱི་སྟེར་ལ་ཟིན་པ་ཡིན་ཟེར་བའི་གྲགས་པ་ཆེན་པོ་བྱུང་། བླ་མའི་བྱིན་རླབས་ཀྱིས་དབང་རྒྱལ་ལ་བུ་གཅིག་སྐྱེས་པ་ཡང་གླེ་པ་དབང་ཆེན་བྱ་བ་བྱུང་ངོ་། །ཡང་བན་སྣར་གློང་སྐྱིལ་དུ་དབྱར་རོ་གཅིག་བཞུགས་ནས། སྐྱ་སེར་མང་པོ་ལ་ཕྱག་རྒྱ་ཆེན་པོའི་ཁྲིད་བཏབ་པས་དཔོན་ཐར་པ་རྒྱལ་ལ་སོགས་སེམས་ངོ་འཕྲོད་པ་མང་དུ་བྱུང་ངོ་། །དེ་ནས་གནམ་ལུང་གི་རའོག་ཕུག་ཏུ་སྐར་པ་བཞུགས་ཤིང་། དགེ་འདུན་མང་པོ་ལ་རྫོགས་ཆེན་ཕྱག་རྒྱ་ཆེན་པོ་ཆོས་དྲུག་སྦྱོར་དྲུག་ལམ་འབྲས་གཟེར་ལྔ་གཅོད་ཁྲིད་ལ་སོགས་ཁྲིད་དང་གདམས་པ་མང་དུ་བཤད་པས།

དགེ་བཤེས་ཟླ་བ་དང་། དགེ་སློང་སངས་རྒྱས་གྲགས་པ་ལ་སོགས་ཕྱག་རྒྱ་ཆེན་པོའི་དགེ་སྦྱོར་སྐྱེས་པ་མང་དུ་བྱུང་ངོ་། །དེ་ནས་སྒོམ་སྡེའི་བླ་དཔོན་གསེར་དཀྱིལ་རྣམས་ཀྱིས་གནམ་ལུང་ནས་ཚུར་གདན་དྲངས་ཏེ། ཀོ་མཛོ་བྲག་ཏུ་བཞུགས་ནས་ཆོས་གསུངས་ཤིང་། མདོར་ན་གཞན་ཡང་འབལ་སེར་བརྟན་གསུམ། ནག་པང་ཚོ་བརྒྱད། བྲོས་པ་ཤ་ད་ལ་སོགས་དེ་དུས་རྩི་ཟླ་བར་ལ་ཡོད་པའི་མི་སྡེ་རྣམས་ལ་ཆོས་ཀྱི་འཁོར་ལོ་བསྐོར་ནས་ཚིམ་པར་མཛད་པ་ཡིན། དེ་ནས་ཚུར་ཀིལ་སྣའི་ཕུག་ཏུ་བྱོན་ནས་བཞུགས་ཤིང་གྲྭ་པ་སྐྱོང་ཞིང་ཡོད་པ་ལ། རེས་གཅིག་ཀྱི་བོ་དང་ཀྱི་ཙུ་རྣམས་སུ་གདན་དྲངས་ཤིང་འབྲུལ་ཞབས་མང་དུ་བྱས་ཏེ། བདེ་མཆོག་ལུ་ཧི་པ་དང་ནག་པོ་པ་ལ་སོགས་ཀྱི་དབང་བསྐུར་གནང་། གཞན་ཡང་མི་སྡེ་རྣམས་ལ་ཆོས་ལུང་མང་དུ་མཛད་ནས། ཁོ་བོས་ཀྱང་འབྲི་ཟླ་བར་གྱི་སེམས་ཅན་རྣམས་ལ་ཆོས་ཀྱི་ཕན་པར་བྱས་ཤིང་། ད་ལན་འདིར་ཕྱིན་པ་ཡང་གཞན་དོན་གྱི་ཉིང་པ་ཡིན་པས་ཐམས་ཅད་དགེ་བ་ལ་བརྩོན་པར་གྱིས་གསུངས་ནས་ཀིལ་སྣར་བྱོན་ཏེ། དགེ་འདུན་རྣམས་ལ་ཞལ་ཏ་ཞིབ་ཏུ་མཛད་ནས། དགུང་ལོ་དྲུག་ཅུ་རྩ་གསུམ་བཞེས་པའི་དུས་སུ་མྱ་ངན་ལས་འདས་པའི་ཚུལ་བསྟན་པས། སྐུ་གདུང་རིང་བསྲེལ་དང་ངོ་མཚར་ཅན་གྱི་ལྟས་དུ་མ་དང་ལྡན་པར་གྱུར་ཏོ། །དེ་ལ་བུ་ཆེན་ཡང་། དཔོན་པོ་ཚུལ་ཁྲིམས་རྒྱལ་མཚན་རྟོགས་ལྡན་གཞོན་ནུ་འབྱུང་གནས། སངས་རྒྱས་མཐའ་ལྟོས། སེར་ཡེ་རས་པ། གྲུང་པ་རྣལ་འབྱོར་ལ་སོགས་མང་དུ་བྱུང་ཞིང་དཔོན་པོ་ཚུལ་ཁྲིམས་རྒྱལ་མཚན་པ་ནི། བླ་མའི་ནང་རྟེན་དངུལ་སྐུ་ལ་སོགས་གྲུབ་པར་མཛད་ནས། ཁ་རོང་འཛའ་མོས་གདན་དྲངས་ཏེ། བན་སྣར་དང་བཅས་པ་རོ་ལོ་ཕུག་ལ་སོགས་སུ་གཙོ་ཆེར་བཞུགས་ནས། གདུལ་བྱའི་དོན་མཛད་པ་ཡིན། དེས་དཔོན་པོ་ཀུན་དགའ་ཚུལ་ཁྲིམས་ཡིན་ཏེ། བླ་མའི་གདན་ས་བཟུང་ཞིང་གཞན་དོན་མཛད་དོ། །དེའི་དཔོན་པོ་བན་སྣར་བཟུང་བའི་དབུ་སེ་བ་དང་། ཚུལ་བློ་བ་སྐུ་མཆེད་ཡིན་ཏེ། བླ་མ་ལྷ་པའི་གདུང་རྒྱུད་འདི་གཉིས་ནས་རྫོགས་པ་ཡིན་ནོ། །དེའི་དུས་སུ་ཀརྨ་པ་ཆོས་རྗེ་དེ་བཞིན་གཤེགས་པའི་སློབ་མ་རྨ་སེ་རྟོགས་ལྡན་མཚན་བློ་གྲོས་རིན་ཆེན་བྱ་བ། སྐྱེ་བ་སྔ་མའི་དུས་སུ་བླ་མ་ལྷ་པར་གྱུར་པ་དེ་ཉིད་ཕེབས་ནས། རོ་ལོའི་བན་སྣར་རྣམས་བསྡུས་ནས་ཟུར་མང་དུ་དགོན་བཏབ་པས་རྟོགས་ལྡན་ཡ་བརྒྱད་ལ་སོགས་སློབ་མ་མང་དུ་བྱུང་ཞིང་། གྲྭ་ལག་དང་བཅས་པ་ད་ལྟ་ཡང་དར་ཞིང་ཡོད་པ་འདི་ཉིད་ཡིན་ནོ། །སངས་རྒྱས་མཐའ་ལྟོས་ནི། སློབ་དཔོན་ཕུག་པའི་མདུན་ཏུ་གདམས་པ་རྣམས་རྫོགས་པར་ཞུས་ནས་བསྒོམ་པས། ཉམས་རྟོགས་ཀྱི་ཡོན་ཏན་དང་ལྡན་

ཏེ་སངས་རྒྱས་རྣམས་སེམས་ཅན་གྱི་མཐའ་ལ་ལྟོས་གསུངས་ཞིང་བཞུམ་སྟེ་སྙིང་རྗེ་ཆེན་པོ་རྒྱུད་ལ་མངའ་བས། མཚན་སངས་རྒྱས་མཐའ་ལྟོས་བྱ་བར་གྲགས་ཏེ། སྐྱ་པ་དང་འདན་མའི་ནང་དུ་ཁྲ་ཐེར་ལ་བརྟེན་ནས་རི་ཁྲོད་འགྲིམ་ཞིང་གདུལ་བྱ་སྐྱོང་བ་གཅིག་བྱུང་ངོ་། །ཤར་པ་བསོད་ནམས་སེང་ཧ་ནི་དེ་ཉིད་ལས་གདམས་པ་མང་དུ་ཞུས་ནས་སྒོམ་པས་ཡོན་ཏན་དང་ལྡན་ཏེ། སྨར་ཚང་གི་ཆོས་རྗེ་འོད་ཟེར་བླ་མ་ལས་ཡང་གདམས་པ་མང་དུ་གསན། དེ་ནས་སྒོམ་སྡེ་ནང་དུ་ཚུར་བྱོན་ཞིང་ཀིལ་སྣའི་རྟོགས་ལྡན་རིན་པོ་ཆེ་ལས་གདམས་པ་ཐམས་ཅད་རྫོགས་པར་ཞུས་ནས། ཟ་རོང་དུ་དགོན་བཏབ་ཅིང་འགྲོ་དོན་མཛད་པ་ཡིན་ཏེ། དགོན་པ་ཕྱིས་ནི་སྤྱོས་པས་ད་ལྟ་ལྟ་སྟེང་དུ་བཏབ་པ་དེ་ཉིད་ཡིན། འདི་པའི་གྲྭ་ལག་ཀུང་རྨ་ཁྲིམ་དང་བཀྲ་མདོ་དགོན་པ་ལ་སོགས་སོ། །ཀིལ་སྣའི་རྟོགས་ལྡན་གཞོན་ནུ་འབྱུང་གནས་ནི། སློབ་དཔོན་ཤུག་པ་ལས་གདམས་པ་ཞུས་ནས་སྒོམ་པས་ཡོན་ཏན་དུ་མ་དང་ལྡན་ཏེ་ཀིལ་སྣའི་དགོན་བཏབ་ནས་སློབ་མ་བསྐྱངས་པས། བུ་ཆེན་ནི། ཤུག་པ་བརྩོན་འབྱུང་བ། ཚུལ་གྲགས་པ། ཤར་པ་བསོད་ནམས་སེང་གེ་སེང་ཧའི་མཚན་ཅན། སོ་རག་མཁར་པ། སྟག་བན་ཆོས་རིན། རྟོགས་ལྡན་རིན་ཤེ་བ་ལ་སོགས་སོ། །བརྩོན་འབྱུང་བ་དང་། ཚུལ་གྲགས་པ་རྣམ་གཉིས་ནི་ཕ་སྤུན་སྐུ་མཆེད་ཡིན་ཏེ་གདུང་རུས་ནི་ཁྱུང་པོ་འོ། །དེ་ཡང་བརྩོན་འགྲུས་འབྱུང་བ་ནི། རྟོགས་ལྡན་རིན་པོ་ཆེའི་སྟག་དབོན་ཡིན་ཞིང་། ཀིལ་སྣའི་གདན་ས་མཛད་ནས་གྲྭ་པ་བསྐྱངས་པས་དར་ཞིང་གཞན་དོན་འཕེལ་བ་བྱུང་ངོ་། །ཚུལ་གྲགས་པའི་དབོན་པོ་སངས་རྒྱས་གྲགས་ཀྱིས་ཡང་དེང་ཐོག་གི་དགོན་ས་བཏབ། སེང་ཧའི་མཚན་ཅན་གྱིས་ལྕགས་ཕོ་འབྲུག་ལ་སོ་རག་གི་དགོན་བཏབ་ཅིང་དེ་ཡི་བརྒྱུད་འཛིན་གྱི་སྲས་དམ་པ་ནི་སོ་རག་མཁར་པ་ཡིན་ཏེ། ཡབ་སྲས་དེ་གསུམ་གྱི་ལོ་རྒྱུས་ནི་སོ་སོའི་རྣམ་པར་ཐར་པ་ལས་ཤེས་པར་བྱའོ། །སྤྱན་སྔ་ལུས་མེད་རྡོ་རྗེའི་སྐུ་རིང་ལ། འབྲོང་པའི་སྒོམ་པ་བཀྲ་ཤིས་རྒྱལ་བ་བར། བུ་གཉིས་ཡོད་པའི་ཆེ་བ་དགེ་སློང་རྡོ་རྗེ་རྒྱལ་མཚན་ཆུང་བ་སྒོམ་པ་ཆོས་སྐྱབས། ཆོས་སྐྱབས་ལ་བུ་བཞི་ཡོད་པའི་ཆེ་བ་ཨ་མཆོད་ཁྲ་མོ། དེ་འོག་དགེ་སློང་དཀོན་བཟང་། དེ་འོག་བླ་མ་དཔལ། ཐ་ཆུང་ནི་ཕ་སྒོམ་བརྩོན་དྲག་གོ། བརྩོན་དྲག་ལ་བུ་ལྔ་ཡོད་པའི་ཆེ་བ་ཁོ་བ་ཤུག་པ་ཤེས་རབ་འོད་ཟེར་ཏེ། ས་མོ་ཕག་ལ་སྐུ་འཁྲུངས་རྟོགས་ལྡན་གཞོན་ནུའི་མཚན་ཅན། ཤར་པ་བསོད་ནམས་སེང་ཧ། ཕ་སྤུན་གཅིག་པོ་སེང་ཧའི་མཚན་ཅན་ཏེ་ཡབ་སྲས་གསུམ་ལས་གདམས་པ་རྣམས་རྫོགས་པར་ཞུས་པས། ཡོན་ཏན་དུ་མ་དང་ལྡན་ཏེ་དགུང་ལོ་ལྔ་བཅུར་ས་ཕོ་བྱི་

བའི་ལོ་ལ་ཟླ་སྟོད་དུ་ཁོ་བ་དགོན་བཏབ་ནས་ལོ་བཅུ་བཞིར་བསྐྱངས་ཏེ། དྲུག་ཅུ་རྩ་གསུམ་ལྕགས་མོ་གླང་གི་ལོ་ལ་མྱ་ངན་ལས་འདས། ཨ་མཆོད་ཁྲ་མོ་ལ་བུ་གཉིས་ཡོད་པའི་ཆེ་བ་སེང་ཏའི་མཚན་ཅན་དང་། ཆུང་བ་དཀོན་མཆོག་དཔལ་ལ་བུ་གསུམ་ཡོད་པའི་ཆེ་བ་བདག་ཅག་སྐྱེ། མེ་ཕོ་གླང་གི་ལོ་པའོ། །འབྲིང་པོ་ཁོ་བ་ཕུག་པ། བསོད་ནམས་སེང་ཏ་ནི། ལྕགས་མོ་སྦྲུལ་གྱི་ལོ་པ་སྐྱེ། ཁོ་བ་ཕུག་པ་དང་སོ་རག་མཁར་པ་གཉིས་ལས། གདམས་པ་རྣམས་རྫོགས་པར་ཞུས་ནས། ཉི་ཤུ་རྩ་གཅིག་ལྕགས་མོ་གླང་གི་ལོ་ལ་ཁོ་བའི་གདན་ས་མཛད་ནས། ལོ་སུམ་ཅུ་རྩ་ལྔར་བསྐྱངས་པས་དགོན་པ་ཡང་དར་བར་བྱུང་ཞིང་། ལྔ་བཅུ་རྩ་ལྔ་ཤིང་མོ་ཕག་གི་ལོ་ལ་འདས། ཆུང་བ་སོ་རག་པ་ཚུལ་ཁྲིམས་རྒྱལ་མཚན། མེ་ཕོ་ཁྱིའི་ལོ་པ་སྐྱེ། ཉི་ཤུ་རྩ་གཉིས་མེ་མོ་ལུག་གི་ལོ་ལ་སོ་རག་གི་གདན་སར་མཛད་ནས། ད་ལྟ་མེ་ཕོ་བྱི་བའི་ལོ་ལྔ་བཅུ་རྩ་གཅིག་ལ་ཞབས་པད་བརྟེན་པར་བཞུགས་སོ། །དེ་ལྟར་རྣམ་པར་ཐར་པ་མདོར་བསྡུས་པ་འདི་ནི། སོ་རག་བྱ་བྲལ་གྱིས་མེ་ཕོ་བྱི་བའི་ལོ་ལ་སོ་རག་ཡང་དགོན་བཀྲ་ཤིས་སྒོ་མང་དུ་ཐོ་ཡིག་ཙམ་གཅིག་སྦྱར་བའོ།། །།

༄༅། །འབའ་རོམ་བཀའ་བརྒྱུད་དང་ནང་སོ་གཉིས་རི་ཁག་བཅོ་བརྒྱད་ཀྱི་བྱུང་བ་གསལ་བར་བྱེད་པ་སྔོན་མེད་གསར་པའི་རྣམ་ཐར་འདི་ནི་ངག་གི་གཟུགས་བརྙན་དབང་པོའི་ལྟུགས་ཀྱུ་ཞེས་བྱ་བ་བཞུགས་སོ། །

ཨོར་ཙུ་ཀརྨ་རབ་གསལ།

ཨེ་མ་ཆོས་སྐུ་གདོད་ནས་རྣམ་པར་དག་པའི་ཡེ་ཤེས་ཉིད་དེ་གཞོམ་མེད་རྡོ་རྗེ་ཆེན་པོའི་ལམ་དུ་སོང་བའི་མོད་ལ་གསེར་གྱི་རི་བོ་མཐའ་དག་གཅིག་ཏུ་བསྡོམ་པའི་གཟི་བརྗིད་བྱེ་བའི་སྤྲུལ་པ་ལས། །བདག་ཏུ་ལྟ་བ་མཐའ་ཡས་འཇིག་རྟེན་བསོགས་ཀྱིས་སྙིང་ལ་ལེགས་པར་རྒྱན་པའི་མི་ཏོག་མདའ་ཅན་ལག་ཏུ་ཉལ་བའི་རེ་བ་རྫོགས་ནས་ནོར་འཛིན་དཔལ་མོའི་རྒྱན་དུ་བཀླུབས་པར་བྱུས་ཤིང་གདོང་ནི་ས་ལ་དུད། །ཆེན་པོར་མངོན་པར་རློམ་པའི་གཙུག་ན་ཟླ་བས་དྲེགས་པའི་རྒྱ་མཚོ་བསྲུབས་ལས་བྱུང་བའི་མ་རིག་རྟེན་འབྲེལ་བཅུ་གཉིས་རབ་འབར་འོད་བྱེད་བདག་པོ་བྱེ་བ་ཕྲག་དང་ཆགས་བྱེད་དུང་ཕྱུར་ཕྱོགས་ཀུན་དཀྲིག་པ་ནི། །ཀུན་ཏུ་སྣང་བའི་གོ་སྐབས་འཕྲོག་ཅིང་བདེ་བས་འཕོངས་པའི་འགྲོ་བ་རྣམས་ལ་སྲིད་དང་ཞི་བའི་གནས་ལས་དབེན་པར་བྱེད་པའི་ཡང་དག་ལམ་མཆོག་སྟོན་པར་བྱེད་གང་ཀརྨ་པ་སྟེ་རྫོགས་པའི་སངས་རྒྱས་ལ་ཕྱག་འཚལ། །བདེ་ཆེན་ཡན་ལག་བདུན་གྱི་འགྲོས་གཉིས་ཀྱི། །ཕྲུང་སྔོན་སྐྱེས་ཀྱི་ཟློས་གར་བསྒྱུར་བྱེད་ཅིང་། །མངོན་ཞེན་མཚན་མོ་མཆོག་གི་དགྲ་བཅོམ་པ། །པད་མོའི་གཉེན་ཏེ་འབའ་རོམ་བཀའ་བརྒྱུད་བསྟོད། །ཀུན་རྫོབ་ལས་ཀྱི་རླུང་རྣམས་དབུ་མར་ཚུད། །ཨེ་ཝཾ་སྟོང་ཆེན་འགྱུར་མེད་བདེ་བ་ཆེ། །བདེ་བ་ཆེན་དེས་ཡེ་ཤེས་རོལ་པ་ལས། །འཕྲུལ་པ་རྟད་ནས་གཙོད་མཛད་བླ་མར་འདུད། །རྒྱ་མཚོ་དང་ནི་ཆུ་བོ་ཆེ། །འགྲོ་འདིས་སྔོན་ནས་མང་བཏུས་མོད། །ད་དུང་ཅི་ཙམ་བླང་གྱུར་ཀྱང་། །ཟད་པ་མེད་པར་གྱུར་བ་བཞིན། །ཚུལ་འདི

དད་ལྡན་རྣམས་ཀྱིས་ནི། །སྟོན་ནས་མང་དུ་སྨྲ་མོད་ཀྱང་། །ལེགས་བཤད་མཁས་པའི་སྤྱི་ནོར་ཏེ། །ཅུང་ཟད་འཆད་ལ་སྤྲོ་བ་སྐྱེས། །མཁའ་ལས་མཐའ་དབུས་མེད་གྱུར་ཀྱང་། །བྱིས་པ་སོ་སྐྱེའི་རྣམ་རྟོག་བློས། །ནམ་མཁའི་དཀྱིལ་ནི་འདི་ཡིན་ཞེས། །མཛུབ་མོས་མཚོན་པ་བྱེད་པ་དེ། །བཀའ་བརྒྱུད་བླ་མའི་རྣམ་ཐར་མཆོག །གཞལ་བྱ་བྲལ་ཕྱིར་སུ་ཡིས་སྤྱོབས། །འདི་གང་ཙམ་ལ་མཐུས་པའི་ཚུལ། །བརྗོད་པར་བྱ་ལ་སྤྲོ་བ་སྐྱེས། །ཆོས་ཉིད་ལྟ་བས་ངོམས་པ་མེད་པའི་གཙུག་ཏོར་ཁྱོད་ཀྱི་དབུ་ལ་མཚར་དུ་མངའ་བ་ན། །དེ་བཞིན་གཤེགས་པ་ཤཱཀྱ་ཐུབ་ཆེན་སྟེང་དུ་ཕྱོགས་ཀྱང་ཆེའི་ལྷག་མཐའ་དང་བྲལ་ཞེས་ཚངས་པའི་གནས་སུ་འགོད། །འཇིག་རྟེན་འཇིག་རྟེན་ལས་འདས་དེ་བཞིན་གཤེགས་རྣམས་རང་གི་བླ་བོར་གྱུར་པ་མ་རྟེད་ནས། །བླ་མེད་དབྱིངས་ནས་དངོས་གྲུབ་སེང་ཆེན་གད་རྒྱངས་བཞད་མཛད་འབའ་རོམ་བཀའ་བརྒྱུད་བསྟོད། །

འབའ་རོམ་བཀའ་བརྒྱུད་ཀྱི་རྣམ་ཐར་ཉུང་ངུར་འདུས་པ་གཅིག་བྲི་བར་བྱ་སྟེ། རྗེ་དྭགས་པོ་རིན་པོ་ཆེའི་རྒྱུད་འཛིན་གྱི་སྲས་བཞི་ཡི་མཆོག་ཏུ་གྱུར་པ་རྗེ་འབའ་རོམ་པ་འཁྲུངས་ཡུལ་འཕན་ཡུལ་ཡུང་བ། གདུང་ནི་བྲན་ཀ་ཡབ་གནས་བརྟན་སྟོན་པ། ཡུམ་ལོ་ཆུང་མ་གཉིས་ཀྱི་སྲས་སུ་མེ་ལུག་ལ་འཁྲུངས། དགུང་ལོ་བདུན་གྱི་དུས་མཁའ་འགྲོ་མས་རྒྱུད་བསྐུལ་བས་རྗེ་དྭགས་པོ་རིན་པོ་ཆེན་མཇལ་འདོད་པ་བྱུང་། དགུང་ལོ་བརྒྱད་ལ་མཁན་པོ་སྣ་བ་པ་དང་། སློབ་དཔོན་དབང་ཕྱུག་གཞོན་ནུ་གཉིས་ལས་རབ་ཏུ་བྱུང་། མཚན་དར་མ་དབང་ཕྱུག་ཏུ་གསོལ། སློབ་དཔོན་དབང་ཕྱུག་གཞོན་ནུས་ཆོས་སྐྱོང་གི་གཏོར་དབང་མཛད། ཞལ་ནས་ཆོས་སྐྱོང་ཀྱང་ཁྱོད་དང་ལུས་དང་གྲིབ་མ་བཞིན་དུ་འགྲོགས་པ་དང་སྙན་གྲགས་ཀྱང་ཆེན་པོ་འོང་བར་གདའ་གསུངས། དེ་ནས་སྤྲུལ་པའི་རྣལ་འབྱོར་པ་གཅིག་གིས་དྭགས་པོ་རིན་པོ་ཆེ་སངས་རྒྱས་འཇིག་རྟེན་དུ་བྱོན་པ་ཡིན་ཞེས་སོགས་བསྔགས་པ་དུ་མ་མཛད་ནས་སྒམ་པོར་ཁྲིད་དེ་མི་སྣང་བར་སོང་། ཆོས་རྗེ་རིན་པོ་ཆེ་མཇལ་ཇ་དང་གསེར་ཡོད་པ་ཕུལ། ཚེ་འདིར་སངས་རྒྱས་པའི་ཆོས་གཅིག་ཐུགས་ལ་འདོག་དགོས་ཞུས་པས་དེ་ཙུག་བྱ་ཡི་གསུངས། རྒྱུན་དུ་ཆོས་རྗེ་རིན་པོ་ཆེའི་ཞབས་ཁ་བ་མཛད། རིན་པོ་ཆེའི་ཞབས་པས་སྤྱོད་པ་ལ་མ་ལྟུང་བར་རྩལ་གྱིས་བླངས་པ་སོགས་སྐུ་སྲོག་གི་བར་ཆད་ཆེན་པོ་བཞི་བསལ། མོས་གུས་ལ་རྒྱུན་ཆད་མེད། ཆོས་རྗེ་རིན་པོ་ཆེས་ཁྱོད་ལ་ཁྲིད་འདེབས་ཀྱི་གསུངས་ནས་རྟེན་འབྲེལ་མཛད་པ་ཙམ་གྱིས་ཉིན་མཚན་དབྱེར་མེད་ཀྱི་སྒྱུ་ལུས་འཁྲུངས། ཅིག་ཅར་དུ་བྱིན་རླབས་ཞུགས། རྐྱེན་ངན་གྲོགས་སུ་ཤར། སྣང་སེམས

གཉིས་སུ་མེད་ཅིང་དབྱེར་མེད་ཆོས་སྐུར་གསལ། སྒོམ་བྱ་སྒོམ་བྱེད་སྟོར། རྟོགས་པའི་གདེང་དང་ལྡན། གཞུག་མ་ལྷན་ཅིག་སྐྱེས། གཞན་དོན་ལྷུན་གྱིས་གྲུབ། བརྟས་མཚོན་དུ་མེད་པའི་རྟོགས་པ་གཤའ་མ་གཅིག་ཤར། རྟོག་པ་འདི་ལྟ་བུ་ཤར་ཞུས་པས། རིན་པོ་ཆེ་ཞལ་ནས་དེ་དག་ཡིན་གསུངས་ཤིང་ངོ་སྤྲོད་རྒྱས་པ་གཅིག་གནང་། རྗེ་མི་ལ་དང་མཁའ་འགྲོ་མས་ལུང་བསྟན་པ་བཞིན་མགུར་དཔག་ཏུ་མེད་པ་མཛད། ཚོགས་འཁོར་མཛད་པའི་དུས་ཆོས་རྗེ་རིན་པོ་ཆེའི་ཞལ་ནས་སྒོམ་ཆེན་པ་བྱ་བ་ལ་ཉམས་མྱོང་ནང་ནས་ཤར་བའི་མགུར་དགོས་པས། ཁྱོད་ཀྱི་གྲེ་བ་འདི་རྫོགས་པའི་སངས་རྒྱས་མི་ལའི་དབྱངས་དང་འདྲ་བར་འདུག་པས་རྟོགས་པ་དོན་གྱི་མགུར་གྱིས་གསུངས་ནས་མཛད་པས། ཆོས་རྗེ་རིན་པོ་ཆེ་རྫོགས་པའི་སངས་རྒྱས་མིའི་གཟུགས་ཅན་དེའི་མགུར་དང་འདྲ་བར་འདུག་གསུངས་ཤིང་ཕྱག་ཐལ་མོ་སྦྱར་དབུ་འདུད་པ་དང་སྤྱན་ཆ་ཡང་འབྱོན། ཉིན་གཅིག་རིན་པོ་ཆེའི་ཞལ་ནས་ང་རང་གི་དཔེ་ཁྲུག་ཁྱེར་ཤོག་དཔེ་ཆ་ཡོད་ཚད་ཁྱོད་ལ་སྟེར། བྱང་འབའ་རོམ་བྱ་བ་ཧེ་སེ་ནས་གངས་རྒྱུད་མ་ཆད་པ་གནོད་སྦྱིན་གངས་བ་བཟང་པོའི་གནས་དེ་ར་སོང་ལ་སྒྲུབ་པ་གྱིས་དང་གདུལ་བྱ་ཡོད་གསུངས་ཤིང་ཕྱག་དཔེ་དང་གསེར་སྲང་གང་གནང་བས། རང་སེམས་བླ་མར་ཤར་ཙ་ན། །ཡིག་ནག་དཔེ་ཆས་དགོས་པ་མེད། །ཅེས་སོགས་དགོས་མེད་ཉེར་གཉིས་ཀྱི་མགུར་ཕུལ་ཞིང་གཞན་དོན་བྱེད་བསམ་མེད་པས་ཕྱག་དཔེ་མི་དགོས། གསེར་ཡར་ལ་འབུལ་རིན་པོ་ཆེའི་སྐུ་མ་ཡལ་བར་ཞབས་ཏོག་སྒྲུབ་ཞུས་པས། ཤིན་ཏུ་མཉེས། ཁྱོད་ལ་གསེར་འབུལ་མཁན་མང་པོ་ཡོང་གསུངས། དེ་ནས་ཞག་སོ་གཉིས་ནས་ཆོས་རྗེ་རིན་པོ་མྱ་ངན་ལས་འདའ་བའི་ཚུལ་བསྟན། གདུང་འབུམ་གྲུབ་པར་མཛད་དེ་འབའ་རོམ་དུ་བྱོན་ནས་ལོ་བཅུ་གཉིས་ལ་སྒྲུབ་པ་རྩེ་གཅིག་ཏུ་མཛད། གནོད་སྦྱིན་རྣམས་ཀྱིས་ཆོས་ཞུས་པ་དང་སྒྲུབ་རྒྱགས་སྐྱེལ། ལྷ་འདྲེ་འབྲུགས་པའི་འདུམ་མཛད། ཁམས་སུ་ཕེབས་ལམ་ཧ་རི་སྣར་གར་མཛད་པས་ཞབས་རྗེས་བྱོན། རྩེ་རྒྱུད་ཀོ་མཛོ་བྲག་ལ་ལོ་མང་དུ་བཞུགས། གྲུབ་ཆེན་བརྒྱད་ཅུ་ཞལ་གཟིགས། ཐུགས་དམ་ལ་བོག་ཆེ། འགྲོ་རྣམས་སྨིན་གྲོལ་ལ་བཀོད། ཁམས་ནས་ཡར་ཕེབས་འབའ་རོམ་དུ་ལོ་བཅུ་གསུམ་ལ་ཚོགས་པ་བསྐྱངས། ཉིན་གཅིག་བྲག་དམར་རྫོང་ཆེན་མདུན་གྱི་ནམ་མཁའ་ལ་རིན་པོ་ཆེ་འབའ་རོམ་པ་སྐུ་སྟོང་ལས་ཆེ་བ་གཟི་བརྗིད་འོད་དུ་འབར་བ་དབུ་ལ་རྨ་བྱའི་གདུགས་འཁོར་བ་ཐམས་ཅད་ཀྱིས་མཐོང་། གཟིམ་དཀྱིལ་ནའང་གཅིག་བཞུགས་འདུག །གཞན་ཡང་འཁོར་རྣམས་ཀྱི་སྣང་བ་ལ། ཐུབ་པའི་སྐུ་དང་། རྡོ་རྗེ་འཆང་དང་། ཧེ་རུ་ཀ་དང་། རྣལ་

འཁོར་མ་སོགས་དང་། བཀའ་ཆོས་འཆད་པའི་དུས་སྐུ་ཡི་བཀོད་པ་མི་འདྲ་བ་དུ་མ་དང་། འབར་བ་དང་སྐུ་མི་སྣང་ཞིང་གསུངས་འཁྲོན་པ་ལ་སོགས་པ་རྫུ་འཕྲུལ་བསམ་ལས་འདས། སྐྱོ་དུ་སྐམ་བྲག་བྱ་བར་ཕྱག་མཁར་བཙུགས་པས་ཆུ་བཟོལ། བླ་མ་རིན་པོ་ཆེའི་དེའི་སྐུ་ཡི་ཡོན་ཏན་ལ་ཕྱག་ཞབས་འཁོར་ལོའི་རྒྱན་པ་ཐུགས་ཀར་དཔལ་བེའུ་ཤིན་ཏུ་གསལ་བ། ཕྱག་གཡོན་པའི་སྲིན་ལག་གི་རྩ་བར་ཧཱུཾ་སྤྱུ་ཤད་ཀྱིས་བྲིས་པ་ཙམ་སོགས་ཀུན་གྱིས་མཐོང་བར་ཡོད། བདེ་མཆོག་ལྷ་དྲུག་ཅུ་རྩ་གཉིས་ཀྱི་ཞལ་གཟིགས་བསྟོད་པ་ལྷ་བབས་ཚངས་པའི་དབྱངས་བྱ་བ་མཛད། དགུང་ལོ་བདུན་བཅུ་རྩ་གཉིས་ཀྱི་བར་དུ་འགྲོ་དོན་དཔག་མེད་མཛད་ནས་རྟག་འཛིན་ཅན་རྣམས་སྐྱིད་ལུག་པར་བྱ་བའི་ཆེད་དུ་ཞག་ལྔ་དྲུག་གི་བར་དུ་སྣང་བ་དང་འདུས་པའི་ཚོགས་ལ་ཞལ་ཏ་ཞིབ་ཏུ་གནང་ཞིང་ས་རི་བླ་བའི་ཆོས་གཉིས་ཀྱི་ནུབ་མོ་མྱ་ངན་ལས་འདས།

ཆོས་བཅུ་ལ་ཞུགས་ཕྱུལ་ངོ་མཚར་བའི་ལྟས་དུ་མ་བྱུང་། སྒྲོལ་མའི་སྐུ་དང་རིང་བསྲེལ་ཀྱང་མཐའ་ཡས། མཛད་ཆོས། བདེ་མཆོག་དང་། ཕག་མོའི་སྒྲུབ་སྐོར། ཆོས་དྲུག་ཁྲིད་ཡིག །གཞན་ཆོས་བཅུ་གསུམ། བསྟོད་ཚོགས། ཞལ་གདམས་སྐོར། ཇོ་རྗེའི་མགུར་སོགས་མང་དུ་མཛད། སློབ་མ་དུ་མ་བྱུང་བའི་ནང་ནས། བུ་ཆེན་བཞི་ནི། རྩེ་རོམ་དབང་ཕྱུག་སེང་གེ་བྲན་ཀ་ཇོ་བཙུན་ནམ་མཁའ། བླ་མ་ལྷོ་པ། སྟོན་པ་རིན་ཆེན་བླ་མ་དང་བཞི། ཐུགས་སྲས་བཞི་ནི། འབྲི་གུང་རིན་ཆེན་དཔལ། བླ་མ་ཉིན་མགོན་པ། བླ་མ་དཔལ་རྒྱལ། བླ་མ་སེང་གེ་རྒྱལ་མཚན་དང་བཞི། རྒྱུད་འཛིན་གྱི་སྲས་གཉིས་ནི། རིགས་དཔོན་ཤེས་རབ་བྱུང་ཆུབ། འགྲོ་མགོན་ཧེ་ཤྲཱི་ཤེས་རབ་སེང་གེ་དང་གཉིས་སོགས་བགྲང་གིས་མི་ལང་བ་བྱོན།

བརྒྱུད་འཛིན་གྱི་གཙོ་བོ་ནི་འགྲོ་བའི་མགོན་པོ་ཧེ་ཤྲཱི་རས་ཆེན་ཏེ། སྐུ་འཁྲུངས་པའི་ཡུལ་ནི་འདམ་ཤོད་སྣར་མོ། ཡབ་དར་ཁྲ་བོ། ཡུམ་སྐྱ་བཟའ་ཀླུ་འབུམ་གཉིས་ཀྱི་སྲས་སུ་སྤྲེལ་ལོ་ལ་འཁྲུངས། གདུང་ནི་གདོང་དང་སྟོང་གཉིས་ལས་སྟོང་ཡིན། ལེ་གྲུ་བོན་པོས་རྩིས་བྱས་པས་བན་དེ་བཟང་པོ་ཡོང་བར་འདུག་ཟེར། མཚན་ཧོར་གྲགས། དགུང་ལོ་བདུན་ནས་ཀློག་ཚེགས་མེད་མཁྱེན། བཅུ་གསུམ་བཞེས་ཙན་བླ་མ་རིན་པོ་ཆེ་འབའ་རོམ་པའི་སྐུ་ཆེ་བའི་སྙན་པ་ཐོས་ནས་མཇལ་སྙམ་པའི་ལུས་ཀྱི་བ་སྤུ་ལྡང་། དུས་ཞིག་གི་ཚེ་བླ་མ་འབའ་རོམ་པ་མདོ་ཁམས་ཕྱོགས་ཀྱི་རྩེ་བར་ན་བཞུགས་པ་ཐོས་པས་མཇལ་དུ་བྱོན། དད་པ་བསམ་གྱིས་མི་ཁྱབ་པ་བྱུང་། རུ་བར་གདན་དྲངས་བར་ཡབ་

གྱིས་ཆིབས་བཟང་བ་ལ་ཁོང་བསྐྱོན། དར་ཡུག་ནོར་སྣལ་དང་བཅས་པ་ཕུལ། འོན་ཀྱང་བླ་མ་རིན་པོ་ཆེ་འབའ་རོམ་པ་མདོ་ཁམས་སྨད་དུ་ཕེབས་པའི་ཕྱག་ཕྱིར་འབྲང་བ་ནི་མ་བྱུང་། དགུང་ལོ་བཅོ་ལྔ་ལ་མཚལ་དུ་ཞང་རིན་པོ་ཆེ་མཇལ་དུ་བྱོན། འཁྲུགས་པ་མཛད་པའི་སྐབས་སུ་མཇལ་བས་ཁྱོད་ཀྱིས་ང་ཡི་འཁྲུགས་པ་བྱེད་རོགས་དགོས་གསུངས་ཤིང་ཁོང་གིས་སྐུ་རྡོ་འགའ་རེ་འཕངས་འཁྲུགས་པ་རྒྱལ་བ་དང་། ངས་ཇི་ལྟར་བྱས་ཀྱང་ཕྱག་རྒྱ་ཆེན་པོ་ལས་མ་འདས་གསུངས་པས་དེ་མ་ཐག་བྱིན་བརླབས་ཞུགས་རང་སེམས་ངོ་འཕྲོད། ཡི་དམ་ལྷའི་བསྐྱེད་རིམ་ཆོས་སྐྱོང་ཕྱག་བཞི་པའི་དབང་སྒྲུབ་ཐབས་གནང་ཁྱོད་ལ་ཕན་ཐོགས་པར་ཡོང་གསུངས། དབང་བསྐུར་ཞིག་མཛད་དུས་ཡེ་ཤེས་པ་ཕེབས་རྟགས་སུ་འཕར་ནས་ནམ་མཁའ་ལ་འདུག་པ་བྱུང་། ཉིད་ཀྱི་མཛད་པའི་ལམ་མཆོག་མཐར་ཐུག་གི་ཁྲིད་སོགས་གདམས་ངག་ཚང་སྦྲུགས་སུ་གནང་ལོ་གསུམ་ལ་བསྙེན། ཉིན་མཚན་མེད་པར་ཕྱག་ཆེན་གྱི་དུས་གདའ། སངས་རྒྱས་སྒོམ་པ་དང་མཇལ་བདག་ལ་མིང་གཅིག་གནང་དགོས་ཞུས་པས། ཤེས་རབ་སེང་གེ་བྱ་བར་ཐོགས་གསུངས། ཆོས་དྲུག་ཕྱག་ཆེན་སོགས་ཞུས་ལོ་གསུམ་བསྙེན་གདམས་ངག་གི་ཕུ་ཐག་བཅད། སྟག་ལུང་དུ་བྱོན་ཐང་པ་དང་མཇལ། མི་ལོང་ལྔ་སྐོར་དང་ཕག་གྲུའི་བཀའ་འབུམ་ལུང་ཞུས། བདེ་གསལ་གྱི་རྟོག་པའི་ཉམས་སྐྱེས། འབའ་རོམ་དུ་བྱོན་ནས་བྲག་རྩ་ཞིག་ཏུ་བདེ་མཆོག་དང་ཕྱག་བཞི་བའི་སྒྲུབ་པ་མཛད། ལས་མགོན་ལ་ནག་པོ་སྟོང་གི་བསྐོར་བ་ཞལ་གཟིགས།

དེ་ནས་བླ་མ་རིན་པོ་ཆེ་འབའ་རོམ་པ་ཁམས་ནས་ཡར་ཕེབས། མདུན་དུ་ཕྱག་འབུལ་ལ་བྱོན་པས་ཐུགས་དགྱེས་མཛད། ཉེར་ལྔའི་དུས་རབ་ཏུ་བྱུང་། བླ་མ་རིན་པོ་ཆེས་ཕྱག་རྒྱ་ཆེན་པོའི་ཁྲིད་གནང་། ངོ་སྤྲོད་རྒྱས་པ་ཞིག་མཛད་ནས་ཞག་བཞི་ནས་ཕྱག་རྒྱ་ཆེན་པོ་མཉམ་རྗེས་འདྲེས་པའི་རྟོགས་པ་ནམ་མཁའ་དང་མཉམ་པ་འཁྲུངས། བླ་མ་རིན་པོ་ཆེ་འབའ་རོམ་འདི་ཉིད་སངས་རྒྱས་དངོས་ཡིན་སྙམ་པའི་ངེས་ཤེས་སྐྱེས། ཕྱི་ཉིན་རིན་པོ་ཆེ་ནས་སྤྱན་སྔར་བྱོན་མ་ཐག་མ་ཞུས་པར་སྔར་གྱི་རྟོགས་པ་དེ་ཇི་ལྟ་བ་བཞིན་དུ་ངོ་སྤྲོད་མཛད། དབང་དང་ལུང་སོགས་བུམ་པ་གང་བྱོའི་ཚུལ་དུ་གནང་། འབྲི་གུང་ལ་བྱོན་དགོན་པ་མཐོང་མ་ཐག་ཕྱག་འཚལ་མོས་གུས་བྱས་པས་དགོན་དེ་བདེ་མཆོག་ལྷ་དྲུག་བཅུ་རྩ་གཉིས་སུ་ཞལ་གཟིགས། སྐྱོབ་པ་རིན་པོ་ཆེ་དང་མཇལ། ལྔ་ལྡན་དང་ལམ་འབྲས་སོགས་གསན། ལོ་གཅིག་བཞུགས། རིན་པོ་ཆེ་ཐག་མ་བའི་དྲུང་དུ་བསྙེན་རྫོགས་མཛད།

འདུལ་བ་སོགས་གསན། དེ་ནས་འབབ་རོམ་དུ་བྱོན་ནས་བཞུགས་པའི་དུས། ཉིན་ཞིག་སེ་ཐུང་བ་རལ་གྲུ་སེར་པོ་དང་ཞྭ་མོ་ཅོག་ཅོག་གྱོན་པ་ཞིག་བྱུང་། གང་ནས་འོང་བྱས་པས། མདོ་སྨད་ནས་འོང་ཟེར། ཅི་ཡང་མ་དྲིས་ཡང་མི་ཉག་རྒྱལ་པོ་འདས་ནས་དེའི་སྲས་གྲུབ་ཆེན་མ་ཧེ་གིའི་སྐྱེ་བར་གྲགས་པ་ཆོས་རྒྱལ་ཐས་ཧུ་བྲ་བ་རྒྱལ་ས་འཕོས་ནས་ཡོད། ཁོང་བསོད་ནམས་ཀྱང་ཆེ་སྙེ་ཟེར་གར་སོང་ཆ་མེད། གསན་མ་ཐག ཡུལ་མདོ་སྟོད་གྲལ་མཁར་ན་འབྲུངས་པའི་རམ་འདུས་སོགས་ཞེས་བྱ་བ་སྐྱེ་བ་དྲན་པ་ཞིག་དབུས་སུ་བྱོན། དྭགས་པོ་རིན་པོ་ཆེའི་སྙན་པ་ཐོས་པ་ཙམ་གྱིས་ལུས་སེམས་ཞིག་སོང་། དེ་ནུབ་བུད་མེད་གཅིག་གིས་ཁྱོད་དྭགས་པོ་ཅན་དུ་འགྲོ་ན་ང་ཕྱིར་སླེག་ཟེར་བའི་ཉམས་བྱུང་། ཅི་བྱས་མ་དྲན་པར་སྐམ་པོའི་རི་རྩར་སླེབས་འདུག །ཉི་མ་ཤར་བ་དང་རི་ལ་འཛེག་སྐེ་བྱོན་པས་རིན་པོ་ཆེའི་རྩ་སྒྲིལ་སྒོར་ཕྱིན། ནང་དུ་གློག་འདོན་གྱི་སྒྲ་ཞིག་འདུག །ནང་དུ་བཏོལ་ཏེ་ཕྱིན་པས། རིན་པོ་ཆེ་དབུ་ཟེལ་པ་ཁྲིམ་མེ་སྒོམ་ཐག་ཕྱག་རྒྱ་དང་བཅས་ཏེ་འདུག །མདུན་དུ་དགེ་སློང་བཞི་བརྒྱད་སྟོང་པའི་གླེགས་བམ་ཞིག་ཀློག་གནང་འདུག །བྱང་ཆུབ་ཆེན་པོའི་མཆོད་སྟོང་མདུན་དུ་མཆོད་པ་ལྔ་ཚར་གཅིག་འདུག །གཡོན་དུ་དར་དམར་ཡོལ་བའི་ནང་དུ་སྒྲ་བྲ་མོ་ཞིག་གྲགས། དེའི་ཚེ་ཉེ་གནས་ལེགས་མཛེས་མདུན་དུ་ཡོང་ནས་འདི་ཞུ་སྐ་གཅིག་མེད་པར་ཡོང་བ། ད་སྒོར་སོང་ཟེར་ཕྱིར་བསྒྲད། སྒོར་ཕྱིན་པ་དང་བསམ་མནོ་ཐམས་ཅད་བརྗེད་དེ་ཅི་ཡང་མ་དྲན། ཕྱིར་ནང་རིན་པོ་ཆེ་མཇལ་དུ་འགྲོ་སྐམ་ཡང་ལུས་སེམས་ཡེ་ནས་བཤིག་མ་ཐུབ་ནས་དཀྱུང་བདུན་འདས་པའི་ནང་མོ་སྐྲག་དངངས་ཆེན་པོ་ཞིག་དང་བཅས་རིན་པོ་ཆེའི་མདུན་དུ་སླེབས། བཀོད་པ་རྣམས་སྔར་བཞིན་འདུག །ཁྱུང་ཚངས་པ་བྱོན་ནས་དར་དམར་གྱི་ཡོལ་བ་དེ་བཏེགས་ནས་སོང་བས་མི་རྐང་ཁྲིའུ་ཁར་བུད་མེད་དམར་མོ་གཅེར་བུ་ཀ་པཱ་ལ་མི་ལྤགས་ཀྱི་གཡོག་པ་ལ་རྒྱུད་མང་གི་སྒྲ་འབྱིན་པ་ཞིག་མི་དཔྱུང་དཀྱིལ་ན་འདུག །དེའི་མོད་ལ་སྒོམ་མེད་ཀྱི་རྟོགས་པ་ཤར། ཕྱིས་མི་ཉག་རྒྱལ་པོའི་གདན་དྲངས་ནས་ང་ལ་སྟེག་པོ་ཆེ་ལ་ཡེ་ཤེས་སྐྱེ་བའི་ཚིག་ཏུ་མ་སོང་བ་སྦྲོས་པའི་ཐབས་མ་ཡིན་པ་དགོས་གསུངས་པ་ལ། འདུས་སྟོན་པས་བདག་གི་བླ་མ་རྗེས་ཚིག་གཅིག་ཀྱང་མ་གསུངས་པས་ཁྱོད་ལ་ཆོས་གཅིག་ཀྱང་བཤད་རྒྱུ་མེད། འོན་ཀྱང་ངས་དཀྱིལ་འཁོར་ཞིག་སྟོན། ཁྱོད་རང་ཡིད་མིག་ཀླུང་གསུམ་གཏོད་བྱས་ནས། སྔར་གྱི་བཀོད་པ་དེ་ཧེ་ལྷ་བུར་མཛད་པས། རྒྱལ་པོ་ལ་ཉམས་བཞི་སྐྱེས། དྭགས་པོ་སྐུ་འདྲ་ནམ་མཁའ་དང་འདྲེས། འདུས་སྟོན་པ་འོད་ཀྱི་ཕུང་པོར་ཡལ། གློག་གི་སྒྲས་ཕྱི་ནང་འདར་བར་བྱས། པི་ཝང་གི་སྒྲས་སེམས་ཞིག་པའི་མོད་ལ་ལྷག་མཐོང་གི་ཡེ་ཤེས་སྐྱེས། རྒྱལ་པོ་ཡང་བཙུན་མོ་རྒྱལ་རྒྱུད་བློན་པོ་དང་བཅས་པ་ལ་མཛད། ཕྱིས་འདིའི་ལོ་རྒྱུས་དང་བཅས་པ་མི་ཉག་རྒྱལ་པོས་རྗེ་དུས་མཁྱེན་གདན་འདྲེན་པ་ན། ང་རང་རྒྱུད་བཅས་བློན་པོ་དང་བཅས་པ་ལ་ཡེ་ཤེས་སྐྱེས་པ་ཞིག་ཡིན། ད་ལྟ་ཁྱོད་ཕེབས་ན་མི་ཉག་རྒྱལ་ཁམས་འདིར་བྱ་ཁྱི་ཚུན་ཕུང་པོ་ལྷག་མེད་གཅིག་ཡོང་བར་འདུག་ཞེས་ཞུ་ཕྲིན་ཕུལ་ནས་རྗེ་ཉིད་མ་ཕེབས་ན། རྒྱལ་པོ་གྲུབ་ཆེན་མ་ཧེ་གྷིའི་སྐྱེ་བ་ཡིན་གསུངས་ཤིང་དགེ་བཤེས་ཙང་པོ་བ་བཏང་ནས་རྒྱལ་ཁམས་ཆོས་ལ་བཀོད། ཕྱིས་ཏི་ཤྲཱི་རས་པ་ཕེབས་དུས་ཀྱང་རྒྱལ་པོས་འདི་ཡི་ཕྱག་ལེན་མ་ཉམས་པ་མཛད། མཆན། །འབྱོན་འདོད་པ་གཅིག་བྱུང་། གཟིམ་ཡང་མ་བྱུང་། ཕྱི་ཉིན་བླ་མ་རིན་པོ་ཆེ་འབབ་

རོམ་པ་ལ། བདག་མདོ་སྨད་དང་མི་ཉག་ཡུལ་དུ་འགྲོ་ཞུས་པས་བཀས་གནང་། བླ་མ་རིན་པོ་ཆེས་ཚེམས་གཅིག་དང་རྟེན་དུ་གནང་ནས་འགྲོ་གྲབས་བྱས། སྤྱིར་འབའ་རོམ་དུ་ལོ་བདུན་བཞུགས། ཡོས་ལོ་ཟླ་བ་བརྒྱད་པའི་ཚེས་བཅུ་བདུན་ལ་འགྲོ་བའི་གྲོགས་པོ་འགའ་བྱུང་བ་དང་འགྲོགས་ནས་དངུལ་ཁ་འཛི་སྣེ་སུམ་མེད་རྒྱུད་ཀླུས་ཐུབ་གྲོགས་པོ་ཞིག་གིས་རྩར་ཟླ་བ་གསུམ་བཞུགས། རྡོ་རྗེ་ཕག་མོས་ཞལ་གཟིགས། གྱིང་ཐང་བརྒྱད་འདན་ཀློང་ཐང་དུ་ཕེབས་རྟེན་འབྲེལ་ངན་པ་ཞིག་བྱུང་ནས་ཡར་ཕེབས་སྐམ་པ་ལ། རྒྱལ་ཆེན་རྣམ་སྲས་ཞར་དུ་གཟིགས་ནས་ངའི་ཕོ་བྲང་དུ་ཕེབས་ཟེར་ནས་བཞུད་དོ། །

དེ་ནས་རེ་ཁ་དང་དབང་གྲོང་དུ་ཕེབས། རྟ་མགྲིན་ཞལ་གཟིགས། ཏེ་རོང་རྒྱུད། ཙནྡྲི་ཀ་ཞལ་གཟིགས། ལིང་ཚུར་བྱོན། རྒྱལ་པོས་གསན་ཏེ་གསེར་ཡིག་པས་ཞུ་བསྐོར། ཆུ་ཤིང་འཛོམས་སར་དགོན་པ་ཟུངས་ཞེས་པའི་བཀའ་བྱུང་། དགུང་ལོ་སོ་ལྔ་ལ་ཀམ་ཚུ་གུ་རུབ་དགོན་བཏབ། ཧྥ་ཧིར་རྒྱལ་པོ་མཛལ་དུ་བྱོན། རྒྱལ་པོ་ཕྱ་(འགའ)མཁར་དུ་ཕེབས། དེར་གཟི་འགའ་དགོན་བཏབ། ལོ་ཕྱེད་གསུམ་ནས་དགེ་འདུན་པ་ཉིས་སྟོང་ལྷག་འཚོགས་པ་བྱུང་། མཁར་ལུང་ཤེས་རབ་ཉི་མའི་སྡེ་ལྷ་ལུང་། ར་དགོན་བླ་ཆེན་དགོན། བྱར་ས་དགོན་སོགས་སྒྲུབ་གྲྭ་དུ་མ་བཏབ། གྲྭ་ཚོགས་ཀུང་ཁྲི་ཕྲག་ལྷག་ཙམ་བྱུང་། རྒྱལ་པོས་ཕྱའི་(འགའ)ཕོ་བྲང་སྤྱན་དྲངས་བསྙེན་བཀུར་ཟླ་མེད་བྱས། རྒྱལ་པོ་སྟོང་བའི་སྐུ་རིམ་ལུང་བསྟན་མཛད་པས་ཚུང་ཞིག་དང་། སྟོང་སང་ཧོར་གྱིས་འཇིགས་པར་གྱུར་སྐྱོན་མེད་གསུངས་པས་ཆེར་དད་ནས་འབུལ་བ་མཛད། དེ་ནས་ཆོས་རྒྱལ་ཐའི་ཏྲའི་རྒྱལ་སྲིད་བཏང་ནས་སྲས་རྒྱལ་བུ་རྒྱལ་རྒོད་རྒྱལ་སར་བཏོན།

དུས་རེ་ཞིག་ཧོར་དམག་གིས་ཕྱ་(འགའ)མཁར་བསྐོར་བ་དང་། ཆུས་ཕོ་བྲང་འཇིགས་ལ་ཉེ་བའི་ཚེ་རྒྱལ་པོ་ཤིན་ཏུ་ཁྲེད་པ་ལ་མི་འཇིགས་པའི་དབུགས་འབྱིན་པ་དང་། དམག་ཟློག་གི་གཏོར་ཆེན་འཕེན་སྐབས་བསྐུལ་བ་དུར་ཁྲོད་བསིལ་བ་ཚལ་ལ་གྱེར་རིང་མཛད། དེའི་དུས་མགོན་པོ་ཕྱག་བཞི་པ་ལས་མགོན་གཉིས་བཅས་གཙོ་འཁོར་གསུམ་ཞལ་གཟིགས། (ཕྱ་མཁར་མར་གྲགས་པ་དེང་སང་གི་བར་དུ་ཡོད་མཆན།)གཅིག་གིས་མཆུ་ལ་གཅིག་གིས་ཕྱག་འཇུས་ནས་ཐང་དང་ལས་རིང་བར་འདུག་གསུངས་པས། སྐབས་འདིར་རིང་དགོས་པར་འདུག་གསུངས། ཆུ་རལ་ཞིང་ཐམས་ཅད་ཁྱེར་ནས་ཧོར་དམག་ཕམ། རྒྱལ་པོ་རྒྱལ་རྒོད་ཤིན་ཏུ་དད་དེ་དབང་བསྐུར་ཞུས། ཏི་ཤྲཱི་ཞེས་བོད་སྐད་དུ་རྒྱལ

པོའི་སྤྱི་བོ་ནས་དབང་བསྐུར་བའི་བླ་མ་ཞེས་པ་སྟེ། ཏི་ཤྲཱི་ལས་ཀ་དང་། འབའ་རོམ་ཤེལ་སྐུ་དང་། བཻཊཱུརྻའི་གླེགས་བམ་སོགས་འབུལ་བ་བསམ་གྱིས་མི་ཁྱབ་པ་ཕུལ་ཞིང་རྟག་པར་བཞུགས་པར་ཞུས་ཀྱང་མ་གནང་སྟེ། དགུང་ལོ་རེ་གསུམ་གྱི་ཐོག་བོད་དུ་ཡར་ཕེབས། འབབ་ཐང་མུ་གསར་མ་ལ་སོགས་བྱང་ལམ་རྒྱུད་དེ་འབའ་རོམ་དུ་ཕེབས། བསུ་བ་སེར་སྦྲེང་མཛད། གདན་ས་པ་དཔོན་པོ་རིན་པོ་ཆེ་ལ་འབུལ་བ་དཔག་མེད་དང་འདུས་པ་ལ་སྤྱི་འགྱེད་མཛད། འབྲི་སྟག་གི་འདུམ་དང་གདན་ས་པ་རྣམས་ལ་འབུལ་བ་དང་ཆོས་འབྲེལ་གནང་། ཀླུ་མ་དྲོས་གཟི་ཅན་ཞལ་གཟིགས། མཚལ་དུ་ཕེབས་བསུ་བའི་བཀོད་པ་དཔེ་མེད་མཛད། མཚལ་པའི་དགེ་འདུན་རྣམས་ལ་བཀའ་ཆོས་གནང་འགྱེད་མཛད། མདོ་ཁམས་ཕྱོགས་སུ་ཕེབས། ལམ་དུ་པེ་རིས་གདན་དྲངས། སྒམ་ན་ཕེབས་བཀའ་བརྒྱུད་བླ་མའི་ཞལ་གཟིགས། རོག་སྤྲར་ན་མོ་ཆེར་ཡེ་ཤེས་མགོན་པོ་ཞལ་གཟིགས། རོ་གད་གཞུང་ན་འཕགས་པ་སྤྱན་རས་གཟིགས། བདེ་མཆོག་གི་ལྷ་ཚོགས་དང་འོག་མིན་གྱི་ཞིང་ཁམས་མཇལ། ཟླ་ཉིན་ལུགས་སྒང་གྲོང་མོ་ཆེར་ཕེབས། ཇོ་བོ་ཧེ་རུ་ཀ་འཁོར་མ་འཁོར་དང་བཅས་པས་ཞལ་གཟིགས། བླ་མ་རིན་པོ་ཆེའི་གནས་ཀོ་མཇོ་དགོན་མཇལ་དུ་ཕེབས། འབའ་རོམ་པའི་སྐུ་དྲིན་དྲན་པའི་བསྟོད་པ་ཡང་མཛད། དེའི་དུས་ན་བུ་སློབ་ཀུན་ལ་ང་ལ་དྲིན་ཐུབ་ཀྱི་བླ་མ་ལྔ་ཡོད། སེམས་ཉིད་ཡིད་བཞིན་ནུ་ཪ་སྤྲད་པ་དེ་སངས་རྒྱས་འབའ་རོམ་པ་ཆེན་པོའི་བཀའ་དྲིན་ཡིན། ལྷ་བ་ནམ་མཁའ་ལ་མདུང་སྐོར་བ་འདྲ་བ་ཡོད་པ་དེ་ཞང་རིན་པོ་ཆེའི་བཀའ་དྲིན་ཡིན། གསང་སྔགས་ཀྱི་ཆོས་ལ་རང་བྱིན་ཆུད་པ་ཞིག་ཡོད་པ་དེ་སངས་རྒྱས་སྒོམ་པའི་བཀའ་དྲིན་ཡིན། རྟེན་འབྲེལ་ཕྱོགས་མེད་དུ་སྒྲིག་ཤེས་པ་ཞིག་ཡོད་པ་དེ་འབྲི་གུང་རིན་པོ་ཆེའི་བཀའ་དྲིན་ཡིན། མོས་གུས་ལ་རྒྱུན་ཆད་མེད་པ་ཞིག་ཡོད་པ་དེ་སྟག་ལུང་རིན་པོ་ཆེ་བཀའ་དྲིན་ཡིན། དེ་ལྟར་རྩ་བའི་བླ་མ་ལྔ་སྤྱི་བོར་བསྒོམས་པའི་བཏང་དང་ཞུ་རྩེ་ལྔ་དབུ་ལ་མནབས་པ་ཡིན་གསུངས། འགྲོ་བ་རྣམས་སྨིན་གྲོལ་ལ་བཀོད། ཚུར་ཕེབས་ནས་སྐྱོ་གཞུང་ན་མོ་ཆེར་སྐར་བཏབ། ཉིན་ཞིག་སློན་དཔོན་གཙང་པོ། མཁན་པོ་རབ་སྦྲེང་། རོང་ཁ་མཁན་པོ། དགོན་པ་བ་སོགས་དགེ་འདུན་མང་བར་བཞུགས་པ་ལ་གཟིམ་གྱུར་གཤམ་ཁྲིག་གསུངས་ནས། མཐའ་འདིར་ལུགས་རི་ཆེན་པོ་ཞིག་གིས་བསྐོར་ནས་འདུག་ཨེ་མཐོང་གསུངས། གཟིམ་གཡོག་ཤེས་རབ་རྡོ་རྗེ་ལ། འདིར་གཙུག་ལག་ཁང་དང་སྒྲུབ་པ་པོ་སེམས་ཅན་ལ་ཕན་ཐོགས་པ་མང་པོ་ཡོང་བར་འདུག །ཁོ་བོས་དེ་སྐད་ཟེར་ཀྱིས་ལ་བྲག་རྩ་ཆུ་མི་ཕོག་སར་ཡིག་གེར་ཐོབ་

གསུངས། བྱང་དུ་འབོད་པ་རྣམས་ལ། འདིར་དགོན་པ་ཆེན་པོ་འབྱུང་གི་དང་པོ་སངས་རྒྱས་ཀྱི་སྤྲུལ་གནས། བར་དུ་སྟོང་འདུས་ཆེན་མོ། ཐ་མར་ཧག་པའི་སྐྱང་ལུང་ཡོང་བར་འདུག་གསུངས། ཡུན་ཙི་ཙམ་གནས་ཞུས་པས། ཡུན་འཕྲིང་ཙམ་ལས་གནས། སྟར་ཞང་རིན་པོ་ཆེས་འབྲུགས་པ་བྱེད་དགོས་གསུངས་པ་ལ་ཁོ་བོས་མ་བྱས་པ་དང་། འདིར་ཕྱིན་དུས་ཕ་གིར་རྒྱང་ཕོ་རང་གཉིས་རྩོད་པར་འདུག་པས། དེའི་རྗེན་འབྲེལ་གྱི་མཐར་གདན་ས་གཉིས་སུ་གྱེས་ནས་འཛིག་སླ་བར་འདུག་གསུངས། ཡུལ་དེའི་གཞི་བདག་རྗེ་དང་པ་ཡིན་ཟེར་བའི་ན་སོ་ཚུང་རྒན་པ་དར་གྱི་ལ་ཐོད་བཅིངས་པ་ཆོས་རྒྱུས་ཞིབ་པ་ཞིག་གིས་ཆོས་ཞུས། དེར་བཞུགས་རིང་བུ་སློབ་རྣམས་ལ་ཆོས་མང་དུ་གནང་། ཁྱད་པར་དུ་འང་འོ་སློལ་རྣམས་མར་མེ་སྣུམ་ཟད་པ་དང་རྫིང་གི་ལྷག་ཆུ་ཆད་པ་འདྲ་གསུངས་ནས་མི་རྟག་པའི་ཆོས་དུ་མ་དང་། ངག་རཡོད་ཀྱང་ཁྱེད་རྣམས་ཀྱིས་ཅི་བྱེད་ལྟ་བ་ཡིན་གསུངས། ཚུང་ཟད་སྐུ་ཁམས་མ་བདེ་ནས་སྐུ་མཚམས་ཀྱི་ཚུལ་དུ་བཞུགས་པ་དང་། རྩེ་པ་དང་བེ་རི་མ་འགྲིག་ནས་ཡོད་པས་ཕེབས་དགོས་ཟེར་བའི་གདན་ཞུས་པ་བྱུང་དང་། བུ་སློབ་རྣམས་ཀྱིས་ཀྱང་མི་ཕེབས་པར་ཞུས་ནའང་ཁོང་རྣམས་ལ་ཕན་ན་ང་མ་བདེ་བས་མི་ལྟོ་གསུངས་ཏེ་ཕེབས། འབྲུགས་པ་བསྡུམ། སྐུ་ཁམས་དྭངས་སྐྱིད་མ་བྱུང་ཞིང་། སྐུ་རིམ་མང་རབ་དང་འདུས་པའི་ཚོགས་ཀྱི་བསྟན་བཞུགས་འབུལ་བ་སོགས་མཛད། ཀོ་མཇོ་ཕུག་མཛལ་དུ་ཕེབས། དེར་བཞུགས་རིང་བུ་སློབ་རྣམས་ལ་ཆོས་མང་དུ་གནང་། ཁྱད་པར་དེར་འདུས་སྐྱེ་བོ་རྣམས་ལ་ཞལ་ཏ་གནང་། ཕེབས་ཁར་བླ་མ་རིན་པོ་ཆེའི་འབའ་རོམ་པའི་བཞུགས་གནས་ལ་སྨོས་དང་ཡན་ལག་བདུན་པ་ཕུལ། སྐྱོ་དུ་རོང་ཁར་ཕེབས་ཏེ་དགུང་ལོ་བདུན་ཅུ་རྩ་གསུམ་བཞེས་སྤྲེལ་ལོ་ཟླ་བ་ལྔ་པའི་ཚེས་གཅིག་ནུབ་མོར། སྐར་མ་ལག་སོར་ཤར་རིའི་ལྟག་གི་བྱུང་བ་དང་། གཟུགས་སྐུའི་དཀྱིལ་འཁོར་བསྡུས། གདུང་གདན་དྲངས་ནས་རས་པ་དཀར་པོས་དབུ་མཛད་བུ་སློབ་རྣམས་ཀྱིས། ན་མོ་གུ་རུ། སེམས་སྐྱེ་མེད་ཆོས་སྐུའི་ཕོ་བྲང་ནས། །ཞེས་སོགས་གསོལ་འདེབས་རྩེ་གཅིག་ཏུ་བྱས་ནས་ཆུ་བརྒྱལ་བས་ཟླ་ཚུ་ཤེལ་ཏུ་གྱུར་པར་ཡོད་ཀྱང་། ཡར་ཆད་ཕྱིར་ཆད་རེད་ནས། བར་དུ་གདུང་དང་སྐར་པ་འཁྲོན་ཆོག་པ་བྱུང་སྟེ། མེར་ཆེན་ཞོལ་དུ་སྤྱངས། དེའི་ཚེ་དུད་པའི་ནང་ན་རིན་པོ་ཆེས་དབུ་ཞྭ་རྩེ་ལྔ་བཞེས་ནས་ནམ་མཁའ་ལ་བཞུད་པ་སོགས་དག་པའི་མཐོང་སྣང་མཐའ་ཡས།

ཐུགས་ལྡགས་སྤྱན་གསུམ་དང་བདེ་མཆོག་དུང་དཀར་རིང་བསྲེལ་སོགས་དཔག་མེད་བྱོན་རྗེ་

འགྲོ་བའི་མགོན་པོ་དེ་ཉིད་ཀྱི་གསུང་ཡིག་རིམ་སུ་འཁོད་པ་ལ། བཀའ་བརྒྱུད་གསེར་ཕྲེང་། འབའ་རོམ་འབྲི་ཁུང་སྟག་ལུང་གསུམ་གྱི་རྣམ་ཐར་ཡིད་བཞིན་ནོར་བུ། བདེ་མཆོག་རྒྱ་ལོ་ལུགས་ཀྱི་བསྒྲུབ་སྐོར། ནཱ་ལུགས་ཕག་མོ་ལྷ་བདུན་མའི་སྒྲུབ་སྐོར། བདེ་མཆོག་ཚོགས་འཁོར་ནང་མཆོད། ཆོས་དྲུག་དང་ཕྱག་ཆེན་གྱི་སྐོར། ལམ་གཅིག་ཆོད་ཀྱི་གདམ་པ། རབ་གནས་ཆོག །མགོན་པོ་ཕྱག་བཞི་པའི་སྒྲུབ་སྐོར། ཚེ་སྒྲུབ་མདོས་སྐོར། ས་སྐྱ་པཎྜི་ཏ་ལ་གདམས་པ་སོགས་ཞལ་གདམས་ཀྱི་སྐོར། རྡོ་རྗེའི་མགུར་སོགས་པུ་སྟི་བཞི་ཙམ་མཛད། སློབ་མ་ཡང་སྤྱན་སྔ་རས་པ་དཀར་པོ། གུར་དཀར་བ། ས་པན། རིག་དབོན་བཟང་སྐྱོང་། ཡུལ་སྐྱོང་ཆེན་པོ། མཁན་པོ་རབ་སྦྲེང་། སྐྱི་ཤོད་པ། མང་སྒོམ་རས་པ། ཤེས་རབ་རྡོ་རྗེ། དགེ་བཤེས་གཙང་པོ། རོང་ཁ་མཁན་པོ། རྗེ་སྲས། བྲ་བོ་དབང་ཕྱུག །སྤྲད། རྒྱ་སྒོམ་པ། དགེ་སློང་གྲགས་ཡེ་སོགས་བསམ་གྱིས་མི་ཁྱབ་པ་བྱུང་ངོ་། །

གུར་དཀར་བ་ནི་ཧི་ཤྲཱི་རས་ཆེན་གྱིས་རྗེས་སུ་བཟུང་། ཕྱག་ཆེན་གྱི་རྟོགས་པ་བརྙེས། དམུ་རྒྱུའི་ནད་བྱུང་བའི་ཚེ་དགོངས་པ་ལ་བླ་མ་རིན་པོ་ཆེ་ནི་མི་བཞུགས། ནད་སེལ་ཐབས་ཕྱོགས་འདིར་མེད་པས་དབུས་གཙང་དུ་བླ་མ་གཅིག་བཙལ་དགོས་དགོངས་ཏེ་མགོ་རྫུའི་ཁེ་ནང་བར་ཕེབས། དེར་སྤྱན་སྔ་རས་པ་དཀར་པོས་བཤོལ་བཏབ་ཅིང་ནད་སེལ་ཐབས་དབུས་གཙང་མི་དགོས་བླ་མ་རིན་པོ་ཆེའི་གདམས་པ་བདག་ལ་ཡོད་གསུངས་ནས་སྟན་སྟེང་དུ་བཞུགས་བཙལ་ཏེ་འཁྲུལ་འཁོར་བསྟན་པས་བ་སྤུའི་བུ་ག་ཐམས་ཅད་ནས་སེབ་སེབ་ཕྱིར་ཐོན་ཅིང་སྟུང་སངས། སླར་རྗེ་རས་དཀར་ལ་གདམས་པའི་ཞུ་ཐག་བཅད། སློབ་མ་ཨ་རོམ་སངས་རྒྱས། རུས་དབོན་ཤེས་རབ་གླུ། རིན་ཆེན་གླུ་སོགས་ཏེ་ནང་ཆེན་ནང་གི་སྤྲུགས་པ་རྣམས་བྱུང་ངོ་། །

མང་སྒོམ་རས་པ་ནི་འགྲོ་མགོན་ཧི་ཤྲཱི་ལས་གདམ་པ་རྫོགས་པར་གསན། ཤར་གླིང་ཆེན་མོར་བཞུགས། ཕྱིས་རས་པ་དཀར་པོ་ལས་ཆོས་ཀྱི་ལྷག་མ་མ་ལུས་པ་གསན། ལྷས་བཟང་དང་བཅས་ཏེ་གཤེགས། རྒྱུད་འཛིན་གྱི་ཐུགས་སྲས་ནི་སྤྱན་སྔ་རས་པ་དཀར་པོ་ཡིན། སྐུ་བལྟམས་པའི་ཡུལ་མེ་ཉག་ཐྱ〔འགའ〕། རུས་ཕྱེད་བུ། ས་ཕོ་རྟ་ལ་སྐུ་བལྟམས། ཆུང་ངུའི་དུས་ནས་ཆོས་ལ་ཐུགས་འགྲོ་ཞིང་ཁྲི་མོའི་གཏམ་ལ་སོགས་འཇིག་རྟེན་བྱ་བ་མི་མཛད། བླ་མ་རིན་པོ་ཆེའི་མཚན་ཐོས་པ་ཙམ་གྱིས་ཆོས་ཞིག་བྱ་སྙམ་པ་རྒྱུད་ལ་སྐྱེས། ནམ་ཞིག་གི་ཚེ་འཇིག་རྟེན་གྱི་དངོས་པོ་རྒྱ་ཆེ་བ་བསྣམས་ཏེ་བླ་མ་རིན་པོ་ཆེ་ཧི་ཤྲཱིའི་དྲུང་དུ་བྱོན་ནས་འབུལ་བ་དཔག་ཏུ་མེད་པ་ཕུལ། བླ་མ་རིན་པོ་ཆེས་ཀྱང་སྟོད་ལྷན་གྱི་

སློབ་མར་དགོངས་ཏེ་ཐུགས་དགྱེས་ཆེར་མཛད། འབྲལ་མི་ཕོད་པ་ལྟ་བུའི་མོས་གུས་བསམ་ལས་འདས་པ་བྱུང་། མཁན་སློབ་དགེ་འདུན་དང་བཅས་པའི་དབུས་སུ་རབ་ཏུ་བྱུང་ཞིང་བསྙེན་པར་རྫོགས། མཚན་ཤེས་རབ་བྱང་ཆུབ། ཕྱི་ནང་གི་ཆོས་ཐམས་ཅད་ལ་གསན་སྦྱོང་དཔག་ཏུ་མེད་པ་མཛད། ཁྱད་པར་ནཱ་རོ་ཆོས་དྲུག་དང་ཕྱག་ཆེན་གྱི་ཁྲིད་མཛད་པ་ཙམ་གྱིས་རྟོགས་པ་ཅིག་ཅར་དུ་སྐྱེས། རྩེ་གཅིག་ཏུ་བསྒོམས་པས་རྩ་རླུང་ལ་རང་དབང་ཐོབ་ཅིང་གནད་དུ་བསྣུན་ཏེ་བྱང་སེམས་སྐུ་ལུས་ལ་ཁྱིམས་པས་ཞལ་རས་བཅོ་ལྔའི་ཟླ་བ་ཉ་རྒྱས་པ་ལྟར་ ༼སྐྱི་ལྷག་ལ་ནས་ཕེབས་དུས་བཅོ་ལྔའི་ཟླ་བ་ཤར་བ་ལྟར་དང་ལམ་གྱི་འབྱུང་བ་སྐུ་འབུམ་དགོན་ནས་མཇལ་བ་ཞིག་ཡོད་ཅེས་ཐུར་ཀྱི་ཡིག་རྙིང་ཐམས་ཅད་ན་འདུག །མཆན།༽ངང་ལམ་མེ་ཡོད་པས་དེའི་དོན་གྱི་མཚན་རས་པ་དཀར་པོ་ཞེས་ཐམས་ཅད་དུ་གྲགས། གྲུབ་པ་ཐོབ། བྲག་ལ་ཞབས་རྗེས་འཛུག་པར་མཛད་པ་སོགས་རྫུ་འཕྲུལ་གྱི་བཀོད་པ་བསམ་ལས་འདས། སྐུ་འབུམ་གྱིས་དེ་ཉིད་དུ་སྒར་པ་བཞུགས་ཅིང་། བླ་མ་རིན་པོ་ཆེ་གཤེགས་རྫོང་གི་གདུང་འབུམ་ཆེན་པོ་ཞག་ལྔ་བཅུ་ནས་གྲུབ། བཞུགས་ཁང་གྱི་ཐོག་གཉེར་དང་བཅས་པ་བླ་ན་མེད་པར་མཛད། བཞེངས་པའི་རིང་ལའང་མི་མ་ཡིན་མང་པོས་མཆོད་རྫས་ཐོགས་ཏེ་མངོན་སུམ་དུ་མཆོད། རབ་གནས་ཀྱི་དུས་སུ་རིན་པོ་ཆེས་དབུ་ཞྭ་རྩེ་ལྔ་བཞེས་ནས་ནམ་མཁར་བཞུགས་པའི་མཐོང་སྣང་སོགས་ངོ་མཚར་བའི་ལྟས་དཔག་ཏུ་མེད་པ་བྱུང་ཞིང་འགྲོ་རྣམས་ཚོགས་གཉིས་བསོགས་པའི་རྟེན་དུ་གྱུར། མེ་ཕོ་སྤྲེལ་ལ་བཞུགས་ཡུལ་གྱི་གཟིམ་ཁང་དང་དགོན་པ་འདེབས་པར་མཛད་པས་མིང་སྐུ་འབུམ་རྩ་བ་ཟེར། ༼མེ་ཕོ་སྤྲེལ་ནས་ད་ལྟའི་བར་ས་ཕོ་བྱི་བ་ཡན་ལོ་བཞི་བརྒྱ་དང་། ལོ་རྒྱུད་བཅུ་གསུམ་ཙམ་སོང་འདུག །མཆན།༽ཧོར་སེ་ཆེན་རྒྱལ་པོའི་རྒྱལ་བུ་གོ་པེ་ལར་གྲགས་པའི་དུས་ཟླ་རྒྱུད་དུ་དམག་དྲངས་ནས་མདོ་སྨད་དུ་བྱོན། རས་པ་དཀར་པོ་དཔོན་སློབ་དང་གུང་པ་ཨའུ་སོགས་མཇལ་དུ་ཕེབས་ཤིང་། སྐུ་འབུམ་ཆེན་མོའི་དོན་དུ་གཙུག་ལག་ཁང་བཞེངས་པའི་བཀའ་ལུང་ཞུས་པས་རས་པ་དཀར་པོ་ལྷ་ཆོས་ཀྱི་བླ་མ་དང་གུང་བསྒོམ་ཨའུ་མི་ཆོས་ཀྱི་དཔོན་དུ་བསྐོས། གཙུག་ལག་ཁང་བཞེངས་པའི་ལུང་དང་། ཁྲིམ་ཐམ་ཆེན་མོ། གོས་དང་། གསེར་དངུལ་སོགས་འབུལ་བ་རྒྱ་ཆེར་མཛད། ཡར་ཕེབས་ཏེ་གནས་དྲུག་ཁྲི་སྐོར་མངའ་ཞབས་སུ་བསྡུས། ༼ཁ་རག་ལ། གོ་མཁར་སྐྱ། ཆམ་མཁར་དམར། རྫ་གྱིང་ཐང་། ལྕི་དབེ་ཁྲུ། ལྷོ་སྟག་ཤོད། འདན་རག་ཐག་ཡིན་ཟེར་ཞིང་། གང་ལྟར་ནའང་དྲུག་ཁྲི་སྐོར་དྲུག་ཡིན་ཅིང་། གཞིས་ཁ་དྲུག་ནས་དེའི་དཔྱ་ཁྲལ་བསྡུད་ཅིང་སྐུ་འབུམ་དགོན་དུ་འབུལ། མཆན།༽མི་ཉག་གི་ཡུལ་ནས་ཤིང་བཟོ་བ་རྗེ་བཟོ་བ་བོས་ཏེ། ལྷ་ཁང་ནང་སོ་ཆེན་མོ་ཀ་བ་ཉི་ཤུ་རྩ་ལྔའི་མལ་ཐོག་སུམ་

ཛྫའི་(ཅིག)བྱ་འདབ་གསེར་གྱི་གཉྫི་རར་ཁྲམས་སྐོར་དང་བཅས་པ་འགྲན་གྱི་ཟླ་དང་བྲལ་བ་རྒྱ་ཕིབས་སུ་བཞེངས། ཐོག་བར་མར་བཀའ་བརྒྱུད་དང་རྒྱུད་སྡེའི་ལྷ་རིས་འོག་མར་ཟངས་གསེར་གྱི་ཐུབ་ཆེན་སོགས་རྟེན་མཆོད་ཀྱི་རིམ་པ་བསམ་ལས་འདས། ལྷ་ཁང་གི་ཐད་ཀྱི་བྲག་མགོར་རྡོ་མཁར་གྱི་ཡོ་བྲང་སོགས་མཛད། (ཕྱི་ཐམས་ཅད་རྒྱུད་སྡེའི་སྔགས་ཀྱི་མཚམས་པ་ཡོད། མཆན) དེ་དག་ཐམས་ཅད་ཀྱང་ཕྱི་ཞི་དུལ་གྱིས་སེམས་ཅན་གྱི་དྭངས་པ་འདྲེན་པ། ནང་སྔགས་ཀྱི་བསྐྱེད་རིམ་དང་ལྡན་པ། གསང་བ་བྱང་སེམས་ཀྱི་འགྲོ་བ་ཐར་ལམ་ལ་བཀོད། དེ་ཁོན་ཉིད་ཀྱི་ཕྱག་ཆེན་གྱི་དངོས་གྲུབ་ཐོབ་པ་ཤ་སྟག་གོ། མེར་ཆེན་གྱི་རྩར་སྒྲུབ་གྲྭའི་རི་དགོན་མཛད། གཟིམ་ཁང་དང་ཆོས་ཁྲི་དེང་སང་གི་བར་དུ་ཡོད། རྒྱུ་ཤིན་ཏུ་དཀོན་པས་རི་རྩེ་དེ་ཉིད་ནས་ཆུ་འདྲེན་པར་མཛད། དེ་ལྟའི་ལུགས་གཉིས་ཀྱི་སྒོ་ནས་སངས་རྒྱས་ཀྱི་བསྟན་པར་ཞལ་འདེབས་རླབས་པོ་ཆེ་དང་གདུལ་བྱ་རྣམས་སྨིན་གྲོལ་གྱི་ལམ་ལ་བཀོད། དགུང་ལོ་དྲུག་ཅུ་རེ་ལྔ་བཞེས་པ་ཧའི་ཟླ་བའི་ཚེས་བཅོ་བརྒྱད་ལ་ངོ་མཚར་བའི་ལྟས་དུ་མ་དང་བཅས་ཏེ་གཤེགས། སྐུ་གདུང་སྦྱང་བས་རིང་བསྲེལ་གྱི་ཕུང་པོར་གྱུར།

བསྟན་བཅོས་ལ་ཡང་། བླ་མ་རིན་པོ་ཆེ་ཏི་ཤྲཱིའི་རྣམ་ཐར་རྒྱས་པ་སྒྲུབ་ཐབས། རྡོ་རྗེའི་མགུར་སོགས་མང་དུ་མཛད། སློབ་མ་རྣམས་ནི། སྤྱན་སྔ་ལུས་མེད་རྡོ་རྗེ། སྤྱན་སྔ་བྱང་ཆུབ་མགོན་པོ། མཁས་པ་བྱང་ཆུབ། དཔལ་རྡོར་ཤེས་རབ་ཡེ་ཤེས། ཀུང་སྒོམ་ཨའུ། ཤེས་རབ་དཀོན་མཆོག །ལྷ་ཤཱཀྱ་རྒྱལ་བ། ཞང་སྒོམ་རས་པ། གཟི་རྒྱ་རས་པ་སོགས་མང་དུ་བྱུང་།

ཀུང་སྒོམ་ཨའུ་ནི། རས་དཀར་ལས་གདམས་ངག་ཐམས་ཅད་རྫོགས་པར་ཞུས། གནས་དྲུག་ཁྲི་སྐོར་གྱི་ལས་ཀ་བཟུང་། རྒྱལ་སྲིད་ཀྱི་མཛད་པ་རྒྱ་ཆེ། དྲུག་ཅུ་ཐམ་པ་ལ་གཤེགས། བྱང་ཆུབ་རྡོ་རྗེ་ནི། རས་དཀར་གྱི་མདུན་དུ་རབ་ཏུ་བྱུང་། གདམས་པ་ཐམས་ཅད་ཞུས་ཡོན་ཏན་གྱི་སྒོ་དུ་མ་དང་ལྡན། མཛོ་ཡོ་བཅུ་གཉིས་ཀྱི་ནད་བསལ། སེ་ར་སྣར་དགོན་བཏབ། མགོན་པོ་ཕྱག་བཞི་བའི་སྒོ་ནས་གྲུབ་པ་བརྙེས། བརྒྱུད་པ་ལ་ཚང་སར་པའི་སྔགས་པ་རྣམས་བྱུང་། དཔལ་རྡོར་ཤེས་རབ་ཡེ་ཤེས་ནི། རས་པ་དཀར་པོའི་མདུན་དུ་རབ་ཏུ་བྱུང་། གདམས་པ་ཐམས་ཅད་རྫོགས་པར་གསན། ཙོང་ཁ་ཧོར་མི་ཉག་སོགས་ཀྱི་རྒྱལ་པོ་རྣམས་ཀྱི་བླ་མཆོད་མཛད། འགྲོ་དོན་རྒྱ་ཆེ། སྐུ་འབུམ་ཆེན་མོ་ལ་གསེར་གསོལ་དང་ལུས་མེད་རྡོ་རྗེའི་མདུན་དུ་འབུལ་བ་དཔག་མེད་མཛད། སྒོམ་སྡེའི་དར་མོ་ཆེ་ཞེས་པ་འདི་པའི་རྣམ་བཞག་ལས་བྱུང་། ལྷས་བཟང་པོ་དང་བཅས་ཏེ་གཤེགས།

ཤེས་རབ་དཀོན་མཆོག་ནི། རས་དཀར་བའི་མདུན་དུ་རབ་ཏུ་བྱུང་། གདམས་པ་ཐམས་ཅད་ཞུས། རྩལ་ཁང་སྣར་གཟིམ་ཁང་དང་རྩལ་འཛུག་པར་མཛད་པས་མིང་ཚང་ཆུང་བར་གྲགས། ཤཱཀྱ་རྒྱལ་བ་ནི། རས་དཀར་བའི་མདུན་དུ་རབ་ཏུ་བྱུང་། གདམས་པ་ཐམས་ཅད་གསན། ནང་སོ་ཆེན་མོའི་ལྷག་ཏུ་གཟིམ་ཁང་བྱས་པས་ནང་ཆུང་བར་གྲགས། གུང་སྒོམ་ཨའུ་འདས་ནས་གུང་（གོང་）རྒྱལ་པོའི་མདུན་ནས། ཤེས་རབ་དཀོན་མཆོག་ལ་གསེར་ཡིག་ཤལ་མོ་དང་། ཤཱཀྱ་རྒྱལ་བ་ལ་དཪུལ་ཡིག་སྐོར་མོའི་ལས་ཀ་སོགས་བླངས། རྒྱལ་ཁྲིམས་ཀྱི་ཞབས་ཏོག་ཆེར་མཛད། ཤཱཀྱ་རྒྱལ་བས་རྗེ་བོ་གཡུ་མདོང་། དཪུལ་འབུམ་སོགས་བཞེངས། ངོ་མཚར་བའི་ལྷས་དང་བཅས་ཏེ་གཤེགས། ཞང་སྒོམ་རས་པ་ནི། སླར་པ་ཤེས་རབ་ཡེ་ཤེས་ཀྱི་སློབ་མ་ཡིན་ཞིང་། སླར་ཤོད་དགོན་ནས་རྫུ་འཕྲུལ་གྱི་ནམ་ལངས་དུས་བྱོན་ནས་ཉི་མ་ཤར་དུས་སྐུ་འབུམ་རྩར་སླེབས་པར་མཛད། སྤྱན་སྔ་རས་དཀར་བའི་དྲུང་ནས ཕྱག་ཆེན་ཆོས་དྲུག་སོགས་བུམ་པ་གང་བྱོའི་ཚུལ་གྱིས་གསན། གཟི་རླུ་རས་པ་ནི། རས་དཀར་ལས་གདམས་པ་ཐམས་ཅད་ཞུས། རྩེ་ཡོས་སུ་གྲྭ་པ་བསྐྱངས། སློབ་མ་ནམ་མཁའ་རས་པ་སོགས་མང་དུ་བྱུང་།

ནམ་མཁའ་རས་པ་ནི། ལ་ཡོས་ནས་རྩུར་བྱོན། རྣ་བ་རོང་གི་རོག་སོག་ཕུག་ཏུ་བཞུགས་གྲྭ་པ་བསྐྱངས་པས་ཕྱིས་སུ་གདན་ས་བ་གཞོན་ནུ་རྡོ་རྗེ། མཛོད་མཐའ་རས་པ། སྟག་བྲག་རས་པ་སོགས་བུ་ཆེན་མང་དུ་བྱུང་ངོ་། །

བརྒྱུད་པ་གཏད་ཅིང་བསྟན་པའི་བདག་པོར་མངའ་གསོལ་བ་ནི་ལུས་མེད་རྡོ་རྗེ་ཡིན་ཏེ། སྐུ་འཁྲུངས་པའི་ཡུལ་ནི་མཚོ་རྙེ་མདོའི་ཀྱི་ལ་ཐང་ཁར། ཡབ་ཀྱི་ལ་དགེ་བཤེས་ཀྱི་སྲས་སུ་མེ་མོ་ཕག་ལོར་འཁྲུངས། གདུང་ནི་སྣ། སྔོན་ནས་བྱམས་པ་ཆེན་པོ་གོམས་པའི་སྟོབས་ཀྱིས་ཞི་དུལ་དང་ལྡན་ཞིང་ཁྲོ་བ་གཏན་ནས་ཟད། ཡི་གེ་ཚེགས་མེད་དུ་མཁྱེན། ནང་སོ་ཆེན་མོའི་གཙུག་ལག་ཁང་བཞེངས་པའི་དུས་སུ་ལུས་སྲོག་ལྟོས་མེད་ཀྱིས་རྡོ་ཁུར་བ་དང་ས་བསྐྱལ་པ་སོགས་མཛད། རིན་པོ་ཆེས་སྟོད་ལྷན་གྱི་སློབ་མར་དགོངས་ཏེ། བུ་ཚ་ཁྱོད་འདིར་ང་ཡི་གྲྭ་བ་ལ་ཨེ་སྡོད། ཆོས་སྒྲུབ་པར་ནུས་སམ་གསུངས། དེ་མ་ཐག་སྐུ་ལུས་གཡོས་ཤིང་སྤྱན་ཆབ་འཁྲུག་བཞིན་པའི་ངང་ནས། ཅི་གསུང་བཀའ་བསྒྲུབ་ཐུགས་རྗེའི་གཟུང་དུ་གསོལ་ཞུས་པས། བླ་མ་རིན་པོ་ཆེ་ཐུགས་དགྱེས། རིན་པོ་ཆེའི་གཙོ་མཛད་མཁན་སློབ་དང་བཅས་པའི་དབུས་སུ་བསྙེན་པར་རྫོགས། མཚན་བྱང་ཆུབ་དཔལ། འདུལ་བ

སོགས་ཀྱི་སློབ་གཉེར་བསམ་གྱིས་མི་ཁྱབ་པར་མཛད། བདེ་མཆོག་གི་དབང་བསྐུར་ཞུས་ཆེ། ཡབ་ཀྱི་དབུ་ལ་ཕོག་པས་གསང་མཚན་མི་བསྐྱོད་རྡོ་རྗེ་གནང་། གཞན་དབང་ལུང་རྫོགས་པར་ཞུས། རྒྱུད་འགྲེལ་སོགས་ཀྱི་སྐན་བཤད་དུ་མ་ལ་སྦྱངས་ཤིང་། ཟླ་མེད་དུ་གྱུར། ཐབས་ལམ་ཆོས་དྲུག་དང་ཕྱག་ཆེན་གྱི་ཁྲིད་མཛད་པ་ཙམ་གྱིས་སྣང་སེམས་དབྱེར་མེད་དུ་འདྲེས། རིན་པོ་ཆེ་འདི་རྡོ་རྗེ་འཆང་དངོས་ཡིན་པ་ལ། དེ་སྐུ་མོས་གུས་བྱས་པའང་ལམ་དུ་སོང་བར་གདའ་གསུངས། གླིང་སྟོད་དུ་རས་དཀར་བ་དཔོན་སློབ་གདན་དྲངས་ཏེ་མར་ཁུ་ཞུས་པས། ཁོང་གི་སྐལ་བ་དང་བླ་མའི་གསོལ་རས་དང་ཡོན་བདག་གི་ལྷག་པོར་ཞུས་པ་ཡང་གསོལ་བས། གསོལ་ཆེ་མ་ཞུན། ནད་བྱེད་ཐམས་ཅད་ཟེར། ཁོང་གི་དཀྱིལ་མོ་དཀྲུང་བཅས་ནས། རླུང་རོ་ལན་གསུམ་སྦྱིད་ནས་འཁྲུལ་འཁོར་ལྡེམ་ལྡེམ་མཛད་པས་བ་སྤུའི་བུ་ག་ནས་མར་ཁུ་ཕྱིར་ཐོན་པ་དང་། ཀུན་ངོ་མཚར་སྐྱེས། སྣང་བ་ཡིན་གསུངས་ཤིང་རི་བྲག་རྩིག་པ་ཁང་ཁྱིམ་སོགས་ལ་ཐལ་འབྱོན་མཛད། བྲག་ལ་ཞབས་རྗེས་འཇོག་པ་དང་མངོན་པར་ཤེས་པ་རྒྱ་ཆེན་པོ་མངའ། སྐུ་སྤྲུལ་བསྒྱུར་སྣ་ཚོགས་མཛད། ཉིན་མོ་ཉི་མ་དང་། མཚན་མོ་ཟླ་བ་དང་མར་མེའི་འོད་ལ་སྐུ་ལུས་ལ་གྲིབ་མ་མེད་པ་དང་། དེའི་དོན་གྱིས་མཚན་ལུས་མེད་རྡོ་རྗེ་ཞེས་ཐམས་ཅད་དུ་གྲགས། ཕྱག་རྒྱ་འཕོར་བའི་བྲག་རིང་བསྒྲེལ་གྱི་ཕུང་པོར་གྱུར། བླ་མ་རིན་པོ་ཆེ་གཤེགས་པའི་འདས་མཆོད་དང་། གཟིམ་མལ་གྱི་འདྲ་འབག །ཏི་ཤྲཱིའི་གསེར་གདུང་ཆེན་མོའི་གཡས་ངོས་སུ་གདུང་འབུམ་ལྷ་ཁང་རྡོ་ཐོག་དང་བཅས་པ་བཞེངས།

དབུས་སུ་ཕེབས་ཏེ་རྫོག་གཞི་བཞེད་གྲགས་པ་ལས་དགེས་རྡོར། ལྷ་མོ་དྲུད་སོལ་མའི་སྐོར། ཚུལ་ཁྲིམས་ཤཱཀྱ་ལས་གཅོད་སྐོར། མཚལ་ལྷ་ཕྱུག་པ་ཉི་མ་འོད་ལས་གཟེར་ལྔ་སོགས་ཞང་རིན་པོ་ཆེའི་ཆོས་སྐོར་མ་ལུས་པ་གསན། བྱ་ཡུལ་བ་ཆེན་པོ་ལས་ཚོགས་བདག་གི་སྐོར་གསན། དེ་སྐབས་ས་སྐྱ་བའི་བླ་མ་འཕགས་པ་ཧོར་ཡུལ་ནས་བོད་དུ་ཕེབས་ཤིང་མདོ་སྟོད་དུ་བཞུགས་པ་ལ། སྐུ་འབུམ་དགོན་གྱི་ཆེ་བགྲེས་རྣམས་མཇལ་དུ་བྱོན། དེད་ཀྱི་བླ་མ་རིན་པོ་ཆེ་རས་པ་དཀར་པོ་ཞིང་གཞན་དུ་དགོངས་པ་གཤེགས། ཁྱེད་ཉིད་བསྟན་པའི་བདག་པོ་ལགས་པས། བླ་མ་ཞིག་བསྐོ་དགོས་ཞུས་པས། དེད་ཀྱི་བླ་མ་བསྐོས་ཀྱང་ཆོས་ལུགས་ཀྱི་སྟབས་ཀྱིས་མགོ་ལུས་འགྲིག་པོ་མི་ཡོང་། ཁྱེད་རང་ཚང་གི་བུ་ཆེན་ཞིག་བསྐོ་གསུངས་པ་ལ། འདིར་བཞུགས་པ་རྣམས་ནི་དབུ་མཐོ་འདྲ་འདྲ་ཡིན། འགྲན་ཟླ་ཐམས་ཅད་དང་བྲལ་བ་ལུས་མེད་རྡོ་རྗེ་བྱ་བ་གཅིག་ཡོད་པ་ད་ལྟ་དབུས་ན་བཞུགས། ཞུས་

པས། འོན་ཁྲིད་རང་ཚང་གི་མི་སྣ་ཐོངས་དང་ངེད་ཀྱིས་རྩད་གཅོད་གསུངས། ལུས་མེད་རྡོ་རྗེ་མཚལ་གུང་ཐང་ན་བཞུགས་སྐབས་འཕགས་པ་རིན་པོ་ཆེས་ས་སྐྱར་གདན་དྲངས་ནས། གདན་ས་རིན་པོ་ཆེ་ལ་བཞུགས་དགོས་གསུང་ཞིང་ལུས་གཉིས་ཀྱི་རྫོང་དར་དང་བཅས་ཁམས་སུ་ཕེབས། དགོན་པའི་འདུས་པ་ཚོགས་ཀྱིས་བསུ་བ་སེར་སྦྲེང་དང་བཅས་ནང་སོ་ཆེན་མོའི་སེང་གེའི་ཁྲི་ལ་ཞབས་བཀོད་པར་མཛད། ལྷ་ཁང་གསར་མ་བྱ་བ་ཀ་བ་བཅུ་གཅིག་གི་རྒྱ་ཕྱིན་ཅན་ལོགས་བྲིས་རྟེན་མཆོད་དང་བཅས་པ་སོགས་དགོན་པའི་དར་རྒྱས་ཆེར་མཛད། ལྷ་མོ་སྒྲུབ་པས་ཞལ་བསྟན་ཏེ་མི་རབས་བཅུ་གསུམ་རྒྱུན་བསྟན་པ་སྲུང་བར་ཞལ་གྱིས་བཞེས། ཚོགས་བདག་སྒྲུབ་པས་དངོས་གྲུབ་རྣམ་གཉིས་འབད་མེད་དུ་ཕུལ། ལོ་ཉེར་བརྒྱད་ལ་གདན་ས་རིན་པོ་ཆེའི་འཛིན་སྐྱོང་དང་འགྲོ་དོན་རླབས་ཆེན་མཛད། དྲུག་བཅུ་རྩ་དྲུག་བཞེས་པ་ཆུ་ཕོ་འབྲུག་རོག་ཉ་ཟླ་བའི་ཚེས་བཅོ་བརྒྱད་ལ་མྱ་ངན་ལས་འདས། གདུང་སྦྱངས་བས་ལུང་པ་ཐམས་ཅད་འཇའ་འོད་ཀྱིས་ཁེངས། མེ་ཏོག་གི་ཆར་ཞག་བདུན་དུ་རྒྱུན་མ་ཆད། དུང་དཀར་གཡས་འཁྱིལ་སོགས་རིང་བསྲེལ་དཔག་མེད་བྱོན། དུས་མཆོད་ལའང་སྐོམ་སྟེ་རོ་མཆོད་ཆེན་མོ་བྱ་བ་བྱུང་།

དེས་བདེ་མཆོག་གི་སྒྲུབ་ཐབས་རྟོག་པ་བྲལ་བའི་རྡོ་རྗེ། ཕྱག་ཆེན་གནད་ཆོས་བཅུ་གསུམ་གྱི་ཁྲིད། རྡོ་རྗེའི་མགུར་སོགས་མང་དུ་མཛད། སློབ་མའི་ཚོགས་བགྲང་གིས་མི་ལང་ཞིང་། བཀའ་བབས་ཀྱི་སློབ་མ་བཞི་ནི། བྱང་ཆུབ་མགོན་པོ་ལ་རྟེན་འབྲེལ་གྱི་བཀའ་བབས། རིགས་དབོན་བྱང་ཆུབ་གཞོན་ནུ་ལ་བརྒྱུད་འཛིན་གྱི་བཀའ་བབས། ལྷ་ཚངས་པ་ཚུལ་ཁྲིམས་སེང་གེ་ལ་དབང་དང་རབ་གནས་ཀྱི་བཀའ་བབས། དངུལ་རྫོང་བ་ཤཱཀྱ་རྡོ་རྗེ་ལ་ཕྱག་ཆེན་གྱི་བཀའ་བབས།

དེ་ཡང་བརྒྱུད་འཛིན་གྱི་བཀའ་བབས་རིགས་དབོན་བྱང་ཆུབ་གཞོན་ནུ། འབྲུངས་ཡུལ་ཀྱི་ལ་ཐང་། ཁོང་ཆུང་དུའི་དུས་ནས་ལུས་མེད་རྡོ་རྗེའི་མདུན་ནས་རབ་ཏུ་བྱུང་། མཚན་བྱང་ཆུབ་གཞོན་ནུ་གསོལ། ཕྱག་ཆེན་སོགས་གདམས་པ་ཐམས་ཅད་རྫོགས་པར་གསན། ཉམས་རྟོགས་ཡོན་ཏན་མཐའ་ཡས། རིན་པོ་ཆེ་གཤེགས་པའི་འདས་མཆོད་དང་། གསེར་གདུང་ཆེན་མོའི་གཡོན་ངོས་སུ་གདུང་འབུམ་དང་། གཞན་ཡང་ལྷ་ཁང་འབུམ་ཆུང་བྱ་བ། ཐུབ་པའི་གསེར་སྐུ་ཆེན་མོ་སོགས་བཞེངས་ཏེ། མགོ་རུའི་ཡེབ་ཏེ་ཕུག་ཏུ་སྒྲུབ་པ་མཛད་ནས་བཞུགས་པ་ལ། དགོན་པའི་མི་ཆེན་རྣམས་ཀྱིས་གདན་དྲངས་ནས་ནང་ཆེན་ནང་གི་ཁྲི་ལ་བཞུགས་སུ་གསོལ། དགོངས་པ་ལ་གོང་མ་རྣམས་ཀྱི་

གདུང་འབུམ་ལྷག་ན་ཐལ་བ་འཕྱོད་པ་འདི་མི་ལེགས་པ་འདུག །མ་ཀི་དེ་ལ་འབུར་གྱི་མགོར་གཟིམ་ཁང་བྱ་དགོས་དགོངས་ཏེ། དེར་བྱོན་ཚང་མང་གསར་བའི་གཟིམ་ཁང་མཛད། དེ་ཕྱིན་ཆད་ནས་མིང་ཚང་སར་པར་གྲགས། ནང་ཆེན་ནང་དུ་ལུས་མེད་རྡོ་རྗེའི་བཞུགས་ཁྲི་གཟིམ་ཆུང་དུ་ཚོགས་བདག་གི་སྐུ་འདྲ། སྤྱན་གཟིགས། དུང་དཀར་པོ་རྒྱུང་གྲགས། ཟངས་བཀྲ་ཤིས་ཁ་དྲྭ་སོགས་ཚོགས་བདག་གིས་བདག་ཏུ་བཟུང་ནས་སྒོར་མ་བཏུབ། ཚོགས་བདག་རང་ཡང་དེར་བཞུགས་པར་གྲགས། དེ་མིན་ནང་ཆེན་ནང་གི་རྟེན་མཆོད་ཐམས་ཅད་ཕྱིར་སྦྱོས་དགོན་པའི་དར་རྒྱས་ཆེར་མཛད། རྟེན་རིང་བསྲེལ་མང་དུ་བྱོན། སློབ་མ་ཡང་རིགས་དཔོན་གྲགས་བྱང་བ་དང་། གྲགས་ཚུལ་བ། སྟོང་ནག་རས་པ་སོགས་མང་དུ་བྱོན།

ཚང་སར་བའི་གདུང་བརྒྱུད་གདན་སར་བཞུགས་པའི་རིམ་པ་ནི། གྲགས་པ་བྱང་ཆུབ་ནི། ཀྱི་ལ་སངས་རྒྱས་དཔལ་གྱི་སྲས་སུ་འཁྲུངས། སྤྱན་སྔ་བྱང་ཆུབ་དཔལ་གྱི་མདུན་ནས་རབ་ཏུ་བྱུང་། གདམས་པ་ཐམས་ཅད་གསན། ཚང་སར་བའི་གདན་ས་མཛད། བརྩོན་འགྲུས་རྒྱལ་མཚན་ནི། དཔོན་ནམ་མེའི་སྲས་སུ་འཁྲུངས། སྤྱན་སྔ་གྲགས་བྱང་བ་ལས་ཡབ་མེས་ཀྱི་གདམ་པ་ཐམས་ཅད་དང་ལྷ་མོ་དུད་སོལ་མའི་སྒྲོར་མ་ལུས་པ་གསན། གདན་ས་དང་དགོན་པའི་དར་རྒྱས་ཆེར་མཛད། ནང་སོ་བཀྲ་ཤིས་རྒྱལ་མཚན་ནི། དཔོན་ཨ་རིན་གྱི་སྲས་སུ་འཁྲུངས། སྤྱན་སྔ་བརྩོན་འགྲུས་རྒྱལ་མཚན་གྱི་མདུན་ནས་གདམ་པ་ཐམས་ཅད་བུམ་པ་གང་བྱོའི་ཚུལ་གྱིས་གསན། གདན་ས་མཛད། བསོད་ནམས་རིན་ཆེན། བསོད་ནམས་རྒྱལ་མཚན་སྐུ་མཆེད་གཉིས། དཔོན་བླ་མ་སྐྱབས་ཀྱི་སྲས་སུ་འཁྲུངས། སྤྱན་སྔ་བཀྲ་ཤིས་རྒྱལ་མཚན་ལས་རབ་ཏུ་བྱུང་། གདམས་པ་ཐམས་ཅད་གསན། སྐུ་མཆེད་གཉིས་ཀས་གདན་ས་མཛད།

བསོད་ནམས་བློ་གྲོས་དབུ་སྟ་བའམ་ཕུང་ཐང་དུ་གྲགས་པ་དེ་ཉིད་དཔོན་ཆོས་གྲགས་ཀྱི་སྲས་སུ་འཁྲུངས། ཡབ་མེས་ཀྱི་གདམས་པ་ཐམས་ཅད་གསན། གདན་ས་མཛད། སངས་རྒྱས་ཀརྨ་པ་དེ་བཞིན་གཤེགས་པ་རྒྱ་ནག་ནས་ཡར་ཕེབས་པའི་ཚེ། སྐུ་འབུམ་དགོན་དུ་སྤྱན་དྲངས། འཇིག་རྟེན་གྱི་དངོས་པོ་རྒྱ་ཆེར་ཕུལ། དེའི་དུས་སུ་རྒྱ་འདྲེའི་གནོད་པ་ཡིན་ཟེར་བའི་བཞུགས་གྲལ་ཆེན་མོ་མཛད་ཡོད་ཐོག་ཚང་མང་ཞིམ་སྟེ་དགེ་འདུན་པ་དྲུག་ཅུ་རེ་དྲུག་འདས། རྒྱལ་དབང་ཀརྨ་པ་དང་། སྤྱན་སྔ་བསོད་ནམས་བློ་གྲོས་ཏེ་དཔོན་སློབ་གཉིས་ཀྱི་སྐུ་ལ་མ་སྙོན་ནས། སེང་གེ་ལ་བཅིབས་ཏེ

ནམ་མཁའ་ལ་བཞུགས་འདུག་གོ་ཞེས་གྲགས་པ་བྱུང་། དཔོན་བསོད་ནམས་ཀྱི་སྲས་བསོད་ནམས་བཟང་པོ་ལ་ཀུན་དྲིང་གུ་ཤྲིའི་ལས་ཀ་གསེར་ཐམ་ཆེན་མོ་དང་། བླ་བྲེས་ནམ་མཁའ་ཀུན་ཁྱབ། ཟངས་བཀྲ་ཤིས་ཁ་ཏྲོ། ཏུང་དཀར་པོ་རྒྱང་གྲགས་སོགས་གནང་སྦྱིན་དང་། ཁྲི་དཔོན་གཉིས་ཆར་ལ་དབང་ཁྲིད་ལུང་ཆོས་སོགས་ཀྱི་བཀའ་དྲིན་བསམ་ལས་འདས། གདན་སར་བསྐོ་བ་གནང་། ལུགས་གཉིས་ཀྱི་སྒོ་ནས་ལྷ་ཁང་དང་དགོན་པའི་དར་རྒྱས་འགྲན་ཟླ་དང་བྲལ་བ་ནས་ངོ་མཚར་བའི་ལྟས་དང་བཅས་ཏེ་གཤེགས། ནང་སོ་རྡོ་བཅངས་པ་ཨ་འབུམ་གྱི་སྲས་ཏེ་ཕལ་མོ་ཞན་པ་ཨ་ལ་ངན་བྱ་བ་ཞིག་ལ་འཁྲུངས། ཡབ་ཀྱི་ཀུན་གྱིས་འཕྲུ་ཡོང་། དེ་མིན་ན་བུ་ཞིག་བསྲུ་རྒྱུ་ཡོད་དེ་གསུངས། འཁོར་རྣམས་ཀྱིས་དེ་ཤིན་ཏུ་ནས་ཀྱང་བསྲུ་དགོས་ཞུས་ནས་བསྲུས་པས་རྡོ་བཅང་བ་སྐྱེ་ཆུང་ངུའི་དུས་ནས་རྡོ་ཟན་ལྟར་བཅང་བ་སོགས་མཛད། སྤྱན་སྔ་ཆོས་སྐྱོང་། ཨ་འབུམ་གྱི་སྲས་ཏེ་གསེར་བཟའ་ལ་འཁྲུངས། རྡོ་བཅང་བ་དང་སྐུ་མཆེད་འདི་གཉིས། ཀརྨ་ཆོས་གྲགས་རྒྱ་མཚོས་རྗེས་སུ་བཟུང་། ཆོས་སྐྱོང་དཔལ་ལྡན་ལ་གུ་ཤྲིའི་ལས་ཀ་དང་དབང་ཁྲིད་གདམས་པ་ཐམས་ཅད་རྫོགས་པར་གནང་། གདན་ས་མཛད། འདི་བའི་རིང་ལ་དགོན་པའི་དར་རྒྱས་བསམ་མི་ཁྱབ་པ་བྱུང་། རྡོ་བཅང་བ་ཕྱག་ཕྱིར་འབྲང་། སྔོན་དེ་བཞིན་གཤེགས་པའི་དུས་ཀྱི་བསོད་ནམས་རིན་ཆེན་པའི་སྐུ་ཡི་སྐྱེ་བ་ཡིན་པར་ཞལ་གྱིས་བཞེས། ཀརྨ་པའི་ཕྱག་མཛོད་ཆེན་མོ་མཛད། རྩེ་ལྷ་སྒང་སོགས་སུ་བཞུགས་སྐབས། ཕྱིས་ཞལ་ངོ་རྣམས་ཀྱི་མནབས་ཁྲབ་ཟུར་དུ་མཛད་པ་ཁྲབ་དཀར་ཡིད་བཞིན་ནོར་བུ་བྱ་བ་སོགས་དེ་དུས་བྱུང་། ཀརྨ་པས་འཇིག་རྟེན་གྱི་རྫོང་བ་དང་བཅས་ཏེ་གདན་སར་བསྐོས། ནམ་མཁའ་རྒྱལ་མཚན་ཉེར་རྐེའི་སྲས་ཏེ་ཀརྨ་པ་མི་བསྐྱོད་རྡོ་རྗེའི་ཞབས་ཀྱིས་གུ་ཤྲིའི་ལས་ཀ་དང་དབང་ཁྲིད་གནང་། གདན་སར་བསྐོས། ཚང་སར་གུ་ཤྲིའི་བཀྲ་ཤིས་ཀྱི་སྲས་སུ་འཁྲུངས། སི་ཏུ་ཆོས་ཀྱི་གོ་ཆ་དང་། རྒྱལ་དབང་ཀརྨ་པ་དབང་ཕྱུག་རྡོ་རྗེའི་རྗེས་སུ་བཟུང་། གུ་ཤྲིའི་ལས་ཀ་སོགས་གནང་བར་མཛད་པ་སྐྱེ་ཚང་སར་བླ་རབས་ཀྱི་སྐབས་སོ། །

༄ བྱང་གཞོན་པའི་མཆེད་ཀྱི་ལ་སངས་རྒྱས་དཔལ་གྱིས་སྙིང་ཐང་སྟོད་དུ་རཱེ་ཉི་མཁར་དཀར་སེར་ཞེས་པའི་ཕོ་བྲང་དང་འཇིག་རྟེན་གྱི་བྱ་བ་རྒྱ་ཆེར་མཛད། དེའི་སྲས་གྲགས་བྱང་། གྲགས་རྩལ། དཔོན་ནམ་མེ། ཨ་རིན་དང་བཞི། ནམ་མེའི་སྲས་བརྟོན་འགྲོས་རྒྱལ་མཚན། ཡོན་བློ། ཨ་འགྱུ། དཔོན་ཨ་རིན་ཏེ་བཞི། ཨ་རིན་གྱི་སྲས། བཀྲ་ཤིས་རྒྱལ་མཚན། དཔོན་བླ་མ་སྐྱབས་དང་གཉིས།

དེའི་སྲས་བསོད་ནམས་རིན་ཆེན། བསོད་ནམས་རྒྱལ་མཚན། དཔོན་ཆོས་གྲགས་དང་གསུམ། ཆོས་གྲགས་ཀྱི་སྲས་བསོད་ནམས་བློ་གྲོས། བསོད་ནམས་དང་གཉིས། བསོད་ནམས་ཀྱི་སྲས། བསོད་ནམས་བཟང་པོ། བསོད་ནམས་རིན་ཆེན། ལྷ་དཔལ་ཐར། ཨ་འབུམ་དང་བཞི། ཨ་འབུམ་གྱི་སྲས་རྡོ་བཅང་བ། ཨ་ཞར་མ། བཀྲ་ཤིས་རྒྱ་མཚོ། ཉེར་ཁེ་དང་བཞི། ཉེར་ཁེས་སྙིང་ཐང་དུ་མཁར་སྟོན་ཞེས་པའི་ཕོ་བྲང་དང་། ཚབ་འོག་གི་འབངས་ཐམས་ཅད་བདེ་བ་ལ་བཀོད། སྔ་ནས་གསེར་ཁྲལ་སྟུད། གསེར་གྱི་བཀའ་འགྱུར་བཞེངས། སླར་ཡང་མདོ་མང་བཞེངས། ཀརྨ་པ་རང་བྱུང་མཚོ་སྐྱེས་རྡོ་རྗེ་སྤྱན་དྲངས། ཆིབས་དམར་ག་གཙོས་པའི་ཁྲི་ར་ཅན་གྱི་འབུལ་བ་བྱས། གཞིམ་གྲུར་གནམ་སྟོན་(ཤི་དུས་འཇའ་དང་མེ་ཏོག་གི་ཆར་དང་རིང་བསྲེལ་དཔག་མེད་བྱུང་། མཆན།)སླེབས་པའི་རྒྱ་ཁྲིན་ཏེ་ཕོ་བྲང་སྐྱ་ལེབ་མ་ཞེས་པའི་ཀ་བ་བརྒྱ་དང་བརྒྱད་ཀྱི་མལ་མཛད། ཉེར་ཞར་གཉིས་ཀྱི་སྐུ་རིང་ལ་ཞེས་པའི་དར་རྒྱས་བསམ་གྱིས་མི་ཁྱབ་པ་བྱུང་། དེ་སྲས་བསོད་ནམས་དོན་འགྲུབ། ནམ་མཁའ་རྒྱལ་མཚན། དཔོན་ལྷ་སྒོ་རྒྱལ་དང་གསུམ། འདི་པས་འཇིག་རྟེན་དབང་པོ་དགུ་པ་སྙིང་ཐང་དུ་སྤྱན་དྲངས། བསུ་བ་སེར་སྦྲེང་། སྔོ་སྦྲེང་སོགས་བཀོད་པ་བླ་ལྷག་ཏུ་མཛད། ཡོད་དགུ་ཅོག་གི་འབུལ་བ་ཕུལ། འདི་ཕྱིའི་སྐྱབས་སུ་གསོལ། དེ་སྲས་པེར་བཟའ་ཆེ་ཆུང་གཉིས་ལ་བཀྲ་ཤིས་སོགས་ཞལ་ངོ་བཅོ་བརྒྱད་བྱུང་། བཀྲ་ཤིས་ཀྱི་སྲས་གུ་ཤྲི། བསོད་ནམས་འཕེན་གཉིས། དེ་སྲས་ལྷ་སྲུང་། བདེ་མཆོག །ཀྱེ་རྡོར། དགེ་བཤེས་དང་བཞི། ལྷ་སྲུང་གི་སྲས། ལྷ་འབུམ། རྡོར་དབང་གཉིས་ཏེ་ཚང་སར་པའི་རྒྱལ་རབས་ཀྱི་སྐབས་སོ། །

༈ རྟེན་འབྲེལ་བཀའ་བབས་བྱང་ཆུབ་མགོན་ནི། གདུང་འབེ། ཆུང་དུ་ནས་བླ་མ་རིན་པོ་ཆེ་རས་པ་དཀར་པོའི་དྲུང་དུ་རབ་ཏུ་བྱུང་། མཚན་བྱང་ཆུབ་མགོན། གདམས་པ་ཐམས་ཅད་རྫོགས་པར་གསན། ཕྱིས་ལུས་མེད་རྡོ་རྗེའི་དྲུང་ནས་རྫོགས་པ་མཆོག་གི་བཀའ་དྲིན་དང་ཚོགས་བདག་གི་སྐོར་དང་གདམས་པ་ཐམས་ཅད་གསན། ཤར་གླིང་ཆེན་མོར་བཞུགས། ནང་ཆེན་ནང་ལྷ་ཁང་ཐབས་སུ་ཡོད་པ་ལ། བླ་མ་གོང་མའི་གཞིམ་ཁང་ནང་སོ་ཆེན་མོ་འདི་བྱ་རིལ་ཅག་གེར་བསྐྱུར་བ་མ་ལེགས། ཁོ་བོས་ཡོན་ཆབ་དང་མར་མེ་འབུལ་གསུངས་ནས་ཡར་བྱོན་ཏེ་ནང་ཆེན་ནང་དུ་བཞུགས།(འགའ་ཞིག་གིས་ནང་ཆེན་ནང་གི་ཟླ་བརྒྱད་ཡང་རས་དཀར་གྱུར་དཀར་བ་ནས་བགྲང་བར་འདུག་ཀྱང་འདི་ནི་རང་འདོད་དེ་ཆོས་བརྒྱུད་མེད་པ་ལ་འཇིག་རྟེན་ངོས་ཀྱི་འགྲོགས་འབྲེལ་ལ་བསམ་ནས་རྒྱུད་པ་འདེད་པ་ནི་རང་མཚང་ཡིན་ཅིང་སྔར་གྱི་ཡིག་རྙིང་ཐམས་ཅད་ལ་ཡེ་ནས་མི་འདུག །དེས་ན་ལུས་མེད་རྡོ་རྗེ་གདུང་རུས་སྣ་ཡིན་ཀྱང་ནང་ཆེན་པས་འཕོབ་པ་སྟེ། དེ་དུས་ཚང་སར་པའི་སློབ་མེད་ཅིང་ནང་ཆེན་ནང་གི་ཁྲི

ལ་བཞུགས་པའི་ཕྱིར། ཧི་རས་དཀར། ལུས་མེད་རྡོ་རྗེ། བྱང་ཆུབ་མགོན་ནས་བརྒྱུད་པ་འདི་དག་པར་འདུག །མཆན།) དེའི་སྐབས་དབོན་ཡོན་ཏན་དཔལ་ས་སྐྱར་བྱོན་ནས་ནང་ཆེན་ནང་བཟུང་བའི་བཀའ་ལུང་ཞུས་པས། ཡོན་ཏན་དཔལ་གྱི་ནང་ཆེན་ནང་གཟུང་ཞེས་པའི་བཀའ་ཤོག་གནང་ཏེ་བཞུགས། ནང་ཆེན་པའི་གདུང་རྒྱུད་གདན་སར་བཞུགས་པའི་རིམ་པ་ནི། ཡོན་ཏན་དཔལ་གྱི་རུས་དབོན་སྤྱན་སྔ་ཆོས་ཀྱི་རྒྱལ་མཚན་ཏེ། གདུང་ནི་(འགའ་ཞིག་གིས་ཞང་དབོན་ཡིན་ཟེར་ཀྱང་མ་ཡིན་ཏེ། རུས་དབོན་ཡིན་པའི་རྒྱུ་མཚན་ཁོ་བོས་གསལ་བར་མཐོང་། མཆན།) མིའུ་རུས་དྲུག་གི་ནང་ནས་ཨ་ལྕགས་འབྲུ། འབྲུ་ལ་ཆེ་དྲུག་དང་ལྡངས་དྲུག་ཡ་མེད་བརྒྱད་ཀྱི་ཁྱད་པར་དུ་འཕགས་པ་ཡིན། དེ་ལྟ་བུའི་འབྲུ་བཙན་པོའི་ཧོ་རབ་ཁ་བཟུང་བ་ལ། ལས་ཀ་ཐོག་པའི་མི་གསུམ་ཡོད་དེ། ཐང་ཆེན་ཨ་འབར་བྱ་བས་ཁྲི་སྐོར་བཅུའི་རྒྱལ་པོ་བྱས། དཀར་ཆུང་ཉི་མ་བྱ་བས་སྟོད་དགྲ་ཆམ་ལ་ཕབས། ཀྱི་ཧུས་འཁོར་ལོ་བཟང་པོའི་རྒྱ་ནག་རྒྱལ་པོའི་ནང་བློན་བྱས། འཁོར་ལོ་བཟང་པོའི་སྲས་ནོར་བུ་ཞེས་བྱ་བ་བྱུང་། དེ་ནས་རྒྱལ་རབས་སུམ་ཅུ་ན་ཧོ་པོ་ཨ་གླུ་བྱུང་། དེས་འབེ་བཟའ་དཀར་མོ་ཁབ་སུ་བཞེས་པ་ལ་ཧོ་པོ་ཆོས་ཀྱི་རྒྱལ་མཚན་སོགས་སྐུ་མཆེད་བདུན་བྱུང་། ཆོས་རྒྱལ་མཚན་བྱང་ཆུབ་མགོན་པོ་དྲུང་དུ་རབ་ཏུ་བྱུང་། མཚན་ཆོས་ཀྱི་རྒྱལ་མཚན། འབའ་རོམ་ནས་བརྒྱུད་པ་ཐམས་ཅད་གསན། ཉམས་རྟོགས་གོང་དུ་འཕགས། (འདི་དུས་ཧོར་རྒྱལ་པོ་ཐོ་གན་ཐེ་མུར་གྱིས་ཧོར་དང་རྒྱ་ནག་གཉིས་ཀའི་རྒྱལ་པོ་མཛད་དུས། ཧོ་པོ་ཆོས་རྒྱལ་མཚན་ནང་ཆེན་ནང་གི་གདན་ས་ལ་བཞུགས་པའི་འཛའ་ས་བླང་བ་ཡིན། དེ་ནས་ཅང་མ་འགོར་བར་གོང་མ་རྒྱལ་པོ་ཡབ་སྲས་ཧོར་ཡུལ་དུ་བྲོས་ཅིང་། རྒྱ་ནག་རྒྱལ་པོ་ཐའི་ཧྲུས་རང་གི་རྒྱལ་ས་བླངས་ནས་རྒྱལ་པོ་མཛད་པར་འདུག །མཆན།) ས་སྐྱ་ནས་ནང་ཆེན་ནང་གི་ཁྲི་ལ་ཆོས་རྒྱལ་མཚན་བཞུགས་དགོས་གསུངས་པའི་བཀའ་ཤོག་ཇ་འབྲེན་དང་། ཁྱེད་རས་ཚང་སྨོམ་སྡེ་དང་རབ་ཁ་བ་གཉིས་ལ་གཏོགས་པའི་ལྷ་ཁང་དགོན་པ་གྲྭ་བ་བུ་སློབ་ཡོན་བདག་འཁོར་ཁ་སྡེ་རིས་རྣམས་ཀྱི་དེས་རྒྱུ། སྤྱན་སྔ་ཆོས་རྒྱལ་མཚན་གོང་གི་འཛའ་ས་དང་བཀའ་ཤོག་རིམ་པའི་ལུང་བཞིན་དུ། ནང་ཆེན་ནང་གི་ཁྲི་ལ་བཞུགས་རྒྱུ་ཡིན་པས། འདི་པས་དབང་བའི་ལྷ་ཁང་དང་དགོན་པ་འཚེར་མ་འབབ། ཞེས་པ་ལ་སོགས་པའི་བཀའ་ཤོག་བྱུང་སྟེ། ལྕགས་ཕོ་བྱི་བའི་ལོ་ལ་ཆོས་རྒྱལ་མཚན་ནང་ཆེན་ནང་གི་ཁྲི་ལ་བཞུགས། ཧོ་རབ་ཁ་ཡན་གྱི་ཁྲལ་འུ་ལག་སྐྱ་འབུམ་(ད་ལྟ་ས་བྱི་ཡན་ལ་ལོ་སུམ་བརྒྱ་དང་ཞེ་དགུ་སོང་འདུག །མཆན།) དགོན་དུ་སྡུད། འཁོར་འབངས་ཐམས་ཅད་བྱམས་པས་སྐྱོང་། ཆོས་སྲིད་ནམ་མཁའ་དང་མཉམ། སྤྱན་སྔ་ནམ་མཁའ་རྒྱལ་མཚན་དབོན་ཨ་ཡུལ་གྱི་སྲས་སུ་འཁྲུངས། ཆོས་རྒྱལ་མཚན་མདུན་ནས་རབ་ཏུ་བྱུང་ཞིང་གདམས་པ་ཐམས་

ཅན་ཞུས། ནང་ཆེན་ནང་གི་གདན་ས་མཛད། སྤྱན་སྔ་དཔལ་ལྡན་རྒྱ་མཚོ་དང་གུ་ཤྲཱིའི་བསམ་འགྲུབ་རྒྱ་མཚོ་སྐུ་མཆེད་གཉིས། ཀུན་དགའ་འབུམ་གྱི་སྲས་སུ་འཁྲུངས། དཔལ་ལྡན་རྒྱ་མཚོ་རབ་ཏུ་བྱུང་། གདམས་པ་ཐམས་ཅད་གསན་ནས་གདན་ས་མཛད། འདི་དུས་ཀརྨ་པ་དེ་བཞིན་གཤེགས་པ་རྒྱ་ནག་ནས་ཡར་ཕེབས། སྐུ་འབུམ་དགོན་དུ་སྤྱན་དྲངས། དགེ་འདུན་པ་སྟོང་ཕྲག་ཉིས་གསུམ་ཙམ་གྱིས་བསུ་བ་དང་བཅས་ཏེ་ནང་སོ་ཚེ་མོར་ཕེབས། བླ་དབེ་ཆེན་མོར་ནང་ཡ་གཉིས་དང་འདུས་པའི་ཚོགས་ལ་སེམས་ཁྲིད་ཀྱི་ཆོས་འཆད། འཇིག་རྟེན་གྱི་དངོས་པོ་བགྲང་གིས་མི་ལང་ཙམ་ཕུལ། བསམ་འགྲུབ་རྒྱ་མཚོ་རབ་ཏུ་བྱུང་། ༼གོང་མ་ཆེན་པོ་ཏའི་མིང་རྒྱལ་པོས། ཀརྨ་པ་ལ། ལུགས་གཉིས་ཀྱི་བདག་པོ་བླ་མ་གཞུའུ་ལའི་ཏའི་བའུ་ཧྭ་ཕང་ཁྲེད་ཡིན་པས། བོད་ཀྱི་བསྒོ་འདའ་ཐམས་ཅད་ཁྱེད་ཤེས་སུ་ཆུག །ཅེས་ཞུས་ཅིང་གཞན་གྱི་བསྒོ་འདའ་ལས་ཁྱད་པར་འཕགས་ཤིང་ཆེ་བ་ཡིན། མཆན།༽ ཀརྨ་ཀུན་དགའ་དཔལ་བཟང་པོའི་མཚན་དང་། གསེར་གྱི་དམ་ཁ་ཆེན་མོའི་ལས་ཀ་དང་། གོས་ཆེན་རིང་ཡོན་ལས་གྲུབ་པའི་བླ་བྲེས་སྣ་མགོ། ༼དམ་ཁའི་ཁ་རིས་ལ། ཀྱན་ཧིང་ཅིང་ཀྱིའི་ཤིན་ཧྲུའི་གུའི་ཤྲི། བོད་སྐད་དུ་བསྒྱུར་ན། སྤྱི་བོར་དབང་བསྐུར་བ་ཆེན་མོ་རྒྱལ་ཁམས་ཀྱི་བླ་མ་ཆོས་ཁྲིམས་བཅའ་བའི་རྒྱལ་པོ། ཞེས་སོ། ། གསེར་ཐམ་འདི་གོང་ནས་ཀརྨ་པས་མི་ཆེན་བཅུ་གསུམ་གྱི་ལས་ཀ་བསྣམས་པ་ལས་གཉིས་ནང་ཡ་གཉིས། གཞན་རྣམས་འབྲི་གདན་སོགས་ལ་གནང་བ་ཡིན་ཏེ། འབྲི་ཁུང་པ་ལ་གནང་བའི་དམ་ཁའི་ཁ་རིས། ཆེན་ཀྱའུ་ཧྭ་ཧྭང་། བོད་སྐད་དུ་བསྟན་པ་སྤེལ་བའི་རྒྱལ་པོ་ཞེས་དང་། གདན་ས་མཐིལ་ན་གནང་བའི་དམ་ཁའི་ཁ་རིས་ལ། ཆེན་ཧྭ་ཧྭང་། སྤྲུལ་པ་སྤེལ་བའི་རྒྱལ་པོ་ཞེས་སོགས་ཡིན་ནོ། མཆན།༽

ནོར་བུ་གསུམ་པ་སོགས་འཇིག་རྟེན་གྱི་གནང་བ་རྒྱ་ཆེན་པོ་དང་བཅས་ཏེ་གདན་སར་བསྐོས། ལུགས་གཉིས་ཀྱི་བཀའ་ཁྲིམས་བཟང་པོའི་སྒོ་ནས་སངས་རྒྱས་ཀྱི་བསྟན་པའི་ཞབས་འདེགས་རླབས་པོ་ཆེ་དགོས་པ་དང་། ཡང་ཕྱིན་ཆད་གཅིག་གིས་གཅིག་ལ་འཚེ་བ་མི་བྱེད་པའི་བཀའ་ཁྲབ་གནང་། ལྷ་ཁང་དང་དགོན་པའི་འཛིན་སྐྱོང་དཔེ་མེད་མཛད། གསེར་གྱི་བཀའ་བསྟན་འགྱུར་བཞེངས། ངོ་མཚར་བའི་ལྟས་དང་བཅས་ཏེ་གཤེགས། ཆོས་དཔལ་བཟང་པོ། གྲགས་པ་རྒྱལ་མཚན་གྱི་སྲས་སུ་འཁྲུངས། སྤྱན་སྔ་ཀུན་དགའ་དཔལ་བཟང་པོའི་དྲུང་ནས་རབ་ཏུ་བྱུང་། སྔར་སྦྱོལ་གྱི་གདམས་པ་ཐམས་ཅད་རྫོགས་པར་ཞུས། གདན་ས་མཛད། ནང་སོ་སངས་རྒྱས་གྲགས་པ། ཞང་ལྷའི་སྲས་སུ་འཁྲུངས། ཡབ་མེས་ཀྱི་གདམས་པ་ཐམས་ཅད་གསན། སྟག་ལུང་དུ་བྱོན། ངག་དབང་གྲགས་པའི་མདུན་ནས་རབ་ཏུ་བྱུང་། མཚན་སངས་རྒྱས་གྲགས་པ། གདམས་པ་ཐམས་ཅད་དང་། ཁྱད་པར་དུ་མགོན་པོ་ཕྱག་བཞི་པའི་སྐོར་མ་ལུས་པ་གསན། ལོ་བཅུ་གཉིས་བཞུགས། ཕུང་བྱེད

ནོར་བུ་གཟི་འབར། ཡ་གསུམ་སྟོད་མའི་སྐྱེ་གཞན་དངོས་པོའི་རྗོང་བ་དང་བཅས་ཏེ་གདན་སར་བསྐོས། སྒྲུབ་པ་དང་ཉམས་ལེན་གཙོ་བོ་མཛད། གུ་ཤྲིའི་ཆོས་དཔལ་གྲགས་པ་གཙོད་པ་རྒྱལ་གྱི་སྲས་སུ་འཁྲུངས། ཀརྨ་པ་ཆེན་པོ་ཆོས་གྲགས་རྒྱ་མཚོས་རྗེས་སུ་བཟུང་། ཕྲུག་ཕྱིར་ཡུན་རིང་བྱོན། དབང་ཁྲིད་རྫོགས་པར་གནང་། ཀརྨ་དཔལ་གྲགས་པའི་མཚན་དང་། (ཚངས་སར་རྡོ་བཅང་བ་དང་རྣམ་གཉིས་དཔེ་མེད་ཐུགས་མཐུན་པོ་བྱུང་ཅིང་། སྒོམ་སྐྱེ་སྐྱ་མཆེད་ཞེས་སྐར་ཆེན་དུ་གླེ་བ་བྱུང་། མཚན།) གུ་ཤྲིའི་ལས་ཀ་ཤེལ་ཐམ་ཟིང་ཟིང་གི་གནང་སྦྱིན་དང་བཅས་ཏེ། གདན་སར་བསྐོས། མཛད་པ་རླབས་ཆེ་ཞིང་ཞི་བར་གཤེགས་སོ། །དེ་ཡན་གདན་སར་བཞུགས་པ་སྟེ་ནང་ཆེན་པའི་བླ་རབས་ཀྱི་སྐབས་སོ། །(ཁ་དག་ལ་བེ་རི་ཆུང་ཤོས་ཀྱི་ཕ་མེས་བེ་རི་སེང་གེ་མི་ལོགས་ས་སྨད་ནས་དགེ་ལྡན་པས་ཕུད་ནས་འདི་པའི་སྐྱ་རིང་ལ་སྐྱ་འབུམ་དགོན་དུ་ཕྱིན། བཀའ་ཁྲབ་བཟང་པོ་མཛད་ནས་རྐེ་འཛིའི་ས་གནང་། ཁོ་རང་ཚོ་དེར་བསྡད་པ་ལ་སྐྱིད་པོ་བྱུང་སྟེ། ཁ་བཤད་ལ། ཞྭ་སེར་ཅན་གྱིས་སྐྱུགས་པ་ཡིན། །བེར་སེར་ཅན་གྱི་བཀའ་དྲིན་ཡིན་གླེ་བ་བྱུང་ཟེར་ཞིང་། བེ་རི་འང་ནང་ཆེན་པའི་བློན་པོ་གྲགས་ཤོས་ཡིན། མཚན།)

༄ འཁོར་ལོ་བཟང་པོའི་བུ། ནོར་བུ་བཟང་། དེའི་བུ་བཟང་པོ། དེའི་བུ་ལྡན་པ། དེའི་བུ་སྟོབས་མཆོག །དེའི་བུ་ལྷ་མཆོག །དེའི་བུ་ཡུལ་པ། དེའི་བུ་བཙུན་པ། དེ་ལ་བུ་དགུ་ཡོད་པ་དེའང་སྐྱུས་དང་ཡག་དང་མཛེས་པ་གསུམ་དང་། ཡོད་པོ་ཀླུ་བཙན་གཉན་པ་གསུམ། ཨ་ཆེན་བེ་ཡམ་བདེ་བ་དགུ། མཛེས་པའི་བུ། གཙང་ཀུན། དེའི་བུ་ཁྲབ་པ། དེའི་བུ་ཡུལ་སྲུང་། དེའི་བུ་དྲག་པོ་སྐྱབས། དེའི་བུ་ཐོབ་འཕེན། དེའི་བུ་ཀརྨ་གྲགས། དེའུ་བུ་སྒྲིན་ཕྱུག །དེའི་བུ་ཐང་པོ། དེའུ་བུ་བརྟན་པ། དེའི་བུ་འབབ་པ། དེའི་བུ་ཏིང་ཆེན། དེའི་བུ་ཀརྨ་མཛེས། དེའི་བུ་སེང་གེ་གྲགས་དེའི་བུ་དམག་དཔོན། དེའི་བུ་ཨ་མྱེས་མགོན་ཡག །དེའི་བུ་གསེར་གཡུང་དྲག །དེའི་བུ་པདྨ་རྡོ་རྗེ། དེའི་བུ་ལེགས་པ་དབང་ཕྱུག །དེའི་བུ་བློ་གྲོས་དབང་ཕྱུག །དེའི་བུ་གྲགས་པ་མགོ་ཅན། དེའི་བུ་རྨ་བྱ་མཛེས་པ། དེའི་བུ་ཞི་བ། དེའི་བུ་མ་ལྷ། དེའི་བུ་མང་བདག །དེའི་བུ་རྗེ་བོ། དེའི་བུ་ཆོས་འཕགས། དེའི་བུ་མདོ་མང་། དེའི་བུ་སྐྱེ་ལྷ། དེའི་བུ་བཞི་ཡོད་པ་ནི། ཨ་སྟག །སེང་འཕན། འབྲུག་སྲས། རྒོད་པོ་འབར། ཨ་སྟག་གི་བུ་ཐང་ཆེན་བསོད་ནམས་རྒྱལ། དེའི་བུ་ཤེར་འཛོད། དེའི་བུ་ཨ་འབར། སེང་གེ་འཕན་གྱི་བུ་ཁྲི་དཔོན་ལ་གྲགས། དེའི་བུ་བཙན་པོ། དེའི་བུ་སྐར་ཆུང་ཉི་མ། འབྲུག་སྲས་བུ་ཀྱེ་རུས་སངས་རྒྱས་དབང་ཕྱུག །དེའི་བུ་ཡོན་འབྱུང་། དེའི་བུ་དཔོན་དཀར་དང་འཁོར་ལོ་བཟང་པོ་གཉིས། རྒོད་པོ་འབར་གྱི་བུ། དོན་ཡོད་ཚུལ་ཁྲིམས། དེའི་བུ་ལྷུག་ལ་ཡག །དེའི་བུ་ཞབས་དཀར་པོ་དང་དར་མ་གཉིས། ཞབས་དཀར་པོའི་

བུ་སྣེ་མཐོན། དེའི་བུ་ཨུ་ཏྟེ་དར་སེང་གེདེས་གླིང་བཟའ་ཨ་རྡོར་མ་བླངས་བ་ལ། ཏཻ་བོ་ཨ་ཀླུ། ཨ་ཀླུས་ཆེ་ཆུན་གཉིས་བཞག་པའི་ཆེན་མ་མཛེ་རོག་བཟའི་བུ་རྡོ་རྗེ་འཕགས། རྡོ་རྗེ་བརྟེན་གཉིས་ཏཻ་རབ་ཁ་ན་ཡོད། ཆུན་མ་འབེ་བཟའ་དཀར་མོ་ལ་བུ་སྐྱ་དཔོན་ལེགས། བྱ་ཡུལ་བ། ཨ་ཡུལ་བ། ཏཻ་བོ་ཆོས་རྒྱལ་མཚན། ཚོང་དཔོན་ཁམས་ཐར། བཀྲ་ཤིས་དཔལ། བྱང་རྒྱལ་བ་དང་བདུན། དཔོན་ཨ་ཡུལ་གྱི་རྒྱལ་སྲིད་ཀྱི་མཛད་པ་རྒྱ་ཆེ། དེའི་སྲས་ཀུན་དགའ་འབུམ་དང་ནམ་མཁའ་རྒྱལ་མཚན་གཉིས། ཀུན་དགའ་འབུམ་གྱི་སྲས་སེང་གེ་དཔལ། མགོ་པ་ཡོན་ཏན་རྒྱ་མཚོ། སྤྱན་སྔ་དཔལ་ལྡན་རྒྱ་མཚོ། གུའི་ཤྲིའི་བསམ་འགྲུབ་རྒྱ་མཚོ་དང་བཞི། སེང་གེ་དཔལ་གྱི་སྲས་གྲགས་པ་རྒྱལ་མཚན། དེའི་སྲས་ཞང་ལྷ། ཀུན་དགའ་རྒྱ་མཚོ། ཆོས་དཔལ་བཟང་པོ། ཞང་ལྷའི་སྲས་གཙོད་པ་རྒྱལ། གྲགས་པ། སངས་རྒྱས་གྲགས་པ་དང་གསུམ། གཙོད་པ་རྒྱལ་གྱི་སྲས། གུ་ཤྲིའི་ཆོས་དཔལ་གྲགས་པ། ཆོས་སྐྱོང་སྐྱབས་དང་གཉིས། འདི་པས་ཀརྨ་པ་ཆོས་གྲགས་རྒྱ་མཚོ་སྤྱར་གཞུང་དུ་སྤྱན་དྲངས། ཁྲི་ར་ཙན་གྱི་འབུལ་བ་བྱས། དབང་ཁྲིད་ཀྱང་མང་དུ་ཞུས། ཚང་སར་པ་དང་ཁག་གཉིས་ཀྱི་འཁྲུགས་པ་བསྡུམ། དེ་སྲས་དཀར་བཟའ་ལ་འཁྲུངས་པ་ནི། ནམ་མཁའ་བཟང་པོ། ཆོས་རྒྱལ་བཟང་པོ། བསོད་ནམས་བཟང་པོ། བཀྲ་ཤིས་བཟང་པོ། ནམ་མཁའ་བཟང་པོས་ཡ་གསུམ་སྟོད་མའི་རྒྱལ་པོ་མཛད། སྒོམ་སྡེ་སྟོད་མར་གྲགས། དེ་སྲས་སེང་གེ་རྒྱལ་མཚན། སངས་རྒྱས་རྒྱལ་མཚན་གཉིས། སེང་གེ་རྒྱལ་མཚན་གྱིས་རྒྱལ་སྲིད་ཆོས་བཞིན་དུ་བསྐྱངས། སྡེ་ཐམས་ཅད་ལ་དབང་བསྒྱུར། ཆོས་སྲིད་འགྲན་གྱི་ཟླ་བྲལ། བཀྲ་ཤིས་བཟང་པོའི་སྲས་གུར་མགོན། རིན་ཆེན་མགོན་པོ། གུར་མགོན་སྲས། ཀུན་དགའ་གྲགས་པ། གཽ་ཤྲི་བསོད་ནམས་དཔལ་ལྡན། སྐུ་མཆེད་གཉིས་ཀྱིས་རྒྱལ་དབང་དབང་ཕྱུག་རྡོ་རྗེ་སྐུ་འབུམ་དགོན་དུ་སྤྱན་དྲངས། འབུལ་བ་དཔག་ཏུ་མེད་པ་ཕུལ། བསོད་ནམས་དཔལ་ལྡན་ལ་གུ་ཤྲིའི་ལས་ཀ་དང་། རྒྱལ་སར་བཏོན། དེ་སྲས་བསོད་ནམས་རྣམ་རྒྱལ། ཚེ་རིང་དང་གཉིས། བསོད་ནམས་རྣམ་རྒྱལ་ཞྭ་དམར་ཆོས་ཀྱི་དབང་ཕྱུག་གིས་རྗེས་སུ་བཟུང་། ཀྭན་ཧིང་གུ་ཤྲིའི་ལས་ཀ་གནང་རྒྱལ་སར་བཏོན། ཀུན་དགའ་གྲགས་པ་དེ་སྲས་ཀུན་དགའ་རྒྱལ་པོ། འདི་པའི་ཐུགས་དམ་ལ་རྒྱས་འབྲིང་བསྡུས་གསུམ་བཞེངས། དེ་སྲས་བློ་གྲོས་རྒྱལ་པོ་དང་གུ་ཤྲིའི་ཀརྨ་རབ་བརྟན་གཉིས། བློ་གྲོས་རྒྱལ་པོ་དགོན་གསར་འཛུག་བཅུ་གསུམ་ཙམ་གྱི་སྦྱིན་བདག་དང་མངའ་ཞབས་རྣམས་དགེ་བཅུའི་ཁྲིམས་ལ་བཀོད། འབྲི་གུང་ཞབས་དྲུང་སྤྱན་དྲངས། འབུལ་བ་དཔག་མེད་དང་དབང་ལུང་མང་དུ

ཞུས། ཐ་དད་ཀྱི་དགེ་འདུན་རྣམས་ལ་བསྙེན་བཀུར་དང་། མཛོད་དང་བང་བ་ཐམས་ཅད་ཕྱོགས་མེད་དུ་བཀྱེ་དབུས་སུ་ཕེབས། རྒྱལ་དབང་ཀརྨ་པ་ཆོས་དབྱིངས་རྡོ་རྗེ་ཡབ་སྲས་དང་རྗེ་ཤཱཀ་རྣམ་གཉིས་སོགས་ལྷ་བླ་མ་ཐམས་ཅད་མཇལ་རྗེ་བཙུན་ཆོས་ཀྱི་རྒྱལ་མཚན་ལ་ཆོས་འབྲེལ་ཞུས། སོ་བྲུག་ལ་དགོན་དུ་གཤེགས།

ཀརྨ་རབ་བརྟན་ནི། འོག་མིན་ཀརྨ་སི་ཏུ་ཆོས་ཀྱི་རྒྱལ་མཚན་དགེ་ལེགས་དཔལ་བཟང་པོའི་ཞབས་དྲུང་དུ་ཕེབས། མཆོད་པའི་ཡོ་བྱད་བསམ་གྱིས་མི་ཁྱབ་པ་ཕུལ། གུ་ཤྲཱིའི་ལས་ཀ་དང་དབང་ཁྲིད་མང་དུ་ཞུས། རྒྱལ་སར་བཏོན། མཚན་ཡང་། ཀུན་ཏིང་གུ་ཤྲཱིའི་ཀརྨ་རབ་བརྟན་ལྷུན་འགྲུབ་དཔལ་བཟང་པོ་ཞེས་དང་། དངོས་པོ་གནང་སྦྱིན་རྒྱ་ཆེར་བསྩལ། བསྟན་པ་སྤྱི་དང་། དགོས་དགས་བརྒྱུད་ཀྱི་བསྟན་པ་སྤེལ་དགོས་པའི་བཀའ་བཀོད་དུ་མ་གནང་། འདི་པའི་རིང་ལ་ཡུལ་གྲུ་གཞན་ཞིག་གི་རྒྱལ་པོས་རྒྱལ་ས་ཕྲོགས། ཉིད་ཀྱང་གཞན་དུ་འབྱོན་དགོས་པ་བྱུང་ངོ་། །རྗེ་པོ་རིན་པོ་ཆེ་སོགས་ལྷ་བླ་མ་མང་དུ་མཇལ། སླར་ཡང་ཧོར་དམག་གི་སྣ་དྲངས་ཏེ་རྒྱལ་པོ་དེའི་རྒྱལ་ཁམས་ཐམས་ཅད་བཅོམ། རྒྱལ་ས་བླང་། སྐད་རིགས་མི་གཅིག་པའི་སྡེ་དུ་མར་དབང་བསྒྱུར། ཆོས་སྲིད་ནམ་མཁའ་དང་མཉམ། འདི་ལྟར་གསུངས་ཏེ། སྔར་བྱུང་པ་སི་ཏུ་རིན་པོ་ཆེས། དཔོན་འདི་ལ་ཧུར་པོ་ཧུར་པོ་ཡོང་བའི་རིགས་སུ་འདུག་ཞེས་གསུངས་མྱོང་བ། བདག་གིས་དེང་སང་སྙིག་པ་འདི་ལྟ་བུ་བྱེད་པ་དེ་དགོངས་པ་རེད། ཅེས་གསུངས་པ་ཐོས། ཐུགས་དམ་ལ་མདོ་སྔགས་གཉིས་བཞེངས། ལུགས་གཉིས་ཀྱི་མཛད་པ་ནང་ཆེན་པའི་བླ་རབས་དང་རྒྱལ་རབས་ལས་འདི་སྟོབས་ཆེ་བར་གྲགས། དགུང་ལོ་བཞི་བཅུ་ལ་གནམ་དུ་གཤེགས། དེ་སྲས་བཀྲ་ཤིས་དར་མ་བསྟན་སྲུང་སྟེ་འཇིག་རྟེན་བྱ་བ་ཁྱད་དུ་མི་བསྐྱུབས། དགེ་བའི་ཐུགས་དང་ལྡན། ད་ལྟ་དགུང་ལོ་བཅུ་དྲུག་པ། བློ་གྲོས་རྒྱལ་པོའི་སྲས་ནོར་བུ་སྟེ་ནང་ཆེན་རྒྱལ་རབས་པའི་སྐབས་སོ། །

༄ འདི་ཕྱིན་རི་ཁག་བཅོ་བརྒྱད་ཀྱི་རྣམ་གྲངས་ཐོར་ཙམ་བརྗོད་ན། སྟོང་ནག་རས་པའི་འཁྲུངས་ཡུལ་ལྷོ་རྒྱུད། གདུང་ཚབ་ཤི ཡབ་སེང་གེ་དཔལ་གྱི་སྲས་སུ་འཁྲུངས། བྱང་ཆུབ་གཞོན་ནུ་ལས་རབ་ཏུ་བྱུང་། (ཁ་དག་ལ་བཀའ་བབས་ཀྱི་སློབ་མ་གཅིག་ལ་བསྒྲིགས་པར་འདུག་ཀྱང་དཔེ་ཚ་རྣམས་ལ་ནི་ཡི་ནས་མི་འདུག །

མཚན།) གདམས་པ་ཐམས་ཅད་བུམ་པ་གང་བྱོའི་ཚུལ་གྱིས་ཞུས། མཚན་བློ་གྲོས་རྡོ་རྗེ། ཀརྨ་པ་རང་བྱུང་རྡོ་རྗེ་ལས། བསྙེན་རྫོགས་ཞུས་པ་དང་དབུས་སུ་བྱོན། རྒྱ་བྲག་ཆོས་རྗེ་ལས་ཞི་བྱེད་ཞུས། རྡོ་མོ་

གཡུ་སྒྲོན། ཛབ་དང་སྐུ་སྐྱོ་ཕུག་སོགས་སུ་བཞུགས། ཕྱག་ཆེན་རྟོག་པ་བརྙེས། གཏུམ་མོའི་བདེ་དྲོད་འབར། རྗེ་བཙུན་མ་ཞལ་གཟིགས། མཐར་ལ་ཆིང་དུ་འདས། ཞུགས་ཕུལ་བས་འཛའ་མི་འདྲ་བ་དུ་མ་སྤྲུར་ལ་ཐུག །རིང་བསྲེལ་དུ་མ་བྱོན། བསྟན་བཅོས་དུ་མ་དང་། སློབ་མ་ལ་ཡང་རིགས་དབོན་དབང་རྒྱལ། ལྷ་རས་པ། ལྡི་རས་པ། བསོད་ནམས་དཔལ། ཡེ་གཞོན། བཟོད་པ། མི་གནས་ཞི་བ། ཚུལ་བློ་སོགས་དུ་མ་བྱོན།

༈ འདི་ལས་གྱེས་པའི་རི་ཁག་དྲུག་ཡོད་པ་ལ། རིགས་དབོན་དབང་རྒྱལ། བློ་གྲོས་རྡོ་རྗེ་ལས་རབ་ཏུ་བྱུང་། གདམས་པ་ཐམས་ཅད་ཞུས། ལྡི་རྒྱུད་དུ་ཡར་ཕྱིན་དགོན་གཉིས་བཏབ། ཉམས་རྟོགས་ཚད་ལས་འདས། རྡོ་རྗེའི་མགུར་མང་དུ་མཛད། ཞི་ལྷ་ལ་གཤེགས། སློབ་མ་ནི། རིགས་དབོན་ཀུན་དགའ་སྐྱེ། སྐྱོ་བྲག་ཆོས་རྗེ་ལས་རབ་ཏུ་བྱུང་། དབང་རྒྱལ་ལས་གདམས་པ་ཕུ་ཐག་བཅད། དགོན་གཉིས་ཀྱི་གདན་ས་རེས་མོས་སུ་མཛད་ནས་ལྟས་བཟང་པོ་དང་བཅས་ཏེ་གཤེགས། ཕྱིས་ཀྱང་བླ་མ་མང་དུ་བྱོན་ཞིང་། རི་ཁག་གཉིས་སུ་བགྲང་བ་སྟེ་སྟོང་ནག་པའི་སྐབས་སོ། །

རྟོགས་ལྡན་བཟོད་པ་ནི། བློ་གྲོས་རྡོ་རྗེའི་དྲུང་ནས་གདམས་པ་ཐམས་ཅད་རྫོགས་པར་ཞུས། ཉེ་གནས་ཡུན་རིང་མཛད་བླ་མ་འདས་ནས་དཔལ་གྱི་ཛབ་དགོན་བཏབ་གདུལ་བྱ་ཆེར་འཇུར། དེའི་སློབ་མ་ཛབ་པ་ངག་དབང་བ་སྐྱེ། བླ་མ་བཟོད་པ་ལས་གདམ་པ་ཞུ། གདན་ས་མཛད། དེ་སོགས་ཕྱིས་ཀྱི་བར་དུ་བླ་མ་མང་དུ་བྱོན་པར་འདུག་ཅིང་ཛབ་པའི་སྐབས་ཏེ་ལྡི་གནས་གསུམ་མོ། །

ལྷ་རས་པ་བརྩོན་འགྲུས་དཔལ། འབྲུངས་ཡུལ་ལྡི། གདུང་མཆོག་པོ། སྟོང་ནག་རས་པའི་དྲུང་ནས་རབ་ཏུ་བྱུང་། གདམས་པ་ཐམས་ཅད་གསན། སྐྱོ་ཁོ་ཉིན་ཕུག་སོགས་གཅིག་རི་ལ་མི་ཚེ་བསྐྱལ། སློབ་མ་གླང་རས་པ་སོགས་མང་དུ་བྱུང་། གླང་རས་པའི་འབྲུངས་ཡུལ་ཛ་རྒྱུད་ཤེལ་ཚ། གདུང་གླང་། ཀརྨ་པ་རོལ་པའི་རྡོ་རྗེའི་མདུན་ནས་རབ་ཏུ་བྱུང་། ལྷ་རས་པ་ལས་གདམས་པ་ཐམས་ཅད་གསན། སྐྱོ་བྲག་པའི་དགོན་བཏབ། དོན་གསུམ་ལ་གཤེགས། ཧེན་ཐུགས་ལྷགས་རིང་བསྲེལ་མང་དུ་བྱོན། རྟོགས་ལྡན་རིན་ཆེན་བཟང་པོ་སོགས་མང་དུ་བྱུང་། སྐྱོ་བྲག་ཆོས་རྗེའི་འབྲུངས་ཡུལ་ཛ་རྒྱུད་ཀོ་རོག །གདུང་འདན་མ། ཀརྨ་པ་དེ་བཞིན་གཤེགས་པ་ལས་ཆོས་མང་དུ་ཞུས། གླང་རས་པའི་མདུན་ནས་རབ་ཏུ་བྱུང་། ས་བརྒྱད་པའི་རྟོགས་པ་བརྙེས། ཡི་དམ་མང་པོ་ཞལ་གཟིགས། བྲག་མགོ་ནས་འཕུར་བ་དང་རྡོ་རྗེའི་མགུར་དཔག་ཏུ་མེད་པ་མཛད། དོན་བརྒྱད་ལ་མྱ་ངན་ལས་འདས།

སློབ་མ་སྐྱོ་བྲག་བསོད་དབང་བ་སོགས་མང་དུ་བྱོན། འབའ་རེ་རིན་ཆེན་བཟང་པོ་དཔོན་གྲོང་ཀྱི་སྲས་སུ་འཁྲུངས། སྐྱོ་བྲག་ཆོས་རྗེ་ལས་གདམས་པ་གསན། རོ་གཅིག་གི་རྟོགས་པ་འཁྲུངས། འགྲོ་དོན་རྒྱ་ཆེ། བདུན་ཅུ་ལ་གཤེགས། རྟེན་རིང་བསྲེལ་མང་དུ་བྱོན།

དེའི་གཅུང་བསོན་ནམས་དབང་ཕྱུག །སྐྱོ་བྲག་ཆོས་རྗེ་ལས་གདམ་པ་ཞུས། བཛྲ་གིརྟིའི་སྤྲུལ་བར་གྲགས། ཀརྨ་པ་མཐོང་བ་དོན་ལྡན་མཇལ། དབང་ཆོས་མང་དུ་ཞུས། སྐྱོ་བྲག་གི་གདན་ས་མཛད། རོ་གཅིག་ལ་གཤེགས། རྡོ་རྗེ་ཕག་མོའི་སྐུ་སོགས་རྟེན་རིང་བསྲེལ་མང་དུ་བྱོན། དེའི་དཔོན་ཆོས་འོད་ཟེར་པ་ནི། བསོད་ནམས་བཀྲ་ཤིས་ཀྱི་སྲས་སུ་འཁྲུངས། གྲུབ་ཐོབ་རམ་ནེ་ཆོས་གཡུང་གི་སྤྲུལ་བར་གྲགས། ཁོ་བོ་བླ་མ་དང་འབྲུག་ཚ་བཀྲ་ཤིས་དབང་ཕྱུག་ལས་གདམས་པ་ཐམས་ཅད་གསན། སྐྱོ་བྲག་མགོར་གཙུག་ལག་ཁང་ནང་། བྱམས་པའི་གསེར་སྐུ་བཀའ་འགྱུར་སོགས་བཞེངས། རྡོ་ཕུན་ལྷ་ཁང་ལོགས་བྲིས་རྟེན་མཆོད་ཀྱི་རིམ་པ་འགྲན་གྱི་ཟླ་མེད་པར་མཛད། མངོན་པར་མཁྱེན་པ་སོགས་གྲུབ་རྟགས་མཐའ་ཡས། དྲུག་ཅུ་རྩ་ལྔ་ལ་གཤེགས། དབུ་ཐུམ་རིལ་རྒྱུད་སྡེའི་ལྷ་ཚོགས་ཀྱི་མཚན་པ་བྱོན། དེའི་རིགས་དཔོན་ཀུན་སྙིང་པོ་སྐྱེ། ཁུ་བོ་བླ་མ་ལས་གདམས་པ་ཞུས། ཀརྨ་མི་བསྐྱོད་ཞལ་ལས་གདམས་པའི་ཕུ་ཐག་བཅད། མཐུ་དང་རྫུ་འཕྲུལ་ལ་མངའ་བརྙེས། ཞེ་དགུ་ལ་གཤེགས། ཐུགས་ལྟུགས་རིང་བསྲེལ་སོགས་བྱོན། དེའི་དཔོན་ཀུན་དགའ་རྒྱལ་མཚན་པ་སྐྱེ། ཁུ་བོ་བླ་མ་ལས་གདམས་པ་ཐམས་ཅད་གསན། མགོན་པོ་ཕྱག་བཞི་པ་དངོས་སུ་གྲུབ། ཞ་དམར་ནག་གི་ལྗིར་སྐུ་སོགས་བཞེངས། ངགཉིས་ལ་གཤེགས། རྟེན་རིང་བསྲེལ་སོགས་མང་དུ་བྱུང་། དེའི་དཔོན་ཐུགས་རྗེ་ཆེན་པོའི་སྤྲུལ་བར་གྲགས་པ་སྐྱོ་བྲག་བསྟན་འཛིན་དེ། དབང་གྲགས་ཀྱི་སྲས་སུ་འཁྲུངས། ཁུ་བོ་ལས་གདམས་པ་ཐམས་ཅད་གསན། སི་ཏུ་ཆོས་ཀྱི་གོ་ཆ། ཟུར་མང་ལེགས་བཤད་སྨྲ་དབྱངས་སོགས་ལས་ཆོས་ཀྱི་བཅུད་མ་ལུས་པ་ཞུས། ཕྱག་ཆེན་གྱི་སྒོ་ནས་འགྲོ་བ་ཐམས་ཅད་སྨིན་གྲོལ་ལ་བཀོད། རྩ་དགོན་དུ་མ་ཆེ་བུམ་སྒྲུབ་འཛུགས་པ་མཛད། གུ་རུ་ཞི་བའི་སྒྲུབ་པ་མཛད་དུས་རྟེན་འབྲེལ་གྱི་སྣང་བ་དཔག་ཏུ་མེད། ཕྱག་བཞི་པའི་སྒྲུབ་པ་མཛད་དུས་བར་ཆད་ཞི་བའི་མཚན་མ་བྱུང་། བརྒྱད་ཅུ་ཐམ་པ་ལ་གཤེགས་པ་སྟེ་སྐྱོ་བྲག་པའི་སྐབས་སོ། །

ལྷོ་རས་རིན་ཆེན་རྒྱལ་མཚན་ནི། ཨ་ཕྱུག་གི་སྲས་སུ་འཁྲུངས། གདུང་ནི་འབྲུ། གཞོན་ནུ་ནས་རབ་ཏུ་བྱུང་། བློ་གྲོས་རྡོ་རྗེ་ལས་ཕྱི་ནང་གི་གདམས་པ་ཐམས་ཅད་རྫོགས་པར་གསན། ཉམས་

རྟོགས་པ་ཁྱད་པར་ཅན་འཁྲུངས། དཔོན་སློབ་ལྷན་གཅིག་པར་རྗེ་ཀརྨ་པ་རང་བྱུང་རྡོ་རྗེའི་ཞབས་དྲུང་དུ་ཕག་མོ་ལ་སོགས་པའི་གདམས་པ་ཞུས། དབ་ཀྱི་ཇོ་མོ་གཡུ་སྒྲོན་སོགས་སུ་གཅིག་རི་ཡུན་རིང་དུ་མཛད། གྲུབ་པ་བརྙེས། ངོ་མཚར་བའི་ལྟས་དང་བཅས་ཏེ་གཤེགས། དེའི་དཔོན་ཤེས་རབ་རིན་ཆེན་ནི། ཁུ་བོ་ལས་གདམས་པ་ཐམས་ཅད་རྫོགས་པར་གསན། ཀརྨ་པ་རོལ་པའི་རྡོ་རྗེའི་མདུན་དུ་བསྙེན་པར་རྫོགས། ཤོར་ཕུའི་རི་པ་ནང་ཀ་ཡེ་གྲུ་གུ་སོགས་སུ་གཅིག་རི་ལོ་མང་པོར་མཛད། མཆོག་གི་དངོས་གྲུབ་བརྙེས། གྲུ་གུའི་སོགས་གཞི་བདག་མང་པོ་དམ་ལ་བཏགས་པར་མཛད། དེ་ཕྱིན་ནས་ཤོར་ཕུ་བ་ཞེས་པའི་མཚན་སུ་གྲགས། གྲུ་གུའི་ཞོལ་དུ་གཤེགས། རྟེན་རིང་བསྲེལ་མང་དུ་བྱོན། ༼ནང་ལྟར་ན་ཤོར་ས་བཞི་དང་གོལ་ས་གསུམ་ལ་སོགས་སྤྲང་ཤིང་། གསང་ཆེན་རྡོ་རྗེ་ཐེག་པ་པའི་སྒོར་ཞུགས་ཤིང་། དེའི་གོང་ན་འདི་ཞེས་བྱ་བ་གཞན་མེད་པ་སྐྱེ་ཕུ་ཐག་ལེགས་པར་ཆོད་སྐབས་ན། ཤོར་ཕུ་པ་དང་། གསང་བ་ལྟར་ན་ཞི་བདེའི་གོ་འཕང་འདོད་པ་དང་། ཕྱི་རོལ་གྱི་བཟུང་བ་ཐམས་ཅད་རང་སེམས་སུ་འདོད་པ་དོན་དམ་པར་སྟོང་ཡང་ཀུན་རྫོབ་ཏུ་དངོས་པོས་བྱེད་ནུས་པར་འདོད་པའི་ཤོར་ས་ཐམས་ཅད་སྤྲངས་ཏེ། ཡོད་མིན་མེད་མིན་བརྗོད་བྱ་རྗོད་བྱེད་སྤྲོས་པའི་མཐའ་ཐམས་ཅད་དང་བྲལ་བ་མཁའ་ཁྱབ་ཀློང་ཡངས་ཨེ་ཝཾ་ཟུང་འཇུག་ཕྱག་རྒྱ་ཆེན་པོའི་དོན་རྟོགས་ཤིང་ཕུ་ཐག་ཆོད་པས་ཤོར་ཕུ་པ། མཆན།༽ དེའི་དཔོན་པོ་ཤེས་རབ་རྒྱལ་མཚན་ནི། ཡབ་དབང་རྒྱལ་གྱི་སྲས་སུ་འཁྲུངས། ཁུ་བོ་ལས་གཅོད་སྐོར་སོགས་གདམས་པ་མང་དུ་གསན། མེར་ཆེན་གྱི་ཞོལ་དུ་སྒྲུབ་སྡེའི་རི་དགོན་མཛད། སློབ་མ་ཡང་བློ་གྲོས་རྒྱལ་མཚན་སོགས་འགའ་ཞིག་བྱུང་། ལྟས་བཟང་པོ་དང་བཅས་ཏེ་དེ་ཉིད་དུ་གཤེགས། ཤོར་ཕུ་ལྷུན་འགྲུབ་པ་ནི། ཕག་གྲུའི་སློབ་མ་ཤེས་རབ་ཡེ་ཤེས་ཀྱི་སྤྲུལ་པ་སྟེ། སྐུ་ཚེའི་སྟོད་དུ་སྒོམ་སྡེ་ཚང་སར་བའི་བློན་པོ་མཛད། ཕྱིས་ཀརྨ་པ་དེ་བཞིན་གཤེགས་པའི་དྲུང་ནས་རབ་ཏུ་བྱུང་། ཁུ་བོ་ལས་འབའ་རོམ་བཀའ་བརྒྱུད་ཀྱི་གདམས་པ་ཐམས་ཅད་རྫོགས་པར་གསན། མེར་ཆེན་དང་རིན་ཆེན་གླིང་པའི་སྒྲུབ་གྲྭའི་རི་དགོན་མཛད་ནས་དེར་བཞུགས་ཏེ། ཐུགས་དམ་ཁྱད་པར་ཅན་འཁྲུངས། ལྟས་བཟང་པོ་དང་བཅས་ཏེ་དགོན་དེ་ཉིད་དུ་གཤེགས། སློབ་མ་ཡང་བྱ་བྲལ་འོད་ཟེར་དང་ཟུར་མང་པའི་རྨ་སེ་རྟོགས་ལྡན་གྱིས་འབའ་རོམ་པའི་ཆོས་སྐོར་གསན་པ་སྐྱེ་མང་དུ་བྱོན། བཀྲ་ཤིས་དཔལ་ནི། ཡབ་བླ་སྐར་མའི་སྲས་སུ་འཁྲུངས། ཁུ་བོ་ལས་ཡབ་མེས་ཀྱི་གདམས་པ་ཐམས་ཅད་རྫོགས་པར་གསན། ཀརྨ་པ་དེ་བཞིན་གཤེགས་པ་དང་མཐོང་བ་དོན་ལྡན་སོགས་ལས་བཀའ་ཆོས་ཞུས། ཐུགས་དམ་བཟང་པོ་དང་བཅས་ཏེ་གཤེགས། ཁྲོ་བོའི་སྲས་བཀྲ་ཤིས་རྒྱལ་མཚན་པ་ནི། ཁུ་བོ་ལས་སྒོམ་སྡེའི་ཆོས་སྐོར་ཐམས་ཅད་གསན། ཀརྨ་པ་

ཆོས་གྲགས་རྒྱ་མཚོ་དང་མཇལ། ཀོང་པོ་ཆེ་རས་པ་ཞེས་པ་ལས་ཕྱག་ཆེན་གསན། ཨ་སེང་པ་ལས་ལམ་འབྲས་སྐོར་དྲུག་སོགས་གསན། རྡོ་རྗེ་འཇིགས་བྱེད་ལ་མངོན་སུམ་དུ་བཞེངས་ནུས་པ་ཙམ་གྱི་བསྐྱེད་རིམ་མངའ་བརྙེས། སྐུ་ཚེ་མཐར་ཕྱིན་ཏེ་གཤེགས། དབུ་བུམ་རིལ་དང་རིང་བསྲེལ་སོགས་བྱོན། སློབ་མ་གནམ་ཐེལ་ཕུ་པ་ལ་སོགས་བྱོན།

བཀྲ་ཤིས་རྒྱལ་མཚན་པ་ནི། མགོན་པོ་འོད་ཟེར་གྱི་སྲས་སུ་འཁྲུངས། སྐུ་ན་ཕྲ་མོའི་དུས་སུ་ཁུ་བོ་ལས་དབང་བསྐུར་འགའ་ཞིག་གསན། དགུས་པོ་བཀྲ་ཤིས་འོད་ཟེར་གྱི་དྲུང་དུ་བསྙེན་པར་རྫོགས། མཚན་བཀྲ་ཤིས་རྒྱལ་མཚན་དུ་བཏགས། ཟུར་མང་བློ་གྲོས་རྒྱ་མཚོ་ལས་ཕྱག་ཆེན་དང་། སེ་ཏུ་ཆོས་ཀྱི་གོ་ཆ་ལས་ཕྱག་ཆེན་ཆོས་དྲུག་རྡོ་རྗེ་ཕྲེང་བ། རྒྱ་སྟོན་ནམ་མཁའ་རྡོ་རྗེ་ལས་བདེ་མཆོག་མགོན་པོ་བྲུ་རོག་མའི་སྐོར་སོགས་མང་དུ་གསན། ལྷ་མོ་དུད་སོལ་མ་ཕོ་ཉར་འགྱེད། དགུང་ལོ་གྱ་བཞི་ལ་གཤེགས། རིགས་དཔོན་ཀརྨ་སྙན་གྲགས་ཏེ། ཆོས་སྐྱོང་བཀྲ་ཤིས་ཀྱི་སྲས་སུ་ཁྲི་ལོ་ལ་འཁྲུངས། དགུང་ལོ་ལྔ་ནས་གཏོར་མ་ཆ་བཙུ་གཏོང་བ་དང་ཡི་གེ་ཚེགས་མེད་དུ་མཁྱེན། ཁུ་བོ་བླ་མ་བཀྲ་ཤིས་རྒྱལ་མཚན་ལས་འབའ་རོམ་ནས་བརྒྱུད་པའི་ཆོས་ཡོད་དགུ་ཅོག་གསན། བདེ་མཆོག་དང་མགོན་པོ་སོགས་ལ་ཐུགས་དམ་གྱི་མཐིལ་མཛད། ལུང་བསྟན་ཐོབ། རྒྱལ་དབང་ཀརྨ་པ་དབང་ཕྱུག་རྡོ་རྗེ་ལ་ཡོད་དགུ་ཅོག་ཕུལ་ཞིང་། དེ་ཉིད་ཀྱི་དྲུང་ནས་རབ་ཏུ་བྱུང་། མཚན་ཀརྨ་པ་སྙན་གྲགས་དཔལ་བཟང་པོ་གསོལ། རྗེ་བཙུན་ཆོས་ཀྱི་རྒྱལ་མཚན་གྱི་ཞལ་ནས། ཆོས་ཀྱི་གོ་ཆའི་འཕྲིན་ལས་ཀྱི་སྤྲུལ་པ་ཡིན་པར་བཀས་གནང་། བླ་མ་བསྟན་པ་ལའང་། ཡང་དག་པར་རྫོགས་པའི་སངས་རྒྱས་འཇིག་རྟེན་དུ་ཞལ་བསྟན་པ་ལྟ། བསྟན་པ་ཡོངས་རྫོགས་ཀྱི་དགེ་བའི་བཤེས་གཉེན་ཆེན་པོ་བཞི། ཡང་དགེ་བཤེས་གསུམ་སོགས་བརྟེན། སྐྱོ་བྲག་ཀུན་དགའ་རྒྱལ་མཚན་ལས་འབའ་རོམ་ནས་བརྒྱུད་པའི་ཆོས་ཡོད་དགུ་ཅོག་ལ་མ་གསན་པ་གཅིག་ཀྱང་མེད། ཚིག་ལ་མ་ལུས་ཤིང་དོན་ལ་རྟོགས་པ་ནི་བླ་མ་འདི་ཙམ་མོ། །འོག་མིན་ཀརྨའི་གདན་ས་ལོ་བརྒྱད་ཙམ་དུ་མཛད། ལྷ་སྟེང་གི་གཙུག་ལག་ཁང་ལོགས་བྲིས་དང་བཅས་པ་བཞེངས། གཏོར་མ་ལ་བདུད་རྩི་འབབ་པ། བདུད་རྩི་ཁོལ་བ། མཁའ་འགྲོ་མའི་ལུང་བསྟན་སོགས་བྱུང་། ཉིན་ཞིག་ང་རང་གི་ལྷ་མོ་དེ་ནས་འདུག་པས་ད་ལོ་འཆི་རྒྱུ་ཡིན་པ་འདྲ་གསུངས། དོན་དགུ་ལ་གཤེགས། འཇའ་དང་འོད་ཀྱིས་ནམ་མཁའ་ཁེངས། ཞག་ཞེ་དགུའི་ཉིན་མོ་ཡང་རྟགས་མཚན་བྱུང་། བསྟན་ཆོས་ཀྱང་མང་དུ་མཛད། [ཀརྨ་རབ་གསལ་ནི། ལྷ་ཚངས་པའི་སྐྱེ་བ་འགྲོ་དོན་སྤྱན་རས་གཟིགས་དང་མཉམ། གདུང་རྒྱུད་སྐུ་ཚེའི་སྟོད་ལ་ཡོད་སྐབས་ལ། སྡོམ་བྲག་ཉིན་དགོན་དུ་ཡུལ་འདྲེ་དམ་ལ་བཏགས། བྲིས

པས་སྣན་པར་སྣང་། ཕྱོགས་འགའ་ཞིག་བྱུང་བ་སྐྱེ་ཤོར་ཕུ་བའི་སྐབས་སོ། །

༄ ལ་ཆིང་རི་ཁྲོད་དུ་སྟོང་ནག་རས་པ་དེ་ཉིད་བཞུགས། འཚོགས་པ་བསྐྱངས། བུ་སློབ་རྣམས་ཀྱི་གདུང་འབུམ་བཞེངས། རི་ཁྲོད་པ་མང་དུ་བྱུང་ཞིང་། གཞན་བླ་མ་འདི་བཞུགས་ཀྱི་གསལ་ཁ་མེད། རི་ཁག་གཅིག་ཏུ་བསྒྲང་བ་སྟེ་ཟླ་གནས་གསུམ་སྟེ་སྟོང་ནག་རས་པ་ལས་གྱེས་པའི་རི་ཁག་དྲུག་གོ། །

༄ དབང་དང་རབ་གནས་ཀྱི་བཀའ་བབས་བླ་མ་རྒྱལ་སྲས་ལྷ་པ་ནི། འབྲུངས་ཡུལ་ཟླ་རྒྱུད་ཀྱི་ཡེ། ཡབ་རྡོ་རྗེ་རྒྱལ་པོ་བུ་བའི་སྲས་སུ་འཁྲུངས། གྲུབ་ཐོབ་གླིང་རས་ཀྱི་སྤྲུལ་པ་སྟེ། ཆུང་དུ་ནས་ཆོས་ལ་ཐུགས་འགྲོ་ཞིང་ལྷ་རིས་ཀྱང་མཛད། སྤྱན་སྔ་ལུས་མེད་རྡོ་རྗེ་དྲུང་ནས་རབ་ཏུ་བྱུང་། མཚན་ཚུལ་ཁྲིམས་སེང་གེ་བདེ་མཆོག་སོགས་བསྙེད་རིམ་དུ་མ་དང་། རྫོགས་རིམ་ནཱ་རོ་ཆོས་དྲུག་ཕྱག་ཆེན་སོགས་མཐའ་དག་ཞུས། གསང་མཚན་བདེ་བའི་རྡོ་རྗེ། གྲུབ་པ་ཐོབ། ནང་ཆེན་ནང་གི་ལོགས་ བྲིས་མཛད། རྡོ་རྗེ་ཕག་མོས་མཚལ་འབུལ་བ་སོགས་ལོགས་བྲིས་ཀྱི་མཐུན་རྐྱེན་བསྒྲུབས། རབ་གནས་ཀྱི་དུས་སུའང་ལྷ་ཅི་ཡིན་པ་དེ་མདུན་གྱི་ནམ་མཁར་སྤྱན་དྲངས་ནས་ཀུན་གྱིས་མཐོང་བར་རི་མོ་ལ་འཐིམས་པའི་གྲུབ་རྟགས་སྟོན། བདེ་མཆོག་སྒྲུབ་ཐབས་ཕྱག་རྒྱ་ཆེན་པོ་ལྷུག་པའི་ཚིག་སྦྱོར་ཡིག་ཅལ་ཅོལ་རིང་མོ་སོགས་མཛད། ཀི་ལ་སྣ། རྡོ་གོང་། རྡོམ་བྲག །ཉིན་དགོན། རོ་ལོ་ཕུག་སོགས་སུ་རི་དགོན་མཛད། དོན་བདུན་ལ་ཞི་བར་གཤེགས། སློབ་མ་ཚུལ་ཁྲིམས་ཡེ་ཤེས། གྲུབ་ཐོབ་སྟོན་པོ། རས་པ་ཐུགས་རྗེ་གྲགས། བླ་མ་ཚུལ་བྱང་། བྱ་བྲལ་ཡེ་ཤེས་གྲགས་སོགས་མང་དུ་བྱོན།

འདི་ལས་གྱེས་པའི་རི་ཁག་བཅུ་ཡོད་པ་ལས། རིགས་དབོན་ཚུལ་ཁྲིམས་ཡེ་ཤེས་ནི། འབྲུངས་ཡུལ་ཀྱི། བླ་མ་ལྷ་པ་ལས་རབ་ཏུ་བྱུང་། གདམས་པ་ཐམས་ཅད་རྫོགས་པར་གསན། ར་འོག་ཕུག་ཏུ་དགུང་ལོ་དགུ་ནས་བཅོ་བརྒྱད་ཀྱི་བར་དུ་འདག་འབྱར་ལ་བཞུགས། སླར་ཡང་རོ་ལོ་ཕུག་ཏུ་ལོ་བཅུ་གཅིག་ལ་འདག་འབྱར་ལ་བཞུགས། སློབ་དཔོན་ཕུག་པར་གྲགས། ཀི་ལ་སྣ་བླ་མའི་གདན་ས་མཛད་ནས་འཚོགས་པ་བསྐྱངས། དྲུག་ཅུ་རེ་གསུམ་ལ་མྱ་ངན་ལས་འདས། སློབ་མ་ནི། གཞོན་ནུ་འབྱུང་གནས། རིགས་དབོན་ཚུལ་ཁྲིམས་རྒྱལ་མཚན། སངས་རྒྱས་མཐའ་ལྡོས། སེར་ཡེ་རས་པ། ཤར་པ་བསོད་ནམས་སེང་གེ་སོགས་དུ་མ་བྱུང་། གཞོན་ནུ་འབྱུང་གནས། འབྲུངས་ཡུལ་རྩེ་རྒྱུད་ཀོ་མཇོ་བྲག །གདུང་འགྲོ་ལྡོག །ཡབ་རྒྱལ་བ་ཡེ་ཤེས་ཡུམ་བོ་ལྕོག་གཉིས་ཀྱི་སྲས་སུ་སྟག་ལོ་ལ

སྐུ་བལྟམས། བླ་མ་རིན་པོ་ཆེའི་དྲུང་དུ་རབ་ཏུ་བྱུང་ཞིང་གདམས་པ་ཐམས་ཅད་གསན། སྒྲུབ་པ་རྩེ་གཅིག་ཏུ་མཛད། གྲུབ་པ་ཐོབ། ཡིག་དྲུག་དུང་ཕྱུར་བཅུ་གསུམ་གསུངས། བྲག་མགོ་ཐམས་ཅད་དུ་ཕར་འཕུར་ཚུར་འཕུར་མཛད་པ་བྱུང་། གཞི་ལ་སྣའི་གདན་ས་མཛད། གྲྭ་ཚོགས་ཀྱང་མང་བར་འདུས། དགུང་ལོ་བདུན་ཅུ་ལ་མྱ་ངན་ལས་འདས། སློབ་མ་ཡང་རི་ཕ་བརྩོན་འགྲུས་འབྱུང་གནས། རྟོགས་ལྡན་སེང་གེ་འབུམ། རྟོགས་ལྡན་ཆོས་འཛིན། རྟོགས་ལྡན་རིན་ཤེ། རྟོགས་ལྡན་ཚུལ་གྲགས། རྟོགས་ལྡན་དམར་ཕྱུ། རྟོགས་ལྡན་བསོད་རྒྱལ་བ་སོགས་མང་དུ་བྱོན། སྤྲུལ་སྐུ་བརྩོན་འགྲུས་འབྱུང་གནས། འབྲིངས་ཡུལ་ལྷིའི་དབེ་ཁྲུ། རུས་ཁྱུང་པོ། ཡབ་སྲུང་བ་དཔལ། ཡུམ་བཀྲ་ཤིས་བྱམས། བྱ་ལོ་ལ་འཁྲུངས། ཀརྨ་པ་རོལ་པའི་རྡོ་རྗེ་དྲུང་ནས་རབ་ཏུ་བྱུང་། ཚང་སར་བཀྲ་ཤིས་རྒྱལ་མཚན་དང་། རྟོགས་ལྡན་གཞོན་ནུ་འབྱུང་གནས་ལས་གདམས་པ་ཐམས་ཅད་གསན། ལོ་ཉི་ཤུ་རྩ་ལྔར་གཅིག་རི་མཛད། མངོན་པར་ཤེས་པ་ལ་ཐོགས་པ་མེད། གཞི་ལ་སྣའི་གདན་སར་བཞུགས། རྡོ་རྗེའི་མགུར་སོགས་བསྟན་བཅོས་མང་དུ་མཛད། རི་དྲུག་ལ་གཤེགས། རིང་བསྲེལ་བཅོ་བརྒྱད་སོགས་བྱུང་། སློབ་མ་ནི་གཞོན་ནུ་སེང་གེཚང་སར་བསོད་ནམས་བློ་གྲོས། རིགས་དཔོན་སངས་རྒྱས་གྲགས། ཁྲི་དགེ་བསོད་ནམས་ཡེ་ཤེས། སྐྱོ་བྲག་རིན་ཆེན་བཟང་པོ་སོགས་བྱུང་། བླ་མ་ཚུལ་ཁྲིམས་གྲགས་པ་འབྲིངས་ཡུལ་ལྷིའི་དབེ་ཤག །དགོན་པོ་རྒྱལ་གྱི་སྲས་སུ་འཁྲུངས། ཀརྨ་པ་རོལ་པའི་རྡོ་རྗེ། སྟག་ལུང་པ། རོ་ལོ་ཚུལ་ཁྲིམས་རྒྱལ་མཚན། གཞོན་ནུ་འབྱུང་གནས་སོགས་ལས་གདམས་པ་གསན། གཞི་ལ་སྣའི་གདན་ས་མཛད། དྲུག་ཅུ་རེ་གསུམ་ལ་གཤེགས། སློབ་མ་སངས་རྒྱས་གྲགས། ཚུལ་བློ། ཚུལ་འབྱུང་སོགས་མང་དུ་བྱུང་བ་སྟེ་གཞི་ལ་སྣ་བའི་སྐབས་སོ། །

༄ རོ་ལོ་ཚུལ་ཁྲིམས་རྒྱལ་མཚན་ནི། ཚུལ་ཁྲིམས་ཡེ་ཤེས་ཀྱི་དྲུང་དུ་རབ་ཏུ་བྱུང་། གདམས་པ་ཐམས་ཅད་རྫོགས་པར་གསན། སྒྲུབ་པ་ལ་མི་ཚེ་བསྐྱལ། རོ་ལོའི་གཙུག་ལག་ཁང་དང་བླ་མ་གཤེགས་པའི་འདྲ་འབག་དངུལ་སྐུ་ཆེན་མོ་བཞེངས། གྲྭ་ཚོགས་ཀྱང་ཆེར་འདུས། འགྲོ་དོན་རླབས་ཆེན་མཛད་ནས་གཤེགས། སློབ་མ་ནི་རིགས་དཔོན་དབུ་སེ། ཀུན་དགའ་གཞོན་ནུ། ཀུན་དགའ་ཚུལ་ཁྲིམས། ཚུལ་གྲགས་སོགས་མང་དུ་བྱོན། དབུ་སེ་ནི། ཚུལ་ཁྲིམས་ཡེ་ཤེས་ལས་རབ་ཏུ་བྱུང་། གདམས་པ་ཐམས་ཅད་རྫོགས་པར་གསན། རོ་ལོ་ཡི་གདན་ས་མཛད། གྲུབ་པ་ཐོབ། རེ་བརྒྱད་ལ་གཤེགས། རིགས་དཔོན་ཚུལ་ཁྲིམས་བློ་གྲོས་ནི། དབུ་སེའི་མདུན་དུ་རབ་ཏུ་བྱུང་། གདམ་པ་ཐམས

ཅད་གསན། རོ་ལོའི་གདན་ས་མཛད་ནས་དར་ཆེར་བྱུང་། རྡོ་རྗེའི་མགུར་མང་དུ་མཛད། རྗེན་རིང་བསྒྲིལ་མང་དུ་བྱོན་པ་སྟེ་རོ་ལོ་པའི་སྐབས་སོ། །

༄ ཤར་པ་བསོད་ནམས་སེང་གེ་ནི། མདོ་ཁམས་སྨད་ན་འཁྲུངས་པ་ཡིན་ཞིང་། སྨར་ཚང་སེང་གེ་ཆོས་རྗེ་དང་མཇལ་ནས་ཆོས་མང་དུ་གསན། དཔོན་སློབ་བདུན་ཡོད་པ་སྟེ། ཚུལ་ཁྲིམས་ཡེ་ཤེས་ཀྱི་སྐན་པ་ཐོས་ནས་ཀེལ་སྣའི་རི་ཁྲོད་དུ་བྱོན། དུང་དཀར་རྒྱ་སྒམ་ཛ་སོགས་ཕྱག་རྗེན་ཡང་དཔེ་མེད་ཕུལ། མཇལ་ཙམ་གྱིས་ལས་འཕྲོ་སད་ནས་ཆོས་ལ་ཐང་ལྷོད་མ་བྱུང་། བླ་མས་ཀྱང་སྔོད་ལྡན་གྱི་སློབ་མར་དགོངས་ནས་གདམས་པ་ཐམས་ཅད་ཚང་སྤྲུགས་སུ་གནས། ལོ་དྲུག་ཏུ་བླ་མའི་དྲུང་དུ་སྒོམ། བླ་མ་རིན་པོ་ཆེ་ནས་ལུང་བསྟན་ཏེ་ཟ་རོང་གི་དགོན་འདེབས་པ་ལ་ཀ་ཐོར་མདའ་ནས་ཡར་ཕེབས། མི་རྒན་པོ་གཅིག་གིས་དེ་ཉིད་དུ་ཞིང་རྨོ་ཞིང་མཚན་བརྗོད་འདོན་པ་དང་འཕྲད། བླ་མས་མི་དེ་ལ་ལུང་པ་འདི་ལ་ཅི་མིང་། བྱ་བྲལ་ངས་དགོན་ཆུང་གཅིག་ཨེ་ཐེབ་སྐམ་ནས་འོང་བ་ཡིན་གསུང་པས། མི་དེས་ཀྱང་ཞིང་རྨོ་བ་དང་འདོན་པ་བྱེད་བཞིན་པ་ལ་དལ་གཅིག་ཅི་མ་ཞུས་ནས། ཆོས་ཀྱི་རྒྱལ་མཚན་ལེགས་པར་འཛུགས་ཞེས་པའི་མཚམས་དེ་རུ་བཞག་ནས་བླ་མ་ཁྱེད་གང་ནས་བྱོན། ཕུ་ཡ་གི་ན་དགོན་ས་བཟང་པོ་ཡོད་ཅེས་སོགས་ལེགས་པའི་ཚིག་དུ་མ་ཞུས། བླ་མས་མཉེས་པའི་གླེང་སློང་མང་དུ་བྱས་ནས་ཕུ་དེར་ཕེབས་ཏེ་ཟ་རོང་གི་དགོན་བཏབ། གྲྭ་པ་བསྐྱངས་བས་ལོ་གཅིག་ལ་དགེ་འདུན་པ་ལྔ་བཅུ་ཙམ་བྱུང་། དེ་རྣམས་ཀྱང་སྒྲུབ་པ་གཙོ་བོར་མཛད་པའི་དམ་བཅའ་བ་གནང་། སྙིང་ཐང་སྟོད་དུ་བཀྲ་མདོ་དགོན་བཏབ་གཙུག་ལག་ཁང་གསེར་གྱི་གཉྫིར་དང་ཡོལ་སྒྲིབ་མཆེད། སྐུ་འདག་སྐུ་སོགས་བསམ་མི་ཁྱབ་པ་དང་རྨ་ཁྲིམ་གྱི་རི་དགོན་མཛད་པ་སྟེ། རྨ་ཁྲིམ་དང་བཀྲ་མདོ་གཉིས་གཅིག་ཏུ་བསྒྲངས། ཟ་རོང་དགོན་གཅིག་ཏུ་བསྒྲང་བ་སྟེ་རི་ཁག་གཉིས་སོ། །བདུན་ཅུ་དོན་གཉིས་ལ་གཤེགས། སེམས་ཅན་ལ་ཕན་ཐོགས་པའི་སློབ་མ་ཤ་སྟག་བྱུང་ཞིང་། རྒྱུད་འཛིན་ནི། རིགས་དཔོན་བསོད་ནམས་གྲགས་པ་སྟེ། བླ་མ་ལས་གདམས་པ་ཐམས་ཅད་གསན། མངོན་ཤེས་དང་སྐུ་ལུས་སྤྲུལ་བསྒྱུར་ལ་ཐོགས་པ་མེད། ཟ་རོང་དང་བཀྲ་མདོའི་གདན་ས་མཛད། ཞི་བར་གཤེགས་དུས་ལྷ་རྣམས་ཀྱིས་མཆོད་རྫས་ཐོགས་ཏེ་མངོན་སུམ་དུ་མཆོད་པ་བྱུང་། དེའི་རིགས་དཔོན་གྱི་རྒྱུད་ལ། བླ་མ་མཁས་གྲུབ་དུ་མ་བྱུང་སྟེ་ཤར་པའི་སྐབས་སོ། །

༄ དེང་ཐོག་སངས་རྒྱས་གྲགས་ནི། ལྷོ་རོང་ཀྲུལ་ནེ་བྲོའི་མདུན་སྐམ་ནང་། གདུང་ཁྱུང་པོ།

ཡབ་སངས་རྒྱས་སྐྱབས་ཀྱི་སྲས་སུ་འཁྲུངས། ཀརྨ་པ་དེ་བཞིན་གཤེགས་པ་ལས་རབ་ཏུ་བྱུང་། སྤྲུལ་སྐུ་བརྩོན་འགྲུང་བ་ལས་བསྐྱེད་རྫོགས་ཀྱི་གདམས་པ་ཐམས་ཅད་ཞུས། དེང་ཐོག་གི་དགོན་དང་ལྷ་ཁང་ལོགས་བྲིས་སོགས་དར་རྒྱས་ཆེར་མཛད། གཞི་བདག་མང་པོ་དམ་ལ་བཏགས། ལྷ་མོ་དུད་སོལ་མ་ཞལ་གཟིགས། སངས་རྒྱས་སྟོང་ཞལ་གཟིགས། དྲུག་ཅུ་རེ་གསུམ་ལ་གཤེགས། བདེ་མཆོག་སོགས་རྟེན་རིང་བསྲེལ་མང་དུ་བྱོན། རིགས་དཔོན་ཀུན་དགའ་སེང་གེ་དང་། ཀུན་བསོད། ཆོས་རིན། གྲགས་རིན། ཨ་ཁེད་སོགས་མང་དུ་བྱོན། ཀུན་དགའ་སེང་གེ་ནི། སངས་རྒྱས་གྲགས་པ་ལས་གདམས་པ་ཐམས་ཅད་རྫོགས་པར་ཞུས། དབུས་སུ་ཕེབས་ནས་ཀརྨ་པ་མཐོང་བ་དོན་ལྡན་སོགས་བཀའ་བརྒྱུད་ཀྱི་བླ་མ་ཡོད་དོ་ཅོག་ལ་གདམས་པ་མ་ཞུས་པ་ནི་འགའ་ཡང་མེད། དེང་ཐོག་གདན་ས་མཛད། གཙོད་ཀྱི་རིན་ཆེན་སྒོར་ལྔ་སོགས་བསྟན་བཅོས་མང་རབ་མཛད། གཤེགས་ནས་གདུང་སྦྱང་དུས་མེ་ཏོག་གི་ཆར་བབས་པ་སོགས་ལྟས་བཟང་པོ་ངོ་མཚར་ཅན་བྱུང་། དེའི་རིགས་དཔོན་ཤཱཀྱ་རྒྱལ་མཚན་ཏེ། བླ་མ་ལས་གདམས་པ་ཐམས་ཅད་རྫོགས་པར་གསན། དེང་ཐོག་གི་གདན་ས་མཛད། དེའི་རིགས་དཔོན་ཀུན་དགའ་རྒྱལ་མཚན་པ་སྟེ། ཀརྨ་པ་མི་བསྐྱོད་རྡོ་རྗེ་མཇལ། རྟོག་སྟོན་བསོད་ནམས་བསྟན་འཛིན་ལས་དུད་སོལ་མའི་སྒོར་སོགས་ཞུས། བླ་མ་ཤཱཀྱ་རྒྱལ་བ་ལས་གདམས་པ་ཐམས་ཅད་གསན་ནས་གདན་ས་མཛད། ཕྱག་རྒྱ་ཆེན་པོ་ལ་ཉིན་མཚན་མེད་པར་གནད་དུ་བསྣུན། གཤེགས་ཁར་ཁོང་རང་གི་གཟིགས་སྣང་ལ། ལྷ་རྣམས་ཀྱིས་མེ་ཏོག་གི་ཆར་འབེབས། ཐུགས་དམ་བཟང་པོ་དང་བཅས་གཤེགས། དེའི་རིགས་དཔོན་བསྟན་འཛིན་ཏེ། ཀརྨ་དབང་ཕྱུག་རྡོ་རྗེ་ལས་རབ་ཏུ་བྱུང་། དེང་ཐོག་གི་གདན་ས་མཛད། གདུལ་བྱ་འགྲོ་དོན་རྒྱ་ཆེན་པོ་མངའ། གདུང་སྦྱངས་པས་ཐུགས་བྱོན་པ་སྟེ་དེང་ཐོག་པའི་སྐབས་སོ། །

༄ སོ་རག་སེང་གེ་འབུམ་ནི། འཁྲུངས་ཡུལ་ཟླ་རྒྱུད་མོ་ཐང་། རུས་འབྲོང་པ། ཡབ་ཁྲ་མོ། ཡུམ་ཉ་སྒྲོན། རྟོགས་ལྡན་གཞོན་ནུ་འབྱུང་གནས་ལས་གདམས་པའི་ཞུ་ཐབ་བཅད། གྲུབ་པ་ཐོབ། མི་མ་ཡིན་མང་པོས་ཆོས་ཞུས། བླ་མས་ཁྱེད་ཀྱི་གདུལ་བྱ་འཆམ་གྱི་མགུལ་ན་ཡོད་གསུང་བས། དེར་བྱོན་ནས་སོ་རག་གི་དགོན་པ་བཏབ། ལྷ་ཁང་དང་བཀའ་བསྟན་འགྱུར་བཞེངས། ལྷ་འདྲེ་མང་པོ་དམ་ལ་བཏགས། འདའ་ཁར་བུ་སློབ་རྣམས་ཀྱིས་སྐུ་རིམ་བྱས་པས། ཁྱེད་རྣམས་ཀྱིས་རིམ་གྲོ་བྱེད་པ་བས་མི་མ་ཡིན་གྱི་རིམ་གྲོ་བཟང་བར་གདའ་སྐྱེ་ཕན་པ་མེད་གསུངས་ནས་གཤེགས། འཇའ་དང་

མི་ཧོག་གི་ཆར་པས་མོག་པ་ཙམ་བྱུང་། རིགས་དབོན་ནི་སོ་རག་མཁར་པ་སྟེ། སེང་གེ་འབུམ་པ་ལས་གདམས་པ་ཐམས་ཅད་རྫོགས་པར་ཞུས། སྒོམ་པས་ཡོན་ཏན་གྱི་འཆར་སྒོ་དཔེ་མེད་བྱུང་། སོ་རག་གི་གདན་ས་ཙུང་ཞིག་མཛད་ནས་ཡང་དགོན་དུ་སྒྲུབ་པ་ལ་མི་ཚེ་བསྐྱལ། གྲུབ་པ་ཐོབ། ལྔ་བཅུ་ང་ལྔ་ལ་འདས། དེའི་རིགས་དབོན་བྲག་ཕུག་པ་ཚུལ་ཁྲིམས་རྒྱལ་མཚན་ནི། བྱེ་བྲལ་གྱི་དྲུང་ནས་གདམས་པ་ཐམས་ཅད་རྫོགས་པར་གསན། གདན་ས་ལོ་སུམ་ཅུ་མཛད། སྐུའི་བཀོད་པ་བསྐྲུན། དེ་སོགས་བླ་མ་མང་དུ་ཕྱིས་བྱོན་པར་འདུག་ཀྱང་སོ་རག་པའི་སྐབས་སོ། །

༄ ཁོ་བ་ཕུག་པ་ཤེས་རབ་འོད་ཟེར་ས་མོ་ཕག་ལ་འཁྲུངས། རྟོགས་ལྡན་གཞོན་ནུ་འབྱུང་གནས་ལས་རབ་ཏུ་བྱུང་། གདམས་པ་ཐམས་ཅད་རྫོགས་པར་གསན། ཡོན་ཏན་དུ་མ་དང་ལྡན། དགུང་ལོ་ལྔ་བཅུ་ལ་ཁོ་བ་དགོན་བཏབ། ལོ་བཅུ་བཞིར་འཚོགས་པ་བསྐྱང་། དྲུག་ཅུ་རེ་གསུམ་ལ་གཤེགས། རིགས་དབོན་བསོད་ནམས་སེང་གེ་སྟེ་ཁོ་བ་ཕུག་པ་ལས་རབ་ཏུ་བྱུང་། དབང་ཁྲིད་ཐམས་ཅད་རྫོགས་པར་གསན། ཁོ་བའི་གདན་ས་མཛད། ལྷ་ཁང་ཆེན་མོ་དང་ཐུབ་པའི་ལྗིར་སྐུ་སོགས་བཞེངས། ང་དྲུག་ལ་གཤེགས། དེ་སོགས་རིགས་དབོན་གྱི་བླ་མ་མང་དུ་བྱོན་པ་སྟེ་ཁོ་བའི་སྐབས་སོ། །

༄ སྒོམ་བྲག་ཉིན་དགོན་ནི། རྒྱལ་སྲས་ལྷ་པ་ཉིད་ཀྱིས་ཆག་གིས་བཅག །རི་ཁྲོད་པ་སུམ་ཅུ་ཙམ་བྱུང་། བླ་མ་རིན་པོ་ཆེ་ཉིད་ཀྱང་དེ་ཉིད་དུ་གཤེགས། དེང་སང་གི་བར་དུ་གདུང་འབུམ་ཡོད། བྱེ་བྲལ་ཡེ་ཤེས་གྲགས་ནི། བླ་མ་ལྷ་པས་ལས་གདམས་པ་ཐམས་ཅད་གསན། ཉིན་དགོན་གྱི་གདན་ས་མཛད་ཅིང་། འགྲོ་བ་སྨིན་གྲོལ་ལ་བཀོད། འདས་རྟགས་ཀྱང་ཟླ་མེད་པར་བྱུང་ཞིང་ཕུག་པ་དེར་དེའི་གདུང་འབུམ་ཡོད་པར་གྲགས། རྗེར་བླ་མ་ཟེར་བ་སོགས་གདན་ས་པ་འགའ་བྱུང་བར་སྣང་ཞིང་ཉིན་དགོན་པའི་སྐབས་སོ། །

༄ རྣ་བ་རོང་གི་ལུམ་ཕུག་དགོན་དུ་འདག་འབྲུར་ཁོ་ན་ལ་བཞུགས་པ་མང་དུ་བྱུང་། བླ་མ་ནི་འདི་འདྲ་བྱོན་ཟེར་བ་མི་གསལ། འདི་ཉིད་ཀྱང་རི་ཁག་གཅིག་ཏུ་བགྲང་། རྡོ་གོང་ནི་བླ་མ་ལྷ་པ་ཉིད་ཀྱི་ཆག་གི་བཅག །དགེ་འདུན་པ་ལྔ་བཅུ་ཙམ་བྱུང་། ཀིལ་སྣའི་གདན་ས་པ་རྣམས་ཀྱིས་བདག་རྐྱེན་མཛད། འདི་ཡང་རི་ཁག་གཅིག་ཏུ་བགྲང་བ་སྟེ། རྒྱལ་སྲས་ལྷ་པ་ལས་གྱེས་པའི་རི་ཁག་བཅུའོ། །

༄ ཕྱག་རྒྱ་ཆེན་པོའི་བཀའ་བབས་དབུལ་རྫོང་པ་ཤཱཀྱ་རྡོ་རྗེ་སྟེ། གདུང་རགས་ཤི། ལུས་མེད་རྡོ་

ཛེའི་དྲུང་དུ་རབ་ཏུ་བྱུང་། གདམས་པ་ཐམས་ཅད་རྫོགས་པར་ཞུས། སྐུ་འབུམ་དགོན་དུ་འཛག་སྤྱིལ་མཛད་ནས་གནས་ངེས་མེད་འཁྱིམ་པའི་དམ་བཅའ་ཕུལ། བདུན་ཅུ་དོན་བདུན་ལ་གཤེགས། འཇའ་དང་མེ་ཏོག་གི་ཆར་ཟླ་བ་ཙམ་དུ་བབས། ཁ་དོག་ལྔ་ལྡན་གྱི་རིང་བསྲེལ་དཔག་ཏུ་མེད་པ་བྱུང་། རིགས་དབོན་ཚུལ་ཁྲིམས་རྒྱལ་མཚན་ནི། ཤཱཀྱ་རྡོ་རྗེ་དྲུང་དུ་རབ་ཏུ་བྱུང་། གདམས་པ་ཐམས་ཅད་རྫོགས་པར་ཞུས། བྱིན་རླབས་ཅིག་ཅར་དུ་ཞུགས། རྩེ་རྒྱུད་ཀྱི་རྒོད་ཚང་ཁའི་རི་དགོན་བཏབ། གྲྭ་ཚོགས་ཀྱང་མང་དུ་འདུས། མིང་རྒོད་ཚང་ཁ་པར་བཏགས། ང་གསུམ་ལ་འདས། སློབ་མ་ཀུན་དགའ་བློ་གྲོས་ཡིན་ཏེ། རྒོད་ཚང་བའི་མདུན་དུ་གདམས་པ་ཞུས། གྲུབ་པ་ཐོབ། ཀརྨ་རོལ་པའི་རྡོ་རྗེས་བཀའ་ཆོས་འཆད་པའི་སར་མཇལ་བར་བྱོན་པས་ཆོས་རྗེ་རིན་པོ་ཆེ་བཞུགས་ཁྲི་ཁ་ནས་བཞེངས། འཁོར་རྣམས་ཀྱིས་བན་ཏེ་འདི་ལ་བཞེངས་པ་ཅི་ལགས་ཞུས་པས། དེའི་ཞབས་བཞག་སར་མེ་ཏོག་ཁྲ་ལམ་ལམ་ཡོང་བར་འདུག །བྱང་ཆུབ་སེམས་དཔའ་ཞིག་ཡིན་པར་གདའ་གསུངས། ཀརྨ་པ་ལས་བཀའ་ཆོས་མང་དུ་ཞུས། བླ་མའི་གདན་ས་མཛད་ཅིང་གདུལ་བྱ་བསྐྱངས། སློབ་མ་ནི་རྒྱལ་མཚན་བློ་གྲོས་པ་དང་། རིན་ཆེན་དཔལ་ཏེ། ཀུན་དགའ་བློ་གྲོས་ལས་གདམས་པ་གསན། གདན་ས་ཞག་བདུན་མཛད་ནས་དབུས་སུ་བྱོན། རྒོད་ཚང་རི་པའི་སྐབས་སོ། །

༄ རིན་ཆེན་དཔལ་ནི། ཀརྨ་པ་རོལ་པའི་རྡོ་རྗེ་དྲུང་ནས་རབ་ཏུ་བྱུང་། ཀུན་དགའ་བློ་གྲོས་ལས་གདམས་པ་གསན། ཆ་སྟོད་དུ་རི་དགོན་བཏབ། སྣང་བ་སྤྲུལ་བསྒྱུར་ལ་མངའ་བརྙེས། ཟླ་འབྲི་བར་གྱི་འགྲོ་བ་མང་པོ་ཐར་པའི་ལམ་ལ་བཀོད། བླ་མ་ཀརྨ་དཔལ་འབྱོར་སོགས་དེ་ཉིད་ཀྱི་རིགས་དབོན་ཉི་ཟླ་ལྔ་བུ་མང་དུ་བྱོན་པ་སྟེ་དངུལ་རྫོང་བ་ཤཱཀྱ་རྡོ་རྗེ་ལས་གྱེས་པའི་རི་ཁག་གཉིས་སོ། །ཞེས་པ་འདིའི་ལུང་དུ་བྱ་བ་ནི། གཾ་ཚང་ཆོས་འབྱུང་། མི་བསྐྱོད་ཞབས་ཀྱི་ཁྲིད་ཡིག་ཆེན་མོ། དབང་ཕྱུག་རྡོ་རྗེའི་རྣམ་ཐར། འབའ་རོམ་གསེར་འཕྲེང་རྒྱས་བསྡུས་སྤྱི་ཕྱི་དུ་མ། མི་ཉག་རྒྱལ་རབས་སྟེ་ཐམས་ཅད་གྱུང་བསྒྲིགས་ཤིང་ཡིད་ཆེས་པའི་གནས་ཁོན་བཀོད་པའོ། །རབ་བཏགས་རྒྱན།

མཐིང་མཆོར་དུས་རྣམས་ཀུན་ཏུ་རོལ་པའི་ཅོད་པཎ་ཡེ་ཤེས་དག་པས་སྤྲས་ནས་ཡན་ལག་མཆོག་གི་རྩེར་བཀོད་ནས། །སྡུག་བསྔལ་རྒྱ་མཚོ་དྲག་པོའི་ས་འོག་བྱིང་བའི་ལུས་ཅན་འདི་དག་སྲིད་འདིར་གནས་པའི་གོ་སྐབས་བྲལ་བར་བྱེད་དོ་ཞེས། །ཐོས་ནས་གཞན་ཕན་ཆེན་པོ་རློམ་པའི་ཟླ་ཉི་མཁའ་ལ་རྒྱུ་བའི་ངལ་བ་སྤང་ནས་གང་དེའི་རྒྱན་དུ་བཀླུབས། །དེ་འདྲ་འཛིན་པའི་སུ་ཡིན་འགྲོ་བའི་

སྐྱབས་གཅིག་ཀརྨ་པ་དེ་སངས་རྒྱས་ཁྱོད་ལས་གཉིས་པ་གཞན་ཡོད་མིན། །རྣམ་པར་ཐར་པ་ཀུན་བཟང་མཆོད་པ་འདི། །ནམ་མཁའ་ཁྱབ་ཆེ་མཁའ་འདིས་རང་ཉིད་ཀྱི། །ཕ་མཐའ་འཚོལ་བར་དོགས་ནས་ཀརྨ་པའི། །མདུན་དུ་ཕུལ་ཞེས་ལོ་རྒྱུས་བསྟོད་པ་བཞིན། །ཡང་ན་མཆོད་པའི་དངོས་པོ་འདི་མཆོད་ཆེ། །སྟོན་མེད་ཐོས་པ་སྐྱོང་བའི་ནོར་བུ་མཆོག །འདི་ན་འདུག་ཅེས་དངོས་གྲུབ་ལེན་པ་དང་། །ཕྱོགས་བཅུ་དག་ཏུ་སྟོན་པ་སྒྲོག་པ་བཞིན། །ཀྱེ་མ་སྙིགས་མའི་དུས་འདི་རུ །རབ་ཏུ་གནག་པའི་འཕྲིན་ལས་རླབས། །ནམ་མཁའ་མཐའ་ཀླས་ཁྱབ་བྱེད་ཅིག །སངས་རྒྱས་བསྟན་པའི་རྩ་མཚོན་དུ། །འཛུག་པར་བྱེད་པ་འདི་ཅི་ཞིག །ཚུལ་འདིར་སྒྲག་ནས་འོད་སྟོང་ལྡན་པ་ཡང་། །ཐུན་མཚམས་ཞབས་ཀྱི་སྟེག་ལ་མཆོང་སྟེ་སོང་། །རི་དབང་ཕྱུག་ཏུ་གཉིད་ནི་ལོག་པ་ལས། །བཟང་ངན་འབྲེལ་ཀུན་འཆིང་རྒྱུའི་ལུང་སྟོན་བཞིན། །དེང་སང་ཐུབ་པའི་བསྟན་འདི་ལ་དཔྱད་ན། །ཅི་ཞིག་གྲགས་ན་སྙམ་པའི་སེམས་ཁོང་ཆུད། །ལྐོག་མར་སྒྲོག་ཕྱིན་ལྷ་བུའི་དབུགས་ཀྱིས་བརྣང་། །ཕྱོགས་ཀྱི་སངས་རྒྱས་ཐུགས་རྗེ་ཆུང་རེ་ཀན། །མི་སྡུག་གཟུགས་འཆང་དམ་ཅན་རྣམས། །ཞི་བའི་ངང་ལ་བཞུགས་འདི་ཅི། །ཀྱི་ཧུད་རྒྱལ་བ་ཀརྨ་པ། །བདུད་ཀྱི་སླུས་པའི་བསྟན་དགྲ་འདི། །ཐར་པ་ནམ་ཞིག་ཐོབ་པར་འགྱུར། །དེ་སླད་བདག་ཡིད་རབ་ཏུ་སྐྱོ། །འོན་ཀྱང་ཐོས་པ་དོན་ལྡན་པ། །བཀའ་བརྒྱུད་བླ་མའི་རྣམ་ཐར་མཆོག །ཟབ་ཅིང་རྒྱ་ཆེ་དཔག་དཀའ་ཡང་། །མོས་པ་སྟོན་བཞག་འདི་ཙམ་བྱས། །དགེ་བའི་འགྲོ་ཀུན་སངས་རྒྱས་ཤོག །

ཅེས་པ་འདི་ཡང་ཆེན་བཀྲ་ཤིས་དར་མ་བསྟན་སྲུང་གི་གསུངས་ཀྱིས་དབྱར་ངོ་ནས། བཀའ་བརྒྱུད་རིན་པོ་ཆེ་ལ་མོས་པ་ཙུང་ཟད་དང་ལྡན་པ་བླ་མ་ཀརྨ་སྐན་གྲགས་བཀའ་དྲིན་གྱིས་བསྐྱངས་པའི་བུ་བྲལ་དགེ་སློང་རྡོ་རྗེ་འཛིན་པ་ཀརྨ་རབ་གསལ་གྱིས་ཤིང་ཕོ་བྱི་བའི་ལོར་ཕྱོགས་ཀྱི་རྒྱལ་བ་དང་པོའི་ཉིན་ལ་སྦྱར་བ་འདི་རེ་ཞིག་གྲུབ་བོ། །བཀྲ་ཤིས་དཔལ་འབར་འཛམ་གླིང་རྒྱན་དུ་ཤོག །སརྦ་མངྒ་ལཾ།། །།

༄༅། །དཔལ་ལྡན་འབའ་རོམ་བཀའ་བརྒྱུད་ཀྱི་རྣམ་ཐར་ཆོས་འབྱུང་མདོར་བསྡུས་གསལ་བྱེད་སྒྲོན་མེ་ཞེས་བྱ་བ་བཞུགས་སོ།།

ཚངས་སར་འཇམ་དབྱངས་བློ་གྲོས།

ན་མོ་གུ་རུ་ཝེ། དག་པ་གཉིས་ལྡན་ཆོས་སྐུའི་ཀློང་ཡངས་པར། །ངེས་པ་ལྔ་ལྡན་ལོངས་སྐུའི་དཀྱིལ་འཁོར་རྒྱས། །རྣམ་གསུམ་སྤྲུལ་སྐུའི་འདུལ་བཞིའི་འོད་འབུམ་འཕྲོ། །སྐུ་གསུམ་དབྱེར་མེད་དཔལ་ལྡན་བླ་མར་འདུད། །བཀའ་བརྒྱུད་མཁྱེན་གཉིས་རི་དབང་ལྷུན་མཐོ་ཞིང་། །སྒྲུབ་བརྒྱུད་ལུང་རིགས་བ་དན་ཕྱོགས་བཅུར་གཡོ། །དོན་བརྒྱུད་གྲུབ་བརྙེས་བང་རིམ་རབ་མཛེས་པའི། །འབའ་རོམ་གསེར་རིའི་ཕྲེང་བར་གུས་ཕྱག་བཏུད། །གང་གི་ཡོན་ཏན་ཕ་མཐའ་མི་མངོན་ཞིང་། །རྣམ་ཐར་རྒྱ་མཚོས་ཞིང་ཀུན་ཡོངས་ཁྱབ་པར། །བློ་གྲོས་ཆོས་སྤྱན་ཡངས་པས་མ་འཚལ་ན། །སྨོངས་པ་བདག་ལྟས་མཚོན་པར་ག་ལ་ནུས། །འོན་ཀྱང་གོང་མའི་གསུང་སྒྲོས་ལ་བརྟེན་ཏེ། །རྒྱ་མཚོ་ལས་ནི་ཆུ་ཐིགས་ཇི་བཞིན་དུ། །རང་བློར་དཔག་པའི་ལོ་རྒྱུས་མདོ་ཙམ་ཞིག །བརྗོད་པར་སྤྲོ་ལ་གནང་བའི་སྐབས་དབྱེ་གསོལ། །

དེ་ལ་འདིར་དད་པ་ཅན་ལོ་རྒྱུས་ཀྱི་རྗེས་སུ་འབྲང་བ་དང་། །བརྩོན་འགྲུས་ཅན་ཆོས་ཀྱི་རྗེས་སུ་འབྲང་བ་གཉིས་ལས། །སྐབས་འདིར་ནི་ཁུངས་བཙུན་ཞིང་ཡིད་ཆེས་པའི་ཕྱིར་དུ་བླ་མ་བརྒྱུད་པའི་ལོ་རྒྱུས་གལ་ཆེ་བ་ཡིན། །དེ་ལའང་བླ་མ་བརྒྱུད་པའི་རྩ་བ་ཅན་ཞེས་རྡོ་རྗེ་འཆང་ནས་རང་གི་རྩ་བའི་བླ་མའི་བར་དུ་བྱིན་རླབས་ཀྱི་དྲོད་ཚད་མ་ཉམས་ཤིང་བརྒྱུད་པ་བར་མ་ཆད་པ་ཞིག་དགོས་ཤིང་། གསང་བ་ཟབ་མོའི་ལམ་མཆོག་རྡོ་རྗེ་ཐེག་པའི་སྨིན་གྲོལ་དང་། རིམ་གཉིས་ཀྱི་རྣལ་འབྱོར་ཉམས་སུ་བླངས་པས། ཕྱག་རྒྱ་ཆེན་པོ་མཆོག་གི་དངོས་གྲུབ་བདེ་བླག་ཏུ་བརྙེས་ཏེ་རང་གཞན་གཉིས་ཀྱི་དོན་ཆེན་འབད་མེད་དུ་གྲུབ་པ་ཤ་སྟག་ནི་མཉམ་མེད་དྭགས་པོའི་བཀའ་བརྒྱུད་ཅེས་ཡོངས་སུ་གྲགས་པ

འདི་ཉིད་ཡིན་ལ། དེ་ལའང་བཀའ་བརྒྱུད་ཆེ་བཞི་ཆུང་བརྒྱད་དུ་གྲགས་པའི་སོ་སོའི་བརྒྱུད་པའི་ལོ་རྒྱུས་བསམ་གྱིས་མི་ཁྱབ་པ་ཇི་སྙེད་ཅིག་མཆིས་པ་ལས། །ཁྱད་པར་དུ་གྱུར་པ་བཀའ་བརྒྱུད་ཆེ་བཞིའི་ཡ་གྱལ་དཔལ་ལྡན་འབའ་རོམ་བརྒྱུད་པའི་ལོ་རྒྱུས་བསྡུས་ཏེ་འཆད་པ་འདི་ལ་སྤྱི་དོན་རྣམ་པ་གསུམ། བཀའ་བརྒྱུད་སྤྱི་དང་མཐུན་པའི་རྣམ་ཐར་གྱིས་ཁོག་དབུབ། སྒྲུབ་བརྒྱུད་རང་དང་མཐུན་པའི་ཆོས་འབྱུང་གིས་གཞུང་བསྲང་། དོན་བརྒྱུད་བྱེ་བྲག་ཏུ་གྱུར་པའི་གསེར་ཕྲེང་གིས་ཟུར་བརྒྱན་པའོ། །

དང་པོ་སྟོན་པ་མཆོག་གི་རྟོགས་བརྗོད་ལ་གཉིས། ཐེག་པ་ཆུང་ངུའི་ལུགས་དང་། ཐེག་པ་ཆེན་པོའི་ལུགས་སོ། །དང་པོ་ནི། སློབ་དཔོན་འཕགས་པ་ཀླུ་སྒྲུབ་ཀྱིས། དང་པོ་བྱང་ཆུབ་མཆོག་ཏུ་སེམས་བསྐྱེད་དེ། བསྐལ་པ་གྲངས་མེད་གསུམ་དུ་ཚོགས་བསགས་ཤིང་། བར་དུ་གཅོད་པའི་བདུད་བཞི་འཇོམས་མཛད་པ། བཅོམ་ལྡན་སེང་གེ་ཁྱོད་ལ་ཕྱག་འཚལ་ལོ། །ཞེས་གསུངས་པ་འདི་ལ་གསུམ། དང་པོ་བྱང་ཆུབ་མཆོག་ཏུ་ཐུགས་བསྐྱེད། བར་དུ་བསྐལ་པ་གྲངས་མེད་གསུམ་དུ་ཚོགས་བསགས། མཐར་མངོན་པར་རྫོགས་པར་སངས་རྒྱས་པ་ཡིན་ཏེ། དེ་ཡང་དང་པོ་སེམས་བསྐྱེད་ཚུལ་ནི། སྔོན་བྱུང་བ་འདས་པའི་དུས་སུ་རྒྱལ་པོ་གསལ་གྲགས་ཞེས་བྱ་བ་གཅིག་བྱུང་ངོ་། །དེས་སངས་རྒྱས་ཤཱཀྱ་ཐུབ་པ་ཆེན་པོའི་དྲུང་དུ་བསྙེན་བཀུར་ཞིང་སེམས་བསྐྱེད་པ་ནི། སྨྲིན་པ་འདི་ཡིས་ཤཱཀྱའི་རིགས་སྐྱེས་ནས། ཡོན་ཏན་མཉམ་པའི་སངས་རྒྱས་ཉིད་གྱུར་ཏེ། །ཚངས་པའི་བར་གྱི་ཉམ་ཐག་འཆིང་བ་རྣམས། ཞི་བ་རྒྱ་ཆེན་འཇིགས་མེད་སྒྲོལ་བར་ཤོག །ཅེས་དང་། བསྐལ་བཟང་ལས་ཀྱང་། ང་ནི་སྔོན་ཚེ་སྨན་པར་གྱུར་པའི་ཚེ། །དེ་བཞིན་གཤེགས་པ་ཤཱཀྱ་ཐུབ་དེ་ལ། །འཇམ་གང་ཞིག་ནི་དབུལ་བ་བྱས་ནས་ཀྱང་། །དང་པོ་བྱང་ཆུབ་ཏུ་ནི་སེམས་བསྐྱེད་དོ། །ཞེས་གསུངས་ཤིང་། ཡང་རྫ་མཁན་གྱི་བུ་ཁྱེའུ་སྣང་བྱེད་དུ་གྱུར་པའི་ཚེ། དེ་བཞིན་གཤེགས་པ་ཤཱཀྱ་ཐུབ་པ་ཆེན་པོར་རྫ་མའི་ཞུམ་པ་གཅིག །མགྲོན་བུ་ལྔ། མཆིལ་ལྷམ་ཟུང་ཞིག །གདུགས་གཅིག་རྣམས་ཕུལ་ཏེ། དེ་བཞིན་གཤེགས་པ་ཁྱེད་སྐུ་ཅི་འདྲ་དང་། །འཁོར་དང་སྐུ་ཚེའི་ཚད་དང་ཞིང་ཁམས་དང་། །ཁྱེད་ཀྱི་མཚན་མཆོག་བཟང་པོ་ཅི་འདྲ་བ། །དེ་འདྲ་ཁོ་ན་བདག་ཀྱང་འགྱུར་བར་ཤོག །ཅེས་སྨོན་ལམ་བཏབ་སྟེ་སེམས་བསྐྱེད་དོ། །

གཉིས་པ་བསྐལ་པ་གྲངས་མེད་གསུམ་དུ་ཚོགས་བསགས་ཚུལ་ནི། སངས་རྒྱས་ཤཱཀྱ་ཐུབ་པ་ནས། འདྲེན་པ་ཡུལ་འཁོར་སྐྱོང་གི་བར། བདུན་ཁྲི་ལྔ་སྟོང་ཚང་བ་ཡི། སངས་རྒྱས་རྣམས་ནི་ངས

མཆོད་དོ། །ཞེས་བསྐལ་པ་གྲངས་མེད་པར་ཚོགས་བསགས་པས་གྲངས་མེད་དང་པོ་རྫོགས། ཡང་ཇི་སྐད་དུ། སངས་རྒྱས་ལེགས་མཛད་ནས་བཟུང་སྟེ། །དབང་པོའི་རྒྱལ་མཚན་ཐུབ་པའི་བར། །བདུན་ཁྲི་དྲུག་སྟོང་ཚང་བ་ཡི། །སངས་རྒྱས་རྣམས་ནི་ངས་མཆོད་དོ། །ཞེས་གྲངས་མེད་གཉིས་པ་རྫོགས་པར་མཛད། ཡང་སྔ་མ་ལས། སངས་རྒྱས་མར་མེ་མཛད་ནས་ནི། །སངས་རྒྱས་འོད་སྲུང་བར་དག་ཏུ། །བདུན་ཁྲི་བདུན་སྟོང་ཚང་བ་ཡི། །སངས་རྒྱས་རྣམས་ནི་ངས་མཆོད་དོ། །ཞེས་གྲངས་མེད་གསུམ་པ་རྫོགས་པར་མཛད་དོ། །

དེ་ཡང་འདི་ལ་བཞེད་དགོངས་མང་དུ་ཡོད་ཀྱང་། བྱང་ཆུབ་སེམས་དཔའི་སྐྱེ་སྟོན་ལྟར་བཤད་པ་ནི། རྒྱལ་བའི་ཡོ་བྲང་རྣམ་པར་རྒྱལ་བའི་རྒྱལ་མཚན་དུ། རྒྱལ་པོ་རྣམ་པར་རྒྱལ་བའི་སྲས་གཞོན་ནུ་བརྩོན་འགྲུས་སྐྱོད་བྱ་བར་གྱུར་པའི་ཚེ། དེ་བཞིན་གཤེགས་པ་ཕུང་པོ་ཆེན་པོ་འཇིག་རྟེན་དུ་བྱོན་པ་ལ། །བསྙེན་བཀུར་ཞིང་དགེ་བའི་རྩ་བ་བསྐྲུན་པ་ནས་བརྩམ་སྟེ། བསྐལ་པ་གྲངས་མེད་གཅིག་ཏུ་ཚོགས་བསགས་པས་ས་དང་པོ་ཐོབ་པར་གྱུར། དེ་ནས་གྲོང་ཁྱེར་ཛམ་བུའི་ཆུ་བོའི་གསེར་དུ་རྒྱལ་པོ་མཛེས་པར་སྣང་བའི་གནས་ཆེན་པོ་དེ་ར་ཚོང་དཔོན་ཤེས་རབ་བཟང་དུ་གྱུར་པའི་ཚེ། དེ་བཞིན་གཤེགས་པ་དཀོན་མཆོག་ཡན་ལག་འཇིག་རྟེན་དུ་བྱོན་པ་ལ་བསྙེན་བཀུར་ཞིང་། རྗེས་སུ་བསྟན་པ་མཐོས་ནས་བཟུང་སྟེ། གྲངས་མེད་པ་གཅིག་ཏུ་ཚོགས་བསགས་པས་ས་བདུན་པ་ནོན་པར་གྱུར། དེ་ནས་བྲམ་ཟེའི་ཁྱེའུ་སྤྲིན་ཞེས་བྱ་བར་གྱུར་པའི་ཚེ། དེ་བཞིན་གཤེགས་པ་མར་མེ་མཛད་འཇིག་རྟེན་དུ་བྱོན་པ་ལ་ཨུཏྤལ་ལྔ་ཉོས་ནས་གཏོར་ཏེ། རལ་པ་གསེར་གྱི་མདོག་ཅན་གདན་དུ་བཏིང་ནས་ཡིད་དམ་བཏན་པོར་བཅས་པ་ན། དེ་བཞིན་གཤེགས་པ་མར་མེ་མཛད་ཀྱིས། འདི་ནི་ལྷ་དང་བཅས་པའི་འཇིག་རྟེན་གྱི་མཆོད་གནས་ཡིན་ཏེ། མ་འོངས་པའི་དུས་སུ་ཤཱཀྱ་ཐུབ་ཅེས་བྱ་བའི་སངས་རྒྱས་སུ་འགྱུར་རོ། །ཞེས་ལུང་བསྟན་པ་དང་། དགའ་ཆེས་ཏེ་ཤིང་ཏཱ་ལ་བདུན་སྲིད་དུ་འཕགས་ནས་ཏིང་ངེ་འཛིན་བརྒྱ་སྟོང་ཡང་མངོན་སུམ་དུ་བྱས་ཤིང་ས་བརྒྱད་པ་ཐོབ་སྟེ། ཇི་སྐད་དུ། སངས་རྒྱས་མར་མེ་མཛད་ལ་ཨུཏྤལ་ལྔ་གཏོར་ཏེ། །རལ་པ་གསེར་མདོག་གདན་དུ་བཏིང་བྱས་པས། །མི་སྐྱེའི་ཆོས་ལ་བཟོད་པ་ཐོབ་གྱུར་ནས། །ཤཱཀྱའི་རྒྱལ་པོར་འགྱུར་ཞེས་ལུང་བསྟན་ཏོ། །ཞེས་གསུངས་སོ། །

གསུམ་པ་མངོན་པར་རྫོགས་པར་སངས་རྒྱས་པའི་ཚུལ་ནི། སངས་རྒྱས་ཀྱི་ངོ་བོ་ངོས་བཟུང་བ་སྟེ། སངས་རྒྱས་ཀྱི་ངོ་བོ་དེ་རྟེན་སྐུ་བརྟེན་པ་ཡེ་ཤེས་མཛད་པ་འཕྲིན་ལས་གསུམ་དུ་འཆད་པ་དང་།

སྐུ་གསུང་ཐུགས་ཀྱི་ཡོན་ཏན་འཕྲིན་ལས་ལྔར་འཆད་པ་དང་། སྤང་རྟོགས་འཕྲིན་ལས་གསུམ་དུ་འཆད་པ། ཕུན་སུམ་ཚོགས་པ་ལ་གཉིས་སམ་གསུམ་དུ་འཆད་པ་ལ་སོགས་པ་བཤད་ཚུལ་མང་དུ་ཡོད་ཀྱང་ངོས་འཛིན་ལུགས་ཀྱི་རྣམ་དབྱེ་ཡིན་ཏེ། ཐམས་ཅད་སངས་རྒྱས་པའི་ཆོས་ལ་འདུས་པས་དོན་ལ་མི་གཅིག་པ་མེད། དེ་ཡང་སངས་རྒྱས་ཞེས་པ་ནི། སྤང་བྱ་ཉོན་མོངས་པ་ཐམས་ཅད་སྤང་ཞིང་། རྟོགས་བྱ་ཤེས་བྱ་ཐམས་ཅད་ལ་བློ་རྒྱས་པའི་ཕྱིར་སྤངས་རྟོགས་མཐར་ཐུག་པ་ཡིན་ཏེ། དེ་སྐད་དུ་ཡང་སློབ་དཔོན་ཟླ་བ་གྲགས་པས། ཉོན་མོངས་མ་ལུས་སྤང་ཕྱིར་དང་། ཤེས་བྱ་ལ་ཡང་བློ་རྒྱས་ཕྱིར། སངས་རྒྱས་པདྨ་ལྟར་སངས་རྒྱས། དེ་ཕྱིར་སངས་རྒྱས་དེ་སངས་རྒྱས། ཞེས་གསུངས་སོ། ། དེ་ལྟར་སངས་རྒྱས་དེ་ཡང་སྐུ་གཉིས་དང་སྐུ་གསུམ་དང་། སྐུ་བཞི་དང་། སྐུ་ལྔ་ལ་སོགས་རྣམ་དབྱེ་མང་དུ་ཡོད་ཀྱང་། སྐུ་གསུམ་ལ་འདུས་པ་ཡིན། དེ་ཡང་ཆོས་སྐུ་ནི་དེ་ཁོ་ན་ཉིད་ཡང་དག་པའི་ཡེ་ཤེས་ཉིད་ཙམ་དུ་གནས་པ་དེ་ནི་ཆོས་ཀྱི་སྐུ་ཞེས་གསུངས་ལ། ལོངས་སྤྱོད་རྫོགས་པའི་སྐུ་ནི་ལངྐར་གཤེགས་པ་ལས། འོག་མིན་གནས་ནི་ཉམས་དགའ་བར། གཙང་མའི་གནས་ཀྱི་སྟེང་བཞུགས་ནས། ཡང་དག་སངས་རྒྱས་དེར་སངས་རྒྱས། སྤྲུལ་པ་པོ་གཅིག་དེར་སངས་རྒྱས། ཞེས་དང་། རྒྱན་སྟུག་པོ་བཀོད་པའི་མདོ་ལས། སངས་རྒྱས་ཐམས་ཅད་འོག་མིན་དུ། སངས་རྒྱས་མ་གྱུར་འདོད་ཁམས་སུ། སངས་རྒྱས་མཛད་པ་མི་མཛད་དོ། །ཞེས་ངེས་པ་ལྔ་ལྡན་གྱི་ཚུལ་དུ་སངས་རྒྱས་པར་མཛད། སྤྲུལ་པའི་སྐུ་ནི། བཟོ་དང་སྐྱེ་དང་བྱང་ཆུབ་ཆེ། མྱ་ངན་འདས་པ་རྟག་སྟོན་པ། སངས་རྒྱས་སྤྲུལ་པའི་སྐུ་དེ་ནི། རྣམ་པར་གྲོལ་བའི་ཐབས་ཆེན་པོ། ཞེས་པས་དང་པོ་ནི་བཟོའི་སྤྲུལ་པ་དང་། གཉིས་པ་ནི་བྱ་ལ་སོགས་སྐྱེ་བའི་སྤྲུལ་པ་དང་། གསུམ་པ་ནི་ཤཱཀྱ་ཐུབ་པ་ལྟ་བུ་མཆོག་གི་སྤྲུལ་པ་སྟེ། དེ་ནས་མཛད་པ་བཅུ་གཉིས་ཀྱི་ཚུལ་དུ་བསྟན་པ་ཡིན་ཏེ། འཕོ་དང་ལྷུམ་ཞུགས་བལྟམས་པ་དང་། བཟོ་དང་རོལ་རྩེད་ངེས་འབྱུང་དང་། དཀའ་སྤྱད་བྱུང་གཤེགས་བདུད་སྡེ་བཅོམ། བྱང་ཆུབ་ཆོས་འཁོར་མྱ་ངན་འདས། ཞེས་པའི་མཛད་པ་བཅུ་གཉིས་འདི་དག་ཐུགས་རྗེ་ཆེན་པོའི་ལོངས་སྐུའི་སྤྲུལ་པ་ཙམ་དུ་བཞེད་པ་ཡིན་ནོ། །(དིའང་སྤྱི་ལོ་སྔོན ༩༥༧ ཤིང་བྱི་སག་ཉ་བའི་ཆོས་བརྒྱད་ལ་སྟོན་པ་སྐུ་བལྟམས། སྤྱི་ལོ་སྔོན་ ༢༧༨ ཆུ་ལུག་ནག་ཉར་དུས་འཁོར་གསུངས་ནས་ས་ག་ཟླའི་ཉ་ལ་རྩ་མཆོག་གྲོང་དུ་སྐུ་མྱ་ངན་ལས་འདས་པའོ། །མཆན།)

གཉིས་པ་གསང་སྔགས་རྡོ་རྗེ་ཐེག་པའི་ལུགས་ནི། དེ་ཡང་འོ་སྐོལ་གྱི་སྟོན་པ་ཡང་དག་པར་རྫོགས་པའི་སངས་རྒྱས་བཅོམ་ལྡན་འདས་འདི་ནི་ཡང་དག་པར། སྐྱེ་རྒུ་བླང་དོར་གྱི་གནས་ལ་མ་

སྨྲོངས་པ། མཐའ་ཡས་པའི་དོན་དུ་ཐུགས་བསྐྱེ་བ་ཆེན་པོའི་སྒོ་ནས། དང་པོར་བྱང་ཆུབ་མཆོག་ཏུ་ཐུགས་བསྐྱེད། དེ་ནས་བརྩོན་འགྲུས་སྟོབས་པོ་ཆེའི་ཤུགས་ཀྱིས་བསོད་ནམས་དང་ཡེ་ཤེས་ཀྱི་ཚོགས་རྒྱ་མཚོ་ལྟ་བུ་ཟུང་འཇུག་ཏུ་བསགས་ཤིང་། ཁྱད་པར་དུ་ཡང་གསང་སྔགས་རྡོ་རྗེ་ཐེག་པའི་སླུར་ལམ་རིམ་གཉིས་ཟབ་མོའི་སྒོ་ནས་བདེ་སྟོང་ལྷན་ཅིག་སྐྱེས་པའི་ཡེ་ཤེས་མངོན་དུ་མཛད་ནས་མཐར་འོག་མིན་སྟུག་པོ་བཀོད་པའི་ཞིང་དུ། སྐུ་བཞི་ཡེ་ཤེས་ལྔའི་བདག་ཉིད་རིགས་དྲུག་པ་རྡོ་རྗེ་འཆང་ཆེན་པོར་སངས་རྒྱས་པའི་ཚུལ་བསྟན་པ་ཡིན་ཞིང་། དེར་ཡང་སངས་རྒྱས་ཐམས་ཅད་ནི་རྟེན་སྐུ་བརྟེན་པ་ཡེ་ཤེས། མཛད་པ་འཕྲིན་ལས་དང་གསུམ་དུ་འདུས་པ་ཡིན་ཞིང་། དེའི་དང་པོ་ནི་ཆོས་སྐུ། ལོངས་སྐུ། སྤྲུལ་སྐུ་གསུམ་མམ། ངོ་བོ་ཉིད་ཀྱི་སྐུ་དང་བཞིའོ། །དེ་ཡང་དང་པོ་ཆོས་ཀྱི་སྐུ་ནི་དག་པ་གཉིས་དང་ལྡན་པ་སྟེ། རང་བཞིན་གྱིས་དག་པ་དང་། ཡུལ་གྱི་དག་པ་སྟེ། གཞིའི་ཆོས་ཉིད་སྐྱེ་འགགས་གནས་གསུམ་སྤྲོས་པའི་མཐའ་ཐམས་ཅད་དང་བྲལ་བར་གནས་པ་དེ་ཉིད་རང་བཞིན་གྱི་སྐུའམ་འདུས་མ་བྱས་ཀྱི་ཆོས་ཀྱི་སྐུ་ཡིན་པ་ལ། སྦྱངས་པས་དག་པའང་། ཡུལ་ཅན་གྱིས་དག་པ་ནི་ལམ་བསྒོམས་པས། སྒྲིབ་པ་ཐམས་ཅད་དག་ནས་གནས་ལུགས་ཀྱི་དོན་ཇི་ལྟ་བ་བཞིན་རྟོགས་པ་དེ་ནི་ཡེ་ཤེས་ཆོས་ཀྱི་སྐུའོ། དེ་ལྟ་བུའི་དག་པ་གཉིས་ལྡན་གྱི་ཆོས་སྐུ་དེའི་རྟེན་པ་ལོངས་སྤྱོད་རྫོགས་པའི་སྐུ་ནི་ཡན་ལག་བདུན་ལྡན་པ་སྟེ། རྡོ་རྗེ་འཆང་ཆེན་པོ་མཚན་དང་དཔེ་བྱད་ཀྱིས་བརྒྱན་པ་ནི་ལོངས་སྤྱོད་རྫོགས་པའི་སྐུ་དང་། ཐབས་ཤེས་སམ་བདེ་སྟོང་ཟུང་འཇུག་པའི་བཟར་རང་འོད་ཀྱི་ཡུམ་དང་བཅས་པ་ཁ་སྦྱོར་གྱི་སྐུ་དང་། དེའི་ཐུགས་མཆོག་ཏུ་མི་འགྱུར་བའི་བདེ་བ་ཆེན་པོའི་ཡེ་ཤེས་ནི་བདེ་ཆེན་དང་། དེ་ལྟ་བུའི་སྐུ་དང་ཡེ་ཤེས་ཀྱི་ངོ་བོ་ནི་ཅིར་ཡང་མ་གྲུབ་པར་གནས་པས་རང་བཞིན་མེད་པ་དང་། སེམས་ཅན་ཐམས་ཅད་ལ་དམིགས་པ་མེད་པའི་སྙིང་རྗེ་ཆེན་པོ་ཕྱུལ་དུ་ཕྱིན་པ་མངའ་བས་སྙིང་རྗེས་གང་བ་དང་། དེ་ལྟར་བདེ་སྟོང་གཉིས་སུ་མེད་པའི་ཡེ་ཤེས་ཕུན་སུམ་ཚོགས་པ་དང་ལྡན་པའི་ལོངས་སྐུའི་དེ་ཉིད་ནམ་མཁའ་ཇི་སྲིད་བར་གནས་པས་རྒྱུན་མི་འཆད་པ་དང་། དམིགས་པ་མེད་པའི་ཐུགས་དང་། བྱང་ཆུབ་ཀྱི་སེམས་དང་། སྨོན་ལམ་གྱི་མཐུ་དེ་དག་ཕུན་སུམ་ཚོགས་པས་འགལ་བའི་རྐྱེན་གང་གིས་ཀྱང་གཅོད་པར་མི་ནུས་ཤིང་། གནས་སྐབས་སུ་ཡང་རིགས་འདྲས་མི་འགགས་པས་འགོགས་པ་མེད་དེ། །དེ་སྐད་དུ་ཡང་སློབ་དཔོན་ངག་གི་དབང་ཕྱུག་གྲགས་པས། ལོངས་སྤྱོད་རྫོགས་དང་ཁ་སྦྱོར་བདེ་ཆེན་རང་བཞིན་མེད། །སྙིང་རྗེས་ཡོངས་གང་རྒྱུན་མི་འཆད་དང་འགོགས་པ

མེད། །ཡན་ལག་བདུན་བཤད་དོན་དང་ལྡན་པ་བསྒྲུབ་བྱ་འདི། །བདག་འདོད་ཚད་མས་ཡོངས་བསྔོས་བློ་ཅན་གྱིས་ཀྱང་བསྟགས། ཞེས་གསུངས་སོ། །དེ་ཡང་ངེས་པ་ལྔ་དང་ལྡན་པ་ནི། གནས་ངེས་པ་འོག་མིན་སྟུག་པོ་བཀོད་པའི་ཞིང་ཁམས་དང་། ངོ་བོ་ངེས་པ་ནི་ལོངས་སྤྱོད་རྫོགས་པའི་སྐུ། ཆོས་ངེས་པ་ནི་ཐེག་པ་ཆེན་པོའི་ཆོས་ལ་ལོངས་སྤྱོད་ཅིང་། འཁོར་ངེས་པ་ནི་ས་བཅུའི་བྱང་ཆུབ་སེམས་དཔའ་རྣམས་ཡིན་ལ། དུས་ངེས་པ་ནི་ཇི་སྲིད་འཁོར་བ་མ་སྟོང་གི་བར་དུ་བཞུགས་པ་ཡིན་ནོ། །དེ་ལྟར་རྒྱུའི་ཧེ་རུ་ཀ་སངས་རྒྱས་དྲུག་པ་རྡོ་རྗེ་འཆང་ཆེན་པོ་ཆོས་ཀྱི་སྐུ་དབྱིངས་དང་ཡེ་ཤེས་དབྱེར་མེད་ཀྱི་ངང་ལས་གསང་བ་མཆོག་གི་གནས་འོག་མིན་གྱི་ཕོ་བྲང་དུ་འཁོར་དེ་བཞིན་གཤེགས་པ་དང་། བྱང་ཆུབ་སེམས་དཔའ་ཚད་མེད་པ་འདུས་པ་ལ། འོད་གསལ་ལྷན་ཅིག་སྐྱེས་པའི་ཆོས་བསྟན་པའི་ཚེ། དྲག་པོ་འཇིགས་བྱེད་འཁོར་དང་བཅས་པ་འདུལ་བའི་དུས་ལ་བབས་པར་མཁྱེན་ནས། སྤྲུལ་སྐུའི་འབྲས་བུའི་ཧེ་རུ་ཀར་བཞེངས་ནས་རི་རབ་ཀྱི་རྩེ་མོར་བྱོན་པ་ལས་མི་བསྐྱོད་པས་གཞལ་ཡས་ཁང་གདན་དང་བཅས་པ་ཕུལ། རིན་འབྱུང་གིས་འཛམ་དཔལ་ལ་སོགས་པའི་དཔའ་བོ་ཉི་ཤུ་རྩ་བཞི་དང་། རྡོ་རྗེའི་ཕོ་ཉ་མོ་ལ་སོགས་པ་དཔའ་མོ་ཉི་ཤུ་རྩ་བཞིར་སྤྲུལ་ཏེ་ཕུལ། སྣང་བ་མཐའ་ཡས་ཀྱིས་ལྷ་མོ་བཅུ་གཉིས་སྤྲུལ་ཏེ་ཕུལ། དོན་ཡོད་གྲུབ་པས་གོ་ཆའི་ལྷ་བཅུ་གཉིས་སྤྲུལ་ཏེ་ཕུལ། རྣམ་སྣང་གིས་ཕུང་ཁམས་སྐྱེ་མཆེད་བྱིན་གྱིས་བརླབས་པའི་ལྷ་རྣམས་ཕུལ། སྤྲུལ་པའི་འཁོར་རྣམས་ལ་ཡང་སྤྲུལ་དང་ཉིང་སྤྲུལ་གྱི་ཚོགས་བསམ་གྱིས་མི་ཁྱབ་པ་དང་བཅས་ཏེ་དེ་རྣམས་ནི་ཉན་པའི་འཁོར་རོ། །དེ་དག་གི་འདུལ་བའི་ལྷ་དབང་ཕྱུག་ཆེན་པོ་ལ་སྐུ་བཞི་ཡོད་པའི་མངོན་སྤྱོད་ཀྱི་དྲག་པོ་འཇིགས་བྱེད་ནག་པོའི་ཆུང་མ་དུས་མཚན་མ་དང་སྙོམས་པར་འཇུག་པ། འཛམ་བུ་གླིང་གི་དབུས་མ་ཀླ་ཏ་ན་གནས་པའོ། །དེའི་ཚེ་ནམ་མཁའ་ནས་ལྷ་བཞི་དང་། དྲི་ཟ་བཞི་དང་། ས་སྟེང་ནས་གནོད་སྦྱིན་བཞི་དང་སྲིན་པོ་བཞི། ས་འོག་ནས་ཀླུ་བཞི་དང་ལྷ་མ་ཡིན་བཞི་རིམ་པ་ལྟར་བྱུང་ནས། པུ་ལི་ར་མ་ལ་སོགས་པའི་ཡུལ་ཉི་ཤུ་རྩ་བཞི་བཟུང་། མིའམ་ཅི་བཞི་དང་། ཕྲ་མེན་མ་བཞིའམ། མ་མོ་བཞི་སྟེ་བརྒྱད་ཀྱིས་གཏུམ་དྲག་ལ་སོགས་པའི་དུར་ཁྲོད་ཆེན་པོ་བརྒྱད་བཟུང་ངོ་། །ཐམས་ཅད་ཀྱང་སྲིད་པ་གསུམ་ལ་དབང་དུ་བྱ་བའི་བདག་པོ་འདོད་པའི་ལྷ་དབང་ཕྱུག་ཆེན་པོ་སྤྱན་དྲངས་ཏེ་མཆོད་པ་བྱེད་པ་ལ། དབང་ཕྱུག་ཆེན་པོ་ཨུ་མ་དང་འཁྲུད་ཅིང་རོལ་པས་འགྲོར་མི་ཁོམ་སྟེ། དེའི་སྤྲུལ་པ་རྡོའི་ལིང་ག་མགོ་ལྔ་ལ་སོགས་པ་ཉི་ཤུ་རྩ་བཞིར་སྤྲུལ་ནས། ཡུལ་རེ་རེར་རྟེན་རེ་རེ་བཞག་གོ། དེ་རྣམས

ཀྱང་རྟེན་ལ་དམིགས་ནས་མཆོད་ཅིང་ཚོགས་འཁོར་བྱེད་དོ། །ལྷ་དེ་རྣམས་ཀྱང་འདོད་ཆགས་ཤས་ཆེ་བས་སྤྱོད་ལམ་དུས་བཞིན་ཆུང་མ་དང་འབྲུད། ཞེ་སྡང་ཤས་ཆེ་བས་མི་མང་པོ་བསད་ནས་མི་ཤ་དང་མི་ཁྲག་ལ་རོལ། གཏི་མུག་ཤས་ཆེ་བས་ལས་རྒྱུ་འབྲས་དང་དེ་ཁོ་ནའི་དོན་ལ་རྨོངས། དེ་རེ་རེ་འང་འཁོར་གདུག་པ་ཅན་མང་པོས་ནི་བསྐོར། འདོད་ཡོན་ལྔ་ནི་རང་གར་སྤྱོད། འཛམ་བུ་གླིང་ཐམས་ཅད་དབང་དུ་བསྡུས་ནས་དྲེགས་པའི་རློམ་ཚིག་སྨྲ་ཞིང་། ལམ་ལོག་པ་ལ་རང་ཡང་ཞུགས་ནས་གཞན་ཡང་འགོད་པར་བྱེད་དོ། །དེའི་ཚེ་སྤྲུལ་སྐུའི་འབྲས་བུའི་ཧེ་རུ་ཀ་བཅོམ་ལྡན་འདས་འཁོར་ལོ་བདེ་མཆོག་ཞལ་བཞི་ཕྱག་བཅུ་གཉིས་པ་འཁོར་དང་བཅས་པ་རི་རབ་ཀྱི་རྩེ་མོ་ནས་འཛམ་བུའི་གླིང་ཡུལ་མ་ལྐ་ཏར་བྱོན། དྲག་པོ་འཇིགས་བྱེད་འཁོར་དང་བཅས་པ་རྣམས་དབང་དུ་བྱེད་པ་དང་། ལོངས་སྤྱོད་པ་དང་། ཐིམ་པའི་ཚུལ་གསུམ་གྱིས་བཏུལ་ཏེ། ཁོའི་ལུས་ངག་ཡིད་གསུམ་དབང་དུ་བསྡུས་ནས། འཇིགས་བྱེད་དུས་མཚན་ཞབས་འོག་ཏུ་མནན། འཇིག་རྟེན་པའི་བྲ་ཀ་ར་སོགས་འདས་པའི་ཨོཾ་ཧཱུྃ་ཧཱུྃ་ཕཊ་ཀྱིས་བར་དུ་བཙུག་ནས་སྔགས་སུ་བྱིན་གྱིས་བརླབས། སེམས་བཀྱལ་བར་བྱས་ཤིང་གཟུང་འཛིན་གྱི་རྟོག་པ་རྒྱུན་བཅད་དེ། ཡེ་ཤེས་ཆེན་པོས་བྱིན་གྱིས་བརླབས་ནས་ཟག་པ་མེད་པའི་བདེ་བ་ལ་བཀོད་པས་འཇིགས་བྱེད་ས་འོག་ཏུ་མངོན་པར་རྫོགས་པར་སངས་རྒྱས། འཁོར་རྣམས་དལ་གྱིས་འཁོར་ལོར་བཀོད་ནས། མཛད་པ་མ་བསྡུས་པར་འཛམ་བུའི་གླིང་དུ་དངོས་སུ་བཞུགས་པ་ཡིན་ཏེ། རྡོ་རྗེ་གདན་དུ་འཁོར་ལོ་ཆེན་པོ་བསྐོར་བ་དང་། ཡུལ་ཉི་ཤུ་རྩ་བཞིན་ཐུགས་གསུང་སྐུའི་འཁོར་ལོ་གསུམ་དང་། ཡུལ་མཐའི་དུར་ཁྲོད་བརྒྱད་དུ་དམ་ཚིག་གི་འཁོར་ལོའོ། །དེ་ལྟར་སངས་རྒྱས་པའི་གནས་འོག་མིན་ལ་སྤྲུལ་ཞིང་རྒྱུད་བཤད་པའི་གནས་རི་རབ་ཀྱི་རྩེ། གདུལ་བྱ་བཏུལ་བའི་གནས་འཛམ་བུའི་གླིང་དུ་གདུལ་བྱའི་འཁོར་དྲག་པོ་འཇིགས་བྱེད་འཁོར་བཅས་དལ་ལ་བཀོད་པའི་འཁོར་ལོ་ལྔའི་ལྷ་ཚོགས། ཉན་པའི་འཁོར་སངས་རྒྱས་བྱང་སེམས་རི་རབ་ཀྱི་རྡུལ་དང་མཉམ་པ་དང་། སྐལ་པ་དང་ལྡན་པའི་ལྷ་མི་སོགས། ཟབ་པོའི་འཁོར་ཕག་མོའམ་ཕྱག་རྡོར། སྟོང་པ་པོའི་འཁོར་ཡང་དེ་ཉིད་ཡིན་ལ། ཆོས་བདག་པོས་རྩ་རྒྱུད་བཤད་རྒྱུད་ལ་སོགས་རྣམས་གསུངས་ཏེ། དེ་ཡང་ཆོས་གཞན་རྣམས་བསྐལ་པ་འཇིགས་ཆགས་དབང་གིས་ནུབ་ཀྱང་། བདེ་མཆོག་ཡུལ་ཉི་ཤུ་རྩ་བཞིན་གནས་པའི་དཔའ་བོ་དང་། དཔའ་མོས་ཉམས་སུ་བླངས་ཏེ་གནས་པའི་ཕྱིར་ཉམས་མི་ནུས་པས། ཐུབ་པ་ཟས་གཙང་གི་སྲས་སུ་སྤྲུལ་པས་བསྐུར་ནས་གསུངས་པ་མེད་ལ།

ཕྱིན་ཆད་ཀྱང་མི་ནུབ་པར་གསུངས་ཤིང་། ཁྱད་པར་དུ་ཡང་ནུབ་ཕྱོགས་ཨོ་རྒྱན་ཡུལ་དུ། ཕོ་ཐམས་ཅད་དཔའ་བོ་དང་མོ་ཐམས་ཅད་དཔའ་མོར་གནས་པའི་ས་ཕྱོགས་དེར་ཧེ་རུ་ཀ་རང་བྱུང་གི་ཕོ་བྲང་དྷརྨ་གཉྫ་ཆོས་ཀྱི་དཀོར་མཛོད་བྱ་བ། འོབས་དང་ལྕགས་རི་ལ་སོགས་བསམ་གྱིས་མི་ཁྱབ་པས་བསྐོར་ཞིང་། གང་ཟག་ཕལ་གྱིས་བགྲོད་པར་དཀའ་བའི་གནས་དེ་ཉིད་དུ། དུས་གསུམ་གྱི་སངས་རྒྱས་ཐམས་ཅད་ཀྱི་ཡུམ་རྡོ་རྗེ་རྣལ་འབྱོར་མ་འཁོར་འཇིག་རྟེན་དང་འཇིག་རྟེན་ལས་འདས་པའི་མཁའ་འགྲོ་མ་དཔག་ཏུ་མེད་པས་བསྐོར་ནས། སྤྱིར་གསང་སྔགས་ཀྱི་རྒྱུད་སྡེ་མང་པོ་དང་ཁྱད་པར་བདེ་མཆོག་གི་རྒྱུད་རྣམས་ཀྱི་བདག་པོ་མཛད་ཅིང་བཞུགས་ལ། རྒྱ་གར་དུ་ཡང་རྒྱུད་ཕལ་ཆེར་དེ་ནས་བྱུང་ཞིང་གདུལ་བྱ་སྨིན་གྲོལ་གྱི་ལམ་ལ་བཀོད་དོ། །

གཞན་ཡང་རིན་པོ་ཆེ་ལྷ་བུའི་གང་ཟག་ལ་གསང་བ་འདུས་པ་དང་། དབང་པོ་རྣོན་པོ་དག་ལ་ཀྱཻའི་རྡོ་རྗེ། མཧཱ་མ་ཡ། རྡོ་རྗེ་གདན་བཞི། དུས་ཀྱི་འཁོར་ལོ་ལ་སོགས་པ་དུ་མ་དང་། གཏི་མུག་ཤས་ཆེ་བ་རྣམས་འདུལ་བའི་དོན་དུ་རྣམ་པར་སྣང་མཛད། ཞེ་སྡང་ལ་མི་བསྐྱོད་པ། ང་རྒྱལ་ལ་རིན་ཆེན་འབྱུང་ལྡན། འདོད་ཆགས་ལ་འོད་དཔག་མེད། ཕྲག་དོག་ལ་དོན་ཡོད་གྲུབ་པ། འགྲོ་བ་ནད་ཀྱིས་ཉེན་པ་ལ་སྨན་གྱི་རྒྱལ་པོ། ངན་འགྲོ་ནས་མྱུར་དུ་འདྲེན་པ་ལ་ཀུན་རིག །ཞི་བས་མི་ཐུལ་བ་ལ་ཁྲོ་བོ་བཅུ། བསྟན་པ་སྲུང་བ་ལ་ཡེ་ཤེས་པའི་ཆོས་སྐྱོང་བའི་སྲུང་མ་དང་། དབུལ་བ་སེལ་བ་ལ་ནོར་ལྷ་སོགས་གང་ལ་གང་འདུལ་དུ་མ་ཞིག་ཏུ་སྤྲུལ་ནས་དོན་མཛད་དོ། །ཁྱད་པར་དུ་ཡང་སྟོང་གསུམ་མི་མཇེད་འཇིག་རྟེན་གྱི་ཁམས་འདིར་དུས་གསུམ་སངས་རྒྱས་ཀྱིས་ཀྱང་འདུལ་བར་དཀའ་བའི་སྙིགས་མ་ལྔ་བདོ་བའི་སེམས་ཅན་དམུ་རྒོད་དཔག་ཏུ་མེད་པའི་དོན་དུ་གླིང་བཞི་བྱེ་བ་ཕྲག་བརྒྱར་མཆོག་གི་སྤྲུལ་པའི་སྐུ་ཤཱཀྱའི་རྒྱལ་པོ་བྱེ་བ་ཕྲག་བརྒྱར་སྤྲུལ་ནས། མཛད་པ་བཅུ་གཉིས་ཀྱི་སྒོ་ནས་མངོན་པར་རྫོགས་པར་སངས་རྒྱས་པའི་ཚུལ་བསྟན་ཏེ། བཀའ་འཁོར་ལོ་རིམ་པ་གསུམ་བསྐོར་ཞིང་གདུལ་བྱ་མཆོག་དམན་དཔག་ཏུ་མེད་པའི་དོན་རྒྱ་ཆེན་པོ་མཛད་པ་ཡིན་ནོ། །གཞན་ཡང་བཟོའི་སྤྲུལ་པ་ཀརྨ་པི་ཤྭ་ལ་སོགས་དང་། སྐྱེ་བའི་སྤྲུལ་པ་སྟག་དང་སེང་གེ་དང་། སྤྲེའུ་དང་། སྲོག་ཆགས་དེས་པ་དང་རུ་རུ་ལ་སོགས་པ་དུ་མ་ཞིག་དང་། གཟིངས་དང་། ཟམ་པ་དང་། འབྱུང་བ་བཞི་ལ་སོགས་པ་མདོར་ན་གང་ལ་གང་འདུལ་གྱི་ཚུལ་གྱིས། མཆོག་དམན་གྱི་སྤྲུལ་པ་བསམ་གྱིས་མི་ཁྱབ་པ་ཞིག་བསྟན་ནས་མཐའ་ཡས་པའི་སྐྱེ་རྒྱུ་རྣམས་ཕན་བདེ་ལ་འགོད་པར་མཛད་དོ། །དེ་ཡང་ཆོས་ཀྱི་སྐུ་དང་། ལོངས་

སྤྲོད་རྫོགས་པའི་སྐུ་དང་། སྤྲུལ་པའི་སྐུ་དང་། སྐུ་གསུམ་དབྱེར་མེད་པ་ངོ་བོ་ཉིད་བདེ་བ་ཆེན་པོའི་སྐུ་སྟེ། དེ་ལྟར་སྐུ་བཞིའི་དབང་ཕྱུག་སྟོན་པ་ཡང་དག་པར་རྫོགས་པའི་སངས་རྒྱས་བཅོམ་ལྡན་འདས་དྲུག་པ་རྡོ་རྗེ་འཆང་ཆེན་པོ་འདི་ཉིད་འོག་མིན་སྟུག་པོ་བཀོད་པའི་ཞིང་དུ་སངས་རྒྱས་ནས་འདོད་ཁམས་སུ་སེམས་ཅན་གྱི་དོན་ལ་མཛད་པ་བཅུ་གཉིས་སྟོན་པར་ཐེག་པ་ཆེན་པོའི་ལུགས་ལས་གསུངས་ཏེ། དེ་ཡང་བྲམ་ཟེའི་ཁྱེའུ་བླ་མ་དགའ་ལྡན་དུ་དམ་པ་ཏོག་དཀར་ལ་སྐྱེས་ནས་ཟས་གཙང་གི་སྲས་སུ་ཐུབ་པ་འབྲུངས་ཏེ། མྱ་ངན་ལས་འདས་པ་ཆེན་པོའི་བར་ཐམས་ཅད་ལོངས་སྐུའི་སྤྲུལ་པ་ཙམ་ཅིག་ཡིན་པས་སྤྲུལ་སྐུ་ཟེར་བ་ཡིན་ཏེ། ངག་གི་དབང་ཕྱུག་གྲགས་པའི་ཞལ་ནས་ཀྱང་། དཔལ་ལྡན་སྟུག་པོ་བཀོད་པ་ཉིད་དུ་དོན་དམ་ཐུགས་ཆུད་ཅིང་། དགའ་ལྡན་སྐྱེ་བོའི་དོན་མཛད་ཕྱིར་ན་དམ་པ་ཏོག་དཀར་གྱུར། དེ་ནས་འདི་ར་ནི་འགྲོ་བའི་དོན་དུ་ཤཱཀྱའི་ཏོག་གྱུར་གང་། འཆི་བདག་ལས་རྒྱལ་སྒྲུ་མ་ཀུན་སྟོན་དེ་ནི་རྒྱལ་གྱུར་ཅིག   །ཅེས་གསུངས་སོ། །

ཡང་ཆོས་ཀྱི་གཤེས་གཉེན་ལ་སོགས་ཀྱིས་གཞི་དང་སྙིང་པོ་མེ་ཏོག་གིས་བརྒྱན་པའི་ཞིང་ཁམས་ལོངས་སྤྱོད་རྫོགས་སྐུའི་ཞིང་དུ་བཞེད་དེ། དེ་ཡང་གླིང་བཞིའི་བྱེ་བ་ཕྲག་བརྒྱ་ལ་སྟོང་གསུམ། དེ་བྱེ་བ་ཕྲག་བརྒྱ་ལ་རབ་འབྱམས་ཀྱི་མཚམས་སྦྱོར་གཅིག   །དེ་བྱེ་བ་ཕྲག་བརྒྱ་ལ་རབ་འབྱམས་ཀྱི་རྒྱུད་གཅིག   །དེ་བྱེ་བ་ཕྲག་བརྒྱ་ལ་རབ་འབྱམས་ཀྱི་རྒྱུད་བར་མ་གཅིག   །དེ་བྱེ་བ་ཕྲག་བརྒྱ་ལ་མེ་ཏོག་གི་གཞིའི་སྙིང་པོའི་རྒྱན་བཀོད་པ་སྟེ། རྣམ་སྣང་གི་ཞིང་གཅིག་གོ། དེ་ཡང་རྣམ་སྣང་གངས་ཅན་མཚོའི་ཕྱག་གི་མཐིལ་གྱི་རྡུལ་ཕྲན་གཅིག་ལ་གནས་ཤིང་། དེ་ལོངས་སྐུར་འདོད་པ་ལ་སོགས་བཞེད་པ་མང་དུ་ཡོད་དོ། །དེ་ཡང་སྐུ་གསུམ་གྱི་ཡོན་ཏན་ལས། ཆོས་སྐུའི་ཡོན་ཏན་བྲལ་འབྲས་སུམ་ཅུ་རྩ་གཉིས་ནི། སྟོབས་བཅུ་མི་འཇིགས་པ་བཞི། མ་འདྲེས་པའི་ཆོས་བཅོ་བརྒྱད་དང་སོ་གཉིས་ཏེ། ཡོན་ཏན་གྱི་སྡེ་ཚན་ཉི་ཤུ་རྩ་གཅིག་གསུངས་པ་ཡང་འདི་ཡི་ནང་དུ་འདུས་པ་ཡིན། གཟུགས་སྐུའི་ཡོན་ཏན་སྨིན་འབྲས་སུམ་ཅུ་སོ་གཉིས་ནི། མཚན་བཟང་པོ་སུམ་ཅུ་སོ་གཉིས་དང་། མཚན་གྱི་ཡན་ལག་ཏུ་གྱུར་པའི་དཔེ་བྱད་བཟང་པོ་བརྒྱད་ཅུ་རྣམས་སོ། །

སྤྱི་དོན་གཉིས་པ་བརྗེད་པ་ཡེ་ཤེས་ནི། མཉམ་བཞག་ཇི་ལྟ་བ་མཁྱེན་པའི་ཡེ་ཤེས་དང་། རྗེས་ཐོབ་ཇི་སྙེད་མཁྱེན་པའི་ཡེ་ཤེས་གཉིས་སོ། །དེ་ཡང་དབྱེ་ན་ལྔ། ཆོས་ཀྱི་དབྱིངས་ཀྱི་ཡེ་ཤེས། མེ་ལོང་ལྟ་བུའི་ཡེ་ཤེས། མཉམ་པ་ཉིད་ཀྱི་ཡེ་ཤེས། སོ་སོར་རྟོགས་པའི་ཡེ་ཤེས། བྱ་བ་གྲུབ་པའི་ཡེ་

ཤེས་སོ། །དེ་ལ་གནས་འགྱུར་གྱི་རྒྱུ་དང་། ཐོབ་པའི་རྒྱུ་རྣམས་གཉིས་ཏེ། དེ་ཡང་དང་པོ་ནི། རྣམ་པར་ཤེས་པ་ཚོགས་བརྒྱད་གནས་འགྱུར་བ་ཡིན་ཏེ། ཀུན་གཞིའི་རྣམ་པར་ཤེས་པ་གནས་འགྱུར་བ་མེ་ལོང་ལྟ་བུའི་ཡེ་ཤེས། ཉོན་མོངས་པ་ཅན་ཡིད་གནས་འགྱུར་བ་ནི་མཉམ་པ་ཉིད་ཀྱི་ཡེ་ཤེས། ཡིད་ཀྱི་རྣམ་པར་ཤེས་པ་གནས་འགྱུར་བ་ནི་སོ་སོར་རྟོགས་པའི་ཡེ་ཤེས། སྒོ་ལྔའི་རྣམ་པར་ཤེས་པ་གནས་འགྱུར་བ་ནི་བྱ་བ་གྲུབ་པའི་ཡེ་ཤེས་སོ། །དེ་ཡང་ཀུན་གཞིའི་རྣམ་ཤེས་ཀྱིས་གཞན་རྣམས་ཀྱི་རྟེན་བྱེད་པ་ལྟར། མེ་ལོང་ལྟ་བུའི་ཡེ་ཤེས་ཀྱིས་གཞན་རྣམས་ཀྱི་རྟེན་བྱེད་དོ། །རྒྱན་ལས། མེ་ལོང་ཡེ་ཤེས་མི་གཡོ་སྟེ། ཡེ་ཤེས་གསུམ་ནི་དེ་ལ་བརྟེན། མཉམ་པ་ཉིད་ནི་སོ་སོར་རྟོགས། །བྱ་བ་གྲུབ་པ་ཁོ་ནའོ། །ཞེས་གསུངས་སོ། །ཡང་ཉོན་མོངས་པ་ཅན་གྱི་ཡིད་ནི་ཆོས་སྒྲི་དང་རང་གི་བྱེ་བྲག་མི་འབྱེད་པ་དང་། ཡིད་ཀྱི་རྣམ་པར་ཤེས་པ་ནི། དུས་གསུམ་གྱི་ཡུལ་ལ་ཆགས་ཐོགས་མེད་པ་དང་། སྒོ་ལྔའི་རྣམ་པར་ཤེས་པ་ནི་ཡུལ་ལ་འབད་པ་མེད་པར་འཇུག་པ་བཞིན་དུ་མཉམ་པ་ཉིད་ཀྱི་ཡེ་ཤེས་ནི་གཉིས་སུ་འཛིན་པ་ལས་གྲོལ་བ་དང་། སོ་སོར་རྟོགས་པའི་ཡེ་ཤེས་ནི་ཤེས་བྱ་ལ་ཆགས་ཐོགས་མེད་པར་འགྲོ་བ་དང་། བྱ་བ་གྲུབ་པའི་ཡེ་ཤེས་ཀྱི་གདུལ་བྱའི་དོན་ལ་འབད་རྩོལ་མེད་པར་འཇུག་པའོ། །ཐོབ་པའི་རྒྱུ་ནི། རྒྱན་ལས། འཛིན་པའི་ཕྱིར་དང་སེམས་མཉམ་ཕྱིར། ཡང་དག་ཆོས་རབ་སྟོན་ཕྱིར་དང་། བྱ་བ་གྲུབ་པ་ཉིད་ཀྱི་ཕྱིར། ཡེ་ཤེས་བཞི་པོ་ཡང་དག་འབྱུང་། གསུངས་ཏེ་སྡེ་སྣོད་གསུམ་གྱི་ཆོས་ཐོས་ཤིང་འཛིན་པའི་ཤེས་རབ་ནི་མེ་ལོང་ལྟ་བུའི་རྒྱུ་ཡིན་ལ། སེམས་ཅན་ཐམས་ཅད་ལ་སེམས་མཉམ་པར་བསྒོམ་པ་ནི། མཉམ་པ་ཉིད་ཀྱི་ཡེ་ཤེས་ཀྱི་རྒྱུ་ཡིན་ལ། གཞན་ལ་ཆོས་བསྟན་པ་ནི། སོ་སོར་རྟོགས་པའི་ཡེ་ཤེས་ཀྱི་རྒྱུ་ཡིན། །གཞན་ལ་བྱ་བ་སྒྲུབ་པ་ནི་བྱ་བ་གྲུབ་པའི་ཡེ་ཤེས་ཀྱི་རྒྱུ་ཡིན་ནོ། །ཆོས་ཀྱི་དབྱིངས་ཀྱི་ཡེ་ཤེས་ནི་ཆོས་ཀྱི་དབྱིངས་རྣམ་པར་དག་པ་སྟེ་འཁོར་འདས་ཀྱི་ཆོས་ཐམས་ཅད་ལ་ཁྱབ་པས་ངོ་བོ་ཉིད་ཀྱི་སྐུ་དང་མཚུངས་སོ། །དེ་ཡང་སྐུ་དང་ཡེ་ཤེས་གཉིས་འབྲེལ་ཚུལ་ནི། ཆོས་ཀྱི་དབྱིངས་ཀྱི་ཡེ་ཤེས་དང་། མེ་ལོང་ལྟ་བུའི་ཡེ་ཤེས་གཉིས་ཆོས་སྐུ་ཡིན་ཞིང་། མཉམ་ཉིད་དང་སོ་སོར་རྟོགས་པ་ཉིད་ལོངས་སྐུ། བྱ་བ་གྲུབ་པ་སྤྲུལ་སྐུ་ཡིན་ནོ། །ཡང་ཡེ་ཤེས་ཐམས་ཅད་ཚོགས་པ་ཆོས་སྐུ། མེ་ལོང་ལྟ་བུའི་ལོངས་སྐུ། མཉམ་པ་ཉིད་དང་ཆོས་དབྱིངས་གཉིས་ལོངས་སྐུའི་ཐུགས། སོ་སོར་རྟོགས་པ་ལོངས་སྐུའི་གསུངས། བྱ་བ་གྲུབ་པ་ལོངས་སྐུའི་མཛད་པ་སྟེ་སྤྲུལ་སྐུ་ཡིན་ནོ་ཞེས་དང་། ཡང་ཆོས་དབྱིངས་ཆོས་སྐུ་མེ་ལོང་མཉམ་པ་ཉིད། སོ་སོར་རྟོགས་པ་ལོངས་སྐུ། བྱ་བ་གྲུབ་པ་

སྤྲུལ་སྐུར་བཞེད་པ་ཡིན་ནོ། །དེ་རྣམས་གང་ཡང་དོན་ལ་འགལ་བ་མེད་པས། སངས་རྒྱས་རྣམས་ནི་ཡེ་ཤེས་ཀྱི་སྐུ་ཡིན་པའི་ཕྱིར་རོ། །

སྤྱི་དོན་གསུམ་པ་མཛད་པའི་ཕྲིན་ལས་ནི། སྔོན་གྱི་སྨོན་ལམ་དང་སྙིང་རྗེའི་དབང་གིས་རྒྱུ་རྐྱེན་རྟེན་འབྲེལ་ཚོགས་པ་ལས་རྟེན་འབྲེལ་དང་། རྟོག་པ་མི་མངའ་བར་འབད་མེད་དུ་འབྱུང་བ་ནི། རྩོལ་རྟོག་མི་མངའ་བར་ལྷུན་གྱིས་གྲུབ་པ། འཁོར་བ་མ་སྟོང་གི་བར་དུ་འབྱུང་བས་རྒྱུན་མི་འཆད་པ། རྒྱ་ཆེ་བས་ནམ་མཁའ་དང་མཉམ་པར་འབྱུང་བ་གང་ལ་གང་འདུལ་གྱི་ཚུལ་དུ་བྱུང་བས་སྣ་ཚོགས་སུ་སྣང་སྟེ། འཕྲིན་ལས་ཀྱི་ཆོས་བཞི་ཚང་བའོ། །གདུལ་བྱ་གང་འདུལ་གྱི་དོན་དཔག་ཏུ་མེད་པ་འབྱུང་བ་ནི། དཔེར་ན་ཡིད་བཞིན་གྱི་ནོར་བུའམ། དཔག་བསམ་གྱི་ཤིང་ངམ། བུམ་པ་བཟང་པོའམ། ནམ་མཁའ་ལྡིང་གི་མཆོད་སྡོང་ལྟ་བུས་དུས་ཅི་སྲིད་འཁོར་བ་གནས་ཀྱི་བར་དུ་སེམས་ཅན་གྱི་དོན་འབྱུང་བ་ཡིན་ཏེ། ས་ར་ཧས། གོམས་པའི་མཐུ་ཡིས་དགོས་པ་ཐམས་ཅད་ཞིལ་གྱིས་མནན། འབྲས་བུ་གཉིས་ནི་རང་དང་གཞན་དོན་ཕུན་ཚོགས་ཡིན། རྒྱུ་དང་འབྲས་བུ་གཉིས་ནི་ངོ་བོ་དེ་དབྱེར་མེད། སྨོན་ལམ་སྙིང་རྗེའི་སྟོབས་ཀྱིས་གཟུགས་སྐུ་རྣམ་གཉིས་འབྱུང་། བུམ་པ་བཟང་དང་དཔག་བསམ་རིན་ཆེན་ནོར་བུ་ལྟར། །གང་གི་བཟུང་བ་མེད་པའི་སྐུ་ནི་རབ་ཏུ་མཛེས། གདུལ་བྱ་རྣམས་ལ་སྣ་ཚོགས་པ་ཡི་གཟུགས་ཤར་བ། །དེ་དག་ཐམས་ཅད་བསམ་མི་ཁྱབ་ཀྱི་སྤྲུལ་པ་སྟེ། །ཞེས་དང་། སྤྱོད་འཇུག་ལས། ཡིད་བཞིན་ནོར་བུ་དཔག་བསམ་ཤིང་། །ཇི་ལྟར་རེ་བ་ཡོངས་སྐོང་བ། །དེ་བཞིན་གདུལ་བྱར་སྨོན་ལམ་གྱིས། །དབང་གིས་རྒྱལ་བོའི་སྐུར་སྣང་ངོ་། །དཔེར་ན་ནམ་མཁའ་ལྡིང་གིས་ནི། །མཆོད་སྡོང་སྒྲུབ་ནས་འདས་གྱུར་ན། །དེ་འདས་ཡུན་རིང་ལོན་ཡང་དེར། །དུག་ལ་སོགས་པ་ཞི་བྱེད་བཞིན། །བྱང་ཆུབ་སྤྱོད་དང་རྗེས་མཐུན་པའི། །རྒྱལ་བའི་མཆོད་སྡོང་སྒྲུབ་པ་ཡང་། །བྱང་ཆུབ་སེམས་དཔའ་མྱ་ངན་འདས། །འདས་ཀྱང་དོན་རྣམས་ཐམས་ཅད་མཛད། ཅེས་གསུངས་པ་དང་། རྗེ་བཙུན་གྱི་རྒྱལ་པོ་མི་ལ་རས་པས། །དེ་ལ་སྙིང་རྗེས་ཤུགས་འབྱུང་སྟེ། །སྟོབས་དང་མི་འཇིགས་གཟུགས་ལ་སོགས། །སངས་རྒྱས་ཡོན་ཏན་གང་ཡིན་པ། ནོར་བུ་རིན་ཆེན་ཚུལ་གྱིས་འབྱུང་། ཞེས་གསུངས་པས། འབད་རྩོལ་དང་རྟོག་པ་མི་མངའ་བཞིན་དུ། སེམས་ཅན་གྱི་དོན་འབད་མེད་ལྷུན་གྲུབ་ཏུ་འབྱུང་བ་ཡིན་ཏེ། དཔེར་ན་ཡིད་བཞིན་གྱི་ནོར་བུ་རིན་པོ་ཆེ་ལ་དགོས་འདོད་སྟེར་བསམ་པའི་རྟོག་པ་མི་མངའ་ཡང་རྒྱལ་མཚན་གྱི་རྩེ་མོ་ལ་བཏགས་ཤིང་གསོལ་བ་བཏབ་པས། དགོས

འདོད་ཐམས་ཅད་ཆར་བཞིན་འབབས་པ་དང་འདྲ་བར་བཞེད་པ་ཡིན་ནོ། །དེ་དག་གི་སྟོན་པ་རྡོ་རྗེ་འཆང་ཆེན་པོའི་རྟོགས་པ་བརྗོད་པ་བསྟན་ཟིན་ཏོ། །

༈ གཉིས་པ་གྲུབ་ཆེན་ཏི་ལོ་པའི་རྣམ་ཐར་ནི། དེའང་སྐྱ་འབྲིངས་ཡུལ་རྒྱ་གར་ཟ་ཧོར་གྱི་ཡུལ། གྲོང་ཁྱེར་ཆེན་པོ་ཛ་གོ་ཞེས་བྱ་བར་ཡབ་བྲམ་ཟེ་གསལ་བ་དང་། ཡུམ་བྲམ་ཟེ་མོ་གསལ་སྒྲོན་ལ་སྲས་མོ་གཅིག་མཆིས་ཀྱང་སྲས་ཀྱིས་དབེན་ནས་མཆོད་དང་སྦྱིན་གཏོང་རྒྱ་ཆེར་མཛད་པ་ལས། ཟླ་དགུ་ངོ་བཅུའི་ཐོག་ཁྱེའུ་མཚན་དང་ལྡན་པ་གཅིག་བཙས་ཏེ་ས་ཕྱོགས་ཐམས་ཅད་འོད་ཀྱིས་གང་བ་སོགས་ལྟས་ཁྱད་འཕགས་བྱུང་བས་ཉམས་སྤྲོ་བར་གྱུར། དེ་ནས་བྲམ་ཟེ་མཚན་མཁན་གྱིས་མཚན་ལྟས་རྩིས་པ་ལས་རྟགས་མ་ངེས་པར་ཤར་ནས་ལུང་སྟོན་དུ་མ་གཏུབ་ཀྱང་། སངས་རྒྱས་ཀྱི་སྤྲུལ་པ་ཞིག་ཡིན་སྙམ་ཏེ། འདི་ནི་ལྷ་ཀླུ་གནོད་སྦྱིན་དང་། སངས་རྒྱས་གང་ཡིན་མ་འཚལ་ཏེ། བྱུང་ན་རྒྱལ་བའི་སྲས་པོ་དང་། མ་བྱུང་མི་ཡི་བདག་པོར་འགྱུར། དེ་བས་སྐྱེས་བུ་ངོ་མཚར་ཅན། མཆོག་འདི་ཁྱོད་ཀྱིས་ལེགས་པར་སྐྱོངས། ཞེས་བརྗོད་ཅིང་མཚན་གསལ་འོད་དུ་གསོལ། དེ་ནས་གཙུག་ལག་ཁང་དུ་རིམ་གྲོ་དུ་མས་སྐྱེད་སྲིང་བྱས་པས་ལོ་གཅིག་སོང་བ་དང་ལོ་བཅུ་གཉིས་པའི་ཚད་དུ་སོན། ཉིན་གཅིག་ཡུམ་དང་ལྷན་དུ་ཕོ་བྲང་གི་དབུས་ན་བཞུགས་སྐབས་བུད་མེད་མི་སྡུག་པའི་ཉམས་ཅན་ཞིག་བྱུང་ནས་ལཁར་བུར་ཡོཾ་ཙུགས་བྱས་ཏེ། གཅེས་པར་བསྐྱངས་ཀྱང་མི་འཆི་བའི། ས་ཕྱོགས་དེ་ནི་ཡོད་མ་ཡིན། ཟེར་ཞིང་ངུས་པ་ལ། ཡུམ་ཤིན་ཏུ་སྐྲག་ནས་དེ་ལ་ཐབས་ཅི་ལྟར་བྱས་ན་ཐར་བར་འགྱུར་ཞེས་དྲིས་པས། གཞོན་ནུ་མཛེས་པ་མཚན་དང་ལྡན། དམ་ཆོས་བཛ་སྐད་འཕྲད་ན་བདེ། ཞེས་ཟེར་ནས་མི་སྣང་བར་གྱུར། དགོང་མོ་ཡབ་ཕོ་བྲང་དུ་ཕེབས་པ་ལ། གོང་གི་ལོ་རྒྱུས་དེ་དག་ཞིབ་ཏུ་བསྙད་དེ་ཡི་གེ་ལ་སོགས་རིག་པའི་གནས་ཐམས་ཅད་ལ་བསླབ་པས་མཁས་པར་གྱུར། དེ་ནས་ཀྱང་ཡབ་ཡུམ་སྲས་འཁོར་ལྷན་ཅིག་བཞུགས་པའི་དབུས་སྔར་གྱི་བུད་མེད་དེ་གར་བྱུང་ཆ་མེད་དུ་བྱུང་ནས། ལྟོས་མེད་སྣ་ལའི་ནགས་གསེབ་ཏུ། བྲམ་ཟེའི་ཁྱེའུ་གསལ་འོད་ཐོང་། ཡི་གེ་བལྟ་ཞིང་མ་ཧེ་སྐྱོངས། མཁའ་འགྲོ་མ་ཡི་ལུང་བསྟན་འབྱུང་། ཞེས་ཟེར་ཞིང་ནམ་མཁའ་ལ་ཡར་ནས་སོང་བས། མཁའ་འགྲོ་མར་ཤེས་ཏེ་ལུང་བསྟན་བཞིན་མ་ཧེའི་ཁྱུ་རྣམས་དེད་ནས་ནགས་ཚལ་ཕུན་སུམ་ཚོགས་པར་ཕེབས་པ་ལས། ཡང་མཁའ་འགྲོ་མ་དེ་བྱུང་ནས་ཡུལ་དང་ཡབ་ཡུམ་སོགས་བཛ་ཡི་སྒོ་ནས་དྲིས་པར་དེ་བཞིན་དུ་གསལ་འོད་ཀྱིས་ལན་བཏབ། དེ་ནས་འོ་ན་ཁྱོད་གང་ཡིན་དྲིས་པས། ཡུལ་ནི་ནུབ་ཕྱོགས་

ཨོ་རྒྱན་ཡིན། །གྲོང་ཁྱེར་དཔལ་གྱི་སར་གནས་ཏེ། །ཡབ་ནི་བདེ་མཆོག་འཁོར་ལོ་སྟེ། །ཡུམ་ནི་རྡོ་རྗེ་རྣལ་འབྱོར་མ། །ང་ནི་སྲིང་མོ་བདེ་སྟེར་མ། །མིང་པོ་པདྨ་པ་ན་ཡིན། །བྱང་ཆུབ་ཞིང་གི་ནགས་ཚལ་དུ། །ཉམས་མྱོང་མ་ཧེ་སྐྱོང་འདོད་ན། །སྙན་བརྒྱུད་ཡི་གེ་མེད་པ་ནི། །དྲི་མེད་མཁའ་འགྲོའི་ཕྱག་ན་ཡོད། གསུངས་པ་ལ། དེ་ངས་མི་ལོན་བྱས་པས། ལུང་བསྟན་དམ་ཚིག་ལྡན་པ་ཡི། །དངོས་གྲུབ་ཁྱོད་ཀྱིས་བླང་ན་ལོན། ཞེས་གསུངས་པས། འོན་ཧི་ལྟར་བྱ་ཞུས་པས། ཤེལ་གྱི་སྣམ་དང་རིན་ཆེན་ཟམ། །བྱི་ཟུང་ལྟེ་མིག་གསུམ་ཁྱེར་ལ། །ཐེ་ཚོམ་མེད་པར་ཤོད་ཀྱིས་སོང་། །སྙན་བརྒྱུད་དྲི་མེད་ལོན་པར་འགྱུར། ཅེས་གསུངས་ནས་བུད་མེད་དེ་ཉིད་ན་ཆུང་ལང་ཚོ་ཕུན་སུམ་ཚོགས་པ། མཛེས་ཤིང་ཡིད་དུ་འོང་བ་གཅིག་ཏུ་སྤྲུལ་ཏེ། རྫས་དེ་གསུམ་བསྐུར་ནས་ཐེ་ཚོམ་མེད་པར་སོང་གསུངས་ཤིང་ནམ་མཁའ་ལ་འཇའ་ཡལ་བ་བཞིན་མི་སྣང་བར་གྱུར་ཏོ། །

དེ་ནས་པདྨ་ནས་ཀྱང་མ་ཧེའི་ཁྲུ་རྣམས་དེད་ནས། རྡོ་རྗེའི་གླུ་ལེན་ཞིང་གྲོང་ཁྱེར་དུ་ཕྱིན་ཏེ། །གོང་གི་ལོ་རྒྱུས་རྣམས་ཞིབ་ཏུ་བསྐད་ཅིང་ཨུ་རྒྱན་དུ་འགྲོ་བར་ཞུས་པས། ཡབ་ཡུམ་ལ་སོགས་ཀྱིས་ཀྱང་གནང་ནས་ཨུ་རྒྱན་དུ་ཕྱིན་ནོ། །དེར་ཡང་ཨོ་རྒྱན་གྱི་ཡུལ་དེ་གང་ཟག་ཕལ་གྱིས་བགྲོད་པའི་གནས་མ་ཡིན་ཞིང་དེའི་མི་ཕོ་མོ་ཐམས་ཅད་དཔའ་བོ་དང་དཔའ་མོའི་རིགས་སུ་ཡོད་པ། གྲོང་ཁྱེར་དཔག་ཏུ་མེད་པས་བསྐོར་བའི་དབུས་སུ། ཧྨ་ལྷ་ཛ་ཆོས་ཀྱི་དཀོར་མཛོད། ཧེ་རུ་ཀ་རང་བྱུང་གི་གནས་གཙོ་ལ་ཡི་གཙུག་ལག་ཁང་ཆེན་པོ་དེ་ཉིད། རོ་གསར་བའི་ལྕོགས་དང་། གདན་ལ་སོགས་ཀྱིས་བརྒྱན་ནས། མཛེས་ཤིང་ཡིད་དུ་འོང་བའི་ཕྱི་རོལ་དུ། འོབས་དང་ལྕགས་རི་རིམ་པ་གསུམ་གྱིས་བསྐོར་ཞིང་། དེ་དག་ཏུ་གཅན་གཟན་དང་། སྦྲུལ་གདུག་པ་ཅན་དུ་མ་དང་། གླུ་བདུད་སྲིན་མོའི་ཚོགས་མ་རུངས་པ་རྣམས་གནས་པའི་དབུས་སུ། ཕྱི་སྒོ་སྲུང་བ་ཟ་བྱེད་ལས་ཀྱི་མཁའ་འགྲོ་ལས་མཁན་གྱི་ཚུལ་དང་། བར་སྒོ་སྲུང་བ་སྤྲུལ་སྐུ་འཇིག་རྟེན་གྱི་མཁའ་འགྲོ་མ་འབབས་ཀྱི་ཚུལ་དང་། ནང་སྒོ་སྲུང་བའི་ལོངས་སྐུ་འཇིགས་བྱེད་ཀྱི་མཁའ་འགྲོ་རྣམས་བློན་མོའི་ཚུལ་དུ་གནས་ཏེ། དེ་དག་ཀྱང་འཁོར་དཔག་ཏུ་མེད་པས་བསྐོར་ཞིང་བཞུགས་པ། ཕོ་བྲང་དེའི་དབུས་སུ་ཆོས་འབྱུང་བསྐོལ་བའི་ལྟེ་བར། གདན་སུམ་བརྩེགས་ཀྱི་སྟེང་དུ་དུས་གསུམ་གྱི་སངས་རྒྱས་ཐམས་ཅད་ཀྱི་ཡུམ། རྗེ་བཙུན་རྡོ་རྗེ་རྣལ་འབྱོར་མ་ཆོས་ཀྱི་སྐུ་ལས་མ་གཡོས་བཞིན་དུ་ཟུང་འཇུག་ལྷུན་གྲུབ་བདེ་བ་ཆེན་པོ་ལོངས་སྤྱོད་རྫོགས་པའི་སྐུ་མཚན་དང་དཔེ་བྱད་ཀྱིས་བརྒྱན་པ། འོད་ཟེར་དཔག་ཏུ་མེད་པ་འཕྲོས་

བཙུར་འཕྲོ་ཞིང་གཟི་བརྗིད་དང་ལྡན་པ། འཁོར་མཁའ་འགྲོ་མ་བསམ་གྱིས་མི་ཁྱབ་པས་བསྐོར་ནས། ལྷའི་བུ་དང་བུ་མོ་ལ་སོགས་མཆོད་པའི་ལྷ་མོ་རྣམས་ཀྱིས་རྡོ་རྗེའི་གླུ་གར་དང་། རོལ་མོའི་སྒྲ་ལ་སོགས་པ་མཆོད་པའི་སྤྲིན་ཕུང་དཔག་ཏུ་མེད་པ་རྣམས་ཀྱིས་མཆོད་དོ། །རྡོ་རྗེ་ཐེག་པའི་རྒྱུད་སྡེ་རྣམས་གསེར་དངུལ་གྱི་བྱང་བུ་ལ་བཻཌཱུར་ཞུན་མས་བྲིས་ནས་རིན་པོ་ཆེའི་སྒྲོམ་བུར་བཅུག་ཅིང་། རྒྱ་རིམ་པ་གསུམ་གྱིས་བཏབ་ནས་གཅེས་པར་འཛིན་ཏེ། ཐེག་པ་ཆེན་པོ་གསང་སྔགས་ཀྱི་ཆོས་ལ་ལོངས་སྤྱོད་ཅིང་བཞུགས་སོ། །དེ་ནས་པཎྜུ་པ་ནས་འོབས་རྣམས་ལ་རིན་པོ་ཆེའི་ཟམ་པ་བྲིས། ལྕགས་རི་ལ་ཤེལ་གྱི་སྐས་བཙུག་བྱི་བཟུང་གིས་སྒོ་ཕྱེས་ནས་སྒོ་སྲུང་རྣམས་ཀྱིས་མ་ཁེགས་ཤིང་ཆགས་ཐོགས་མེད་པར་དེར་ཞུགས་ཏེ་རྗེ་བཙུན་རྡོ་རྗེ་རྣལ་འབྱོར་མ་མཇལ་ནས་དེ་ཉིད་དུ་དེ་སྐད་ཅེས་ཞུས་སོ། །ང་རང་པཎྜུ་པ་ན་ཡིན། །སྲིང་མོ་བདེ་སྟེར་མ་ཡིས་བཏང་། །ལྷ་སྒོམ་སྤྱོད་པ་འབྲས་བུ་དང་། །དམ་ཚིག་རང་གྲོལ་གདམས་ངག་འདོད། །ཅེས་ཞུས་པས། རྡོ་རྗེ་རྣལ་འབྱོར་མས་དགོར་མཛོད་གསུམ་གྱི་བརྡ་བསྟན་པས། མཁའ་འགྲོའི་ལྡེ་མིག་གསུམ་གྱི་རྒྱ་གྲོལ་ནས། ནོར་བུ་རྣམ་གསུམ་གྱི་སྙན་བརྒྱུད། འཁོར་ལོ་བདེ་མཆོག་གི་རྒྱུད་ལེའུ་ལྔ་བཅུ་རྩ་གསུམ་པ་སོགས་ཟབ་ཅིང་རྒྱ་ཆེ་བ་རྣམས་བཏོན་ནས་ཉིད་ཀྱི་ཞལ་ནས། ངའི་མཁའ་ལ་བྱ་བཞིན་དུ། །ཐོགས་མེད་ཤེས་རབ་བཟང་པོ་འགྲོ། །ཞེས་གསུངས་ཤིང་བར་སྣང་ལ་ཕྱུར་བྱོན་པས་འཁོར་གྱི་མཁའ་འགྲོ་རྣམས་ཀྱིས། དམ་པ་ཁྱོད་ནི་གང་དུ་གཤེགས། །བདག་ཅག་དོན་དུ་བཞུགས་སུ་གསོལ། །ཞེས་གསོལ་བ་བཏབ་པས། ཏཻ་ལོ་པས། ནཱ་རོ་རི་རི་ཀ་སོ་རི། །བུ་རྣམས་དོན་དུ་རྣལ་འབྱོར་བདག །གཙུག་གི་ནོར་བུའི་དགོན་པར་འགྲོ། །གསུངས་ནས་གཤེགས་པས། སྐད་ཅིག་དེ་ཉིད་ལ་ཡེ་ཤེས་ཀྱི་མཁའ་འགྲོ་མས་ལུས་མངོན་དུ་མི་སྣང་བར་བྱས་ནས་སྐྲའི་སྒོ་ནས་ཆོས་སྐོར་ཕུལ་བ་ནི། སྨིན་གྲོལ་སེམས་ཀྱི་རྒྱ་མདུད་ཤིག །དམ་ཚིག་རང་གྲོལ་མེ་ལོང་ལྟོས། །སྤྱོད་པ་ཀུ་ལ་རལ་གྲི་ཀྲེབས། །རོ་སྙོམས་ཕྱི་ཡི་མེ་ལོང་ལྟོས། །དམ་རྫས་རྟོགས་པའི་ཉི་མ་འདེབས། །རིག་པ་ཡེ་ཤེས་སྒྲོན་མེ་བལྟམ། །ཙ་རླུང་དྭ་མིག་འཁོར་ལོ་བསྐོར། །རང་གྲོལ་ཕྱག་རྒྱ་ཆེན་པོ་བསྒོམ། །བདེ་ཆེན་གསུང་གི་རིན་ཆེན་བཟུངས། ཞེས་ལུས་མེད་མཁའ་འགྲོའི་ཆོས་སྐོར་ཕུལ་བ་ལ། ཏཻ་ལོ་པའི་ཞལ་ནས། སྒྱུ་མ་ལུས་ཀྱི་གཏྐྲོ་ལར། ལུས་མེད་མཁའ་འགྲོའི་གསུངས་བཙུག་སྟེ། བརྗོད་མེད་ངག་གི་ལྕགས་བཙུག་ནས། འོད་གསལ་སེམས་ཀྱི་བྱ་འཕུར་འགྲོ། ཞེས་གསུངས་ཤིང་ནམ་མཁའ་ལ་འཕུར་ནས་བྱོན་ནོ། །

དེའང་བཀའ་བབས་བཞིའི་བླ་མ་བསྟེན་ཚུལ་ནི། དེའང་ཨོ་རྒྱན་གྱི་ཡུལ་དང་ཉེ་བ་དྷུ་ལ་ཀ་དྷུ་བྱ་བའི་གཙང་པོའི་འགྲམ་ན་མྱ་ངན་མེད་པའི་གཙུག་ལག་ཁང་གི་ནང་དུ། རྣལ་འབྱོར་མ་སུ་མ་ཏི་སྐལ་པ་བཟང་མོ་ཞེས་བྱ་བ་བཞུགས་པའི་དྲུང་དུ་བྱོན་ནས་ཕྱག་དང་མཎྜལ་ཕུལ། ཞབས་སྤྱི་བོར་བླངས་ཏེ་གདམས་པ་ཞུས་པས་དབང་གི་རིམ་པ་རྣམས་བསྐུར་ཞིང་། འཕོ་བ་བར་དོ་ལ་སོགས་པའི་གདམས་ངག་རྫོགས་པར་གནང་། དེ་ནས་སློབ་དཔོན་ལྭ་བ་པའི་དྲུང་དུ་བྱོན་ནས་འོད་གསལ་གྱི་གདམས་པ་མ་ལུས་པ་ཞུས། དེ་ནས་སློབ་དཔོན་ཙནྡྲ་པའི་ཞབས་ལ་བཏུད་དེ་གཏུམ་མོ་རྩ་ཐིག་རླུང་གསུམ་གྱི་སྐོར་དང་བདེ་མཆོག་འཁོར་ལོ་སོགས་མ་རྒྱུད་ཀྱི་སྐོར་རྣམས་རྫོགས་པར་གསན། དེ་ནས་རྒྱ་གར་ལྷོ་ཕྱོགས་པཱ་ལ་ཧྐོ་ཏ་འཛིགས་བྱེད་བཞད་པའི་དུར་ཁྲོད་དེ་ར་ཀླུ་སྒྲུབ་མཇལ་དུ་འབྱོན་པར་བཞེད་པ་ལས། ཀླུ་སྒྲུབ་ཀྱིས་མཁྱེན་ནས་རྗེས་སུ་བཟུང་བར་མ་ཏཾ་གི་བཞག་ནས་སློབ་དཔོན་དྲི་ཟའི་ཡུལ་དུ་བཞུད། དེར་ཤིང་ལོ་དམར་པོའི་སྐྱིལ་པོར་མ་ཏཾ་གི་བཞུགས་པ་དང་མཇལ། ཞལ་ནས་སྐྱེས་བུ་ཁྱོད་རྗེས་སུ་འཛིན་པར་ང་བཞག་པ་ཡིན་གསུངས། ཕྱག་མཆོད་ཕུལ་ནས་ཆོས་ཞུས་པར། རྨི་ལམ་སྒྱུ་མ་གསུམ་བརྒྱུད་དང་། གསང་བ་འདུས་པ་སོགས་ཕ་རྒྱུད་ཀྱི་སྐོར་རྣམས་གནང་ནས་སྒྲུབ་པ་ཉམས་སུ་ལེན་དགོས་པའི་བཀའ་བསྟན་པས། ཏི་ལོ་པ་ཉིད་ནུབ་ཕྱོགས་སོ་མ་པུ་རིའི་གཙུག་ལག་ཁང་དུ་ཞབས་ལྕགས་སུ་བཅུག་ནས་ལོ་བཅུ་གཉིས་སྒྲུབ་པ་མཛད་པས་དཀྱིལ་འཁོར་གྱི་ལྷ་ཚོགས་ཞལ་གཟིགས་ཤིང་། ཐུན་མོང་གི་དངོས་གྲུབ་བརྙེས་པའི་ཚུལ་བསྟན། དེ་ནས་རྒྱལ་སྲས་མ་ཏཾ་གིས་ཁྱོད་རིགས་བཟང་བའི་ང་རྒྱལ་བཅག་པའི་ཕྱིར་ཤར་ཕྱོགས་ཌ་ཀ་ལའི་རྒྱུད་རིང་པོ་ན་ཧ་རི་ཀཱི་ལ་བྱ་བའི་གྲོང་ཁྱེར་སྟོན་ཙནྡྲ་ཨུ་མ་ཀ་ར་བྱ་བའི་སྐྱོལ་པའི་རྒྱལ་པོས་བྱིན་བརླབས་པའི་གནས་སྒྲུབ་ཐག་ཉེ་ལ་ལམ་མྱུར་བའི་སར་པཎྜུ་པ་ཌ་ཞེས་བྱ་བའི་ཚོང་འདུས་ཤིག་ཡོད་པས། དེར་ཌཱ་རི་མ་སྨད་འཚོང་མའི་གཡོག་གང་བསྒོ་བ་གྱིས་ལ་རིང་པོར་མི་ཐོགས་པར་མཆོག་གི་དངོས་གྲུབ་འགྲུབ་ནས་འགྲོ་བ་མང་པོ་ཡང་གྲོལ་བར་འགྱུར་རོ། །ཞེས་ལུང་བསྟན་པས། ཏི་ལོ་པས་བླ་མའི་བཀའ་བཞིན་ཌཱ་རི་མའི་གཡོག་མཛད་དོ། །

མཚན་མོ་སྐྱེས་པ་འགུག་པ་དང་སྐྱིལ་བའི་གྲོགས་བྱེད། ཉིན་པར་ཏིལ་བརྡུང་ཞིང་སེམས་ཉིད་འདུ་འབྲལ་མེད་པར་བསྐྱངས་པས་ཅི་ཞིག་ལྟར་ན་ཏིལ་གྱི་ལས་དེ་ལ་བརྟེན་ཏེ། སེམས་ཉིད་ལྷན་ཅིག་སྐྱེས་པའི་ཡེ་ཤེས་ཀྱི་གནས་ལུགས་དེ་ཁོ་ན་ཉིད་མངོན་དུ་གྱུར་ཅིང་། ཕྱག་རྒྱ་ཆེན་པོ་མཆོག་གི་

དངོས་གྲུབ་ཐོབ་སྟེ། དེ་ཉིད་དུ་དྲུག་པ་རྡོ་རྗེ་འཆང་ཆེན་པོ་དངོས་སུ་མཇལ་ནས་རྒྱུད་སྡེ་བཞི་ལ་སོགས་པའི་གདམས་པ་ཐམས་ཅད་མ་ལུས་པར་གསན་པ་ཡིན་ཏེ། གྲུབ་ཆེན་རྡོ་རྗེ་གདན་པ་ཆེན་པོས་གྲུབ་ཐོབ་བརྒྱད་ཅུའི་བསྟོད་པ་ལས། ཏིལ་བཟུང་མཆོག་གི་དངོས་གྲུབ་བརྙེས། ཛྙ་ག་ལ་རུ་སངས་རྒྱས་མཇལ། ཏཻ་ལོ་པ་ཞེས་བྱ་བ་ཡི། བླ་མ་དེ་ལ་ཕྱག་འཚལ་ལོ། །ཞེས་བསྟོད་པ་ལྟར་རོ། །དེར་ཏཻ་ལོ་པས་རྫུ་འཕྲུལ་གྱི་བཀོད་པ་དུ་མ་མཛད་ཅིང་བཞུགས་པས་གྲོང་ཁྱེར་གྱི་མི་རྣམས་ཀྱི་མཐོང་སྣང་ལ། ལ་ལས་མེ་དཔུང་ཆེན་པོ་འབར་བའི་དབུས་ན་བཞུགས་པ་ལ་མར་མེ་བཅུ་བཞིའི་བསྐོར་བ་མཐོང་། ལ་ལས་འོད་ཀྱིས་ཕུང་པོའི་ནང་དུ་དགེ་སློང་གི་ཆ་ལུགས་མཛད་ནས་མཉམ་བཞག་ལ་བཞུགས་པ་མཐོང་། ལ་ལས་རྣལ་འབྱོར་པ་དུར་ཁྲོད་ཀྱི་ཆས་ཀྱིས་བརྒྱན་པ་གཅིག་ལ་ལྷའི་བུ་དང་བུ་མོ་མང་པོས་ཕྱག་དང་བསྐོར་བ་བྱེད་ཅིང་། མེ་ཏོག་གཏོར་བ་ལ་སོགས་མཐོང་སྣང་མི་འདྲ་བ་སྣ་ཚོགས་བྱུང་ནས། དེ་རྣམས་ཀྱིས་ཌཱ་རི་མོ་ལ་ཁྱོད་ཀྱི་གཡོག་པོ་དེ་རྫུ་འཕྲུལ་སྟོན་ནུས་པའི་གྲུབ་ཐོབ་གཅིག་ཏུ་འདུག་པས་ཁྱོད་ཀྱིས་སྡིག་མང་པོ་བསགས་པ་མ་ལེགས་ཞེས་སྨྲས་པས། མོ་བལྟ་རུ་ཕྱིན་པ་ལ་མདུན་གྱི་ནམ་མཁར་འོད་ཕུང་གི་ནང་དུ་རྒྱལ་པོ་རོལ་པའི་ཆ་ལུགས་སུ་བཞུགས་ནས། ཕྱག་གཡོན་པས་གཏུན་ཤིང་ལྟུང་ཐབས་སུ་བསྣམས་ནས། གཡས་པས་ཏིལ་བཟུང་བའི་ཚུལ་མཛད་པ་མཐོང་ཏེ། མོ་དད་ཅིང་གུས་པས་ཕྱག་དང་བསྐོར་བ་བྱས་ཏེ་ནང་དུ་སྤྱན་དྲངས་ནས་ཞབས་སྤྱི་བོར་བླངས་ཏེ། རིན་པོ་ཆེའི་མཎྜལ་ཕུལ་ནས། རྗེ་བཙུན་ཁྱེད་གྲུབ་ཐོབ་ཆེན་པོར་འདུག་པ་ལ་ངས་དེ་ལྟར་མ་ཤེས་ནས་སྡིག་པ་མང་པོ་བསགས་པ་བཟོད་པར་གསོལ། ད་ཕྱིན་ཆད་རྗེས་སུ་བཟུང་ཞིང་སྐྱབས་སུ་གསོལ་ཞུས་པས། ཏཻ་ལོ་པས་ཁྱོད་ཀྱིས་ང་ལ་གང་ཟག་དམ་པ་ཆ་ཡོད་བཞིན་དུ་ལས་བཅོལ་བ་ནི་མ་ཡིན་པས་ཉེས་པ་མི་འོང་། ངས་ཁྱོད་ཀྱི་ཏིལ་བཟུང་པ་ལ་བརྟེན་ནས་ལམ་སློང་པ་ཡིན་པས་ད་ང་ཡི་རྒྱུད་ལ་སྐྱེས་པའི་ཆོས་ཉིད་སྐྱེ་བ་མེད་པའི་གཉུག་མ་ལྷན་ཅིག་སྐྱེས་པའི་ཡེ་ཤེས་དེ་ཁྱོད་ཀྱི་རྒྱུད་ལ་སྐྱེ་བར་གྱུར་ཅིག་གསུངས་ནས་མེ་ཏོག་སྤྱི་བོར་བཞག་པ་ཙམ་གྱིས་མ་རིག་པའི་སྒྲིབ་གཡོགས་དང་བྲལ་ནས་གཉུག་མ་ལྷན་ཅིག་སྐྱེས་པའི་ཡེ་ཤེས་མངོན་དུ་གྱུར་ཅིང་། ཌཱ་རི་མོ་དེ་ཉིད་དུ་གྲོལ་ཏོ། །དེའི་ཚེ་སྤྲུལ་པའི་རྣལ་འབྱོར་པ་ཆེན་པོ་གཅིག་བྱོན་ནས་ཌཱ་རི་མ་བྱིན་གྱིས་བརླབས་པ་ཙམ་གྱིས་གྲུབ་པ་ཐོབ་བོ། །ཞེས་གྲོང་ཁྱེར་ཐམས་ཅད་དུ་གླེང་བ་རྒྱལ་པོའི་སྙན་དུ་ཐོས་པས་ངོ་མཚར་སྐྱེས་ཏེ། རྒྱལ་བློན་བཙུན་མོ་འཁོར་འབུམ་ཕྲག་དུ་མ་རྣམས་ཡན་ལག་བཞི་པའི་དཔུང་དང་བཅས་ཏེ། ཏཻ་ལོ་

པའི་མདུན་དུ་བྱོན་པ་ལ། དེ་དག་འདུལ་བའི་དུས་ལ་བབ་པར་དགོངས་ཤིང་སྒྱུ་བ་སྐྱེས་པའི་སྙད་དུ། ཚོང་དུས་ཀྱི་དབུས་སུ་ཤིང་རྟ་ལ་བདུན་སྲིད་ཙམ་གྱིས་ནམ་མཁའ་ལ་འཕགས་ཏེ། ཀུ་རི་མོ་དང་བཅས་པ་འཇའ་འོད་ཀྱི་ནང་དུ་ཏིལ་བརྡུང་བའི་ཚུལ་མཛད་ནས་ཚངས་པའི་དབྱངས་ཀྱིས་ལྷ་བ་རྡོ་རྗེའི་མགུར་བཞེངས་པ། གང་ཞིག་སྙིང་པོར་གྱུར་པ་ཏིལ་གྱི་མར། ཞེས་སོགས་དོ་ཧ་རྡོ་རྗེའི་གསུངས་ཚངས་པའི་དབྱངས་ཀྱིས་བཀའ་སྩལ་པ་ཀུན་གྱིས་ཐོས་ཏེ་དེ་ར་འདུས་པ་ཐམས་ཅད་ཉོན་མོངས་པའི་འཆིང་བ་ལས་གྲོལ་ཏེ་ལྷན་ཅིག་སྐྱེས་པའི་ཡེ་ཤེས་མངོན་དུ་གྱུར་ནས་ཡུལ་ཁམས་དེ་རེ་ཞིག་སྟོང་པར་གྱུར་ཏོ། །

དེ་ནས་ཨོན་ཏན་ཏའི་གཙུག་ལག་ཁང་གཙུག་གི་ནོར་བུའི་དགོན་པར་བྱོན་པ་ལ། ཏི་ལོ་པ་ནུབ་ཕྱོགས་ཨོ་རྒྱན་གྱི་ཡུལ་དུ་མངོན་སུམ་དུ་བྱོན་ནས་རྣལ་འབྱོར་མའི་དྲུང་ནས་གསང་སྔགས་ཀྱི་རྒྱུད་སྡེ་མང་པོ་མཁའ་འགྲོ་སྙན་བརྒྱུད་ཀྱི་གདམས་པ་རྣམས་གདན་དྲངས། རྫུ་འཕྲུལ་སྣ་ཚོགས་པའི་སྒོ་ནས་ཤར་ཕྱོགས་ཛྷཾ་ག་ལ་ཡི་འགྲོ་བ་མ་ལུས་པ་གྲོལ་བར་མཛད་དོ་ཞེས་སྙན་གྲགས་ཕྱོགས་ཐམས་ཅད་དུ་ཁྱབ་པས། པཎྜི་ཏ་རྣམས་དང་ཀུ་སུ་ལུ་པ་སྐྱེ་བོ་ཕལ་མོ་ཆེ་ཐམས་ཅད་ཐེ་ཚོམ་གཅོད་པ་དང་ཞལ་བལྟ་བར་འདུས། ཁྱེད་ཀྱི་བླ་མ་སུ་ཡིན་དྲིས་པ་ལ། ང་ལ་མི་ཡི་བླ་མ་མེད། །ང་ཡི་བླ་མ་ཐམས་ཅད་མཁྱེན། །ཞེས་གསུངས་པས། འགའ་ཞིག་ཐེ་ཚོམ་སྐྱེས་ཏེ། ཡང་ང་ལ་མི་ཡི་བླ་མ་ཡོད་གསུངས། ཇི་ལྟར་ལགས་ཞུས་པས། ཀླུ་སྒྲུབ་ཙརྻཱ་ལྭ་བ་པ། སྐལ་པ་བཟང་མོ་ང་ཡི་ནི། བཀའ་བབས་བཞི་ཡི་བླ་མ་ཡིན། ཞེས་གསུངས་ཤིང་ཐམས་ཅད་བདེ་བ་ལ་བཀོད་དོ། །རྒྱལ་པོ་མི་ཏོག་གླིང་པར་གྲགས་པས་ཚོགས་ཀྱི་སློབ་དཔོན་དུ་སྤྱན་དྲངས་པར་མཐོང་སྣང་སྣ་ཚོགས་སུ་བྱུང་བ་འདི་ཅི་ལགས་ཞུས་པར། ཏི་ལོ་པའི་ཞལ་ནས། ང་ལུས་ཀྱི་ཡི་རྡོ་རྗེ་སྟེ། །ངག་ནི་མ་ཧཱ་མཱ་ཡཱ་ཡིན། །སེམས་ནི་འཁོར་ལོ་བདེ་མཆོག་སྟེ། །དབང་པོ་གསང་བ་འདུས་པ་ཡིན། །ཡན་ལག་དགྲ་རྒྱུད་ནག་པོ་ལ། །ཉིང་ལག་རྡོ་རྗེ་འཇིགས་བྱེད་ཡིན། །བ་སྤུ་དུས་གསུམ་སངས་རྒྱས་ཏེ། །བདེ་གཤེགས་སྐུ་གསུང་ཐུགས་དང་ནི། །ང་ལུས་དབྱེར་མེད་བརྗོད་དུ་མེད། །ཅེས་གསུངས་ནས་རྒྱལ་པོ་འཁོར་བཅས་བདེ་བ་ལ་བཀོད་དོ། །འདི་ནི་དུས་གསུམ་སངས་རྒྱས་ཐམས་ཅད་ཀྱི་ངོ་བོ་ཡིན་པར་འདུག་ཅེས་གྲགས་སོ། །

དེ་ལྟ་བུའི་བདག་ཉིད་ཆེན་པོ་དེས། གདུལ་བྱ་རྣམས་བཏུལ་ཞིང་སྨིན་གྲོལ་གྱི་ལམ་ལ་བཀོད་པའི་ཚུལ་གསུམ་ལས་རྣལ་འབྱོར་པ་བརྒྱད་བརྟུལ་བའི་ཚུལ་དང་། ཉིན་གཅིག་ལ་སྤྲུལ་པ་དུ་མ་

བསྟན་ཚུལ་དང་། རྒྱ་གར་ཕྱོགས་བཞིའི་དུར་ཁྲོད་ཡུལ་ཁམས་བདེ་བ་ལ་བཀོད་པའི་ཚུལ་ཏེ་དེ་དག་ནི་ཟབ་ཅིང་རྒྱ་ཆེ་བའི་རྣམ་ཐར་བསམ་གྱིས་མི་ཁྱབ་པ་མཆིས་མོད་འདིར་ཡི་གེས་འཇིགས་ནས་བསྡུས་དོན་ཙམ་སྟེ་ཞིབ་ཏུ་ནི་གོང་མའི་གསུང་སྒྲོས་ལས་རྟོགས་པར་བྱ་བར་རིགས་སོ། །དེ་ལྟར་སངས་རྒྱས་གཉིས་པའི་ཚུལ་འཆང་གྲུབ་པའི་སློབ་དཔོན་དེ་ནི་བདེ་མཆོག་རྡོ་རྗེ་ཕྲེང་བ་ཞེས་བྱ་བའི་རྒྱུད་ལེའུ་དྲུག་ཅུ་རྩ་བཞི་པའི་ལེའུ་བཅུ་གསུམ་པའི་ནང་ནས། བདེན་གཉིས་མཐའ་དང་བྲལ་བ་ཀྱཻ་ཡོ་པ། །རིག་པའི་གནས་ལྔ་དག་ལ་མཁས་པ་ནི། །དེ་བཞིན་གཤེགས་པའི་སྤྲུལ་སྐུ་ཁྱོད་ལུང་བསྟན། །ཁྱོད་ཀྱི་བླ་མ་ཐམས་ཅད་མཁྱེན་པ་ཡིན། །ཞེས་ལུང་བསྟན་པ་ལྟར་འཁོར་ལོ་བདེ་མཆོག་མི་ཡི་བླ་མའི་ཚུལ་བཟུང་ནས། རིག་པའི་གནས་ལྔ་དག་ལ་མཁས་པའི་གྲུབ་ཐོབ་གཅིག་གིས་འདུལ་བའི་དུས་ལ་བབ་པའི་གདུལ་བྱ་རྣམས་ཀྱི་སྣང་ངོར་རྫུ་འཕྲུལ་སྣ་ཚོགས་བསྟན་ནས་སྨིན་གྲོལ་གྱི་ལམ་ལ་བཀོད་དོ། །སྐྱེ་འཆི་མེད་པ་རྡོ་རྗེའི་སྐུ་བརྙེས་ནས་ད་ལྟ་ཡང་བཞུགས་ཤིང་། འགྲོ་བའི་དོན་དཔག་ཏུ་མེད་པ་རྒྱུན་ཆད་མེད་པར་གང་ལ་གང་འདུལ་གྱི་ཚུལ་དུ་མཛད་པ་ཡིན་ཏེ། མདོར་ན་གདུལ་བྱའི་བློ་ངོར་སྣང་ཚུལ་བསམ་གྱིས་མི་ཁྱབ་ཅིང་བརྗོད་ཀྱིས་མི་ལང་བ་གཅིག་བསྟན་པས། འདི་ཡི་རྣམ་ཐར་ཕྱོགས་གཅིག་འདི་ལྟར་ཡིན་གྱི། ངེས་ངེས་མེད་ཀྱང་འདིར་བླ་མ་གོང་མ་རྣམས་ཀྱི་གསུང་སྒྲོས་ཆ་ཤས་ཙམ་གཅིག་བརྗོད་པའོ། །

འདི་ལ་སློབ་མ་དཔག་ཏུ་མེད་པ་ཡོད་པའི་ནང་ནས། རྒྱུད་འཛིན་དམ་པ་ནི། རྒྱལ་རིགས་ལ་ནཱ་རོ་པ། བྲམ་ཟེའི་རིགས་ལ་རི་རི་པ། རྗེའུ་རིགས་ལ་ཀ་སོ་རི་པའོ། །གཞན་ཡང་སྤྲུལ་པས་བཏུལ་བའི་གྲུབ་ཐོབ་བརྒྱད་དང་། དཔལ་མཻ་ཏྲི་ཛཱ་ཀི་ལ་སོགས་པ་ཡང་འདིའི་བརྒྱུད་འཛིན་གྱིས་སློབ་མར་གསུངས་ཤིང་། མདོར་ན་ཟ་ཧོར་གྱི་རྒྱལ་པོ་ལ་སོགས་འབུམ་ཕྲག་གྲངས་མེད་པ་གྲུབ་པ་བརྙེས་ནས་མཁའ་སྤྱོད་དུ་བཞུད་དོ། །

༄ གསུམ་པ་གནས་ལྔ་རིག་པའི་པཎ་ཆེན་ནཱ་རོ་པའི་རྣམ་ཐར་ནི། དེའང་སྐྱ་འབྲུངས་ཡུལ་ཤར་ཕྱོགས་ཛ་ག་ལའི་ས་ཕྱོགས། ཤྲཱི་ནཱ་ག་ད་ཡི་གྲོང་ཁྱེར་ཛམྦུ་བྱ་བར་ཡབ་སྐྱོང་རྒྱལ་པོ་དགེ་བའི་གོ་ཆ་དང་། ཡུམ་བྲམ་ཟེ་མོ་དཔལ་གྱི་བློ་གྲོས་གཉིས་ལ་སྲས་མོ་དཔལ་གྱི་ཡེ་ཤེས་བྱ་བ་ཡོད་ཀྱང་སྲས་ཀྱི་དབེན་པར་གྱུར་ཏེ། དཀོན་མཆོག་མཆོད་ཅིང་སྲིད་སྒྲུབ་ཀྱི་བྱ་བར་བརྩོན་པས་དུས་རེས་གཅིག་སྟག་ལོ་སྟག་གི་ཟླ་བ་ཚེས་བཅོ་ལྔ་སྐར་མ་རྒྱལ་གྱི་ཉིན་པར་ངོ་མཚར་བའི་སྲས་གཅིག་སྐྱ

བལྟམས། དེར་བྲམ་ཟེ་མཚན་མཁན་ལ་བསྟན་པས། འདི་ནི་ཟས་གཙང་སྲས་བཞིན་དུ། མ་བྱུང་མི་ཡི་བདག་པོར་འགྱུར།བྱུང་ན་སངས་རྒྱས་སྲས་པོར་འགྱུར། ཞེས་ལུང་བསྟན་ཅིང་རྒྱལ་བུའི་མཚན་ཀུན་ཏུ་བཟང་པོར་གསོལ། ཡབ་ཡུམ་གྱི་རྒྱལ་སྲིད་སྐྱོང་ཕྱིར་འདོད་ཡོན་གྱིས་བློ་བྲིད་ཀྱང་འཁོར་བ་སྙིང་པོ་མེད་པར་དགོངས་ནས་བཤོལ་མ་ཐེབས་པར་ཁ་ཆེའི་གྲོང་ཁྱེར་པུཎྜར་བྱོན་ཏེ་བྲམ་ཟེའི་གནས་བརྟན་ནམ་མཁའ་ལས་དགེ་བསྙེན་གྱི་སྡོམ་པ་བླངས། ནམ་མཁའི་སྙིང་པོར་གསོལ། མངོན་པ་སོགས་རིག་གནས་བསླབ་པས་མཁས་པར་གྱུར། སླར་ཡབ་ཡུམ་གྱི་དྲུང་དུ་བྱོན་པར། ཡབ་ཀྱི་ཞལ་ནས་ན་རེ། ཕ་མའི་ངག་བཅག་དམ་ཆོས་ཅི། ཁྱིམ་གྱི་གནས་སུ་བཞུགས་པར་རིགས། ཞེས་སྨྲས་པར། འགྲོ་དྲུག་ཕ་མའི་རང་བཞིན་ལ། །གཅིག་གཉིས་ཕ་མར་མ་ངེས་ཀྱང་། །བཀའ་བཅག་མི་རུང་ཁྱིམ་རིགས་ན། །རྟོག་མེད་གཙང་སྦྲ་ལ་གནས་ཤིང་། །མུ་སྟེགས་དྲི་མེད་ཐེག་ཆེན་རིགས། རྙེད་ན་བཀའ་བ་བཀའ་སྐྱོལ་ཅིག །ཅེས་གསུངས་པས་རྒྱལ་བློན་ཀུན་དགྱེས་ཏེ་གྲོས་བཏབ། བློན་པོ་ཤེས་རབ་གོ་ཆས་ཤར་ཕྱོགས་ཀྱི་བྲམ་ཟེ་སྐར་རྒྱལ་གྱི་བུ་མོ་མཚན་ལྡན་ཞིག་ཡོད་པ་ཐབས་ཀྱིས་ལོན་པར་བྱེད་ཟེར་བར་ཀུན་གྲོས་འཆམ། དེ་ནས་བློན་པོའི་ཐབས་ཀྱིས་དྲི་མེད་མ་ཁྱུག་སྟེ་རྒྱལ་བུའི་བཙུན་མོར་སྤྱན་དྲངས་ནས་ཕུལ། རྒྱལ་བུ་ཡང་བཙུན་མོ་དྲི་མེད་དང་ལྷན་ཅིག་དགའ་མགུར་ལོངས་སྤྱོད་ཅིང་རྒྱལ་སྲིད་ཡུན་རིང་དུ་བསྐྱངས། དུས་ཤིག་ན་རྒྱལ་བུ་ཉིད་ནས་འཁོར་བ་ལ་སྙིང་པོ་མེད་པས་ཆོས་བྱེད་དགོས་གསུངས་ཙ་ན། དྲི་མེད་མས་ཀྱང་དེ་ལྟར་དགོངས་ན་བདག་གི་གེགས་མི་བྱེད། ཡབ་ཡུམ་གྱིས་གེགས་མི་བྱེད་པའི་ཐབས་སུ་རང་གིས་མི་སྡུག་པའི་སྤྱོད་པ་ལ་བསྟད་ནས་སོ་སོར་འགྲོ་བ་འཐད། བདག་ཀྱང་རྣམ་ཀུན་ཐུགས་རྗེས་འཛིན་པར་ཞུ་ཞེས་གྲོས་འཆམ་པར་མཛད། དེ་ནས་རྒྱལ་པོས་དུས་སྟོན་སར་ཀུན་གླུ་གར་རྩེ་འཛོའི་སྐབས་དྲི་མེད་མས་མི་སྡུག་པའི་སྤྱོད་པ་སྣ་ཚོགས་མཛད་པས། ཐམས་ཅད་ཀྱིས་སྨྱོན་པ་ཡིན་ནམ་ཟེར་བར་བསྟད་དེ་རང་ཡུལ་དུ་ལོག །རྒྱལ་བུས་ཀྱང་། བུད་མེད་སྨྱོན་ནི་མཐའ་ཡས་པ། གཡོ་སྒྱུ་དག་གི་འདམ་རྫབ་ཏུ། རང་སེམས་བླུང་པོ་བྱེད་པར་འགྱུར། དེ་ཕྱིར་བདག་ནི་རབ་ཏུ་བྱུང་། གསུངས་ནས་གནས་གཞི་དགའ་ཚལ་དུ་བྱོན་ནས། མཁན་པོ་སངས་རྒྱས་སྐྱབས་དང་སློབ་དཔོན་ཡེ་ཤེས་འོད་གསལ་ལས་དགེ་ཚུལ་གྱི་སྡོམ་པ་བླངས། མཚན་སངས་རྒྱས་ཡེ་ཤེས་སུ་བཏགས། ཡང་མཁན་པོ་ཆོས་ཀྱི་བླ་མ་སློབ་དཔོན་ཆོས་ཀྱི་ཡེ་ཤེས་གསང་སྟེ་ཆོས་ཀྱི་བྱང་ཆུབ་རྣམས་ལས་དགེ་སློང་གི་སྡོམ་པ་རྣམ་པར་དག་པ་བླངས། མཚན་ཆོས་ཀྱི་

རྒྱལ་མཚན་གསོལ། མཁན་སློབ་ལས་ཐོས་བསམ་མཐར་ཕྱིན་པ་མཛད། བི་ཀྲ་མ་ལ་ཤཱི་ལའི་གཙུག་ལག་ཏུ་བྱོན་ནས་འཆད་ཉན་གྱིས་དུས་འདའ་བར་བསྟན་པ་སྤེལ། བྱང་ཕྱུ་ལ་ཏ་རེར་བྱོན་ནས་བཤད་སྒྲུབ་ཚུལ་བཞིན་མཛད། དུས་རེ་ཤིག་ན་ནཱ་ལེནྡྲའི་བྱང་སྒོ་སྲུང་བའི་པཎྜི་ཏར་བསྐོས་ནས་གདན་དྲངས་བསུ་བ་མཛད། དེ་ནས་མུ་སྟེགས་ཀྱི་སྟོན་པ་མང་པོ་འདུས་ནས་རྩོད་པ་བྱས་པས་གནས་བརྟན་བསྟན་པ་འཛིན་པ་རྒྱལ་ཏེ་ཕྱི་པ་རྣམས་ནང་པའི་བསྟན་པར་བཙུད། བསྟན་པ་དར་ཞིང་རྒྱས་པར་མཛད་ནས་གསུངས་པ། ཐ་སྙད་དོན་ཚུལ་ལུགས་ཀྱུ་ཡིས། །རྩོལ་ངན་མཆིན་པ་གཟན་ལ་དྲངས། །རིག་པ་སྒྲ་ཚད་རལ་གྲི་ཡིས། །རྩོལ་ངན་སྟོང་པོ་རྩད་ནས་གཅོད། །ལུང་རིགས་ཡེ་ཤེས་སྒྲོན་མེ་ཡིས། །རྩོལ་ངན་མ་རིག་མུན་པ་བསལ། །སྡོམ་གསུམ་དག་པའི་ཆུ་རྒྱུན་གྱིས། །མ་དག་འཆལ་བའི་དྲི་མ་འཁྲུད། །མན་ངག་ལ་བརྟེན་འཁྲུལ་འཁོར་གྱིས། །སྒྱུ་མ་ལོག་ལྟའི་གྲོང་ཁྱེར་འཇོམས། །རྒྱལ་པོ་པཎ་ཆེན་སྤྱན་སྔ་སུ། །ནཱ་ལེནྡྲ་རུ་བདར་བདར་ནས། །མུ་སྟེགས་ལྡོན་ཤིང་རྩད་ནས་བཅད། །སངས་རྒྱས་བསྟན་པའི་རྒྱལ་མཚན་བཙུགས། །ཞེས་གསུངས་ཤིང་ཕྱི་ནང་གི་རྩོལ་བ་གང་ལ་ཡང་འཇིགས་པ་མེད་པས། མཚན་དཔལ་ལྡན་འཇིགས་མེད་གྲགས་པ་ཞེས་གྲགས་སོ། །དེ་ནས་ཆོས་སྐྱོང་གི་རིམ་པ་ཁོ་ནར་བརྩོན་ཞིང་བཞུགས་པའི་སྐབས། མདུན་དུ་བུད་མེད་རྒན་མོ་མི་སྡུག་པའི་མཚན་མ་སུམ་ཅུ་རྩ་དྲུག་དང་ལྡན་པ། ངུ་ཞིང་འཁར་བ་ལ་བརྟེན་པ་ན་རེ། ཁྱོད་ཀྱི་བལྟ་ས་དེ་ཅི་ཡིན་ཟེར། གསུང་རབ་ཡིན་བྱས། ཁྱོད་ཀྱིས་དེའི་དོན་ཤེས་སམ་ཚིག་ཤེས་ཟེར། དོན་ཤེས་བྱས་པས་མི་དགའ་ཞིང་ངུ་བར་སྣང་། ཚིག་ཤེས་བྱས་པས་དགའ་ནས་དགོད་འདུག །དེའི་དོན་ནི་གོང་མ་དོན་མ་ཤེས་པས་མ་དགའ་བ་དང་། འོག་མ་དྲང་པོར་སྨྲས་པས་དགའ་བ་ཡིན་པར་སྣང་། འོ་ན་དོན་ཤེས་པ་སུ་ཡོད་བྱས་པས་ང་ཡི་མིང་པོ་ཡོད་ཟེར། ཁོ་བོས་མཇལ་བར་ཞུ་བྱས་པས། བརྩོན་འགྲུས་དྲག་ཏུ་བསྐྱེད་ལ་གསོལ་བ་བཏབ་ན་མཇལ་བར་འགྱུར་ཟེར་ནས་ན་ཆུང་མཛེས་མ་ཞིག་ཏུ་གྱུར་ནས་མི་སྣང་བར་གྱུར་ཏོ། །དེ་ནས་ཡེ་ཤེས་གྲུབ་ཉིད་ཐུགས་སྐྱོ་བས་གསུངས་པ། འཁོར་བའི་དབང་པོ་གཞན་སྐྱོན་རྟོག །ཅེས་སོགས་འཁོར་བའི་ཉེས་དམིགས་སུམ་ཅུ་གསུངས་ནས་དཔེ་ཆ་ལྷ་རྟེན་རྣམས་ནཱ་ལེནྡྲར་བསྐྱུལ་ནས་སྤྱོད་དག་མཛད། ནཱ་ལེནྡྲའི་སྒོ་སྲུང་རྣམས་དང་འདུས་པ་རྣམས་ཀྱིས་བཤོལ་བཏབ་ཀྱང་མ་ཁོག་པར་ཆོས་གོས་རྣམ་གསུམ་འཁར་གསིལ་བྱང་ཆུབ་ཆེན་པོར་ཕུལ་ནས་ཀུ་སུ་ལུའི་ཚས་མཛད་དེ། དགྱེས་རྡོར་ལ་བརྟེན་ནས་བླ་མ་ཚོལ་དགོངས་པར་ནམ་མཁའ་ནས་

སྒྲ་བསྒྲགས་པར་འདི་སྐད་དོ། །བདེ་མཆོག་འཁོར་ལོ་ལ་བརྟེན་ནས། །བླ་མ་སངས་རྒྱས་ལུང་བསྟན་འབྱུང་། །གསུངས་ནས་ས་ཕྱོགས་ཡིད་དུ་འོང་བ་ནགས་ཚལ་ཕུན་སུམ་ཚོགས་པ་དང་ལྡན་པ། མེ་ཏོག་སྣམ་བུ་ཅན་གྱི་དུར་ཁྲོད་བྱ་བ་གཅིག་ཏུ་རྩྭའི་སྤྱིལ་པོ་གཅིག་ཏུ་བྱས་ཏེ་བདེ་མཆོག་གི་ཡི་གེ་བདུན་པ། འབུམ་ཕྲག་གསུམ་བཟླས་པས་ས་གཡོ་བ་དང་། སྒྲ་སྙན་པ་དང་འཇའ་འོད་དྲི་ཞིམ་པོས་ཁྱབ་སྟེ། ནམ་མཁའ་ལས། ཤར་ཕྱོགས་ངོས་སུ་དྷཱི་ཀོ་པ་ཞེས། བླ་མ་སངས་རྒྱས་ཡོད་ཅེས་སོང་། ཞེས་གྲགས་པ་ལ། ནཱ་རོ་པས། དེང་ནས་བརྩམས་ཏེ་བདག་ཉིད་ཀྱིས། ལུང་བསྟན་བླ་མ་ཅེས་མི་བཙལ། ཞེས་གསུངས་ནས་ཕྱོགས་ཐམས་ཅད་དུ་ལོ་མང་དུ་ཚོལ་ཞིང་སོང་བ་ལས། ཐོག་མར་བྲག་རོང་ཞིག་ཏུ་མཛེ་མོ་ཞིག་གི་ལམ་བཀག་པ་ནས་བརྩམས། བླ་མས་སྤྲུལ་པའི་ཚོ་འཕྲུལ་མི་འདྲ་བ་བཅུ་གསུམ་བསྟན་པས་ངོ་མཚར་ཞིང་ཀུན་མི་སྣང་བར་གྱུར་པས། མཐར་ཡི་ཐང་ཆད་པའི་ཚུལ་གྱིས། ད་ནི་ལུས་ཐོག་འདིར་བླ་མ་དམ་པ་དང་མི་མཇལ་བར་འདུག་པས། དེའི་གེག་བྱེད་པའི་ལུས་འདི་ལེན་པས་ལྟོས་མེད་དུ་ངེས་པར་དོར་ནས། སྐྱེ་བ་ཕྱི་མར་མཇལ་བའི་སྨོན་ལམ་འདེབས་སྐམ་པའི་ཐུགས་ཐག་ཐད་ཀྱིས་བཅད་དེ། ཕྱག་གཡོན་པས་སྤྱི་བོའི་སྐྲ་ནས་བཟུང་གཡས་པས་སྤུ་གྲི་ཕྱུར་ཞིང་སླེ་སྟེགས་བརྟོན་པ་ན། མཁའ་འགྲོས་ལུང་བསྟན་རྗེས་འབྲངས་ནས། བསྟན་རྩ་དགེ་འདུན་སྡེ་པོར་ཞིང་། སྡོམ་ལྡན་ཆོས་ཀྱི་གྲོགས་པོ་སྤྱངས། ཆོས་ལྡན་ཁྲིམས་ཀྱི་བཀའ་བཅག་སྟེ། བརྩེ་ལྡན་གྲོགས་ཀྱི་ངག་བཅགས་ནས། སྡུག་བསྔལ་དཀའ་བ་ཉམས་བླངས་ཀྱང་། བླ་མ་རྙེད་པར་མ་གྱུར་པ། བདག་གི་ལུས་འདིས་གེགས་བྱས་པས། འདི་དོར་བླ་མ་ཅེས་མི་བཙལ། ཞེས་བརྗོད་མ་ཐག་ནམ་མཁའ་ནས། གཏན་དུ་འགྲོགས་ཀྱང་མ་མཐོང་སྟེ། བླ་མ་མ་རྙེད་སངས་རྒྱས་དག །བསད་པས་བླ་མ་ག་ལ་རྙེད། ཁྱོད་འདོད་སྤྱངས་པ་ངོ་མིན་ནམ། ཞེས་གསུངས་པ་དང་། སྤྱན་ཕྱེས་ནས་བལྟས་པས། མདུན་གྱི་ནམ་མཁར་འཇའ་འོད་ཀྱི་ནང་དུ། ཨ་ཙ་ར་ནག་པོ་གཟི་མདངས་ཅན། སྤྱན་རྩ་དམར་ཙ་ལེ་བ་ཞལ་འཛུམ་བག་ལྡན་པ། དབུ་སྐྲ་ཐོར་ཚུགས་ཅན། ཕྱག་གཉིས་མཉམ་གཞག་དང་སྐྱབས་སྦྱིན་མཛད་ཅིང་། ཞབས་རྡོ་རྗེའི་སྐྱིལ་ཀྲུང་གིས་བཞུགས་པ་ཞལ་གྱིས་མཐོང་བས། ནཱ་རོ་པ་ཡུས་ཀྱིས་མནང་སྟེ་མཆི་མ་ཤོར་ནས། ཐལ་མོ་སྦྱར་ཞིང་གསོལ་བ། ནམ་མཁའ་སྤྲིན་བཞིན་ངེས་མེད་པས། །བླ་མ་བཙལ་བས་ག་ལ་རྙེད། །ཀྱེ་མ་ཐུགས་རྗེས་མི་གཟིགས་སམ། །ད་ནི་ཐུགས་རྗེས་བཟུང་དུ་གསོལ། །ཞེས་ཞུས་པས། ཏཻ་ལོ་པའི་ཞལ་ནས། སྣོད་ལྡན་དྲི་མེད་གཞི་བརྗིད་ཁྱོད། །མཁའ་འགྲོ་མ་

ཡི་གསང་བའི་གནས། །གསང་སྔགས་ཡིད་བཞིན་ནོར་བུ་ཡི། །དབང་གི་སྣོད་དུ་གྱུར་ཏོ། །ཁྱོད་དང་པོ་མཛེ་མོ་དང་འཕྲད་པའི་དུས་ནས་ང་དང་འགྲོགས་པ་ཡིན་ཏེ། སྒྲིབ་པས་བསྒྲིབས་ནས་དེ་ལྟར་མ་མཐོང་ཞིང་། ད་ལྟ་ཡང་ལུས་སྲོག་ལ་ལྟོས་པ་མེད་པའི་གདུང་ཞུགས་དྲག་པོའི་སྟོབས་ཀྱིས་སྒྲིབ་པ་དག་ནས་མཐོང་ཞིང་གདམས་ངག་གི་སྣོད་དུ་གྱུར་པ་ཡིན་གསུངས་སོ། །

ད་ནི་དཀའ་བ་སྤྱད་པ་ལ་བརྟེན་ནས། བརྡ་དོན་བཀྲོལ་ཞིང་སྨིན་གྲོལ་གྱི་ལམ་བསྟན་པའི་དང་པོ་སྨིན་ལམ་དབང་གི་བསྐོར་ནི། དེ་ཡང་ཏི་ལོ་པ་བྱོན་ནས་ཐང་ཆེན་པོ་ཞིག་གི་དབུས་ན། ལུས་སྦྱང་ལ་ཕུར་པ་བཏབ་པ་བཞིན་དུ་གཡོ་འགུལ་མེད་པར་བཞུགས། ངག་ལྐུགས་པ་ལྟར་མི་སྨྲ་ཞིང་། ཐུགས་ཏིང་ངེ་འཛིན་གཉིས་སུ་མེད་པའི་ངང་ལ་གནས་པ་ལ། ནཱ་རོ་པས་ཕྱག་དང་བསྐོར་བ་བྱས་ཤིང་མཎྜལ་ཕུལ་ནས་གདམས་ངག་ཞུ་བྱས་པས། ཏི་ལོ་པས་བརྡ་བཅུ་གཉིས་བསྟན་པ་ནི། རས་ཡུག་གཅིག་མེ་སྟག་གི་བསྲེག་པ་དང་གཅིག །ཤེལ་སྒོང་བསྟན་པ་དང་གཉིས། རྒྱ་མདུད་བཀྲོལ་བ་དང་གསུམ། ནོར་བུ་བསྟན་པ་དང་བཞི། ཐལ་མོ་སྦྱར་བ་དང་ལྔ། ཆུ་ཕོར་གང་འཐུང་བཙུག་པ་དང་དྲུག །ཆོས་འབྱུང་བསྟན་པ་དང་བདུན། ཆུ་སྣོད་མང་པོ་གཅིག་ཏུ་བླུག་པ་དང་བརྒྱད། ཐིག་ལེ་དམར་པོ་བྱུང་བ་དང་དགུ། མེ་ལོང་བཟུང་བ་དང་བཅུ། ལྐུགས་པའི་ཚུལ་དུ་མཛད་པ་དང་བཅུ་གཅིག །ཤིང་ཏོག་སྔོན་པ་གནང་བ་དང་བཅུ་གཉིས་མཛད་ནས། དེ་རྣམས་གོའམ་གསུངས་པས། ནཱ་རོ་པས་དེ་རྣམས་གོ་བའི་བརྡ་བཀྲོལ་བ་ནི། དབང་དོན་མེ་སྟག་ལྟ་བུ་ཡིས། །ཉོན་མོངས་རས་ཡུག་ལྟར་བསྲེག་པས། །རས་ཀྱི་བྱ་བ་མི་བྱེད་ཀྱང་། །རས་ཀྱི་རྒྱུ་ཡང་མི་ཉམས་ལྟར། །དངོས་པོའི་བྱ་བ་མི་བྱེད་ཀྱང་། །ལྷའི་སྐུ་ལུས་གསལ་བར་སྣང་། །བདག་རྒྱུད་ཤེལ་སྒོང་ལྟར་དག་པས། །ཆོས་བརྒྱད་ཚེ་འདིའི་རྒྱ་མདུད་གྲོལ། །བླ་མ་ནོར་བུ་རིན་ཆེན་ལ། །དད་གུས་དབང་པོ་འགྱུར་མེད་ལྟོས། །གདམས་ངག་དྲི་མེད་ཆུ་རྒྱུན་འཐུང་། །ཆོས་འབྱུང་སྐྱེ་བ་མེད་པ་ཡིན། །ཆོས་རྣམས་དུ་མ་རོ་གཅིག་ཡིན། །ཆོས་སྐུ་ཐིག་ལེ་རང་ལ་གནས། །མེ་ལོང་སྣང་གསལ་རང་ངོ་སྤྲོད། །ལྐུགས་པས་མི་སྨྲ་རྒྱ་ཆེར་བཤད། །ཤིང་ཐོག་བདག་གཞན་དོན་གཉིས་འགྲུབ། ཅེས་བཀྲོལ་བས། ཏི་ལོ་པའི་ཞལ་ནས། ཁྱོད་ནི་བརྡ་ཤེས་སྐྱེས་བུ་ཡིན། །མཁའ་འགྲོ་མ་ཡི་གསང་བའི་གནད། །གསང་སྔགས་ཡིད་བཞིན་ནོར་བུ་ཡིན། །སྨིན་ལམ་སེམས་ཀྱི་མེ་ལོང་ལྟོས། །ཞེས་གསུངས་ནས། རྡུལ་ཚོན་གྱི་དཀྱིལ་འཁོར་དང་། སིནྡྷུ་ར་འདི་ལ་བརྟེན་ནས་དབང་བསྐུར་བས་དབང་བཞི་རོ་འཕྲོད། ད་ནི་དཀའ་བ་ཆེན་པོ་བཅུ

གཉིས་མཛད་པས་གྲོལ་ལམ་རྫོགས་པར་གནང་སྟེ། སྟེང་སྒོ་རྣམ་པར་གྲོལ་བ་དང་། དེ་ཡང་དང་པོ་ནི། ཡོན་ཏན་ཏའི་གཙུག་ལག་རིམ་བཅུ་གསུམ་པའི་རྩེར་བྱོན་ནས་བླ་མའི་ཅི་གསུངས་བསྒྲུབ་པ་ཡོད་ན། འདི་ནས་མར་མཆོང་ནུས་སམ་གསུངས་པས། ཐེ་ཚོམ་མེད་པར་མཆོངས་བས་ཤ་རུས་ཉབ་ཉོབ་ཏུ་སོང་། བླ་མ་བྱོན་ནས་བྱིན་རླབས་མཛད་པས་སྔར་བཞིན་སོང་། གདམས་ངག་ཏུ་བླ་མ་བརྒྱུད་པའི་རྣམ་ཐར་རྣམས་གསུངས། བླ་མའི་བཀའ་བསྒྲུབ་མོས་གུས་བསྐྱེས་ན་ཡོན་ཏན་སྐྱེ་བའི་བརྡར་གོ།

གཉིས་པ་ནགས་ཚལ་འཐུག་པོའི་དབུས་ཤིང་སྐམ་མང་དུ་བསྤུས་ལ་མེ་སྦྲོར་གསུངས། དེ་ལྟར་བྱས། སྐྱེས་བུ་དམ་པ་བླ་མའི་བཀའ་བསྒྲུབ་གདམས་ངག་འདོད་ན་མེར་མཆོངས་གསུངས་པས་ཐེ་ཚོམ་མེད་པར་མཆོངས་བས་ལུས་ཀྱི་ཤ་ཁྲག་ཐམས་ཅད་ཚིག་པས་ཀེང་རུས་སུ་སོང་། བླ་མ་བྱོན་བྱིན་རླབས་མཛད་པས་སྔར་བཞིན་གྱུར། གདམས་ངག་ཏུ་ཐུན་མོང་གི་ཆོས་སྐོར་རྣམས་གནང་། སྟོང་བཅུད་ལྷ་དང་ལྷ་མོར་ཤར་བའི་བརྡར་གོ།

གསུམ་པ་གཙང་རོང་དོག་མོར་ཆུ་ཧུར་མོར་འབབས་པ་ལ་བླ་མའི་བཀའ་བསྒྲུབ་གདམས་ངག་འདོད་ན་འདི་ལ་ཟམ་པ་གྱིས་གསུངས། དེ་མ་ཐག་ཆུའི་སྟེང་དུ་ཉལ་ནས་ཟམ་པ་བྱས། དེའི་སྟེང་ནས་ཧེ་ལོ་པ་ཕར་བཞུད་ཚུར་བཞུད་མཛད་པས་ནཱ་རོ་པ་ཆུ་ནང་ལྷུང་བ་ལ་སྲིན་བུ་པདྨ་དཔག་ཏུ་མེད་པས་ལུས་ཐལ་མར་ཕྱག་ནས་ཟོས། ཡང་བླ་མ་བྱོན་བྱིན་རླབས་མཛད་པས་སྔ་མ་བཞིན་གྱུར། དམ་ཚིག་སྐོར་རྣམས་གནང་ནས་སྡོམ་པ་དམ་ཚིག་གི་སྐྱོན་གྱིས་མ་གོས་པར་བསྲུང་དགོས་པའི་བརྡར་གོ།

བཞི་པ་གདམས་ངག་འདོད་ན་མེ་དང་ལྕུག་མ་མར་ནག་གསུམ་ཁྱེར་ཤོག་གསུངས། དེ་རྣམས་ཕྱག་ཏུ་ཕུལ་བས་ལྕུག་མ་མེར་བསྲོང་ནས་སོ་བཏོན་མར་ནག་གིས་ངར་བླུད། ནཱ་རོ་པའི་སྐུ་ལུས་སྟེང་འོག་ཀུན་ཏུ་ཏལ་ཏལ་ཞུགས་པས་སྡུག་བསྔལ་ཟུག་རྔུ་བཟོད་གླགས་མེད་པ་བྱུང་། ཡང་བྱིན་རླབས་མཛད་པས་སྔར་བཞིན་གྱུར། གདམས་ངག་གཏུམ་མོ་ཐབས་ལམ་གྱི་ཆོས་གནང་བས་བདེ་སྟོང་ལྷན་སྐྱེས་ཀྱི་བརྡ་རུ་གོ།

ལྔ་པ་ནགས་ཚལ་ཞིག་ཏུ་བཞུགས་པར་གདམས་ངག་ཞུས་པས། གདམས་ངག་འདོད་ན་བསོད་སྙོམས་ཀྱིས་གསུངས། སོང་བས་ཆོས་སྟོན་བྱེད་སར་ཕྱིན། འབྲས་ཆེན་ཐོད་ཕོར་གང་བྱིན་པ་བླ་མ་ལ་དྲངས་པ་ཐུགས་དགྱེས་དགྱེས་མཛད། དེ་རིང་འདིས་ཐུགས་མཉེས་ཆེ་བས་ཕྱིན་པ་དྲག་

སྔམ། ཡང་ཕྱིན་པ་མ་བྱིན་པས་བཅོམ་པས་ཕོར་གང་ཐོབ་པ་བྲོས་ཏེ་ཁྱེར་བ་བླ་མར་ཕུལ། དགྱེས་བཞིན་གསོལ་ནས་ད་དུང་ཐབས་ཨེ་ཡོད་གསུངས་ནས་ཆུ་བུམ་པ་གང་ཐག་པ་གཅིག །རལ་གྲི་གཅིག་དང་གསུམ་གནང་ནས་བཏང་། སྔར་བཞིན་སོང་སྐབས་ལྷག་འཕྲོ་ནས་ཕོར་གང་ཁྱེར་ནས་བྲོས་པས། ངན་པ་འདི་ཟེར་རྗེས་དེད་ཆུ་བུམ་དེ་ཕོས་ཆུར་གྱུར། གྲུ་བཏང་ནས་དེད། ཐག་པ་སྒྱུར་བས་ལ་ཞིག་ཏུ་གྱུར། ཡང་རྗེས་སླེབས་པས་རལ་གྲི་ཀླད་ལ་བསྐོར་བས་ལྕགས་ཀྱི་སྐྱིལ་པོར་གྱུར། ཡང་ཕྱི་ནས་མེས་བསྲེགས་པས་མ་ཚུག་ཕྱིར་བྲོས་པས་ཐམས་ཅད་ཀྱིས་བཏུངས་ནས་འདམ་བུ་ལྟར་བཅོམས། བླ་མ་བྱོན་ནས་བྱིན་རླབས་ཀྱིས་སྔར་བཞིན་གྱུར། གདམས་ངག་སྒྱུ་ལུས་སྐོར་གནང་། ཆོས་ཐམས་ཅད་སྒྱུ་མ་ལྟ་བུར་གོ།

དྲུག་པ་ཐང་མེ་ཏོག་ཁྲ་ཆེམ་མེ་བར་བཞུགས་པར་གསོལ་བ་བཏབ་མནྲལ་ཕུལ་གདམས་པ་ཞུས་པར། ནཱ་རོ་ཏཱ་པ་སྐྱོང་བཞིན་ཡོད་པ་ཡིན་པའི་མི་དེ་ཕ་གི་རེད་པས་དེད་ལ་ཤོག་གསུངས། དེར་ཐང་དུ་མི་གཅིག་འགྲོ་བདོ་བ་ལ་ཤི་མ་ཤི་མེད་པར་དེད་པས་ཧེ་རིང་ཧེ་རིང་ལ་སོང་ནས་ཐང་ཆད་དེ་འགྱེལ། བླ་མ་བྱོན་ནས་རྨི་ལམ་གྱི་གདམས་པ་རྣམས་གནང་བས་འདི་སྣང་ཐམས་ཅད་རྨི་ལམ་ཤར་བའི་བརྡར་གོ།

བདུན་པ་མཐོ་ལ་གསལ་བའི་ས་ཕྱོགས་གཅིག་ཏུ་བཞུགས་པར་གསོལ་བ་གཏབ་གདམས་ངག་ཞུས་པར། གདམས་པ་འདོད་ན་དེ་རིང་བག་མ་གཅིག་འོང་བར་དང་པོ་མེ་ཏོག་ཕྲེང་བ་ཐོགས། དེ་ལ་དགའ་བས་ཉུ་མ་མཉེས་གསུངས། གསུངས་པ་བཞིན་བྱས་པས་ཉེ་འབྲེལ་རྣམས་ཀྱིས་མི་རིག་པ་འདི་ལྟ་བུ་བྱས་ཟེར་ཞིང་བརྡུང་པས་ལུས་པོ་ཐམས་ཅད་ཉབ་ཉོབ་ཏུ་སོང་ཡང་བླ་མ་བྱོན་ནས་བྱིན་རླབས་སྔར་བཞིན་གྱུར། གདམས་ངག་ཏུ་འོད་གསལ་གྱི་སྐོར་གནང་ཉིན་མཚན་དབྱེར་མེད་ཀྱི་བརྡར་གོ།

བརྒྱད་པ་རི་ཆེན་པོ་གཅིག་གི་རྩར་བཞུགས་གདམས་པ་ཞུས་པས་རྒྱལ་པོའི་བཙུན་མོ་ཁྲི་ལས་ཕོབ་གསུངས་པས། དེ་བཞིན་བྱས་པས་བློན་པོ་ཀུན་གྱིས་གཡང་ལ་བསྒྱུར་བས་ཤ་རུས་ཞིག་པའི་སྡུག་བསྔལ་བྱུང་། ཡང་བླ་མས་བྱིན་རླབས་པས་སྔར་ལྟར་བྱུང་། འཕོ་བའི་གདམས་སྐོར་རྣམས་གནང་བས་སངས་རྒྱས་སར་ཉིང་མཚམས་སྦྱོར་དགོས་པའི་བརྡར་གོ།

དགུ་པ་དབེན་པར་བཞུགས་པའི་སྐབས། བླ་མ་ཉིད་ནས་གདམས་པ་འདོད་ན་རྒྱལ་བུ་ཁྲི་ཁ་ནས་ཕོབས་ཤིག་གསུངས། རྒྱལ་བུ་བློན་པོ་བཅས་སྐྱོ་བསང་ལ་འགྲོ་བའི་ལམ་ཁ་ནས་ཁྲི་ལས་ཕབ་

པས་བློན་པོ་སོགས་ཀྱི་ཐེམ་རིག་མ་བྲལ་ཙམ་དུ་བཙོམ། ཡང་བླ་མས་བྱིན་རླབས་པས་སྔར་ལུས་སུ་གྱུར། གྲོང་འཇུག་གི་གདམས་པ་གནང་ནས་འཕོ་དང་ལྟུམས་ཞུགས་ཀྱི་བརྡར་གོ།

བཅུ་པ་འོག་སྒོ་བདེ་བ་ཆེན་པོ་བསྟན་པ་ནི། ཡང་སྐྱིད་མོའི་ཚལ་ཞིག་ཏུ་བཞུགས་པ་ལ་ཕྱག་མནྡལ་བཅས་གདམས་པ་ཞུས་པས། དེ་ལྟར་ན་ཕྱག་རྒྱ་མ་བརྟེན་ཅིག་གསུངས་ནས་དྲི་མེད་མ་བཏྲས་བཀུག་སྟེ་གནང་། དེར་བརྟེན་པས་དགའ་བདེ་འཕེལ་རྣང་ལུས་རིད་པར་གྱུར། བླ་མས་རྡོ་རྗེའི་བུག་པར་སླུག་ཐུར་དྲངས་རྡོ་བར་དུ་བརྟུངས་པས་རྣག་ཁྲག་ཟག་ཅིང་སྡུག་བསྔལ། ཡང་ཕྱག་གིས་བྱུག་པས་སྔར་བཞིན་གྱུར། འོག་སྒོའི་གདམས་པ་རྣམས་གནང་། ཕྱག་རྒྱ་ལ་བརྟེན་ནས་ལྷན་ཅིག་སྐྱེས་པའི་ཡེ་ཤེས་འཆར་བའི་བརྡར་གོ།

བཅུ་གཅིག་པ་ལྷོན་ཤིང་མེ་ཏོག་རྒྱས་པའི་སྡོང་པོ་ཞིག་གི་རྩར་བཞུགས་པ་ལ། གདམས་པ་འདོད་ན་ཤེས་རབ་མ་ཕུལ་གསུངས་པས། དེར་ལྡོས་མེད་དུ་ཕུལ། ཏི་ལོ་ནས། ཆོས་ཀྱི་དབྱིངས་ཀྱི་གློང་ཡངས་ནས། །བདེ་ཡང་རྣང་གི་ནུ་རོ་པ། །མཁའ་འགྲོ་མ་ཡི་གསང་བའི་གནས། །གསང་སྔགས་ཡིད་བཞིན་ནོར་བུ་ཡི། །སྐྱེ་མེད་སེམས་ཀྱི་མེ་ལོང་ལྡོས། །གསུངས་ནས་ཕྱག་རྒྱ་ཆེན་པོའི་གདམས་ངག་རྣམས་གནང་ནས། རིག་མ་ལ་བརྟེན་པའི་ལྷན་སྐྱེས་དེ་ཉིད་བླ་མའི་ཚིག་གིས་ངོ་སྤྲོད་པས། རང་གི་རྒྱུད་གོམས་པར་བྱེད་པའི་བརྡར་གོ།

བཅུ་གཉིས་པ་ཆུ་དང་རྡོ་ཤིང་གང་ཡང་མེད་པའི་བྱེ་ཐང་གཅིག་ཏུ་བཞུགས་པ་ལ་ཕྱག་འཚལ་གསོལ་བ་གདབ་པས། གདམས་ངག་འདོད་ན་ལུས་ཀྱི་མནྡལ་ཕུལ་གསུངས་པས། དེར་ལུས་ཀྱི་རྩ་བོ་ཆེ་རྣམས་ཕུག་ནས་བྱེ་མར་ཆག་ཆག་བཏབ་མནྡལ་བྱས་པས། མནྡལ་རྒྱུན་མེད་ཞིང་ཁམས་སྟོང་པར་སྐྱེ། ཞེས་གསུངས་པས། རང་གི་ཡན་ལག་རྣམས་བཅད་ནས་རྒྱུན་བྱས་ཕུལ་བས། ཏི་ལོ་པས་བདེའམ་གསུངས། ནཱ་རོ་པས། ཤ་ཁྲག་ལུས་ཀྱི་མནྡལ་འདི། །བླ་མ་ལ་ཕུལ་རྣལ་འབྱོར་བདེ། །ཞུས་པས། ཏི་ལོ་པས། ཟག་བཅས་སྙིང་པོ་མེད་པའི་ལུས། །ཕུལ་ཡང་རྣང་གི་ནཱ་རོ་པ། །མཁའ་འགྲོ་མ་ཡི་གསང་བའི་གནས། །གསང་སྔགས་ཡིད་བཞིན་ནོར་བུ་ཡི། །བར་དོ་སེམས་ཀྱི་མེ་ལོང་ལྡོས། །གསུངས་ནས་ཕྱག་གིས་བྱུགས་ཙམ་གྱིས་རྨ་རྣམས་སོས་ནས་ལུས་སྔར་བཞིན་པས་ཀྱང་བཟང་བར་གྱུར། བར་དོའི་གདམས་ངག་རྣམས་གནང་། དེ་ལྟར་ལོ་བཅུ་གཉིས་སུ་ཆགས་ཕྱིར་འབྲངས་བས་ལོ་རེར་དཀའ་ཆེན་རེ་དང་གདམས་ངག་ཁྱད་འཕགས་རེ་ཐོབ་པའི་གདམས་ངག་རྣམས་དོན་གསུམ་དུ་

བསྡུས་ནས། དངོས་པོའི་གནས་ལུགས་ལམ་དང་ནི། འབྲས་བུ་སྐྱེ་བའི་རིམ་པའོ། །གསུངས་པས། གོང་དུ་བསྟན་པ་རྣམས་ཀྱང་གཞི་ལམ་འབྲས་གསུམ་དུ་འདུས་པའི་བརྡར་གོ་ཞིང་ཐུགས་སུ་ཆུད་དོ། །

དེ་ནས་ཏི་ལོ་པས་ཕར་གཟིགས་ཚུར་གཟིགས་མཛད་ནས་མཆིལ་ལྷམ་རྐྱོག་པོ་གཅིག་མདུན་དུ་འདུག་པ་བླངས་ནས་ནཱ་རོ་པའི་དཔྲལ་བར་བརྒྱབ་པས། ནཱ་རོ་པ་ལིང་གི་བརྒྱལ་ནས་སོང་། བརྒྱལ་སངས་པ་དང་། ཐུགས་གཉུག་མ་ལྷན་ཅིག་སྐྱེས་པའི་ངང་ལས་མ་གཡོས་བཞིན་དུ། མདོ་རྒྱུད་ཀྱི་ཆོས་ཐམས་ཅད་རྒྱ་མཚོ་ལ་གཟའ་སྐར་བཀྲ་བ་ལྟར། ཐུགས་ལ་བཀྲ་ལམ་མེར་ཤར་ནས་འདུག །ཏཻ་ལོ་པས་དེའི་དོན་ངོ་སྤྲོད་པ་ནི། ཀྱཻ་ཧོ་འདི་ནི་རང་རིག་ཡེ་ཤེས་ཏེ། །ངག་གི་ལམ་འདས་ཡིད་ཀྱི་སྤྱོད་ཡུལ་མིན། །ཏཻ་ལོ་ངས་ནི་ཅི་ཡང་བསྟན་དུ་མེད། རང་གིས་རང་ཉིད་མཚོན་ཏེ་ཤེས་པར་གྱིས། ཞེས་དང་། མི་མནོ་མི་བསམ་མི་སེམས་ཤིང་། །མི་བསྒོམ་མི་སྤྱོད་སེམས་ཉིད་ནི། །རང་ག་གནས་ལུགས་དང་དུ་བཞག །དམིགས་མེད་ཡིད་ལ་མི་བྱ་ཞིང་། །དབྱེར་མེད་ལྷན་ཅིག་སྐྱེས་པ་ཡི། །སེམས་ཉིད་རང་རིག་རང་གསལ་ལ། །ང་ཡིས་ཅི་ཡང་བསྟན་དུ་མེད། །གསུངས་པས། ནཱ་རོ་པས། ཡིད་ལ་མི་བྱེད་ཕྱག་རྒྱ་ཆེན་པོའི་ལམ། །སྤྲོས་བྲལ་བརྗོད་མེད་སྒྲིབ་བྲལ་སེམས་ཀྱི་ནི། །ངོ་བོ་ལྷན་ཅིག་སྐྱེས་པ་མཐོང་བ་སྟེ། །ད་ནི་སུ་ལའང་དྲི་བ་མི་བྱའོ། །ཞེས་གསུངས་ནས་ཐུགས་ཐག་ཆོད་དོ། །

འདི་ལྟ་བུའི་དོན་རྟོགས་པ་ནི་བླ་མ་དམ་པ་འདིའི་བཀའ་དྲིན་ཁོ་ན་ཡིན་ཞིང་། དྲིན་ལ་འཁོར་མཐའ་མེད་ཀྱང་། ད་ནས་དངོས་པོའི་ཡོ་བྱད་ཙུང་ཟད་ཙམ་ཡང་འབུལ་དུ་རུང་ངོ་སྙམ་དུ་སེམས་ཤིང་། དེ་ནས་བྱོན་ཏེ་སྔར་གྱི་གྲོགས་པོ་མགར་བ་ཕྱུག་པོ་གཅིག་ཡོད་པ་ལ། བྱུ་རུ་བྲེ་དོ་དང་མུ་ཏིག་ལ་སོགས་རིན་པོ་ཆེ་སྣ་ཚོགས་བསྐྱིལ་ནས་འབུལ་དུ་སོང་བས། ཏཻ་ལོ་པས། འདི་ད་རུང་དངོས་པོ་ལ་ཞེན་ནས་འདུག་དགོངས་ནས། བྱུ་རུའི་དེའུ་འབུར་ཆེན་པོ་གཅིག་ལ་རིན་པོ་ཆེ་སྣ་ཚོགས་ཀྱིས་སྤྲས་པའི་སྟེང་དུ་བཞུགས་ཤིང་དཔའ་བོ་དཔའ་མོ་ཚོགས་ཀྱིས་བསྐོར་ནས་ཕྱོགས་ཐམས་ཅད་ནས་ལྷའི་བུ་དང་བུ་མོ་དཔག་ཏུ་མེད་པས་མཆོད་རྫས་སྣ་ཚོགས་ཐོགས་ནས་མཆོད་པ་འབུལ་བ་གཅིག་ཏུ་སྤྲུལ་ཏེ་ཡོད་པ་ལ། ནཱ་རོ་པས་མཐོང་ནས་སྐྱེངས་པ་བཞིན་སོང་སྟེ། འོན་ཀྱང་བླ་མ་དམ་པ་འཁོར་འདས་ཀྱི་དཔལ་འབྱོར་ལ་དབང་བསྒྱུར་བས། དངོས་པོའི་དགོས་པ་མེད་ཀྱང་རང་གི་བསམ་པ་དག་པས་བསྔོས་པ་ཡིན་ཞིང་། བསྔོས་ལོག་མི་རུང་སྙམ་ནས་མདུན་ཕྱོགས་སུ་གཏོར་ནས་བཞག་གོ། དེ་ཡང་བླ་མ་དུས་གསུམ་གྱི་སངས་རྒྱས་འདི་ལྟ་བུ་དང་མཇལ་བ་ལ་སྐད་ཅིག་ཀྱང་མི་འབྲལ་བར་འདིའི་དྲུང་

ཏུ་སྟོད་དགོས་བསམ་པ་ལ། ཏི་ལོ་པས། བསྟོད་པས་དམུས་ལོང་གཟུགས་མི་མཐོང་། །བསྟོད་པས་ལྐུགས་པ་དོན་མི་ཁྲོལ། །བསྟོད་པས་ཞ་བོ་རྗེས་མི་སླེབས། །བསྟོད་པས་སྟོང་པོ་རྩ་མི་བརྟན། །བསྟོད་པས་ཕྱག་རྒྱ་ཆེ་མི་རྟོགས། །ནཱ་རོ་སྤྱོད་པ་བྱ་བར་རིགས། །ཞེས་གསུངས་ནས་ཕྱག་གི་ཐོད་པ་བདུད་རྩིས་གང་བ་དེ་གནང་ནས། སྤྱོད་པ་གཤེགས་པར་ལུང་བསྟན་ཏོ། །དེ་ནས་ནཱ་རོ་པས་ཐོད་པ་དང་ཌཱ་རུ་གཅིག་བཟུང་ནས་སྤྱོད་པ་ལ་གཤེགས་ནས་རྒྱལ་པོ་སེང་གེ་ཟླ་བའི་རྒྱལ་ཁམས་སུ་བྱོན་ནས་རྫུ་འཕྲུལ་མ་ངེས་པ་སྣ་ཚོགས་བསྟན་ནས་རྒྱལ་པོ་འཁོར་བཅས་གྲོལ་བར་གྱུར་ཏེ་དེར་བཞུགས་པར་གསོལ་ཀྱང་མ་གནང་ནས་ཆུ་བོ་གངྒཱའི་འགྲམ་དུ་བྱེ་མ་ལ་རྩེད་མོ་མཛད་ཅིང་བཞུགས་པ་ལ། ཏི་ལོ་པ་མདུན་གྱི་ནམ་མཁར་བྱོན་པའི་ཚེ། ཕྱག་འཚལ་ཞིང་གདམས་ངག་ཞུ་བྱས་པས། ཕྱག་རྒྱ་ཆེན་པོ་བསྟན་དུ་མེད་ཀྱིས་ཀྱང་། དཀའ་བ་སྤྱད་ཅིང་བླ་མ་ལ་གུས་པའི། སྡུག་བསྔལ་བཟོད་ལྡན་བློ་ལྡན་ནཱ་རོ་པ། སྐལ་ལྡན་ཁྱོད་ཀྱིས་སྙིང་ལ་འདི་ལྟར་བྱོས། ཞེས་སོགས་གདམས་པ་མང་དུ་གསུངས་ནས་མི་སྣང་བར་གྱུར་ཏོ། །

དེ་ཡང་ནཱ་རོ་པས་སྐུ་ལ་རས་ཀྱི་ཨང་རག་གསོལ་ཞིང་ཐོད་པ་དང་ཌཱ་རུ་ཕྱག་ཏུ་བསྣམས་ནས། སྤྱོད་པ་སྣ་ཚོགས་མཛད་ཅིང་བྱ་སྒྲོ་རླུང་གིས་ཁྱེར་བ་ལྟར་ཕྱོགས་ཐམས་ཅད་དུ་གཤེགས་པ་ལ་དུས་རེ་ཞིག་གི་ཚེ། ཏི་ལོ་པ་མདུན་གྱི་ནམ་མཁར་བྱོན་ནས། བླ་མ་མཁའ་འགྲོའི་མ་གནང་ཞིང་། །ཉམས་མྱོང་རྟོགས་པ་མ་རྒྱས་ཏེ། །ཤུགས་འབྱུང་ཞེན་པ་མ་ལོག་པར། །སྤྱོད་པ་མ་བྱེད་ནཱ་རོ་པ། ཞེས་སོགས་ཞལ་ཏ་མང་དུ་མཛད་དེ་མཐར་འགྲོ་དོན་བྱེད་པར་དབང་བསྐུར་ཞིང་བརྒྱུད་འཛིན་ལུང་བསྟན་པ་ནི། ཏི་ལོ་པས། ཕུ་ལ་ཧ་རིའི་དགོན་པ་རུ། །རང་གྲོལ་ཡེ་ཤེས་ཉི་མ་ཡིས། །ཁ་བ་ཅན་གྱི་སྐལ་ལྡན་པ། །མ་ཏིའི་མ་རིག་མུན་པ་སོལ། །ཡེ་ཤེས་སྣང་བས་ཁྱབ་པར་གྱིས། །གང་ཡང་སྐྱེ་བ་མེད་པ་ཡི། །རང་རིག་རང་གསལ་ནམ་མཁའ་ལ། །དམ་ཆོས་སྤྲིན་གྱི་ཆར་རྒྱུན་གྱིས། །གདུལ་བྱའི་ལོ་ཏོག་སྨིན་པར་མཛོད། ཅེས་གསུངས་ཤིང་། གཞན་ཡང་ཏི་ལོའི་སློབ་ཚོགས་རྣམས་ནས་ཀྱང་འགྲོ་དོན་གྱི་བསྐུལ་མ་རྒྱ་ཆེར་གནང་བས། ནཱ་རོ་པས་ཕྱག་འཚལ་ཞིང་། བླ་མ་དམ་པའི་བཀའ་ལུང་དང་། །རྡོ་རྗེ་སྤྲུན་གྱི་གསུང་བཞིན་དུ། །མདོ་རྒྱུད་སྙིང་པོ་དོན་གྱི་བཅུད། །ངེས་མེད་ཡུལ་དུ་བསྒྲགས་པར་བྱ། ཞེས་གསོལ་ཏེ་ཕུ་ལ་ཧ་རིའི་དགོན་པར་བྱོན་ནོ། །དེ་ནས་པི་ཀ་མ་ལའི་གླིང་ལའི་གཙུག་ལག་སོགས་སུ་ཡང་མུ་སྟེགས་པའི་རྩོལ་བ་ཐམས་ཅད་ཚར་བཅད་ཅིང་གདུལ་བྱ་རྣམས་སྨིན་གྲོལ་གྱི་ལམ་ལ་

བཀོད་པ་སོགས་རྒྱལ་བའི་བསྟན་པ་རིན་པོ་ཆེ་སྙིང་ཐམས་ཅད་ནས་དར་ཞིང་རྒྱས་པར་མཛད་དོ། །

དེ་ལྟ་བུའི་བླ་མ་དམ་པ་དཔལ་ལྡན་ནཱ་རོ་པ་ཆེན་པོ་དེ་ཉིད་ཀྱིས་འཕྲིན་ལས་རྣམ་པ་བཞིའི་སྒོ་ནས། རྒྱ་གར་ཕྱོགས་བཞིའི་གདུལ་བྱ་དཔག་ཏུ་མེད་པ་སྨིན་གྲོལ་གྱི་ལམ་ལ་བཀོད་དེ། གསང་སྔགས་སྙིང་པོའི་དོན་མཁའ་འགྲོ་མ་རྣམས་ཀྱི་ཕྱག་ན་ཡོད་པ་རྣམས་ཀྱང་། སྐལ་ལྡན་མཐའ་དག་ལ་སྣང་བར་བྱས་ནས། སྐྱེས་མཆོག་མར་པ་ལ་སོགས་རྒྱུད་འཛིན་གྱི་སློབ་མ་དམ་པ་རྣམས་ཀྱང་གཞན་དོན་དུ་ལུང་བསྟན་ཅིང་། སངས་རྒྱས་ཀྱི་བསྟན་པ་རིན་པོ་ཆེ་སྙིང་ཐམས་ཅད་དུ་དར་ཞིང་རྒྱས་པར་མཛད་དེ། རྡོ་རྗེའི་སྐུ་བརྙེས་པ་དེ་ཉིད་སོ་སོའི་སྐྱེ་བོའི་ངོར་མཐར་འདིར་བྱོན་འདིར་འདས་འདིར་གནས་མེད་ཀྱང་། ངེས་པ་དོན་དུ་མཁའ་འགྲོ་མ་རྣམས་ཀྱིས་འདོ་ལིའི་ཁར་ཨོ་རྒྱན་གྱི་ཡུལ་དུ་དངོས་སུ་གདན་དྲངས་ནས་འགྲོ་བའི་དོན་མཛད་ཅིང་ད་ལྟའི་བར་དུ་བཞུགས་ཞེས་གྲགས་སོ། །འདི་ལ་ཁ་གཅིག་གོང་དུ་མུ་སྟེགས་གཅེར་བུ་པ་དང་བརྩད་པས་ཆོས་ལ་སྨོད་པའི་ལྟུང་བ་དྲུག་པ་ཕོག་ནས། བཀའ་བཅག་པས་སྐྱེ་བ་འདི་ལ་མཆོག་མ་ཐོབ་སྟེ། བར་དོར་མཆོག་གི་དངོས་གྲུབ་ཐོབ་པར་ལུང་བསྟན་ཟེར་བ་དང་། ཡང་རིགས་བྲམ་ཟེ་ཡིན་ཟེར་བ་དང་། ཕྱིས་སྐུ་འདས་ནས་གདུང་བཞུས་པའི་ཤུལ་དུ་ཡང་ཟླ་བ་རེ་རེ་བཞིན་གཤེགས་པའི་དུས་ཆོད་དུ་ལྟའི་མཆོད་པ་འོང་སྟེ། རོལ་མོའི་སྒྲ་དང་མེ་ཏོག་གི་ཆར་བབས་པ་ཡང་། དེང་སང་གི་བར་དུ་ཀུན་གྱིས་མཐོང་ཞིང་ཐོས་པ་ཡོད་ཟེར་བ་ལ་སོགས་ཀྱི་བཞེད་པ་འགའ་ཤས་ཡོད་ན་ཡང་། བཀའ་བརྒྱུད་པ་ཕལ་ཆེར་རྣམས་ཀྱི་གོང་དུ་བཤད་པ་ལྟར་བཞེད་པ་ཡིན་ནོ། །

དེ་ལྟར་སྤྲུལ་པ་དུ་མའི་སྒོ་ནས་སེམས་ཅན་གྱི་དོན་མཛད་པའི་གྲུབ་ཆེན་ནཱ་རོ་པ་ཆེན་པོ་དེ་ཉིད་བདེ་བར་གཤེགས་པས་ལུང་བསྟན་པ་ནི། བདེ་མཆོག་གི་རྒྱུད་རྡོ་རྗེ་ཕྲེང་བ་ཞེས་བྱ་བའི་དྲུག་ཅུ་རྩ་བཞི་པའི་ལེའུ་བཅུ་གསུམ་པའི་ནང་ནས། ནཱ་རོ་པ་ཞེས་གྲགས་པའི་རྣལ་འབྱོར་པ། །བཅོམ་ལྡན་ཤཱཀྱ་ཐུབ་པའི་བསྟན་པ་ལ། །སྤྱི་དང་མི་འདའ་སྤྲུལ་སྐུའི་འགྲོ་དོན་མཛད། །འདི་ནི་རྒྱལ་བ་ཉིད་ཀྱི་རྣམ་པར་འཕྲུལ། །ཞེས་ལུང་བསྟན་པ། དེ་ལྟ་བུའི་དཔལ་ལྡན་ནཱ་རོ་པ་ཆེན་པོ་དེ་ཉིད་ལ་རང་དང་མཚུངས་ཤིང་ཆེར་གྲགས་པའི་བུ་ཆེན་དམ་པ་བདུན་བྱུང་བ་ནི་མངའ་བདག་ཆེན་པོ་མཻ་ཏྲི་པ། དཔལ་ཞི་བ་བཟང་པོ། རྡོ་པོ་བླ་མ་འབིར་བ་པ། མཁས་པ་ཆེན་པོ་ཤཱནྟི་པ། བལ་པོ་སྤྱི་ཐེར་བ། དགེ་ཚུལ་ཤེས་རབ་སེང་གེ། ཁ་ཆེ་ཨ་དཀར་སིདྡྷི་སྟེ་བདུན་དང་། བྲཀྵ་རཱ་ཀྵི་ཏ་ལ་སོགས་ཕྱོགས་བཞིའི་རཱ་ཀྵི་ཏ

ཆེན་པོ་བཞི་དང་། མཁས་པ་ཆེན་པོ་སྒྲི་ཧི། ཞི་བའི་གོ་ཆ་རྡོ་ན་ཀ་ར། སུ་མ་ཏི་ཀིརྟི་ལ་སོགས་པ་པཎྜི་ཏའི་སློབ་མ་དུ་མ་དང་། ཀ་ན་རི་པ་དང་། ཁ་ཆེ་བྱང་ཆུབ་བཟང་པོ། ཕམ་མཐིང་བ་བྱང་ཆུབ་སྐྱ་མཆེད་ལ་སོགས་གྲུབ་ཐོབ་བརྒྱ་རྩ་བརྒྱད། པེན་ཏ་བ་ལ་སོགས་བརྟུལ་ཞུགས་གྲུབ་པའི་རྣལ་འབྱོར་པ་ལྔ་བཅུ་རྩ་བཞི། མཚན་ལྡན་གྱི་རྣལ་འབྱོར་མ་སྟོང་དང་ཆིག་བརྒྱ་ལ་སོགས་པ་སྨིན་པར་མཛད་ཅིང་། སྐན་བརྒྱུད་ཕལ་ཆེར་གནང་བ་ཡང་། ཕམ་མཐིང་བ། འཇིགས་མེད་གྲགས་པ། རྡོ་ན་ཀ་ཤྲཱི་ཀ་ན་ཀ ཀ་ར་ཤྲཱི། ཀ་ཤུ་ཀ ཧྲམྨ་ཀ་ཤྲཱི་སྡེ། ཤྲཱི་རྣམ་པ་བཞི་མ་ན་བྲི་དང་ཧི་ཡུ་པ་རྣམས་སོ། །ཁྱད་པར་དུ་འཕགས་ཤིང་བརྒྱུད་འཛིན་དམ་པར་ལུང་བསྟན་པ་ནི། སྐྱེས་མཆོག་མར་པ་ཆོས་ཀྱི་བློ་གྲོས་ལགས་སོ། །

༈ བཞི་པ་སྐྱེས་མཆོག་མར་པ་ལོ་ཙྪའི་རྣམ་ཐར་ནི། དེའང་དང་པོ་སྐྱ་འབྲུངས་ཡུལ་ལྷོ་ཕུ་ཆུ་ཁྱེར་བྱ་བར་ཡབ་མར་པ་དབང་ཕྱུག་འོད་ཟེར་དང་། ཡུམ་རྒྱལ་མོ་འོད་དེ་བྱ་བའི་སྲས་སུ་ཆུ་ཕོ་བྱི་བའི་ལོ་ལ་སྐུ་བལྟམས། སྐུ་མཛེས་པ་དང་ཐུགས་རབ་ཆེ་བར་བྱུང་། དེ་ནས་སློབ་དཔོན་རྙིང་མ་བ་ལས་སློབ་གཉེར་མཛད་འབྲི་ཀློག་ཀྱང་མཁས་པར་གྱུར། འོན་ཀྱང་ཐུགས་རྒྱུད་རྩུར་ཞིང་སྤྱོད་ལམ་འཆོལ་བས་ཁྱིམ་གྱི་ནོར་རྫས་ཤོར་གོད་ཆེ་བར་བྱུང་། ཉིན་གཅིག་ཆང་གྲལ་དུ་སྐྱོ་བ་སྐྱེས་ནས་ངས་འཇིག་རྟེན་གྱི་བྱ་བ་འདི་ལ་དགོས་པ་ཅི་ཡང་མི་འདུག་པས་དེ་བས་རྒྱ་གར་དུ་འགྲོ་ནས་ལོ་ཙྪ་བསླབ་སྙེ་ཆོས་གཅིག་བྱ་དགོས་བསམ་པའི་གྲོས་ཉེ་དུ་རྣམས་ལ་བྱས་པས་ཀུན་གྱི་བློར་འཐད་པ་བྱུང་ནས་དེ་དག་གིས་གསེར་དང་རྟ་གཉིས་གྲོ་ཆས་སོགས་ཀྱིས་རྫོངས་པ་བྱས། མར་པས་དེ་རྣམས་རྟ་ལ་བཀལ་ནས་མྱང་སྟོད་རྩིས་ཀྱི་ལྷ་ཁང་དུ་གཉོས་ལོ་ཙྪ་དང་འཕྲད། དེ་ནས་མྱུ་གུ་ལུང་དུ་འབྲོག་མི་ཤཱཀྱ་ཡེ་ཤེས་མཇལ། དེར་ལོ་ཙྪ་ཡང་བསླབ་ཆོས་ཀྱང་ཞུ་སྐམ་པར་ཆོས་སློ་དྲག་པས་འདུག་སྙིང་མ་འདོད། འདི་བས་རྒྱ་གར་དུ་འགྲོ་དགོངས་ཕྱིན་པས་བལ་ཡུལ་དུ་སླེབས། ནགས་འདབས་ཤིག་ཏུ་པཎ་ཆེན་ནཱ་རོའི་སློབ་མ་སྤྱི་ཐེར་བ་དང་། པེ་ནྡྷ་པ་གཉིས་བཞུགས་ཟེར་བར་དད་ནས་མཇལ་དུ་ཕྱིན། དེར་ཕྱག་རྟེན་ཕུལ་ནས་ཆོས་ཞུས། དགྱེས་རྡོར་གྱི་རྒྱུད་གདམས་ངག་མང་དུ་གསན། དབང་བསྐུར་ཀྱང་ཐོབ། དབོད་དུ་ལོག་ནས་གསེར་བཙལ་ཏེ་སླར་རྒྱ་གར་དུ་འགྲོ་བསམ་ནས་ཚུར་བོད་དུ་ལོག །དེར་ཉམ་དང་མི་སྐྱ་སོགས་ཆོས་ཞུ་མང་དུ་བྱུང་བས་འབུལ་བ་ཆེ་བར་བྱུང་། རྟ་ནག་པོ་སེང་གེ་སྲབ་མེད་དང་། སེང་ལྡིང་སྣ་བཀྲ་དང་། ཟབ་ཆེན་ཡུག་གཅིག་གཙོས་ཡོ་བྱད་ཐམས་ཅད་གསེར་དུ་བསྒྲིལ་བས

གསེར་སྲང་བཅོ་བརྒྱད་ཙམ་འགྲུབ་པ་བསྣམས་ནས་ཀློག་སྐྱར་ཕེབས། དེར་གསེར་སྲང་ལྔ་བཅུ་ཡོད་པ་ཁྱེར་ནས་བལ་ཡུལ་དུ་བྱོན། རང་བྱུང་གི་མཆོད་རྟེན་དྲུང་དུ་ལོ་གསུམ་དུ་ཚད་པ་གོམས་པ་དང་ལོ་ཙྪ་བསླབ་སྐྱི་ཐེར་བ་ལས་གདན་བཞིའི་སྐོར་དང་ལྷ་མོ་དྲུད་སོལ་མ་སོགས་གསན། དེ་ནས་རྒྱ་གར་དུ་བྱོན་ནས་པཎྜི་ཏ་ཡེ་ཤེས་སྙིང་པོ་དང་ཀུ་སུ་ལུ་པ་སོགས་བརྟེན་ཅིང་ཀྱི་ཡ་ཕ་རྒྱུད་མ་རྒྱུད་སྐོར་གསན་ནས་ལོ་ལྔ་སོང་བ་དང་། ཡང་རྒྱགས་ཆད་ནས་བལ་པོར་ཕྱིན་པས། ལྷོ་བྲག་ནས་ཉེ་གཉིས་དང་། གཙང་གི་སློབ་མ་རྣམས་ཀྱིས་གསེར་མང་པོ་བསྡུས་ནས་བསྐུར་ཏེ་བསྐུལ་བ་དང་འཕྲད། བལ་པོར་བླ་མ་རྣམས་ལ་ཞོ་ཤས་ཀྱི་མཎྜལ་ཕུལ། དེ་ནས་རྒྱ་གར་དུ་བྱོན་ནས་གོང་གི་བླ་མ་རྣམས་ལ་གསེར་གྱི་མཎྜལ་ཕུལ། པི་ཌྷ་བ་སྐྱ་མཆེད་ཀྱིས་ནཱ་ལེནྡྲའི་དགེ་ཚུལ་ཤེས་རབ་སེང་གེ་ལ་བླ་མ་ཆེན་པོ་དང་མཇལ་བའི་ཞུ་སྣ་མཛད་ཐུགས་ལ་འདོགས་པར་ཞུ་ཞེས་ཡི་གེ་དང་རྫོགས་པ་ལ་སྦྲགས་ནས་བཏང་བས་ནཱ་ལེནྡྲའི་བྱང་སྒོར་དགེ་ཚུལ་ཤེས་རབ་སེང་གེ་དང་མཇལ། ལོ་རྒྱུས་ཞུ་བ་ཕུལ་བས་བླ་མ་ཆེན་པོ་རྒྱ་གར་ནུབ་ཕྱོགས་སུ་ཆོས་གསུང་ལ་གཤེགས། ཅུང་སྔ་བས་ངལ་གསོས་གསུངས། ཉིན་གཅིག་བླ་མ་ནཱ་རོ་ཆེན་པོ་བྱོན་ཞིང་ཡོད་ཟེར། དེ་ཉིད་དུ་ཤེས་རབ་སེང་གེས་མར་པ་ཁྲིད་ནས། ཕུ་ལ་ཧ་རིའི་དགོན་པ་དེར་བླ་མ་ནཱ་རོ་ཆེན་པོ་དེ་ཉིད་ཤིང་སྡོང་པོ་ལ་སྐུ་རྒྱབ་བཏད་ནས་འབྲས་ཆེན་ཞིག་གསོལ་ཞིང་འཁོར་མང་པོ་ལ་ཆོས་གསུངས་པ་དང་མཇལ། མར་པས་གསེར་གྱི་མཎྜལ་ཕུལ་ཞིང་ཕྱག་དང་བསྐོར་བ་བྱས་ཞབས་སྤྱི་བོར་བླངས། ཉེ་གནས་ཤེས་རབ་སེང་གེས་ལོ་རྒྱུས་ཞུ་བ་ཕུལ། ཁྱོད་ཀྱི་མིང་ཅི་ཡིན་གསུང་། ཆོས་ཀྱི་བློ་གྲོས་བྱ་བ་ལགས་ཞུས་པས་ཐུགས་དགྱེས། དབང་བསྐུར་ཞི་ཐོབ་གསུངས། བལ་པོར་བླ་མའི་སློབ་མ་རྣམས་ལས་དགྱེས་རྡོར་གདན་བཞི་སོགས་ཀྱི་དབང་ཐོབ་ཞུས་པས་དེས་ཆོག་གསུངས། བདེ་དགྱེས་རྣལ་འབྱོར་མ་སོགས་རྒྱུད་སྒྲུབ་ཐབས་རྣམས་གནང་། ཐབས་ལམ་གཏུམ་མོ་དང་གྲོལ་ལམ་ཕྱག་རྒྱ་ཆེན་པོ་རྣམས་ཐོབ། དེ་ནས་བླ་མས་ལུང་བསྟན་པ་བཞིན་དུག་མཚོ་ཁོལ་མའི་ཆུ་ལས་བརྒལ་ལུས་དུག་སྦྲུལ་ཤུན་པ་ལྟར་བརྗེས་ནས་ནུབ་དུ་ལ་ཀྵི་ཏའི་དགོན་པར་ཡེ་ཤེས་སྙིང་པོའི་ཞབས་ལ་བཏུད་དེ་བསྙེན། དེའང་ནུབ་དུ་ལ་ཀྵི་ཏའི་གྲོང་ཁྱེར་དུ། དཔལ་ཡེ་ཤེས་སྙིང་པོའི་ཞབས་ལ་གཏུག །ཕ་རྒྱུད་གསང་བ་འདུས་པ་ཉན། སྒྱུ་ལུས་འོད་གསལ་གྱི་གདམས་པ་ཐོབ། ལམ་རིམ་པ་ལྔའི་དོན་ལ་བསླབ། ཅེས་གསུངས་པ་ལྟར་རོ། །

དེར་ཁ་སཛྫ་ཊི་རང་བྱུང་གི་མཆོད་རྟེན་དུ་ཕྱིན་པས་གཉོས་ལོ་དང་འཕྲད། ཅི་ཤེས་ཟེར་བར

དགེས་རྡོར་ཤེས་བྱས་ནས་བགྲོ་གླེང་བྱས་པས་མར་པ་རྒྱལ། གཉིས་ན་རེ། གནས་པ་རྩ་ལ་གཡོ་བ་རླུང་། བཀོད་པ་བྱང་ཆུབ་སེམས་དང་གསུམ་བྱ་བའི་གདམས་ངག་སྒྱུ་མ་ཆེན་པོ་བྱ་བ་དགོས་པ་ཡིན། དགེས་རྡོར་ག་ན་ཡང་ཡོད་ཟེར། མར་པ་ནཱ་རོ་པའི་དྲུང་དུ་བྱོན་ནས་མ་ཧཱ་མཱ་ཡའི་གདམས་ངག་གནང་བར་ཞུ་ཞུས་པས། མ་ཧཱ་མཱ་ཡ་ང་མཁས་ཏེ་བདག་པོ་ཀུ་ཀུ་རི་པ་ཡིན་པས་དེར་གཏོང་གསུངས། སོ་སའི་གླིང་ནས་རྣལ་འབྱོར་པ་གསུམ་འཛིགས་པ་སྒྲོལ་བའི་གྲོགས་སུ་བཀུག་ནས་ལྷོ་དུག་མཚོ་ཁོལ་མ་ཆུང་སར་པོལ་ནུབ་ཆེ་སར་ཕུས་ནུབ་ཙམ་གྱི་རླབ་པ་ཕྱེད་སོང་ནས་ཆུ་ཡི་ཕར་ཁར་ཕྱིན་པ་དེར། སྤྲེའུ་འདྲ་བའི་ལུས་སྤུས་འཕྲུམ་པའི་གསེབ་ནས་མིག་དམར་གོཾ་གོཾ་བྱེད་པ་ཅིག་འདུག་པར་བླ་མ་ཀུ་ཀུ་རི་པ་མཐོང་ངམ་བྱས་པས། ང་སྔོན་ནས་འདིར་བསྡད་པ་དེ་འདྲ་མ་མཐོང་ཟེར། བླ་མས་ཆ་ལུགས་མ་ངེས་པ་གསུངས་པ་དྲན་ནས་དེ་ཉིད་དུ་ཕྱག་འཚལ་མཎྜལ་ཕུལ་གདམས་པ་གནང་བར་གསོལ་བ་བཏབ་པས། ཁྱོད་འདིར་སུས་བཏང་གསུངས། བླ་མ་ནཱ་རོ་པ་ལགས་བྱས། ནཱ་རོ་པ་ཟེར་ནས་གཤེ་ཡིན་གདའ། དེ་ལ་རྟོག་པ་ཞིག་སྐྱེས་པ་ལ། ཐེ་ཚོམ་སྐྱེ་མི་དགོས་གསུངས། ཁྱོད་བསུ་བར་རྣལ་འབྱོར་པ་གཉིས་བཏང་ཡོད་འཕྲད་དམ་གསུངས། བྱ་གཉིས་མིན་པ་མ་འཕྲད་ཞུས། འོ་དེ་ཀ་ཡིན་གསུངས། ད་ཕར་འདོང་གདམས་ངག་བྱ་ཡིས་གསུངས་ནས་ནགས་གསེབ་ཏུ་བཞུགས་སར་ཕྱིན་ནས་དབང་བསྐུར་ཞིང་རླབ་པ་ཕྱེད་བཞུགས། ཀུག་ཆེན་ཀུག་ཆུང་ལ་སོགས་རྫོགས་རིམ་ཉི་ཤུ་རྩ་བཞི་ཡན་ལག་དང་བཅས་པ་གནང་། དེ་ཡང་དམན་པ་དབྱིབས་ཀྱི་རྣལ་འབྱོར་ལ་བརྟེན་ནས་ཕྱུག་རྒྱུ་གསུམ་ལམ་དུ་བྱེད། ཟབ་པ་སྔགས་ཀྱི་རྣལ་འབྱོར་ལ་བརྟེན་ནས་རིག་པ་གསུམ་ལམ་དུ་ཁྱེར། མཐར་ཐུག་ཆོས་ཀྱི་རྣལ་འབྱོར་ལ་བརྟེན་ནས་གནད་ཀྱི་ཆེང་ལྔ་རྫོགས་རིམ་དང་བཅས་པ་འདི་ལྟ་བུར་ཡིན་ནོ་གསུངས་ཤིང་རྫོགས་པར་གནང་། ཕྱག་སྒྱི་བོར་བཞག་ཅིང་བྱིན་གྱིས་བརླབས་ནས། ད་སོང་དང་ལམ་དུ་བར་ཆད་མི་འབྱུང་ཞིང་མྱུར་དུ་ཕྱིན་པར་འགྱུར་རོ་གསུངས། དེ་ནས་གཏང་རག་གི་ཚོགས་གྲལ་དུ་རྟོགས་པ་ཕུལ་བའི་མགུར་ནི། དུས་གསུམ་སངས་རྒྱས་རྣམས་ཀྱི་སྲས། ཞེས་སོགས་ཕུལ་ཞིང་དེ་ནས་བྱོན་པས་བླ་མའི་ཐུགས་རྗེས་ཞག་བདུན་ནས་པུ་ལ་ཧ་རིར་སླེབས་ཏེ་ལོ་རྒྱུས་རྣམས་བླ་མར་ཞུ་སྐམས་པར་རྩུར་ལ་ཞིབ་མོར་གསུངས། ད་ཡང་ངས་ཚར་གཅིག་བྱ་གསུངས་ནས་གནང་བས་ནམ་ལངས་པའི་སྐྱེང་ཉི་མ་ཤར་བ་བཞིན་སོང་བས་དད་པ་ལྷག་པར་སྐྱེས་སོ། །

ཡང་རེ་ཞིག་གནས་གཞི་ཞིག་ཏུ་གཉོས་ལོ་དང་འཕྲད་མ་ཧཱ་མཱ་ཡའི་སྐོར་ལ་བགྲོ་གླེང་བྱས་

པས་མར་པ་རྒྱལ་བས། བླ་མ་སུ་ལས་ཉན་ཟེར་བའི་ལན་དུ། དམན་པ་དབྱིབས་ལ་ཟབ་པ་སྡུགས། །མཐར་ཐུག་ཆོས་ཀྱི་རྣལ་འབྱོར་རྣམས། །ལེགས་པར་སྟོན་པའི་སློབ་དཔོན་ནི། །བླ་མ་ཐར་པའི་ལམ་སྟོན་ཡིན། །ཞེས་མཚན་གསང་ཞིང་སླུས་པས་ཁོ་ན་རེ། དེ་ལས་ཉི་ཟླ་ལྟར་གྲགས་པའི་གསང་བ་འདུས་པའི་ཆོས་རྣམས་གལ་ཆེ་ཟེར། གཉིས་ཀྱིས་བླ་མ་དེ་འདྲ་གང་དུ་བཙལ་ཀྱང་མ་རྙེད་པར་གྲགས། དེ་ནས་བདག་ལ་གསང་བ་འདུས་པ་གནང་བར་ཞུ་ཞུས་པས་དུས་ཤིག་ན་སྟོན་གསུངས། དེ་ནས་པུ་ལ་ཧ་རིའི་དགོན་དུ་ཉིན་གཅིག་གི་ཚེ། ཁ་ཆེའི་པཎྜི་ཏ་ཨ་ཀར་སིདྡྷི་བྱ་བ་དེ་བྱུང་ནས། བདག་རྒྱ་ནག་རི་བོ་རྩེ་ལྔར་བསྐོར་དུ་འགྲོ་བས། གསང་བ་འདུས་པ་གནང་བར་ཞུ་ཞུས་པས། ནཱ་རོ་པའི་ཞལ་ནས་ལོ་ཙྪ་བ་ཁྱོད་ཀྱི་དུས་ལ་བབ་བོ་གསུངས། དེ་ནས་དབང་བསྐུར་ཞིང་གདམས་ངག་རྣམས་རྫོགས་པར་གནང་། དེ་ནས་མངའ་བདག་མཻ་ཏྲི་པ་མཇལ་དུ་འགྲོ་བ་ལ་ཞུས་པས་གནང་ཞིང་སོང་བས། ཆུ་བོ་གང་གཱའི་འགྲམ་རི་བོ་མེ་ལྟར་འབར་བའི་གནས་སུ་བཞུགས་པ་ལ། ཕྱག་དང་གསེར་གྱི་མཎྜལ་ཕུལ་ནས་ཞུས་པས། རྒྱུད་བསྐོར་པ་བསླུར་བླངས་དང་། ཕྱག་རྒྱ་ཆེན་པོ་ལ་སོགས་པ་གདམས་པ་དཔག་ཏུ་མེད་པ་གནང་སྟེ། ཇི་སྐད་དུ། ཤར་ཆུ་བོ་གང་གཱའི་འགྲམ་དུ་ཕྱིན། །རྗེ་མཻ་ཏྲི་ཆེན་པོའི་བཀའ་དྲིན་གྱིས། །གཞི་ཆོས་ཉིད་སྐྱེ་བ་མེད་པར་རྟོགས། །སེམས་སྟོང་པ་ཉིད་ལ་སྦྱར་ཟིན་བྱས། །དོན་སྤྲོས་བྲལ་གཉུག་མའི་ངོ་བོ་མཐོང་། །སྐུ་གསུམ་མ་དང་མངོན་དུ་མཇལ། །མི་ཁོ་བོའི་སྤྲོས་པ་དེ་ནས་ཆོད། །ཅེས་གསུངས་སོ། །

དེ་ནས་གཏང་རག་གི་མཆོད་པའི་སྐབས་སུ་རྟོགས་པ་ཕུལ་བའི་མགུར་ནི། ལས་ཀྱི་ས་ཡི་འཛམ་གླིང་འདིར། །བྲམ་ཟེའི་རིགས་ལས་སྐྱེ་བ་བཞེས། །ཕྱི་ནང་གྲུབ་མཐའ་ཐམས་ཅད་མཁྱེན། །པཎྜི་ཏ་ལ་ཕྱག་འཚལ་ལོ། །ཞེས་སོགས་མཛད་དོ། །ཡང་ནཱ་རོ་པའི་ཞལ་ནས། ལྷོ་དུག་མཚོ་ཁོལ་མའི་ཕར་ཀ་རྟའི་སྤྱིལ་པོའི་ནང་དུ། ཡེ་ཤེས་ཀྱི་མཁའ་འགྲོ་མ་རུས་པའི་རྒྱན་ཅན་བཞུགས་པ་ལས། གདན་བཞིའི་སྐོར་རྣམས་ཞུས་གསུངས། དེར་སོང་བས་བྱིན་རླབས་ཀྱིས་ཆུའི་གནོད་པས་མ་ཚུགས་ཤིང་། མཁའ་འགྲོ་མའི་དྲུང་དུ་ཕྱིན་ཏེ། ཕྱག་དང་གསེར་གྱི་མཎྜལ་ཕུལ་ནས་གདམས་པ་ཞུས་པས་དབང་བསྐུར་ཞིང་། གདན་བཞི་ལ་སོགས་གདམས་པ་རྣམས་རྫོགས་པར་གནང་། གསང་མཚན་བདེ་བའི་རྡོ་རྗེར་བཏགས། གཞན་ཡང་བླ་མ་མང་པོ་ལས་ཆོས་དཔག་ཏུ་མེད་པ་ཞུས་ཤིང་སྒྲོ་འདོགས་རྣམས་ལེགས་པར་བཅད་དོ། །

དེ་ནས་མར་པ་ལོ་ཙྪས་ད་ནི་ལན་གཅིག་བོད་དུ་འགྲོ་ནས་གསེར་ཞིག་བསྒྲུབ་སྙེ། མཚན་ལྡན་གྱི་བླ་མ་འདི་ལྷ་བུ་མཇལ་བ་ད་ལན་ཙམ་ཡིན་པས། འདི་རྣམས་ཀྱི་མདུན་དུ་ཚོགས་ཀྱི་འཁོར་ལོ་བསྐོར་ཞིང་མེ་ཏོག་གི་མཆོད་པ་རེ་ཡང་འབུལ། རྡོ་རྗེ་གདན་ལ་སོགས་པའི་གནས་ཁྱད་པར་ཅན་འདི་རྣམས་ལ་མཆོད་པ་རེ་འབུལ་སྙམ་ནས། ང་རེས་གཅིག་བོད་དུ་འགྲོ་བ་ལགས་ཞུས་པས། ནཱ་རོ་པའི་ཞལ་ནས་ཁྱོད་བོད་དུ་འགྲོ་ན་གསང་སྔགས་ཀྱི་ཆོས་དང་། ཡོན་ཏན་ཐམས་ཅད་བླ་མའི་བཀའ་བཞིན་སྒྲུབ་པ་ལས་བྱུང་བ་ཡིན་པས་འདི་བཞིན་ཡིད་ལ་ཟུངས་ཤིག་གསུངས་ནས། ཆོས་བརྒྱུད་ཆེ་འདིའི་རྟ་མ་རྒྱུག　།ཅེས་སོགས་གསུངས། དེ་ནས་གསེར་ལྷག་མ་གང་ཡོད་ཡོ་བྱད་བསྒྲུབ་ནས་ཉི་ཤུ་དགུའི་ནུབ་མོར་རྗེ་ནཱ་རོ་པ་ལ་གདང་རག་གི་ཚོགས་འཁོར་བསྐོར་བའི་ཚོགས་གྲལ་དུ་རྟོགས་པ་ཕུལ་བའི་མགུར་དགྱེས་རའི་ཁོང་འགྱུར་གྱི་རྟ་ལ་དྲངས་ཏེ་ཕུལ་བ་ལ། རྗེ་མཚན་ལྡན་གྱི་བླ་མ་རིན་པོ་ཆེ་སོགས་ཀྱིས་གསོལ་བ་བཏབ་ཅིང་སྤྱན་ཆབ་ཕྱུང་བར། བླ་མའི་ཞལ་ནས་རྒྱ་གར་ཕྱོགས་བཞི་ན་གདུལ་བྱ་བྱིན་གྱིས་བརླབས་པའི་སློབ་དཔོན་བཞི་ཡོད་དེ། ཤར་ཕྱོགས་ཧཾ་ག་ལར་ནག་པོ་ཞབས། ལྷོ་ཕྱོགས་སེང་ག་གླིང་དུ་ནཱ་གརྫུ་ན། ནུབ་ཕྱོགས་ཨོ་རྒྱན་དུ་ཨིནྡྲ་བྷཱུ་ཏི། བྱང་ཕྱོགས་པཛ་ཏ་རྟུངས་བྱིན་གྱིས་བརླབས་པ་ཡིན་ནོ། །ཁོ་བོ་ལ་ཏཻ་ལོ་པས་ཁྱོད་ལུང་བསྟན་པའི་བུ་ཡིན་པས་བོད་ཡུལ་དུ་སོང་ལ་འགྲོ་དོན་གྱིས་ཤིག་དང་བླ་མ་རྣམས་ཀྱང་མཉེས་ཤིང་ང་དང་ཡང་འདུ་འབྲལ་མེད་པ་ཡིན་གསུངས་ནམ་ཐོ་རངས་ཁར་ཕྱག་སྤྱི་བོར་བཞག་ནས། ནམ་མཁའི་མེ་ཏོག་སྐྱེས་བུ་ཡིས། ཞེས་སོགས་གསུངས་ཤིང་བརྡ་ཚིག་རྣམས་མ་བརྗེད་པར་བོད་དུ་བྱོན་ནོ། །

དེ་ནས་བལ་བོད་ཀྱི་ས་མཚམས་ལི་ཤྭ་ཀ་ར་བྱ་བ་མཐའ་འཁོབ་ཀྱི་གྲོང་ཁྱེར་ཤྭ་གམ་གཅོད་ས་ཞིག་ཏུ་ཤྭ་གམ་མ་འཕྲོད་ནས་ཞག་ལྔ་ལུས་པའི་ནུབ་གཅིག་རྨི་ལམ་དུ་བྲམ་ཟེའི་བུ་མོ་མཛེས་མ་རྒྱན་སྣ་ཚོགས་ཀྱིས་བརྒྱན་པ་གཉིས་ཀྱིས་ཁྱོད་ལྷོ་ཕྱོགས་དཔལ་གྱི་རི་ལ་བྲམ་ཟེ་ཆེན་པོའི་མདུན་དུ་འགྲོ་དགོས་ཟེར་ཞིང་། དར་གྱི་འདོ་ལིའི་ཁ་ན་བཞག་ནས་ཁོ་རང་གཉིས་ཀྱི་ཕྲག་ལ་བཀལ་ནས་སོང་བས། སྐད་ཅིག་དེ་ཉིད་ལ་བྲམ་ཟེ་ཆེན་པོའི་མདུན་དུ་ཕྱིན་ཏེ། དོ་ཧ་རྡོ་རྗེ་མགུར་གསུངས་པས་ཕྱག་རྒྱ་ཆེན་པོའི་རྟོགས་པ་མངོན་དུ་གྱུར་ནས་ཐུགས་སྤྲོ་བའི་ངང་ནས་གཙང་གྱེར་ཕུར་བྱོན། ཀློག་སྐྱ་ཛོ་སྲས་ཀྱི་སྣེ་ལེན་བྱས་ཏེ་ཟླ་བ་ཕྱེད་དུ་ཆོས་གྲྭ་བཙུགས་ནས་ཞབས་ཏོག་བཟང་པོ་བྱས། དེའི་སྐབས་སུ་ཕུར་མ་བཞེངས་པའི་སྐུ་ཞིག་ཞུ་ཟེར་བས་སྔོན་གྱི་རྨི་ལམ་དུ་བྲམ་ཟེ་ཆེན་པོ་མཇལ་བའི་སྐབས་ཀྱི

དོ་ཧ་རྡོ་རྗེའི་མགུར་གསུངས་པ། དཔལ་དེ་རིང་བཀྲ་ཤིས་ཡར་གྱི་ངོ་། ཞེས་ཁྲུང་ཆེན་གཤོག་རྒྱང་གི་རྟ་ལ་དྲངས་ཏེ་གསུངས་པས་ཀུན་དད་པར་གྱུར་ཏོ། །

དེ་ནས་ལྷོ་བྲག་ཏུ་བྱོན་པས་སློབ་དཔོན་དང་ཉེ་གཞིས་རྣམས་ཀྱིས་སྣ་ལེན་ཅུང་ཙམ་རེ་བྱས་ཤིང་ཆོས་མཁས་པར་ཤེས་ཀྱང་སྟར་མི་ངན་པའི་དོན་གྱིས་ཞུ་མི་མ་བྱུང་། ཆང་ས་ཞིག་ཏུ་སྡིགས་པ་ཞིག་དང་ཁ་འཁྲུགས་པས་ཁོ་རྔབ་ཀྱིས་ཤི། དཔོན་པོ་རྗེ་བོ་དེས་ཁྲིད་ཀྱིས་ཅི་ཤེས་ཟེར། ཏེ་བཙྲ་དང་ཙཀྲ་སམྦྷ་ར་དང་། མཧཱ་མཱ་ཤེས་བྱས་པས། བ་རི་ཟ་རི་དེ་ཀུན་མ་གོ་ཟེར་ཡང་དོན་ལ་དད་ནས་སྣང་། དེ་ནས་དུས་རེ་ཞིག་གི་ཚེ་བྱང་ནམ་རའི་གསེར་ཁ་རྫོར་བ་དང་ཐུག་སྟེ་ཧྲ་དཀར་པོ་ཞིག་ལ་དཔེ་ཆ་སོགས་ཆ་རྐྱེན་རྣམས་བཀལ་ནས་གཡོག་པོ་གཅིག་ཁྲིད་དེ་ཆུ་འགྲམ་ཞིག་ཏུ་གྲོ་བྱས་པས། བཙྟེ་ཞིག་བྱུང་ནས་ཕྱག་འཚལ་ཏེ་གང་ནས་ཡིན་ཟེར། ཉེ་གནས་ཀྱིས་གྲུབ་ཆེན་ནཱ་རོ་པའི་སློབ་མ་མར་པ་ལོ་ཙཱ་བ་ཡིན་ཞེས་ཞིབ་པར་བཤད། ཁོང་རྫོག་སྟོན་ཆོས་རྡོར་ཡིན་ཞིང་ཤིན་ཏུ་དད་ནས་གདན་དྲངས། དབང་དང་གདམས་པ་མང་དུ་ཞུས་ཞབས་ཏོག་བཟང་པོ་བྱས། དེ་ནས་འཕན་ཡུལ་དུ་བྱོན་ཏེ་སྲིའུ་བཅུ་དགུ་གསོས་པས་རེ་རེ་ལ་གསེར་ཞོ་བཅུ་གཅིག་རེ་བྱུང་། རེ་མ་ཏིའི་ངན་སྔགས་བསླབ་པས་གཙང་དར་ཡེ་སོགས་ཆོས་ཞུ་མང་དུ་བྱུང་། འབུལ་བ་ཐམས་ཅད་གསེར་དུ་བསྒྱུར་བས་གསེར་མང་དུ་འགྲུབ། དེ་ཙ་ན་འདམ་སླེང་དྲུང་གི་ཚོང་པ་མར་པ་མགོ་ཡག་ཟེར་བ་རུས་གཅིག་པའི་ཞེན་གྱིས་ཕྱག་འབུལ་དུ་ཕྱིན། དེར་གླེང་བསླངས་བྱུང་བས་ཁོ་ན་རེ། འཕན་ཡུལ་སྐྱུ་མོ་ན་བྱེའུ་ལ་ལྷུ་ཐང་རྩེ་བ་ཡིན། བྱང་ཁ་སྣང་བརྒྱད་ནས་གཡག་ལ་གཟུག་ཐང་བྱེད་ཟེར་བ་ཡིན་པས་ངའི་ཡུལ་དུ་བྱོན་ཟེར། དེར་འདམ་དུ་ཕྱིན་པས་འབུལ་བ་ཞབས་ཏོག་མང་དུ་བྱས། དེ་དུས་ནོར་ལ་ཞེན་པ་ཆེ་བ་ལྟར་མཛད་པས་སློབ་མ་རྣམས་ཅུང་མ་མགུ་བས། ཁོ་བོ་ནོར་ལ་གཅེས་པ་མ་ཡིན། བླ་མ་རྣམས་ཀྱི་སྐུ་དྲིན་བསབ་པ་དང་། རྟེན་ངོ་མཚར་ཅན་རྣམས་ལ་མཆོད་པ་འབུལ་བའི་ཕྱིར་ཡིན་གསུངས་པས་ཀུན་ཡིད་ཆེས་པར་གྱུར། ཡོན་བདག་འགའ་ཞིག་མ་དད་པ་ལ་ལུ་གུ་དང་གཡག་ཤི་བའི་རོ་ལ་གྲོང་འཇུག་མཛད་པས་གྲུབ་ཐོབ་ཀྱི་སྐད་པ་ཕྱོགས་ཀུན་ཏུ་ཁྱབ་ཅིང་ཆོས་ཞུ་དང་འབུལ་བ་ཆེར་བྱུང་། དེ་ནས་ནུབ་གཅིག་ནམ་ཐོ་རངས་ཁར་མཁའ་འགྲོ་མ་དཔག་ཏུ་མེད་པ་བྱུང་ནས་གླུ་གར་རོལ་མོའི་སྒྲ་བཅས་གོང་དུ་ནཱ་རོ་པས་གསུངས་པའི་བརྡ་རྣམས་བཀྲོལ་ཅིང་གནང་། ཧཻ་ལོས་ལུང་བསྟན་ནཱ་རོའི་བུ། །ལྡན་གྲུབ་ཆོས་ཀྱི་བློ་གྲོས་ཁྱོད། །པུ་ལ་ཧ་རིའི་དགོན་པ་ན། །རྣལ་འབྱོར་དབང་ཕྱུག་ནཱ་རོ་པ། །སྐྱེ་བ

མེད་པའི་དབྱིངས་སུ་ཡལ། །ཁྱེད་བཞུད་ན་ངེད་དང་འགྲོགས་ལ་གཤེགས། ཞེས་ཟེར་ནས་བསྐུལ་བས། རྣལ་སད་པ་དང་གདུང་ཤུགས་དྲག་པོས་མང་དུ་བཤུམ་པ་ལ། མགོ་ཡག་ལངས་ནས་འདི་ལྟར་མཛད་པ་ཅི་ལགས་ཞུས་པས། ང་རྒྱ་གར་དུ་འགྲོ་དགོས་པར་འདུག་གསུངས་ཤིང་ཆོས་འཁྲོ་རྣམས་ཚར་བར་མཛད། དེར་མགོ་ཡག་གིས་གཡུ་སེང་གེའི་མགོ་བྲུ་བ་གཅིག་ཛ་ཤོང་སིག་བཞི། རྣ་ཁྲ་བོ་མགོ་དཀར་སོགས་མང་དུ་ཕུལ་བས་དངོས་པོ་རྣམས་གསེར་དུ་བསྒྱུར་བས་གསེར་སྲང་སུམ་བརྒྱ་ལྷག་འགྲུབ། མགོ་ཡག་ལ་སོགས་པའི་སློབ་མ་བཅུ་དགུས་མང་ཡུལ་དུ་བསྐྱལ་ནས་སླར་རང་ཡུལ་དུ་ལོག །དེ་ནས་བལ་པོར་ཕྱིན་ནས་པེ་ཧྐ་བ་ལ་གསེར་སྲང་ཕྱེད་ཕྱག་རྟེན་དུ་ཕུལ། བླ་མས་ཕྱག་ནས་བཟུང་སྟེ་བུ་འོང་ཙ་ཕ་མེད། ཁྱོད་ན་ནིང་མི་ཡོང་བའི་དཔེ་ཅི་ཡོད། བླ་མ་སྨྱོད་པ་ལ་གཤེགས་གསུངས་མང་དུ་བཤུམ། དེ་ནས་བླ་མ་སྤྱི་ཐེར་བ་ལ་གསེར་སྲང་གང་ཕྱག་རྟེན་ཕུལ་མཇལ་བས་གོང་བཞིན་གསུངས། བླ་མ་རྣམ་གཉིས་ལ་ཚོགས་འཁོར་དང་འཕགས་པ་ཤིང་ཀུན་ལ་མཆོད་པ་དང་སྨོན་ལམ་བཏབ་ནས་རྒྱ་གར་དུ་ཕྱིན། དགེ་སྩུལ་ཤེས་རབ་སེང་གེ་མཇལ་གསེར་སྲང་གང་ཕྱག་རྟེན་དུ་ཕྱས། བླ་མ་སྨྱོད་པ་ལ་གཤེགས་པའི་ལོ་རྒྱུས་ཞིབ་ཏུ་གསུངས། དབྱིས་རྫོར་གྱི་ཐང་སྐུ་གཅིག །ཀ་པྲ་ལའི་ནང་དུ་རྩ་རྒྱུད་བཞག་པ་གཅིག །རྫོར་དྲིལ་གཅིག་བཅས་མར་པ་བོད་ནས་ཡོང་བ་ལ་གཏོད་གསུངས། དེར་མར་པས་བླ་མ་དྲན་ནས་མང་དུ་བཤུམས་ཏེ་ང་ཅི་ལྟར་བྱས་ན་གྲགས་ཞུས་པས། གསེར་ཅི་ཙམ་ཡོད་གསུངས། མང་དུ་ཡོད་ཞུས་པས། འོན་ཅི་ཡོད་དོན་ལ་བྱ་བ་ཡིན་པས། མཻ་ཏྲི་བ་ལ་སོགས་གྲུབ་ཐོབ་རྣམས་ཀྱི་མདུན་དུ་སོང་ལ་གསོལ་བ་ཐོབས་དང་ཁྱོད་ལུང་བསྟན་པའི་སྐྱེས་བུ་ལས་འགྲོ་ཅན་ཡིན་པས། མཇལ་ནས་འོང་གིས་གསུངས་སོ། །

དེ་ནས་རྒྱལ་བ་མཻ་ཏྲི་པའི་མདུན་དུ་སོང་སྟེ། གནས་དེ་མེ་ཏོག་དམར་པོའི་ཚལ་གྱིས་གང་བའི་འོད་ཀྱིས་མི་ལ་སོགས་མདངས་འཕྲོག་ཅིང་དམར་པོར་བསྒྱུར་ནུས་པས། མེ་ཏོག་མདངས་འཕྲོག་གི་རི་མེ་ལྟར་འབར་བ་ཟེར་ཏེ། དེ་ན་ཤིང་སྡོང་པོ་གཅིག་གི་དྲུང་དུ་སྐུ་གཟི་མདངས་དང་བཅས་པར་བཞུགས་པ་ལ། ཕྱག་དང་གསེར་གྱི་མཎྜལ་ཕུལ་ནས། ཚོགས་ཀྱི་འཁོར་ལོ་ཟླ་བ་གཅིག་བསྐོར་ཏེ་གསོལ་བ་བཏབ་པས། ངོ་མཚར་གྱི་ཆོ་འཕྲུལ་མང་པོ་ཡང་མཐོང་གནམ་གང་གི་ཉིན་པར། རྨི་ལམ་མི་ངན་རྨི་ལམ་བཟང་། །ནོར་བུ་རྒྱལ་མཚན་རྩེ་ལ་ཕྱུར། །སྐྲག་མོའི་མེ་ལོང་ཟུར་མིག་བལྟ། །དང་དཔོན་ཆེན་པོའི་གྲུ་གཟིང་གཏོང་། །བྱ་འཕུར་སྟེང་ན་རྒྱལ་མཚན་བཙུག །བྱ་མགོ་བོད་དུ་བསྟན་པ

སྨིས། །དཔལ་ནཱ་རོ་པ་དང་མཇལ་ཏེ་འོང་། གསུངས། དེ་ནས་ཀུ་ཀུ་རི་པའི་མདུན་དུ་སོང་བས་ཁོང་དུག་མཚོའི་གླིང་ནས་ཆུར་བྱོན་ཏེ། ཆུ་འགྲམ་དུ་ཤིང་ཏིང་ཏིང་ཀུན་གྱི་རྩ་བར་བཞུགས་པ་ལ། ཚོགས་ཀྱི་འཁོར་ལོ་ཟླ་བ་གཅིག་ལ་བསྐོར་ཞིང་གསོལ་བ་བཏབ་པས། རྗེ་བཙུན་དཔལ་ལྡན་ནཱ་རོ་པ། །གླང་པོ་ཆེ་ཡི་ལྤ་སྐྱངས་ཀྱིས། །སྤྱན་མིག་གཉིས་ནི་ཉི་ཟླ་ཡི། །འོད་ཟེར་བོད་དུ་བཀྱེ་བ་སྨིས། །དཔལ་ནཱ་རོ་པ་དང་མཇལ་ཏེ་འོང་། ཞེས་གསུངས། ཁྱེད་ཀྱི་གདམས་ངག་ཐུན་མོང་མ་ཡིན་པ་གཅིག་ཀྱང་ཐོབ་པ་ཡིན་གསུངས། རྡུས་པའི་རྒྱན་ཅན་དུར་ཁྲོད་སོ་ས་གླིང་དུ་བཞུགས་པའི་དྲུང་དུ་སོང་ནས། ཚོགས་ཀྱི་འཁོར་ལོ་ཟླ་བ་གཅིག་ལ་བསྐོར་ཏེ་གསོལ་བ་བཏབ་པས། རི་གསུམ་རྩེ་ནས་དུང་འབུད་ཅིང་། །ལུང་གསུམ་མདོ་ནས་ལམ་སྣ་འདྲེན། །བུམ་ནང་མར་མེ་འབར་བ་ཡིས། །འཛམ་གླིང་ཐམས་ཅད་གསལ་བར་སྨིས། །དཔལ་ནཱ་རོ་པ་དང་མཇལ་ཏེ་འོང་། ཞེས་གསུངས། དེ་ནས་དགེ་ཚུལ་ཤེས་རབ་སེང་གེའི་མདུན་དུ་ཚོགས་ཀྱི་འཁོར་ལོ་ཟླ་བ་གཅིག་བསྐོར་ནས་གསོལ་བ་བཏབ་པས། བདག་གི་མྱུ་ངན་ཐང་ཆེན་ལས། །དམུས་ལོང་ཁྲིད་དེ་གཉིས་ལ་བཏད། །གཉིས་ཀྱི་རབ་རིབ་མིག་ཕྱིས་ནས། །སེམས་ཀྱི་མེ་ལོང་བལྟ་བ་སྨིས། །དཔལ་ནཱ་རོ་པ་དང་མཇལ་ཏེ་འོང་། གསུངས། ཡང་རི་རི་པའི་མདུན་དུ་ཚོགས་ཀྱི་འཁོར་ལོ་ཟླ་བ་གཅིག་ལ་བསྐོར་ནས། གསོལ་བ་བཏབ་པས། བྲམ་ཟེ་ཆེན་པོ་བཟང་ལྡན་གྱིས། རིགས་ངན་ཆོས་ཀྱི་རྒྱལ་པོ་ལ། གསོལ་བཏབ་དགེ་བཟང་དཔང་བཙུགས་པས། འབྲས་བུས་འདིར་ཡང་མཇལ་བར་ངེས། ཞེས་གསུངས། དེ་ནས་ཀ་སོ་རི་པའི་མདུན་ཏུ་ཟླ་བ་གཅིག་ལ་ཚོགས་ཀྱི་འཁོར་ལོ་བསྐོར་ཞིང་གསོལ་བ་བཏབ་པས། ཡང་དག་ཟླ་བའི་དཀྱིལ་འཁོར་དུ། །སེམས་ཉིད་ཆོས་སྐུའི་མེ་ལོང་ནི། །མི་གཡོ་ཕུ་ལ་ཧ་རི་ན། །ནཱ་རོ་པ་ཡི་སྟོན་པར་འགྱུར། ད་སྟེ་ཟླ་བ་བརྒྱད་ན་ཕུ་ལ་ཧ་རིར་མཇལ་བར་གདའ་འོ། །ཞེས་ལུང་བསྟན་ཏོ། །གཞན་ཡང་སྨྲས་པའི་རྣལ་འབྱོར་པ་ལྔ་རྣལ་འབྱོར་མ་དྲུག་སྟེ་བཅུ་གཅིག་གི་མདུན་དུ་ཚོགས་ཀྱི་འཁོར་ལོ་བསྐོར་ནས་གསོལ་བ་བཏབ་པས་མཇལ་བར་ལུང་བསྟན་ཏོ། །དེ་ནས་ནཱ་ལེནྡྲར་བྱོན་ནས་བཞུགས་ཀྱང་བླ་མ་དྲན་ནས་སྡོད་མ་ཚུགས་པར་ཕྱོགས་ཐམས་ཅད་དུ་འཚོལ་དུ་བྱོན་པས་ཙནྡན་སྡོང་པོར་འཛའ་གུར་དུ་ཀྱཻ་རྡོར་ལྷ་དགུ་ཐུགས་ཀའི་སྔགས་ཕྲེང་དང་བཅས་པ་མཇལ་བ་དང་། སྨི་ལམ་དུ་ཟླ་བའི་སྟེང་དུ་ནཱ་རོ་པ་སེང་གེ་ཆིབས་ནས་བཙུན་མོ་གཉིས་ཀྱིས་བརྟེན་ནས་གླུ་གར་བྱེད་པ་སྨིས་པ་དང་། ཡང་ཤེལ་གྱི་ཕ་བོང་གཅིག་གི་སྟེང་དུ་བླ་མ་གཤེགས་པའི་ཞབས་རྗེས་གསལ་བར་དོད་པ་མཐོང་བས། འཛའ་ཚོན་ལྔ་

བུའི་སྐུ་ལྟལ་གྱིས་མཐོང་བ་དང་། ཤིན་ཏུ་གསལ་བ་ཞིག་མཐོང་བ་དང་། ཙནྡན་གྱི་ནགས་ཚལ་དུ་སྐུ་གཟི་མདངས་ལ་མེ་འབར་བ་མཐོང་བ་དང་། བྲག་ཕུག་ཅིག་ཏུ་ཐོད་ཁྲག་གསོལ་ཞིང་བཞུགས་པའི་འགྲོ་བདག་ལ་གནང་བས་བདེ་སྟོང་ཐུགས་ལ་ཤར་བ་དང་། དེ་རྣམས་ནི་ཡུད་ཙམ་ནས་མི་སྣང་བར་གྱུར་པའོ། །དེ་ནས་ཡང་གསོལ་བ་བཏབ་ནས་འཚོལ་བས་རི་བོ་གསེར་གྱི་དགོན་བྱ་བར་བླ་མ་སྐུ་གཟི་མདངས་ཅན་ཁཊྭཾ་ཐོད་པ་བསྣམས་ནས་གར་མཛད་པ་མཇལ་བས་དེ་མ་ཐག་དགའ་ཆེས་ཏེ་གསེར་སྐྱེམ་པས་གཙུས་ནས་ཕུལ་ཏེ། ཕ་རྗེ་བཙུན་ཐུགས་རྗེས་བཟུང་དུ་གསོལ། ཞུས་པས་བླ་མ་དཀོན་མཆོག་མཆོད་གསུངས་ནས་གསེར་རྣམས་ནགས་ཚལ་གསེབ་ཏུ་གཏོར། མར་པས་བོད་ནས་དཀའ་སྡུག་གིས་བཙལ་སྐྱེམ་པས། བུ་འདོད་ན་ཐམས་ཅད་གསེར་གླིང་ཡིན་ནོ་གསུངས། གོང་གི་ཕུལ་བའི་གསེར་རྣམས་རང་གི་སྐྱེམ་པར་བྱུང་ཞིང་ཡང་མི་སྣང་བར་གྱུར། ཡང་མོས་གུས་ཀྱིས་བཙལ་བས་རི་བོ་གསེར་གྱི་དགོན་པར་ནགས་ཚལ་ཕུན་སུམ་ཚོགས་པར་ནཱ་རོ་པ་སྐུ་གཟི་མདངས་དང་ལྡན་ཞིང་རུས་པའི་རྒྱན་དྲུག་གིས་བརྒྱན་པ་ཕྱག་ན་ཀཱ་མ་རུ་དང་ཐོད་པ་ཐོགས་པ་ལམ་མེར་མཇལ་བས། ཐུགས་རྗེ་མ་ཆུང་ཞེས་སྐད་མི་ཐོན་ཙམ་དུ་གསོལ་བ་བཏབ་པས་ཙནྡན་གྱི་སྡོང་པོ་གཅིག་གི་རྩ་བར་བཞུགས་པ་ལ་གསེར་གྱི་མཎྜལ་ཕུལ་ཞིང་ཕྱག་འཚལ་ནས་ཞབས་ལ་འཇུས་ཤིང་སྤྱི་བོར་བཞག་སྟེ། ང་བོད་ནས་དཀའ་ལས་མང་པོ་བྱས་ནས་འོང་། འདིར་བླ་མ་མ་རྙེད་ནས་དཀའ་བ་དཔག་ཏུ་མེད་པ་སྤྱད་པ་ལ་རྗེ་བཙུན་དེ་ཙམ་དུ་ཐུགས་རྗེ་ཆུང་བ་ཞེས་ཡུས་ཀྱིས་བརྣངས་ནས་སྤྱན་ཆབ་མང་པོ་ཕྱུང་བ་ལ། ང་དུས་རྟག་ཏུ་ཁྱོད་དང་མ་བྲལ་བསྟོད་པ་ལ་ཁྱོད་རང་ལས་ཀྱི་སྒྲིབ་པས་བསྒྲིབས་ནས་རང་གི་བག་ཆགས་ཀྱིས་མ་མཐོང་བ་ཡིན། ད་ལྟ་བག་ཆགས་ངན་པ་དང་། སྒྲིབ་པ་ཐམས་ཅད་དག་ནས་མཐོང་བ་ཡིན་གསུངས། དེ་ནས་ཡབ་སྲས་འགྲོགས་ནས་པུ་ལ་ཧ་རིར་བྱོན་པའི་ལམ་ན་ཡེ་ཤེས་མཁའ་འགྲོ་མང་པོས་ནཱ་རོ་པ་ལ་མཆོད་པ་ཕུལ་ནས། ལུང་བསྟན་མར་པ་བློ་གྲོས་ནི། །ཡང་དག་མཐར་ཕྱིན་སྟོང་གྲོགས་བྱེད། །ཟླ་གསུམ་སོང་བའི་ནང་པར་ནས། །རྗེ་བཙུན་དཔལ་ལྡན་ནཱ་རོ་པ། །ཕུ་ལ་ཧ་རིའི་དགོན་པ་ནས། །ཤིང་རྟ་ཆེན་པོའི་རྟར་བསྐྱོད་དེ། །ཨོ་རྒྱན་རང་བྱུང་དུར་ཁྲོད་དུ། ལུང་བསྟན་རང་གྲོལ་མཁའ་འགྲོས་བསྒྲུ། ཞེས་གསུངས་ནས་ནམ་མཁར་གཤེགས་སོ། །དེ་ནས་པུ་ལ་ཧ་རིར་བྱོན་ནས་དེར་ནཱ་རོ་པས། བོད་ཀྱི་མར་པ་བློ་གྲོས་ཁྱོད། །དེ་དེ་ཡིན་ཏེ་དེ་ཉིད་མེད། དེ་སྐད་བསྟན་པ་རྣམས་གཙོ་ཆེར་རྒྱུད་འབྲེལ་པ་ཐབས་ལམ་གྱི་གདམས་ངག

ཡིན། དེ་ནི་བྱིན་རླབས་དང་འབྲེལ་བ་སྙན་བརྒྱུད་ཀྱི་གདམས་ངག་སྟོན་པ་ཡིན་གསུངས་ནས། དེར་ཚོགས་ཀྱི་འཁོར་ལོ་བསྐོར་ཏེ། ཐབས་གཙོ་བོར་སྟོན་པ་རྡུལ་ཚོན་གྱི་དཀྱིལ་འཁོར་དུ་དབང་བསྐུར་བའི་ཚེ། བླ་མའི་ཐུགས་ཀར་ལྷན་ཅིག་སྐྱེས་མ་བྱོན་ཏེ། ཐུམ་པའི་དབང་བསྐུར། ཐུགས་ཀའི་སྦུགས་ཀྱི་འཁོར་ལོ་ཞལ་ནས་ཐོན་ཏེ། མར་པའི་ཐུགས་ཀར་འཐིམས། སྣོད་བཅུད་ཐམས་ཅད་ལྷ་དང་ལྷ་མོའི་རང་བཞིན་དུ་མཐོང་། གསང་མཚན་ཞེ་སྡང་རྡོ་རྗེར་བཏགས། ཤེས་རབ་དང་འབྲེལ་བ་སིནྡྷུ་རའི་དཀྱིལ་ལ་བརྟེན་ནས་བྱིན་གྱིས་རླབས་པའི་ཚེ། བླ་མ་ཡབ་ཡུམ་གྱི་སྦྱོར་མཚམས་ནས་བདུད་རྩིའི་རྒྱུན་འབབ་ཅིང་མར་པ་ལ་ཐིམ་པས་རྩ་མདུད་གྲོལ་ཏེ་བདེ་སྟོང་ཟག་པ་མེད་པའི་ཏིང་འཛིན་རྒྱུད་ལས་སྐྱེས་པ་བླ་མས་ངོ་སྤྲད། དེ་དག་གི་སྐབས་སུ་རང་བྱུང་ཤེལ་གྱི་མཆོད་རྟེན་ཁྲུ་གང་བ་དང་། བཅོམ་ལྡན་འདས་ལྷན་ཅིག་སྐྱེས་པའི་སྐུ་ལ་སོགས་ལྷ་ཚོགས་དཔག་ཏུ་མེད་པ་རང་བྱུང་དུ་བྱོན་ཞིང་། མཆོད་པའི་བཀོད་པ་ཕུན་སུམ་ཚོགས་པ་ཡང་བྱུང་། ཙནྡན་གྱི་སྡོང་པོ་གཅིག་ལ་སྒྲ་དང་འོད་བྱུང་བའི་ནང་ནས་དགྱེས་པ་རྡོ་རྗེ་ལྷ་དགུ་བྱུང་བ་དེའི་འོད་ཀྱིས་གསལ་བར་གྱུར། དེ་ལ་སོགས་པའི་རྟགས་ངོ་མཚར་ཅན་དཔག་ཏུ་མེད་པ་བྱུང་ངོ་། །དེ་ནས་དེ་ཉིད་དུ་བླ་མ་ནཱ་རོ་པ་ཆེན་པོའི་ཞབས་དྲུང་དུ་ཟླ་བ་གསུམ་བཞུགས་ཏེ། གོང་དུ་གསུངས་པའི་ཆོས་རྣམས་ཀྱང་གསལ་བཏབ་ཅིང་། ག་དར་དང་ཞུ་གཏུག་ལེགས་པར་མཛད་ནས་ཐེ་ཚོམ་མེད་པར་བྱས་སོ། །གོང་དུ་མ་ཐོབ་པའི་སྙན་བརྒྱུད་ཡིད་བཞིན་ནོར་བུ་རྣམ་གསུམ་དང་། ལུས་མེད་མཁའ་འགྲོའི་ཆོས་སྐོར་ལ་སོགས་མང་དུ་གནང་ཞིང་། སྒྲོ་འདོགས་ཐམས་ཅད་ཆོད་པར་བྱས་པ་ཡིན་ནོ། །དེར་ནཱ་རོ་པའི་ཞལ་ནས་མདོ་རྒྱུད་ཐམས་ཅད་ཀྱི་དགོངས་པ་ཕྱོགས་གཅིག་ཏུ་དྲིལ་ཞིང་སྙིང་པོའི་དོན། མར་གྱི་སྙིང་ཁུ་ལྟ་བུ་ཚེ་གཅིག་ལུས་གཅིག་ལ་སངས་རྒྱས་པར་བྱེད་པའི་ཆོས། སྙན་བརྒྱུད་ཆོས་དྲུག་དང་བཅས་པ་འདི་དག་ཡིན་ཏེ། དེ་ཡང་གདམས་པའི་མཆོག་ཏུ་གྱུར་པ། བླ་མ་དམ་པ་ལ་སངས་རྒྱས་ཀྱི་འདུ་ཤེས་བསྐྱེད་ཅིང་། ཅི་གསུང་གི་བཀའ་ལས་མི་འདའ་ཞིང་། སྒྲུབ་པ་ལ་བརྩོན་ཏེ་འགྲོ་དོན་བྱེད་པ་ཡིན་པས། སྣོད་མིན་ལ་གསང་ཞིང་སྣོད་ལྡན་ལ་སྟོན་པར་གྱིས་ཤིག །ཏཻ་ལོ་པས་ང་ལ་ཁྱོད་ལུང་བསྟན་པ་ཡིན་པས། ཕྱག་རྒྱ་ལ་བརྟེན་ནས་གདུལ་བྱ་རྣམས་སྨིན་ཅིང་གྲོལ་བར་གྱིས་དང་། ཁྱོད་ཀྱི་སློབ་མ་དང་ཡང་སློབ་ལ་སོགས་ནས་ཀྱང་གཞན་དོན་ཇི་ཆེར་འགྲོ་ཞིང་སངས་རྒྱས་ཀྱི་བསྟན་པ་དར་བར་འགྱུར་རོ། །ཞེས་གསུངས་སོ། །

དེ་ནས་གདམས་པ་ཐམས་ཅད་གྲུབ་པ་དང༌། གཏང་རག་གི་མཆོད་པ་ཆེན་པོ་བྱེད་པའི་ཕྱིར། གྲུབ་པ་ཐོབ་པའི་རྣལ་འབྱོར་ཕོ་མོ་མང་པོ་བཏུས་བཀུག་སྟེ། ཚོགས་ཀྱི་འཁོར་ལོ་རྒྱ་ཆེན་པོ་བསྐོར་ནས་ཚོགས་ལ་ལོངས་སྤྱད། ཡི་དམ་མཁའ་འགྲོ་ཆོས་སྐྱོང་གི་ལྷས་ངོ་མཚར་ཅན་མང་པོ་ཡང་མཐོང་བས་ཤིན་ཏུ་དགའ་སྟེ། རྟོགས་པ་ཕུལ་བས་བླ་མ་ཡང་ཤིན་ཏུ་མཉེས་ནས། །བླ་མའི་མཚན་ཉིད་བརྒྱུད་པར་ལྡན། །སེམས་ཉིད་མཚན་ཉིད་ཟུང་དུ་འཇུག །སྣང་བའི་མཚན་ཉིད་སྐྱེ་བ་མེད། །འཁོར་བའི་མཚན་ཉིད་གཞི་རྩ་བྲལ། །མོས་གུས་གནད་ཀྱི་མཚམས་སྦྱར་ནས། །སྟོང་ཉིད་སྙིང་པོའི་རོ་སྙོམས་པས། རང་བྱུང་འོད་གསལ་བརྗོད་ལས་འདས། རྟོགས་པ་ཕྱག་རྒྱ་ཆེན་པོ་ཡིན། དེར་ནཱ་རོ་པས། ཁོང་གི་ཐུགས་དམ་པདྨ་དམར་པོའི་ཕྲེང་བ་བརྒྱ་རྩ་བརྒྱད་གནང་ནས། བུ་ཁྱོད་དང་ཁོ་བོ་འདུ་འབྲལ་མེད་དོ། །ཁྱོད་འཕོ་བའི་དུས་སུ་ཁོ་བོ་ཡང་འོང་ཞིང་ཡི་དམ་མཁའ་འགྲོ་ཆོས་སྐྱོང་གིས་ལྷས་ངོ་མཚར་ཅན་དུ་མ་སྟོན་ནས་བསུ་ཞིང་སྐྱེ་བ་ཕྱི་མར་ཁྱོད་རྒྱ་གར་ཤར་ཕྱོགས་སུ་བྲམ་ཟེའི་རིགས་མཆོག་ཏུ་གྱུར་པ་ཞིག་ཏུ་སྐྱེས་ནས་ཁོ་བོ་དང་ལྷོ་ཕྱོགས་དཔལ་གྱི་རི་ལ་མཇལ་བར་འགྱུར་རོ་གསུངས། དེ་ནས་སྐུ་རེངས་དང་པོ་ཤར་བའི་ཚེ། ཕྱག་གཡོན་པ་མར་པའི་སྤྱི་བོར་བཞག་སྟེ། སྔོན་ཚུལ་བཞིན་སྦྱངས་པའི་ལས་འཕྲོ་ཅན། ཞེས་ལུང་བསྟན་གྱི་མགུར་གསུངས་ཏེ། དེའི་ཚེ་འོད་དང་རོལ་མོའི་སྒྲ་དང་སྤོས་ཀྱི་དྲི་དང༌། མེ་ཏོག་གི་ཆར་དང༌། འཇའ་འོད་ཀྱི་གུར་ལ་སོགས་པ་མཆོད་པའི་བྱེ་བྲག་བསམ་གྱིས་མི་ཁྱབ་པའི་དབུས་སུ། སེང་གེའི་ཁྲི་པདྨ་བརྩེགས་པའི་སྟེང་དུ་ནཱ་རོ་ཆེན་པོ་བཞུགས་ཏེ། དཔའ་བོ་མཁའ་འགྲོ་གྲངས་མེད་པས་གདན་དྲངས་ནས་ནམ་མཁའ་རུ་ཇེ་མཐོ་ཇེ་མཐོ་ལ་སོང་ནས་ཨུ་རྒྱན་དུ་གཤེགས་སོ། །དེ་ནས་མར་པ་ཐུགས་ཤིན་ཏུ་སྐྱོ་བར་གྱུར་ཏེ། ཕྱིར་ཉིན་ཉི་མ་ཤར་ཙ་སེང་ལྡིང་ནགས་ཚལ་གྱི་ནང་དུ་སོང་ཞིང་གསོལ་བ་བཏབ་པས། ནཱ་རོ་པ་ཤིང་ཉུ་གྲོ་ཏའི་སྡོང་པོ་གཅིག་གི་སྟེང་དུ་བཞུགས་ནས་འདི་སྐད་གསུངས། དལ་འབྱོར་གཟུགས་ཀྱི་ཕུང་པོ་འདི། གཡར་སྐྱོ་ཙམ་ན་འདི་སྐད་དོག །ཅེས་སོགས་ཆོས་དྲུག་དྲིལ་བ་རྡོ་རྗེའི་མགུར་གསུངས་པས། སྐྱོ་བ་སངས་ཏེ་ཤིན་ཏུ་དགའ་བར་གྱུར་ཏོ། །དེ་ནས་མངའ་བདག་མཻ་ཏྲི་པའི་མདུན་དུ་སོང་ཞིང་ཕྱག་དང་གསེར་གྱི་མཎྜལ་ཕུལ་ནས་ནཱ་རོ་པ་དང་མཇལ་བའི་ལོ་རྒྱུས་རྣམས་ཞིབ་ཏུ་ཞུས་ཤིང༌། གདམས་ངག་ཞུས་པས་སྙན་བརྒྱུད་ཀྱི་གདམས་པ་རྣམས་བུམ་པ་གང་བྱོའི་ཚུལ་དུ་གནང་བས། གཏང་རག་ཏུ་ཚོགས་ཀྱི་འཁོར་ལོ་བསྐོར་ཞིང༌། བླ་མ་ལ་རྟོགས་པ་ཕུལ་བའི་མགུར་ནི། སྤྱི་གཙུག་བདེ་ཆེན་གཞལ་

ཡས་ནས། ཞེས་སོགས་གསུངས་པས་མི་ཏྲི་པ་ཡང་ཤིན་ཏུ་དགྱེས་ཏེ། ཕྱག་སོར་ལ་གསེར་གྱི་མགུ་ཡ་རྫོར་དྲིལ་ཟུང་ཡོད་པ་གནང་ནས། དུས་གསུམ་གྱི་སངས་རྒྱས་ཐམས་ཅད་ཀྱི་ངོ་བོ་བླ་མ་དམ་པ་སྤྱི་བོར་ཁྱུར་ཞིང་། ཡི་དམ་མཁའ་འགྲོ་ཆོས་སྐྱོང་གི་ཚོགས་གཏོར་མ་མ་གཅོད་དང་ཅི་བསམ་འགྲུབ་སྟེ། གཞན་དོན་འབད་མེད་དུ་འབྱུང་ཞིང་། མཆོག་གི་དངོས་གྲུབ་ཐོབ་པར་འགྱུར་རོ། །ཞེས་གསུངས་སོ། །

དེ་ནས་ཀུ་ཀུ་རི་པ། ཀ་སོ་རི་པ། རྣལ་འབྱོར་མ་རྟུས་པའི་རྒྱན་ཅན་ཀུ་སུ་ལུ་པ་ཡེ་ཤེས་སྙིང་པོ་དགེ་ཚུལ་ཤེས་རབ་སེང་གེ་ལ་སོགས་བླ་མ་རྣམས་ལ་ཚོགས་འཁོར་གཏང་རག་ཕུལ་ཞིང་སྨོན་ལམ་གྱི་ཕྱག་འཚལ། བྲམ་ཟེའི་ཁྲིའུ་གསེར་ཕྲེང་། དེད་དཔོན་བུ་མོ་ཙ་ཀྲ། ཆང་ཚོང་བུ་མོ་ཀུན་ཧྣ་ལི་སོགས་ལ་ཕྱག་རྟེན་དང་སྨོན་ལམ་ཕུལ། རྡོ་རྗེ་གདན་སོགས་རྒྱ་གར་གྱི་གནས་ཆེན་རྣམས་ལ་མཆོད་པ་དང་ཚོགས་འཁོར་མཛད། དེ་ནས་ཤིང་ཨ་མྲའི་ཚལ་དུ་མཆེད་གྲོགས་འགའ་ཞིག་གཤེགས་སྐྱེལ་དང་མཉམ་དུ་བཞུགས། བར་ཆད་མེད་པར་སློབ་གཉེར་མཐར་ཕྱིན་བོད་དུ་འགྲོ་བར་ཐུགས་བྲོད། བླ་མ་མཆེད་གྲོགས་ཤུལ་དུ་ལུས་པར་ཐུགས་འཕྲེང་། ལམ་བར་འཇིགས་པ་རྣམས་འཆོར་གསུངས་ནས་མགུར་མཛད། དེར་སྐྱེས་མཆོག་མར་པ་ལོ་ཙྪ་དེ་ཉིད་རྒྱ་གར་དུ་བྱོན་པའི་སྔ་མ་ལ་ལོ་ལྔ། བར་མ་ལ་ལོ་དྲུག་དང་ཟླ་བ་བདུན། ཕྱི་མར་ལོ་ལྔ་སྟེ་བཅུ་དྲུག་བཞུགས། སྤྱིར་གྲུབ་ཐོབ་བླ་མ་བརྒྱ་རྩ་བརྒྱད་བཤད་སྒྲོལ་འཛིན་པ་ལྔ་བཅུ། སྣང་བར་འགྱུར་ངེས་བཅུ་གསུམ། ཁྱད་འཕགས་བཞི། འགྲན་གྱི་དོ་མེད་རྣམ་གཉིས། དེའི་ནང་ནས་གཙུག་གི་རྒྱན་གཅིག་པཎ་ཆེན་ནཱ་རོ་པ་བརྟེན། ཞབས་ཏོག་གསུམ་གྱིས་མཉེས་པར་མཛད། གདམས་པ་རྫོགས་ནས་ལུང་བསྟན་བརྙེས། ནཱ་རོ་སྤྱོད་པར་གཤེགས་ཀྱང་མཇལ་བའི་གྲགས་སྙན་ཐོབ་བཞིན་བལ་པོར་ཕེབས། དེར་ཕམ་མཐིང་བའི་ཆོས་བཅུའི་སྐུ་མཆེད་དང་། དུར་ཁྲོད་རམ་དོ་ལིར་ཆོས་བཅུའི་མཆོད་པ་རྣམས་མཛད་ཅིང་རྡོ་རྗེའི་མགུར་སོགས་ངོ་མཚར་བ་མཛད། བལ་ཡུལ་རིན་ཆེན་ཚུལ་གྱི་གཙུག་ལག་ཁང་དུ་བཞུགས་པའི་ནུབ་གཅིག་རྗེ་མི་ཏྲི་པ་བྱོན་ནས་སྐྱེ་མེད་མཚོན་པའི་བརྡ་བསྟན། ཡི་གེ་མེད་པའི་ཆོས་གསུངས། བརྗོད་ལས་འདས་པའི་དོན་རྟོགས། སྔར་མ་སྐྱེས་པའི་ཉམས་ཤར་བ་རྣམས་པེ་ཧྣ་བའི་མགུར་དུ་ཕུལ། ལ་སྟོད་དུ་ཡོན་བདག་ཁྱིམ་བུའི་སྒྲོར་མགུར་མཛད། སྟག་ཚལ་དུ་མེས་སྟོན་ཚོན་པོ་དང་མཇལ། ཆོས་ཞུས་བསྙེན་བཀུར་མཛད། མྱང་སྟོད་ཀྱི་མཁར་སྣང་དཀར་པོ་ནས་མར་པ་མགོ་ཡག་གིས་བསུ་བ་བྱས་ནས་སྐྱེས་པོ་སར་ཟླ་གཅིག་ཆོས་ཞུས་བསྙེན་བཀུར་ཕུལ་བས། མཉེས་པའི་ཕུལ་དུ་སོན་ནས་དེང་ཕྱིན་ཕྱག་བགྱི་བ་

མཛད་དོ། །

ལྷོ་ལ་ཡག་རྭ་བ་རོང་ལྷ་བ་ཙན་གྱི་གདན་དྲངས་ཆོས་གྲྭ་ཆེན་པོ་བཙུགས།རྒྱ་གར་དུ་བྱོན་པའི་ལམ་གླུ་མགུར་དུ་གསུངས། གྲོ་བོ་ལུང་དུ་ཆགས་ཕེབས་པའི་སྐབས་བླ་མ་བསྟེན་ཚུལ་བླ་མའི་རྣམ་གྲངས་རྣམས་མགུར་དུ་བཞེངས། གཞུང་དུ་རྫོག་སྟོན་ཆོས་རྗེ་ར་གྱིས་གདན་དྲངས། ཆོས་འཁོར་བསྐོར་ཞིང་ཞབས་ཏོག་རྒྱ་ཆེར་ཕུལ། དོལ་དུ་ཚུལ་སྟོན་དབང་ངེས་གདན་དྲངས་ཆོས་ཕྱིར་དཀའ་བ་སྤྱད་པའི་མགུར་གསུངས། དེ་ནས་རྗེ་མར་པ་དེ་ཉིད་ལས་ཀྱི་ཕྱག་རྒྱ་ལ་བརྟེན་ནས་འགྲོ་དོན་ཆེན་པོ་གྱིས་གསུངས་ཤིང་། རང་ཉིད་ཀྱང་གསང་སྔགས་ལམ་གྱི་རྣལ་འབྱོར་ཀྱིའི་རྡོ་རྗེའི་རྣམ་འཕྲུལ་ཡིན་པར་སྟོན་པའི་ཕྱིར་བདག་མེད་མ་གཙོ་བོར་གྱུར་པའི་རྡོ་མོ་དགུ་ཁབ་ཏུ་བཞེས། དེ་དག་ཀྱང་བླ་མ་ལ་གུས་དམ་ཚིག་ལྡན་པ་སོགས་གསང་སྔགས་ནས་བཤད་པའི་རིག་མ་ཁོ་ནར་ངེས་ཤིང་། གཞན་ཡང་གྲྭ་སློབ་མང་དུ་འཚོགས་པ་དང་། གྲོ་བོ་ལུང་གི་ཕུན་གནག་ལུག་སོགས་འབྲོག་སྐྱོང་། བར་ན་དགོན་འདེབས། མདའ་ན་ཞིང་བྱེད་པ་ལ་བྱིན་རླབས་དང་ནུས་མཐུ་ཆེ་བའི་གྲགས་པས་ཕྱི་ནང་གི་འཚོ་བ་བྲལ། དེ་ཆེ་རྗེ་མོ་རྣམས་ཀྱི་ངེད་ཅག་ཚེ་འདིར་སྣང་ཞེན་ཆུང་བར་མཆིས་པ་རྗེ་ཡི་བཀའ་དྲིན་ལགས་ཞུས་པས། ཡིན་ཏེ་རྩ་བ་གསུམ་གྱི་བྱིན་རླབས་ཀྱང་ཡིན་པས་ཚོགས་འཁོར་རྒྱ་ཆེན་པོ་ཞིག་ཤོམས་གསུངས། རྗེ་མོས་ཡོ་བྱད་བླ་མར་ཞུ་བའི་ཆང་ཐེམ་ཆུང་གང་ཉ་ཤ་སྐམ་པོ་འགའ་ཞིག་ལས་མེད་པས་སང་བཤམས་ཞུས་པས། ད་ལྟར་རང་ཤོམས་གསུངས། ཚོགས་མཆོད་ཀྱི་སྐབས་ཡོ་བྱད་ཕུན་སུམ་འཚོགས་པས་གང་ནས་འདུག །དེ་ཆེ་བླ་མ་ཀྱིའི་རྡོ་རྗེར་གྱུར་པའི་ཐུགས་འོད་ཀྱིས་གཙོ་མོ་ཡུམ་བདག་མེད་མ་དང་། འཁོར་གྱི་རི་ལྷ་མོ་བརྒྱད་དུ་གྱུར་པ་ཚོགས་འདུ་བ་ལ་ལོངས་སྤྱོད་པས་ཀུན་ཡིད་ཆེས་ངོ་མཚར་དུ་གྱུར་ཏེ་མི་ལྡོག་པའི་དད་པ་ཐོབ། དེ་ནས་སྲས་ཀྱི་ཐུ་བོ་མི་ལ་མཐུ་ཆེན་ཆོས་ཞུར་ཕྱིན་པ་ལ་སྒྲིབ་པ་སྦྱང་བ་དང་ཕྱི་རབས་གདུལ་བྱའི་དོན་དུ་མཁར་དགུ་ཐོག་ཀྐཊྜཱ་རའི་གདན་དང་བཙུར་ལོངས་པ་བརྩིགས་སུ་བཙུག །ཆོས་ཀྱང་ཆེར་མ་གནང་། རྩིག་བདུན་ཐོན་པའི་དུས་རྫོག་གཞུང་པ་ཙན་དུ་སོང་། མཁར་ཐོན་པའི་དགའ་སྟོན་དུ་རྫོག་པ་དང་འགྲོགས་ནས་མི་ལ་ཡང་བྱོན་ནས་བླ་མ་མཇལ། གདམས་པ་རྣམས་རྒྱས་པར་གནང་། མཁར་དགུ་ཐོག་འགྲུབ་ན་དེ་ཀར་གྲོལ་བ་ཡིན་ཏེ་མ་བྱུས། ད་སྒྲུབ་པ་ལ་བརྩོན་ན་འགྲུབ་པར་འགྱུར་རོ། །མཁར་དགུ་ཐོག་འགྲུབ་ན་སློབ་མ་རང་དང་མཉམ་པ་དགུ་འབྱུང་ཞིང་བདུན་ལས་མ་འགྲུབ་པས་གཉིས་ཀྱི་ནང་དུ་སྤྱོད་པ་རྩིང་བ་ཞིག

འབྱུང་གསུངས། ཡང་བླ་མ་རེས་གཅིག་འདག་སྦྱར་མཛད་ནས་ཟླ་བ་གཅིག་སོང་བ་ལས། རྒྱ་གར་དཔལ་ལེ་ལ་མཚམས་ཁང་དུ་རིམ་ལྔའི་ཁྲིད་གསུངས་པ་དང་། ལེའུ་ཆུང་ལ་རི་ཁྲོད་དུ་ཆོས་གསུངས་པ་དང་། ལུང་པའི་མདར་ཡུལ་པ་རྣམས་ལ་ཆོས་གསུངས་པ་དང་། ཇོ་མོ་རྣམས་ལ་རང་རང་ཐུགས་ལ་བཏགས་ཤིང་ཆོས་བསྟན་པ་དང་གྲྭ་སློབ་རྣམས་ལ་རྒྱུད་སྡེའི་བཤད་སྒྲོལ། འབྲོག་ཡུལ་མཁར་ལས་ཀུན་ལ་ཞལ་བཀོད་མཛད་པ་སོགས་ཀུན་ངོ་མཚར་དུ་གྱུར་པས་འདི་ཅི་ལྟར་ཡིན་ཞུས་པར། ཚོགས་འཁོར་ཤོམས་དང་རྒྱུ་མཚན་ཡོད་གསུངས། དེ་ལྟར་བསྐོར་བའི་ཚེ་བླ་མ་ཉིད་བདེ་མཆོག་དཀྱིལ་ཇོར་གསང་འདུས། མཱ་ཡ་སོགས་མཐོང་སྣང་མི་འདྲ་བ་བྱུང་བས་དེ་ཇི་ལྟར་ལགས་ཞུས་པས། བདག་ལ་དེ་དག་གི་གདམས་ངག་ཡོད་པས་དེ་ལྟར་དུ་འགྲོ་བ་ལགས་གསུངས། དེ་ནས་རེ་ཤིག་ཇ་མོ་རྒྱ་ཤུལ་དུ་དུས་སྟོན་ཆེན་པོ་ཡོད་པའི་ཁྲོམ་ཚོགས་དབུ་འཛིན་དུ་ཇོ་སྲས་ཉིད་སྤྱན་དྲངས་པར་ད་ལན་བར་ཆད་ཡོད་གསུངས་ཀྱང་བཤོལ་མ་ཐེབས། དམ་བཅའ་བདུན་བཞག་པ་ཐམས་ཅད་རིམ་པར་རལ། ཚུར་བྱོན་པའི་ལམ་ནང་ནས་ཆིབས་རྟ་འདྲོགས་ནས་བྲུད་པས་དབུ་ཚལ་པར་འཐོར་ལ་ཁད་དུ་བླ་མའི་མདུན་དུ་འབྱོར་ཐུབ། བླ་མ་ཡབ་ཡུམ་གྱི་འགྲོད་མེད་ཀྱི་མགུར་དང་། སྲས་ཀྱི་ཐུགས་ཁྲལ་མི་མཛད་པའི་མགུར་ཞུས་ཕུལ་ཞིང་། དོན་དུ་ནཱ་རོ་པས། རིགས་རྒྱུད་ནམ་མཁའི་མེ་ཏོག་ཡལ། གསུང་པའི་ལུང་དོན་ཇི་བཞིན་དུ་གྱུར། དེ་ནས་སྲས་ཀྱིས་ཕུག་རོན་རོ་གསར་པ་གཅིག་ལ་གྲོང་འཇུག་མཛད་དེ་རྒྱ་གར་དུ་འཕུར་ནས་དེར་བྲམ་ཟེའི་ཁྱེའུ་ལོ་བདུན་ལོན་པ་རིར་བསྒྱུལ་བའི་རོ་ལ་གྲོང་འཇུག་མཛད་པས་རྒྱ་གར་དུ་ཏི་ཕུ་པ་ཞེས་གྲགས་ཤིང་གསང་སྔགས་ཀྱི་སློབ་དཔོན་དམ་པར་གྱུར། དེ་ནས་དར་མ་མདོ་སྡེའི་གདུང་སྦྱངས་པས་འཇའ་འོད་རིང་བསྲེལ་བསམ་གྱིས་མི་ཁྱབ་པ་བྱུང་ངོ་། ། དེ་ནས་སློབ་མ་རྣམས་ཀྱིས་སྲས་མདོ་སྡེ་འདྲ་བ་མེད། ད་བརྒྱུད་པ་འཛིན་ཅིང་བསྟན་པ་སྤེལ་བ་ཅི་འདྲ་བ་འབྱུང་ཞུས་པས། རྨི་ལམ་ཤར་བའི་ཀ་ཆེན་བཞིའི་མགུར་གསུངས། དེ་ནས་སློབ་མ་རྣམས་ཀྱིས་ཚོགས་བསགས་ཕུལ་ཚུལ་དང་། བླ་མས་གྲོང་འཕོ་གྲོང་འཇུག་མཛད་པ་སོགས་གྲངས་ལས་འདས་པ་ཡོད་ཀྱང་འདིར་སྒྲོས་ཀྱིས་མི་ལོངས་པས་དེ་ཙམ་མོ། །

དེ་ལྟར་བླ་མ་དང་མཁའ་འགྲོའི་ཁ་བ་ཅན་གྱི་གདུལ་བྱ་འདུལ་བའི་ལུང་བསྟན་ཞིང་། བྱང་ཆུབ་སེམས་དཔའ་ཀུན་ཏུ་བཟང་པོའི་རྣམ་འཕྲུལ་སྐྱེས་མཆོག་མར་པ་ལོ་ཙྪ་དེ་ཉིད་སྲས་པའི་རྣལ་འབྱོར་པ་ཡིན་ཏེ་མ་དག་པའི་སྣང་ངོར་འཇིག་རྟེན་གྱི་བྱ་བ་སྣ་ཚོགས་ལ་འཇུག་པའི་ཚུལ་མཛད་ཀྱང་།

སྐལ་བ་དང་ལྡན་པ་ལ་སྐུ་ལུས་ཀྱི་བཀོད་པ་དང་། རྫུ་འཕྲུལ་སྣ་ཚོགས་སྟོན་ཞིང་། གང་ལ་གང་འདུལ་གྱི་གདུལ་བྱ་རྣམས་སྨིན་གྲོལ་གྱི་ལམ་ལ་བཀོད་ནས་བརྒྱུད་འཛིན་གྱི་སྲས་དམ་པ་རྣམས་ཀྱང་གཞན་དོན་དུ་ལུང་བསྟན་པར་མཛད་དོ། །དེ་ནས་རེ་ཞིག་གི་ཚེ། བླ་མའི་ཞལ་ནས་ཁྱེད་རྣམས་ལེ་ལོ་མི་ཁོམ་པར་འདུག །ཁོ་བོ་ལ་ཊཱཀྐིའི་སྤུན་མ་བྱུང་ནས་འགྲོ་དགོས་པར་གདའ། རྗེ་བཙུན་ནཱ་རོ་པ་ལ་དཔའ་བོའི་མཁའ་འགྲོའི་ཚོགས་བསམ་གྱིས་མི་ཁྱབ་པས་བསྐོར་བ། མདུན་གྱི་ནམ་མཁའ་ལ་བྱོན་ནས་སྣང་བས་ཚོགས་མཆོད་ཕུལ་གསུངས། དེར་ཚོགས་མཆོད་ཆེན་པོ་ཞིག་ཕུལ་ཞིང་གསོལ་བ་བཏབ་པའི་ཚེ། དགུང་ལོ་བརྒྱད་ཅུ་རྩ་གཉིས་བཞེས་པའི་ཆུ་མོ་བྱའི་ལོ་ཧོ་རླ་བའི་ཚེས་བཅུའི་ཉིན་པར་བླ་མའི་ཐུགས་ཀ་ནས་འོད་འཕྲོས་རྡོ་མོ་བདག་མེད་མ་ལ་ཐིག་སྟེ། འོད་དུ་ཞུ་ཞིང་བླ་མའི་ཐུགས་ཀར་ཐིམ་པའི་ཚེ། དབུ་གཙུག་ནས་འོད་དཀར་པོ་རླ་བའི་དཀྱིལ་འཁོར་ལྟ་བུ་ནམ་མཁའ་ལ་རྒྱང་གིས་སོང་བ་དང་། དེ་དང་དུས་མཚུངས་པར་མྱ་ངན་ལས་འདས་པའི་ཚུལ་བསྟན། ལྷོ་བྲག་གི་ལུང་པ་ཐམས་ཅད་མེ་ཏོག་གི་ཆར་དང་། འཇའ་དང་འོད་ཀྱིས་ཁྱབ་པར་གྱུར། སྐུ་གདུང་བཞུས་པའི་ཚེ། དབུ་ཐོད་ལ་འཁོར་ལོ་བདེ་མཆོག་དང་། ཐུབ་པའི་སྐུ་བྱོན་པ་ནི་ལྷོ་བྲག་དང་མདོ་སྨད་དུ་བཞུགས་ལ། སྤྱིར་ཁང་གི་རྡོ་ལ་ཨ་ཡིག་བྱོན་པ་ནི། ཚལ་གུང་ཐང་དུ་བཞུགས་སོ། །

དེ་ལྟ་བུའི་སྐྱེས་མཆོག་མར་པ་ལོ་ཙྪ་དེ་ཉིད་ལ་བུ་ཆེན་བྱོན་ཚུལ་ནི། བཀའ་བབས་ཀྱི་བུ་ཆེན་བཞི་ནི། རིགས་ཀྱི་སྲས་དར་མ་མདོ་སྡེ་ལ་གྲོང་འཇུག་གི་བཀའ་བབས། ཆོས་ཀྱི་སྲས་དོལ་གྱི་མཚུལ་སྟོན་དབང་ངེ་ལ་འཕོ་བའི་བཀའ་བབས། གཞུང་གི་རྔོག་སྟོན་ཆོས་རྡོར་ལ་བཤད་རྒྱུད་ཀྱི་བཀའ་བབས། གཙང་གི་མེས་སྟོན་ཚོན་པོ་ལ་འོད་གསལ་གྱི་བཀའ་བབས་སོ། །ལས་ཅན་གྱི་སློབ་མ་བཞི་ནི། འདམ་གྱི་མར་པ་མགོ་ཡག །ཁྱེར་ཕུའི་གློག་ཀུ་རྗེ་སྲས། འཕན་ཡུལ་གྱི་ཉ་མ་དཔལ་མོ། །རྒྱང་རོ་ཞང་སྟོན་རྣམས་སོ། །ཐུགས་ཀྱི་སྲས་བཞི་ནི། དོལ་པ་དགའ་སྟོན། དྲེའི་མི་ཆུང་། ཆུ་གོང་དཔལ་ལེ། དགེ་བཤེས་ཁེ་རྒད་དང་བཞིའོ། །གཞན་ཡང་ཤུད་ཁེ་ལྷ་བ་ཅན་དང་། བ་རང་ལྷ་བ་ཅན་དང་། ལྷ་རྗེ་པེ་རིན། རྒྱ་སྒོམ་ཞིག་པོ། མར་པ་བྱ་ཞི། ཉང་སྒོམ་སྤྲང་སྟག །རྩང་དར་ཡེ་ལ་སོགས་དཔག་ཏུ་མེད་པ་བྱུང་ངོ་། །དེ་དག་གི་ནང་ནས་མཆོག་ཏུ་གྱུར་ཅིང་འགྲན་ཟླ་ཐམས་ཅད་དང་བྲལ་བ་ཐབས་ལམ་ལ་སོགས་གདམས་པ་ཐམས་ཅད་ཀྱི་བཀའ་བབས་ཤིང་། བརྒྱུད་འཛིན་གྱི་སྲས་དམ་པར་གྱུར་པ་ནི། རྗེ་གྲུབ་ཐོབ་ཀྱི་རྒྱལ་པོ་མི་ལ་རས་པ་ལགས་སོ། །

༄ ལྷོ་པ་རྗེ་བཙུན་གྲུབ་ཐོབ་ཀྱི་རྒྱལ་པོ་མི་ལ་རས་པའི་རྣམ་ཐར་ནི། དེའང་སྐུ་འཁྲུངས་པའི་ཡུལ་ནི་མང་ཡུལ་གུང་ཐང་གི་སྐྱ་ང་རྩའི་ཀོ་རོན་བྱ་བར་རིགས་ཁྱུང་པོ། ཡབ་མི་ལ་ཤེས་རབ་རྒྱལ་དང་ཡུམ་མྱང་བཟའ་དཀར་ལེགས་གཉིས་ཀྱི་སྲས་སུ་ལྕགས་ཕོ་འབྲུག་གི་ལོ་ལ་ཡ་མཚན་གྱི་ལྟས་བཅས་སྐུ་བལྟམས། དེ་ནས་ལོ་གསུམ་ནས་སྲིང་མོ་པེ་ཏ་མགོན་སྐྱིད་བྱ་བ་སྐྱེས། རྗེ་བཙུན་ལ་མཚན་ཐོས་པ་དགའ་གསོལ། མི་ལ་ཞེས་པ་ནི་ཡབ་མེས་ཀྱི་རིགས་ལ་མི་ལ་ཙ་ཏ་བྱ་བའི་གདོན་བཏུལ་བའི་མིང་རུས་ལ་ཆགས་པ་སྐད། རྗེ་བཙུན་དགུང་ལོ་བདུན་ནས་ཡབ་འདས་པ་ལ། ཨ་ཁུ་གཡུང་རྒྱལ་དང་། ཨ་ནེ་དཔལ་འདྲེན་སོགས་ཕ་ཚན་ཆེ་བར་ཡོད་པས། རྒྱུ་ནོར་རྣམས་ངེད་ཆོས་ཉར་ཚགས་བྱེད། ཁྱེད་མ་བུ་གསུམ་སྡུག་པོ་མི་གཏོང་ཟེར་ནས་ཁོང་ཚོས་བདག་བྱས། དེ་ནས་བུ་ཐོས་པ་དགའ་ཚུང་ཟད་ནར་སོན་པ་དང་། ཡུམ་གྱི་ཕ་མེས་ཉེ་དུ་གྲོང་པ་རྣམས་བསྡུས་ནས་སྟོན་མོ་བྱས་ཏེ། ངའི་བུ་དང་ལེགས་སེ་ཆུང་གཉེན་བསྒྲིགས་ཡོད་ཅིང་ད་ཁྱིམ་སོ་ཟིན་ཙམ་ཡོད་པས། རྒྱུ་ནོར་ཚང་མའམ་མིན་ཀྱང་བུ་ཁོ་རང་གི་ནོར་སྐལ་ཙམ་ཞིག་སྙིང་རྗེས་ལྟོས་ལ་བྱིན་བྱས་པས། དེ་སྟོན་གསོས་པ་དྲམ་ཡིན། རྒྱུ་གཡར་རྩིས་སྤྲད་པ་ཡིན་པས་གཏད་རྒྱུ་མེད། ཁྱོད་མ་སྨད་ཀྱིས་མང་བའི་དམག་དང་ཉུང་བའི་མཐུ་ཅི་དགའ་གྱིས་ཟེར་ནས་འཇིགས་ཉམས་མེར་སོང་། དུས་དེ་ཙམ་ན་རྩ་ཡི་མི་ཐོད་ཁར་སློབ་དཔོན་ཞིག་ཡོད་སར་འབྲི་ཀློག་བསླབ་པར་བཞག །མ་དང་ཞང་པོ་ལེགས་སེའི་ཕ་མིང་གི་གྲོགས་བྱས། འབྲི་ཀློག་མཁས་པར་བྱུང་། དུས་རེ་ཤིག་མ་ན་རེ། རང་རེ་མ་བུ་རྒྱུ་ནོར་ཤོར་རྗེས་མང་ན་དམག་ཉུང་ན་མཐུ་གྱིས་ཟེར་ནས་སྡིགས་མོ་བྱས། རང་ཚོའི་ཉམ་ཞན་པ་འདིར་མེད། ཁྱོད་ཀྱིས་མཐུ་ཞིག་བྱེད་དགོས། མ་བྱས་ན་ཁྱོད་རང་གང་དགར་སོང་། རང་ཕ་མིང་ཡུལ་དུ་འགྲོ་བ་ཡིན་ཟེར་གཅུད་ལ་བོར་བས་མཐུ་བྱེད་པར་ཁས་བླངས། མ་ཡི་ཞིང་སྐལ་བཙོང་བའི་རིན་རྟ་ཁམ་པ་རྟེལ་གྲགས་བྱ་བ་དང་ཆོས་སྲང་བཞི་ཁྲུག་པས། ཆོས་དང་གྲོ་ཕྱེ་རྟ་ལ་བཀལ་། མཐུ་སློབ་པའི་མི་དྲུག་དང་བསྡེབས་ནས་བཏང་། སྐྱིལ་བའི་ལྷོན་ཁར་བུ་ཁྱོད་ཀྱི་སྙིང་རུས་ཀྱིས། མཐུ་རྟགས་བྱུང་ན་ཅི་རྟེད་བསྐུར་ནས་ཡོང་ཟེར། གྲོགས་ཆོར་ངའི་བུ་དགྲ་གཉེན་ངོ་མི་ཤེས་པ་ཞིག་ཡོད་པས་འདི་ལ་སྙིང་རྗེའི་ལྟོས་ཟེར་བཅོལ་གཏམ་ནན་བཅག་བྱས། ཁོང་རྣམས་འགྲོགས་ནས་མཐུ་གང་ཆེ་དྲིས་ཤིང་གཙང་ནས་མར་སོང་བས། ཡར་ལུང་གཉག་གཡུང་སྟོན་ཆེ་ཟེར། དེ་གར་ཕྱིན་ནས་རྟ་དང་དངོས་པོ་ཅི་ཡོད་ཕུལ། མཐུ་བསླབ་ནས་ལོ་གཅིག་སོང་། གྲོགས་པོ་རྣམས་འགྲོ་རན་པས་ཚ་ལམ་དུ་བསྐྱལ། རང་ནི་ཡུལ་དུ་མཐུ་རྟགས

མེད་པས་འགྲོ་ས་མེད་ནས་ཡར་ལོག་པའི་ལམ་ཁ་ནས་ཏ་ལུད་མཐུ་བ་གང་རྙེད་པ་བླ་མའི་ཞིང་དུ་བླུགས། དེར་བླ་མས་གཟིགས་ནས་མཉེས། ཁྱོད་ཅི་ཡིན་གསུངས་པར་སྔོན་གྱི་ལོ་རྒྱུས་ཞིབ་ཏུ་ཞུས་པས་སྙིང་རྗེ་གསུངས། འོན་ངའི་གཟའ་གདོང་དམར་ནག་ཟེར་བ་གཉུབ་ཆུང་ལ་ཡར་ཕུལ། ཁོང་གི་སེར་བ་མཛུབ་ཁྲིད་ཀྱི་གདམས་པ་དེ་ང་ལ་གནང་བ་ཡིན་པས་ད་ཁྱོད་དེར་གཏོང་གསུངས་ཤིང་། ཏ་དཀར་པོ་སྟོང་ལ་གྲགས་ཞེས་པ་དང་སྣམ་བུ་བུབ་འགའ་བསྐུར་ནས་བུ་དང་སྦྲགས་ཏེ་བཏང་། དེར་གཉུབ་ལ་རྟེན་རྣམས་ཕུལ་ནས་ཞུས་པས། དཔེ་ཞིག་གཏད་ནས་བློ་ལ་ཟུངས་ཟེར། དེ་ནས་ཁོང་གི་བུ་གཅིག་དང་མཉམ་དུ་མཚམས་ལ་བཞག་པས་ཟླ་གཅིག་གིས་འགྲུབ་། དེར་སེང་ལྡིང་གི་ཕུར་པ་རྐང་མགྱོགས་པ་གཉིས་ལ་བསྐུར་ནས་འདི་ང་ཡི་མ་ལ་གཏོད་ལ་ཁོང་ཚོའི་མཁར་ལ་འདེབས་སྟངས་མང་དུ་གྱིས་བྱས་པས། དེ་ཙམ་ན་ཁོལ་མོ་གཅིག་གིས་སྟེག་པ་གླང་ཤད་ཙམ་གྱི་ག་བ་འཐེན་པ་མཐོང་སྟེ། ཨ་ཁུའི་བུ་ལ་གནའ་མ་བླངས་བའི་ཆང་སྟོན་གྱི་སར་ཕྱི་མི་རྣམས་གྱིས་ནང་མི་རྣམས་མ་གྱིས་པར་དེར་ཁང་པའི་ཐེབ་འོག་ཏུ་མི་ཉེར་ལྔ་ཤི། དེར་གྲོང་པ་རྣམས་ཀྱིས་མི་ལའི་མཐུ་ཡིན་པར་ཤེས་ནས་གསོད་མི་གཏོང་ཟེར་བའི་གློག་ཆད་བྱས། དེའི་ཡུལ་དེའི་གཙོ་བོའི་ཆུང་མ་རྗེ་བཙུན་ཕ་མ་འཛོམ་དུས་གཡོག་མོ་ཡིན་པ་དེས་རྗེ་བཙུན་གྱི་མ་ལ་བྱ་བཏང་། མས་ཀྱང་རྣལ་འབྱོར་པ་ཞིག་ལ་བརྟན་ཕྱིན་ནས་མ་རིག་པར་དུག་པོའི་བར་དེར་གསེར་སྲང་བདུན་སྦྲས་སྟེང་དུ་ལྷན་པ་ནག་པོ་བརྒྱབ། ཡི་གེ་བསྐུར་བར་བུ་ཁྱོད་ཀྱི་མཐུ་བྱས་བྱུང་བས་གོ་ཆོད། ཁྱོད་ཡུལ་མིས་གསོད་པའི་གྲོས་འཆམ་པས་སྲོག་ཟོན་གྱིས། ད་དུང་གྲོང་པ་འདི་ར་སེར་བ་གཅིག་ཐོངས་དེ་ནས་བསམ་པ་སྒྲུབ་རྒྱུགས་ཆད་ན་རི་ཆེན་པོའི་ནུབ་ཕྱོགས་སྤྲིན་ནག་ལྡིང་བའི་འོག་ཏུ་ཉེ་ཚན་བདུན་ཡོད་པས་དེ་ར་ཚོལ་མ་ཤེས་ན་རྣལ་འབྱོར་པ་རང་ལ་འདྲི་རྟོག་གིས་བྱས་འདུག །དེར་རྗོ་མོའི་བཟ་གོ་ནས་དུག་པོ་ནས་གསེར་བཏོན། དེར་སེར་བ་གནང་བར་ཞུ་བྱས་པས། སེར་བ་ངས་ཀྱང་ཤེས་ཏེ་ཚད་ལ་གནོད་པས་ཁོང་ཅན་དུ་སོང་གསུངས། དེ་ནས་ཡར་ལུང་དུ་གཉགས་ཀྱི་སར་ཕྱིན་ནས་ཞུས་པས་གནང་ཞིང་། གཉགས་ཀྱི་བུ་གཅིག་དང་ངེད་གཉིས་སྒྲུབ་ཁང་དུ་ཞུགས་ནས་སེར་བ་བསྒྲུབས་པས་ཞག་ཉི་ཤུ་རྩ་ལྔ་ནས་ཐུན་ཐམས་ཅད་ཁོལ་ཏེ། དེར་སྐྱེ་མ་ཐོན་ཙམ་དུ་སེར་བ་གཅིག་ཕབ་བཙས་མའི་སྣང་གཅིག་ཕབ། དེ་ལྟར་སེར་བ་ལོ་རེ་རེར་ལན་གཉིས་རེ་གཏོང་བ་ཡིན་ཞེས་ཤིང་གི་བྱང་བུ་བྲིས་ཤིང་བཙུགས་པས་ཀུན་ཏ་ལས། དེ་སྐབས་མ་ཡིས་བོང་བུ་ཞིག་ལ་ཆོས་ལྷང་གཉིས་བཀལ་ནས་འགྲོས་པར་བསྐུར་

ནས་ད་ཡང་བུ་ཡིས་གོ་བཅད། བུ་རང་ཡུལ་དུ་མགོ་མི་ཚུད་པར་བྱས་པ་མ་ལེན་པ་ཡིན། ད་ནི་འགྲོ་གང་བདེ་སོང་ལ་དམ་པའི་ཆོས་ཤིག་ཨེ་འགྲུབ་གྱིས་ཟེར་བའི་འཕྲིན་བྱུང་ངོ་། །

དེར་གཡུང་སྟོན་ཁྲོ་རྒྱལ་གྱིས་ཀྱང་རང་གཞན་གཉིས་སྡིག་ཚན་པོ་ཆེ་བསགས་པས་ཆོས་ངེས་པར་བསྒྲུབ་དགོས་གསུངས། གཉུབ་ཆུང་གིས་ཀྱང་དེ་བཞིན་དུ་དགོས་གལ་ཆེ་བ་ཡིན་གསུངས། བླ་མ་གཉིས་ནས་སྣམ་བུ་ལ་སོགས་ཕྱག་རྟེན་གནང་ནས་གཙང་རོང་སྟོན་ལྷ་དགའ་མཇལ་དུ་བྱོན། ཕྱག་རྟེན་རྣམས་ཕུལ་ཏེ་མཇལ། གྱེར་སྟོན་གྱིས་གང་ནས་འོང་གསུངས། ཁྲོ་རྒྱལ་གཉུབ་ཆུང་གཉིས་ཀྱི་རྩ་ནས་འོང་ཞུས། ཨེ་མཐུ་སེར་གྱིས་མི་མང་པོ་སྡིག་བསྡལ་ལ་སྦྱར་ཨཾ་གསུངས། སྡིག་ཆེ་བས་ཐུགས་ལ་འདོགས་པར་ཞུ་ཞུས་པས། འདིར་འོང་བ་ལེགས། ངའི་དམ་ཆོས་རྫོགས་པ་ཆེན་པོ་འདི། ནང་རྟོགས་ན་ནང་སངས་རྒྱས། ནུབ་རྟོགས་ན་ནུབ་སངས་རྒྱས། སྐལ་ལྡན་ལས་འཕྲོ་ཅན་རྣམས་སྒོམ་མི་དགོས་པར་གྲོལ་བའི་ཆོས་ཟབ་མོ་ཡོད་པས་སྒྲག་མི་དགོས་གསུངས་ནས་གདམས་པ་ཡང་གནང་། སྨུང་སྟོད་ཁ་རེ་བྱ་བ་ན་ཁ་མི་བྱང་ཆུབ་རྒྱལ་པོ་ལས་སྐྱུ་འཕྲུལ་གྱི་རྒྱུད་ལ་སོགས་པ་མང་དུ་ཞུས། ཡར་འབྲོག་ཏུ་མར་པ་འབྱུང་ངེ་བྱ་བ་ལ་མདོ་སེམས་སོགས་ཀྱི་ཆོས་མང་དུ་ཉན། གཞན་ཡང་བླ་མ་མང་པོ་ལས་ཆོས་མང་དུ་ཉན་ཞིང་སློབ་གཉེར་བག་རེ་ཡང་བྱས། དེ་ནས་གཙང་རོང་དུ་སྙིང་རུས་དྲག་པོ་བསྐྱེད་ནས་བསྒྲུབ་པའི་ཚེ། རོང་སྟོན་ནས་ངའི་ཆོས་འདིས་ཁྱོད་ལ་ཕན་ཆེར་མི་འོང་བས། ད་ལྷོ་བྲག་ཆུས་ཕྱིར་དུ་མར་པ་ལོ་ཙྪ་བྱ་བ་རྒྱ་གར་ནཱ་རོ་པཎ་ཆེན་གྱི་ཐུགས་སྲས་སྡིག་པོ་ཆེ་བཙན་ཐབས་སུ་སངས་རྒྱས་པའི་གདམས་པ་ཡོད་གྲགས་པས་དེར་འགྲོ་བ་དྲག་གསུངས། མར་པའི་མཚན་ཐོས་པ་ཙམ་གྱིས་ཐུན་མིན་གྱི་དད་པ་སྐྱེས། དེ་ཉིད་དུ་ཁྲིལ་པོ་ཁུར་ནས་བྱོན། ལྷོ་བྲག་ཏུ་སླེབས་པ་དང་མར་པ་ལོ་ཙྪ་གར་བཞུགས་དྲིས་པས་དེ་འདྲ་ཟེར་བ་འདིར་མེད་ཟེར། གཅིག་གི་ཁུ་བོ་བླ་གྲོས་ཡིན་པ་འདྲ་ཁོ་རྒྱ་གར་ཐེངས་འགའ་ཕྱིན་པ་ཡིན་ཟེར། དེ་ཡིན་ན་སྤྲང་ཀོ་ཞིང་ཡོད་པས་ཡར་སོང་དང་ཟེར། དེར་སོང་བས་རྣལ་འབྱོར་པ་གཟུགས་བོང་ཆེ་ཞིང་རལ་པ་གསེག་གེ་བ་ཞིག་སྤྲང་ཀོ་ནས་གདའ། དེར་མར་པ་ལོ་ཙྪ་གར་བཞུགས་ངེད་ཀྱིས་མཇལ་འདོད་བྱས་པས། སྤྲང་ལ་རི་མོ་ཞིག་བྱས་འདི་ཀོས་དང་བླ་མ་མཇལ་སྣ་བྱེད་ཟེར་སྤྲང་དེ་ཀོས་པས་ཐོན་པ་དང་། བླ་མ་དམ་པའི་གདམ་ངག་གནད། །རྩ་ཁམས་དབུ་མར་བསྡུས་པ་ཡི། །ཉོན་མོངས་ཐབ་འདུལ་ལགས་ན། །འབྲས་བུ་སྨུར་དུ་སླེབ་ཏེ་མཆིས། །ཟེར་ནས་ས་ལ་རི་མོ་ཞིག་བྱས་ཏེ། ཡང་འདི་ཙམ་ཞིག་ཀོས་ཟེར། ཡང་དེ་ཀོས་པས

ཐོན་ཙམ་ན། བརྒྱུད་ལྡན་བླ་མའི་བྱིན་རླབས་ཀྱིས། །སེམས་ཉིད་ལྷུག་པའི་ངོ་བོར་གནས། །དྲན་པའི་ཐ་བ་འདུལ་ལགས་ན། །སྟོན་ཐོག་འབྲས་བུ་སྨྱུར་དུ་སྨིན། །ཞེས་ཟེར་ཞིང་ལས་ལ་རེམ་པོ་ཞིག་འདུག་ཟེར། དེ་ནས་སྤྱི་ཐོའི་གསེབ་ནས་ཆང་གཅིག་བླངས་ཏེ། ཁོ་རང་གིས་གསོལ་ཏེ། འགྲོ་གཅིག་གདའ་བ་མི་ལ་ལ་བླུད་ནས་ངོམས་པར་བྱུང་། དེ་ནས་ཡང་། བདེ་བ་ཆེན་པོའི་ཆང་གི་དངོས། །ཡང་དག་དོན་ཆེན་གསང་བ་འདི་ས། །ཡོངས་དག་ཐ་བ་འདུལ་ལགས་ན། །སྟོན་ཐོག་འབྲས་བུ་སྨིན་ཏེ་མཆིས། །ཞེས་ཟེར་ཞིང་དེ་དག་ཁ་འབྱུང་གི་ཚིགས་སུ་གོ་ཞིང་། གཞན་གྱི་རྟོག་དཔྱོད་ཅི་ཡང་མ་བྱུང་། བླ་མ་ཡིན་པར་ཡང་མ་ཤེས། དེ་ནས་ལག་ཆ་རྣམས་བཟུང་ནས་སྒོ་ཙར་ཕྱིན་པ་དང་། འདིར་སྡོད་དང་ངས་ཞུ་ལེན་ཅིག་བྱེད་ཟེར། དེ་ནས་དལ་གཅིག་ལོན་པ་དང་། གཅིག་བྱུང་ནས་མཇལ་འདོད་ན་ནང་དུ་བྱོན་ཟེར། དེར་སོང་ནས་བར་ཁང་གཅིག་ཏུ་ཕྱིན་པ་དང་། ད་ཅིའི་རྣལ་འབྱོར་པ་དེ་རལ་པ་ས་བྲུལ་ལེ་ན་བཟའ་དང་སྟེགས་གཅིག་གི་ཁ་ན་སང་ངེ་བཞུགས་པས་ཞལ་མཐོང་བ་དང་། དངངས་ཡེར་གྱིས་སོང་བས་བླ་མས་དེ་ཙམ་འཇིགས་མི་དགོས་ངའི་སྤྱོད་ལམ་འདི་ལ་གཞན་ཀུན་མི་ཤེས་པ་ཡིན་གསུངས། ལོ་རྒྱུས་ཞིབ་ཏུ་ཞུས་ནས་མི་སྡིག་པོ་ཆེ་ཡིན་པས་ལུས་ངག་ཡིད་གསུམ་འབུལ། ལྷོ་གོས་ཆོས་གསུམ་ཞུ་ཞུས་པས། གསུམ་ཀ་མི་འོང་གསུངས་པས་ཆོས་གནང་བར་ཞུ་ཞུས་པས། ཁྱོད་ཀྱི་མིང་ལ་མཐུ་ཆེན་ཐོགས་གསུངས། དེར་ལྷོ་བྲག་ཏུ་སྟོན་ཐོག་གཙོད་སར་བསོད་སྙོམས་བྱས་པས་ནས་དགའ་བར་བྱུང་། ནས་ཕད་ཅེ་གང་ཁྱུར་ནས་བླ་མར་ཕུལ་བས་ཤེད་པོ་ཆེས་མི་འོང་ཁང་ཤིང་ཆགས་དོག་ཡོད། ཁྱོད་ལ་ལས་ཀ་རེམ་པོ་ཞིག་འདུག་པས་ངའི་ཇོ་སྲས་མདོ་སྡེ་ལ་ཐོག་པའི་མཁར་གཅིག་བརྩིག་དགོས་གསུངས་ནས། མཁར་སྒོར་མོ་སོག་ཀ་ཟླ་གམ་གྲུ་གསུམ་རེ་ཕྱེད་ཙག་ལོང་ནས་ཡང་ཕྱིར་བཤིག་པའི་ཞལ་བཀོད་གནང་། ཡང་མཁར་ཁང་གྲུ་བཞི་ཕྱི་ཁྲམས་ཀ་བ་སུམ་ཅུ་སོ་གཉིས་དང་བཅས་པའི་སྨིང་བཞག །ཉིན་པར་མཁར་བརྩིགས། ནང་སྔ་ནུབ་ཀྱི་ཆུ་དང་མེ་ཤིང་གསོག །སྲོད་ལ་རྗེ་འཐག་བྱས། བླ་མའི་ཆིབས་སྟེགས་རྗེ་མོའི་གཞོན་སྟེགས་བྱས། ལུས་སྲོག་ལྟོས་མེད་མོས་གུས་བྱས་ཤིང་བརྩིགས་པས་ཐོག་གསུམ་གྲུབ། དེ་དུས་རྗེ་གཞུང་པ་སོགས་སློབ་མ་མང་པོར་དབང་ཞུར་ཕྱིན། རྗེ་མོའི་མར་རྟོག་ཆེ་བ་གཅིག །ཤ་སྐལ་གཅིག །སྣུམ་བུ་གཅིག་ཁྱེར་ནས་དབང་གྲལ་བསྡད། འདི་རྣམས་གང་ནས་བྱུང་གསུངས། རྗེ་མོའི་གནང་ལགས་བྱས། ང་ཡི་དངོས་པོ་ཁྱོད་ཀྱི་འབུལ་བ་མི་འོང་། ཁྱོད་ལ་ཡོད་ན་ཁྱེར་ཤོག་གསུངས། དེར་ཐུགས་སྨུག་ནས་

བཞུམས་པར་ཇོ་མོས་སེམས་གསོ་བཏང་། ཇོ་མོས་ཉིན་རེར་ཚལ་མ་རྒྱ་མ་རེ་དུས་གསུམ་དང་། ཆང་ཐོམ་པ་རེ་གནང་ནས་ཐུགས་ལ་བཏགས། ཡང་གཅིག་གཉལ་བའི་འབྱུལ་སྐྱེལ་ཡོང་བ་ལྟོ་སྣོད་པའི་ཟག་པས་ཁྱེར་བ་བྱུང་སྐབས། བླ་མས་འདི་བསྟན་པ་ལ་གནོད་པ་ཡིན། ཁྱོད་ཀྱིས་སེར་བ་ཕབ་དང་སྡིག་པས་མི་གནོད་པའི་ཐབས་ཡོད་གསུངས། སེར་བ་ཕབ་ནས་དགྲ་དམས་པ་ཞུ་འཚལ་ཞུས་པས། སྡིག་བྱས་པའི་བརྟན་པར་ཆོས་སྟོན་མི་རུང་གསུངས།དེར་སྡུག་བསྔལ་ཚད་མེད་བྱུང་། དེ་ནས་ཇོ་མོས་གྲོ་ཆས་ཅུང་ཟད་གནང་བ་ཁྱེར་ནས་ཡོང་བས་བྲག་རྩ་ཞིག་ཏུ་ཉལ། ཕྱིར་ནང་ཚ་བ་བསྐོལ་བའི་དོན་དུ་རྗེས་ཀྱིས་གང་ནས་འདུག   །ག་རེ་དེ་སྟོན་ཁང་པ་བརྩེགས་པ་ཕྱེད་བླ་མའི་དོན་ཡིན་རུང་། ཕྱེད་རང་གི་རེད་འདུག་ཡར་ལོག་པ་དྲག་སྙམ་ཕྱིན་པས་ཇོ་མོ་ཐུགས་དགྱེས། ཡང་མཁར་ལས་གྱིས་གསུངས། དེ་ནས་སྐལ་པ་བྱུང་ནས་རྨ་རུལ་སོང་བ་བླ་མས་གཟིགས་ནས་ཏྲ་བོང་ལྟར་སྐལ་ལྷེབ་ཕུབས་གསུངས། ཡང་དབང་ཞུ་བ་འགག་བྱུང་བར་མ་ཚུད། ཇོ་མོས་ཐབས་བྱ་གསུངས་ནས་མཐུ་ཆེན་འགྲོ་བ་སྐད་ཇོ་མོས་བཞོལ་བ་སྐད་བྱས་པས་ཅི་བྱེད་པ་ཡིན་གསུངས། མཐུ་ཆེན་འགྲོ་བ་རེད་ཞུས་ཀྱང་མ་གནང་། ཕྱིར་ཉིན་ཁྱོད་ཞེ་སྡང་སྐྱེས་སམ་གསུངས། མ་སྐྱེས་ཀྱང་རང་ལ་ཆོས་སྐལ་མེད་པ་རེད་སྙམ་མཚན་ཁོ་ནར་ངུས་པ་ཡིན་ཞུས་པས། ཁྱོད་ང་ལ་ངུ་ཤག་བྱེད་པའི་ཡུས་ཅི་ཡོད་གསུངས་ཕྱག་མཁར་བརྒྱབ་ནས་སྒོར་ཕུད། ཇོ་མོས་ད་དུང་ཁྱོད་ཡི་མ་ཆད་པར་གཞུག་བསྡིང་དང་ངས་ཀྱང་ཞུ་ནས་གནང་བ་ཡིན་གསུངས། ཁོང་རང་གིས་ཕྱག་རྒྱ་ཆེན་པོའི་གདམས་པ་ཞིག་གནང་བ་ཉམས་སུ་བླངས་པས་སེམས་ལ་འཕྲོད་པར་བྱུང་། དེ་ལྟར་ལོ་རེ་ལ་རྩེག་རེ་ཐོན་པའི་ཐོག་བདུན་ལོན། དེར་དོལ་གྱི་མཚུལ་སྟོན་དབང་ངེ་དཔོན་སློབ་རྣམས་བདེ་མཆོག་གི་དབང་ཞུ་བར་སླེབས། ཇོ་མོའི་ཕག་ནོར་གཡུ་ཞིག་ཡོད་པ་འདི་མཐུ་ཆེན་གྱི་ཕྱག་རྟེན་ཡིན། ད་རེས་དབང་གནང་བར་ཞུ་ཞུས་མདུན་དུ་ཁྲིད་པས། ང་ཡི་གཡུ་ཡིན་ཁྱོད་ཀྱི་འབུལ་བ་མི་ཡོངས་གསུངས་ནས་ཕྱག་འཁར་བརྒྱབ་པས་ཁོང་གཉིས་ཕྱིར་བྲོས། དེར་ཇོ་མོ་ན་རེ། ནཱ་རོ་མཻ་ཏྲིའི་བརྒྱུད་པ་ཚེས་བཅུ་ལ་བརྩོན་མཛད་པས་དེ་དུས་ཐབས་ཤིག་ཡོད་ཟེར། དེར་ཚེས་བཅུའི་སྐབས་ཆང་གར་མ་མང་དུ་བླ་མ་ལ་དྲངས་པས་བད་ནས་གཟིམ་པའི་ཚེ། ཏཻ་ལོ་ནཱ་རོའི་དབུ་སྐྲ་ན་བཟའ་དུམ་བུ་རེ་དང་། དམ་རྫས་བདུད་རྩི། ཕྱག་ཕྲེང་གི་རྡོག་མ་ཁ་ཤས་རྣམས་བླངས་ཏེ། འདི་རྣམས་ཁྱེར་ལ་རྗོག་ཅན་སོང་དང་བླ་མའི་གདམས་པ་ཁོང་ལ་ཡོད་པས་ཞུས་ཤིག་གསུངས་ནས་བཏང་ངོ་། །

དེ་ར་མཐུ་ཆེན་བླ་མ་རྔོག་པའི་མདུན་དུ་སླེབས་ནས་རྟེན་རྣམས་ཕྱག་ཏུ་ཕུལ་ནས་རྗེ་མོས་འདི་ར་བཏང་བ་ཡིན། གདམས་ངག་ཐུགས་ལ་འདོགས་པར་ཞུས། འོ་ན་དེ་ར་ཚོང་དུས་པས་ངའི་འབྲོག་ནོར་ཐམས་ཅད་དེད་ནས་གཏད་དུ་མ་ཉན་པས་དེ་ར་སེར་བ་ཕབས། དེ་ནས་གདམས་ངག་བྱ་ཡིས་གསུངས། དེ་ར་དོལ་པ་ལ་སེར་བ་ཕབ་ནས་ལོ་ཏོག་བཅོམ། ལམ་བར་ནས་བྱེའུ་རོ་ཕད་བུ་གང་ཁྱེར་བ་བླ་མའི་དྲུང་དུ་སྐྱུངས་པ་ལ། བླ་མས་སེ་གོལ་གཅིག་མཛད་པས་བྱིས་རོ་རྣམས་ནམ་མཁར་ཅིག་དེ་ར་གྱིས་འཕུར་སོང་བས་ངོ་མཚར་སྐྱེས། དེ་ར་དབང་གདམས་ངག་ཐོབ་ཅིང་སྒྲུབ་པ་ལ་འབད་ཀྱང་ཡོན་ཏན་ཆེན་པོ་མ་བྱུང་བས། འདི་ར་བླ་མའི་བཀའ་ཨི་ཡོད་གསུངས་པས། མེད་ཞུས། རྗེ་མོས་བཏང་བ་ཁོ་ན་ཡིན་ཞུས་པས། ཨེ་ཨེ་དེ་ཡིན་པ་འདྲ། ད་ལན་བླ་མའི་སྐུ་མཁར་ཚར་བའི་དགའ་སྟོན་དུ། ང་རང་ཤོག་གསུངས་གདའ་བས་དངོས་པོ་སྦྱོང་དག་བྱེད་རྒྱུ་ཡིན། ཁྱོད་ཀྱི་ཟངས་དཀར་ལྗུང་བཞི་འདི་ཟུངས་ལ་བླ་མར་ཕུལ་གསུངས། ཁོང་རྣམས་ལྷོ་བྲག་མདར་སླེབས་མཐུ་ཆེན་སྟོན་དུ་སོང་ནས་རྗེ་མོ་མཇལ་བས་ཐུགས་དགྱེས། རྔོག་གཞུང་པས་འབུལ་སྐྱེལ་དེད་ནས་ཁྱེན་ཡོད་པས་བསུ་བ་མཛད་དམ་ཞུས་པས་བསུ་བ་འཐད་གསུངས། རྗེ་མོ་ནས་སྤྱོས་ཕོར་ཐོགས་ནས་བསུ་བ་མཛད། དེ་ནས་བུ་ཆེན་རྣམས་འདུས་ནས་མཁར་སྟོན་ལ་ཚོགས་འཁོར་བསྐོར་ཞིང་དབང་བསྐུར་མཛད། ཡང་བླ་མས་རྔོག་ལ་མཐུ་ཆེན་ཁྱོད་ཅན་དུ་སོང་བར་གདམས་པ་ཨི་བྱིན་གསུངས། རྟེན་རྣམས་གནང་བས་བྱིན་པ་ཡིན་ཞུས། རྗེ་མོས་དེ་ང་ལེན་པ་ཡིན་ཞུས་པས་འདི་ཆོས་རྐྱ་མ་བྱས་གསུངས་ནས་ཐ་བེར་བརྒྱབ། རྔོག་པས་སྦྱོང་དག་གི་འབུལ་བ་བྱས་ནས་སྟན་དྲིལ་ཞུས་པར། སྟན་བརྒྱུད་ཆོས་ཀྱི་ཕྱི་མོ་ཡིན། ཁྱོད་ཀྱི་ར་ཡི་ཕྱི་མོ་བཞག་པས་དེ་ཕུལ་གསུངས། དེ་ཉིད་དུ་བྱོན་ནས་རྒྱབ་ཏུ་ཁུར་ནས་ཕུལ། ང་ལ་དེ་འདྲའི་དགོས་པ་མེད་ཀྱང་ཆོས་ཀྱི་ཆེ་བ་ཡིན་གསུངས། དེ་ནས་མཐུ་ཆེན་གྱི་ཟངས་ཕུལ་བ་ལ་དགྱེས་ཏེ། ཐ་བེར་བརྒྱབ་ཅིང་རྟེན་འབྲེལ་བཟང་། ཆེ་རྒྱུ་མེད་ཏེ་རང་ལ་མནོག ། ནང་གཙང་བས་དམ་ཚིག་གཙང་ཞིང་སྟོད་དང་ལྡན། མདོག་དམར་བས་མཁའ་འགྲོ་འདུ་ཞིང་གདམས་པ་ཟབ་མོ་ཐོབ། ཕྱི་ནག་པས་འཕྲུལ་སྡིག་དཀའ་བ་སྤྱད་དགོས། ནང་ན་ནས་འབྲུ་གསུམ་བླུགས་པས་ལྷོ་བ་བསེར་རེ་བ་འབྱུང་། ལྗུང་བཞི་ཡོད་པས་རྒྱ་མཚན་བཞི་འོང་། རྒྱུ་བཟང་བས་རྒྱུད་པ་རྗེ་བཟང་ལ་འགྲོ། སྐད་སྙན་པས་སྙན་པ་ཆེ་གསུངས། དེ་ནས་མཐུ་ཆེན་ལ་དགེ་བསྙེན་གྱི་སྡོམ་པ་གནང་ཞིང་། མཚན་རྡོ་རྗེ་རྒྱལ་མཚན་དུ་བཏགས། བདེ་མཆོག་ལ་སོགས་པའི་དབང་བསྐུར་

བས། བླ་མ་འཁོར་ལོ་བདེ་མཆོག་དངོས་སུ་ཞལ་གཟིགས།

ད་ཡང་མཐུ་ཆེན་ངེད་གཉིས་མཚམས་ལ་འདུག་དགོས་གསུངས་ནས་སྐུ་མཚམས་མཛད་ཅིང་། སྙན་བརྒྱུད་ཆོས་དྲུག་ཕྱག་རྒྱ་ཆེན་པོ། རིམ་ལྔའི་དམར་ཁྲིད། བསྲེ་འཕོ་སྐོར་གསུམ་ལ་སོགས་གདམས་པ་ཐམས་ཅད་བུམ་པ་གང་བྱོའི་ཚུལ་དུ་གནང་ཞིང་ཁྱོད་ལ་བྱིན་དང་གཞན་ལ་བྱིན། གལ་ཏེ་སྲང་ལ་གཞལ་ཡོད་ན། འབུམ་འགྱུར་བས་ཀྱང་མི་ལྷག་སྟེ། གསུངས་ཤིང་ད་ཡང་གདམས་པ་ཐམས་ཅད་རྫོགས་པར་ཐོབ་པ་ཡིན་པས། ལྷོ་བྲག་སྟག་ཉའི་ཕུག་ཏུ་སོང་ལ་སྒོམས་གསུངས།དེར་སོང་ནས་བསྒོམས་པས་ཡོན་ཏན་ཐམས་ཅད་རྒྱུད་ལ་སྐྱེས་ནས་ཡོད་པའི་ཚེ། མཁའ་འགྲོ་མའི་ལུང་བསྟན་བྱུང་ཞིང་བླ་མའི་མདུན་དུ་སོང་སྟེ་འདོད་ཆོས་ཀྱི་བྱེ་བྲག་མང་དུ་ཞུས་པ་རྫོགས་པར་གནང་ནས། ན་མོ་བཀའ་བརྒྱུད་གོང་མའི་རྣམ་ཐར་འདི། ཞེས་དང་། ཇོ་མོ་བདག་མེད་མས་ཀྱང་། ཁྱོད་སྙིང་རུས་ཅན་གྱི་སྡུག་བསྲན་ཅན། ཞེས་སོགས་གསུངས་མི་ལ་ཡང་ཤིན་ཏུ་དགའ། དེ་ནས་བླ་མ་དང་ཇོ་མོས་ཐུགས་ལ་བཏགས་ཤིང་གདམས་ངག་ཐམས་ཅད་རྫོགས་པ་དང་། མི་ལས་མགུར་ལ་སྦྱ་བ་གཙང་ལ་ཡར་འགྲོའི་མགུར་ཕུལ་བ། རྗེ་མི་བསྐྱོད་ཀྱི་ངོ་བོ་ལྷོ་བྲག་པ། ཞེས་ཞུས་པ་དང་། བླ་མའི་ཞལ་ནས། རྗེ་བླ་མའི་སྐུ་ལ་གསོལ་བ་འདེབས། ཞེས་པ་ནས། མི་ལ་རས་པའི་སྙིང་རུས་ལ། སངས་རྒྱས་བསྟན་པའི་སྲོག་ཤིང་ཡོད། ཅེས་སྨོན་ལམ་གྱི་མགུར་གསུངས། ད་ཞག་ཤས་མ་འགྲོ་བར་ཇོ་སྲས་འདས་པའི་དུས་མཆོད་གཅིག་བྱེད་གསུངས། དེར་གྲྭ་སློབ་ཐམས་ཅད་འཚོགས་ནས་ཚོགས་ཀྱི་འཁོར་ལོ་བསྐོར་བའི་ཚོགས་གྲལ་དུ། མཐུ་ཆེན་གྱིས་ཕྱག་ཕུལ་ཏེ། ཇོ་སྲས་འགྲན་ཟླ་བྲལ་བ་དེ་གདུལ་བྱའི་བསོད་ནམས་ཀྱིས་མ་དབང་། ད་ཆོས་བརྒྱུད་འཛིན་པའི་སློབ་མ་དང་དར་རྒྱས་གང་དུ་འབྱུང་ཞུས་པས། ངས་ཀྱང་དོ་ནུབ་བརྟགས་པ་བྱེད་ནས་ནངས་པར་ཆོས་ཀྱི་ཕས་ཕོག་བྱེད་གསུངས། ཕྱིར་ནང་ཐམས་ཅད་འཚོགས་པར་རྨི་ལམ་ལུང་བསྟན་གྱི་མགུར་གསུངས་པས། ཤར་དུ་ཀ་ཆེན་གཅིག་བཙུགས་པ་རྨིས། ཞེས་གསུང་ཞིང་གཞུང་གི་ཇོག་སྟོན་ཆོས་རྗེར་གྱིས་བཤད་རྒྱུན་ཆུ་བོའི་གཞུང་དང་འདྲ་གསུངས། ངོལ་གྱི་ཚུལ་སྟོན་དབང་ངེས་འཕོ་བ་རྒྱ་མཐོང་ཁ་ཕྱེས་པ་ལྟ་བུས་འགྲོ་དོན་གྱིས། གཙང་གི་མེས་སྟོན་ཆེན་པོས་འོད་གསལ་བུམ་ནང་མར་མེ་ལྟ་བུ་སྒོར། ཁྱོད་གྱུང་ཐང་གི་མི་ལ་རས་པས་གཏུམ་མོ་ཤིང་བཤགས་ལ་མེ་སྦར་བ་ལྟ་བུས་རང་གཞན་སྨིན་པར་གྱིས། ལར་མཁར་གྱིས་ཁོ་བོ་ལ་དགོས་པ་མེད་རུང་ཁྱོད་སྒྲིབ་པ་སྦྱངས་བའི་རྟེན་འབྲེལ་ཡིན། ད་དེ་ལྟར་རྫོགས་པར་མ་གྱུར་

པས་གནས་གངས་ཁྲོད་འགྲིམས་ལ་སྒྲུབ་པ་ལ་བརྩོན་ན་གྲོལ་བར་འགྱུར་རོ་གསུངས། དེ་ནས་བླ་མ་ཡབ་ཡུམ་དཔོན་སློབ་རྣམས་ཀྱིས་གྲོ་ལམ་ཞིག་ཏུ་སྐྱེལ། དེར་བླ་མས་མི་ལའི་ཕྱག་ནས་བཟུང་སྟེ་རྒྱ་གར་ནས་ལུས་མེད་མཁའ་འགྲོའི་ཆོས་སྐོར་དགུ་ཡོད་པའི་བཞི་ངས་བླངས་ཡོད་ལྔ་པོ་དེ་ཁྱོད་ཀྱིས་ལོན་པར་གྱིས། ངདང་ཁྱོད་གཉིས་འདུ་འབྲལ་མེད་པ་ཡིན་ཞེས་གསུངས་ནས་བཀྲ་ཤིས་སྨོན་ལམ་མཛད་དོ། །

དེ་ནས་རྗེ་བཙུན་ཡུལ་དུ་བྱོན་པས་ཁང་པ་འགྱེལ་ཞིང་འཇིག་མས་གང་། ཕྱིང་མོ་སྤྱང་དུ་སོང་བས་ནུབ་མོ་གཟིམ་མ་ཟིན། ཐོ་རངས་སྐྱོ་ཕྱེད་དེ་བ་ལ། མི་རྟག་པའི་མགུར་གསུངས། དེ་ནས་སློབ་དཔོན་རྙིང་མ་བའི་དྲུང་དུ་བྱོན་ནས་མི་རྟག་པའི་མགུར་གསུངས། ཨ་ནེ་ཕུ་འབྲོག་མདའ་ཞིང་འཛོམས་ཡོད་པས་དེར་སོང་དང་རྒྱུག་རྒྱུ་ལ་ཕན་པ་ཞིག་སྟེར་འོང་གིས་གསུངས། དེར་ཨ་ནེ་ཅན་དུ་སོང་ཙ་ན་སྤྲང་པོ་ཕ་མེས་བླ་འཚོང་པོ་ཟེར་ནས་སྦྲ་ཡི་ཀ་བས་བརྡུང་། གུང་ཐང་ཕུག་ཏུ་བཞུགས་དུས་ཕྱེ་དྲུམ་པ་ཞིག་ཞིང་རིན་ཡིན་ཟེར་བསྐྱལ། རག་མ་བྱང་ཆུབ་ནམ་མཁའ་རྫོང་དུ་བསྒོམས་པས་རྨི་ལམ་བརྡ་ཤར་གྱི་མགུར་མཛད། བྲག་དཀར་སྟོ་མཐོན་དུ་ཟ་ཆ་མེད་རྩོལ་མེད་གསོལ་བས་སྐུ་ལུས་ཤེད་མེད་པར་གྱུར། ཉིན་གཅིག་ཡུལ་མིས་མཐོང་བས་འདྲེ་རེད་ཟེར་ཞིང་བྲོས། ཡང་སྒྲོ་ཚིལ་མི་འགའ་བྱུང་བས་ཙམ་པ་དྲུམ་པ་ཞིག་བྱིན་པ་ཟ་ལ་བཏབ་ནས་གསོལ་བས་ཁམས་དྭངས། དེར་ཡུལ་མིས་རྗེ་བཙུན་གྱི་ལོ་རྒྱུས་བཤད་པས་པེ་ཏས་བཙལ་ནས་མཇལ་དུ་ཕྱིན། སྐུ་ལུས་མཐོང་བས་ཡིད་སྡུག་ནས་མང་དུ་ངུས། འདིར་ཤི་བས་མི་ཕན་བསོད་སྙོམས་ལ་སོང་ཟེར་བས། སྡིག་ཆེ་བས་དགེ་སྦྱོར་མ་འགྲུབ་ན་བསོད་སྙོམས་ལ་མི་འགྲོ་གསུངས། ཡང་པེ་ཏས་ཆང་སྦྲང་ཟ་བ་གང་དང་ཤ་ཟན་ཙུང་ཟད་ཁྱེར་བ་ཚོགས་འཁོར་མཛད་ཡང་ཉིན་གཅིག་སྣམ་བུ་སྲི་བོ་ཞིག་ཁྱེར་ནས་འདི་ལ་གོས་གྱིས་ལ་བླ་མ་བ་རི་བའི་ཉེ་གནས་ལ་འགྲོ་ཟེར་བས་དེར་ཆོས་བརྒྱད་སྤང་བའི་མགུར་གསུངས། གཞན་ཡང་ཁྱི་ར་བ་དང་གཤེན་རྡོར་མོ་སོགས་ཀྱིས་འཚོ་བ་ཙུང་ཟད་རེ་སྦྱར་བ་ལ་སྨོན་ལམ་དང་བསྔོ་བ་མཛད། དེ་ལྟར་གནས་དེར་ལོ་དྲུག་སོང་། དེ་ནས་བྲག་དམར་མཆོང་གླིང་ཁྱུང་གི་རྫོང་ལ་ལོ་བཅུ་གཉིས་ཀྱི་དམ་བཅའ་བྱས་ནས་ཡུལ་མིས་མི་ཚོར་བར་ཤི་ཨེ་ཐུབ་བསམ་པ་མཛད་གསུངས། ཉིན་གཅིག་ཐུག་མ་བཏུས་ནས་རྡོ་ལེབ་སྟེང་དུ་བཏིང་བས་རླུང་གིས་གཏོར་ཤིང་སྣམ་པོ་བཅག་པས་འགྱེལ་ནས་དབང་པོ་མ་བྱུང་། ལྟོག་པས་བརྒྱལ་སངས་ནས་ཡིད་སྐྱོ་བའི་སྐབས་བླ་མ་བཞུགས་པའི་

ཕྱོགས་ནས་སྤྲིན་དཀར་པོ་བྱུང་བར་བླ་མ་དྲན་དྲུག་གི་མགུར་མཛད། སྤྲིན་སྣམ་བུ་བརྒྱངས་འདྲའི་སྟེ་མོར་བླ་མ་མར་པ་ཞལ་གཟིགས་ནས་དགའ་དྲག་པའི་གསོལ་འདེབས་མཛད། དེ་ནས་ཕུག་པར་ཨ་ཙ་ར་བདུན་གྱི་ཆོ་འཕྲུལ་ལ་བྱམས་སྙིང་རྗེའི་མགུར་མཛད་པས་འཇའ་ཡལ་བ་བཞིན་སོང་། དེར་ལོ་བཅུ་གཉིས་ཀྱི་དམ་བཅའ་རྫོགས། དེ་ནས་ལ་ཕྱི་ཆུ་བཟང་དུ་བྱོན་ནས་བསྒོམས་པས་ལྷ་འདྲེས་ཆོ་འཕྲུལ་སྣ་ཚོགས་བྱུང་བ་ཟིལ་གྱིས་མནན། ཕྱི་ནང་ཁ་ཟས་ཀྱི་བྱེ་བྲག་མང་པོ་ཕུལ་བ་བཞེས་པས་ཟླ་མང་པོར་འཚོ་བ་མི་དགོས་པ་བྱུང་། སྐྱེ་ནམ་དུ་གཤེན་རྗེར་མོ་སྟོན་པ་ཤཱཀྱཀྱུཋ་སོགས་ཀྱིས་བསྙེན་བཀུར་ཡོན་བདག་བྱས། རྗེ་བཙུན་ལ་ཕྱི་གངས་དུ་ཕྱེ་བྲེ་དོ། །ཤ་གཟུག་གཅིག་མར་ཤག་གཅིག་བསྣམས་ནས་བྱོན་པ་ལ། སྟག་ཡོས་གཉིས་ཀྱི་ལོ་མཚམས་སུ་ཁ་བ་ཉིན་མཚན་བཅོ་བརྒྱད་བབས་ལམ་ཆད། ཡོན་བདག་རྣམས་ཀྱིས་འདས་མཆོད་ཕུལ། ཕྱིས་ཟླ་བ་བདུན་པའི་ནང་ཡུལ་མི་དྲུག་འཚོལ་དུ་སོང་བས་རྗེ་བཙུན་དང་མཇལ། རྗེ་བཙུན་གཟི་མདངས་ཆེ་བར་བཞུགས་པས་ལྷ་འདྲེས་འཚོ་བ་ཕུལ་བ་འདྲ་ཞུས། སྐབས་འགར་མཁའ་འགྲོ་མས་ཚོགས་སྐལ་དང་། སྐབས་འགར་མི་མ་ཡིན་གྱི་འཚོ་བ་སྦྱར་གསུངས། དེ་ནས་སྐྱེ་ནམ་གྱི་བྲག་ཕུག་ལ་བཞུགས་སྐབས་རས་ཆུང་པ་སོགས་སྐལ་ལྡན་གྱི་སློབ་ཚོགས་མང་དུ་འདུས་ནས་ཆོས་གསུངས། གཞན་ཡང་ཤེལ་ཕུག་ནམ་མཁའི་རྫོང་དང་། སྐྱིད་ཕུག་ཉི་མ་རྫོང་དུ་ཡོན་བདག་འདུས་ནས་ཆོས་ལ་བཀོད་པའི་མགུར་མཛད། དེ་ནས་ལིང་པའི་བྲག་ཏུ་བྲག་སྲིན་མོ་ལ་མགུར་གསུངས་ནས་དམ་ལ་བཏགས། དེ་ནས་སློབ་ཚོགས་རྣམས་ཀྱིས་ལིང་པའི་བྲག་ནས་སྐྱེ་ནམ་བྲོད་ཕུག་ཏུ་གདན་དྲངས་པེ་ཏ་དང་ཨ་ནེས་ཆོས་ཞུས། དེར་རྗེ་བཙུན་གྲགས་པའི་སྙན་པས་ཁྱབ་ནས་སྡེ་རྣམས་ཀྱིས་ཚོགས་གསོགས་དང་། རས་པའི་སློབ་ཚོགས་མང་དུ་བྱུང་། སྐྱེ་ནམ་དུ་ལོ་སྟོན་དར་ལོ་གཉིས་ཀྱིས་གཙོར་བྱས། བཀའ་གདམས་པའི་མཚན་ཉིད་རྣམས་ཕྲག་དོག་གིས་རྩོད་པ་བྱས་པར། སྐྱེ་ནམ་རིའི་དགོན་པ་ན། །མི་ལ་རས་པ་སྒོམ་པ་ལ། །སྟོན་པ་ལོ་སྟོན་ཟླུག་ཧྲུ་སྐྱེས། །དེ་རང་སྟོན་པ་ཨེ་མ་འཁྲུལ། །ཡོན་བདག་ཕོ་མོའི་དད་ཟས་ལ། །ཁྲིད་མཁས་བཙུན་བཟང་པོ་སེར་སྣ་སྐྱེས། །དེ་རང་མཁས་པ་ཨེ་མ་འཁྲུལ། །དོན་མེད་ཚིག་གི་སྟོང་སྒྲ་ལ། །དོན་བདེན་པར་མ་འཛིན་སྟོན་པ་ལགས། །ཚིག་ཐ་སྙད་མུ་སྟེགས་རྟོག་པ་ལ། །ཚེ་སུམ་གཉིས་ཟད་པ་མ་ཆོར་རམ། །རྟོག་གེའི་ངན་ཚིག་སྣ་ཚོགས་ལ། །ཚེ་སྟོང་པར་མ་ཟད་སྟོན་པ་བ། །ངས་ཚིག་ངན་གྱི་ཡ་བོ་ལབ་མི་ཁོམ། །མུ་སྟེགས་སྟོན་པ་དྲང་མི་ལ། །ཚད་མ་ཆོད་མ་འཕྱུང་མ་གྱོང་། །ང་རེས་རྩོད་པ་སྟོན་

པ་རྒྱལ། །ཞེས་གསུངས་ཤིང་རིམ་གྱིས་ཆོས་ཀྱི་དྲི་བ་དང་གསུང་མགུར་མཛད་པས་མཐར་གདམས་ངག་ཞུས་ནས་སྟོན་སྒོམ་ཆེ་བར་གྱུར། དེ་ནས་རས་ཆུང་པ་རྒྱ་གར་དུ་འབྱོན་གསུངས་པར་བཤོལ་མ་ཐེབས་ནས། སྐྱེ་ལམ་དུ་གསེར་ཐུང་ཟད་བསོད་སྙོམས་སུ་ཕུལ་བ་རས་ཆུང་པའི་རྫོངས་མཛད་ནས། ད་རེས་བླ་མ་མར་པའི་བཀའ་བཞིན་ལུས་མེད་མཁའ་འགྲོའི་ཆོས་སྐོར་ལྔ་རྒྱ་གར་ནས་ལེན་རྒྱུ་ཡོད་གསུངས་པ་ད་རེས་གདན་དྲོངས་ཤོག་གསུངས། དེ་ནས་རས་ཆུང་རྒྱ་གར་དུ་བྱོན་ནས་ཏི་ཕུ་པ་དང་། མ་གཅིག་གྲུབ་པའི་རྒྱལ་མོ་སོགས་མཇལ་ནས་གསེར་གྱི་མཎྜལ་ཕུལ་ཏེ། ལུས་མེད་མཁའ་འགྲོའི་ཆོས་སྐོར་ལྔ་དང་། གཞན་ཡང་གདམས་པ་ཟབ་ཁྱད་ཅན་མང་པོ་ཞུས། ཏི་ཕུ་པས་ག་ཕུར་གུར་གུམ་སེཧླ་ར་ཨ་ག་རུ་ནག་པོའི་འཕར་བ་རྣམས་རྗེ་བཙུན་ལ་ཕྱག་རྟེན་དུ་བསྐུར། དེ་ནས་རས་ཆུང་པ་བལ་པོར་ཕེབས་ནས་དེ་ན་མུ་སྟེགས་ཀྱི་སྟོན་པ་ངན་སྔགས་སྣ་ཚོགས་ཤེས་པ་ཞིག་འདུག་པ་ལ་གསེར་ལྷག་མ་རྣམས་ཕུལ་ནས་ངན་སྔགས་རྣམས་ཞུས་ནས་འོང་བ་ན། རྗེ་བཙུན་བྲག་དམར་མཆོང་གླིང་ན་བཞུགས་ནས་གཟིགས་པར། རས་ཆུང་པ་ཤེལ་གྱི་མཆོད་རྟེན་ཞིག་ཏུ་ཡོད་པ་ལ། ངན་སྔགས་སྣ་ཚོགས་ཞུས་ནས་རླུང་དམར་འཚུབ་མ་གཅིག་ཏུ་གྱུར་སོང་བས་ལམ་དུ་བར་ཆད་བྱུང་བར་མཁྱེན་ནས། དཔལ་མོ་དཔལ་ཐང་ལ་བསུ་བར་བྱོན། རས་ཆུང་པ་དང་འཕྲད། དེར་སེར་བ་བབས་པས་རས་ཆུང་པ་དབུ་གཏུམ་ནས་བཞུགས་སེར་བ་སྲབ་སྐབས་རྗེ་བཙུན་མ་བཞུགས་པ་ལ་གར་བྱོན་བཙལ་བས་གཡག་རྭ་ཞིག་གི་ནང་དུ་རྗེ་བཙུན་ཆུང་དུ་མ་སོང་། གཡག་རྭ་ཆེ་རུ་མ་སོང་བར་དེར་ཤོག་གསུངས་ཀྱང་མ་ཐར། རྗེ་བཙུན་སྒོར་བྱོན་ཏེ་ལྟ་སྟངས་མཛད་པས་སྤྲིན་དྭངས། དེ་ནས་རུ་བར་རྒན་མོ་ཞིག་ལ་བསོད་སྙོམས་བྱས་པས་གཏད་དུ་མ་ཉན། རྒྱང་དེར་ཕེབས་ནས་གཟིམས། ནང་པར་རུ་བ་གཞན་མི་འདུག །རྒན་མོ་ཤི་བ་གཟིགས་ནས་བསྔོ་སྨོན་མཛད། ཟ་མ་ཐོས་འཕྲོ་ཐུང་ཟད་ཡོད་པ་བསྣམས་ནས་བྲག་དམར་མཆོང་གླིང་དུ་བྱོན། དེར་རས་ཆུང་པ་ཆུ་ལེན་དུ་བྱོན་པའི་ཕར་ཁར་རྐྱང་ཕ་མ་བདུན་དང་། སྤྱང་ཀི་མ་བུ་བདུན་བརྒྱ་ཞིང་འདུག་པ་མཐོང་བས་ཐུགས་ཡིངས་སོང་བ་དང་། དེ་ནས་ཡར་བྱོན་པས་ཤོག་བུའི་ཚིག་དྲི་བྲི་བས་གོང་ནས་གདམས་ངག་ལ་སྙད་འདོགས་ལུགས་ཀྱིས་བསྒྲིགས་གམ་སྙམ་པས་དཔེ་ཁུག་སྟོང་པར་གཟིགས། དེར་དད་པ་ལོག་ནས་སེམས་སྡུག་པས་རྗེ་བཙུན་གྱིས་སྐུ་ལུས་ཀྱི་བཀོད་པ་དང་རྫུ་འཕྲུལ་སྣ་ཚོགས་བསྟན་ཅིང་རྒྱང་མགུར་སྐོར་གསུམ་སོགས་མཛད་ངན་སྔགས་བསྒྲིགས་པ་མ་གཏོགས་གཞན་མཁའ་འགྲོའི་ཕྱག་ཏུ་ཡོད་པས་གསོལ་བ་ཐོབས

གསུངས། དེར་བྲག་གསེབ་ནས་དཔེ་ཀུན་ཆིལ་གྱིས་བྱུང་བས་དེ་ནས་མི་ལྡོག་པའི་དད་པ་སྐྱེས་སོ། །

ཡང་ཉིན་གཅིག་སྐུ་ལུས་བཀོད་པ་དྲུག་མཛད་པ་ལས་མཐོང་སྣང་སྣ་ཚོགས་འདི་ཇི་ལྟར་ལགས་ཞུས་པས། སྣ་ཚོགས་ཆུ་ཡི་སྣོད་རྣམས་སུ། ཇི་ལྟར་ཟླ་བའི་དཀྱིལ་འཁོར་བཞིན། དག་པའི་འགྲོ་རྣམས་ཐམས་ཅད་ལ། ཐ་དད་སྣང་ཡང་དེ་བཞིན་མིན། ཞེས་སོགས་གསུངས་སོ། །ཡང་ཉིན་གཅིག་ཟད་པར་གྱི་ཏིང་ངེ་འཛིན་དུ་མ་བསྟན་པ་དེ་ཇི་ལྟར་ལགས་ཞུས་པས། མེ་ཡིས་མི་ཚིག་ཆུས་མི་བྱེང་། སྤྱོད་པ་གླང་ཆེན་འགྲོས་ཀྱི་གར། དག་པའི་འགྲོ་རྣམས་ཐམས་ཅད་ལ། ཐ་དད་སྣང་ཡང་དེ་བཞིན་མིན། ཞེས་སོགས་གསུངས་སོ། །ཡང་མ་ཧེ་ལྷམ་མོའི་ཚོགས་འཁོར་གཅིག་བསྐོར་བའི་གྲལ་དུ་ཁྱེད་ལ་སློབ་མ་གྲུབ་ཐོབ་ཨེ་ཡོད་ཞུས་པས། མཁའ་འགྲོའི་ལུང་བསྟན་སྤྲུལ་པའི་སྐུ། དྭགས་པོ་ཉི་མ་འགྲོ་ལ་འཆར། རས་ཆུང་ཟླ་བ་སྤྲུལ་པའི་སྐུ། སྒོམ་སྟག་ཇོ་དར་ཞི་བ་འོད། འབྲི་སྒོམ་ལ་སོགས་ཉི་ཤུ་ལྔས། འགྲོ་དོན་བྱེད་འབྱུང་མཁའ་འགྲོའི་གསུངས། གྲུབ་ཐོབ་ལྔ་དང་རྟོགས་ལྡན་བརྒྱད། རང་བྱུང་ཉམས་ཤར་བརྒྱ་རྩ་བརྒྱད། ཆོས་མཐུན་སློབ་མ་སྟོང་རྩ་འོང་། ཆོས་འབྲེལ་ཐོབ་པ་ཁྲི་འབུམ་སྟེ། ལག་ལེན་སྙིང་བ་འགའ་རེ་འདུག །ཁྱོད་དྲི་རྟོག་བྱེད་པ་བག་ཆགས་བཟང་། གསུངས་སོ། །

དེ་ནས་བལ་པོའི་རྒྱལ་པོ་ལ། མགུར་གསུངས་པ་དང་། རྒྱ་གར་གྲུབ་ཐོབ་ཌམྨ་བོ་ཌྷི་དང་། བོད་ཀྱི་མི་ལ་རས་པ་གཉིས་བལ་ཡུལ་དུ་མཇལ་འཕྲད་མཛད་པའི་སྐོར་དང་གུང་ཐང་སྣ་རྩེའི་ཕུག་ཏུ་ལྷ་ཡི་བུ་མོ་བརྒྱད་བྱུང་ནས་ཆོས་ཞུས་པ་དང་། དེང་རི་ནས་ཕ་དམ་པ་ཆུར་བྱོན། རྗེ་བཙུན་གཉའ་ནང་ནས་ཕར་བྱོན། ཐོང་ལའི་ལ་ཁར་ཆོས་དང་རྫུ་འཕྲུལ་མཛད་པ་དང་། སྙིད་ཕུག་ཉི་མ་རྫོང་དུ་ཁྱི་རབ་མགོན་པོ་རྗེ་རྗེས་སུ་བཟུང་ཕྱིར་ཤ་གྲོལ་ཁྲི་གྲོལ་མཛད་པའི་སྐོར་དང་། ཡང་གཙང་གི་ག་ར་ཁ་ཆེའི་མགྲོན་ཁང་དུ་དགེ་བཤེས་གཡག་རུ་ཐང་པ་དང་སེ་བན་སྟོན་ཆུང་གཉིས་རྗེས་སུ་བཟུང་། བྲིན་གྱི་ཕུག་པར་འདྲེ་དམག་གི་ཆོ་འཕྲུལ་བསྟན་པར་ཆོས་གསུངས་ནས་དམ་ལ་བཏགས་པ་དང་། རས་ཆུང་པ་དང་ལེགས་སེ་འབུམ་རྣམས་ཀྱིས་དབང་བསྐུར་ཞུས་པའི་སྐབས་བུམ་པ་ནམ་མཁར་འཕར་ནས་དབང་བསྐུར་བ་དང་། ཐང་སྐྱ་ལ་རབ་གནས་མཛད་པ་མེ་ཏོག་རང་འབྱུར་དུ་སོང་བ་རྣམས་དང་། ཆུ་མིག་དཔལ་འབུམ་དུ་རས་པ་ཞི་བ་འོད་རྗེས་སུ་བཟུང་བའི་སྐོར་དང་། གུང་ཐང་ལྡོ་སྒྲོ་ན་ཉ་མ་བཙུན་སེང་རྗེས་སུ་བཟུང་བ་དང་། གངས་ཏི་སེར་བྱོན་ནས་ན་རོ་བོན་ཆུང་དང་རྫུ་འཕྲུལ་འགྲན་པས

མཐར་ཞིལ་གྱིས་མནན་ནས་ཚར་བཅད་པ་དང་། གུང་ཐང་ཡངས་པ་ཅན་དུ་བྱུད་མེད་རྗེས་སུ་བཟུང་བ་སྟན་བརྒྱད་ཀྱི་བདག་མོར་གྱུར་པ་དང་། ལྡིམ་ལུང་གི་ཆུ་མཐའ་མཁར་ཕུར་ཕྱིན་དུས་ངན་རྫོང་བྱང་ཆུབ་རྗེས་སུ་བཟུང་བ་དང་། གཙང་གི་དིང་རི་མཁར་དམར་དུ་ལྷ་རྗེ་གཡང་ངེ་ལ་མགུར་མཛད། གཙང་བོང་རོང་གི་གྲོང་དུ་རྟོགས་ལྡན་རས་ཆུང་མ་རྗེས་སུ་བཟུང་བའི་སྐོར་རྣམས་སོ། །

དེ་ནས་རེས་གཅིག་གི་ཚེ་རྗེ་བཙུན་ཆུ་བར་ན་ཏིང་ངེ་འཛིན་ལ་བཞུགས་པའི་ཚེ་ཆུ་ཕོ་འབྲུག་ལོ་དཔྱིད་ར་བའི་ཆོས་བརྒྱད་ལ་ཤ་ཟ་ཆེན་མོ་ལྔས་ཚོ་འཕྲུལ་བར་ཆད་བརྩམ་པར་ཞིལ་གྱིས་མནན་པས་ཕྱག་འཚལ་ནས་སོང་། ཡང་དབྱར་ར་བའི་ཆོས་བཅུའི་ནུབ་མོ་མཚར་སྡུག་ཅན་གྱི་བུ་མོ་ལྔས་མཆོད་ཅིང་སེམས་བསྐྱེད་སྟོམ་པ་ཞུས་ནས་ཞབས་སྤྱི་བོར་བླངས་ནས་སོང་། ཡང་སྟོན་འབྲིང་པོའི་ཆོས་བཅུ་གཅིག་དགུང་མོར་བུད་མེད་གཅིག་གིས་ཇོ་མོ་བྲོ་འཚལ་བས་སྤྱན་འདྲེན་པར་ཞུས་ནས་དར་གྱི་སྣམ་བུའི་སྟེང་ནས་གདན་དྲངས། ཡུལ་གྱི་ཕྱུགས་རྫིས་དམར་ཐབ་ཀྱིས་མཁྲེན་པར་གྱུར་པའི་ཡུལ་མི་ལ་ཡང་ཡམས་རིམ་བྱུང་། དེར་ཡི་གེ་བརྒྱ་པའི་ཁྲུས་དང་། སྒྲོལ་མ་ཀུ་རུ་ཀུལླེའི་གཟུངས་སྒྲུབ། གཙུག་ཏོར་རྣམ་རྒྱལ་གྱིས་ཚེ་བསྲིང་མཛད་པས་ནད་ཡམས་ཐམས་ཅད་ཞི། ཟླ་བ་དེའི་ཉེར་དགུའི་ཉིན་ཚེ་རིང་མཆེད་དང་ཡུལ་བདག་གིས་བར་དོའི་ཁྲིད་ཞུས། ཁྱི་བ་ཟླ་བའི་ཆོས་བརྒྱད་ནུབ་མོར་ངོ་མཚར་བའི་གསང་མཆོད་ཕུལ་ཏེ་བསྟན་པ་བསྲུང་བར་དམ་བཅའ་ཕུལ་ལོ། །དེ་དག་ནི་བཀྲ་ཤིས་ཚེ་རིང་མའི་ཞུས་ལན་གྱི་སྐོར་རོ། །

དེ་ནས་རས་ཆེན་རས་ཆུང་གཉིས་བཅས་ཅོག་རོ་འབྲིང་མཚམས་སུ་རས་ཆུང་མ་རྗེས་སུ་བཟུང་བས་གྲུབ་པ་བརྙེས་ནས་མཁའ་སྤྱོད་དུ་གཤེགས་སོ། །དེ་ནས་རས་ཆུང་པ་རྒྱལ་ཁམས་བསྐོར་བར་གཤེགས་པ་ལ་བཀོལ་མ་ཐེབས་པར་ཕྱིན་པའི་དེ་དག་གི་ལོ་རྒྱུས་རས་ཆུང་པ་ཉིད་ཀྱི་རྣམ་ཐར་དུ་གསལ་ལོ། །དེ་ནས་རྗེ་བཙུན་གྱི་མདུན་དུ་རས་པ་བསྒྲེས་པ་རྣམས་བཞུགས་པའི་སྐབས་རས་ཆུང་པས་རྗེ་བཙུན་ལ། རང་རེ་རྣམས་ལྷོ་བྲག་མར་པའི་རྒྱུད་འཛིན་དུ་འདུག་པས། ངེད་སློབ་མ་རྣམས་ལ་རྒྱུད་པ་འཛིན་ཅིང་འཚོགས་པ་སྐྱོང་བ་འགའ་རེ་ཨེ་འོང་ཞུས་པས། རྒྱུད་འཛིན་དམ་པ་ཞིག་སྤྱན་སྔར་ཡོང་གསུངས། དེར་ཞག་བཅོ་ལྔ་ནས་དྭགས་པོ་སྒོ་སྒོམ་སྤྱན་སྔར་ཕྱིན། ཕྱག་རྟེན་དུ་ཇ་གསེར་ཕུལ་བ་ཆོས་རྒྱགས་ཀྱིས་གསུངས་ནས་གནང་། དེ་ནས་རྗེ་བཙུན་གྱིས་སྒ་ལེན་གྱི་མགུར་མཛད། དེ་ནས་དབང་བསྐུར་དང་རྗེ་བཙུན་རྣལ་འབྱོར་མའི་ཐབས་ལམ་ལ་སོགས་པའི་གདམས

ངག་ཞུས་ནས་བསྒོམས་པས་ཐབས་སྟོན་ཁྱད་པར་ཅན་འཁྲུངས། བདེ་མཆོག་མཁའ་འགྲོ་སྙན་བརྒྱུད་ཀྱི་བཀའ་རྒྱས་པར་མཛད། ཉམས་ཀྱི་འཆར་སྒོ་དང་རྨི་ལམ་གྱི་བརྡ་དོན་རྣམས་ཞུས་ལེན་གྱི་མགུར་མཛད། བར་དོའི་གདམས་པ་དང་། ཞལ་གདམས་སྐྱེལ་མགུར་གྱི་ཚུལ་དུ་མཛད། ད་ནི་གདམས་ངག་ཐམས་ཅད་རྫོགས་པས་ཁྱོད་ལ་ཡོན་ཏན་སྐྱེ་བ་ལ་དཀའ་ཚེགས་མི་དགོས། འདིར་ཐོག་མར་ཕྱིན་པའི་ནུབ་མོ་ཁྲུང་གཅིག་བྱ་རྒོད་མང་པོས་བསྐོར་བ་མེ་ཏོག་སེར་པོའི་གླིང་དུ་བབ་སབ་རྨིས། བླ་མ་གོང་མ་རྣམས་ཀྱིས་རྒྱུད་འཛིན་ལུང་བསྟན་ལྟར་ང་ཡི་རྒྱུད་པ་འདི་ཁྱོད་ལ་གཏད་པས་ཟུངས་དང་སྒྲུབ་བརྒྱུད་ཀྱི་བསྟན་པ་དར་བར་འགྱུར་རོ། །ད་དབུས་སུ་སོང་ལ་སྒྲུབ་གནས་སྒམ་པོ་ལུང་བསྟན་པ་དེར་སྒྲུབ་པ་གྱིས། ཐུ་ཁྱོད་ཡོས་ཀྱི་ལོ་ཧའི་ཟླ་བའི་ཚེས་བཅུ་བཞི་ལ་ཕྲིན་དུ་སླེབ་པར་གྱིས་གསུངས་སོ། །དེ་ཐམས་ཅད་དྭགས་པོའི་ཞུ་ལེན་གྱི་སྐོར་དང་། ཡང་རེས་ཤིག་གི་ཚེ། རས་ཆུང་པ་རྡོ་མོན་གྱི་མཚམས་སུ་ལུང་བསྟན་ཅིང་ད་ནི་རེས་ཤིག་དབུས་སུ་སོང་། མ་འགྲོ་ཟེར་དུས་འགྲོ་རང་ཟེར། ད་མ་འདུག་པར་སོང་ལ་འགྲོ་དོན་གྱིས་གསུངས་ནས་ཞལ་ཏའི་མགུར་མ་མང་དུ་མཛད། རས་ཆུང་པས་ཀྱང་སྨོན་ལམ་ཞལ་མཇལ་ལ་སོགས་ཀྱི་མགུར་ཕུལ་ནས་བྱོན་ནོ། །

དེ་ནས་སྟེ་ནམ་གྱི་མི་སྡེ་རྣམས་འདིར་ཞིག་ཚོགས་འཁོར་ཡོད་ན་བཟང་གསུངས། དེར་འདུས་ནས་ཚོགས་འཁོར་བསྐོར་ཏེ་ཆོས་མང་དུ་གསུངས། མགུར་བཞེངས་འཇའ་འོད་མེ་ཏོག་ཆར་དུ་འབེབ་པ་སོགས་ཡོན་ཏན་གྱི་ཁྱད་པར་མང་དུ་བྱུང་། ཀུན་ལ་བསྔོ་སྨོན་ཞལ་ཏ་མཛད་པས་དགའ་སྤྲོ་དང་བཅས་པས་སོང་ངོ་། །

དེ་ནས་འབྲི་སྒོམ་དང་སེ་བན་རས་པ་ངན་རྫོང་རས་པ་སོགས་མང་དུ་འཚོགས་པ་ལ། བླ་མའི་ཞལ་ནས། རྣལ་འབྱོར་ལུས་ཀྱི་མེ་ཏོག་འདི། འཆི་བདག་རྐྱེན་གྱི་བ་མོ་ཡིས། བཅོམ་ཏེ་ཕ་རོལ་འགྲོ་དུས་སུ། ང་ལ་མཐོང་སྣང་སྣ་ཚོགས་འོང་། ཞེས་གསུངས་ཤིང་། འབྲི་སྒོམ་ཁྱེད་དྲང་པོ་ཡིན། ཇི་ལྟར་འོང་སྨྲོས་ཤིག་གསུངས་པ་ལ། རྗེ་བཙུན་ཆེན་པོ་ལ་མཐོང་སྣང་ལ་སོགས་སྐྱེ་འཆི་མི་མངའ་ཡང་། དག་མ་དག་གི་མཐོང་སྣང་ལ་སོགས་འབྱུང་བ་ལགས་སམ་ཞུས་པས། ཁྱོད་ཀྱིས་གོ་ནས་འདུག་གསུངས། དེར་སེ་བན་གྱིས་རྗེ་བཙུན་གྲོང་ན་ཇི་ལྟར་བྱེད་ཞུས་པས། ལྷོ་བྲག་མར་པའི་བཀའ་དྲིན་གྱིས། བྱ་བ་ཐམས་ཅད་བྱས་ནས་ཡོད། མི་ལ་རས་པའི་སྙིང་རུས་ཀྱིས། བྱེད་པ་ཐམས་ཅད་ཟིན་ནས་ཡོད། ཅེས་སོགས་མགུར་མཛད་ཅིང་། ད་ང་ཡི་ཤུལ་དུ་དངོས་པོ་ཆེན་པོ་མེད། ཨ་ག་རུ་ནག་པོ་

འབའ་ཞིག་གི་ཕྱག་ལ་འཁར་དང་། ཨ་རུ་ར་རྣམ་པར་རྒྱལ་བ་དང་། རས་ཀྱི་པན་ཞུ་དང་། རས་དུམ་གཅིག་དྲགས་པོ་ལ་བསྒྲུར། སྣ་བེར་དང་རས་དུམ་གཅིག་རས་ཆུང་པ་ལ་བསྒྲུར། གྲི་གུ་མེ་ཆམ་འདི་ངན་རྫོང་སྟོན་པ། རུས་པའི་ཐུར་མ་འདི་འབྲི་སྒོམ་རས་པ། པཎ་ཞུ་རྟུལ་པོ་འདི་སེ་བན་ནས་ཟུངས། རས་འདི་དུམ་བུ་གྱིས་ལ་རས་པ་རེ་རེ་ལ་རེ་རེ་བྱིན། ནོར་ཆེ་བ་མིན་ཏེ། དངོས་གྲུབ་སྣ་རེ་འོང་སྲིད། སྒོམ་ཁང་གི་ཞུག་པར་གསེར་གཅིག་ཡོད་པ་ལ་འགྱེད་གྱིས་གསུངས་སོ། །དེ་ར་མ་དག་པའི་བོན་སྟོན་གཅིག་གིས། ཡུལ་དུ་ནད་ཡམས་དཀོན་པ་རྗེ་བཙུན་གྱི་བྱིན་རླབས་ཡིན་ཏེ། ང་ཡི་ཁ་ཡི་ཟ་ཕྱུ་འགགས་ཟེར་ནས། མཛེ་མོ་གཅིག་ལ་རྟན་དུ་གཡུ་བྱིན་ནས། ཞོ་ཕོར་བ་གང་ལ་དུག་བཏབ་དེ་བསྒྲུར་བ་དྲངས་པ་དང་། རྗེ་བཙུན་མཛེ་མོ་ཁྱོད་ཀྱིས་གཡུ་ཐོབ་པར་བྱ་བའི་ཆེད་དུ་འཕྲུང་བ་ཡིན་གསུངས་ནས་གསོལ་བ་དང་། ཕོར་པ་ཡང་བཀྲུས་ནས་གནང་སྟེ། མཁའ་འགྲོ་མ་ཡི་ཚད་པས་དེ་ནུབ་བོན་པོ་ཤི་བས་དུག་དྲངས་པར་ཤེས་ཏེ། ཨ་ག་མཁྱེན་བཞིན་དུ་གསོལ་བའི་དཔེ་ཡོད་དམ་ཞུས་པས། ཨ་མཚར་པོ་ང་ཡི་འདུལ་ཞིང་ཐམས་ཅད་རྫོགས་པ་ཡིན། གསུངས་ནས་གསོལ་འདེབས་དང་བསྔོ་བ་མང་དུ་མཛད་ཅིང་བོན་པོ་མཛེ་མོ་གཉིས་ཀྱང་མཐོ་རིས་སུ་དྲངས་སོ། །

དེ་ནས་རྗེ་བཙུན་ཆེན་པོ་དེ་གཞོན་ནུ་ནོར་བཟང་དང་། ནཱ་རོ་ཆེན་པོའི་རྣམ་ཐར་བཞིན་དཀའ་བ་དཔག་ཏུ་མེད་པས་བླ་མ་དམ་པ་བསྟེན་ཅིང་། གདམས་པ་ཟབ་མོའི་ཐུགས་བལྟམས་ཏེ། རི་ཁྲོད་རྣམ་དག་ཏུ་ལུས་སྲོག་ལ་ལྟོས་པ་མེད་པར་སྒྲུབ་པ་ཁས་བླང་ཞིང་བསྒོམས་པས། མཆོག་དང་ཐུན་མོང་གི་དངོས་གྲུབ་ཐམས་ཅད་ཐོབ་སྟེ། འགྲོ་བ་མི་དང་མི་མ་ཡིན་པ་དཔག་ཏུ་མེད་པ་སྨིན་གྲོལ་གྱི་ལམ་ལ་བཀོད་ཅིང་། མཐར་ཡང་དག་པར་རྫོགས་པའི་སངས་རྒྱས་ཀྱི་མཛད་པ་དང་སྨོ་བསྟུན་ནས ལོ་ལོ་ཅན་ཆོས་ལ་བསྐུལ་བའི་ཕྱིར་དགུང་ལོ་བརྒྱད་ཅུ་རྩ་བཞི་བཞེས་པའི་དུས་སུ། ཤུ་མོ་ཡོས་ཀྱི་ལོ་ཧའི་ཟླ་བའི་ཚེས་བཅོ་ལྔའི་ཉི་མ་རི་རྩེ་རཤར་བ་ལ། མ་དག་པའི་སྣང་ངོར་མྱ་ངན་ལས་འདས་པའི་ཚུལ་བསྟན་ཏེ། དེའི་དུས་སུ་དག་པའི་སྒོམ་ཆེན་རྣམས་ལ་འདུ་འབྲལ་མེད་པར་བཞུགས་པའི་སྣང་བ་དང་། འགའ་ཞིག་ལ་མཁའ་སྤྱོད་དུ་བྱོན་པ་དང་། སེང་གེ་ལ་བཅིབས་ནས་འབྱོན་པ་ལ་སོགས་མཐོང་སྣང་ཐ་དད་པ་བྱུང་ཞིང་། ནམ་མཁའ་ཐམས་ཅད་འཇའ་འོད་ཀྱིས་ཁྱབ་ཏེ། མེ་ཏོག་སྣ་ཚོགས་ཀྱི་ཆར་ལ་སོགས་པ་ལྟས་ངོ་མཚར་ཅན་དུ་མ་བྱུང་ངོ་། །དེ་ར་ཐམས་ཅད་ཚོགས་ཏེ་གདུང་བཞུ་བ་ལ་མ་འཆམས་པས། བྱིས་པ་རལ་པ་ཁམས་སེག་གི་བ་གཅིག་ནམ་མཁའ་ལ་གར་བྱེད་ཅིང་། ཁྱེད་ཅག་

མི་ཡུལ་གླིན་པ་འདིར། མི་ལ་རས་པའི་གདུང་ལ་རྫོད། བརྩད་པས་ཐོབ་ཏུ་མི་འཇུག་པ། མཁའ་འགྲོ་སྤྱི་ཡི་དམ་ཚིག་ཡིན། ཞེས་སོགས་དང་། ལྕང་པ་གཉིས་ཀྱི་རབ་སྣང་འདིར། བཞུས་ན་ཕན་པ་ཤིན་ཏུ་ཆེ། ཟེར་བས་བྲིན་ཆུ་བར་གྱི་བྲག་སྟེང་དུ་བཞུས་པས་མཛེ་ནད་ཐམས་ཅད་ཆད་དོ། །ཡང་མཁའ་འགྲོ་མ་རྣམས་ཀྱི་ནམ་མཁའ་ནས། རཾ་ཡེ་ཤེས་གཏུམ་མོ་མེ་ལྷའི་མེ། ཞེས་སོགས་མགུར་བླངས་པས་ཐུགས་ཀ་ནས་མེ་རང་བྱུང་དུ་འབར་བ་ལས། མཁའ་འགྲོ་མས་རྗེ་ཡིད་བཞིན་ནོར་བུ་གཤེགས་པ་ལ། ལ་ལ་དུ་ཞིང་ལ་ལ་བརྒྱལ། བརྒྱལ་སངས་མྱ་ངན་བྱེད་དུས་འདིར། རང་བྱུང་མེ་ནི་རང་འབར་འགྱུར། ཅེས་སོགས་གདུང་དབྱངས་མགྲིན་གཅིག་ཏུ་མཛད་དོ། །

དེར་གདུང་ཁང་གི་སྟེང་དུ་གདུང་རིང་བསྲེལ་འདུས་པའི་གོང་བུ་འོད་འཕྲོ་བ་གཅིག་འདུག་པ་ལ། ཞི་བ་འོད་དང་། སེ་བན་གཉིས་ཀྱིས་མགུར་བླངས་ནས་གསོལ་བ་བཏབ་པས། མཆོད་རྟེན་གཅིག་ཏུ་གྱུར་ནས་བསྐལ་བཟང་གི་སངས་རྒྱས་སྟོང་དང་། བླ་མའི་སྐུ་གཅིག་ཏུ་འདུས་པས་མགུར་མཛད་ཅིང་། ནམ་མཁར་འཁོར་ལོ་བདེ་མཆོག་ཁྲ་དཔྱང་དེ་བ་གཅིག་ཡོད་པ་ལ་འཐིམས་སོ། །མཆོད་རྟེན་མཁའ་འགྲོ་མ་དཀར་མོ་གཅིག་གིས་གདན་དྲངས་པ་ལ། ཞི་བ་འོད་ཀྱིས་མགུར་མཛད་ཅིང་གསོལ་བ་བཏབ་པས། མཆོད་རྟེན་གྱི་ནང་ནས་རྗེ་བཙུན་གྱི་མགུར་མཛད་པ་དང་། མཁའ་འགྲོ་མས་མཆོད་རྟེན་བུ་ཆེན་རྣམས་ཀྱི་དབུ་ལ་རེག་ཙམ་རེ་བྱས་ཏེ་ནམ་མཁར་གདན་དྲངས་སོ། །དེ་ནས་ལེགས་སེ་ན་རེ། བླ་མའི་རྣམ་པར་ཐར་པ་དེ་ལ་གསེར་མེད་ཟེར་ནས་ཕྱག་པ་རློགས་པས། ཐུར་དཀར་རྡོག་པོ་གསུམ་རས་ཁ་གཅིག་ཏུ་བཏུམ། གྲིའི་ཡུ་བ་ཁེམ་སོའི་གྲི་རྩེ་མོས་འབྲུག །ལྷག་པས་མེ་ཆ་འོང་བ་གཅིག་དང་། ཡི་གེ་གཅིག་འདུག་པ་ལ་བལྟས་པས་རས་དང་བུ་རམ་གྱི་འདེས་ཆོད་དང་ཐམས་ཅད་ལ་ཁྱབ་ཅིང་ཐོབ་པར་འོང་། དངོས་པོ་ལ་ཆགས་ཞེན་སྤང་ཞིང་། རི་ཁྲོད་འགྲིམ་ལ་དགོན་པ་རྣ་བསྒྲུབ་པ་དང་།

དེ་ཡང་རྗེ་བཙུན་ཆེན་པོ་དེ་གནས་ངེས་མེད་རི་ཁྲོད་འགྲིམ་པའི་བཞུགས་གནས་མང་དུ་ཡོད་ཀྱང་ཡོངས་སུ་གྲགས་པའི་རྫོང་ཆེན་བཅོ་བརྒྱད། རྫོང་ཆུང་གཉིས་དང་ཉེ་ཤུ་ནི། བྲག་དམར་ལིང་པ་རྫོང་། རྟ་སོ་དབུ་མ་རྫོང་། བྲག་དཀར་སྦྲ་མཐོན་རྫོང་། རྐྱང་འཕན་ནམ་མཁའ་རྫོང་། རག་མ་བྱང་ཆུབ་རྫོང་། སྨིན་འབྲུག་འགྲིབ་མ་རྫོང་སྟེ་ཡོངས་གྲགས་ཀྱི་མི་ལའི་རྫོང་དྲུག་གོ། བྲག་སྐྱ་རྡོ་རྗེ་རྫོང་། ཁྲ་ཚང་སྲིན་པོ་རྫོང་། སྐྱིད་པ་ཉི་མ་རྫོང་། ཁུ་བྱུག་དབེན་པ་རྫོང་། ཤེལ་ཕུག་ནམ་མཁའ་རྫོང་། རྩེག

པ་རྐང་མཐོ་རྫོང་སྟེ། སྐྱ་ཐང་རྫོང་དྲུག་གོ། རྒྱ་བྲག་ནམ་མཁའ་རྫོང་། སྤྲས་ཕུག་མ་མོ་རྫོང་། སྟག་ཕུག་སེང་གེ་རྫོང་། ལ་ཕུག་པདྨ་རྫོང་། ཁྲོ་རྒྱལ་རྡོ་རྗེ་རྫོང་། གླང་མགོ་ཀླུ་བདུད་རྫོང་སྟེ། དེ་རྣམས་སློབ་དཔོན་ཆེན་པོ་པདྨས་བྱིན་གྱིས་རླབས་པའི་དཔལ་མོ་རྫོང་དྲུག་གོ། བྲག་དམར་སྤྱི་མཐོན་སྙིང་ཕུག་ཉི་མ་རྫོང་སྟེ་རྫོང་ཆུང་གཉིས་སོ། །ཁྱད་པར་གྱི་གནས་ནི་ལ་ཕྱི་ཆུ་བར་ཏི་སེ་གསུམ་ཡིན་ནོ། །རྗེ་བཙུན་ཆེན་པོ་དེ་ལ་རས་པ་ཕ་བཞི་བུ་བརྒྱད་ལ་སོགས་སློབ་མ་མང་དུ་བྱུང་བའི་ཆེ་བཞི་ནི་གུང་ཐང་གཞན་ཆུང་རས་པ། སྟག་མོའི་འབྲི་སྒོམ་རས་པ། མདོ་བཀྲའི་སེ་བན་རས་པ། ལྟེམ་ལུང་གི་ངན་རྫོང་རས་པའོ། །ཆུང་བརྒྱད་ནི། རས་པ་ཞི་བ་འོད། རས་པ་སངས་རྒྱས་སྐྱབས། རས་པ་རྡོ་རྗེ་དབང་ཕྱུག །གཤེན་སྒོམ་རས་པ། རོང་ཆུང་རས་པ། མཁར་ཆུང་རས་པ། གཉེན་སྒོམ་རས་པ། ཁྲི་ར་རས་པ་བརྒྱད་དོ། །སྐྱ་བགྲེས་པའི་སྲས་དྲུག་ནི། ལོ་སྐོར་འུ་པ། ལོ་སྟོན་དགེ་འདུན། སྐྱོ་སྟོན་ཤག་འགྱུ།དམ་པ་རྒྱ་ཕུ་བ། འབྲི་བན་བཀྲ་ཤིས། གཤེན་རྡོར་མོ་དང་དྲུག་གོ། ཉེ་བའི་སྲས་བཞི་ནི། རས་པ་བདེ་བ་སྐྱོང་། རས་པ་རྩལ་ཡུལ་བ། གླན་བཙུན་རས་པ། ར་རྫི་རས་པ་དང་བཞིའོ། །སྲིང་བཞི་ནི། ལེགས་སེ་འབུམ། དཔལ་དར་འབུམ། གསལ་ལེ་འོད། རས་ཆུང་མ་དང་བཞིའོ། །དེ་རྣམས་ཀྱི་ནང་ནས་མཆོག་ཏུ་གྱུར་ཅིང་། རྒྱུད་འཛིན་དམ་པ་མི་ཡི་འགྲོ་བ་འདུལ་བའི་མཆོག །དྭགས་པོ་རིན་པོ་ཆེ། མི་མ་ཡིན་གྱི་འགྲོ་བ་འདུལ་བའི་མཆོག་རྡོ་མོ་བཀྲ་ཤིས་ཚེ་རིང་མ། ཌཱ་ཀི་མ་རྣམས་འདུལ་བའི་མཆོག །ལྷན་ཅིག་སྐྱེས་པའི་སྒྲོན་མ་སྟེ། འདི་གསུམ་མཆོག་ཏུ་གྱུར་པ་ཡིན་ནོ། །གཞན་ཡང་རྡོ་རྡོར་སྒོམ་སྟག་ལ་སོགས་གྲུབ་ཐོབ་ཉི་ཤུ་རྩ་ལྔ། རས་པ་ཉེར་གཅིག །སྟོན་པ་བཅུ། རས་མ་བཅུ་གཉིས། ཁྱིམ་པའི་ཚུལ་གྱི་གྲུབ་ཐོབ་མ་དྲུག །ཐོ་བཙམས་ཏེ་སླར་དད་ནས་གྲུབ་པ་ཐོབ་པའི་སློབ་མ་ལ་སོགས་དཔག་ཏུ་མེད་པ་བྱུང་ངོ་། །

༄ དྭགས་པ་མཉམ་མེད་དྭགས་པོ་རིན་པོ་ཆེའི་རྣམ་ཐར་ནི། དེ་ཡང་སྐྱ་འབྲུངས་ཡུལ་གཉལ་གྱི་སེ་བ་ལུང་། གདུང་སྐྱི་བ། ཡབ་དབུ་གཙོ་རྒྱ་འབར། ཡུམ་ཤོ་རོམ་བཟའ་ཚེ་ལྡམ་གཉིས་ལ་སྲས་གསུམ་ཡོད་པའི་ཆེ་བ་ བླ་མ་རིན་པོ་ཆེ། དེ་འོག་རྒྱལ་པ་གསེར་རེ། ཆུང་བ་གྲགས་པ་སེང་གེ།རྒྱལ་པ་གསེར་རེ་ལ་སྲས་གསུམ་ཡོད་པའི་ཆེ་བ་སློབ་དཔོན་སྒོམ་པ། དེ་འོག་སྒོམ་ཆུང་ཆུང་བ་གྲགས་མཛེས་སོ། །གྲགས་པ་སེང་གེའི་སྲས་སློབ་དཔོན་རྗེ་སྲས་མཆེད་གཉིས་ཡིན་ལ། ཆེ་བ་བླ་མ་རིན་པོ་ཆེ་ངོ་མཚར་བའི་ལྟས་བཅས་མེ་ལུག་ལ་སྐུ་བལྟམས། སྐུ་གཟུགས་ཤིན་ཏུ་མཛེས་ཤིང་ཡིད་དུ་འོང་

བ་ཞི་བ་དུལ་བ། ཤེས་རབ་ཤིན་ཏུ་ཆེ་བར་བཞུགས་པས་མཚན་སྙི་བ་ཀུན་དགའ་བྱ་བར་གསོལ། དགུང་ལོ་བཅུ་གཅིག་ལོན་ནས་གསོ་རིག་ལ་མཁས་པར་སྦྱངས། ཉེར་གཅིག་དུས་འཆིམ་རྗེ་སྲས་ཀྱི་བུ་མོ་ཁབ་ཏུ་བཞེས། སྲས་མིང་སྲིང་གཉིས་བྱུང་ཞིང་དར་རྒྱས་ལེགས་པོར་ཡོད་དུས་དེར། དགུང་ལོ་ཉེར་དྲུག་ལ་སྲས་ཤི་བའི་རོ་རིར་བསྐྱལ་ནས་ཚུར་ཕྱིན་པ་དང་། སྲས་མོ་ཡང་དེར་ཤི། དེ་དང་མ་འགྲངས་པར་ཇོ་མོ་ཡང་ལོ་ནད་སྣན་འབྱར་བྱུང་ནས་ཤི་བར་ཐག་ཆོད་རུང་། ལྷ་རྗེ་གཟུགས་མཛེས་པར་ཆགས་ནས་ད་ཕྱེད་ཁྱིམ་བཟུང་ངམ་ཟེར་མཆི་མ་ཕྱུང་། དེར་ལྷ་རྗེ་ཁྱིམ་མི་བཟུང་བར་རབ་ཏུ་བྱུང་ནས་ཆོས་བསྒྲུབ་པའི་ཁས་བླངས་པས་ཡིད་བདེ་ནས་ཤི། རྒྱ་ནོར་རྣམས་དགེ་རྩར་བཏང་ནས་དགེ་བཤེས་ཤ་བ་གླིང་པར་རབ་བྱུང་བསྙེན་པར་རྫོགས་པར་མཛད། མཚན་བསོད་ནམས་རིན་ཆེན་དུ་བཏགས། བྱ་འདུལ་བ་འཛིན་པ་ལས་འདུལ་བ་ལ་སོགས་གསན། མང་ཡུལ་གྱི་བློ་ལྡན་ལས་ཕ་རྒྱུད་མ་རྒྱུད་ཀྱི་སྐོར་དང་། ཟངས་དཀར་བ་ལས་བདེ་མཆོག་སྐོར་གསན། དྭགས་པོ་འདུལ་འཛིན་དང་། དགེ་བཤེས་སྨྲེ་པ་སོགས་བརྟེན་ཅིང་མདོ་ཕྱོགས་དང་། དབུ་རུ་སྟོད་ནས་དགེ་བཤེས་སྟུག་རུམ་པ་དང་རྒྱ་ལྕགས་རི་གོང་ཀ་བ་མང་ར་སྒོམ་བརྩོན་བྱ་ཡུལ་སོགས་ལས། སྐྱེས་བུ་གསུམ་གྱི་ལམ་རིམ་བྱང་ཆུབ་སེམས་ཀྱི་གདམས་པ་སོགས་བཀའ་གདམས་པའི་ཆོས་རྣམས་རྫོགས་པར་གསན། སྒྲོ་འདོགས་ཆོད་པར་མཛད་ནས་ད་ནི་སྒྲུབ་པ་ལ་བརྩོན་དགོས་སྙམ་ནས་ཕ་མེས་ཀྱི་བཞེངས་པའི་སེར་ཀ་བྱ་བའི་གཙུག་ལག་ཏུ་སྒྲུབ་པ་མཛད། ཏིང་ངེ་འཛིན་བཟང་པོ་སྐྱེས། ས་བཅུ་པའི་སྤྲུ་ལྟས་རྨི་ལམ་དུ་ཤེས། སྐྱ་ལ་ཤིག་སྲོ་མེད།

དེ་ནས་ནམ་ཟླ་དཔྱིད་ཀར་ལྕགས་རིའི་ལྷོ་ཕྱོགས་སུ་སྐྱོ་བསང་ལ་བྱོན་ནས། ཐུགས་ཏིང་ངེ་འཛིན་དང་ཕྱག་གིས་ཡི་དྭགས་ཆུ་སྦྱིན་མཛད་ནས་བཞུགས་པར། སྤྲང་པོ་གསུམ་གྱིས་ཤིག་སྲོ་འདྲ་བཞིན་ཡོད་པ་ལས། སྤྲང་པོ་གཅིག་ན་རེ། འོ་སྐོལ་བསོད་ནམས་ཆུང་བ་ལ་རྩོལ་བ་མི་དགོས་པར་ཟན་རྫོག་ཆེ་བ་རེ་དང་ལོ་ཆོད་ཕོར་པ་རེ་འཐུང་རྒྱུ་ཡོད་ན་ལྷ་ཅི་ཟེར། གཅིག་ན་རེ། དེ་འདྲ་ལ་ཡིད་སྨོན་མ་བྱེད་མངའ་བདག་རྗེ་ལྟེ་བ་འདྲ་བ་རེ་ཡིན་ན་དགའ་མོད་ཟེར། གཅིག་ན་རེ། མངའ་བདག་རྗེ་ལྟེ་བ་ལ་འཆི་བ་ཡོད། མི་ལ་རས་པ་འདྲ་བའི་གྲུབ་ཐོབ་ལུས་ལ་གོས་མི་དགོས་ཤིང་ཁ་ལ་ཟས་མི་དགོས་པ། ཟས་མེད་ན་མཁའ་འགྲོས་བདུད་རྩི་འདྲེན། སེང་གེ་ལ་བཅིབས་ནས་ནམ་མཁའ་ལ་འཕུར་འགྲོ་བ་དེ་ལྟར་ཡིན་ན་དགའ་མོད་ཟེར། དེར་བླ་མ་རིན་པོ་ཆེའི་མཚན་ཐོས་པ་ཙམ་གྱིས་ལུས

བ་སྐྱུ་ཟིང་། མིག་མཆི་མ་འཁྲུགས་ཏེ་འགྲོ་རྒྱུ་མ་བྱུང་། དེ་ནས་བྲང་ཁང་དུ་ཡན་ལག་བདུན་པ་འབུལ་བ་ལ་འཁྲོ་སྟོར་བཞིན་སོང་། ང་ཅི་རེད་འདུག་སྙམ། འཇིག་རྟེན་ཁམས་ཐམས་ཅད་ཡིད་ཡུལ་དུ་ཤར་བའམ། སེམས་ཅན་ཐམས་ཅད་ཀྱི་སེམས་ཤེས་པ་སྙམ་བྱེད་དེ། དགོངས་ཐུན་ཁར་སྣང་པོ་དེར་འདྲི་བར་ཕྱིན་པས་སྣང་པོ་རྣམས་མགྲོན་ཁང་ཞིག་ཏུ་ཉལ་འདུག །ད་ནང་ཁྱེད་ཀྱིས་གླིང་བའི་བླ་མ་དེ་གར་བཞུགས། དེའི་བླ་མ་དེ་གང་ཡིན། གདམས་ངག་ཅི་གནང་། ས་ཆ་གར་ཡོད་ཅེས་དྲིས་པར། བླ་མ་གྲུང་ཐང་མི་ལ་རས་པ་ཡིན། གོང་མ་མར་པ་ལོ་ཙཱ། དེའི་བླ་མ་ནཱ་རོ་པ་ཡིན་ཟེར། གདམས་ངག་ནཱ་རོའི་ཆོས་དྲུག་དང་དགྱེས་རྡོར་གྱི་གདམས་པ་གནང་ཟེར། མི་རྣམས་ཀྱིས་མཇལ་སྐབས་མཐོང་སྣང་སྣ་ཚོགས་སུ་མཐོང་ཟེར། ཁོང་གྲགས་པ་ཆེ་བས་དྲིས་ནས་སོང་དང་ཤེས་ནི་འོང་ཟེར། དེ་ནས་དཀོན་མཆོག་ལ་མཆོད་པ་བྱས། གསོལ་བ་བཏབ་ནས་ཉལ་བའི་རྨི་ལམ་ལ་རག་དུང་ཞིག་བུས་པས་འཛམ་བུའི་གླིང་དུ་ཐོས་པ་རྨིས། དེང་སང་རག་དུང་འདི་འདྲ་བ་དབུས་གཙང་གཉིས་ན་མེད་བྱས་རྨིས། གཞན་ཡང་རྔ་བོ་ཆེ་སོགས་ལྷས་མི་འདྲ་བ་བཟང་བར་རྨིས། དེ་ནས་ཞིང་བཟང་པོ་ཞིག་ཡོད་པ་གསེར་སྲང་དོ་ལ་བཙོང་། ལྷུགས་རི་བ་སོགས་དགེ་བའི་བཤེས་གཉེན་རྣམས་མཇལ་ནས་ཞུས་པས་བཀས་གནང་། འོན་ཀྱང་རྟགས་མ་བྲལ་བར་ཤོག་ཟངས་ངས་བཏུང་ཟངས་སྣད་མིས་འདོན་པ་ཞིག་འདུག་སྟེ་ཐབས་མེད་གསུངས། དེ་ནས་ས་མོ་གླང་གི་ལོ་ལ་བོད་ཚུགས་ཀྱི་ཟླ་བ་ཕྱེད་གཉིས་ཀྱི་ས་བཅད་ནས་ཞག་བཞི་བཅུས་ཚོང་འདུས་མགུར་མོར་ཕྱིན། དེ་ནས་མགོ་ཡམས་བྱ་བའི་སྟོན་དྲག་པོ་གཅིག་བྱུང་ནས་ཉིན་ཞག་བདུན་དུ་ལུས་པ་ལས། རྗེ་བཙུན་བཞུགས་པའི་གནས་དེ་ལ་བལྟ་ཞིང་གསོལ་བ་བཏབ་པས་བསྟུང་དེ་ལས་གྲོལ་བར་གྱུར། དེ་ནས་སྒྲོ་བདེ་བཀྲ་ཤིས་སྒང་དུ་ཐོན་ནས་དེར་བཞུགས། ཕྱི་དེའི་ནང་པར་བུད་མེད་རྒན་མོས་ལོ་རྒྱུས་བཤད་པས་ཐུགས་རྒྱལ་ཚུང་བཞེས་པས་མཇལ་ཁ་མ་བྱུང་། བླ་མར་གསོལ་བ་བཏབ་ནས་བཞུགས་པས་ཉིན་གཅིག་བླ་མའི་མདུན་དུ་ཤོག་གསུངས། དེར་བླ་མ་ཕ་བོང་ཞིག་གི་སྟེང་དུ་བཞུགས་ཤིང་རས་པ་རྣམས་ཀྱི་བསྐོར་ནས་འདུག །དེར་ཕྱག་འཚལ་ཞིང་གསེར་སྲང་གང་དང་ཇ་ཟེ་བོལ་གཅིག་ཕྱག་རྟེན་བྱས་པ་ལ། གསེར་དང་བན་ཆན་བློ་མི་མཐུན། ཇ་ལ་བསྐོལ་བའི་ཐབ་ཁ་མེད། ཁྱེད་རང་བསྒྲུབ་པའི་ཆ་རྐྱེན་གྱིས་གསུངས་ནས་མ་བཞེས། ཆང་ཐོད་ཕོར་གང་གསོལ་འཁྲོ་གདའ་བ་གནང་བས། རྟེན་དགེ་སློང་ཡིན་པ་དང་སྐྱུ་འཁོར་མང་བས་ལེན་མ་ནུས་པ་ལ། རྣམ་རྟོག་མ་མང་འཐུང་གསུངས། དེར་ལྷག་མ་མ་ལུས་པར་

འཐུང་བས། བརྒྱུད་པ་ཟིན་ཅིང་གདམས་ངག་མ་ལུས་པའི་སྣོད་དུ་གྱུར་པར་མཁྱེན་ཏེ། དེ་ནས་ཕ་བོང་གཅིག་གི་འོག་དེར་འཁན་པ་དང་། རི་ཤོ་ཁོག་མོ་དང་། ཤང་ཤིང་རྣམས་བསྡུས་ནས་ཕྱེད་སྦྱིལ་བ་བྱས། ཡོན་བདག་མོ་དཀོན་འབར་དང་། འབར་སེང་གཉིས་ལ་གསེར་ཞོ་རེ་གཙོང་བའི་རིན་ཕྱེ་བླངས་ནས་ཁྲིད་ཞུས། བླ་མའི་ཞལ་ནས། ཁྱེད་ལ་དབང་བསྐུར་གྱི་བཀའ་ཡོད་དམ་གསུངས། དགེ་བཤེས་མང་ཡུལ་བློ་ལྡན་ཤེས་རབ་ལས་གསང་འདུས་ཀྱི་དབང་བཞི་རྫོགས་པར་ཞུས། དགྱེས་རྡོར་གྱི་དབང་ལན་གཉིས། བདག་མེད་མའི་བྱིན་རླབས་དང་གསུམ། རྡོ་བོ་ལུ་ཧི་པའི་བཀའ་བབས་རིན་ཆེན་རྒྱན་དྲུག་མའི་བྱིན་རླབས་དང་། གཞན་ཡང་བླ་མ་མང་པོ་ལས་དབང་བསྐུར་མང་དུ་ཐོབ། ང་ལ་ཞག་བཅུ་གསུམ་དུ་མི་འཆོར་བའི་ཏིང་ངེ་འཛིན་བཟང་པོ་ཡོད་ཞུས་པས། ཏ་ཏ་གསུངས་ཤིང་གད་མོ་ཆེན་པོ་གཅིག་མཛད་ནས། བྱེ་མ་བཙིར་བ་ལ་མར་ཁུ་མི་འོང་། ཡུངས་ཀར་བཙིར་བ་ལ་མར་ཁུ་འོང་བ་ཡིན། དེ་འདྲ་ལ་དགོས་པ་མེད། ངཡི་གཏུམ་མོ་ཨ་ཐུང་གི་སྲོག་རྩོལ་འདི་སྒོམས་དང་། སང་ད་བཟོད་སེམས་ཀྱི་ངོ་བོ་མཐོང་ནས་འོང་གི་ཐབས་ལམ་སྒོམས་ཤིག་གསུངས། དེ་ནས་བླ་མ་ལྷ་རྗེ་ལ་རྨི་ལམ་གྱི་ལྟས་བྱུང་བའི་དོན་མགུར་དུ་ཞུས་པ། །མདང་སུམ་གཉིད་ཀྱི་རྨི་ལམ་ན། །ཡ་གི་སྤྱི་བོའི་གཙུག་རུམ་ན། །གཡུ་འབྲུག་སྔོན་མོ་འཁྱིལ་བ་རྨིས། །གཡུ་ཡི་ན་བུན་འཐིབས་པ་རྨིས། །དུང་གི་ཁྱུ་འཕང་བབས་པ་རྨིས། །གཡས་སུ་ཁྱུང་ཞིག་ལྡིང་བ་རྨིས། །གཡོན་དུ་རྒོད་ཅིག་འཁོར་བ་རྨིས། །དཔྲལ་བར་ཉི་མ་ཤར་བ་རྨིས། །གལ་ཏ་ཕྲག་ལ་བཀལ་བ་རྨིས། །གླང་དཀར་ཕྱུག་ན་བསྣམས་པ་རྨིས། །རྒྱབ་ཏུ་དགྲ་ལྷ་བསད་པ་རྨིས། །མདུན་དུ་ཆུ་མིག་བཙོལ་བ་རྨིས། །འོག་ན་སེང་གེ་ཞོན་པ་རྨིས། ཞེས་ཞུས་པས། བླ་མའི་ཞལ་ནས། ཨེ་མ་སྐལ་ལྡན་ལས་འཕྲོ་ཅན། །རྨི་ལམ་མི་ངན་རྨི་ལམ་བཟང་། །སྐྱེས་བུ་ལས་དང་སྐལ་པར་ལྡན། །ཡ་གི་སྤྱི་བོའི་གཙུག་རུམ་ནས། །གཡུ་འབྲུག་སྔོན་མོ་འཁྱིལ་བ་དེ། །བླ་མ་རྗེ་བཙུན་བཞུགས་པ་ཡིན། །གཡུ་ཡི་ན་བུན་འཐིབ་པ་དེ། །སངས་རྒྱས་ཞིང་ཁམས་སླེབས་པ་ཡིན། །དུང་གི་ཁྱུ་འཕང་འབབ་པ་དེ། །ཉོན་མོངས་ཐ་བ་སྤང་པ་ཡིན། །གཡས་ན་ཁྱུང་ཞིག་ལྡིང་བ་དེ། །དཔའ་བོ་དཔའ་མོ་འཁོར་བ་ཡིན། །གཡོན་ན་རྒོད་ཅིག་ལྡིང་བ་དེ། །རིག་འཛིན་ཕོ་མོ་འཁོར་བ་ཡིན། །དཔྲལ་བར་ཉི་མ་ཤར་བ་དེ། །འཕགས་པའི་སྤྱན་གྱིས་གཟིགས་པ་ཡིན། །གལ་ཏ་ཕྲག་ལ་བཀལ་བ་དེ། །ཐབས་ཤེས་ཟུང་དུ་འབྲེལ་བ་ཡིན། །གླང་དཀར་ཕྱུག་ན་བསྣམས་པ་དེ། །བག་ཆགས་དབྱུག་པས་དེད་པ་ཡིན། །རྒྱབ་ཏུ་དགྲ་ལྷ་བསད་པ་དེ། །དུག་ལྔ་རྩད་

ནས་བཅད་པ་ཡིན། །མདུན་དུ་རྒྱུ་མིག་བརྫོལ་བ་དེ། །རྣལ་འབྱོར་བསོད་ནམས་སྐྱེས་པ་ཡིན། །འོག་ན་སེང་གེ་ཞོན་པ་དེ། །བདུད་བཞི་ཟིལ་གྱིས་མནན་པ་ཡིན། །ཞེས་གསུངས་སོ། །

དེ་ནས་རྗེ་བཙུན་བལ་ཡུལ་དུ་འབྱོན་གསུངས་པས། འཁོར་རྣམས་བལ་ཡུལ་དུ་ཚད་པ་ཡོད་ཟེར་ནས་སེམས་ནད་བྱེད་ཅིང་འདུག །ཁོ་བོ་ནི་ཚད་པས་ཤི་ཡང་ཆགས་ཕྱིར་འགྲོ་དགོས་སྙམ་པ་ལ། བྲིན་ནས་བླ་མ་འབྱོན་པར་ཐོས་ནས་ཕྱུར་བ་ཆེན་པོ་བཏང་ཞིང་ཕྱག་རྟེན་གསེར་ཞོ་གསུམ་དང་འབྲས་མང་པོ་སྤུངས་ཀྱང་མ་བཞེས་ཏེ། དེའི་ནང་པར་བྱོན་ཏེ་བྲག་རྩ་གཅིག་ཏུ་བཞུགས་པས། བུད་མེད་གོས་ནག་པོ་གྱོན་ཞིང་བོང་རིང་བ་ངམ་ནག་པ་མིག་རྩ་དམར་བ་གཅིག་བླ་མའི་ཞལ་ལ་འབྲུ་ཚུགས་སུ་བལྟས་ཏེ། འགྲོ་བ་གར་འགྲོ་གཏོང་མཁན་སུ་ཡིན་ཟེར། དེའི་ནུབ་མོ་ནས་ཐུགས་འགྱུར་ཞིང་མ་བྱོན། བུད་མེད་དེ་ཡང་མཁའ་འགྲོ་མར་འདུག་གསུངས། དེ་ནས་སྨན་ལུང་དུ་བཞུགས་ཏེ་ཆོས་ཞུས་པ་ལ། སྟར་དབང་བསྐུར་རྣམས་ཀྱིས་གོ་མི་ཆོད་པ་མིན་ཏེ། རྟེན་འབྲེལ་ཡིན་པས་ང་རང་གི་ལུགས་ཀྱི་བྱིན་རླབས་ཆུང་ངུ་གཅིག་བྱ་དགོས་གསུངས་ནས། སེན་རྒྱ་རའི་དལ་ལ་བརྟེན་ནས་བསྟན་རྒྱུད་ཀྱི་བྱིན་རླབས་མཛད་དོ། །དེ་ནས་རྗེ་བཙུན་གྱི་སྨྱུན་སྔར་གསུང་གླེང་ཁོ་ཐག་ཆོད་པ་གཅིག་བྱ་དགོས་བསམ་ནས་སྨྱུན་སྔར་བྱོན། དེར་བླ་མ་ལ་ཚོགས་བསགས་པའི་སྟོབས་གང་ཆེ་ཞུས་པར་བླ་མས་བདག་གིས་དགེ་བཤེས་རྒྱ་ལ་ཞུས་པས་ཁོ་ན་རེ། གསང་འདུས་དང་རྡོ་རྗེ་གདན་བཞི་རྣམས་ལས། དུས་གསུམ་སངས་རྒྱས་མཆོད་པ་ལས། སློབ་དཔོན་བ་སྤུ་ཁུང་བུ་མཆོད། ཅེས་གསུང་པ་བཞིན། དུས་གསུམ་གྱི་སངས་རྒྱས་ཐམས་ཅད་ལ་རིན་པོ་ཆེའི་ཕུང་པོ་རི་རབ་ཙམ་ཕུལ་བ་བས། བླ་མའི་བ་སྤུའི་ཁུང་བུ་གཅིག་མཆོད་པ་བསོད་ནམས་ཆེ་གསུངས། དེ་ལས་ལྷག་པའི་ཚོགས་གསོག་ཐབས་ཡོད་དམ་ཞུས་པས་ཡོད་གསུངས། དེ་གང་ལགས་ཞུས་པས། བླ་མས་བསྟན་པའི་གདམས་ངག་དེ་ཆུད་ཟོས་མེད་པར་ཉམས་སུ་བླང་ན་དེ་ག་ཡིན་གསུངས། བདག་གི་དགེ་བཤེས་སླུག་རུམ་པ་ལ་ཚེ་གཅིག་ལུས་གཅིག་ལ་སངས་རྒྱས་སྒྲིད་དམ་ཞུས་པས། ཚེ་འདི་ལ་ལྟོས་པ་སྤྱུ་ཙམ་མེད་པ་ཞིག་དགོས་གསུངས། དགེ་བཤེས་ཡར་ལུང་པ་ལ་ཞུས་པས་གསུངས་དེ་ངེས་པ་ཅན་མིན། དགོངས་པ་ཅན་ཡིན། སྨན་རིལ་བུ་འགྲུབ་པ། ཚེ་ཉི་ཟླ་དང་མཉམ་པ། སྐྱེ་བ་བདུན་པ། ཡི་དམ་ལྷ་ཡི་ཞལ་མཐོང་བ། མཁའ་སྤྱོད་དུ་འགྲོ་ནུས་པ་ཞིག་དགོས་གསུངས། དེ་ལྟར་ལགས་སམ་ཞུས་པས། གསུངས་དེ་དགོངས་པ་ཅན་མིན། ངེས་པ་ཅན་ཡིན། ཚེ་འདི་ལ་ལྟོས་པ་མེད་པ་གཅིག་གིས། བླ་མ་

མཚན་ཉིད་དང་ལྡན་པ་གཅིག་ལ་སློབ་མ་སྣོད་དང་ལྡན་པ་གཅིག་གིས། གསང་སྔགས་ཀྱི་དཀྱིལ་འཁོར་དུ་དབང་རྫོགས་པར་ཞུས་ནས། བསྐྱེད་རྫོགས་ཀྱི་གདམས་ངག་བར་མ་ཆད་པར་བསྒོམས་པས། རབ་ཚེ་འདིར་སངས་རྒྱས། འབྲིང་འཆི་ཀའམ་བར་དོར། ཐ་མ་ཡང་སྐྱེ་བ་བདུན་ནམ་བཅུ་དྲུག་ཚུན་ལ་འགྲུབ། དེས་མ་གྲུབ་ན་དམ་ཚིག་ལ་སེལ་ཡོད་པ་ཡིན་ཏེ་རེ་ཞིག་ངན་སོང་དུ་སྐྱེ་དོགས་ཡོད། ལར་ལྷ་རྗེ་སྟོན་པ་ཁྱེད་ལྟ་བ་ཁ་ལྟ་ལ་བསྐུར་བའི་མི་དང་བློ་མ་བསྟུན། དེའི་ངག་ལ་མ་ཉན། རྗེས་སུ་མ་འབྲང་། བསྒོམ་པ་ཉམས་སུ་ལེན་པའི་མི་དང་བློ་བསྟུན། དེའི་ངག་ལ་ཉོན། རྗེས་སུ་འབྲངས་དགོས་པ་ཡིན། གྲོས་ཕྱུག་ཐམས་ཅད་ཚེ་འདི་བློས་བཏང་བའི་སྐྱེས་བུ་དམ་པ་རྣམས་ལ་བྱེད་དགོས། ཚེ་འདིས་མིག་ཁྲིད་པའི་གང་ཟག་འགའ་ཞིག་གིས་ཆོས་བརྒྱུད་སློབ་དུ་འོང་བ་ཡིན། ལར་སྟོང་པ་ཉིད་ལ་ཤོར་ས་ཡོད་པ་ཡིན་ཏེ། སྟོང་ཉིད་རྒྱས་འདེབས་སུ་ཤོར་བ་དང་། ཤེས་བྱའི་གཤིས་ལ་ཤོར་བ་དང་། གཉེན་པོར་ཤོར་བ་དང་། ཆགས་པར་ཤོར་བ་དང་། བཞི་ཡིན་ཏེ། སྟོང་ཉིད་རྒྱས་འདེབས་སུ་ཤོར་བ་ནི་འདི་ལྟར་བཟུང་བ་དང་། འཛིན་པ་བློ་ཡུལ་དུ་བྱུང་བའི་ཆོས་ཐམས་ཅད་སྟོང་པ་ཉིད་ཟེར་བ་ཡིན། སྟོང་ཉིད་ཤེས་བྱའི་གཤིས་ལ་ཤོར་བ་བྱ་བ། འདི་ལྟར་འཁོར་བ་དང་མྱ་ངན་ལས་འདས་པའི་ཆོས་ཐམས་ཅད་སྟོང་པ་ཡིན་ཟེར་བ་ཡོད། སྟོང་ཉིད་གཉེན་པོར་ཤོར་བ་བྱ་བ་ཉོན་མོངས་པ་སྣ་ཚོགས་གང་སྐྱེས་ལ་བལྟས་པས་དེ་ཀ་སྟོང་པ་ཡིན་མོད་ཟེར་བ་ཡིན། སྟོང་ཉིད་ཆགས་པར་ཤོར་བ་བྱ་བ་ལ་སྒོམ་རྒྱུ་མེད་ཅིང་སྒོམ་ཐམས་ཅད་སྟོང་པ་ཡིན་མོད་ཟེར་བ་ཡོད། དེ་རྣམས་ཡང་དག་པ་མ་ཡིན། འོན་ཀྱང་ལས་དང་པོ་པ་བློའི་བདེན་ཞེན་བཟློག་པ་ལ་ཕན་དུ་རུང་ཙམ་ཡིན། ལར་སེམས་ཀྱི་གཞི་རྩ་མ་ཆོད་ན། བདེ་གསལ་མི་རྟོག་གསུམ་གྱི་ཉམས་ཡོད་ཀྱང་སྲིད་པ་གསུམ་ལས་མ་འདས། རྩ་བ་མ་ཆོད་པའི་ཉམས་བྱ་བ་ཡིན། འོན་ཡང་དག་པའི་ཉམས་གང་ཡིན་ན། བླ་མ་མཚན་ཉིད་དང་ལྡན་པ་གཅིག་གིས། སློབ་མ་སྣོད་དང་ལྡན་པ་གཅིག་ལ་ངོ་སྤྲོད་དེ་ཁྲིད་པས། གཉུག་མའི་ཤེས་པ་དེ་སེམས་ཅན་ཐམས་ཅད་ལ་ཁྱབ་པར་གནས། སངས་རྒྱས་ཐམས་ཅད་ལ་ཆོས་སྐུའི་སྣང་བ་གསལ། རྣལ་འབྱོར་པས་ཐབས་དཔག་ཏུ་མེད་པའི་སྒོ་ནས་བསྒོམས་པས། ལྟ་བ་ཤུགས་ཀྱི་རྟོགས། ཉོན་མོངས་པ་དང་གིས་འགགས་རྣམ་རྟོག་རང་ཤུགས་ཀྱིས་ཆོད། ཡེ་ཤེས་ཤུགས་ལ་འཆར། དེའི་དུས་ཉམས་སུ་མྱོང་བའི་རྟོགས་པ་དེ་ངག་ཏུ་སྨྲར་མི་བཏུབ། དཔེར་ན་གཞོན་ནུའི་བདེ་བའམ། ལྐུགས་པའི་རྨི་ལམ་བཞིན་ཏེ་གཞི་དེ་ནི་སེམས་ཅན་ཀུན་ལ་ཡོད་ཀྱང་ངོ་མ་ཤེས། དེས་ན་བརྒྱུད་ལྡན་གྱི་བླ་མ་བསྟེན་པ་

ག་ལ་ཆེ། དེ་བས་གཉུག་མའི་ཤེས་པ་དེ་ཕྱུག་གར་ཡང་མ་གཏད་སྒོ་གར་ཡང་མ་འགགས་དཔེ་གང་གིས་ཀྱང་མཚོན་པར་མི་ནུས། བརྗོད་པ་གང་གིས་ཀྱང་ཐོག་ཏུ་མི་ཕེབས། ཐ་སྙད་གང་གིས་ཀྱང་མཚོན་པར་མི་ནུས། དེས་ན་བཅས་བཅོས་མི་བྱ། རང་གར་མ་བཅོས་པའི་ངང་ལ་ལྷོད་དེ་ཞོག་དང་། གསུངས་ནས་མགུར་འདི་གསུངས་པ། ལྟ་བ་ཡིན་པར་ངེས་ཀྱི་རང་གི་སེམས་ལ་ལྟོས། ཞེས་སོགས་གསུངས་སོ། །

ཕྱི་དེའི་ནང་པར་སེ་བན་སྟོན་ཆུང་འབོད་དུ་བྱུང་བས། དབུས་པ་སྟོན་པ་ཁྲིད་རྗེ་བཙུན་གྱི་སྤྱན་སྔར་ཤོག་གསུངས་ཟེར་བས། རྗེ་བཙུན་གྱི་སྤྱན་སྔར་བྱོན་ནས་ཕྱག་འཚལ་ཞིང་ཡོད་པ་ལ། རྗེ་བཙུན་ཞལ་འཛུམ་པ་མཛད་ནས། དབུས་པ་སྟོན་པ་ཁྲིད་ཆོས་གཤའ་མ་གཅིག་བྱེད་བསམ་ན། ཡོན་ཏན་འཆོང་བ་དང་དགེ་སྦྱོར་བྱེད་པ་གཉིས་རྒྱབ་བསྟོལ་ཡིན་པས། སྟོན་ཕྲིན་དང་སྐེ་ནམ་དུ་བསོད་སྙོམས་ཀྱིས་ལ་ནུབ་མོ་གྲོང་གསེབ་ཏུ་མ་བསྡད་པར་སྤྲོ་བདེ་ཕྱུག་ཏུ་དགེ་སྦྱོར་ལ་བསྐྱིགས་གསུངས། རྗེ་བཙུན་མད་དགོངས་ནས་བསོད་སྙོམས་མཛད་དོ། །དེ་ནས་གཏུམ་མོའི་ཁྲིད་ཞུས་ནས་བསྒོམ་པས་བདེ་དྲོད་རང་འབར་ལ་སོང་། ཞག་བདུན་གྱི་ནང་པར་རྒྱལ་བ་རིགས་ལྔའི་ཞལ་མཐོང་། བླ་མར་ཞུས་པས་འབྱུང་ལྔའི་རླུང་ཟིན་པ་ཡིན་གསུངས། ཡང་བསྒོམས་པས་སྟོང་གསུམ་འདི་འཁོར་ལོ་བཞིན་འཁོར་ནས་འདུག་པས་སྟོང་སྐྱུག་བྱས་ནས་བརྒྱལ་ཞུས་པས། རོ་རྐྱང་གཉིས་རླུང་དྷུ་ཏིར་འཇུག་པ་ཡིན་གསུངས། ཡང་བསྒོམས་པས་ཉིན་གཅིག་ཐུགས་རྗེ་ཆེན་པོས་ཐེམ་མེར་གང་བ་ལ་དབུ་ཡི་སྟེང་ན་ཟླ་དཀྱིལ་རེ་འདུག་པ་མཐོང་ཞུས་པས། སྤྱི་བོ་བདེ་ཆེན་འཁོར་ལོ་ཐིག་ལེའི་གང་བ་ཡིན་གསུངས། ཡང་བསྒོམས་པས་དམྱལ་བ་ཐིག་ནག་མཐོང་བས་སྙིང་འཚང་ཞུས་པས་གྲིན་རྒྱུའི་རླུང་ཟིན་པ་ཡིན་གསུངས། ཡང་བསྒོམས་པས་འདོད་ལྷ་རྣམས་རིགས་དྲུག་གི་ལྷ་རྣམས་རིམ་པར་བདུད་རྩི་འབེབས་པ་མཐོང་ཞུས་པས་མགྲིན་པ་ལོངས་སྤྱོད་འཁོར་ལོ་ཐིག་ལེས་གང་བ་ཡིན་གསུངས། ཡང་བསྒོམས་པས་ལུས་འཕར་འདར་གཡོ་བ་དང་ངག་རྒོད་པ་དང་ཀུ་འདེབས་འདོད་པ་བྱུང་བ་ཞུས་པས། སྙིང་ག་ཆོས་ཀྱི་འཁོར་ལོ་ཐིག་ལེས་གང་བ་ཡིན་གསུངས། ཡང་བསྒོམས་པས་ཉིན་གཅིག་ཉི་ཟླ་གཉིས་གཟས་ཟིན་པ་མཐོང་ཞུས་པས། དྷུ་ཏིར་རོ་རྐྱང་གཉིས་ཀྱི་རླུང་ཚུད་པ་ཡིན། ལར་དེ་རྣམས་སྐྱོན་དང་ཡོན་ཏན་གང་ཡང་མིན། ཕོ་རྒོད་རབ་ཏུ་འདུག །ད་ནི་ད་ནི་བྱ་བ་ལན་གསུམ་གསུངས་པས། དྲག་ཏུ་བསྒོམས་པས་ཟླ་བ་གཅིག་ནས། དགྱེས་རྡོར་དམར་པོའི་དཀྱིལ་

འཁོར་ཞིག་མཐོང་བས། ད་ནི་གསུངས་པས་ཡི་དམ་གྱི་ལྷ་ཡིན་བསམ་ཞུས་པས། སྙིང་ག་ཆོས་ཀྱི་འཁོར་ལོ་མ་ལས་ཐོབ་པའི་རྐྱ་བརྟན་པ་ཡིན་གསུངས། ཡང་བསྒོམས་པས་བདེ་མཆོག་ལུ་ཧི་པའི་ཀེང་རུས་ཀྱི་དཀྱིལ་འཁོར་ཞིག་མཐོང་ཞུས་པས་ལྟེ་བ་སྤྲུལ་པའི་འཁོར་ལོ་ཐིག་ལེས་གང་བ་ཡིན་གསུངས། ཡང་བསྒོམས་པས་འཆར་སྒོ་སྣ་ཚོགས་ལ་གེགས་སེལ་བོག་འདོན་གྱི་རིམ་པ་འགའ་ཞིག་མཛད། དེ་ནས་སྒྲོད་ལ་ཡི་དམ་གྱི་ལྷ་བསྒོམས་བཟླས་པ་བྱས། གྲུང་ལ་བླ་མའི་རྣལ་འབྱོར་བསྒོམས། ཐོ་རངས་སྒྲོག་རྩོལ་གྱི་རླུང་ལ་འབད། ནངས་པར་སྐྱ་རེངས་ཤར་བ་ན་གཉིད་ཐུན་ཕྲན་ཙམ་སོང་བར་སྣང་འདྲིས་བག་ཆགས་མེད་པའི་རྨི་ལམ་གྱི་མཚན་ལྟས་ཉེར་བཞི་བྱུང་བས་ལྟས་དགེ་མི་དགེ་སྙམ་ནས་རྟོག་པ་ཞིག་སྐྱེས། ཡང་བླ་མ་སངས་རྒྱས་མདོན་སུམ་དུ་བཞུགས་པ་ལ་ཞུས་པས་ཆོག་དགོངས་ནས་ཚ་བ་མ་བསྐོལ་བར་དེ་གར་བཞེངས་ནས་བྱོན། རྗེ་བཙུན་ཆུ་བར་བྲག་རྩ་ན་བཞུགས་པ་དང་མཇལ། ཕྱག་འཚལ་མཎྜལ་ཕུལ་ནས་ཞུས་པ། བདག་ལ་སྣང་འདྲིས་བག་ཆགས་མེད་པའི་རྨི་ལྟས་ཉེར་བཞི་བྱུང་བ་དེ་རྣམས་དགེ་མི་དགེ་ཇི་ལྟར་ལགས་ཞུས་པའི་མགུར་ཕུལ་བ། རྗེ་བརྟུལ་ཞུགས་སྤྱོད་པའི་རྣལ་འབྱོར་པ། ཞེས་སོགས་ཕུལ་བས། བུ་ལྷ་རྗེ་སྟོན་པ་ཐུགས་མི་བདེ་མི་འཚལ། ཤེས་པ་གློད་ལ་ཞོག ། ང་རྨི་ལམ་གྱི་ཆོས་ཉིད་ཁུང་དུ་ཆོད་པ་ཡིན། ད་རེས་བུ་ཁྱོད་ཀྱི་རྨི་ལྟས་དེ་རྣམས་དོན་ངོ་སྤྲོད་པས་ཐུགས་མ་ཡེངས་པར་གསན་འཚལ། གླུ་དྲིན་ལན་མཇལ་ལོ་ལྷ་རྗེ་བ། སོགས་ཀྱི་མགུར་གསུངས། ལར་རྨི་ལམ་དང་རྟགས་མཚན་ལ་མངོན་ཞེན་མ་ཆེ། བདུད་འཇུག་པའི་ཆོས་ཡིན་ཞེས་གསུངས། ཚོགས་པ་སྐྱོང་བའི་དུས་ནམ་ཡིན་ཞུས་པས། ཅི་ཞིག་ན་ད་ལྟ་དང་མི་འདྲ་བའི་རྟོགས་པ་ཞིག་སྐྱེ་ལ། ཕ་རྒན་ང་ལ་སངས་རྒྱས་དངོས་ཀྱི་འདུ་ཤེས་སྐྱེ་བ་ཞིག་ཡོང་བས་དེ་དུས་ཚོགས་པ་སྐྱོངས་ཤིག ། ད་ནི་འདི་ནས་ཤར་གྱི་ཕྱོགས་ན། སྒམ་པོ་གདར་གྱི་རི་བོ་རྒྱལ་པོ་གདན་ལ་བཞུགས་པ་ལྟ་བུ། རྩེ་མོ་རིན་ཆེན་ཕྲོག་ཞུ་ལྟ་བུ། རྩེ་མོ་ལྔ་རུ་ཡོད་པ། ང་ཡི་ཞྭ་འདི་ལྟ་བུ། སྤང་ཐང་གསེར་གྱི་མཎྜལ་བཀོད་པ་ལྟ་བུ་མདུན་རི་རིན་ཆེན་སྤུང་པ་འདྲ་བ། རྒྱབ་རི་དར་དཀར་ཕྱར་བ་ལྟ་བུ། རི་བདུན་བློན་པོ་ཕྱག་འཚལ་བ་ལྟ་བུ། དེའི་མགུལ་ན་ཁྱོད་ཀྱི་གདུལ་བྱ་ཡོད་པས་དེར་སོང་འགྲོ་བ་སེམས་ཅན་གྱི་དོན་གྱིས་ཤིག་གསུངས་ནས་མགུར་འདི་གསུངས་སོ། །བུ་སྟོན་པ་དབུས་སུ་བཞུད་མི་བཞུད། ཅེས་པ་ལ་སོགས་མགུར་མང་དུ་གསུངས་ནས། ཁྱོད་ཀྱི་མིང་ལ་དགེ་སློང་རྡོ་རྗེ་འཛིན་པ་འཛམ་གླིང་གྲགས་པ་བྱ་བ་ཡིན་ནོ་གསུངས། དེ་ནས་དབང་དང་བྱིན་རླབས་མཛད་ནས་ཆོས་ཐམས་ཅད་རྫོགས

པར་གནང་ཞིང་། ད་ཡུལ་དུ་སོང་དང་ང་བས་ཀྱང་འགྲོ་དོན་ཆེ་བ་གཅིག་འབྱུང་བར་འདུག་གསུངས་སོ། །དེ་ནས་ཕྱུག་དཔེ་ཐམས་ཅད་གཉེར་མཛད་པའི་ལྷམ་ལྷན་ཅིག་སྐྱེས་པའི་སྒྲོན་མ་ལ་ཞུས་ཏེ། ལེགས་སེའི་རྟ་ནས་ཕྱུག་དཔེ་ཐམས་ཅད་ལྷག་ལུས་མེད་པར་ཞལ་བཤུས་ནས་བཅད་དོ། །

དེ་ལྟར་རྗེ་བཙུན་གྱི་དྲུང་དུ་ཟླ་བ་བཅུ་གསུམ་བཞུགས་ནས། ལྕགས་ཕོ་སྟག་གི་ལོ་ལ་དབུས་སུ་འབྱོན་པར་བརྩམ་སྟེ། ཤིང་སྟག་པའི་ནགས་ཡོད་པ་གཅིག་གི་རྒྱ་ལ་རྫོ་ཟམ་ཡོད་པའི་བར་ལ་སྐྱེལ་ཐུང་མཛད་དོ། །དབུས་པ་སྟོན་པ་རྟེན་འབྲེལ་གྱི་གནད་ཞིག་གིས། རྒྱ་འདི་ཡི་ཕར་ཀར་ཁོ་བོ་བགྲོད་མི་བཏུབ་པར་འདུག་པས། འོ་སྐོལ་ཕ་སྤད་ཀྱི་ཕྲིན་སློས་འདིར་བྱ། ཁྱོད་ཁྲེས་པོ་ཐོག་ལ་སྟོད་ཅིག་གསུངས་ནས། ཨ་རུ་ར་གསེར་མདོག་གཅིག་དང་མེ་ཆ་གཅིག་གནང་སྟེ། དབུས་པ་སྟོན་པ་ཕ་ཚན་གྱི་ཁེ་གྲགས་སྒྲོང་། གཉེན་འདུན་གྱི་ཐག་པ་ཆོད། ཚེ་འདིའི་གདོས་ཐག་མེད་པར་གྱིས། རི་ཡི་བུ་གྱིས། ཆོས་ཐམས་ཅད་གཅིག་ཏུ་དྲིལ་ནས་ཉམས་སུ་ལོངས། མི་རྒན་ང་ལ་གསོལ་བ་ཐོབས། སྤྱིར་ཡང་རི་དྭགས་རྨུས་མའམ། བྱ་བཞིན་བྱོན་བག་ཆེ་བར་བྱ། ཞི་བ་དུལ་བ་རྟེ་རག་རྒྱུང་བར་བྱ། ཐམས་ཅད་དང་མཐུན་པར་བྱ། གཙང་སྦྲ་ཤིན་ཏུ་ཆེ་བར་བྱ། རྟོག་པ་ཤིན་ཏུ་རྒྱུང་བར་བྱ། རི་མཚམས་དང་སྨྲ་བཅད་འདག་ཆར་གསུམ་གྱི་དུས་འདའ་བར་བྱ། རང་སེམས་སངས་རྒྱས་སུ་རྟོགས་ཀྱང་བླ་མ་རྡོ་རྗེ་སློབ་དཔོན་མི་སྤང་བ་བསླབ། བསགས་སྦྱངས་གཉིས་པོ་རང་སར་དག་ཀྱང་ཚོགས་རྒྱུང་དུ་རྒྱུང་དུ་ནས་བསགས། ལས་རྒྱུ་འབྲས་ནམ་མཁའ་ལྟར་གོ་ཡང་། སྡིག་པ་རྒྱུང་དུ་རྒྱུང་དུ་ལ་འཛེམ། མཉམ་བཞག་དང་རྗེས་ཐོབ་མེད་པའི་ཉམས་ལེན་ཡོད་ཀྱང་ཐུན་བཞིའི་རྣལ་འབྱོར་རྒྱུན་ཆད་མེད་པར་ཉམས་སུ་ལོངས། བདག་གཞན་མཉམ་པ་ཉིད་དུ་གོ་ཡང་། ཆོས་དང་གང་ཟག་ལ་སྐུར་པ་མ་འདེབས་གསུངས་ནས། བུ་ཁྱོད་སང་ཕོད་ཡོས་བུ་ལོའི་ཧའི་ཟླ་བའི་ཚེས་བཅུ་བཞི་ལ་བྲིན་སྣེ་ནམ་གྱི་རི་ལ་སླེབས་པར་གྱིས་ཤིག་གསུངས་ནས། བུ་སྒྲོས་བྲལ་སེམས་ལ་ཤར་དུས་སུ། ཞེས་སོགས་དྭགས་པོའི་སྐྱེལ་མགུར་མཛད་དོ། །དེ་ནས་རྗེ་བཙུན་ཡར་བྱོན་ཏེ། སློབ་མ་ཐམས་ཅད་བསགས་ནས། ལྷ་རྗེ་སྟོན་པ་དེས་སེམས་ཅན་མང་པོ་ལ་ཕན་ཐོགས་པར་འདུག །མདང་ང་ཡི་རྨི་ལམ་དུ། བྱ་རྒོད་པོ་སེར་པོ་གཅིག་དབུས་སུ་འཕུར་ནས་སོང་། དེ་རི་ཆེན་པོ་གཅིག་གི་རྩེ་ལ་བབས་ཏེ། ཕྱོགས་ཕྱོགས་ནས་ངང་པའི་འཁོར་མང་པོ་འདུས་ནས། དར་གཅིག་ན་སོ་སོར་གྱེས་ཏེ། ངང་པ་རེ་རེ་ལ་གཡོག་ལྔ་བརྒྱ་ལྔ་བརྒྱས་བསྐོར་ནས་ལུང་པའི་གཞིས་ཐམས་ཅད་དང་པས་སེར་ཞོག་གིས་གང་ནས་སོང་བ

སྨིས། ཁོ་བོ་རྣལ་འབྱོར་པ་ཡིན་པ་ལ། ཁོ་བོའི་རྗེས་སུ་རབ་ཏུ་བྱུང་བ་མང་པོ་ཡོང་བར་འདུག །ལྷ་རྗེ་སྟོན་པ་དེས་སེམས་ཅན་མང་པོ་ལ་ཕན་ཐོགས་པར་འདུག །ཁོ་བོས་ཀྱང་སངས་རྒྱས་ཀྱི་བསྟན་པ་ལ་བྱ་བ་བྱས་པར་འདུག་གསུངས། དེ་ནས་དྭགས་པོ་དབུས་སུ་བྱོན་ཏེ། བཀའ་གདམས་ཀྱི་ཆས་རྣམས་མ་བོར་བར་དགེ་བཤེས་སྟུག་རུམ་པའི་ཕྱར་ཕྱིན་པས། ཁྱོད་ལ་ཡོན་ཏན་ཅི་བྱུང་གསུངས་པ་ལ། སྙིང་ཕྱི་ནང་དུ་མི་རྒྱུ་རྟོགས་པ་ནམ་མཁའ་དང་མཉམ་ཞུས་པས། ངོ་མཚར་ཆེ་གསུངས་ནས་ཆེ་བསྟིང་བའི་ཆོག་ཡང་གནང་ངོ་། །

དེ་ནས་གཉལ་དུ་བྱོན་ནས་བཞུགས་ཙམ་ན། བླ་མའི་གསུང་དྲན་ནས། རྒྱ་པ་གསེར་རེ་ལས་གསེར་ཞོ་བཅུ་གཉིས་ནས་ཀྱིས་ཉོས་ནས། རས་སྒོམ་རས་པ་ཁྲིད་དེ་བྱོན་པས་ཡར་ལུང་གི་མདར་སླེབས་ཙ་ན། གཙང་གི་བོང་ཆོང་བ་དང་འཕྲད་ནས། དེ་རྣམས་ན་རེ། རྗེ་བཙུན་ཧའི་བླ་བའི་ཆོས་བཅུ་བཞི་ལ་གཤེགས་ཟེར་ནས། ཕྱག་འཁར་དང་ན་བཟའི་རས་དུམ་གཅིག་མཆོད་པའི་རྟེན་དུ་བསྐུར་བ་ཡང་གཏད། དེའི་མོད་ལ་སྨྱུན་ཆབ་མང་པོ་ཤོར་ནས་དྲན་མེད་དུ་བརྒྱལ་སོང་སྐད། དེར་རྟ་ན་ཡོད་པ་རྣམས་ཀྱིས་ཕྱག་ཞབས་ལ་སྙུ་མཉེ་ཕུལ། ཞལ་ལ་ཆུ་མང་དུ་བཏབ་པས་དར་ཅིག་ལ་དྲན་པ་རྙེད་ནས་གསེར་རྣམས་བྲིན་གྱི་ཕྱོགས་སུ་གཏོར་ནས་བླ་མ་ལ་གསོལ་བ་འདེབས་པའི་མགུར་གསུངས་སོ། །དེ་ནས་ཁོ་རང་གི་ཕྱོགས་ལ་ཕྱིར་བྱོན་ཏེ། ཉི་མ་དྲོས་རན་དུ་སོང་འདུག་པས་སེའུ་ལྗོག་གཅིག་གི་རྩ་ན་བུད་མེད་གཅིག་འདུག་པ་ལ་གྲོ་གཅིག་འདོད་གསུངས་པས། དེ་ན་རེ་གྲོ་དྲངས་པས་ཆོག་སྟེང་ཁང་དུ་བྱོན་ཟེར་ནས། དེར་བུད་མེད་དེས་ནས་སྤྱར་གང་ཁྱེར་ནས་ས་གཅིག་ལ་ཞིང་རྨོ་བའི་ཚུལ་བྱས་ནས་དེ་ལ་བཏབ་པས་ལྗང་བུ་སྐྱེས་ནས་ནས་སུ་སྨིན་ཏེ། དེ་ལ་རྩས་མ་བྱས། དབྱུག་པས་བརྡུངས་ནས་བཙོས་ཏེ་བཏགས་ཤིང་ཟན་དུ་བཟེས་ཆབ་བསྐོལ་ཞིང་བླ་མ་ལ་གྲོ་དྲངས་ཏེ་ཆབ་གཅིག་བཏང་བས་དེའི་ཞལ་བཤལ་ནས་བཞེངས་པ་སྐམ་བྱེད་ཙན་སེའུ་ལྗོག་དང་བུད་མེད་གང་ཡང་མི་འདུག་པས་ང་འཁྲུལ་བ་ཡིན་བསམ་ཙ་ན། མ་འཁྲུལ་བར་ཟན་གྱི་སྦྲིག་པ་ཆིལ་ཆིལ་འདུག །ལར་འཁོར་འདས་ཀྱི་ཆོས་ཐམས་ཅད་སྣང་ཞིང་བདེན་པའམ་རྫུན་པའི་མཐའ་དང་བྲལ་བ་འདི་ལྟ་བུ་གཅིག་ཨང་སྐམ་སྟེ། ཉམས་སུ་མྱོང་བ་ཁྱད་པར་ཅན་རྒྱུད་ལ་སྐྱེས་སོ། །

དེ་ནས་འཁོར་ལ་སྟ་བ་རས་སྒོམ་རས་པ་བྱ་བ་ཉེ་གནས་བྱས། གཉལ་ཕྱེ་བ་ལུང་དུ་ལོ་དྲུག་བསྒོམས་པས། དེའི་དུས་བཀའ་གདམས་པའི་ཆོས་སྤྱོད་ཀྱི་རམ་འདེགས་བྱས་པས་སྔར་གྱི་ཉམས

སྒྲོང་ཁྱད་པར་ཅན་རྣམས་ཡལ་ནས་སོང་། དེར་ཐུགས་མ་བདེ་ནས་སྔར་གྱི་བཀའ་གདམས་པའི་བླ་མའི་སར་འགྲོའོ་སྙམ། ང་ཡི་བླ་མ་རྗེ་བཙུན་ཞལ་ནས། །ཕྱག་རྒྱ་ཆེན་པོ་སྒོམ་དུས་སུ། །ལུས་ངག་གི་དགེ་སྦྱོར་མ་བརྩོན་ཅིག །མི་རྟོག་ཡེ་ཤེས་ཡལ་ཉན་ཡོད། །ཅེས་གསུངས་པ་བཞིན། ད་བླ་མར་ལྟོས་པ་འཆའ་བ་ཡིན། གསུངས་ནས་བློ་ཁེལ་ངེས་སུ་གསོལ་བ་བཏབ་པས་རིང་པོར་མ་ལོན་པར་མཆོག་གི་རྟོགས་པ་སྐྱེས། བོ་དྷི་ཅི་ཡི་ཐུགས་དམ་བརྒྱ་རྩ་གཅིག་ཡོད་པ་ལྡུང་མའི་སྟོང་པོ་ལ་བཀལ་ནས། དུས་གསུམ་སངས་རྒྱས་ཀྱིས་ང་ལུང་བསྟན་ན་ཤིང་འདི་ལ་སྐྱེ་བར་ཤོག་ཅིག །གལ་ཏེ་མ་བསྟན་ན་མི་སྐྱེ་བར་ཤོག་ཅིག །ཅེས་བདེན་པ་བརྗོད་པས་སྐྱེས་སོ། །དེ་ནས་འོལ་ཁར་བྱོན་ནས་དགེ་ལུང་དུ་ལོ་གསུམ་བསྒོམས་པས་ཆོས་ཐམས་ཅད་བདེན་མེད་དུ་རྟོགས་ནས་གཉུག་མའི་ཡེ་ཤེས་རང་ལ་དབུལ་མོའི་འོག་གི་གཏེར་ལྟ་བུ་སོགས་དཔེ་བཅུ་གཉིས་ཀྱི་མགུར་གསུངས། ཡང་ང་སྐྱེ་བ་གཅིག་གི་ཐོགས་པའི་སྲིད་པ་མཐའ་མ་ཡིན། བླ་མ་དྲིན་ཆེ་ཨང་གསུངས། ཉུབ་གཅིག་རང་གི་བུ་གཅིག་ཡོད་པ་སྣེ་བཅད་ནས་སྐྱེ་རྒྱུད་བཅད་དོ་བྱས། རོ་ཐབ་ལ་བཏང་བ་སྨིས། དེ་ཕྱིན་ཆད་འོད་གསལ་དུ་འགྲོ་བར་འདུག་གསུངས་ནས་ཉང་སྒོམ་རས་པ་དང་། ཟངས་རི་རས་པ་ལ་སོགས་ལ་བདེ་ཆེན་ཆོས་དབྱིངས་ཀྱི་མགུར་གསུངས། དེ་ལྟར་འོར་ཁར་ལོ་བདུན་སོང་ནས་དབུར་འོ་དེ་གུང་རྒྱལ་ལ་སྒོམ་ཅན་ཐོ་རངས་ལ་དངོས་ཀྱི་གདུལ་བྱ་ཡལ་བར་དོར་ན་བྱང་ཆུབ་སེམས་དཔའི་ལྟུང་བ་ཡིན་ཟེར་བའི་སྒྲ་ནམ་མཁའ་ནས་གྲགས་བྱུང་། དཀྱུན་འགྲོ་སྙམ་པར་ཡུལ་བདག་བཙད་པོའི་ཚུལ་གྱིས་འདིར་བཞུགས་ན་ཡོན་བདག་དང་། སྙམ་པོར་ཕེབས་ནའང་བཞེད་དོན་བསྒྲུབ་ཟེར། སྐྱབས་འགྲོ་སེམས་བསྐྱེད་དང་སྡིག་བཤགས་ཤིག་ཞུ་ཟེར་བས། དེར་སྐྱབས་སེམས་དང་སྡོམ་བཞིའི་སྒོ་ནས་སྡིག་སྦྱངས་གསུངས། ཕྱག་རྒྱ་ཆེན་པོའི་སྒོམ་ཞིག་བཏབ་སྙམ་པར་འཛའ་ཡལ་བ་བཞིན་སོང་། དེ་ནས་སྙམ་པོར་བྱོན་ནས་ལོ་བཅུ་གཉིས་འདག་སྦྱར་བྱ་དགོས་སྙམ་ནས་ཟངས་ལུང་དུ་འདག་ཆར་གྱི་ཁང་པ་ལེགས་པོ་ཞིག་བྱས་ནས་ཐོག་མར་ཆུ་ཡི་བཅུད་ལེན་བྱ་དགོས་སྙམ་ཅན། བུད་མེད་ལུས་ལ་ཐལ་བ་བྱུགས་པ་ལག་ན་རྨ་བྱའི་སྒྲོ་ཆུན་བཟུང་བ་ཞིག་ན་རེ། བཅུ་གཉིས་འདག་ཆར་བྱས་པ་བས། བཅུ་གཉིས་བསྟན་པ་སྤེལ་ན་དགའ། ཟེར་ནས་མི་སྣང་བར་སོང་། དེར་ཞག་འགའ་ནས་གཙང་གི་གློག་སྐྱ་སྟོན་པ་ཟེར་བ་བྱུང་ནས་གདམས་ངག་ཞུས་པར་གནང་ནས་སྒོམ་ཆེན་གཤའ་མར་བྱུང་། དེ་ནས་དགེ་བཤེས་རྒྱལ་བ་ཁྱུང་ཚང་བ་དང་། གཉག་ནག་པོ་དང་། གཉག་དམར་པོ་བྱུང་། ཡང་དཔོན་སློབ་

དྲུག་ཅུ་ཙམ་བྱུང་། དེ་རྣམས་ཀྱི་ཁྲིད་ཚར་ནས་མཚམས་བྱ་དགོས་སྙམ་ཙ་ན། དབུས་གཙང་ཁམས་གསུམ་གྱི་སློབ་ལྡན་རྣམས་འདུས་ཏེ། དེ་དག་རིང་པོར་མ་ལོན་པར་ཉམས་རྟོགས་དང་རྩ་རླུང་གི་ཡོན་ཏན་བཅུ་གཉིས་ལ་སོགས་མངོན་ཤེས་དང་ལྡན་པ་ཤ་སྟག་བྱུང་ཞིང་། དེ་ཡང་མ་དག་པའི་དངོས་པོ་བརྒྱད་མི་འཆང་ཞིང་ཅོག་པུའི་རྣལ་འབྱོར་ལ་བརྩོན་པ། སྦྱངས་པའི་ཡོན་ཏན་བཅུ་གཉིས་ལ་གནས་པ། གསང་སྤྱོད་དང་སླ་བཅད་རི་མཚམས་ཁོ་ནས་དུས་འདའ་བ་བྱུང་ངོ་། །

གཞན་ཡང་དྲང་སྲོང་ཆེན་པོ་དེས་སྐུ་ཡི་བཀོད་པ་ཇྫ་འཕྲུལ་བསམ་གྱིས་མི་ཁྱབ་པ་མཛད་དོ། །སློབ་དཔོན་ཁམས་པའི་ཞལ་ནས། རེས་ཤིག་སྐུ་ཡི་སྤྲུལ་པ་རྣམ་བཞིར་བསྟན། །རབ་ཏུ་གནས་དང་གཞན་ལ་ཆོས་སྟོན་དང་། །མཁའ་ལ་འཕུར་དང་གཅིག་ནི་འདག་སྦྱར་བཞུགས། །ཟད་པར་ཟིལ་གནོན་ཏིང་འཛིན་ཅིར་ཡང་བསྒྱུར། །སྐུ་ལ་སྒྲིབ་མེད་འཇིག་རྟེན་དབང་པོར་སྤྲུལ། ཅེས་དང་། ཡང་སློབ་མ་རྣམས་ཀྱིས་མཐོང་སྣང་སྣ་ཚོགས་པར་བསྟན་པའི་ཚུལ་ཡང་། དད་ལྡན་རྣམས་ཀྱི་འཁོར་ལོ་སྡོམ་པར་མཐོང་། །རབ་གནས་མཛད་ཚེ་བྱང་ཆུབ་ཆེན་པོར་སྤྲུལ། །ཡེ་ཤེས་སེམས་དཔའ་རྟེན་ལ་དངོས་སུ་ཐིམ། ཞེས་གསུངས་པ་ལྟར་རོ། །ཡང་རྒྱལ་བ་ཁྱུང་ཚང་ཅན་གྱི་བསམ་པ་ལ། བླ་མ་རིན་པོ་ཆེའི་བཙུན་ཆུང་འདི་རྣམས་ལ་ཐོས་པ་བག་རེ་བྱེད་མི་འདུག་པར། སྒོམ་ཉི་ཚེ་བ་ལ་བཙུག་པས་ཡོན་ཏན་ཅང་མ་སྐྱེས་སྙམ་ཙ་ན། དེའི་ནུབ་མོ་རྨི་ལམ་ན་སྣམ་པོའི་རི་ཐམས་ཅད་ཕུག་གིས་གང་ནས་འདུག །དེ་རྣམས་ཀྱི་ནང་ནས་རིན་པོ་ཆེའི་མཆོད་རྟེན་མང་པོ་འདུག །ཕལ་ཆེར་བཟོ་ཤིན་ཏུ་ལེགས་པ་འོད་ནམ་མཁའ་ལ་འགྲོ་བ་ཁོ་ན་འདུག །ལ་ལ་ནི་བཟོ་ཕྱེད་ཙམ་ཚར་ནས་འདུག །ལ་ལ་ནི་གཟུགས་དོད་པ་ཙམ་དཀར་ཆབ་གསོལ་ཏེ། མི་མང་པོའི་ཕྱག་འཚལ་ཞིང་འདི་རྣམས་འཇིག་རྟེན་ལྷ་དང་བཅས་པའི་མཆོད་གནས་ཡིན་ཟེར་བ་རྨིས། དེའི་ནངས་པར་བླ་མ་ལ་ཞུར་སོང་བས། ཕྱག་འཚལ་ནས་དེ་ཚོ་ཞུ་མ་ཁོམ་པར་བླ་མའི་ཞལ་ནས། སྦྱིར་མཚན་ཉིད་པ་རྣམས་ཀྱིས་ང་ལ་སྨད་། སློས་སུ་ཁྱོད་ཀྱིས་ང་ལ་བརྙས་ཏེ་ངའི་བཙུན་ཆུང་འདི་ཚོ་ལ། ཁྱེད་ཀྱི་རྨིས་པ་ཁོ་ན་བཞིན་ཡོད་པ་ཡིན། སྤྲང་ཕྲུག་འདི་ཚོ་ཡང་འཇིག་རྟེན་ལྷ་དང་བཅས་པའི་མཆོད་གནས་སུ་ཡོང་བ་ཡིན། ཁོ་བོ་ལ་ནི་ཆེ་རིག་ཆེ་འཚོང་ས་ཆུང་རིག་ཆུང་འཚོང་བ་ཡིན་ཏེ། མི་ལ་ལས་ཁོ་བོས་བསྟན་པ་སྤྱུབ་ཟེར་བ་དེ། བསྟན་པའི་བདག་པོ་སུ་ཡིན། བསྟན་པ་ལ་སུས་ཕན། སེམས་ཅན་གྱི་དོན་སུ་ཡིས་བྱས་ཉི་འོག་གི་རྒྱལ་ཁམས་འདི་ན་བསྟན་པ་སུས་བསྒྲུང་། རང་རེ་ཚོ་ལ་འགའ་ནས་གསལ་ཏེ་འོང་གསུངས་སོ། །

གཞན་ཡང་ར་ཧྲི་སྒོམ་སྐྱེས་ཀྱིས་བླ་མའི་མཚན་ཐོས་པས་སྒོམ་བྱུང་བ་དང་། རྒྱ་སྒོམ་རྗེ་སེང་གིས་ཡེ་མ་མཐོང་བར་མོས་གུས་མཇལ་ཕྱུལ་བས་སྒོམ་བྱུང་། གཞན་ཡང་ཉང་སྟོན་དང་ཞེལ་སྒོམ་གཉིས་ཀྱིས་སྒོམ་ཞུར་བྱོན་པས་སྣམ་པོའི་རི་རྩར་ཉལ་བ་དང་སྲོད་ལ་ཉང་སྟོན་དང་། ནམ་ལངས་ཁར་ཞེལ་སྒོམ་ལ་ཕྱག་རྒྱ་ཆེན་པོའི་རྟོགས་པ་སྐྱེས། འོལ་ཁའི་མཛེ་མོ་ཞིག་གིས་བླ་མ་བཞུགས་པའི་གདངས་དཀར་རམ་མེ་བ་ལ་བལྟས་ནས་གསོལ་འདེབས་བྱས་པས་ནད་ལས་གྲོལ། རྗེ་ཡི་སློབ་མ་འབྲོམ་དམར་ཡུ་བྱ་བ་ཕྱིས་ཁྱིམ་པར་གྱུར་ཀྱང་ཤི་དུས་རོ་བསྲེགས་པས་རིང་བསྲེལ་ཡོན་ཆེ་བར་མཆིས། སྒལ་ཚིགས་ལ་དེ་བཞིན་གཤེགས་པའི་སྐུ་བྱོན་པ་སོགས་ངོ་མཚར་བ་བྱུང་། ཡང་སློབ་དཔོན་སྒོམ་པས་རོ་གཅིག་སྐྱེས་པའི་ཚད་གང་ལ་བྱེད་ཞུས་པས། མདུན་ན་ཀ་བ་ཞིག་ཡོད་པ་ལ་ཕྱག་གཡུག་པ་མཛད་པས་ཐོགས་མེད་དུ་སོང་བ་དེ་ཡིན་གསུངས། གཞན་ཡང་གདུལ་བྱ་མང་པོའི་སྣང་ངོར་སྐུ་ལུས་ཀྱི་བཀོད་པ་དང་། རྫུ་འཕྲུལ་དཔག་མེད་བསྟན་པ་སོགས་ནི་བརྗོད་ཀྱིས་མི་ལང་ངོ་། །

ཡང་གྲུབ་ཐོབ་ཤངས་པའི་ཐུགས་སྲས་རྨོག་ཅོག་པ་རིན་ཆེན་བརྩོན་འགྲུས་བྱ་བ་མཇལ་དུ་བྱོན། གསེར་ཞོ་བཅུ་གཉིས་ཕུར་བཏང་གསུམ་རྣམས་ཕུལ། ཆོས་དྲུག་དང་རྨི་ལམ་གྱི་གདམས་པ་ཟབ་མོ་ཞུས་པས་ཉམས་མྱོང་གི་བོགས་ཁྱད་པར་དུ་ཐོན། དེ་ནས་ཡར་བྱོན་རྨོག་ཅོག་གི་བྲག་ལ་བསྒོམས་པས་གྲུབ་པ་ཐོབ། ཞི་བྱེད་པའི་གྲུབ་ཐོབ་རྒྱལ་བ་རྡན་ནེ་ཞེས་པ་ལོ་བདུན་ནས་བླ་མ་ལྷ་རྗེ་མཇལ། ཕྱག་ཆེན་གྱི་སྒོམ་བཏབ། ཕྱིས་གྲུབ་ཐོབ་རྩོད་མེད་ཡོང་བའི་ལུང་བསྟན། གཞན་ཡང་སྐྱེས་བུ་ཆེན་པོ་དེ་ཉིད་གང་དུ་བྱོན་ཡང་འཇའ་འོད་ཀྱིས་ལམ་སྣ་འདྲེན་ཅིང་། མི་ནད་ཕྱུགས་ནད་ཡམས་ནད་ཐམས་ཅད་རྒྱུན་ཆད་ནས་བཀྲ་ཤིས་བདེ་ལེགས་དང་ལྡན་པར་མཛད་པ་ཡིན་ཏེ། དགེ་བཤེས་ཁམས་པས། ཁྱེད་ནི་མཐོང་ཐོས་དྲན་པ་ཙམ་གྱིས་ཀྱང་། སྡུག་བསྔལ་ཟུག་རྔུ་མ་ལུས་སེལ་མཛད་པའི། སྨན་གྱི་རྒྱལ་པོ་ཁྱོད་ལ་ཕྱག་འཚལ་ལོ། གསུངས།

དེ་ནས་རེ་ཞིག་བྱར་ལྷོག་ན་བཞུགས་པའི་ཚེ། བྱང་ཡེ་ལ་སོགས་འཁོར་རྣམས་ལ་ད་ནི་ཁོ་བོ་ཡང་འཇིག་རྟེན་འདིར་ཡུན་རིང་པོར་མི་སྡོད་པས། ཆོས་ཀྱི་ལྷག་མ་དྲི་རྒྱུ་ཡོད་ན་མྱུར་དུ་དྲིས་ཤིག །འོན་ཀྱང་ཉམས་སུ་ལེན་པ་ལ་ཚིག་མང་མི་དགོས་འདི་རྣམས་ཡིད་ལ་ཞོག་གསུངས་ཏེ། དུས་གསུམ་རྒྱལ་བ་ཐམས་ཅད་འདུས་པའི་སྐུ། ཞེས་སོགས་གསུངས་སོ། །དེ་ནས་ཉིན་གཅིག་རིན་པོ་ཆེའི་ཞལ་ནས། བླ་མ་འབའ་རོམ་པ་འོ་སྐོལ་ཕ་སྤད་འགྲོགས་ཡུན་རིང་བས་ཁྱོད་ཀྱི་ལུས་སྲོག་ལ་ལྟོས་པ་

མེད་པའི་ཞབས་ཏོག་བྱས་ཤིང་། གདམས་ངག་ཐམས་ཅད་ཚར་བ་ཡིན་གསུངས་ནས། གསེར་སྲང་གང་གནང་སྟེ། ད་ཁྱོད་ཀྱང་འབའ་རོམ་བྱ་བ་ལྷོ་བྲག་མར་པ་ཡབ་སྲས་ལ་སོགས་ཀྱི་སྒྲུབ་གནས་ཡིན་པས། དེར་སོང་ལ་དང་པོ་གསེར་འདིས་སྒྲུབ་རྒྱུགས་ཀྱིས་ལ་སྒྲུབས་དང་། དེ་ནས་སྟེར་མི་འོང་གསུངས། བླ་མ་འབའ་རོམ་པས་གསེར་མཎྜལ་བྱས་ནས་ཡར་ཕུལ་ཞིང་ཕྱག་འཚལ་ཏེ། སྤྱན་ཆབ་མང་པོ་ཕྱུངས་ནས་བླ་མ་རིན་པོ་ཆེ་སྐུ་ཚེ་མཐར་མ་ཕྱིན་གྱི་བར་དུ་སེམས་ཅན་གྱི་དོན་ལ་བཞུགས་པར་ཞུ། བདག་ཀྱང་གཞན་དུ་མི་འགྲོ་ནས་དེ་བཞིན་དུ་ཞབས་ཏོག་བྱེད་ལགས་ཞུས་པས། ཁོ་བོས་གསེར་བློས་བཏང་ཡང་། ལན་གཅིག་ཚུར་ཕུལ་བའི་རྟེན་འབྲེལ་གྱིས་གསེར་ལ་སོགས་འབུལ་བ་མང་དུ་འོང་། ཁྱོད་ཀྱིས་ང་ཡི་ངག་གཅོག་མ་མྱོང་ཞིང་། ནན་ཞུས་བྱེད་པའི་ངོར་ཞག་སུམ་ཅུ་རྩ་གསུམ་གྱི་བར་དུ་འོ་སྐོལ་ཕ་སྤད་ལྷན་ཅིག་འདུག་གོ། དེ་ནས་ཅིས་ཀྱང་འབའ་རོམ་དུ་སོང་སྟེ། རི་དོགས་མེད་པའི་གདེངས་དང་ལྡན་པར་ཁྱོས། རྣམ་གཡེང་གི་ནོར་ལ་ཞེན་མེད་འབྲོས་པར་འགྱུར། གཞན་ཡང་སེམས་ཅན་གྱི་དོན་མཛད་ནས་སླར་ཡང་གངས་ལ་འཆི། དེ་དུས་ཙམ་ན་ཁོ་བོ་རྗེས་སུ་དྲན་པ་ཡིན་ཏེ་གསུངས་ཤིང་། དེ་ནས་ཞག་སུམ་ཅུ་རྩ་གསུམ་ནས་སྐུ་ཡོལ་བ་ཡིན་ནོ། །དེ་ནས་བསྐུང་བ་ཆེར་མེད་ཀྱང་སྐུ་ཤེད་ཆུང་དུ་སོང་བས། ལེགས་མཛེས་ཀྱི་སྐུ་ཁམས་ཅི་འདྲ་ཞུས་པས། བླ་མ་དམ་པའི་མཚན་ཐོས་ནས་ཞེས་སོགས་གསུངས་སོ། །

དེ་ནས་མྱ་ངན་ལས་འདས་པའི་ཚུལ་སྟོན་པའི་ཟླ་བ་ཕྱེད་ཙམ་གྱི་གོང་ནས། ཁོ་བོ་སྐྱུས་ཆེན་པོ་གཅིག་འདེགས་པས། གདམས་ངག་གི་ལྷག་མ་རྣམས་དང་དྲི་རྒྱུ་ཡོད་པའི་ཚིག་དྲིས་ཤིག་གསུངས། དེའི་ཚེ་སློབ་དཔོན་སྒོམ་པས་བླ་མ་རིན་པོ་ཆེ་ཕྱི་རབས་གདུལ་བྱ་རྣམས་ལ་ཞལ་ཏ་གདམས་ངག་དང་བཅས་པ་རྣམས་གནང་བར་ཞུ་ཞུས་པས། ཁོ་བོས་དེ་སྔ་ཚོགས་དབེན་དུ་བཤད་པ་དེ་ཚོ་ཡིན་མོད། འོན་ཀྱང་འདི་བཞིན་དུ་ཐུགས་ལ་ཐོགས་མཛོད་གསུང་སྟེ། འཆི་བ་ཞེས་བྱ་རྣམ་རྟོག་ཡིན། །དཔའ་བོ་རྣལ་འབྱོར་མ་ཚོགས་ཀྱིས། །མཁའ་སྤྱོད་གནས་སུ་ཁྲིད་པར་བྱེད། །ཅེས་སོགས་གསུངས་མགུར་མཛད་ཅིང་། ཡང་འདི་སྐད་ཀྱང་གསུངས། བླ་མ་དམ་པ་དུས་གསུམ་གྱི་སངས་རྒྱས་རྣམས་དང་། ང་ཡི་སེམས་དབྱེར་མི་ཕྱེད་པར་བརྟན་གཡོ་ཐམས་ཅད་ཁྱབ་པར་གནས་པ་ཡིན་པས་དེ་བཞིན་དུ་གོ་ཞིང་རྟོགས་པར་མཛད་པར་ཞུ། ཆོས་ཐམས་ཅད་ཀྱི་མཐར་ཐུག་པའི་དོན་སྟོང་པ་ཉིད་དང་སྙིང་རྗེ་གཉིས་སུ་མེད་པ་བསྒོམ་པར་ཞུ། ལམ་རྣམས་ཀྱི་ནང་ནས་མཆོག་ཏུ་གྱུར་པ་ཟབ་མོ་ན་རོའི་ཆོས་དྲུག

བསྒོམ་པར་ཞུ། ཡོན་ཏན་སྐྱེས་ཚད་མཆོག་ཏུ་མི་འཛིན་པར་གོང་ནས་གོང་དུ་བརྩེགས་པར་ཞུ། སྒོམ་སྐྱོན་དང་ཐེ་ཚོམ་བྱུང་ན་གེགས་སེལ་གྱི་དཔེ་རྣམས་ལ་གཟིགས་པར་ཞུ། ཞི་བདེ་འདོད་ན་འདོད་ཆུང་ཆོག་ཤེས་ལ་བརྟེན་པར་ཞུ། རྫོགས་པའི་སངས་རྒྱས་བཞེད་ན་རི་ཁྲོད་དགོན་པ་འགྲིམ་པར་ཞུ། འཁོར་བའི་སྡུག་བསྔལ་དྲན་པར་གྱིས་ལ་ཚེ་འདི་བློ་ཡིས་གཏོང་བར་ཞུ། བླ་མ་རང་སེམས་ཡིན་པས་གཞན་ནས་མི་འཚོལ་བར་ཞུ། རྣམ་རྟོག་མི་མངའ་ས་ལེར་མཁྱེན་པའི་ཆོས་རྣམས་རྟེན་འབྲེལ་དུ་རྟོགས་པར་ཞུ། སྨོན་ལམ་ཇི་ལྟར་བཏབ་པ་བཞིན་དུ་འགྲུབ་པ་ཡིན་པས་སྨོན་ལམ་ཟབ་ཅིང་རྒྱ་ཆེ་བ་འདེབས་པར་ཞུ། གཞི་སྐྱེ་བ་མེད་པ་ཆོས་ཀྱི་སྐུ། ལམ་འགག་པ་མེད་པ་ལོངས་སྤྱོད་རྫོགས་པའི་སྐུ། འབྲས་བུ་གང་ལ་གང་འདུལ་སྤྲུལ་པའི་སྐུ་སྟེ་སྐུ་གསུམ་དུ་ཆོས་ཐམས་ཅད་མ་ལུས་པ་མེད་པས། དེ་བཞིན་དུ་གོ་ཞིང་རྟོགས་པར་ཞུ། སེམས་ཅན་ལ་གནོད་པ་ནི་འོང་། ཕན་པ་ནི་དཀའ་བས་གདན་ས་དང་སྐུ་ལྡེར་དང་འབུམ་པ་ལ་སོགས་པ་ནི་མི་མཛད་པར་ཞུ། བླ་མའི་གདན་ས་གང་ཡིན་ཆོས་དང་མཐུན་པ་དེ་ཡིན་པས། རྒྱལ་བའི་བཀའ་དང་མི་འགལ་བ་མཛད་པར་ཞུ། མ་འོངས་པའམ་གང་ཟག་ང་དང་མ་མཇལ་སྙམ་པ་རྣམས་ཀྱང་། ཕ་བོས་བརྩམས་པའི་བསྟན་བཅོས་ལམ་མཆོག་རིན་པོ་ཆེའི་ཕྲེང་བ་དང་། རྣམ་པར་ཐར་པའི་རྒྱུན་ལ་གཟིགས་དང་ང་དང་མངོན་སུམ་དུ་མཇལ་བ་དང་ཁྱད་མེད། ད་ལྟ་ང་ཡི་འཁོར་སྙིང་མེད་པོ་འགའ་ཞིག །བླ་མ་དུས་གསུམ་གྱི་སངས་རྒྱས་འདི་དང་མ་མཇལ་ནས་ང་ལ་མེད་སྙམ་པ་ཡང་འབད་དེ་གུས་པས་གསོལ་བ་ཐོབས་དང་། བྱིན་རླབས་ཀྱི་ཡོན་ཏན་རང་འབར་དུ་འབྱུང་བས། དེ་ལྟར་དུ་དགོངས་པར་ཞུ། ལར་བླ་མར་སྣང་བ་རྨི་ལམ་ཙམ་འདི་ནུབ་ཀྱང་ཐུགས་རྗེ་དང་བྱིན་རླབས་ཆུང་དུ་མི་འགྲོ་ཞིང་། སྡུག་བསྔལ་ལས་སྐྱོབ་པ་དང་། འཁོར་བར་མི་ལྟུང་བར་ང་རང་ཤེས་ཀྱིས་མོས་པ་དང་གུས་པའི་གདུང་བ་མི་གཅོད་པར་ཞུའོ་གསུངས་ཏེ་ཆོས་ཐམས་ཅད་ཀྱི་གནས་ལུགས་སྐྱེ་བ་མེད་པ་སྤྲོས་པའི་མཐའ་ཐམས་ཅད་དང་བྲལ་བའི་ངང་ལ་སྙོམས་པར་ཞུགས་སོ། །དེ་ནས་འདུས་བྱས་ཐམས་ཅད་མི་རྟག་པར་སྟོན་པ་དང་། གདུལ་བྱ་ལེ་ལོ་ཅན་རྣམས་ལ་མི་རྟག་པར་བསྐུལ་བར་བྱ་བའི་ཕྱིར། དགུང་ལོ་བདུན་ཅུ་རྩ་ལྔ་བཞེས་པའི་དུས་སུ་ཆུ་མོ་བྱའི་ལོ་སྟོན་ཟླ་འབྲིང་པོའི་ཚེས་བཅོ་ལྔའི་སྔ་དྲོ་སྐར་མ་ཁྲུམས་སྟོད་ལ་བབས་པའི་ཚེ། སྐུ་ཡོངས་སུ་མྱ་ངན་ལས་འདས་པའི་ཚུལ་བསྟན་ཏེ། ནམ་མཁའ་ལ་འཇའ་འོད་དང་མེ་ཏོག་གིས་ཁྱབ་པར་གྱུར། དེར་ལྷ་རྗེ་སྒྲི་སྒོམ་འདས་ཟེར་བའི་སྒྲ་ཐོས། དེའི་ནུབ་མོ་སྒོམ་ཆེན་པ་ཐམས་ཅད་མཚམས་ཐོན་ལ་ཤོག་ཟེར་

བ་ཐོས་ནས། ཕྱིན་ཙ་ན་བླ་མ་འདས་ནས་གདུང་ལྷ་ཁང་ཆེན་མོར་སྤྱན་དྲངས་ཤིང་། དར་ཟབ་དང་རིན་པོ་ཆེ་སྣ་ཚོགས་ཀྱི་ཁྲི་ལ་བཞུགས་འདུག་པ་ལ། བཙུན་ཆུང་གཉིས་ཀྱི་ལྷ་བཤོས་ཕུལ་ཏེ། མཆོད་གཉེར་བྱས་པས་ཕྱག་རྒྱ་ཆེན་པོའི་སྒོམ་སྐྱེས་ཏེ། དེར་འཚོགས་པའི་ཡོན་བདག་ཐམས་ཅད་ཀྱིས་མོས་པའི་མཆོད་པ་ཕུལ་ཞིང་གསོལ་བ་བཏབ་པས། ཕལ་ཆེར་ཏིང་ངེ་འཛིན་གྱི་ཉམས་མྱོང་ཁྱད་པར་ཅན་དང་ལྡན་པར་གྱུར་ཏོ། །དེ་ནས་ཞག་གསུམ་གྱི་ནང་པར་གདུང་བཞུ་བའི་ཕྱིར་དར་གྱི་ཁྲི་ལ་གདན་དྲངས་ཏེ། དགེ་སློང་རྣམས་ཀྱིས་སྣ་དྲངས་པའི་དགེ་འདུན་རྣམས་ཀྱིས་སེར་ཕྲེང་བྱས་ནས། མཆོད་རྫས་སྣ་ཚོགས་དང་། རོལ་མོ་ཆ་བྱེད་དཔག་ཏུ་མེད་པ་ཐོགས་ཏེ། ཆོས་བཅོ་བརྒྱད་ཀྱི་ཉིན་པར་གདུང་སྦྱངས་པས། ས་གཡོ་བ་དང་འོད་དང་རོལ་མོའི་སྒྲ་དང་། དུད་པ་འཇའ་ཁ་དོག་སྣ་ལྔ་ལྟར་གྱུར་ཏེ། དགས་པོའི་ལུང་པ་ཐམས་ཅད་ཁེངས་ནས། ཐམས་ཅད་ཀྱི་མཐོང་སྣང་ལ་མེ་ཏོག་སྔོན་པོའི་ཆར་བབས་ཤིང་། ཐུགས་ལྗགས་དང་རིང་བསྲེལ་དཔག་ཏུ་མེད་པ་བྱོན་ནོ། །

དེ་ལྟ་བུའི་བླ་མ་བདེ་བར་གཤེགས་པ་དྭགས་པོ་རིན་པོ་ཆེ་དེ་ཉིད་མདོ་སྡེ་ལས་ཇི་ལྟར་བྱུང་བའི་ཚུལ་ནི། རྡོ་རྗེ་གདན་གྱི་བྱང་ཕྱོགས་ཁ་བ་ཅན་གྱི་ལྗོངས། ཆུ་བོ་མ་ཏྲ་ལོ་ཧི་ཏའི་འགྲམ། རི་བྲག་ཚང་ཚིང་ཅན་ན། དགེ་སློང་འཚོ་བྱེད་ཅེས་གྲགས་པ་དག་པའི་འཁོར་མ་དག་པའི་འཁོར་དྭངས་བ་འདྲེན་པ། ལྷ་བརྒྱ་ལས་མི་ཉུང་བ་ལྡན་ཅིག་ཏུ་དེ་བཞིན་གཤེགས་པའི་ཡེ་ཤེས་ལ་ལོངས་སྤྱོད་དོ། །ཞེས་དང་། འཇིག་རྟེན་གྱི་ཁམས་ཡོན་ཏན་ཐམས་ཅད་ཀྱིས་བརྒྱན་པ་ཞེས་བྱ་བར། དེ་བཞིན་གཤེགས་པ་འོད་དྲི་མ་མེད་པ་ཞེས་བྱ་བར་འགྱུར་རོ། །ཞེས་སོགས་མདོ་རྒྱུད་དུ་མ་ནས་ལུང་བསྟན་པའི་ཆོས་རྗེ་དྭགས་པོ་རིན་པོ་ཆེ་ལ། སློབ་མ་ངོ་མཚར་ཅན་མང་དུ་བྱུང་བའི་བུ་ཆེན་བཞིར་ཡོངས་སུ་གྲགས་པ་ནི། བླ་མ་ཤྭ་རོམ་འཕགས་པ། གསེར་སྒོམ་ཡེ་ཤེས་སྙིང་པོ། འོལ་ཀ་རམ་ཉེ་ཆོས་གཡུང་། ཟེམ་ཤིང་ཡེ་ཤེས་སྙིང་པོ་དང་བཞིའོ། །རྒྱུད་པ་འཛིན་པའི་སྲས་བཞི་ནི། སློབ་དཔོན་དྭགས་པོ་སྒོམ་ཚུལ། བདེ་གཤེགས་ཕག་མོ་གྲུབ་པ། ཆོས་རྗེ་དུས་གསུམ་མཁྱེན་པ། བླ་མ་དཔལ་ཆེན་འབའ་རོམ་པ་དང་བཞིའོ། །ཐུགས་ཀྱི་སྲས་བཞི་ནི། དཔོན་པོ་དྭགས་པོ་སྒོམ་ཚུང་། བླ་མ་སྨྱུག་ཅིག་པ། གྲུབ་ཐོབ་གསལ་སྟོང་ཤོ་སྒོམ། བླ་མ་ཆེན་པོ་འོལ་ཀ་བ་དང་བཞིའོ། །ཉེ་བའི་སྲས་བཞི་ནི། དྭགས་པོ་འདུལ་འཛིན། ཇོ་སྲས་ལྷོ་ལ་ཡག །ཀྱི་པོ་ཡེ་རྡོར། མགར་སྒོམ་དཀར་པོ་དང་བཞིའོ། །སྐལ་ལྡན་གྱི་སློབ་མ་དྲུག་ནི། ཁམས་སྒོམ་ཆོས་ཀྱི་བླ་མ། ཤེལ་སྒོམ་འཕགས་པ། སྐྱི་སྒོམ་ཡེ་རྡོར། ཐང་ལ་མོན་

སྒོམ། ཧི་སྒྲོ་ཉང་སྒོམ། གནམ་མཚོ་དེ་སྒོམ་དང་དྲུག་གོ། ལས་ཅན་གྱི་བུ་བཞི་ནི། སྒོ་རོང་རྩ་སྤྱིལ་བ། རྒྱལ་བ་ཁྲུང་ཚང་བ། བླ་མ་ཟངས་རི་བ། ཞིག་པོ་འཇའ་ཐུལ་དང་བཞིའོ། །ཞབས་ཏོག་བྱེད་པའི་གནས་བཞི་ནི། རྗེ་གདན། ལེགས་མཛེས་བྱང་ཡེ། གསལ་བྱང་དང་བཞིའོ། །གཞན་ཡང་ས་ཐོབ་ཀྱི་སློབ་མ་ལྔ་བརྒྱ་ཕྲག་གཅིག །གདུགས་ཐོགས་ཀྱི་སློབ་མ་སྟོང་ཕྲག་གཅིག་བྱུང་བ་ཡིན་ནོ། །

༄ སྤྱི་དོན་གཉིས་པ་སྒྲུབ་བརྒྱུད་རང་དང་མཐུན་པའི་ཆོས་འབྱུང་གིས་གཞུང་བསྲང་བ་ལ་གཉིས། །རྩ་བའི་རྒྱུད་འཛིན་གྱི་ཡ་གྱལ་དཔལ་ལྡན་འབའ་རོམ་རིན་པོ་ཆེའི་རྣམ་ཐར་ནས་བརྩམ་ཆོས་རྗེ་གོང་མ་རྣམས་ཀྱི་རྣམ་ཐར་རགས་རིམ་བརྗོད་པས་མདོར་བསྟན། ཆོས་སྲིད་ཟུང་འབྲེལ་གྱི་སྒོ་ནས་ཇི་ལྟར་བྱུང་ཚུལ་རྒྱས་པར་བཤད་པའོ། །

དང་པོ་ལ་ལྔ་ལས་ཐོག་མར་མཉམ་མེད་དྭགས་པོ་རིན་པོ་ཆེའི་སྲས་ཀྱི་ཐུ་བོར་གྱུར་པ་དཔལ་ལྡན་འབའ་རོམ་པ་ཆེན་པོ་དར་མ་དབང་ཕྱུག་གི་རྣམ་པར་ཐར་པ་ནི། དེའང་སྐུ་འཁྲུངས་ཡུལ་འཕན་ཡུལ་ལུང་པ་བྱ་བ། རིགས་བྲན་ཀ་ཡབ་གནས་བརྟན་སྟོན་པ། ཡུམ་ལོ་ཆུང་མ་གཉིས་ལས་སྲས་གསུམ་ཡོད་པའི་ཆེ་བ་འབུམ་སྐྱབས་བྱ་བ་མེ་ལུག་ལ་སྐུ་འཁྲུངས། (འདི་ནི་སྤྱི་ལོ།།༡༢༧རབ་བྱུང་གཉིས་པའི་མེ་ལུག་ཡིན། མཆན།) ལོ་བདུན་ལོན་ནས་བུད་མེད་མཁའ་འགྲོ་མའི་གཟུགས་སུ་བྱས་པ་གོས་རེའུ་ཕྲུག་གཉིས་སྒྲག་པ་འཁོར་བཅུ་གསུམ་ཙམ་གྱིས་བསྐོར་བ། ལག་ན་ཆགས་ཤིང་ཐོགས་པ་གཅིག་བྱུང་བ་ལ། བླ་མས་ཁྱོད་སུ་ཡི་སློབ་མ་ཡིན་བྱས་པ་ལ། ང་དྭགས་པོ་སྒོ་སྒོམ་གྱི་སློབ་མ་ཡིན་ཟེར། བླ་མ་རིན་པོ་ཆེ་ལ་བུད་མེད་ཀྱི་གྲྭ་པ་མེད། ཁྱེད་ཀྱི་རྫུན་ཟློ་ཨང་བྱས་པས། མོ་ན་རེ། བླ་མ་དྭགས་པོ་སྒོ་སྒོམ་ལས་གལ་ཏེ་ང་བཟང་ངམ་ཅི་ཆ་ཟེར། དེ་སྐད་ཟེར་བས་མ་དགའ་བས། ཁྱོད་རིན་པོ་ཆེ་བས་བཟང་བྱས་ནས་ཁྱེས་པ་རྩེ་རོགས་མང་པོ་ཡོད་པ་ལ་སྨྲན་ནས་བུད་མེད་དེའི་ཕྱོགས་སུ་སརྗེ་མང་པོ་གཏོར་བས། ཁྱོད་དྭགས་པོའི་ཁ་འཛིན་བྱེད་ལུགས་ལ་དད་པ་ཨན་ཙམ་ཡོད་པའི་རྟགས་ཡིན་པས་ཁྱོད་ལ་ངས་མི་འཐབ་ཟེར་ནས་སོང་སྐད། དེའི་ནུབ་མོ་གཉིད་ལོག་ཏུམ་ཉན་པས། སྨོམ་པོར་ཐོན་ན་སྐྱམ་པའི་བསམ་པ་མང་པོ་བྱུང་བས། བླ་མ་རིན་པོ་ཆེའི་ཐུགས་རྗེས་གཟིགས་བྱས་ནས་གསོལ་བ་དྲག་ཏུ་བཏབ་པས། ཐོ་རངས་མནལ་ཐུང་ཟད་འཐུམ་པས་ཤར་ཕྱོགས་ནས་འོད་དཀར་པོ་ཉི་མའི་སྲབ་མདའ་ལྟ་བུ་གཅིག་བྱུང་ནས་ཐུགས་ཀར་ཐོག་པ་སྨིས་ཙམ་ན། འདི་འདྲེ་ཡིན་ནམ་ཅི་ཡིན་སྙམ་པའི་ཐེ་ཚོམ་གཅིག་ཟོས་པ་དང་། དགེ་བའི་བཤེས་གཉེན་དབང་གཞོན་ལ་དྲིས་པས་འདྲེ་མིན། ཁྱོད་ཀྱིས

བླ་མ་ལ་གསོལ་བ་བཏབ་པས། བླ་མ་དེ་ཡི་བྱིན་རླབས་ཞུགས་པ་ཡིན་ཡང་སྲིད་གསུངས་སྐད། དེ་ནས་དགུང་ལོ་བརྒྱད་ལ་མཁན་པོ་སྨྲ་བ་པ་དང་སློབ་དཔོན་དབང་ཕྱུག་གཞོན་ནུ་ལས་རབ་ཏུ་བྱུང་། མཚན་ཡང་དར་མ་དབང་ཕྱུག་བྱ་བར་བཏགས། ཡབ་མེས་ཀྱིས་བཞེངས་པའི་སྨྲ་བ་ཡུལ་སྣ་བྱ་བའི་གནས་གཞི་གཅིག་གི་དཔོན་དུ་མངའ་གསོལ། དེ་ནས་སློབ་དཔོན་དབང་ཕྱུག་གཞོན་ནུས་གཏོར་ཆེན་མཛད་ནས་གཏོར་དབང་བསྐུར། ཆོས་སྐྱོང་བ་ཆེན་པོ་ཁྱོད་ཀྱིས་ང་ལ་སྟོང་གྲོགས་མཛད་པ་དེ་བས་ཀྱང་ལྷག་པར་ངའི་བཙུན་ཆུང་འདི་ལ་ལུས་དང་གྲིབ་མ་བཞིན་གྱིས་ལ་ཐུགས་ཡེངས་བ་མེད་པར་སྟོང་གྲོགས་མཛོད་ཅིག །སྐུ་མ་གཡེལ་གསུང་མ་གཡེལ་ཐུགས་མ་གཡེལ་གསུངས་ནས་དབུ་ཐོག་ཏུ་གཏོར་མ་བཞག །ཁྱོད་དོ་ནུབ་ང་ཡི་རྨར་ཉོལ་དང་། རྨི་ལམ་བརྟགས་པ་གཅིག་ཀྱང་བྱ་གསུངས་ནས་དབུ་སྙུད་དེ་གཟིམས་པ་དང་ནང་པར་ཁྱོད་ཀྱི་འགྲོ་བ་མང་པོ་ལ་ཕན་ཐོགས་པ་གཅིག་འོང་བར་འདུག །ཆོས་སྐྱོང་ཡང་ཁྱོད་ལ་དགའ་བར་འདུག །ལུས་དང་གྲིབ་མའི་ཚུལ་དུ་འགྲོགས་ནས་དགོས་པའི་དུས་སུ་དྲན་པས་ཆོག་པ་གཅིག་འོང་བར་འདུག །ང་ཡིས་ད་ནང་ཐོ་རངས་ཁར་དུང་ཤིན་ཏུ་ཆེ་བ་གཅིག་སྣང་བ་ལ། དུང་མཁན་པ་གཉིས་ཀྱིས་དཀོན་མཆོག་གི་སྤྱན་སྔར་དུང་རུང་ཞིག་གྱིས་ལ་ཕུལ་བྱས་པ་ལ། དེར་དུང་རུང་བྱས་པས་དུང་སྐད་ཧེ་ཆེར་སོང་ནས་དུང་དེ་ཤིན་ཏུ་སྐད་ཆེ་བས་མདོ་སྨད་ཁམས་སུ་ཡང་ཐོས་ངེས་པ་གཅིག་བྱུང་བ་དང་། དུང་འདི་འདྲ་བ་དགའ་བས་འདི་བཙུན་ཆུང་འདིས་བྱེད་དགོས་བྱས་ཙ། མི་ནག་པོ་བོང་རིང་བ་སླ་ར་ཅགས་པ་གཅིག་འོང་ནས། ངས་དུང་འདིར་ལེགས་པར་ཉར་ཆོག་བྱེད་ཟེར་ནས། དགའ་སྤྲོ་དྲངས་བས་དུང་ལག་ཏུ་བླངས་པ་ལ། འོ་ན་བཙུན་ཆུང་འདིའི་ཉེ་གནས་ཀྱང་ཁྱོད་ལ་བཅོལ་དགོས་སྙམ་པ་བྱུང་ཙ་ན་འོ་དེ་ཙུག་མཛོད་ཟེར་བ་རྨིས་གསུངས། ཡང་གཏོར་མ་གཅིག་བཤམས་ནས། བཙུན་ཆུང་འདིའི་ལུས་དང་གྲིབ་མ་བཞིན་དུ་འགྲོགས་ལ་སྲུངས་ཤིག་བྱས་ནས་བཀའ་བསྒོ་ནན་ཏན་དུ་མཛད་དོ། །

དེ་ནས་དགུང་ལོ་བཅུ་གཅིག་ལོན་ཙ་ན། དགེ་བའི་བཤེས་གཉེན་བྱ་ཡུལ་པ་བྱ་མཁར་བུ་དགོན་དུ་རབ་གནས་ལ་གདན་དྲངས་པ་དང་མཇལ་བས་ལམ་རིམ་གྱི་ཁྲིད་དང་གདམས་པ་ཞུས། ཁྲོ་བོའི་རྒྱལ་པོ་མི་གཡོ་བའི་བཟླས་ལུང་དང་། རྡོ་བོ་ཐུགས་རྗེ་ཆེན་པོ་དང་རྡོ་མོ་སྒྲོལ་མ་ལ་སོགས་པའི་ལུང་གནང་བ་ཡང་ཐོབ། ཆོས་ཀྱང་མང་དུ་གསན་གསུངས། དེ་ནས་དགེ་བཤེས་བླ་མ་གྲུམ་བུ་ལུང་པའི་སྤྱན་སྔར་ཕྱིན་པས་ཁོང་ལས་བྱམས་ཆོས་སྡེ་ལྔ་དང་། བསླབ་པ་ཀུན་ལས་བཏུས་པ་དང་། བྱང་

ཆུབ་སེམས་དཔའི་སྤྱོད་འཇུག་ལ་སོགས་པ་མཚན་ཉིད་ཀྱི་ཆོས་མང་དུ་གསན། དེ་ནས་ཡང་སྐྱེས་བུ་གསུམ་གྱི་ཁྲིད་ཀྱང་བྱ་གསུངས་ནས་མཛད། དེ་ནས་དགེ་བཤེས་གྲུམ་བུ་ལུང་པ་འདས་ནས། ཁོང་རང་གི་མཁན་པོ་དགེ་བཤེས་སྣ་བ་པའི་སྤྱན་སྔར་བྱོན་ནས། ཁོང་ལས་འདུལ་བ་མདོ་རྩ་ཡན་ཆད་ཀྱི་ཆོས་ལ་སློབ་གཉེར་བྱེད་ཀྱིན་ཡོད་ཙ་ན། བླ་མ་རིན་པོ་ཆེ་སྒམ་པོ་པའི་སྐུ་ཡི་སྙན་པ་ཐོས་ནས་དད་པ་བྱུང་ངོ། །དེ་ནས་འཁོར་བ་ལ་སྐྱོ་བ་སྐྱེས་ནས་ཐུགས་དགོངས་བཏང་བས། ཆོས་ཐམས་ཅད་བུ་རམ་གྱི་གཟུགས་བརྙན་དང་འདྲ་ཞིང་། གསང་སྔགས་ཐབས་ཀྱི་ལམ་ཉེ། དེ་ཡང་ཁ་ན་མ་ཐོ་བ་གསུམ་ལ། ཤའུ་ལ་ཐུག་པ་བས་ཀྱང་འཛེམ། འོན་ཀྱང་འཆི་ཁར་ཞེ་སྡང་ངམ་ལོག་ལྟར་སྐྱེས་ན་ངན་སོང་དུ་འགྲོ་ངེས། འཆི་བ་མི་རྟག་པ་སྒོམ་པ་ཆོས་ཀྱི་རྩ་བ་ཡིན་རུང་། དུས་རྒྱུན་དུ་སྒོམ་ཀྱང་འཁོར་བ་ལ་ཞེན་པ་གཏིང་ནས་ལོག་པའི་གཏད་མེད། ཐོས་བསམ་གྱི་སྒྲོ་འདོགས་གཅོད་ཟེར་བ་འདི་ཡང་སློབ་མ་ལེགས་ན་གཉེན་པོར་མི་འགྲོ་བར་ང་རྒྱལ་གྱི་སྣོན་པར་འགྲོ་བ་ལ་ཚེགས་མེད། བྱམས་པ་དང་སྙིང་རྗེ་གཞན་དོན་འབྱུང་བའི་གཞི་ཆེན་པོ་ཡིན་ཀྱང་། དམིགས་པ་མེད་པའི་སྟོང་ཉིད་ངེས་ཤེས་དང་བཅས་པ་དབྱེར་མེད་དུ་མ་འདྲེས་ན། ཉི་ཚེ་བའི་སྙིང་རྗེས་གཞན་དོན་འབྱུང་བའི་ངེས་པ་མེད། བླ་མ་དཀོན་མཆོག་གསུམ་གྱི་རྩ་བ་ཡིན་ཏེ། ཆོས་རྗེ་འགྲོ་བའི་མགོན་པོ་ཡང་དག་པར་རྫོགས་པའི་སངས་རྒྱས་སྤྲུལ་པའི་སྐུ། འཇིག་རྟེན་དུ་བྱོན་ངེས་པས་གཞན་དང་མཉམ་པ་མ་ཡིན། སྒོམ་པས་དོན་རྟོགས་ཟེར་ཏེ། བླ་མ་བརྒྱུད་པ་དང་ལྡན་པ། དམ་ཚིག་དང་ལྡན་པ་གཅིག་དགོས་པ་ཡིན། དེ་རྣམས་མ་འཛོམས་ན་ཞི་གནས་ཕྱི་བ་ཉལ་བ་དང་འདྲ་བས་ལམ་མགོ་བཏུམ། བླ་མ་ལ་ཡོན་ཏན་མེད་པར་སློབ་མས་ཡོན་ཏན་འདོད་པ་ནི་ཆུ་བཞིག་ནས་མར་འདོད་པ་དང་འདྲ། བླ་མ་ཕལ་ལ་མོས་གུས་མི་སྐྱེ། དེ་ནས་ཡོན་ཏན་གོང་མ་རྒྱུད་ལ་མི་སྐྱེ། སྐྱེས་ཀྱང་ངོ་སྤྲོད་མི་ཤེས་པས། ཐེ་ཚོམ་བྱས་པའི་ཡོན་ཏན་སྐྱོན་དུ་འགྱུར། སྐྱོན་དུ་བྱུང་ན་ཡོན་ཏན་དུ་བསྒྱུར་མི་ཤེས། ཉམས་སྣང་འདྲེར་བཟུང་བའི་རེ་བས་འགོག །ཏོགས་པས་བསུས་པར་བདུད་འཇུག །དངོས་གྲུབ་ཐོབ་པས་བར་གཅོད་བྱུང་ཟེར་ནས་ལོག་ལྟ་སྐྱེ། དེའི་གནང་ཀས་བསླབ་པ་དང་། དཀའ་ལས་དཔག་ཏུ་མེད་པ་བྱས་པ་ཐམས་ཅད་ཆུར་ཕོ། སློབ་དཔོན་དང་གྲོགས་པོ་དམ་པ་རྣམས་ལ་སྡིག་གསོག་ཁྲིད་གསོད་ཀྱི་ཚིག་རྒྱག །ཆོས་མི་བདེན། བདེན་ན་ད་ལྟ་ངས་འབད་རྩོལ་ལམ། ཞབས་ཏོག་གམ། བསྒྲུབ་པ་ཡུན་རིང་པོ་བྱས་པ་ལ་ནད་འདི་འདྲ་ཡོང་མི་ཐང་ཟེར་ནས། སྣང་བ་ལོག་པ་ཡང་མཐོང་ཐོས་ཡོད། དེ་བླ་མ་མཚན་ཉིད་

དང་ལྡན་པ་མ་མཇལ་བའི་སྐྱོན་ཡིན། ཆོས་སྡེ་སྡོད་གསུམ་ནས་བླ་མ་གལ་ཆེ་བར་གསུངས་པ་ཡོད། བླ་མ་མ་བརྟེན་ན་སངས་རྒྱས་མི་སྲིད་གསུངས། ལུས་ཀྱི་འབད་རྩོལ་གྱིས་བསྒྲུབ་ཏུ་ཉན་པའི་ཆོས་ཤིག་རྙེད་པར་སོང་ན་ཡོན་ཏན་ཨེ་སྐྱེ་རང་ལ་རག་སྙམས་ནས་དེ་ནུབ་ཉལ་བ་ལ་གཉིད་མ་བྱུང་། ཕྱི་ཉིན་འགོལ་ས་ཞིག་ཏུ་ཕྱིན་ནས་གཟིམས་སྙམ་སྟེ་ཡར་ལ་སོང་ཙམ་ན། གད་ཕུག་ཅིག་ན་རྣལ་འབྱོར་པ་སྒྲ་ཕོད་དཀར་ཡོད་པ་གཞོན་ནུ་ཤིན་ཏུ་མཛེས་པ་ཞིག་ཅོག་པུར་ལུས་གནད་བཅས་ནས་གདའ་བ་ལ། ཁྱོད་གང་ནས་འོང་གར་བཞུད་བྱས་པ་ལ། ང་སྨམ་པོ་ནས་བླ་མ་རིན་པོ་ཆེའི་ཞབས་དྲུང་ནས་འོང་བ་ཡིན། ད་གར་འགྲོ་ངེས་པ་མེད་ཟེར། དེ་ལ་དགའ་བ་དང་མོས་གུས་ཐུན་མོང་མ་ཡིན་པ་གཅིག་སྐྱེས་ཏེ། བླ་མ་སྨམ་པོ་པ་དེ་སྐུ་སྐྱན་པ་ཤིན་ཏུ་ཆེ་བས་སྐུ་ཁམས་བདེའམ། སྐུ་འཁོར་ཅི་ཙམ་བདོག །ཆོས་ཇི་ལྟ་བུ་ལ་གཙོ་བོར་མཛད། ལེགས་པར་ཁྱོད་ཀྱིས་གསུངས་པར་ཞུ་ཞུས་པ་ལ། རྣལ་འབྱོར་པ་དེས་ཐལ་མོ་སྦྱར་ནས། ཡོངས་ཀྱི་བླ་མ་རིན་པོ་ཆེ་དེ་སྐུ་སྐྱན་པ་ཤིན་ཏུ་ཆེ་ནའང་ཐང་། ཡང་དག་པར་རྫོགས་པའི་སངས་རྒྱས་གདུལ་བྱའི་དོན་ལ་འཇིག་རྟེན་དུ་བྱོན་པ་ལགས་སོ། སྐུ་ཁམས་ནི་དེ་ང་སང་ཤིན་ཏུ་བདེ། སྐུ་འཁོར་ནི་མང་བར་བཞུགས། ཆོས་ནི་ངེས་དོན་ཕྱིན་ཅི་མ་ལོག་པ། ཐེག་པ་ཆེན་པོའི་གསང་སྔགས་ཀྱི་གདམས་པ་ཁྱད་པར་ཅན། ཚེ་གཅིག་ལུས་གཅིག་ལ་སངས་རྒྱས་པའི་གདམས་ངག་འབའ་ཞིག་གསུངས། དེ་མ་ཡིན་པ་ཉིན་གཅིག་ལ་རབ་གནས་གཉིས་མཛད་པ་དང་། དུས་དེར་ཟངས་ཟླུམ་ན་བཞུགས་པ་དང་། ངོ་མཚར་ཁྱད་པར་ཅན་གྱི་མཛད་པ་ཡང་ཡོད། ཉི་ཟེར་ལ་ཆོས་གོས་བཀལ་བ་དང་། ཤིང་སྨམ་པོ་ཐབ་ཁུང་དུ་བཙུག་ནས་ང་ཡི་བསྟན་པ་འདི་དར་ཞིང་རྒྱས་པར་འགྲོ་ན་ཤིང་འདི་འང་སྐྱེ་བར་གྱུར་ཅིག །ཅེས་སྨོན་ལམ་བཏབ་པས་ཤིང་ཕུང་པོ་སྐྱེས་པ་དང་། ཟད་པར་གྱི་ཏིང་ངེ་འཛིན་ཐམས་ཅད་ལ་བཞུགས་པ་དང་། བག་ལ་ཉལ་བ་མཁྱེན་པས་གང་ལ་གང་འདུལ་ཚུལ་གྱིས་ཆོས་གསུངས་པས། ཡོན་ཏན་གོང་མ་མི་སྐྱེ་མི་སྲིད་པ་དང་། འཁོར་རྣམས་ཀྱང་ས་ལ་གནས་པའི་བྱང་ཆུབ་སེམས་དཔའ་ཤ་སྟག་ཡིན། འཛམ་བུའི་གླིང་ན་སེམས་ཅན་རེ་རེའི་རྩར་ཐུགས་དགོངས་རེ་རེ་བཀྱེ་བས། ང་འདྲ་བ་རེ་ཁྱོད་འདྲ་བ་རེའི་རྩར་འོང་བ་ཡང་ཁོང་གིས་ཐུགས་དགོངས་པ་བཀྱེ་བ་ཡིན། བྱ་བ་ལ་སོགས་པའི་རྣམ་པར་ཐར་པ་དཔག་ཏུ་མེད་པ་ཞིག་གསུངས། སྟོན་ཆུང་ཁྱོད་རྗེ་རིན་པོ་ཆེ་ལ་ཤིན་ཏུ་དད་པར་འདུག་པ་ལ་ཕན་པ་རྐྱེན་ངན་གྱི་བར་ཆད་བྱས་པ་ཡིན། ཁྱོད་རྗེ་རིན་པོ་ཆེའི་རིགས་ཅན་འདུག་པས་ངས་དྲངས་ཚད་དུ་བཟླས་པ་ཡིན་གསུངས།

སློབ་དཔོན་པས་ཆུང་ནས་བླ་མ་རིན་པོ་ཆེའི་སྐུ་ཡི་སྙན་པ་ཐོས་ནས་ཤིན་ཏུ་དད་པ་ལ། དེ་སྔ་ཆོས་ཉན་དུ་གཟས་ཏེ་སྦྱིར་བཏང་ཆོས་རྒྱུགས་ཀྱང་བཟང་པོར་བསྐུར་བ་ལ། ཁོང་གིས་སློབ་གཉེར་མ་བྱུང་ཟེར་གྱིས་དོགས་པའི་རྒྱུ་མཚན་གྱིས་སློ་ནས་མ་ཐོན། དེ་རིང་ཁྱོད་དང་མཇལ་ནས་རྣམ་ཐར་གསུངས་པ་དེ་ཤིན་ཏུ་དགའ་བསད་ཅིས་ཀྱང་འགྲོ། བདག་ཀྱང་འཁོར་བ་ལས་གྲོལ་བར་འདོད་ནས། རིན་པོ་ཆེའི་སྤྱན་སྔར་མ་ཕྱིན་ན་ཅིས་ཀྱང་མི་ཕན་པའི་དགོངས་པ་བྱུང་བ་ལ་སོགས་པ་རྣམས་བཤད་དེ། ད་ཧི་ལྷར་བགྱི་བྱ་བ་གྲོས་བྱས་པ་ཁྱོད་མིན་པ་མེད། ཁྱེད་ལ་རྩམ་པ་གཅིག་ཀྱང་འབུལ་བགྱིས་པས། རྣལ་འབྱོར་པ་དེ་ན་རེ། སྤྱིར་གསང་སྔགས་ཐབས་ཀྱི་ལམ་ཉེ་ཟེར་ཡང་འོ་ཅག་གི་བླ་མ་རིན་པོ་ཆེས་ནི་བར་ཆད་མེད་པར་ཁྲིད་པར་གྱི་ལམ། མོས་གུས་གཅིག་ལ་བཞེད་པ་ལགས་པས་ཁྱེད་མོས་གུས་ཆེ་བས་ཡོན་ཏན་སྐྱེས་པ་དེ་རང་ཡིན་མོད། སྐད་ཅིག་ཙམ་ཡང་དད་པ་སྐྱེས་པ་ནི། བསོད་ནམས་དམ་པའི་མཆོག་ཏུ་འདི་འགྱུར་རོ། །གསུངས་པས་ད་ལྟ་དུས་ལ་བབས་སློབ་གཉེར་བྱེད་མ་ནུས་པ་སྒོམ་གྲྭར་ཕྱིན་པས་སྒོམ་ཡང་མ་བྱུང་ཟེར་བའི་དོགས་པ་མེད་ཀྱི། ཁྱོད་ལ་གྲུབ་ཐོབ་ཅིག་འོང་བ་རང་གིས་ཁས་བླང་གི། ཡོན་ཏན་གོང་མ་བྱུང་ན་ངས་ཁྱོད་བསླུས་པ་ཡིན། རིན་ཆེན་ཆོས་ཀྱང་དཀོན་ལ་རྟག་ཏུ་འཚེ་བའང་མང་། གསུངས་པས། རིན་ཆེན་ཆོས་ཀྱི་དོན་ནི་ཕྱིན་ཅི་མ་ལོག་པ་ཚེ་གཅིག་གིས་སངས་རྒྱས་པ། སྣང་སེམས་ངོ་སྤྲོད་ཀྱི་གདམས་པ་ཕྱག་རྒྱ་ཆེན་པོ་དང་། སྒོམ་པའི་བརྩོན་འགྲུས་ཀྱི་སངས་རྒྱས་པ་གཏུམ་མོ། མ་སྒོམ་པ་བཙན་ཐབས་ཀྱི་སངས་རྒྱས་པ་འཕོ་བ། གཏི་མུག་ཅན་གཉིད་དང་རྨི་ལམ་གྱིས་སངས་རྒྱས་པ་འོད་གསལ། མོས་གུས་ཅན་བླ་མ་ལ་ཅི་མཉེས་བསྒྲུབ་ཅིང་དམ་ཚིག་ལ་ནན་ཏན་བྱས་ན། ཅིས་ཀྱང་སངས་མི་རྒྱ་མི་སྲིད་པ་ཡིན་པས་ཐེ་ཚོམ་བྱ་མི་དགོས། དགེ་བཤེས་ཆེན་པོ་དང་གནས་གཞི་བཙན་པོའི་དགོས་པ་མེད། ཚེ་འདིར་སྡུག་བསྔལ་ལ་ཕྱི་མ་ཡང་དམྱལ་བར་འགྲོ་ངེས་པས་ཆོས་བརྒྱུད་ཀྱི་སློབ་གཉེར་ཞོག །ང་རྒྱལ་གྱི་དཔེ་སྤོངས། །ཁེ་གྲགས་ཀྱི་གནས་གཞི་ཐོར། ཆགས་སྡང་གི་འཁོར་བ་དཀྲུགས། ཕྲག་དོག་གི་བྱ་བྱེད་ཐོངས། གཏི་མུག་གི་རྒྱུ་ཐག་ཆོད། ང་ལ་ཕྱི་སྤྲིན་ཟེར་བ་དེ་གྲོ་ཕྱེ་གྱིས་ལ་སང་ནས་སོངས། སྙིང་གཏམ་དང་གཏད་གཉེར་མ་བྱེད་ཕྱིས་ཡི་གེ་བསྐུར་བས་ཆོག །བྱ་བྱེད་མང་ན་ཆོས་ཀྱི་བར་ཆད་ཡིན་གསུངས་པས། བྱ་བ་ཅིག་གིས་ཞོག་ལ་བཞུད་པར་ཞུ་གསུངས་སྐད། རོག་ངའི་ཁ་ལ་ཉན་པ་ཞིག་ཡོད་པ་དེ་ཡང་ཁྲིད་ན་བྱས་པ་ལ་ཉོན་ན་ཁྲིད། དགེ་བ་བསྐུལ་ན་གྲོགས་ཀྱི་མཆོག་ཟེར་བས། དགེ་བ་ཁྲིད་པར་དུ་འཕགས་པ་ནི། རྗེ་རིན་པོ་

ཆེའི་ཞལ་མཐོང་ན་ཕྱིར་མི་ལྡོག་པའི་ས་ཐོབ་པ་ཡིན། འདིར་ཐ་སྙད་ཀྱི་བསམ་ཁྲལ་དང་། ཁ་གྲགས་ཀྱི་རྩོད་པ་བྱས་པ་ནི་མི་ཚེ་སྟོང་ཟད་རང་ཡིན་མོད། བླ་མ་སངས་རྒྱས་དང་ཞལ་འཕྲད་རྐྱེན་བྱས་པས་ཁོ་བོའི་འདྲེན་པའི་བླ་མ་དྲིན་ཅན་དུ་ཁྱོད་ཡོང་བ་ཡིན། ཁྱེད་བཞུད་ན་དགའ་བ་ལ། ད་སྐྱམ་པོར་འབྱོན་བྱས་པས། ཁྱོད་དགའ་ན་ང་བྲན་གྱིས་འགྲོགས་པ་ཡིན་མོད། ང་རྣལ་འབྱོར་པ་ཡིན་པས་འགྲོ་འོང་གི་གཏད་སོ་མེད། རྗེ་རིན་པོ་ཆེ་ལ་གསོལ་བ་ཐོབ་ཅིང་སོང་དང་ཅེས་ཀྱང་བར་ཆད་མི་འོང་། མོས་གུས་ཆེ་བས་ཡོན་ཏན་སྐྱེ་བ་ལ་ཚེགས་མེད། དེའི་དུས་སུ་ང་ལ་ཡང་དགའ་བར་ཡོང་། སང་ནས་བཞུད་གསུངས་ནས་རྣལ་འབྱོར་པ་དེ་བཞུད་སྐད། དེ་ནས་བླ་མ་འབའ་རོམ་པ་དེ་ཚུར་རང་ཡུལ་དུ་བྱོན་ནས་འགྲོ་བའི་ཆས་བྱས། གྲོགས་པོ་བླ་མ་སྤྱོས་ཀ་བ་སངས་རྒྱས་སྒོམ་པ་བྱ་བ་དེའི་དུས་ན་བཙུན་ཆུང་ཞིག་ཡིན་པ་ལ། ཁྱོད་དྭགས་པོར་བླ་མ་རིན་པོ་ཆེའི་སྤྱན་སྔར་ཤི་འགྲོ། བླ་མ་དེ་ཡང་དག་པར་རྫོགས་པའི་སངས་རྒྱས་དང་ཁྱད་པར་མེད་པ་ཡིན། འཁོར་བ་འདི་ན་སྙིང་མེད་ཆོས་ཤིག་བྱེད་དགོས། ཆོས་བྱེད་པ་ལ་དང་པོ་བླ་མ་ཞིག་འཚོལ་དགོས་ཏེ། བླ་མ་དེ་འདྲ་བ་དེང་སང་འཛམ་བུ་གླིང་དུ་བཙལ་ཡང་མི་རྙེད་བྱས་ནས། བླ་མའི་ཡོན་ཏན་དཔག་ཏུ་མེད་པ་བརྗོད་པ་དང་། དེར་ཁོང་ཡང་དད་ནས་འགྲོ་གསུངས་སྐད་བླ་མ་འབའ་རོམ་པས་ད་མྱུར་བརའགྲོ། མི་ཡི་ཚོར་མ་འཇུག་ཟེར་ནས། དེ་རྣམ་པ་གཉིས་ཀྱིས་ཕྱག་རྟེན་ལ་ཇ་དང་གསེར་ཡོད་པ་ཁྱེར་ནས། བླ་མ་དྭགས་པོ་རིན་པོ་ཆེའི་སྤྱན་སྔར་ཕྱིན། ཇ་དང་གསེར་ཕྱག་ཏུ་བཏང་། ངེད་ཡང་བླ་མ་རིན་པོ་ཆེའི་སྐུའི་སྙན་པ་ཆེ་བར་ཐོས་པས་དད་པ་སྐྱེས་ནས་ཆོས་བྱེད་དུ་འོང་བ་ཡིན། ཐུགས་ལ་འདོགས་པར་ཞུ་ཞུས་པས། བླ་མ་དྭགས་པོ་རིན་པོ་ཆེའི་ཞལ་ནས། ངེས་པར་ཆོས་བྱེད་པ་ལ། ཁམས་གསུམ་འཁོར་བ་འདི་ལས་ཡིད་དབྱུང་ནས། ཚུལ་ཁྲིམས་རིན་པོ་ཆེ་མིག་གི་འབྲས་བུ་ལྟར་སྲུང་བ་དང་། བླ་མ་དམ་པ་ལ་མོས་གུས་བྱེད་ཅིང་། ལས་རྒྱུ་དང་འབྲས་བུ་ལ་ནན་ཏན་བྱེད་དགོས་པ་ཡིན། དེ་ལྟར་བྱས་ན་ཡོན་ཏན་སྐྱེ་གསུངས། དེ་ནས་ཆོས་བཅུའི་ནངས་པར་ཚོགས་མཆོད་ཅིག་མཛད་པའི་དུས་སུ། བླ་མ་དྭགས་པོ་རིན་པོ་ཆེ་ལ། ཁོང་གིས་ཡང་དག་པར་རྫོགས་པའི་སངས་རྒྱས་རྡོ་རྗེ་འཆང་དངོས་ཡིན་སྙམ་པའི་མཐོང་སྣང་ངེས་ཤེས་དང་བཅས་པ་སྐྱེས་ཏེ། བླ་མ་རིན་པོ་ཆེའི་ཞལ་ནས་ཁྱོད་མོས་གུས་ཆེ་བར་འདུག ། ཁྲིད་ཆེན་པོ་རང་མེད་ཀྱིས་འགྲོ་བ་མང་པོ་ལ་ཕན་ཐོགས་པ་གཅིག་འོང་བ་ཡིན། ཁྱོད་རང་ནང་དུ་སྡོད་གསུངས་ནས་དེ་ལྟར་ཞུ་བྱས་ཏེ་ནང་དུ་བསྡད་ཐུགས་ལ་བཏགས།

དེ་ནས་དྭགས་ལ་སྣམ་པོར་བྱོན་ནས་དགུན་ཟླ་གཅིག་ཙམ་ལོན་པའི་དུས་སུ་འབའ་རོམ་པ་ཉིད་སྐུ་ཁམས་ཤིན་ཏུ་མ་བདེ་བས། གློ་བུར་དུ་ཆུ་བུར་མང་པོ་བྱུང་ནས་ནད་ཀྱི་ཟུག་གཟེར་བཟོད་སྲན་མེད་པ་གཅིག་བྱུང་། སྡུག་བསྔལ་བས་ད་ཅི་ཕན་སྙམ་པའི་རྟོག་པ་གཅིག་སྐྱེས་པ་ལ། ད་རེས་བླ་མ་རིན་པོ་ཆེ་ཡང་དག་པར་རྫོགས་པའི་སངས་རྒྱས་དང་ཞལ་ཐ་དད་མེད་པ་འཛིག་རྟེན་དུ་བྱོན་པའི་ཞབས་དྲུང་དུ་ཕྱིན་པ་ལས། ཐབས་གཞན་དུ་འཚོལ་ན་ང་རང་ལན། ཡུལ་གཞན་གྱི་ནད་པས་གྲུབ་མཐའ་བློ་མ་བསྒྱུར་ནས་འདིར་སླེབ་པ་དང་། མོས་གུས་བྱེད་གསོལ་བ་བཏབ་ནས་ནད་སོས་པ་དང་ཕན་དུ་རེ་བ་ལ་ངས་ཐོས་བསམ་ཡང་མང་དུ་བྱས། དཔེ་དང་ནོར་རྫས་གནས་གཞི་ལ་མ་ཆགས་པར་སློབ་དཔོན་སྣ་བ་པའི་ས་ནས་ཀྱང་དམ་བཅའ་བྱས་ནས་ཡོད་པ་ལ། ད་ནད་དང་བར་ཆད་བྱུང་ན་ང་རང་གི་སྐྱོན་ཡིན་སྙམ་ནས། ཐུགས་ཡེངས་པ་མེད་པར་དམིགས་པ་རྩེ་གཅིག་ཏུ་བསམ་གཏན་དང་། མོས་གུས་དྲག་པོའི་སྒོ་ནས་གསོལ་བ་བཏབ་པས། རྨི་ལམ་དུ་ལྷ་ཁང་གི་དབུ་རྩེ་འདྲ་བའི་མཐོང་ཁྱུང་ཡོད་པ་གཅིག་ཏུ་ཕར་བལྟས་པས། མཚོ་ནག་པོ་ཆེ་བ་གཅིག་གི་ནང་ནས། ཉ་དང་ལྦྱོང་མོ་ལ་སོགས་པ་མང་པོ་གཅིག་འདུག་པ་སྣང་བ་ལ། འཇིགས་བཞིན་དུ་དེའི་ནང་འགྲོ་སྙིང་འདོད་པ་གཅིག་བྱུང་དུས་དེར་རྗེ་རིན་པོ་ཆེ་དང་ཐེངས་གཅིག་མཇལ་ན་དགའ་བ་དང་། ཁོང་ལ་ཞུ་ནས་འགྲོ་དགོས་སྙམ་པ་གཅིག་བྱུང་བ་ནི། སྐད་ཅིག་མ་ལ་བླ་མ་རིན་པོ་ཆེ་ཞལ་གཏུམ་པའི་ཉམས་དང་ལྡན་པ་གཅིག་སྣང་བ་ལ་བྱུང་ནས་སློབ་དཔོན་གྱིས་འབའ་རོམ་པའི་ཕྱག་གཡོན་པའི་སྲིན་ལག་དམ་དུ་བཟུང་སྟེ། བསམ་ངན་ཞེ་སྡང་གིས་སྦྱོར་བ་ཡིས། །རིགས་ངན་དུད་འགྲོའི་གནས་དག་ཏུ། །རྒྱུན་ངན་རྣམ་རྟོག་གི་ཡིད་འཇུག་ཀྱང་། །ལས་ངན་གྱི་གནས་སུ་འཆར་དོགས་ཡོད། །སྣང་སྲིད་འཁོར་འདས་རང་གི་སེམས། །མོས་གུས་དྲག་པོ་རྟེན་འབྲེལ་གྱི་གནད། །ཐུགས་རྗེས་ལྕགས་ཀྱུས་རྒྱུན་དུ་འཛིན། །འགྱུར་མེད་བདེ་ཆེན་གནས་སུ་འདྲེན། །གསུངས་ནས་ཕྱག་གིས་ཡར་འཐེན་ནས། ཡབ་སྲས་ནམ་མཁའ་ལ་གཤེགས་པ་རྨིས་གསུངས། རྣལ་སད་པ་དང་། ཁམས་ཀྱང་དྭངས་སང་གིས་སོང་། ཆུ་བུར་རྣམས་ཀྱང་རྫོར་སྨར་བས་ཀྱང་ལུས་ཡང་ཞིང་ཤེས་པ་ཡང་བདེ་བ་གསལ་བ། མི་རྟོག་པའི་ཉམས་ཁྱད་པར་ཅན་སྐྱེས་སྐད། ཡང་མཛོ་དཀར་ཨ་ཡུ་གཅིག་ཡོད་པ་ལ་རྗེ་རིན་པོ་ཆེའི་ཆིབས་པ་མཛད་ནས་ཏེ་འཕྲང་བྱ་བ་ལ་འགྲོ་ཙན། མཛོ་ཡི་ལག་པ་འདྲེད་ནས་རིན་པོ་ཆེ་མཛོ་གོང་ནས་ལྷུང་བ་དང་། བླ་མ་འབའ་རོམ་པས་སྐུ་ས་ལ་མ་ལྷུང་བར་རིན་པོ་ཆེ་པང་དུ་ཧོག་གིས་བླངས་པས་ཤིན་ཏུ་མཉེས་ནས།

ཁྱེད་ཀྱིས་དེ་རིང་གོ་བཅད་གསུངས་ནས། སྐུ་ཚེའི་བར་ཆད་བསལ་བ་ལ། ཡང་བླ་མ་རིན་པོ་ཆེ་ལྷ་ལུང་དུ་བྱོན་པའི་དུས་སུ་ཧ་དཀར་པོ་ལུག་གུ་བྱ་བ་ཆིབས་ནས་བཞུད་པ་ལ། གློ་བུར་དུ་ཧ་འདྲོགས་ནས་འུར་སྒྲ་བྱུང་བ་དང་། ཆིབས་པ་ཡང་འགྲོགས་ནས་རིན་པོ་ཆེ་ཧའི་གོང་ནས་ལྷུང་བ་ན། ཡང་ས་ལ་མ་ལྷུང་བར་བླ་མ་འབའ་རོམ་པས་ཕྱག་གཉིས་ཀྱིས་སྐུ་བླངས་པས་རིན་པོ་ཆེ་ཡང་མཉེས་ཏེ། སྐུ་ཚེའི་བར་ཆད་བསལ་བ་དང་། ཡང་དྭགས་པོ་རོང་ཁ་བས་བླ་མ་རིན་པོ་ཆེ་རབ་གནས་ལ་སྤྱན་དྲངས་པའི་དུས་སུ་དྭགས་པོའི་ཡུལ་གྱི་མི་ཡོད་ཚད་འདུས། གྲྭ་པ་ཤིན་ཏུ་མང་བར་ཚོགས་པའི་དུས་སུ། བུམ་ཆུ་དང་ལྷ་བཤོས་དང་མེ་ཏོག་དང་རྟུལ་ཚོན་ལ་སོགས་པ་རྣམས་ཀུན་གྱི་ཧབ་ཐོབ་བྱས་པས་རིན་པོ་ཆེས་ཁྱེད་ཚོས་དེ་ཙུག་མ་བྱེད་བྱས་ཀྱང་མ་ཉན་པར་འཕྱུལ་འདེད་བྱས་པས། རིན་པོ་ཆེ་ཉིད་མིའི་འོག་ཏུ་གླེབ་མ་ཐུབ་པ་དང་། བླ་མ་རིན་པོ་ཆེ་འབའ་རོམ་པ་ཕར་ལ་རྒྱུག་སྟེ་རིན་པོ་ཆེའི་སྐུ་ཁྱུར་ནས་མིའི་ནང་ནས་ཕྱུར་བྲོས་ཏེ་ཡོང་པས། རིན་པོ་ཆེ་ཉིད་ཀྱིས་ཞལ་ནས་ད་རེས་ཀྱི་རབ་གནས་འདི་ཤིན་ཏུ་གཉན་པར་འདུག །དེ་རིང་ཁྱེད་མིན་ན་གྲོད་ཅན་དེ་རྣམས་ཀྱིས་ཁོ་བོ་གསོད་ངེས་པར་འདུག་གསུངས་ནས་ཤིན་ཏུ་མཉེས་སྐད། གྲོགས་པོ་རྣམས་ཀྱིས་ངེད་ཀྱིས་རྟུལ་ཚོན་འདི་འདྲ་རྣམས་ཐོབ་ནས་ཡོད། ཁྱེད་ཀྱིས་ཅི་ཐོབ་ནས་ཡོད། བླ་མ་འབའ་རོམ་པས་ངས་ཆོས་སྐུ་གཅིག་ཐོབ་གསུངས་པ་དང་། ཁོང་རྣམས་ན་རེ་ཁྱེད་བདེན་དེ་ཆོས་སྐུ་ཡིན། ཁྱེད་མིན་ན་རིན་པོ་ཆེ་སྐུ་མི་བཞུགས་པ་ལ་ཐེ་ཚོམ་མེད་གསུངས་ནས་ཐམས་ཅད་དགའ་བ་དང་མོས་པ་བཅས་དེ་ར་སྐུ་ཚེའི་བར་ཆད་བསལ། དེའི་དུས་བླ་མ་འབའ་རོམ་པ་དེ་མོས་གུས་ལ་འགྱུར་བ་མེད། ཅིག་ཅར་དུ་བྱིན་རླབས་ཞུགས། འཛིགས་དང་ཉམ་ང་མེད། རྐྱེན་ངན་གྲོགས་སུ་ཤར། སྣང་སེམས་གཉིས་སུ་མེད། དབྱེར་མེད་ཆོས་སྐུར་གསལ། རྣམ་རྟོག་ངོས་བཟུང་མེད། བསྒོམ་བྱ་སྒོམ་བྱེད་སྟོར། ཉམས་ཀྱི་ཆགས་ཞེན་མེད། རྟོགས་པའི་གདེངས་དང་ལྡན། རིག་པ་དྲི་མ་མེད་ཡིད་བྱེད་རྣམ་པར་དག །སྐྱེ་འགགས་གནས་པ་མེད། གཞུག་མ་ལྷན་ཅིག་སྐྱེས། ཐུགས་རྗེ་དམིགས་པ་མེད། གཞན་དོན་ལྷུན་གྱིས་གྲུབ། རྣམ་རྟོག་རང་སར་གྲོལ་ནས། ཐམས་ཅད་སེམས་སུ་ཤེས་པས། དང་པོའི་ཤེས་པ་མ་བཅོས་པ་དེ་མ་འགགས་པ། འཛིན་ཆགས་ཐམས་ཅད་དང་བྲལ་བ། བློས་མ་བྱས་པ་ངེས་ཤེས་དང་བཅས་པ། ཐེ་ཚོམ་མི་བྱ་བར་བརྗོད་པར་དགའ་བ། བརྡས་མཚོན་དུ་མེད་པའི་རྟོགས་པ་གཤའ་མ་གཅིག་ཤར། རྟོགས་པ་འདི་ལྟ་བུ་ཤར་ལུས་པས། རིན་པོ་ཆེའི་ཞལ་ནས་དེ་དག་ཡིན་གསུངས་ཤིང་ངོ་སྤྲོད་རྒྱས་པ་གཅིག་གནང་།

འདི་དག་གི་སྐབས་སུ་རྡོ་རྗེ་མི་ལ་དང་མཁའ་འགྲོ་མས་ལུང་བསྟན་པ་བཞིན་མགུར་དཔག་ཏུ་མེད་པ་མཛད། དེ་ནས་ཚོགས་འཁོར་ཞིག་མཛད་པའི་དུས་ཆོས་རྗེ་རིན་པོ་ཆེའི་ཞལ་ནས་སྒོམ་ཆེན་པ་བྱ་བ་ལ་མྱོང་བ་ནང་ནས་ཤར་བའི་མགུར་དགོས་པས། ཁྱོད་ཀྱི་གྲེ་བ་འདི་རྫོགས་པའི་སངས་རྒྱས་མི་ལའི་དབྱངས་དང་འདྲ་བར་འདུག་པས། རྟོགས་པ་དོན་གྱི་མགུར་གྱིས་གསུངས་ནས་མཛད་པས། ཆོས་རྗེ་རིན་པོ་ཆེ་རྫོགས་པའི་སངས་རྒྱས་མིའི་གཟུགས་ཅན་དེའི་མགུར་དང་འདྲ་བ་འདུག་གསུངས་ཤིང་ཕྱག་ཐལ་མོ་སྦྱར་དབུ་དུད་པ་དང་སྤྱན་ཆབ་ཀྱང་འཁྱོན། ཡང་བླ་མ་དྭགས་པོ་རིན་པོ་ཆེས་བླ་མ་འབའ་རོམ་པ་ལ་བྱིན་རླབས་གཅིག་མཛད་པས་དེའི་དུས་སུ། ཁྱོད་ལ་བྱིན་རླབས་བྱས་པས་ང་ལ་ཕན་པ་བྱུང་གསུངས། སྔོན་ཁོ་བོའི་སློབ་དཔོན་ལྷུགས་རི་གོང་ཀ་བ་ལས་དབང་བསྐུར་ཅིག་ཞུས་པ་ལས་ཁོང་གི་ཞལ་ནས། མདང་ངས་ཁྱོད་ལ་དབང་བསྐུར་བྱས་པས། སྒྲིབ་པ་ང་རང་བས་ཁྱོད་དག་པ་གཅིག་བྱུང་གསུངས། ཁྱོད་ལ་ཡང་དེ་འདྲ་གཅིག་བྱུང་བས་ཁྱོད་ཀྱིས་འགྲོ་བ་ལ་བརྡ་བྱས་པས་ཀྱང་ཕན་པ་ཞིག་འོངས་བ་ཡིན། ཡང་རིན་པོ་ཆེ་ཞལ་ནས། འཚོགས་པ་བདུན་བརྒྱའི་ནང་ནས། གནས་བརྟན་ཡུལ་སྣ་བ་དར་མ་དབང་ཕྱུག་དང་། མགར་སྒོམ་དཀར་པོ་གཉིས་ལས་ཉམས་རྟོགས་ཆེ་བ་སུ་ཡང་མེད་གསུངས། ཡང་ཉིན་གཅིག་བླ་མ་འབའ་རོམ་པས་མོས་གུས་བྱེད་ཀྱིན་བཞུགས་ཙ་ན། སྒོམ་པ་ཡེ་ཤེས་གཡུང་དྲུང་བྱ་བས་རིན་པོ་ཆེའི་སྤྱན་སྔར་ཁྱོད་མྱུར་བར་འབྱོན་ཟེར་བའི་སྐད་བྱུང་བ་དང་། བླ་མ་འབའ་རོམ་པ་མྱུར་བར་རྒྱུག་ཙམ་ན་བྲག་རོམ་ཟབ་མོ་འཛིགས་སུ་རུང་བ་གཅིག་ཡོད་པ་ལ། བྲག་དེའི་མགོ་བསྐོར་ན་ནི་ཡུན་རིང་འགོར་བས། སྔ་ནས་ཁོ་རང་མཆོང་པས་ཐར་ས་ཡོད་པས་མཆོང་བ་དང་ཞབས་འདྲེད་ནས་ཕྱམས་ཀྱིས་སོང་བ་དང་། ད་ནི་ངེས་པར་འཆི་སྙམ་ནས་བླ་མ་རིན་པོ་ཆེ་སྤྱི་བོར་བཞུགས་པ་དྲན་རིན་པོ་ཆེ་ལ་སྐྱབས་སུ་མཆིའོ་ཡང་བྱས། རྐང་པ་བཙུགས་པ་ཨེ་འོང་སྙམ་ནས་རླུང་བཙན་ཐབས་སུ་བཟུང་བ་དང་། མདུན་གྱི་བྲག་དཀྱིལ་ཙམ་ན་ཞབས་འཐོག་ས་ཡོད་མེད་གཅིག་ལ་བརྟེན་ནས་བོས་པས་ཕྱུགས་རྫིས་ཐོས་པས་དེས་གཞན་ལ་སྨྲན་ནས། ཐག་པ་རིང་པོ་མང་དུ་མཐུད་ནས་བྱུང་བས། ཐག་པ་ལ་འཛུས་ནས་ཡར་ཕྱིན། སྣད་པ་དང་ལུས་ལ་ན་བ་ཡེ་མི་འདུག །རིན་པོ་ཆེ་ལ་ཞུས་པས་འཆི་ལྟས་བཟློག་ཤིན་ཏུ་དཀའ་བ་གཞན་གྱིས་མི་བཟློག་པ་གཅིག་བྱུང་བ་ལ། ང་ལ་ཁྱོད་ཀྱིས་མོས་གུས་ཀྱིས་གདུང་སེམས་ཤིན་ཏུ་ཆེ་བས་འཆི་ལྟས་བཟློག་པ་ཡིན་གསུངས། ང་མཐའ་ལ་ལྟུང་བའི་དུས་སུ་ཡང་རིན་པོ་ཆེ་དྲན་ནས་མོས་གུས་བགྱིས་ཞུས་པ་ལ།

ཁོ་བོ་དུས་དེར་ཁྱོད་ཀྱི་དྲུང་ནས་ཡོད་པ་ཡིན་གསུངས། ད་ནི་ཚེ་རིང་བར་ཡོངས་གསུངས་སྐད། དེ་ཕྱིན་ཆད་འཇིག་རྟེན་གྱི་བྱ་བ་ཐམས་ཅད་ལ་ཞེན་པ་གཏིང་ནས་ལོག་པ་ཞིག་དུས་རྒྱུན་ཆད་མེད་པར་བྱུང་སྐད། ཡང་སྟོམ་ལུང་ནས་བྱ་རྐོང་དུ་འགྲོ་བའི་དུས་སུ། རྟ་དཀར་པོ་ལུ་གུ་བྱ་བ་ཆིབས་པ་མཛད་ལམ་མི་བདེ་བ་གཅིག་ལ་རྟའི་ལག་སྦྲུབ་བརྒྱབ་པས། སྐུ་བསྐྱོད་པ་ཡང་བླ་མ་འབའ་རོམ་པས་སྐུ་ཧོག་གིས་བླངས་གསུངས། རྟ་འདིའི་གོང་ནས་ང་ནི་འཇིགས། ཁྱོད་ཀྱིས་ཡང་དག་གོ་བཅད་གསུངས། དེར་ཡང་སྐུ་ཚེའི་བར་ཆད་བསལ། དེ་ནས་ཕྱུག་གཉིས་ལ་ཁྲི་མཛད་པ་ལྟར་བྱས་ཡོར་སྣམ་འཇམ་པོའི་ཕྱམས་ཕྱེ་གཅིག་ཡོད་པ་ལ། ཕྱུག་གི་སྟེང་ན་ཕར་བཀབ་གདན་བྱས། དེའི་སྟེང་དུ་བཞུགས་པར་ཞུས་པས། བཞུགས་ནས་ཐག་རིང་པོ་གཅིག་ལ་གདན་དྲངས། རིན་པོ་ཆེའི་ཞལ་ནས། རྒྱ་གར་འདོ་ལི་དང་འདྲ་བར་སྣང་བ་ཤིན་ཏུ་ཆེ་བར་བྱུང་། ཁྱོད་ཀྱིས་གོ་བཅད་གསུངས་ནས་མཉེས་པར་བྱུང་སྐད། ལར་དྭགས་པོའི་ལུང་པ་དེ་ས་གཟུགས་ཆེ་བ་དང་། ལམ་མི་བདེ་བ་དང་། རིན་པོ་ཆེ་སྐུ་ན་བྱོན་པས་བླ་མ་འབའ་རོམ་པས་ཡར་གཤེགས་མར་གཤེགས་ལ། རིན་པོ་ཆེ་སྐུ་རྒྱབ་ལ་ཁུར་བ་ཡིན་པ་ལ་ཞབས་ཏོག་མཛད་པས་ཤིན་ཏུ་མཉེས་པ་ཡིན་གསུངས། དེ་ལ་སོགས་པ་ལུས་ཀྱི་ཞབས་ཏོག་གཞན་གྱིས་བསྒྲུབ་པར་དཀའ་བ་ཡང་ནས་ཡང་དུ་བགྱིས་པས། བླ་མ་རིན་པོ་ཆེ་དྭགས་པོ་ལྷ་རྗེ་ཤིན་ཏུ་མཉེས། ཉམས་མྱོང་དང་རྟོགས་པ་ཁྱད་པར་ཅན་ཕུན་སུམ་ཚོགས་པ་རྒྱུད་ལ་སྐྱེས་ནས། དུས་རྒྱུན་མཉམ་བཞག་རྗེས་ཐོབ་རྒྱུན་ཆད་མེད་པར་འོད་གསལ་ཆེན་པོའི་ངང་ལ་བཞུགས་པ་ཡིན་གསུངས།

དེ་ནས་ཉིན་གཅིག་བླ་མ་རིན་པོ་ཆེའི་ཞལ་ནས། ངས་ཁྱོད་ལ་གདམས་པ་འདོད་ཆོས་སོ་སོའི་ཁྲིད་ལ་སོགས་པ་ཐམས་ཅད་ནི་ཚང་བར་བྱས་པ་ཡིན་པས། ད་ཁྱོད་བྱང་འབའ་རོམ་བྱ་བའི་རི་ཁྲོད་རྣམ་པར་དག་པ། གངས་ཏི་སེ་ནས་གངས་རྒྱུད་མ་ཆད་པར་རྗེ་བཙུན་མར་པ་ལྷོ་བྲག་པ་ཡབ་སྲས་ལ་སོགས་པ་གྲུབ་ཐོབ་དཔག་ཏུ་མེད་པ་བཞུགས་པའི་སྒྲུབ་གནས་ཡིན་པས། དེར་སོང་ལ་བསྒྲུབས་པ་གྱིས་གསུངས་ནས་གསེར་སྲང་གང་གནང་། ངས་གཞན་ལ་སྦྱིན་པ་མ་ཡིན་ཏེ། འོ་ཅག་ཕ་སྤད་འགྲོགས་ཡུན་རིང་བ་ཡིན། ཁྱེད་ཀྱིས་ལུས་སྲོག་ལ་མ་ལྟོས་པར་ང་ཡི་ཞབས་ཏོག་ཡང་དང་ཡང་དུ་བྱས་ཤིང་ངའི་ངག་གཅོག་མ་མྱོང་། དང་པོ་གསེར་འདིས་འཚོ་བ་སྒྲུབས་ལ་དེ་ལ་བརྟེན་དང་། དེ་ནས་ཁྱོད་ལ་འཚོ་བ་མི་ཡིས་སྟེར་ནས་འོང་གསུངས། དེ་ནས་བླ་མ་འབའ་རོམ་པའི་ཐུགས་དགོངས་ལ།

ཡོངས་ཀྱི་བླ་མ་རིན་པོ་ཆེ་སངས་རྒྱས་འཇིག་རྟེན་དུ་བྱོན་པ་དང་ཞལ་མཇལ་ནས་ཀྱང་། ཡང་དགོན་དུ་སྡོད་བཅུག །རྒྱུད་རྣམ་པར་དག་པར་བྱིན་གྱིས་བརླབས། ལོ་གྲངས་མང་པོར་ཞབས་ཏོག་ཡང་བྱས། གདམས་ངག་དང་རྗེས་སུ་བསྟན་པ་ཡང་མཛད། ཚོགས་པ་མང་པོའི་ནང་ནས་ཀྱང་གཞན་དང་མི་འདྲ་བར་ཐུགས་ལ་བཏགས། བླ་མ་རིན་པོ་ཆེ་ལས་འཇིག་རྟེན་གྱི་ཁམས་ན་ང་ལ་དྲིན་ཆེ་བ་མེད། རྨི་ལམ་དུ་ཆོས་རྗེ་རིན་པོ་ཆེ་གཞན་དོན་ལ་དགོངས་ནས། སྤྲུལ་སྐུའི་དཀྱིལ་འཁོར་བདེ་བ་ཅན་དུ་བཞུད་པ་རྨིས། ཁོང་སྤྲུལ་པའི་སྐུ་ལ་ཉོན་མོངས་མི་མངའ་ནའང་། གདུལ་བྱའི་རྟག་འཛིན་ཤས་ཆེ་བ་རྣམས་དྲངས་པར་བྱ་བའི་ཆེད་དུ། འཕགས་པ་སྟོང་པ་ནས་གསུངས་པའི་དོན། ཀ་དང་ན་དང་འཆི་བ་མེད་ཀྱང་འཆི་འཕོ་སྟོན། བྱ་བའི་དོན་ཚུལ་གྱིས། གདུལ་བྱའི་དོན་དུ་སྤྲུལ་སྐུ་བདེ་བར་གཤེགས་པ་ཡང་སྲིད། དེང་སང་སྐུ་ན་བྱོན། སྐུ་འབོར་ལྕི་བ་དང་། ཞལ་ཏ་ཡང་སྟོར་དང་མི་འདྲ་བ་མང་དུ་གསུངས། ངས་ཀྱང་ལུས་སྲོག་ལ་ལྟོས་མེད་པར་སྐུ་ཚེའི་བར་ཆད་ལན་གྲངས་མང་དུ་བསལ། མི་མཉེས་པ་སྐད་ཅིག་ཙམ་ཡང་བྱེད་མ་མྱོང་། ཁོང་གི་རྒྱ་ན་ང་ཡོད་པ་དེ་བཞིན་པ་ལ། རི་ཁྲོད་གཞན་དུ་སོང་ཟེར་བ་དེ་དགོངས་པ་ཅན་ཡིན་སྲིད། དེ་ལྟར་མིན་ཀྱང་ང་རང་སོང་བའི་ཤུལ་དུ་རིན་པོ་ཆེ་སྐུ་ཡལ་ན། ངས་ཀྱང་རིན་པོ་ཆེའི་སྐུ་ཡུན་རིང་དུ་བསྟེན་པ་ཡིན་པ་ལ། འདའ་ཁར་ཁོ་བོ་ཡང་མེད་ཟེར་ནས་མིས་ཀྱང་འཕྱ། དེའི་སྐབས་ཀྱིས་ང་རང་ཡང་ཕྱིས་འགྱོད་པ་ཡིན་པས་ད་དུང་ལུས་ཀྱི་ཞབས་ཏོག་ཅི་ནུས་སུ་བྱ་དགོས་པ་ལ། མི་འགའ་ཞིག་གིས་ཞབས་ཏོག་བྱེད་འདོད་ཀྱང་ཐུགས་ཀྱིས་མི་བཞེད། ངས་ཀྱང་འདས་བྲལ་མིན་པ་རྒྱ་ནས་བྲལ་མི་ཡོད། ད་རུང་སྐུ་བཞུགས་རིང་ལ་གར་ཡང་མི་འགྲོ་བྱས་ནས་ཕྱག་འཚལ་ནས་ཞུས། དེ་ནས་སྔ་ཕྱི་ཇི་ལྟར་བཀའ་དྲིན་ཆེན་པོས་ཡང་དང་ཡང་དུ་བསྐྱངས་ཤིང་བྱིན་གྱིས་བརླབས་པ་ཐམས་ཅད་དྲན་ནས་སྤྱན་ཆབ་མང་པོ་ཡང་བྱུང་། གསེར་གནང་བ་ཡང་ང་ལ་མི་འཚལ་བྱས་ནས་ཞུས་པ་ལ། བླ་མ་དྭགས་པོ་རིན་པོ་ཆེའི་ཞལ་ནས། རྒྱ་ལ་ཆགས་ཀྱང་ཤིན་ཏུ་ཕྲ། །གང་ལ་ཆགས་པ་དེས་འཆིང་བས། །རྒྱ་བྲལ་ནམ་མཁའི་མདུད་པ་ཁྲོལ། །རྨི་ལམ་རི་ཁྲོད་རོ་སྙོམས་ཀྱིས། །གསུངས་ནས་གསེར་ཁོ་བོས་ཁྱོད་ལ་བྱིན་པས་ངས་བློས་བཏང་ནས་ཡོད། ཁྱོད་ཀྱིས་ང་ལ་ལན་གཅིག་ཚུར་ཕུལ་བས། དེའི་རྟེན་འབྲེལ་གྱིས་ཁྱོད་ལ་གསེར་ལ་སོགས་པའི་འབུལ་བ་འོང་གསུངས། དེ་ནས་སློབ་དཔོན་འཕགས་པ་ཁྱོད་ཀྱིས་ཆོས་ཕྲུག་ཁྱེར་ལ་ཤོག །ཁོ་བོས་དཔེ་ཡོད་ཚད་ཁོང་ལ་སྟེར་དགོས་གསུངས་པས། བླ་མ་འབའ་རོམ་པས་ང་ལ་དཔེ་མི་འཚལ།

ང་ཡིས་སློབ་དཔོན་བྱ་བསམ་མེད། བླ་མ་རིན་པོ་ཆེའི་དྲིན་གྱིས་ཉམས་སུ་ལེན་རྒྱུ་ནི་ང་རང་གི་ཤེས་ཞུས་པ་ལ། ཁྱོད་ལ་གཞན་གྱི་སློབ་དཔོན་བྱ་བསམ་མེད་པ་དང་། དཔེ་མི་དགོས་སྙམ་པ་དེ་རང་གི་དཔེ་ཡོད་ཚད་དགོས་པ་ལགས་གསུངས་ནས། དཔེ་བྲི་འོས་ཐམས་ཅད་གནང་ནས་ཀུན་གྱི་ལུང་གནང་བ་དང་། ཁྲིད་ནི་ངས་བྱས་ཟིན་པ་ཡིན། དཔེ་དགོས་ཟེར་བ་ལ་ཁོ་བོས་ཀྱང་མི་སྟེར་གསུངས་ནས། ཞེ་འདོད་མེད་པའི་སྒྲུབ་སེམས་ཅན། །དམིགས་པ་མེད་པའི་ཐུགས་རྗེ་ཆེ། །གསོལ་བ་བཏབ་ན་དགོས་འདོད་འབྱུང་། །ཅི་འདུལ་སྣ་ཚོགས་འཕྲིན་ལས་འཚལ། །གསུངས། ཡང་ཁྱོད་ལ་ནོར་སྐལ་དུ་ཕོར་སྡེར་གཉིས་དང་། རྒྱབ་ཡོལ་གཅིག་དང་། དེ་གསུམ་སྦྱིན། མི་འདོད་མ་ཟེར། ཁྱོད་ནི་སེན་མོའི་སྟེང་དུ་ཞིང་རྨོ་བའི་ཡུལ་སོང་ན་ཡང་ལྷོ་རྒྱབ་གཉིས་ཕྱེད། ཡི་དྭགས་ཀྱི་ཡུལ་དུ་བསླེབ་ཀྱང་གྲོ་རྙེད། ཁྱེད་ཀྱི་སྒྲུབ་པའི་ཆ་རྐྱེན་འཚོ་བ་ལ་སོགས་རྙེད་མི་རྙེད་ཁོ་བོས་རང་ཤེས་གསུངས། རི་དོགས་མེད་པའི་གདེངས་དང་ལྡན་པར་གྱིས། རྣམ་གཡེང་གི་ནོར་ལ་ཞེན་མེད་འབྲོས་པར་འགྱུར། གཞན་དོན་མཛད་ནས་སླར་ཡང་གང་ལ་འཆི། དེ་དུས་ཙམ་ཁོ་བོས་རྗེས་སུ་དྲན་པ་ཡིན་གསུངས། ངས་བླ་མ་ལ་ཟིང་ཟིང་གི་ཞབས་ཏོག་མ་བྱས་མ་བསམ། ང་ནི་སྒྲུབ་པའི་ཞབས་ཏོག་གིས་མཉེས་པ་ཡིན་གྱི། ཟིང་ཟིང་གིས་ཁོ་བོ་མཉེས་པ་མ་ཡིན་ནོ། །གནས་རི་ཁྲོད་དགོན་པར་ཕྱིན་ནས་ཏིང་ངེ་འཛིན་ཁྱད་པར་ཅན་རྒྱུན་ཆད་མེད་པར་ཉམས་སུ་བླངས། རྗེས་སྤྱོད་ལམ་གྱིས་རོ་སྙོམས་ནས་འགྲོ་བ་སྐྱབས་མེད་པ་མང་པོ་ལ་ཕན་འདོགས་པར་ཡོང་བས། ཐ་མ་བྱང་འབའ་རོམ་བྱ་བ་སྒྲུབ་གནས་ཁྱད་པར་ཅན་ཡིན་པས། རི་ཁྲོད་རྣམ་པར་དག་པ་དེར་སོང་ལ་སྒྲུབ་པ་གྱིས་གསུངས་ནས་ལུང་བསྟན་ད་ཁྱོད་ཀྱི་ཞུ་བའི་ངོ་མི་གཅོག །ཁྱོད་ཅི་དགའ་བ་བྱ་གསུངས། ཞག་སུམ་ཅུ་རྩ་བདུན་བར་འོ་སྐོལ་ཕ་སྤད་ལྷན་ཅིག་ཏུ་བསྡད་གསུངས།

དེར་བླ་མ་འབའ་རོམ་པ་བཞེངས་ནས། བླ་མ་རིན་པོ་ཆེ་ལ་མཎྜལ་ཕུལ་ནས་ཕྱག་འཚལ། བླ་མ་རིན་པོ་ཆེ་ལ་སྣླུང་སེམས་དཔང་ཐོབ་པས་ཅི་ཡང་ཉན་པས་ཅིས་ཀྱང་མྱ་ངན་ལས་མི་འདའ་བར་བཞུགས་སུ་གསོལ་བྱས་ནས་ཞུ་བ་ཕུལ་བས། བླ་རིན་པོ་ཆེའི་ཞལ་ནས། ངད་ལྟ་འདི་བས་གཞན་ན་འགྲོ་དོན་ཆེ་བར་ཡོད་པས། ཅིས་ཀྱང་མི་ཕན་པར་འགྲོ་དགོས་གསུངས་པ་དང་། དེ་ནས་བླ་མ་འབའ་རོམ་པ་དེ་ཐུགས་ཤིན་ཏུ་སྐྱོ་བས། བཀའ་བརྒྱུད་ཀྱི་བླ་མ་རིན་པོ་ཆེ་རྣམས་ལ་གསོལ་བ་འདེབས་པ་དང་། བླ་མ་རིན་པོ་ཆེ་སྐམ་པོ་པ་ལ་སངས་རྒྱས་སུ་འདུ་ཤེས་པའི་མོས་གུས་ཡང་བྱས

ཤིང་བཞུགས་པས། རང་གི་སེམས་རྟོགས་པའི་དོན་ཉམས་མྱོང་དབྱེར་མེད། འཁོར་འདས་ཀྱི་ཆོས་ཐམས་ཅད་རང་གི་སེམས། སེམས་ཕྱག་རྒྱ་ཆེན་པོར་ལྷུན་གྱིས་གྲུབ་པར་རྟོགས་པས། སྒོམ་མ་ཡིན་པའི་ཡུལ་མེད། སྣང་བ་མ་ཡིན་པའི་ཐབས་གཞན་ནས་བཙལ་མི་དགོས། དེ་ཉིད་མ་ཡིན་པའི་ཤེས་རབ་སྟོང་པ་ཉིད་ལོགས་སུ་བསྒོམ་མི་དགོས། གཉིས་སུ་མེད་པའི་དོན་ལ་བཏང་བཞག་མེད་པའི་ཚུལ་གྱིས་ཡེངས་པ་མེད་པར་བྱས་ནས། རྩོལ་སྒྲུབ་མེད་པར་ངང་གིས། འགྲོ་འོང་མེད་པར་བཞུགས་ནས། བདུད་དང་མཚན་མ་དང་བར་ཆད་ཐམས་ཅད་རང་སར་གྲོལ། ཐུན་མོང་གི་ཡོན་ཏན་དང་རྟེན་རྟགས་ཅི་བྱུང་ཡང་བླ་མ་ལ་ཞུ་བ་མ་ཡིན་པ་གསང་སྤྱོད་མཛད། བླ་མ་ལ་མོས་གུས་བྱས་པས་ཡོན་ཏན་ཐམས་ཅད་བླ་མའི་བྱིན་རླབས་ཀྱི་རྫོགས་པར་བྱས་ནས་བཞུགས་ཙ་ན། ཉིན་གཅིག་རིན་པོ་ཆེའི་ཞལ་ནས། ཆོས་ཤིག་བཤའ་མར་བྱེད་ན། གཞི་དད་པ་དང་མོས་གུས་ཁྱད་པར་ཅན་གྱིས་ཀུན་ནས་བསླང་། ལམ་བརྩོན་འགྲུས་ཡེངས་པ་མེད་པའི་སྒོ་ནས་ཉམས་སུ་བླངས་ན། འབྲས་བུ་སངས་རྒྱས་ཟེར་བ་དེ་མངོན་དུ་བྱེད་པ་ལ་དཀའ་ཚེགས་མེད་པ་ཡིན་པས། འཁོར་བ་བློ་ནས་སྤོངས། གཉེན་བཤེས་ཤུལ་དུ་ཞོག །ཆོས་བརྒྱུད་རྒྱབ་ཏུ་སྐྱུར། འདུ་འཛིའི་གཡེང་བ་སྤོངས། ཚུལ་ཁྲིམས་རྒྱན་དུ་གྱིས། དད་པ་གཏིང་ནས་སྐྱེས། སེམས་ཀྱི་གཞི་རྩ་ཆོད། འཁྲུལ་པ་ནང་ནས་ཞིག །སྣང་སེམས་གཉིས་སུ་མེད། རྣམ་རྟོག་ཆོས་སྐུར་གསལ། ཐ་མལ་ཤེས་པ་དེ་འོད་གསལ་དང་དུ་འབྲལ་བ་མེད་པས་ཆོས་ཐམས་ཅད་ལམ་དུ་འགྲོ། རྐྱེན་ངན་གྲོགས་སུ་འཆར། དེའི་དུས་ན་མོས་གུས་ཁྱད་པར་ཅན་སྐྱེ་བས། དངོས་གྲུབ་འཇུག །བར་ཆད་ཞི། གཞན་ཕན་ཆེ། གྲུབ་ཐག་ཉེ། མཁའ་འགྲོ་འདུ། བླ་མ་མཉེས་པ་ཡོན་ཏན་ཐམས་ཅད་ཀྱི་རྩ་བ་ཡིན། དེའི་དུས་སུ་རི་ཁྲོད་རྣམ་པར་དག་པ་ན། བག་ཚ་དང་ཉམ་ང་མེད་པར་རྗེ་རྗེའི་མགུར་ཤུགས་ལས་འབྱུང་བ་བླངས་ན་མཁའ་འགྲོ་མཉེས་པ་ཡིན་པས། རྟོགས་པ་དོན་གྱི་མགུར་ཡང་ལོངས་གསུངས། ཁོ་བོའི་འདས་མཆོད་ལ་ཁྱོད་རི་ཁྲོད་རྣམ་པར་དག་པ་ན། སྒྲུབ་པ་རྩེ་གཅིག་ཏུ་བྱེད་ངེས་པ་ཞིག་གྱིས། མི་ཏོག་སྤུར་གང་དང་ཆུ་ཕོར་གང་ཕུལ་ནས། མོས་གུས་བྱེད་ཅིང་གསོལ་བ་བཏབ་ན་རབ་ཡིན་གསུངས། དེ་ནས་ཞབས་ཏོག་བྱེད་ཀྱིན་བཞུགས་ཙམ་ན། ཞག་སུམ་ཅུ་རྩ་གཉིས་ནས་རིན་པོ་ཆེ་སྐུ་ཡལ།

དེ་ནས་ས་འབུམ་མ་ཚར་གྱི་བར་དུ་ཡོན་བདག་ཅིག་གིས་ཁང་བཞི་སྡེ་གཅིག་ལ་བསྙེན་བཀུར་བྱེད་པ་ཞིག་བྱུང་བ་དེའི་བར་ལ་བཞུགས། དེར་ས་འབུམ་ཚར་ནས་ཡུལ་དུ་ཕྱིན་ཏེ་རྟ་གཅིག་ལ་ཕྱེ་ཡ་

བཞི་བཀལ་ནས་འདམ་ཀོ་སྐྱེམ་གསེར་གྱི་ལྷ་ཁང་དུ་བྱོན་ནས། ཧ་དེ་ཡང་དེར་བཙོང་སྟོན་པ་ཚུལ་ཁྲིམས་གྲགས་ཀྱིས་འཚོ་བ་དང་། ཆ་རྐྱེན་སྒྲུར་བ་ཁྱེར་ནས་བླ་མས་ལུང་བསྟན་པའི་བྱང་འབའ་རོམ་བྱ་བ། ཡུལ་ཆེན་ཏི་སེའི་གངས་རྒྱུད་ཆུ་ཆེན་གངྒཱའི་མགོ་བོ། སྡེ་ཆེན་པ་ཚབ་ཀྱི་ཡུལ། རི་ཆེན་ཧ་མོ་སྤྱངས་པ། རྫོང་ཆེན་བྲག་དམར་བསམ་ཡས། ཐང་ཆེན་ཕྱུག་མོའི་གོང་བ། རྟ་ཆེན་བཞིའི་རྒྱུད་ལམ། བྱང་ཆེན་རི་ཁྲོད་རྣམ་དག །མཚོ་ཆེན་ཕྱུག་མོའི་ལྷག་པ། ལོ་ཆེན་སྦྲ་བསྒྱུར་མར་པས། སྟོན་ཆེན་བཤད་གྲྭ་འཛུགས་ས། སྒོམ་ཆེན་སེང་ཁྲུའི་གྲུབ་གནས། མཐུ་ཆེན་ནུས་པ་ལྷ་ས། རྩམ་ཆེན་ལྷ་སྒོའི་གངས་དཀར། འཛམ་བུ་གླིང་གི་རིའི་རྒྱལ་པོ་ཡིན་པས། ཁྱད་པར་དུ་མཐོ་ལ་བརྗེད་ཆེ་བ། བྱ་རྒོད་ཀྱི་རྒྱལ་མཚན་ཕྱུར་བ་དགུང་གི་ཀ་བ་འདྲ་བའི་དབྱིབས་ལེགས་པ། རྩེ་ལ་ལྷོ་སྤྲིན་འཁྲིགས་ནས། མགུལ་པར་གཡུ་ཡི་ན་བུན་འཐིབས་པ། ཡིད་འཕྲུག་པ་ཡང་དག་པར་རྫོགས་པའི་སངས་རྒྱས་ཀྱི་ཞལ་སློབ། གནོད་སྦྱིན་གྱི་སྡེ་དཔོན་ཆེན་པོ་གང་བ་བཟང་པོའི་ཕོ་བྲང་གནས་བཅས་པའི་རི་ལྷུན་ཆགས་པའི་དྲུང་། བྱིན་ཆགས་པའི་ས། ཉམས་དགའ་བའི་ཡུལ། རྩམ་ཆེན་ལྷ་སྒོའི་ཞོལ། སྒྲུབ་གནས་འབའ་རོམ་ལྷུན་གྲུབ་ཀྱི་གཞལ་ཡས་ཁང་ཧ་རིན་ཆེན་སྤྱངས་པ་ལ་གཤེགས་ནས། རྒྱགས་སྐྱེལ་ཞང་བཙུན་འབྱུང་གནས་འོང་བ་མིན་པ། སུས་ཀྱང་མ་མཐོང་བར་དྲང་སྲོང་ཆེན་པོ་ལྟར་གཅིག་པུར་སྒྲུབ་པ་ནན་ཏན་དུ་མཛད་སྐབ། ཡང་དུས་རེ་ཞིག་ན་ཧ་དེའུ་བཞུགས་པའི་དུས་སུ་ཉིན་གཅིག་མི་གོས་དཀར་ཅན་ཞིག་ཡོང་ནས་ཕྱག་འཚལ་བསྐོར་བ་བྱེད་ཀྱིན་སྣང་བས། བླ་མས་དེ་ལ་ཁམས་བདེའམ་བྱས་པས་ངེད་བདེ། ཆོས་གཅིག་ཞུར་མཆིས་པ་ལ་ཞུ་མ་ཕོད་ཟེར། དེར་བླ་མས་སྐྱབས་འགྲོ་དང་། ལས་རྒྱུ་འབྲས་ཀྱི་ཆོས་ཞིབ་ཏུ་གསུངས། དགེ་བསྙེན་གྱི་སྡོམ་པ་ཕོག་པས་ཆོས་ཉན་བར་ལ་ཡར་ལྷ་མར་ལྷ་མང་དུ་བྱེད་ཀྱིན་འདུག །དེ་ནས་ཡང་ཉིན་གཅིག་བྱུང་བས་ངའི་ཉེ་འབྲེལ་དང་། གྲོགས་པོ་འགའ་ཡང་ཆོས་ཞུ་ཟེར་བ་ལ་བླ་མ་འབའ་རོམ་པས། ཁྱོད་རང་ཆོས་ཉན་པའི་བར་ལ་མི་ཟུག་པར་སྣང་བ་ལ། ཁོང་གི་ཆོས་ཞུར་ཅི་འོང་བྱས་པ་ལ། ངེད་མི་མ་ཡིན་བྱ་བ་ཡིན་པས་བག་གིས་སློབ་པ་ལགས། ཁོང་ལ་ཡང་ཆོས་གནང་བར་ཞུ་ཟེར་བ་དང་། འོ་ན་རུང་བྱས་པས་གནོད་སྦྱིན་ཕོ་མོ་མང་པོ་རྩར་བྱུང་ནས་ཕྱག་འཚལ་བ་ལ། བྱམས་པ་ཆེན་པོའི་ཏིང་ངེ་འཛིན་ལ་ཆོས་སྟར་ལྟར་གསུངས་པས། མི་མ་ཡིན་པ་ཐམས་ཅད་དགའ་བ་དང་། ངེད་ཀྱི་འབུལ་བ་ཡང་བྱེད་པ་ལགས་ཟེར་བ་ལ། ལན་ཅི་ཡང་མ་གསུངས། དེར་ཕྱག་རྒྱ་ཆེན་པོའི་སྒོམ་ཞིག་བསྟན་སྙམ་པ་དང་ཆར་སྤྲིན་དེང་

པ་ལྟར་ཡལ་ནས་སོང་། དེ་ནས་ཞག་འགའ་ལོན་པ་ན། ཕུ་ཕྱོགས་སུ་སོང་དང་འབྲི་རོ་གཅིག་ཡོད་ཟེར་བའི་སྐད་ལྷང་ལྷང་བ་གཅིག་གཟུགས་མེད་པ་རྣ་ལམ་དུ་བྱུང་། དེ་ཅི་ཡིན་སྙམ་ནས་ཕུ་ན་ཡར་གཤེགས་པ་ལ། འབྲི་གཅིག་སྤྱང་ཀུའི་བསད་མ་འཕྲལ་གྱི་རོ་གཅིག་སྣང་བས་ཡུལ་འབྲི་ཨེ་ཡིན་ནམ། ཡིན་ན་གཞན་གྱི་འབྲི་རྐུས་ཟེར་ཞིང་སྐྱུར་བ་འདེབས་སྙམ་ནས་ལེགས་པར་གཟིགས་པ་ལ། དེར་བྱང་འབྲིར་སྣང་བས་ཁོང་པའི་གློ་བ་བོར་ནས། རྐང་ལག་རྣམས་ཚུར་རྒྱབ་ལ་གདད་ནས་ཁུར་ཡོང་། བཤུ་བ་དང་ཤ་ཆིལ་ཉ་ར་ཡང་གཤའ་མར་མ་ཤེས་གསུངས། དེར་བསམ་པ་ལ་འདི་ཁོང་གིས་གནོད་སྦྱིན་དེ་ཙམ་ཀུན་ལ་ཆོས་བསྟན་དུས་འབུལ་བ་བྱེད། ཟེར་བ་དེའི་རྣམ་འཕྲུལ་ཡིན་ཏེ་འོང་། དེ་ཀུན་གྱི་མ་ལེགས་པ་བྱས་སྙམ་ནས། ཉིང་ངེ་འཛིན་གྱི་འགུག་གཞུག་བྱས་ནས། དགེ་བསྙེན་དཀར་པོ་བྱས་ནས་བོས་པ་དང་། ཁོ་བྱུང་བས་ཁྱོད་ལ་ངས་དགེ་བསྙེན་གྱི་སྡོམ་པ་ཕོག །ལས་རྒྱུ་འབྲས་ཀྱི་ཆོས་དེ་ཙམ་བསྟན་པ་ལ། འདི་འདྲ་བའི་སྡིག་པ་བྱེད་པ་བྱས་ནས་བཀའ་བཀྱོན་པ་དང་། འབྲི་དེ་ངེད་ཀྱི་བསད་པ་མ་ཡིན། འདིར་བཙན་བདུད་གཤིན་རྗེ་དྲི་ཟའི་ཚོགས་དཔག་ཏུ་མེད་པ་ཡོད་པས་དེ་རྣམས་ལ་འཁོར་ལྟོ་སྤྱང་གི་གཟུགས་ཅན་ཡོད་པ་ཡིན་པས་དེ་ཀུན་གྱིས་བསད་པ་ཡིན། ངེད་ཀྱི་སློབ་དཔོན་ལ་སྐད་བཏང་བ་ཡིན་ཟེར། དེར་བླ་མ་འབའ་རོམ་པས་ང་ལ་བླ་མ་རིན་པོ་ཆེས་འབའ་རོམ་བྱ་བ་སྒྲུབ་གནས་ཁྱད་པར་ཅན་ཡིན་པས་དེ་ར་སོང་ལ་སྒྲུབ་པ་གྱིས་ལས་རྒྱུ་འབྲས་ལ་འཛེམས་གསུངས། བླ་མའི་གསུང་སྒྲུབ་པའི་ཆེད་དུ་འདིར་བསྡད་པ་ཡིན་པ་ལ། ཁྱོད་ཡུལ་བདག་གིས་སྡིག་ལ་སྦྱོར་བར་འདུག །ཁྱོད་རང་དམ་ཚིག་མི་བསྲུང་བར་འདུག །ད་ང་འགྲོ་དགོས་པར་སྣང་གསུངས་པ་དང་། དེར་ཁོང་རྣམས་དང་མི་མ་ཡིན་མང་པོ་འཚོགས་ནས་ངེད་མི་མ་ཡིན་བྱ་བཤེན་ཏུ་ཆད་བཙན་པ་ཡིན་པས། དམ་ཚིག་ཀྱང་བསྲུང་བ་ཡིན། ཁྱད་པར་ངེད་རྣམས་སློབ་དཔོན་པདྨ་འབྱུང་གནས་བོད་དུ་བྱོན་དུས་ནས། ལས་རྒྱུ་འབྲས་ཀྱི་ཆོས་མང་དུ་ཞུས་པའི་སློབ་མ་དམ་ཚིག་ཅན་ཡིན། སྐུ་ཡིན་ཡིན་ལ་ངེད་མི་མ་ཡིན་རོ་གྲོང་བས་ཆོས་མི་ཞུ། བླ་མ་ཁྱེད་མི་མེད་ལུང་སྟོང་དུ་བཙོན་འགྲུས་དྲག་པོའི་སྒོ་ནས་གྲོགས་མེད་པར་ཐུགས་དམ་རྩེ་གཅིག་ཏུ་མཛད་པས། ཁྱེད་ལ་དད་པར་བྱུང་ནས་ཆོས་ཞུས་པ་ལགས། ད་ཕྱིན་ཆད་སྡིག་བྱེད་རེ་ཟེར་ནས་ཐམས་ཅད་ཀྱིས་མནའ་བསྐྱལ། སློབ་དཔོན་ཆེན་པོ་དེ་སྐད་མི་གསུངས་བར་ཅིས་ཀྱང་མི་བཞུད་པར་ཞུ། ཇི་ལྟར་གསུངས་པ་བཞིན་དུས་ད་ལྟ་ནས་བཟུང་སྟེ་མ་ཤིའི་བར་དུ་ཨ་ཀྱང་ཡང་ཆེ་སྟེ། སངས་མ་རྒྱས་ཀྱི་བར་དུ་བཀའ་ལས་ཡང་མི་འདའ་

བར་གསུངས་བཞིན་དུ་བཀའ་བསྒྲུབ་པ་ལགས་ཟེར་ནས། ཀུན་གྱིས་ཕྱག་འཚལ་ནས་ཞུ་དོན་ནན་ཏན་དུ་ཕུལ་བ་ལ། དེར་བླ་མས་སློབ་དཔོན་གྱི་སློབ་མ་ཡིན་པས་དེ་ལྟ་ལེགས་ཏེ། འོན་ང་ཡི་བཀའ་ལས་མི་འདའ་བར་སྒོམ་པ་སྲུངས། ཁྱེད་ཀྱིས་སངས་རྒྱས་ཀྱི་བསྟན་པ་སྲུངས། ཁྱད་པར་དུ་བཀའ་འཁོར་རིགས་བརྒྱུད་དུ་གྱུར་པའི་བུ་སློབ་རྣམས་ལ། བསྲུང་ཞིང་སྐྱོབས་པ་དང་སྐྱོང་གྲོགས་གྱིས། དམ་ཚིག་ལས་མི་འདའ་བར་ཆོས་དང་མཐུན་པར་གྱིས་དང་ང་བསྟོད་གསུངས་པས། དེར་མི་མ་ཡིན་ཐམས་ཅད་དགའ་ནས་གསུངས་པ་ལྟར་བགྱི་ཐུགས་ལ་བཏགས་ཟེར་ནས་ཐམས་ཅད་འཇའ་ཚོན་ཡལ་བ་ལྟར་ནམ་མཁར་དེངས་ནས་སོང་གསུངས། ཡང་དུས་རེས་ཤིག་ཙམ་ན་སློབ་དཔོན་རྫ་ཕུག་གཅིག་ལ་ཐུགས་དམ་མཛད་པར་བཞུགས་ནས་ཡོད་ཙམ་ན། ཕྱི་སྣོན་ཀུ་དི་རི་བ་གཅིག་གྲགས། ཕྱིར་ལངས་ནས་སྣོན་ཕ་བོང་ཆེན་པོ་གཅིག་ཡོད་པའི་སྟེང་དུ་བཞེངས་ནས་གཟིགས་པས། རྟ་པ་མང་པོ་གཅིག་གིས་རྨུས་མ་གཅིག་དཔང་ཁྱེར་བྱས་ནས་བྲོས་ཏེ་བྱུང་། དེ་ཅི་ཡིན་སྙམ་ཙ་ན། དེ་རྣམས་ན་རི་ད་མཇུག་ན་སླེབས་ནས་བྱུང་། རྨུས་མ་སློབ་དཔོན་ལ་བཙོལ་ལ་རང་རེ་རྣམས་ལ་ཞུར་བྲོས་ཟེར་ཞིང་། རྨུས་མ་སློབ་དཔོན་མདུན་དུ་སྒྱུར་ནས་ཁོང་རྣམས་བྲོས་ནས་ཐལ། མར་གཟིགས་ཙམ་ན་ཕྱི་ན་རྟ་པ་མང་པོ་གོ་གྱོན་མཚོན་ཐོགས་ནས། མདའ་འགེངས་ཀྱིན་ཡར་རྒྱུགས་ནས་བྱུང་བ་དང་། འཆོར་མི་འཆོར་ལྟ་ཡི་ཟེར་བ་དང་། རྟ་མ་རྒྱུགས་ཁྱེད་རྣམས་ཀྱི་བར་ང་ཡི་བྱེད་དང་ང་ཡི་ཁ་ལ་ཉོན་གསུངས་པ་དང་། ཀུན་གྱིས་རྒྱུག་འཕྲོ་བཅད་ནས་ཆོམ་བསྟོད། དེ་ནས་ཕྱིར་ལོག་ནས་འགབ་ཏུ་དལ་གཅིག་བསྡད། དེ་ནས་འབྲོས་མི་རྣམས་བྱུང་ནས་རྨུས་མ་ཁྱེར། ཁོང་གིས་སློབ་དཔོན་ལ་ཅང་མི་ནུས་པ་འདུག །

དེ་རིང་སློབ་དཔོན་བས་གོ་བཅད་ཟེར་ཞིང་ཕྱག་འཚལ་ཞིང་ཕུ་ཕྱོགས་སུ་སོང་སྐད། ཁོང་རྣམས་ཡར་སོང་བ་དང་། རྟ་པ་ཕྱི་ཏ་རྣམས་ཡར་བྱུང་ནས་དེ་རིང་འབྲུགས་པ་དེ་སློབ་དཔོན་ལ་འབུལ་ཟེར་ཕྱག་འཚལ་བ་དང་། ཡོན་ཡག་པོ་ཕུལ་ཆེ་གོ་བཅད་གསུངས། ལྟ་འདྲི་ཡིན་པར་མཁྱེན་ཀྱང་མི་མཁྱེན་པ་ལྟར་མཛད་ནས་ཁྱེད་མི་སུ་གང་ཡིན་གསུངས་པས། ངེད་མི་མ་ཡིན་ཡུལ་འདིའི་ལྷ་འདྲེ་འབྲུགས་པ་ཡིན་ཟེར་ནས་ཁོང་རྣམས་ཕྱིར་ལོག་ནས་སོང་སྐད། ཕྱིས་ཡང་ནུབ་གཅིག་ནས་སྟར་ཀྱི་རྟ་པ་རྨུས་མ་ཁྲིར་བ་རྣམས་བཙོལ་ཟེར་བ་དེ་རྣམས་ཀྱི་འཁོར་བུ་ཚ་བུད་མེད་ལ་སོགས་པ་མང་པོ་ཁྲིད་ནས་བྱུང་། དེར་མར་དང་ཐུད་ལ་སོགས་པའི་འབུལ་བ་ཆེན་པོ་ཡང་བྱས། དེ་རྣམས་ཀྱི་དཔོན་པོ་

དྲག་ཤོས་གཅིག་གིས་ཞོ་སྣན་གྱི་རྡུ་ཙོ་གང་སློབ་དཔོན་ལ་དྲངས་ནས་སློབ་དཔོན་བས་ངོས་བཀའ་དྲིན་ཆེན་པོས་སྐྱབས། དེ་ཉིན་རྨུས་མ་བཅོལ་ནས་མ་བྲིས་ན་བསད་ཤི་མང་དུ་འོང་བར་སྣང་། ད་ཆོས་ཀྱང་ཞུ་ཅི་གསུངས་བསྒྲུབ་པ་ཡིན། སློབ་མ་བྱེད་ཟེར་བ་ལ། བླ་མ་འབའ་རོམ་པས་དེ་དུས་ཁྱེད་ཀྱི་ང་ཡོད་པ་ཅི་ཙུག་མཐོང་གསུངས་པ་དང་ངེད་རྣམས་ཞེད་པས་ཡར་བྲོས་ཙ་ན་རྡོ་ཕ་བོང་དེའི་ཁ་ལ་མི་དཔུང་ཆེན་པོ་གཅིག་ནམ་མཁའ་ལ་རེག་རེག་འབར་བའི་ནང་ནས། སློབ་དཔོན་བཞེངས་ནས་བཞུགས་པར་མཐོང་བས། ད་འདི་ལ་བཅོལ་ལ་བྲོས་བྱས་པ་ལགས། ཁོང་རྣམས་ཀྱིས་ཀྱང་དེ་ལྟར་དུ་མཐོང་བས་ཡར་མི་བདའ་བར་ཡིན་པ་ལགས་ཟེར་སྐད། དེར་སློབ་དཔོན་གྱིས་ཆོས་བསྟན་པ་དང་། བཀའ་དྲིན་རེ་ཆེ་ཟེར་ནས་ཀུན་ཡལ་ནས་སོང་གསུངས། སྤྱིར་རྫ་རིན་ཆེན་སྤུངས་པ་ལ་ལོ་བཞི་བཞུགས། མདོའི་བྲག་ལ་དགོན་བཟུང་ནས་ལོ་གསུམ་ཕན་ཚུན་གཉིས་ཆར་ལོ་བདུན་བཅས་འབའ་རོམ་དུ་བཞུགས། དེ་ནས་རྩེ་གླུང་མཁའ་བས་གདན་དྲངས་ནས་ཁམས་སུ་ཕེབས། ལམ་ཏ་རི་སྣར་མགུར་དང་གར་མཛད་པས་ཞབས་རྗེས་བྱོན། རྩེ་རྒྱུད་ཀོ་མཛོའི་བྲག་ལ་ལོ་མང་དུ་བཞུགས། དེར་དགོན་བཏབ། གྲུབ་ཆེན་བརྒྱུད་(ཙུ)ཞལ་གཟིགས་ཐུགས་དམ་ལ་བོགས་ཆེ། འགྲོ་རྣམས་སྨིན་གྲོལ་ལ་བཀོད། དེ་ནས་དབུས་སུ་ཡར་བྱོན་ནས་འབའ་རོམ་དགོན་དུ་ལོ་བཅུ་གསུམ་དུ་གྲྭ་པ་བསྐྱངས་ཞིང་བཞུགས་པ་ལ། ཉིན་གཅིག་འབའ་རོམ་གྱི་བྲག་དམར་རྫོང་ཆེན་དུ་ཡང་ཐོག་གོང་མ་དང་། འོག་མའི་བར་གྱི་བྲག་སྣའི་ཐད་ཀྱི་ནམ་མཁའ་ལ། རྨ་བྱའི་གདུགས་ཆེན་པོ་ཤིན་ཏུ་ངོ་མཚར་ཅན་གཅིག་ནམ་མཁའ་ལ་ཀྱི་ལི་ལི་འདུག་པ་ལ། འདི་འདྲ་སྔོན་མེད་པ་ཅི་ཡིན་སྙམ་ཙ་ན། བླ་མ་འབའ་རོམ་པ་གདུགས་དེའི་འོག་ཏུ་ནམ་མཁའ་ལ་ཞལ་ཤར་དུ་གཟིགས་ནས། ས་གནོན་གྱི་ཕྱག་རྒྱ་མཛད་ནས་བཞུགས་པ་འཁོར་འགས་མཐོང་སྐད། ཡང་གསེར་འབུམ་གཉིས་དང་ཐང་སྐུ་འགའ་ལ་རབ་གནས་མཛད་པ་གཅིག་ཏུ། བཀའ་གདམས་པའི་དགེ་བཤེས་ཤིག་གིས་བླ་མའི་སྐུ་སངས་རྒྱས་ཤཱཀྱ་ཐུབ་པར་མཐོང་བ་ལ། བླ་མས་ཁྱེད་དེ་འདྲ་མཐོང་ཟེར་བ་མི་ལ་མ་ཟློ་གསུངས་སྐད། ཡང་སློབ་དཔོན་ལ་མི་འགས་བྱིན་རླབས་གཅིག་ཞུས་པའི་དུས་སུ། ཚོགས་བྱིན་རླབས་སྐབས་སྟོན་པ་རིན་ཆེན་བླ་མ་བྱ་བས། སློབ་དཔོན་འབའ་རོམ་པ་དྲུག་པ་རྡོ་རྗེ་འཆང་རྒྱན་ཆ་ལ་སོགས་པས་བརྒྱན་པ། གར་གྱི་ཉམས་དགུ་དང་ལྡན་པར་གཟིགས་པས། ངས་རིན་པོ་ཆེ་འདི་ལྟར་བཞུགས་པ་མཐོང་བྱས་པ་ལ། དེ་ཡང་མཐོང་དུ་རུང་ད་ཁྱེད་ཀྱི་མི་ལ་མ་ཟློ་གསུངས་སྐད། ཡང་སློབ་དཔོན་པ་གཟིམས་མལ་

ན་བཞུགས་དུས་གཅིག་ལ། ཤེས་རབ་རྒྱལ་མཚན་བྱ་བ་ཡོང་ནས་བལྟས་ཙམ་ན་གཟིམས་མལ་ན་བཅོམ་ལྡན་འདས་འཁོར་ལོ་བདེ་མཆོག་ལྷན་ཅིག་སྐྱེས་པའི་སྐུར་བཞུགས་པར་འདུག །ཡང་ཡང་མིག་ཕྱིས་ཀྱིན་བལྟས་པས། རྒྱན་དང་ཆ་ལུགས་ཤིན་ཏུ་གསལ་བ་སྣླ་ལ་ཁད་དུ་བཞུགས་ནས་འདུག ། དེའི་ཕྱིར་ག་ལེ་ཕྱིན་ཙ་ན་སྐུ་ཡོད་གསུངས། དེར་ང་ཡོད་ཞུས་པ་ལ་ཅི་སྣང་གསུངས། སློབ་དཔོན་མིན་པ་གཅིག་གཟིམ་མལ་ན་བཞུགས་ནས་སྣང་བ་ལ། དེ་ཅི་ཡིན་ནམ་སྙམ་པ་ཞིག་བྱུང་ནས་ཕྱིར་ཕྱིན་པ་ལགས་ཞུས་པ་ལ། དམ་པའི་ཆོས་འདུལ་བ་ནས། བླ་མ་གནས་པའི་སྒོ་ལོག་ན། ལག་པས་དལ་གྱིས་བརྡུང་བར་བྱ། ཟེར་བ་ཁྱོད་ཀྱིས་མ་ཐོས་སམ། ཀང་རྗེན་དུ་འཛབ་ཀྱིན་ཡོང་བ། མི་ལྟ་རེ་ཡང་སྒོམ་དུམ་སྙེར་ང་མིན་པ་མལ་སར་ན་སྐུ་ཡོད། ཁྱོད་རང་མིག་འཁྲུལ་པ་ཡིན་པས། འཁྲུལ་གཏམ་མི་ལ་མ་ཟློ་བར་སོང་གསུངས་སྐད། ཡང་ནུབ་གཅིག་མེ་ཏོག་ར་བ་འགེབ་པ་བརྗེད་པ་ལ་ནམ་སྲོད་འཁོར་ཙམ་ན། རྗེ་བཙུན་མའི་སྐུ་གསལ་ཞིང་རྒྱན་དང་ལྡན་པ་གཟིམ་མལ་ནས་བཞེངས་ཏེ། མེ་ཏོག་ར་བར་བྱོན་ནས་མེ་ཏོག་འགེབ་ཀྱིན་སྣང་། ལེགས་པར་བལྟས་པ་ལ། རྗེ་བཙུན་མ་དངོས་སུ་རང་འདུག །ཁྱོད་ནམ་ལ་མི་ཉལ་བར་དུས་མ་ཡིན་པར་ཅི་ལྟ་གསུངས། ངས་སློབ་དཔོན་པ་བཞེངས་ཏེ་འདུག་པས་ཡོད་པ་ལགས་བྱས་པ་དང་། སློབ་དཔོན་གང་ན་སྣང་གསུངས། འདི་རང་མིན་ནམ་ཞུས་པ་ལ། ཉིན་མོ་དཔལ་ལྡན་ཧེ་རུ་ཀ མཚན་མོ་རྒྱན་ལྡན་རྣལ་འབྱོར་མ། ཞེས་གསུངས་པ་དེ་ཐོས་སམ་གསུངས། ཐོས་ལགས་བྱས་པ་ལ་འོ་དེ་ཡིན་གསུངས། ལར་རྣལ་འབྱོར་པའི་ཉམས་ལ་ཅི་ཡང་འབྱུང་། བདེན་འཛིན་དང་དགའ་སྤྲོ་མ་བྱེད་བདུད་འཇུག་པའི་རྒྱུ་ཡིན། བླ་མ་རིན་པོ་ཆེའི་བཞེད་པ་སྟེ། ཡོན་ཏན་གོང་མ་རྒྱུད་ལ་སྐྱེ་བ་ལ། བླ་མའི་ཞབས་ཏོག་ལ་འབད་པ་དང་། བྱང་ཆུབ་ཀྱི་སེམས་རྣམ་གཉིས་སྦྱོང་བ་དང་། ལས་རྒྱུ་འབྲས་ལ་ནན་ཏན་བྱེད་པ་དང་། རྩ་བའི་བླ་མ་ལ་མོས་གུས་འགྱུར་བ་མེད་པ་གནད་དུ་ཆེ། དེ་ལྟར་བྱས་པས་ཡོན་ཏན་སྐྱེས་པ་དང་མ་སྐྱེས་ན། རྟེན་ཅིང་འབྲེལ་བར་འབྱུང་བས་བསླུས་པ་ཡིན་པས་དེ་ལྟར་མི་འབྱུང་མི་སྲིད། ཕྱག་རྒྱ་ཆེན་པོ་ནི་རང་གི་སེམས་འདི་ལས་གཞན་པ་གཅིག་ལ་མི་ཟེར་བླ་མ་བརྟེན་པའི་ཐབས་དང་རང་གི་བསོད་ནམས་བསགས་པས་རྟོགས་པ་ཡིན། དེ་གང་གིས་ཤེས་ན། གཞན་གྱིས་བརྗོད་མིན་ལྷན་ཅིག་སྐྱེས། གང་དུ་ཡང་ནི་མི་གནས་ཏེ། བླ་མའི་དུས་ཐབས་བསྟེན་པ་དང་། རང་གི་བསོད་ནམས་ལས་རིག་བྱ། གསུངས་པས་སེམས་འགྱུར་བ་མེད་པ་རྟེན་འབྲེལ་དུ་ཆེ་བས། རང་གིས་རང་ཤེས་ནས་ཡོང་བ་ཡིན་གསུངས་སྐེམས་བྱེད་མང་པོས་ཡིད་

འགྱུར་བ་ལ་མངོན་ཞེན་མ་ཆེ། ཤིན་ཏུ་གསང་དགོས་པ་ཡིན། སྒྲོ་སྐུར་འོང་། རང་ལ་ཡོན་ཏན་ཡོད་ཀྱང་མ་གསང་བར་བཟླས་པས་དུང་ཕྱིས་པ་བཞིན་དུ་འགྱུར་བ་ཡིན། རྗོ་བོས་ཀྱང་ས་དང་པོའི་བདེན་པ་མ་མཐོང་བར་རྨི་ལམ་གཞན་ལ་བཤད་པ་ན། རྫོད་རྟགས་ཕྲ་མོ་ཡལ་བར་འགྱུར་བ་དང་། གསང་སྔགས་གསང་ན་འགྲུབ་པས་ཐམས་ཅད་གསང་དགོས་པར་བསྟན་པ་ཡིན་གསུངས་ནས་ཕྱིར་གཟིམ་མལ་དུ་བཞུད་སྐད། ཡང་བཅོམ་ལྡན་འདས་འཁོར་ལོ་བདེ་མཆོག་ལྷ་དྲུག་ཅུ་རྩ་གཉིས། རིགས་ལྔ་དང་། དྲུག་པ་རྡོ་རྗེ་འཆང་། ཞལ་གཟིགས་པའི་དུས་སུ། དཔལ་ལྷ་ལས་བབས་པ་ཚངས་པའི་དབྱངས་བྱ་བའི་བསྟོད་པ་ཡོད་གསུངས། ཡང་སློབ་དཔོན་པས་འགའི་ཆོས་སྒོ་འགྲེད་པའི་དུས་སུ། བྱིན་རླབས་བྱས་ནས་སྤྱོག་ཆོག་མཛད་དུས་སུ། ཡང་འགས་རྣལ་འབྱོར་མར་ཞལ་གཟིགས་ནས་ཉམས་ཁྲིད་པར་ཅན་རྒྱུད་ལ་སྐྱེས་སྐད། བསོད་ནམས་རྒྱལ་མཚན་བྱ་བས། གཟིམ་མལ་ན་འོད་དམར་པོའི་ཕུང་པོ་གཅིག་འཁོར་བ་ཡིན་འདུག་པར་མཐོང་། ཕྱིར་ལོག་ནས་སྒོར་སོང་། ཡར་ནང་དུ་འོང་ནས་བལྟས་ཙ་ན། སློབ་དཔོན་པས་མགུར་ལྷང་ལྷང་མཛད་ཀྱིན་གདའ། ཡང་དགེ་བསྙེན་གཅིག་གིས་སློབ་དཔོན་བླ་དབྱེ་ན་བཞུགས་པའི་དུས་སུ། རྗོ་བོ་ཐུགས་རྗེ་ཆེན་པོ་ཡི་གེ་དྲུག་མའི་སྐུར་བཞུགས་ནས་ཆོས་གསུངས་པར་མཐོང་སྐད། ཡང་ཞང་བཙུན་ཧོག་གཞིར་བྱ་བ་གཅིག་གིས་རྗེ་བཙུན་མའི་སྒྲུབ་ཐབས་གཅིག་ཞུ་དགོས་ཏེ། ཁོང་གིས་ཆང་འཐུང་ཟེར་ན་ཇོ་བྲད་ཀྱིས་བཅད་ཀྱང་ཆང་མི་འཐུང་བྱ་དགོས་སྙམ་པ་ལ། ཞུ་དགོས་སྙམ་བྱུང་ནས་ཕྱིན། སློབ་དཔོན་པ་ལ་རྗེ་བཙུན་མའི་སྒྲུབ་ཐབས་གཅིག་ཞུར་མཆིས་པ་ལགས་པས། གནང་བར་ཞུ་བགྱིས་ཙམ་ན། ཆང་ནི་རྣལ་འབྱོར་མ་ཉིད་དེ། རྣལ་འབྱོར་མ་ནི་ཆང་གི་གཟུགས། གལ་ཏེ་གོ་འཕང་མཆོག་འདོད་པས། དེ་དག་ཐ་དད་མི་བརྟག་གོ། གསུངས་སྐད་པ་ལ་མ་གསན་ནམ། ཇོ་བཅད་ཀྱང་ཆང་མི་བཏུང་སེམས་པའི་མི་རྟོག་ངན་ལ་རྣལ་འབྱོར་མའི་སྒྲུབ་ཐབས་ཀྱིས་ཅི་བྱེད། གསེར་སྦྱང་བས་སེར་པོ་གང་ལ་ཡོང་། གཅན་གཟན་ཕྲ་མོ་བཟའ་འདོད་ཟས་ཀྱིས་འཛིགས་པ་བྱ་བ་ཡིན། སྡིག་པ་སྒྲུབ་ཐབས་ཀྱང་མི་འཚལ་རྟོག་ངན་མ་བསམ་གསུངས་སྐད། ཡང་ཡོན་བདག་དབང་སེང་གི་བུ་ཆུང་བ་ལ་ཐུགས་དམ་འཕྲེང་རྡོག་གཅིག་བཏགས་པ་ལ། དུས་རེ་ཞིག་ཙམ་ན་དེ་ཤི་བའི་རོ་བསྲེགས་པས་འཕྲེང་རྡོག་མདོག་མ་ཉམས་པར་ཐལ་བའི་གསེབ་ན་རྙེད་པ་དབང་སེང་གི་མགུལ་དུ་བཏགས་སྐད། ཡང་ཡོན་མགོན་གྱི་བུ་ཆུང་ལ་སྲུགས་མདུད་གཅིག་བཏགས་པ་ལ། དུས་རེས་གཅིག་ན་དེ་ཤི་སྐྱེ་རོ་བསྲེགས་དུས་སུ་སྲུགས

མདུད་མ་ཆིག་པར་ཕ་མས་ཕྱིར་ཉིན་ཐལ་བའི་གོ་གསེབ་ཏུ་སྤྱགས་མདུད་རྣེད་པས། མེ་ཉིན་གཉིས་འབར་བས་སྐྱུད་པ་ཕྲ་མོ་འདི་མི་ཆིགས་པ་མཚར་ཆེ། བྱིས་པ་ཤི་བ་ནི་ལས་ཀྱིས་ཤི་བ་ཡིན། མདོ་སྡེ་ན་བཅོམ་ལྡན་འདས་ཀྱིས་ཀྱང་ལས་ཀྱི་རྣམ་པར་སྨིན་པ་ནི་མ་གཏོགས་སོ་གསུངས། དེ་འདྲ་ལ་དགོངས་པ་ཡིན་ཏེ་འོང་གསུངས་ནས་ཀུན་གྱིས་མྱ་ངན་མི་བྱེད་པར་འདུག་སྐད། ཡང་ཉེ་གནས་གཅིག་གིས་གཟིམས་མལ་ནང་དུ་བལྟས་པས་མི་བཞུགས་པར་འདུག །ད་བཟོད་འདི་ན་བཞུགས་པ་ཡིན་པ་ལ་བྱས་ནས། སྒོ་ཕྱིར་ལོག་ནས་ཡོང་ཙན་མཇུག་ནས་འབོད་ཀྱིན་འདུག །ནང་དུ་ཕྱིན་ཙན་ཁྱོད་ཕྱིར་ལོག་པ་ཅི་ཡིན་གསུངས། སློབ་དཔོན་མི་བཞུགས་པར་འདུག་གདན་མིན་པ་ངས་མ་མཐོང་ཞུས་ཙམ་ན་ངས་འདི་ཙུག་བྱས་པ་ཡིན་གསུངས་ནས། ཁྲུས་རས་གཅིག་གིས་ཞལ་བཀབས་པ་ལྟར་མཛད། དེ་ཙུག་མཛད་ཀྱང་ད་ཅི་མི་འདུག །ད་ལྟར་འདུག་ཀྱིན་གདའ་བ་ལ་ཞུས་པ་ལ། གླིན་པ་དབྱར་ཀའི་ས་ལ་ཅི་ཡང་སྐྱེ། །རྣལ་འབྱོར་ཉམས་ལ་ཅི་ཡང་འོང་། །ཟེར་བ་མ་ཐོས་སམ། ཐམས་ཅད་ཉམས་སྣང་ཡིན་པས་བདེན་འཛིན་མ་བྱེད། རང་སྣང་བཟླས་ན་སྒྲོ་སྐུར་འོང་། དུས་ད་ལྟ་ཅི་བྱས་ཀྱང་ཡིད་ཆེས་དཀའ་བས་ཁྱེད་ཀྱི་དེ་ཚུག་ཡིན་ན་ད་ལྟའང་འདི་ལྟར་དུ་འབྱུང་དགོས་ཟེར་ནས་ལུང་འདྲེན་ཤད་ཤད་བྱེད། ལས་དང་པོ་པ་ལ་འདི་ཚུག་བཤད་ཟེར་བ་ལ། ཐོས་པ་ཆེན་པོ་མ་བྱས་པའི་མི་ལ་སྐྱོན་ཟེར་ནས་སྡིག་རྩར་འགྲོ་བས། ད་ལྟའི་དུས་ན་ཅིས་ཀྱང་གསང་དགོས་པ་ཡིན་གསུངས། ལར་ས་ལམ་གྱི་རྟགས་མི་དགོས་བླ་མ་དམ་པ་ཞིག་ལ་མོས་གུས་ཁྱད་པར་ཅན་གཅིག་གི་སྒོ་ནས། དམ་ཚིག་མ་ཉམས་པར་བསྟེན་ན་དངོས་གྲུབ་རྣམ་གཉིས་ཚེ་འདི་ཉིད་ལ་ཐོབ་པ་ཡོང་གསུངས། ལུང་ལས། སྐད་ཅིག་གཅིག་གིས་རྫོགས་སངས་རྒྱས། བྱ་བ་ཡང་བཤད། དེ་བློ་ཆུང་བ་ཚོགས་མ་བསགས་པའི་གང་ཟག་གི་བློར་མི་ཤོང་གསུངས་སྐད། ཡང་དགོན་དུ་རྒྱགས་སྐྱེལ་བ་འགའ་ཡོང་བའི་དུས་རྟ་རྔག་པས་ཁྱེར་བ་ལ། ཕྱག་རྒྱ་གཅིག་བཅས་ནས་ལྟ་སྟངས་གཅིག་མཛད་པ་དང་། རྔག་པ་རྣམས་རྟ་རྒྱུག་བདོ་ལ་འདམ་ལ་ནྲུག་པ་བཞིན་དུ་སོང་ནས་རེངས་པར་གདའ། སློབ་དཔོན་པས་ད་ཁྱེད་ཀུན་སོང་ལ་རྟ་ལོང་ཁོང་ལ་ཅང་མ་ཟློ་སྙིང་རྗེ་གསུངས་སྐད། ཡང་སྐྱོ་དུ་སྐམ་བྲག་ཟེར་བ་ལ་ཉིན་ས་པ་སྐམ་པོ་ཆུ་ཡེ་ནས་མི་འདུག་པ་གཅིག་གི་སར། འདིར་གཏོར་མ་གཅིག་ཁྱེར་ལ་ཤོག་གསུངས་ནས། གཏོར་མ་གཅིག་བསྔོས་ཏེ། ཕྱག་འཁར་གྱིས་ས་ལ་རྡེས་གཅིག་བྱུང་ནས་འདིའི་ཞལ་དུ་ཕུལ་ལ་ཤོག་གསུངས་ནས། གཏོར་མ་འདིར་བླུག་པ་དང་། འོ་སྤྱགས་ཀྱི་བདག་པོ་འཇིག་རྟེན་ན

མཐུ་ཆེ་བ་ཁྱེད་རྣམས། དེད་ལ་ཆུ་མེད་པས་མྱུར་བར་ཆུ་གཅིག་ཞུ་གསུངས། ཕྱི་ར་ཉིན་དེར་བལྟས་ཙམ་ན། སྣན་བག་ཙམ་ཞིག་བྱུང་ནས་སྣང་ཞུས་ཙམ་ན། ཡང་གཏོར་མ་གཅིག་ཁྱེར་ལ་སྐྱེལ་དང་སང་ནངས་པར་ལས་མི་འཕྱི་བར་ཆུ་གཅིག་འདོད་པ་ཡིན་གྱིས་ལ་གཏོར་ཆུ་དེར་ལུགས་ལ་ཤོག་གསུངས། དེར་དེ་ཙུག་ཁྲུས་པས་ཕྱིར་ཉིན་ད་སོང་དང་ཆུ་ཡོད་གསུངས། ཕྱིན་ནས་བལྟས་ཙམ་ན། ཆུ་མིག་སྔོ་སི་ལི་ལི་འབབ་པ་ཡིན་སྣང་། དེར་ཆུ་བླངས་ནས་ལོངས་སྤྱོད་གསུངས། ཕྱིས་ཡུལ་མི་རྣམས་ཀྱིས་ཆུ་དེ་ལས་བླངས་ནས། ནད་པ་རྣམས་དང་བར་ཆད་ཅན་རྣམས་ལ་བླུད་པས། སངས་སངས་འགྲོ་བ་ཡིན་འདུག་སྐད། རང་རེ་ཡང་སྣང་བ་དག་པ་ཁོ་ན་མ་ཡིན་ཏེ། འོན་ཡང་བླ་མ་རིན་པོ་ཆེ་སྟག་ལུང་ཐང་པ་ཅན་དུ་བྱོན་པ་དང་། བླ་མ་འབའ་རོམ་པ་མཇལ་བ་དང་། བསྙེན་བཀུར་བྱེད་པ་གྲོ་ལམ་གཅིག་ཏུ་གཤེགས་ཏེ། འཇའ་ཁ་དོག་སྣ་ཚོགས་ཀྱིས་བླ་མ་འབའ་རོམ་པ་ཆེན་པོའི་དབུ་ཐོག་ཏུ་ཕུབ་ནས་བཞུད་པ་མཐོང་བ་ལགས་དེ་ལ་སོགས་པའི་མཐོང་སྣང་ཁྱད་པར་ཅན་དཔག་ཏུ་མེད་པ་ཡོད་དེ་འདིར་ཡི་གེ་མང་བས་ནས་མ་བཀོད་པ་ཡིན།

བླ་མ་རིན་པོ་ཆེ་དཔལ་ལྡན་འབའ་རོམ་པ་ཆེན་པོ་དེས། འཛིན་པ་དང་རེ་དོགས་མེད་པར་ཆུ་བོ་རྒྱུན་གྱི་རྣལ་འབྱོར་གྱི་ངང་ལས། བླ་མ་དྭགས་པོ་རིན་པོ་ཆེའི་སྐུའི་ཞབས་ཏོག་ཁྱད་པར་ཅན་མཛད་ནས། དུས་གསུམ་གྱི་སངས་རྒྱས་ཐམས་ཅད་ཀྱི་སྐུའི་ངོ་བོར་བློ་ངེས་པར་མཛད་ཅིང་ཡང་དག་པར་རྫོགས་པའི་སངས་རྒྱས་ལོངས་སྤྱོད་རྫོགས་པའི་སྐུ་དྲུག་པ་རྡོ་རྗེ་འཆང་དུ་གཟིགས་པས། རང་དང་གཞན་སྣང་བ་དག་པ་རྣམས་ཀྱིས། ཡི་དམ་གྱི་ལྷར་གསལ་བ་ལ་སོགས་པ་སྐུ་ཡི་ཡོན་ཏན་དཔག་ཏུ་མེད་པ་མངའ་བ་ཡིན། བླ་མ་དེ་ཉིད་ཀྱི་གསུངས་ཇི་ལྟར་བཀའ་སྩལ་བ་བཞིན་དུ་སྒྲུབ་ཅིང་། དུས་གསུམ་གྱི་སངས་རྒྱས་ཐམས་ཅད་ཀྱི་གསུང་དུ་ངེས་པའི་ཤེས་པ་སྐྱེས་པས། ངག་ནུས་པ་དང་ལྡན་ཞིང་གསོལ་བ་བཏབ་པ་ཙམ་གྱིས་ཀུང་མངོན་སུམ་དུ་འགྲུབ་པ་དང་། འགྲོ་བ་ཐམས་ཅད་དད་པ་དང་འདུན་པ་ཡིན། བླ་མ་དེ་ཉིད་ཀྱི་སྐུ་གསུང་ཐུགས་ཟུང་འཇུག་ཆོས་ཀྱི་སྐུར་བློར་ངེས་པས། སྣང་སྲིད་འཁོར་འདས་ཀྱི་ཆོས་ཐམས་ཅད་གདོད་མ་ནས་རང་བཞིན་གྱིས་རྣམ་པར་དག་པས་མཁྱེན་པ་དེ་ཉིད་ཀྱི་ངང་ལ། དུས་སྐད་ཅིག་ཆད་པ་མེད་པར་བཞུགས་པ་ཡིན། བླ་མ་རིན་པོ་ཆེ་དེ་ཉིད་ལ་རབ་བསྒྲུབ་པའི་ཞབས་ཏོག་རང་ཉིད་ཀྱི་ལུས་དང་སྲོག་ལ་མ་ལྟོས་པར་རྩམ་ཆེན་ལྷ་སྒོའི་གདངས་ཀྱི་ར་བ། རི་ཁྲོད་རྣམ་པར་དག་པ་དེར་འཁོར་བ་བློས་སྤྱངས་ནས། གང་ལ་ཡང་ཉམ་ང་མེད་པར་སེང་གེའི་

རྒྱལ་པོ་ལྟར། མཉམ་རྗེས་མེད་པར་ཕྱག་རྒྱ་ཆེན་པོའི་ངང་དུ་རྒྱུན་ཆད་མེད་པར་བཞུགས་པས། སེམས་སྙིང་པོ་མེད་པ་ལ་སྙིང་པོ་བླངས་པ་ཡིན། འབྲིང་ལུས་ཀྱི་ཞབས་ཏོག་ལ་དཀའ་བ་དཔག་ཏུ་མེད་པའི་སྒོ་ནས་ལུས་དང་སྲོག་ལ་མ་ལྟོས་པར་བླ་མ་དེ་ཉིད་ཀྱི་སྐུ་ཚེའི་བར་ཆད་ལན་གྲངས་ཀྱིས་བསལ་ནས། ལུས་སྙིང་པོ་མེད་པ་ལ་སྙིང་པོ་བླངས་པ་ཡིན། མཐའ་མར་དངོས་རྫས་ཟང་ཟིང་གི་ཞབས་ཏོག་ལ། མདོ་རྒྱས་པ་ལ་སོགས་པོ་ཧི་མང་པོས་སྣ་དྲངས་པའི་ཛ་དང་གསེར་དངུལ་དང་། སྟག་གཟིག་དང་ཁྲབ་རྨོག་དང་། གཡུ་དང་བྱི་རུ་དང་། གནག་རྟ་ལ་སོགས་པ་ཤིན་ཏུ་ངོ་མཚར་ཆེ་བའི་ནོར་རྫས་ཕུལ་ཏེ། ལོངས་སྤྱོད་སྙིང་པོ་མེད་པ་ལ་སྙིང་པོ་བླངས་པ་ཡིན། ཞབས་ཏོག་གསུམ་གྱི་སྒོ་ནས་བླ་མ་རིན་པོ་ཆེ་དེ་ཤིན་ཏུ་མཉེས་པར་བྱས་པ་ལགས། ཡང་འགྲོ་བའི་མགོན་པོ་བླ་མ་རིན་པོ་ཆེ་དེས་བྱང་ཆུབ་ཀྱི་སེམས་རིན་པོ་ཆེ་འབྱུང་བས་སྐུ་ལ་རིང་བསྲེལ་ཁ་དོག་སྣ་ཚོགས་བྱོན་པ་ཡིན། བླ་མའི་ཞབས་ཏོག་དང་སྦྱིན་པའི་ཕ་རོལ་ཏུ་ཕྱིན་པ་རྫོགས་པས། ཕྱག་དང་ཞབས་ལ་འཁོར་ལོ་དང་པདྨས་ལེགས་པར་བརྒྱན་པ་ཡིན། ཐུགས་ཀར་དཔལ་བེའུ་རི་མོ་ཤིན་ཏུ་གསལ་བ་ཡོད་པ་ཡིན། ཕྱག་གི་ཨུད་པ་ལ་ཁ་གྱེན་དུ་ལྟ་ཞིང་རིང་བ་ཡིན། ཕྱག་གཡོན་པའི་སྲིན་ལག་གི་རྩ་བར་ཧཱུྃ་སྤུ་ཤད་ལྟ་བུ་གསལ་བར་ཡོད་པ་ཡིན། སྐུ་གཟི་བརྗིད་ཆེ་ཞིང་མདངས་དང་ལྡན་པས་ཐམས་ཅད་ཟིལ་གྱིས་གནོན་པར་བཞུགས་པ་ཡིན། ཆོས་ཐམས་ཅད་ཕྱི་ནང་གསང་གསུམ་གྱི་རྟེན་འབྲེལ་དུ་ཤར་བས། དམིགས་པ་མེད་པའི་ཐུགས་རྗེས་ཕྱོགས་རིས་མེད་པའི་གདུལ་བྱ་བསམ་གྱིས་མི་ཁྱབ་པའི་དོན་ནོ། །

རྟེན་འབྲེལ་ལྔ་ཚོགས་ཀྱི་སྒོ་ནས་སེམས་ཅན་མང་པོའི་དོན་མཛད་པ་ཡིན། བཞུད་པ་ན་ཐུགས་རྗེ་ཆེན་པོའི་འགྲོ་བ་ལ་ཕན་བདེ་བསྒྲུབ་ཅིང་བཞུད་པ་ཡིན། བཞུགས་པ་ན་ལུས་གནད་བཅས་པས་སྐྱི་སྐྱིལ་མོ་ཀྲུང་གིས་ལེགས་པར་བཞུགས་པ་ཡིན། གཟིམས་ཙམ་ན་འོད་གསལ་འགྲོ་འོང་མེད་པའི་ངང་ལ་གཟིམས་པ་ཡིན། སྤྱོད་ལམ་རྣམ་བཞིར་མཉམ་བཞག་ཆེན་པོའི་ངང་ལ་བཞུགས་པ་ཡིན། མངོན་པར་ཤེས་པ་དྲུག་དང་ལྡན་པའི་སྒོ་ནས་གསང་སྤྱོད་མཛད་པ་ཡིན། སྐུ་གསུང་ཐུགས་ཀྱི་འཕྲིན་ལས་གང་ལ་གང་འདུལ་གྱིས་གདུལ་བྱའི་ཁམས་དང་བག་ལ་ཉལ་བ་དང་བསྟུན་ནས་དེ་ལ་དེ་ལྟར་སྟོན་པ་ཡིན། སྐུ་གསུང་ཐུགས་བྱམས་པའི་ལས་དང་ལྡན་པའི་གཟིམས་པར་རི་དྭགས་རྣམས་ཀྱིས་མནལ་ལོག་པ་བསྲུང་བ་ཡིན། བྱ་དང་བྱིའུ་རྣམས་ཀྱིས་མནལ་བསྲུང་ཞིང་ཕྱག་མཐིལ་དུ་སྙོད་པ་དང་། ཤངས་ཀྱི་རྩེ་ལ་བབས་ནས་སྦྱིན་རྣག་སེལ་བ་ཡིན། མནལ་སད་ཙ་ན་དཔའ་བོ་དང་མཁའ་འགྲོ་མས

ཌཱ་མ་རུའི་སྒྲ་དང་། ཕྱག་གི་བརྡས་ཐུགས་དམ་དང་གཤེགས་བཞུད་ཀྱི་དུས་ཚོད་མ་ཡེལ་བར་བསྐུལ་བ་ཡིན། གཞན་ཡང་བླ་མ་རིན་པོ་ཆེ་དེས་ཡི་དམ་གྱི་ལྷ་དཔག་ཏུ་མེད་པ་ཞལ་གཟིགས་པ་དང་། ནམ་མཁའ་ལ་འགྲོ་བ་དང་། ཆུ་ལ་མི་བྱིང་བ་དང་། སྐུའི་བཀོད་པ་དུ་མ་མཛད་པ་དང་། ཟད་པར་གྱི་ཏིང་ངེ་འཛིན་ཐམས་ཅད་སྙོམས་པར་འཇུག་པ་དང་། རྩིག་པ་དང་བྲག་ལ་ཐོགས་པ་མེད་པར་གཤེགས་པ་དང་། མངོན་པར་ཤེས་པ་རྒྱ་ཆེན་པོ་མངའ་བ་དང་། ཕྱག་རྒྱ་ཆེན་པོ་མཆོག་གི་དངོས་གྲུབ་ཐོབ་ཅིང་། ཐུན་མོང་གི་ཡོན་ཏན་མ་ལུས་པ་མངོན་སུམ་དུ་གྱུར་པའི་འགྲན་གྱི་ཟླ་མེད་ཅིང་། རྩོད་པ་དང་བྲལ་བའི་གྲུབ་ཐོབ་ཆེན་པོར་གྱུར་པ་ཡིན། འགྲོ་བ་ཀུན་གྱི་མགོན་དང་སྐྱབས་སུ་གྱུར་པའི་བླ་མ་རིན་པོ་ཆེ་དེ་ལ་སྐྱེ་རྒ་ན་འཆི་ལ་སོགས་པ་མི་མངའ་ཡང་དགུང་ལོ་བདུན་ཅུ་རྩ་གཉིས་ལ་གདུལ་བྱ་འགའ་ཞིག་ལ་གཟིགས་ནས། ཡང་དག་པར་རྫོགས་པའི་སངས་རྒྱས་ཀྱི་མཛད་པ་བཅུ་གཉིས་ལྟར་ཟླ་ན་མེད་པའི་མཛད་པ་དང་མཐུན་པར་དགོངས་ནས། ཉིན་གཅིག་ལ་མདངས་རྨི་ལམ་ན་སང་ཕོད་ང་འཆི་བ་གཅིག་རྨིས། ཅི་བྱས་ཀྱང་མི་ཟློག་པར་འགྲོ་དགོས་པར་སྣང་བས། མི་གསར་དུ་ཡོང་ནས་ཆོས་ཞུ་བ་རྣམས་ང་རྩར་མ་འཛོམ་གོ་བ་ལོང་ཅིས་ཀྱང་མ་བཞག་གསུངས། ཁྱེད་ལ་མི་དགའ་སྟེ་ཡིད་གདུངས་ནས་འགྲོ་བ་ཡིན། བླ་མ་གཞན་གྱི་གན་དུ་ཐོང་ཡུན་རིང་བས་གཙོ་མི་ཆེ་སྟེ། མོས་གུས་ཆུང་བ་གྱོང་ཆེ་བས། མི་འགའ་རེས་ཆོས་བྱ་རྒྱུ་མ་རྙེད་ཟེར་ཏེ་མི་བདེན། རྩོད་པ་མེད་པའི་བླ་མ་མཚན་ཉིད་དང་ལྡན་པ་མཇལ་ནས། མོས་གུས་རྩེ་གཅིག་ཏུ་བྱས་ཤིང་བསླུ་བ་མེད་པའི་ལས་རྒྱུ་འབྲས་ལ་ནན་ཏན་ཏུ་མཛོད། གཡེང་བ་མེད་པར་བྱང་ཆུབ་ཀྱི་སེམས་རིན་པོ་ཆེ་སྦྱངས་ནས་རེ་དོགས་མེད་པར་ཕྱག་རྒྱ་ཆེན་པོ་རང་ལ་ཡོད་པ་དེ། ལྷུན་གྱིས་གྲུབ་པར་རྒྱུན་ཆད་མེད་པར་གོ་ཞིང་རྟོགས་ན། ཐེ་ཚོམ་མེད་པར་ཚེ་འདི་ཉིད་ལ་དངོས་གྲུབ་རྣམ་གཉིས་ཐོབ་པར་ངེས་ཤིང་། ཐོགས་པ་མེད་པར་སེམས་ཅན་བསམ་གྱིས་མི་ཁྱབ་པའི་དོན་རླབས་པོ་ཆེ་འབྱུང་བ་ནི་རྟེན་ཅིང་འབྲེལ་བར་འབྱུང་བའི་ཆེ་བ་ཡིན་པས། གང་གིས་ཀྱང་འགག་པར་ནུས་པ་མ་ཡིན་ནོ། །སང་ཕོད་དཔྱིད་ནི་ང་འགྲོ་བ་ཡིན་གསུངས་པ་ལ། རིམ་གྲོ་བྱས་ན་བཟློག་ཏེ་འོང་བས་རིམ་གྲོ་བྱེད་པར་ཞུ་བྱས་པ་ལ། གླེན་པ་ཀུན་གོང་དུ་བཟླས་པ་དེ་མ་གོའམ། བླ་མའི་གསུང་ལ་ཚད་མར་མི་འཛིན་པའི་མིས་བླ་མས་བྱིན་རླབས་འདོད་པ་དེ་རེ་བླུན། །ཁྱོད་ཚོ་ལ་དབང་མེད། སྙིང་སྡོང་སངས་ཀྱི་སོང་ཙམ་ན། ད་གཟོད་བདེན་སྙམ་པ་གཅིག་འོང་བ་ཡིན། ཅི་བྱས་ཀྱང་སང་ཕོད་མི་བཟློག་གསུངས། ཕྱིས་ལོ་ནུབ་གཅིག་རྨི་ལམ་ན།

འབུལ་བ་གཅིག་འོང་ཟེར་བ་ལ། ང་ད་ལྷ་འདས་ན་གདུང་བཞུ་བདེ་བ་འདི་ཡིན་བྱས་པ་སྨིས་གསུངས།

དེ་ནས་སོག་ཧུ་ཛ་པ་མང་པོ་སླེབས་པའི་ནང་ནས། འབའ་རོམ་པའི་འབུལ་སྐྱེལ་འོང་ཟེར་བའི་སྐད་བྱུང་བ་ལ། བླ་མས་དེ་ཀུན་དང་རེས་གཅིག་འཕྲད་ན་ཁོ་ཡིད་ཆེམ་པ་ཡིན་ཏེ། ང་མེད་པ་གཅིག་དང་ཐུག་དོགས་ཡོད་གསུངས་པ་ལ། ཁོང་འགའ་རེས་ཤི་སྨིས་བཟང་བ་ཡིན་ཟེར་བ་མི་བཟང་ངམ་ཞུས་པ་ལ། དེ་དང་མི་འདྲ་བ་བླ་མ་མཉེས་པར་བྱས་པ་ཡིན། གདམས་ངག་གི་གནད་ལ་མཁས་པ་ཡིན། སྒྲུབ་པ་རྩེ་གཅིག་ཏུ་ནན་ཏན་བྱས་པ་ཡིན། ཉམས་མྱོང་དང་རྟོགས་པ་ངེས་ཤེས་དང་བཅས་ཐེ་ཚོམ་མི་ཟ་བར་ཡོད་པ་ཡིན། འཆི་ལྟས་ལ་ཤིན་ཏུ་མཁས་པ་ཡིན་པས། དེས་ཕན་པ་མེད། ད་གསོལ་བ་བཏབ་ནས་ཁོང་ལ་ལན་གཅིག་སྟོད་དགོས། མགྲོན་པོ་ཡར་ཆོས་ལ་འོང་བར་སྣང་གསུངས། དེ་ནས་ཞག་དྲུག་བདུན་ནས་སྐུ་བསྟུང་། ཆེས་གཅིག་དང་གཉིས་ལ་ཇ་པ་སྟུ་ཕྱི་ཡང་སླེབས། དེར་བླ་མ་རིན་པོ་ཆེའི་མགྲོན་པོ་ཐག་རིང་ནས་ཡོང་བ་ཡིན་པས་སྤྱན་སྔར་ཐོངས་གསུངས་པ་ལ། མགྲོན་པོས་ཡར་ཞུས་པ། བླ་མ་རིན་པོ་ཆེའི་སྐུ་ཁམས་ཀྱི་བཙའ་རྩེ་བགྱིད་པ་གལ་ཆེ་བས། དེ་རེས་ངེད་དང་མི་མཇལ་བས་ཚུར་ལམ་མཇལ་བ་ཞུ་ཟེར་བ་ལ། ཚུར་ལམ་ང་ནི་གར་ཡོད་ཁྱོད་ནི་གར་ཡོད། ཐག་རིང་ནས་འོང་བའི་མི་དཀའ་ལས་མང་པོ་བྱས་པ་ཡིན། མ་འགོག་པར་ཤོག་མཇལ་དགོས་པ་ཡིན། ངས་འབུལ་བའི་ངོ་ལ་བལྟས་པ་མ་ཡིན། ཁོང་རྣམས་དང་འཕྲད་ནས་ད་རེས་ཕྱིས་ལྟ་ཡིན། གཞི་བྱེས་ལ་སོགས་པ་འཛོམས་པ་ཡིན་པས། ད་ཐོངས་དང་ཆོས་ཀྱང་བྱ་དགོས་པ་ཡིན་གསུངས། དེར་མགྲོན་པོ་རྣམས་ལ་སྐྱབས་འགྲོ་དང་། སེམས་བསྐྱེད་ལ་སོགས་པ་ལེགས་པར་མཛད། དེ་ནས་དགོན་པའི་གྲྭ་པ་རྣམས་དང་མཇལ་ཁ་ལེགས་པར་མཛད་ནས། ཞལ་ཏ་ཡང་ཞིབ་ཏུ་གསུངས། དེ་ནས་ས་ག་ཟླ་བའི་ཡར་ངོའི་ཆེས་གཉིས་ཀྱི་ནུབ་མོའི་ནམ་གུང་ཡོལ་ཙམ་ན་སྐུ་མྱ་ངན་ལས་འདས་པའི་ཚུལ་བསྟན་པ་ཡིན། དེ་དུས་མཐོང་སྣང་ལ་འོད་དམར་པོ་ནམ་མཁའ་ལ་འཕོར་བཞིན་འདུག་པ་དང་། མེ་ཏོག་སྣ་ཚོགས་ཀྱི་ཆར་དང་རོལ་མོའི་སྒྲ་དཔག་ཏུ་མེད་པ་དང་། ཁྱད་པར་དུ་ཌཱ་མ་རུ་དང་། ཅང་ཏེའུའི་སྒྲ་འཁྲོལ་བ་དང་། ས་གཡོ་བ་དང་ཅུར་ཆེན་པོ་དང་། འོད་དང་། འཇའ་དང་། ལྟས་ཆེན་པོ་དཔག་ཏུ་མེད་པ་དང་ངོ་མཚར་ཆེ་བ་མང་པོ་བྱུང་། དེ་ནས་ཡར་གྱི་ཆེས་བཅུ་ལ་གདུང་བཞུས། དེའི་དུས་སུ་དུད་པ་ཐད་ཀའི་ནམ་མཁའ་ལ་ཡར་སོང་ནས་འཁྲིགས་པ་ན། འཇའ་ཡི་

གདུགས་ཁ་དོག་སྣ་ཚོགས་པར་སོང་། ནམ་མཁའི་འཇའ་ཚོན་ཀུན། པདྨ་དང་། ཤིང་ལྗོན་པ་དང་། རྒྱལ་མཚན་དང་། བ་དན་ལྷ་བུ་དཔག་ཏུ་མེད་པ་གང་བ་བྱུང་། འགྲོ་བ་ཀུན་ལ་དང་བ་ཁྱད་པར་ཅན་འདྲེན་པ་དང་། མོས་གུས་བྱེད་པའི་རྟེན་ལ། རིང་བསྲེལ་ཁ་དོག་སྣ་ཚོགས་པ་མང་པོ་རིན་པོ་ཆེ་འབར་བ་ལྟ་བཟོས་རྗེ་ལྟར་བཟོས་པ་དང་ཚོན་རྩིས་བྲིས་པ་ལྟར་ཤིན་ཏུ་གསལ་བ་ངོ་མཚར་ཅན་དང་། བཀྲ་ཤིས་ཀྱི་རྟགས་རྣམ་པ་བརྒྱད། རྗེ་བཙུན་མའི་སྐུ་ལ་སོགས་པ་རྟེན་མང་པོ་བྱོན་པ་ཡིན་ནོ། །

དེ་ལྟ་བུའི་ཆོས་ཀྱི་རྒྱལ་པོ་འགྲོ་བའི་མགོན་པོ་རིན་པོ་ཆེ་དེ་ལ། སློབ་མ་ངོ་མཚར་ཅན་མང་དུ་བཞུགས་ན་ཡང་། བུ་ཆེན་བཞི་ནི། རྩེ་རོམ་དབང་ཕྱུག་སེང་གེ། བྲན་ཀ་རྡོ་བཙུན་ནམ་མཁའ། བླ་མ་ཆེན་པོ་ལྷོ་པ། སྟོན་པ་རིན་ཆེན་བླ་མ་དང་བཞི་ཡིན། དེ་ལ་ཉེ་བའི་སྲས་བཞི་ནི། བྲན་ཀ་ལྷ་སྟོན། སྟོན་པ་གཞོན་ནུ་གྲགས། ཁྱིམ་མཉེས་ཨཱནནྡ་དེ་བ། ལྷ་རྗེ་བློ་གྲོས་མཆོག་དང་བཞི་ཡིན། བརྒྱུད་པ་འཛིན་པའི་སྲས་བཞི་ནི། བླ་མ་རིན་པོ་ཆེ་འབྲི་གུང་པ། བླ་མ་ཉིན་དགོན་པ། བླ་མ་དཔལ་རྒྱལ། བླ་མ་སེང་གེ་རྒྱལ་མཚན་དང་བཞི་ཡིན། ཐུགས་སྲས་གཉིས་ནི། དབོན་སྒོམ་རྒྱལ་བ་གྲགས་པ། དབོན་པོ་ཤེས་རབ་དབང་ཕྱུག་དང་གཉིས་ཡིན་ནོ། །མཆོག་ཏུ་གྱུར་པ་ནི། རྗེ་འགྲོ་བའི་མགོན་པོ་ཏི་ཤྲཱི་ཤེས་རབ་སེང་གེའོ། །

༄ རྩ་བའི་གཉིས་པ་འགྲོ་བའི་མགོན་པོ་ཏི་ཤྲཱི་རས་པའི་རྣམ་ཐར་མདོར་བསྡུས་ནི། དེའང་སྐྱེ་འཁྲུངས་པའི་ཡུལ་འབྲོག་གི་སྤྲ་ཚབས་ཀྱི་ས་ཁུལ་ཤོད་ཆེན་བཞིའི་དང་པོ་འདམ་ཤོད་སྣར་མོ་ས་ཁུལ་དུ་ཕྱེས་པ་རག་ཁྲིམ་དབུ་མ། སྐུ་བལྟམས་པའི་གནས་ལྟ་ས་ཐེལ། རིགས་ནི་ཧོར། རུས་ནི་ལྗོང་། ལྗོང་ལ་རྗེ་བཞི་ཁོལ་བརྒྱད་ཡོད་པའི་ནང་ནས་སྟེང་འཛོམ་ཡིག་ཚང་རྗེ་ཡིན། ཡབ་རྗེ་དར་ཁྲ་བོ་དང་ཡུམ་སྣ་བཟའ་ཀླུ་ལྕམ་གཉིས་ཀྱི་སྲས་སུ་ཤིང་ཕོ་སྤྲེལ་གྱི་ལོ་ལ་འཁྲུངས། རབ་བྱུང་གསུམ་པའི་ཤིང་སྤྲེལ་（སྤྱི་ལོ་༡༡༨༩ལ། མཆན།）བལྟམས་པའི་དུས་སུ་འཇའ་དང་མེ་ཏོག་གི་ཆར་སོགས་ངོ་མཚར་བའི་རྟགས་མཚན་བཟང་པོ་བྱུང་བས་ཡབ་ཡུམ་ཡང་ཐུགས་དགྱེས་ནས་བཙས་སྟོན་རྒྱ་ཆེར་མཛད། དེར་མཚན་ལྟས་མཁན་ལེའུ་བོན་པོ་འཕར་བ་ཀུན་གྲགས་ཞེས་པས་རྩིས་བྱས་པར་གཙོ་བོ་ལྟ་བུ་བྱས་ན། ཀུན་གྱིས་བཀུར་འོས་མཆོག་ཏུ་འགྱུར་ལ། ཆོས་ལ་ཞུགས་ན་བརྟེ་བཟང་པོ་ཡོང་བར་འདུག་ཟེར། མཚན་ཧོར་གྲགས་སུ་གསོལ། དགུང་ལོ་ལྔ་ནས་བེའུ་དང་རི་འུ་ལུག་གུ་རྣམས་བྱམས་བརྩེས་བསྐྱངས་བས་བུ་རྣམས་མ་ཕྱིར་འབྲང་བ་བཞིན་དུ་སྣང་། དགུང་ལོ་བདུན་ལོན་ནས་བྱིས་པའི་ཚོགས་ལ་ཆོས

བཤད་པའི་ཚུལ་དང་སྒོམ་པའི་ལུས་གནད་བཅའ་ཚུལ་མཛད་ཅིང་ཕྱག་ཏུ་བཟའ་བཏུང་གང་བྱུང་གཞན་ལ་འཕང་མེད་དུ་སྩེར་བར་མཛད། དགུང་ལོ་བརྒྱད་ནས་སློབ་དཔོན་དཔང་སེང་ལས་ཡི་གེ་འབྲི་ཀློག་དང་། རྩིས་དང་ཐ་སྙད་མང་པོ་ཐུགས་སུ་ཆུད་པར་བསླབ། སྒོམ་ཁྲིད་ཞུས་ནས་རང་ཡུལ་དུ་བྱོན། བཅུ་གསུམ་བཞེས་ཙ་ན་བླ་མ་རིན་པོ་ཆེ་འབའ་རོམ་པའི་སྙན་པ་ཐོས་པས་མཇལ་སྙམ་པའི་ལུས་ཀྱི་བ་སྤུ་གཡོ་བ་བྱུང་། དེ་སྐབས་བླ་མ་རིན་པོ་ཆེ་བྱང་རྩེ་བར་གྱི་དཔོན་སྟག་ཚུང་གསེར་མཁར་ན་བཞུགས་པ་ཐོས་ནས་ཡབ་ཀྱི་རྟ་བར་གདན་དྲངས། ཞབས་ཏོག་བསམ་གྱིས་མི་ཁྱབ་པ་བྱས། ཡབ་ཀྱི་ཆིབས་རྟ་བཟང་པོ་ལ་སྒ་ཆས་སྦྲམ་ཏེ་སྲས་བསྐྱོན་ནས་དར་ཡུག་གིས་སྣ་དྲངས། ནོར་སྐལ་ཡོད་དོ་ཅོག་བཅས་ཕུལ། དེ་ནས་བླ་མ་རིན་པོ་ཆེ་སླར་མདོ་ཁམས་སུ་ཕེབས་པའི་ཕྱག་ཕྱིར་འབྲངས་པ་མ་བྱུང་། དགུང་ལོ་བཅོ་ལྔ་བཞེས་པའི་སྐབས་མཚལ་དུ་ཞང་རིན་པོ་ཆེ་མཇལ་དུ་བྱོན། འབྲུགས་པ་མཛད་པ་དང་མཇལ་བས་ཁྱོད་ཀྱིས་ང་ཡི་འབྲུགས་པ་བྱེད་དགོས་གསུངས། ཁོང་འབྲུགས་གྲལ་དུ་བྱོན་ནས་སྒྲོགས་ཇོ་བསྐྱལ་བ་དང་། བསྐྱལ་ཏོག་འཕེན་པ་སོགས་མཛད་པས་འབྲུགས་པ་རྒྱལ་བ་དང་། རིན་པོ་ཆེ་ནས་ངས་ཇི་ལྟར་བྱས་ཀྱང་ཕྱག་རྒྱ་ཆེན་པོ་ལས་མི་འདའ་གསུངས་ནས་དེ་མ་ཐག་བྱིན་རླབས་ཞུགས། རང་སེམས་ངོ་འཕྲོད། དེར་ཕྱག་རྟེན་ཕུལ་ནས་རྗེས་སུ་འཛིན་པར་གསོལ། དེ་ནས་འབྲུགས་པ་རྒྱལ་བའི་ལྷ་གསོལ་གྱི་སྐབས། ཡི་དམ་གྱི་བསྐྱེད་རིམ་དང་ཆོས་སྐྱོང་ཕྱག་བཞི་པའི་དབང་སྒྲུབ་ཐབས་རྣམས་གནང་། ཡང་གཙང་སྟོན་རྒྱལ་པོ་བྱ་བས་རྗེ་བཙུན་མའི་དབང་ཞུས་པའི་སྐབས་ཡེ་ཤེས་ཕེབས་རྟགས་སུ་ནམ་མཁའ་ལ་འཕར་ནས་འདུག་པ་བྱུང་། ཉིད་ཀྱི་མཛད་པའི་ལམ་མཐར་ཐུག་གི་ཁྲིད་དང་གཟེར་ལྔ། སྒོམ་ཚུལ་ནས་བརྒྱུད་པའི་དྭགས་པོའི་སྙན་བརྒྱུད། རྒྱ་ལོ་ནས་བརྒྱུད་པའི་མགོན་པོའི་སྐོར་རྣམས་ཚང་བར་ཞུས། དེ་ནས་ཡེར་པར་སངས་རྒྱས་སྒོམ་པའི་སྤྱན་སྔར་མཇལ་ཞིང་བསྙེན། བདག་ལ་མིང་ཞིག་འདོག་པར་ཞུ་བྱས་པས། ཤེས་རབ་སེང་གེ་བཏགས། འབྲི་སྒོམ་རས་པའི་སྙན་བརྒྱུད་དང་། མལ་ཡེར་པ་རྗེ་པ་རིན་པོ་ཆེ་ནས་བརྒྱུད་པའི་སྐོར་རྣམས་དང་། ལམ་འབྲས་མ་གཅིག་ཞ་མའི་ལུགས་དང་། ཞི་བྱེད་རྨ་སོ་ཀཾ་གསུམ། རིམ་ལྔ་བཅུ་ཆོས་སུམ་ཆོས་སོགས་ཞུས། དེར་རྔོག་གཞུང་པའི་སློབ་མ་སྨོན་ལམ་འོད་ཟེར་ལས་རྔོག་ནས་བརྒྱུད་པའི་ཆོས་སྐོར་རྒྱུད་སྡེ་རྣམས་ཀྱི་དབང་བཀའ་ཡོངས་རྫོགས་དང་། གུར་རྟགས་སམ་གསུམ་སོགས་བཤད་འགྲེལ་དང་བླ་མ་ལྔ་བཅུ་པ་སོགས་རྩ་ལྟུང་གི་སྐོར་མ་ལུས་པ་ཞུས། དེ་ལྟར་བླ་མ་རྣམ་གསུམ་གྱི་ཞལ་དཀྱིལ་

ལོ་དྲུག་ཏུ་བསྟེན་རེས་ཀྱིས་གདམས་ཁྲིད་གཞུང་བཤད་རྣམས་རྫོགས་པར་མཛད། དེ་ནས་སྟག་ལུང་དུ་བྱོན་ནས་ཐང་པ་རིན་པོ་ཆེ་མཇལ། ཕྱག་རྒྱ་ཆེན་པོའི་སྐོར་གསན་ཞིང་དོ་ཧ་རྣམས་ལ་ཞིབ་ཁྲིད་མཛད། བདེ་གཤེགས་ཕག་གྲུའི་བཀའ་འབུམ་རྫོགས་པར་གནང་ནས་ཐུགས་ཀྱིས་གཅེས་པར་མཛད། དེ་ནས་རང་ཡུལ་དུ་བྱོན་ནས་གདམས་ཁྲིད་རྣམས་ལ་བཤར་སྦྱངས་དང་ལྷ་རྟོགས་མཛད་ནས་ཡོད་པའི་སྐབས། བྱང་ནམ་རའི་གླག་མར་བྲག་དཀར་དུ་འབྲི་གུང་རིན་པོ་ཆེ་བཞུགས་ནས་གདུལ་བྱ་རྣམས་སྨིན་གྲོལ་གྱི་ལམ་ལ་བཀོད་ཅིང་བཞུགས་པ་སོགས་སྐུ་ཆེ་བའི་རྣམ་ཐར་ཐོས་པ་དང་། དེར་དད་མོས་ཀྱིས་སྔོད་མ་ཚུགས་པར་མཇལ་དུ་བྱོན། ཐུགས་བརྩེ་བས་རྗེས་སུ་བཟུང་། ཕྱག་རྒྱ་ཆེན་པོ་ལྔ་ལྡན་གྱི་གདམས་ཁྲིད་ལ་ཞིབ་མོར་གནང་། བདེ་མཆོག་དང་ཕག་མོའི་དབང་བསྐུར་ཟབ་རྒྱས་མཛད། རྗེས་སུ་འབྲི་གུང་མཐིལ་དུ་ཅིས་ཀྱང་ཤོག་གསུངས་ནས་མགུར་དང་གསུང་འཕྲོས་བཀོད་ཁྲབ་ཡང་གཅེས་པར་བསྩལ།

དེ་ནས་འབའ་རོམ་དུ་བྱོན་ནས་སློབ་དཔོན་དབང་སེང་གིས་མཚམས་གཡོག་བྱས་ཏེ་བྲག་རྩ་ཞིག་ཏུ་བདེ་མཆོག་དང་མགོན་པོ་ཕྱག་བཞི་པ་བསྟེན་ནས་བཞུགས་པས་ནུབ་གཅིག་རྨི་ལམ་དུ་བླ་མ་ཞང་རིན་པོ་ཆེ་ཡིན་སྙམ་པའི་དབང་པེར་དམར་པོ་ཞིག་མནབས་ནས་ཕྱག་རྡོར་དྲིལ་མཛད་པ་ཞིག་མཇལ་བྱུང་བ་བླ་མ་ཡི་དམ་དབྱེར་མེད་དུ་གྱུར་འདུག་གསུངས། ཡང་ཉིན་གཅིག་ཐུན་གཏོར་སྐབས་ལས་མགོན་ནག་པོ་སྐྱོང་གིས་བསྐོར་བ་ཞལ་གཟིགས་པས་འཕྲིན་ལས་བསྒྲུབ་པར་སྣང་གསུངས། དེ་ནས་བླ་མ་འབའ་རོམ་པ་ཁམས་ནས་ཡར་བྱོན་ཟེར་བའི་གཏམ་ཐོས་མ་ཐག་འབའ་རོམ་བྲག་ཏུ་ཕྱག་འབུལ་དུ་བྱོན་པས་ཐུགས་དགྱེས། དེ་སྔོན་གྱི་ལོ་རྒྱུས་རྣམས་ཞུས་པས་ཤིན་ཏུ་ལེགས་གསུངས། དེ་ནས་ཡབ་མེས་རྣམས་ཀྱིས་ཚ་རྐྱེན་སྦྱར་ནས་འབའ་རོམ་ཕུག་ཏུ་བཞུགས་ནས་ཕག་མོ་ལྷ་ལྡིའི་བྱིན་རླབས་ཞུས། ཆོས་བཅོ་ལྔ་ནས་ཡི་གེ་བརྒྱ་པའི་དབུ་འཛུགས་ཀྱི་ཁྲིད་མཛད་དེ། བཅོ་བརྒྱད་ལ་ཕྱག་ཆེན་གྱི་ཁྲིད་བཏབ། ཉི་ཤུ་གཅིག་ལ་ཕྱག་རྒྱ་ཆེན་པོའི་ངོ་བོ་མཐོང་། ཉི་ཤུ་བཞི་ལ་ཕྱག་ཆེན་བོགས་འདོན་མཛད། ཉི་ཤུ་བདུན་ལ་ཕྱག་ཆེན་རྟོགས་པ་སྔར་ལས་ཆེས་ལྷག་པར་འཕྲུངས་ཤིང་བླ་མ་སངས་རྒྱས་དངོས་སུ་མཐོང་། དེ་ནས་དགུང་ལོ་ཉེར་ལྔའི་དུས་སངས་རྒྱས་སྒོམ་པ་རིན་པོ་ཆེས་འབའ་རོམ་པ་ཡིལ་པ་ཨན་ཆུང་དུ་སྤྱན་དྲངས་པའི་ཆགས་ཕྱིར་འབྲང་སྟེ་བྱོན། དེར་སྤྲེལ་ལོ་ས་ག་ཟླ་བའི་ཚེས་བཅོ་ལྔ་ཐུབ་པ་མངོན་པར་བྱང་ཆུབ་པའི་དུས་སུ། བླ་མ་འབའ་རོམ་པ་དང་སངས་རྒྱས་སྒོམ་པ་

གཉིས་གྲལ་གྱི་དབུར་བཞུགས་ཤིང༌། མཁན་པོ་བྲག་རུམ་པ་སྟོན་པ་གྲགས་དང༌། སློབ་དཔོན་མཐའ་བཞི་དར་མ་གཞོན་ནུ་སོགས་ཀྱི་དབུས་རབ་ཏུ་བྱུང༌། མཁན་པོ་ལས་དགེ་ཚུལ་ཀཱ་རི་ཀ་དང༌། འདུལ་བ་མདོ་རྩ་སོགས་གསན། དེར་བླ་མ་རིན་པོ་ཆེ་འབའ་རོམ་པས་དགེ་འདུན་མང་པོ་ལ་སེམས་བསྐྱེད་ཆེན་མོ་དང༌། བྱང་ཆུབ་ལམ་རིམ། ཚོགས་ཆོས་ཟབ་མོ་རྣམས་རྒྱ་ཆེར་གནང་བ་ཞུས། དེ་ནས་དཔོན་སློབ་ལྷན་དུ་འབའ་རོམ་དུ་ཕེབས། བླ་མ་རིན་པོ་ཆེ་ཤོད་ཀྱི་དགོན་པར་བཞུགས། དེར་ཉེ་གནས་མཛད་དེ་ཟབ་མོ་ནཱ་རོ་ཆོས་དྲུག་དང་ཆོས་བཞི། ཉིད་ཀྱིས་མཛད་པའི་རིག་པའི་གནད་ཆོས་བཅུ་གསུམ་ལ་སོགས་ལས་བརྩམས་ཏེ་གདམས་ངག་གི་ཞུན་ཐར་ལོ་དེར་བཅད། དེ་ནས་ལྷ་ལུང་དང་རྫ་ལུང༌། གཡུ་ལུང༌། རྫ་དེའུ། ཁྱུང་གཤོག་ཕུག །སྟོང་ཤོམ་ཕུག་ཆེ་ཆུང་ལུ་གུ་སྣིང་སོགས་སུ། དྲང་སྲོང་ཆེན་པོ་ལྷ་བུར་གཅིག་རི་ཁོ་ནར་ཐབས་གྲོལ་ཟུང་འཇུག་གི་ལམ་ལ་ཐུགས་གཞོལ་ནས་སྒྲུབ་པ་མཛད་པས་མཉམ་རྗེས་དབྱེར་མེད་ཀྱི་རྟོགས་པ་འཁྲུངས། རླུང་སེམས་གཉིས་མེད་ཀྱི་གྲུབ་རྟགས་ཐོན། དུས་དེ་ཙ་ན་བླ་མ་འབའ་རོམ་པ་ལ་སངས་རྒྱས་དངོས་ལས་ལྷག་པའི་ངེས་ཤེས་སྐྱེས་ཏེ་མི་ལྡོག་པའི་དད་པ་སྐད་ཅིག་ཙམ་ཡང་འབྲལ་དུ་མི་གཏུབ་པ་བྱུང༌།

དེ་ནས་འབྲི་གུང་རིན་པོ་ཆེ་བྱང་ནམ་ར་ནས་ཚུར་བྱོན། འབའ་རོམ་ནང་དུ་རིན་པོ་ཆེའི་སྤྱན་སྔར་ཕེབས། མཉམ་མེད་སྒམ་པོ་པའི་དྲུང་ནས་ཞལ་གདམས་འཚོགས་ཆོས་ཀྱི་སྐོར་རྣམས་གསན་བཞེས་གནང་བའི་ཐུགས་གཤིམས་པའི་གསུང་གླིང་ཟབ་རྒྱས་མཛད། དེ་ནས་རོམ་པོའི་ཐང་ལ་ཆོས་རྗེ་རིན་པོ་ཆེ་རྣམ་གཉིས་སྟོན་འཁོར་བཅས་བྱོན། དེར་ཕ་བོང་དམར་པོའི་ཁར་ཆོས་ཁྲི་བཤམས་ནས་དེ་ཕྱོགས་ཀྱི་ལྷ་སྟེ་མི་སྟེ་དཔག་མེད་འདུས་ནས་བསྙེན་བཀུར་ཕུལ། ནུབ་གཅིག་འབའ་རོམ་རིན་པོ་ཆེ་ཆོས་ཁྲིར་བཞུགས་ནས་སེམས་བསྐྱེད་ཆེན་མོ་གསུངས། ནུབ་གཅིག་འབྲི་གུང་རིན་པོ་ཆེ་དེར་བཞུགས་ནས་ལྔ་ལྡན་ཕྱག་ཆེན་གྱི་ཁྲིད་གནང༌། དེར་ཡོད་ཀྱི་འགྲོ་བ་རྣམས་བྱང་ཆེན་རྒྱུར་སྨིན་པར་མཛད། དེ་ནས་འབྲི་གུང་རིན་པོ་ཆེ་གདན་ས་མཐིལ་དུ་ཕྱག་ཕེབས། འབའ་རོམ་པ་དགོན་དུ་ཡར་བཞུད། དེ་ནས་ཡབ་མེས་ཀྱི་སར་བྱོན་ནས་ཙུང་ཟད་བཞུགས་ཏེ་ལས་རྒྱུ་འབྲས་དགེ་སྡིག་གི་དག་ཤན་དང༌། ཇོ་བོ་ཐུགས་རྗེ་ཆེན་པོའི་སྒོམ་བཟླས། ཕྱག་རྒྱ་ཆེན་པོའི་ངོ་སྤྲོད་ཀྱིས་སྨིན་པར་བྱས། དེར་འབྲི་གུང་པས་སྟོན་ནས་གསུངས་པ་རྣམས་དྲན་ནས་འབྲི་གུང་དུ་བྱོན་པར་གདའ།

དེ་ནས་འབྲི་གུང་གི་དགོན་པ་མཐོང་མ་ཐག་ཁྲིས་པོ་ཐོག་ནས་ཕྱག་འཚལ། མོས་གུས་བྱས་

པས་དགོན་དེ་ཉིད་བདེ་མཆོག་ལྷ་དྲུག་ཅུ་རྩ་གཉིས་སུ་ཞལ་གཟིགས། སྐྱོབ་པ་རིན་པོ་ཆེ་མཇལ། གུས་པའི་ཕྱག་རྟེན་ཕུལ། ཉིད་ཀྱི་གསུངས་པའི་ཆོས་ཞལ་གདམས་ཀྱི་སྐོར་རྣམས་དང་། རྒྱུད་སྡེ་བཞི་དང་འབྲེལ་བའི་དཀྱིལ་འཁོར་གྱི་ལྷ་ཚོགས་རབ་འབྱམས་ཀྱི་དབང་བཀའ་རྗེས་གནང་དང་ཚོགས་ཆོས་མང་དུ་གསན། དེ་ནས་ཡང་དགོང་མོ་ཞིག་ལ་རིན་པོ་ཆེའི་མདུན་དུ་བྱོན་ནས་ཡན་ལག་བདུན་པ་ཕུལ་ཞིང་ཕྱག་དང་མཎྜལ་བཅས་ཡོངས་ཀྱི་དགེ་བའི་བཤེས་གཉེན་ཆེན་པོ་གང་གི་དྲུང་དུ་རང་གི་ཉམས་སུ་མྱོང་བའི་ཚིག་ཙུང་ཟད་ཞུ་བས་གསན་འཚལ་ཞེས་རྟོགས་པ་ཕུལ་བས། དེ་ར་ཅིར་ཡང་མ་གསུངས་ཙུང་ཟད་བཞུགས། དེ་ནས་བྱང་ཆུབ་སེམས་མཆོག་རིན་པོ་ཆེ། ཞེས་སོགས་སྨོན་ལམ་མཛད། ཕྱི་དེའི་ནངས་པར་བར་ཁྲམས་སུ་དགེ་སྐྱོར་བྱས་ཡོད་པར། རིན་པོ་ཆེ་ཕེབས་ནས་ཕར་བྱོན་ཚུར་བྱོན་མཛད་ནས། རོ་གཅིག་ཆེན་མོ། རོ་གཅིག་ཆེན་མོ་ཞེས་གསུངས་པར་གདའ། དེར་དེད་མ་གཏོགས་གཞན་མི་འདུག་པས་རང་ལ་གསུངས་པ་ཡིན་ནམ་མ་ཤེས་གསུངས། ཡང་ཉིན་གཅིག་ཁྱོད་ཀྱི་རྟོགས་པ་དེ་གང་ལས་སྐྱེས་པ་ཡིན་གསུངས། བདག་གི་འདྲེན་པ་འབའ་རོམ་པའི་བཀའ་དྲིན་ལས་བྱུང་བ་ལགས་ཞུས། དེར་ཐུགས་དགྱེས་ཆེར་མཛད། ལར་ཆོས་རྗེ་འབྲི་གུང་རིན་པོ་ཆེའི་མཛད་པ་རྣམ་ཐར་ཆོས་ལུགས་རྣམས་ལ་ཕྱི་ནང་གསང་གསུམ་གྱི་གོ་བ་ཁྱད་པར་འཕགས་པ་བྱུང་གསུངས། དུས་དེ་ར་དགུང་ལོ་སོ་གཉིས་པ་ཡོས་བུ་ཆུ་སྟོད་ཟླ་བའི་ཚེས་བཞི་ཆོས་འཁོར་བསྐོར་བའི་དུས། མཁན་པོ་ཐག་མ་དཔལ་ཆེན་དང་། སློབ་དཔོན་གུ་ར་བ། གསང་སྟོན་པ་དར་གཞོན་སོགས་དགེ་འདུན་ཉི་ཤུ་ཙམ་བཞུགས་པའི་དབུས་སུ་བསྙེན་པར་རྫོགས་པར་མཛད། དེ་ནས་མཁན་པོ་ཉིད་ལས་སོ་སོར་ཐར་པའི་མདོ་དང་། འདུལ་ཊཱི་ཀ་དང་བསླབ་བཏུས་གསན། འབྲི་གུང་དུ་ལོ་གཅིག་བཞུགས། དེ་ནས་རིན་པོ་ཆེའི་མདུན་དུ་གསོལ་འདེབས་མོས་གུས་དྲག་ཏུ་བྱས་ནས་བྱོན་པར་གདའ། དེ་ནས་མཚལ་དུ་བྱོན། རིན་པོ་ཆེ་གུང་ཐང་དུ་བཞུགས་པ་དང་མཇལ། ཡར་ལ་རྟོགས་འབུལ་དང་། མར་ལ་ངོ་སྤྲོད་གཅིག་ཆར་དུ་གདབ་པར་མཛད། སྔོན་གྱི་གདམས་ངག་རྣམས་ལ་དག་ཐེར་ཞུས་ཤིང་འཕྲོས་ལུས་ཀུན་ཚང་བར་གནང་། དེ་ནས་ཡེ་ར་པར་བྱོན་ནས་སངས་སྒོམ་དང་མཇལ། རྗེ་བོ་བཀའ་གདམས་པའི་སྐོར་གྱི་གསུངས་སྒྲོས་རྣམས་ལྷག་ལུས་མེད་པར་ཞུས། དེ་ནས་སྟག་ལུང་དུ་ཐང་པ་རིན་པོ་ཆེ་མཇལ་དུ་བྱོན། ཐང་པ་རིན་པོ་ཆེའི་མདུན་ནས་སེམས་བསྐྱེད་ཆེན་མོ་གསན། གཞན་འཚོགས་ཆོས་མང་དུ་གནང་བ་རྣམས་ངེས་པར་བྱས། ཆོས་རྗེའི་ཞལ་ནས། དབུས་པ་བདྲའི་ས་གཞི

ཡོད། ཁྱོད་འདིར་སྡོད་དང་གསུངས། ཐུགས་བརྩེ་བའི་གསུང་གླེང་མང་དུ་མཛད། དེར་མོས་གུས་
ཕུལ་ཞིང་གསོལ་འདེབས་བཅས་རང་ཡུལ་ནས་བརྒྱུད། འབའ་རོམ་དུ་རྗེ་རིན་པོ་ཆེའི་སྤྱན་སྔར་ཕྱིན།
ཕྱག་དང་མཎྜལ་བཅས་བསྟུང་དྲི་ཞུས། ད་སྐབས་མི་བདེའི་སྐྱོན་ཆེར་མེད་གསུངས། དེ་སྔོན་དགེ་
བའི་བཤེས་གཉེན་རྣམས་བསྟེན་པ་དང་། སྒྲུབ་པ་ལ་འབད་པ་བཅས་ཕུན་སུམ་ཚོགས་པར་བྱུང་། ད་
འདིར་ཚོགས་པ་སྐྱོང་བའམ་ཡང་ན་སྒུགས་སར་དགོན་བཟུང་བ་གང་མོས་ཤིག་དགོས་གསུངས།
དེར་བདག་གིས་ཚོགས་པ་སྐྱོང་བ་བྱེད་བསམ་མེད་ཅིང་རི་ཁྲོད་ངེས་མེད་དུ་སྒྲུབ་པ་ཁོ་ནར་མཐའ་
འཁྱོལ་བ་ཨེ་ཡོང་སྙམས་པ་ཡོད་ཞུས་པས། རྒྱལ་བའི་གདུང་བརྒྱུད་མི་གཅོད་པ་བསྟན་པ་སྐྱོང་བ་
ཡིན་ལ། སེམས་ཅན་བློས་མི་གཏོང་བ་གཞན་དོན་བསྒྲུབ་པ་ཁོ་ན་ཡིན་པ་དེ་ལྷ་བུའི་གོང་མའི་རྣམ་
ཐར་ལ་སློབ་དགོས་པ་ཡིན་གསུངས། དེ་སོགས་ཞིབ་པར་ཞལ་འཕྲོས་གནང་ཞིང་སྤྱན་སྔར་བཞུགས་
པ་ལ། ཉིན་གཅིག་དེར་རྒན་པོ་སེ་ཐུང་བ་རལ་གུ་གྱོན་པ་ཕྱིང་ཞྭ་ཅོག་ཅོག་གྱོན་པ་ཞིག་བྱུང་བས།
ཁྱོད་གང་ནས་འོང་བྱས་པས་མདོ་སྨད་ནས་འོང་བྱས་པས། རྩི་བར་ཧ་པ་དང་འགྲོགས་ནས་ཕྱིན་
ཟེར། དེ་ནས་ཅི་ཡང་མ་དྲིས་པ་ལ། མི་ཉག་རྒྱལ་པོ་འདས་ནས་ཆོས་རྒྱལ་ཐའི་རྦུ་བྱ་བ་རྒྱལ་སར་
འཕོས་ནས་ཡོད། ཁོང་བསོད་ནམས་ཀྱང་ཆེ། དབུས་གཙང་གི་བླ་མ་འགའ་ཡང་མཆོད་གནས་སུ་
བཞུགས་ཟེར། དེར་ཚིག་ངེས་རྐྱེན་བྱས་མདོ་སྨད་དུ་འགྲོ་འདོད་པ་ཞིག་གིས་དེ་ནུབ་མནལ་ཡང་མ་
བྱུང་། ཕྱི་ཉིན་བླ་མ་རིན་པོ་ཆེ་ལ་བདག་མདོ་སྨད་དང་མི་ཉག་ཡུལ་དུ་འགྲོ་འདོད་པ་ཞིག་བྱུང་བས་
བཀའ་གནང་བར་ཞུ་གསོལ་བས། འོ་སྐོལ་ཕ་བུ་མཉམ་དུ་སྡོད་པ་དགའ་ཡང་ཁྱོད་འགྲོ་འདོད་པས་
ཤར་ཕྱོགས་སུ་སོང་དང་གདུལ་བྱ་ཡང་ཡོད་གསུངས། དེར་འགྲོ་བའི་ཐག་ཆོད་ནས་འགྲོ་གྲབས་
བྱས། བྱིན་རླབས་རྟེན་ཕྱག་རྗེས་དང་། ཇོ་བོ་ཛམྦྷ་ལའི་སྒྲུབ་ཐབས་ཤིག་ཞུ་སྙམ་ནས་བླ་མའི་མདུན་
དུ་བྱོན་པས། ཞུ་མ་དགོས་པར་རིན་པོ་ཆེ་ཚེམས་གཅིག་དང་ཕྱག་རྗེས་རྟེན་དུ་གནང་། ཛམྦྷ་ལའི་
སྒྲུབ་ཐབས་འདི་ཀ་རང་ཡིན་གསུངས། ཟིང་ཟིང་གི་རྫོང་ཡང་བཟང་པོ་གནང་། དེར་ལུས་སྨྱུ་ཟིངས་
སེ་སོང་། དེར་འབྱོན་པ་ཙན་དར་ཞྭ་རྩེ་ལྔ་བཞེས་ཏེ། དེའང་རང་ལ་དྲིན་ཐོབ་ཀྱི་བླ་མ་ལྔ་ཡོད་དོ། །
སེམས་ཉིད་ཡིད་བཞིན་གྱི་ནོར་བུ་ལག་བཅང་དུ་ངོ་སྤྲོད་པ་དེ་བླ་མ་འབའ་རོམ་རིན་པོ་ཆེའི་བཀའ་
དྲིན་ཡིན། ལྟ་བ་ནམ་མཁའ་ལ་མདུང་བསྐོར་བ་འདྲ་བ་དེ་བླ་མ་ཞང་རིན་པོ་ཆེའི་བཀའ་དྲིན་ཡིན།
གསང་སྔགས་ཀྱི་ཆོས་ལ་རང་བྱིན་ཚུད་པ་དེ་བླ་མ་སངས་རྒྱས་སྒོམ་པ་རིན་པོ་ཆེའི་བཀའ་དྲིན་ཡིན།

རྟེན་འབྲེལ་ཕྱོགས་མེད་དུ་འཆར་བ་དེ་བླ་མ་འབྲི་གུང་རིན་པོ་ཆེའི་བཀའ་དྲིན་ཡིན། མོས་གུས་རྒྱུན་ཆད་མེད་པ་དེ་སྟག་ལུང་ཐང་པའི་བཀའ་དྲིན་ཡིན། དེ་ལྟར་རྩ་བའི་བླ་མ་ལྔ་ཡོད་རྟགས་སུ་དར་ཞྭ་རྩེ་ལྔ་གསོལ་བ་ཡིན་གསུངས། དེའང་འབའ་རོམ་དུ་སྔ་ཕྱིར་ལོ་བདུན་བཞུགས་ཤིང་ཡོས་བུ་ལོ་ཁྲུམས་ཟླའི་ཆོས་བཅུ་བདུན་ལ་འགྲོ་བའི་གྲོགས་པོ་འགའ་བྱུང་བ་དང་བཅས། བླ་མ་རིན་པོ་ཆེ་སྟོན་འཁོར་གྱིས་སྐྱེལ་ཐུང་མཛད། རང་ནས་ནམ་ཙམ་ཡར་ཡོང་ཞུས་པས་ཁྱེད་རང་ཤེས་ནས་འོངས་གསུངས་ནས་བཀྲ་ཤིས་སྨོན་ལམ་རྒྱ་ཆེར་མཛད་དེ་བྱོན།

དེ་ནས་བྱང་ལམ་བརྒྱུད་ཟླ་སྨད་གླུ་ཐུ་ཟེར་བར་གྲོགས་པོ་བྱང་གྲགས་ཀྱི་གནས་པོ་བྱས་དེར་ཟླ་བ་གསུམ་ཙམ་བཞུགས། དེར་ཁྲོ་བོའི་རྒྱལ་པོ་རྟ་མགྲིན་ཞལ་གཟིགས་པས་བར་ཆད་འཕྲང་ལས་གྲོལ་བའི་རྟེན་འབྲེལ་དུ་སྣང་། དེ་ནས་གདན་ཀློང་ཐང་དུ་ཐེབས་པ་དང་རྟེན་འབྲེལ་ངན་པ་ཞིག་བྱུང་བ་ཡར་ལོག་སླམ་ཞལ་བུ་མདོར་སླེབས། དེ་ནུབ་རྨི་ལམ་དུ་རྟ་དང་པ་ཆིབས་པའི་མི་སེར་པོ་གསེར་ཁྲབ་གསེར་ཞྭ་རྨ་བྱའི་སྒྲོ་འཕྱུ་ཅན། གཡས་ཕྱུར་དར་གཡོན་ནེའུ་ལེ་འཛིན་པ་ཞིག་གིས་ངའི་ཕོ་བྲང་ཤར་ཕྱོགས་སུ་ཡོད་པས་འདོང་ཟེར་བ་ལ་རྨ་སྤོམ་ར་ཡིན་བསམ་པ་ལ་མིན་པར་འདུག །རྣམ་ཐོས་སྲས་ཀྱི་ལུང་བསྟན་པར་གདའ་གསུངས།

དེ་ནས་ཡོབ་ཆེན་ཞེས་པར་ཞག་འགའ་བཞུགས་པར་ནུབ་གཅིག་དཔལ་ལྡན་ལྷ་མོ་རེ་མ་ཏི་གཟི་བརྗིད་དང་བཅས་པས་བྱོན་ནས་ཁྱེད་ཀྱི་གདུལ་བྱ་རྫ་མིའི་རྒྱལ་ཁམས་ཡིན་པས་མི་ཉག་ཡུལ་དུ་ཅིས་ཀྱང་བྱོན་ཞེས་ལུང་བསྟན། གཞན་ཡང་ཡུལ་ལྷ་ཀུན་གྱི་བསུ་བ་བྱུང་གསུངས། ཙོང་ཀའི་ཧྲེ་རོང་དགོན་དུ་བྱོན། སློབ་དཔོན་ཡར་ལུང་པ་སེང་གེ་རྒྱལ་མཚན་དང་དགེ་བཤེས་དེའུ་སོ་བ་གཉིས་ནས་བསུ་བ་སྣ་ལེན་བཟང་པོ་མཛད། དེ་ནས་ལིང་ཙུར་བྱོན་པ་རྒྱལ་པོས་གསན་ནས་གསེར་ཡིག་པ་བཏང་སྐྱེ་རྒུ་ཤིང་འཛོམས་སར་དགོན་པ་ཟུངས་ཞེས་པའི་བཀའ་ལུང་བསྩལ། དགུང་ལོ་སོ་ལྔ་ལ་ཀཾ་ཚུ་གུ་རུབ་དགོན་བཏབ། ཛྷ་ཧྲིར་རྒྱལ་པོ་མཇལ། དེར་གཟི་དཀའ་དགོན་བཏབ། མཁར་ལུང་དུ་བླ་ཆེན་དགོན། ཙོང་ཀའི་གོ་ར་དགོན། བྱུར་ས་དགོན་ཞེས་ཆོས་སྡེ་ཆེན་པོ་འགའ་ཞིག་བཏབ། དེ་དག་ཆེ་དངོས་བརྒྱུད་བླ་མ་ཡི་དམ་མཁའ་འགྲོའི་ཚོགས་རྣམས་བར་སྣང་གི་སྤྲིན་གསེབ་ནས་ཀུན་གྱིས་མཐོང་བའི་བཀྲ་ཤིས་བརྗོད་ཅིང་ཅང་ཏེའུ་ཌ་མ་རུ་འཁྲོལ་འཛའ་འོད་མེ་ཏོག་གི་ཆར་བཅས་བྱིན་འབེབས་པའི་མཐོང་སྣང་དུ་མ་བྱུང་། གྲྭ་ཚོགས་ཀྱང་ཁྲི་ཕྲག་ལྷག་ཙམ་རེ་བྱུང་། དེ་ནས་རྒྱལ་པོས

འགའ་མཁར་ཕོ་བྲང་དུ་སྤྱན་དྲངས། བསྙེན་བཀུར་བླ་མེད་བྱས། རྒྱལ་པོ་བསྟན་པའི་སྒྲ་རིམ་དགེ་བའི་བཤེས་གཉེན་གཙང་པ་བ་དང་། ཁོང་རྣམ་གཉིས་ཀྱིས་མཛད། རྒྱལ་པོ་བསྟན་ལས་གྲོལ་བར་གྱུར། དེ་ནས་ཆོས་རྒྱལ་ཐ་ཧུས་རྒྱལ་སྲིད་འཕོས་ཏེ་སྲས་རྒྱལ་གོང་རྒྱལ་སར་བཏོན། དུས་རེ་ཞིག་ན་ཧོར་དམག་གི་འགའ་མཁར་བསྐོར་བ་དང་། ཆུ་ལོག་གིས་ལྟུགས་རི་འཇིག་ལ་ཁད་པ་བྱུང་བས། དེར་དམག་ཐློག་ཏུ་མགོན་པོའི་གཏོར་ཆེན་མཛད་ནས་འཕངས་པའི་དུས་བསྐལ་པ་དུར་ཁྲོད་བསིལ་ཚལ་གྱེར་རིང་སྐབས། མགོན་པོ་ཕྱག་བཞི་པ་ལས་མགོན་གསུམ་གྱིས་བསྐོར་བ་ཞལ་གཟིགས་ནས་ཕར་ཧོར་དམག་ཕྱོགས་སུ་ཆས་པ་མཐོང་། ཆུ་ལོག་པས་ཧོར་དམག་ཕམ་སྟེ་འཚེ་བ་མེད་པར་གྱུར། དེར་རྒྱལ་པོ་རྒྱལ་གོང་ཤིན་ཏུ་དད་དེ་དབང་བསྐུར་ཞུས། ཏི་ཤྲཱི་ཞེས་བོད་སྐད་དུ་རྒྱལ་པོའི་སྤྱི་བོ་ནས་དབང་བསྐུར་བའི་བླ་མ་ཞེས་པའི་ལས་ཀ་དང་། འབའ་རོམ་ཤེལ་སྐུ་བཻ་ཌཱུརྻའི་གླེགས་བམ་སོགས་འབུལ་བ་བསམ་མི་ཁྱབ་པར་ཕུལ། དེ་ནས་ཞིན་ཁྲེའུ་ཕྱིན་ཆད་མེ་ཉག་རྒྱ་བོད་ཀྱི་བླ་མ་དགེ་བའི་བཤེས་གཉེན་དང་། དགེ་འདུན་གྱི་ཚོགས་དང་། རྒྱལ་པོ་དང་བཙུན་མོ་བློན་པོ་སྐྱེ་བོ་ཕོ་མོ་གྲངས་ལས་འདས་པ་རྣམས་ལ་སྟོན་དང་མཚམས་པར་སྐྱབས་འགྲོ་དང་དགེ་བསྙེན་སོགས་སོ་ཐར་རིས་བརྒྱད། བྱང་ཆུབ་སེམས་བསྐྱེད་དང་། སྨིན་ལམ་དབང་བསྐུར། གྲོལ་ལམ་གདམས་ཁྲིད་སོགས་ཐར་པའི་ས་བོན་དཔག་བསམ་ཤིང་གི་འབྲས་བུ་ལྟར་བསྒྲུན་པར་མཛད་ཅིང་། དངོས་པོའི་ཡོ་བྱད་ཐམས་ཅད་ཀྱང་སྦྱིན་བདག་ཚོགས་རྫོགས་བསོད་ནམས་འཕེལ་བའི་ཕྱིར། དངོས་བརྒྱུད་ཀྱི་གདན་ས་རབ་བྱུང་ཐམས་ཅད་ལ་ཕུན་སུམ་ཚོགས་པའི་བསྙེན་བཀུར་མཐའ་ཀླས་པ་དང་། གསེར་འབུམ་དང་། རྒྱུད་འབུམ། མདོ་མང་སོགས་པུསྟི་གྲངས་མང་པོ་དག་དང་། གསེར་སྐུ་དངུལ་སྐུ་བཏགས་སྐུ་སོགས་བཟོ་ཁྱད་དཔེ་མེད་པ་རྣམས། གདན་ས་རྣམས་ལ་འབུལ་སྐྱེལ་ལན་མང་དུ་མཛད་པའོ། །

གཞན་ཡང་རྗེ་འཕྲུལ་དང་ངོ་མཚར་བའི་བཀོད་པ་སྟོན་པར་མཛད་པའི་ཚུལ་ནི་རྣམ་ཐར་བསྟོད་པ་ལས། སྐུ་གཟུགས་གསུང་རབ་མཆོད་རྟེན་གཙུག་ལག་ཁང་། །གྲངས་ལས་འདས་པ་སྐུ་གསུང་ཐུགས་ཀྱི་རྟེན། །མངའ་གསོལ་རབ་ཏུ་གནས་པ་མཛད་པའི་ཚེ། །ལ་ལ་དག་ཏུ་ཁྲོ་བོས་ཧཱུྃ་སྒྲ་སྒྲོགས། །ལ་ལའི་གནས་སུ་བུམ་ཆུ་རང་བཞིན་འཁོལ། །ལ་ལའི་གནས་སུ་ཤིང་ལས་པདྨ་རྡོལ། །ལ་ལའི་གནས་སུ་རྟེན་ལ་འོད་ཟེར་འབྱུང་། །ལ་ལ་དག་ལ་མེ་ཏོག་རང་འབྱུར་ཏེ། །ལ་ལ་དག་ལ་ལྷུམ་རའི་མེ་ཏོག་ཆགས། །དག་པའི་རྒྱལ་ཁམས་ཆོས་ལ་སྤྱོད་པའི་ས། །མི་རིགས་མི་མཐུན་སྐད་རིགས་

བརྒྱུད་ཀྱི་ཡུལ། །རྒྱལ་བློན་འབངས་དང་བཅས་པ་བྱེ་བ་རྣམས། །སྲོག་གི་ཕྱིར་ཡང་དམ་ཆོས་མི་གཏོང་ཞིང་། །མི་ཕྱེད་དད་པ་ཐོབ་མཛད་ཆོས་ཀྱི་རྗེ། །བསྟོ་བཞིས་འགྲོ་བ་འདྲེན་པའི་རིན་པོ་ཆེ། །ལུང་བསྟན་མཆོག་ཐོབ་ཁྱོད་ལ་ཕྱག་འཚལ་བསྟོད། །ཅེས་པ་ལྟར་རོ། །

དེ་ནས་བྱང་ཕྱོགས་ཏྲས་ཟེ་ནམ་ཞེས་པའི་ས་མཚམས་སུ་བདེ་གཤེགས་འོད་སྲུང་བཞུགས་གནས་ཙཱི་ར་ཁབ་ཅེས་པའི་ལྷ་ཁང་ཁྱད་འཕགས་ཡོད་པ་རྙིང་རྡུལ་དུ་གྱུར་པ་ཉིད། སྔར་དངོས་པོ་རྒྱ་ཆེན་པོས་ཕྱི་ནང་གསར་བསྐྲུན་ཁྱད་འཕགས་གྲུབ་རྗེས་རབ་གནས་ཕུན་ཚོགས་བགྱིས་པ་དེ་ལྟ་བུའི་རྙིང་པ་གསར་བཟོས་དང་གསར་པ་བཟོ་བསྐྲུན་བཞེངས་པ་སོགས་ཕྱི་སྣོད་ནང་བཅུད་འཛོམས་པ་ལྷ་མིའི་དད་པའི་རྟེན་དུ་བཞེངས་པ་ངོ་མཚར་བརྗོད་ལས་འདས། ཡང་འགའ་མཁར་དུ་ཐུགས་དམ་ལ་བཞུགས་པའི་ཚེ། ཡུལ་ཁམས་སྐྱོང་བའི་རྒྱལ་པོ་རྣམ་ཐོས་སྲས་ཏྟ་ལ་བཅིབས་ནས་བྲོས་པ་ལྟར་རིང་པར་བྱོན་པའི་རྗེས་སུ་གནམ་ཐེལ་དཀར་པོ་སྤྱིག་པའི་གཟུགས་ཅན་མགོ་བོས་ནམ་མཁའ་ཁེངས་པ་ཁ་གདངས་པ་ཤར་ངོས་ནས་འགའ་མཁར་དུ་བྱུང་ཞིང་། དེར་བྱམས་པའི་ཐུགས་རབ་ཏུ་བསྐྱེད་དེ་ཡི་དམ་འཁོར་ལོ་སྡོམ་པའི་སྐུར་བཞེངས་ནས་སེམས་ཅན་དེའི་ཐད་དུ་བྱོན་པས། དེ་ཉིད་ཁ་བཙུམ་ནས་རྒྱལ་ཆེན་ཕྱི་ནས་ཕར་བྲོས་པར་སྣང་གསུངས། ད་ལན་མི་འཚོར་ལར་ནི་མི་གཏོང་ཞེས་ལུང་བསྟན་པར་མཛད། དེའང་དམག་མ་བཟློག་པ་མ་ཡིན་ཏེ། ལྕགས་སྤྲེལ་ནས་ཤིང་བྱ་བར་གྱི་ལོ་ཉེར་དྲུག་ལ་དམག་བཟློག་པ་ཡིན་ཏེ། མཐར་ནི་བཅོམ་ལྡན་འདས་ཀྱིས་ལས་དང་ལས་ཀྱི་རྣམ་པར་སྨིན་པ་ནི་མ་གཏོགས་པ། ཞེས་གསུངས་པས་ལྟར་རོ། །དགུང་ལོ་རེ་གསུམ་ཐོག་དེ་ནས་བོད་དུ་འབྱོན་པ་ལ་རྒྱལ་བློན་སོགས་ཀྱིས་བཞོལ་བཏབ་ཀྱང་མ་ཐེབས་པར་བོད་དུ་བྱོན། ཤར་འོ་དེ་རལ་གསུམ་སོགས་བརྒྱུད། དགེ་བསྙེན་སེང་རུ་དང་ཡག་གིས་བསུ་བ་བྱས། དེ་ཤོད་རག་ཉག་ཏུ་བཞུགས་པའི་སྐབས་ཉམས་ཀྱི་སྣང་བར་མདུན་གྱི་ནམ་མཁར་སྣ་ཚོགས་རིན་ཆེན་ལས་གྲུབ་པའི་གཞལ་ཡས་ཁང་གི་དབུས་སུ་རྗེ་རྗེ་རྣལ་འབྱོར་མ་སྐྱིག་འཛུམ་བཞད་པའི་ཉམས་ཅན་གསལ་བར་གཟིགས་པའི་ཞལ་ནས་ཐབས་གྲོལ་གྱི་གདམས་པ་ཟབ་མོ་བསྟན་པ་ཐུགས་སུ་ཆུད་པར་གྱུར་པའི་རྗེས་སུ་སྐུ་ལ་ཐིམ་པའི་སྣང་ཚུལ་བྱུང་ཞིང་སྐུ་ལ་བཟོད་མེད་ཀྱི་བདེ་བ་འབར་བ་དང་། ཐུགས་ལ་ཆོས་ཉིད་གསང་བ་བསམ་མི་ཁྱབ་པའི་དོན་བརྗོད་བྲལ་ལྷན་ཅིག་སྐྱེས་པའི་ཡེ་ཤེས་མངོན་དུ་གྱུར། དེ་ནས་བྱང་ལམ་ནས་བརྒྱུད་དེ་འབའ་རོམ་དུ་ཕེབས། བསུ་བ་དང་སེར་སྦྲེང་མཛད། གདན་སར་དཔོན་རིན་པོ་ཆེ་ལ་

འབུལ་བ་དང་། དགེ་འདུན་རྣམས་ལ་བཀའ་ཆོས་དང་ཕྱག་འགྱེད་ཕུལ། དེ་ནས་འབྲི་སྟག་གི་འཁྲུགས་པ་རྣམས་བཟླུམས་ནས་ཚལ་དང་ཡེར་སོགས་བླ་མའི་གདན་ས་སོ་སོའི་དཔོན་རྣམས་དང་དགེ་འདུན་རྣམས་ལ་འབུལ་བ་ཕྱག་འགྱེད་དང་ཆོས་འབྲེལ་རིམ་པར་གནང་ནས་སླར་འབའ་རོམ་དུ་ཕྱིན། དེར་རྟེན་མཆོད་ཁང་རྣམས་ལ་རབ་གནས་རྟེན་བཞུགས་རྒྱས་པ་དང་དགེ་འདུན་ཚོགས་ལ་ཞལ་ཏ་ཞིབ་རྒྱས་མཛད་ནས་སྐྱིལ་མ་དང་བཅས་སླར་ཁམས་ལ་ཕེབས་པར་གདའ། དེ་ནས་སྨམ་ནེ་གེ་ཐང་ནས་བཀའ་བརྒྱུད་བླ་མ་རྣམས་ཞལ་གཟིགས་ནས་བཀའ་བཞིའི་གདམས་པ་གནང་བ་ལ་ཟབ་ལམ་བསྟན་བཙོས་མཛད། ཀ་ཐོར་ཕུག་ནས་རྣམ་སྲས་ཞལ་གཟིགས། རོག་སྤྱར་གོང་ནས་མགོན་པོ་ཞལ་གཟིགས། རོ་གད་བཞུགས་ཚེ་སྤྱན་རས་གཟིགས་ཞལ་གཟིགས། ཟླ་ཉིན་ལྕུགས་ལ་སྒང་བཞུགས་ཚེ་ཨ་ཏི་ཤ་རྣལ་འབྱོར་ཆས་ཅན་བཙུན་མོ་གཉིས་ཀྱིས་བརྟེན་པ་ཞལ་གཟིགས་ནས། ང་ཡི་ཉན་ཐོས་སྡེ་པ་བཅོ་བརྒྱད་པོ་འདི་ཁྱོད་ལ་གཏད་པ་ཡིན་པས་ཟུངས་ཤིག་ཅེས་གསུངས་པའི་གཟིགས་སྣང་བྱུང་གསུངས། ༼ཕྱིས་ཆོས་བརྒྱུད་ལ་སྒོམ་སྡེ་རི་ཁག་བཅོ་བརྒྱད་འབྱུང་བའི་ལུང་བསྟན་དུ་གོ། མཆན།༽ སྐྱོ་ལྡག་ན་མོ་ཆེར་སྒར་ཕབ་ནས་བཞུགས་པའི་སྐབས། ཉིན་གཅིག་སློབ་དཔོན་ཅུང་པོ། མཁན་པོ་རབ་སྦྱིང་བ། རོང་ཀ་མཁན་པོ། དགོན་པ་བ་སོགས་དགེ་འདུན་མང་བར་བཞུགས་པ་ལ་གཟིམས་གྱུར་གཤམ་ཁྲིག་གསུངས་ནས་མཐའ་འདིར་ལྕུགས་རི་ཆེན་པོ་གཅིག་གིས་བསྐོར་ནས་འདུག་པ་ཨེ་མཐོང་གསུངས། དེར་གཟིམས་གཡོག་ཤེས་རབ་རྡོ་རྗེ་ལ་འདིར་གཙུག་ལག་ཁང་དང་སྒྲུབ་པ་པོ་སེམས་ཅན་ལ་ཕན་ཐོགས་པ་མང་པོ་ཡོང་བར་འདུག །ཁོ་བོས་དེ་སྐད་ཟེར་གྱིས་ལ་བྲག་རྩ་རྩུ་མིག་མི་འཕོག་པར་ཡི་གེ་ཐོབ་གསུངས། དྲུང་དུ་འཁོད་པ་རྣམས་ལ། འདིར་དགོན་པ་ཆེན་པོ་འབྱུང་གི་དང་པོ་སངས་རྒྱས་ཀྱི་སྒྲུབ་གནས། བར་དུ་ཚོང་འདུས་ཆེན་མོ། ཐ་མ་ཇག་པའི་སྐྱང་ལུང་ཡོང་བར་འདུག་གསུངས། ཡུན་ཅི་ཙམ་གནས་ཞུས་པས་ཡུན་འབྲིང་ཙམ་ལས་མི་གནས། སྔར་ཞང་རིན་པོ་ཆེའི་འཁྲུགས་པ་བྱེད་དགོས་གསུངས་པ་ལ་ཁོ་བོས་མ་བྱུས་པ་དང་། འདིར་ཕྱིན་དུས་ཕ་གིར་སྤྱང་ཕོ་རང་གཉིས་རྩོད་པ་འདུག་པས། དེའི་རྟེན་འབྲེལ་གྱིས་མཐར་གདན་ས་བ་གཉིས་སུ་གྱེས་ནས་འཇིག་སླ་བར་འདུག་གསུངས། ཡུལ་དེའི་གཞི་བདག་ཟ་དང་པ་ཡིན་ཟེར་བའི་ནོ་སོ་ཅུང་ཏན་པ་དར་གྱི་ལ་ཐོད་བཅིངས་པ་ཆོས་རྒྱས་ཞིབ་པ་གཅིག་གིས་ཆོས་ཞུས། ཟ་རྒྱལ་ཆམ་ཕུ་དུང་རྣ་སྦྱོ་ར་ལོ་བཅས་ཟླ་རྒྱུད་གཞི་བདག་རྣམས་ལ་ཆོས་གསུངས། དེར་བཞུགས་རིང་བུ་སློབ་རྣམས་ལ་ཆོས་མང་

དུ་གནང་། ཁྱད་པར་དུ་འོ་སློལ་རྣམས་མར་མེ་སྣུམ་ཟད་པའམ། རྫིང་གི་ལྷག་ཆུ་ཆད་པ་འདྲ་གསུངས་མི་རྟག་པའི་ཆོས་དུ་མ་དང་། ང་གར་ཡོད་ཀྱང་ཁྱེད་རྣམས་ཀྱི་ཅི་བྱེད་ལྟ་བ་ཡིན་གསུངས། ཅུང་ཟད་སྐུ་ཁམས་མ་བདེ་ནས་སྐུ་མཚམས་བཅད་ཀྱི་ཚུལ་དུ་བཞུགས་པ་ལ། རྗེ་བ་དང་བེ་རི་མ་འགྲིགས་ནས་ཕེབས་དགོས་ཟེར་བའི་གདན་ཞུས་པ་བྱུང་། བུ་སློབ་རྣམས་ཀྱིས་མི་ཕེབས་པར་ཞུས་ནའང་ཁོང་རྣམས་ལ་ཕན་ན་ང་མ་བདེ་བས་མི་ལྟོ་གསུངས་ཏེ་ཕེབས། འཁྲུགས་པ་བཟླུམ། ཚུར་ཕེབས་ལམ་ཀོ་མཛོ་དགོན་དུ་བྱོན། དགེ་འདུན་རྣམས་ཀྱིས་འབུམ་རྒྱས་འབྲིང་བསྡུས་གསུམ་སོགས་ཀྱི་སྐུ་རིམ་མང་དུ་ཕུལ་ཀྱང་སྐུ་ཁམས་དྭངས་བསྐྱེད་མ་བྱུང་། དེ་ནས་འབའ་རོམ་སྒྲུབ་ཕུག་དེར་ཡན་ལག་བདུན་པ་ཕུལ། དེར་འདུས་ཀྱི་གྲྭ་བུ་སློབ་རྣམས་དང་། སྐྱེས་ཕོ་མོ་རྣམས་ལ་ཞལ་ཏ་གནང་། དེ་ནས་སྐར་པ་བརྟེགས་ནས་ཡོས་ཕུར་ཕེབས་པ་དང་། སྤྲེལ་ལོ་ཟླ་བ་ལྔ་པའི་ཚེས་གཅིག་སྐར་མ་ལག་སོར་ཤར་རིའི་རྩེ་ནས་ཐོན་པ་དང་གཟུགས་སྐུའི་དཀྱིལ་འཁོར་བསྡུས། སྐུ་གདུང་འདོ་ལི་ཁར་གདན་དྲངས་ནས་རྫ་ཆུ་ལ་གྲུ་གཟིང་མི་ཐེབས་པ་ལ། སེམས་སྐྱེ་མེད་མའི་གསོལ་འདེབས་མཛད་རྫ་ཆུ་སྐད་ཅིག་ཏུ་འཕང་དམའ་ནས་གདུང་སྐར་པ་ཕར་ཁར་ཐོན་པ་ངོ་མཚར་དུ་གྱུར་ཏོ། །དེ་ནུབ་མེར་ཆུང་ཞོར་དུ་ཕེབས། ཟླ་རྒྱུད་ཐམས་ཅད་འོད་ཀྱིས་ཁྱབ་པར་གྱུར། ཚེས་བཞི་ལ་མེར་ཆེན་ཞོར་དུ་གདུང་སྦྱངས། དེའི་ཚེ་དུད་པའི་ནང་ནས་རིན་པོ་ཆེ་དབུ་ཞྭ་རྩེ་ལྔ་བཞེས་ནས་ནམ་མཁའ་ལ་འཕྱུར་བ་སོགས་དག་པའི་མཐོང་སྣང་མཐའ་ཡས། འཇའ་འོད་མེ་ཏོག་གི་ཆར་ཆེན་བབས་པ་སོགས་ངོ་མཚར་བའི་ལྟས་དུ་མ་བྱུང་། དགེ་སློང་དགེ་འདུན་ཚོགས་སྐྱེ་བོ་འབུམ་ཕྲག་ལྷག་ཙམ་དང་བུ་སློབ་དཔོན་རིགས་རྣམས་ལ་དངོས་རྫས་བཏང་ཁྱད་པར་མང་ཕྱ་ཏྲའི་བྱང་ཆུབ་ཆེན་པོ། འཕགས་པ་ཤིང་ཀུན་རྣམས་སུ་འབུལ་བ་བསྐྱིལ། གདུང་རིང་བསྲེལ་བྱོན་ཚུལ་ལ། ཐུགས་ལྷགས་སྤྱན་གསུམ་དང་བདེ་མཆོག་ཡབ་ཡུམ་སྤྱན་གཟིགས་སོགས་སྐུ་རྟེན། ཡ་ར་ལ་བ་ཧཱུྃ་ཕཾ་གསུང་རྟེན། རིང་བསྲེལ་ཁ་དོག་ལྔ་ལྡན་ཐུགས་རྟེན། དུང་གཡས་འཁྱིལ་སོགས་ངོ་མཚར་རྨད་དུ་བྱུང་བ་དུ་མ་བྱོན། རྗེ་འགྲོ་བའི་མགོན་པོ་དེ་ཉིད་ལ་རྒྱ་བོད་མེ་ཉག་སོགས་སློབ་མ་གྲངས་ལས་འདས་པ་བློས་ཀྱིས་མི་ལངས་ཏེ། གཙོ་བོར་གྱུར་པ་ནི། སྤྱན་སྔ་རས་པ་དཀར་པོ། སློབ་དཔོན་གུར་དཀར་བ། ས་སྐྱ་པཎྜི་ཏ། རིགས་དཔོན་བཟང་སྐྱོང་བ། ཡུལ་སྐྱོང་ཆེན་པོ། མཁན་པོ་རབ་སྒྲེང་བ། མཁན་པོ་ཤེས་རབ་ཉི་མ། སྐྱེ་ཤོད་པ། མང་སྒོམ་རས་པ། ཤེས་རབ་རྡོ་རྗེ། དགེ་བཤེས་ཙུང་པོ། རོང་ཁ་མཁན་པོ། སློབ་དཔོན་རྡོ་གྲུམ། བྲ་བོ་དབང་ཕྱུག །ཐད་

ཆུ་སྒོམ་པ། དགེ་སློང་གྲགས་ཡེ། མོང་གོལ་འཕགས་པ། སློབ་དཔོན་གྱོ་སོགས་བསམ་གྱིས་མི་ཁྱབ་པ་བྱུང་ངོ།

༄ རྗེ་བའི་གསུམ་པ་སྤྱན་སྔ་པ་དཀར་པོའི་རྣམ་ཐར་ནི། སྐུ་འཁྲུངས་པའི་ཡུལ་མེ་ཉག་འགའ། གདུང་སར་རྒྱ། ས་ཕོ་རྟ་ཡི་ལོ་ལ་སྐུ་བལྟམས་ཤིང་། (རབ་བྱུང་གསུམ་པ་སྤྱི་ལོ་༡༡༥༤ལ། མཆན།) མཚན་ལྷས་བཟང་པོ་བྱུང་། ཆུང་དུའི་དུས་ནས་ཆོས་ལ་ཐུགས་འགྲོ་ཞིང་བྲེ་མོའི་གཏམ་ལ་སོགས་འཇིག་རྟེན་གྱི་བྱ་བ་མི་མཛད། དེ་ནས་སྐུ་ན་ཅུང་སོན་པ་ན། སྐྱེ་བ་དཔག་ཏུ་མེད་པའི་སྔོན་རོལ་ནས་ཚོགས་བསགས་སྨོན་ལམ་གྱི་འབྲེལ་བའི་མཐུས་འགྲོ་མགོན་རིན་པོ་ཆེའི་མཚན་ཐོས་པ་ཙམ་གྱིས་ཐུན་མོང་མ་ཡིན་པའི་དད་པ་སྐྱེས་ཏེ་མཇལ་ནས་ཆོས་ཤིག་བྱ་སྙམ་པ་རྒྱུད་ལ་སྐྱེས། དུས་རེ་ཞིག་གི་ཚེ་འཇིག་རྟེན་གྱི་དངོས་པོ་རྒྱ་ཆེ་བ་བསྣམས་ཏེ་བླ་མ་རིན་པོ་ཆེ་ཏི་ཤྲཱིའི་དྲུང་དུ་བྱོན་ནས་འབུལ་བ་དཔག་ཏུ་མེད་པ་ཕུལ། བླ་མ་རིན་པོ་ཆེས་ཀྱང་སྐྱོད་ལྡན་གྱི་སློབ་མར་དགོངས་ཏེ་ཐུགས་དགྱེས་མཛད། འབྲལ་མི་ཕོད་པ་ལྟ་བུའི་མོས་གུས་བསམ་ལས་འདས་པ་བྱུང་། མཁན་པོ་དགེ་འདུན་དང་བཅས་པའི་དབུས་སུ་རབ་ཏུ་བྱུང་ཞིང་བསྙེན་པར་རྫོགས། མཚན་ཤེས་རབ་བྱང་ཆུབ་ཏུ་གསོལ། ཕྱི་ནང་གི་ཆོས་ཐམས་ཅད་ལ་གསན་སྦྱོང་དཔག་ཏུ་མེད་པ་མཛད། ཁྱད་པར་དུ་ནཱ་རོ་ཆོས་དྲུག་དང་ཕྱག་ཆེན་གྱི་ཁྲིད་མཛད་པ་ཙམ་གྱིས་རྟོགས་པ་གཅིག་ཆར་དུ་སྐྱེས། རྗེ་གཅིག་ཏུ་བསྒོམས་པས་རྩ་རླུང་ལ་རང་དབང་ཐོབ་ཅིང་གནད་དུ་བསྣུན་པས་བྱང་སེམས་སྐུ་ལུས་ལ་ཁྲིམ་པས་ཞལ་རས་བཅོ་ལྔའི་ཟླ་བ་ཉ་རྒྱས་པ་ལྟར་དང་ལམ་མེ་ཡོད་པས། དེའི་དོན་གྱི་མཚན་རས་པ་དཀར་པོ་ཞེས་གྲུབ་པ་ཐོབ་པའི་སྙན་པ་ཕྱོགས་ཀུན་ཏུ་གྲགས་ཤིང་། སྐྱོ་ལྷག་ལ་ཁ་ནས་ཡར་ལ་བྱོན་པའི་དུས་སུ་ཆོས་བཅོ་ལྔའི་ཟླ་བ་ལ་ཁ་ནས་ཐོན་པ་བཞིན་དུ་དང་རྒྱང་སེ་གསལ་བའི་གཟི་མདངས་ཡོད་པའི་ལོ་རྒྱུས་འདུག   །བྲག་ལ་ཞབས་རྗེས་འཇོག་པ་མཛད་པ་སོགས་རྫུ་འཕྲུལ་གྱི་བཀོད་པ་བསམ་ལས་འདས། སྐུ་འབུམ་གྱི་ས་དེ་ཉིད་དུ་སྒར་པ་བཞུགས་ཅིང་བླ་མ་རིན་པོ་ཆེ་གཤེགས་རྗེས་ཤིང་གིས་གདུང་འབུམ་ཆེན་མོ་ཞག་ལྔ་བཅུ་ནས་གྲུབ། བཞུགས་ཁང་ཇོ་ཐོག་ཀླུ་ཛྙཱ་ར་དང་བཅས་པ་བླ་ན་མེད་པར་མཛད་བཞེངས་པའི་རིང་ལའང་མི་མ་ཡིན་མང་པོས་མཆོད་རྫས་ཐོགས་ཏེ་མངོན་སུམ་དུ་མཆོད། རབ་གནས་ཀྱི་དུས་སུ་རིན་པོ་ཆེས་དབུ་ཞྭ་རྩེ་ལྔ་བཞེས་ནས་ནམ་མཁར་བཞུགས་པའི་མཐོང་སྣང་སོགས་ངོ་མཚར་བའི་ལྟས་དཔག་ཏུ་མེད་པ་བྱུང་ཤིང་འགྲོ་རྣམས་ཚོགས་གཉིས་རྫོགས་པའི་རྟེན་དུ་གྱུར། རབ་བྱུང་བཞི་པའི་མེ་

ཕོ་སྒྲིལ་ལ་བཞུགས་ཡུལ་གྱི་གཟིམ་ཁང་དང་དགོན་པ་འདེབས་པར་མཛད་པ་ཡང་། སྐུ་འབུམ་རྩ་བ་ཟེར། ཧོར་སེ་ཆེན་རྒྱལ་པོའི་རྒྱལ་བུ་གོ་པེ་ལར་གྲགས་པའི་དུས་ཟླ་རྒྱུད་དུ་དམག་དྲངས་ནས་མདོ་སྨད་དུ་བྱོན། རས་པ་དཀར་པོ་དཔོན་སློབ་དང་གུང་པ་ཨའུ་སོགས་མཇལ་དུ་ཕེབས་ཤིང་། སྐུ་འབུམ་ཆེན་མོའི་དོན་དུ་གཙུག་ལག་ཁང་བཞེངས་པའི་བཀའ་ལུང་ཞུས་པས། རས་པ་དཀར་པོ་ལྷ་ཆོས་ཀྱི་བླ་མ་དང་། གུང་སྒོམ་ཨའུ་མི་ཆོས་ཀྱི་དཔོན་དུ་སྐོས། གནས་དྲུག་ཁྲི་སྐོར་བཅུ་གཉིས་མངའ་འབངས་སུ་ཕུལ། གཙུག་ལག་ཁང་བཞེངས་པའི་ལུང་དང་། ཁྲོ་ཐམ་ཆེན་མོ། གོས་དར་གསེར་དངུལ་སོགས་འབུལ་བ་རྒྱ་ཆེན་མཛད། ཡར་ཕེབས་ཏེ་གནས་དྲུག་ཁྲི་སྐོར་མངའ་ཞབས་སུ་བསྡུས། ༼ཁ་དག་ལ། རྣམ་མཁར་སྐྱ། ཆམ་མཁར་དམར། རྫ་གྱིང་ཐང་། ལྕི་དབེ་ཁྱུ། ལྷོ་རྟ་ཤོད། འདན་རག་ཐག་ཡིན་ཟེར་ཞིང་། གང་ལྟར་ནའང་དྲུག་ཁྲི་སྐོར་བཅུ་གཉིས་ཡིན་ཅིང་། གཞིས་ཁ་དྲུག་ནས་དེའི་དཔྱ་ཁྲལ་སྡུད་ཅིང་སྐུ་འབུམ་དགོན་དུ་འབུལ། མཆན།༽ མི་ཉག་ཡུལ་ནས་ཤིང་བཟོ་བ་དང་རྡོ་བཟོ་བ་བོས་ཏེ་ལྷ་ཁང་ནང་སོ་ཆེན་མོ་ཞེས་པ་ཀ་བ་བརྒྱ་དང་ཉི་ཤུའི་མལ་ཐོག་གསུམ་བྱ་འདབ་གསེར་གྱི་གཉྫིར་ཁྲིམས་སྐོར་ལམ་དང་བཅས་པ་འགྲན་གྱི་ཟླ་དང་བྲལ་བ་རྒྱ་ཕིགས་སུ་བཞེངས། ཐོག་བར་མར་བཀའ་བརྒྱུད་དང་རྒྱུད་སྡེའི་ལྷ་རིས་འོག་མར་ཟངས་གསེར་གྱི་ཐུབ་ཆེན་སོགས་རྟེན་མཆོད་ཀྱི་རིམ་པ་བསམ་ལས་འདས། ལྷ་མཁར་གྱི་ཐད་ཀྱི་བྲག་མགོར་རྡོ་མཁར་གྱི་ཕོ་བྲང་སོགས་མཛད། ༼ཕྱི་ཐམས་ཅད་རྒྱུད་སྡེའི་སྔགས་ཀྱིས་མཚན་པའོ། །མཆན།༽ དགེ་འདུན་སྟོང་ཕྲག་ཕྱེད་གཉིས་ཙམ་འཚོགས་དེ་དག་ཐམས་ཅད་ཀུང་ཕྱི་དགེ་སློང་ཞི་དུལ་གྱིས་སེམས་ཅན་གྱི་དང་བ་འདྲེན་པ། ནང་སྔགས་ཀྱི་བསྐྱེད་རིམ་དང་ལྡན་པ། གསང་བ་བྱང་སེམས་ཀྱི་འགྲོ་བ་ཐར་ལམ་ལ་བཀོད་པ། དེ་ཁོ་ན་ཉིད་ཕྱག་ཆེན་གྱི་དངོས་གྲུབ་ཐོབ་པ་ཤ་སྟག་གོ། མེར་ཆེན་རྩེར་སྒྲུབ་གྲྭའི་རི་དགོན་མཛད། གཟིམ་ཁང་དང་ཆོས་ཁྲི་དེང་སང་གི་བར་དུ་ཡོད། ཆུ་ཤིན་ཏུ་དཀོན་པས་རི་རྩེ་དེ་ཉིད་ནས་ཆུ་འདོན་པར་མཛད། དེ་ལྟའི་ལུགས་གཉིས་ཀྱི་སྒོ་ནས་སངས་རྒྱས་ཀྱི་བསྟན་པའི་ཞབས་འདེགས་རླབས་པོ་ཆེ་དང་གདུལ་བྱ་རྣམས་སྨིན་གྲོལ་གྱི་ལམ་ལ་བཀོད། དགུང་ལོ་དྲུག་ཅུ་རེ་ལྔ་བཞེས་པ་ཆུ་ཁྱི་རྟ་པ་ཟླ་བའི་ཚེས་བཅོ་བརྒྱད་ལ་ངོ་མཚར་བའི་ལྟས་དུ་མ་དང་བཅས་ཏེ་གཤེགས། སྐུ་གདུང་སྦྱངས་པས་རིང་བསྲེལ་གྱི་ཕུང་པོར་གྱུར། སློབ་མ་རྣམས་ནི། སྤྱན་སྔ་ལུས་མེད་རྡོ་རྗེ། སྤྱན་སྔ་བྱང་ཆུབ་མགོན་པོ། མཁས་པ་བྱང་ཆུབ་རྡོ་རྗེ། དཔལ་རྡོར་ཤེས་རབ་ཡེ་ཤེས། གུང་སྒོམ་ཨའུ། ཚུལ་པ་ཤེས་རབ་དཀོན་མཆོག །ལྷ་ཤཱཀྱ་རྒྱལ་བ། ཞང་སྒོམ་རས་པ། གཟི་དུ་རས་པ་སོགས་མང་དུ་

བྱུང་ངོ་། །

༄ རྗེ་བའི་བཞི་པ་གསང་བ་ལུས་མེད་རྡོ་རྗེའི་རྣམ་ཐར་ནི། དེའང་མདོ་ཁམས་ལུང་པ་ཕྲུག་དྲུག་གི་ཡ་གྱལ་འབྲི་ཀླུང་དམ་པ་ཆོས་ཀྱིས་ཕྱུག་པའི་ལྗོངས་ཀྱི་ནང་ཚན་ལས་སྟོད་ཀྱི་ཕྱོགས་སུ་གྱུར་པ། རྫ་བོ་རྒྱོག་ཆེན་གདོང་རས་ཉེ་བར་སྐྱོང་བའི་ས་ཡི་ཆ་སྣ་སྟོད་གནམ་རྫོངས་ཕྱུག་མོ་ཞེས་པར་ཡབ་ལྷ་ཆེན་ཚངས་པ་དཀར་པོའི་འཕྲུལ་ཐིག་གིས་བཀྲུན་པའི་སྲས་ཐུ་རྗེ་ཐང་ལ་འབར་ཞེས་པ་དང་། ཡུམ་འབྲོག་བཟའ་ལྷ་སྨན་སྒྲོན་ཞེས་པ་གཉིས་ལ་སྲས་གསུམ་ཡོད་པ་ལས་ཆེ་བ་ལ་ཐུ་ཆེ་བཙན་ཡེ་རྒྱལ། འབྲིང་བ་ལ་དམ་པ་སངས་རྒྱས། ཆུང་བ་ལ་དམ་པ་ཀུན་དགའ། ཆེ་བཙན་ཡེ་རྒྱལ་ལ་སྲས་གཉིས་ཡོད་པའི། ཆེ་བ་སྣ་རྗེ་ཚུལ་ཁྲིམས་རྒྱལ་བ་ཞེས་པ་ཐུ་པ་རིན་ཆེན་ཚོ་དྲུག་གི་རྒྱལ་པོར་གྱུར། ཆུང་བ་ལྷ་རིགས་རྒྱལ་བ་ཡེ་ཤེས་སམ་ལྷ་བཙུན་རྒྱལ་བ་ཡེ་ཤེས་ཞེས་པ་ནི། ཁུ་བོ་ལས་ཡབ་ཆོས་སྐོར་གསན་ནས་ཕྱོགས་མེད་ཀྱི་རྒྱལ་ཁམས་འགྲིམས་པར་མཛད། མཁས་གྲུབ་མང་པོ་ལས་གདམས་པ་ཟབ་མོ་རྣམས་ཞུས་ནས་ཐུགས་སུ་ཆུད་པར་གྱུར་ཅིང་། མཐར་རྒྱམ་རྒྱལ་རྡོ་ཐེའི་གངས་རྒྱུད་མཚོ་ཏེ་མདོའི་ཀྱི་ལ་ཐང་ཁར་གཏན་ཆགས། དེར་བཙུན་མོ་ཅིག་བཟའ་སྒྲོན་ནེ་ལ་འཕྲད་པའི་སྲས་གཉིས་བྱུང་བ་ལ། ཆེ་བ་ལ་ཀྱི་ལ་སངས་རྒྱས་མགོན་པོ་དང་། ཆུང་བ་ལ་ཀྱི་ལ་དགེ་བཤེས་སུ་གྲགས་པ་ལས་དགེ་བཤེས་ཀྱི་སྲས་སུ་མེ་མོ་ཕག་ལོར་འཁྲུངས། ༼རབ་བྱུང་བཞི་པ།༡༡༧༧ལ། མཆན།༽ སྔོན་གྱི་རིགས་སད་པའི་སྟོབས་ཀྱིས་ཆོས་ལ་ཐུགས་འགྲོ་ཞིང་། ཡི་གེ་ལ་སོགས་སློབ་གཉེར་མང་དུ་མཛད་པ་ཡང་ཐོགས་པ་མེད་པར་མཁྱེན་པ་བྱུང་ངོ་། །དེ་ནས་རེ་ཞིག་གི་ཚེ་གནས་དྲུག་ཁྲི་སྐོར་གྱིས་སྒོམ་སྡེའི་ལྷ་ཁང་ཆེན་མོ་བརྩིགས་པའི་ལས་ཀ་བ་ལ་སྐུ་འབུམ་རྗེ་ར་ཕེབས་ཏེ། དད་པས་ཀུན་ནས་བསླངས་བའི་ལྷག་པའི་བསམ་པ་རྣམ་པར་དག་པས་ལུས་སྲོག་ལ་ལྟོས་པ་མེད་པ་ལྷ་ཁང་གི་ལས་ལ་འབད་པས། སྡིག་སྒྲིབ་དག་པའི་རྟག་ཐུན་མོང་མ་ཡིན་པ་བྱུང་ངོ་། །དེ་ནས་རྫི་ལ་ཕ་རྟག་གསུམ་ལ་སོགས་པའི་རྗེ་པའི་མི་སྡེ་ཐམས་ཅད་ཀྱིས་བྱང་ཕྱོགས་ཀྱི་ལོགས་དེ་ཁག་ཁུར་བྱས་པ་ཡིན་ཏེ། དེར་ཐམས་ཅད་ཀྱིས་བརྟོན་འགྲུས་དྲག་པོའི་སྒོ་ནས་བརྩིགས་པས། གཙུག་ལག་ཁང་ལེགས་པར་གྲུབ་པའི་དུས་སུ་རས་པ་དཀར་པོ་ཆིབས་གོང་དུ་བྱོན་ཞིང་ཚུལ་ཁང་སྣང་བྱ་བར་གནས་དྲུག་པའི་ལས་ཀ་བ་ཐམས་ཅད་ལ་ཁྲོམ་ཆོས་ཆེན་པོ་གསུངས་ནས་ཞབས་དབང་གཤེར་བའི་དུས་སུ། རས་པ་དཀར་པོས་སྐྱེ་བ་དཔག་ཏུ་མེད་པའི་གོང་ནས་ཚོགས་བསགས་ཤིང་གདམས་ངག་གི་སྣོད་དུ་རུང་བའི་ལས་ཅན་གྱི་སྐྱེས་བུ

ཁྱད་པར་ཅན་ཡིན་ཏེ། འགྲོ་བའི་དོན་རྒྱ་ཆེན་པོ་འབྱུང་བར་དགོངས་ནས་བུ་ཚ་གོ་འཇོ་བ་ཁྲིད་རང་འདི་ཀ་རང་དུ་སྡོད་ནས་རབ་ཏུ་བྱུང་སྟེ་དམ་པའི་ཆོས་སྒྲུབ་པར་ནུས་སམ་གསུངས་པས་ལུས་ཐམས་ཅད་སྤྲིད་ཆིལ་གྱིས་སོང་ནས་གདོང་མཆི་མ་འཁྲུགས་ཤིང་དད་པ་ཐུན་མོང་མ་ཡིན་པ་སྐྱེས་ཏེ། བདག་ཅི་ནས་ཀྱང་བླ་མ་དམ་པའི་ཆགས་ཞབས་འདིར་སྡོད་པ་ཡིན་པས་ཐུགས་རྗེས་བཟུང་དུ་གསོལ་ཞེས་ཞུས་པ་ལ། རས་པ་དཀར་པོ་ཡང་ཤིན་ཏུ་ཐུགས་དགྱེས་པར་གྱུར། དེ་ནས་ཁོང་རང་གིས་ཉེ་གཞི་དང་ཁྱིམ་མཆེས་ལ་སོགས་ཕར་བཏང་ཞིང་། ང་འདིར་སྡོད་ནས་དགེ་སྦྱོར་ཞིག་ཨེ་འོང་བལྟ། ད་ལྟ་མི་ལུས་ཐོབ་པའི་དུས་འདིར་དགེ་སྦྱོར་གཅིག་མེད་ན། ཕྱི་མ་ཕྱིན་ཆད་ཅི་འདྲའི་ལུས་ལེན་ངེས་པ་མེད་པས། ད་ལན་བླ་མ་དམ་པའི་ཞལ་ནས་སྡོད་གསུངས་ཤིང་ཐུགས་ལ་བཏགས་པར་གདའ་བས། ང་ཅིས་ཀྱང་འདིར་སྡོད་པ་ཡིན་གསུངས་ནས་བཞུགས་སོ། །དེ་ནས་རས་པ་དཀར་པོ་ཉིད་ཀྱི་དབུ་མཛད་པའི་མཁན་སློབ་མང་པོའི་མདུན་དུ་རབ་ཏུ་བྱུང་ཞིང་མཚན་བྱང་ཆུབ་དཔལ་བྱ་བར་བཏགས། འདུལ་བ་ལ་སོགས་པའི་བཤད་ཉན་དང་སློབ་གཉེར་ཡང་མང་དུ་མཛད།

དེ་ནས་བདེ་དགྱེས་དང་མ་ཧཱ་མ་ཡ་ལ་སོགས་ཀྱི་དབང་བསྐུར་མང་དུ་ཞུས་ཤིང་། གསང་མཚན་མི་བསྐྱོད་རྡོ་རྗེ་བྱ་བར་བཏགས། དེ་དག་གི་དམ་ཚིག་གི་ཆོས་སྐོར་དང་རྒྱུད་འགྲེལ་ལ་སོགས་པ་བཤད་པ་ལ་ཡང་མཁས་པར་མཛད། ཐབས་ལམ་ནཱ་རོ་ཆོས་དྲུག །གྲོལ་ལམ་ཕྱག་རྒྱ་ཆེན་པོའི་ཁྲིད་གསན་ཅིང་བསྒོམ་པས་ཉམས་མྱོང་གི་འཆར་སྒོ་དཔག་ཏུ་མེད་པ་བྱུང་། དེར་རས་པ་དཀར་པོ་དཔོན་སློབ་བཅོ་བརྒྱད་གླིང་སྟོད་ཀྱི་སྤྱིལ་པོ་གཅིག་ཏུ་གདན་དྲངས་ནས། གྲོ་མ་མར་ཁུ་ལ་སོགས་ཞུས་པ་ལ། བྱང་དཔལ་བས་ཁོ་རང་གི་སྐལ་བ་དང་། རིན་པོ་ཆེའི་གསོལ་རས་ཡོན་བདག་གིས་ལྷག་པོར་ཞུས་པ་ལ་སོགས་མར་ཁུ་མང་དུ་གསོལ་བའི་ཚེ། ཉེ་གནས་རྣམས་ཀྱིས་དེ་རིང་བྱང་དཔལ་བས་མར་ཁུ་དེ་ཙམ་གསོལ་བ་མི་ཞུ་ནས་ནད་དུ་འགྲོ་ཉེན་ཡོད་བྱས་པ་ལ། བླ་མའི་ཞལ་ནས་ཁོའི་རྩ་ཐིག་རླུང་གསུམ་ལ་གནད་དུ་བསྣུན་ཞིང་སྙིང་རུས་དྲག་པོ་བསྐྱེད་ནས་བསྒོམས་པས། དེ་ཙམ་གྱིས་གནོད་པ་མ་ཡིན་ཏེ་འོན་ཀྱང་ཁྱེད་རྣམས་སོང་ལ་ལྟོས་ཤོག་གསུངས། དེར་སོང་ནས་བལྟས་པས་བྲག་རྩ་གཅིག་ན་སྒོམ་སྟན་བཏིང་བའི་སྟེང་དུ་བཞུགས་ནས་འཁྲུལ་འཁོར་བྱེད་ཅིང་འདུག་པ་ལ། བསྐྱུའི་བུ་ག་ནས་མར་ཁུ་ཅིལ་ཅིལ་ཕྱིར་ཐོན་པར་འདུག་ཟེར་རོ། །ཡང་དེ་དུས་སུ་རས་པ་དཀར་པོ་ཉིད་ཀྱིས་མཁན་པོ་མཛད་ཅིང་དགེ་སློང་གི་དགེ་འདུན་མང་པོ་ཚོགས་པའི་དྲུང་དུ་དགེ་སློང་གི་སྡོམ་པ་རྣམ་པར་

དགུ་པ་བླངངོ། །

དེ་ནས་ཁྲིད་ཀྱི་རིམ་པ་ལ་སོགས་པ་གདམས་པ་ཐམས་ཅད་རྫོགས་པར་གསན་ཅིང༌། ཁྱད་པར་དུ་ཡང་ཕྱག་རྒྱ་ཆེན་པོ་ལ་རྩེ་གཅིག་ཏུ་ཡེངས་བ་མེད་པའི་བརྩོན་འགྲུས་བསྐྱེད་ནས་བསྒོམས་པས། སྣང་སེམས་དབྱེར་མེད་དུ་འདྲེས། མངོན་པར་ཤེས་པ་རྒྱ་ཆེན་པོ་མངའ་བ་ལ་སོགས་པ་ལམ་གྱི་ཡོན་ཏན་དཔག་ཏུ་མེད་པ་ཐུགས་ལ་བལྷམས་ཤིང༌། དེ་ཡང་ཉིན་མོ་ཉི་མའི་འོད་ཟེར་དང༌། མཚན་མོ་ཟླ་བ་དང་མར་མེའི་འོད། གང་ལ་བྱོན་ཡང་སྐུ་ལུས་ལ་གྲིབ་མ་མི་སྣང་ཞིང༌། བྲག་ལ་ཞབས་རྗེས་བཞག་པ་སོགས་རྫུ་འཕྲུལ་མཐའ་ཡས། སྣང་བ་སྤྲུལ་བསྒྱུར་ལ་མངའ་བརྙེས་རི་རབ་ཁང་ཁྱིམ་ལ་སོགས་འབྱུང་བའི་དངོས་པོ། གང་གིས་ཡང་མི་སྒྲིབ་ཅིང་ཤེལ་སྒོང་དང་འདྲ་ལ། དེ་དག་གང་ལའང་ཆགས་ཐོགས་མེད་པར་འབྱོན་པས་ཆོག་པའི་དོན་གྱི་ལུས་མེད་ཟེར་ཞིང༌། སྲ་ཞིང་སྙིང་པོ་ཁོང་སྟོང་བསྟན། གཞོམ་དུ་མེད་ཅིང་གཞིག་ཏུ་མེད། སྲིག་མེད་བཅད་དུ་མེད་པས་ན། སྟོང་པ་ཉིད་ལ་རྡོ་རྗེར་བརྗོད། གསུང་པ་ལྟར་སྟོང་པ་ཉིད་ཀྱི་དོན་ཇི་ལྟ་བ་བཞིན་དུ་རྟོགས་པས་རྡོ་རྗེ་སྐུ། དེའི་དོན་གྱི་མཚན་ལུས་མེད་རྡོ་རྗེ་བྱ་བར་ཡོངས་སུ་གྲགས། ཕྱག་ཆུ་འཐོར་བས་བྲག་རིང་བསྲེལ་གྱི་ཕུང་པོར་གྱུར། བླ་མ་རིན་པོ་ཆེ་གཤེགས་པའི་འདས་མཆོད་དང༌། གཟིམ་མལ་གྱི་འདུ་འཕག   །ཧེ་ཤྲཱི་གསེར་གདུང་ཆེན་མོའི་གཡས་ངོས་སུ་གདུང་འབུམ་ལྷ་ཁང་རྡོ་ཐོག་དང་བཅས་པ་བཞེངས། དབུས་སུ་ཕེབས་ཏེ་རྗོག་གཟི་བརྗིད་གྲགས་པ་ལ་དགྱེས་རྡོར་དང་ལྷ་མོ་དྲུད་སོལ་མའི་སྐོར་དང་ཚུལ་ཁྲིམས་ཤཱཀྱ་ལས་གཏོད་སྐོར། མཚལ་དུ་ལྷ་ཕྱུག་ཉི་མ་འོད་ལས་གཟེར་ལྔ་སོགས་ཞང་རིན་པོ་ཆེའི་ཆོས་སྐོར་མ་ལུས་པ་གསན། བྱ་ཡུལ་བ་ཆེན་པོའི་གདན་ས་བ་ལས་ཚོགས་བདག་གི་སྐོར་གསན་ནས་དེ་ཕྱོགས་སུ་བཞུགས་པར་གདའ། དེའི་དུས་ས་སྐྱ་བའི་བླ་མ་འཕགས་པ་ཧོར་ཡུལ་ནས་བོད་དུ་ཕེབས་ཤིང་མདོ་སྟོད་དུ་བྱོན་པ་ལ་སྐུ་འབུམ་དགོན་གྱི་འདུས་གྲྭ་ཆེ་བགྲེས་རྣམས་མཇལ་དུ་བྱོན་ཏེ་འབུལ་ཞབས་བཟང་པོ་བྱས་ནས། བླ་མ་སྤྲུལ་པའི་སྐུ་ཆེན་པོ་དེ་ཞིང་ཁམས་གཞན་དུ་གཤེགས་ཏེ་མི་བཞུགས། ད་ཁྱེད་རང་བོད་ཀྱི་སེར་ཆགས་ཡོངས་ཀྱི་བདག་པོར་གྱུར་པས་ངེད་ཀྱི་བླ་མའི་གདན་ས་འདིར་བླ་མ་གཅིག་བསྐོ་བར་ཞུ་ཞུས་པས་ཞལ་ནས། འོ་སྐོལ་ཆོས་ལུགས་མི་གཅིག་པའི་ཞད་ཀྱིས། ངེད་ཀྱི་བླ་མ་གཅིག་བསྐོས་པས་མགོ་ལུས་འགྲིག་པོ་རང་མི་ཡོང༌། ཁྱེད་རང་གི་བུ་ཆེན་ཆེ་བ་གང་གྲགས་པ་གཅིག་བསྐོས་ནས་བདག་རྐྱེན་ལ་སོགས་པ་ངེད་ཀྱིས་བྱེད་པ་འཐད་གསུངས། འདིར་བུ་

ཆེན་མང་དུ་བཞུགས་ཀྱང་ཐམས་ཅད་དབུ་མཐོ་བ་འདྲ་འདྲར་སོང་བས་བསྐོ་འོས་མེད། འགྲན་ཟླ་དང་བྲལ་བའི་ཐུགས་སྲས་ལུས་མེད་རྡོ་རྗེ་བྱ་བ་གཅིག་ཡོད་པ། ད་ལྟ་དབུས་གཙང་གཉིས་ན་བཞུགས་ཞུས་པས། འོ་ན་ཁྱེད་རང་ཚང་གི་མི་སྣ་ཐོངས་དང་ངེད་ཀྱིས་རྩད་གཅོད་གསུངས། ལུས་མེད་རྡོ་རྗེ་མཚལ་གུང་ཐང་ནས་བཞུགས་སྐབས་འཕགས་པ་རིན་པོ་ཆེས་ས་སྐྱར་གདན་དྲངས་ནས་གདན་སར་རིན་པོ་ཆེ་བཞུགས་དགོས་གསུངས་ཤིང་ལུགས་གཉིས་ཀྱི་རྗོང་དར་བཅས། དགུང་ལོ་སུམ་ཅུ་རྩ་དགུ་བཞེས་པའི་དུས། ཤིང་མོ་གླང་གི་ལོ་ལ་བསྐོ་བཞག་མཛད་ཅིང་། ཁམས་སུ་ཕེབས། སྐུ་འབུམ་རྩ་བའི་དགེ་འདུན་པ་རྣམས་དང་གནས་དྲུག་ལྷ་སྟེ་མི་སྡེའི་ཚོགས་ཀྱིས་བསུ་བ་སེར་སྦྲེང་དང་བཅས་ནང་སོ་ཆེན་མོའི་སེང་གེའི་ཁྲི་ལ་ཞབས་བཀོད་པར་མཛད།

དེ་ཡང་སྡོམ་པ་གསུམ་དང་ལྡན་ཞིང་བསླབ་པ་གསུམ་ལ་ནན་ཏན་མཛད་དེ། བརྩོན་འགྲུས་ཆེན་པོའི་ཤུགས་ཀྱིས་མདོ་སྔགས་ཀྱི་ཆོས་ལ་ཡོངས་སྦྱོད་ཅིང་ཐུགས་སྦྱངས་པས་བློ་གྲོས་ཀྱི་སྣང་བ་རྒྱས། དཔལ་ལྡན་བླ་མ་དམ་པ་རས་པ་དཀར་པོ་ལ་སངས་རྒྱས་ཀྱི་འདུ་ཤེས་བསྐྱེད་ནས། ཅི་གསུང་གི་བཀའ་བསྒྲུབ་ཅིང་། ཁྱོད་ཀྱི་ང་ཡི་ཆོས་འདི་ཡི་བརྒྱུད་པ་ཡང་ཟུངས་ཤིག་གསུངས་ནས་ཞལ་ཏ་གནང་སྟེ། གདམས་པ་ཟབ་མོ་ཞལ་གདམས་གདན་ས་དང་བཅས་པ་རྣམས་ཐུགས་སུ་ཆུད་པར་མཛད་ཅིང་། ཉམས་སུ་བླངས་པས་ཡོན་ཏན་གྱི་སྒོ་དུ་མ་དང་ལྡན་ཏེ། སོ་སོ་རང་གི་དབང་པོ་དང་མཚུངས་པར་ལྡན་པའི་ཆོས་བསྟན་ནས་གདུལ་བྱ་དཔག་ཏུ་མེད་པ་སྨིན་གྲོལ་གྱི་ལམ་ལ་བཀོད། ལྷ་ཁང་གསར་མ་བྱ་བ་ཀ་བ་བཅུ་གཉིས་ཀྱི་རྒྱ་ཕྱོན་ཅན་རྟེན་མཆོད་དང་བཅས་པ་སོགས་དགོན་པ་དར་རྒྱས་ཆེར་མཛད། ལྷ་མོ་བསྒྲུབས་པས་ཞལ་བསྟན་ཏེ་མི་རབས་བཅུ་གསུམ་ཚུན་བསྟན་པ་བསྲུང་བར་ཞལ་གྱིས་བཞེས། ཚོགས་བདག་བསྒྲུབས་པས་དངོས་གྲུབ་རྣམ་གཉིས་འབད་མེད་དུ་ཕུལ། གདན་ས་རིན་པོ་ཆེའི་བདག་རྐྱེན་མཛད་ནས་ལོ་ཉི་ཤུ་རྩ་བརྒྱད་ལ་བླ་མ་དམ་པའི་ཐུགས་དགོངས་རྫོགས་པའི་ཆེད་དུ་དགོན་པ་བསྐྱངས་ཤིང་བསྟན་པ་དར་བར་མཛད་པ་ཡིན་ནོ། །

དེ་ནས་ཡང་དག་པར་རྫོགས་པའི་སངས་རྒྱས་ཀྱི་མཛད་པ་དང་སྒོ་བསྟུན་ཞིང་། དགུང་ལོ་དྲུག་ཅུ་རྩ་དྲུག་བཞེས་པའི་དུས་སུ་ཆུ་ཕོ་འབྲུག་གི་ལོ། རོག་ཉ་ཟླ་བའི་ཚེས་བརྒྱད་ཀྱི་ཉིན་ཕྱེད་མྱ་ངན་ལས་འདས་པའི་ཚུལ་བསྟན་ཏོ། །དེ་ནས་གདུང་འཕྱིད་ཆེན་པོ་བྱས་ཤིང་གདུང་སྦྱངས་པས། ནམ་མཁའ་ཐམས་ཅད་འཇའ་ཚོན་འཁྲིགས་ཤིང་མེ་ཏོག་གི་ཆར་མང་དུ་བབས། དུང་དཀར་གཡས་སུ

འཕྲིལ་བ་བཅུ་གསུམ་ལ་སོགས་སྐུ་གདུང་རིང་བསྲེལ་དཔག་ཏུ་མེད་པ་བྱོན། ཁྱད་པར་དུ་ཡང་ཞག་བདུན་ཕྲག་བདུན་པ་ལ་རིང་བསྲེལ་གྱི་ཆར་བབས། དེ་ནས་སྐུ་གསུང་ཐུགས་ཀྱི་རྟེན་དང་། གསེར་འབུམ་ཆེན་མོ་དང་། ལྷ་ཁང་འབུམ་ཆུང་བྱ་བ་རྩེག་གསུམ་པ་གཅིག་ལེགས་པར་བཞེངས་སོ། །ཡབ་སྲས་འདི་གཉིས་ཀྱི་མཆོད་པའི་དུས་ལ་བཅོ་བརྒྱད་གོང་འོག་ཟེར། ཁྱད་པར་ལུས་མེད་རྡོ་རྗེའི་དུས་མཆོད་བྱེད་པའི་དུས་ལ། སྒྲོམ་སྟེའི་རོག་མཆོད་ཆེན་མོ་ཟེར་བའི་མིང་ཡང་ཕྱིས་ཀྱི་བར་དུ་བྱུང་ངོ་། །སློབ་མའི་ཚོགས་བགྲང་གིས་མི་ལངས་ཤིང་། བརྗོད་ཀྱི་མི་ལོངས་པ་བྱོན་ཀྱང་གཙོ་བོར་བཀའ་བབ་ཀྱི་སློབ་མ་བཞི་ནི། རིག་དབོན་བྱང་ཆུབ་གཞོན་ནུ་ལ་བརྒྱུད་འཛིན་གྱི་བཀའ་བབས། མཁས་པ་བྱང་ཆུབ་མགོན་པོ་ལ་རྟེན་འབྲེལ་གྱི་བཀའ་བབས། ལྷ་ཚངས་པ་ཚུལ་ཁྲིམས་སེང་གེ་ལ་དབང་དང་རབ་གནས་ཀྱི་བཀའ་བབས། དབུལ་རྫོང་བ་ཤཱཀྱ་རྡོ་རྗེ་ལ་ཕྱག་ཆེན་གྱི་བཀའ་བབས་པའོ། །

༄ རྒྱ་བའི་ལྷ་པ་བརྒྱུད་འཛིན་གྱི་བཀའ་བབས་རིགས་དབོན་བྱང་ཆུབ་གཞོན་ནུ་ནི། འཁྲུངས་ཡུལ་ཀྱི་ལ་ཁ། ཡབ་ཀྱི་ལ་སངས་མགོན་ལ་སྲས་གཉིས་ཡོད་པའི་ཆེ་བ་སངས་རྒྱས་དཔལ་དང་། ཆུང་བ་བྱང་ཆུབ་གཞོན་ནུ་སྟེ། རབ་བྱུང་བཞི་པའི་(སྤྱི་ལོ། ༡༢༥༤ ལ)ཤིང་སྟག་ལ་སྐུ་འཁྲུངས། ལུས་མེད་རྡོ་རྗེའི་མདུན་དུ་རབ་ཏུ་བྱུང་། མཚན་བྱང་ཆུབ་གཞོན་ནུར་གསོལ། འབའ་རོམ་ནས་བརྒྱུད་པའི་ཆོས་ཡོད་དགུ་ཚོག་རྣམས་ལ་གསན་བཞེས་རྒྱ་ཆེར་མཛད། ཁྱད་པར་ཟབ་ལམ་ན་རོ་ཆོས་དྲུག །བསྲེ་འཕོ་གནད་ཀྱི་མཚམས་སྦྱོར། གྲོལ་ལམ་ཕྱག་རྒྱ་ཆེན་པོ་ལ་ཉམས་ལེན་རྩེ་གཅིག་ཏུ་མཛད་པས་ཉམས་རྟོགས་ཡོན་ཏན་མཐའ་ཡས། གསེར་གདུང་ཆེན་མོའི་གཡོན་ངོས་སུ་གདུང་འབུམ་དང་། ལྷ་ཁང་འབུམ་ཆུང་བྱ་བ་སུམ་བརྩེགས་ཅན། ཐུབ་པའི་གསེར་སྐུ་ཆེན་མོ་སོགས་སྐུ་གསུང་ཐུགས་ཀྱི་རྟེན་མཆོད་བསམ་ལས་འདས་པ་བཞེངས། དེ་ནས་མགོ་ལྟའི་ཡེབ་ཏི་ཕུག་ཏུ་སྙིང་པོའི་རྣལ་འབྱོར་ལ་ཐུགས་གཞོལ་ནས་སྒྲུབ་པ་རྩེ་གཅིག་ཏུ་མཛད་པ་ལས། དུས་རེས་ཤིག་གི་ཚེ་ལྷ་ཆེན་ཚུལ་ཁྲིམས་སེང་གེས་གཙོར་མཛད་རས་ཚང་སྒྲོམ་སྟེའི་མི་སྣ་ཆེ་བ་རྣམས་དང་། སྐུ་འཁོར་ཚང་མ་དེར་ཕེབས་ནས་བླ་མ་རིན་པོ་ཆེ་ཉིད་ནང་སོ་ཆེན་མོའི་ཁྲིར་ཕེབས་ནས་བསྟན་དགོན་གྱི་འཛིན་སྐྱོང་སྤྱོལ་གསུམ་ཆོས་སྲིད་ཟུང་འབྲེལ་གྱི་ཕྱག་བཞེས་མ་ཉམས་པའི་མཛད་བཟང་རྒྱུན་འཁྱོང་གི་ཞུ་བ་ནན་ཆེར་ཕུལ་བས། དེར་ལྷ་ཆེན་པོ་ཉིད་ཀྱི་བཀའ་མི་གཅོག་པའི་ཕྱིར་དེ་ལྟར་བྱ་གསུངས་ནས་ཕྱིར་གདན་སར་ཕེབས། གནས་དྲུག་ལྷ་མིའི་བསུ་བ་དཔེ་མེད་དང་བསྙེན་བཀུར་གྱིས་ནང་སོ་ཆེན་མོའི་གཙུག་རྒྱན་དུ་མངའ

གསོལ། དེ་ནས་གདན་ས་མཛད་ཅིང་གྲྭ་པ་བསྐྱངས་ནས་སྨིན་གྲོལ་གྱི་ཆོས་འཁོར་བསྐོར། གནས་དྲུག་པའི་མངའ་འབངས་ཞྭམས་བརྒྱའི་སྐྱོང་བ་སོགས་རྒྱལ་བའི་སྲས་ཀྱི་མཛད་པ་ཇི་བཞིན་པ་ཁོ་ནར་སློབ་རྫུང་། འགའ་ཞིག་དྲེགས་པས་སྐྱེམས་ཤིང་ཕྲག་དོག་པའི་རྣམ་འགྱུར་བྱུང་བར་བརྟེན། མ་ཀི་དི་ལ་འབྱུལ་གྱི་མགོ་རུ་ཚངས་མང་གསར་པ་ཞིག་བྱ་དགོས་གསུངས་ནས་གཟིམས་ཁང་གསར་པ་མཛད་དེ་ལྷ་ཁང་དང་བྲང་ཁང་སོགས་བཀོད་པ་བསམ་ལས་འདས་པ་བསྐྲུན། གོང་དུ་ནང་སོ་གོང་དུ་ནང་ཆེན་མོ་ལྷ་ཁང་གི་ཚུལ་དུ་བཞུགས་སུ་གསོལ་ཞིང་། འགྲོ་དོན་བསམ་མི་ཁྱབ་པར་མཛད། མཐར་དགུང་ལོ་བདུན་ཅུ་རྩ་ཕག་ས་ཟླའི་ཚེས་བཞི་ལ་གཤེགས། འཇའ་འོད་མེ་ཏོག་གི་ཆར་ཀུན་གྱི་མཐོང་སྣང་དུ་གྱུར། དེ་ནས་ཕྱོགས་ཀྱི་བླ་མ་མི་དཔོན་ལྷ་སྡེ་མི་སྡེ་ཀུན་ལ་སྐུ་ཡི་འདབས་ཆེན་པོ་བཏང་བས་ཀུན་རྣམས་ཁེངས་པར་གྱུར་ཅིང་གདུང་ཞུགས་ལ་ཕུལ་ཚེ་ལྷ་མི་ཀུན་གྱིས་མཆོད་པ་བླ་ན་མེད་པས་མདུན་བཟར་ཏེ་ངོ་མཚར་བའི་གནས་སུ་གྱུར། གདུང་དང་རིང་བསྲེལ་གྲངས་ལས་འདས་པ་བྱུང་ཞིང་སློབ་ཚོགས་ཀྱང་མང་དུ་མཆིས་པ་ལས་གཙོ་ཆེ་བ་རིགས་དཔོན་གྲགས་བྱང་བ་དང་གྲགས་ཚུལ་བ་གཉིས་སྟོང་ནག་རས་པ་བློ་གྲོས་རྡོ་རྗེ་སོགས་བྱོན་པའོ། །དེ་ཡང་ནང་ཆེན་ནང་གི་རྟེན་མཆོད་ཕྱུན་སུམ་ཚོགས་པ་རྣམས་ལས། ལུས་མེད་རྡོ་རྗེའི་བཞུགས་ཁྲི་ཕྱག་རྗ་གསང་བ་ལྷ་འབོད། ཚོགས་བདག་གི་སྐུ་རྟེན་དང་སྤྱན་གཟིགས་སྣ་ཚོགས་དང་། དུང་དཀར་མོ་རྒྱང་གྲགས། ཟངས་བཀྲ་ཤིས་ཁ་གྲོ་སོགས། གཙོ་ཆེ་བ་རྣམས་དེར་བཞུགས་ཤིང་། དེ་འཕྲོས་རྟེན་གསུམ་མཆོད་རྫས་རྣམས་ལས་ཉུང་ཤས་ཚངས་མང་གསར་པར་སྤྱོས་ནས་བཞུགས་པར་འདུག །

༄ རྟེན་འབྲེལ་བཀའ་བབས་བྱང་ཆུབ་མགོན་པོ་ནི། གདུང་འབེ་ཡིན་ཞིང་སྐུ་ཆུང་དུ་ནས་རས་དཀར་བ་ལས་རབ་ཏུ་བྱུང་། མཚན་བྱང་ཆུབ་མགོན་པོར་གསོལ། མང་སྒོམ་རས་པའི་ཉེ་གནས་མཛད་ཅིང་རས་གྲུར་གཉིས་ལས་ཆོས་མང་དུ་གསན། ཁྱེས་གསང་བ་ལུས་མེད་རྡོ་རྗེ་ལས་གདམས་པ་ཕྱི་ནང་གསང་གསུམ་ཐམས་ཅད་རྫོགས་པར་ཞུས་ཤིང་ཁྲིད་པར་ཚོགས་བདག་གི་སྒྲུབ་སྐོར་མ་ལུས་གསན་ནས་ཤར་གླིང་ཆེ་མོར་བཞུགས་ཤིང་། ཁྱེས་བྱང་ཆུབ་གཞོན་ནུ་ཚངས་མང་གསར་པར་བཞུགས་པའི་སྐབས་བྱང་ཆུབ་མགོན་ནང་སོ་ཆེན་མོ་མཆོད་ཁང་གི་ཚུལ་དུ་ཡོད་པ་ལ་དགོར་གཉེར་མཛད་པར་གདའ། འདི་ཡན་ཆད་དུ་རས་ཚང་སྒོམ་སྡེ་ཞེས་ཕྱོགས་གཅིག་ཏུ་གྲགས་ཀྱང་། བྱང་ཆུབ་གཞོན་ནུ་གཤེགས་རྗེས་སུ། བྱང་ཆུབ་མགོན་པོའི་རུས་དཔོན་ཡོན་ཏན་དཔལ་ཞེས་པ་ཉིད་ས་སྐྱའི་

གདན་སར་བྱོན་ཏེ། ནང་སོ་ཆེན་མོའི་བསྟན་བདག་ཆོག་པའི་བཀའ་ལུང་གོང་དུ་ཞུས་པ་ལས། སྔོན་ནས་དགེ་བའི་བཤེས་གཉེན་བྱང་ཆུབ་མགོན་པོ་ཉིད་བཞུགས་པར་མཛད་པའི་དགོན་གྱི་ཕྱིར་དུ་ཡང་བཞུགས་འཚལ་གསུངས་པའི་བཀའ་ལུང་གནང་ནས་འཛིན་པ་ལ་དེ་ཕྱིན་སྒོམ་སྡེ་ནང་ཡ་གཉིས་སུ་གྲགས་པར་གྱུར་པ་ཡིན་ནོ། །

༄ རྩ་བའི་གཉིས་པ་ཆོས་སྲིད་ཟུང་འབྲེལ་གྱི་སྒོ་ནས་རྒྱས་པར་བཤད་པ་ལ་གསུམ། ཧོར་གྱི་རྒྱལ་པོའི་སྤྱན་སྔ་རས་པ་དཀར་པོ་ལ་གནས་དྲུག་ཁྲི་སྐོར་བཅུ་གཉིས་ཕུལ་ཞིང་ཆོས་སྲིད་བསྐྱང་ཚུལ། དེ་ཡ་གཉིས་སུ་གྱུར་སྐབས་ཀྱིས་སྒོམ་སྡེ་ཚངས་གསར་པའི་ལོ་རྒྱུས་རྒྱས་པར་བཤད་པ་དང་། སྒོམ་སྡེ་ནང་ཆེན་པའི་ལོ་རྒྱུས་རྒྱས་པར་བཤད་པའོ། །དང་པོ་ནི། དེའང་རྗེ་འགྲོ་བའི་མགོན་པོ་ཏི་ཤྲཱི་རས་ཆེན་གྱི་ཐུགས་སྲས་གཅིག་པུ་སྤྱན་སྔ་རས་པ་དཀར་པོ་ཞེས་བྱང་སྐྱི་ལྷུག་ན་སེར་གྱི་གོང་བ་ཆགས་ཀྱིས་བཅག་ནས་བཞུགས་པའི་སྐབས། ས་ཧོར་མཆོད་ཡོན་འབྲེལ། ཧོར་ཁྲིམས་བོད་ལ་འཛག་དུས། ཧོར་སེ་ཆེན་རྒྱལ་པོའི་རྒྱལ་བུ་གོ་པེ་ལ་ཞེས་པས་མདོ་སྨད་དུ་དམག་དྲངས་ནས་བྱོན་པ་ལ། ཆོས་རྗེ་རས་པ་དཔོན་སློབ་མཇལ་དུ་བྱོན་ནས་མཇལ་དར་སྤྱན་གཟིགས་རྒྱ་ཆེར་ཕུལ་ཏེ། འགྲོ་མགོན་ཏི་ཤྲཱི་སངས་རྒྱས་རས་ཆེན་གྱི་སྐུ་འབུམ་ཆེན་མོའི་རྩར་འདིར་གཙུག་ལག་ཁང་བཞེངས་པའི་བཀའ་ལུང་གནང་བར་ཞུས་པའི་སྐབས། ཆོས་རྗེ་རས་པ་དཀར་པོ་ལ་ཤིན་ཏུ་དད་པར་གྱུར་ཏེ། རྒྱལ་པོས་སྤྱི་བོར་བཀུར་ནས་ལྷ་ཆོས་ཀྱི་བླ་མ་དང་། གུ་ཡི་གུང་པ་སྒོམ་པ་ཨའུ་མི་ཆོས་ཀྱི་དཔོན་དུ་བསྐོས། དེའི་དུས་སུ་གནས་དྲུག་ཁྲི་སྐོར་དུ་གྲགས་པ་ཆབ་འབངས་ཀྱི་ལྷ་སྡེར་ཕུལ། དེར་གནས་བཞི་དྲུག་ལ་རེ་རེར་ཁྲི་སྡེ་གཉིས་རེ་སྟོམ་ཁྲི་སྐོར་བཅུ་གཉིས་ཡོད་པར་གྲགས། གཙུག་ལག་ཁང་བཞེངས་པའི་བཀའ་ལུང་དང་། ཁྲོ་ཐམ་ཆེན་མོ་གོས་དར་གསེར་དངུལ་སོགས་ཀྱི་མཐོང་གཟིགས་བླ་ན་མེད་པར་མཛད། དེ་ནས་གཙུག་ལག་ཁང་ཡེ་བྲང་ནང་སོ་ཆེན་མོ་གོང་སློས་བཞིན་རྒྱ་ཆེར་བཞེངས། དེ་ལས་གུང་སྒོམ་པ་ཨའུ་ནི་རས་དཀར་བ་ལས་གདམས་པ་ཐམས་ཅད་གསན། གནས་དྲུག་ཁྲི་སྐོར་གྱི་ལས་ཀ་བཟུང་། རྒྱལ་སྲིད་ཀྱི་མཛད་པ་རྒྱ་ཆེ། དྲུག་ཅུ་ཐམ་པ་ལ་གཤེགས། དེ་སྐབས་ལྷ་ནང་ཚུལ་གསུམ་བྱ་བར་གྲགས་པ་ནང་པ་ནི་རས་དཀར་བ་དང་ལུས་མེད་རྡོ་རྗེ་ཡབ་སྲས་ཡིན་ལ། ལྷ་པ་ནི་ཤཱཀྱ་རྒྱལ་བ་རུས་སུམ་པ་མགྲོན་རྡོག་རས་དཀར་བའི་མདུན་ནས་རབ་ཏུ་བྱུང་། གདམས་པ་ཐམས་ཅད་གསན། ལྷ་ཁང་ཆེན་མོའི་ལྷག་ཏུ་ཁང་པ་ནང་སར་བ་བྱ་བ་བྱས་ཤིང་ལྷ་ཁང་གི་བདག་རྐྱེན་མཛད་པས་མིང་

ནང་སོ་གསར་པ་ཟེར་ཞིང་ནང་སར་བར་གྲགས། ཚུལ་པ་ནི་ཤེས་རབ་དཀོན་མཆོག་སྟེ། རྟུས་མང་རྗེ་ཆུང་ཧྲུ་ནས་རས་དཀར་བའི་མདུན་ནས་རབ་ཏུ་བྱུང་ཞིང་མཚན་ཤེས་རབ་དཀོན་མཆོག །མི་རག་སྣང་གི་མལ་དུ་ཚུལ་ཁང་ནང་ཆུང་བར་གྲགས། དེར་གྱུ་ཡི་གྱུང་པ་སྒོམ་པ་ཨའུ་འདས་རྗེས་སུ། གོང་དུ་བྱོན་ནས་ཤེས་རབ་དཀོན་མཆོག་ལ་གསེར་ཡིག་ཤལ་མོའི་ལས་ཀ་དང་། ཤཱཀྱ་རྒྱལ་བ་ལ་དངུལ་ཡིག་སྐོར་མོའི་ལས་ཀ་བླངས་ནས་རྒྱལ་ཁྲིམས་ཀྱི་ཞབས་ཏོག་མཛད། ཤེས་རབ་དཀོན་མཆོག་གིས་གསེར་འབུམ་དང་མཆོད་རྟེན་བཞེངས། ཤཱཀྱ་རྒྱལ་བས་ཇོ་བོ་གཡུ་མདོང་དང་དངུལ་འབུམ་སོགས་བཞེངས། ཚུལ་པའི་དཔོན་བརྒྱུད་ལ་ནང་ཆུང་བའི་གསེར་ཡིག་པ་རྣམས་བྱུང་ཞིང་ལྷ་པའི་དཔོན་བརྒྱུད་ལ་ནང་སར་པའི་དངུལ་ཡིག་པ་རྣམས་བྱུང་བ་ཡིན་ནོ། །

དཔལ་རྡོར་ཤེས་རབ་ཡེ་ཤེས་ནི། རས་པ་དཀར་པོའི་མདུན་ནས་རབ་ཏུ་བྱུང་། གདམས་པ་ཀུན་ཐུགས་སུ་ཆུད་པར་མཛད། རྫུ་འཕྲུལ་ཡོན་ཏན་ལ་མངའ་བརྙེས། ཙོང་ཀ་མེ་ཉག་ཡུལ་དང་ཧོར་གྱི་ཡུལ་དུ་བྱོན། རྒྱལ་པོའི་བླ་མཆོད་མཛད་ཅིང་འགྲོ་དོན་རྒྱ་ཆེར་འཕེལ། རས་དཀར་བའི་གདུང་འབུམ་ལ་གསེར་གསོལ་བ་དང་། དེའི་མདུན་དུ་མཆོད་རྫས་ཀྱི་བྱེ་བྲག་ཁྱད་མཚར་མང་དུ་ཕུལ་བ་དང་། གསང་བ་ལུས་མེད་རྡོ་རྗེའི་མདུན་དང་སྐུ་འབུམ་དགོན་དུ་འབུལ་སྐྱེལ་ཆེན་པོ་མཛད་ཅིང་། སྒོམ་སྡེའི་དར་མོ་ཆེ་ཞེས་པའི་རྣམ་བཞག་ཡང་དེའི་དུས་ནས་བྱུང་བར་གྲགས། རྟགས་ངོ་མཚར་བཅས་སྐུ་གཤེགས། ཞང་སྒོམ་རས་པ་ནི་སྐར་པ་ཤེས་རབ་ཡེ་ཤེས་ཀྱི་སློབ་མ་ཡིན་ཅིང་སྐར་ཤོད་དགོན་ནས་རྫུ་འཕྲུལ་གྱིས་བྱོན་ཏེ་སྐུ་འབུམ་དུ་ཉི་མ་མཤར་གོང་ཕེབས་པར་མཛད། རས་པ་དཀར་པོའི་དྲུང་ནས་ཆོས་དྲུག་ཕྱག་ཆེན་ལ་སོགས་ཁྲིད་རྣམས་གསན་ཅིང་། ཏི་ཤྲཱི་ནས་བརྒྱུད་པའི་ཆོས་སྐོར་རྣམས་རྫོགས་པར་ཞུས་ཏེ་རྩ་བའི་བླ་མར་འཛིན་པ་བྱུང་ངོ་། །འདི་དག་གི་སྐབས་སུ་གདན་ས་སྐུ་འབུམ་དུ་བླ་མ་དགེ་བའི་བཤེས་གཉེན་དགེ་འདུན་པ་ཁྲི་ཕྲག་ལས་མི་ཉུང་ཞིང་ཕྱོགས་ཀྱི་མི་སྣ་སྐྱེ་བོ་ཕོ་མོའི་འདུ་བ་བསམ་གྱིས་མི་ཁྱབ་པའི་ཆོས་སྲིད་དང་ཆབ་སྲིད་ཆེར་རྒྱས་པའང་མདོ་ཁམས་སྣང་འདིར་འདི་ལས་ལྷག་པ་མ་བྱུང་ཞིང་དཔལ་ལྡན་འབའ་རོམ་པའི་བསྟན་པའི་རྩ་ལག་ཆེན་པོ་རྨད་དུ་བྱུང་བ་ཞིག་སྟེ་འདི་སྐབས་ཀྱི་མཚན་ལ་རས་ཚང་སྒོམ་སྡེ་ཞེས་ཡོངས་སུ་གྲགས་ཤིང་གྲུབ་པ་ཉིད་དོ། །

དེ་ར་མ་ཟད་རྩ་བའི་གདན་ས་བྱུང་འབའ་རོམ་རི་བོ་ཆེར་དཔལ་དར་མ་དབང་ཕྱུག་གི་དཔོན་བརྒྱུད་ཁྲི་འཛིན་རག་རིམ་བྱོན་ཚུལ་ནི། ཐོག་མར་དཔོན་ཀུན་རྒྱལ་བ་གྲགས་པས་འབའ་རོམ་གྱི་

གདན་ས་མཛད། གཙང་ཤེས་རབ་དབང་ཕྱུག་གིས་རྩེ་ཀོ་མཛོ་དགོན་གྱི་གདན་ས་བསྐྱངས། དེ་ཡི་རྗེས་སུ་དཔོན་བརྒྱུད་ཁྲི་འཛིན་བྱང་ཆུབ་རྒྱལ་མཚན། གཞོན་ནུ་ཤེས་རབ་ཆོས་དབང་ཕྱུག །སེང་གེ་དཔལ། རིན་ཆེན་རྒྱལ་མཚན། ནམ་མཁའ་རྒྱལ་མཚན། དེ་རྗེས་དཔོན་བརྒྱུད་གཉིས་སུ་གྱེས་པའི་གཅིག་ནི་ཚུལ་ཁྲིམས་རྒྱལ་མཚན། རིན་ཆེན་རྒྱལ་པོ། ཀུན་དགའ་དཔལ། གཅིག་ནི་ཆོས་ཀྱི་བློ་གྲོས། ཚུལ་ཁྲིམས་རྒྱ་མཚོ། ཤཱཀྱ་དཔལ་ཏེ་ཀ་དྲུག་དང་ཀ་བཞི་རུ་གྲགས་པ་རྣམས་བྱུང་ཞིང་དེ་དག་གིས་འབའ་རོམ་པ་དངོས་ཀྱི་གདན་ས་ཡར་མར་གཉིས་བསྐྱངས་པར་མཛད་དོ། །དེས་ནི་གནས་དྲུག་ཁྲི་སྐོར་གྱི་ཆོས་སྲིད་ཀྱི་བྱུང་བ་མདོར་བསྟན་པའོ། །

༄ བྱང་འབའ་རོམ་རི་བོ་ཆེར་དར་མ་དབང་ཕྱུག་གི་དཔོན་རྒྱུད་ཁྲི་འཛིན་བྱོན་ཚུལ། རྩ་བའི་གདན་ས་བྱང་འབའ་རོམ་རི་བོ་ཆེར་དཔལ་ལྡན་དར་མ་དབང་ཕྱུག་གི་དཔོན་རྒྱུད་ཁྲི་འཛིན་བྱོན་ཚུལ་ནི། ཐོག་མར་གཙང་བྲན་ཀ་རྗེ་བཙུན་ནམ་མཁའ་རྒྱལ་བཞུགས། བླ་མའི་གདུང་རྟེན་ཆེ་མོ། སྐུ་ལྗིར་གསུང་འགྲོན་མ། མཆོད་ཁང་སྙིང་མ་རྣམས་བཞེངས། གདན་ས་ལོ་བཅུ་མཛད་ནས་ས་ཕོ་འབྲུག་ལ་སྐུ་གཤེགས་སོ།།

གཅེན་པོ་ཉི་ཁྲི་ལ་སྲས་བཞི་ཡོད་པའི་ཆེ་བ་ཨ་ར། འབྲིང་བ་བླ་མ་རྒྱལ་བ་གྲགས་པའམ་ཤེས་རབ་དབང་བྱང་ཆུབ་ནི་ལྕགས་མོ་གླང་ལོ་ལ་སྐུ་འཁྲུངས། རྗེ་ཉིད་དང་འབྲི་གུང་ཆོས་རྗེ་ལ་གཏུགས་ནས་ཡོན་ཏན་དཔག་ཏུ་མེད་པ་མངའ་ཞིང་། དགུང་ལོ་ཉི་ཤུ་རྩ་བརྒྱད་འབྲུག་གི་ལོ་ལ་གདན་སར་བྱོན། ཁོང་གི་རིང་ལ་ཏེ་ཤྲི་རས་པས་དངུལ་གྱི་སྒོ་མང་གིས་ཐོག་དྲངས་ནས་འབུལ་ཆེན་བཅུ་གསུམ་བྱུང་། གྲྭ་པ་ལྔ་བརྒྱ། མཛོ་ལྔ་བརྒྱ་བཟུང་ནས་རྫོང་ཨ་ལ་ནས་ཤིང་ལན་གཉིས་དྲངས་ནས་གསེར་འབུམ་ཆེན་མོ་བཞེངས། གདན་ས་ལོ་སུམ་ཅུ་མཛད་ནས་ལྔ་བཅུ་ང་བརྒྱད་ས་ཕོ་ཁྱི་ལོ་ཟླ་བ་བཞི་པའི་ཚེས་ལྔ་ལ་གཤེགས་སོ། །

ཆུང་བ་གཙང་ཤེས་རབ་དབང་ཕྱུག་གིས་ཅེ་ཀོ་མཛོ་དགོན་གྱི་གདན་ས་བསྐྱངས། དེའི་གཅེན་ཨ་དར་གྱི་བཙུན་མོ་གཉིས་ལ་སྲས་དྲུག་ཡོད་པའི་ཆེ་བའི་སྲས་གསུམ་གྱི་ཆུང་བ་དབང་ཕྱུག་རྒྱལ་མཚན་མེ་མོ་སྦྲུལ་ལ་སྐུ་འཁྲུངས། བཞི་ཅུ་ཞེ་གསུམ་ལ་གདན་སར་བྱོན། དེ་དུས་བེ་རི་དང་ཧོར་བྱུང་ནས་དབུས་པ་ཐམས་ཅད་མ་བདེ། བྱང་ལ་ལོ་བདུན་ལ་མི་སྡེ་མེད། དཔོན་སློབ་བཅོ་ལྔ་བཞུགས་པ་ལ་གསོལ་རྒྱུ་མེད་ནས་རྗེ་འབའ་རོམ་པའི་སྐུ་འདྲའི་ཕྱག་ཏུ་ལྗི་མིག་ཕུལ་ནས་བཤུམས་པས་མཐོན་

སུམ་དུ་མ་འགྲོ་གསུངས་པའི་གསུང་བྱོན། དེ་ནས་རྗེ་ཁྲིམས་འཛུགས་ལོ་བཅོ་ལྔ་གདན་ས་མཛད། ལྔ་བཅུ་རྩ་བརྒྱད་ཤིང་ཕོ་སྟག་ལ་མཁའ་སྤྱོད་དུ་གཤེགས་སོ།།

ཨ་དར་གྱི་བཙུན་མོ་ཆུང་བའི་སྲས་ཆེ་བ་དབང་ཕྱུག་རྒྱལ་པོ་ནི་ས་མོ་བྱ་ལ་སྐུ་འཁྲུངས། མི་ཉག་དབང་སྡེར་བྱོན་ནས་དེའི་མཁན་པོ་མཛད། དྲུག་ཅུ་རྩ་དྲུག་ལ་གདན་སར་བྱོན། སྐུ་འབུམ་གྱི་རྒྱ་ཕིབས་བྲག་གི་མཁར་ལས་སོགས་མཛད། གདན་ས་ལོ་བཅོ་ལྔར་བཞུགས་ནས་བདུན་ཅུ་རྩ་དྲུག་ཤིང་ཕོ་བྱི་བའི་ལོའི་གྲི་ཕྱུལ་ཟླ་བའི་ཚེས་བརྒྱད་ལ་གཤེགས།

བཙུན་མོ་ཆེ་བའི་སྲས་འབྲིང་པོ་ལུག་གུ་དར་ལ་སྲས་གཉིས་ཡོད་པའི་ཆུང་བ་དབང་ཕྱུག་རིན་ཆེན་གྱིས་གདན་ས་ལོ་དྲུག་མཛད། སླར་ཡང་རང་ཡུལ་དུ་བྱོན། མི་ཆོས་པ་མཛད་པའི་གདན་ས་གོ་མ་ཆོད་དུ་གྲགས།

བཙུན་མོ་ཆུང་བའི་སྲས་འབྲིང་པོ་ལུ་གུ་དང་། ཡུམ་ལོ་མོ་གསལ་མོའི་སྲས་མཁས་པ་ཆེན་པོ་ནི། ཆུ་མོ་ཡོས་ལ་སྐུ་འཁྲུངས། དགུང་ལོ་བཅུ་གསུམ་ལ་མཁན་པོ་གདན་སར་བཞུགས་པའི་མདུན་དུ་རབ་ཏུ་བྱུང་། མཚན་གཞོན་ནུ་ཤེས་རབ་བྱ་བ་བཏགས། དེ་ཉིད་ལས་འདུལ་བ་སོགས་མདོ་སྔགས་ཀྱི་ཆོས་མང་དུ་གསན། འབྲི་གུང་གཙུང་རིན་པོ་ཆེ་ལས་སེམས་བསྐྱེད་ཆོ་ག་སོགས་གསན། དེ་ནས་དགུང་ལོ་ཉི་ཤུ་ལ་གྲོ་སར་བྱོན་ནས་མཁན་པོ་རྣལ་འབྱོར་བྱང་སེམས་པའི་དྲུང་དུ་བསྙེན་པར་རྫོགས་པར་མཛད་ནས་སྡོམ་པ་གསུམ་གྱི་བླང་དོར་ལ་མཁས་པར་མཛད། བླ་མ་འཕགས་པ་ལས་ཀྱི་རྡོར་སོགས་གསང་སྔགས་ཀྱི་ཆོས་མང་དུ་གསན་ཞིང་། གཞན་ཡང་ཐོས་བསམ་ལ་ནན་ཏན་བརྩོན་པར་མཛད་ནས་རིག་པའི་གནས་ལྔ་ལ་མཁས་པའི་པཎྜི་ཏ་ཆེན་པོར་གྱུར། དེ་ནས་དགུང་ལོ་ཉེར་བརྒྱད་ལྕགས་ཕོ་རྟའི་ལོ་ལ་གདན་སར་བཞུགས། ཚོགས་མཆོད་ལ་སོགས་པའི་བསྟན་བཅོས་མང་དུ་བརྩམས། ཁམས་སུ་བྱོན་ནས་སྐུ་འབུམ་རྩར་ལོ་གསུམ་ལ་བཞུགས། སེམས་ཅན་མང་པོ་སྨིན་གྲོལ་ལ་བཀོད། ཡར་ཕྱུག་ཕེབས་ནས་བྲག་གི་ལྷ་ཁང་སོགས་མཁར་ལེན་མང་དུ་མཛད་ཅིང་། ཆུ་སྐོར་བཙུགས། རྗེ་བོ་རིན་པོ་ཆེའི་སྐུ་ཚད་རང་བྱོན་མར་གྲགས་པ་དེ་བཞེངས་པའི་ནང་རྫོང་ལ་སངས་རྒྱས་ཀྱི་འཕེལ་གདུང་། ནཱ་རོ་པའི་ཕྱག་ཕྲེང་པདྨ་དམར་པོའི་ཕྲེང་བ་སོགས་རྟེན་ངོ་མཚར་ཅན་མང་དུ་བཞུགས། གཞན་ཡང་སྐུ་གསུང་ཐུགས་ཀྱི་རྟེན་དང་། གདན་ས་རིན་པོ་ཆེའི་ཆ་རྐྱེན་ནམ་མཁའ

མཛོད་ལ་མངའ་བརྙེས་པ་ལྷ་བུ་མཛད་པ་ཡིན། མདོན་པར་མཁྱེན་པ་ལ་ཡང་། ལྷ་ས་བཏབ་ནས་ལོ་བརྒྱ་དང་སྟོང་སོང་། བསམ་ཡས་བཏབ་ནས་ལོ་སྟོང་སོང་། འབའ་རོམ་བཏབ་ནས་ལོ་བརྒྱ་དང་སུམ་ཅུ་སོ་བདུན་སོང་། སྟག་ལུང་བཏབ་ནས་ལོ་བརྒྱ་དང་བཅུ་སོང་། འབྲི་གུང་བཏབ་ནས་ལོ་བརྒྱ་དང་བཅུ་གསུམ་སོང་བ་ན། འབྲི་གུང་ཆོས་རྗེ་མེད་ལ་འགྲོ། དེའི་རྐྱེན་གྱིས་མི་མང་པོ་ཞིག་དམྱལ་བར་འགྲོ་བ་ཞིག་མཁྱེན། དེ་ལྟར་ལུང་བསྟན། དེ་ནས་ལོ་གཉིས་སོང་བ་ལྕགས་ཕོ་སྟག་གི་ལོ་ལ་འབྲི་གུང་ཐེལ་བསྲེགས། དབུས་གཙང་ཐམས་ཅད་མ་བདེ། དེའི་དུས་སུ་འབའ་རོམ་ལ་ཉེས་གྱོད་གང་ཡང་མ་བྱུང་། སླར་རྒྱལ་པོའི་བློན་པོ་འཇོལ་ཆེན་སོགས་མི་ཆེན་མང་པོ་ཡོན་བདག་ཏུ་གྱུར། འབུལ་བ་ཆེན་པོ་བྱུང་། གདན་ས་ལ་ལོ་བཞི་ཅུ་རྩ་གཅིག་བཞུགས་རིང་ལ་ཆོས་འཆད་རྩོད་རྩོམ་གསུམ་ལ་དུས་འདའ་བར་བསྟན་པ་རིན་པོ་ཆེ་དར་རྒྱས་མཛད་པ་ཡིན་ནོ། །དེ་ནས་དགུང་ལོ་དྲུག་ཅུ་རྩ་དགུ་ལྕགས་ཕོ་ཕག་གི་ལོའི་ཟླ་བ་དང་པོའི་ཚེས་བཅུ་བདུན་ལ་ངོ་མཚར་གྱི་ལྟད་མོ་དང་བཅས་ཏེ་རིག་པ་འཛིན་པའི་གནས་སུ་གཤེགས་སོ།།

དཔོན་པོ་དབང་རིན་ལ་སྲས་གསུམ་ཡོད་པའི་ཆུང་བ་བླ་མ་ཆོས་དབང་ཕྱུག་ནི། མེ་ཕོ་ཕག་ལ་སྐུ་འཁྲུངས། ས་སྐྱར་བྱོན་ནས་རབ་བྱུང་མཛད། དགུང་ལོ་ཉི་ཤུ་རྩ་ལྔ་ལ་གདན་སར་བཞུགས། མཁས་པ་ཆེན་པོ་རང་གི་གསུང་བཞིན་ཁོང་རང་གདུང་རུས་ཛཱ་ཤཱཀ་གི་རྒྱབ་ཏུ་ཕྱུག་པ་མཛད་པའི་ནང་དུ་བཞུགས་སུ་གསོལ། གདུང་ཚབ་ལ་སྐུ་གསུང་ཐུགས་ཀྱི་རྟེན་མང་དུ་བཞེངས། གདན་སར་ལོ་དྲུག་བཞུགས་ནས་དགུང་ལོ་སུམ་ཅུ་མེ་ཕོ་འབྲུག་གི་ལོའི་སྨིན་དྲུག་ཟླ་བའི་ཆོས་བརྒྱད་ལ་སྐུ་གཤེགས་སོ། །དཔོན་པོ་དབང་ཕྱུག་རྒྱལ་མཚན་ལ་སྲས་གཉིས་ཡོད་པའི་ཆེ་བ་སེངྒེ་དཔལ་བ་ནི། བླ་མ་ཀུན་དགའ་ལེགས་འབྱུང་ལས་རབ་ཏུ་བྱུང་། དགུང་ལོ་བཅུ་ནས་གདན་སར་བཞུགས། སྐུ་གསུང་ཐུགས་ཀྱི་རྟེན་མང་དུ་བཞེངས། གདན་སར་ལོ་སུམ་ཅུ་རྩ་ལྔ་བཞུགས། དེ་ནས་རིན་ཆེན་རྒྱལ་མཚན་གདན་ས་ལོ་ལྔ། དེ་ནས་ནམ་མཁའ་རྒྱལ་མཚན་གྱིས་གདན་ས་ལོ་ཉེར་བདུན། དེ་རྗེས་དཔོན་བརྒྱུད་གཉིས་སུ་གྱེས་པའི་གཅིག་ནི་ཚུལ་ཁྲིམས་རྒྱལ་མཚན། རིན་ཆེན་རྒྱལ་པོ། ཀུན་དགའ་དཔལ། གཅིག་ནི་ཆོས་ཀྱི་བློ་གྲོས། ཚུལ་ཁྲིམས་རྒྱ་མཚོ། ཤཱཀྱ་དཔལ་དེ་ཀ་དྲུག་དང་ཀ་བཞི་རུ་གྲགས་པ་རྣམས་བྱུང་ཞིང་དེ་དག་གིས་འབའ་རོམ་པ་དངོས་ཀྱི་གདན་ས་ཡར་མར་གཉིས་བསྐྱངས་པར་མཛད་དོ།། །།

༄ གཉིས་པ་སྒོམ་སྡེ་ཚང་གསར་པའི་ལོ་རྒྱུས་རྒྱས་པར་བཤད་པ་ལ་གཉིས། གདན་ས་སྐུ་འབུམ་རྩ་ར་བསྟན་པ་བསྐྱང་ཞིང་ཆོས་སྲིད་རྒྱས་ཚུལ་དང་། གྲྭ་ནང་དུ་མཁར་པོ་ཆེར་འཕོས་ནས་ཆོས་དང་ཆབ་སྲིད་ཇི་ལྟར་བྱུང་ཚུལ་ལོ། །དང་པོ་ནི། ལུས་མེད་རྡོ་རྗེའི་རིགས་དཔོན་བྱང་ཆུབ་གཞོན་ནུའི་མཆེད་ཀྱི་ལ་སངས་རྒྱས་དཔལ་གྱི་སྐྱིང་སྟོད་དུ་ཀུ་ཉི་མཁར་དཀར་སེར་གྱི་གཞིས་ཀ་བཏབ། ཆོས་དང་ཆབ་སྲིད་འཇིག་རྟེན་གྱི་མངའ་ཐང་སྨད་དུ་བྱུང་། དེ་ལ་སྲས་བཞི་ཡོད་པའི་ཆེ་བ་དཔོན་གྲགས་པ་བྱང་ཆུབ་བྱང་ཆུབ་གཞོན་ནུ་ལས་རབ་ཏུ་བྱུང་གདམས་པ་ཐམས་ཅད་གསན་གདན་ས་སྐུ་འབུམ་དུ་ཚངས་མང་གསར་པའི་ཁྲིར་ཕེབས་ཏེ་བསྟན་པའི་རྒྱལ་མཚན་འཛིན་པར་མཛད། དེ་འོག་དགེ་བཤེས་གྲགས་པ་ཚུལ་ཁྲིམས་ཡང་སྐུ་འབུམ་དུ་བཞུགས། དེ་འོག་ནམ་མེ་དང་ཨ་རིན་གཉིས་ཀྱིས་རྫོང་དཀར་སེར་གྱི་བདག་པོ་མཛད་ནས་མངའ་འབངས་བྱམས་པས་བསྐྱངས། ནམ་མེའི་སྲས་བཞི་ལས་བསྟན་འགྲུས་རྒྱལ་མཚན་ནི། སྤྱིན་སྔ་གྲགས་བཟང་ལས་རབ་ཏུ་བྱུང་། མདོ་སྔགས་ཀྱི་ཆོས་རྣམས་གསན་གདན་ས་སྐུ་འབུམ་གྱི་ཁྲི་འཛིན་མཛད། དགེ་བཤེས་ཡོན་ཏན་བློ་གྲོས་སྐུ་འབུམ་དུ་བཞུགས། ཨ་འབུམ་ཨ་རིན་གཉིས་སྐྱིང་སྟོད་དུ་མཛད་ཁྲབ་རྒྱས། ཨ་རིན་ལ་སྲས་གཉིས་ཀྱི་ཆེ་བ་བཀྲ་ཤིས་རྒྱལ་མཚན་ཉིད་བསྟན་འགྲུས་རྒྱལ་མཚན་ལས་རབ་ཏུ་བྱུང་། ཡབ་མེས་ཀྱིས་གདམས་སྐོར་ཐུགས་སུ་ཆུད་པར་མཛད། ཚངས་གསར་པའི་གདན་ས་མཛད། སྲས་བླ་མ་སྐྱབས་ཀྱིས་སྐྱིང་སྟོད་ཀྱི་སྲིད་དབང་འཛིན། བླ་མ་སྐྱབས་ཀྱི་སྲས་གསུམ་ལས་བསོད་ནམས་རིན་ཆེན་དང་། བསོད་ནམས་རྒྱལ་མཚན་སྐུ་མཆེད་གཉིས་བཀྲ་ཤིས་རྒྱལ་མཚན་ལས་རབ་ཏུ་བྱུང་། ཆོས་དང་གདམས་པ་བུམ་པ་གང་བྱོའི་ཚུལ་དུ་གསན། གཉིས་ཀས་ཚངས་གསར་པའི་གདན་ས་མཛད། ཆོས་ཀྱི་གྲགས་པས་སྲིད་འཛིན་གྱི་མཛད་བཟང་རྒྱས། ཆོས་གྲགས་ཀྱི་སྲས་གཉིས་ལས་བསོད་ནམས་བློ་གྲོས་བསོད་ནམས་རིན་ཆེན་ལས་རབ་ཏུ་བྱུང་། འབའ་རོམ་བརྒྱུད་པའི་ཆོས་དང་གདམས་ཟབ་ཐམས་ཅད་ཞུས། ཚངས་གསར་པའི་ཁྲི་འཛིན་མཛད། གཅུང་བསོད་ནམས་པས་སྐྱིང་སྟོད་དུ་ཆབ་སྲིད་དང་མངའ་འབངས་བསྐྱངས། སྐུ་མཆེད་འདི་གཉིས་ཀྱི་རྒྱལ་དབང་ཀརྨ་པ་དེ་བཞིན་གཤེགས་པ་རྒྱ་ནག་ནས་ཡར་ཕེབས་སྐབས། གདན་ས་སྐུ་འབུམ་དུ་སྤྱན་དྲངས་དངོས་པོའི་མཆོད་སྤྲིན་བསམ་མི་ཁྱབ་པ་ཕུལ། ཆོས་དང་གདམས་པས་སྨིན་པར་མཛད། བསོད་ནམས་ཀྱི་སྲས་བཞི་ལས་བསོད་ནམས་བཟང་པོ། བསོད་རིན་པ་གཉིས། བསོད་བློ་ལས་རབ་ཏུ་བྱུང་། མདོ་སྔགས་ཀྱི་ཆོས་ཚུལ་རྒྱ་མཚོ་ལྟ

བུ་ལ་མངའ་བསྐོས། ཡབ་མེས་ཀྱིས་གཉྫ་པ་དེ་བཞིན་གཤེགས་པ་སྐུ་འབུམ་དུ་སྤྱན་དྲངས་སྐབས། བསོད་ནམས་བཟང་པོ་ལ་ཀུན་ཏིང་གོ་ཤྲཱིའི་ལས་ཀ་གསེར་ཐམ་ཆེན་མོ་དང་། ཏུང་དཀར་མོ་རྒྱང་གྲགས། ཐླ་བྲེ་ནམ་མཁའ་ཀུན་ཁྱབ། ཟངས་བཀྲ་ཤིས་ཁ་གྲོ་སོགས་དངོས་པོའི་གནང་སྦྱིན་རྒྱ་ཆེན་པོ་སྩལ། ཁུ་དབོན་གཉིས་ཆར་གདམས་ཁྲིད་ཟབ་མོའི་རྗེས་འཛིན་མཛད། བསྟན་དགོན་གྱི་མཛད་པ་དར་རྒྱས་འགྲན་ཟླ་བྲལ་བ་བྱུང་། བསོད་ནམས་ཀྱི་སྲས་གསུམ་པ་ལྷ་དཔལ་ཐར་གྱི་ཁྱུང་མོ་བླངས་པས་བུ་གསུམ་བྱུང་བ་དང་། སྲས་བཞི་པ་ཨ་འབུམ་གྱིས་གསེར་གཟའ་ཁབ་ཏུ་བཞེས་པར་བུ་གསུམ་དང་། སྲས་གཞན་པ་རྡོ་བཅང་པ་ཞེས་པ་གཅིག་བྱུང་ཞིང་། དེའི་སྐབས་སུམ་གཉིས་བུ་དྲུག་ཟེར་བའི་རྩོད་གླེང་བྱུང་བས་ལྷ་དཔལ་བུ་བརྒྱད་སྐུ་འབུམ་དུ་སྤོས་ཤིང་དེ་ནས་རིམ་པར་རྫ་ཉིན་དུ་ཡོད་པའི་ཚངས་གསར་པ་རྣམས་ཡིན་ཞིང་། ཨ་འབུམ་གྱི་སྲས་ནང་པ་རྡོ་བཅང་བ་ནི་ཆུང་དུ་ནས་རྡོ་ཟན་ལྟར་བཅང་བའི་རྫུ་འཕྲུལ་མངའ་བ་དང་། གསེར་གཟའི་བུ་སྤྱན་སྔ་ཆོས་སྐྱོང་དཔལ་ལྡན་གཉིས་གཉྫ་པ་ཆོས་གྲགས་རྒྱ་མཚོས་རྗེས་སུ་བཟུང་ཞིང་གདམས་པ་ཕོག །གོ་ཤྲཱི་བསོད་ནམས་བཟང་པོ་ལས་རབ་ཏུ་བྱུང་། འབའ་རོམ་པའི་ཆོས་སྐོར་མ་ལུས་པ་གསན་བསམ་མཛད། ཆོས་སྐྱོང་དཔལ་ལྡན་ལ་གོ་ཤྲཱི་ལས་ཀ་ཕེབས། གསེར་བཟའི་སྲས་ཨ་ཞལ་ལམ་བསོད་ནམས་སྟོབས་ལྡན། ཉེར་རྐྱེའམ་བཀྲ་ཤིས་རྒྱ་མཚོ་ཞེས་སྐུ་མཆེད་འདི་གཉིས་ཀྱིས་སྒྲིང་ཐང་དུ་མཁར་སྟོན་གྱིས་གཞིས་ཀ་བཏབ།

དེའང་གཏེར་སྟོན་རཏྣ་གླིང་པའི་གཏེར་ལུང་ལས། ཁམས་ཀྱི་སྤྱི་འབྲུམས་ཞེས་བྱ་དེ་ར༔ཆོས་དབྱིངས་རྡོ་རྗེའི་སྐུ་རིང་ལ༔གཏེར་སྟོན་མི་འགྱུར་རྡོ་རྗེ་འབྱོན༔གནས་མཆོག་དེ་ཡི་གཏེར་རྣམས་འདོན༔ཁམས་ཀྱི་གཏེར་ཁ་བརྒྱ་ལ་དབང༔གནས་མཆོག་དེ་ཡི་གཡས་ཕྱོགས་ན༔ཐང་ཆེན་མཚལ་ཕུལ་བ་འདྲ༔དབུས་སུ་རི་རྒྱལ་ལྷུན་པོ་ནི༔དུང་དཀར་གཡས་སུ་འཁྱིལ་འདྲ་ཡོད༔རྒྱ་གར་བྱ་རྒོད་སྤུང་དང་འདྲ༔པདྨ་ང་ཡིས་གནས་མཆོག་ཡིན༔ང་ཡི་སྤྲུལ་པ་དཔག་མེད་ནི༔གནས་མཆོག་དེ་རུ་རྒྱུན་མི་འཆད༔རྡོ་རྗེ་ཞེས་བྱའི་སྐྱེས་བུ་འབྱོན༔ཆོས་ཁྲིམས་རྒྱ་ཁྲིམས་བསྟན་པ་སྐྱོངས༔གཞན་ཡང་སྤྲུལ་པ་དཔག་མེད་འབྱོན༔དཔུང་སླེ་ཅན་གྱི་ཧོར་དམག་བཟློག༔པདྨ་རྒྱལ་པོ་ང་ཡི་ནི༔སྤྲུལ་པ་བསམ་མི་ཁྱབ་པས་ནི༔གནས་མཆོག་དེ་རུ་ཆོས་འཁོར་བསྐོར༔དེ་ན་སྐྱེས་བུ་ནམ་མཁའམ༔བདེ་གཤེགས་རྒྱ་མཚོ་ཞེས་བྱ་བ༔པདྨ་རྒྱལ་པོ་ང་ཡི་ནི༔སྐྱེས་བུ་དེ་ནི་བྱིན་གྱིས་བརླབས༔ཆོས་ཁྲིམས་རྒྱལ་ཁྲིམས་གཉིས་ཀྱི་བསྟན་པ་བསྲུང་༔ཞེས་ལུང་བསྟན་པ་བཞིན་ཕྱག་ན་རྡོ་རྗེའི་སྤྲུལ་པར་གྲགས་པ་ཉེར་རྐྱེ་ཉིད་ཀྱི་

སྟོབས་ཤུགས་ཀྱིས་ཤར་མེ་ཉག་རིང་མོ། ལྷོ་ཨ་རིགས་ཁག་བཅུ། ནུབ་རྒྱ་ཆེན་བཅོ་བརྒྱད། བྱང་གསེར་ཁོག་ཆོ་བདུན་ཞེས་པ་མངའ་ཞབས་སུ་བསྡུས། འབངས་རྣམས་བྱམས་བརྩེས་སྐྱོངས། སྔ་ནས་གསེར་ཁྲལ་སྟོད། གསེར་གྱི་བཀའ་འགྱུར་བཞེངས། སླར་ཡང་མདོ་མང་བཞེངས། ཀརྨ་པ་རང་བྱུང་མཚོ་སྐྱེས་རྡོ་རྗེ་སྤྱན་དྲངས། ཆིབས་ཆེན་དམར་གྱས་གཙོས་པས་ཁྲི་ར་ཅན་གྱི་འབུལ་བ་ཟླ་མེད་པ་ཕུལ། སྐར་ཆེན་འཛམ་གླིང་རྒྱན་གྱི་གཟིམས་གུར་གནམ་སྟོན་སླེབ་མའི་རྒྱ་ཁྱོན་ཧེ་ཕོ་བྲང་སྐྱ་ལེབ་མ་ཞེས་པ་ཀ་བ་བརྒྱ་དང་བརྒྱད་ཀྱི་མལ་མཛད། ཉེར་ཞལ་གཉིས་ཀྱི་སྐུ་རིང་ལ་ཞེས་པའི་ཆོས་སྲིད་མངའ་ཐང་དཔེ་ཟླ་མེད་པ་བྱུང་། ནང་པ་རྗེ་བཙང་པ་ཉིད་ཀརྨ་པའི་ཕྱག་ཕྱིར་འབྲངས། ཕྱག་མཛོད་ཆེན་མོ་མཛད། རྩེ་ལྷ་སྣང་སོགས་སུ་བཞུགས། ཕྱིས་ཞལ་ངོ་རྣམས་ཀྱི་མནབས་ཁྲབ་ཟུར་དུ་མཛད་པས་ཁྲབ་དཀར་ཡིད་བཞིན་ནོར་བུ་སོགས་དེ་དུས་བྱུང་། ཀརྨ་པས་འཇིག་རྟེན་གྱི་རྗོངས་དང་བཅས་གདན་སར་བསྐོས། ཉེར་རྐྱེ་ལ་སྲས་གསུམ་བྱུང་བའི་ཆེ་བ་བསོད་ནམས་དོན་འགྲུབ་རྗེ་བཙང་བ་སངས་རྒྱས་དབང་ཕྱུག་ལས་རབ་ཏུ་བྱུང་། ཡབ་མེས་ཀྱི་གདམས་སྐོར་མ་ལུས་པ་གསན། ཞྭ་དམར་བཞི་པའི་སློབ་མ་བཀའ་བཅུ་པ་བདེ་ལེགས་རྒྱ་མཚོ་ལས་མདོ་རྒྱུད་རྒྱ་མཚོ་ལྷ་བུ་གསན་བསམ་ཕུལ་དུ་སོན་པར་མཛད། འབྲིང་བ་ནམ་མཁའ་རྒྱལ་མཚན་གྱིས་རྒྱལ་སྲིད་མ་ཉམས་པར་དར་རྒྱས་མཛད། ཆུང་བ་ལྷ་རྒོད་རྒྱལ་ནི། རཏྣ་གླིང་པའི་གཏེར་ལུང་ལས། བེར་ནག་ཅན་གྱི་སྤྲུལ་པ་ཞིག༔ལྷ་རྒོད་ཞེས་བྱས་དམག་ཚོགས་ཐམས་ཅད་བཟློག༔ཅེས་མགོན་པོའི་སྤྲུལ་པར་གྲགས་ཤིང་ཆོས་སྲིད་ལ་ཐོ་འཚམས་པ་ཐམས་ཅད་ཚར་བཅད། འདི་གསུམ་གྱི་ཀརྨ་པ་མི་བསྐྱོད་རྡོ་རྗེ་སྤྱན་དྲངས་ཤིང་དངོས་པོའི་བསྙེན་བཀུར་མཐའ་གླས་པ་ཕུལ། བསོད་ནམས་དོན་གྲུབ་ལ་གོ་ཤྲཱི་ལས་ཀ་བཅས་གདན་སརབསྐོས། ནམ་མཁའ་རྒྱལ་མཚན་གྱི་སྲས་མང་དུ་ཡོད་པར་གྲགས་ཤིང་གཙོ་ཆེ་བ་བཀྲ་ཤིས་དོན་འགྲུབ་ནི་བསོད་ནམས་དོན་འགྲུབ་ལས་རབ་ཏུ་བྱུང་ཞིང་འབའ་རོམ་གྱི་གདམས་སྐོར་ཐུགས་སུ་ཆུད་པར་མཛད། བཀྲ་ཤིས་རྣམ་རྒྱལ་གྱིས་སྟེང་ཐང་དུ་ཆོས་སྲིད་བསྐྱངས། འདི་རྣམ་པས་འཇིག་རྟེན་དབང་པོ་དགུ་པ་སྟེང་ཐང་དུ་སྤྱན་དྲངས། བསུ་བ་སེར་སྦྲེང་སྤོ་སྦྲེང་སོགས་བཀོད་པ་བླ་ལྷག་ཏུ་མཛད། ཡོད་དགུ་ཅོག་གི་འབུལ་བ་ཕུལ་ཞིང་རྗེས་སུ་བཟུང་། བཀྲ་ཤིས་དོན་འགྲུབ་ལ་གོ་ཤྲཱི་འཇའ་ས་ཕེབས་ཏེ་གདན་སར་བསྐོས། བཀྲ་ཤིས་རྣམ་རྒྱལ་ལ་སྲས་གཉིས་ཡོད་པའི་ཆེ་བ་བསོད་ནམས་རྒྱ་མཚོ་བཀྲ་ཤིས་དོན་འགྲུབ་ལ་རབ་ཏུ་བྱུང་ཞིང་གདམས་པ་ཐོབ། །མཚན་གོ་ཤྲཱི་བསོད་ནམས་རྒྱ་

མཚོ་ཞེས་སྐུ་འབུམ་གྱི་ཁྲི་འཛིན་མཛད། སྲས་གཉིས་པ་བསོད་ནམས་འཕེན་དར་ཞེས་པ་སྲིད་འཛིན་མཛད་པའི་སྲས་རྡོ་རྗེ་འབུམ་དང་། ཀརྨ་ཆོས་རྒྱལ་གཉིས་ལས། ཀརྨ་ཆོས་རྒྱལ་བསོད་ནམས་རྒྱ་མཚོས་རྗེས་སུ་བཟུང་ཞིང་ཡབ་ཆོས་རྫོགས་པར་མཛད། རྡོ་རྗེ་འབུམ་གྱིས་སྡིང་ཐང་དུ་སྲིད་འཛིན་མཛད་རུང་འདི་སྐབས་བེ་རུ་ཕྱི་ནང་གི་ལྐོག་གཡོ་ངན་འཕྲུལ་གྱིས་སྨད་ཀྱི་བེ་རུའི་མི་ལོག་གིས་མདོ་སྨད་ཕལ་ཆེར་བཅོམ་ནས་ངན་སྤོབས་ཆེར་རྒྱས་པའི་དབང་གིས་དམག་འཁྲུག་མཐའ་འཁྱོལ་བ་མ་བྱུང་བས། ལྷོ་ལ་གོང་ཞེས་པར་རྒྱལ་ས་འཕོས་པར་མཛད། དེ་ཡན་ནི་གདན་ས་སྐུ་འབུམ་དང་སྡིང་ཐང་དུ་ཆོས་སྲིད་ཟུང་འབྲེལ་དུ་བསྐྱངས་ཚུལ་ལོ། །གཉིས་པ་ནི། དེའང་ལྷོ་ལ་གོང་དུ་རྫོང་མཁར་པོ་ཆེར་གྲགས་པ་བརྩིགས་ནས་ཚངས་གསར་གྲྭ་ནང་ཞེས་པར་ཆོས་སྲིད་བྱུང་ཚུལ་མདོར་བསྡུས་ནི། རྡོ་རྗེ་འབུམ་གྱི་སྲས། ལྷ་སྲུང་། བདེ་མཆོག །ཀྱཻ་རྡོར། དགེ་བཤེས་བཞི་དེ་ལས་ལྷ་སྲུང་ནི། སྔགས་རིགས་འཛིན་པའི་ཚུལ་མཛད་ཅིང་། ཀྱཻ་རྡོར་ནི་ཀརྨ་ཆོས་རྒྱལ་ལས་རབ་ཏུ་བྱུང་། ཀརྨ་བསྟན་སྐྱོང་ཞེས་མཚན་གསོལ། གཉིས་ཀས་མདོ་སྔགས་ཀྱི་ཆོས་མ་ལུས་པ་ལ་གསན་སྦྱངས་མཛད། ཁྱད་པར་ཡབ་མེས་ཀྱི་བདེ་མགོན་ལྷ་གསུམ་ལ་རྩེ་གཅིག་ཏུ་བསྙེན་བསྒྲུབ་ལ་ཐུགས་བསྒྲིལ། ལྷག་པར་ལྷ་སྲུང་གིས་རྫམ་རྩ་དང་ཟམ་སོའི་བྲག་དང་། ལྷོ་རྣ་ཛ་རྫོང་དང་ཛོ་མོ་གཡུ་སྒྲོན་སོགས་སུ་རི་འཁྲིམ་མཛད། ཕ་རྫོང་བྲག་ལ་ཕར་འཕུར་ཚུར་འཕུར་མཛད་དེ། དགེ་བསྙེན་བར་གློན་དམ་ལ་བཏགས། བྲག་ལ་སྐུ་རྗེས་དང་ཞབས་རྗེས་བཞག །སྐུ་ཚེའི་སྨད་ལ་གཡག་གི་མགོ་ཞེས་པར་རྫོང་བརྩིགས་ཏེ་དཔལ་མགོན་པོའི་བསྒྲུབ་པ་ལ་རྩེ་གཅིག་ཏུ་ཐུགས་དམ་མཛད་ནས་གྲུབ་རྟགས་མངོན་དུ་གྱུར། བསྟན་དགྲ་བེ་རུ་མཐའ་དམག་ནུས་མཐུས་ཚར་བཅད། མཐར་རྫོང་གཡག་གི་མགོར་སྒོ་བཅད་མཛད་ནས་བཞུགས་པའི་དགུང་ལོ་གྱ་བདུན་རབ་ལོ་བཅུ་གཅིག་ཆུ་སྟག་ལ་འཇའ་ལུས་འགྲུབ། དེ་ཉིད་དུ་འོག་མིན་རྣམ་སྣང་མཛད་ཀྱི་དུར་ཁྲོད་དུ་ལས་མགོན་དབུ་སྨུག་གི་སྐུར་བཞེངས་པ་གནམ་ཆོས་མི་འགྱུར་རྡོ་རྗེ་ལ་གནས་གཏེར་གྱི་སྒོ་ནས་སྒྲུབ་ཐབས་ལས་ཚོགས་བཅས་འདས་རྗེས་སུ་བབས། ཀརྨ་བསྟན་སྐྱོང་གིས་ཛོ་མོ་གཡུ་སྒྲོན་སོགས་སུ་རི་ཁྲོད་རྩེ་གཅིག་ཏུ་མཛད་ཚངས་གསར་པའི་འབྲོག་སྒར་དུ་ཐུགས་སྙེ་ཡང་མཛད། གྲུབ་པ་བརྙེས། དགེ་བཤེས་པ་ཉིད་དབུས་སུ་ཕེབས་ལྔ་པ་རིན་པོ་ཆེ་ལ་གཙུག་ཕུད་ཕུལ། མཚན་བློ་བཟང་རྒྱལ་མཚན་དུ་གསོལ། གདན་ས་འབྲས་སྤུངས་སུ་ཆོས་ཞུགས་མཛད། སོག་རྒྱལ་ལ་ཨུ་ཧིང་ཐེ་ཇིའི་འཛའ་ས་དང་། ཆོ་ལོ་དཀར་སེར་གྱི་ཐམ་ག

ཐོབ། ལྷ་པ་རིན་པོ་ཆེའི་མདུན་ནས་ཤེ་བམ་ཉི་ཁྲབ་མ་ཕེབས། སླར་རང་རྫོང་མཁར་པོ་ཆེར་གདན་ཆགས་སུ་བཞུགས། ཆོས་སྲིད་ཆབ་སྲིད་ཀྱི་མཛད་ཁྲབ་འདི་པ་ཆེ་བར་བྱུང་། ལྷ་སྲུང་གི་སྲས་གཉིས་བྱུང་བའི་ལྷ་འབུམ་ནི། འབྲོག་སྣར་ལྕི་ཉིན་སྟོད་དུ་མཛད། ཁུ་བོ་བླ་མ་བསྟན་སྐྱོང་ལས་གདམས་པ་ཐུགས་ཆུད་མཛད་ནས་སྡེ་སྲིད་ཀྱང་བསྐྱངས། རྡོ་རྗེ་དབང་ཕྱུག་གིས་རྫོང་མཁར་པོ་ཆེའི་ཆོས་སྲིད་ཀྱི་ཁྲི་འཛིན་མཛད། མངའ་ཐང་ཡང་དཔེ་མེད་པ་བྱུང་། དེ་ལ་སྲས་གཉིས་ཀྱི་ཀརྨ་མཁར་ཆེའི་རྫོང་འཛིན་མཛད། ཀརྨ་ཚངས་དབྱངས། ཀརྨ་བསྟན་སྐྱོང་ཁུ་དབོན་གཉིས་ཀྱིས་ཀརྨ་པ་ཆོས་དབྱིངས་རྡོ་རྗེ་དང་། ཏྭང་སི་ཏུ་པ་སོགས་མཇལ། དངོས་འབུལ་རྒྱ་ཆེར་མཛད། ཆོས་དང་ཆབ་སྲིད་ཟུང་འབྲེལ་དུ་བསྐྱངས། དེ་ནས་ཚངས་གསར་ཀརྨའི་སྲས་ཀརྨ་ངག་དབང་དར་རྒྱས་དང་། རིན་ཆེན་ལྷུན་གྲུབ་གཉིས་ལྕི་སྲིབ་སྟོད་མདོ་ཐང་ཁར་གདན་ཆགས་ཤིང་། རྫོང་མཁར་པོ་ཆེར་བློ་བཟང་རྒྱལ་མཚན་གྱི་སྤྲུལ་སྐུ་ཁྲི་བཞག་བྱས་པས་སྲིད་ཁྲི་འཛིན་པ་སྟེ། མཚན་བློ་བཟང་བསྟན་འཛིན་དབང་ཕྱུག་ཏུ་གྲགས། ཚངས་གསར་རིན་ཆེན་ལྷུན་གྲུབ་ནི། ཁུ་བོ་བླ་མ་ཀརྨ་ཚངས་དབྱངས་ལས་འབའ་རོམ་ལས་བརྒྱུད་པའི་ཆོས་ཡོད་དགུ་ཅོག་དང་ཕྱག་ལེན་རྣམས་མ་ཉམས་པར་སློབ་པར་མཛད། ཤོར་ཕུ་བླ་མ་ཀརྨ་དཔལ་འབྱོར་ལས་མ་མགོན་གཉིས་ཀྱི་རྒྱུད་དང་གདམས་སྐོར་བེ་བུམ་རྣམས་ཞུས་ཏེ་ཐུགས་ཉམས་སུ་བཞེས། མོ་ཁད་ལྷ་རྩེ་དང་། བྱང་གཞན་གྱི་མགུར་རྣམས་སུ་རི་འགྲིམ་དང་རྗེས་སུ་འཛོར་མཁར་དཀར་ཞེས་པའི་དགོན་བཏབ། ཁམས་ཀུན་དགའ་བསྟན་འཛིན་གཡེར་ཆེན་སྣར་དུ་མཇལ། ཀུ་རུའི་དུས་སྟོན་ཆོས་བཅུ་ཆེན་མོའི་བཀའ་བབ་ཏུ་དབུགས་དབྱུང་། དེ་ནས་བརྩམས་བྱང་ཁམས་སྟོད་དུ་ཆོས་བཅུའི་གར་འཆམ་སྒོ་ནས་འགྲོ་རྣམས་སྨིན་གྲོལ་ལ་བཀོད།

དགེ་རྒྱལ་དུ་ཡོལ་གཉེན་གྱི་བྱིས་དང་། ལྕི་སྟོད་གོ་ཕེ་བྱིས་གཉིས་འཛུག་པའི་སྐབས་ཆུ་ཕར་ཚུར་གྱི་བྲག་ཁར་བྱིས་ཐག་གི་འཇིང་ཕུར་བཙུག་པ་སོགས་རྫུ་འཕྲུལ་བསམ་མི་ཁྱབ་པ་མཛད། མཐར་མཁར་དཀར་དུ་དགུང་གྲངས་རེ་གཉིས་པ་མེ་ལུག་ལ་སྐུ་གཤེགས། ཀརྨ་དང་དར་གྱིས་ལྷ་གཟིགས་བཟའ་ཆོས་འཛོམས་ཁབ་ཏུ་བཞེས་པའི་སྲས་བསོད་ནམས་སྟོབས་རྒྱལ། ངག་དབང་ཕྲིན་ལས། ངག་དབང་རྣམ་རྒྱལ། བསོད་ནམས་ཡེ་ཤེས། ལྷུམ་སྲིང་བསམ་ལུ་རྣམས་འཁྲུངས། ངག་དབང་འཕྲིན་ལས། ངག་དབང་རྣམ་རྒྱལ། བསོད་ནམས་ཡེ་ཤེས་སྐུ་མཆེད་འདི་གསུམ་ལ་སྲས་ནོར་བུ་རྩེ་གསུམ་དུ་གྲགས་ཤིང་། ཀརྨ་པ་ཡེ་ཤེས་རྡོ་རྗེ་ལ་རབ་ཏུ་བྱུང་། གསང་སྔགས་གསར་རྙིང་གི་ཆོས

སྐོར་མ་ལུས་པ་གསན་ཏེ་ཐུགས་སྲས་དམ་པ་རྣམས་སུ་གྱུར། ཁོ་བོ་བླ་མ་རིན་ཆེན་ལྷུན་གྲུབ་ནས་འབའ་རོམ་པའི་ཆོས་སྐོར་དང་ཡབ་མེས་ཀྱི་ཆོས་སྐོར་མཐའ་དག་ཐུགས་སུ་ཆུད་པར་མཛད། ངག་དབང་འཕྲིན་ལས་ཀྱིས་བླ་ཁྲབ་དགོན་བྱང་ཆུབ་ཆོས་གླིང་བཏབ། ངག་དབང་རྣམ་རྒྱལ་གྱིས་དཔལ་ཁའི་བདེ་མོ་བཀྲ་ཤིས་ཆོས་གླིང་དང་། བསོད་ནམས་ཡེ་ཤེས་ཀྱིས་གནམ་དགོན་ཐུབ་བསྟན་རྣམ་དག་གླིང་བཏབ། སོ་སོའི་བསྟན་དགོན་གྱི་འཛིན་སྐྱོང་སྤེལ་གསུམ་དང་། གྲུབ་པའི་གོ་འཕང་མངོན་དུ་མཛད། ཁྱད་པར་བསོད་ནམས་ཡེ་ཤེས་ནི་ལས་མགོན་གྱི་སྤྲུལ་པར་གྲགས་ཤིང་ཞྭ་དམར་པའི་སྐུ་རྐྱེན་བསལ། དེ་ནས་འདི་གསུམ་གྱི་སྤྲུལ་བརྒྱུད་རིམ་པར་བྱོན་པ་ཡིན། དཔོན་བསོད་ནམས་སྟོབས་རྒྱལ་གྱིས་ལྷོ་སྲིབ་ཀྱི་སྲིད་འཛིན་མཛད་པའི་སྲས་བསོད་ནམས་རྒྱལ་བ། དོན་འགྲུབ་རྒྱལ་བ་གཉིས་བྱོན་པ་ཡིན། ལྷུམ་མོ་བསམ་ལུ་ནི་ནང་ཆེན་དཀོན་མཆོག་རྒྱལ་པོའི་ཆུང་མར་བྱོན་པ་ལགས།

དེ་ནས་ངག་སྤྲུལ་གཉིས་པ་ཨ་མགོན་མཁྱེན་རབ་དབང་ཕྱུག །རྣམ་རྒྱལ་གཉིས་པ་ཚངས་གསར་ཀརྨ་བསྟན་འཛིན། བསོད་ཡེས་གཉིས་པ་སེར་ཕྲ་ཀརྨ་ཚུལ་ཁྲིམས་མཐར་ཕྱིན་ཏེ། འདི་གསུམ་ཀརྨ་པ་བྱང་ཆུབ་རྡོ་རྗེའི་རྗེས་སུ་བཟུང་ཞིང་སྒྲུབ་བརྒྱུད་ཀརྨ་ཀཾ་ཚང་གི་ཆོས་སྐོར་དང་། མདོ་སྔགས་ཀྱི་ཆོས་ཚུལ་རྣམས་ཞུས། དཔོན་གུ་རུ་རྣམ་ཙཀྲ་ལས། འབའ་རོམ་པའི་གདམས་སྐོར་རྣམས་ཕལ་ཆེར་གསན། མདོ་ཁམས་དཔལ་སྤུངས་སུ་སི་ཏུ་ཆོས་ཀྱི་འབྱུང་གནས་ཀྱི་ཞབས་པད་རྩེ་གཅིག་ཏུ་བསྟེན་ནས་ཆོས་ཀྱི་བདུད་རྩི་ཟབ་མོས་ཐུགས་ཚིམ་པར་བཞེས། སོ་སོའི་གདན་ས་བསྐྱངས་ནས་མཛད་ཕྲིན་རྒྱས། དཔོན་བསོད་ནམས་རྒྱལ་བ་འགྲམ་ཁར་གཏན་ཆགས་པར་མཛད་པའི་སྲས་ཀརྨ་དོན་གྲུབ། བསོད་ཡེས་གསུམ་པ་ཀརྨ་ཡེ་ཤེས་སྙིང་པོ་རིན་ཆེན་དབང་རྒྱལ། བསྟན་པ་རྣམ་རྒྱལ་ཡེ་ཤེས་དབང་ཕྱུག་རྣམས་བྱོན། དོན་གྲུབ་རྒྱལ་བ་མདོ་ཐང་ཁར་བཞུགས་པར་སྲས་མ་བྱུང་བར་ཡེ་ཤེས་དབང་ཕྱུག་ཡར་བྱོན་ནས་བཞུགས། ཀརྨ་དོན་གྲུབ་གྱི་སྲས་ཟུར་པ་ཁྲི་རྒྱལ་ཞེས་པ་ཛ་ལྷག་ཏུ་ཟུར་བཞུགས་མཛད། གོང་དུ་སྨོས་པའི་ཚངས་གསར་མཁར་པོའི་ཆེའི་ཁྲི་འཛིན་བློ་བཟང་བསྟན་དབང་གི་སྤྲུལ་སྐུ་ཏ་ར་ཚང་དུ་འཁྲུངས་པ་མཁར་ཆེན་སྤྲུལ་སྐུར་གྲགས་ཤིང་ཁྲི་བསྐོས་མཛད། ཚངས་གསར་ལྷ་འབུམ་གྱིས་ལྷོ་ཉིན་སྟོད་ར་རུག་མདར་སྦྲ་མཁར་མཛད་པའི་སྲས་ཚངས་གསར་ཀརྨ་ཞེས་པ་བྱུང་། འདི་སྐབས་ལྷོ་སྟོད་སྨད་གཉིས་སུ་གྱེས་པའི་སྟེ་ཁག་ལ་ཚངས་གསར་ཡུལ་འཁྲོག་གཉིས་ཟེར། ཀརྨའི་སྲས་གཞུང་དུ་ཡོད་པ་ཚངས་གསར་དུང་རྒྱལ་ཡིན་ལ། ཟུར་པ་ཞིག་ཡོད་པ་དོན་གྲུབ་སྟེ།

ཟུར་སྟེ་ཕྱེ་ནས་རྫ་གྲུབ་མདར་བཞུགས་ཤིང་སྲས་མེད་པའི་འཕྲོས་ལ་སྟེ་རོ་མ་ཞེས་པ་བྱུང་། མདོར་བསྡུས་ན་འཕྱི་ཉིན་ཤོག་གསུམ་མར་གྲགས། དུང་རྒྱལ་གྱི་སྲས་རྣམ་རྒྱལ་རྡོ་རྗེ་དང་ཕུན་དབང་གཉིས། དེ་སྲས་དཔོན་ཨོར་ཆོས་དང་བླ་ཆུང་པད་འགྲོ་རྣམས་སོ། །འཕྱི་སྲིབ་ལའང་དོན་གྲུབ་རྒྱལ་བ་མདོ་ཐང་ལ་བཞུགས་པ་དང་། བསོད་ནམས་རྒྱལ་བ་འགྲམ་ཁར་བཞུགས་པ་སྟེ་གཉིས། བསོད་ནམས་རྒྱལ་བའི་སྲས་ཀརྨ་དོན་གྲུབ་ཀྱི་སྲས་ཟུར་པ་ཚངས་གསར་ཁྲི་རྒྱལ་ཞེས་རྫ་ལྷུག་ཏུ་བཞུགས་པ་འཕྱི་སྲིབ་སྟོད་སྨད་བར་གྱི་སྡེ་ཁག་སྟེ། མདོར་ན་འཕྱི་ཉིན་སྲིབ་གཉིས་ལ་ཚངས་གསར་ཁག་ལྔ་ཤོག་དྲུག་ཏུ་གྲགས་པ་ཕྱིས་སུ་བྱུང་ཞིང་ས་མི་ཆུད་མཚམས་ཡང་སྨད་ནས་སྨམ་ལ་སྤྲུལ་མཁར། སྨད་རྒྱལ་ནི་བྲོ་རྐེས་རྒྱལ་སེ་ཡོམ། ཡོག་རྒྱལ། བྲེ་གུ་ལ་བཙས་ནག་པོ། ཀ་མདའ་ཁྲ་མོ། གོ་ལྷེ་རི་དམར། སྟག་ལུང་ལ་བཙས་དཀར་པོ་བཅས། བླ་དགོན་རྣམས་གོང་མ་རྒྱ་སོགས་གཞུང་གསུམ་གྱི་སྐུ་རིམ་པ་དང་། དཔོན་རབས་རྣམས་གོང་མ་སེ་ཆེན་གན་གྱི་དུས་ནས་བརྩམས། ཡོན་མིང་ཆིང་ཤུན་གྱི་དུས་རྒྱལ་པོ་དང་ཁྲི་དཔོན་སྒེར་བཙན་རང་དབང་ཅན་ཡིན་པར་གདའ།

༈ དེ་ནས་བླ་རབས་བྱོན་པའི་ཚུལ་ནི། བསོད་ཡེས་གསུམ་པ་ཀརྨ་ཡེ་ཤེས་སྙིང་པོས་ཀརྨ་པ་བཅུ་གསུམ་བདུད་འདུལ་རྡོ་རྗེ་བསྟེན། དག་ཕྲིན་གཉིས་པ་ལས་ཡབ་ཆོས་སྐོར་གསན། གནམ་དགོན་གྱི་གདན་ས་མཛད། དག་ཕྲིན་གསུམ་པ་སྐྱིལ་ཚ་བ་ཀརྨ་ཆོས་དབྱིངས་རང་གྲོལ་ལམ། ཡེ་ཤེས་རོལ་པ་རྩལ་དང་རྣམ་རྒྱལ་སྐུ་ཕྲེང་གསུམ་པ་གཉིས་སི་ཏུ་པདྨ་ཉིན་བྱེད་ཀྱི་ཞལ་དཀྱིལ་བསྟེན། དཔལ་སྤུངས་སྒྲུབ་ཁང་དུ་བཞུགས། མཁས་གྲུབ་རྨད་དུ་བྱུང་ནས་གདན་ས་རྣམས་བསྐྱངས། རྣམ་རྒྱལ་སྐུ་ཕྲེང་བཞི་པ་ཨ་མྱེ་ལ་འབྲུངས་པ་ཉིད་གདན་སར་ཕེབས་ཤིང་འཛིན་སྐྱོང་སྤེལ་བ་སོགས་མཛད་དེ་སྐུ་གཤེགས། རྣམ་རྒྱལ་སྤྲུལ་སྐུ་ལྔ་པ་སངས་རྒྱས་གྲགས་པ་ཉིད་བདེ་མོ་དགོན་གྱི་གདན་ས་ཞབས་པད་རྡོ་རྗེའི་ཁྲིར་ད་ལྟའང་འགོད་བཞིན་པའོ། །

༈ གཞན་ཡང་འཕྱི་རྔ་རྫ་རྫོང་དུ་སྤྱོན་དཔལ་རྒྱ་ལོ་དེར་བཞུགས་སྒྲུབ་པ་མཐའ་ཕྱིན། ས་ཆེན་ཀུན་སྙིང་གི་གདུང་འབུམ་བཞེངས་མཛད། སྐུ་ཡང་དེར་གཤེགས་པས་རྒྱ་ལོའི་གདུང་འབུམ་ཡང་དེར་བཞུགས། ཕྱིས་སུ་ཚངས་གསར་བླ་མ་རྣམས་ཀྱིས་སྒྲུབ་གནས་མཛད་པས་ཚངས་གསར་རྫོང་མགོ་ཚང་ཞེས་དགོན་གནས་གཅིག་ཡིན། ཚངས་གསར་ཀརྨ་བསྟན་སྐྱོང་གི་གུར་སྨར་ཕུབ་པར་ཕྱིས་འབྲོག་པ་ཚང་གི་བླ་བརྒྱུད་རྣམས་ཀྱི་གདན་ས་མཛད་པས་ཚངས་གསར་ལྷ་ལམ་དགོན་དང་།

སྔགས་བརྒྱུད་དར་རྒྱས་རྒྱ་མཚོ་དཔལ་སྐྱོངས་སྐྱབ་བླར་ཕེབས་ནས་ཡར་བྱོན། ཕ་རྫོང་པད་སྐྱོངས་སར་དགོན་མཛད། དབོན་སྨྱུག་ཆུང་ཞེས་པས་ཤུལ་འཛིན། སྔགས་སྤྲུལ་ངག་དབང་གྲགས་པ་སོགས་བྱོན་ཞིང་དགོན་པའི་མིང་ཚངས་གསར་ཆོས་གླིང་དགོན་ཞེས་པ་དང་། གནམ་དགོན་གྱི་དགོན་ལག་རཀྟའི་མངོན་སྤྲུལ་ཀརྨ་ལུང་རིགས་རྣམ་རྒྱལ་གྱིས་ཧ་ཡུམ་གནས་སུ་སླིན་གྲོལ་དགོན་ཞེས་པ་བཏབ་དར་རྒྱས་ཅུང་ཟད་བྱུང་ཞིང་།དབོན་བླ་མ་ཀརྨ་བཤད་སྒྲུབ་ཀྱིས་འཛིན་སྐྱོང་མཛད་པ་སྟེ་དེ་རྣམས་གྲངས་སུ་འདྲེན་པ་ཡིན་ནོ། །ལྕི་ཉིན་ཡུལ་པ་མཁར་ཆེའི་བསྟན་བདག་ཏ་ར་བླ་མས་གདན་ས་མ་འཁྲོལ་ནས་རྟེན་གསུམ་གཙོ་ཆེ་ནང་ཆེན་དུ་འཁྲུགས་ཤིང་ཕལ་མོ་ཆེ་འཕོར་ཟགས་སུ་བྱུང་བར་གྱུར། གསེར་དངུལ་གྱི་བཀའ་འགྱུར་ནི་འབྲོག་པའི་དགོན་ལྷ་ལམ་དགོན་དུ་ཡར་ཉར་ཚགས་བྱས་པར་འདུག །འཕྲོས་ཡུལ་པའི་རྫོང་ཞིག་ཅིང་སྡེ་དུད་ཀྱི་མགོ་འཛིན་མ་ངེས་པ་འགའ་ཤས་ཡང་བྱུང་བར་སྣང་ངོ་། །བསོད་ཡེས་སྐྱ་ཕྲེང་བཞི་པ་ཀརྨ་བསོད་ནམས་ཆོས་འཕེལ་ལམ། འཆི་མེད་རྡོ་རྗེ་དང་། ངག་འཕྲིན་བཞི་པ་བསམ་གཏན་རྒྱ་མཚོ། གཏེར་སྲས་སྤྲུལ་སྐུ། གསང་སྔགས་རྣམས་སྐུ་མཆེད་དེ། འདི་རྣམས་ཚངས་གསར་འབྲོག་པ་དཔོན་ཨོ་རྒྱན་ཆོས་འཕེལ་གྱི་སྲས་ཡིན་ལ་ཡུམ་དཀོན་མཆོག་དཔལ་སྒྲོན་ཞེས་གཏེར་ཆེན་མཆོག་གླིང་སྲས་མོ་སྟེ། འདི་རྣམས་ངག་ཕྲེང་གསུམ་པའི་དབོན་བླ་མ་ཆོས་དབང་དང་། སྤྲུམ་ཚངས་གསར་བླ་མ་ཨ་ཡུ་དེ་ཝ། གཙོད་བླ་བསོད་ནམས་རྒྱལ་མཚན་སོགས་ལས་འབའ་རོམ་དང་ཡབ་མེས་ཀྱི་ཆོས་སྐོར་ཚང་མ་གསན། ཀརྨ་པ་ཐེག་མཆོག་རྡོ་རྗེ་དང་མཇལ། གདམས་ཁྲིད་དབང་བསྐུར་ཡང་ནོད། གདན་སར་བཞུགས་པ་དང་རི་ཁྲོད་བརྟེན་པ་རེས་མོས་མཛད། ཕྱིས་བསམ་གཏན་རྒྱ་མཚོ་རྒྱལ་དབང་མཁའ་ཁྱབ་རྡོ་རྗེའི་དབུ་བླར་བྱོན། གཏེར་གསར་ཡོངས་རྫོགས་དབང་བསྐུར་ཕུལ། འཆི་མེད་རྡོ་རྗེ་འབྲུག་པ་རིན་པོ་ཆེ་ཐམས་ཅད་མཁྱེན་པའི་དབུ་བླ་མཛད། གསར་རྙིང་ཆོས་སྐོར་མང་དུ་ཕུལ། ནང་ཆེན་སྟོད་དུ་རྒྱལ་བཀའི་ལུང་སྩལ། དབོན་བརྒྱུད་ཐུགས་སྲས་པདྨ་འཛིགས་མེད། ཀརྨ་ཨོ་རྒྱན།ཆོས་དབང་སྤྲུལ་སྐུ། བསོད་རྒྱམ་སྤྲུལ་སྐུ།བསྟན་འཛིན་རྡོ་རྗེ་སོགས་བྱོན། དབོན་པདྨ་འཛིགས་མེད། སྲས་འགྱུར་མེད་རྡོ་རྗེ་ཞེས་པ་ད་ལྟ་འདི་འོ། །

༄ ལྕི་སྲིབ་མདོ་ཐང་དབོན་རྒྱུད་ཡེ་ཤེས་དབང་ཕྱུག་སྲས་དོན་གྲུབ་ཕུན་ཚོགས། དེའི་སྲས་ཀརྨ་དབང་རྒྱལ། ཨོ་རྒྱན་རྣམ་རྒྱལ། ཨོ་རྒྱན་དར་རྒྱས་གསུམ། དེའི་སྲས་ད་ལྟ་བླ་མ་དབུ་སྨྱུག་ཞེས་པ་

འདི་དག་གོ། །རྗེ་ལྷུག་དཔོན་ཁྲི་རྒྱལ་སྲས་མགོན་པོ་སྟོབས་རྒྱལ་ཀརྨ་བཟང་གཉིས། དེའི་སྲས་བླ་མ་བསྟན་འཛིན་ཆོས་དར། དེའི་སྲས་འགའ་ཡོད་པ་མི་སྣང་ཞིང་། ཀརྨ་བཟང་སྲས་ཟུར་པ་འདུལ་བ། དེའི་སྲས་ཨོ་རྒྱན་ཉི་མ་འདི་དག་དང་། འགྲམ་དཔོན་བསྟན་འཛིན་རྣམ་རྒྱལ་དང་རིན་ཆེན་དབང་རྒྱལ་ཟུང་གི་སྲས་མགོན་པོ་བསྟན་གྲགས་སྤྲུལ་སྐུ། བསྟན་དབང་སྤྲུལ་སྐུ་གཉིས། དེ་གཉིས་སྟག་ས་འཚང་དུ་བཞུགས་པའི་སྲས་ཀུན་ཁྱབ་ཡེ་ཤེས་སོགས་འགའ་བཞུགས་པའོ། །དེ་ལྟར་ཕོ་བྲང་ནང་སོ་ཆེན་མོའི་ཁྲིར་ཕེབས་པའི་གསང་བ་ལུས་མེད་རྡོ་རྗེ་ནས་བདག་ཅག་གི་དཔལ་མགོན་བླ་མ་འཆི་མེད་གྲུབ་པའི་རྡོ་རྗེ་ཡན་བླ་བརྒྱུད་དང་དབོན་བརྒྱུད་བར་མ་ཆད་པར་བྱོན་པ་ཐམས་ཅད་ཀྱང་རྡོ་རྗེའི་རིག་པ་འཛིན་པ་ཁོ་ན་སྒྲུབ་བརྒྱུད་འབའ་རོམ་པའི་ལྷ་ཆོས་མི་ཆོས་ཡ་བྲལ་དུ་མ་སོང་བའི་གྲུབ་པའི་ཕྲེང་བ་ཤ་སྟག་གོ།

༄ གསུམ་པ་ནང་ཆེན་པའི་གདུང་བརྒྱུད་དང་གདན་སར་བཞུགས་པའི་རིམ་པ་རྒྱས་པར་བཤད་པ་ལ་གཉིས། གདན་ས་སྐྱ་འབུམ་དུ་ཆོས་སྲིད་རྒྱས་ཚུལ་དང་། ཅུང་ཟད་འཕོ་འཆུག་བྱུང་ཚུལ་སྐོར་རྣམས་སོ། །དང་པོ་ནི། ནང་ཆེན་པའི་གདུང་རྒྱུད་དང་གདན་སར་བཞུགས་པའི་རིམ་པ་ལ། ཡོན་ཏན་དཔལ་གྱི་སྟག་དཔོན་སྤྱན་སྔ་ཆོས་ཀྱི་རྒྱལ་མཚན་ཏེ། གདུང་ནི་མིའུ་རུས་དྲུག་གི་ནང་ནས་ཨ་ལྕགས་འབྲུ། འབྲུ་ལ་ཆེ་དྲུག་དང་ལྔངས་དྲུག །ཡ་མེད་གཉིས་དང་བརྒྱད་ཀྱིས་ཁྱད་པར་དུ་འཕགས་པ་ཡིན། དེ་ལྟ་བུའི་འབྲུ་བཙན་པོ་དེས་ཏེ་རབ་ཁ་མི་ཡི་གནས་གཞི་ཟེར་བ་དེ་བཟུང་བ་ཡིན། དེའང་ཏེ་ལ་ཉིན་མོ་དང་སྲིབ་མོ། རྩེ་བ་དང་ཞོད་པ། སྟོང་པ་དང་མེད་པ། ཚོང་འདུས་མཏྲལ་སྟེང་དང་བདུན་ཡོད། འབྲུ་རྗེ་དེ་ལ་ལས་ཀ་ཐོབ་པའི་མི་གསུམ་ཡོད་དོ། །ཐང་ཆེན་ཨ་འབར་བྱ་བས་ཁྲི་སྐོར་བཅུ་གཉིས་དཔོན་པོ་བྱས། དཀར་ཚུང་ཉི་མ་བྱ་བས་སྟང་དགྲ་ཚམས་ལ་ཕབ། ཀྱེ་རུ་ལོར་ལོ་བཟང་པོས་རྒྱ་ནག་རྒྱལ་པོའི་ནང་བློན་བྱས། འཁོར་ལོ་བཟང་པོའི་བུ་ནོར་བུ་བཟང་པོ། དེའི་བུ་གཞོན་ནུ་བཟང་པོ། དེའི་བུ་ལྷན་པ། དེའི་བུ་སྦྱོར་མཆོག །དེའི་བུ་ལྷ་མཆོག །དེའི་བུ་ཡུལ་པ། དེའི་བུ་བཙུན་པ། དེའི་བུ་དགུ་ཡོད་པ་དེའང་། གཅེས་དང་ཡག་དང་མཛེས་དང་གསུམ། ལོད་པོ་ཀླུ་བཙན་གཉན་པ་དྲུག །ཨ་ཆེན་བེ་ཡམ་སྡེ་བ་དགུ། དེ་ལས་མཛེས་པའི་བུ་རྩང་ཀུན་དེའི་བུ་ཁྱབ་པ། དེའི་བུ་ཡུལ་སྲུང་། དེའི་བུ་དྲག་པོ། དེའི་བུ་ཐོག་འཕེན། དེའི་བུ་ཀརྨ་དྲག །དེའི་བུ་སྦྲིན་ཕྱུག །དེའི་བུ་ཐང་པོ། དེའི་བུ་བརྟན་པ། དེའི་བུ་འབབ་པ། དེའི་བུ་ཧིང་ཆེན། དེའི་བུ་ཀརྨ་མཛེས། དེའི་བུ་སེང་

གེ་གྲགས། དེའི་བུ་དམག་དཔོན་འོད་ཟེར། དེའི་བུ་ཨ་མྱེ་མགོན་ཡག །དེའི་བུ་གསེར་གཡུ་དང་གྲགས། དེའི་བུ་ལེགས་པ་དབང་ཕྱུག །དེའི་བུ་བློ་གྲོས་འོད་ཟེར། དེའི་བུ་དྲག་པོའི་གོ་ཅན། དེའི་བུ་རྨ་བྱ་མཛེས་པ། དེའི་བུ་ཞི་བ། དེའི་བུ་མ་ལྷ། དེའི་བུ་མངའ་བདག །དེའི་བུ་རྫེ་བོ། དེའི་བུ་ཆོས་འཕགས། དེའི་བུ་མདོ་མང་། དེའི་བུ་སྡེ་ལྔ། དེ་ལ་བུ་བཞི་ཡོད་པ་ནི། ཨ་སྟག །སེང་འཕེན། འབྲུག་སྲས། ཀྲོད་པོ་འབར། ཨ་སྟག་གི་བུ་ཐང་ཆེན་བསོད་རྒྱལ། དེའི་བུ་ཤེར་འོད། དེའི་བུ་ལ་འབར། སེང་གེ་འཕེན་གྱི་བུ་ཁྲི་དཔོན་ལ་གྲགས། དེའི་བུ་བཙན་པོ། དེའི་བུ་སྐར་ཆུང་ཉི་མ། འབྲུག་སྲས་བུ་ཀྱེ་ཧུས་སངས་རྒྱས་དབང་ཕྱུག །དེའི་བུ་ཡོན་འབྱུང་། དེའི་བུ་དཔོན་དཀར་དང་འཕོར་ལོ་བཟང་པོ་གཉིས། ཀྲོད་པོ་འབར་གྱི་བུ་དོན་ཡོད་ཚུལ་ཁྲིམས་འོད་ཟེར། དེའི་བུ་ལྷུག་ལ་ཡག །དེའི་བུ་ཞབས་དཀར་པོ་དང་དར་མ་གཉིས། ཞབས་དཀར་པོའི་བུ་དགེ་མཐོན། དེའི་བུ་ཁྲི་དར་སེང་གེདེས་གླིང་ཟ་ཨ་རྫོར་མ་བླང་བ་ལ། ཧྲི་བོ་ཨ་ཀླུ་ཨ་ཀླུས་ཆེན་ཆུ་གཉིས་བཞག་པའི་ཆེན་མ་མཛེ་རོག་བཟའི་བུ་རྡོ་རྗེ་འཕགས་དང་རྡོ་རྗེ་བསྟན་གཉིས་ཀྱི་རབ་ཁ་ན་བཞུགས། ཆུན་མ་འབེ་བཟའ་དཀར་མོ་ཁབ་ཏུ་བཞེས་པ་ལ་སྐུ་མཆེད་བདུན་བྱུང་བའི་ཆེ་བ་ས་སྐྱ་དཔོན་ལེགས་བྱ་ཡུལ་བ་ཨ་ཡུལ་བ་ཧྲི་བོ་ཆོས་རྒྱལ་མཚན་ཆོང་དཔོན་ཁམ་ཐར་བཀྲ་ཤིས་དཔལ་བྱང་རྒྱལ་བའོ། །

དེ་ལས་ཆོས་རྒྱལ་མཚན་ནི་བྱང་ཆུབ་མགོན་པོའི་དྲུང་དུ་རབ་ཏུ་བྱུང་། མཚན་ཆོས་ཀྱི་རྒྱལ་མཚན་དུ་གསོལ། འབའ་རོམ་ནས་བརྒྱུད་པ་ཐམས་ཅད་གསན། (འདི་དུས་ཧོར་གྱི་རྒྱལ་པོ་ཐོ་གན་ཐེ་མུར་གྱིས་ཧོར་དང་རྒྱ་ནག་གཉིས་ཀའི་རྒྱལ་པོ་མཛད་དུས། ཧྲི་བོ་ཆོས་ཀྱི་རྒྱལ་མཚན་ནང་ཆེན་ནང་གི་གདན་ས་ལ་བཞུགས་པའི་འཇའ་ས་བླང་བ་ཡིན། དེ་ནས་ཅང་མ་འགོར་བར། གོང་མ་རྒྱལ་པོ་ཡབ་སྲས་ཧོར་ཡུལ་དུ་བྲོས་ཤིང་རྒྱ་ནག་རྒྱལ་པོ་ཐའི་ཙུའི་རང་གི་རྒྱལ་ས་བླངས་ནས་རྒྱལ་པོ་མཛད་པར་འདུག །མཆན།) སེ་སྐྱ་ནས་ནང་ཆེན་ནང་གི་ཁྲི་ལ་ཆོས་རྒྱལ་མཚན་བཞུགས་དགོས་གསུངས་པའི་བཀའ་ཤོག་ཇ་འདྲེན་དང་ཁྲིད་རས་ཚང་སྒོམ་སྡེ་དང་རབ་ཁ་བ་གཉིས་ལ་གཏོགས་པའི་ལྷ་ཁང་དགོན་པ་བུ་སློབ་ཡོད་པ་དག །འཕོར་ཁ་སྐྱེ་རིམ་རྣམས་ཀྱི་རིམ་གྱུར། ཕྱིན་ཕྱ་ཆོས་ཀྱི་རྒྱལ་མཚན་གོང་གི་འཇའ་ས་དང་བཀའ་ཤོག་རིམ་པའི་ལུང་བཞིན་དུ། ནང་ཆེན་ནང་གི་ཁྲི་ལ་བཞུགས་རྒྱུ་ཡིན་པས། འདི་པས་དབང་བའི་ལྷ་ཁང་དང་དགོན་པར་འཚེར་མ་འབབ་ཞེས་པ་ལ་སོགས་པའི་བཀའ་ཤོག་བྱུང་སྟེ། ལྕགས་ཕོ་བྱི་བའི་ལོ་ལ་ཆོས་རྒྱལ་མཚན་ནང་ཆེན་ནང་གི་ཁྲི་ལ་བཞུགས་ཏེ་རབ་ཁ་ཡན་གྱི་ཁྲལ་འུ་ལག་སྐུ་འབུམ་དགོན་དུ་སྡུད། འཁོར་འབངས་ཐམས་ཅད་བྱམས་པས་སྐྱོང་། ཆོས་

སྲིད་ཐམས་ཅད་ནམ་མཁའ་དང་མཉམ། དཔོན་ཨ་ཡུལ་གྱིས་རྒྱལ་སྲིད་ཀྱི་མཛད་པ་རྒྱ་ཆེ། སྲས་ཀུན་དགའ་འབུམ་དང་ནམ་མཁའ་རྒྱལ་མཚན་གཉིས། ནམ་མཁའ་རྒྱལ་མཚན་ཆོས་ཀྱི་རྒྱལ་མཚན་མདུན་ནས་རབ་ཏུ་བྱུང་ཞིང་གདམས་པ་ཐམས་ཅད་གསན་ནས་གདན་ས་མཛད། ཀུན་དགའ་འབུམ་གྱི་སྲས་སེང་གེ་དཔལ། མགོ་པ་ཡོན་ཏན་རྒྱ་མཚོ། སྤྱན་སྔ་དཔལ་ལྡན་རྒྱ་མཚོ། བསམ་འགྲུབ་རྒྱ་འཚོ་དང་བཞི། འདི་དུས་ཀརྨ་པ་དེ་བཞིན་གཤེགས་པ་རྒྱ་ནག་ནས་ཡར་ཐེབས། སྐུ་འབུམ་དགོན་དུ་སྤྱན་དྲངས། དགེ་འདུན་པ་སྟོང་ཕྲག་གཉིས་གསུམ་ཙམ་གྱིས་བསུ་བ་དང་བཅས་ཏེ་ནང་སོ་ཆེན་མོར་ཐེབས། བླ་དཔེ་ཆེན་མོར་ནང་ཡ་གཉིས་དང་འདུས་པའི་ཚོགས་ལ་སེམས་ཁྲིད་ཀྱི་ཆོས་འཆད། འཇིག་རྟེན་དངོས་པོ་བགྲང་གིས་མི་ནུས་ཙམ་ཕུལ། བསམ་འགྲུབ་རྒྱ་མཚོ་རབ་ཏུ་བྱུང་། ཀརྨ་ཀུན་དགའ་དཔལ་བཟང་པོའི་མཚན་དང་། གསེར་གྱི་ཐམ་ཁ་ཆེན་པོའི་（ཐམ་ཁའི་ཁ་རིས་ལ། ཀྲན་ཧྲིང་ཅིང་ཀྲུའི་ཤིན་ཧྲུའི་ཤེ་གོ་ལྷེ་ཤྲི། བོད་སྐད་དུ་བཀྲོལ་ན། སྲི་བོ་ནས་དབང་བསྒྱུར་བ་ཆེན་པོ་རྒྱལ་ཁམས་ཀྱི་བླ་མ་ཆོས་ཁྲིམས་འཆའ་བའི་རྒྱལ་པོ་ཞེས་སོ། །གསེར་ཐམ་འདི་གོང་ནས་ཀརྨ་པས་མི་ཆེན་བཅུ་གསུམ་གྱི་ལས་ཀ་བསྟུམས་པ་ལས་གཉིས་ནང་ཡ་གཉིས་དང་། གཞན་རྣམས་འབྲི་གདན་སོགས་ལ་གནང་བ་ཡིན་ཏེ། འབྲི་གུང་པ་ལ་གནང་བའི་ཐམ་ཁའི་ཁ་རིས་ལ། ཆེན་ཀྲུའུ་ཧྭ་ཤང་། བོད་སྐད་དུ་བསྟན་པ་སྤེལ་བའི་རྒྱལ་པོ་ཞེས་དང་། གདན་ས་མཐིལ་དུ་གནང་བའི་ཐམ་ཁའི་ཁ་རིས་ལ། ཆེན་ཧུ་ཤང་། བོད་སྐད་དུ་སྤྲུལ་པ་སྤེལ་བའི་རྒྱལ་པོ་ཞེས་དང་། གོང་མ་ཆེན་པོའི་ཧའི་མིང་རྒྱལ་པོས། ཀརྨ་པ་ལ། ལུགས་གཉིས་ཀྱི་བདག་པོ་བླ་མ། གཞུའུ་ལའི་ཧའི་བཙུ་ཧྭ་ཤང་། བོད་སྐད་དུ། ཁྱེད་ཡིན་པས། བོད་ཀྱི་བསྒོ་འཛའ་ཐམས་ཅད་ཁྱེད་ཤེས་སུ་ཚུག །ཅེས་སོགས་གཞན་གྱི་བསྒོ་འཛའ་ལས་ཁྱད་པར་འཕགས་ཤིང་ཆེ་བ་ཡིན། མཆན།）ལས་ཀ་དང་། གོས་ཆེན་དེང་ཕོན་ལས་གྲུབ་པའི་བླ་བྲེས། སྟག་མགོ་ནོར་བུ་གསུམ་པ་སོགས་འཇིག་རྟེན་གྱི་གནང་བ་རྒྱ་ཆེན་པོ་དང་བཅས་ཏེ་གདན་སར་བསྐྱོས། ལུགས་གཉིས་ཀྱི་བཀའ་ཁྲིམས་བཟུང་བའི་གོ་གནས་གནང་ནས། སངས་རྒྱས་ཀྱི་བསྟན་པའི་ཞབས་འདེགས་སྐབས་པོ་ཆེ་དགོས་པ་དང་ཡར་ཕྱིན་གཅིག་གིས་གཅིག་ལ་འཚེ་བ་མི་བྱེད་པའི་བཀའ་ཁྲབ་གནང་ལྷ་ཁང་དང་དགོན་པའི་འཛིན་སྐྱོང་དཔེ་མེད་མཛད། གསེར་གྱི་བཀའ་བསྟན་འགྱུར་བཞེངས། ངོ་མཚར་བའི་ལྷས་དང་བཅས་ཏེ་གཤེགས།

སེང་གེ་དཔལ་གྱི་སྲས་གྲགས་པ་རྒྱལ་མཚན་དེའི་སྲས་ཀྱི་རྣམ་གྲངས་ལ། ཞང་ལྷ། ཀུན་དགའ་རྒྱ་མཚོ། ཆོས་དཔལ་བཟང་པོ། འོད་ཟེར་བཟང་པོ་དང་བཞི། ཆོས་དཔལ་བཟང་པོ་ཀུན་དགའ་དཔལ་བཟང་པོའི་དྲུང་དུ་རབ་ཏུ་བྱུང་། སྔར་སྒྲོལ་གྱི་གདམས་པ་ཐམས་ཅད་རྫོགས་པར

གསན་གདན་ས་མཛད། ཞང་ལྷའི་སྲས། གཙོད་པ་རྒྱལ། གྲགས་པ། སངས་རྒྱས་གྲགས་པ་གསུམ། སངས་རྒྱས་གྲགས་པ་ཆོས་དཔལ་བཟང་པོ་ལས་རབ་ཏུ་བྱུང་། འབའ་རོམ་ནས་བརྒྱུད་པའི་ཡབ་མེས་ཀྱི་གདམས་པ་ཐམས་ཅད་གསན། སྟག་ལུང་དུ་བྱོན། ངག་དབང་གྲགས་པ་དང་མཇལ། གདམས་པ་སྤྱི་དང་ཁྱད་པར་མགོན་པོ་ཕྱག་བཞི་པའི་སྐོར་མ་ལུས་པ་གསན། ལོ་བཅུ་གཉིས་སུ་བཞུགས། ཕུང་བྱེད་ནོར་བུ་གཟི་འབར། ཡ་གསུམ་སྟོད་མའི་རྫོང་དང་བཅས་གདན་སར་བསྐོས། སྒྲུབ་པ་དང་ཉམས་ལེན་གཙོར་མཛད། གཙོད་པ་རྒྱལ་གྱི་སྲས་གོ་ཤྲཱི་ཆོས་དཔལ་གྲགས་པ་དང་། ཆོས་སྐྱོང་སྐྱབས་གཉིས། འདི་གཉིས་ཀྱིས། ཀརྨ་པ་ཆོས་གྲགས་རྒྱ་མཚོ་དཔལ་གཞུང་དུ་སྤྱན་དྲངས། ཁྲི་རྣ་ཅན་གྱི་འབུལ་བ་བྱས། དབང་ཁྲིད་རྫོགས་པར་གནང་། གོ་ཤྲཱི་ལས་ཀ་དང་ཤེལ་ཐམ་ཟིང་ཟིང་གི་གནང་སྦྱིན་བཅས་གདན་སར་བསྐོས། (གོ་ཤྲཱི། ཆོས་དཔལ་གྲགས་པ་དང་། ཚངས་གསར་རྡོ་བཅང་བ་རྣམ་གཉིས་དཔེ་མེད་ཐུགས་མཐུན་པོ་བྱུང་ཅིང་སློམ་སྡེ་སྐུ་མཆེད་ཅེས་སྐད་ཆེན་དུ་གླེ་བར་བྱུང་། མཆན།) ཆོས་སྐྱོང་སྐྱབས་ཀྱི། (ཁ་དག་ལ། བེ་རི་ཆུང་ཤེས་ཀྱི་ཕ་མེས་བེ་རི་སེང་གེ་མི་ལོག་སླད་ནས་དགེ་ལྡན་པ་འཁྲུགས་ནས་འདི་པའི་སྐུ་རིང་ལ་སྐུ་འབུམ་དགོན་དུ་ཕྱིན། བཀའ་ཁྱབ་བཟང་པོ་མཛད་ནས་རེ་འཛིའི་ས་གནང་། ཁོ་རང་ཚེ་དེར་བསྟད་པ་ལ་སྙིད་པོ་བྱུང་སྟེ། ཁ་བཤད་ལ། ཞྭ་སེར་ཅན་གྱི་སྣུག་པ་ཡིན། བེར་སེང་ཅན་གྱི་བཀའ་དྲིན་ཡིན། གླེ་བ་བྱུང་ཟེར། བེ་རིའང་ནང་ཆེན་པའི་བློན་པོ་དྲག་ཤོས་ཡིན། མཆན།) སྲས་དཀར་བཟའ་ལ་འཁྲུངས་པ་ནི། ནམ་མཁའ་བཟང་པོ། ཆོས་སྐྱོང་བཟང་པོ། བསོད་ནམས་བཟང་པོ། བཀྲ་ཤིས་བཟང་པོ་དང་བཞི། ནམ་མཁའ་བཟང་པོ་ཡ་གསུམ་སྟོད་མའི་རྒྱལ་པོ་མཛད། ཆབ་སྲིད་མངའ་ཐང་ཆེར་རྒྱས། སློམ་སྡེ་ཡ་གསུམ་སྟོད་མར་གྲགས། གདན་ཆགས་ས་སྟག་ལུང་ཡོ་མདོའི་ཡ་གསུམ་ཐང་ཡིན། ས་ཡི་ཆོད་མཚམས་ཡང་སྟོད་ནས་བྱང་ནམ་མཚོའི་སྲིབ་ཆེན་སྒེར། སྨད་ནས་ཤག་གི་སྒང་དུ་ཟམ་ཁ་ཡིན། ནམ་མཁའ་བཟང་པོའི་སྲས་སེང་གེ་རྒྱལ་མཚན། སངས་རྒྱས་རྒྱལ་མཚན་གཉིས། དེ་ལས་སེང་གེ་རྒྱལ་མཚན་གྱིས་མངའ་འབངས་ཆོས་བཞིན་དུ་བསྐྱངས། སློམ་སྡེ་སྟོད་མ་སྲིད་འགྲན་ཟླ་བྲལ་བར་བྱུང་། གོང་གི་བཀྲ་ཤིས་བཟང་པོའི་སྲས། ཧོར་མོས་སྲས། གུར་མགོན་དང་། རིན་མགོན་གཉིས། རིན་མགོན་གོ་ཤྲཱི་ཆོས་དཔལ་གྲགས་པ་ལས་རབ་བྱུང་མཛད།། བརྒྱུད་པའི་གདམས་པ་མ་ལུས་གསན་བཞེས་མཛད། ནང་སོ་ཆེན་མོའི་ཁྲིར་བཞུགས་གུར་མགོན་གྱིས་སྐུ་འབུམ་དུ་སྡེ་སྲིད་བསྐྱངས། སྐུ་མཆེད་འདི་གཉིས་ཀྱི་རྒྱལ་དབང་བྱང་ཆུབ་རྡོ་རྗེ་སྤྱན་དྲངས། འབུལ་བ་དཔག་མེད་ཕུལ། གུར་མགོན་སྲས་གཉིས་ལས་བསོད་ནམས་དཔལ་ལྡན་ལ་གོ་ཤྲཱིའི་ལས་ཀ་གནང་། ཆོས་ཁྲིར་མངའ

གསོལ། ཀུན་དགའ་གྲགས་པའི་སྲས། ཀུན་དགའ་རྒྱལ་པོ། བསོད་ནམས་རྣམ་རྒྱལ། བསོད་ནམས་ཚེ་རིང་དང་གསུམ། བསོད་ནམས་རྣམ་རྒྱལ་ཞྭ་དམར་ཆོས་ཀྱི་དབང་ཕྱུག་གིས་རྗེས་སུ་བཟུང་། ཀུན་ཧིང་གོ་ཤྲཱིའི་ལས་ཀ་གནང་ཆོས་ཁྲིར་འཁོད། ཀུན་དགའ་རྒྱལ་པོའི་ཐུགས་དམ་ལ་གསེར་དངུལ་གྱི་འབུམ་རྒྱས་འབྲིང་བསྡུས་གསུམ་བཞེངས།

དེ་སྲས་བློ་གྲོས་རྒྱལ་པོ་དང་། (རོམ་བཟའ་མར་རབ་ལོ་༡༠ སེ་ཕག་ལ་འཁྲུངས།) གོ་ཤྲཱི་ཀརྨ་རབ་བརྟན་གཉིས་བྱོན། (ཆུ་ཡོས་ལ་འཁྲུངས།) བློ་གྲོས་རྒྱལ་པོས་དགོན་གསར་འཛུགས་བཅུ་གསུམ་ཙམ་གྱི་སྦྱིན་བདག་དང་མངའ་ཞབས་རྣམས་དགེ་བཅུའི་ཁྲིམས་ལ་བཀོད། འབྲི་གུང་ཞབས་དྲུང་སྤྱན་དྲངས། འབུལ་བ་དཔག་མེད་དང་དབང་ལུང་མང་དུ་ཞུས། ཐ་དད་ཀྱི་དགེ་འདུན་རྣམས་ལ་བསྙེན་བཀུར་དང་མཛོད་དང་བང་བ་ཐམས་ཅད་ཕྱོགས་མེད་དུ་འགྱེད། དབུས་སུ་ཕེབས་ཏེ་རྒྱལ་དབང་ཀརྨ་པ་ཆོས་དབྱིངས་རྡོ་རྗེ་ཡབ་སྲས་དང་ཛོ་ཤཱཀ་རྣམ་གཉིས་སོགས་ལྷ་བླ་མ་ཐམས་ཅད་མཇལ། རྗེ་བཙུན་ཆོས་ཀྱི་རྒྱལ་མཚན་ལ་ཆོས་འབྲེལ་ཞུས། སོ་ལྷ་དྲུག་ལ་གནམ་དུ་གཤེགས། ཀརྨ་རབ་བརྟན་ནི། འོག་མིན་ཀརྨ་ན་སི་ཧུ་ཆོས་ཀྱི་རྒྱལ་མཚན་དགེ་ལེགས་དཔལ་བཟང་པོའི་ཞབས་དྲུང་དུ་ཕེབས། མཆོད་པའི་ཡོ་བྱད་བསམ་གྱིས་མི་ཁྱབ་པ་ཕུལ། གོའི་ཤྲཱིའི་ལས་ཀ་དང་དབང་ཁྲིད་མང་དུ་གནང་། རྒྱལ་སར་བཏོན། མཚན་ཡང་གེན་དེང་གུའི་ཤྲཱི་ཀརྨ་རབ་བརྟན་ལྷུན་གྲུབ་དཔལ་བཟང་པོ་ཞེས་དང་། དངོས་པོ་གནང་སྦྱིན་རྒྱ་ཆེན་བསྐྱལ། བསྟན་པ་སྤྱི་དང་། སྒོས་དྭགས་བརྒྱུད་ཀྱི་བསྟན་པ་སྤེལ་དགོས་པའི་བཀོད་ཁྱབ་དུ་མ་གནང་། དེའི་དུས་སུ་གཏེར་སྟོན་འཛའ་ཚོན་སྙིང་པོའི་ལུང་བསྟན་ཨ་མའི་ལྐོགས་ཡིག་ལས། སྣང་ཞིག་ཅེས་པའི་སྟག་འཕྲུ་ཅན་དང་ནི༔ཞང་བློན་ཁྲ་མོའི་སྤྲུལ་པ་བེ་ཞེས་དོན་ཡོད་གཉིས༔ཡོན་མཆོད་སྟེབས་ནས་སངས་རྒྱས་བསྟན་པ་གཤེག །ཅེས་བདུད་ལུང་ནག་པོ་ཐེམ་མེད་ནས་བསྟན་པའི་སྐར་ཁམས་ནས། བེ་རུ་སྨད་མའི་བུ་བེ་རུ་དོན་ཡོད་དུ་གྲགས་པ་དང་། བོན་སྙིང་མའི་བླ་མ་སྣང་ཞིག་ཟླ་བ་རྒྱལ་མཚན་ཞེས་པ་གཉིས་མཆོད་ཡོན་ཟུང་འབྲེལ་བྱས་ནས་ནང་བསྟེབས་ཏེ་ཚབ་མདོ། བྲག་གཡབ། སྟེ་དགེ་སོགས་མདོ་ཁམས་ཀྱི་ཡུལ་ལྗོངས་ཕལ་ཆེར་རྡོ་སྒྲོགས་ཀྱི་འཕྲུལ་འཁོར་བཅས་ནས་མངའ་འོག་ཏུ་བཙུད་པ་དང་ཡུལ་ནས་བཏོན། སྣང་ཞིག་བོན་པོའི་ངག་ལ་ཉན་ནས་སྤྱིར་སངས་རྒྱས་ཀྱི་བསྟན་པ་དང་། དགོས་སུ་དགེ་ལྡན་པར་སྡང་ཚབས་ཆེ་བར་བྱས་ཤིང་། བླ་དགེ་སུམ་བརྒྱ་ཟིན་པ་ཙམ་བཀྲོངས། བོད་ཁམས་ཡོངས་རྫོགས་བོན་སྙིང་མར་བསྒྱུར་རྒྱུའི་

རེ་བ་བྱས་རྐྱེན་རེ་ཞིག་ཁམས་ཕྱོགས་ཀྱི་ཁྲིམས་སྲིད་ཉམས་ཏེ། སྡེ་ཤོག་རེ་ལ་དཔོན་ཕྲན་རེ། ལུང་ཆུང་རེ་ལ་ཚོ་རྒན་རེ། རི་འབུར་རེ་ལ་རྫོང་ཆུང་རེ། སྡེ་ལ་དཔོན་མེད། དཔོན་ལ་ཁྲིམས་མེད། ཚོ་ཆེན་གྱི་ཚོ་ཆུང་ཟ། ཤེད་ཡོད་ཀྱིས་ཤེད་མེད་བརྡུང་། རྫི་འུས་ཁ་ཆེམ་འཛོག ། ཆུ་ལེན་གྱི་དགྲ་ཆས་སྤྲད་དགོས་གྱུར་པའི་སྐབས། སྐྱ་འབུམ་དགོན་དུ་བེ་རུའི་དམག་སླེབས། ཡུན་རིང་འཁྲུགས་ཤིང་མཐའ་མ་འགྲོལ་བས་ས་བཙན་བཟུང་དགོས་བྱུང་སྐབས། སྔོན་གྱི་དུས་བླ་མ་འབའ་རོམ་པའི་ཡོན་བདག་ཙེ་གླུ་མཁར་བ་ལ་བེ་རུའི་མི་ལོག་བྱུང་སྐབས། ཏི་ཤྲཱི་རས་པ་འཁྲུགས་པ་བཟློམ་ལ་བྱོན་ནས་འཁྲུགས་པ་ཟློམ། དེར་མ་འོངས་པ་ན་སྐོར་ཞིག་བེ་རུ་སླེབས་ཡོང་བས་དཱ་ལྷ་བཞིན་འཐབས་པས་མི་ཐུབ་པས་ཆུ་གསུམ་འདུས་པའི་མདོ་རུ་བྲོས། ཞེས་ལུང་བསྟན་པ་བཞིན་ལྕི་གསང་རྫོང་མགོར་སྐར་བཏབ། ཉིད་ཀྱང་སྟོད་ཕྱོགས་སུ་བྱོན་ཏེ་ལྷ་ལྡན་ཇོ་བོ་རིན་པོ་ཆེ་མཇལ། གཞན་ཡང་དབུས་ཕྱོགས་ཀྱི་རྟེན་བླ་མ་མང་དུ་མཇལ་ཞིང་བཞུགས།

སླར་ཡང་（རབ་ལོ་བཅུ་གཅིག）ཡོས་ཟླ་བ་ལྔ་པའི་ནང་བེ་རུའི་ཐོག་དཔུང་ཚོགས་རྣམས་བཏེགས་སྐབས། འབྲུག་མདོ་ཁམས་པའི་ཕྱག་མཛོད་གོ་འཛོ་གཉེར་རྒོད་མ་དང་བཀའ་བསྒྲོས་ཏེ་སོག་དམག་གི་སྣ་དྲངས། བེ་རུ་རྒྱལ་པོ་དམག་དཔོན་མི་བརྒྱ་ཧྲ་བརྒྱད་དང་བཅས་པ་ཡུ་མེད་དུ་བཏང་ཞིང་། བསྟན་འཛིན་ཆོས་རྒྱལ་གྱིས་ནང་ཆེན་གནས་དྲུག་ཁྲི་སྐོར་གྱི་ས་སྡེ་སྟེར་བཞག་སོར་གནས་དགོས་པའི་ཤེ་བམ་གནང་ཆ་དཔག་མེད་མཛད། སྐད་རིགས་མི་གཅིག་པའི་སྡེ་མང་པོ་མངའ་འོག་ཏུ་བསྡུས། ཆོས་སྲིད་ནམ་མཁའ་དང་མཉམ། འདི་ལྟར་གསུངས་ཏེ། སྟར་དྲུང་པ་སི་ཏུ་རིན་པོ་ཆེས། དཔོན་འདི་ལ་ཏུར་པོ་ཏུར་པོ་ཡོང་བའི་རིགས་སུ་འདུག་ཅེས་གསུངས་མྱོང་བ། བདག་གིས་དེང་སང་སྡིག་པ་འདི་ལྟ་བུ་བྱེད་པ་དེ་དགོངས་པ་རེད། ཅེས་གསུངས་པ་ཐོས་ལ་ཐུགས་དམ་ལ་མདོ་སྔགས་གཉིས་བཞེངས། ལུགས་གཉིས་ཀྱི་མཛད་པ་ནང་ཆེན་པའི་བླ་རབས་དང་རྒྱལ་རབས་ལ་འདི་སྐོབས་ཆེ་བར་གྲགས། དགུང་ལོ་ཞེ་ལྔ་ལ་གནམ་དུ་གཤེགས། དེའི་སྲས་བཀྲ་ཤིས་དར་མ་བསྟན་སྲུང་སྟེ། འཇིག་རྟེན་པའི་བྱ་བ་ཆེད་དུ་མི་བསྒྲུབ་དགེ་བའི་ཐུགས་དང་ལྡན། བློ་གྲོས་རྒྱལ་པོའི་སྲས་ནོར་བུ་སྟེ་དེའང་སྲིད་ཁྲི་འཛིན་པ་ནི། ཡབ་གཤེགས་དུས་དགུང་གྲངས་དགུ་སོན་པ་ཙམ་ཡིན་པས་ནང་ཆེན་ཨ་ཉོག་རྒྱལ་པོར་གྲགས། འདི་དུས་རྒྱལ་བ་ལྔ་པ་ཆེན་པོ་དང་། སོག་རྒྱལ་གུ་ཤྲཱི་ཧན་མཆོད་ཡོན་གྱིས་བོད་དབང་བསྒྱུར་སྐབས་ཡིན་སྟབས། དབུས་སུ་མཇལ་བཅར་ཞུས་པའི་ཐོག་བདག་རྐྱེན་ལེགས་པོ་གནང་

ཞིང་། བློ་བཟང་དབང་གྲགས་ཞེས་པའི་མཚན་དང་། བྱང་ཕྱོགས་དབང་བསྒྱུར་རྒྱལ་པོའི་སྐུ་ཞབས་
ཞེས་པའི་ཆོ་ལོ་བསྟུལ། ཕོ་བྲང་པོ་ཏ་ལ་གསར་བཞེངས་ལ་སྲི་ཞུ་བསྟབ། རིས་མེད་ཀྱི་བསྟན་འཛིན་
མཆོག་རྣམས་ལས་ཆོས་ཀྱི་བདུད་རྩི་བཞེས། ཁྱད་པར་འབྲི་གུང་པ་ལྷོ་དཀོན་མཆོག་འཕྲིན་ལས་
རྣམ་རྒྱལ་གྱིས་དབུ་བླར་སྤྱན་དྲངས། མཚན་མི་དབང་རིན་ཆེན་རྣམ་རྒྱལ་དུ་གསོལ། ལྷོ་མི་གཡེལ་
ཕྱུག་གི་གདན་ས་བཞེངས། གནམ་ཆོས་མི་འགྱུར་རྡོ་རྗེ། ཀརྨ་ཆགས་མེད་ལྟན་དུ་གསང་རྫོང་ནོར་བུ་
ལྷ་རྩེར་གདན་དྲངས་ཤིང་གཙུག་ཏུ་བཀུར། རིས་མེད་ཀྱི་བསྟན་དགོན་འཛིན་སྐྱོང་སྤེལ་བ་དང་།
མངའ་འབངས་ཁྱམས་བརྩེའི་བསྐྱངས་བ་སོགས། མདོར་ན་ཆོས་རྒྱལ་འདི་ཉིད་ལུགས་གཉིས་ཀྱི་
མཛད་ཁྱབ་ཆེ་བར་མངོན། མཐར་དགུང་གྲངས་ཞེ་བདུན་ལ་སྐུ་གཤེགས་ཤིང་རྟེན་སྐུ་དང་རིང་
བསྲེལ་ཆེམས་ལ་དུང་དཀར་སོགས་བྱོན། ཆོས་རྒྱལ་དེ་གཉིས་ཀྱིས་པེར་བཟའ་ཁབ་ཏུ་བཞེས་པའི་
སྲས་དཀོན་མཆོག་རྒྱལ་པོ་ཞེས། ཆུང་ནས་ཐུགས་སྒམ་ཞིང་ལུགས་གཉིས་ཀྱི་སྤྱོད་བཟང་ཡ་རབས་
དྲ་མའི་ཕུལ་དུ་སོན། ལང་ཚོ་དར་ལ་བབས་ནས་དཔའ་རྩལ་སྟོབས་ཤུགས་འགྲན་ཟླ་བྲལ་བར་གྱུར།
དེའི་བཙུན་མོ་གཉིས་བླངས་པའི་ཆེན་མ་གསེར་བཟའ་ལ་སྲས་གཉིས་ཡོད་པའི་ཆེ་བ་ཚེ་དབང་
འཕྲིན་ལས་མཐར་ཕྱིན། ཆུང་དཔལ་ལྡེའུ་བཙན་ཞེས་པ་དང་། ཆུན་མ་ཚངས་གསར་ཀརྨ་དངང་དར་
གྱི་སྲས་མོ་བསམ་ལུ་ཁབ་ཏུ་བཞེས་པའི་སྲས་རྡོ་རྗེ་ཚེ་དབང་དང་སྲས་མོ་གཅིག་འཁྲུངས། དེའི་དུས་
སུ་རྒྱས་དམ་མི་ཉག་ཟེར་བའི་སྟོང་དགྲ་འདུལ་ཕྱིར་སོག་རྒྱལ་པོ་ཧན་གྱི་སྲས། བ་དུར་ཐ་ཇིས་གཙོས་
བོད་སོག་གི་དམག་མདོ་སྨད་ཕྱོགས་སུ་བྱོན་གདོང་། དཀོན་མཆོག་རྒྱལ་དང་སྡོམ་པ་འབུམ་ཚོ། ཤེ་
ཁེ་ནག་འཛི་སོགས་ཀྱི་གཙོས་དམག་དཔུང་བཅས་ཆས་ཏེ། བསྟན་དགྲ་ངོ་མ་ནང་ཆེན་དམག་གིས་
བཏུལ་བའི་བདག་རྐྱེན་དུ་གཞུང་ས་རྩེ་ཤོད་བྱང་ཕྱོགས་རྒྱལ་པོར་བཅས་པས་བཀའ་རྟེན་འཇའ་ས་
སྟར་ལས་ཁྱད་འཕགས་གནང་བ་བཅས་སྐན་གྲགས་ཤིན་ཏུ་རྒྱས། འོན་ཀྱང་གསང་རྫོང་དུ་མི་དགྲའི་
གནོད་པར་བརྟེན་སྐུ་ངོས་རྣམས་དང་ལས་ཟློག་རྟེན་གསུམ་ཤེ་བམ་སོགས་འགང་ཆེན་རིགས་ཁ་ཤས་
ལས། རྫོང་དང་རྒྱུ་ནོར་ཐམས་ཅད་ཞུགས་ཀྱིས་ཟིན། མེ་ཡི་མ་གོས་པ་ཐུབ་པ་མེ་ཐུབ་མ། ཏེ་བོའི་བྲི་
དམར། ཕྱག་ཛ་གསང་བ་ལྷ་འབོད། རྗེ་བཙུན་མི་ལའི་མགུར་འབུམ། གསེར་ཟའི་རྡོ་འཁོར་རྣམས
ལོ་རབས་ལྔ་བཅུ་པའི་སྐབས་སུའང་དངོས་སུ་མཇལ་རྒྱུ་ཡོད། དེ་ནས་རེ་ཞིག་སྤྲ་གུར་ལ་བསྟན་ནས
ཕྱིས་གཡེར་ཆེན་སྐར་དུ་གདན་ཆགས་པས་ནང་ཆེན་སྐར་ཞེས་ཐོགས། དཀོན་མཆོག་རྒྱལ་པོའི་སྲས

ཆོ་དབང་མཐར་ཕྱིན། ཨོ་རོད་རྒྱལ་པོའི་སྲས་བསྟན་འཛིན་དྭའི་ཆིང་ཁོང་གི་མདུན་སར་ཕེབས། ཨུ་རིང་ཐེ་ཇི་ཆོ་ལོ་དང་འཇང་འ་ས་ཤེ་བམ་བསྐྱལ་ནས་མདོ་སྟོད་ཡུལ་ཁམས་སྤྱིའི་རྗེ་བོར་ལུང་བབས། དེ་རྗེས་ལྷ་ལྡན་གཙོས་དབུས་ཕྱོགས་ཀྱི་རྟེན་མཇལ་བར་བྱོན། སྐྱབས་མགོན་སྐལ་བཟང་རྒྱ་མཚོ་དང་། མི་དབང་བསོད་ནམས་སྟོབས་རྒྱལ། བཀའ་མདའ་རྩིས་དྲུང་སོགས་མཇལ། དངོས་པོའི་འབུལ་ནོད་ཀྱི་ནོམ་པ་བགྱིས། བློ་བཟང་དཔལ་འབར་གྱི་ཆོ་ལོ་དང་བཅས། ཤེལ་བམ་སྨྲ་ཕྱི་ལི་ཚན་རྣམས་ཀྱི་རྒྱབ་གཉེན་གནང་། ཁམས་པ་ངག་དབང་ཀུན་དགའ་བསྟན་འཛིན་གྱིས་རྗེས་སུ་བཟུང་ཞིང་ཡང་ཟབ་ཆོས་བཅུའི་སྒྲུབ་ཆེན་གྱི་ཡོན་བདག་གཞི་ལེན་གྱི་གཡེར་ཆེན་སྐར་དང་། རྫ་བ་རྡུབ་སྐར་སོགས་ལ་འཛུགས་པའི་མཐུན་སྦྱོར་མཛད་ཅིང་། རྗེ་བླ་མས་རཏྣའི་གཏེར་བྱོན་གུ་རུའི་སྐུ་ཚབ། མཚན་བརྒྱད་ཞལ་ཐང་བརྒྱད་གུ་རུའི་རྣམ་ཐར་ཐང་སྐུ་དགུ་མནབ་པེར་སོགས་བསྐྱལ་ནས། མ་འོངས་པར་ཆོས་བཅུ་འཛུགས་པའི་ལུང་བསྟན་གནང་། མཆེད་ཟླ་ཆུང་བ་རྡོ་རྗེ་ཆེ་དབང་སྲུང་། རྒྱལ་རབས་བཅོ་བརྒྱད་ཀྱི་དུས་སུ་མཆིལ་སྣེ་ལ་སྣར་ས་བཏབ། གུ་རུས་དེ་སྐབས། བོད་ཡུལ་ཧོར་གྱི་དབང་དུ་བྱེད༔ཅེས་ལུང་བསྟན་པ་ལྟར། སྔ་མ་སོག་པོས་བོད་ཀྱི་བདག་པོ་བྱས་པ་དང་ཧོར་དང་སོག་པོ་དོན་མཚུངས་པས། ལྷག་པར་སོག་མན་ཧུའི་རིགས་ཀྱི་རྒྱལ་པོ་ཤུན་རྩིས་རྒྱ་ནག་དང་སོག་པོ་ཁ་རྫུ་ར་དུ་གར་སོགས། ཧོར་ཁ་ཐོ་གོར་གྱིས་མཚན་སོག་པོའི་ཡུལ་གླིང་ཐམས་ཅད་མངའ་འོག་ཏུ་བཙུད་ནས་ལོ་དགུ་ཙམ་ལོན་པ་ན། རང་ཅག་བོད་ཡུལ་པ་གསན་ཏེ། ཤུན་ཅིའི་སྲས་གཡུང་ཏིང་ཁྲི་ལོ་གཉིས་ཐོག་ཏུ་ཡུ་ནན་ཐེ་ཐུའི་དམག་དང་མི་སྡེ་སྤྱི་ཁྲབ་ཀྱི་དཔོན་པོ། ཧོ་ཏྭ་ལོ་ཡན་དམག་ཁྲི་ཕྲག་བཅས་བཏང་ནས། སོག་པོའི་སྡེ་བོད་ཁམས་ཀྱི་སྐྱེ་བོ་སེམས་ཆུང་ལ་བསམ་པ་བཟང་བ་ཐམས་ཅད་མངའ་འོག་ཏུ་བསྡུས། སྙིང་དགྲ་ལ་ཞེ་དང་པ་རྣམས་ཁྲིམས་ལ་སྦྱོར་གསུངས་པའི་ལུང་བབས་པས། ཟུར་ཆག་ཏུ་མཐིང་གདུག་ཏྭ་ལོ་ཡན་ཞེས་པ་(རབ་ལོ་བཅུ་གཉིས་)ནང་། འབྲུག་ལོར་ཆབ་མདོར་བྱོན་ནས་མདོ་ཁམས་སྐྱང་དྲུག་གི་དགོན་ཚང་སྐོར་བཅའ་ཐམས་ཅད་དེར་བསྡུས། ནང་ཆེན་རྒྱལ་པོ་རྡོ་རྗེ་ཆེ་དབང་ཤོག་གསུངས་པའི་ཀོ་ཀི་སློབས་ཀྱང་ཟླ་བ་གསུམ་རིང་མ་སོང་། དེ་ནས་ཨ་ཤག་རྫོང་མགོན་དྲུང་འཁོར་མང་ཙམ་བཅས་བཏང་ནས། ཁོས་ལོ་རྒྱུས་ཀྱི་སྟན་སྒྲོན་ཞུས་ཤིང་། རྒྱ་དཔོན་ནས་གཞན་དང་མི་འདྲ་བའི་གཟིགས་སྐྱོང་གིས་ཆིང་ཧྭའི་མཚན་གསོལ་ཞིང་། སྟོན་ཆོད་ལས་མ་གཡོས་པའི་ས་སྡེ་སོ་སོར་གནས་ཆོག་རྒྱུ་དང་། བཀའ་རྟེན་ཤེ་བམ། དྭངས་ཤེལ་གྱི་ཏོག་བཅས་གནང་། མངའ་འོག་

གི་ཤོག་ཆེན་བཅོ་བརྒྱད། ཤོག་ཕྲན་བཅོ་ལྔ་གྲགས་པའི་དཔོན་པོ་རྣམས་ལ་བེ་རུ་དང་བེ་ཅང་གི་ཆོ་ལོ་ཏོག་དཀར་སེར་ཁེར་ཁེམ། སོ་སོའི་འཆང་རྒྱུ་ཁྲིམས་ཡིག་གོང་སྟོན་སྤྱར་མ་རེ་བཙལ་དཔྱ་ཁྲལ་སྤར་སོག་པོ་ལ་དགོས་པའི་རྟ་ནོར་ལུག་གསུམ་གྱི་མི་གྲངས་བཅས་མཚོ་སྔོན་པོའི་ཁ་ནས་འོང་བའི་སོག་སྡེ་ཚོས་འཁོར། རྫོ་རག་ཧྲུ་མུར་བ་ཡན་སོགས་མགོ་བཏགས། སོག་རུ་མའང་སྤར་བཞིན་གནས་དགོས་པའི་རྒྱབ་གཉེན་བཙལ། དེར་མ་ཟད་དེམ་ཆུ་ཉེར་ལྔ། ཨ་ཁྲོ་ཆོ་བདུན། རྒྱ་སྡེ་ཁག་གསུམ། ཨ་རིག་བཅས་ཀྱི་སྤྱི་དཔོན་ལ་གང་བསྐོ་ཁྲིད་བོད་ཀྱི་དཔོན་པོ་རྣམས་གྲོས་གྱིས་གསུངས་པར། དཔོན་ཆེན་རྣམས་ཀྱི་སོ་སོ་ནས་འདུག་མོས་ཆེ་ཡང་། ཨ་ཤག་རྫོར་མགོན་གྱིས་སྤྱི་རྗེ་ཉི་མའི་གོང་ཁེབས་ཀྱི་ཤེ་བམ་འཇའ་ས་དྲིལ་བསྒྲགས་བྱས་པས་སུས་ཀྱང་བྱ་ཐབས་བྲལ་ཞིང་མངའ་འོག་ཏུ་ཚུད།

དེ་དག་གི་མིང་རག་ཙམ་སྨོས་ན། གླའུ་མེར་རྒན་པ་ཧེ་བེ་རུ་ཅང་། དགེ་རྒྱལ་སྨད་མ་བེ་རུ་ཅང་། རོང་པོ་བེ་རུ་ཅང་། རག་ཤུལ་བེ་རུ་ཅང་ཏེ་དཔོན་ཆེན་ཁག་བཞི། ཟུར་མང་བེ་རུ་ཅང་། ར་སྟོ་བེ་རུ་ཅང་། བུ་ཆེན་བེ་རུ་ཅང་། ཁྲི་འདུ་བེ་རུ་ཅང་། ཞིའུ་བེ་རུ་ཅང་། ཉ་མཚོ་བེ་རུ་ཅང་། གུ་ཚ་བེ་རུ་ཅང་། སུ་རུག་བེ་རུ་ཅང་། འབྲོང་སྟོད་བེ་རུ་ཅང་། འབྲོང་སྨད་བེ་རུ་ཅང་། དགེ་རྒྱལ་སྟོད་མ་བེ་རུ་ཅང་། བར་མ་བེ་རུ་ཅང་། ཡག་ར་བེ་རུ་ཅང་། བེ་རུ་ཆུང་ཤུལ་བེ་རུ་ཅང་། ཡུལ་ཤོས་བེ་རུ་ཅང་། ཆུ་ལེན་ཧོལ་ཧོའི་བེ་ཅང་། དུམ་པ་བེ་ཅང་། གླུའུ་ནན་ཤལ་བེ་ཅང་། ཧར་ཤུལ་བེ་ཅང་། རྒྱལ་བཟང་བེ་ཅང་། དགེ་འདུས་བེ་ཅང་སོགས་དེམ་ཆུ་ཉེར་ལྔ། ཨ་འཁྲོ་བེ་རུ་ཅང་། ཨ་ཡུང་བེ་ཅང་། ཨ་ཤག་བེ་ཅང་། ཀླིས་ཡུ་བེ་ཅང་། ཡེ་རྒྱལ་བེ་ཅང་། ལྷ་རྩེ་བེ་ཅང་། བསྟན་པ་བེ་ཅང་བཅས་ཨ་འཁྲོ་ཆོ་བདུན། མོང་གོ་ཧེན་བེ་རུ་ཅང་། ཡང་ཤར་བེ་རུ། ཁང་ན་བེ་ཅང་བཅས་རྒྱ་སྡེ་ཁག་གསུམ། ཁྲོན་བསྡོམས་ཆོ་པ་སུམ་ཅུ་སོ་ལྔ་ཞེས་གྲགས། སྔར་ཡང་ཤར་ཁ་ན་གཅིག་ཏུ་བགྲངས་ཤིང་། ཨ་རིག་བརྩིས་པའི་རྒྱ་སྡེ་ཁག་གསུམ་ཟེར་སྐད་ལ། ཕྱིས་ཨ་རིག་ཟི་ལིང་གི་ཉེ་སར་ཡོད་ཅིང་ས་ཐག་རིང་བས་བདག་མ་ཐོབ་ཀྱང་། ཁོང་ཚོས་ངེད་ནང་ཆེན་རྫོ་རྗེ་ཚེ་དབང་གི་མངའ་འོག་ཡིན་ཟེར་སྐད་ཐོས་སོ། །

དེའང་ཉི་ཤུ་རྩ་ལྔའི་ཤོག་ནས་ལབ་དང་སྐྱོ་བྲག་གོང་མའི་སྐུ་རིམ་དགོན་ཡིན་པས་བརྩི་རྒྱུ་མེད་པ་དང་། ཤོག་ཆེན་བཅོ་བརྒྱད་ཀྱི་བེ་རུ་ཁག་བཞི་དང་། བེ་ཅང་ཉེར་ལྔའི་གྲྭར་ཚངས་གསར་དང་། རྟ་རྣ་བ་གཉིས་བརྩི་རྒྱུ་མེད་པ་ཆེང་ཧ་གོ་ཆེ་ཀྲོ་དྷཱ་ལོ་ཡན་ནས་བཅད་པ་རེད། ས་མུ་ཆོད་མཚམས་ནི་ཉེར་ལྔའི་ས་མཚམས་ཤར་ནས་འདན་ཁྲ་བོ་ལ། ལྷོ་ནས་རྫོ་ལ་བརྩས་ནག་པོ། ནུབ་ནས་སོག་ཕ་ལྷང་

གཡང་འཛོམས། བྱང་ནས་མཚོ་སྔོན་པོ་རྫོང་ཡིན། རི་ཆེ་ནང་ཆེན་ས་མཚམས་འཛི་གཡག་ནག་འཕྲང་། དཔག་ཤོད་ས་མཚམས་ལྷུགས་ཟམ་ཁ། རག་ཤུལ་ནང་ཆེན་ས་མཚམས་རྩེ་ཚུ། ཟུར་མང་ནང་ཆེན་ས་མཚམས་རྡོ་དགོན། དགེ་རྒྱས་ཚུ་མིག་མར་ཁུ་བཅས་ཡིན། སྤྱིར་མི་དབང་རྡོ་རྗེ་ཚེ་དབང་འདི་ཉིད་སྨྲ་བ་ཤུང་ཞིང་བརྗིད་ཆེ་བ། ཐུགས་ཟབ་བརླིངས་གཏིང་མི་དཔོག་པར་བཞུགས། མཛད་ཚུལ་ཡའང་ཁྲིམས་གཉིས་བྲིས་མཁན་བརྒྱ་ནས་བཀའ་འགྱུར་དངུལ་བྲིས་དང་བསྟན་འགྱུར། མཁས་གྲུབ་བླ་མ་མང་པོའི་གསུངས་སོགས་པོ་ཏི་འབུམ་ཕྲག་ལྷག་ཙམ་བཞེངས། གཅེན་པོ་ཐའི་ཇིའི་གསེར་སྡོང་། ཙན་དན་གྱི་གུ་རུ་མཚན་བརྒྱད། རྩ་བའི་བླ་མ་ལྗོ་རིན་པོ་ཆེའི་འཁྲུངས་རབས། གསེར་ཟངས་གནས་བརྟན་བཅུ་དྲུག ། ཚེ་དཔག་སྣང་བརྙན་བརྒྱ་ཕྲག ། བདེ་གཤེགས་སོ་ལྔ་སོགས་རྟེན་བཞེངས་མཐའ་ཡས། གོང་མའི་འཕྲིན་ལས་པ་ཟི་ལིང་རྗེ་ཀན་ཨ་སྨན་ནས་ཡང་བསྐྱར་དུ་ནང་ཆེན་ཆིང་ཧུ་རྡོ་རྗེ་ཚེ་དབང་ཞེས་པོད་སྐྱོང་མདོ་ཁམས་ཆོལ་ཁའི་རྗེ་པོར་དྲིལ་བསྒྲགས་མཛད་པས་སྐོབས་དཔལ་ཆེར་རྒྱས། དེའི་བཙུན་མོ་གདོང་བཟའ་ཆེ་ཆུང་གཉིས་བསུས་པར་སྲས་གསུམ་བྱུང་བར་གྲགས། སྲས་ཆེ་བ་དཀོན་མཆོག་དཔལ་འབྱོར་ཚེ་བརྟན་ཞེས་དགུང་ལོ་བཅུ་དྲུག་ནས་ཁྲིམས་སྲིད་འཛིན། ཤར་ཕྱོགས་གོང་མ་ཆེན་པོའི་ལུང་གི་ཆིང་ཧུ་དཀོན་མཆོག་དཔལ་འབྱོར་ཕུང་ཚེ་བརྟན་ཞེས་པའི་མཚན་དང་ཤེལ་འཕྲུ་བཅས་གནང་ཞིང་བཀུར་གཟོས་མཐོ་བར་བསྟོགས། སྨམ་པོ་པ་བཟང་པོ་རྡོ་རྗེ། འབྲུག་པ་མི་ཕམ་འཕྲིན་ལས་ཤིང་རྟ་རྣམས་སྤྱན་དྲངས་ཤིང་བསྙེན་བཀུར་དཔེ་མེད་མཛད། ཡུལ་སྡེ་བྱམས་པས་སྐྱོང་བ་སོགས་ལུགས་གཉིས་དགེ་བར་བསྐྱངས། དེ་སྲས་རག་བཟའ་ལ་སྲས་གསུམ་བྱུང་བའི་ཆེ་བ་དོན་གྲུབ་ཚེ་བརྟན་དགུང་གྲངས་བཅུ་གསུམ་དུ་ཟི་ལིང་ཨཾ་བྷན་མཛལ་དུ་ཕྱིན། ཆིང་ཧུ་དོན་གྲུབ་ཚེ་བརྟན་ཞེས་ཏོག་ཁེར་གམ་སྐུལ། རྒྱ་དང་གོ་ཀྲ་འབྲུགས་སྐབས་གོང་མའི་ལས་དོན་རྒྱ་ཆེར་འགྲུབ། དེའི་སྲས་དགེ་རྒྱལ་བེ་རིའི་དཔོན་མོ་ལ་འཁྲུངས་པ་བསོད་ནམས་ཆོས་འཕེལ་ཞེས་ཆུང་ནས་ཆོས་ལ་ཐུགས་གཞོལ། དབུས་སུ་རྒྱལ་བ་ལུང་རྟོགས་རྒྱ་མཚོ་མཇལ། འཇའ་ས་ཤེ་བམ་བསྐུལ་ཅིང་སྣེ་ལེན་བཟང་པོ་མཛད། གོང་མའི་ཕྱིང་སང་ཧ་གོ་ཆེ་ནང་སྣར་དུ་ཕྱིན་ཏེ་ཏོག་ཁེལ་གམ་བཅས་གོ་གནས་ཐོབ། མངའ་འབངས་དགེ་བཅུའི་ཁྲིམས་ལ་བཀོད། དེའི་སྲས་གྱིའུ་དཔོན་མོར་འཁྲུངས་པ་མི་དབང་དཀོན་མཆོག་ལྷ་རྒྱལ་ཞེས་ཐུགས་རྗེ་ཆེན་པོའི་སྤྲུལ་པར་གྲགས་ཤིང་ཡིག་དྲུག་དུང་ཕྱུར་ལྔ་སོགས་བཟླས་པ་གྲངས་མང་ཐེམས། རྒྱལ་ཁམས་རི་རྒྱ་གླུང་རྒྱ་བསྐོམས། ཞི་དྲག་གི་སྒོ་ནས་བདེ་

འཇགས་མཛད། འདིའི་གཅེན་པོ་འཁྲུལ་ཞིག་མཆོག་སྤྲུལ་དང་། གཅུང་ཨ་ལྷེའུ་སྤྲུལ་པ་ཆོས་རྒྱལ་དོན་འགྲུབ་ལྷ་རྒྱལ་བཅས་བྱོན་ཞིང་ཆོས་བཅུ་དགོན་དབུ་ཡི་མཆོད་གནས་སུ་གྱུར། འདིའི་རྒྱ་རབས་གོང་མ་རྣམས་ཀྱི་དུས་དབུ་བླ་ཁག་བཞི་ཞེས་བྱུང་བའང་། ལྷོ་དགོན་མཆོག་ཕྲིན་ལས་རྣམ་རྒྱལ། མགར་བསྟན་འཛིན་ཕུན་ཚོགས། འཁྲུལ་ཞིག་འཕྲིན་ལས་རྒྱ་མཚོ། བྱམས་མེ་ཀརྨ་བསམ་གཏན་བཅས་ལ་དགོན་སྡེ་རེ་བྱུང་བའི་སྐྱེ་ཕྲེང་རིམ་བྱོན་དབུ་བླར་ཕེབས་ཤིང་། སླར་འདི་ཉིད་ཀྱི་དབུ་བླར་གྲུབ་དབང་ཚོགས་གཉིས་རིན་པོ་ཆེ་བྱོན། འདི་པའི་སྐུ་ཚེའི་སྟོད་ཆར་རྫ་དཀར་མོ་སྙིང་ཐང་སུ་ཆེང་ཛར་གོ་ཆེ་ཧྭ་དྭ་ལོ་ཡན། ཅང་ཡན་ཆོ་དྭ་ཡན། ཤྲི་ཀོ་ཡན། བློ་བཟང་ལོ་ཙྪ་བཅས་བབས་ནས། དེམ་ཆེ་ཉེར་ལྔ། ཨ་ཁྲོ་ཆོ་བདུན། རྒྱ་སྡེ་ཁག་གསུམ་བཅས་ཆོ་ཁག་སོ་ལྔ། ནང་ཆེན་ཆེང་ཧུ་པེ་ཧུ་བཅས་ཚོལ་སྐར་བསྐུས་ནས་ཚོགས་འདུ་ཞིབ་རྒྱས་སུ་གནང་། དེ་ལྟའི་མི་དབང་དགོན་མཆོག་ལྷ་རྒྱལ་གྱི་སྲས་གུ་རྩའི་དཔོན་མོར་འཁྲུངས་པ་ཆེང་ཧུ་དབང་དྲག་ཚེ་རིང་ལྷ་རྒྱལ་དུ་འབོད་པ་བྱོན། འདི་པའི་སྐུ་ཚེ་རིལ་པོར་ཆོས་ལ་ནན་ཏན་མཛད་ནས་བཞུགས་པ་ལས། སྐུ་ཚེའི་སྨད་ལ་སྒོམ་སྡེ་ཉམས་སད་པའི་ཚོད་དཔག་གིས་དེབ་ཅི་ཉེར་ལྔའི་ས་ཁུལ་ལེན་རྩིས་ཀྱིས་བོད་གཞུང་གིས་དྲག་པོའི་དཔུང་འཇུག་རབ་རྒྱལ་ཆུ་སྤྲེལ་ལོར་བྱས་ཏེ་སྐྱེ་རྒྱུ་མདོ་བར་བཀབ་ཀྱང་། སླར་ཟླ་དམག་བསྐྱལ་རྐྱེན་བོད་དམག་ཕམ་ཉེས་གྱུར་ནས་སླར་ལོག །རྒྱལ་པོ་འདི་ཉིད་བཞུགས་ཚུལ་མཁས་པས་གནོད་སྦྱིན་མ་བྱུང་བ་ཞེས་ཐུགས་སྐམ་པའི་ཚད་དུ་སོན། ཐུགས་སྙིང་རྗེ་ཆེ་བས་ཆུ་བྱ་དང་པ་སོགས་ཀྱིས་ཁྲིམས་ཞུས་བྱུང་བར་གྲགས། སྐུ་མཆེད་གྲུབ་དབང་ཚོགས་གཉིས་མཁས་བཙུན་བཟང་པོའི་རྣམ་ཐར་འཛིན་ཞིང་ཆོས་བཅུ་དགོན་དུ་གཙུག་ལག་གསར་བསྐྲུན་མཛད། རྒྱལ་པོ་འདིའི་སྲས་ར་ཟླ་གཟར་བཀྲ་ཤིས་ཚེ་དབང་རྡོ་རྗེ་རབ་ཆོས་ལུགས་ཕག་ལོར་སྐུ་འཁྲུངས། མཆེད་ཚངས་དབྱངས་མཆོག་སྤྲུལ། ལྷོ་ཆགས་མེད། ལྕམ་སྲིང་རྣམ་སྲས་དབང་མོ་རྣམས་བྱུང་ཉིད་སྐུ་ཆུང་དུས་ནས་འཇམ་དབྱངས་བསྙེན་པ་དུང་ཕྱུར་གསུམ་འགྲུབ། བཙུན་མོ་སྡེ་དགེའི་སྲས་མོ་གཡུ་སྒྲོན་གྱིས་སྒྲོལ་མ་ཉེར་གཅིག་གིས་རྟེན་བརྟེན་པ་བཞེངས། སྲས་སྐུ་མཆེད་གསུམ། ལྕམ་སྲིང་གཉིས་བྱོན། ཡབ་རྒྱལ་རྒན་རབ་རྒྱལ་ས་སྤྲེལ་ལ་གཤེགས། འཕྲོས་ཡུམ་སྲས་རྣམས་ཞལ་འཛོམ་དགེ་བར་བཞུགས་སོ། །

༄ སྤྱི་དོན་གསུམ་པ་དོན་བརྒྱུད་བྱེ་བྲག་ཏུ་གྱུར་པའི་གསེར་ཕྲེང་གིས་ཟུར་བརྒྱན་ནས་བཤད་པ་ལ་རི་དགོན་བཅོ་བརྒྱད་དུ་གྲགས་པ་ལས། དང་པོ་ཉིན་དགོན་པ་ནི། དེའང་གསང་བ་ལུས་མེད་

རྡོ་རྗེའི་སློབ་ཆེན་དབང་དང་རབ་གནས་ཀྱི་བཀའ་བབས་རྒྱལ་སྲས་ལྷ་པ་ཚུལ་ཁྲིམས་སེང་གེ་ནི། སྐུ་འཁྲུངས་ཡུལ་ཟླ་བརྒྱད་ཀྱི་ཡེ་རུས་ཆེན་སྨུག་པོ་གདོང་། གདོང་ལ་རིགས་བཞི་ལས་འཛོད་དུ་ཉ་ཡག ། ཡབ་རྡོ་རྗེ་རྒྱལ་པོའི་སྲས་སུ་འཁྲུངས། སྤྱན་སྔ་ལུས་མེད་རྡོ་རྗེ་ཀྱི་ལ་ཁར་ཕེབས་སྐབས་མཇལ་བས། ལྷ་རྗེ་ཁྱོད་ཐུགས་རབ་ཆེ་བས་ང་ཡི་ཚབ་ཕྱི་བ་གྱིས་གསུངས་པས་དད་པ་སྐྱེས། རིན་པོ་ཆེའི་དབུ་མཛད་མཁན་སློབ་གྲངས་ཚང་བའི་དབུས་རབ་བྱུང་བསྙེན་པར་རྫོགས། མཚན་ཚུལ་ཁྲིམས་སེང་གེ་དགེས་རྡོར་གྱི་དབང་ཞུས་སྐབས་གསང་མཚན་བདེ་བའི་རྡོ་རྗེར་གསོལ། སངས་རྒྱས་རས་ཆེན་ནས་བརྒྱུད་པའི་ཆོས་དྲུག་ཕྱག་ཆེན་རྣམས་ཉམས་ལེན་ཏུ་ཚུད་པར་མཛད། དབུས་སུ་བྱོན་ནས་རྫོག་དང་ཤངས་པའི་བཀའ་བརྒྱུད་རྣམས་ལ་གཏུག་ཅིང་རྒྱུད་སྡེ་ནི་གུ་ཆོས་དྲུག་སོགས་གསན། རྟོགས་ལྡན་རྣལ་འབྱོར་རས་ཆུང་སོགས་དབུས་གཙང་བླ་མ་རྣམས་ལས་སྦྱོར་དྲུག་ལམ་འབྲས་རྫོགས་ཆེན་རྣམས་ཞུས་ནས་ཉམས་རྟོགས་དཔེ་མེད་པ་འཁྲུངས། སྐུ་འབུམ་དུ་ཕྱི་རྟེན་རྡོ་སྐུ། ནང་རྟེན་གསེར་འབུམ་ལྷ་ལུང་འབུམ་ཆུང་སོགས་བཞེངས་པའི་བདག་རྐྱེན་མཛད། ལྷ་བྲིས་སྐབས་ཡེ་ཤེས་མཁའ་འགྲོས་མཚལ་ཕུལ། དབོན་བྱང་གཞོན་པ་ནང་སོ་ཆེན་མོའི་ཁྲི་བཀོད་མཛད། གྲུབ་ཐོབ་གླིང་རས་པའི་སྤྲུལ་པར་གྲགས། ཉིན་དགོན། གེལ་སྣ། རྡོ་གོང་། ཡེ་གང་། སྟག་རྩེ། མནྜའི་ཕུག་ལྷ་བཟང་། ཀོ་མཛོ་བྲག་སོགས་ལ་རི་འཁྲིམས་མཛད། འབྲི་ཟླ་བར་གྱི་འགྲོ་རྣམས་སྨིན་གྲོལ་ལ་བཀོད། བདུན་ཙུ་དོན་བདུན་ལ་ཉིན་དགོན་དུ་སྐུ་གཤེགས་གདུང་རིང་བསྲེལ་གྱི་ཕུང་པོར་གྱུར། སློབ་མ་དབོན་ཚུལ་ཡེ་བ། ཚུལ་བྱང་བ་བྱ་བྲལ་ཡེ་ཤེས་གྲགས། གྲུབ་ཐོབ་སྟོན་པོ་རས་པ་ཐུགས་རྗེ་སྐྱབས་སོགས་མང་པོ་བྱོན། གདན་ས་བ་ནི་བྱ་བྲལ་ཡེ་ཤེས་གྲགས་ཡིན། ཚུལ་བྱང་བ་ཡང་དེར་བཞུགས་ཤིང་གདན་ས་མཛད། དེ་རྗེས་ཧོར་བླ་མ་སོགས་རིམ་པར་བྱོན་རྗེས་ཤོར་ཕུ་དང་ཉ་ཡག་གཉིས་སྤྱི་ལན་མཛད་པར་སྣང་། ཤོར་སྟོད་ཀ་ཡི་ཁར་ཉ་ཡག་ཡུལ་དགོན་བཏབ་ཅིང་ཤོར་ཕུ་ཉིན་དགོན་དུ་གཏན་ཆགས་པར་གདའ། གང་ལྟར་ཉ་ཡག་དགོན་དུ་བསྟན་དགོན་འཛིན་སྐྱོང་ཆད་མེད་བྱོན་ཀྱང་གསལ་ཆ་མ་འཚལ་རུང་། ཕྱིས་སུ་འཇམ་སྤྲུལ་ཉི་སྤྲུལ་ཞེས་པ་བྱུང་ཞིང་ཆོས་ལུགས་ས་སྐྱ་པར་འགྱུར་བ་མ་གཏོགས་ཡུལ་འབྲོག་གཉིས་སུ་དགོན་པ་ད་ལྟ་བར་ཡོད་པ་སྟེ་ཉིན་དགོན་པའི་སྐབས་སོ། །

༈ གཉིས་པ་རྐྱོད་ཚང་པ་ནི། དེའང་གསང་བ་ལུས་མེད་རྡོ་རྗེའི་སློབ་ཆེན་ཕྱག་རྒྱ་ཆེན་པོའི་བཀའ་བབས་དཔལ་འཛོམ་པ་ཤཱཀྱ་རྡོ་རྗེ་སྟེ། གདུང་རཀྴི་ཡིན་ཞིང་མཁས་པ་བྱང་ཆུབ་རྡོ་རྗེ་མོང་སེར་

སྣར་བཞུགས་པའི་དྲུང་དུ་ཕེབས་ནས་ཆོས་ཕྱི་ནང་གསང་གསུམ་མང་དུ་ཞུས། ཁྱད་པར་དུ་ལུས་མེད་རྡོ་རྗེའི་སྙན་པ་ཐོས་ནས་སྐུ་འབུམ་དགོན་དུ་ལུས་མེད་རྡོ་རྗེ་དང་མཇལ་རབ་བྱུང་མཛད། མཚན་ཤཱཀྱ་རྡོ་རྗེར་གསོལ། དབང་དང་གདམས་པ་ཐམས་ཅད་རྫོགས་པར་ཞུས་ནས་དེ་ཉིད་དུ་འཛག་སྒྲིལ་མཛད་དེ་བསྒོམས་པས་ཉིན་མཚན་དབྱེར་མེད་ཀྱི་རྟོགས་པ་འཁྲུངས། ཕྱག་རྒྱ་ཆེན་པོའི་བཀའ་བབས་སུ་གྲགས། དེ་ནས་བདག་བཟུང་ཅན་གྱི་དགོན་པ་མ་བཙུགས་ནས་ཁྲ་ཐེར་ལ་བརྟེན་ནས་རི་ཁྲོད་འགྲིམ་པའི་དམ་བཅའ་ཕུལ་ནས་བྱོན། འབྲི་ཟླ་བར་གྱི་འབྲོག་པ་དང་སྒྲ་པའི་སྡོད་རྣམས་སུ་ངེས་མེད་དུ་འགྲོ་དོན་མཛད་ཅིང་གདུལ་བྱ་བསྐྱངས། མཐར་དོན་བདུན་ལ་སྒྲ་སྟོད་དུ་སྐུ་གཤེགས་ཞུགས་སུ་ཕུལ་བས་རིང་བསྲེལ་ཁ་དོག་ལྔ་བྱོན་ཟླ་གཅིག་ཙམ་དུ་འཛའ་དང་མེ་ཏོག་གི་ཆར་བབས། སློབ་ཚོགས་མཐའ་ཡས་ཀྱང་དེར་བཞུགས་དཔོན་ཚུལ་ཁྲིམས་རྒྱལ་མཚན་ཏེ། དབྱི་ལུང་དང་འདམ་ལུང་གཉིས་ཀྱི་བར་རྐྱོད་ཚང་ཁ་བྱ་བར་སྒར་པ་བཞུགས་ནས་བསྒྲུབ་པ་དང་འགྲོ་དོན་མཛད་པས་མིང་རྐྱོད་ཚང་པར་གྲགས། ཕྱིས་སུ་སྒོམ་སྡེའི་གདན་དྲུངས་ནས་ལྷ་དོག་ཟླ་ནང་སོགས་འགྲོ་དོན་ཆེར་རྒྱས། མཐར་རྐྱོད་ཚང་ཁར་སྐུ་གཤེགས། སློབ་མ་ཀུན་དགའ་བློ་གྲོས་སོགས་མང་དུ་བྱོན། གདན་ས་བ་ནི་དཔོན་ཡོན་ཏན་བཟང་པོ་དང་ཀུན་དགའ་བཟང་པོས་མཛད་ཅིང་དཔོན་རྒྱུད་ནི་ཚུལ་ཁྲིམས་བཟང་པོ་སོགས་ཀྱི་རིམ་པར་གདན་ས་བསྐྱངས་ནས་ཕྱིས་ཀྱི་བར་ཙམ་ཡོད་པར་སྣང་བ་སྟེ། རྐྱོད་ཚང་པའི་སྐབས་སོ། །

༄ གསུམ་པ་བེའུ་རུ་བ་ནི། འགྲོ་མགོན་ཏི་ཤྲཱི་རས་པའི་ཞབས་ཟིན། ཚ་རོང་བ་ཤེས་རབ་རྡོ་རྗེ་ཞེས། གདུང་བམ་རི་གཟི་པ། ཡབ་བེའུ་རུ་ཆོས་གྲགས་ཀྱི་སྲས་སུ་མདོ་སྨད་ཀྱི་ཕ་བོང་གུར་དཀར་ཞེས་པར་སྐུ་འཁྲུངས་པས་གུར་དཀར་བར་གྲགས། སྐུ་ཆུང་ནས་ཏི་རས་ཀྱི་སྤྱན་སྔ་བ་མཛད། རབ་ཏུ་བྱུང་བའི་མཚན་ཤེས་རབ་རྡོ་རྗེར་གསོལ། ཆོས་ཕྱི་ནང་གསང་གསུམ་གྱི་སྒྲོ་འདོགས་ཆོད་པར་མཛད། རས་གུར་གཉིས་ཟེར་བའི་མཚན་མཉམ་པོར་འདྲེན་པ་བྱུང་རུང་། ཕྱིས་སུ་དམུ་ཆུའི་བསྟུང་གཞི་དྲག་པོར་བྱུང་བར་ཁམས་གཞི་ཡིན་དགོངས་ནས་དབུས་གཙང་དུ་འབྱོན་པའི་ལམ་མགོ་རུའི་ཁེ་ནང་དུ་བྱོན་ནས་བཞུགས་པར་རས་པ་དཀར་པོས་བཤོལ་མཛད་པས། ངའི་ནད་འདི་བླ་མ་སྤྲུལ་པའི་སྐུ་དེ་མ་བཞུགས་ཕྱིན་འདི་ཕྱོགས་ལ་སེལ་ནུས་པ་ནི་མེད། དེ་ལན་རེ་ཞིག་དབུས་གཙང་དུ་སེལ་ནུས་པ་ཡོད་དམ་སྙམ་ནས་འགྲོ་བ་ཡིན་གསུངས་པས། རས་དཀར་བས་བླ་མ་རིན་པོ་ཆེ་མི་བཞུགས་ཀྱང་

གདམས་པ་ཟབ་མོ་དེ་དག་བདག་ལ་བདོག་པས་འདི་སེལ་བ་ལ་དཀའ་བ་མི་འོང་གསུངས་ནས་སྨན་དཀར་པོ་གཅིག་གི་སྟེང་དུ་བཞུགས་སུ་བཅོལ་ནས། རྟེན་འབྲེལ་དང་བྱིན་རླབས་མང་དུ་མཛད་ཅིང་འཁྲུལ་འཁོར་དམིགས་པ་བསྟན་ནས་འཁྲུལ་འཁོར་མཛད་པས་དམུ་ཆུའི་ནད་ཐམས་ཅད་བ་སྤུའི་བུ་ག་ནས་སྦོ་ཆིལ་ཆིལ་ཐོན་ནས་དེ་ཉིད་དུ་སྟེན་ལས་གྲོལ། དེ་ནས་སྐུ་འབུམ་རྩར་ཕེབས་ནས་མཆེད་གྲོགས་ལ་དད་པ་དཔག་མེད་འཁྲུངས་ནས་སླར་གདམས་ངག་ཐམས་ཅད་ལ་དབྱིས་ཕྱིན་པར་མཛད་དེ་རྩ་བའི་བླ་མར་འཛིན་ཅིང་བསྟེན། གྲུབ་པ་བརྙེས་ནས་གདན་ས་དེ་རང་དུ་གཤེགས། སློབ་བརྒྱུད་དབོན་ཨ་རོམ་སངས་རྒྱས་ཡེ་ཤེས་ཞེས་པ་ཉིད་བེའུ་རི་དཀར་ལྡོགས་ཀྱི་རི་ཁྲོད་དུ་བསྒྲུབ་པ་མཛད་ཅིང་ཚོགས་བདག་དངོས་སུ་གྲུབ། དབོན་བརྒྱུད་ཤེས་རབ་གྲུབ་དང་། རིན་ཆེན་བླ་སོགས་བྱོན་པ་སྟེ། དེ་དག་རྩོད་མེད་ཀྱི་སྟགས་པ་ནུས་པ་ལ་དབང་ཐོབ་པ་ཡིན་ལ་དེ་ནས་རིམ་པར་བརྒྱུད་པ་ལ་ནང་ཆེན་པའི་སྟགས་པར་གྲགས་ཤིང་། ཕྱིས་ཡུག་གི་བེའུ་རུ་དགོན་དང་། དཔལ་ཁའི་བླ་ཆེ་ཆུང་ཞེས་པ་ས་སྐྱ་པར་གྱུར་པ་འདི་རྣམས་དང་། བེའུ་རུའི་དབོན་པོ་ཡང་ད་བར་ཡོད་སྐད་བཅས་བེའུ་རུའི་བའི་སྐབས་སོ། །

༄ བཞི་པ་དགོན་སར་བ་ནི། མཁས་པ་བྱང་ཆུབ་རྡོ་རྗེ་ཞེས་ཆོས་རྗེ་རས་པ་དཀར་པོའི་མདུན་དུ་རབ་ཏུ་བྱུང་། མཚན་བྱང་ཆུབ་རྡོ་རྗེ་གསོལ། སངས་རྒྱས་རས་ཆེན་ནས་བརྒྱུད་པའི་གདམས་སྐོར་ཆོས་སྤྱི་དང་བྱེ་བྲག་མ་ལུས་པ་ཐུགས་སུ་ཆུད་པས་མཁས་པའི་སྙན་པ་ཐོབ། སྒྲུབ་པ་རྩེ་གཅིག་ཏུ་མཛད་པས་ཡོན་ཏན་གྱི་སྒོ་དུ་མ་དང་ལྡན་ཞིང་། དུས་རེས་ཞིག་གི་ཚེ་མཛེ་ཕོ་བཅུ་གསུམ་ཁྲིད་ནས་ཀོ་མཛོ་རྡོ་རྗེ་ཐོག་འབེབས་ཀྱི་མགོར་བྱོན་ནས་བཞུགས་པ་ལ། ནུབ་གཅིག་རས་པ་དཀར་པོ་ཨང་རག་གྱོན་པ་གཅིག་གིས་སྣ་དྲངས་པའི་མི་མ་ཡིན་མང་པོ་ནམ་མཁའ་ལས་བྱུང་ནས་ཆོ་འཕྲུལ་སྣ་ཚོགས་བསྟན་ཅིང་ཐོག་དང་སེར་བ་ཆེན་པོ་ཕབ་པས་མཛེ་ཕོ་གཅིག་མལ་དུ་བསད། བཅུ་གཉིས་པོ་དེ་ཉིད་དུ་ཕན་པར་གྱུར། དེ་ནས་མོན་སེར་སྣར་བྱ་བར་དགོན་པ་བཏབ་ཅིང་འགྲོ་དོན་རྒྱ་ཆེར་བྱུང་། མགོན་པོ་ཕྱག་བཞི་པ་དངོས་སུ་འགྲུབ། དེའང་མཁས་གྲུབ་ཆེན་པོ་བྱང་དཔལ་བྱང་རྡོར་གཉིས་ཟེར་ནས་ལུས་མེད་རྡོ་རྗེ་དང་མཚན་མཉམ་དུ་འབོད་པ་བྱུང་། སློབ་ཚོགས་ནི་སྟག་དབོན་ཤཱཀྱ་ཡེ་ཤེས་སྐྱ་མཆེད་རྣམས་ཡིན་ཞིང་། རུས་དབོན་ནི་སློབ་དཔོན་གྲགས་རྡོར་བ་ཡིན་ཏེ་དེ་དག་ཀྱང་ཆོས་སྐྱོང་གཙོ་འཁོར་གྱི་ཞལ་གཟིགས་ལན་མང་བྱུང་ཞིང་། སྟགས་གྲུབ་རྩོད་མེད་དུ་གྲགས་པ་དང་། དབོན་སློབ

དཔོན་མདྷ་ལ་ཀིརྟི་ཞེས་པ་དེ་དག་ནས་བརྒྱུད་པ་ལ་ཚངས་གསར་པ་དང་སོ་རག་པའི་སྟགས་བརྒྱུད་རྣམས་བྱུང་བ་སྟེ་དགོན་སར་བའི་སྐབས་སོ། །

༄ ལྔ་པ་རྣ་རོང་པ་ནི། ཀླུང་སེམས་གཉིས་མེད་ཀྱི་གྲུབ་རྟགས་བརྙེས་པ་གཟི་རྫུ་རས་པ་སྟེ། ཆོས་རྗེ་རས་དཀར་བའི་ཞབས་ལ་བཏུད། གསང་བ་ལྷན་གཅིག་སྐྱེས་པའི་དབང་བཀའ་ཟབ་མོ་ཕྱག་རྒྱ་ཆེན་པོ་དང་། ཐབས་ལམ་ནཱ་རོ་ཆོས་དྲུག་གི་སྐོར་མ་ལུས་པ་གསན་ནས་སྐུ་ཚེའི་སྟོད་ལ་རི་ཁྲོད་ངེས་མེད་དུ་སྒྲུབ་པ་མཛད། སྨད་ཆར་རྩིའི་ཡོས་སུ་ལྷུན་གྲུབ་གླིང་ཞེས་པའི་གདན་ས་བསྐྲུངས། གདན་ས་བ་སེང་གེ་རས་པ་སོགས་བྱུང་ཞིང་། བུ་ཆེན་ནམ་མཁའ་རས་པ་ཚུར་བྱོན་ཏེ་རྣ་བ་རོང་གི་རོག་སོག་རྫོང་དུ་དགོན་བཏབ་ནས་གྲྭ་པ་བསྐྱངས་བ་ལ། གདན་ས་བ་གཞོན་ནུ་རྡོ་རྗེ་དང་། མཛོ་མཐའ་རས་པ། སྟག་སྒྲ་རས་པ་སོགས་མང་དུ་རིམ་པར་བྱོན་པ་སྟེ་རྣ་རོང་བའི་སྐབས་སོ། །

༄ དྲུག་པ་སྟོང་ནག་རས་པ་ནི། སྤྱན་སྔ་བྲང་གཞོན་པའི་སློབ་ཆེན་བློ་གྲོས་རྡོ་རྗེ་སྟེ། སྐུ་འཁྲུངས་ཡུལ་ལྷོ་རྒྱུད་སྟོང་རོང་མཆིག་ནག་གི་རྫོང་ནག་ཅེས་པར། ཡབ་ཚབ་ཤེ་སེང་གེ་དཔལ་གྱི་སྲས་སུ་འཁྲུངས། ཁོང་སྐུ་ན་གཞོན་པར་ཡབ་ཀྱི་རྫོང་གཞི་ལ་མ་ཆགས་པར་བན་གྲོས་ལ་ཚངས་གསར་ནང་དུ་བྱོན། སྤྱན་སྔ་བྲང་ཆུབ་གཞོན་ནུ་ལས་རབ་ཏུ་བྱུང་། མཚན་བློ་གྲོས་རྡོ་རྗེར་བཏགས། ཡི་དམ་རྡོ་རྗེ་ཕག་མོ་གཙོར་གྱུར་པའི་རྒྱུད་སྡེའི་དབང་བཀའ་རྣམས་དང་། ཕྱག་རྒྱ་ཆེན་པོ་དང་ཆོས་དྲུག་གི་ཐབས་གྲོལ་གྱི་གནད་རྣམས་ལེགས་པར་གསན་སྦྱང་མཐར་ཕྱིན་པར་མཛད། དེ་ཉིད་དུ་སྒོམ་སྟེ་ཚངས་གསར་པའི་བྲང་ཁང་ཆེན་མོའི་ཕྱོགས་གཅིག་ཏུ་འདག་སྦྱར་མཛད་ནས་ལོ་བདུན་དུ་བསྒོམས་པས་རྡོ་རྗེ་རྣལ་འབྱོར་མ་ཞལ་གཟིགས། གཏུམ་མོའི་དྲོད་ཆེན་འབར་དགུན་སྨད་ཁ་བ་བབས་པར་སྐུ་ལུས་ཀྱི་སྟེང་འདོམ་སྐོར་དུ་སྲུབ་ཁང་ཁར་ཁ་བ་མེད་པ་སོགས་གྲུབ་པའི་ཚད་དུ་སོན། དེ་ནས་དབུས་སུ་བྱོན་ནས་རྒྱ་བྲག་ཆོས་རྗེ་ལས་ཞི་བྱེད་གསན་པ་སོགས་གྲུབ་བརྙེས་མང་དུ་བསྟེན། ཁྱད་པར་དུ་ཀརྨ་པ་རང་བྱུང་རྡོ་རྗེ་མཇལ། ཕྱག་རྫོགས་ཟུང་འཇུག་གི་གདམས་པ་ཞུས། བྱང་འབའ་རོམ་དུ་རྒྱལ་ཚབ་ཆོས་ཀྱི་ཁྲི་ར་ལོ་ཤས་བཞུགས། མར་བྱོན་ནས་ཪྫོ་མོ་གཡུ་སྒྲོན་ཀུ་སྐྱོ་རྫབ་དང་རྫ་ཉིན་ལ་ཆིང་སོགས་སུ་གཅིག་རི་ཁོ་ནར་མཛད། མཐར་ཟླ་ཉིན་ལ་ཆིང་དུ་སྐུ་གཤེགས། གདུང་ཞུགས་སུ་ཕུལ་བས་འཇའ་མི་འདྲ་བ་མང་པོ་ཕུར་ལ་ཟུག་ཤིང་རིང་བསྲེལ་གྲངས་མེད་བྱོན། གདུང་རྟེན་ཆ་གསུམ་དུ་བསྒོས་ཏེ་བཞེངས་པར་གྲགས། སློབ་མ་ལ་རིགས་དཔོན་དབང་རྒྱལ། དཔོན་ཚུལ་

བློ་བ། ལྷ་རས་པ། ལྕི་རས་པ། ཇབ་པ་བ། སྟག་གེ་རས་པ། གསག་གེ་རས་པ། བསོད་ནམས་དཔལ། མི་གནས་བཟོད་པ། མི་གནས་ཞི་བ་སོགས་མང་བར་བྱོན། རིགས་དབོན་དབང་རྒྱལ་གྱིས་ལྕི་སྟོད་དུ་འབྲོག་དགོན་དང་ཀུ་སྐྱིའི་རི་དགོན་ཟུང་འབྲེལ་མཛད། དབོན་ཚུལ་བློ་ལ་ཆིང་གི་གདན་སར་བཞུགས། དབང་རྒྱལ་གྱི་སློབ་མ་རིགས་དབོན་ཀུན་དགའ་སྟེ་སྐྱོ་བྲག་ཆོས་རྗེ་ལས་རབ་ཏུ་བྱུང་། དབང་རྒྱལ་ལས་གདམས་པའི་ཕུ་ཐག་བཅད་ནས་ཀུ་སྐྱིའི་གདན་ས་བསྐྱངས། དབོན་བདེ་ཆེན་ནི་དབང་རྒྱལ་ལས་གདམས་པ་གསན་ནས་ལྕི་སྟོད་འབྲོག་དགོན་དུ་བཞུགས། དེ་ནས་དབོན་བརྒྱུད་རིམ་བྱོན་རྗེས་འབྲོག་དགོན་དུ་འཁོར་བླ་ཀརྨ་རིན་ཆེན་དབང་རྒྱལ་ལམ་བསྟན་འཛིན་རབ་རྒྱས་ཞེས་པ་བྱོན། དམ་པ་དེ་ཉིད་ནི་ཀརྨ་པ་བཅུ་གསུམ་བདུད་འདུལ་རྡོ་རྗེ་དང་སི་ཏུ་བསྟན་པའི་ཉིན་བྱེད་ཀྱི་ཞབས་ཟིན་ཐུགས་སུ་བྱོན་པའི་སྲས་སུ་གྱུར། སྨན་རྩིས་སོགས་རིག་གནས་དང་ནང་དོན་རིག་པའི་སྐོར་སོགས་མཁས་གྲུབ་རྨད་དུ་བྱུང་། གདན་ས་བསམ་ཉི་ཟླ་ཁར་མཛད། ཁྱད་པར་འཁོར་སྨན་སྨིང་ཐིག་ཞེས་པའི་སྲོལ་ཚུགས། སློབ་བརྒྱུད་འཕྲིན་ལས་རྣམ་རོལ་ཐུབ་བསྟན་སྙིང་པོ་སོགས་མང་དུ་སྤྲུལ་བརྒྱུད་བྱོན་ཞིང་གདན་ས་གཉིས་ཡོད་པ་ལ་བླ་ཆེ་ཆུང་དུ་གྲགས་པ་ད་ལྟ་ཡོད་བཞིན་པ་སྟེ་སྟོང་ནག་པའི་སྐབས་སོ། །

༈ བདུན་པ་ཇབ་པ་ནི། རྟོགས་ལྡན་བཟོད་པ་སྟེ་སྟོང་ནག་རས་པ་བློ་གྲོས་རྡོ་རྗེ་ལས་རབ་ཏུ་བྱུང་། གདམས་པ་ཡོངས་སུ་རྫོགས་པར་མཛད་དེ་སྐུ་ཡི་ཉེ་གནས་ཡུན་རིང་དུ་ཞབས་ཏོག་ཕུལ། ཞི་བར་གཤེགས་ནས་ཇབ་ཀྱི་སྒྲུབ་ཕུག་ཏུ་མཚམས་བཅད་མཛད། དེ་ནས་དཔལ་གྱི་ཇབ་དགོན་བཏབ་ནས་གདུལ་བྱ་ཆེ་ཞུར་དེའི་སློབ་མ་ཇབ་པ་ངག་དབང་སྟེ། རྟོགས་ལྡན་བཟོད་པ་ལས་སྨིན་གྲོལ་མཐར་ཕྱིན་པ་མཛད། དེ་རྗེས་ཇབ་པ་བླ་མ་དཔལ་འབྱོར་ཞེས་པ་སོགས་བྱོན་ཞིང་ཕྱིས་ཀྱི་བར་རྒྱུན་མ་ཆད་པར་སྣང་བ་སྟེ་ཇབ་པའི་སྐབས་སོ།། །།

༈ བརྒྱད་པ་སྐྱོ་བྲག་པ་ནི། ལྷ་རས་པ་བརྩོན་འགྲུས་དཔལ་བ་སྟེ་སྐུ་འཁྲུངས་ཡུལ་ལྕི། གདུང་མཆོག་པོའམ་ལྷའི་གདུང་། ཚངས་གསར་པའི་སྤྲུན་ཟླ་གྲགས་བྱང་བ་དང་། སྟོང་ནག་རས་པ་བློ་གྲོས་རྡོ་རྗེ་གཉིས་ཀ་ལ་ཐུག་གདམས་པ་ཐམས་ཅད་གསན། སྐྱོ་ཁོ་ཉིན་ཕུག་ཇ་རོང་སོགས་སུ་སྐུ་ཚེ་དང་བསྒྲུབ་པ་མཉམ་མཐར་ཉིན་ཕུག་ཏུ་སྐུ་གཤེགས་པའི་གདུང་འབུམ་ཡོད། སློབ་ཚོགས་མང་དུ་བྱོན་པའི་ནང་ནས་མཆོག་ཏུ་གྱུར་པ་གླང་རས་གྲགས་པ་རྒྱལ་མཚན་ཏེ། ཉང་རལ་ཉི་མ་འོད་ཟེར་གྱི་

གཏེར་ལུང་ལས། རྫོང་ཆེན་ཀུན་གྱི་ཡ་གྱལ་སེང་གེ་རྫོང༔ མཁའ་སྤྱོད་ས་ལ་ཆགས་པའི་སྐྱོ་བྲག་པ༔ རྡོ་རྗེ་འཆང་དངོས་མི་ཡི་ཚུལ་བཟུང་བའི༔ བསྟན་པ་འཛིན་པའི་རྒྱལ་མཚན་མིང་ཅན་འབྱུང༔ ཞེས་གསུངས་པ་བཞིན། གླང་རས་པའི་སྐུ་འཁྲུངས་ཡུལ་རྫ་བརྒྱུད་ཤེལ་ཚ། ཡབ་གླང་རིན་ཆེན་བླ་མ། སྟག་གི་ལོ་ལ་སྐུ་བལྟམས། སློབ་དཔོན་སྟོང་ནག་རས་པ་དང་། ཀརྨ་པ་རོལ་པའི་རྡོ་རྗེ་ལས་བསྙེན་རྫོགས་གདམས་སྐོར་དང་རྫོགས་ཆེན་མཁའ་འགྲོ་སྙིང་ཐིག་སོགས་མང་དུ་གསན། ཁྱད་པར་ལྷ་རས་པ་ལས་གདམས་ངག་ཐམས་ཅད་རྫོགས་པར་གསན། འཇམ་དབྱངས་ཀྱི་སྤྲུལ་པར་གྲགས། ཤེ་ཕྲེམ་རྒྱམ་རྒྱལ་སྐྱོ་ཁོ་ཉིན་ཕུག་སོགས་ལ་ལོ་ཉི་ཤུ་བཞུགས། དེ་ནས་མཁའ་འགྲོའི་ལུང་བསྟན་ངོ་མཚར་བ་བྱུང་སྟེ། མཁའ་འགྲོ་མ་ལྔ་ལ་སྤྲུལ་ནས་ཆའུ་ཁྱེར་སོང་བ་སྐྱོ་བྲག་མགོ་ཡི་བྲག་ཐོག་ལ་བཞག་འདུག་པ་གཟིགས་ནས་མཁའ་འགྲོའི་དགོན་པར་ཞབས་ཀྱིས་བཅག་པའི་རྟེན་འབྲེལ་དུ་གོ་ནས་སྐྱོ་བྲག་མགོ་ཡི་དགོན་བཏབ། སྐུ་གསུང་ཐུགས་རྟེན་མང་བར་བཞེངས། དོན་གསུམ་སྟག་གི་ལོ་ལ་སྐུ་གཤེགས། རྟེན་ཐུགས་ལྡུགས་སྐྱུན་གསུམ་དང་རིང་བསྲེལ་མཐའ་ཡས། སློབ་མ་མང་དུ་མཆིས་ཀྱང་གཙོར་ཆེ་བ་དྲུང་རྨ་སེ་དང་བསོད་ནམས་བཟང་པོ་གཉིས་ཡིན་ཞིང་། དེའང་གྲྭ་སྟོད་ཨོ་རྒྱན་གླིང་པའི་གཏེར་ལུང་ལས། བོད་ཡུལ་ཁམས་ཀྱི་སེང་རྫོང་དུ༔ བྲམ་ཟེ་མདའ་བསྣུན་ས་ར་ཧ༔ དངོས་ཕྱོན་གྲུབ་པའི་མཆོག་བརྙེས་པ༔ བསོད་ནམས་མཚན་ཅན་འབྱུང་བར་འགྱུར༔ ཞེས་གསུངས་པ་ལྟར་སྐུ་འཁྲུངས་ཡུལ་ཀོ་རོག་དར་ལུང༔ གདུང་འདན་མ་ཆུ་ཕོ་བྱི་བའི་ལོ་ལ་སྐུ་འཁྲུངས། ཚངས་གསར་བསོད་ནམས་རིན་ཆེན་ལས་རབ་ཏུ་བྱུང་། མཚན་བསོད་ནམས་བཟང་པོར་གསོལ། ཀརྨ་པ་དེ་བཞིན་གཤེགས་པ་ལས་ཆོས་མང་དུ་ཞུས། གླང་རས་པ་ལས་ཕྱག་ཆེན་ཆོས་དྲུག་གི་སྐོར་གསན། ཞབས་ཏོག་རྒྱ་ཆེན་བསྒྲུབ་པས་ཉམས་རྟོགས་གོང་དུ་འཕེལ། རྡོ་རྗེ་འཇིགས་བྱེད་སོགས་ཡི་དམ་མང་པོ་ཞལ་གཟིགས། གཏོར་མར་བདུད་རྩི་བབས། སྐྱོ་བྲག་མགོ་ནས་ཆབ་ཏི་གསེར་ཕུག་ཏུ་འཕུར་བའི་རྫུ་འཕྲུལ་ལན་མང་། སྒོམ་རི་གཅིག་རྟོགས་པ་འཁྲུངས། བདུན་ཅུ་དོན་བརྒྱད་ལ་སྐུ་གཤེགས། སྐུ་གདུང་ཤ་རི་རམ་དུ་གྱུར། སློབ་མ་མང་པོའི་ནང་ནས། རིན་ཆེན་བཟང་པོ། བསོད་དཔང་བ། བཀྲ་ཤིས་དབང་ཕྱུག་སོགས་བྱོན་པའོ། །

ཆོས་རྗེའི་སློབ་མ་རིན་ཆེན་བཟང་པོ་ནི། གདུང་འབའ་རེ་ཡིན་ཏེ། ཉིད་ཀྱི་གསུངས་ལས། འབའ་ལ་རེ་བའི་གདུང་བརྒྱུད་ཞེས་བྱ་འདི། །གནམ་མཚོའི་གླིང་དུ་གླང་ཆེན་དཔལ་སེང་གིས། །

ཕྱག་རྡོར་དྲེགས་འདུལ་བསྒྲུབས་ནས་གྲུབ་པ་ཐོབ། །ཉིད་ཀྱི་གདུང་བརྒྱུད་དེ་ཕྱོགས་བྱུང་བ་ལ། ། ཧིང་འཛིན་གྲུབ་པ་ཐོབ་པ་མང་དུ་འབྱུང་། །དེ་ནས་དཔལ་ཆེན་རྒྱ་ལོ་གནས་དེར་ཕེབས། །དབང་ཆེན་གྲགས་པ་ཞེས་པའི་སྟགས་པ་དེ། །རྗེས་སུ་བཟུང་ནས་བདེ་མགོན་ཐུགས་དམ་མཛད། །འབའ་རོམ་བྲག་ཁ་དར་མ་དབང་ཕྱུག་མཇལ། །ཕྱག་རྒྱ་ཆེ་དང་ཆོས་དྲུག་སྐྱོར་དྲུག་ཞུས། །དེ་སྲས་དཔལ་ཆེན་ལེགས་ལྡན་བཟང་པོ་དེས། རིན་ཆེན་སྤུངས་པར་མགོན་པོ་ལོ་བདུན་བསྒྲུབ། །ཀུན་གྱིས་བཀུར་བས་གདུང་བརྩུན་སྒོམ་ཆེན་ཞེས། །སྒོམ་པས་གཞུག་མ་འབའ་ཞིག་གནས་པ་ཡི། །གདུང་རྒྱུད་བཟང་བས་ཀུན་གྱི་རེ་ཆེ་བས། །དེ་ཕྱིར་ཧེ་ཤྲཱི་རས་ཆེན་ལུང་བསྟན་ལས། །ཁྱོད་ནི་ཁམས་ཀྱི་སྐྱོ་ནམ་བྲག་ཅེས་སུ། །ཇོ་ཞེས་རི་བོ་བིལ་བའི་དབྱིབས་པ་རུ། །ལྕགས་ཀྱི་བྱ་ཁྱུང་ནམ་མཁར་ལྡིང་འདྲའི་གནས། །གཡས་རི་ཧཱུྃ་ཡིག་གཡོན་རི་རྨ་བྱའི་གདོང་། །མདུན་དུ་ལྕགས་ཀྱི་སེང་གེ་ཉལ་བའི་བྲག །ཁྱུང་གི་སྒོང་ང་འདྲ་བའི་དོག་སར་སོང་། །རིག་འཛིན་སུམ་ཅུའི་གདུལ་བྱའི་ཞིང་སར་འགྱུར། ། ཞེས་དང་། ཧེ་ཤྲཱི་རས་པ་ཆེན་པོའི་རྡོ་རྗེའི་ལུང་བྱང་ལས། །ཨོ་རྒྱན་སྤྲས་གནས་སེང་གེ་རྫོང་འདི་རུ། ། འགྲོ་དོན་རྒྱུན་མི་འཆད་པའི་གནས་ཀྱི་བདག །གྲགས་པ་གསུམ་དང་བཟང་པོ་ལྔ། །རྒྱ་མཚོ་བཞི་དང་སྙིང་པོ་བདུན། །འོད་ཟེར་གསུམ་དང་སེངྒེ་གཉིས། །ཡེ་ཤེས་གཉིས་དང་སངས་རྒྱས་གསུམ། ། ཀརྨ་ཆོས་དང་ཕུན་ཚོགས་མིང་། །རིག་འཛིན་སུམ་ཅུའི་གདུལ་བྱ་སྐྱོང་། །ཞེས་བསྟན་པ་ལྟར་གྱི་གདུང་རྒྱུད་དེ་འང་ལྔི་རྒྱུད་དབྱེ་ན་གསེར་ཁང་དུ་ཡབ་འབའ་རེ་དཔོན་རྒོད་མའི་སྲས་གཡུང་དྲུང་སྐྱབས་ཧེ་དེ་ལ་སྲས་གསུམ་བྱོན་པའི་ཆེ་བ་མི་ལ་རས་པའི་སྤྲུལ་པ་འབའ་རེ་རིན་ཆེན་བཟང་པོ་སྐྱོ་བྲག་ཆོས་རྗེ་ལས་གདམས་པ་ཐམས་ཅད་གསན། རྗེ་དགོན་བཏབ། རོ་གཅིག་གི་རྟོགས་པ་འཁྲུངས། སྐྱོ་བྲག་གི་གདན་ས་མཛད། འགྲོ་དོན་རྒྱ་ཆེ་བར་བྱུང་ཞིང་བདུན་ཅུ་ལ་སྐུ་གཤེགས། རིང་བསྲེལ་ཁ་དོག་ལྔ་ལྡན་དད་པའི་རྟེན་དུ་བཞག །

གཅུང་བསོད་ནམས་དབང་ཕྱུག་སྐྱོ་བྲག་ཆོས་རྗེའི་རྗེས་སུ་བཟུང་བཛྲ་གིརྟིའི་སྤྲུལ་པར་གྲགས། ཀརྨ་པ་མཐོང་བ་དོན་ལྡན་མཇལ། དབང་ཆོས་མང་དུ་ཞུས། སྐྱོ་བྲག་གི་གདན་ས་མཛད། རེ་གཅིག་ལ་སྐུ་གཤེགས། རྐང་གི་ཕྱག་ཏུ་རྡོ་རྗེ་ཕག་མོའི་སྐུ་བྱོན། དེའི་དཔོན་ཆོས་འོད་ཟེར་ནི་བསོད་ནམས་བཀྲ་ཤིས་ཀྱི་སྲས་སུ་འཁྲུངས། གྲུབ་ཐོབ་རམ་ནེ་ཆོས་གཡུང་གི་སྤྲུལ་པར་གྲགས། ཁོ་བོ་བླ་མ་དང་འབྲུག་ཚ་བཀྲ་ཤིས་དབང་ཕྱུག་ལས་གདམས་པ་ཐམས་ཅད་གསན། སྐྱོ་བྲག་མགོར་

གཙུག་ལག་ཁང་དང་། བྱམས་ཆེན་བཀའ་འགྱུར་སོགས་བཞེངས། རྗོ་ཕུན་ལྷ་ཁང་ཡོག་བྲིས་རྟེན་མཆོད་འགྲན་ཟླ་བྲལ། མཐོན་མཁྱེན་གྲུབ་རྟགས་ཚད་མེད། དྲུག་ཅུ་རྩ་ལྔ་ལ་གཤེགས། དབུ་བུམ་རིལ་ལ་རྒྱུད་སྡེའི་ལྷ་ཚོགས་བྱོན། དེའི་སློབ་མ་རིགས་དབོན་ཀུན་དགའ་སྙིང་པོ་ཁུ་བོའི་བླ་མ་ལས་གདམས་པ་ཞུས། ཀརྨ་པ་མི་བསྐྱོད་ཞབས་ལ་གདམས་པའི་ཕུ་ཐག་བཅད། གདན་ས་མཛད། མཐུ་དང་རྫུ་འཕྲུལ་ལ་མངའ་བརྙེས། ཞེ་དགུ་ལ་གཤེགས། ཐུགས་ལྷུགས་རིང་བསྲེལ་སོགས་བྱོན། དེའི་དབོན་ཀུན་དགའ་རྒྱ་མཚོ་ནི། ཁུ་བོ་བླ་མ་ལས་གདམས་པ་རྫོགས་པར་མཛད་(གསན)། མགོན་པོ་ཕྱག་བཞི་པ་དངོས་སུ་འགྲུབ། གདན་ས་མཛད་ང་གཉིས་ལ་སྐུ་གཤེགས། གདུང་ལ་བྱོན་པ་གྲངས་མང་། དེའི་དབོན་སྐྱོ་བྲག་བསྟན་འཛིན་བཟང་པོ་ནི། རཏྣ་གླིང་པའི་ལུང་བསྟན་ལས། སྤྱན་རས་གཟིགས་མགོན་མི་ཡི་ཚུལ་བྱོན་པ༔བསྟན་འཛིན་མིང་ཅན་ཁམས་ཀྱི་ཕྱོགས་ནས་འབྱོན༔ཡི་གེ་དྲུག་པའི་ཆོས་སྒྲས་སྟོང་གསུམ་གང༔མཐོང་ཐོས་འབྲེལ་ཚད་བདེ་བ་ཅན་དུ་འདྲེན༔ཞེས་པ་ཐུགས་རྗེ་ཆེན་པོའི་སྤྲུལ་པར་གྲགས་ཤིང་གྲུབ་པ་སྟེ། དབང་འཕགས་ཀྱི་སྲས་སུ་འཁྲུངས། ཁུ་བོ་བླ་མ་ལས་གདམས་ངག་བུམ་པ་གང་བྱོའི་ཚུལ་དུ་གསན། སི་ཏུ་ཆོས་ཀྱི་གོ་ཆ་དང་། ཟུར་མང་ལེགས་བཤད་སྨྲ་དབྱངས་ལས་སྐན་བརྒྱུད་མ་ལུས་པ་གསན། མེ་བྱི་ལ་རྫ་མོ་དགོན་དུ་མ་ཧེ་བུམ་སྒྲུབ་རྒྱུན་འཛུགས་མཛད། རྟེན་བཞེངས་བསམ་ལས་འདས་པ་གྲུབ། བརྒྱད་ཅུ་ཐམ་པ་ལ་སྐུ་གཤེགས། དབུ་བུམ་རིལ་རིང་བསྲེལ་ཅན་བྱོན།

དེའི་སློབ་མ་སྐྱོ་བྲག་ཀརྨ་རྒྱལ་མཚན་དང་ཀརྨ་ཡེ་ཤེས་གཉིས་ལས་གདན་ས་བ་ཀརྨ་རཏྣ་ནི། རཏྣ་གླིང་པའི་གཏེར་ལུང་ལས། ཕྱག་རྡོར་ཐུགས་སྤྲུལ་འགྲོ་བ་ཐབས་ཀྱི་འདུལ༔ཡེ་ཤེས་མིང་ཅན་ཁམས་ཀྱི་ཕྱོགས་སུ་འབྱུང༔ཞེས་ལུང་བསྟན་པའི་ཕྱག་ན་རྡོ་རྗེ་དངོས་བྱོན་དེ་ཉིད་དབོན་ཕེར་ལུ་དང་ཡུམ་འབྲོང་བཟའ་སྐྱིད་མོ་གཉིས་ཀྱི་སྲས་སུ་འཁྲུངས། ཀརྨ་པ་དབང་ཕྱུག་རྡོ་རྗེ་མཇལ་འབུལ་བ་རྫམས་ཆེན་ཕུལ། གསུང་ཆོས་གདམས་པ་ཡང་ཞུས། ཁྲིད་པར་དུ་ཁོ་པོ་བསྟན་འཛིན་བཟང་པོ་དང་འབྲུག་ཚ་སངས་རྒྱས་སོགས་ལས་ཕྱག་རྒྱ་ཆེན་པོ་དང་། ཆོས་དྲུག་ཟབ་ལམ་ལ་གསན་སྦྱོང་མཐར་ཕྱིན་པར་མཛད། གསང་བ་སྔགས་ཀྱི་རྣལ་འབྱོར་པ་བདེ་མགོན་གཉིས་ཀྱི་སྙིང་པོ་ལ་དུང་ཕྱུར་རེ་འགྲུབ། འབྱུང་བ་ལ་རང་དབང་བསྒྱུར་བས་ཆགས་ཐོགས་མེད་པར་གཤེགས། གྲུབ་པའི་གོ་འཕང་མཐོན་པོར་བྱོན། དེ་སྐབས་གུ་ཤྲཱི་ཧན་གྱིས་བེ་རི་དོན་ཡོད་བཅོམ་ཕྱིར་མདོ་སྨད་དུ་དམག་དྲངས

སྐབས་སྒོམ་གྲྭ་ཕུག་རྩེ་འདིར་རྗེ་བློ་བཟང་གྲགས་པའི་སྐུ་ལྟེབས་ཕྲིས་དང་། རྡོ་རྗེ་འཛིན་པ་ཆེན་པོ་ཡེ་ཤེས་ཀྱི་སྐུ་སྟེར་བཟོ་བྱིན་ཅན་རྣམས་མཇལ་བར་བརྟེན། འདི་ནི་རི་བོ་དགེ་ལྡན་པར་ཤིན་ཏུ་གྲགས་པའི་དགོན་གནས་ཡིན་པར་དོན་གྱིས་གསལ་བས། འདིའི་བླ་དགོན་ལ་མཇལ་ཞུས་དང་བཀུར་སྟི་ཕུལ་ཏེ། སྔོན་གྱི་ཐོབ་ཐང་སྲིད་སྲིད་གང་ཡོད་ལ་ཉམས་དམན་མི་ཆོག་པའི་ཐབས་ཇི་འདྲི་ཆོ་ལོ་དཀར་སེར་ཁེར་གེམ་རྣམས་ཐོབ་ནས་སྒོམ་གྲྭ་དགོན་གྱི་ཆོས་སྲིད་གྲུ་བཞི་ལམ་མེར་ཡོད་པའང་ཀརྨ་རྣྐ་ན་ཉིད་ཀྱི་ནུས་སྟོབས་ཡིན་པར་གོར་མ་ཆག །

དེའང་སྟོད་ནས་འབྲི་སྒྲི་ཇོ་གསུམ། བར་ནས་གཞོ་སྲི་མཁར་གསུམ། སྨད་ནས་དབའ་རྭ་ཀ་གསུམ་སོགས་ཤོག་ཆེན་དཔོན་པོ་དགུ་ཡི་ཁ་ཞབས། སྟོད་ནས་མ་སང་རྫ་རྒྱལ་ཕྱིན་བཅད། སྨད་ནས་ལྷོ་ཡི་རོང་སྒོ་ཡན་བཅད། ལ་གཅིག་འབམ་གྱི་ཕར་བཅད། སྐུ་མཛོད་སག་མེ་ཚུན་བཅད་ཀྱིས། ལྷ་སྡེ་ལྔ་བརྒྱ་དང་དྲུག་ཅུའི་མཆོད་སྡེ་མངའ། འབངས་ཇི་སྲིད་སོར་གནས་གཏན་ཆགས་མཛད། དེའི་དཔོན་དོན་དམ་སྙིང་པོ་སྐྱེ་བསྒྲུབ་གསུམ་རྒྱུན་གྱིས་སྤྲུས་ཤིང་། ཁུ་བོ་བླ་མ་ལས་ཡབ་མེས་ཀྱི་གདམས་སྐོར་འབའ་རོམ་པའི་སྙན་བརྒྱུད་རྣམས་གསན་བཞེས་མཛད་དེ་གྲུབ་བརྙེས་ཉམས་འོག་ཏུ་ཚུད་པར་མཛད། དེ་རྗེས་ཀརྨ་ཚེ་བརྟན་ཕྱག་རྒྱ་ཆེན་པོའི་རྟོགས་པ་མངོན་དུ་གྱུར། དེ་རྗེས་དྲུང་དཀར་རས་ཆེན་ཀླུང་སེམས་གཉིས་མེད་ཀྱི་གྲུབ་རྟགས་ཐོན། རྫུ་འཕྲུལ་སྣ་ཚོགས་ལ་མངའ་དབང་བསྒྱུར་བའི་གྲགས་སྙན་ས་གསུམ་ན་ཁྱབ་པ་སྟེ། འདི་ཡན་གྱི་གདན་རབ་འབའ་རེ་བའི་དཔོན་རྒྱུ་ཁོ་ནས་འཛིན་པར་སྣང་ཞིང་། འདི་ཕྱིན་ནི་སྤྲུལ་བརྒྱུད་དཔོན་རབས་འདྲེས་མར་བྱུང་ཞིང་སོ་སོའི་རྣམ་ཐར་སློས་ཀྱི་མི་ལོངས་པས་ཟུར་འཇུག་བརྒྱུད་པའི་མཚན་ཐོ་ནི་དྲུང་དཀར་རས་ཆེན་རྗེས་སྒོམ་ཕྲག་བསྟན་པའི་སྙིང་པོ། དཔལ་ཆེན་ལུང་རིག་རྒྱ་མཚོ། དཔོན་སྲས་ཚེ་དབང་བདུད་འདུལ། དགེ་བཤེས་དགེ་ལེགས་དཔལ་གྲུབ། དྲུང་དཀར་ངེས་དོན་ཆོས་འཛིན། བསྟན་སྙིང་བསྟན་འཛིན་རྣམ་རྒྱལ། དྲུང་དཀར་སྒྲུབ་བརྒྱུད་ཆོས་དབྱིངས། གསལ་བྱེད་ཆོས་གྲུབ་སེང་གེ། ཀརྨ་ཚོགས་གཉིས་འོད་ཟེར། གསང་བདག་བདུད་འཇོམས་རྡོ་རྗེ། ཀརྨ་བསྟན་འཛིན་ཆོས་འཕེལ། ཀརྨ་བཀའ་བརྒྱུད་བཀྲ་ཤིས། དྲུང་དཀར་ཐེག་མཆོག་འོད་ཟེར་བར་དུ་བྱོན་པ་སྟེ། མདོར་ན་གནས་དང་གང་ཟག་ཡ་མ་བྲལ། ཆོས་བརྒྱུད་དང་དཔོན་བརྒྱུད་སོར་མ་ཉམས། རྟེན་དམ་རྫས་ལ་འཕོ་འགྱུགས་མ་བྱུང་བའི་དོན་བརྒྱུད་སྒོམ་གྲྭ་པའི་སྐབས་སོ། །

༄ དགུ་པ་ཤར་ཕྱུ་པ་ནི། སྟོང་ནག་རས་པའི་སློབ་མ་ལྷོ་རས་རིན་ཆེན་རྒྱལ་མཚན་ཏེ། ཨ་ཕྱུག་གི་སྲས་སུ་འཁྲུངས། གདུང་ནི་འབྲུ། བྱང་ཆུབ་གཞོན་ནུ་ལས་རབ་ཏུ་བྱུང་། བློ་གྲོས་རྡོ་རྗེ་ལས་ཕྱི་ནང་གི་གདམས་པ་ཐམས་ཅད་རྫོགས་པར་གསན། ཉམས་རྟོགས་པ་ཁྱད་པར་ཅན་འཁྲུངས། དཔོན་སློབ་ལྷན་ཅིག་པར་རྗེ་གཙང་པ་རང་བྱུང་རྡོ་རྗེའི་ཞབས་དྲུང་དུ་ཕག་མོ་ལ་སོགས་པའི་གདམས་པ་ཞུས། དབ་ཀྱི་རྫོ་མོ་གཡུ་སྔོན་སོགས་སུ་གཅིག་རི་ཡུན་རིང་དུ་མཛད། གྲུབ་པ་བརྙེས། ངོ་མཚར་བའི་ལྟས་དང་བཅས་ཏེ་གཤེགས། དེའི་དཔོན་ཤེས་རབ་རིན་ཆེན་ནི། ཁུ་བོ་ལ་གདམས་པ་ཐམས་ཅད་རྫོགས་པར་གསན། གཙང་པ་རོལ་པའི་རྡོ་རྗེའི་མདུན་དུ་བསྙེན་པར་རྫོགས། ཤར་ཕྱུའི་རི་པ་ནང་ཀ་ཡེ་གྲུ་གུ་སོགས་སུ་གཅིག་རི་ལོ་མང་པོར་མཛད། མཆོག་གི་དངོས་གྲུབ་བརྙེས། གྲུ་གུ་སོགས་གཞི་བདག་མང་པོ་དམ་ལ་འདོགས་པར་མཛད། དེ་ཕྱིན་ཆད་ནས་ཤར་ཕྱུ་བ་ཞེས་པའི་མཚན་དུ་གྲགས། གྲུ་གུའི་ཞོར་དུ་གཤེགས། རྟེན་རིང་བསྲེལ་མང་དུ་བྱོན། དེའི་དཔོན་པོ། གང་ལྟར་ན་ཤར་ས་བཞི་དང་གོལ་ས་གསུམ་ལ་སོགས་སྒྲུངས་ཤིང་གསང་ཆེན་རྡོ་རྗེ་ཐེག་པའི་སྐོར་ཞུགས་ཏེ། དེའི་གོང་ན་འདི་ཞེས་བྱ་བ་གཞན་མེད་པ་སྟེ་ཕྱུ་ཐག་ལེགས་པར་ཆོད་པས་ན་ཤར་ཕྱུ་དང་། གསང་བ་ལྟར་ན་ཞི་བདེའི་གོ་འཕང་འདོད་པ་སྐྱེ་ཕྱི་རོལ་གྱི་བཟུང་བ་ཐམས་ཅད་རང་སེམས་སུ་འདོད། དེ་དོན་དམ་པར་རྟོགས་ཀྱང་ཀུན་རྫོབ་སུ་ངེས་པའི་དོན་བྱེད་ནུས་པར་འདོད་པའི་ཤར་ས་ཐམས་ཅད་སྤྱངས་ཏེ། ཡོད་མིན་མེད་མིན་བརྗོད་བྱ་རྗོད་བྱེད་སྤྲོས་པའི་མཐའ་ཐམས་ཅད་དང་བྲལ་བ་མཁའ་ཁྱབ་ཀློང་ཡངས་ཨེ་ཝཾ་ཟུང་འཇུག་ཕྱག་རྒྱ་ཆེན་པོའི་དོན་རྟོགས་ཤིང་ཕྱུ་ཐག་ཆོད་པས་ཤར་ཕྱུ། མཆན། ཤེས་རབ་རྒྱལ་མཚན་ནི། ཡབ་དབང་རྒྱལ་གྱི་སྲས་སུ་འཁྲུངས། ཁུ་བོ་ལས་གཅོད་སྐོར་སོགས་གདམས་པ་མང་དུ་གསན། མེར་ཆེན་གྱི་ཞོལ་དུ་སྒྲུབ་སྡེའི་རི་དགོན་མཛད། སློབ་མ་ཡང་བློ་གྲོས་རྒྱལ་མཚན་སོགས་འགའ་ཞིག་བྱུང་། ལྟས་བཟང་པོ་དང་བཅས་ཏེ་དེ་ཉིད་དུ་གཤེགས། ཤར་ཕྱུ་ལྔ་པ་གྲུབ་པ་ནི། ཕག་གྲུའི་སློབ་མ་ཤེས་རབ་ཡེ་ཤེས་ཀྱི་སྤྲུལ་པ་སྟེ། སྐུ་ཚེའི་སྟོད་དུ་སྒོམ་སྡེ་ཚངས་གསར་པའི་བློན་པོ་མཛད། ཕྱིས་གཙང་པ་དེ་བཞིན་གཤེགས་པའི་དྲུང་ནས་རབ་ཏུ་བྱུང་། ཁུ་བོ་ལས་འབའ་རོམ་བཀའ་བརྒྱུད་ཀྱི་གདམས་པ་ཐམས་ཅད་རྫོགས་པར་གསན། མེར་ཆེན་དང་རིན་ཆེན་གླིང་གི་སྒྲུབ་སྡེའི་རི་དགོན་མཛད་ནས་དེར་བཞུགས་ཏེ། ཐུགས་དམ་ཁྱད་པར་ཅན་འཁྲུངས། ལྟས་བཟང་པོ་བཅས་དགོན་དེ་ཉིད་དུ་གཤེགས། སློབ་མ་ཡང་བྱ་བྲལ་འོད་ཟེར་དང་ཟུར་མང་གི་རྨ་སེ་རྟོགས་ལྡན་གྱི་འབའ་རོམ་པའི་ཆོས་སྐོར་གསན་པ་སྐྱེ་མང་དུ་བྱོན། བཀྲ་ཤིས་དཔལ་ནི་ཡབ་བླ་སྐར་མའི་སྲས་སུ་འཁྲུངས། ཁུ་བོ་ལས་ཡབ་མེས་ཀྱི་གདམས་པ་ཐམས་ཅད་རྫོགས་པར་གསན། གཙྨ་པ་

དེ་བཞིན་གཤེགས་པ་དང་མཐོང་བ་དོན་ལྡན་ལ་སོགས་ལས་བཀའ་ཆོས་ཞུས། ཐུགས་དམ་བཟང་པོ་དང་བཅས་ཏེ་གཤེགས།

ཁྲི་བོའི་སྲས་བཀྲ་ཤིས་རྒྱལ་མཚན་ནི། ཁུ་བོ་ལ་སློམ་སྡེའི་ཆོས་སྐོར་ཐམས་ཅད་གསན། ཀརྨ་པ་ཆོས་གྲགས་རྒྱ་མཚོ་དང་མཇལ། ཀོང་པོ་ཚེ་རིང་པ་ཞེས་པ་ལས་ཕྱག་ཆེན་དང་། ཨ་སེང་པའི་ལམ་འབྲས་སྐོར་དྲུག་གསན། རྡོ་རྗེ་འཇིགས་བྱེད་ལ་སོགས་མངོན་སུམ་དུ་བཞེངས་ནུས་པ་ཙམ་གྱིས་བསྐྱེད་རིམ་ལ་མངའ་བརྙེས། སྐུ་ཚེ་མཐར་ཕྱིན་ཏེ་གཤེགས། དབུ་བུམ་རིལ་དང་རིང་བསྲེལ་སོགས་བྱོན། སློབ་མ་གནམ་ཐེལ་ཕུ་པ་ལ་སོགས་བྱོན། བཀྲ་ཤིས་རྒྱལ་མཚན་པ་ནི་མགོན་པོ་འོད་ཟེར་གྱི་སྲས་སུ་འཁྲུངས། སྐུ་གནས་ཕྲ་མོའི་དུས་སུ་ཁུ་བོ་ལས་དབང་བསྐུར་འབའ་ཞིག་གསན། དྭགས་པོ་བཀྲ་ཤིས་འོད་ཟེར་གྱི་དྲུང་དུ་བསྙེན་པར་རྫོགས། མཚན་བཀྲ་ཤིས་རྒྱལ་མཚན་དུ་གསོལ། ཟུར་མང་བློ་གྲོས་རྒྱ་མཚོ་ལས་ཕྱག་ཆེན་དང་། སི་ཏུ་ཆོས་ཀྱི་གོ་ཆ་ལས་ཕྱག་ཆེན་ཆོས་དྲུག་དང་རྡོ་རྗེ་ཕྲེང་བ། རྒྱ་སྟོན་ནམ་མཁའ་རྡོ་རྗེ་ལས་མགོན་པོ་བྲ་རོག་མའི་སྐོར་སོགས་མང་དུ་གསན། ལྷ་མོ་དུད་སོལ་མ་ཕོ་ཉར་འཁྱེད། དགུང་ལོ་གྱ་བཞི་ལ་གཤེགས། རིགས་དཔོན་ཀརྨ་སྟན་གྲགས་ཏེ། ཆོས་སྐྱོང་བཀྲ་ཤིས་ཀྱི་སྲས་སུ་ཁྲི་ལོ་ལ་འཁྲུངས། དགུང་ལོ་ལྔ་ནས་གཏེར་མ་ཆ་བཅུ་གཏོང་བ་དང་། ཡི་གེ་ཚིག་མེད་མཁྱེན། ཁུ་བོ་བླ་མ་བཀྲ་ཤིས་རྒྱལ་མཚན་ལས་འབའ་རོམ་ནས་བརྒྱུད་པའི་ཆོས་ཡོད་དགུ་ཅོག་གསན། བདེ་མཆོག་དང་མགོན་པོ་སོགས་ལ་ཐུགས་དམ་གྱི་མཐིལ་མཛད་དེ་ལུང་བསྟན་ཐོབ། རྒྱལ་དབང་ཀརྨ་པ་དབང་ཕྱུག་རྡོ་རྗེ་ལ་ཡོད་དགུ་ཅོག་ཕུལ་ཞིང་དེ་ཉིད་ཀྱི་དྲུང་ནས་རབ་ཏུ་བྱུང་། མཚན་ཀརྨ་སྟན་གྲགས་དཔལ་བཟང་པོ། རྗེ་བཙུན་ཆོས་ཀྱི་རྒྱལ་མཚན་གྱི་ཞལ་ནས། ཆོས་ཀྱི་གོ་ཆའི་འཕྲིན་ལས་ཀྱི་སྤྲུལ་པ་ཡིན་པར་བཀས་གནང་། བླ་མ་བསྟེན་པ་ལའང་། ཡང་དག་པར་རྫོགས་པའི་སངས་རྒྱས་འཇིག་རྟེན་དུ་ཞལ་བསྟན་པ་ལྟ། བསྟན་པ་ཡོངས་རྫོགས་ཀྱི་དགེ་བའི་བཤེས་གཉེན་ཆེན་པོ་བཞི། ཡང་དག་དགེ་བཤེས་གསུམ་སོགས་བསྟེན། དེ་དག་ལས་འོང་བའི་ཆོས་ཡོད་དགུ་ཅོག་ལ་མ་གསན་པ་གཅིག་ཀྱང་མེད། སྐྱོ་བྲག་ཀུན་དགའ་རྒྱ་མཚོ་ལས། འབའ་རོམ་ནས་བརྒྱུད་པའི་ཆོས་ཡོད་དགུ་ཅོག་གསན། དེང་ཐོག་ཀུན་དགའ་རྒྱལ་མཚན་ལས། ལྷ་མོ་དུད་སོལ་མའི་སྐོར་གསན། ཚིག་ལ་མ་ལུས་ཤིང་དོན་ལ་རྟོགས་པ་བླ་མ་འདི་ཙམ། འོག་མིན་ཀརྨའི་གདན་ས་ལོ་བརྒྱད་ཙམ་དུ་མཛད། ལྷ་སྟེང་གི་གཙུག་ལག་ཁང་གི་"དང་བཅས་པ་བཞེངས། གཏོར་མ་ལས་བདུད་

རྩེ་བབས། བདུད་རྩི་ཁོལ་བ། སྒྲོལ་མའི་ལུང་བསྟན་སོགས་བྱུང་། ཉིན་གཅིག་ང་རང་གི་ལྷ་མོ་དེ་དགའ་འདུག་པས་ད་ལོ་འཆི་བ་ཡིན་པ་འདྲ་གསུངས་ནས་དོན་དགུ་ལ་གཤེགས། འཇའ་དང་འོད་ཀྱིས་ནམ་མཁའ་ཁེངས། ཞག་ཞེ་དགུའི་ཉིན་མོ་ཡང་དེ་བཞིན་དུ་བྱུང་། བསྟན་བཅོས་ཀྱང་མང་དུ་མཛད། ཀརྨ་རབ་གསལ་ནི། ལྷ་ཚངས་པའི་སྐྱེ་བ་འགྲོ་དོན་སྤྱན་རས་གཟིགས་དང་མཉམ། གདུང་རྒྱུད་ཡོད་སྐབས་ལ། སྒོམ་བྲག་ཉིན་དགོན་དུ་ཡུལ་འདྲེ་དམ་ལ་བཏགས། དབོན་ཀརྨ་དཔལ་འབྱོར་ནི། ཀརྨ་རབ་གསལ་ལས་བརྒྱུད་པའི་གདམས་སྐོར་མ་ལུས་པ་གསན། གཞན་ཡང་མཁས་གྲུབ་ཀརྨ་ཆགས་མེད་ལ་གསང་སྔགས་གསར་རྙིང་གི་ཆོས་སྐོར་གསན་ཞིང་སློབ་བརྒྱུད་དབོན་བཱུརྣ་ཀིརྟི། ཚངས་གསར་རིན་ཆེན་ལྷུན་གྲུབ་སོགས་བྱུང་། འདི་ཕྱིན་ཤར་ཕུའི་དབོན་བརྒྱུད་དང་སྤྲུལ་བརྒྱུད་འདྲེས་མར་བྱུང་བའི་བརྒྱུད་པའི་མཚན་སྨོས་པ། ཀརྨ་དཔལ་འབྱོར། བཱུརྣ་ཀིརྟི། ངག་དབང་རྣམ་རྒྱལ། ཀརྨ་ཆོས་དབྱིངས་བཟང་པོ། ཀརྨ་ངག་དབང་ཡོན་ཏན། ཀརྨ་འཕྲིན་ལས་རབ་རྒྱས། ཀརྨ་ཁྱབ་བདག །ཀརྨ་འཆི་མེད་རྣམ་རྒྱལ། ཀརྨ་དོན་བརྒྱུད་བསྟན་པ་རབ་རྒྱས། ཀརྨ་ངེས་དོན་མདོ་སྔགས་བསྟན་འཛིན་ཞེས་ད་ལྟ་བར་བྱོན་པ་སྟེ་ཤར་ཕུ་བའི་སྐབས་སོ། །

༄ བཅུ་པ་ཕུག་པ་བ་ནི། རྒྱལ་སྲས་ལྷ་པའི་རུས་དབོན་ཏེ། བྱིས་པའི་དུས་ནས་འཇིག་རྟེན་གྱི་བྱ་བ་ལ་བློ་མི་འཇུག །ཆུང་དུའི་དུས་ནས་སློབ་གཉེར་མང་དུ་མཁྱེན། སྒོམ་སྡེའི་ཆོས་སྐྱོད་རྣམས་བློ་ལ་བཟུང་ཞིང་དེ་དག་འབད་དེ་མཁས་པར་མཛད། དེ་ནས་དགུང་ལོ་བདུན་པར་རྒྱལ་སྲས་ལྷ་པ་རིན་པོ་ཆེའི་མདུན་ན་རབ་ཏུ་བྱུང་། མཚན་ཚུལ་ཁྲིམས་ཡེ་ཤེས་སུ་གསོལ། བདེ་མཆོག་དང་ཀྱེ་རྡོར་སོགས་ཀྱི་དབང་བསྐུར་རྣམས་ཞུས། གསང་མཚན་ཆོས་དབྱིངས་རྡོ་རྗེ་བཏགས། ཆོས་དྲུག་དང་ཕྱག་ཆེན་སོགས་ཀྱི་གདམས་ཁྲིད་ཞུས་ནས་བསྒོམ་པས་གོ་ཉམས་བཟང་པོ་འཁྲུངས། དེ་ནས་སྣ་སྟོད་གནམ་ལུང་གི་ར་འོག་ཕུག་བྱ་བར་སྟོན་གཙང་པ་མི་བདུན་སོགས་གྲུབ་པ་ཐོབ་པའི་གནས་དེ་ཉིད་དུ་དགུང་ལོ་དགུ་ནས་བཅོ་བརྒྱད་བར་འདག་ཆར་མཛད། མཁྱེན་རྟོགས་ཡོན་ཏན་གྱི་རྩལ་རྫོགས། གྲུབ་པའི་སྙན་པ་ཕྱོགས་ཐམས་ཅད་དུ་ཁྱབ་ཅིང་སློབ་དབོན་ཕུག་པར་གྲགས། དེ་ནས་འབྲི་མདའི་མི་སྡེ་རྣམས་ཆོས་དང་དབང་ཁྲིད་ཀྱིས་ཚིམ་པར་མཛད་ནས་རྩེ་ཆུའི་ཚུར་ཁར་བྱོན། རོ་ལོ་ཁར་བན་རྒན་རྣམས་ལ་ཆོས་ཀྱི་འཁོར་ལོ་བསྐོར། མི་སྡེ་རྣམས་ལ་དབང་ཁྲིད་མཛད་ནས། སླར་རོ་ལོ་ཕུག་ཏུ་ལོ་བཅུ་གཅིག་ལ་འདག་སྦྱར་ལ་བཞུགས། དེ་ནས་ཁ་རོང་འཇའ་མོས་གདན་དྲངས་རྩེ་པ་རྣམས་དབང་

ཁྲིད་ཀྱིས་ཚིམ་པར་མཛད། ཀོ་མཛོའི་ཕུག་ཏུ་བཞུགས་ནས་འབལ་སེར་བཙན་གསུམ། ནག་གསང་ཚོ་བརྒྱད། བྲོས་པ་ཤ་ད་སོགས་རྩེ་བླ་བར་གྱི་འགྲོ་མང་སྨིན་གྲོལ་ལམ་ལ་བཀོད། དེ་ནས་ཀེལ་སྣའི་གདན་སར་བྱོན། དགེ་འདུན་པ་རྣམས་ལ་ཞལ་ཏ་ཞིབ་ཏུ་མཛད་ནས་དཀྱུང་གྲངས་དྲུག་ཅུ་རྩ་གསུམ་ལ་སྐུ་གཤེགས། གདུང་དང་རིང་བསྲེལ་དཔག་མེད་བྱོན། བུ་ཆེན་བྱོན་ཚུལ་ལ་དབོན་ཚུལ་ཁྲིམས་རྒྱལ་མཚན། རྟོགས་ལྡན་གཞོན་ནུ་འབྱུང་གནས། ཀུན་དགའ་ཚུལ་ཁྲིམས། སངས་རྒྱས་མཐའ་ལྡོས། སེར་ཡེ་རས་པ། གྲུང་པ་རྣལ་འབྱོར་སོགས་བྱོན། ར་འོག་ཕུག་གི་གདན་ས་དངོས་འཛིན་པ་ཀུན་དགའ་ཚུལ་ཁྲིམས་ཏེ་བསྟན་དགོན་གྱི་འཛིན་སྐྱོང་སྤེལ་གསུམ་འགྲན་ཟླ་བྲལ་བར་མཛད། སློབ་ཚོགས་ཕལ་ཆེར་ཡང་དེར་བཞུགས། དེ་རྗེས་དབོན་ཚུལ་གྲགས་ཀྱིས་གདན་ས་བསྐྱངས་ཤིང་རི་དགོན་རྣམས་ཕན་ཚུན་སྐྱོངས་རིམ་གྱི་ཕྱིས་ཀྱི་བར་བྱུང་བ་སྟེ་ཕུག་པའི་སྐབས་སོ། །

༈ བཅུ་གཅིག་པ་རོ་ལོ་བ་ནི། ཕུག་པ་ཚུལ་ཡེའི་སློབ་མ་སྟེ་རབ་ཏུ་བྱུང་བའི་མཚན་ཚུལ་ཁྲིམས་རྒྱལ་མཚན། ཕུག་པ་བ་ལས་གདམས་པ་རྫོགས་པར་གསན་ནས་སྒྲུབ་པ་ལ་མི་ཆེ་བསྒྲུལ། རོ་ལོའི་གཙུག་ལག་ཁང་དང་བླ་མ་རིན་པོ་ཆེའི་འདྲ་འབག་དངུལ་སྐུ་ཆེན་མོ་བཞེངས། གྲྭ་ཚོགས་ཀྱང་ཆེར་འདུས་འགྲོ་དོན་རླབས་ཆེན་མཛད། སློབ་མ་ལ་རིགས་དབོན་དབུ་སེ། ཀུན་དགའ་གཞོན་ནུ། ཚུལ་གྲགས་པ་སོགས་བྱོན། དེ་རྗེས་དབུ་སེ་བ་གདན་ས་མཛད་པའི་སློབ་མ་གཙང་ཚུལ་ཁྲིམས་བློ་གྲོས་ཀྱི་གདན་ས་མཛད་པ་ལ། གཟྨ་པ་དེ་བཞིན་གཤེགས་པ་དང་། ཚངས་གསར་བསོད་བློ། རླང་རས་གྲགས་རྒྱལ་བ། ཤེར་ཕུ་ལྷུན་གྲུབ་སོགས་ཀྱི་སློབ་མར་གྱུར་པ་མེ་ཉག་རྣལ་འབྱོར་བློ་གྲོས་རིན་ཆེན་གྱིས་རོ་ལོའི་བན་རྒྱར་རྣམས་བསྡུས་ཏེ་ཟུར་མང་དུ་སྤོ་བར་མཛད། རོ་ལོའི་དངུལ་སྐུ་ཆེན་མོ་ཡང་ཟུར་མང་དུ་བཞུགས་པ་མཛལ་དུ་ཡོད་ཅིང་། གཟྨ་སྟན་བརྒྱུད་དང་འབའ་རོམ་གསེར་ཆོས་ཟུར་འཕྲེལ་དུ་བསྐྱངས་བ་སྟེ་རོ་ལོ་པའམ་ཟུར་མང་གི་སྐབས་སོ། །

༈ བཅུ་གཉིས་པ་ཤར་པ་ནི། སློབ་དཔོན་ཕུག་པའི་སློབ་མ་སྟེ། མདོ་ཁམས་སྨད་ནས་སྐུ་འཁྲུངས་པ་ཡིན་ཞིང་། སྨར་ཚང་གི་ཆོས་རྗེ་འོད་ཟེར་བླ་མ་དང་མཇལ་ནས་ཆོས་མང་དུ་གསན། ཁོང་ལ་སློབ་དཔོན་བདུན་ཡོད་པ་སྟེ། ཕུག་པ་ཚུལ་ཁྲིམས་ཡེ་ཤེས་ཀྱི་སྐན་པ་ཐོས་ནས་ཀེལ་སྣའི་རི་ཁྲོད་དུ་བྱོན། དུང་དཀར་རྒྱ་སྨམ་ཇ་སིག་ཕྱུག་རྟེན་ཡང་དཔེ་མེད་ཕུལ། མཇལ་ཙམ་གྱི་ལས་འཕྲོ་སད་ནས་ཆོས་ལ་ཐང་ལྷོད་མ་བྱུང་བླ་མས་ཀྱང་སྟོད་ལྡན་གྱི་སློབ་མར་དགོངས་ནས་གདམས་པ་ཐམས་

ཅན་རྫོགས་པར་ཚངས་སྤྱུགས་སུ་གནང་། ལོ་དྲུག་ཏུ་བླ་མའི་དྲུང་དུ་བསྒོམ། བླ་མ་རིན་པོ་ཆེའི་ལུང་བསྟན་བཞིན་དུ་ཛ་རོང་གི་དགོན་འདེབས་པ་ལ། ཀ་ཐོར་མདའ་ནས་ཡར་ཕེབས། མི་རྒན་པོ་ཞིག་གིས་དེ་ཉིད་དུ་ཞིང་རྨོ་ཞིང་མཚན་བརྗོད་འདོན་པ་དང་འཕྲད། བླ་མས་མི་དེ་ལ་ལུང་པ་འདི་ལ་མིང་ཅི། བྲེ་བྲལ་ངས་དགོན་ཆུང་གཅིག་ཤི་ཐེབས་སྐམས་ནས་ཡོང་བ་ཡིན་གསུངས་པས། མི་དེས་ཀྱང་ཞིང་རྨོ་བ་དང་འདོན་པ་བྱེད་བཞིན་པ་ལ་དར་གཅིག་ཅི་མ་ཞུས་ནས། ཆོས་ཀྱི་རྒྱལ་མཚན་ལེགས་པར་འཛུགས། ཞེས་པའི་མཚམས་དེ་རུ་བཞག་ནས་བླ་མ་ཁྱེད་གང་ནས་ཕྱིན། ཕུ་ཡ་གི་ན་དགོན་པ་བཟང་པོ་གཅིག་ཡོད་ཅེས་ལེགས་པའི་ཚིག་དུ་མ་ཞུས། བླ་མས་མཉེས་པའི་གླིང་བསླང་མང་དུ་བྱས་ནས་ཕུ་དེར་ཕེབས་ཏེ་ཛ་རོང་གི་དགོན་བཏབ་གྲྭ་པ་བསྐྱངས་པས་ལོ་གཅིག་ལ་དགེ་འདུན་པ་ལྔ་བཅུ་ཙམ་བྱུང་། དེ་རྣམས་ཀྱིས་སྒྲུབ་པ་གཙོ་བོར་མཛད་པའི་དམ་བཅའ་གནང་། སྙིང་ཐང་སྟོད་དུ་བཀྲ་མདོ་དགོན་བཏབ། གཙུག་ལག་ཁང་གསེར་གྱི་གཉྫི་ར་དང་གསེར་སྐྱུ་ལྡིར་སྐྱུ་སོགས་བསམ་གྱིས་མི་ཁྱབ་པ་དང་རྨ་ཁྲིམ་གྱི་རི་དགོན་མཛད་པ་སྟེ། བདུན་རྩ་དོན་གཉིས་ལ་གཤེགས། སེམས་ཅན་ལ་ཕན་ཐོགས་པའི་སློབ་མ་ཤ་སྟག་བྱུང་ཞིང་བརྒྱུད་འཛིན་ནི་རིགས་དབོན་བསོད་ནམས་གྲགས་པ་སྟེ། བླ་མ་ལ་གདམས་པ་ཐམས་ཅད་གསན། མངོན་ཤེས་དང་སྐྱུ་ལུས་སྤྲུལ་བསྒྱུར་ལ་ཐོགས་པ་མེད། ཛ་རོང་དང་བཀྲ་མདོའི་གདན་ས་མཛད། ཞི་བར་གཤེགས་དུས་ལྷ་རྣམས་ཀྱིས་མཆོད་རྫས་ཐོགས་ཏེ་མངོན་སུམ་དུ་མཆོད་པ་བྱུང་། དེའི་རིགས་དབོན་གྱི་བརྒྱུད་པ་ལ། བླ་མ་མཁས་གྲུབ་དུ་མ་བྱུང་སྟེ་ཤར་པའི་སྐབས་སོ། །

༄ བཅུ་གསུམ་ཀྲིས་སྟ་བའམ་ཀིལ་སྟ་བ་ནི། སློབ་དཔོན་ཕུག་པའི་དངོས་སློབ་སྟེ། སྐྱུ་འཁྲུངས་ཡུལ་རྩེ་བརྒྱུད་ཀོ་མཛོ་དང་ཉེ་བའི་སར་ཡབ་མགྲོན་རྟོག་རྒྱལ་བ་ཡེ་ཤེས་ཡུམ་བོ་ལྡོགས་ཞེས་པ་ཆུ་སྟག་ལ་སྐྱུ་བལྟམས། ཕུག་པ་རིན་པོ་ཆེའི་མདུན་དུ་རབ་ཏུ་བྱུང་བའི་མཚན་གཞོན་ནུ་འབྱུང་གནས། མདོ་སྔགས་ཀྱི་ཆོས་ཚུལ་རྣམས་དང་། བླ་མེད་ཀྱི་ཐབས་གྲོལ་གདམས་པ་ཡོངས་སུ་རྫོགས་པར་གསན། སྒྲུབ་པ་རྩེ་གཅིག་ཏུ་མཛད་པས་གྲུབ་པ་ཐོབ། ཡིག་དྲུག་དུང་ཕྱུར་དྲུག་འབུམ། བྲག་མགོ་ནས་ཕར་ཚུར་འཕུར་བ་སོགས་མཛད། ཀིལ་སྟ་དེ་ཉིད་དུ་གདན་ས་བསྐྱང་ཞིང་རྟོགས་ལྡན་རིན་པོ་ཆེ་ཞེས་པའི་མཚན་སྙན་ཕྱོགས་མཐར་ཁྱབ། དགུང་གྲངས་བདུན་ཅུ་ལ་མྱ་ངན་ལས་འདས། ཞུགས་ལ་ཕུལ་ཚེ་ལྷ་ཀླུ་མི་ཡི་མཆོད་པ་ཕུལ། རྗེན་རིང་བསྲེལ་དུང་གཡས་འཁྱིལ་སོགས་བྱོན། སློབ་

མ་ཡང་རི་པ་བརྩོན་འགྲུས་འབྱུང་གནས་སོ་རག་སེང་གེ་འབུམ་པ། མཛོ་མོ་བ་ཆོས་བཟང་། སྟག་བན་ཆོས་རིན། རིན་ཆེན་ཤེས་རབ། ཚུལ་གྲགས་པ། རྟོགས་ལྡན་དམར་ཡུ། བསོད་རྒྱལ་བ་སོགས་མང་དུ་བྱོན། གདན་ས་བ་ནི། མཛོ་མོ་བ་དང་ཚུལ་གྲགས་པ་སོགས་ཀྱིས་མཛད་ནས་དེ་རྗེས་ཚན་གཅིག་ཚ་བ་སྒང་དུ་བྱོན་ནས་ཚ་བ་བང་ཆེན་དགོན་ཞེས་པ་བཏབ། ཚུལ་ཁྲིམས་རྒྱ་མཚོ་ཞེས་པས་ཏྲིས་སྣ་འབྲོག་དགོན་བཏབ་པ་སོགས་ཀྱི་བརྒྱུད་པ་ད་ལྟ་བར་ཡོད་པ་སྟེ་ཀེལ་སྣ་བའི་སྐབས་སོ། །

༄ བཅུ་བཞི་པ་སོ་རག་པ་ནི། དེའང་སོ་རག་སེང་གེ་འབུམ་པ་སྐྱ་འབྲུངས་ཡུལ་ཟྷ་རྒྱུད་མོ་ཐོང་ཐང་རུས་འབྲོང་པ། ཡབ་ཨ་མཆོད་ཁྲ་མོ། ཡུམ་ཉ་སྒྲོན། རྟོགས་ལྡན་གཞོན་ནུ་འབྱུང་གནས་ལས་གདམས་པའི་ཕྱུ་ཐག་བཅད། གྲུབ་པ་ཐོབ། མི་མ་ཡིན་མང་པོས་ཆོས་ཞུས། བླ་མས་ཁྱོད་ཀྱི་གདུལ་བྱ་ཆམ་གྱི་མགུལ་ན་ཡོད་གསུངས་པས་དེར་བྱོན་ནས་ལྕགས་ཕོ་འབྲུག་ལ་སོ་རག་གི་དགོན་བཏབ། ལྷ་ཁང་དང་བཀའ་བསྟན་འགྱུར་བཞེངས། ལོ་གསུམ་ནས་དགེ་འདུན་སུམ་བརྒྱ་དང་རབས་པ་ལྔ་བཅུ་ཙམ་བྱུང་། ལྷ་འདྲེ་མང་པོ་དམ་ལ་བཏགས། སློབ་མ་སོ་རག་མཁར་པ་ཚུལ་ཁྲིམས་འབྱུང་གནས་ཀྱི་གདན་ས་མཛད། དེ་རྗེས་སུ་སོ་རག་ཕྱུག་པ་ཚུལ་ཁྲིམས་གྱིས་གདན་ས་བསྐྱངས། དེ་ནས་སོ་རག་བྱ་བྲལ་བ་སྐྱེ་ཤེན་ཏུ་དར་རྒྱས་ཆེ་བར་བྱུང་ཞིང་ཕྱིས་སུ་ཡུལ་འབྲོག་དགོན་གཉིས་བྱུང་སྟེ་ཡུལ་དགོན་གྱི་བླ་མ་ནི་ཡང་དབེན་མཁན་ཆེན་དུ་གྲགས་པ་འདི་ཡིན་ལ་དེ་དག་སོ་རག་པའི་སྐབས་སོ། །

༄ བཅོ་ལྔ་པ་ཁོ་བ་ཕུག་པ་ནི། དེའང་ཤེས་རབ་འོད་ཟེར་ས་མོ་ཕག་ལ་འཁྲུངས། རྟོགས་ལྡན་གཞོན་ནུ་འབྱུང་གནས་ལས་རབ་ཏུ་བྱུང་། གདམས་པ་ཐམས་ཅད་རྫོགས་པར་གསན། ཡོན་ཏན་དུ་མ་དང་ལྡན། དགུང་ལོ་ལྔ་བཅུ་ལ་ཟྷ་སྟོད་ཁོ་བའི་དགོན་བཏབ། ལོ་བཅུ་བཞི་ལ་འཚོགས་པ་བསྐྱངས། དྲུག་ཅུ་རེ་གསུམ་ལ་གཤེགས། རིགས་དབོན་བསོད་ནམས་སེང་གེ་སྐྱེ་ཁོ་བ་ཕུག་པ་ལས་རབ་ཏུ་བྱུང་། དབང་ཁྲིད་ཐམས་ཅད་རྫོགས་པར་གསན། ལྕགས་གླང་ལོ་ཁོ་བའི་གདན་ས་མཛད། ལྷ་ཁང་ཆེན་མོ་དང་ཐུབ་པའི་ལྷིར་སྐུ་སོགས་བཞེངས། ལོ་སུམ་ཅུ་རྩ་ལྔར་བསྐྱངས་བས་དགོན་པ་དར་བར་བྱུང་། ང་དྲུག་ལ་གཤེགས། དེ་རྗེས་རིགས་དབོན་མང་དུ་བྱོན་པ་སྟེ་ཁོ་བའི་སྐབས་སོ། །

༄ བཅུ་དྲུག་པ་རི་ཕ་བ་ནི། སྤྲུལ་སྐུ་བརྩོན་འགྲུས་འབྱུང་གནས་འཁྲུངས་ཡུལ་ལྷོ་ཡི་དབེ་ཁྲུ། རུས་ཁྱུང་པོ། ཡབ་སྲུང་བ་དཔལ། ཡུམ་བཀྲ་ཤིས་བྱམས། བྱ་ལོ་ལ་འཁྲུངས། གཙྪ་པ་རོལ་པའི་རྡོ་རྗེའི་དྲུང་ནས་རབ་ཏུ་བྱུང་། ཚངས་གསར་བཀྲ་ཤིས་རྒྱལ་མཚན་དང་། རིན་པོ་ཆེ་གཞོན་ནུ་འབྱུང་

གནས་ལས་གདམས་པ་ཐམས་ཅད་གསན། ལོ་ཉི་ཤུ་རྩ་ལྔར་གཅིག་རི་མཛད། མངོན་པར་ཤེས་པ་ལ་ཐོགས་པ་མེད། ཀིལ་སྣའི་གདན་སར་བཞུགས། རྡོ་རྗེའི་མགུར་སོགས་བསྟན་ཆོས་མང་དུ་མཛད། རེ་དྲུག་ལ་གཤེགས། རིང་བསྲེལ་མང་དུ་བྱུང་། སློབ་མ་ནི་གཞོན་ནུ་སེང་གེ་ཚངས་གསར་བསོད་ནམས་བློ་གྲོས། རིགས་དབོན་སངས་རྒྱས་གྲགས། ཁྲི་དོག་བསོད་ནམས་ཡེ་ཤེས། སྒྱི་བྲག་རིན་ཆེན་བཟང་པོ་སོགས་བྱུང་། བླ་མ་ཚུལ་ཁྲིམས་གྲགས་པ། ཡུལ་རྩེའི་འབེ་ཤག་གོང་། མགོན་པོ་རྒྱལ་གྱི་སྲས་སུ་འཁྲུངས། ཀརྨ་པ་རོལ་པའི་རྡོ་རྗེ། སྟག་ལུང་པ། རི་ལོ་ཚུལ་ཁྲིམས་རྒྱལ་མཚན། གཞོན་ནུ་འབྱུང་གནས་སོགས་ལས་གདམས་པ་གསན། གདན་ས་མཛད། དྲུག་ཅུ་རེ་གསུམ་ལ་གཤེགས། གདན་ས་བ་གཞོན་ནུ་སེང་གེ་རི་ཕའི་དབུལ་མོ་ཁར་བཞུགས། སློབ་བརྒྱུད་རི་ཕ་དམར་རིལ་བ་སོགས་བྱོན་ཞིང་དེ་དག་ལྟི་རི་བ་སྟེ་རི་ཕའི་སྐབས་སོ། །

༈ བཅུ་བདུན་པ་དེང་ཐོག་པ་ནི། དེའང་དེང་ཐོག་སངས་རྒྱས་གྲགས་པ་སྐུ་འཁྲུངས་ཡུལ་ལྟི་རྐེད་རྒྱལ་ནེ་བྲོའི་མདུན་སྣམ་ནང་། གདུང་ཁྱུང་པོ། ཡབ་སངས་རྒྱས་སྐྱབས་ཀྱི་སྲས་སུ་འཁྲུངས། ཀརྨ་པ་དེ་བཞིན་གཤེགས་པ་ལས་རབ་ཏུ་བྱུང་། སྤྲུལ་སྐུ་བརྩོན་འགྲུས་འབྱུང་བ་ལས་བསྙེན་རྫོགས་ཀྱི་གདམས་པ་ཐམས་ཅད་ཞུས། དེང་ཐོག་གི་དགོན་དང་ལྷ་ཁང་གི་སོགས་དར་རྒྱས་ཆེར་མཛད། གཞི་བདག་མང་པོ་དམ་ལ་བཏགས། ལྷ་མོ་དུད་སོལ་མ་ཞལ་གཟིགས། སངས་རྒྱས་སྟོང་ཞལ་གཟིགས། དྲུག་ཅུ་རེ་གསུམ་ལ་གཤེགས། བདེ་མཆོག་སོགས་རྟེན་རིང་བསྲེལ་མང་དུ་བྱོན། རིགས་དབོན་ཀུན་དགའ་སེང་གེ་དང་། ཀུན་བསོད། ཆོས་རིན། གྲགས་རིན། ཨ་ཁད་སོགས་མང་དུ་བྱོན། ཀུན་དགའ་སེང་གེ་ནི། སངས་རྒྱས་གྲགས་པ་ལས་གདམས་པ་ཐམས་ཅད་རྫོགས་པར་ཞུས། དབུས་སུ་ཕེབས་ནས་ཀརྨ་པ་མཐོང་བ་དོན་ལྡན་སོགས་བཀའ་བརྒྱུད་ཀྱི་བླ་མ་ཡོད་དོ་ཅོག་ལ་གདམས་པ་མ་ཞུས་པ་ནི་འགའ་ཡང་མེད། དེང་ཐོག་གི་གདན་ས་མཛད། གཅོད་ཀྱི་རིན་ཆེན་ལྕྭ་སྐོར་ལྔ་སོགས་བསྟན་བཅོས་མང་རབ་མཛད། གཤེགས་ནས་གདུང་སྦྱངས་དུས་མེ་ཏོག་གི་ཆར་བབས་པ་སོགས་ལྟས་བཟང་པོ་མཚར། དེའི་རིགས་དབོན་ཤཱཀྱ་རྒྱལ་མཚན་ཏེ། ཀུན་དགའ་སེང་གེ་ལས་གདམས་པ་ཐམས་ཅད་རྫོགས་པར་གསན། དེང་ཐོག་གི་གདན་ས་མཛད། དེའི་རིགས་དབོན་ཀུན་དགའ་རྒྱལ་མཚན་པ་སྟེ། ཀརྨ་པ་མི་བསྐྱོད་རྡོ་རྗེ་མཇལ། རྟོག་སྟོན་བསོད་ནམས་བསྟན་འཛིན་ལས་དྲུང་སོལ་མའི་སྐོར་སོགས་ཞུས། བླ་མ་ཤཱཀྱ་རྒྱལ་བ་ལས་གདམས་པ་ཐམས་ཅད་གསན་ནས་གདན་ས

མཛད། ཕྱག་རྒྱ་ཆེན་པོ་ལ་ཉིན་མཚན་མེད་པར་གནད་དུ་བསྣུན། གཤེགས་ཁར་ཁོང་རང་གི་གཟིགས་སྣང་ལ། ལྷ་རྣམས་ཀྱིས་མེ་ཏོག་གི་ཆར་འབེབས། ཐུགས་དམ་བཟང་པོ་དང་བཅས་གཤེགས། དེའི་རིགས་དབོན་བསྟན་འཛིན་ཏེ། ཀརྨ་པ་དབང་ཕྱུག་རྡོ་རྗེ་ལས་རབ་ཏུ་བྱུང་། དེང་ཐོག་གི་གདན་ས་མཛད། གདུལ་བྱ་རྒྱ་ཆེན་པོ་མངའ། གདུང་སྦྱོང་བས་ཐུགས་བྱོན། དབོན་བརྒྱུད་རིམ་པར་བྱོན་པ་སྟེ། དེང་ཐོག་པའི་སྐབས་སོ། །

༄ བཅོ་བརྒྱད་པ་ཛྙ་རི་བ་ནི། རྒྱལ་སྲས་ཀུན་དགའ་བློ་གྲོས་ཏེ། སྣ་ཡི་གཡི་ལུང་མདའ་རུ་སྐྱུ་འཁྲུངས། གཏོད་ཚངས་པ་ཚུལ་ཁྲིམས་རྒྱལ་མཚན་ལས་རབ་ཏུ་བྱུང་ཞིང་གདམས་པ་རྫོགས་པར་མཛད། ཡོན་ཏན་ཁྱད་པར་ཅན་ཐུགས་ལ་འཁྲུངས། ཀརྨ་པ་འཛམ་གླིང་ཆོས་ཀྱི་གྲགས་པ་ཁྲོམ་ཆོས་གསུངས་ཤིང་བཞུགས་པར་མཇལ་དུ་བྱོན་པས། ཆོས་རྗེ་ཁྲི་ཁ་ནས་ལྡང་བ་མཛད་པས། དེ་རིང་སྣ་པའི་བན་དེ་བོང་རིང་བ་དེ་ལ་བཞེངས་པ་ཅི་ལགས་ཞུས་པས། དེའི་ཞབས་བཞག་སར་མེ་ཏོག་ཁྲམ་ལམ་ལམ་འཆར་བས་བྱང་ཆུབ་སེམས་དཔའ་ཞིག་ཏུ་གདའ་གསུངས་སྐད། དེས་དབྱི་མདའ་རུ་དགོན་བཏབ་ནས་གདུལ་བྱའི་དོན་མཛད། དེའི་སློབ་མ་རིན་ཆེན་དཔལ་ནི། ཆོས་རྗེ་རོལ་པའི་རྡོ་རྗེ་དང་། ཀུན་དགའ་བློ་གྲོས་པ་གཉིས་ཀའི་སློབ་མ་ཡིན་ཞིང་ཡོན་ཏན་དཔག་ཏུ་མེད་པ་མངའ་སྟེ་སྣ་སྟོད་དུ་ཟུར་དགོན་བཏབ་ནས་འགྲོ་བའི་དོན་མཛད། རྒྱལ་མཚན་བློ་གྲོས་པ་ནི། གདུང་རུས་གླིང་ཚང་ཡིན་ཞིང་། ཀུན་དགའ་བློ་གྲོས་པའི་དྲུང་དུ་ཁྲིད་དང་གདམས་པ་ཐམས་ཅད་རྫོགས་པར་ཞུས་ནས་བསྒོམ་པས། ཉམས་རྟོགས་ཀྱི་ཡོན་ཏན་དཔག་ཏུ་མེད་པ་དང་ལྡན་ཞིང་། བླ་མའི་གདན་ས་ཞག་བདུན་མཛད་ནས། ཁམས་དབུས་གཙང་སྐོར་ལ་བྱོན་ཞིང་འབྲི་གུང་ནམ་མཁའ་སྣང་དུ་དགོན་པ་བཏབ་པས། གྲྭ་པ་རྣམས་ཀྱང་མཚམས་ལ་གནས་པ་ཤ་སྟག་བྱུང་སྟེ། མཚམས་པའི་མགོ་མཐོང་ན་བྲེ་གང་། ལག་པ་མཐོང་ན་མདོང་གང་ལེན་ཞིང་། མགོ་བྲེ་ལག་མདོང་གི་ཁྲིམས་བཅའ་ཡིག་མཛད་ནས་གདུལ་བྱ་རྣམས་སྨིན་གྲོལ་གྱི་ལམ་ལ་བཀོད་དོ། །

དེ་ནས་ལྷོ་སྟོད་དུ་གནས་འཕོས་པའི་རི་ཕ་སྟོད་སྨད་བར་གསུམ་དུ་གྲགས་པ་སྟེ་དབོན་བརྒྱུད་དང་སྤྲུལ་བརྒྱུད་བྱུང་ཚུལ་ནི། རིམ་གཉིས་འཇམ་དབྱངས་གྲགས་པ། མཁས་གྲུབ་བཀྲ་ཤིས་དཔལ་འབྱོར། དངོས་གྲུབ་གཉིས་ཐོབ་མགོན་པོ་དབང་ཕྱུག །གྲུབ་ཐོབ་ཀརྨ་ཚེ་དབང་། མཉམ་མེད་མགོན་པོ་གྲུབ་པ། ཀརྨ་དོན་འགྲུབ། ཀརྨ་ཆར་རྒྱུན། འདྲེན་མཆོག་ཀརྨ་བག་ཡོད། ཀརྨ་ལེགས་གྲུབ་

གྲགས་པ། བསོད་ནམས་དོན་འགྲུབ། དཀོན་མཆོག་རྣམ་སྲས། དཀོན་མཆོག་ཆོས་འཕེར། ངག་དབང་དཀོན་མཆོག་བསྟན་རྒྱལ། དཀོན་མཆོག་ཚོགས་གཉིས་རྒྱ་མཚོ། དཔལ་འབྱོར་རྒྱ་མཚོ། ངག་དབང་ཕུན་ཚོགས་དར་རྒྱས། ཀརྨ་ཆོས་དབྱིངས་རྒྱལ་མཚན། ཀརྨ་ཐེག་མཆོག་རྒྱལ་མཚན། ཀརྨ་ཐུབ་བསྟན་རྒྱལ་པོ། དཀོན་མཆོག་བསྟན་འཛིན་འཕྲིན་ལས་ལྷུན་གྲུབ་ཀྱི་བར་དུ་བྱོན་པ་སྟེ་རྫ་རི་པའི་སྐབས་སོ། །

སླར་སྨྲས་པ། བཀའ་བརྒྱུད་རྣམ་ཐར་ཡོན་ཏན་རྒྱ་མཚོའི་མཛེས། །སྒྲུབ་བརྒྱུད་གྲུབ་བརྙེས་ཡིད་བཞིན་ནོར་བུའི་གཏམས། །དོན་བརྒྱུད་འཕྲིན་ལས་རླབས་ཕྲེང་ཕྱོགས་མཐར་ཁྱབ། །སྲིད་པའི་གདུང་སེལ་འདི་ལས་གཞན་སུ་ཞིག །དཔེར་ན་བྱིས་པ་ཆུང་ངུ་གང་ཞིག་གིས། །མཁའ་དཀྱིལ་འདི་ཞེས་མཛུབ་མོས་མཚོན་པ་བཞིན། །བདག་བློ་རབ་རྨོངས་གྱུར་དེས་འདི་ཀོ་ཞེས། །རྣམ་ཐར་ཟབ་མོ་ཅི་ཞིག་དཔོག་པར་འགྱུར། །དེ་ལྟ་ནའང་ལུང་གི་ཅོད་པན་ཉིད། །སྤྱི་བོའི་རྒྱན་དུ་བསྐུལ་བས་ལྷིད་གྱུར་ཅིང་། །བསྐུལ་ཚིག་དབྱུག་གུས་བསྐྱོན་པས་མགྲིན་པའི་རྟ། །མུ་ཅོལ་སྒྲོགས་འདི་ཀུན་གྱི་བཞད་གད་རྒྱུ། །འོན་ཀྱང་དཔེ་རྩལ་གཡེང་ལས་བྱུང་བ་ཡི། །ལོ་རྒྱུས་རྩུང་ཟད་མཆིས་པ་བཀོད་འདི་ལ། །ནོངས་པའི་རྟོག་མས་དཀྲུག་གྱུར་བརྩེ་ལྡན་གྱི། །རྣམ་དཔྱོད་ཀེ་ཏ་ཀ་ཡིས་བསྒྲུངས་ཤིག་གི། །ལེགས་བྱས་ཆ་མཆིས་རྒྱལ་སྲས་ཀུན་བཟང་པོའི། །ཚོགས་གཉིས་སྤྲིན་ཆེན་དང་འགྲོགས་རྗེས་སློབ་མཐུས། །འགྲོ་རྣམས་བཀྲལ་དཀའི་སྲིད་མཚོ་ལས་བསྒྲལ་ནས། །བླ་མེད་སྐུ་བཞི་གོ་འཕང་བརྙེས་གྱུར་ཅིག །བཀྲ་ཤིས་རབ་ཏུ་དགའ་བའི་སྤྲིན་ཆེན་ལས། །བཀྲ་ཤིས་འདོད་པ་འཛོ་བའི་གྲུ་ཆར་འབེབས། །བཀྲ་ཤིས་ས་གསུམ་ཕན་བདེའི་ལང་ཚོ་བཞད། །བཀྲ་ཤིས་མི་ནུབ་རྒྱལ་མཚན་བརྟན་གྱུར་ཅིག །

ཞེས་པ་འདི་འང་ནང་པ་ཚངས་གསར་པའི་ཆོས་དང་རིགས་ཀྱི་རྗེས་སུ་འབྲང་བ་ཡོན་ཏན་གྱི་ཆ་ནས་ཤིན་ཏུ་ཉོན་ཆོད་ཕྲ་བར་གྱུར་ཅིང་ལང་ཚོའི་ཆ་ནས་རྒན་པོར(མ་ཏི་རཏྣ། མཆན།)གྱུར་པ་དག་གིས་གྲུབ་བརྙེས་སོག་རག་བྱ་བྲལ་བའི་ཡིག་ཆ་དང་། ཤོར་ཕུ་ཀརྨ་རབ་གསལ་བའི་ཡིག་ཆ་ཉུང་ངུ་གཉིས་རྩ་བར་བཟུང་ནས། དཔལ་ལྡན་སྐྱོ་བྲག་པའི་གདན་ས་སྤྱི་དགོན་དར་རྒྱས་གླིང་དུ་རབ་རྒྱལ་ཁྲི་པོ་ཞེས་པ་ཤིང་གླང་གི་ལོ་ཟླ་བ་བཞི་པའི་ཚེས་བཅུ་ནས་དབུ་བརྩམ་ཟླ་བ་ལྔ་པའི་གྲལ་ཚེས་བཅོ་ལྔར་གྲུབ་པར་བགྱིས་པའི་དགེ་བ་ཀུན་ལ་ཕན་བདེ་འབྱུང་བའི་རྒྱུར་གྱུར་ཅིག །སརྦ་མཾ་ག་ལཾ། ཤུ་བྷཾ། དགེའོ། །

དགེའོ། །དགེའོ།། ||སྒོམ་གྲྭ་ཀརྨ་དཔལ་འབྱོར་ནས་ཐེ་ལྷན་རྒྱ་མཚོའི་གླིང་དུ་གློག་ཀླད་དུ་བཙུག་པའི་བསོད་ནམས་འདིས་སངས་རྒྱས་ཀྱི་བསྟན་པ་དང་དཔལ་ལྡན་འབའ་རོམ་བཀའ་བརྒྱུད་ཀྱི་བསྟན་པ་ཡུན་རིང་དུ་གནས་པའི་རྒྱུར་གྱུར་ཅིག ||

༄ བླ་མ་རིན་པོ་ཆེ་འགྲོ་བའི་མགོན་པོ་ཧེ་ཤྲི་རས་པའི་རྣམ་པར་ཐར་པ་བཞུགས་པའི་དབུ་ཕྱོགས་ལགས་སོ། །དཔལ་ལྡན་མགོན་པོ་ནག་པོ་ཕྱག་བཞི་པའི་འདི་བསྒྲུབ་པོ། །དུས་གསུམ་བླ་མ་རྒྱལ་བ་སྲས་དང་བཅས། །ཡི་དམ་དཔའ་བོ་དཔའ་མོ་མཁའ་འགྲོ་དང་། །ཆོས་སྐྱོང་སྲུང་མ་ཆོས་འོས་ཐམས་ཅད་ལ། །བདག་ཉིད་ལུས་ངག་ཡིད་གསུམ་གུས་པས་ཕྱག་འཚལ་ལོ། །འགྲོ་བའི་མགོན་པོ་བླ་མ་རིན་ཆེན་གྱིས། །སྐུ་གསུང་ཐུགས་ཀྱི་རྣམ་ཐར་རིན་པོ་ཆེ། །བདག་གིས་དཔག་ཅིང་བརྗོད་པར་མི་ནུས་ཏེ། །འགྲོ་བའི་དོན་དུ་མཐོང་ཐོས་ཙམ་ཞིག་བྲི། །ཨེ་མ་ངོ་མཚར་རྨད་ཀྱི་ཆོས། །འཇིག་རྟེན་ཁམས་ནི་ཐམས་ཅད་དུ། །སངས་རྒྱས་དཔག་མེད་གྲངས་མེད་བྱོན་ན་ཡང་། །བསྐལ་པ་བཟང་པོ་འདི་ལ་སངས་རྒྱས་སྟོང་རྩ་གཉིས་སངས་རྒྱསཔར་གསུངས་པ་ལ། འཁོར་བ་འཇིག་དང་། གསེར་ཐུབ་དང་། འོད་སྲུང་གསུམ་སྔོན་ལ་སངས་རྒྱས། གྲངས་བཞི་པ་སངས་རྒྱས་ཐུབ་པ་སངས་རྒྱས་ནི། སོ་སོའི་སྐྱེ་བོའི་དུས་བྲམ་ཟེའི་ཁྱེའུ་དོན་གྲུབ་བྱ་བར་སྐུ་འཁྲུངས། འཆི་བའི་དུས་སུ་སངས་རྒྱས་ཤཱཀྱ་ཐུབ་པ་ཆེན་པོར་བྱང་ཆུབ་མཆོག་ཏུ་སེམས་བསྐྱེད། མ་འོངས་པའི་དུས་སུ་མངོན་པར་རྫོགས་པར་འཚང་རྒྱ་བར་ལུང་བསྟན་པ་དང་། སྨོན་ལམ་བཏབ། རྣམ་གཟིགས་གཙུག་ཏོར་མར་མེ་མཛད། ཤཱཀྱ་ཐུབ་པ་དང་པོ་བྱུང་བའི་དུས་ཡིན། དེ་ནས་སངས་རྒྱས་རྣམ་པར་གཟིགས་ལ་ཐུགས་བསྐྱེད་ཆོས་ཞུས་ནས། བསྐལ་པ་གྲངས་མེད་གཅིག་ཏུ་བསྒོམ་པས་ས་དང་པོའི་བདེན་པ་མཐོང་། དེ་ནས་སངས་རྒྱས་གཙུག་ཏོར་དཀར་པོ་ཅན་ལ་ཐུགས་བསྐྱེད་ནས་ཆོས་གསུངས། བསྐལ་པ་གྲངས་མེད་གཅིག་ཏུ་བསྒོམ་པས་ས་བརྒྱད་པ་མན་ཆད་མཐོང་། དེ་ནས་སངས་རྒྱས་མར་མེ་མཛད་ལ་ཐུགས་བསྐྱེད་ནས་བསྐལ་པ་གྲངས་མེད་གཅིག་ཏུ་བསྒོམ་པས། ས་བཅུའི་མགོན་པོར་གྱུར། དེ་ནས་སངས་རྒྱས་པར་འདོད་པས། ཡོངས་སུ་བསྒྱུར་བ་བསམ་གྱིས་མི་ཁྱབ་པའི་འཆི་འཕོ་མཛད་ནས། འོག་མིན་ཆོས་ཀྱི་ཕོ་བྲང་དུ་ཀུན་རྫོགས་གོས་དང་བཅས་ཏེ་པདྨ་ལ་བརྫུས་ཏེ་སྐྱེས། དེ་སྐད་དུ་ཡང་ཤེས་རབ་ཆེན་པོས་ས་མཐར་ཕྱིན། །གོས་ཀྱི་དབང་ནི་ཐོབ་གྱུར་ཅིང་། །འོག་མིན་སྟུག་པོ་ཉམས་དགའ་བར། །བློ་གྲོས་ཆེན་པོས་བཞུགས་པར་འགྱུར། །ཅེས་གསུངས་སོ། །

ཕྱོགས་བཅུའི་དེ་བཞིན་གཤེགས་པ་ཐམས་ཅད་འདུས་ནས་དབང་བསྒྱུར། མངོན་པར་རྫོགས་

པར་སངས་རྒྱས། ལོངས་སྤྱོད་རྫོགས་པའི་སྐུའི་ཐུགས་ཀ་ནས་རིགས་ལྔར་སྤྲུལ། རི་རབ་ཀྱི་སྟེང་དུ་བྱོན་ནས། དུས་དེར་གསང་སྔགས་ཀྱི་ཆོས་གསུངས་ནས་རིགས་ལྔ་ལོངས་སྤྱོད་རྫོགས་པའི་ཐུགས་ཀར་ཐིམ་ནས། བསྐལ་པ་གསུམ་ལྡན་དང་གཉིས་ལྡན་གཉིས་ལ་ཆོས་ཀྱང་མ་གསུང་། དེ་སྐད་དུ་ཡང་གཅིག །དེ་ནས་རྒྱལ་བ་རྡོ་རྗེ་འཆང་ཀུན་མཆོག་སྲིད་པའི་དབང་ཕྱུག་གིས། འཁོར་ལོ་འདི་ནི་བཏགས་བྱས་ནས། རྣལ་འབྱོར་ཅང་ནི་མི་གསུང་བཞུགས་ཅེས་སོ། །

དེ་ནས་རྩོད་ལྡན་རང་གི་བསྟན་པའི་དུས་སུ་དམ་པ་ཏོག་དཀར་པོར་སྤྲུལ་ནས། དགའ་ལྡན་གྱི་སྟོན་པ་མཛད། དེ་ནས་ཕྱོག་ཞུ་མགོན་པོ་བྱམས་པ་ལ་བསྐོན་ནས་རྒྱལ་ཚབ་དུ་དབང་བསྐུར། རི་རབ་ཀྱི་སྟེང་དུ་བྱོན། གླང་པོ་ཆེ་ཐལ་ཀ་མཆེ་བ་དྲུག་ལྡན་གཅིག་ཏུ་སྤྲུལ་ནས། འཛམ་བུའི་གླིང་དུ་ཡུམ་སྒྱུ་མ་ལྷ་མཛེས་ཀྱི་ལྟུམས་སུ་ཞུགས། ཡབ་རྒྱལ་པོ་ཟས་གཙང་མའི་རྒྱལ་བུ་དོན་གྲུབ་དུ་སྐུ་སྐྱེ་བ་བཞེས། མ་ག་དྷ་རྡོ་རྗེའི་གདན་དུ་ཕྱོགས་བཅུའི་དེ་བཞིན་གཤེགས་པ་འདུས་ནས་འོད་ཟེར་གྱིས་དབང་བསྐུར་ཏེ། མཛད་པ་བཅུ་གཉིས་ཀྱི་ཚུལ་དུ་མངོན་པར་རྫོགས་སངས་རྒྱས་ནས། བཀའ་ཆོས་ཀྱི་འཁོར་ལོ་རིན་པོ་ཆེ་གསུམ་དུ་བསྐོར་ནས་ཆོས་གསུངས། དེའི་རྗེས་ལ་བསྟན་པ་འཛིན་སྐྱོང་མཛད་པ་བཀའ་བསྡུ་བ་པོ་རྣམས་དང་། མཁས་པ་པཎྜི་ཏ་རྣམས་དང་། བསྟན་ཆོས་མཁན་པོ་དགེ་བའི་བཤེས་གཉེན་ཆེན་པོ་རྣམས་ཀྱིས་བཀའ་དང་བསྟན་ཆོས་མན་ངག་གསུམ་གྱིས་བསྟན་པ་དར་ཞིང་རྒྱས་པར་མཛད། ལོངས་སྤྱོད་རྫོགས་པའི་སྐུ་དྲུག་པ་རྡོ་རྗེ་འཆང་གི་སྤྲུལ་པ་ཏེ་ལོ་པ་བྱོན། དེའི་སློབ་མ་དང་སྤྲུལ་པ་རྣམས་ཀྱིས་བསྟན་པ་འཛིན་སྐྱོང་མཛད། ཁྱད་པར་དུ་ཡང་རྗེ་དྭགས་པོ་རིན་པོ་ཆེ་ཡབ་སྲས་ཀྱི་བསྟན་པ་འཛིན་སྐྱོང་མཛད་པའི་དུས་སུ་བདག་ཅག་གི་བླ་མ་རིན་པོ་ཆེ་འདི་ཡང་སྐུ་སྐྱེ་བ་བཞེས།

གཉིས། དེ་ཡང་མི་ཆོས་ཀྱི་རྣམ་པར་ཐར་པ་དང་། ལྷ་ཆོས་ཀྱི་རྣམ་པར་ཐར་པ་དང་། བླ་ན་མེད་པའི་རྣམ་པར་ཐར་པའོ། །དང་པོ་ནི་བོད་ལ་བྲམ་ཟེའི་རིགས་མེད། རྒྱལ་རིགས་རྗེའུ་རིགས། དམངས་རིགས་གསུམ་མོ། དེ་ལ་རིགས་ནི་རྗེའུ་རིགས་ཡིན། རྗེའུ་ལ་ལྟོང་ཧོང་གཉིས། དེ་ཡང་ཧོང་ཡིན། ཧོང་ལ་རྗེ་བཞི་ཁོལ་བཞི་དང་བརྒྱད་དོ། །རྗེའུ་བཞི་ནི་སྟེང་འཛོམ་ཡིག་ཚངས་རྗེ། ཉག་ནེ་ཐོ་ཕྲོམ་རྗེ། རྩང་རྗེ་ཨུ་གར་རྗེ། ཅོག་ལ་རམ་པ་རྗེ། དེ་བཞིའི་ནང་ན་སྟེང་འཛོམ་ཡིག་ཚངས་རྗེའོ། །དེ་ལ་སྟེང་འཛོམ་ལ་བུ་ལྔ། ཕོ་བོ་ལྟང་ཆོ་དར། སྒོ་འབྲོམ་རྨ་རྒྱུང་ཤོས་ལངས་སའོ། །ཕོ་བོ་ལྟང་ཆོ་དར་ལ་ཁྲམ་

དར་གྲོང་པོ་ཆེན་སྤྱན་བཞི་ཡོད་པ་ལ་ཆེ་བ་བཙད་པོ་སླན་ནེ། དེ་ལ་བུ་བཞི་ཡོད་པ་ལ་ཆེ་བ་དར་ཇོ་བོ། བུ་ཙ་ར་གི་ཧོང་རིགས་ནུས་དར་ཡིན་པའོ། །སྐུ་འབྲུངས་པའི་ཡུལ་འདམ་ཤོད་སྣར་མོ། །ས་ཁོལ་དུ་བྲིས་པ་རག་ཕྲོམ་ཨུ་མ། ཡབ་དར་ཁྲའོ། །ཡུམ་སྐྱ་ཟ་ཀླུ་ལྕམ། དེ་གཉིས་ཀྱི་སྲས་སུ་སྐུ་སྐྱེ་བ་བཞེས་ཤིང་ཕོ་སྤྲེལ་གྱི་ལོ་ལ་ནམ་སླ་སོས་ཀྱི་དུས་སུ་ཡུམ་གྱི་ལྷུམས་སུ་ཟླ་དགུ་ངོ་བཅུ་ལོན་ནས་སྐུ་བལྟམས། ཡབ་ཡུམ་ལ་སྲས་ཉུང་ཅིག་ལས་མེད་པའི་དུས་སུ་སྐུ་བལྟམས། སྐུ་བལྟམས་དུས་སུ་སྟོན་མོ་ཆེན་པོ་ཡང་བྱས་པ་ཡིན་པར་གདའ། ལེགས་བོན་པོ་འཕར་བ་དཀོན་མཆོག་གྲགས་བྱ་བ་ལ་རྩིས་བྱེད་དུ་བཙུག་པ་ལ། མི་ཆོས་པ་བྱས་ན་ཁྲེད་ལ་གནོད། བན་སྡེ་བྱས་ན་བཟང་པོ་གཅིག་འོངས་ཟེར་ནས། དབུ་ལ་སེར་འབལ་གཅིག་བསྙོན། མཚན་ཧོར་གྲགས་བྱ་བར་བཏགས། དེ་ནས་ཆེར་སྐྱེས་པ་དང་། ཀུན་གྱིས་མས་བུ་གཅིག་པུ་མཐོང་བ་ལ་བྱམས་པ་བཞིན་དུ་ཡིན་པར་གདའ། རེའུ་ལུག་གུ་ཕྱུགས་མ་རྣམས་ཀྱིས་ཀྱང་མས་བུ་མཐོང་བ་བཞིན་དུ་ཀུན་གྱིས་སྐོར་ཞིང་མགོ་དང་ལུས་ལྡག་ཅིང་བསྐོར་ནས་འདུག་འདུག་པ་དང་། ཟས་ཕྱུག་ཏུ་བྱུང་བ་དང་འཁོར་གཡོག་དང་བུ་ཙ་རྣམས་ལ་བགོ་ནས་སྟེར།

དགུང་ལོ་བདུན་ལོན་པ་དང་། ཡབ་ཀྱིས་ཡི་གེ་བསླབས། སྦོ་ཧོ་ཆེད་པོའི་སྟེང་དུ་བུ་ཙ་རྣམས་ཀྱིས་རལ་གུ་བཏིང་བ་ལ་བཞུགས་ནས་བུ་ཙ་རྣམས་ལ་ཆོས་བཤད། ལར་ཚེ་འདི་བེས་ཀྱང་སྐྱེ་བ་སྔ་མའི་ཆོས་ཀྱི་བག་ཆགས་ཆེ་བར་ཡོད་པར་སྣང་གསུངས། ཆུང་དུས་ནས་ཆོས་ལ་ཞུགས་པས་འཇིག་རྟེན་འདིའི་མི་ཆོས་ཀྱི་རྣམ་པར་ཐར་པ་མང་པོ་བརྗོད་དུ་མེད། ཉོན་མོངས་པས་ཀུན་ནས་བསླངས་པའི་མི་དགེ་བའི་ལས་ཀྱང་བྱེད་མ་མྱོང་། གྲོང་པའི་ཆོས་ཀྱིས་ཀྱང་མ་གོས་པ་ཡིན་གསུངས། རང་བཞིན་གཤིས་ཀྱི་ལུས་ངག་ཡིད་གསུམ་དགེ་བ་གཅིག་ཡིན། དེ་ནི་མི་ཆོས་ཀྱི་རྣམ་པར་ཐར་པའོ། །

གཉིས་པ་ལྷ་ཆོས་ཀྱི་རྣམ་པར་ཐར་པ་ནི། དགུང་ལོ་བཅུ་གསུམ་བཞེས་ཙམ་ན། བླ་མ་རིན་པོ་ཆེ་འབའ་རོམ་པ་དང་མཇལ། དེ་ཡང་ཡབ་ཡུམ་ཀུན་འབའ་རོམ་པའི་ཡོན་བདག་ཡིན་པས། སྐུ་ཆེ་བའི་ཡོན་ཏན་བརྗོད་པ་དང་། སྒོམ་ཆེན་གྲོང་རིངས་དང་། སློབ་དཔོན་དབང་སེང་དང་གཉིས་ཀྱི་སྐུ་ཆེ་བའི་ཡོན་ཏན་བརྗོད་པས་དད་པ་བྱུང་། བླ་མ་རིན་པོ་ཆེ་དང་མཇལ་ལུགས་ནི་མདོ་ཁམས་ཀུ་ས་ཀླུ་མཁར་ན་བླ་མ་རིན་པོ་ཆེ། དཔོན་རག་ནམ་ཡེ་གསལ་གྱིས་གདན་དྲངས་ནས་བཞུགས་པ་ལ། ཡབ་ཀྱི་ཡར་གདན་འདྲེན་སོང་བ་ལ་ཕྱིས་འབྱོན་པར་ཞལ་གྱིས་བཞེས་པ་ཡིན་གསུངས། ཡབ་འབྲོག་པ་ཡིན་པའི་རུ་ཟུར་ན་མི་འགའ་ཟླ་བོ་བྱེད་ཤིན་འདུག་པ་ལ་བླ་མ་འབའ་རོམ་པ་ཟེར་བ་གཅིག་རྩི་བར

གྱི་དཔོན་སྟག་ཙུང་གསེར་མཁན་གྱིས་བྲང་ཁང་ན་བྱོན་ཟེར་བ་ཐོས་པས། དད་གུས་གཉིང་ནས་སྐྱེས་པས་རྒྱས་ནས་ཡབ་ཀྱི་ཅན་དུ་བརྒྱུག་ནས་བཟླས་པ་དང་། ཡབ་ཀྱིས་མི་ལ་དྲིས་པས་བདེན་པར་སྣང་ཟེར། ཕྱི་དེ་ཉིན་པར་ཞོ་དང་མར་ཐུད་མང་པོ་བཟུང་ནས་ཕྱག་འཚལ་དུ་སོང་བ་ལ། རབ་གཅིག་ཏུ་བསྡད་ནས་མཇལ་བར་ཞུས་པས། ངནང་དུ་ཕྱིན་པ་དང་བླ་མ་རིན་པོ་ཆེ་བཞེངས་ནས་ན་བཟའ་དང་ཞ་རྣ་རིངས་མནབས་ནས་བཞུགས་པ་གཟིགས་པ་དང་། སྔར་ཞལ་མཇའ་མཇལ་བ་བཞིན་དུ་བྱུང་བ་དང་། ཕྱིར་བརྒྱུག་ནས་སོང་བ་དང་། ཡུམ་ན་རེ་ད་ཨེ་འགྲོན་ནམ་ཟེར་བ་དང་འགྲོན་པར་སྣང་བྱས་པ་ལ། ཡུམ་ན་རེ་གར་ངོ་ཤེས་ཟེར། རིན་པོ་ཆེས་ཤེས་གསུངས། དེ་ནས་བྱོན་པས་འབུལ་བ་དང་ཕྱག་མཛད། དུས་དེ་ནས་བཟུང་ནས་མོས་གུས་ལ་རྒྱུན་ཆད་མ་བྱུང་གསུངས། དེ་ནས་རུབ་གདན་དྲངས། སྐུ་འཁོར་བཅས་ལ་སྟོན་མོ་བྱས། དེ་ནས་ཡབ་ཀྱིས་རྟ་རག་པ་གཅིག་ལ་སྒ་བཀྲ་བསྟད། དེ་ལ་བསྐྱོན་དར་ཡུག་སེར་པོ་གཅིག་ལ་སྲབ་མདའ་བྱས། ནོར་སྐལ་དང་བཅས་ཏེ་ཕུལ། ཇོ་བོ་ཐུགས་རྗེ་ཆེན་པོའི་སྒོམ་དང་སྙིང་པོ་བགྲང་བ་བསྟན། རུབ་ལ་ཟླ་གཅིག་བཞུགས་པས་སྤྱན་ངར་སྒྲིལ་གར་ནང་དུ་ཟླ་གཅིག་བསྒོམ། ཆགས་ཕྱིར་འབྲང་བ་སྤྱི་ངར་སྟོད་པ་ནི་མ་བྱུང་། བླ་མ་རིན་པོ་ཆེ་ཡང་ཁམས་སུ་བཞུད། འབའ་རོམ་ན་དགེ་འདུན་བཞི་སྡེ་གཅིག་བཞུགས་པ་ལ་ཡུམ་འདས་པའི་དགེ་བློ་སྟོན་མོ་བྱས། མཛོ་མོ་གཅིག་ཕུལ། དེ་ནས་ཡབ་ཀྱིས་བླ་མ་ཞང་གཡུ་བྲག་པ་བྱ་བ་ཡོད་པར་སྣང་། ངའི་བུ་འདི་ཁྱེད་ཀྱིས་རོག་གདན་གྱིས་ལ་དེར་མཐུ་སློབ་པ་དང་ཆོས་ཉན་དུ་ཐོང་ཟེར་བ་དང་། སློབ་དཔོན་དབང་སེང་གིས་ཁྲིད་ནས་ཕེར་པ་པོས་གར་བཞུད། དེའི་དུས་སུ་དགུང་ལོ་བཅོ་ལྔ་བཞེས་པ་ཡིན། བླ་མ་རིན་པོ་ཆེ་སངས་རྒྱས་སྒོམ་པ་པོས་ཀ་ན་མི་བཞུགས་པར་གར་པ་ན་བཞུགས། འཚམས་བཅད་ནས་ཡོད་ཟེར་བས་མ་མཇལ། དེ་ནས་རེའུ་རྩ་བའི་དམག་མཚལ་དུ་འགྲོ་བ་དང་མཚལ་དུ་བཞུད། རེའུ་རྩ་བླ་མའི་གདན་ས་ཡིན་པས་བླ་མ་ཞང་རིན་པོ་ཆེ་སྐུ་འཁོར་དང་བཅས་པ་བསུ་བ་ལ་བྱོན། དེར་མཇལ། བཅིས་པ་བྱ་དམར་གྱི་གོང་དུ་བཞུགས་པ་ལ་ཨ་རུར་གཅིག་ཕུལ། དེ་ནས་མཚལ་དུ་ཕྱིན། དེ་ནས་ལྷ་ས་བསྐོར་བས་ན་ཡང་ཡང་མྱེས་དང་བྱི་ལ་ལུག་གུ་གྲགས་དང་འབྲུགས་པ་བྱེད་པའི་སར་བཞུད་ནས་སྐྱོག་རྫི་དང་བསྐྱལ། བསྐྱལ་ཏོག་འགའ་རེ་འཕངས་གསུངས། དེ་ནས་འབྲུགས་པ་རྒྱལ་བ་དང་། ཇོ་བོ་ཤཱཀྱ་རྣམ་གཉིས་དང་ཇོ་བོ་ཐུགས་རྗེ་ཆེན་པོ་ལ་ཕྱག་འཚལ་དུ་བཞུད། འབྲུགས་པ་རྒྱལ་བ་ལ་ཇོ་བོ་ཤཱཀྱ་རྣམ་གཉིས་མཉེས་ནས་ཐུགས་ཀ་དང་སྐུ་ལུས་ལ་འོད་ཟེར་དཀར

ཀྱི་ལི་ལི་འདུག་པ་གཟིགས་གསུངས། རྩང་སྟོན་རྟུལ་མོ་བྱས་མགོ་བྱས་པ་འགས་རྗེ་བཙུན་མར་ལུག་གི་ཐུན་མོང་གི་བྱིན་བརླབས་དང་། དཔལ་བདེ་མཆོག་གི་ཏིང་ངེ་འཛིན་གྱི་དབང་བསྐུར་ཞུ་ཞིང་སྣང་བས། དེའི་རིས་ལ་དབང་བསྐུར་ཡང་ཐོབ། ཡི་དམ་ལྷའི་བསྐྱེད་རིམ་བསྒོམ་པ་ཡང་གནང་། དེ་ནས་ཁང་ཐོག་གཅིག་ན་བཞུགས་ཤིང་སྣང་བ་ལ། ཆོས་སྐྱོང་གི་སྒྲུབ་ཐབས་ཞུས། ཆོས་སྐྱོང་གི་གཏོར་དབང་ཞུས་པ་ལ་གྲུང་ཁ་གཅིག་ན་བྱ་རོག་གཅིག་ཁ་ལྡོར་བལྟས་ནས་སྐད་ལྡོངས་ལྡོངས་བྱེད་པ་ལ། རིན་པོ་ཆེའི་ཞལ་ནས་འདི་ཡང་ལྷས་བཟང་མདངས་སུམ་རྨི་ལམ་ན་ཁྱེད་ལ་ཕན་ཐོག་པ་གཅིག་རྨིས་གསུངས། དེ་མེད་པར་སྣང་ཕྱིས་ཕན་ཐོགས་པར་བྱུང་གསུངས།

དེ་ནས་ཡེ་ར་པ་པོས་ཀར་བྱོན་བླ་མ་རིན་པོ་ཆེ་སངས་རྒྱས་སྒོམ་པ་བ་ལ་བུ་ཙ་འདི་ལ་མིང་གཅིག་འདོག་པར་ཞུ་བྱས་ནས་ཞུས་པ་ལ། བྲད་ཉ་སེང་ཧ་བྱ་བར་བཏགས་གསུངས། རྗེ་བཙུན་མའི་སྒྲུབ་ཐབས་དང་ཆོས་མང་དུ་ཞུས། ཡང་མཚལ་དུ་བཞུད། རྩང་སྟོན་རྟུལ་མོས་བླ་མ་རིན་པོ་ཆེ་འཁྲུགས་པ་རྒྱལ་བ་ལྷ་གསོལ་དུ་དབང་བསྐུར་ཆེན་མོ་གཅིག་ཞུས་ཟེར་བས་དབང་བསྐུར་དེ་ལ་ཡང་ཆུད་པར་བྱུང་། དབང་བསྐུར་གྱི་བྱིན་བརླབས་འཕེབས་པའི་དུས་སུ་བྱིན་བརླབས་བབས་པས། ཁང་པའི་གདུང་མ་ལ་དབུ་ཐུགས་པ་གཅིག་བརྒྱབ་པས་བར་སྣང་ལ་འདུག་པ་བྱུང་གསུངས། དེ་ནས་ཆོས་ཀྱང་མང་དུ་ཞུས། ཡང་ཡེ་ར་པ་པོས་ཀར་བྱོན། བླ་མ་རིན་པོ་ཆེ་སངས་རྒྱས་སྒོམ་པ་ལ་གཏུམ་མོའི་ཁྲིད་ཞུས་སློབ་དཔོན་དབང་སེང་གི་ལུས་གནད་བཅོས། སྒོམ་ཐག་གིས་རྒྱབ་ཏུ་བསྡམས་ནས། ཡིངས་པའི་དུས་སུ་ལྡན་པར་ཐལ་ལྟག་བརྒྱབ་པས་བརྩོན་འགྲུས་བསྐྱེད་ནས་བསྒོམ་པས་དྲོད་ཆེན་པོ་སྐྱེས། ཆོས་ཀྱང་འགའ་རེ་ཞུས་གསུངས།

དེ་ནས་ནམ་སླ་སོས་སུ་སོང་བ་དང་ཡུལ་ཕྱོགས་སུ་ཚུར་བྱོན། སྟག་ལུང་རིན་པོ་ཆེ་སྟག་ལུང་བཞུགས་པར་སྣང་། རིན་པོ་ཆེ་སྐུ་ཁམས་མ་བདེ་ནས་དགེ་འདུན་རྣམས་སྐུའི་རིམ་འགྲོ་བྱེད་ཤིང་སྣང་། དེ་ནས་ཞང་བཙུན་དཀར་པོ་བྱ་བས་སྐྱི་ཤོད་ནས་ཕྱག་འཚལ་དུ་ཡོངས་པ་འགའ་འདུག་པས་ཞལ་བསྟན་པར་ཞུ་ཟེར་བ་ལ་བསྟན་རྒྱུ་ཅང་མེད་གསུངས། ཡང་བསྐྱར་ནས་ཞུས་པས་རལ་ཡོལ་ཕར་བསལ་ནས་ད་ལྟོས་ད་ལྟོས་གསུངས། ང་ཐད་ཀ་ན་ཡོད་པས་ཆུང་ཆུང་གཅིག་ཀྱང་ཡོད་དམ་གསུངས། སློབ་དཔོན་དབང་སེང་གི་བདོགས་ལགས་ཞུས། དེ་ནས་སྐུ་ཁམས་བདེ་བས་དགེ་འདུན་རྣམས་ལ་རིམ་གྲོ་བྱ་མི་དགོས་གསུངས། ཆོས་གཅིག་ཀྱང་གསུངས་ནས། དེ་ནས་དགེ་འདུན་གྱིས

པ་དང་། ད་ལྟ་སྒོམ་སྡེ་ཡོད་ས་དེ་ན་ཐད་ཀར་ཁྱིམ་མེ་བ་གཅིག་སྣང་བ་ལ། རིན་པོ་ཆེ་ཕར་བཞུད་ཙམ་ན་རས་པ་ཞལ་ཀར་སྒོ་རེ་བ་གཅིག་བྱུང་ནས། བུ་ཙ་དེ་ར་སྡོད་དང་རིན་པོ་ཆེས་ཐུགས་རྗེས་གཟིགས་པ་ཡིན། འདི་ར་སྡོད་པ་ཨེ་བྱེད་གསུངས་པ་ལ། རིན་པོ་ཆེས་ཅང་ཞུམ་ནུས་ནས་ཡར་ལོག་ནས་སོང་། དེ་ཕྱིས་སྒོམ་པ་རྒྱལ་ཙ་ཡིན་པར་སྣང་གསུངས། སྟག་ལུང་བཞུད་ནས་ལོ་གཅིག་གཉིས་ལོན་པའི་དུས་སུ་འདུག །

དགེ་བའི་བཤེས་གཉེན་ཁང་མོ་ཆེས་དབུ་མཛད་གྲྭ་པ་སུམ་བརྒྱ་ཙམ་བཞུགས་པར་གདའ། རྒྱུན་གཅིག་ལ་བླ་མ་རིན་པོ་ཆེ་རྣམ་པ་གསུམ་དང་ཞལ་མཇལ་བ་ཡིན་གསུངས། དེ་ནས་འབའ་རོམ་དུ་བྱོན་ནས་འབའ་རོམ་བྲག་རྩ་ལ་འཚམས་བཅད་ནས། སློབ་དཔོན་དབང་སེང་གིས་ཆུ་བྱ་རེ་བྱིན། དབེན་སར་བཞུགས་ནས་དཔལ་བདེ་མཆོག་གི་ཡི་གེ་བདུན་པ་ལ་བསྙེན་པ་བྱས། དེ་ནས་ཆོས་སྐྱོང་མགོན་པོ་གཙོ་བོ་ཕྱག་བཞི་པ་ལ་བསྙེན་པ་མཛད། དབྱར་དེ་ལ་བསྒོམ་བསྒྲུབས་འབའ་ཞིག་བྱས་པ་ལ། ཡེ་ཤེས་མགོན་པོ་སྨི་ལམ་དུ་ཞལ་གཟིགས། གཏོར་མ་གཅིག་གི་དུས་སུ་བྱ་རོག་གདོང་ཅན་སྐུ་ཆུང་ངུ་གཅིག་ཞལ་གཟིགས། དེའི་ཕྱིར་ལོ་དབྱར་དགུན་གཉིས་ཀ་བསྒོམ། བསྒྲུབ་པ་འབའ་ཞིག་བྱས་པས་བདེ་གསལ་མི་རྟོག་པའི་ཉམས་སྐྱེས། རལ་གྲུ་གཅིག་དང་ཁྱིམ་ཅེ་གཅིག་ལས་མི་དགོས་པའི་དྲོད་ཆེན་པོ་སྐྱེས། དེ་ནས་དགུང་ལོ་བཅུ་བདུན་བཞེས་པའི་དུས་སུ་དགུན་གཅིག་ལ་སློབ་དཔོན་རྗེ་བཙུན་གྱིས་བླ་མ་རིན་པོ་ཆེ་འབའ་རོམ་པ་འགྲོན་པ་ཡིན་པས་མེ་ཤིང་སོགས་གསུངས་ནས། སློབ་དཔོན་རྗེ་བཙུན་ཡུལ་དུ་དགོན་བྱེད་དུ་བཞུད། རིན་པོ་ཆེས་ཤིང་དང་ལྕི་བའི་རྩིགས་པ་ཆེན་པོ་བྱས། སྟོན་གྱི་ནས་རློན་མང་པོ་ཡོད་པ་དབྱར་དུ་སོང་བ་དང་ནས་སྙམ་ནས་ཁ་དམའ་བར་སོང་བ་དང་། ཁྱོད་ཀྱིས་བརྐུས་བྱས་པ་ལ་ཁོང་དབང་པོ་ཆེར་སོང་བས་མ་ཉན། རང་དཀའ་བླས་དང་སྡུག་བསྔལ་བྱས་པས་ཡུས་པོ་ཆེར་སོང་། དེར་སློབ་དཔོན་ལ་ཡང་མ་གུས། ཆོས་ལ་ལོག་ལྟ་སྐྱེས། ང་ཡུལ་དུ་སོང་ལ་ཅི་བཏུབ་བཏུབ་བྱ་སྙམ་ནས་ཡུལ་དུ་ཕྱིན། ང་རབ་ཏུ་བྱུང་བ་ནི་མ་ཡིན། རྣལ་འབྱོར་པ་ཡིན་པ་ལ་ཡུལ་གྱི་མི་ཆེད་པོ་དང་ཐམས་ཅད་ཀྱིས་ཕྱག་འཚལ་བ་དང་། བཀུར་བ་དང་གྲལ་གྱི་མགོ་ལ་འཛོག་ཅིང་འདུག །ངའི་བསམ་པ་འདི་འདྲ་བ་ལ་འདིས་ཆོས་ཕྱག་དང་བཀུར་བ་བྱེད་ལུགས་ཀྱིས་ཆོས་བདེན་པར་སྣང་ཨང་། ངའི་བསམ་པ་དེ་འདྲ་བ་སྐྱེས་པ་མ་ལེགས་པ་བྱས་སྙམ་པ་གཅིག་སྐྱེས། དེ་ནས་ཆོས་བདེན་པར་སྣང་བས་ཆོས་བྱ་དགོས་སྙམ་པ་བྱུང་། དེའི་དབྱར་རུབ་ལ་བཞུགས་ནས

སྟོན་འབའ་རོམ་དུ་བཞུད། ཆོས་བརྒྱུག་བསྒྲུབས་པ་ལ་གཡང་ཤུན་དང་བལ་བུ་མིན་པ་མ་འགྲུབ་པས། དགུན་དེ་གློག་སྤྲངས་པས་རྙེད་པ་བཙལ་ལ་སྐྱེ་ཤོད་དུ་འགྲོ་སྐམ་པས་གློག་སྤྲང་། དེའི་དགུན་སྟོད་དེ་བླ་མ་རིན་པོ་ཆེ་འབྲི་གུང་བ་འདི་དང་ཐང་ལ་དང་ནམ་ར་རྣམས་སུ་བྱོན། གླག་མ་བྲག་ཀར་དུ་བཞུགས།

དེའི་དུས་སུ་རིན་པོ་ཆེའི་སྤྱན་སྔར་ཕྱིན། ཆོས་ཟབ་མོ་གསུང་དུས་སུ་མ་བསྙེན། ཚོགས་ཆོས་དང་སྐྱབས་འགྲོ་སེམས་བསྐྱེད་ལ་སོགས་པ་བསམ། རབ་ཏུ་བྱུང་གསུངས་པ་ལ་མ་བྱུས། དེའི་དུས་སུ་དགུང་ལོ་བཅོ་བརྒྱད་བཞེས་པ་ཡིན་གསུངས། དེ་ནས་ཡུལ་དུ་ཕྱིན། ཡབ་ལ་འཚོ་བརྒྱུག་བསླང་ནས་དགུང་ལོ་བཅུ་དགུར་འགྲོ་བའི་ལོར་སར་ལ། སྐྱེ་ཤོད་དུ་བླ་མ་རིན་པོ་ཆེ་སངས་རྒྱས་སྒོམ་པ་དང་། བླ་མ་རིན་པོ་ཆེ་ཞང་དང་གཉིས་ཀྱི་སྤྱན་སྔར་བཞུད། སྤྱིར་ལོ་དྲུག་བསྟེན། དེ་ཡང་གཞི་ཆེར་བླ་མ་རིན་པོ་ཆེ་སངས་རྒྱས་སྒོམ་པའི་སྤྱན་སྔར་བཞུགས། འཚོ་བ་ལོ་འཁོར་བར་མེད་པས་སྟོན་དུས་སུ་ཡུལ་དུ་འཚོ་བ་ཚོལ་དུ་བཞུད། འགྲོ་བའི་ལམ་ཀར་རིན་པོ་ཆེ་སྟག་ལུང་ཐང་པ་དང་ལན་མང་དུ་མཇལ། སྐྱེ་ཤོད་པ་དཀར་པོ་ཁ་ནག་པ་ཕ་གི་འདིར་ཤོག །

ཁྱོད་ཀྱིས་བླ་མ་ཀུན་ཁམས་ཨེ་བཟང་གསུངས་ནས་ཁམས་འདྲི་ཡང་མཛད། ཆོས་མང་དུ་ཞུས་སྤྱང་ང་ནས་ཐུགས་ལ་འདོགས་པར་བྱུང་། ཡུན་རིང་དུ་སྡོད་པ་ནི་མ་བྱུང་གསུངས། དགུན་ཚུར་བྱོན་ནས་གྲྭ་སར་བཞུགས། བླ་མ་རིན་པོ་ཆེ་སངས་རྒྱས་སྒོམ་པའི་སྤྱན་སྔར་རྗེ་དྭགས་པོ་རིན་པོ་ཆེའི་ལུགས་ཀྱིས་ཆོས་དྲུག་དང་ཕྱག་རྒྱ་ཆེན་པོའི་ཁྲིད་མཛད། ལྷན་ཅིག་སྐྱེས་སྦྱོར་གྱིས་ལུགས་རྐྱེན་བཞི་དང་། རྫོགས་རིམ་གྱི་ཆོས་ཁ་འཐོར་བ་མང་དུ་ཞུས། དཔལ་བདེ་མཆོག་ལྷ་ལྔ་དང་། དཔལ་ཧ་མགྲིན་ལྷ་ལྔའི་སྒྲུབ་ཐབས་དང་། ཚོགས་ཆོས་ཟབ་མོ་མང་དུ་ཞུས། རྗེ་རིན་པོ་ཆེ་ཞང་གི་ལུགས་དཔལ་བདེ་མཆོག་རང་བྱིན་གྱིས་བརླབས་པའི་སྒྲུབ་ཐབས་དང་། ལུ་ཧི་པའི་སྒྲུབ་ཐབས་དང་། དཔལ་དགྱེས་པ་རྡོ་རྗེ་ལྷ་དགུའི་སྒྲུབ་ཐབས་དང་། བཅོམ་ལྡན་འདས་རྡོ་རྗེ་ཕག་མོར་ལུགས་ཀྱི་སྒྲུབ་ཐབས་དང་། དཔྱལ་གྱི་ཆོས་དྲུག་དང་། དཔལ་རྡོ་རྗེ་ཕག་མོ་རྟེན་པ་མན་ངག་གི་ལུག་དང་རྗེ་འབྲི་སྒོམ་རས་པའི་ཆོས་བཅུ་དང་། ལམ་ཆེངས་དང་དེའི་ཁྲིད་ཀྱང་མཛད། རྗེ་པའི་ལུགས་ཀྱི་ཕྱག་རྒྱ་ཆེན་པོའི་ཁྲིད་ཀྱང་མཛད། ཕྱག་རྒྱ་ཆེན་པོའི་སྙིང་པོ་སྐོར་གྱིས་རིམ་འཛུག་དང་། ཐོག་བབ་གསན། དེའི་ཁྲིད་རྣམས་ཀྱང་བགྱིས། སློབ་དཔོན་འཕགས་པ་ཡབ་སྲས་ཀྱི་ལམ་རིམ་པ་ལྔ་པ་ཡང་གསན། རྗེ་

བཙུན་མ་ཞ་མའི་ལུགས་ཀྱིས་ལམ་འབྲས་གསན། དེའི་ཁྲིད་ཀྱང་ཞུས། རྗེ་བཙུན་མི་ལའི་སློབ་མ་འོལ་གོད་ལྷ་བསྟན་གྱི་ལུགས་ཀྱིས་ཐབ་ལམ་གྱི་ཁྲིད་ཀྱང་ཞུས། དཔལ་དུས་ཀྱི་འཁོར་ལོའི་རྫོགས་རིམ་དཔལ་ཆེན་པོ་རྒྱ་ལོ་ནས་བརྒྱུད་པའི་སྦྱོར་བ་ཡན་ལག་དྲུག་པ་གསན། ཁྲིད་ཀྱང་གསན། དམ་ཚིག་གི་ཆོས་སྐོར་ལ་བླ་མ་ལྔ་བཅུ་པ། རྩ་ལྟུང་བཅུ་བཞི་པ། བཅོ་ལྔ་པ་ཡན་ལག་དང་བཅས་པ་གསན། རྗེ་པའི་བེའུ་བུམ་དམར་པོ་དང་། རྡོ་རྗེའི་མགུར་དང་གཟེར་ལྔ་དང་། ཡིག་ཁྲིའུ་དང་དེ་རྣམས་གསན། རྡོ་བོ་མི་འབྲུགས་པའི་གཾ་ག་ནིའི་སྒྲུབ་ཐབས་གསན། བླ་མ་པ་རི་ལོ་ཙྪ་ནས་བརྒྱུད་པའི་ཆོས་དྲུག་གསན། རྗེ་དམ་སངས་རྒྱས་ནས་བརྒྱུད་པའི་ཞི་བྱེད་དོན་སྐོར་ལྔ་པ་དང་། ཀམ་ལུགས་ཀྱི་ཕ་རོལ་དུ་ཕྱིན་པའི་སྐབས་དང་པོའི་གདམས་ངག་བཅུ་དང་། རིག་འཛིན་ལྔ་པ་དང་། ཞི་བྱེད་ཀྱི་ལུགས་ཀྱང་ཞུས། དཔལ་བདེ་མཆོག་གི་ཏིང་ངེ་འཛིན་གྱི་དབང་དང་། ར་ལུགས་ཀྱི་ཁྱད་པར་གྱི་དབང་ཡང་ཞུས། རྡོ་བོ་རྗེ་ནས་བརྒྱུད་པའི་བཀའ་གདམས་ཀྱི་རབ་གནས་རྒྱས་པ་དང་། བླ་མ་རྡོ་རྗེ་གདན་པ་ནས་བརྒྱུད་པའི་ཀུ་སུ་ལིའི་རབ་གནས་དང་། པཎྜི་ཏ་འབའ་ཏན་ཏན་ནས་བརྒྱུད་པའི་རབ་གནས་སྤྱན་འབྱེད་ཆོ་ག་ཞིབ་མོ་དང་། གཞན་ཡང་ཚོགས་ཆོས་མང་པོ་གསན། ཁྲིད་ཀྱི་རིམ་པ་མང་པོ་བླ་མ་རིན་པོ་ཆེ་སངས་རྒྱས་སྒོམ་པ་ལ་གསན་པ་ཡིན་གསུངས། དེ་ལ་ཆོས་སྤྱི་དང་རང་གི་མཚན་ཉིད་དང་། ཆོས་ཀྱི་བཤད་ལུགས་དང་། ཆོས་ཀྱི་གོ་བ་ལ་ཁོང་དྲིན་ཆེ་བ་ཡིན་གསུངས། དེ་ནས་ཁྲིད་མཛད་ནས་བསྒོམས་པས་ཡོན་ཏན་སྐྱེས་ལུགས་གསུང་བ་ནི། གཏུམ་མོ་བསྒོམས་པས་བདེ་གསལ་མི་རྟོག་པའི་ཉམས། ཁྱད་པར་དུ་ཡང་རྟོགས་མེད་ནམ་མཁའ་ལྟ་བུ་མཐའ་དབུས་མེད་པ་སྐྱེས་གསུངས། འོན་ཡང་རྟོགས་པས་མ་ཟིན་པས་ཡལ་ཤོན་སོང་། རྨི་ལམ་འོད་གསལ་ཟིན་ཡང་རྒྱུན་ཆད་མེད་པར་ནི་མ་བྱུང་། ཡང་བླ་མ་རིན་པོ་ཆེས་དགེ་འདུན་འགའ་ཞིག་ལ་རྗེ་བཙུན་མ་ལྷ་བདུན་མའི་ཁྱད་པར་གྱི་བྱིན་བརླབས་མཛད་པའི་དུས་སུ་སྣ་སྟོན་བྱ་བ་དང་། ངེད་གཉིས་གསུང་སྒྲོས་ཨི་ཟིན་ལྟ་བ་ལ་ཕུར་སྐྱ་འཚམས་མཛད་པའི་གློ་སྐར་གཅིག་ལ་བསྟན་གཏད་ནས་གསན་ཙམ་ན། དེ་ལ་སེམས་གཞུང་ཐལ་བས་རླུང་སེམས་ཟིན་པ་ཡིན་པར་སྣང་བས། སྣང་སྲིད་འཁོར་འདས་བེམ་རིག་ཐམས་ཅད་རང་གི་ལུས་ངག་ཡིད་གསུམ་དང་ལྷན་ཅིག་ཏུ་གྱུར་ནས། དངོས་པོ་ཅི་ཡང་གྲུབ་པ་མེད་པར་འབོལ་སྟན་འཐུག་པོ་ལ་ལག་པས་འཇུས་པ་བཞིན་སྦྲིད་བེམ་གྱིས་སོང་གསུངས། རིན་པོ་ཆེ་ལ་ཞུས་པ། དེ་དམིགས་པ་སྒོམ་པ་བྱ་བ་ཡིན་གསུངས། དེ་ལྟ་བུ་གཅིག་ལ་གོམས་ཤིང་འདྲིས་པ

མཐར་ཐུག་ན། དག་པའི་ས་གསུམ་ལ་དབང་ཕྱུག་བརྒྱད་གསུངས་པ་ལ་དམིགས་པ་སྒོམ་པོའི་དབང་ཕྱུག་བྱ་བ་ཡིན་གསུངས། ཡང་ཉིན་གཅིག་ཕྱུག་གི་འཐེ་བོང་ཚེམས་བར་ན་བཙུག་ནས་བཞུགས་ཙམ་ན་ཅི་ཞིག་ལྟར་ལ་ཧེ་ཕྲ་ཧེ་ཕྲ་ལ་སོང་ནས་ཀྱིག་གིས་སོང་བས། སྣང་སྲིད་འཁོར་འདས་ལུས་ངག་ལ་སོགས་པ་ཐམས་ཅད་འུབས་འུབས་འདུས་པས་ཧེ་ཕྲ་ལ་སོང་བས་ཅི་ཞིག་ལྟར་ལ་ཁབ་ཀྱི་རྩེ་མོ་ཙམ་ཅིག་ལ་ཡུན་རིང་བ་གཅིག་གནས་པར་བྱུང་བ་ལ། དེ་ཡང་ཞུས་པས། དེ་ལ་ཡང་སྔར་དང་འདྲ་བར་དམིགས་པ་ཕྲ་བའི་དབང་ཕྱུག་བྱ་བ་ཡིན་གསུངས། དེ་ནས་སྒོམ་སྒོམས་སུ་དེ་གཉིས་འོང་བར་འདུག །

ཡི་དམ་ལྷ་བསྒོམ་ཙན་ཡང་དེ་ཙུག་འོང་བར་འདུག །དངོས་པོའི་རི་ལ་གཏད་ཙམ་ན་ཡང་དེ་ཙུག་འོང་བར་འདུག །ཡང་ཞུས་པ། བསྒོམ་ན་གོང་དང་འདྲ་ཡོན་ཏན་དུ་འོང་། མ་བསྒོམ་ན་ཡལ་ནས་འགྲོ་གསུངས། གཏུམ་མོ་བསྒོམ་རིམ་པས་གནས་སྐབས་ཀྱི་ཡོན་ཏན་དཔག་ཏུ་མེད་པ་བྱུང་གསུངས། ཡང་རྫོགས་གཞུང་པའི་སློབ་མ་སློབ་དཔོན་སྟོན་པ་སྨོན་ལམ་འོད་ཟེར་བྱ་བ་པོས་ཀ་ན་བཞུགས་པ་ལ། གསང་སྔགས་པ་རྒྱུད་གྱུར་རྟག་གཉིས་དང་། སམྦུ་ཊ་དང་རྡོ་རྗེ་གདན་བཞི་དང་། མ་ཧཱ་མ་ཡ་དང་། མཚན་བརྗོད་དང་། དམ་ཚིག་རྒྱ་ཆེའི་འགྲེལ་པ་རྣམས་གསན། མ་ཧཱ་མ་ཡའི་རྒྱུད་དང་འགྲེལ་པའི་ལུགས་གིས་དབང་དཀའ་གཉིས་ཡོད་པ་ལས་འགྲེལ་པའི་ལུགས་གི་དབང་དཀའ་ཐོབ། རྟོག་ལུགས་གིས་ཆོས་དྲུག་དང་། སློབ་དཔོན་དཔའ་བོ་རྡོ་རྗེས་མཛད་པའི་རབ་གནས་དང་། བླ་མ་ཅོག་གི་ལུགས་ལམ་སློང་བཞི་དང་། དེ་རྣམས་ཞུས། བླ་མ་རིན་པོ་ཆེ་དང་། བླ་མ་རིན་པོ་ཆེ་སངས་རྒྱས་སྒོམ་པ་གཉིས་ཀྱི་སྤྱན་སྔར་སྔ་ཕྱི་ལོ་དྲུག་བཞུགས་པ་ལ། དགུན་གྱི་དུས་སུ་ཟླ་བ་གསུམ་གསུམ་ཙམ་བླ་མ་རིན་པོ་ཆེ་ཞང་གི་སྤྱན་སྔར་བཞུགས་པ་ན། དཔལ་བདེ་མཆོག་རང་བྱིན་གྱི་བརླབས་པའི་སྒྲུབ་ཐབས་དང་། པཎྜི་ཏ་ཨ་བྷྱ་ཀ་རས་མཛད་པ་དང་། དཔལ་ཀླུ་ཡིས་མཛད་པ་དང་གཉིས་ལས་ཚོགས་དང་བཅས་པ་གསན། རྗེ་བཙུན་མར་ལུགས་ཀྱི་སྒྲུབ་ཐབས་ལས་ཚོགས་དང་བཅས་པ་དང་། དཔལ་བདེ་མཆོག་གི་སྒྲུབ་ཐབས་དང་རྗེ་བཙུན་མའི་སྒྲུབ་ཐབས་དང་གཉིས། བླ་མ་ཞང་གིས་མཛད་པའི་ཆོས་སྐྱོང་གི་སྒྲུབ་ཐབས་དང་། རྫོགས་རིམ་སྦྱོར་བ་ཡན་ལག་དྲུག་ལྡན། ཆོས་དྲུག་དང་དེ་རྣམས་གསན། ཕྱག་རྒྱ་ཆེན་པོའི་ཁྲིད་ཞུས། བླ་མ་ཞང་རིན་པོ་ཆེ་ཉིད་ཀྱིས་མཛད་པའི་ལམ་མཐར་ཐུག་དང་བདེན་གཉིས་ཟུང་འབྲེལ་དང་། གཞན་ཡང་བརྩམ་ཆོས་མང་དུ་གསན། ཚད་མེད་པའི་ཐུགས་རྗེ་ཆེན་པོ་མངའ་བས་ཕྲིན་ལས་རྣམ་པ་བཞིའི་སྒོ་ནས་དྲག་པོ་ཐམས་ཅད་བཏུལ་

བའམ། ཆོས་ཀྱི་བྱེད་ལུགས་བསམ་གྱིས་མི་ཁྱབ་པ་གཅིག་ཏུ་གོ་གསུངས།

གཙུག་ལག་ཁང་ཆེན་པོ་བཞེངས་པའམ། རྟེན་ཁྱད་པར་ཅན་མང་པོ་བཞེངས་པ་དང་། སངས་རྒྱས་ཀྱི་བསྟན་པའི་རྩ་བ་མཛད་པ་མང་པོ་ཡང་གཟིགས། བླ་མའི་མོས་གུས་སམ། སངས་རྒྱས་ཀྱི་བསྟན་པའི་ཞབས་ཏོག་གམ། སེམས་ཅན་གྱི་དོན་རླབས་པོ་ཆེ་མཛད་པའམ། ཆོས་ཀྱི་བྱེད་ལུགས་བསམ་གྱིས་མི་ཁྱབ་པའི་གོ་རྟོགས་སྐྱེས་གསུངས། དེ་ནས་དགུང་ལོ་ཉི་ཤུ་རྩ་བཞི་བཞེས་པའི་དུས་སུ་དེའི་དབྱར་བླ་མ་རིན་པོ་ཆེ་སངས་རྒྱས་སྒོམ་པའི་སྤྱན་སྔར་བཞུགས་པའི་དུས་སུ། བླ་མ་རིན་པོ་ཆེ་འབའ་རོམ་པ་ཁམས་ནས་བྱོན་ཟེར་བའི་སྐད་འོང་། དེ་ལ་ཤིན་ཏུ་དགའ་བ་བྱུང་བས་འབའ་རོམ་དུ་བྱོན། ལམ་དུ་ཀུབ་ཏི་སྒྲ་ཧྲམ་དུ་རིན་པོ་ཆེ་སྟག་ལུང་ཐང་པ་དང་མཇལ། ཐུགས་ལ་བཏགས་ཆོས་ཀྱང་གསུངས་ནས། ང་འབའ་རོམ་དུ་འགྲོ་ཞུས་ཙམ་ན། མ་འགྲོ་ང་ཡང་ཁྱོད་ཀྱིས་བླ་མ་ཡིན་གསུངས་ནས། ཞག་གསུམ་བསྡད།

དེ་ནས་འབའ་རོམ་དུ་ཕྱིན། བླ་མ་རིན་པོ་ཆེ་དང་མཇལ་ཕྱག་འཚལ་ཙམ་ན། ཁྱོད་ལ་སོ་ཡག་པ་གཅིག་སྣང་ཨང་གསུངས། དེ་ནས་སྤྱན་སྔར་ཕྱག་འཚལ་ཙམ་ན་ཁྱོད་བུ་ཅ་དུས་དང་མི་འདྲ་བར་སྣང་གསུངས། དེར་སྟོན་ཟླ་བ་གཉིས་ཞབས་ཏོགས་བྱས། འབའ་རོམ་ན་བཞུགས་ཙམ་ན་སློབ་དཔོན་རྗེ་བཙུན་དང་། བླ་མ་དའོག་དང་སྒོམ་པ་ཡོན་རྒྱལ་དང་། རྡོ་རྗེ་དབང་ཕྱུག་དང་ངེད་ལྷུས་རིན་པོ་ཆེ་སྟག་ལུང་ཐང་པ་ལ་ཆོས་ཞུར་སོང་། དེའི་སྟར་ནུབ་ཟླ་བ་གཟས་བཟུང་བའི་དུས་སུ་དགེ་འདུན་ལ་ཕྱག་རྒྱ་ཆེན་པོ་མེ་ལོང་ལྔ་སྐོར་དང་། ཞི་བྱེད་རྨང་ལམ་དང་གསུངས་ཟེར་བ་གསན་པས། སློབ་དཔོན་རྗེ་བཙུན་གྱིས་ཆོས་ཀྱི་ཞུ་བ་པོ་མཛད། མདང་གསུངས་པའི་ཆོས་གཉིས་དང་ཆོས་རྗེ་ཕག་མོ་གྲུབ་པས་མཛད་པའི་བརྩམ་ཆོས་རྣམས་ཀྱི་ལུང་དང་ཁོང་རང་གིས་མཛད་པའི་གཅེས་བསྡུས་ཞུས། རྡོ་རྗེ་དབང་ཕྱུག་དང་ཁྱེད་གཉིས་ལ་མི་འོང་སོང་གསུངས། ཡང་བསྐྱར་ནས་ཞུས། ཁྱེད་གཉིས་ན་སོ་གཞོན་ཤིང་སྣང་། ན་སོ་གཞོན་པ་ལ་ཡང་འོང་བ་མ་ལགས་སམ་ཞུས་པ་ལ། དེ་ལྟར་ཡིན་པ་ལ་གསུངས་ནས་གནང་། ཆོས་གོང་མ་གཉིས་པོའི་བཤད་པ་མཛད། འོག་མ་ཀུན་གྱི་ལུང་གནང་གསུངས།

དེ་ནས་ཡང་སྐྱི་ཤོད་དུ་བཞུད། བླ་མ་རིན་པོ་ཆེ་སངས་རྒྱས་སྒོམ་པ་མཁར་སར་ན་བཞུགས་ནས། པེའུ་བུམ་དམར་པོ་གསུངས་ཤིན་སྣང་བས། དེའི་བཟོད་པའི་ལེའུ་ཡན་ཆོད་ཐོན་ནས་སྣང་།

བརྩོན་འགྲུས་ཀྱི་ལེའུ་མས་ཆད་གསན་ནས། དེ་ནས་ཨོན་པོ་ངེད་གཉིས་ལ་བླ་མ་རིན་པོ་ཆེ་འབའ་རོམ་པ་གདན་འདྲེན་དུ་སོང་གསུངས་ནས་གདན་འདྲེན་དུ་ཕྱིན། གདན་དྲང་ནས་རེའུ་རྩ་ར་བྱོན། བླ་མ་རིན་པོ་ཆེ་སངས་རྒྱས་སྒོམ་པས་བསུ་བ་དང་བསྙེན་བཀུར་བྱས། དབེན་ཚུང་གི་དགོན་པ་ཡང་ཕུལ། དགུན་དེ་དབོན་ཚུང་དུ་བཞུགས། སློབ་དཔོན་ཇོ་བཙུན་ལ་སོགས་པ་འཁོར་ཆེ་བ་རྣམས་བསྙེན་རྫོགས་བྱས། གཞན་ཐམས་ཅད་རབ་ཏུ་བྱུང་ང་ཡང་བླ་མ་རིན་པོ་ཆེ་འབའ་རོམ་པས་ཆོས་གོས་གཅིག་གནང་ནས་རབ་ཏུ་བྱུང་གསུངས། དཀྱུང་ལོ་ཉི་ཤུ་རྩ་ལྔ་བཞེས་པའི་དུས་སུ་དོན་གྱི་སླད་དུ་མཚན་ནས་སྨོས་པ། མཁན་པོ་དགེ་བའི་བཤེས་གཉེན་བྲག་རུམ་པ་སྟོན་གྲགས་བྱ་བ་དང་། སློབ་དཔོན་དགེ་བའི་བཤེས་གཉེན་མཐའ་བཞི་དར་གཞོན་བྱ་བ་དང་། དད་པའི་དགེ་འདུན་སློབ་དཔོན་དགེ་བའི་བཤེས་གཉེན་སློན་ལམ་འོད་ཟེར་གྱིས་དབུ་མཛད་དགེ་སློང་བཅུ་དང་། དེའི་གྲལ་གྱིས་དབུན་བླ་མ་རིན་པོ་ཆེ་སངས་རྒྱས་སྒོམ་པ་ཡང་བཞུགས། ཤིང་པོ་སྦྲུལ་ལོ་ལ་ཐུབ་མངོན་པར་བྱང་ཆུབ་པའི་དུས། སགས་རི་ཟླ་བ་གཉིས་པའི་ཚེས་བཅུ་དྲུག་གི་སྔ་དྲོ་ལ་རབ་ཏུ་བྱུང་།

དེ་ནས་མཁན་སློབ་གཉིས་ཀ་ལ་བཀའ་ལུང་སོ་སོ་ཐར་པ་དང་། སུམ་བརྒྱ་པ་དང་། ཀ་རི་ཀ་ལྔ་བཅུ་པ་དང་། བསླབ་ཁོག་དང་། སྡོམ་ཚིག་རྣམས་གསན། མཁན་པོ་ལ་བདེན་གཉིས་དོན་དྲུག་དང་རྗེ་བོ་རྗེས་མཛད་པའི་དོན་དམ་ཡན་ལག་བདུན་པ་དང་གཉིས་གསན་གསུངས། དེ་ནས་བླ་མ་རིན་པོ་ཆེ་གཉིས་ཀྱི་སྤྱན་སྔར་བསྡད་ཙམ་ན། ཐུབ་གཅིག་གི་སྨི་ལམ་ན་ཙོང་ཀའི་གོ་ར་དགོན་བྱ་བ་འཛོམས་པ་དང་པོ་བསྐྱངས་པ་དེ་བྱུང་། དེ་ནས་སོས་སུ་སོང་ཙམ་ན་བླ་མ་རིན་པོ་ཆེ་འབའ་རོམ་པ་འབའ་རོམ་ན་བཞུད། རིན་པོ་ཆེས་ཆོས་འགའ་མ་ཚར་བས་དེའི་དབྱར་དེའི་དབྱར་དེ་བཞུགས། ཆོས་དེ་རྣམས་ཚར་བར་བྱས། ཡང་ཡུལ་དུ་འགྲོ་བ་ལ་ཆོས་སྣ་གསུམ་ཞུ་རྒྱུ་ཡོད་པ་ལ་མ་ཞུས་སྙམ་ཙམ་ན། འབོད་མི་བཏང་ནས་བྱུང་བས་ཕྱིན། འབྲི་གུང་བ་གཅིག་གིས་ཛོ་ཛེ་ཕག་མོ་ལྷ་ལྔའི་སྒྲུབ་ཐབས་ཞུ་ཤིན་སྣང་བ་ལ་ཁྱོད་ལ་འདི་རྒྱས་པས་ཉོན་གསུངས། འོ་ན་ངའི་བསམ་པ་མཁྱེན་པར་སྣང་སྙམས་པ་བྱུང་།

ཡང་ཉིན་གཅིག་འདི་རཤོག་དང་། ཕྱིང་ཁྲུག་ཕ་གི་འདི་ར་ཁྱོ་རོག་གསུངས་ནས། ཐུན་མོང་གི་གེགས་སེལ་དེ་གནང་། དེ་ཡང་ཞུ་སྙམ་པ་ལ་མཁྱེན་པར་འདུག་སྙམ་པ་བྱུང་། ཡང་ཡུལ་དུ་འགྲོ་བའི་སྐར་ཉིན་འདི་རཤོག་གསུངས་ནས་མཆོད་གྲལ་གྱི་ཟེའུ་ཡ་གི་འདི་ར་ཁྱེར་ལ་ཤོག་གསུངས་ནས་ཛོ་

འཛམ་བླ་ལའི་སྟེགས་གཅིག་དང་སྒྲུབ་ཐབས་གནང་། དེ་ཡང་ཞུ་སྙམ་པ་མཁྱེན་པར་འདུག་སྙམ་པ་བྱུང་། སྟོན་འབའ་རོམ་དུ་བླ་མ་རིན་པོ་ཆེའི་སྤྱན་སྔར་བཞུད། དེ་ནས་སྤྱན་སྔར་བྲག་ལ་བཞུགས། དེར་ཞ་རྣ་རིང་དང་ཕྱི་རྩེ་རིང་པོ་དང་ཤམ་ཐབས་རིང་པོ་བྱས་པས། ཁྱོད་ཀྱིས་ཞ་རྣ་བ་རིང་པོ་དང་ཕྲུམ་ཆེ་རིང་པོ་ལ་ཐོགས་པ་ཡིན་གསུངས་ནས་སྤྱན་སྔར་བྱུང་ས་མ་རྙེད། དགོངས་གཅིག་བཀའ་བསྐྱོན་མཛད་པས་ང་ཐུགས་ལ་མི་འདོག་པར་སྣང་འབྲི་གུང་དུ་འགྲོ་དགོས་སྙམ་པ་བྱུང་། ནུབ་མོ་རྣལ་ཡང་མ་བྱུང་། དེ་ནས་ནང་པར་སྔ་མོར་ཉེ་གནས་ཇོ་སྲས་གཞོན་ནུ་གྲགས་བཏང་ནས་སྤྱི་ང་ན་ལ་མོར་ཤོག་གསུངས།

སྤྱན་སྔར་ཕྱིན་ཕྱག་འཚལ་ཙམ་ན་ཅི་བཟླས་བཟླས་བདེན་མ་སྙམ། དེ་ཙམ་སྡུག་མི་དགོས། དྲིལ་རྒྱང་བུ་དེ་ཞོན་ལ་ཡོན་བདག་ཁྲི་རྩེ་ཅན་དུ་གསེར་སྲང་གང་བཙོངས་པའི་རིན་མར་ཡོད། དེ་ཁོལ་ལ་ཤོག་གསུངས། བཀའ་བསྐྱོན་མཛད་པ་དེ་ང་ལ་མོས་གུས་ཡོད་མེད་ཉམ་ཚོད་པར་སྣང་། མདང་སྡུག་པ་དེ་མཁྱེན་པར་སྣང་སྙམ། གཞན་གྱི་སེམས་ཤེས་པའི་མངོན་པར་ཤེས་པ་ཡོད་པར་སྣང་སྙམ། བླ་མ་ལ་ཐ་མལ་པའི་རྟོག་པ་མི་སྐྱེ། ཡང་དག་པའི་བླ་མའི་འདུ་ཤེས་སྐྱེས། དེར་དགའ་བས་ངས་གཏོར་མ་རྙེད་ན་རྗེ་བཙུན་མའི་བྱིན་བརླབས་གཅིག་ཞུ་བྱས་པ་ལ་གཏོར་མ་ནམ་གཏོང་ཙམ་ན་ཐོང་གསུངས། དེར་མར་བླངས་ནས། ཚུར་འོངས་ཙམ་ན་ཡབ་ཀྱི་རྡུབ་ལམ་ཀ་ན་སྣང་བས་བསླང་པས་ནས་ཁལ་གཉིས། མར་ལོག་ཅིག །ལུག་ཤ་གཅིག་ནོར་ཤ་རྐང་པ་གཅིག་དང་དེ་ཙོ་བྱིན། དེ་ནས་མར་ཀུན་ཕུལ་བས་མཉེས་པར་བྱུང་། དེར་དགུན་དུ་སོང་བས་ཤོད་ཀྱི་ཐོན་དུ་རྗེ་རྩིགས་གཅིག་ལ་སྤྲིལ་བུ་བཀབ་ནས་བཞུགས། སྒོམ་ཆེན་ཡོན་རྒྱལ་དང་བླ་མ་ད་འོག་དང་ངེད་གསུམ་བྱིན་བརླབས་ཞུ་བའི་གྲོས་བྱས། ཁོང་གཉིས་བྱིན་བརླབ་ཞུ་བའི་ཆ་རྐྱེན་འདམ་དུ་ཆོལ་དུ་སོང་། བྱ་ལོའི་ལོ་སར་ཟླ་བའི་ཆོས་བཅོ་ལྔ་ལ་ཡི་གེ་བརྒྱ་པའི་ཁྲིད་ཞུས།

ཆོས་བཅོ་བརྒྱད་ལ་ཕྱག་རྒྱ་ཆེན་པོའི་སྒོམ་བཏབས། ཉི་ཤུ་གཅིག་ལ་ཕྱག་རྒྱ་ཆེན་པོའི་ངོ་སྤྲོད་མཛད། ཉི་ཤུ་བཞི་ལ་སེམས་ངོ་སྤྲོད་དང་བོགས་འདོན་མཛད། ཉི་ཤུ་བདུན་གྱི་ནམ་སྲོད་ལ་ཕྱག་རྒྱ་ཆེན་པོའི་རྟོགས་པ་སྐྱེས། དེར་བླ་མ་རིན་པོ་ཆེ་སངས་རྒྱས་སྒོམ་པའི་སྤྱན་སྔར་སྐྱེས་པའི་ཉམས་དེ་ངེར་ཡང་བྱུང་། རྟོགས་པའི་དོན་དེ་གོ་བ་དང་། ཉམས་སུ་མྱོང་བ་དེ་བརྟན་པར་བྱས། དུས་དེར་སྒོམ་ཚུར་འོང་དུ་རེ་བ་དང་སེམས་ཀྱིས་ཕར་བསྒོམ་པ་མ་ཤེས་པར་སྣང་། སྒོམ་རང་སེམས་ཡིན་པར

གཟོད་གོ། འདི་དང་པོ་ནས་ཡོང་བར་སྣང་བ་མ་ཤེས་པ་ཅི་ཙུག་སོང་ཨང་སྙམ་པ་བྱུང་། འདི་བླ་མ་རིན་པོ་ཆེའི་བྱིན་བརླབས་ཀྱིས་རྟོགས་པར་སྣང་སྙམ་ནས་དགའ་བ་བརླབས་པོ་ཆེ་སྐྱེས། ཕྱར་བླ་མ་ལ་སངས་རྒྱས་ཀྱི་འདུ་ཤེས་སྐྱེས་བྱས་ཀྱང་འདུ་ཤེས་བྱས་པར་སྣང་། བླ་མ་ལ་སངས་རྒྱས་ཀྱི་འདུ་ཤེས་དུས་དེར་སྐྱེས། དེར་བཞེངས་ནས་ཕྱིར་བྱོན། བླ་མ་རིན་པོ་ཆེ་བཞུགས་པའི་ཕྱོགས་སུ་ཕྱག་མང་པོ་འཚལ། དེ་ནས་ཉི་ཤུ་བརྒྱད་ཀྱི་ཉིན་པར་ཡང་ཁྲིད་ཞུར་ཕྱིན། སྒོམ་སྐྱེས་པ་མ་ཞུས་པ་ལ་མཁྱེན་པར་སྣང་། བསྒོམ་སམ་སྒོམ་བྱུང་ངམ་གསུངས། བྱུང་ཞུས། སྒོམ་བྱུང་ལུགས་མ་ཞུས་པ་ལ་མཁྱེན་ནས་ཕྱར་གྱི་དོན་ཅི་ལྟ་བ་བཞིན་དུ་ངོ་སྤྲད། ཁྱོད་དོན་གྲུབ་པས་སྐྱོང་གསུངས། ཕྱི་ནས་ཁྲིད་འཕྲོ་ཀུན་ཡོ་ཚར་བར་མཛད། རྨི་ལམ་དུ་ཡང་རྨི་ལམ་ཟིན་པ་དང་། བསྒོམ་པ་དང་འོད་གསལ་ཟིན་པ་དང་། ཕྱི་ནས་བསྒོམ་མི་དགོས་པར་བྱུང་གསུངས། དེ་ནས་ཟླ་བ་ཕྱི་ཧའི་ཆོས་བཅུ་གཅིག་ལ་སློབ་དཔོན་བླ་མ་དང་སྒོམ་ཆེན་ཡོན་རྒྱལ་དང་། བླ་མ་ང་འོག་དང་ཉེ་གནས་གཞོན་ནུ་གྲགས་དང་། ངེད་ལྔས་རྡོ་རྗེ་ཕག་མོ་ལྷ་ལྔའི་བྱིན་བརླབས་ཞུས་པའི་དུས་སུ། སྒོ་སྲུང་གི་སྒོ་ཕྱེས་ནས་ནང་དུ་ཕྱིན་ཙམ་ན་བླ་མ་རིན་པོ་ཆེ་དབང་གོས་དམར་པོ་གཅིག་གི་སྟེང་ན་རུས་རྒྱན་མནབ་ནས་ཕྱག་གཡས་ན་ཌཱ་མ་རུ་གཡོན་ན་དྲིལ་བུ་བསྣམས་པ། ཁྲི་གཅིག་གི་སྟེང་ན་སྐུ་གཟི་བརྗིད་དང་ལྡན་ནས་བཞུགས་ནས་སྣང་། ཞལ་བེར་གྱིས་མཐོང་བ་དང་། ཡིད་ཀྱིས་སོང་ནས་ལུས་སྦྲིད་ཧིང་གིས་སོང་། དེ་འདྲོག་རང་ནས་བྱིན་བརླབས་ཞུགས། དཔལ་རྡོ་རྗེ་རྣལ་འབྱོར་མ་རང་ཡིན་སྙམ་པ་བྱུང་། དེ་ནས་བྱིན་བརླབས་ཕབ་ནས་ཀྱང་དེ་བས་ལྷགས་པ་མི་སྣང་། དེ་ནས་གསོལ་འདེབས་དང་མགུར་གཅིག་གྱིས་གསུངས་ནས་མགུར་དང་གསོལ་འདེབས་བྱས། དེར་ཕྱིས་ཁྲིད་བྱས་པ་ལ་ཁྲག་གི་གཏུ་མོའི་སྐབས་སུ་སྒོམ་མི་དགོས་པར་དྲོད་སྐྱེས། ཆོས་དྲུག་གི་ལྟ་པོ་དེ་ལ་ཡང་རྟགས་བྱུང་། འཕོ་བ་སྦྱངས་པ་མ་ཡིན་པར་བླ་མ་རྟག་ཏུ་སྤྱི་བོར་བསྒོམ་ཙམ་ན་སྤྱི་བོ་སྲངས་པ་དང་། རྟོལ་བས་རུས་པ་ཡང་རྐོང་གིས་སོང་བ། སློབ་དཔོན་བླ་མས་མཐོང་བས། འཕོ་བ་སྦྱངས་པ་ཡིན་སྙམ་ནས་རིན་པོ་ཆེ་ལ་ཞུས་པར་སྣང་། ཉིན་གཅིག་ཤོག་དང་མགོ་ཚུར་སྟོན་དང་གསུངས། འཕོ་བ་རྟག་ཏུ་མ་སྦྱང་། འཕོ་བ་ཐལ་བྱ་བ་ཡོད་པ་ཡིན་གསུངས། འཕོ་བ་སྦྱངས་པ་མ་ཡིན། རིན་པོ་ཆེ་རྟག་ཏུ་སྤྱི་བོར་བསྒོམ་པ་ཡིན་ཞུས་པས། འོ་ན་སྙིང་དུ་སྒོམ་གསུངས། དེའི་དུས་ཕྱག་སྤྱི་བོར་བཞག་ནས་ལོ་བཞི་བཅུ་རྩ་གཉིས་ཀྱི་བར་དུ་མ་ཤི་ན་ལེགས་པར་འོང་གསུངས་ནས་མེ་རུ་རྩེའི་ཚེ་བསྒྲིང་བསྟན། ཡང་དུས་གཅིག་ན་ཆུའི་ཕར་ཀ་ན་དགེ་

འདུན་ཐམས་ཅད་ལ་ཤོག་གསུངས་ནས་ཟམ་པ་བྱེད་པའི་རྡོ་རིང་གཅིག་དགེ་འདུན་མང་པོས་དྲུད་ནས་བྱུང་། རིན་པོ་ཆེ་བཞེངས་འཕྲིས་པས་ཕྱི་ན་བཞུད་ཙམ་ན། འདིར་དྲུད་པས་ཅི་བྱེད་བྱས་པ་ལ་ཟམ་པ་བྱེད་པ་ཡིན་ཟེར། ངས་བལྟས་པས་ཆགས་ནས་གཉིས་སུ་སོང་ནས་སྣང་བས། འདི་ཆགས་ནས་སྣང་བྱས་པས། འདིས་འདི་སྐད་ཟེར་བ་ནི་དཔོན་ཞིག་རྫུན་བྱེད་པ་ཡིན་པས་ཁ་སྲུ་སྲི་ཟེར། དེ་མ་ཡིན་ཆགས་ནས་སྣང་བྱས་པ་ལ་འདི་མ་ཆག་མར་ཐེན་ཟེར་ནས་དྲུད་ནས་སོང་། འགྲེས་བཅུ་ཙམ་སོང་བ་དང་རིན་པོ་ཆེས་གཟིགས་བཞིན་ཆགས་ནས་སོང་། དེ་ཙམ་ན་སློབ་དཔོན་བླ་མས་འདིར་ཤོག་གསུངས་ནས་ཕ་གི་གཅིག་ཏུ་ཁྲིད་ནས་སོང་། དེ་ཁྱོད་ཀྱིས་ཅི་ཅུག་ཤེས་གསུངས། ངས་ང་ལྟ་ཆགས་པ་བཞིན་དུ་མཐོང་བྱས། ཁྱོད་ལ་མོས་གུས་མེད་སྐྱམ་པ་ལས། དང་པོ་ཕ་མ་ཀུན་ཡོན་བདག་ཡིན་པའི་ཞེན་པ་ཡིན་པར་སྣང་གསུངས། ཡང་བྲག་རྡོ་སྙིད་པ་ལ་བླ་མ་དཔལ་རྒྱལ་གྱིས་དཔོན་ཞིག་ཐབ་འོད་ཟེར་བས། ཡར་བལྟས་པས་ཐབ་ཐད་ཀ་ན་མར་བྱུང་བ་ལ་སྟོད་སྟོད་བྱས། སྟེག་འཛུབ་གཅིག་མཛད་པས་སར་བསྡད། འབའ་རོམ་ཕུ་དང་། རྫ་ལུང་དང་། རྩམ་གྱི་རི་དེ་རྣམས་སུ་གཅིག་ཕྱུར་བཞུགས་ནས་བསྒྲུབ་པ་མཛད།

ཡང་དུས་གཅིག་ན་ཐོག་བཞེར་ཕུར་བུ་རྒྱལ་གྱི་ཕའི་འདུ་བ་བྱེད་སར་བླ་མ་རིན་པོ་ཆེ་འབའ་རོམ་པ་དང་། བླ་མ་རིན་པོ་ཆེ་འབྲི་གུང་བ་དང་། བླ་མ་རིན་པོ་ཆེ་དཀར་བ་དང་གསུམ་འདུ་བ་ལ་གདན་དྲངས། ཁོལ་བུ་བའི་ས་རིས་ལ་བླ་མ་རིན་པོ་ཆེ་འབའ་རོམ་པ་སྐུ་འཁོར་དང་བཅས་པ་ཆུར་བྱོན། དེ་ནས་རོམ་པོ་ཁོལ་གྱི་ཐང་ལ་མཇལ་ནས་ཕྱག་དང་སྐོར་བ་བྱས། དེ་ནས་སང་ཉིན་ཁོལ་གྱི་ཕུར་རིན་པོ་ཆེ་འབྲི་གུང་བས་ཕ་བོང་དམར་པོ་ཆེན་པོ་གཅིག་གི་སྟེང་དུ་ཆོས་ཁྲི་བཤམས་ནས་རིན་པོ་ཆེ་འབའ་རོམ་པ་བཞུགས་པར་ཞུས། རིན་པོ་ཆེ་འབྲི་གུང་བས་མཇལ་ནས། ངེད་སློབ་དཔོན་ལ་བྱང་ཆུབ་མཆོག་ཏུ་སེམས་བསྐྱེད་པར་ཞུ་བྱས་ན་ཞུ་བ་ཕུལ་བས། སེམས་བསྐྱེད་གནང་། དེ་དུས་སུང་ཡང་ཡོད། དེ་ནས་དགོངས་ཀར་སོང་བ་དང་། རིན་པོ་ཆེ་འབའ་རོམ་པས་རིན་པོ་ཆེ་འབྲི་གུང་བ་གཟིམ་སྤྱིལ་དུ་གདན་དྲངས་ནས་ཇ་ཕུར་བྱས། བླ་མ་རིན་པོ་ཆེ་འབའ་རོམ་པས་བླ་མ་རིན་པོ་ཆེ་འབྲི་གུང་བ་ལ་བླ་མ་ཀེ་རུ་བས་དབུ་མཛད་ངའི་འཁོར་འདི་རྣམས་ལ་ཐུགས་བསྐྱེད་ཅིག་དང་། ཕྱག་རྒྱ་ཆེན་པོའི་སྒོམ་ཅིག་གསུང་བར་ཞུ་བྱས་ནས་ཞུ་བ་ཕུལ།

དེ་ནས་ཐུགས་བསྐྱེད་མཛད་རིངས་ལ་བཞུགས། དེ་ནས་གཟིམ་སྤྱིལ་དུ་བཞུད། བླ་མ་ཀེ་རུ

བས་དབུ་མཛད་དེ་རྣམས་ལ་ཕྱག་རྒྱ་ཆེན་པོའི་སྒོམ་གསུངས། ང་རང་ལ་སྒོམ་ཡོད་པ་དེ་ལས་ལྷག་པ་བོག་འདོན་རྒྱུ་དང་སྐྱིད་དབྱུང་རྒྱུ་མི་འདུག །འོན་ཡང་ངའི་དེ་སྒོམ་ཡིན་པར་འདུག་སྙམ་ནས་ངེས་ཤེས་སྐྱེས། དེ་ནས་འབའ་རོམ་དུ་བྱོན་པ་ཡིན་གསུངས། ཡང་འབའ་རོམ་དུ་བཞུགས་དུས་སུ་མཛོ་གཅིག་ཡོད་པ་བཙོངས་པས་གསེར་སྲང་གང་ཁྱུག་པ་དང་། ཕ་དང་མི་ཚོས་པ་ལ་བསླངས་པས་གཡང་ཤུན་དང་རྐོམ་པོ་དང་ཚ་དང་མར་དང་ཐུད་དང་འབུལ་རྒྱུ་རྙེད་པས། རྡོ་རྗེ་དབང་ཕྱུག་དང་འགྲོགས་ནས། སྐྱི་ཤོད་དུ་བླ་མ་རིན་པོ་ཆེ་སངས་རྒྱས་སྒོམ་པ་དང་བླ་མ་རིན་པོ་ཆེ་ཞང་གཉིས་ལ་འབུལ་བ་བྱེད་དུ་ཕྱིན། གསེར་གྱི་ཇ་ཁྱུག་པས་ཇ་བསྐོལ་ནས་དྲང་། འབུལ་བ་བཀྱིས། བླ་མ་ཞང་རིན་པོ་ཆེ་མ་འདས་པ་ལ་མཇལ། དེ་ནས་ཕྱིས་ཟླ་བ་ལྔ་པ་ལ་གཤེགས་པས་མ་མཇལ། དེ་ནས་ཡང་འབའ་རོམ་དུ་བྱོན། དེ་ནས་བླ་མ་རིན་པོ་ཆེ་སྐུ་འཁམས་མ་བདེ་ནས་ཟླ་བ་གཅིག་ཕུ་དགེ་འདུན་རྣམས་ཀྱིས་ཉིན་རེ་ལ་རྒྱས་འབྲིང་རྣམ་གསུམ་བཏོན། སྐུའི་རིམ་འགྲོ་བྱས་གླེགས་འདོན་པའི་སྤྲེལ་གྱི་སློ་ལ་ཉེ་བར་ཀློག་འདོན་ཤིན་ཡོད་ཙམ་ན་ཐད་པོ་སེ་ཐུང་བ་རལ་གུ་སེར་པོ་ཅིག་གོན། ཕྱམ་ཅོ་སེར་པོ་ཅིག་གྱོན། མགོ་ལ་ཕྱིང་བུའི་ཞ་ཅོག་གོན་པ་ཅིག་བྱུང་བ་ངའི་རྩར་བསྡད། ཁྱེད་གང་ནས་འོངས་བྱས་པ་ལ། ང་རྩེ་བར་ནས་ཇ་པ་དང་འགྲོག་ནས་འོངས་ཟེར། ཇ་པ་ཅི་ཙམ་སྣང་བྱས་པ་ལ། ཇ་པ་མང་བར་སྣང་། མདོ་སྨད་ནས་ཡོངས་པའི་དར་པ་ཡང་སྣང་ཟེར། མ་དྲིས་པར་མདོ་སྨད་ན་མེ་ཉག་རྒྱལ་པོ་བྱ་བ་གླང་རི་གང་པའི་སྐྱ་སྐྱེ་བ་ཡིན་ཟེར་བའི་ཆོས་རྒྱལ་ཅིག་བཞུགས་པ་མྱ་ངན་ལས་འདས། ད་ཁོང་རང་ལ་སྲས་མེད་ཚ་བོ་ཅིག་ཡོད་པ་རྒྱལ་སར་ཕྱུང་ཟེར། ལོ་བཅུ་གཉིས་ལོན་རྩིས་བྱས་པ་ལ་རྒྱ་ནག་པོའི་ཡུལ་ཡང་དེས་འཐོབ་ཟེར།

དེ་ལ་བླ་མ་རྒྱ་ཟེར་བའི་དབུས་པ་ཅིག་གིས་དབང་བསྐུར་བྱས། སྤྱི་ང་ལྷ་ཆེན་པོ་བྱ་བ་དེའི་དབང་བསྐུར་མཁན་བླ་མ་ཕུ་རངས་པ་ཧེ་ཞི་བྱ་བ་ཡིན། བེ་འདུལ་གུག་ཤི་བྱ་བ་དང་། འབྲོམ་ད་ར་དི་བྱ་བ་དང་། དེ་མིན་ཡང་དབུས་པ་མང་པོ་ཡོད། བསོད་ནམས་ཆེ་ཟེར། དེ་ནས་ནུབ་མོ་མལ་དུ་ཕྱིན་ནས་བསྒོམ་ཙམ་ན། ཁོས་ཟེར་བ་དེ་རྣམས་དྲན་བས་ཡུལ་དེར་འགྲོ་དགོས་སྙམ་པ་རྟོག་པ་ལ་ཡང་ཡང་སྐྱེས། ནང་པར་ཡགས་པར་དྲི་དགོས་སྙམ་ནས་བལྟས་པས་ཁོ་མི་སྣང་། དེ་ནས་རིམ་འགྲོ་བྱས་པས་བླ་མ་རིན་པོ་ཆེ་སྐུ་འཁམས་བདེ། དེ་ནས་ཡང་དུས་གཅིག་ན་བྲག་ལ་ཤོག་གསུངས་ནས་བྲག་ལ་ཕྱིན་ཙམ་ན་ཚང་མང་སྟེང་ན་བཞུགས་ནས་སྣང་། ཉེ་གནས་ཀུན་ཡང་ཡོ་སྣང་། བྲག་ཆེན་པོ་ཅིག

ལ་སེར་ག་བྱུང་ནས་སྣང་བ་ལ། རིན་པོ་ཆེའི་ཞལ་ནས། མཆོད་ཁང་སྟེང་དུ་བྲག་ཆེན་པོ་ཅིག་ཆད་ནས་མཆོད་ཁང་རྡིབ་པར་སྣང་། གཏོར་མ་བཏང་ཕྱག་མཁར་གྱི་ལམ་བསྟན། དམིགས་པ་གཏད་པས་ཕར་སོང་བ་ཡིན་པ་ལ། ཚང་མང་སྟེང་གི་འདི་ལ་དེ་ཙུག་མི་ཉན་པར་འདུག །

འདིའི་འོག་འདི་ར་ཅིག་གིས་མགོ་གཏད་ནས། དེ་ནས་སྟེང་ནས་བྲག་བཀག་ན་ཡོང་བར་འདུག་གསུངས་པ་ལ། ང་ལ་གཟིགས་ནས་ཞལ་འཛུམ་འཛུམ་མཛད་པས། འོན་ང་ལ་གསུང་བར་འདུག་སྙམ་ནས། བྲག་ལ་མགོ་གཏད་ནས་སྟེང་ནས་བྲག་བཤིག་ནས་མེད་པར་བྱས། དམིགས་པ་གཏད་པས་བྲག་བཟློག་པ་ཡིན་གསུངས། རང་གི་སྤྱིལ་པོ་ལ་འདུག་ཙམ་ན་མདུན་ན་རྡོ་བ་ཟླུམ་པོ་ཅིག་ཡོད་པ་ལ་དམིགས་པ་གཏད་པས་རྡོ་བ་དེ་པར་པར་འགྲུལ་བ་བྱུང་གསུངས། ལར་བླ་མ་རིན་པོ་ཆེ་ཚོགས་ཆོས་ནམ་གསུངས་པའི་དུས་སུ་དཔོན་ཞིག་དེ་ལྟར་མ་ལགས་སམ་གསུངས། དེའ་བཀའ་བསྒོ་བ་དང་བདག་པོ་གྱིས་ཤིག་བྱ་བ་ཡིན་སྙམ་པ་བྱུང་གསུངས། ཡང་དུས་གཅིག་ན་དམུ་རྡོ་གྲོན་པ་ཟུང་གསུང་བ་ལ། རང་ཡུལ་དུ་གྲོན་མི་འཛིན་ཞུས་པ་ལ། ཁྱོད་ཀྱིས་རྩར་མི་མང་བའི་སྐྱོན་ཅིག་ཡོང་གསུངས། ང་རང་ཡོད་རིང་ལ་དགོན་པ་བཟུང་ན་ཡག་པར་ཡོང་བ་ཡིན་གསུངས། དེ་ནས་འཁམས་སུ་འགྲོ་བ་ཡིན་ཞུས་ནས། སྐྱི་ཤོད་ན་བླ་མ་རིན་པོ་ཆེ་སངས་རྒྱས་སྒོམ་པ་ལ་ཕྱག་འཚལ་དུ་ཕྱིན། དེར་ཆོས་ཞུ་རྒྱུ་འགའ་རེ་ཡོད་པ་ཞུས་ནས། འཁམས་སུ་འགྲོ་བ་ཡིན་ཞུས་པ་ལ། བླ་མ་འབའ་རོམ་པ་ཡང་སྐྱ་ནས་བགྲེས། དེད་ཀུན་ཡང་སྐྱ་བགྲེས་པས་བསྡད་ན་གསུངས། འགྲོ་ཞུས་པ་ལ། འོན་དེ་ཙུག་གྱིས་གསུངས།

དེ་ནས་འབྲི་གུང་དུ་ཕྱིར་ལམ་དུ་གནས་ཞི་སྟོངས་བྱ་བར་འབྲི་གུང་དུ་སང་སླེབ་པའི་ནུབ་མོ། རྨི་ལམ་ན་ངའི་སྤྱི་བོར་ཉི་མ་ཟླ་བ་འོད་ཀྱི་ལི་ལི་འཁོར་ཤིན་སྣང་བ་ལ། གཡས་ཀྱི་ཕྱོགས་སུ་ཤལ་གྱི་ལྷུང་སྙམ་པ་རྨིས། དེ་ང་ལ་མི་མ་ཡིན་གྱིས་གནོད་པ་བྱེད་པ་ལ་རིན་པོ་ཆེའི་བྱིན་བརླབས་ཀྱིས་མི་ཚུགས་པ་ཡིན་ནི་སྙམ་པ་ལ། དེ་མ་ཡིན་པར་སྣང་། དུས་རྒྱུན་དུ་བླ་མ་རིན་པོ་ཆེ་འབའ་རོམ་པ་སྤྱི་བོར་བསྒོམ་པ་ལ། ཕྱིས་རིན་པོ་ཆེ་འབྲི་གུང་བ་ཡང་སྒོམ་པ་དེ་ལ་ལྟ་བར་སྣང་། དེ་ལ་ཡང་ཕྱིས་འབྱུང་དང་རྟེན་འབྲེལ་དང་གོ་བ་མང་པོ་ཅིག་སྐྱེས། དེའི་ཕྱི་དེ་ཉིན་པར་འབྲི་གུང་དུ་ཕྱིན། གྲོན་པ་མཐོང་སར་སླེབ་པ་དང་། ཞུ་རུ་ཕོག་ནས་ཕྱག་འཚལ་ཙམ་ན། གྲོན་པ་དེ་དཔལ་བདེ་མཆོག་ལྷ་དྲུག་བཅུ་རྩ་གཉིས་ཀྱི་དཀྱིལ་འཁོར་དུ་གཟིགས་གསུངས། དེ་ནས་འབྲི་གུང་ཐང་ལ་ཡར་ཕྱིན་ཙམ་ན།

འདྲེ་རལ་བུ་སྟོན་དུ་བྱུང་བས་དེ་རིང་བཙ་ཀོ་ར་བྱུང་བ་ལ་ཁྱོད་འཕྱིས་ཡར་སོང་ཟེར་བ་ལ།

དེ་ནས་ར་བ་སེ་བོར་སླེབས་ཙམ་ན། སེར་བ་བབ་འབྲུག་གི་ཚག་སྒྲ་ཆེན་པོ་བྱུང་བ་ལ་དེ་འབབ་རིང་ལ་གླིང་ཞམ་དུ་བསྡད། ནླད་བྱེའ་ཐང་དུ་སླེབ་པ་དང་། ཉེ་གནས་འབའ་རོམ་པ་དང་ཕྲད་པས་ཚང་མང་དུ་ཁྲིད་ནས་ཇ་དང་ཙ་ཀོ་ར་དྲང་། དེ་ནས་དུང་སྐད་བྱུང་བས་དགེ་འདུན་ཐམས་ཅད་ནླད་བྱེའ་ལ་འཚོགས། རིན་པོ་ཆེ་ཡང་ཆོས་ཁྲི་ལ་བྱོན། སྔར་དཔོན་སློམ་བས་ང་ཉེ་གནས་མི་བྱེད་བྱས་པས་རིན་པོ་ཆེ་དང་འགལ་ནས་ང་འཚོགས་པ་མི་སྐྱོང་གསུངས་ནས། ཡང་གྲོན་ལ་ཡིལ་པས་ཕྱུལ་བའི་ཧ་དྲོ་རག་གནངས། ཞེར་བསྒྲོན་ནས། དེ་ནས་རིན་པོ་ཆེ་ཡང་གྲོད་སྟེང་དུ་བཞུགས་པ་དང་། ཉེ་གནས་འབའ་རོམ་པས་ཚང་མང་ནང་དུ་བོས་ཇ་བུ་རམ་དྲང་། དེ་ནས་ཡང་སྤྱང་ཞིང་གི་སྟེང་དུ་རྐོམ་སྟན་ཅིག་བཏིང་བ་ལ་བསྡད། དེ་ནས་ཕག་མོ་གྲུར་བསྒོམས་པའི་བསྒོམ་ཆེན་ཅིག་གིས་བཙུན་ཆུང་འགའ་ལ་ངས་བཙད་པོ་རྣམས་ལ་གཏམ་འདི་སྐད་གཏོང་བ་ཡིན་ཟེར་ནས་གཏམ་བཤད་གཏོང་ཞིན་འདུག །

རིན་པོ་ཆེའི་བྱིན་བརླབས་ཀྱིས་ང་ལ་སྒོམ་ཅིག་སྐྱེས། ཤིན་ཏུ་དགའ་བས་རིན་པོ་ཆེ་ལ་ཞུར་ཡོད་ན་སྐྱི་བ་ལ་ཞུ་སྐབ་མ་བདེ། དེ་ཙམ་ན་ཁང་ཐོག་ན་ཚག་ཚག་འདུག་ཙ་ན། གཏམ་གཏོང་མི་ན་རེ་རིན་པོ་ཆེ་བྱོན་མེ་སོང་མེ་མར་སྡུས་ཟེར། ཁོང་གཉིད་དུ་སོང་བ་ལྟར་བྱས་ནས་ཁ་རོག་བསྡད། རིན་པོ་ཆེས་སྐར་ཁུང་ན་མར་གཟིགས་ནས་འདི་ན་སུ་ཡོད་འདི་ན་སུ་ཡོད་གསུངས་པ་ལ། ཁོང་ཚོ་ཁ་རོག་པར་བསྡད་པས་ང་ཡོད་ཟེར་མ་ནུས། ཡང་ཕར་བཞུད། འོ་ཡང་བྱོན་ཡང་བྱོན་ཟེར། ཡང་བྱོན་ནས་འདི་ན་སུ་ཡོད་གསུངས་པ་ལ་ཅང་ཟློ་མ་ནུས། ངའི་མོས་གུས་ཀྱི་གདུང་བ་དེ་བླ་མ་རིན་པོས་མཁྱེན་པར་སྣང་བ་ལ་ངས་ཞུ་མ་ནུས། དེ་དུས་སུ་ཞུས་ན་རང་ལ་ཕན་བའམ་མཉེས་པ་ཅིག་འོང་བར་སྣང་བ་ལ་ཞུ་མ་ནུས་གསུངས། དེ་ནས་སང་ཉིན་མཇལ་ནས་ཕྱག་འཚལ། ཕྱག་རྟེན་དར་དམར་པོ་ཁ་དོ་ཕུལ། ཅིང་སྒོམ་གྱིས་སྐྱི་ཤོད་ནས་ཡོང་བ་ཡིན་བྱས་ནས་འགའ་ཞུ་སྐམ་བར་སྣང་བ་ལ། དེ་མ་ཞུས་པར་ང་རང་གིས་ཤེས་ཤེས་གསུངས། དེ་ནས་ཡི་གེ་བརྒྱ་པ་དང་། ཕྱག་རྒྱ་ཆེན་པོ་དང་། ཁྲིད་ཀྱི་རིམ་པ་ཀུན་ཞུས། སེམས་བསྐྱེད་རྒྱས་པ་ཡང་ཞུས། ཡང་ལྷམ་བཏང་ན་སྤྱང་ཞིང་གི་དུས་སུ་མི་རེ་རེས་རྡོ་རེ་རེ་ཁྱེར་ལ་ཤོག་གསུངས་ནས། ཆོས་ཁྲི་གཅིག་བརྩིགས་ནས་ཞུར་དེད་ཀྱི་གདམས་ངག་གསུངས། དེའི་དུས་སུ་ཕན་པ་མང་པོ་བྱུང་ཕྱིས་ཀྱང་རང་གཞན་ཡོ་ལ་ཕན་པར་བྱུང་གསུངས། ཡང་ལཁམས་ན་

འགྲོ་མི་ཅིག་གིས་ཆོས་དྲུག་གི་ལུང་ཞུས་པ་ཡང་གསན། རྗེ་འབྲི་སྒོམ་ཆུང་བ་ནས་བརྒྱུད་པའི་གཏུམ་མོ་འཁོར་ལོ་ཡངས་པ་གྲངས་འཛིན་མ་གསན། སྔར་རྒྱུད་དང་གསང་སྔགས་ལམ་འབྲས་དང་། ནཱ་རོ་པའི་ཆོས་དྲུག་དང་། གསང་སྔགས་ཀྱི་ཆོས་མང་དུ་ཞུས་པ་ལ། དེའི་དུས་སུ་གསང་སྔགས་ཀྱི་གནད་དང་རྩ་རླུང་གི་གནད་གོ་རྟོགས་མང་པོ་ཅིག་སྐྱེས་པས་ཕན་པར་བྱུང་གསུངས། ཡང་ཉིན་གཅིག་འབམ་ཐང་ལ་ཁྲིད་བྱེད་པའི་དུས་སུ། རྟོགས་པ་ཕུལ་བ་ལ་གར་སྐྱེས་གསུངས། བླ་མ་རིན་པོ་འབའ་རོམ་པ་ལ་སྐྱེས་ཞུས་པ་ལ། སློབ་དཔོན་པས་མཁྱེན་པར་འདུག་གི་གསུངས། མཁྱེན་པར་གདའ་ཞུས་པས། མཁྱེན་པར་འདུག་གམ་བྱས་པ་སློབ་དཔོན་ལ་མ་བློ་གསུངས། ཡང་དུས་གཅིག་ན་རིན་པོ་ཆེའི་སྤྱན་སྔར་རྟོགས་པ་སྐྱེས་པ་ཞུས་པ་ལ། སྒོམ་རོ་གཅིག་ཆེན་པོ་བྱ་བ་སྒོམ་རོ་གཅིག་ཆེན་པོ་བྱ་བ་གསུངས། སྒོམ་རོ་གཅིག་ཁྱོད་ལ་སྐྱེས་པ་ཡིན་བྱ་བའི་ངོས་མ་སྤྲད་ཀྱང་ཆོས་རྗེ་ཕག་མོ་གྲུབ་པས་གསུངས་པའི་རབ་གནས་ཚོགས་ན་གསུང་པ་ཡང་གསན། ཡང་ནུབ་གཅིག་རྨང་ལམ་ན་མི་གཉིས་ཀྱི་བར་ན་བཅེར་ནས་ཁྱོད་སུའི་རྒྱལ་རྒྱུད་ཡིན་ཟེར། ང་བླ་མ་རིན་པོ་ཆེ་འབའ་རོམ་པའི་རྒྱལ་རྒྱུད་ཡིན་བྱས་པས་བཞག །དེ་ཙམ་ན་མདུན་ན་ཁྲི་ཅིག་འགྲོ་ཤིན་སྣང་། བར་ཆད་བྱེད་པ་ཅིག་ཡོད་པར་སྣང་བ་ལ་བླ་མ་རིན་པོ་ཆེའི་བྱིན་བརླབས་ཀྱིས་མ་ཚུགས་པ་ཡིན་གསུངས། སྤྱིར་ཆོས་ཀྱི་བྱ་ལམ་སྒོམ་ཆེན་པའི་སྤྱོད་ལམ་འཚོགས་པ་སྐྱོང་བ་དང་། གཞན་དོན་བྱེད་ཐབས་དང་རང་གི་ཆོས་སྤྱོད་བྱེད་ཐབས་གཞའ་མར་ཕན་པ་ཅིག་བྱུང་། ཚོགས་ཆོས་མང་པོ་ཡང་ཐོས་པས་ཕན་པར་བྱུང་གསུངས། དེ་ནས་ཡོས་བུ་ལོའི་ཟླ་བ་བདུན་པའི་ཚེས་བཅོ་བརྒྱད་ལ་དོན་གྱི་སླད་དུ་མཚན་ནས་སྨོས་ན། མཁན་རིན་པོ་ཆེ་དཔལ་ཐག་མ་པ་དང་། སློབ་དཔོན་རིན་པོ་ཆེ་གུ་ར་བ་དང་། གསང་སྟེ་སྟོན་པ་དགེ་བའི་བཤེས་གཉེན་དར་གཞོན་དང་། དད་པའི་དགེ་འདུན་ངོ་པ་ལ་སོགས་པ་དགེ་སློང་བཙུ་དང་། གུང་ཐུན་དང་པོ་དགུང་ལོ་སུམ་བཅུ་རྩ་གཉིས་ལ་བསྙེན་པ་རྫོགས་པར་བྱས་པ་ཡིན་གསུངས། དེ་ནས་བླ་མ་རིན་པོ་ཆེ་འབའ་རོམ་པ་སྐུ་ཁམས་མ་བདེ་ཟེར་ནས་འབའ་རོམ་དུ་འགྲོ་ཞུས་པས་སོང་གསུངས། སྤྱན་ན་འདུག་པའི་དུས་སུ་ཆོས་དེ་ཐུགས་ལ་བཏགས་པ་ལས་གཞན་གྱི་མཉེས་མཉེས་མི་མཛད། མེ་ཉག་ཡུལ་དུ་འདུག་རིང་དང་སྐུ་འདས་ནས་ཐུགས་ལ་བཏག །སྔ་ཕྱི་ཀུན་ཏུ་འབྲི་གུང་དུ་ལོ་གཅིག་བསྡད་གསུངས།

དེ་ནས་འབྲི་གུང་ནས་འབའ་རོམ་དུ་སོང་ཙམ་ན་འབའ་རོམ་དུ་སླེབས་པའི་ཉིན་པར་སྔར་རིན་

པོ་ཆེ་ཞག་ལྔ་བཅུར་སྐུ་འཁམས་མ་བདེ་ནས་སྐུ་འཚམས་མཛད་པར་སྣང་བ་ལ། དེ་ཉིན་སྐུ་འཚམས་ཕྱེས་ནས་གྲྭ་པའི་ཆེ་བགྲེས་རྣམས་བོས་དྲོ་བར་ཅིག་དྲང་ནས་བཞུགས་པའི་དུས་སུ། བའུ་ཀར་ཆོས་སྙིང་གིས་དཔོན་ཞིག་འབྲི་གུང་ནས་སྲུམ་པའི་ས་རིས་ལ་བྱུང་ལ་འཁམས་སུ་སོང་ཟེར། རིན་པོ་ཆེ་ཞལ་འཛུམ་པ་ཅིག་མཛད་ནས་མར་ལྟོས་དང་གསུངས་ཟེར། ཅིག་གིས་བལྟས་པ་ལ་རྟ་པ་གསུམ་འོང་ཞིང་སྣང་། བན་ཧྲེ་ཅིག་གི་ལག་ནས་ཤིང་ཅིག་བཟུང་ནས་སྣང་ཟེར། དེ་ང་དང་ཐོག་བཞེར་འབུམ་སྐྱེས་དང་སྒོམ་པ་ཐུགས་རྗེ་དང་གསུམ་བྲག་འོག་ན་ཡར་ཡོང་པ་དེ་རིན་པོ་ཆེས་མཁྱེན་པར་སྣང་། བྲན་ཀ་ལྷ་སྟོན་ཞོ་ཟེ་བ་གང་བཟུང་ནས་སྤྱན་སྔར་འགྲོ་བ་དང་། ལམ་དུ་ཐུག་ཁོ་སྒྱུ་ངར་སླེབས་པ་དང་རྟ་པ་དེ་གསུམ་སུ་ཡིན་གསུངས་པ་ལ། དཔོན་ཞིག་ཏུ་སྣང་བྱས་ཟེར། དེ་ནས་རིན་པོ་ཆེ་དང་མཇལ། དགེ་འདུན་རྣམས་ལ་ཡང་ཞལ་བསྟན། ང་རང་ཅིག་ཕྱུ་དང་མཇལ་དུས་སུ་ཁྱེད་ད་རུང་མ་སོང་བ་ཨེ་ཡིན་གསུངས། ཉེ་གནས་ཀུན་དང་ཡོ་འཆོགས་སན་ཁོ་འཁམས་སུ་མ་གཏོང་ཁྱེད་རྣམས་ཀྱིས་ཤོལ་གསུངས། དེ་སྐད་གསུང་ཡང་འགྲོ་བ་ལ་དགྱེས་པར་སྣང་བས་འགྲོ་བར་ཞུས། འོན་འགྲོ་ཆེས་གྱིས་དང་དེ་ཙུག་བྱ་གསུངས། དེ་ནས་འགྲོ་ཆེས་ལ་ཤོད་དུ་ཕྱིན་ནས་འགྲོ་ཆེས་ཚག་གེ་བྱས་ནས་ཡར་ཕྱིན་པས་ཞབས་རྗེས་ཀྱང་གནང་། གཏོར་མ་དང་འགྲོ་བའི་ཆོས་ཞུས། འཁམས་སུ་འགྲོ་བ་ལ་རྟ་དང་འཕྲུག་ཕྱམ་དང་འཁོར་དགོས་པ་ཡིན་གསུངས། ང་ལ་དེ་ཚོ་མི་དགོས་ཞུས། ཁོ་ལ་ཇ་སྲང་བརྒྱད་བུར་སྒོར་དྲུག་བྱིན་གསུངས་ནས་གནང་། རྒྱ་ན་ཉེ་གནས་ཅིག་འདུག་པ་ཕར་སོང་གསུངས་ནས། ང་ལ་ཚུར་ཤོག་གསུངས་ནས་ང་མ་ཤི་བར་གདའ་ན་སྤྲ་བར་ཤོག །ཤི་ན་འཁམས་སུ་ཅི་ཙམ་སྤྱོད་པ་ཅིག་སྤྱོད་ལ་ཤོག་གསུངས། ཅི་ཙམ་གཅིག་སྤྱོད་པ་ལགས་ཞུས་པ་ལ། ཁྱོད་ཀྱིས་ཤེས་ནས་འོང་གསུངས།

དེ་ནས་རོག་གསུམ་ཡོད་པ་དང་འགྲོགས་ནས་སོང་། བྱང་རྩི་བར་དུ་གནས་པོ་བརྐྱེ་ཅིག་དང་དགེ་བསྙེན་ཅིག་ཡོད་པའི་རྒྱར་ཞག་ཉི་ཤུ་བསྡད། དེར་འདུག་དུས་སུ་མཆོད་ཁང་ཅིག་ཏུ་འདུག་ཙམ་ན། ཁྲོ་བོའི་རྒྱལ་པོ་རྟ་མགྲིན་གྱི་ཐང་སྐུ་ཅིག་ཐང་ཀ་ན་བཞུགས་ནས་སྣང་བ་ལ། ཐང་སྐུ་ལ་འཇའ་ཚོན་ཀྱི་ལི་ལི་སྣང་། དེ་ཅི་ཡིན་སྙམ་ཙམ་ན་དགེ་བསྙེན་ཅིག་གིས་གཏོར་མ་ཅིག་ཁྱེར་ནས་བྱུང་བས། ཁྲོ་བོའི་རྒྱལ་པོ་རྟ་མགྲིན་གྱིས་སྒྲུབ་ཐབས་ཞུ་ཟེར་བ་ལ་བཤད། དེ་ནས་ནག་ཤོད་ན་ལམ་ཕྱུང་ནས་རི་ཤོད་དཔྱལ་ཁར་བཞུགས། དེ་ནས་འགྲོན་པོ་ལ་བསོད་སྙོམས་བྱས་ནས། འབྲུག་ལྷོང་རྫོང་དུ་བླ་མ་

ཆེན་པོ་དཔལ་རྒྱལ་ཅན་དུ་སླེབས། སྤུར་ཁོང་གི་ཤོག་གསུང་བས་རེ་བ་ཆེ་བས་ཕྱིན། ཁོང་གི་གལ་ལྷ་སྐམ་འབྲུག་མ་ཅིག་དང་། ཧ་སློ་མ་གང་མར་ལོག་ཅིག་དང་གསུམ་བྱིན། དེ་ནས་འབྲི་རྐེ་ས་མདོ་ལ་ལམ་ཕྱུང་ནས། ཟླ་ཀྱིང་ཐང་དུ་ཕྱིན། སླེའུ་ཏུན་ལྷ་ཀྲུ་བྱང་གྲགས་བུ་བའི་གྲོགས་པོ་ཅིག་ཡོད་པའི་ཅན་དུ་ཕྱིན། ཟླ་སླེའུ་ཏུན་གོང་གི་དགོན་པ་ཅིག་སྣང་བས། ཁོས་འཚོ་བ་སྦྱར་ནས་ཟླ་བ་གསུམ་བཞུགས། དེའི་དུས་སུ་ཉི་མ་སྤྲ་དྲོ་གཅིག་གཉིད་ལོག་ཙམ་ན་དཔལ་རྡོ་རྗེ་ཕག་མོའི་ཞལ་མཐོང་། ད་ཆོས་ཅིག་གསུང་ན་སྙམ་ཙམ་ན། ཞལ་གྲུལ་གྲུལ་འདུག་ཙམ་ན་བྱང་གྲགས་ཀྱི་ཕས་སློ་བརྟུང་ནས་ང་ལ་བོས་པས་ཡལ་ནས་སོང་། སློ་ཕྱེ་བ་དང་ང་ཅན་དུ་དྲོ་ལ་ཤོག་ཟེར་བ་ལ། བསྙེན་བཀུར་ནི་བྱས་ཏེ་ཁོས་ང་ལ་བར་ཆད་ཆེང་པོ་ཅིག་བྱས། དེ་ནས་ཤལ་ཁོག་ཏུ་དབུ་ཡང་ཨ་རྙེན་དང་། སྟག་རྨང་མཁར་སྣང་བྱ་བ་གཉིས་ཀྱིས་སྤུར་ཤལ་ཁོག་ཏུ་ཤོག་ཟེར་བས་ཟླ་ཀླུང་དུ་ཕྱིན་ཙམ་ན། རྟེན་འབྲེལ་ངན་པ་ཅིག་བྱུང་བས་ཡར་ལོག་ཀུ་ས་སླད་མདོར་ཕྱིན་ནས། མཁན་པོ་ལ་བསླང་པས་སད་ཕྱེ་བལ་ཐེབ་གང་བྱིན། དེ་ལ་དྲོ་ཕྱེ་བྱས་པས་ཞག་བཞིས་འདན་གློང་ཐང་དུ་སླེབས། དེར་ཞག་གསུམ་བཞུགས། དབྱར་དེ་ལ་རྣ་ཤིང་རོང་མས་ཅང་བསྐོར། དགེ་བཤེས་ཧ་མོ་བ་ཟེར་བ་ཅིག་གིས་དར་ཐོང་ཆ་ཅིག་བྱིན། དེ་མིན་སྟེར་མི་ཅིག་ཀྱང་མ་བྱུང་། ང་འཁམས་སུ་ཕྱིན་པས་ཅང་མི་རྙེད་པར་སྣང་སྙམ་པས་དབུས་སུ་ལོག་ལ་འགྲོ་སྙམ་ནས་དེ་ཤོད་རག་ཉག་ཏུ་བཞུད།

དེ་ནས་རྒྱར་དུ་འགྲོ་སྙམ་ནས་ཞག་ལྔར་རོག་པོ་བསྒྲུག་པས་ཅང་མ་བྱུང་། ང་སང་ལུང་མདའ་བསྐོར་ནས་འགྲོ་དགོས་སྙམ་པའི་ནུབ་མོ་རྨང་ལམ་དུ་དར་ལྷབ་ལྷུབ་མནབ་པ་སྐྲ་མདོག་གསེར་གྱི་མདོག་ཏུ་འདུག་པ་གསེར་གྱི་ཁྲབ་གོན་པ་རྟ་རག་ཞུར་གཅིག་ལ་ཆིབ་ནས་ཕྱག་གཡས་ན་དར་ཁྲའོ་བསྣམ་པ་གཡོན་ན་རྟའི་སྲབ་སྐྱོག་དང་ནེའུ་ལེ་ཡིན་ནམ་སྙམ་པ་ཅིག་བཟུང་ནས། ཞལ་ཤར་དུ་གཟིགས་ནས་ངའི་ཡུལ་དུ་འདེང་ཟེར་ནས་ཤར་དུ་བཞུད་དོ། །དེ་ཅི་ཡིན་ནམ་ཤར་ཕྱོགས་ན་རྨ་དཔོམ་ར་བྱ་བ་ཡོད་པར་སྣང་བས་དེ་ཡིན་ནམ་སྙམ་ནས། རྒྱལ་པོ་ཆེན་པོ་རྣམ་ཐོས་སྲས་ཡིན་པར་མ་གོ་གསུངས། དེ་ནས་རེ་ཤོད་མདའ་ལ་ལམ་ཕྱུང་ནས་སེབ་ན་བླ་མ་དཔལ་ཆེན་ཤེ་རི་ཕུག་པ་འཁམས་ནས་བྱོན་ཟེར་བ་ཐོས། དེར་ཕྱིན་ཁོང་དང་མཇལ། ཨ་རུ་ར་ཅིག་ཕྱག་རྟེན་བྱས། ཁོང་གི་ཞལ་ནས་ཁྱོད་གར་བསྡད་གསུངས། ང་འདན་དུ་བསྡད་བྱས། ཧ་རྒྱམ་སྟེར་མི་ཅིག་ངོས་བཟུང་ཨེ་ཡོད་གསུངས། མེད་བྱས་པས་ལྷན་མ་གོ་དོགས་ན་ཁྱོད་ཅི་བྱེད་གསུངས། ང་ཕྱིན་ས་ན་ཁྲི་རགི་ཡུལ་པ་ལྷ་རྗེ་

དཔལ་རྩེ་ཡོད། ངས་ཡི་གེ་བསྐུར་གསུངས། ཡུལ་འདི་ན་ར་རེ་སྟེར་བ་བས་མདོ་སྨད་ན་ཧྭ་རེ་སྟེར་བས་སླ་བ་ཡིན་གསུངས། དེ་ནས་ཁོང་དམ་ཚིག་རྒྱ་ཆེ་འགྲེལ་གསུང་བར་སྣང་བ་ལ་ཉན་དུ་ཕྱིན་པ་ལ། སྐྱབས་འགྲོའི་འགྲེལ་པ་ཨེ་ཡོད་གསུངས། མེད་ཞུས་པ་ལ་འོ་ན་ཕྱིར་སོང་གསུངས། དེ་ར་མ་གི་ཅིག་ཏུ་ཉལ་ནས་བསྡད་ཙམ་ན། ཉི་གནས་ཅིག་ལ་ཞ་ཡུག་ཅིག་བསྐུར་ནས་བྱུང་། འདི་ལ་གོས་ཅིག་གྱིས་གསུངས། སོང་བ་དང་སློབ་པ་ལ་མ་ཆུད། དེར་དེད་ཁང་ཐོག་ཏུ་སྦྲང་པོ་འགའ་འཛོམས། དགེ་བཤེས་སློག་ཛ་བྱ་བ་ན་རེ་མདོ་སྨད་ན་ངའི་སློབ་མ་ཡོད། ངའི་བླ་མཆོད་བྱ། དེར་འདེང་ཟེར་བས་ངེད་གྲོས་དེར་བཅད། ཡང་སེབ་ཀྱི་ཕུར་ཕྱིན་ཙམ་ན་སེབ་ཀྱི་ཕུན་རྩ་སྤྱིལ་བའི་བླ་མ་དཔོན་གཡོག་ཉི་ཤུ་རྩ་གཉིས་ཙམ་སྣང་བས་ཁྲོ་བོའི་རྒྱལ་པོ་རྟ་མགྲིན་གྱི་སྒྲུབ་ཐབས་ཞུ་ཟེར་བས་བསྟན་པ་ལ་ཁྲི་ལྷུགས་ཁྲ་བོ་ཅིག་དང་ནས་བལ་ཧེབ་གང་ཕུལ།

དེ་ནས་རྩ་ར་དུ་སོང་བས་བླ་མ་རིན་པོ་ཆེ་ཙོང་ཀ་རྗེ་སྲས་ལ་བསླངས་པས་ཛ་སོག་སྲང་བཅོ་ལྔ་བྱིན་གསུང་བ་ལ་ཉི་གནས་ཀྱི་བཙུ་བྱིན། འོན་ཀྱང་ལམ་ཛ་དེ་ལ་བྱས། དེ་ནས་ལྷ་གྲོང་པོ་ཆེར་ཞག་གསུམ་བསོད་སྙོམས་བྱས་པས་ནས་བྲེ་བཙུ་དྲུག་རྙེད། ཁྱུར་ནས་སོང་ཙམ་ཁྱུག་པ་དང་འཁམས་པས་བླ་མ་ཀུན་ལ་ཨེན་ཅིག་བཞུམ། ནས་ལ་སྤུས་བྱས་ནས་ཨེན་ཅིག་ཉལ་ནས་བསྡད། དེ་ནས་ནས་དེ་ཡོན་བདག་ཅིག་གིས་ཞལ་བུ་མདོར་བསྐྱལ། ཡར་བསོད་སྙོམས་བྱས་པས་ནས་ཁལ་ཅིག་གི་ཕྱེ་དང་ཛ་སྲང་ཉི་ཤུ་དང་མར་སྲང་བཅོ་བརྒྱད་དང་དེ་རྣམས་ལ་བརྒྱག་བྱས་ནས་འགྲོན་པོའི་ཟླ་ལ་ཕྱིན། བྱང་ཟླ་ཤོད་ཀྱི་ཆུ་བསྒྲལ་ནས་ཆུ་ཕར་ཀར་སྒྲོག་ཅིག་རྙེད། བླ་མ་རྗེ་རས་འོད་ཟེར་ཁོ་ལ་བྱིན་ཟེར། འདི་མས་ཆད་དུ་ལྟུགས་སུ་བཙུགས་ནས་མི་ཐོན་པ་ཡིན་ནམ་སྙམ་པ་ལ་དེ་མ་ཡིན་པར་སྣང་། ཧྭ་མང་པོ་ཡོང་བའི་སྔ་ལྟས་སུ་སྣང་བ་ལ་དེ་ཁོ་ལ་བྱིན་བས་གནོད་པར་བྱུང་གསུངས། དེ་ནས་ལམ་དུ་ཞུགས་པ་དང་སྔར་དང་འདྲ་བར་ཕུང་པོ་བཟང་བ་དང་། དགེ་སྦྱོར་འཕེལ་བ་དང་། ལུས་ཡང་ཞིང་མགྱོགས་པ་རྟས་མི་སླེབས་པ་བྱུང་། ད་ཆུ་དྲོན་ནས་ཕར་དབུ་ལ་ངོ་ལྟ་བར་བསླེབས་པ་དང་། འགྲོན་པོ་ན་ལྡོངས་ཤིག་ཏུ་བབས། དེའི་ནུབ་མོ་རྨི་ལམ་ན་མི་ཉག་རྒྱལ་པོ་ཡིན་ཟེར་བའི་སྟོར་རྒད་པོ་དེས་ཟེར་བ་འདྲ་བའི་སྐུ་ནས་གཞོན་ནུ་ཧྭ་རེལ་དང་ཡོད་པ། སྟོར་མཐོང་མ་མྱོང་བ་ཅིག་སྣང་། མ་ཡིན་ཟེར་བའི་རྒྱལ་མོའི་ཆས་དང་འདྲ་བ་ཅིག་སྣང་། ཕ་ཡིན་ཟེར་བའི་རྒད་པོ་མགོ་དཀར་བ་ཅིག་སྣང་། རྒྱལ་པོ་ང་ལ་མི་དགའ་བར་སྣང་བས་རྐང་པ་ལྟུགས་སུ་བཙུག་པ་ཅིག་རྨིས་གསུངས། ཡང་ང་བུའི་

བྲག་མཁར་ཟེར་བའི་བྲག་གི་བྱ་སྐྱིབ་ཅིག་ཏུ་ཉལ་ཙམ་ན། ཡང་ཁོང་གསུམ་དང་མཇལ་བ་ལ་སྦྱར་བས་དགའ་བར་སྣང་། ཁོང་གསུམ་ཕྱོགས་གཅིག་པ་བཞིན་དུ་སྣང་། ང་ནི་བུ་གཅིག་པ་བཞིན་དུ་སྣང་། ངེད་བཞི་པོ་ལ་གསེར་སྲང་གང་ཡོད་པར་སྣང་བ་ལ་མ་དྔུལ་བྱས་ནས་འབྱུལ་མཁན་རྒྱལ་པོས་བྱས་ནས་དགེ་བའི་བཤེས་གཉེན་ཅིག་ལ་ཕུལ། ད་ལྟ་ངེད་བཞི་པོ་དེའི་འབྲས་བུ་ལ་ལོངས་སྤྱོད་པ་ཡིན་ཏེ་བརྗོད་པར་དགའ་གསུངས། དེ་ནས་ད་བུ་ཡོབ་ཆེན་དུ་ཕྱིན་དུས་དགེ་བཤེས་གཉེན་ཟེར་བ་ཅིག་ལ་བསླངས་པས། ནས་བྲེ་དོ་བྱིན་པ་དེ་བོང་ཐགས་ལ་ངེད་གཉིས་ཀྱི་བྲང་བཀལ་ནས་བཏགས་པས་མགོ་འཁོར་བས་སྐྱུག་ཤིན་ས་ལ་འགྱེལ་ནས་སོང་། ཕྱི་ཡང་བོང་ཐགས་ཁ་བར་ནས་འོངས་རྒྱུ་མ་བྱུང་། ཡ་གོང་ཡར་བཏེགས་ནས་ལྟེ་བ་རྩ་ནས་ལག་པས་ཕྱིར་དེད་ནས་བསྐོར་བ་དང་གཞོང་བྱུང་བས་འོང་ཐག་བདག་པོས་འཐབ་མོ་བྱས། དེ་ནས་ཞག་ཉི་ཤུ་ཐམ་པ་འགྲོ་བའི་ནུབ་མོ་བུད་མེད་ཆས་མང་པོས་བརྒྱན་པ། དྲེལ་སྔོན་པོ་ཞོན་པ་གཅིག་དང་དགེ་བཤེས་འབྲོམ་ཡིན་ཟེར་བ་རྟ་བྲ་བོ་ཞོན་པ་ཅིག་དང་གཉིས་ཀྱིས་འགྲོན་པོའ་བསུ་བ་ཡིན་ཟེར་བའི་ཕྱི་དེ་ཉིན་པར་འགྲོན་པོ་བཀལ་ནས་དབའ་རོང་དུ་སོང་།

འབྲུག་ལོ་ཟླ་བ་བཅུ་པ་ལ་དབའ་རོང་དུ་སླེབས། མགོ་གོམ་ཟ་འོད་བྱ་བ་ལ་གནས་པོ་བཅས་ནས་བཞུགས། རྐོང་པོ་གྲུག་ཤིའི་འདས་མཆོད་ཀྱི་སྟོན་མོ་ལ་གྲུགས་ཤི་རྩེ་རྣམས་དབུས་གྲལ་བྱས། ངེད་དབུས་པ་སོ་མ་རྣམས་གཡས་གྲལ་བྱས། རིན་པོ་ཆེ་གཉིས་ཀྱི་འོག་ན་ང་འདུག་པ། སྔོ་པའི་གཉེར་པ་མགོ་གོམ་ཨ་མཆོག་བྱ་བས་སྨོམ་པ་མར་ལོང་ཟེར་བས། ངའི་སྟོད་ས་འདི་ཡིན་བྱས་པ་ལ་མ་ཉན། དེར་ཁྲིའི་ཁ་ནས་མར་ལ་བབས་ཙ་ན་འགྱེལ། དེ་ནས་ཁོས་ཕྱུང་བས་གྲལ་གཤམ་ཕྱེ་ཏ་ཅིག་ན་ཞལ་ཡར་གཟིགས་ནས་བཞུགས། ཁོ་ལ་ཐུགས་རྗེ་ཆེན་པོས་གཟིགས་ནས་གནང་དུ་བསྟན། ཅེན་ཅེ་དང་གཤན་ཤེ་ཀུན་གྱིས་ཀྱང་དེར་ཞོག་མི་ཟེར་བས། ང་དེ་ཅོའི་གོང་དུ་ཨེ་ཕྱིན་ནམ་སླམ་ནས་ཐུགས་རྗེས་གཅིག་གཟིགས། ཕྱིས་གྲུག་ཤི་ཤི་དུས་ང་ཁོང་ཅོའི་གྲལ་མགོ་ལ་བཞུགས་ནས་འབུལ་བ་ཆེན་པོ་བླངས། དེ་ནས་སྤུར་གྱི་བསུ་མི་དེ་ཚོ་ཡང་རྨི་ལམ་༤༧དུ་བྱུང་། སང་ཉིན་འགྲོན་པོ་བཀལ་ནས་སོང་། གྲོགས་པོ་ཅིག་འབྲུམ་པ་ན་བས་རིན་པོ་ཆེ་སྟོད་གསུང་བ་ལ་ཁོས་སྟོད་མི་དགོས་ཟེར་བས་ཨེན་ཅིག་འགོར། ང་འགྲོ་ཕྱིས་པས་མགྲོན་པོ་མ་སླེབས། དེར་ལམ་ཡང་མ་ཤེས་པས་གད་ཁ་ཅིག་ན་ཨེན་ཅིག་ཉལ་ནས་སྡད། དབའ་རོང་བའི་བཀླི་ཅིག་གིས་རྟ་ཅིག་ཞོན་ཅིག་ཁྲིད་རྗ་མོང་ཅིག་

དེད་ནས་བྱུང་བས་ཁྲུར་རྡུ་རྫ་མོང་ལ་ཁོལ་ལ་ཁྲིད་ཟེར་བས་རྫ་མོང་ཁྲིད་ནས་སོང་། ཐང་ཅིག་ལ་འགྲོན་པོ་བསྡད་པས་སླེབས། དེ་ནས་ཁོས་ཧྲ་ལ་སྐྱོན་ཟེར་བ་ལ། མ་བཞུགས་འགྲོན་པོ་གཞན་ལ་ཁྲུར་རྡུ་བཅོལ་ནས་ཕྱིན། ཞག་གཉིས་གསུམ་ནས་སེང་ཧོ་ཆོས་འཁོར་དུ་སླེབས། ཡང་སྔར་གྱི་བསུ་མི་དེ་ཙོ་བྱུང་བས་འགྲོན་པོ་རྣམས་འགར་སོང་། ནང་ཅིག་སྡེ་པ་ལ་ཆུ་སློང་དུ་ཕྱིན་པས་ཆུ་མ་སྟེར་ཁྲིན་པ་ལ་ལོང་ཟེར་ཁྲིན་པའི་འཁོར་ལོ་བསྐོར་བས་ཆུ་སྟེང་དུ་ཐོན་ལ་ཁད་དུ་ཡོད་ཙམ་ན་ལག་པ་འཁྱག་པས་འཁོར་ལོ་ཕྱིར་ཤོར། འཁོར་ལོའི་ར་ཡ་ཅིག་ལྟན་དུ་བརྒྱབ་པས་ས་ལ་འགྱེལ། བརྒྱལ་སང་ཙན་སྡེ་པའི་གཡོག་པོ་ཀུན་གྱིས་ཟེའུ་བཅག་ཟེར་ནས་ལ་ལས་རྡུང་ཤིན་སྣང་། བཙྐེ་ཆེ་བ་ཅིག་གིས་རྡུང་དུ་མ་བཅུག་དེ་ནས་དཀར་པོ་དགོན་དུ་སློབ་དཔོན་ཡར་ལུང་བའི་ཅན་དུ་ཕྱག་འཚལ་དུ་ཕྱིན། ཕྱག་རྟེན་དུ་རྡུ་རག་ཤའི་ཕྱེད་འཕྲེང་ཅིག་ཕུལ་ནས་འཛལ། ཉང་པོ་ཅིག་དང་ངེད་གཉིས་ལ་ཧྲ་ཆུང་ནག་པོ་ཅིག་དང་ཧྲ་སྣ་ཅིག་ཕྱག་པེ་ཅིག་དང་གསུམ་གནང་། ནང་པར་མཇལ་སྐབས་འགྲོ་ཞུས། ཁྱོད་སུའི་སློབ་མ་ཡིན་གསུངས། ང་བླ་མ་སངས་རྒྱས་སྒོམ་པ་དང་བླ་མ་ཞང་གི་སློབ་མ་ཡིན་བྱས། ཁྱོད་ལ་གཟེར་ལྔ་དང་ཆོས་སྐྱོང་གིས་སྐྱབ་ཐབས་དང་། དཔལ་བདེ་མཆོག་རང་བྱིན་གྱིས་བརླབས་པའི་སྒྲུབ་ཐབས་ཨེ་ཡོད་གསུངས། ཡོད་བྱས། འོ་ན་ཧྲ་སྣ་དེ་དང་ཕྱིང་པ་དེ་ཁྱོད་ཀྱིས་ཟུང་། ཧྲ་ཆུང་གི་ཕྱེད་ཉང་པོ་དེ་ལ་བྱིན་གསུངས། ཁྱོད་རང་སོད། སང་འགྲོ་ཙ་ན་ཧྲ་དང་གོས་བྱས་ལ་བཏང་གསུངས་བས་བསྡད། ཀུར་ནང་ན་བཞུག་ཤིང་སྣང་བ་ལ་ནང་ཅིག་ཤོག་གསུངས་ནས་ཇ་ཐུང་འགའ་ཕྱུགས་ཀྱི་རྐང་ཡ་སྤྱི་མེད་པ་ཅིག་མར་དྲོད་པ་ཅིག་གནང་ནས། དཔེའ་ཀུན་སློབ་དཔོན་ལ་ཕུལ་གསུང་བས་ཕུལ། དེ་ནས་འབྲུག་ལོ་ཟླ་བ་བཅུ་གཉིས་པའི་ཆོས་བཅོ་བརྒྱད་ཀྱིས་ནུབ་མོ་སྤྱིལ་པོ་ཅིག་ཏུ་གཟིམས། ནམ་སྲོད་འཁོར་ཙམ་ན་ས་གཡོས་ཆེན་པོ་གཅིག་བྱུང་བས་ཡར་བཞེངས་ཙམ་ན། སྤྱིལ་པོའི་ནང་ན་འོད་དཀར་ལྷེམ་མེ་སྣང་། བལྟས་ཙན་མདུན་ན་ཁྲི་བོའི་རྒྱལ་པོ་ཧྲ་མགྲིན་བཞུགས་ནས་སྣང་བའི་ཞབས་གཉིས་ཀྱི་ལོང་བུ་མས་ཆད་ས་འོག་ན་སྣང་། དེ་ནས་གསོལ་བ་བཏབ་ཆོས་གསུངས་པའམ་གཞན་གྱིས་རྣམ་པ་མ་བྱུང་གསུངས།

དེ་ནས་སོས་སུ་སོང་བ་དང་སློབ་དཔོན་གྱི་རྒོན་པ་ཙོང་ཀ་ཉིན་གྱི་ཏྲེ་རོང་དུ་འོངས་ནས་བཞུགས། དཀར་པོ་དགོན་ནས་ཏྲེ་རོང་དུ་འོང་བའི་ལམ་ཀར་འབྲུམ་པ་ན་ནས་ཞང་ཕྱུག་ཏུ་བསྡད། འབྲུམ་པའི་ཚད་པས་སྣང་བ་འཁྲུལ་བ་བཞིན་དུ་སོང་ནས་རྒོན་པ་བཟུང་ནས་གར་སྡོད་དེ་རྣམས་ན་

དུས་ཀྱི་སྣང་བ་ལ་བྱུང་། ཕྱིས་དེ་ཁོ་ན་བཞིན་དུ་བྱུང་གསུངས། གཤེན་ལུགས་ཀྱི་ལམ་འབྲས་ཀྱི་བཅོམ་ལྡན་འདས་བདག་མེད་མའི་བྱིན་བརླབས་ཅིག་ཀྱང་གནང་། རྡ་ཆུང་ཡོད་པ་རི་ལ་འཚོས། ཏེ་རོང་གི་རི་མཐོང་བོའི་མགོ་ནས་ཅོང་ག་ཉིན་སྲིབ་ཀྱི་རི་ཡོ་མཐོང་བར་སྣང་། རི་མགོ་ནས་སྤྱིད་ལྷ་རི་དཀར་པོ་དང་། བྲག་བརྩེ་མོ་དང་། ཡུལ་བདག་དང་ཡུལ་མི་ཐམས་ཅད་ལ་སྨོན་ལམ་བཏབ། ཕྱིས་དེ་དག་ཐམས་ཅད་ཡོན་བདག་དང་གནས་པོར་གྱུར་གསུངས། དེ་ནས་སློབ་དཔོན་དེ་པོ་བ་ཞ་ཕུན་བཞུགས་པ་ལ་ངེད་དབུས་པ་འགའ་ཕྱག་འཚལ་དུ་སོང་། མི་འགས་སྐྱབས་འགྲོ་ཞུ་ཤིན་སྣང་བས་དེའི་ཞོར་ལ་སྐྱབས་འགྲོ་ཞུས། ཆོས་ཀྱི་གླིང་གླང་བྱས་པས་ཤིན་ཏུ་མཉེས་པར་བྱུང་། ཁྱོད་འདི་ཚུགས་འཁྲུམ་པར་མི་འོས་པར་སྣང་བ་ལ་གསུངས། ཁྱོད་ངའི་འདིར་སྡོད་ཆོས་སློ་བ་གྱིས། འཁོར་ཀུན་ལ་ཡང་ཆོས་འབྲེལ་གྱིས་གསུངས་པ་ལ་དེ་ར་བ་བསྡད། ཡང་སློབ་དཔོན་ཡར་ལུང་བའི་རྒྱར་བསྡད་ཙམ་ན་ཁྱོད་ལ་ཆོས་སྐྱོང་གི་སྒྲུབ་ཐབས་ཅི་ཡོད་ཕུལ། མ་ཕུལ་ན་དམ་ཚིག་མེད་པ་ཡིན་གསུངས་ནས་དམ་ཚིགས་ལ་བསྐོར་བས། དེར་ཆོས་སྐྱོང་སེང་གདོང་གིས་སྒྲུབ་ཐབས་ཕུལ། ཡང་ནང་ཅིག་ཞོག་དང་གསུངས། སོང་ཙམ་ན་ཆུ་སྣ་དང་བྲིང་མ་ཁྲད་པའམ། གཙོས་པ་དང་ཤེད་མ་བྱེ་བ་རུ་འདབ་འཁྱེར་པ་ཟེར་བ་ཅི་ཡིན་གསུངས། དེ་ཀུན་དཔེའ་ཡིན་བྱས་ནས་ཞུས་པས་མཉེས་ནས་ཧ་ཕུའི་སྐྲ་འགག་ཅིག་སྐྲ་ལས་ཕུད་ནས་བསྐོན། ད་ལེང་ཙུར་འགྲོ་བྱས་ནས་ཞུབ་ཕུལ་བ་ལ། རབ་ཅིག་ཡོང་པ་གླར་སོང་། འབྲིང་ཅིག་ཡོད་པ་ཚར་རྩེ་འཛིའི་བླ་མཆོད་གྱིས། ཐ་མ་ཅིག་ཡོད་པ་ལེང་ཙུར་སོང་གསུངས། དེ་སྐད་མི་གསུངས་བར་ཞུ། ཅེས་ཀྱང་བྱང་ངོས་སུ་འགྲོ་ཞུས། དེ་ནས་བྱང་ངོས་སུ་ཕྱིན་པས། ཇོ་ལག་ཏུ་ལྷ་རྗེ་ནད་སེལ་གྱིས་ཞོལ་བཏབ་ནས་ལྷ་ཆུང་རྐྱོན་དུ་མདོ་སློམ་དང་ལྷན་ཅིག་ཏུ་བཞུགས།

འཚོ་བ་ཞན་ནས་བཀྲེས་པར་བྱུང་བས་གདུང་སེབ་ན་ལོ་མ་སྙིང་པ་གླ་སྣང་བ་ཐབ་ནས་འདི་འོ་སློལ་ཕྱེ་ཐུག་ནང་དུ་བཏབ་ནས་འཐུང་དགོས་བྱས། སེར་པོ་ཕྱིར་བསལ་ཙམ་ན་དེ་བསལ་མི་དགོས་ཁ་ལེབ་པ་ལ་བམ་གཙོའ་ཟེར། ཉིན་གཅིག་ལྷོ་ཆེ་བཤེས་ནས་ཟད་གཉིས་དྲང་། རྒྱུག་རབ་ཡིན་ན་ད་སོང་བྱ་བའི་བརྡའ་ཡིན་བྱས་པས་ངེ་ག་ལ་ཟེར། ཉིན་གཅིག་ཁོའི་ཧྲད་པ་ཐོག་ནས་ཉེས་ཟེར་བས་ཡག་པར་མཉེས་ནས་བྱིན་པས་རྒྱ། འབྱུན་སློམ་གྱི་ནས་ཡེལ་གང་ཕུལ། དེ་ནས་བཟའ་རྒྱུ་རྐྱོན་པས་བཀའ་དམ་པའི་ལྷ་རྗེ་སྨན་ཆུང་བ་བྱ་བས་བོས་ནས་ཁོང་ཅན་དུ་བླ་བ་གཅིག་བསྡད། ཆོས་གོས་རྙིང་

པ་གཅིག་ཀྱང་བྱིན་དེར་བཀའ་གདམས་པ་རྣམས་ཀྱིས་ནང་དུ་བསྡད་པས། གཉིད་ལོག་པའི་དུས་སུ་ཕྱི་རོལ་ན་ཅི་ཡོད་པ་མཐོང་བ་ཅིག་ཡོད་པ་ལ་དེར་བསྡད་པས་མེད་པར་སོང་། ཉན་ཐོས་ནང་དུ་ཞག་བདུན་འདས་བྱ་བ་དེ་མད་པར་སྣང་གསུངས།

དེ་ནས་ཡང་ནད་སེལ་གྱིས་བོས་ནས་ལྷས་ཆུང་དུ་དགོན་པ་བྱས་ནས་དེར་བཞུག །དེར་ནད་པ་དང་ལ་ཕན་པར་བྱུང་། མར་འབུལ་མི་མང་པོ་བྱུང་། དེ་ནས་གཱ་ཆུ་ནས་སྐྱལ་རོང་བྱ་བ་ཆོས་ཀྱང་མང་པོ་ཤེས་པ་བཙུན་པ་ཕྱུར་བུ་གོན་པ་ཅིག་གཉིས་བྱུང་། དེའི་འཁོར་རིན་ཆེན་སེང་གེ་ཟེར་བ་ཅིག་བྱུང་། དེར་ཁོང་རང་གཉིས་ཀྱིས་ཆོས་ཞུས་པས་མདོའ་འདན་གཉིས་ཀྱི། བཙུན་པ་འདི་ཀུན་གྱིས་ཀྱང་ཆོས་ཞུ་ཤིན་སྣང་ཟེར་ནས། ཁོང་རང་གཉིས་ཀྱིས་ཀྱང་ནས་ཡེ་ལ་བུ་དང་མར་ལོག་འགའ་རེ་ཕུལ་ནས་ཆོས་ཞུས། དེ་ནས་མར་མང་པོ་རྙེད་པས་སློབ་དཔོན་ཡར་ལུང་བ་ལ་ཡང་འབུལ་སྙམ་ནས་ཕྱིན་ཙམ་ན་ལམ་དུ་ཇ་པ་ཁྲི་ཐན་ཤོག་དམར་བྱ་བ་ཅིག་དང་ཐུགས་པས། ཇ་དང་མར་བརྗེས་ནས་ཇ་ཕུལ། ང་བྱུང་ངོས་སུ་འགྲོ་བ་ཡིན། སློབ་དཔོན་ལ་ཕྱག་འཚལ་དུ་འོངས་པ་ཡིན་བྱས་པས། ཅི་ལ་སེའི་ཕྱམ་ཅེ་མནབས་འཕྲོ་ཅིག་གནང་ནས་འགྲོ་ཀར་ང་དང་མ་འཕྲད་པར་མ་འགྲོ་གསུངས། འགྲོ་ཙམ་ན་རྟ་དང་བསྐྱོན་ནས་གཏོང་བ་ཡིན་གསུངས། དེ་ནས་བླ་མ་ཧྲི་བོ་བྱ་བ་རྟ་བེས་མགྱོགས་པ་ཅིག་ཡོད་པས་རྗེ་བཙུན་མ་ལྷ་ལྷའི་དབང་བསྐུར་ཅིག་ཞུས།

ལུག་ལོ་ཟླ་བ་གཅིག་པའི་ཚེས་བཅོ་བརྒྱད་ཀྱི་ནུབ་མོ་རྫོང་མགོ་བ་དང་མདོ་སྒོམ་གཉིས་འཐབ་པས། མདོའ་སྒོམ་ན་རེ་དབུས་པ་ལ་ང་བརྟེན་པ་མེན། དབུས་པ་ང་ལ་བརྟེན་པ་ཡིན་ཟེར། དེར་ཉལ་སར་སོངས་བས་རྒྱད་པོ་འདི་འདྲ་བས་འདི་སྐད་ཟེར་བ་སྙམ་ནས་ཨེན་ཅིག་དྲུས་ནས། བླ་མ་ལ་མནྡལ་ཕུལ་གསོལ་བ་བཏབ་པས་ཞལ་ནས་བསྡད། དེར་རྨི་ལམ་ཟིན་པས་བླ་མ་རིན་པོ་ཆེ་འབའ་རོམ་པའི་སྤྱན་སྔར་ཕྱིན། མཇལ་བས་དེ་ཙམ་ཡི་མུག་མི་དགོས་གསུངས། དཔེའ་ཅིག་གནང་ནས་འདི་ཁྲེར་ལ་འཁམས་སུ་སོང་དང་། སེམས་ཅན་འདི་ཙམ་ལ་ཕན་ཐོགས་པ་ཡིན་གསུངས་ནས་འཁམས་སུ་ཕྱིན་པ་རྨིས། དེ་ནས་ཕྱིར་འགྲོ་ཀར་རྫོང་སྒོ་པ་དང་ངེད་གཉིས་སློབ་དཔོན་ཡར་ལུང་བ་ཅན་དུ་ཕྱག་འཚལ་དུ་ཕྱིན། མཇལ་ནས་འགྲོ་བར་ཞུས་ཙམ་ན། མོང་ཡོག་རྗེའུ་འབུ་ཡོང་། མི་གཞན་ཕུད། སློབ་དཔོན་པ་ལ་ཆང་ཁམ་ཅེ་གང་དྲངས། ང་ལ་ཇ་བྱའོ་གང་དྲང་ནས་ཁྱོད་བྱང་དུ་མ་འགྲོ། ལྷེའུ་རུ་ཕེ་འཛོམས་ཀྱང་ཡོན་བདག་བྱེད་ཟེར། ངས་ཀྱང་ཡོན་བདག་བྱེད་པ་ཡིན་གསུངས། སློབ་

དཔོན་པས་ཀྱང་མ་འགྲོ་ཡོན་བདག་འདི་ལས་བཟང་བ་མེད་གསུང་བ་ལ་མ་བསྟུད། ཉི་ཤུ་ལྔའི་ཉིན་པར་ཤད་ཀྱི་ཕྱིན་པས་ཉི་ཤུ་དགུའི་ཉིན་པར་ཛ་ཀྱུ་མེར་དུ་བླ་མ་རས་ནག་ཅན་དུ་སླེབས། དེ་ནས་ཕང་སེང་སྟག་གིས་གདན་དྲངས་པ་ལ། དེ་བར་དུ་ཛ་ཀྱུ་མེར་དུ་བཞུགས་ཉ་ལ་བྱོན་ཟེར། དེ་ནས་ཆོས་གསུམ་གྱི་ནུབ་མོ་ནམ་མཁའ་ནས་སྒྲ་ཅིག་བྱུང་ནས་ཆོས་བཅུ་གསུམ་བར་དུ་འདི་ནས་མ་འགྲོ་ཅིག་ཟེར། ཆོས་བཅུ་གསུམ་གྱི་དགོངས་མོར་སོང་ཙམ་ན་གཞན་སྟོན་བྱ་བ་བྱུང་། བླ་མ་རིན་པོ་ཆེ་ཡར་ལུང་བ་མི་ཉག་རྒྱལ་པོས་འགར་གདན་དྲངས། ཁྱོད་གདན་སར་སྐྱོ་ཟེར་བ་ལ་གདན་འདྲེན་མི་སོང་བ་ལ་ད་རུང་ཡང་མ་སོང་སམ་ཟེར། འོན་ཆོས་བཅུ་གསུམ་ལ་སྟོད་ཟེར་བ་འདི་ཡིན་པར་སྣང་སྙམ། གདན་ས་དེར་སྟོད་མི་འདོད་པས་ལྷ་ཧྲིར་འགྲོ་སྙམ་ནས་ལིང་ཙུར་སོང་། དེར་འབོད་མི་སླེབས་པས་ཡང་ཅོང་ཀར་སོང་། ཉི་ཤུ་གཅིག་ལ་ཐང་ཚང་དུ་སླེབས་ཙམ་ན། སློབ་དཔོན་པ་བཞུད་ནས་སྣང་། ཉི་ཤུ་གཉིས་ཀྱི་ཉིན་པར་གོ་རར་གདན་དྲངས་ནས་དགེ་འདུན་གྱིས་བསུ་བ་ཆེད་པོ་བྱས། ཉི་ཤུ་བཞིའི་ཉིན་པར་ཆོས་ཁྲི་ཆེན་པོ་བརྩིགས་པ་ལ་བཞུགས་སུ་བཅུག་ནས། དགེ་འདུན་ཉིས་བརྒྱ་ལྷག་ཙམ་གྱིས་ཆོས་ཞུས། དེ་ནས་གདན་ས་དངོས་སུ་ནི་མི་བསྟད། ཟུར་དུ་བསྟད་ནས་དགེ་འདུན་ལ་ཆོས་བཤད་པ་དང་ཁྲིད་བྱས། ལོ་གཅིག་ལྷག་བཞུགས་ནས་ཁྱོད་རང་གཞན་དུ་རྒྱུ་ཤིང་འཛོམ་སར་དགོན་པ་ཟུང་གསུང་པའི་བཀའ་ཡིག་བྱུང་།

དགུང་ལོ་སུམ་ཅུ་རྩ་བདུན་བཞེས་པའི་སྤྲེའུ་ལོ་ཟླ་བ་ལྔ་པ་ལ་དཔོན་གཡོག་གསུམ་བྱས་ནས་ཀམ་ཙུར་སོང་། ཀམ་ཙུ་ཀྱུ་རུབ་བྱ་བར་དགོན་པ་བཟུང་བར་བྱས། ལྷ་ཧྲི་བ་ལ་ཕྱག་འཚལ་དུ་སོང་། འདུལ་འཛིན་གྲུགས་ཤེས་སྣམ་སེར་ཅིག་ཕུལ། ཡིད་བཞིན་གྲུག་ཤེས་ནས་འཇག་གསུམ་ཕུལ། དགེ་བའི་བཤེས་གཉེན་གཙང་སོ་བས་ཕྱེ་ཡ་དོ་ཕུལ། དེའི་སྔོན་དགེ་བའི་བཤེས་གཉེན་རྩང་སོ་ཧེ་ཞིས་ནས་འཇག་བརྒྱ་དང་བརྒྱད་ཕུལ། ཞག་ཀོ་གཉིས་ཀྱིས་ནས་འཇག་བརྒྱ་དང་གཉིས་ཕུལ། དེ་ནས་དེའུ་ཀྱུ་ཅིའི་ལྷ་ཁང་གིས་ས་ཆོག་བྱེད་པའི་དུས་སུ་བུམ་པ་གཅིག་བཅས་དེའི་ནང་དུ་ཧཱུྃ་ཐུགས་རྗེ་ཆེན་པོ་བསྒྲིད་ནས་བཟླས་པ་བྱས་པ་ལ། བུམ་པའི་ཁ་རྒྱན་གྱི་ཤིང་ལ་མེ་ཏོག་སྐྱེས་པ་དང་། བུམ་པའི་རྒྱུ་ཡར་ལ་གྱེན་དུ་སོང་ནས་ཤིང་གི་རྩེ་མོར་སོང་ནས་མར་ལ་ཐིག་པ་མི་ཀུན་གྱིས་མཐོང་བར་བྱུང་བ་ཡིན། རབ་གནས་བྱེད་པའི་དམིགས་པ་བསལ་བ་དང་། ཇོ་བོ་ཐུགས་རྗེ་ཆེན་པོས་བྱིན་གྱིས་བརླབས་པ་ཡིན། དེ་ནས་དགོན་བཟུང་བ་ལ་ཟླ་བ་རབ་ཏུ་བྱུང་བ་བཞི་བརྒྱ་ལྷག་འཚོགས། ཆོས་དང་

གཞན་དོན་འཕེལ་བར་བྱུང་། དེ་ཙམ་ན་སློབ་དཔོན་པས་གསན་པས་ཧྲ་ཧི་བ་ལ་ཡི་གེ་བསྒྱུར་ནས
དེར་མ་འཛོག་གསུང་ཡང་ཅོང་ཀར་སོང་། དབྱར་པ་བྱ་བར་དགོན་བཟུང་། གྲྭ་པ་མང་པོ་འཚོགས
པས་ཆོས་ཀྱིས་མི་ལ་ཕན་པར་བྱུང་། དེའི་དུས་སུ་དགེ་བཤེས་པོང་དབུས་པ་ན་རེ་རྗེ་རིན་པོ་ཆེའི་སྐུ
ཁམས་མ་བདེ་ཟེར། ལ་ལ་ན་རེ་བཞུགས་ཟེར་ལ་ལས་མི་བཞུགས་ཟེར། འོན་འདས་པར་སྣང་སྙམ
ནས་ཡུས་ཀྱིས་བརྣང་ནས། དེ་ནུབ་གསོལ་བས་བཏབ་ནས་ཉལ་ཙམ་ན། རྨི་ལམ་ཟིན་ནས་འབྲི
གུང་དུ་ཕྱིན། སྟར་སྤྱིལ་པོའི་སློ་འབུར་ན་བཞུགས་པ་ཆ་ཡོད་པས་དེར་ཕྱིན། སློ་འབུར་དུ་ལག་པ
བཏང་ནས་ལྟོས་པ་ལ་མི་བཞུགས་པར་སྟེན་མ་འགའ་སྣང་། རིན་པོ་ཆེ་གསེར་ཁང་ན་བཞུགས་པ་ལ
དེའི་འདུན་པ་ཡིད་པས་ཤེས་པར་མ་བྱུང་། སྟར་ཡུལ་མངོན་སུམ་དུ་མ་བྱུང་བ་ལ་རྨི་ལམ་ཡིན་ཡང
ཐོགས་པར་སྣང་། དེ་ནས་མི་ཉག་རྒྱལ་པོས་རྗུལ་ཡིག་པ་བཏང་ནས་ང་འབོད་དུ་བྱུང་། ཁམས་མ
བདེ་བས་གར་མ་སོང་། ཕྱི་ནས་རྒྱལ་པོ་འཕགས་པ་ཤེལ་བྱོན་པས་ཧྲ་ཧིར་ཕྱག་འཚལ་དུ་བྱོན་ནས།
ཡང་འབོད་མི་བྱུང་བས་ཀམ་ཙུར་ཕྱིན། སླར་འགྲོ་མི་འདོད་གྲྭ་པ་སྐྱོང་འདོད་པས་མཤན་བུས་དབུ་སྐྲ
ལ་ལ་བྲེགས། ལ་ལ་མ་བྲེག་པར་ཕྲུམ་ཅེ་ལྡན་པ་ཅན་གཅིག་གོན། མཐོང་ཙམ་ན་མི་སྡུག་པར་བྱས
ནས་ཕྱིན། སླེབས་པ་དང་ཧྲ་ཧི་བས་བེ་འདུལ་ཧི་ཞི་ཙན་དུ་འོང་ཟེར། སློབ་དཔོན་ཡར་ལུང་པ་དང
དཔོན་སློབ་ཡིན་པས་དམ་ཚིག་བསྲུང་བས་དེར་ཕྱིན། སློབ་དཔོན་པས་རྒྱལ་པོ་དང་མཇལ་བའི་སྣ
བོ་བྱས་པ་ལ་ལོ་ཙྪ་བ་མེད་པ་དང་། རྒྱལ་པོ་དང་ང་གཉིས་དར་གཅིག་ལྷན་དུ་བསྡད་པ་དང་གླིང
གླངས་ནི་མ་བྱུང་། དེ་ནས་རྒྱལ་པོ་འགར་བཞུད། ངེད་ཡར་གྱུ་རུབ་དགོན་དུ་ཕྱིན། བཀའ་བརྒྱུད་བླ
མ་རྣམས་དང་། ཡི་དམ་མཁའ་འགྲོ་རྣམས་དང་། ཆོས་སྐྱོང་སྲུང་མ་རྣམས་མཉེས་པས་བསྒྲུབ་བྱས
ནས་ནམ་མཁའ་འཇའ་དང་འོད་ཀྱིས་གང་བར་བྱས། དེར་ཟླ་བ་གཅིག་བཞུགས་ནས་ལིང་ཙུར་སོང་།
དེའི་ཡུལ་བདག་རྣམས་ཀྱིས་ཞར་ཀུ་གོང་ག་མས་ཆད་དུ་འཇའ་འོད་ཀྱི་རྒྱུན་མ་ཆད་པར་བསྐྱལ།
ལིང་ཙུའི་ཡོན་བདག་རྣམས་ཀྱིས་བསུ་བ་ཆེན་པོ་བྱས། དེ་ནས་གཡང་སྤྱི་ཞིང་གྱིའུ་རྒོན་དུ་ཟླ་བ
གཅིག་བཞུགས། འགུ་ཧི་ལོ་ཙྪ་བ་དང་མེ་ཉག་གི་ཆོས་མང་པོ་འཚོགས། དེ་ནས་གཞིང་ཧྲ་བྱ་བའི
དགོན་པ་གཅིག་ཡོང་ཟེར་བ་ལ་ལྟར་ཕྱིན། རྐོན་པ་ལ་ལྟར་འགྲོ་བའི་ལམ་དུ་མུ་སི་ཚེ་ཤི་སྟེ་ལ་བསྡད
ཙམ་ན། ནུབ་མོ་རྨང་ལམ་དུ་གཞིང་ཧྲའི་དགོན་པ་ཡོད་ས་དེ་ན་ཉི་མའི་དཀྱིལ་འཁོར་གཅིག་ལ་འོད
ཡམ་ཡམ་པ་གསུམ་གྱི་བསྐོར་བ་ཡོད་པ་གཅིག་རྨིས། དེ་ནས་དགོན་པ་མཐོང་སར་སླེབས་པ་དང་།

ཆིབས་པ་ཞལ་ནས་འགྲོ་མ་ཉན་པས། འོན་འདིར་བསྡད་དུ་ཉན་ནམ་སྙམ་པ་བྱུང་། དེ་ནུབ་དགོན་པ་དེའི་མདུན་ཉིན་ རྐོན་བུ་བར་ཞལ་ནས་བསྡད་ཙམ་ན། རྨི་ལམ་དུ་མདའ་ནས་གདུགས་སྟོན་པོ་གཅིག་འབུལ་བ་བྱུང་། ཕྱི་ནས་ཆོས་འཁའ་འབུལ་བ་བྱུང་། ཕྱི་ནས་དེ་ཁོན་བཞིན་དུ་བྱུང་གསུངས། བྱི་བ་ལོ་ཟླ་བ་གསུམ་པའི་ཚེས་གསུམ་ནས་དགོན་པ་དེ་བཟུང་ནས་ལོ་ཕྱེད་དང་གསུམ་ནས་གྲྭ་པ་ཉིས་སྟོང་ལྷག་རེ་ཙམ་འཚོགས་ནས་འདུག་ཙམ་ན། དགེ་བཤེས་བློ་ནེས་དམུ་སི་ཐ་ཧུ་སྟེ་ལ་གདན་འདྲེན་པའི་དུས་སུ་དེ་ནུབ་རྨང་ལམ་ན་བླ་མ་རིན་པོ་ཆེ་འབའ་རོམ་པས་ཚོགས་ཀྱི་འཁོར་ལོ་གཅིག་མཛད་པའི་གྲལ་དུ་མགུར་བཞེང་ཕྱིར་ཉིན་དགེ་བཤེས་བློ་ནེས་གདན་དྲངས་སར་ཕྱིན་ནས། ཞག་མང་པོར་ལ་དབང་བསྐུར། ཚོགས་འཁོར་མཛད་པ་ཡིན། ཡང་གླང་ལོ་ཟླ་བ་བཅུ་པ་ལ་རྒྱལ་རྒྱུད་དཀོན་མཆོག་ཚུང་བས་གདན་དྲངས་ནས་འདུག་ཙམ་ན། ནུབ་གཅིག་གི་རྨང་ལམ་ན་རྒྱལ་རྒྱུད་རྟུལ་ཡིག་པ་འོངས་ཟེར། མདུན་དུ་ཕྱིན་ཙམ་ན་རྟུལ་ཡིག་པར་སྣང་། དེར་དགེ་སྦྱོར་གྲལ་དུ་བསྡད་ཙམ་ན་མདུན་ན་གསེར་ཁྲབ་གོན་ནས་རྒྱལ་པོ་ཆེན་པོ་རྣམ་ཐོས་སྲས་སུ་སྣང་། ཕྱི་དེ་ཉིན་པར་རྒྱལ་རྒྱུད་ཧུ་ཙུ་བྲུ་བས་རྟུལ་ཡིག་བཏགས་ནས་ཡོངས་པས་མཇལ། ཕྱི་ནས་དེ་ལ་རྒྱལ་པོར་མངའ་གསོལ་བས་སྤྱང་ང་རྒྱལ་རྒན་ཡིན། ཡང་སྟག་ལོ་ཟླ་བ་གཉིས་པའི་ཚེས་བཅོ་བརྒྱད་ཀྱི་ནུབ་མོ།

རྒྱལ་པོ་རྣམ་ཐོས་སྲས་ལིང་ཚུང་མཁར་གྱི་བྱང་ཕྱོགས་ལ་བསྐོར་ནས་ནུབ་ཕྱོགས་ན་སྤྱང་ངཪ་ཧོ་བསྐོས་ནས་ཡོང་པ་ཅན་དུ་བཞུད། ངའི་ཀ་བ་ཁྲ་བོ་ཞིག་ནས་ཡོང་དེ་གསོའ་རྐོས་པས་ཟེར་ནས་དྲག་པོར་བཞུད་པ་ཅིག་རྨིས། དེ་སྤྱང་ངཪ་ཧོར་འབྲིན་པ་ལ་ལྷ་བར་སྣང་། དེ་ནས་ཀ་བ་ཁྲ་བོ་ཡང་གསོས་པ་ཡིན། ཡང་སྟག་ལོ་ཟླ་བ་གཅིག་པའི་ཚེས་གཅིག་ལ་དགེ་སྦྱོར་གཅིག་བྱེད་པའི་དུས་སུ་གུར་གཅིག་ཏུ་དགེ་བའི་བཤེས་གཉེན་སྒ་དང་མི་ཆེན་མང་པོ་ལྷན་གཅིག་ཏུ་འདུག་པའི་དུས་སུ། ཚ་རི་ཁྱེར་མི་བུ་བྱུང་ནས་ལྷ་འོར་དུ་མུ་རུའི་དམག་འོང་། ངའི་ཕ་དེ་ན་ཡོད། རིན་པོ་ཆེས་བསྲུང་བ་གྱིས་ཟེར། ཧོར་གྱི་རྒྱལ་པོ་དེ་མུ་རུ་ཟེར་བ་ཁོའི་མིང་ཐོས་པ་དང་། ལུས་པོ་སྦྲིང་ཧྲིང་གིས་སོང་། སྙིང་ཚ་ཀམ་གྱིས་སོང་ནས་དྲན་པ་མེད་པ་ཅིག་བྱུང་། འོན་འདི་མི་ཉན་པ་ཅིག་འདུག་གམ་སྙམ་ནས། འབྱུང་བའི་རྟེས་བྱས་པ་ལ་ཡང་མ་བཟང་། རླུང་རྟེས་བྱས་པས་ཀྱང་མི་བཟང་བར་བྱུང་། དེའི་དུས་སུ་བརྟག་པ་བྱས་པས་རྒྱལ་ཁམས་ལ་གནོད་པར་སྣང་བས་དེ་ན་འདུག་པའི་མི་རྣམས་ལ་ཁྲེད་རྣམས་འདི་ཡིད་ལ་ཟུང་དང་། ཕྱིས་རྒྱལ་ཁམས་ལ་གནོད་པ་ཡོང་བར་སྣང་བྱས། རྒྱལ་ཁམས་འཚོར་བ་

ཞེས་པར་བྱུང་བ་ལ། ཁྲིམས་ཀྱིས་བློ་བར་དཀའ་བས་མ་བཟླས་གསུངས། ཡང་སྟག་ལོ་ཟླ་བ་གསུམ་པའི་ཚེས་བཅུ་གསུམ་གྱི་ཉིན་པར་ཟེ་ཕུ་རིར་གདན་འདྲེན་མི་གཅིག་བྱུང་བས་ལིང་རྩུ་མཁར་གྱི་ཤར་ཕྱོགས་ན་ཕར་སོང་ཙམ་ན། མཁར་གྱི་མགོ་ལ་མི་ཐམ་པ་ནམ་བར་སྣང་། རྩན་ཡོད་པ་ཀུན་ལ་མཁར་སྒོ་ན་མི་འདི་ཙམ་ཅི་བྱེད་པ་རེད་བྱས་པ་ལ་ཁོང་གིས་མ་མཐོང་བར་འདུག །མི་མ་ཡིན་གྱིས་མཁར་སྒོ་བཟུང་བར་སྣང་། ཁོང་རྒྱལ་པོ་རྗེ་བའི་གྲོས་རོག་ཏུ་བྱས་ནས་ཡོད་པར་སྣང་བ་ལ། ཁོང་ན་རེ་མ་དང་སྨི་ལམ་ན་ཕྱུག་རོན་གཉིས་ནམ་མཁའ་ལ་བདུད་རྩི་བྲུམ་པ་གང་ཕར་ཐེན་ཚུར་ཐེན་བྱེད་ཤིན་སྣང་བ་ལ། དེ་དེ་ལ་དྲི་དགོས་སྙམ་ཙམ་ན། དེ་ཧེ་ཅི་ཡིན་ཟེར། དེ་འོ་སྐོལ་གྱི་རྒྱལ་པོས་ཕྱུག་རོན་རྣམས་ལིང་ཙུར་སྒྱུག་པས་བྱ་རྣམས་མ་ཆག་ནས། འོ་སྐོལ་གྱི་ལོགས་སྤྱོད་ལ་གནོད་པ་ཅིག་འོང་བ་མ་ཡིན་ནམ་བྱས། ཁོང་ཆག་བས་ཕྱུག་ནས་ཅང་མི་ཟེར། ཚེས་བཅུ་བཞིའི་ནུབ་མོ་གདན་འདྲེན་རྣམས་ལ་དབང་བསྐུར་བྱས། བཅོ་ལྔའི་ཉིན་པར་ཡང་ཐོན་ན་སླེབས། མ་སླེབས་པས་ལམ་དུ་ཉལ་ཙམ་ན་སྐར་མ་སྡར་ཡོད་པ་ཅིག་དང་སྡར་མེད་པ་ཅིག་དང་གཉིས་མེ་སྟག་དམར་ཁྲ་ལ་ལ་འཛིང་ཞིང་འདུག །ཚེས་བཅུ་དྲུག་ལ་དགོན་པར་སླེབས། ཚེས་བཅུ་བདུན་གྱིས་ཉིན་པར་ཚོན་ཐ་ཧུ་དང་། ཚོན་ཧྣ་ཧུ་དང་ལིང་ཐ་ཧུ་དང་། ཁོང་གསུམ་གྱིས་མགོ་བྱས་མི་ཆག་རྣམས་ཀྱིས་སྤྱང་ཤོ་ཧོ་དོ་གོན་ན་ཡོད་པ་གདན་དྲངས་ནས། ལིང་ཙུ་ཆེར་ཁབ་ཏུ་བཞུགས་སུ་བཅུག །ལྷའི་གདུགས་སེར་པོ་གཉིས་ཕུལ། ཁྲོད་རྒྱལ་པོར་འབྲིན་པ་ཡིན་ཟེར་ནས་ཐམས་ཅད་ཀྱིས་ཞུ་བ་བྱས་པར་སྣང་།

ཚེས་བཅོ་བརྒྱད་ཀྱིས་ཉིན་པར་རྒྱལ་བརྒྱུད་གཤན་ཤི་འབོད་དུ་ཡོངས་ཉི་ཤུ་གཅིག་ལ་ཕྱིན། ཉི་ཤུ་གཉིས་ལ་རྒྱལ་པོ་དང་མཇལ། སྨོན་ལམ་བཏབ། རྒྱལ་པོས་ང་ལ་ལས་ཀ་ཅེན་འཛེ་བྱིན། དེ་ནས་ཨེན་ཅིག་སྟོད་ཟེར་ནས་རྒོད་ཀར་སོང་ཙམ་ན་ལས་ཀ་གྱུག་ཤི་བྱིན། འཁོར་སུམ་ཅུ་རྩ་གཉིས་ལ་ལས་ཀ་བྱིན། དེ་ནས་ཕྱིར་འོངས་ནས་བྲང་ཁང་གཅིག་ཏུ་བསྡད། དགེ་བཤེས་རྗེ་ལ་དང་འཁོར་རྣམས་ལ་རྒྱལ་པོ་འདིས་ཡུལ་འདི་འཛིན་པར་སྣང་། ཁྱེད་རྣམས་ཀྱིས་གོ་ར་བ་དང་སེང་ཧོ་ཆོས་འཁོར་བ་དང་། མོང་ཡོག་རྗེམ་བུ་དང་ལ་དོ་ལྡོས་གྱིས་ལ་ཡི་གེ་སྐྱུར་བྱས་ནས། ཚད་པས་ངལ་ཨེན་ཅིག་བསོ་བྱས་ནས་ཁོང་ཅོའ་རྒྱབ་ན་ཡི་གེ་བྲི་ཤིན་ཡོད། ངས་སྡུས་ལ་ཨེན་ཅིག་སྡེས་ནས་བསྡད་ཙམ་ན། ད་ཅི་རྒྱལ་པོ་བཞུགས་ས་ཡར་འགྲོ་བའི་གཡས་ཕྱོགས་ངོས་ན། རྒྱལ་པོ་རྣམ་ཐོས་སྲས་གསེར་གྱི་ཁྲབ་གོན་ནས་སྐུ་གཟི་བརྗིད་དང་ལྡན་པར་བཞེངས་ནས་སྣང་། ངས་ཐལ་མོ་སྦྱར་ནས་

སངས་རྒྱས་ཀྱི་བསྟན་པ་དར་ཞིང་རྒྱས་པ་དང་། བླ་མ་རིན་པོ་ཆེའི་ཞབས་ཏོགས་སུ་འགྲོ་ཞིང་སེམས་ཅན་རྣམས་ལ་ཕན་པའི་དོན་རྒྱ་ཆེན་པོ་མཛད་དུ་གསོལ་བྱས། ཆོས་དབང་དང་དཀོན་མཆོག་རྒྱལ་མཚན་གཉིས་ཀྱིས་ཅི་ལགས་ཟེར་བས་གཉིད་སད། ཁོང་ཡི་གེ་བྲི་བ་རྣམས་ལ་ལོ་རྒྱུས་བྱས་ནས། རྒྱལ་པོ་འདིས་རྒྱལ་ཁམས་འཛིན་པར་སྣང་ཁྲིད་རྣམས་སྐྲག་མི་དགོས་བྱས། དེ་ནས་ཉི་ཤུ་བདུན་གྱི་ཉིན་པར་རྒྱལ་པོས་ཤོག་ཟེར་བས་ཕྱིན། ལྷའི་རྒྱལ་པོས་ལྤི་བ་བཏང་དམག་ཆེན་པོ་བསགས་ནས་སྣང་ཟེར་ནས་སྐྲག་ནས་སྣང་། ང་ལ་ད་ཅི་ཙུག་འོང་བར་སྣང་ཟེར་ནས་བློན་པོ་ཀུན་གྱིས་དྲི་བར་སྣང་བས། ད་ལན་རྒྱལ་ཁམས་ཁྱེད་ཀྱིས་འཛིན་པར་སྣང་སྐྲག་མི་དགོས་བྱས། དེ་ནས་སྤྱི་ང་ཅན་དུ་བྱོན་ཟེར་ནས་ཕྱིན། སྤྱི་ང་བྱོན་ནས་ང་ལ་ཕྱག་འཚལ། སྤྱི་ངའི་བཞུགས་སར་ང་བཞུགས་སུ་བཙུགས། སྤྱི་ང་རྒྱལ་རྒོད་ཀྱིས་ཟོག་མང་པོ་བཀྲམ་ནས་དམགས་མང་པོ་བསགས་ནས་སྣང་ཟེར། འོ་སྐོལ་ཡག་པར་ཨེ་འོང་གསུངས་པ་ལ། ད་ལན་རྒྱལ་ཁམས་སྤྱི་ང་ཁྱོད་ཀྱིས་འཛིན་འཛིགས་སྐྲག་མི་དགོས་བྱས། ཀག་གྱིས་ལངས་ནས་ཕྱག་འཚལ། དེ་ཙུགས་ཡིན་ན་ངའི་ཤ་དང་རུས་པ་རྩུན་ཆོད་ཁྱོད་ཀྱིས་ཕྱོགས་སུ་གཏོང་གསུངས། སྤྱི་ངས་དེ་དུས་སུ་མ་བརྗེད་ཅིག་བྱས། རྒྱལ་ཁམས་ཆམ་ལ་ཕེབས་པ་དང་ཆོས་ཞུ་བ་ཡིན་ཟེར། སྤྱི་ང་སྐྲག་མི་དགོས་རྒྱལ་ཁམས་ཁྱེད་ཀྱིས་འཛིན་བྱས་ནས་ང་ཕྱིར་ཕྱིན། དེ་ནས་དཔལ་ཆེན་རྡོ་རྗེ་ཡེ་ཤེས་དང་དེད་གཉིས་ཀྱིས་དམག་བཟློག་གི་དགེ་སྦྱོར་མང་པོ་བྱས། ལིང་རྩུབ་དང་ཙོང་ཀ་བའི་དམག་རྣམས་འགར་སོང་། འགྲོ་བའི་ནང་པར་རྒྱལ་པོ་ཆེན་པོ་རྣམ་ཐོས་སྲས་ཞལ་གཅིག་ཕྱག་གཉིས་པ། ན་བཟའ་སྐུ་མདོག་དཀར་པོ་ཕྱག་ནམ་དུང་རྩེ་གསུམ་བསྣམས་པ། ཞལ་ཤར་དུ་གཟིགས་ནས་སྣང་། དམག་དཔོན་དམག་ལ་འགྲོ་ཁར་ཕྱག་འཚལ་དུ་འོངས་པས། ད་ཅི་ཙུག་འོངས་ངམ་ཟེར་བ་ལ་ཡག་པར་འོངས་བྱས།

དེ་ནས་ཟླ་བ་བཞི་པའི་ཉི་ཤུ་བཞིའི་ནུབ་མོ་རྨི་ལམ་དུ་ལྷའི་རྒྱལ་པོ་དེས་ས་སྟེགས་མཐོན་པོ་ཅིག་ནས་མར་བབས། བརྐྱེ་མང་པོ་ཅིག་གི་ནང་དུ་སོང་ནས་སྲོག་སྐྱོབས་ཟེར་བ་ལ། སྲོག་སྐྱོབས་པར་མ་བྱུང་བས་དེར་ཕར་སོང་། དེའི་ནུབ་མོ་དེ་ཁོ་ན་བཞིན་དུ་འགའི་རྒྱལ་པོ་ཐེན་ཐོགས་ནས་བབས་ནས་རྒྱའི་ཕྱོགས་སུ་སོང་བར་སྣང་། དེ་ཕྱི་དེ་ཉིན་པར་རྒྱལ་པོས་གུ་ཅི་ཅིག་ལ་ཐོད་པ་གཅིག་བསྐུར་ནས། འདི་བཟང་ངན་དུ་འདུག་ལྟོས་ཅིག་གསུངས་པ་ལ། ཐོད་པ་བཟང་བར་སྣང་། མདངས་ངའི་གསེར་ཡིག་པ་འོངས། ཁྱེད་ཀྱིས་གསེར་ཡིག་པ་ཨེ་འོང་བྱས། གུ་ཅིས་རྒྱལ་པོ་ལ་ཞུས་ནས

འདུག །ང་ལ་ཞོག་ཟེར་བས་སྟེར་གྱིས་ལོ་རྒྱུས་རྣམས་བཟླས། དེ་ནས་ཀླུའི་མི་སེ་བྱ་བ་གསེར་ཡིག་བཏགས་ནས་བྱུང་བས། ངའི་རྨི་ལམ་དེ་ཁོ་ན་བཞིན་དུ་བྱུང་བར་སྣང་གསུངས། ངས་འདི་ཚོ་ཤེས་པ་དེ་མངོན་པར་ཤེས་པ་མེད། རྨི་ལམ་ཟེན་པའི་དུས་སུ་ཅི་ལྟ་བ་བཞིན་དུ་རྨི་བ་ཡིན་གསུངས། བླ་མ་རིན་པོ་ཆེ་འབའ་རོམ་པའི་ཞལ་ནས་ཡུལ་དངོས་སྣང་དུ་འཆར་གསུངས་པ་དེ་སེམས་རྟོགས་མེད་དུ་གནས་པའི་དུས་ན་ཡུལ་ལ་ཇི་ལྟར་ཡོད་པ་བཞིན་དུ་འཆར་བར་འདུག་གསུངས། རྟོག་པ་འགག་པ་ཡི་རྟོགས་མེད་ལ་ཟེར་བ་ནམ་ཡིན། ཁྱད་པར་དུ་ཡང་རྒྱལ་པོ་རྗེ་བསོར་བྱེད་པ་འམ། ཡུལ་ལ་མཐོན་དམན་འོང་བའམ། རྟོར་གྱི་དམག་ཡོངས་པ་དེ་རྨི་ལམ་དུ་ཤེས་པར་བྱུང་གསུངས། ལར་རྨི་ལམ་དུ་ཤེས་པ་མང་པོ་ཡོད་དེ། མིས་སྡིག་སོག་དོག་པས་ཁར་མ་བཏོན་པ་ཡིན་གསུངས། དེ་ནས་རྒྱལ་པོ་འགར་བཞུད་པ་ལ། ང་དང་དཔལ་ཆེན་རྡོ་རྗེ་ཡེ་ཤེས་དང་འབྲོམ་ཏི་ཞི་ངེད་གསུམ་རྒྱལ་པོ་ལྷར་བཞུད་པའི་དུས་སུ་ལམ་ན་མི་མ་ཡིན་གྱིས་བསུ་བ་བྱེད་པ་མང་པོ་བྱུང་གསུངས། རྒྱལ་པོའི་སྲུང་བ་ལ་འགར་གདན་དྲངས་ནས་སོང་། དཔལ་ཆེན་ལམ་ནས་ཕྱིར་བྲོས་ནས་སོང་། ངེད་གཉིས་ཕར་སོང་། དེ་ནས་ལྷར་སླེབས་ནས། རྒྱལ་པོ་ཤོ་རྟོས་རྒྱལ་ཁམས་བཟུང་ནས་བདེ་བར་བྱུང་གསུངས། དེ་ནས་ཁྲི་ཐན་རྒྱལ་པོ་ལ་ཕོ་ཉ་བཏང་ནས། ངེད་རྒྱལ་པོའི་བསྲུང་བ་བྱེད་པ་ལ་རྒྱལ་པོའི་ཕོ་བྲང་དུ་བུམ་པ་བཅས་ནས་དཔལ་འཁོར་ལོ་བདེ་མཆོག་གི་བསྙེན་པ་བྱས། ཁྲི་ཐན་གྱི་ཕོ་ཉ་མེ་ཉག་རྒྱལ་པོའི་ས་མཚམས་སུ་སླེབས་པའི་ནུབ་མོ་རྨི་ལམ་དུ་རྒྱལ་པོ་ཆེན་པོ་རྣམ་ཐོས་སྲས་ཕྱག་ན་སྨྱུག་མ་ཡོད་པ་གཅིག་བསྣམས་ནས་བྱོན་པ་རྨིས་ནས། ནང་པར་ཚོན་ནྡྷ་ཧུ་བྱ་བ་བཏང་ནས་ཁམས་བདེ་ཁྱོད་ཀྱིས་དྲིན་བསམ་གྱིས་མི་ཁྱབ། ང་བྲེལ་བ་སྐྱོབས་པ་དང་དབང་བསྐུར་ཞུ་བ་ཡིན་ཟེར། ཕྱིས་ཕོ་ཉ་སླེབས་ནས་རྒྱལ་པོ་ཐེན་ཧོག་ཏུ་བྱུང་། རྒྱན་འགར་བསྟོད། སོས་སུ་སོང་ཙམ་ན་ལྷའོ་ཀྱེར་ཧུ་ན་མཁར་གསར་པ་ལ་རབ་གནས་བྱེད་པ་དང་། ཧོར་གྱིས་མི་མང་པོ་བསད་པའི་རུས་པ་ལ་འབྲས་གཏོར་ཟེར་ནས། དེར་འགྲོ་དུས་སུ་ཀེའུ་ལེ་གོང་མི་ཆེན་ལྷ་རྗོང་བ་བྱེད་དུ་འོང་བ་རྒྱ་མཚོ་ཆེན་པོ་རི་མི་འདོད་ཟེར་བ་བཞིན་དུ་དེ་ཏེ་ངེད་མི་འདོད་པར་སྣང་ཟེར། དེ་མ་ཡིན་ཁྱེད་རྒྱ་མཚོ་དང་འདྲ། ངེད་རི་དང་འདྲ་བས་ཁྱེད་ཀྱིས་མི་འདོད་པས་མཐར་སྨྱུག་པ་ཡིན་བྱས། སྔོན་མི་ཆེན་གཅིག་ལ་བུད་མེད་གཉིས་ཡོད་པར་སྣང་། བུད་མེད་ཆེ་བ་དབང་ཆེ་བས། ཆུང་བ་ལ་བུ་གཅིག་ཡོད་པ་ཆེ་བའི་བུ་སྐལ་བྱས། མས་བུ་ལེན་དུ་སོང་བ་ལ་ཆུ་ཁར་ནོར་བུ་གཅིག་རྟེད་པར་གདའ། བུ་འདི་ར་ཞོག་ཨ་མས་ནོར་བུ་གཅིག་

བཞིན་བྱས་པ་ལ་ང་ཁྱོད་ཀྱི་བུ་མ་ཡིན་ཟེར་ནས་བུ་སྐལ་བྱས་པའི་མའི་པང་དུ་སོང་བར་སྣང་། མས་ནོར་བུ་རྗེ་བར་བརྡུང་ནས་བཞག་པར་སྣང་། དེ་ཅི་ཡིན་ནམ་མ་ཡིན་པ་ལ་མ་བྱས། མ་ཡིན་པ་ལ་མ་མ་བྱས་པ་བཞིན་དུ། དེ་དང་འདྲ་བ་ཡིན་བྱས་ཁྱེད་ཀྱིས་ཀྱང་རྒྱ་མཚོ་ཆེན་པོ་རོ་མི་འདོད་པ་བཞིན་དུ་བྱས་དེ། ངས་ཀྱང་ཁྱོད་ཕྱིའི་རྒྱ་མཚོ་མཐོང་སར་གཏང་གིས་བྱས་ནས་ཕྱག་ནམ་མཁའ་ལ་ཡུག་པ་ཅིག་བྱས་གསུངས། ཕྱིས་ཁོ་དམག་དཔོན་ལ་སོང་ཙམ་ན་ཧོར་གྱིས་ཁྲིད་ནས་རྒྱ་མཚོའི་རྩ་ན་ར་ལུག་འགའ་འཚོ་ཡིན་སྣང་ཟེར། དེ་ནས་ལྷ་འོར་ཕྱིན་མཁར་གྱི་རབ་གནས་བྱས། མི་ཤི་བ་རྣམས་ལ་སྨོན་ལམ་བཏབ་ས། དེའི་དུས་སུ་རྒྱལ་པོ་ཆེན་པོ་རྣམ་ཐོས་སྲས་སྐྱི་ལམ་དུ་ཞལ་བསྟན་པ་ལ། སྐུའི་ལྷ་ཕྱོགས་ཅིག་གིས་ཡར་བྲིས་བྱ་བའི་བརྡའ་བསྟན། དེ་ནས་སྐོར་ར་ཞ་བྱ་བ་གཅིག་ཏུ་མཁར་སོ་མ་གཅིག་གི་རབ་གནས་བྱེད་དུ་ཕྱིན། མཁར་གྱི་བྱང་ཕྱོགས་ཀྱི་མཁར་སྐོ་ལ་རྒྱལ་པོ་ཆེན་པོ་རྣམ་ཐོས་སྲས་ཀྱི་ལྷ་ཁང་ཡོད་པ་ཅན་དུ་མེ་ཏོག་གཏོར་དུ་ཕྱིན་ཙམ་ན། ཧོར་གྱི་དམག་ཡོང་པའི་ལྟས་གཅིག་བྱུང་བས་མེ་ཏོག་གཏོར་འཕྲོ་བཅད་ནས་ཡར་འོངས། ཉིན་གཤད་མཚན་བྱས་ནས་ཞག་སུམ་ཙུ་རྩ་ལྔས་ལིང་ཙུ་མཁར་ན་སླེབས། དེ་ནས་ཕྱིས་ཧོར་དེར་བྱུང་ནས་མཁར་དེ་ཕབ། ས་རིས་དེར་བརྒྱབ་པར་སྣང་། དེ་ནས་ཅོང་ཀར་བྱོན་ནས་མཁར་ལུང་མདོའི་སྡེ་ཆེ་ཆུང་ན་བཞུགས་པའི་དུས་སུ། ཧྲ་ཧྲུ་གོང་ཀ་ན་ཡར་ལ་དམག་མང་པོ་འགྲོ་བའི་སྔ་ལ་རྒྱལ་པོ་ཆེན་པོ་རྣམ་ཐོས་སྲས་སེང་གེ་ལ་བཅིབས་ནས་རྒྱལ་མཚན་གྱིས་ངའི་ཕྱོགས་སུ་ཞལ་གཡོར་ནས་ཡར་བཞུད། དེ་ཅི་ཡིན་ནམ་སྙམ་ཙམ་ན་སུམ་བུས་ནག་བྱས་ནས་མེ་ཉག་གིས་དམག་སོང་ནས་བོད་ཕམ་པར་བྱེད་པ་ལ། རིན་པོ་ཆེ་བོད་ཡིན་བས་མི་དགའ་སྙམ་པར་སྣང་གསུངས།

དེ་ནས་སྨི་ཆུ་ཕ་ཀར་ཕྱིན་ནས་ཅོག་རོ་ཁྲི་ཁར་བསྡད། དེའི་དུས་སུ་སོ་པའི་ཕྱི་རོལ་དུ་འགྲོ་སྙམ་ཙམ་ན། ཡུལ་བདག་གིས་གཏོང་དུ་མ་ཉན། དེ་ནས་རྒྱལ་པོས་རྫུལ་ཡིག་པ་བཏང་ནས་འགར་ཤོར་ཟེར་བས་སྐར་ཕྱིན། འགར་རྩང་སོ་ཏེ་ཞི་དང་རེད་གཉིས་ཀྱིས་བརྒྱལ་པོའི་བསུང་བ་བྱས། དེ་ནས་ཟིན་གྲུག་ཤི་ལ་སོགས་པ་ལ་དབང་བསྐུར་བྱེད་པ་དེ་རྩང་སོ་ཏེ་ཞིའི་སྨི་ལམ་དུ་བྱུང་། ཁོང་གིས་ཕྱག་འཚལ་ནས་སེམས་ཅན་ཐམས་ཅད་སྨིན་ཅིང་གྲོལ་བར་མཛད་དུ་གསོལ་བྱས་ནས་གསོལ་བྱས་ནས་གསོལ་བ་བཏབ་ཟེར་བས། ཕྱི་དེ་ཉིན་པར་ཁོང་གི་འཁོར་ཐམས་ཅད་དབང་བསྐུར་ཞུར་བཏང་ནས་བྱུང་། དེ་ནས་སྤྲུལ་ལོ་ཟླ་བ་བདུན་པའི་ཚེས་བཅུ་བདུན་གྱི་ནུབ་མོ་འགའ་མཁར་ཧོར་གྱིས

བསྐོར་བ་དང་ཆུས་བསྐོར་བ་རྨི་ལམ་དུ་བྱུང་གསུངས། ལིང་ཙུ་བས་གདན་དྲངས་ནས་ཧོར་གྱི་དམག་བཟློག་བྱས་ནས་དེར་དམག་མ་བྱུང་། ཡང་རྒྱལ་པོས་འགར་ཤོག་ཟེར་བས་ཟླ་བ་བཅུ་གཅིག་པ་ལ་ཐར་སོང་། ཟླ་བ་བཅུ་གཉིས་པའི་ཉི་ཤུ་གཅིག་གི་ནུབ་མོ་རྐང་ལམ་དུ་ལྷའི་ཤར་ཕྱོགས་ནས་ཚུར་མི་མ་ཡིན་གཟུགས་ཤིན་ཏུ་ཆེ་བ། ངོ་དམར་བ། རྐང་རིང་ཤིན་ཏུ་རིང་བ་ཆེན་པོ་ཡོད་པ་ལ། བར་སྣང་ནས་ཚུར་ཁེངས་པ་ཅིག་བྱུང་། ཕྱིར་བཟློག་པ་ལ་ངའི་གཟུགས་བོང་ཆུང་བས་ཕྱིར་མི་བཟློག་པར་སྣང་། ཡི་དམ་གྱི་ལྷ་སྐུ་ཆེ་བ་གཅིག་བྱས་ནས་དེའི་དཔུང་པ་གཡས་པ་ནས་ཕྱུལ་བས་ལྷའི་ལྷོ་ཕྱོགས་སུ་ཁ་བཏབས་པ་ཅིག་བྱས། ཡང་དཔུང་པ་གཡོན་པ་ནས། མར་ཅིག་ཕྱུལ་ཙམ་ན། མཁར་གྱི་བྱང་ཕྱོགས་སུ་ཁ་བཏབས་པ་ཅིག་བྱས། དེ་ནས་མར་བཟློག་པ་ཅིག་རྨིས། ནང་པར་དགེ་བའི་བཤེས་གཉེན་རྒང་སོ་བ་ལ་དེ་སྐད་བཟླས་པས། འོ་ན་ལྷ་མཁར་མི་འཚོར་བའི་རེ་ཞི་ཡོད་དམ་གསུངས། དེ་ནས་ཆོས་བཅོ་ལྔ་ལ་ལྷ་མཁར་དུ་བསྡད། ཆོས་བཅུ་དྲུག་ལ་ཧོར་གྱིས་མཁར་བསྐོར། དེ་ནས་དཔལ་ཆེན་པོ་ཤེ་རི་ཕུག་པ་དང་། དགེ་བའི་བཤེས་གཉེན་རྒང་སོ་བ་དང་ངེད་གསུམ་གྱིས་དམག་བཟློས་དང་བསྲུང་བའི་དགེ་སྦྱོར་བྱས། དཔལ་ཆེན་པོ་ཤེ་རི་ཕུག་པ་ཞབས་མ་བདེ་ནས་ཞག་བཅུ་ཙམ་ལ་མ་བྱོན། ངེད་གཉིས་ཀྱིས་ཧོར་མ་སོང་བར་དུ་དགེ་སྦྱོར་བྱས་ནས་ཟླ་བ་གཉིས་པའི་ཉི་ཤུ་གཉིས་ཀྱི་ནུབ་མོ་ཆོས་སྐྱོང་ཡེ་ཤེས་མགོན་པོ་གཙོ་བོ་ཕྱག་བཞི་པ། གཡས་གཡོན་གཉིས་ན་འཁོར་བྱ་རོག་གི་གདོང་པ་ཅན་གཉིས་བཞུགས་པར་དང་། གཙོ་འཁོར་གསུམ་ཞལ་མཐོང་། བྱ་རོག་གི་གདོང་པ་ཅན་གཅིག་གི་མཆུ་ལ་འཇུས་ནས་ཐང་རང་བས་མཆུ་རིང་བར་སྣང་བྱས་པས། གནས་སྐབས་འདིར་རིང་དགོས་པར་སྣང་གསུངས། ནང་པར་འཁོར་ཀུན་ལ་འདི་ཙུག་རྨི་ལམ་དུ་བྱུང་བས་མཁར་ཨུ་བུ་འཚོར་བྱས། ཡང་ནུབ་གཅིག་རྒྱལ་པོ་ཆེན་པོ་རྣམ་ཐོས་སྲས་མཁར་གྱི་ཁ་ན་ཕར་ཧོར་ཡོད་ཕྱོགས་ན་བཞུད་པ་གཅིག་རྨིས། དེ་ཡང་རྟེན་འབྲེལ་བཟང་བྱས། དེ་ནས་ཟླ་བ་གསུམ་པའི་ཆོས་གཅིག་ལ་མཁར་ཆུས་བསྐོར། བློ་མ་བདེ་བར་བྱུང་། སྔར་ཟླ་བ་བདུན་པའི་ཆོས་བཅུ་བདུན་གྱི་ནུབ་མོ་ཆུས་བསྐོར་བ་རྨིས་ནས། དེ་ནས་བདེ་བར་བྱུང་བ་རྨིས། དེ་ནས་ཆོས་བཅོ་ལྔའི་ནུབ་མོ་མཁར་གྱི་ཆུ་ཁུང་དུ་རྡོལ་བས་ཆོད་ལ་ཁད་དུ་ཡོད་པའི་དུས་སུ་ཆུ་འགོག་པའི་ཐབས་བསྟན་པས་ཆུ་ལོག་ནས་མཁར་མ་ཞིག །ཕྱི་དེ་གདོངས་མོ་རྒྱ་སོ་བ་དང་ངེད་གཉིས་ཀྱིས་གཏོར་མ་བྱས་ནས་ཆུ་ལ་འཕངས་པས། ཆོས་དྲུག་གི་ནམ་ཕྱེད་ན་ཆུ་ཕྱིར་བོ་ནས་ཧོར་གྱི་དམག་ར་མང་པོ་ཕྱུགས། ཆོས་བཅུ་བཞི་ལ་རྒྱལ་པོའི་བུ་མོ་བྱིན་ནས

ཏུམ་བྱས། ཁོང་རང་གི་ཡུལ་དུ་ཕྱིར་སོང་། ཆོས་བཅུ་བདུན་ལ་བོད་ཀྱི་བླ་མ་དགེ་བའི་བཤེས་གཉེན་རྣམས་ཆེ་ཀ་ཞུས་ནས་རང་རང་སོ་སོའི་དགོན་པར་སོང་། ཏེད་ཀྱང་ལིང་རྒྱུའི་གཟིང་ལྷ་དགོན་དུ་སོང་ནས། དེའི་དུས་སུ་ནུབ་གཅིག་རྨི་ལམ་དུ་བླ་མ་རིན་པོ་ཆེ་སྟག་ལུང་ཐང་པས་དབུས་པ་པད་མོའི་ས་གཞི་ཡོད། ཞེས་བྱ་བའི་ཆོས་བསྟན་གསུངས།

ལུག་ལོ་ཟླ་བ་ལྔ་པ་ལ་ཐན་པ་ཆེན་པོ་བྱུང་ནས་ལོ་ཏོག་ཐམས་ཅད་ཞིགས་པའི་དུས་སུ། རྒྱལ་པོས་ཆར་འབེབས་ཞུས་པས། ཆར་ཆེན་པོ་ཕབ་པས་མི་ཐམས་ཅད་མུག་གེ་ལས་ཐར་བར་བྱས་པ་ཡིན། དེར་རྒྱལ་པོས་གདན་འདྲེན་བྱུང་བ་ལ་ངོ་གཅིག་རྒྱལ་པོ་ལ་བཀག་ཆེ་བར་སྣང་། དགེ་སྦྱོར་ཆེན་པོ་གྱིས་ང་ནི་མི་འོང་བྱས། ལུག་ལོ་ཟླ་བ་བདུན་པའི་ཆོས་བཅུ་བདུན་གྱི་ནུབ་མོ་ལྷ་མཁར་གྱི་ནུབ་ཕྱོགས་ཀྱི་ཐད་ཅིག་ལ་གུར་དང་སྦྲེལ་ཅིག་དང་ཕྱུབ་ནས་རྒྱ་མི་མང་པོ་འཚོགས་ནས་ཕྱོགས་བཞི་ན་རྒྱལ་པོ་ཆེན་པོ་སྡེ་བཞི་དང་དམག་དཔོན་མང་པོ་འཚོགས་ནས་ནམ་མཁའ་དར་གྱིས་ཆོང་ནས་སྣང་། མཁར་གྱི་ནུབ་སྒོ་ཡ་ཧ་དེ་གསེར་གྱི་སྒོ་རུ་སྣང་། སློ་བུར་དུ་མི་དེ་རྣམས་ཀྱིས་འུར་གྱིས་སྒོ་ལ་བཙང་ནས་ལྷ་ནང་གི་རྒྱལ་པོ་ཕོ་བྲང་གི་སྒོ་ལ་ཆེའུ་ཐེན་ལ་འཚོགས་ནས་སྣང་། ང་ཡང་དེ་རྣམས་སོང་བའི་རྗེས་སུ་སོང་། རྒྱལ་པོ་འབྲུག་ཁྲི་ལ་བཞུགས་ནས་སྣང་བ་ཐམས་ཅད་ཀྱི་མར་འདྲེན་པ་དང་ཞེ་ས་བྱེད་ཤིང་སྣང་། ང་ནི་ལྷོ་ཕྱོགས་ཀྱི་གློ་སྒོ་གཅིག་ནས་བྱུང་ནས་ཕར་བྱུང་། དེར་མ་བསྡད། རྒྱལ་པོ་སྐུ་ནས་གཞོན་ནུ་གཅིག་བྱུང་། ངཅན་དུ་བྱོན་ནས་ཕྱག་འཚལ་ཞིང་སྣང་བ་ལ་དགུང་ལོ་དུ་ལོན་བྱས། བརྒྱད་ལོན་ཟེར། ངས་ལག་པའི་སོར་མོ་ལྔ་བསྟན་ནས། བརྒྱད་ཀྱིས་མི་ཚད་ལྔ་བསྟན་པ་ཡིན་བྱས། དེ་ཙམ་ན་དགེ་བའི་བཤེས་གཉེན་གཙང་སོ་བ་ཞབས་རྗེན་དུ་བྱས་ནས་བྱོན། རྒྱལ་པོས་ཕྱག་འཚལ་ནས་ཁོང་དཔོན་སློབ་གཉིས་ཕོ་བྲང་དུ་སོང་། ང་ཕྱིར་སོང་བ་ཅིག་རྨིས་གསུངས། དེ་ནས་ལྷ་ནས་རྟྲུལ་ཡིག་པ་ཡོང་ནས། རྒྱལ་པོ་ཤོ་ཧོ་བཞག་ནས་སྤྱི་ང་རྒྱལ་རྒྱན་རྒྱལ་སར་བཞུགས་ཟེར་བ་ཐོས། དེ་ནས་རྒྱལ་པོས་ལོ་ཙི་ཙམ་ཐུབ། རྒྱལ་ཁམས་བདེ་མི་བདེ་བལྟས་པ་ལ་ལོ་བརྒྱད་ཐུབ་པར་སྣང་། ངས་ལྔ་བསྟན་པ་དང་བཅུ་གསུམ་ཐུབ་པར་སྣང་བས། རྒྱལ་པོ་ལ་མར་འདྲེན་བཏང་ནས། རྨི་ལམ་དེ་རྣམས་ཡི་གེར་བྲིས་ནས་བསྐུར་བ་ལ། སྤྱང་གཟིགས་ནས་ཨེ་ལོ་དུས་འདེབས་པ་དེ་ཁྲིམས་ལས་མི་བདེ་དེའི་དུས་སུ་ནག་ལྟང་བ་ཡིན་བྱས་ནས་དཔུང་ཧེའུ་བྱས་རྒམ་ཅིག་ཕུ་སྨས་པར་སྣང་། དེ་ནས་ཟིན་གུག་ཤི་དང་། ཨ་ལྷི་ཨ་གོ་གཉིས་ལ་སྤྱངས་འབུལ་བ་ཆེན་པོ་བསྐུར་ནས་འཇིར་བཏང་བར་སྣང་།

དེའི་དོན་ཡི་གེ་བྱས་ནས་བསྐུར། དེ་ནས་ལོ་གཉིས་ལོན་པའི་དུས་སུ་ནུབ་གཅིག་རྨི་ལམ་ན་ལྷ་ནས་དར་ཆེན་པོ་ཕྱར་བ་ཅིག་བྱུང་། ངའི་མདུན་དུ་སླེབས་ཙམ་ན་སློབ་དཔོན་ཡར་ལུང་པ་བྱུང་ནས་ཧུར་གྱིས་ཕྲོག ། དགེ་བའི་བཤེས་གཉེན་རྒྱང་སོ་བའི་ཕྱག་ཏུ་བཙུག་པ་རྨིས་གསུངས། ཕྱི་ནས་དགེ་བའི་བཤེས་གཉེན་རྒྱང་སོ་བ་ལ་རྒྱལ་པོས་དབང་བསྐུར་ཞུས་ཏེ་ཞིར་མངའ་གསོལ།

དེ་ནས་རྒྱལ་པོས་འགའ་ནས་གདན་དྲངས། རྒྱང་སོ་ཧེ་ཞི་དང་ལྷུ་པི་གུག་ཤི་དང་ང་དང་གསུམ་གྱིས་རྒྱལ་པོས་རི་ལྷ་སྡེ་གཅིག་བཞེངས་པ་ལ་རབ་གནས་བྱས། ཉིན་གཅིག་གསེར་ཡིག་པ་གཅིག་འོང་། ཧོར་འོང་བར་སྣང་ཟེར་བའི་སྐད་བྱུང་། དམག་བཟློག་གྱིས་ཟེར་བ་དང་། བདེ་མཆོག་གི་དཀྱིལ་འཁོར་བཞེངས། བསྙེན་བསྒྲུབས་ཞི་རྒྱས་དབང་གྲགས་མངོན་སྤྱོད་ཀྱིས་སྦྱིན་སྲེག་བྱས། དེ་ནས་ཕྱིན་པའི་དུས་སུ་ཆོས་སྐྱོང་གི་གཏོར་མ་བྱས། རི་རབ་ཀྱི་སྟེང་དུ་ཆོས་སྐྱོང་ཡེ་ཤེས་མགོན་པོའི་སྐུ་འབག་བཞུགས་པ་ལ་ཡེ་ཤེས་སེམས་དཔའ་བཀུག་ནས་གདན་དྲངས་པའི་དུས་སུ་དཔལ་ནག་པོ་ཆེན་པོ་ཡེ་ཤེས་ཀྱི་མགོན་པོ་དངོས་སུ་བཞུགས་པའི་སྣང་བ་བྱུང་། ཞལ་ཧོར་ཡོངས་ཕྱོགས་སུ་མི་གཟིགས་པར་རྒྱལ་པོའི་ཕྱོགས་སུ་གཟིགས་པར་སྣང་། ནང་དུ་ཟིང་ལྡང་བར་འདུག་བྱ་བའི་བརྡའ་བསྟན་པར་གོ། རྒྱལ་པོ་ལ་ཡང་ཧོར་གྱི་དམག་མི་འོང་བར་སྣང་བ་ལ་ནང་དུ་སྐྱོན་ཡོང་དོགས་ཡོད་བྱས། ཕྱིས་དེ་ཁོ་ན་བཞིན་དུ་བྱུང་བ་ཡིན། དེའི་དུས་སུ་ཉིན་གཅིག་རྒྱལ་པོའི་བསྲུང་བ་གཏོར་མ་བསྔོ་བདོ་ལ་ཡང་གཏོར་མ་ཆེ་ལ་བཟང་བ་གཅིག་ཁྱེར་ལ་ཤོག་གསུངས། དེ་ཙི་ལགས་བྱས་པ་ལ། གཏོར་མ་ཕྱ་མ་ལ་ཆོས་སྐྱོང་བྱ་རོག་གི་གདོང་པ་ཅན་དངོས་སུ་བྱོན། མཆུ་བསྣོལ་ནས་གཏོར་མ་འོད་ཟེར་སྣ་ལྔར་དྲངས་ནས་གསོལ་ཞིང་སྣང་བ་ལ། གཏོར་མ་ལ་འབག་རྩོག་སོང་བ་ཡིན་ནམ་ཞེ་མ་འདངས་པ་བཞིན་དུ་སྣང་བས་གཏོར་མ་ཕྱི་ཧ་ཁྱེར་ལ་ཤོག་བྱས་པ་ཡིན་གསུངས། དེ་ནས་ལིང་ཙུར་སོང་ས་གསེར་བུམ་ལ་བཟླས་པ་བྱས་ཙམ་ན། དཔལ་བདེ་མཆོག་གི་ལྷ་དྲུག་ཅུ་རྩ་གཉིས་སྣང་ལམ་དུ་ཞལ་གཟིགས་ཁྱད་པར་དུ་ཚད་མ་ལེའུ་ལྔ་པའི་ནང་དུ་བསྐྱེད་རྫོགས་ཟུང་འཇུག་གི་ལེའུ་བཀོད་པའི་རྒྱུ་མཚན་དེ་ཡིན་གསུངས། སྤྱིར་ཡི་དམ་གྱི་ལྷ་མང་ཡང་འཁོར་ལོ་ལྔ་ལ་སོགས་སྔར་རྨི་ལམ་དུ་ཞལ་གཟིགས་པ་དེ་ཡིན་གསུངས། དེའི་དུས་སུ་རྗེ་རིན་པོ་ཆེས་བཅུ་ཆོས་སུམ་ཆོས་སུ་ལ་ཡོད། བཅུ་ཆོས་སུམ་ཆོས་བྱས་པས་ཆོག་གསུངས་པས། བར་དོ་སྐུ་གསུམ་དང་ཚད་མ་ལེའུ་ལྔ་པ་བཀོད་པའི་རྒྱུ་མཚན་དེ་ཡིན་གསུངས།

ཡང་དགོན་པ་དེ་ན་འདུག་དུས་སུ་དཀོན་མཆོག་རྒྱལ་མཚན་གྱིས་ང་ལ་ཚིག་འགའ་བཟླས་པས། དེའི་དུས་སུ་འགལ་བས་ཆོས་སྐྱོང་བྱས་ནས་ཕྱག་ཅིག་བཙབ་པ་དང་དའི་སྨི་ལམ་ན་གཡས་ཕྱོགས་ན་དཔལ་ཡེ་ཤེས་ཀྱི་མགོན་པོ་ཕྱག་བཞི་པ་བཞུགས་ནས། མདུན་ན་བྱ་ནག་ཆེན་པོ་གཉིས་སྣང་བ་ལ་གཅིག་གིས་བོས་དང་ཟེར་བ་ལ། ནམ་མཁའ་ལ་གཉིས་ཀྱིས་ཡར་ཐད་ཀ་ལ་གཞུ་རྒྱུད་སྦྲིང་བ་འདྲ་བའི་ཕྲིང་སྒྲ་ཅིག་བྱུང་བ་ལ། ནམ་མཁའ་ནས་བྱ་རོག་མང་པོ་གཅིག་དཀོན་མཆོག་རྒྱལ་མཚན་གྱི་ཐོག་ཏུ་འུར་གྱིས་སོང་བ་དང་། ངས་མ་གསང་མ་གསང་བྱས་ནས་བསྐྱབས་པ་ཅིག་སྨིས་གསུངས། དེ་ནས་ལིང་རྒུ་རྩ་རི་ཁབ་བྱ་བ་བཙོམ་ལྡན་འདས་འོད་སྲུང་གི་རིང་བསྲེལ་བཞུགས་པ་རྩག་མ་བདུན་པ་ཅིག་ཡོད་པ་ལ། ལྷ་ངོ་ཤེས་པ་དང་མི་ཤེས་པ་ལ་བསམ་གྱིས་མི་ཁྱབ་པ་ཅིག་བཞུགས། རྗེ་སྒྲུ་ཆེན་པོ་གཅིག་གི་ཆོས་གོས་ཀྱི་རྣེལ་ལ་ཁ་ཡིག་བཏབ་ནས་སྣང་བ་ལ་རྒྱལ་པོ་ཁྱབ་གསལ་གྱི་བུ་མོས། འདི་འདྲ་བ་གཉིས་བཞེངས་ནས། དེ་འདྲ་བའི་རྟེན་ངོ་མཚར་ཅན་བཞུགས་པའི་གཙུག་ལག་ཁང་སྣང་བ་ལ་རྩེ་མོ་ལ་རིན་པོ་ཆེ་འབར་བའི་ཏོག་དང་། གསེར་གདུགས་ལ་དྲི་མས་གོས་ནས་སྣང་བ་ལ་དྲི་མ་ཕྱིས་ནས་གསེར་གསོལ་བ་དང་། འཕིང་ཤུན་དང་གྲྭ་མོ་དང་ཤིང་ཕེབས་དང་ཆི་པིའི་རི་མོ་དང་། མཆོན་དང་རྒྱན་དང་གསེར་ལ་སོགས་པ་རྙིང་ནས་སྣང་བ་ལ། དེ་གསོ་བར་འདོད་པའི་དུས་སུ་བཟོ་རིག་མི་འདྲ་བ་མང་པོ་དང་། ཞག་བ་མི་མང་པོས་འདི་ཁྱོད་ཀྱིས་གསོས་ན་འགྲུབ་ཟེར་བས། རྩེར་ཁབ་ཏུ་སོང་ནས་ཆོས་ཁྲི་གཅིག་ལ་ཉི་མ་བདུན་དུ་མི་དད་པ་ཅན་རྣམས་ཀྱི་འབུལ་བ་བླངས་ནས་དེ་རྣམས་གསོས། གསེར་གསོལ། ཞག་བཞི་བཅུའི་བར་དུ་གསོས་པ་ཡིན། དགེ་བའི་བཤེས་གཉེན་མང་པོ་དང་དགེ་འདུན་མང་པོ་གདན་དྲངས་ནས་རབ་ཏུ་གནས་པ་བྱས་པ་ལ་ནམ་མཁའ་ལ་འཇའ་ཚོན་དང་འོད་ཀྱིས་གང་ནས། ལྟས་ངོ་མཚར་ཅན་མང་པོ་མི་ཡོས་མཐོང་བ་ཡིན། དེ་དགེ་བཤིན་ཏུ་ཆེ་བས་རང་གི་རྒྱུད་ལ་བསོད་ནམས་ཀྱིས་ཚོགས་རྫོགས་པར་བྱུང་གསུངས། ཕྱིས་ཧོར་གྱི་རྒྱལ་པོ་དེ་མུ་རུ་ཁེ་རང་གིས་རྩར་བསྡད་ནས་མེ་བཏང་ནས་སྣང་བ་ལ་མེས་མ་ཚིག་པར་སྣང་། ལྷ་བྱ་བ་དེ་འདི་ཡིན་པར་སྣང་ཟེར་ནས་དད་པས་བརྐྱེ་མང་པོ་བསྐོས་ནས་མཆོད་པ་བྱེད་དུ་བཅུག་པར་སྣང་། དེ་འདྲ་བའི་རྟེན་ངོ་མཚར་ཅན་གསོས་པ་ཡིན། དེ་ནས་ཅོང་ཀར་དགོན་གཅིག་འཛིན་དུ་འགྲོ་བའི་ལམ་ཀར་དགེ་བའི་བཤེས་གཉེན་རྩང་སོ་བས་སྤེ་རྐོན་དྲུག་དང་། རྒྱས་འབྲིང་རྣམ་གསུམ་དང་འབུལ་བ་ཆེན་པོ་བྱས་ནས། སམཐར་མ་བཞུད་གསུངས། དེར་ཅོང་ཀར་བཞུད་པ་

ཡིན། སྤྱང་ང་རྒྱལ་རྒན་གྱིས་ཁྲི་ཐན་ལ་དམག་ལ་བྱོན། དེར་མཇལ་དུ་ཕྱིན་པ་ལ་དེར་སླེབས་པའི་ནུབ་མོ་རྒྱལ་པོ་ཆེན་པོ་རྣམ་ཐོས་སྲས་ཀྱིས་རྒྱལ་པོ་སྲུང་བ་དང་། རྒྱལ་པོ་ཆེན་པོ་རྣམ་ཐོས་སྲས་ཀྱི་སྙིང་པོ་གསུང་བ་རྨང་ལམ་དུ་བྱུང་གསུངས།

དེ་ནས་ཕྱིར་བྱོན་ནས་ཐད་ཚད་སྟེ་བྱ་བར་བཞུགས་པའི་དུས་སུ་ཕག་ལོ་ཟླ་བ་བཅུ་པ་ལ་རིན་པོ་ཆེ་འབྲི་གུང་པས་ཕྱག་བྲུམ་གཅིག་བསྐུར་ནས་བྱུང་བ་ལ། རིན་པོ་ཆེའི་ཕྱག་ནས་ རྫས་ཡོ་བྱད་འདི་ལས་མི་འོང་བར་སྣང་བ། རིན་པོ་ཆེ་ཡང་མི་བཞུགས་པར་སྣང་སྙམ་པ་ཅིག་བྱུང་། ཡང་ནུབ་གཅིག་གི་རྨང་ལམ་ན་སྒྲིད་ལྷ་འགྲན་ཐས་ཡོ་བྱ་བ་སྤྱན་དྲུག་ཡོད་པ། དབུལ་ཐོད་ཡོད་པ་སྐུ་ལ་བསེ་ཁྲབ་གསོལ་བ་ཅིག་མདུན་དུ་བྱོན། དེའི་ནུ་བོ་སྟག་ལྤགས་དང་སྟག་ཞུ་གོན་པ་ཅིག་དང་། དེའི་ནུབ་མོ་གོས་ནག་པོ་གོན་པ་རྒྱབ་ན་མར་མདའ་ལྡ་དང་གཞུ་བཙུག་པ་ཅིག་དང་། སྐུ་མཆེད་གསུམ་འཁོར་དཔག་ཏུ་མེད་པས་བསྐོར་ནས་བྱོན་གསུངས། ཕྱི་དེ་ཉིན་པར་ཡུལ་བདག་གི་དགོན་ས་ཡོད་པ་འབུལ་བར་སྣང་སྙམ་ནས། མཁར་ལུང་དགོན་པ་ལྟར་ཕྱིན། དེར་དགོན་པ་བྱེད་པའི་མདུན་དུ་སླེབས་ཙམ་ན་སྒྲིད་ཀྱི་གོང་ཀ་ནས་འོད་དཀར་པོ་ཅིག་བྱུང་བས་དགོན་བྱེད་སར་ཞེན་ཅིག་འཁྲིལ་ནས། དེ་ནས་ཤར་གླིང་ལ་དར་ཅིག་འཁྲིལ་ནས་སྣང་། དེ་ནས་ཡར་ལ་ལོག་ནས་འཇའ་ཚོན་དུ་སོང་ནས་བྲག་གི་རྩར་ནམ་མཁའ་ལ་ཡར་སོང་། དེ་ནས་འོངས་ནས་མཁར་ལུང་སྟེ་ལ་བསྟོད་པའི་རྨང་ལམ་དུ་སྒྲིད་མོ་དེ་འབྲུམ་པ་བྱུང་ནས་བྱིན་བརླབ་ཞུ་ཟེར་བ། བྱིན་བརླབ་བྱས། དེ་ནས་བྱི་བ་ལོ་ཟླ་བ་གསུམ་པའི་ཚེས་གསུམ་ལ་དགོན་པ་བཟུང་། འཛིན་པའི་ནུབ་མོ་རྨང་ལམ་ན་དགེ་བའི་བཤེས་གཉེན་རྩང་སོ་བ་དང་། ངདང་སྤྱི་ང་དང་མཇལ་བ་རྨིས་པ་ལ་ཡི་གེ་གཅིག་བྱང་ངོས་ནས་བྱུང་བ་ལ། ཁོ་རང་གློ་བུར་དུ་བཞེངས་ནས་བྱང་ཕྱོགས་སུ་བཞུད་པ་རྨིས། ཕྱི་ནས་དེའི་རྟག་ཅིག་བྱུང་གསུངས། དེ་ནས་ལྷ་ཁང་བརྩེགས་མ་གསུམ་བཞེངས་ནས་གསེར་ཁང་འོག་མ་ན་དུས་གསུམ་གྱི་སངས་རྒྱས་ཀྱི་གཙོ་བོ་བྱས་པའི་སྐུ་བཞེངས། བར་མ་ན་དཔལ་བདེ་མཆོག་གི་གཙོ་བོར་མཛད་པའི་རྒྱུད་སྡེ་བཞིའི་ལྷ་ཚོགས་བཞུགས། སྟེང་ན་བླ་མ་རིན་པོ་ཆེ་རྣམས་ཀྱི་སྐུ་འབགས་བཞེངས་པའི་གཙུག་ལག་ཁང་བརྩེགས་མ་གསུམ་བཞེངས་པ་ཡིན། དེ་ནས་གླང་ལོའི་རྒུན་སྨད་དུ་སོང་ཙམ་ན་ནམ་མཁར་ལུང་ལུང་པའི་འོད་ཉམས་ནས་ས་སྟོང་པ་འདྲ་བ་སྐྱ་ཧྲང་ངེ་བ་ཅིག་བྱུང་། འོན་དེ་ཅི་ཡིན་ནམ་སྙམ་ནས་བརྟགས་ཙམ་ན་བླ་མ་རིན་པོ་ཆེ་རྣམས་ཡི་མི་བཞུགས། རང་གི་གཙུག་གི་ནོར་བུའི་ཉོད་ཉམས་པ་

ཡིན། རིན་པོ་ཆེ་འདས་པར་སྣང་སྙམ། དེ་ནས་འདས་པའི་སྐད་དབུར་བྱུང་། འོན་བླ་མ་རིན་པོ་ཆེ་འདིར་གར་བཞུགས་སྙམ་པ་ལ། ནུབ་ཕྱོགས་ཨུ་རྒྱན་ན་བཞུགས་ཟེར་བའི་སྒྲ་ཅིག་བྱུང་། རྨི་ལམ་བཟུང་ནས་ཨུ་རྒྱན་དུ་ཕྱིན། རྣམ་སྣང་རྫའི་གཙུག་ལག་ཁང་གི་སྒོ་དེ་ཆོས་འབྱུང་དུ་སྣང་བས་བག་དོག་པས་ཨེན་ཅིག་འཚོམས།

དེ་ནས་ནང་དུ་སོང་ཙམ་ན་ཕོ་བྲང་གི་སྒོ་གཡོན་ཟུར་ན་བླ་མ་རིན་པོ་ཆེ་དཔལ་བདེ་མཆོག་ཞལ་བཞི་ཕྱག་བཅུ་གཉིས་པར་བཞུགས་ནས་སྣང་། བར་སྐབས་དེར་ཕྱག་ཀྱང་མ་བྱས་པར། ཆོས་རྗེ་ཕག་མོ་གྲུབ་པའི་ཞལ་ནས་ང་འདི་ནས་ཨུ་རྒྱན་ན་མཁའ་འགྲོ་མ་རྣམས་འབྲུགས་ནས་ཡོད་པས་དེ་བསྐྱུམ་དུ་བཞུད་ཟེར་བ་བཞིན་དུ་རིན་པོ་ཆེ་ཡང་འདི་འདྲ་ལ་དགོངས་པ་ཨེ་མི་ཡིན་སྙམ་པ་ཅིག་བྱུང་། དེ་ཙམ་ན་དེ་དག་གི་སྣང་བ་ནུབ་ནས་གང་ཡང་མེད་པ་ཅིག་བྱུང་གསུངས། བླ་མ་རིན་པོ་ཆེ་དཔལ་ཧེ་རུ་ཀར་བཞུགས་ཤིང་སྣང་བས་འདས་མཆོད་ལ་ཚོགས་འཁོར་བྱེད་པའི་རྒྱུ་མཚན་དེ་ཡིན་གསུངས། དེ་ནས་མདོ་སྨད་ལྷོ་ངོས་སུ་གདན་དྲངས་ནས་འབུལ་བ་རྒྱ་ཆེན་པོ་བྱུང་། དེ་ནས་བྱང་ངོས་ན་དགེ་བའི་བཤེས་གཉེན་རྩང་སོ་བ་དེ་ཞི་འདས་པའི་གདུང་ཁང་དང་། ལྷ་ཁང་རབ་གནས་བྱས། ཡང་ཡོས་བུ་ལོའི་དབྱར་ནུབ་ཅིག་རྨི་ལམ་ནས་འབྲི་གུང་དུ་ཕྱིན། དཔོན་སློབ་པ་བྱོན་ནས་ཙ་ཀོ་ར་གྱིས་གསུངས་ནས་ཞལ་ལྟ་བྱེད་ཤིན་སྣང་དེ་ནས་རིན་པོ་ཆེ་འཁོར་འགའ་ཅིག་གིས་ཟུར་ན་མར་ལ་མངར་མགོ་མཛད་ནས་ཆོས་གོས་སྐྱིར་ཀ་གཅིག་མནབ་ནས་བྱོན་ཤིང་སྣང་། དེའི་དུས་སུ་སློབ་དཔོན་དབང་སེང་ཡང་འབྱོན་ཤིང་སྣང་། ངམ་དུན་དུ་ཕྱིན་ཙམ་ན་རིན་པོ་ཆེས་ཕྱག་མཛད། སྐོར་བ་བྱེད་ཤིང་སྣང་བ་ལ་ཕྱག་མི་མཛད་པར་ཞུ་བྱས།

རིན་པོ་ཆེ་ལ་གར་བཞུགས་ཞུས་པ་ལ། ང་རྒྱ་གར་གྱི་ནུབ་ཕྱོགས་སོ་མ་པུ་རིའི་གཙུག་ལག་ཁང་གི་ནུབ་ཕྱོགས་ན་ལྷ་ཁང་གཅིག་གི་ནང་དུ་བརྐྱེ་ཏ་རིགས་པའི་གནས་ལུ་ལ་མཁས་པའི་སྒྲ་ཚད་སློབ་ཡིན་བསྟད། དེ་ཡ་གི་ཡིན་གསུངས། ངས་ཡར་བལྟས་ཙམ་ན་སོ་མ་པུ་རི་དེ་ནུབ་ཕྱོགས་ན་ཐང་གཅིག་ལ་ནག་ངམ་མེ་སྣང་། ལྷ་ཁང་དེ་རི་རྩ་གཅིག་ན་ལོག་ཀར་རྩེ་རེ་བ་སྒོ་ལྷོར་བསྟན་པ་གཅིག་སྣང་། དེ་ནས་དཔོན་སློམ་བྱོན་ནས་གསེར་ཁང་དུ་གདན་དྲངས་རིན་པོ་ཆེ་དབུས་སུ་བཞུགས་ནས་ང་གཡས་སུ་བསྡད། སློབ་དཔོན་དབང་སེང་གཡོན་དུ་བཞུགས། ཙ་ཀོ་ར་དྲངས། རིན་པོ་ཆེའི་སྐུ་སྐལ་དེ་ང་ལ་གནང་། སློབ་དཔོན་དབང་སེང་གི་སྐུ་སྐལ་ཡང་ང་ལ་གནང་། ཕར་ཕྱོགས་ན་སྒོ་གཅིག་སྣང་

བ་ལ་རིན་པོ་ཆེ་དེ་ལ་བཞུད། ང་ཡང་གཉིད་སད། ཕྱིས་ཧེ་ཞིའི་ལས་ཀ་བྱུང་། འབུལ་བ་ཆེན་པོ་བྱུང་བས་དངོས་གྲུབ་གནང་བར་སྣང་སྙམ་པ་བྱུང་། དེ་ནས་ཞག་ཕྱ་ན་བླ་མ་རིན་པོ་ཆེ་འབའ་རོམ་པ་བཀྲིས་ཐེན་འདྲ་བའི་ཁང་པ་གཅིག་ན་བཞུགས་ཤིན་སྣང་། ཤ་ཁྲ་ཞག་ཀྱི་ལེ་བ་ཕོར་གང་གསོལ་ཞིང་སྣང་བ་ལ། ང་ཡར་སོང་བ་དང་ཤ་ཇོག་པོ་གཅིག་ཞལ་ནས་ཕྱུང་བ་དང་ངའི་ཁར་བཅུག །དེ་ནས་གསོལ་འཕྲོ་དེ་ཡང་ང་ལ་གནང་། དེ་མཐུང་བ་དང་གཉིད་སད། ཕྱིས་ཧེ་ཞིའི་ལས་ཀ་དང་འབུལ་བ་ཆེན་པོ་བྱུང་། དེ་ལ་ལྟ་བར་སྣང་སྙམ་པ་བྱུང་གསུངས། དེ་ནས་ཡོས་བུ་ལོ་ཟླ་བ་བདུན་པ་ལ་རྒྱལ་པོས་གདན་དྲངས་ནས་འགར་ཕྱིན། ཟླ་བ་བརྒྱད་པ་ལ་རྒྱལ་པོ་ལ་དབང་བསྐུར་བྱས། ཉི་ཤུ་ལྔ་ལ་ཧེ་ཞིའི་ལས་ཀ་ཕུལ། དེ་ནས་རྒྱལ་པོ་ལ་ཞུས་ནས་མི་ཉག་གི་ཡུལ་ན་ཡོད་པའི་སྡེ་དཔོན་ཐམས་ཅད་ཀྱིས་བརྐྱེ་ཀུན་ལ་དམག་ཁྲལ་ལ་སོགས་པའི་མི་འབབས་པའི་མུ་ཛྫ་ཞུས། རྒྱལ་པོ་ལ་ནག་བྱས་མ་གཏོགས་པའི་ལོ་བཅུ་གསུམ་མས་ཆོད་ཀྱི་ལྷོ་བ་ཆེན་པོ་ཞུས། རྒྱལ་ཁམས་ཀྱི་འབང་ལ་ཟོག་འགྲིམས་སུ་བཅུག །

ཧོར་གྱི་དམག་མང་པོས་ཟླ་བ་གསུམ་དུ་བསྐོར་བ་ལ་དགེ་སྦྱོར་ཆེན་པོ་བྱས་པ་ལ་དམག་དཔོན་མོ་ཕྱ་ལི་བྱ་བ་ཤི། དམག་ཟློག་པ་ཡིན། མི་ཉག་རྒྱལ་པོའི་ཞིམ་ལྷོ་ཀྱི་ལུང་བྱ་བར། ཁྲི་ཐན་རྒྱལ་པོའི་གསེར་ཡིག་པ་བཅུ་བདུན་གྱིས་དམག་ཁྲི་ཚོ་བཅུ་བདུན་གྱིས་བསྐོར་བའི་དུས་སུ་དམག་བཟློག་དགེ་སྦྱོར་ཆེན་པོ་བྱས་པས་ཆོས་སྐྱོང་བའི་སྲུང་མ་དཔལ་ནག་པོ་ཆེན་པོ་ལ་སོགས་ཀྱིས་ཕ་རོལ་གྱི་དམག་དང་། རང་གི་དམག་རྣམས་ཀྱིས་མངོན་སུམ་མཐོང་བར་མཁར་བསྲུང་བ་ཡིན། དེའི་དུས་སུ་མི་ཉག་གི་དམག་ཞུང་། ཁྲི་ཐན་གྱི་དམག་མང་བ་ཡིན་པ་ལ་མི་ཉག་གི་དམག་དཔོན་ཧྲུ་མི་སྦྱི་གཟིངས་བྱ་བ་ལ་དམག་ཁྱེར་བྱེད་ལུགས་དང་། དམག་གི་འཐབ་ཤོམ་བྱེད་རྩལ་རྩུན་ཆད་བསྟན་པ་ལས། ཟླ་བ་བཞི་པའི་ཉི་ཤུ་ལྔའི་ནུབ་མོ་ནམ་ཕྱེད་ཡོལ་ནས་འཐབ་ཤོམ་བྱས་པ་དང་། ཁྲི་ཐན་གྱི་དམག་གཡུལ་ལོག་ནས་བྲོས། མི་ཉག་གི་དེད་ནས་མང་པོ་བཀླག་པར་བྱས། དེའི་དུས་སུ་རང་གི་རྣམ་པར་རྨིན་པ་ཡང་མྱོང་བ་ཡིན་ཏེ། རྨི་ལམ་དུ་ལུང་པ་གཅིག་ད་ཕྱིན་པ་ལ་ལུང་པ་དེ་བྲག་ཁ་རུབ་ནས་དེའི་ནང་ཚུད་ནས་ཕྱིར་མ་ཐོན་པས་སྡུག་བསྔལ་དཔག་ཏུ་མེད་པ་མྱོང་བ་དང་། བྲག་ཁ་ཟུམ་པའི་དུས་སུ་ལུང་པ་དང་བྲག་ཁ་ཟུམ་པ་དེ་རང་གི་སེམས་ཡིན། སེམས་ཕྱུག་རྒྱ་ཆེན་པོ་ཉིད་ཡིན་མ་ནས་བྲག་ལ་ལག་པས་འཇུས་པ་ལ་སྟོང་པར་སྣང་ཡང་ཐར་དུ་མ་ཉན། དེ་ནས་ལུང་པའི་ས་གཞིལ་

བདེ་བ་ཅིག་ཏུ་ལུས་གདན་ལེགས་པར་བཅོས་ནས། ཕྱག་རྒྱ་ཆེན་པོ་བསྒོམ་པ་དང་སེམས་ཕྱག་རྒྱ་ཆེན་པོ་བསྒོམ་པས་སེམས་གཉིས་འགྲོགས་ཤིང་འཕྲད་པ་མེད་བྱ་བ་ཡིན། སེམས་ཕྱག་རྒྱ་ཆེན་པོ་བསྒོམ་པས་ལུང་པ་དང་བྲག་གི་སྣང་བ་མེད། དེ་ཙམ་ན་ལུང་པའི་མདའི་ཕྱོགས་སུ་ཧར་བ་ཅིག་བྱུང་། དེ་རྗེ་ཆེར་སོང་བས་གཉིད་སད་པ་དང་། ནམས་ལངས་ནས་སྣང་། ངག་ཉིད་གཉའ་མ་གཉི་མ་ལ། དེ་ཙམ་ན་དམག་འབྲུགས་སར་མི་རོ་ཧ་རོས་ལུང་པ་གང་ནས་སྣང་གསུངས། དེར་དགེ་སྦྱོར་བྱེད་སར་ཕྱིན་ནས་རྒྱལ་པོ་སར་ཕྱིན་ནས་རྒྱལ་པོ་ལ་སོགས་པ་རྣམས་ལ་ཅང་མི་སྨྲོན་པར་སྣང་བྱས་ནས་གོང་གི་ལོ་རྒྱུས་རྣམས་བཟླས། རྒྱལ་བློན་དང་འབང་ཐམས་ཅད་དགའ་བར་བྱས། དེའི་དགོངས་མོ་ཚོགས་ཀྱི་འཁོར་ལོ་བྱས་པའི་དུས་སུ་ལྷོ་ཕྱོགས་ཀླིན་ཅེའུ་དངོས་སུ་དམག་གཅིག་བྱུང་བའི་སྣང་བ་བྱུང་། དེའི་ངོས་སུ་གསེར་ཡིག་པ་ཐོང་ལ་འདྲིར་ཆུག་བྱས། དེ་ནས་ཚོགས་འཁོར་ཐོན་ནས་ཕྱིར་ལ་ལངས་ཙམ་ན་གསེར་ཡིག་པ་གཅིག་སླེབས་པས་ཀླིན་ཅེའུ་མཁར་རྒྱའི་དམག་གིས་བསྐོར་ནས་རང་གི་དམག་དང་འཐབ་ཤིན་ཡོད་ཟེར། དེའི་ཕྱི་དེ་ཉིན་པར་དམག་བཟློག་གི་དགེ་སྦྱོར་ཆེན་པོ་བྱས། ནུ་རིང་ལ་གཉིད་ལོག་པའི་རྨི་ལམ་ན། ཁྲི་ཐན་གྱི་དམག་རྩུར་བཤམས། མི་ཉག་གི་དམག་ཕར་བཤམས་ནས་སྣང་བའི་དུས་སུ་མདུན་གྱི་ནམ་མཁའ་ལ་དཔལ་ནག་པོ་ཆེན་པོ་གཙོ་བོ་ཡེ་ཤེས་མགོན་པོ་ཕྱག་བཞི་པས་གཙོ་མཛད་པའི་འཁོར་བྱ་རོག་གི་གདོང་པ་ཅན་ལ་སོགས་པ་དཔག་ཏུ་མེད་པས་ནམ་མཁའ་གང་བ་ཙམ་དུ་བྱས་ནས། ཕ་ཏའི་དམག་ཐོག་ཏུ་བྲངས་ནས་སོང་། བྱ་རོག་མང་པོ་ཡང་དེའི་དམག་ཡོད་སན་ཕར་ལ་འཕུར་ཤིང་སོང་། རྒྱལ་པོ་ཆེན་པོ་རྣམ་ཐོས་སྲས་གསེར་གྱི་ཁྲབ་གོན་ནས། ནམ་མཁའ་ལ་བཞུགས་པ་འཁོར་དཔག་ཏུ་མེད་པས་བསྐོར་ནས་སྣང་། ངའི་གཡས་ཕྱོགས་ན་རྟ་དང་པ་བཅིབ་ནས་གསེར་གྱི་ཁྲབ་གོན་པ་ཅིག་གིས་མདའ་བཀང་ནས་སྣང་བ་ལ། མདའ་འཕྲ་སྒྲོམ་དྲལ་བུ་སྒྲོམ་ཤོས་ཙམ་གཅིག་ལ་གསེར་གྱི་རྡོ་རྗེ་རྩེ་གསུམ་པ་གཅིག་སྣང་། མདའ་བཀང་བ་མཐོང་བས་ཞེང་གྱིས་སོང་བས་གཉིད་སད། དེ་ནས་ཕྱིས་གསེར་ཡིག་པ་ཡོངས་ནས། ཕ་ཏའི་དམག་གཡུལ་ལོག་པས་དེ་བཞིན་སོང་ཟེར། དེ་ལྟ་བུའི་སྡིག་པ་ཁམ་པོ་ཆེ་རང་གིས་ཀྱང་རྣམ་པར་སྨིན་པ་མྱོང་བའི་སྡིག་པ་བྱས་པ་དེ། མི་ཉག་ཆོས་ཀྱི་རྒྱལ་པོ་ཡིན་པས། སངས་རྒྱས་ཀྱི་བསྟན་པ་ལ་གནས་པ་དང་། ང་ཡང་བཀྲེ་ཐམས་ཅད་ཀྱིས་དཔོན་ཡིན་པས། སངས་རྒྱས་ཀྱི་བསྟན་པའི་ཆེད་དང་། མི་ཉག་རྒྱལ་པོས་ང་ལ་སློབ་དཔོན་དུ་བཟུང་ནས་བློ་གཏད་པས། རྒྱལ་ཁམས་བསྲུང་བའི་ཆེད་

དུ་སྡིག་པ་ཆེ་ཡང་དེ་དག་གི་ཆེད་དུ་འཕྲིན་ལས་ཁམས་པོ་ཆེ་བྱས་པ་ཡིན། འོན་དེ་ལྟར་ཡིན་ན་ཧོར་གྱི་དམག་མི་བཟློག་པ་ཅི་ཡིན་སྙམ་པའི་མི་ཡོད་སྲིད་པས། མི་ཉག་རྒྱལ་རབས་གསུམ་པ་ནས། ཧོར་གྱི་རྒྱལ་ཁམས་མང་པོ་བརྣགས་ནས་གནོད་པ་མང་པོ་བྱས་པས་ལན་ཆགས་པ་དང་། བསོད་ནམས་ཀྱི་ཚོགས་ཀྱི་ཁྱད་པར་ཆེ་ཆུང་ཡོད་པས། རྒྱལ་པོ་ལ་ཡང་ནུས་པ་ཆེ་ཆུང་ཡོད་པ་ཡིན། ཧོར་འདི་ཡང་ཕྱི་རོལ་མུ་སྟེགས་ཀྱི་ཆ་འཛིན་ཡིན་པས་ནང་པ་ལ་གནོད་པ་ཡིན། སེམས་ཅན་སོ་སོའི་ལས་ཀྱི་རྣམ་པར་སྨིན་པ་ཡིན་པས་གང་གིས་ཀྱང་དགག་པར་མི་ནུས་སོ། །བཅོམ་ལྡན་འདས་ཀྱིས་ཀྱང་ལས་ཀྱི་རྣམ་པར་སྨིན་པར་སྨིན་པ་ནི་མ་གཏོགས་སོ་གསུངས། སངས་རྒྱས་དང་བྱང་ཆུབ་སེམས་དཔའ་ཐམས་ཅད་དང་། ཆོས་སྐྱོང་བའི་སྲུང་མ་ནུས་པ་ཅན་ཐམས་ཅད་ཀྱིས་མི་སྲུང་བ་མ་ཡིན་ཏེ། སེམས་ཅན་སོ་སོའི་ལས་ཀྱི་རྣམ་པར་སྨིན་པ་མྱོང་བར་ངེས་པས་དེ་དགག་པར་མ་ནུས་པ་ཡིན། འོན་ཡང་མ་བསྲུང་བ་མ་ཡིན། ཧོར་བྱུང་ནས་ལོ་ཉི་ཤུ་རྩ་བདུན་ཆོས་སྐྱོང་གི་བསྲུང་བ་ཡིན། མི་ཉག་རྒྱལ་པོ་བསྒྲོང་ནས་ཀྱང་ཁོ་ཡང་ཤི་བ་ཡིན་པས་ལས་ཀྱི་རྣམ་པར་སྨིན་པ་མྱོང་བར་ངེས་པ་ཡིན།

༼འབྲུག་ལོ་ཟླ་བ་དགུ་པའི་ཚེས་བཅུ་དགུ་ལ་འབྲི་གུང་དུ་ངའི་སློབ་དཔོན་གདན་ས་པ་དེ་འདས་པ་ཡིན་པར་སྣང་། ངའི་སློབ་དཔོན་རིན་པོ་ཆེ་འདས་ནས། ཨོན་པོ་རིན་པོ་ཆེ་གདན་སར་ཕྱུང་བའི་དུས་སུ། ནུབ་གཅིག་རྨང་ལམ་ན་འབྲི་གུང་དུ་ཕྱིན་པ་ལ་ཐོགས་ཆུང་སྟེང་དུ་ཆོས་ཁྲི་བརྩེགས་པ་ལ་དེའི་སྟེང་དུ་བརྙེ་རྒྱ་བོ་ཤང་ཆེ་བ་གཅིག་སྣང་། དགེ་འདུན་ཀུན་འཚོགས་པའི་གཤམ་དུ་ངས་ཇ་མོའི་ལ་བ་གཅིག་གོན་དགེ་བསྙེན་དུ་བྱས་ནས། དེ་ཙམ་ན་བརྙེ་རྒྱ་བོ་དེ་ན་རེ། མ་གི་དེ་ཡིན་པར་སྣང་ཟེར་ངཤེས་པར་སྣང་སྙམ་ནས་གཟེའ་མ་སྐྱིང་ས་དེ་ན་མར་བྱོན་ནས་སོང་བ་རྨིས། ཕྱི་དེ་ཉིན་པར་དགེ་འདུན་ཀུན་ལ་འབྲི་གུང་གི་ངའི་སློབ་དཔོན་རིན་པོ་ཆེ་མི་བཞུགས་པར་སྣང་བས། བརྙེ་རྒྱ་བོ་གཅིག་བཞུགས་ཤིང་སྣང་བྱུས། ཕྱིས་འདས་ཟེར་བའི་སྐད་ཐོས། བརྙེ་རྒྱ་བོ་དེ་ཨོན་པོ་རིན་པོ་ཆེ་ཆོས་ཁྲི་ལ་ཕྱུང་བའི་དུས་སུ་སྣང་། ཡང་རྟ་ལོ་ཟླ་བ་བཅུ་གཉིས་པའི་དུས་འགའ་ན་བཞུགས་པའི་དུས་སུ་སྐྱུང་ན་ཞུ་བ་ཕུལ་ནས། སྔར་གྱི་རྨི་ལམ་བཞིན་དུ་ལོ་བཅུ་གསུམ་ལས་མི་ཐུབ་པའི་དུས་ལ་བསྙེན་པ་ཡིན་པས། དགེ་སྦྱོར་ཆེན་པོ་བྱ་དགོས་བྱས་ནས་ཞུས། ལུག་ལོ་ཟླ་བ་གཅིག་པའི་ཚེས་གཅིག་གི་ནང་པར་དགེ་བའི་བཤེས་གཉེན་རྣམས་དང་དགེ་འདུན་རྣམས་འཚོགས་ནས་སྐྱུང་བ་ལ་སྨོན་ལམ་བཏབ་བས། དགེ་སྦྱོར་ཆེན་པོ་བྱས་པས་ལྷེ་བ་བཏང་། དེའི་ནུབ་མོ་རྨང་ལམ་ན་པན་ཅི་ཏི་

དང་། དགེ་བཤེས་འཕྲོ་དང་ངེད་གསུམ་ལ་རྒྱལ་པོ་འདིས་ཅི་ཐུབ་ལྷོས་གསུང་བའི་གསུང་ཅིག་བྱུང་། དགེ་བཤེས་འཕྲོས་ཅང་མི་གསུང་། པཎྜི་ཏས་བརྩེས་ནས་འདི་ཡིན་མི་གསུང་། ངས་བརྩེས་པས་ལོ་གཅིག་དང་ཟླ་གསུམ་ཉིས་ཐུབ་པ་ཅིག་སྨིས། ནང་པར་ངས་རྒྱལ་པོ་ལ་དགེ་སྦྱོར་དེས་ཕན་པར་འདུག །ལོ་ཕྱི་དང་གཉིས་ལྷགས་ཐུབ་པར་སྣང་བྱུས།

ཡང་ནུབ་གཅིག་གི་རྨང་ལམ་ན་མཚོ་གཅིག་གི་སྟེང་ན་ཚུར་ལ་ཁྲི་ཆུའི་གླང་བུ་གཉིས་ཀྱིས་ཞིང་རྨ་གཅིག་འདྲེན་ཤིང་སྣང་བ་ལ། དེའི་སྟེང་ན་རྒྱལ་བུ་དང་མི་གཉིས་སྣང་། རྒྱལ་བུ་དེ་འདྲེན་པ་ཡིན་པར་སྣང་གསུངས། ཡང་དམའ་ཆུ་ཕར་ཀར་རྗོར་གྱི་དམག་བྱུང་བ་ལ། དམག་མར་བཟློག་ནས་སོ་མཚམས་སུ་མཁའ་འགྲོ་མ་གསེར་གྱི་མཆེ་བ་ཅན་གྱིས་གཙོ་བོ་བྱས་ནས་མཁའ་འགྲོ་མ་བདུན་ཙུ་རྩ་གཉིས་ཀྱི་བསྐྱལ་ནས་ཡར་འོངས་ནས་ཏལ་དགྱེར་བྱོན་པ་དང་། གདུགས་སེར་པོ་གཉིས་འབུབ་སྐོས་ཅིག་བྱས་ནས་མ་ཕུབ། རྒྱལ་བུ་དེ་འབྲིན་བསྐོས་ཅིག་བྱས་ནས་བཞག་པ་དེ་ལ་ལྟ་བར་སྣང་གསུངས། དེ་ནས་ཆེར་མ་ལོན་པར་མི་རྒོད་ཀྱིས་རྒྱལ་བུ་ཕྱུང་ནས་ཁྱེར། རྒྱལ་བུ་ལ་རྒྱལ་པོ་གྱིས་ཟེར་བ་ལ་མ་ཉན་པར་ཕྱིར་སོང་། ཡང་ནུབ་གཅིག་གི་རྨང་ལམ་ན་རྒྱལ་པོའི་ཕོ་བྲང་དུ་བྱོན་ཟེར་ནས་རྒྱལ་པོའི་གདན་ཅིག་སྣང་བ་ལ། འདི་ལ་བཞུགས་ཟེར་ནས་བསྟོད་པ་ཅིག་རྨིས། དེ་ཙམ་ན་གསེར་ཁབ་གོན་པ་གསུམ་མདུན་ན་སྣང་བ་ལ་གཡས་ཕྱོགས་མ་དེ་ལ་དཀྱིལ་མ་དེས་ལག་ན་ཅིག་སྣང་བ་དེ་ཡར་བསྟབས། གཡོན་གྱི་དེ་ལ་ཅིག་བྱིན་པ་ཅིག་རྨིས་གསུངས། རྒྱལ་བུ་གཉིས་ཡོད་པ་ལ་རྩ་ན་ཡོད་པ་དེས་རྒྱལ་ས་མི་འཐོབ་པར་ཕྱི་སོན་ཡོད་པ་དེས་རྒྱལ་ས་འཐོབ་པའི་བརྡར་སྣང་བས། ཕྱི་ནས་རྒྱལ་བུ་ཕྱི་སོར་ཡོད་པ་དེ་ཅོང་ཀར་ཁྱེར་བའི་དུས་སུ་ཡང་རྨི་ལམ་ན། མཚོའི་སྟེང་ན་དེ་བོན་བཞིན་དུ་བྱུང་བ་ལ། དེའི་དུས་སུ་ཞིང་རྟའི་སྟེང་ན་མི་གཅིག་ལས་མི་སྣང་གསུངས། དེའི་དུས་ན་རྒྱལ་བུ་ལམ་དུ་བཟུང་ནས་རྒྱལ་པོར་མངའ་གསོལ་བར་སྣང་། དེ་ནས་རྒྱལ་པོ་ལིང་ཚུར་བཞུགས་སུ་བཅུག་ནས་གསེར་ཡིག་པ་གསུམ་གྱིས་དམག་ རྐྱར་ཁྱེར་ནས་ཡོངས་པས། སྤྱངས་དབུ་མཛད་མི་ཉི་ཤུ་རྩ་གསུམ་གསོད་ཟེར་བ་ལ། ངས་དམག་དཔོན་རྣམས་ལ་མནའ་སྐྱེལ་དུ་བཅུག་ནས་མ་བསད་པ་ཡིན། སྔར་གྱི་རྒྱལ་པོ་རྣམས་རྒྱལ་ས་ཤོར་ནས་བགྲོངས་པ་མ་ཡིན་པའི་རྒྱལ་ས་ཕྱིར་ཐོབ་པ་མེད་པ་ཡིན་པ་ལ་ངས་བླ་མ་དཀོན་མཆོག་དང་། ཆོས་སྐྱོང་བའི་སྲུང་མ་དང་། དཔལ་ནག་པོ་ཆེན་པོ་དང་། རྒྱལ་ཆེན་པོ་སྡེ་བཞི་ལ་སོགས་པ་རྣམས་ལ་གསོལ་བ་བཏབ་ནས་བསྲུང་པས། བྱའི་ལོའི་སྟོན་ཅོང་ཀ་ནས་རྐར་

བཞུད། ཐུས་རྒྱལ་ས་ཕུལ་བ་ཡིན། རྒྱལ་པོ་སྐུ་ལ་ཁམས་མ་བདེ་བས། ཕྲ་ནས་ཧྲུལ་ཡིག་པ་གཉིས་རིན་པོ་ཆེ་གདན་འདྲེན་དུ་འོངས་པས་ཁྲི་ལོ་ཟླ་བ་གཅིག་པའི་ཚེས་དགུ་ལ་ལི་དུ་ཞུགས། བཅུ་བཞི་ལ་ཧག་རོ་རྒྱལ་མོ་སྡེ་ལ་སླེབས། ཚེས་བཅོ་ལྔ་ལ་ཧོར་འོངས་པ་སྨི་ལམ་དུ་བྱུང་བས། བོང་སོ་ན་ཡོད་པའི་དགེ་བའི་བཤེས་གཉེན་རྣམས་དང་། ཡོ་ལ་བཛྲའི་ཡི་གེ་བསྐུར་ནས་བཏང་བ་ཡིན། ཉི་ཤུ་བརྒྱད་ལ་ཕྲར་སླེབས། རྒྱལ་པོ་ལ་དབང་བསྐུར་ཆོས་བསྟན། དེ་ནས་ཞག་ཉི་ཤུ་ནས་རྒྱལ་པོ་འདས། ཞག་བཞི་བཅུ་ཞེ་དགུའི་དགེ་སྦྱོར་བྱས་ནས་ཕྲ་ན་འདུག་ཙམ་ན། ཉིན་གཅིག་གཉིད་ལོག་པའི་སྨི་ལམ་ན་ཕྲ་འི་ནུབ་ཕྱོགས་ཀྱི་ནམ་མཁའ་ན་མར་ལ་དར་དང་གདུགས་དཔག་ཏུ་མེད་པ་ཕྱུར་ནས། ནམ་མཁའ་ལ་མི་གཅིག་མི་མ་ཡིན་གྱི་ཁྲོགས་ལ་བཏེགས་ནས་འགྲོན་ཤིང་སྣང་། གཡས་ཕྱོགས་ན་བཀྲེ་གཅིག་སྣང་བ་ན་རེ་འདི་ས་ལ་གནས་པའི་བྱང་ཆུབ་སེམས་དཔའ་ཡིན་ཏེ་འདིས་རྒྱལ་ཁམས་ཨེན་ཅིག་ཨེ་ཧེན་ནམ་ཟེར། རྒྱལ་པོའི་ཕོ་བྲང་གི་ནུབ་ཕྱོགས་སུ་བབས་པ་ཅིག་སྨིས། གཉིད་སད་པ་དང་ཡང་རྒྱལ་པོ་གཅིག་འབྱུང་བར་སྣང་བ་ལ་འདིས། ཨེ་ཧེན་ནམ་ཟེར་ལུགས་ཀྱིས་མི་ཧེན་པར་སྣང་སྙམ་པ་བྱུང་གསུངས། དེ་ནས་རིན་པོ་ཆེ་ཡར་བྱོན་ཧེད་ལ་རྒྱལ་པོ་འདས་ནས། གནམ་ཕེ་ཡོ་རྒྱལ་སར་བཏོན་ནས་སྣང་ཟེར་བ་དེ་ལ་ལྟ་བར་སྣང་གསུངས། དེ་ནས་ཙོང་ཀར་སླེབས་པ་དང་། མཁར་ལུང་གི་ལྷ་ཁང་བརྩེགས་མ་གསུམ་པོ་ལ་མཆོད་པ་ཞག་གསུམ་བྱས་ནས། ཙེ་སྲིད་དུ་མེ་དང་ཆུ་དང་འབྱུང་བའི་གནོད་པ་མ་བྱུང་གི་བར་དུ་བཞུགས་པར་ཞུ་བྱས། བྱུང་ན་རང་བཞིན་གྱིས་གནས་སུ་གཤེགས་སུ་གསོལ། ངས་བསྲུབ་པར་མ་ནུས་པ་ཡིན་བྱས་དེ་ནས་མི་མང་པོ་ལ་ཧོར་ཡོངས་པ་ཡིན་བྱས་ནས་བཟླས་པ་ལ་མི་དགའ་བར་སྣང་། ཡུལ་འདིར་གང་ན་ཡོང་ཟེར། དེ་ནས་ཞག་འགའ་ནས་ཧོར་བྱུང་བས། རྨ་ཆུ་ཕར་ཀར་མི་མང་པོ་སྲོག་ཕྱུང་ནས་ཕྱིན། ལར་ཧོར་འོངས་པ་དང་རྒྱལ་ཁམས་འཚོར་བ་དེ་ངས་མ་ཤེས་པ་མ་ཡིན། ཤེས་ནས་ཡོ་ལ་བཟླས་པས་དེ་བདེན་པར་མི་འཛིན་པར་སྣང་། ཕྱི་ནས་ཡོང་བ་ཤེས་ཙམ་ན་འཕྱིས་ནས་སོང་། །

སྤྱིར་མེ་ཉག་ཡུལ་དུ་དགུང་ལོ་སུམ་ཅུ་རྩ་གསུམ་བཞེས་པའི་འབྲུག་ལོ་ཟླ་བ་བཅུ་གཉིས་པ་ལ་སླེབས། དགུང་ལོ་སུམ་བཅུ་རྩ་དྲུག་ལ་འཚོགས་པ་བསྐྱང་། དགུང་ལོ་དྲུག་ཅུ་རྩ་དྲུག་བཞེས་པའི་ཁྲི་ལོ་ཟླ་བ་བདུན་པའི་ཚེས་གཉིས་ཡན་ཆད་ལ་བཞུགས་པ་ཡིན། བཞུགས་པའི་རིང་ལ་བླ་མ་རིན་པོ་ཆེ་འབའ་རོམ་པ་དང་། བླ་མ་རིན་པོ་ཆེ་སངས་རྒྱས་སྒོམ་པ་དང་། བླ་མ་རིན་པོ་ཆེ་ཞང་དང་གསུམ་

འདས་པ་ཡིན། བླ་མ་རིན་པོ་ཆེ་འབྲི་གུང་བ་དང་བླ་མ་རིན་པོ་ཆེ་སྟག་ལུང་བ་དང་གཉིས་བཞུགས་པའི་དུས་སུ་ཞལ་བཞུགས་པ་ཀུན་ལ་ན་བཟའ་དང་འབུལ་བ་ཕྱ་རེ་ཐེང་། སྤྱིར་གདན་ས་ཀུན་དང་བླ་མ་རིན་པོ་ཆེ་ཀུན་ལ་འབུལ་བ་ལན་བཅོ་ལྔ་རེ་ཐེངས་པ་ཡིན། བླ་མ་རིན་པོ་ཆེ་འབའ་རོམ་པ་ལ་རྟེན་གྱི་བཀྲ་ཤིས་སྒོ་མང་དང་། ཤེལ་གྱི་སྐུ་འབག་དང་། གསེར་གྱི་སྐུ་འབག་དང་། གདུང་རྟེན་དང་སྐུ་འབུམ་ལ་གསེར་གསོལ་བ་དང་། ལྷ་ཁང་ལ་གསེར་འཕྲུ་བཙུགས་པ་དང་། རྒྱ་གར་གྱི་གསེར་གྱི་ཡུམ་དང་། གསེར་གྱི་རྒྱུན་འབུམ་དང་། གསེར་གྱི་ཤེས་རབ་ཕྱོགས་བྲང་དང་། པེཎྜི་ལས་བཞེངས་པའི་མདོ་འཕགས་པ་བརྒྱད་སྟོང་པ་དང་། གསེར་གྱི་བཀའ་འདུས་དང་། དེ་རྣམས་བཞེངས་ནས་ཕུལ་བ་དང་། གོས་ཆེན་ཟ་འོག་དང་། སྣ་ཚོགས་ཀྱིས་བླ་བྲེས་བཅུ་གཅིག་དང་། དངུལ་ཏིང་ཆེན་པོ་དང་། མཆོད་ཆ་མང་པོ་དང་། མར་མེ་རྒྱུན་པ་བཙུགས་པ་དང་། དེ་རྣམས་ཕུལ་བ་ཡིན། དེའི་མདུན་དུ་འབུལ་བའི་མཆོད་ཆ་དངུལ་གྱི་མཎྜལ་ལ་རིན་པོ་ཆེ་སྣ་བདུན་གྱིས་རྒྱན་དང་། དངུལ་གྱི་མཆོད་ཆ་བདུན་དང་། ཨོན་པོ་རིན་པོ་ཆེ་ལ་འབུལ་བ་ཆེན་པོ་དང་དགེ་འདུན་ལ་ཐྲོ་ཚུལ་དང་། ཞོ་ཚུལ་ཡང་བཙུགས་པ་ཡིན། འབྲི་གུང་དུ་རིན་པོ་ཆེའི་སྐུ་འབག་གསེར་ལས་བཞེངས་ནས་ཕུལ། དངུལ་གྱི་གདུགས་དང་། གདན་ཁྲི་དང་རྒྱབ་ཡོལ་དངུལ་ལས་བཞེངས་ནས་ཕུལ། མར་མེ་རྒྱུན་པ་དང་། དེའི་མདུན་དུ་འབུལ་བའི་མཆོད་ཆ་དངུལ་གྱི་མཎྜལ་ལ་རིན་པོ་ཆེ་སྣ་བདུན་གྱི་རྒྱན་དང་དངུལ་གྱི་མཆོད་ཆ་བདུན་དང་། རེའུ་ཙར་རྒྱ་བསྐྱར་ནས་ལྷ་ཁང་ཕུབ། གསེར་དངུལ་བསྐྱར་ནས་རྗེ་པ་དང་བླ་མ་ཞང་དང་། བླ་མ་སངས་རྒྱས་སྒོམ་པ་དང་། གསུམ་གྱི་སྐུ་འབག་བཞེངས་ནས་དབུ་རྩེ་རྙིང་མར་བཞུགས་པ་ཡིན། གསེར་གྱི་རྒྱས་འབྲིང་རྣམ་གསུམ་དང་། སྐུ་འབག་ཀུན་གྱིས་བཞུགས་གདན་དང་། ན་བཟའ་དང་སེའུ་སྐྱ་དང་། དངུལ་གྱིས་གདུང་རྟེན་དང་། བླ་བྲེས་དང་། དར་ཁྲིལ་དང་། གཞན་ཡང་མཆོད་ཆ་མང་པོ་ཕུལ་བ་ཡིན། མཚལ་དུ་དངུལ་གྱི་རྒྱས་འབྲིང་རྣམ་གསུམ་དང་དར་ཁྲིའུ་དང་། བླ་བྲེ་དང་། གཞན་ཡང་འབུལ་བ་མང་དུ་བྱས། མི་ཉག་གི་ཡུལ་དུ་སྡེ་ཆེ་བ་གཉིས་ཆུང་བ་གཉིས་དང་བཞི་བཞེངས། གྲྭ་འཚོགས་རྒྱུན་མི་འཆད་པར་བསྐྱང་པ་ཡིན། ཕྱོགས་བཞིའི་དགེ་འདུན་མང་པོའི་ཞབས་ཏོགས་བྱས། སེམས་ཅན་ལ་ཆོས་དང་ཟང་ཟིང་གི་སྦྱིན་པ་དཔག་ཏུ་མེད་པ་བཏང་ནས། སེམས་ཅན་གྱི་དོན་དཔག་ཏུ་མེད་པ་མཛད་པ་ཡིན། དེ་ནས་རྗོར་བྱུང་བའི་དུས་སུ་མཁྱེན་པས་རྨ་ཆུ་ཕར་ཁ་བསྒྲལ་ནས་ལྷོ་ངོས་སུ་རྗོར་འོང་བའི་ས་དང་། རྗོར་མི་འོང་བའི་ས་མཁྱེན་པས་མི་འོངས་པའི་ས་རིས

ལ་བྱོན་ནས་ཟླ་སྒོམ་སྒང་ལ་བྱོན་པ་ཡིན། དེ་ནས་བེ་རི་ཁྲུང་ཚངས་གིས་གདན་དྲངས་ནས་མི་ཉག་ཡུལ་དུ་ཕྱིན། བོད་དང་མི་ཉག་གཉིས་མི་མཐུན་པར་སྣང་བས་བསྡུམས། མི་ཉག་གི་རྒྱལ་པོ་མི་སྣང་བས་རྒྱལ་པོ་གཅིག་བྱུང་། དབང་བསྐུར་ནས་རྒྱལ་པོར་མངའ་གསོལ་ནས་བཞག །

དེ་ནས་ཡར་འོངས་པས་རྨ་འི་དཀའ་བྲ་བའི་ས་རིས་ལ་སླེབས་ཙམ་ན། ནུབ་གཅིག་གི་རྨི་ལམ་ན་ཧོར་གྱིས་དམག་གིས་བརྒྱབ་ནས་དཔོན་གཡོག་བདུན་ཤོར་བ་རྨིས། དེ་ནས་བྱི་བ་ལོ་ཟླ་བ་བརྒྱད་པའི་ཉི་ཤུ་གསུམ་ལ་ཧོར་ཡོང་བ་རྨིས། ད་ནི་མི་བཏུབ་པར་སྣང་གྲུས། འཁོར་ཀུན་ལ་བཟླས་ཏེ། ཧོར་ཡོང་བྲོས་འགྲོ་བྱས་པ་འདི་ལ་ལྟ་བ་ཡིན་ཟེར། ཟླ་བ་དགུ་པའི་ཉི་ཤུ་དགུ་ལ་སྟོང་དུས་ཀྱིས་དགེ་འདུན་འཚོགས་པ་ལ་ད་ནི་འོ་སྐོལ་གྱི་སྡུག་བསྔལ་ཅིག་མྱོང་པ་ཡིན་བྱས་པ་ལ། དེ་གསུང་དུ་མི་རུང་ཟེར། ཟླ་བ་བཅུ་པའི་ཚེས་གཅིག་གི་ནུབ་མོ་སྔན་བདེ་བ་ལ་བསྟོད་ཀྱང་ཤིང་དྲལ་བུའི་སྟེང་དུ་བསྟོད་པ་བཞིན་དུ་སོང་ནས་མ་ཆུགས། དེ་ནས་ནམ་ཕྱེད་ཙམ་ན། འཁོར་ཧོར་གྱིས་བསད་པ་རྣམས་ཀྱི་སྟེང་དུ་མེ་ཐུམ་ཅིག་ལྡང་བ་མཐོང་། དེ་ནས་ཆོས་གཉིས་ཀྱི་ཉིན་པར་ཧོར་གྱིས་སླེབས་ཟེར་བའི་སྐད་ཅིག་ཐོས་ནས། ཉིན་མཚན་གཉིས་སུ་བྲོས་པས། ཕྱི་དེ་ཉིན་ཕར་ང་སྐྲང་ཅིག་ཏུ་བྱུང་བ་དང་། དགེ་བསྙེན་ཆེན་པོ་སེ་རུ་དང་ཡག་བྱ་བས་བསུ་བ་བྱེད་པར་སྣང་། འཁོར་ཀུན་ལ་ཁྱེད་སྔ་ལམ་འགྲོ་བྱས་ནས་ང་སྔ་ལ་ཕྱིན། དེ་ཉིན་དྲོ་བྱས་ནས་ལ་ཀ་ཅིག་ཏུ་ཕྱིན་པ་དང་། ཧོར་གྱིས་ཕྱི་ཧ་ཀུན་སླེབས་ནས་སྣང་། དེ་ནས་འཁོར་ཀུན་ཕྱོགས་གཅིག་ཏུ་བྲོས། ང་ཕྱོགས་གཅིག་ཏུ་བྲོས་པས་ངེད་བཅོམ་ལྡན་ཤོར་བ་ཡིན། དེ་ནས་ཆོས་དགུའི་ནུབ་མོ་སྤུར་ཀྱི་ཧོར་རྒྱ་བརྒྱབ་སར་ཕྱིན། ཆོས་བཅུའི་དགུང་མོ་དགེ་བསྙེན་སེ་རུ་དང་ཡག་གི་བར་སྣང་ལ་འབྲུག་སྒྲ་བསྒྲགས །འོད་དང་ཁྲུ་འཕང་ཆེན་པོ་ཕབ་ནས། ཁྲུ་འཕང་གིས་དཀར་ཤར་གྱིས་ལམ་སྣ་དྲངས་ནས་སོང་གསུངས། ཆོས་བཅུ་དྲུག་གི་ཉིན་པར་ང་ཞེན་ཅིག་ངལ་བསོས་ནས་ཉལ་ཙམ་ན། རྨི་ལམ་ན་ཧོར་གྱིས་ངའི་སྤྲེལ་ཀར་གཉིས་ཕྱུབ། དཧྱལ་ཟངས་ཀུན་བཙུགས་ནས་སྣང་། ངའི་འདུག་ས་ཅིག་ཀྱང་ཡོད་པ་བཞིན་དུ་སྣང་། ལངས་ནས་ཡོད་པའི་གཡས་ཕྱོགས་ན་སྐད་ཅིག་བྱུང་བས། འདི་རྫོགས་འཚམས་ཡིན་ཟེར། དེ་ནས་མི་ཉག་གི་ཡུལ་བརྒྱབ་པའི་འཚམས་པ་དེ་ནས་ཆོད་པ་ཡིན་གསུངས། དེ་ནས་སོང་བས་ཟིང་ཆུང་དང་འ་ཞ་དཔོན་རྒྱལ་སར་སླེབས། དེ་ནས་རྒྱལ་མོ་རོང་ཕྱོགས་སུ་འགྲོ་འདོད་པ་ལ། འོ་དེ་རལ་པས་གསོད་ཟེར་བས་གཏོང་དུ་མ་ཉན། དེའི་དུས་སུ་ཟླ་བ་གཅིག་པའི་ཆོས་བརྒྱད་ཀྱི་ནུབ་མོ། རྨི་ལམ་ན་དགེ་བསྙེན་ཆེན་པོ་སེ་རུ་དང་ཡག་གིས

དབང་བསྐུར་ཞུས་ནས། ཁྱོད་ལ་བུ་གཅིག་དང་དངུལ་བརྒྱ་འབུལ་ཟེར། དེར་བླ་མ་ལ་གསོལ་བས་བཏབ་པས་ཞལ་ཙམ་ན། ལྷོར་འགྲོ་བར་འདོད་ཙམ་ན། བྱང་ཕྱོགས་ན་སོང་ན་བདེའ་བར་ཡོང་པ་ཅིག་རྨིས། དེ་ནས་ལམ་དུ་ཞུགས་ནས་སོང་ཙམ་ན་རེ་གུ་བ་རྣམས་ཀྱིས་ལམ་དུ་བསྒུག་ཟེར་བས་གཞི་མ་གཞན་ཅིག་ལ་བསྡད། ཇོ་བོ་ཐུགས་རྗེ་ཆེན་པོའི་བསྲུང་བ་འདི་དེ་དུས་བྱུས། དེ་ནས་བར་ཆད་མེད་པར་བསྲུང་བ་ཡིན། དེ་ནས་ཡར་ཡོངས་པས་ཟླ་བ་གཉིས་པའི་ཉི་ཤུ་བདུན་གྱི་ནུབ་མོ་རྨི་ལམ་ན་རྗེ་རིན་པོ་ཆེ་འབྲི་གུང་བས་ཇ་དཀར་ཡོལ་གང་དྲངས་ནས། ངའི་གཡས་ཕྱོགས་ན་བཞུགས་ནས་སྣང་ཙམ་ན་གློ་བུར་དུ་བཞེངས་ནས་ཞལ་ཤར་དུ་གཟིགས་སྤྱན་ཧུ་རེ་བ་གཅིག་མཛད་ནས་དམ་སྲི་མ་ཀི་རྣམས་གསུངས། དེ་ནས་ཟླ་བ་གསུམ་པའི་ཚེས་བཅུ་གཉིས་ཀྱི་ཉིན་པར་ཇ་པ་གཅིག་དང་ཐུག །ཇ་ཁ་གཅིག་ཕུལ། ཇ་སིག་གཅིག་ཉོས། འོན་དེའི་དུས་སུ་རིན་པོས་དངོས་གྲུབ་གནང་བར་འདུག་སྙམ་པ་བྱུང་གསུངས། དེ་ནས་ཇ་དང་སྣེད་པ་བྱུང་བའི་ནུབ་མོ་བར་ཆད་མེད་པར་ཡོང་པ་རྨིས་གསུངས། འཁོར་ཀུན་ལ་ཡང་བར་ཆད་མེད་པར་ཡོང་པར་སྣང་བྱུས། དེ་ནས་རྨ་སྲིབ་ལུང་པ་བཙོ་བརྒྱད་ཀྱི་རེའུ་ཕུར་སླེབས་པའི་ནུབ་མོ་དགེ་བསྙེན་ཆེན་པོ་སེ་རུ་དང་ཡག་ལ་སོགས་པའི་ལྷ་ངོས་ཀྱིས་མི་མ་ཡིན་གྱི་འཁོར་གྱི་སྐྱིལ་མ་དང་། རྨ་ཆེན་པོ་པོམ་རའི་འཁོར་གྱི་བསུ་བ་འོང་བ་འཛོམ། རྨ་ཆེན་པོམ་རའི་ཕྱོགས་ཀྱིས་ཧྭ་གཅིག་ལ་གསེར་བསྲབས་ནས་སྣང་བ་ལ། གཅིག་ངོས་ཀྱིས་ཕུད་ནས་ཕྲོག་པས་ཁོང་གཉིས་མ་མཐུན་པ་ལ་ངས་བར་བྱུས། ཕྱི་ནས་སོ་སོར་བཏང་བ་ཅིག་རྨིས་གསུངས། དེ་ནས་བྱང་བླ་ཤོད་ཀྱི་བླའི་ལུང་པར་ཕྱིན་ཙམ་ན། ལམ་མ་ཤེས་པས་ཅུང་པོ་དང་སྒོ་ཞིག་མདའ་ལ་ལམ་རྩོལ་དུ་ཕྱིར་སོང་། དགེ་བཤེས་ཁྱུང་ཚང་བ་དང་སྒོ་ཕུ་ལ་རྩོལ་དུ་སོང་། ང་གླུས་ཀ་གཅིག་ཏུ་དར་གཅིག་བསྡད་ཙམ་ན། དེར་གྲོ་མ་མང་པོ་རྐྱ་རྒྱུ་སྙེད། ཁོང་ཚོའི་ཡིད་ལ་རྐྱ་རེམས་པས་སྙེད་སྙམ་ནས་སྙམ། ངས་ངའི་ཡི་དམ་གྱི་བྱིན་བརླབས་ཡིན་སྙམ། དེ་ནས་བླ་ཆུ་ཁྲིད་ནས་ཡོང་ཙམ་ན་བེ་རེ་རེས་མི་བརྒྱབ་པའི་གྲིབ་ཕོགས་པས་ཧ་ལ་མི་ཚུགས་པར་བྱུང་། གཅུང་པོ་ལ་ཡ་ཀི་ན་མི་རག་གཅིག་སྣང་བས་ཡ་ཀི་མས་ཆད་དུ་སྡོད། དེ་ཡས་ཆད་དུ་མ་འགྲོ་བྱུས། ང་ཨེན་གཅིག་ཞལ་བས་གྲིབ་ཡལ། ཡ་ཀིར་ཕྱིན་ཙམ་ན་དྲོ་ཡང་ཡོང་ནས་སྣང་བས་དགེ་འདུན་ཀུན་ལ་དྭགས་པོ་ལྷ་རྗེས་རྗེ་བཙུན་ཉིད་ལ་ལ་རྟོགས་པ་ཕུལ་བ་བཞིན་དུ་ད་ནི་ད་ནི་གསུངས་པ་ལྟར། ད་ནི་འོ་སྐོལ་ཡང་ཡག་པར་འོང་བར་སྣང་གསུངས། དེ་ནས་ཡར་སོང་བས་བེ་རིའི་རུ་བ་དང་ཐུགས་ནས་མདུན་དུ་བསུ་མིས་སླེབས་པས་ཞོ

དྲངས་ནས་རྟ་བ་སླེབས། དེ་ནས་རྟ་བ་དང་འགྲོགས་ནས་འོང་པས་འགྱུ་ཐང་དུ་ཕྱིན། ཡང་ནུབ་མོ་རྨི་ལམ་དུ་རྒྱ་གར་རྒན་པོ་ཁ་དཀར་ཕ་ལེ་བ་གཅིག་བྱུས་ནས་ཁྲི་གཅིག་ལ་བཏེགས་ནས། ནུབ་ཕྱོགས་སུ་འགྲོ་མི་མང་པོ་ལ་རྒྱ་གར་སྐད་དུ་ཆོས་བཤད་ཤིང་འགྲོ་བ་རྨིས། དེའི་ཕྱི་དེ་ཉིན་པར་འབོངས་པོམ་པ་དང་ཞལ་བུ་མདོ་པ་དང་། དགེ་བཤེས་མང་པོ་དང་དགེ་འདུན་མང་པོ་ཡོངས་པས་འབུལ་བ་བྱས། དེ་རྣམས་ལ་ཆོས་བསྟན། རྨི་ལམ་དུ་རྒྱ་གར་སྐད་དུ་ཆོས་སྟོན་ཤེས་པ་ལ་གཉིད་སད་པ་དང་རྒྱ་གར་སྐད་མི་ཤེས་པར་འདུག །ད་ལྟའི་སྐབས་འགྲོའི་སྔོན་དུ་རྒྱ་གར་སྐད་དུ་ཕྱག་འཚལ་བ་དེ་རྒྱ་གར་སྐད་དུ་རྒྱུན་མི་འཆད་པར་ཆོས་སྟོན་པའི་བརྡའ་ཡིན་གསུངས། དེ་ནས་འདི་ཡན་ཆད་དུ་ཆོས་ཀྱི་ཕན་པར་སྣང་སྙམ་པ་བྱུང་། དེ་ནས་དེ་ཤོད་རག་ཉག་ཏུ་ཟླ་བ་དྲུག་པའི་ཚེས་དྲུག་གི་ཉིན་པར་རྨི་ལམ་ལུང་སྟོན་པའི་བརྡའ་ཡིན་གསུངས། དེ་ནས་པར་ཐང་ཀར་ན་བཞུགས་པའི་དུས་སུ་གཉིད་མ་གཉིད་ལ་སྐྱུ་མདོག་དམར་པོ་ཞལ་ཡང་དམར་པོ་འདུག་པ། ཞལ་ཅུམ་ནག་ཁྲེང་ངེ་བ་ཡོད་པ་བེར་དམར་པོ་གཅིག་མནབ་ནས། དབུ་ལ་ཐོད་དམར་པོ་བཅིངས་པ་གཅིག་མདུན་ན་སྣང་། ཁྱོད་སུ་ཡིན་བྱས་པ་ལ་ང་བཙན་ཁ་བ་དཀར་པོ་བྱ་བ་ཡིན་ཟེར།

དེ་ནས་པར་གྱི་ཕུར་ཟླ་བ་བདུན་པའི་ཚེས་བཅོ་ལྔའི་ནུབ་མོ་རྨི་ལམ་དུ་རིན་པོ་ཆེ་སྟག་ལུང་ཐང་པ་དང་མཇལ། རིན་པོ་ཆེའི་ཞལ་ནས་དབུས་པ་པདྨོའི་ས་གཞི་ཡོད་བྱས་ཙམ་ཁྱོད་མ་ཉན། མི་ཉག་མེན་པའི་གདུལ་བྱ་ཡང་ཡོད། འདི་ཡན་ཆད་ཀྱི་སེམས་ཅན་ཡར་བར་དོར་བ་ཨེ་ཡིན། བདེ་བར་གཤེགས་པའི་རིན་པོ་ཆེའི་གསུངས་ཡིན། ཨེ་གསན་ཨེ་གསན་གསུང་བ་རྨིས། དེ་ནས་ཉི་ཤུ་བདུན་གྱི་ནུབ་མོ་ཇོ་བོ་སྟ་ནས་ཚུར་འོང་ནས་བྲག་དཀར་པོ་གཅིག་ཙ་ར་ང་རྗེ་རིན་པོ་ཆེ་འབྲི་གུང་བ་དང་མཇལ། ང་ལ་ཧ་རྒྱུང་བུ་སླ་མེད་པ་ཅིག་གནང་། གཡས་ན་མི་ཐ་སྣང་བ་ལ་བཀྲེ་གཅིག་ན་རེ་བླ་མའི་རྫས་སྒྲོག་ཡིན་ཟེར། དེ་ལ་རིན་པོ་ཆེ་མ་མཉེས་ནས་ཕར་ཞོན་ང་ལ་མི་ཟན་སུ་ལ་ཟ་ངའི་ཧ་མི་ཞོན་ན་སུ་ཞོན་གསུངས་ནས། ངས་ལེང་ཀྱི་བཏང་ནས་ནུབ་ཕྱོགས་ན་ཡར་བརྒྱུག་ནས་སོང་བ་རྨིས་གསུངས། འོ་ན་ནུབ་ཕྱོགས་ན་ཡར་སོང་གསུང་བའི་བརྡའ་ཡིན་པར་སྣང་སྙམ་པ་བྱུང་། དེ་ནས་སྔོན་ཡར་སོང་ནས་དམུ་གསར་མ་གོང་ཆེན་གྱི་ལུང་པ་གཅིག་ན་ཉལ་བའི་ནུབ་མོ། སོག་ས་མདོའི་ཀླུའི་རྒྱལ་པོ་དཔལ་ཀར་དེ་བསུ་བ་ལ་བྱུང་། འཕྲུག་པ་གཡོན་པ་ལ་གཞུ་རྒྱབ་ཏུ་བསྟན། དོང་པ་མདུན་དུ་བསྟན་པ་འཕྲུག་པ་དང་མི་གཅིག་གི་ཐུང་དེ་ཁོ་ན་འདྲ་བ་གཅིག་ཕུལ། དེ་ནས་ལྷ་གཟིགས་ཆོས

གྲགས་ཀྱིས་གདན་དྲངས་ནས་བསྙེན་བཀུར་མང་པོ་བྱས། དེ་ནས་ཡར་བྱོན་ནས་པོང་སོག་རའི་སྒུམ་མདོར་བཞུགས་ཙམ་ན། ཀླུ་རྒྱལ་དེ་ཡར་བྱོན་པ་དང་འགྲོ་བ་ལ་མི་ཟ་བར་སྣང་། ཡང་ཐུད་དེ་འདྲ་ཅིག་ཕུལ། དེ་ནས་ཡར་ཕྱིན་མཚལ་གུང་ཐང་དུ་བེ་རི་ལ་སླེབས། དེ་ནས་ཡང་ཕྱིར་ལོག་ནས་རེ་ཞོད་རྫ་ལ་ཁ་མན་ཆོད་དུ་ལོ་གཅིག་བཞུགས། དེ་ནས་ཡོས་བུ་ལོའི་ཟླ་བ་གཉིས་པའི་ཚེས་བཅོ་ལྔ་ལ་ལམ་དུ་ཞུགས་ནས་ཡར་ཕྱིན། ནག་ཤོད་དུ་སླེབས་པ་དང་བླ་མ་ཞང་རིན་པོ་ཆེ་དང་མཇལ་བ་སྨིས་གསུངས། གསུངས་མཐའ་ཅན་གཉིས་བྱོན་པ་ལ་ངས་མ་ཟིན། ཕྱིས་ལྗོམ་གཉེར་བ་དང་དཔོན་གཉིས་འབྲུགས་པ་དེ་ཡིན་པར་སྣང་སྙམ་པ་བྱུང་གསུངས། ཡང་ནུབ་གཅིག་རིན་པོ་ཆེ་སྟག་ལུང་ཐང་པ་བཞུགས་པའི་དགོན་པ་གཅིག་གི་མདུན་དུ་བསྡད་ནས་མཇལ་བར་ཞུས་ཙམ་ན། ནང་ནས་བྱོན་ནས་ཁྱོད་བདེ་བར་འོངས་སམ། གསུངས་ནས་ཤིན་ཏུ་མཉེས་པར་སྣང་བས། འོ་ན་ངས་འབྲི་སྟག་གཉིས་ཀྱི་འབྲུགས་པ་དེ་ལ་ཕན་གཅིག་ཐོག་བ་ཨེ་ཡིན་སྙམ་པ་བྱུང་གསུངས། དེ་ནས་ཟླ་བ་གསུམ་པའི་ཉི་ཤུ་ལྔ་ལ་གཡུ་ལུང་དུ་སླེབས། འབའ་རོམ་གྱི་ཨོན་པོ་རིན་པོ་ཆེ་ཡང་དེར་སླེབས། ཉི་ཤུ་དྲུག་ལ་འབའ་རོམ་དུ་སླེབས། འབྲི་སྟག་སོ་སོ་ནས་དམག་བསགས་ནས་ཡོད་པར་སྣང་བ་ལ། སྟག་ལུང་དུ་ཡི་གེ་བསྐུར་ནས་ང་དེར་འོངས་བྱས་པ་ལ། དེད་བྲེལ་ད་རུང་མ་འབྱོན་ཟེར། དེ་ནས་གནམ་སྟོང་གི་ནུབ་མོ་སྨི་ལམ་དུ་སྟག་ལུང་པ་དེ་རྟ་རྒྱང་བུ་གཅིག་བཅིབས་ཞ་ཐེབས་ཅིག་མནབས་ནས་ངའི་དྲོས་སུ་གཡོལ་ནས་སྦྲུས་ཀྱི་དངོས་སུ་བཞུད་པ་སྨིས།

ཡང་ཚེས་བཅུ་གཅིག་གི་ནུབ་མོ་རྗེ་རིན་པོ་ཆེ་འབྲི་གུང་བ་ཆུ་ཆེན་པོ་གཅིག་ལ་རྒྱབ་གདད་ཞལ་ཤར་དུ་གཟིགས་ནས་ཁྲུམ་ཅེ་མ་མནབས་པར་ཆོས་གོས་རྐྱང་པ་ཅིག་མནབས་ནས་བཞུགས་པར་སྣང་བ་ལ། མདུན་དུ་ཕྱིན་ནས་ཕྱག་འཚལ་སྒོམ་པ་ཤག་རིན་དང་སྤ་མངར་བྱས་ནས་སྣང་བ་ལ། སྒོམ་པ་ཤག་རིན་ལ་རིན་པོ་ཆེ་ལ་ཆོས་ཅིག་ཞུ་ཞུས་པ་ལ། སྒོམ་པ་ཤག་རིན་གྱིས་ད་ལྷ་མ་ཞུ་བོ་ཙུ་རེ་སྣང་ཟེར། དེ་ནས་ཚེས་བཅུ་བཞིའི་ཉིན་པར་སེམས་ཀྱིས་མ་ཚུགས་པས་ལམ་དུ་ཞུགས་ནས་འོངས། འབའ་རོམ་མདའ་ན་སླེབས་ཙམ་ན་རྩམ་ལྷ་སྒོས་འོད་དང་འཇའ་ཚོན་མང་པོ་བྱས། མཆོད་རྟེན་བཀྲ་ཤིས་སྒོ་མང་ལ་རྟ་ཞོན་ནས་བསྐོར་བ་བྱས་ཙ། དེའི་ཤར་ན་མིག་མང་རྗེལ་དཀར་ནག་བགོད་པ་ཅིག་སྣང་། དེར་རྟ་ལ་བབ་པས་ད་ལན་འཐུགས་ནས་སྣང་སྙམ་པས་རྗེའུ་དཀར་ནག་གཉིས་ཕྱེས། དེ་ཙམ་ན་གསེར་ཤོག་པ་བྱུང་ནས་ཀར་པོ་ཡར་ལ་བཞག །འདི་འབྲི་གུང་བ་ཡིན་དུ་ཆུག །ནག་པོ་འདི་སྟག་

ལུང་བ་ཡིན་དུ་ཆུག་ཟེར། དཀར་པོ་དཀར་སར་སྟོད། ནག་པོ་ནག་སར་སྟོད་བྱས་ནས་བར་དུ་ལག་པས་རི་མོ་བྱས། དེས་དམག་ཁ་ལོ་འབྱེད་པའི་རྟེན་འབྲེལ་མཛད་པ་ཡིན།

དེ་ནས་ཆེས་བཅུ་དྲུག་གི་ནུབ་མོ་གཙོམ་ཐང་དུ་གཟིམ་པའི་རྨང་ལམ་ན་བླ་མ་རིན་པོ་ཆེ་འབའ་རོམ་པ་ཞལ་ལྷོར་གཟིགས་ནས་འཛུམ་མོ་མཛད་པ་རྨིས། བླ་མ་ཀུན་གྱིས་མཛད་ལུག་ནི་དེ་ཙུག་དགོས་པ་ཡིན་ཏེ་འོང་སྙམ་ནས། སྟར་འབྲི་སྟག་གི་འབྲུགས་པ་ལ་སྡིག་སོགས་མ་མྱོང་། རྟོག་པ་ཨེན་གཅིག་ཡོད་པ་དེ་དེར་ཞི། དེ་ནས་སྟག་ལུང་དུ་བྱོན་ནས་ཨོན་རིན་པོ་ཆེ་གདན་དྲངས། དགེ་འདུན་ལ་མང་སྐོལ་དང་འབུལ་བ་བྱས། འབྲུགས་པ་བསྐྱུམ་པའི་ཞུ་བ་ཕུལ། ཁོང་གིས་ཀྱང་གནང་བ་ཆེན་པོ་མཛད། དེ་ནས་འབྲི་གུང་དུ་ཕྱིན། ཨོན་པོ་རིན་པོ་ཆེས་དབུ་མཛད་དགེ་འདུན་ཐམས་ཅད་ཀྱིས་བསུ་བ་ཆེན་པོ་བྱས། དེ་ནས་མང་སྐོལ་བྱས། ཨོན་པོ་རིན་པོ་ཆེ་ལ་འབུལ་བ་བྱས་ནས་འབྲུགས་པ་བསྐྱུམ་པའི་ཞུ་བ་ཕུལ། དགེ་འདུན་ལ་མང་སྐོལ་བྱས། ཨོན་པོ་རིན་པོ་ཆེ་ལ་འབུལ་བ་བྱས། ཁོང་གིས་ཀྱང་གནང་བ་ཆེན་པོ་མཛད། དེ་ནས་མཚལ་གུང་ཐང་དུ་ཕྱིན་གདན་ས་བས་དབུ་མཛད་དགེ་འདུན་རྣམས་ཀྱིས་བསུ་བ་ཆེན་པོ་བྱས། རྟེན་ལ་ཕྱག་འཚལ་མཆོད་པ་ཕུལ། དགེ་འདུན་ལ་མང་སྐོལ་བྱས། གདན་ས་པ་དང་དཔོན་སློབ་ལ་འབུལ་བ་བྱས། འབྲུགས་པ་བསྐྱུམ་པ་ཞུས། ཁོང་གིས་ཀྱང་བསྙེན་བཀུར་དང་འབུལ་བ་ཆེན་པོ་བྱས། དེ་ནས་གུང་ཐང་གི་བླ་མ་རིན་པོ་ཆེའི་ཡང་རྒོན་ན་སྐུ་འབག་ལ་ཕྱག་འཚལ་ཙམ་ན། སྐུ་འབག་དེ་འགུལ་བ་བཞིན་དུ་སྣང་བ་ལ། གཞན་ཕྱག་འཚལ་བ་ཀུན་དང་སྤྱོས་དུད་དེ་ཕྱིར་ཁྱེར་དུ་བཅུག་ནས། མིག་གི་སྐྱོན་ཡིན་ནམ་སྙམ་པས་དེ་ནས་བལྟས་པས། དེ་རུ་ཡང་འགུལ་འདུག །ཇོ་སྲས་རྒྱ་ན་ཡོད་པ་ཕྱིར་འགྲོར་བཅུག་ནས་ཡང་བལྟས་པ་ལ། ཡང་འགུལ་ཞིང་སྣང་བས། དེ་ནས་སྤྱོས་ཕོར་བཟུང་ནས་སྐུ་འགུལ་བ་དེ་སེམས་ཅན་ལ་གནོད་པ་མི་འབྱུང་བར་སྐུ་བརྟན་པར་བཞུགས་སུ་གསོལ་བྱས། ཕྱིར་འོངས་ནས་བསམ་པ་ལ་ཕྱིས་འབྲུགས་པ་ཆེན་པོ་ཡོངས་པ་དང་། གཙུག་ལག་ཁང་འཇིག་པ་ལ་ཐུགས་པ་དེ་ལྟ་བར་སྣང་གསུངས། དེ་ནས་ལྷ་སའི་ཇོ་ཤག་རྣམ་གཉིས་དང་། ཇོ་བོ་ཐུགས་རྗེ་ཆེན་པོ་དང་། གཞན་ཡང་རྟེན་ཁྱད་པར་ཅན་མང་པོ་བཞུགས་པ་ལ་ཕྱག་འཚལ་དུ་ཕྱིན། མཆོད་པ་ཕུལ་མི་མང་པོ་ལ་ཆོས་བསྟན། སྨོན་ལམ་བཏབ། དེ་ནས་སྐྱི་ཤོད་ནས་འབྲི་གུང་དུ་ཕྱིན་ནས། དཀོན་མཆོག་འཕེལ་ན་བཞུགས་པའི་དུས་སུ་ལོ་སར་ཟླ་བའི་བཅོ་ལྔའི་སྟ་གོ་ལ་སྐུའི་རྒྱལ་པོ་མ་གྲོས་པ་འཁོར་དང་བཅས་པ་འབྲི་གུང་དུ་ཕྱག་འཚལ་དུ་བྱོན་པ་མཐོང་

བ་ལ། གླུའི་སྐུ་མདོག་དང་རིག་བསམ་གྱི་མི་ཁྱབ་པ་མང་པོ་བཀོད་པ་བྱས་ནས་འགྲོ་ཡིན་སྣང་བ་ལ་དེའི་ནང་ནས་གླུ་གོས་སྟོ་བཀྲའ་གོན་པ། སྐྲ་ཐོར་གཙུག་སུ་ཡོད་པ་མེ་ཉག་ཡུལ་གྱི་ཆང་མགྱོགས་པའི་ཚས་སུ་འདུག་པ་གཅིག་རིན་པོ་ཆེ་ལ་ཕྱག་གསུམ་བྱས་ནས། བརྒྱུག་ནས་སོང་། ཀུན་གྱི་སྟོན་ལ་སྐྲ་ནག་པོ་ཆེན་པོ་ཅིག་ཕྱུབ། ཆོན་ཐག་ཀུན་མི་མང་པོས་བཟུང་ནས་འགྲོ་ཞིང་སྣང་། བླ་དབྱེར་སླེབས་པ་དང་སྐྲ་དེ་ཕུབ། ཕྱིར་འགྲོ་བའི་དུས་སུ་ཕྱུགས་རྩ་གཅིག་ཏུ་བྱས་ནས་ལམ་ལ་མི་ཤོང་བར་འུར་སྐྲ་དྲག་པོར་སོང་བ་མངོན་སུམ་དུ་གཟིགས། དེའི་དུས་སུ་སློན་ལམ་ཡང་བཏབས། དེ་ནས་འབྲི་གུང་ནས་མཚལ་ན་ཁྱོན་ནས་བཞུགས་པའི་དུས་སུ་མཚལ་བའི་གདན་ས་བས་དབུ་མཛད་མི་མང་པོ་ལ་ཆོས་བཤད། སྒོམ་སྡེ་མང་པོ་ལ་སྒོམ་ཁྲིད་བྱས། སྒོམ་སྐྱེས་པ་མང་པོ་བྱུང་། ཕྱི་ནས་འབྲུགས་ཆེན་པོ་བྱུང་བས་གདན་ས་དེ་བགྲོང་བ་ལ་ཐུགས་པ་དང་། གཙུག་ལག་ཁང་དེ་འཇིག་པ་ལ་ཐུགས་ནས་ཡོད་པའི་དུས་སུ་ང་ནང་དུ་ཕྱིན་ནས་བསྲུངས་པས་ཐུབ་པ་ཡིན། བླ་མ་ཞང་རིན་པོ་ཆེའི་ཐུགས་དགོངས་ཡོངས་སུ་རྫོགས་པར་བྱས་པ་ཡིན།

གུང་ཐང་ལྷ་ཆེན་དཔལ་འབར་དེ་བསྟན་པའི་བདག་པོ་ཡིན་བས་དེའི་གཙུག་ལག་ཁང་དེ་མ་ཞིག་པ་དང་། གདན་ས་པ་དེ་བ་བསྒོངས་པ་དེ་སངས་རྒྱས་ཀྱི་བསྟན་པ་བསྲུངས་པ་ཡིན་སྙམ། ཧོར་གྱིས་མ་བསད་པར་དབུས་སུ་ཐོན་པ་ལ་དོན་འདི་ཆེ་སྙམ་པ་བྱུང་། དེ་ནས་ཡར་ཕྱིན་པས་དབེན་ཚུང་དུ་བཞུགས། ཨོན་པོས་དབུ་མཛད་དགེ་འདུན་དང་མི་མང་པོ་ལ་སྒོམ་ཁྲིད་དང་ཆོས་བཤད་བྱས། སྒོམ་སྐྱེས་པ་ཡང་མང་དུ་བྱུང་། དེ་ནས་མེ་ཉག་ཡུལ་དུ་ཧོར་མེད་ན་དེ་འགྲོ། ཧོན་ཡོད་ན་མ་དོར་གམ་སུ་འགྲོ་སྙམ་ཙམ་ན། བླ་མ་རིན་པོ་ཆེ་སངས་རྒྱས་སྒོམ་པས་ཐུགས་རྗེས་མ་བཏང་པ་དང་། ཡེར་པ་འཚམས་སེབ་ཀྱི་སྟོན་གྱི་གྲུབ་ཐོབ་ཀྱི་བསྟན་པའི་འཕྲིན་ལས་ཡོད་པ་རྣམས་དང་། མ་སོང་ན་དགྱེས་པ་རྣམས་ཀྱིས་ཞོལ་བཏབ་པ་ལ་མ་བསྟུད། ཟེ་ཟེ་གཡུ་སྒྲོན་མ་ལ་སོགས་པའི་ཡུལ་བདག་རྣམས་ཀྱིས་ཞོལ་བཏབས་པ་ཡང་མ་བསྟུད། དེ་ནས་འབའ་རོམ་དུ་བྱོན་ནས་བཞུགས་པའི་དུས་སུ་བེ་རིས་པོས་ནས་རྩང་གཡས་རུ་ལ་འགྲོ་བའི་ལམ་དུ། དར་མཚོའི་འགྲམ་ན་བསྟུད་པའི་དུས་སུ་ཟླ་བ་བརྒྱད་པའི་ཚེས་བཅུ་གཅིག་གི་ནུབ་མོ་སྨང་ལམ་ན་བཀྱེ་མེ་ཉག་ཡུལ་གྱི་ཆང་མགྱོགས་པ་འདྲ་བ་གཉིས་བྱུང་ནས་མགུར་གཅིག་བླངས་པ་ལ།

ངེད་ད་ནང་འོངས་པ་ཕྱ་ནས་འོངས། །དོ་ནུབ་འགྲོ་བ་ནུབ་ཏུ་འགྲོ། །ད་ལྟ་ཁྱེད་དང་མཇལ་དུ

འོངས། །གཏམ་བཟླ་རྒྱུ་ཡོད་དེ་རིངས་པར་སྣང་། །སྟོན་གྱི་ཆེན་པོ་རྣམས་ཀྱི་མཐོང་ན་ཨང་ཟེར། ། ལྷའི་རྒྱལ་པོ་ཕྱི་ཏ་དེ་ཧོར་གྱིས་བསད་པའི་རྟགས་ཡིན་པར་འདུག །དེ་ནས་ཤེལ་ཚ་རྒྱལ་མོ་གངས་ནས་བེ་རིའི་རུ་བ་ཕྱིར་ལོག་པ་ལ་བེ་རི་འདི་ཡང་སྟར་བས་བསོད་ནམས་ཆུང་དུ་འགྲོ་བའི་རྟག་ཅིག་བྱུང་གསུངས། དེ་ནས་ཕྱིར་འོངས་པ་དང་ལམ་ན་དངུལ་ཡིག་པ་འོངས་པ་དང་ཕྲད། མི་ཉག་ཡུལ་དུ་འགྲོ་ས་མེད་ཟེར་བས། མདོའ་གམ་ཀུ་ས་གླུ་མཁར་གྱི་ས་ཆ་ལ་བསྡད་པ་ཡིན། དེ་ནས་ཀོ་མཛོ་དགོན་དུ་ཕྱག་འཚལ་དུ་ཕྱིན། རྗེ་དབྱིགས་གཉིས་ཀྱིས་གདན་དྲངས། འབྲུག་ལོ་ཟླ་བ་བདུན་པའི་ཆོས་བརྒྱུད་ལ་དབྱིག་ནེ་བའི་ལྷ་ཁང་གི་རབ་གནས་བྱས། འབུལ་བ་རྒྱ་ཆེན་པོ་བྱས། ཆོས་དགུ་ལ་སྐྱོ་བའི་ཐང་ལ་བཞུགས། ཆོས་བཅུ་ལ་ཀླུ་ཡས་པའི་དགེ་སློང་གྲགས་ཡེ་ཕྱག་འཚལ་དུ་འོངས། ཁོང་དང་མཇལ། དགེ་སློང་ལ་ཆོས་གསུངས། དགེ་སློང་ན་རེ་ངས་སྔར་རྨི་ལམ་དུ་རྒྱལ་པོ་ཨིནྡྲ་བོ་དྷི་དང་མཇལ་དུ་ཤོག་ཟེར་བས་བླ་མ་གཅིག་དང་ལན་གཉིས་སུ་མཇལ་བ་རྨིས། དེ་ཁྱེད་ཡིན་པར་སྣང་ཟེར། སློབ་དཔོན་ཨིནྡྲ་བོ་དྷི་དེ་ང་འདྲ་བ་ག་ན་ཡིན་བྱས། དགེ་སློང་དེ་ན་རེ་ངས་མཐོང་བ་དེ་དང་ཁྱེད་ཀྱི་ཞལ་འདྲ་བར་སྣང་ཟེར། དེར་ཁོ་ལ་ཆོས་གསུངས། ཕྱག་རྒྱ་ཆེན་པོའི་སྒོམ་བཏབ་པས་རྟོགས་པ་སྐྱེས། ཆོས་ཀྱིས་ཕན་པར་བྱུང་། དེ་ནས་ཆོས་བཅུ་གཅིག་གི་ནུབ་མོ། ཁོང་དེ་སྐད་ཟེར་བའི་སློབ་དཔོན་ཨིནྡྲ་བོ་དྷི་དེ་ང་མ་ཡིན་ཏེ། ཁོང་གི་སྐུ་གསུང་ཐུགས་ཀྱི་བྱིན་གྱིས་རླབས་པ་དང་། ཕྲིན་ལས་སམ་རྟེན་ཅིང་འབྲེལ་པར་འབྱུང་བའི་ཡོན་ཏན་གྱི་ཆ་མཐུན་པ་ཕྱོགས་རེ་ཙམ་ཡོད་པ་ཨེ་ཡིན་སྙམ་པ་བྱུང་བས། ཏིང་ངེ་འཛིན་ལ་མཉམ་པར་བཞག་པས་རིགས་པ་དྭངས་པས་ཏིང་ངེ་འཛིན་གྱི་ཉམས་སྣང་ལ་སྔར་གྱི་རྒྱུ་རྐྱེན་ལྟ་ཞིག་གོ་བ་དང་། སྔར་མི་ཉག་ཡུལ་གྱི་བྱ་བ་ལྟ་དང་ལམ་སྦྲང་ཚུལ་ལྟ་དྲན་བས་སློབ་དཔོན་ཆེན་པོ་ཨིནྡྲ་བོ་དྷིའི་ཕྲིན་ལས་དང་། ཆོས་ཀྱི་མཛད་པ་ལྟ་ཞིག་དང་མཐུན་པར་གོ་བ་དང་ཤེས་པར་བྱུང་གསུངས། དེ་ལ་རང་གི་ཡང་རྒྱུ་རྐྱེན་ཅི་ལྟ་བུ་བྱུང་ལུགས་དང་། མི་ཉག་དང་ཧོར་གྱི་རྒྱུ་རྐྱེན་དང་བདེ་སྡུག་མྱོང་ལུགས་རྣམས་ངེད་ཀྱིས་ཐོས་ཚོད་རྣམས་གོང་དུ་བྲིས་པ་ཡིན། །ཕྱི་ནས་འདི་ཚོ་གསུངས་པ་ཡིན། ཁྱི་ལོ་ཟླ་བ་བདུན་པའི་ཆོས་གཉིས་ལ་ཧོར་བྱུང་བས་ལྷོ་ཕྱོགས་སུ་ཧོར་མེད་སར་སོང་བས་འབུ་སྐྱིང་སྣང་ལ་སླེབས། དེར་བེ་རིས་ཤོག་ཟེར་བས་ཕྱིར་ཕྱིན། ཕག་ལོ་ཟླ་བ་བདུན་པའི་ཉི་ཤུ་བདུན་གྱི་ཉིན་པར་རྨ་ཀྱུང་ཁོག་ཏུ་སླེབས་པའི་ནུབ་མོ་རྨི་ལམ་ཟིན་པས། མི་ཉག་རྒྱལ་པོའི་ལྷ་ན་ཕྱིན་པ་རྨིས་གསུངས། དེ་ཅི་ཚུག་གདའ་བྱས་ནས་ཞུས་པ་ལ། ལྷ་མཁར་ན་ཕྱིན་པ་ལ་མཁར་སྒོ་

ཀུན་ཡང་ཡོ་ཞིག་རས་སྣང་། རྒྱལ་པོའི་ཕོ་བྲང་ཀུན་ཡང་ལ་ལ་བཞིགས་ལ་ལ་བཙྲིགས། གཡོན་ཕྱོགས་ན་ཤས་གཅིག་ལུས་ནས་སྣང་། ལྷ་མཁར་ན་མི་ཡང་ཡེ་མི་སྣང་། མི་ཉག་རྒྱལ་པོ་ཡང་མི་བཞུགས་པར་སྣང་། ཐེན་གཞིའི་བུ་ཙ་ཆུང་ཆུང་གཉིས་མེན་པ་མི་སྣང་། མི་ཉག་རྒྱལ་པོ་བགྲོངས་པ་དང་། ཡུལ་ཤོར་བ་སྟ་ནས་ཡིན་པར་སྣང་བ་ལ་དུས་དེ་ར་ཤེས་པར་བྱུང་གསུངས། དེ་ལ་སློབ་དཔོན་ཨིནྡྲ་བོ་དྷི་དེ་དང་ཆོས་མཐུན་པ་ལྷ་ཞིག་ཡོད་དེ། རྒྱལ་པོ་ཨིནྡྲ་བོ་དྷི་དེ་ཨུ་རྒྱན་ན་རྒྱལ་པོ་བྱེད་པའི་དུས་སུ་ཡང་དག་པར་རྫོགས་པའི་སངས་རྒྱས་རྒྱལ་བ་ཤཱཀྱ་ཐུབ་པ་འཁོར་དང་བཅས་པ་ནམ་མཁར་ལ་བཞུད་པ་རྒྱལ་པོ་འཁོར་དང་བཅས་པས་མཐོང་། མཆོད་པ་བཤམས་གསོལ་བ་བཏབས་པས་བཅོམ་ལྡན་འདས་བྱོན།

མཆོད་པ་ཕུལ་ཕྱག་འཚལ་ནས་མྱུར་དུ་བླ་ན་མེད་པ་ཡང་དག་པར་རྫོགས་པའི་བྱང་ཆུབ་ཏུ་མངོན་པར་རྫོགས་པར་འཚང་རྒྱ་བའི་ཆོས་ཅིག་ཞུ་ཞུས་པ་ལ། རྒྱལ་པོ་བཙུན་མོ་འཁོར་དང་བཅས་པ་ཡོང་ལ་རབ་ཏུ་བྱུང་ཅིག་གསུངས། བཅོམ་ལྡན་འདས་མི་མཁྱེན་པ་མི་མངའ་ན། འདོད་ཡོན་རྣམས་པ་ལྔ་མ་སྤངས་པར་སངས་རྒྱས་པའི་ཆོས་ཅིག་ཞུ་ཞུས་པས། སྤྲུལ་སྐུའི་གདུལ་བྱ་མ་ཡིན་པར་གཟིགས་པས། མི་སྣང་བར་མཛད་ནས་འོག་མིན་དུ་ལོངས་སྤྱོད་རྫོགས་པའི་སྐུ་ལ་སྐུལ་མ་བཏབས་ནས། ལོངས་སྤྱོད་རྫོགས་པའི་སྐུ་ཕྱག་ན་རྡོ་རྗེ་ཨུ་རྒྱན་དུ་ཆོས་བཤད་དུ་བཏང་ནས་སོང་། རྒྱལ་པོ་ལ་དབང་བསྐུར། དཔལ་གསང་བ་འདུས་པ་ལེའུ་བཅུ་བདུན་པའི་རྒྱུད་གསུངས་པ་ལ། བཅུ་གཉིས་པ་ཡན་ཆད་ཐོན་ཙམ་ན་རྒྱལ་པོ་བཙུན་མོ་སྲས་དང་བཅས་པ་ནམ་མཁའ་ལ་གཤེགས། མཁའ་སྤྱོད་ཀྱི་དངོས་གྲུབ་བསྙེས་ནས། རྒྱལ་པོས་ཡུལ་དེ་ན་ཡོད་པའི་སེམས་ཅན་རྣམས་ལ་ཆོས་གསུངས་པས་སྐལ་བ་དང་ལྡན་པ་རྣམས་གྲོལ་བ་དང་། དངོས་གྲུབ་ཐོབ། སྐལ་བ་མེད་པ་རྣམས་གཞན་དང་གཞན་དུ་དེངས། དེ་ནས་ཀླུ་ལ་ཆོས་གསུངས་པས་སྐལ་བ་དང་ལྡན་པ་རྣམས་གྲོལ་བར་འགྱུར། སྐལ་བ་མེད་པ་རྣམས་འཇིག་རྟེན་གྱི་ཁམས་གཞན་དང་གཞན་དུ་དེངས། ཨུ་རྒྱན་གྱི་ཡུལ་དེ་སྟོང་པར་གྱུར། དེ་ནས་ཆུ་འཁྱིལ་ནས་རྒྱ་མཚོ་ཆེན་པོར་གྱུར། རྒྱ་མཚོ་སྐྱབ་ནས་དེའི་དབུས་སུ་ཧེ་རུ་ཀ་ལྷ་ཛ་ཆོས་ཀྱི་འབྱུང་གནས་ཞེས་བྱ་བ་ཧེ་རུ་ཀ་རང་བྱོན་གྱིས་གཞལ་ཡས་ཁང་དུ་གྱུར། དེའི་དབུས་སུ་དུས་གསུམ་གྱི་སངས་རྒྱས་ཐམས་ཅད་ཀྱི་ཡུམ་དཔལ་རྡོ་རྗེ་རྣལ་འབྱོར་མ་བཞུགས། དེ་ར་ཐེགས་པ་ཆེན་པོ་གསང་སྔགས་ཀྱི་ཆོས་ཐམས་ཅད་བཞུགས། འཇིག་རྟེན་དང་འཇིག་རྟེན་ལས་འདས་པའི་ན་མཁའ

འགྲོ་མ་ཐམས་ཅད་ཀྱི་ཆོས་ཀྱིས་བདག་པོ་དང་། སྲུང་མ་མཛད་ཅིང་བཞུགས། ཐེག་པ་ཆེན་པོ་གསང་སྔགས་ཀྱི་སྐལ་བ་དང་ལྡན་བའི་སེམས་ཅན་མང་པོའི་སྐྱབས་གནས་སུ་གྱུར་པའི་ད་ལྟ་སངས་རྒྱས་ཀྱི་བསྟན་པ་དེ་ན་བཞུགས། དེ་ན་གནས་པའི་སེམས་ཅན་ཐམས་ཅད་བདེ་ཞིང་སྐྱིད་པར་གནས་པ་ཡིན། དེར་བྱུང་ཚུལ་དང་གནས་ལུགས་དཔེ་དེ་བཞིན་དུ་བདག་དང་མི་ཉག་རྒྱལ་པོ་འཁོར་བཅས་དང་ཆོས་དང་ཆོས་མཐུན་པ་དེ་ལྟ་བུ་ཡོད་པ་ཡིན་གསུངས། ཇི་ལྟར་མཐུན་པ་ལག་བྱས་ནས་ཞུས་པ་ལ། སྔ་མཁར་མཇོར་བའི་དུས་སུ་སྔ་ན་འདུག་ཙམ་ན། རྒྱལ་པོས་དབུ་མཛད་རྣམས་ལ་དབང་བསྐུར་ཆོས་བསྟན། དགེ་བའི་བཤེས་གཉེན་དབུ་མཛད་རྣམས་ལ་དབང་བསྐུར། ཆོས་བཤད་སྐྱེ་བོའི་ཚོགས་ཐམས་ཅད་ལ་ཡང་སྐྱབས་སུ་འགྲོ་བ་དང་བསྙེན་གནས་དང་། སེམས་བསྐྱེད་རྣམ་པ་གསུམ་དང་། ཐུགས་རྗེ་ཆེན་པོའི་བསྒོམ་བསྟན། རྒྱལ་པོས་དབུ་མཛད་ཐམས་ཅད་ཀྱི་བསུ་བ་དང་སྐྱེལ་བ་དང་ཕྱག་འཚལ་བ་དང་། མཆོད་པ་འབུལ་བ་རྒྱ་ཆེན་བྱས་པའི་དགེ་བའི་རྩ་བ་དེ་དག་ཐམས་ཅད་བླ་ན་མེད་པའི་བྱང་ཆུབ་ཏུ་བསྔོ་བ་དང་། སྨོན་ལམ་བཏབས། འོན་ཡང་སྨིང་བར་ངེས་པའི་ལས་ཀྱི་རྣམ་པར་སྨིན་པ་གང་གིས་ཀྱང་དགག་པར་མི་ནུས་པས། དུས་དེ་ན་ཧོར་གྱི་དམག་གིས་བརྒྱབ་རྒྱལ་པོ་བཀྲོངས། སྔ་མཁར་ན་ཡོད་པ་ཐམས་ཅད་བསད། འཕྲུལ་རྐྱེན་དེ་ལྟར་བྱུང་ཡང་རྒྱལ་པོས་ལ་གནས་པའི་བྱང་ཆུབ་སེམས་དཔའ་ཡིན་པ་དང་། འཆི་ཀ་ན་བླ་མ་དང་ཡི་དམ་དང་ཕྱག་རྒྱ་ཆེན་པོ་བསྒོམ་པ་དྲན་པས་གྲོལ་ནས་དངོས་གྲུབ་ཐོབ་པ་ཡིན། གཞན་ཡང་དེ་དག་འཆི་བའི་དུས་སུ་ཡང་སེམས་ཀྱི་ཤེས་བཞིན་དུ་བསོད་པས་སེམས་ཤིན་ཏུ་གསལ་བ་ཡིན། དེའི་སྟོབས་ཀྱིས་ཆོས་བྱེད་པའི་རྟེན་གྱི་གང་ཟག་རྣམས་ཀྱང་ཕྱག་རྒྱ་ཆེན་པོ་བསྒོམ་ཤེས་པ་རྣམས་ཀྱི་མཆོག་གི་དངོས་གྲུབ་འཐོབ། ཡི་དམ་གྱི་ལྷ་བསྒོམ་ཤེས་པ་རྣམས་ཀྱིས་མཁའ་སྤྱོད་ཀྱི་དངོས་གྲུབ་འཐོབ། འཕོ་བ་དང་བར་དོ་བསྒོམ་ཤེས་པ་རྣམས་ཀྱིས་དེ་རང་རང་གི་དངོས་གྲུབ་འཐོབ། ནུབ་ཕྱོགས་བདེ་བ་ཅན་ལ་མོས་པ་དང་སྣང་བ་མཐའ་ཡས་ཀྱི་མཚན་བརྗོད་པ་རྣམས་ཀྱང་བདེ་བ་ཅན་དུ་སྐྱེ། སྡོམ་པ་བསྲུང་བ་རྣམས་ཀྱང་ལྷ་མིའི་གོ་འཕང་འཐོབ། སྐྱེ་བོ་ཐ་མལ་པ་རྣམས་ཀྱང་དུས་དེར་དཀོན་མཆོག་གསུམ་ལ་སྐྱབས་སུ་འགྲོ་བ་དང་། ཐུགས་རྗེ་ཆེན་པོ་བསྒོམ་པས་ངན་སོང་གསུམ་དུ་མི་སྐྱེ་བའི་སྟེང་དུ་མཐོ་རིས་ཀྱི་གོ་འཕང་ཐོབ་ནས་ཆོས་བྱེད་པའི་རྟེན་དུ་འགྱུར་བ་ཡིན། དུས་དེར་སྔའི་ཡུལ་དེ་སྟོང་པ་ཡིན་ཏེ། རྒྱལ་པོ་འདས་པའི་དུས་དེ་ནས་ལོ་བཅུ་གཉིས་ན་རི་བོ་ཆེན་པོ་ཏ་ལ་ཤན་གྱི་ཞོལ་ན། དེ་བཞིན་གཤེགས་པའི་

སྤྲུལ་པ་ཅིག་འབྱོན་ནས་སེམས་ཅན་མང་པོ་བདེ་བ་ལ་བཀོད་ནས་ཆོས་བྱེད་པ་ནི་མང་དུ་བྱུང་། བསྟན་པ་ཚུགས་ནས་དར་ཞིང་རྒྱས་པ་ནི་མི་འབྱུང་། རྒྱལ་པོ་འདས་ནས་ལོ་སུམ་ཅུ་རྩ་གཉིས་ན་བསྟན་པ་ཚུགས་པ་དར་ཞིང་རྒྱས་པ་འབྱུང་། ཡུན་རིང་ཐུང་ཅི་ཐུབ་མི་ཤེས། ཕྱི་འབྱུང་བརྗོད་པ་དཀའ་བ་ཡིན་ཏེ། ཕྱིས་ཤེས་པར་འོངས་གསུངས། དེའི་སྟོན་དེ་ཙམ་སྟོད་ན་བཞུགས། དེ་ནས་བླ་མ་རིན་པོ་ཆེ་གཡོན་དགོན་པས་གདན་དྲངས། འབྲུག་ལོ་ཟླ་བ་བདུན་པའི་ཚེས་བཅུ་བདུན་ལ་ཀུ་སར་བྱོན། མི་མང་པོ་ལ་སྐྱབས་སུ་འགྲོ་བ་དང་བསྙེན་གནས་དང་། སེམས་བསྐྱེད་དང་ཐུགས་རྗེ་ཆེན་པོ་བསྒོམ་པ་བསྟན། དགེ་བའི་བཤེས་གཉེན་དང་ཆོས་མཛད་མང་པོ་ལ་ཆོས་ཀྱི་ཕན་པ་ཆེ་བར་སྣང་བས། རང་གི་ལུས་ངག་ཐེད་ལ་བཏང་ནས་ཉིན་མཚན་གྱིས་བཏགས། ཁམས་མ་བདེ་ཡང་མ་བལྟས་པར་ཆོས་བསྟན་གཞན་དོན་བྱས། དེ་ནས་ཀྱི་ཡའི་ཕྱུར་ཟླ་བ་གཅིག་པའི་ཚེས་གཅིག་ནས་ཁམས་ཆེར་མ་བདེ་ནས་ཆེས་ལྔ་ལ་རྡ་ནག་ཕུན་བཞུགས། དེའི་ནུབ་མོ་རྨང་ལམ་ན་རྩང་ནས་བཀྱེ་གཅིག་འོངས་ནས། ཁྲོ་ཕུ་ལོ་ཙྪ་བ་དང་ལ་སྟོད་པ་དང་། མངའ་བདག་རྩེ་ལྡེ་དང་གསུམ་གྱིས་ཁྱོད་འབོད་དུ་བཏང་བ་ཡིན། རྩང་དུ་ཤོག་ཟེར། དེར་ཆེ་མ་གནས་དྲུག་ཏུ་འགྲོ་བའི་རྟོག་པ་ཡོད་པས་བརྟག་ཞིག་མ་བྱས་པར་སོང་། དེ་ཙམ་ན་རྩང་རྒྱ་མིག་རིང་མོ་ཡིན་ཟེར་བའི་སདམར་ཁྲིམ་མེ་བ་ཅིག་སྣང་བ་དེ་འཆི་ལྟས་ཡིན་པར་སྣང་བས། དུས་དེར་ཤེས་པས་རྩང་དང་འབོད་མཁན་གསུམ་པོ་ངའི་རྩར་ཤོག་བྱས་ནས་བསྒོམ། དེ་ནས་ཆམ་དུ་མ་སོང་བར་རྩེར་སོང་། གླེའི་ཕྱུར་སླེབས་པའི་ནུབ་མོ་རྨི་ལམ་ན་རྟོར་གྱི་དམག་བྱུང་ནས་ཁྱེར་ནས་སོང་བ་ལ་རྟོར་དངོས་པོ་ཡིན་པར་སྣང་སྙམ་ཙམ་ན། དེ་མ་ཡིན་པར་སྣང་བས། དེ་ཡང་འཆི་ལྟས་ཡིན་པར་སྣང་། དེར་རྩེའི་གཞུང་དུ་བཞུགས་པའི་དུས་སུ་ནུབ་གཅིག་གི་རྨི་ལམ་ན་སློབ་དཔོན་ཡར་ལུང་པས་བུ་མོ་གཉིས་མངག་ལག་ན་སྤོས་ཕོར་རེ་བཟུང་ནས་ང་འབོད་དུ་བཏང་བར་སྣང་བ་ལ། ཕྱིན་ཙམ་ན་ང་རང་གི་འཁོར་ཀུན་དང་ལམ་ན་ཕྲད་པས་དགའ་བར་སྣང་། སྐས་གཅིག་ལ་འཛེགས་ནས་ཕྱིན་ཙམ་ན་སྐས་མགོ་ན་རྩང་བཙུགས་པ་བཞིན་དུ་དམར་ཟེད་དེ་བ་སྣང་བས། ཕ་མ་བླ་མ་སློབ་དཔོན་རིན་པོ་ཆེ། ལུས་ཤ་ཁྲག་དུམ་བུར་མ་བཏང་བར། བྱིན་གྱིས་བརླབས་པར་མཛད་དུ་གསོལ། བྱས་ནས་གསོལ་བས་བཏབ་པ་དང་མ་གནོད་པར་ཁང་ཐོག་ཅིག་ཏུ་ཕྱིན་པ་དང་། སློབ་དཔོན་པ་དང་མཇལ་ཕྱག་འཚལ་བ་དང་། གནོད་པ་མེད་པར་བདེ་བ་གཅིག་རྨིས་གསུངས། དེ་ནས་བླ་མ་རིན་པོ་ཆེའི་དུས་མཆོད་ཉི་ཤུ་ལྔ་ལ་བྱེད་པའི་དུས་སུ་ནག་པོ་དར་བའི་དུས

འདིར་བསྟན་པ་ལ་ཡང་ཕན་མ་ཐོགས། རང་ཡང་དགོན་པ་འདུག་ས་གཅིག་ཀྱང་མེད་སྙམ་ནས་གསོལ་བས་བཏབས་ཤིན་བཞུགས་པ་ཡིན། དེ་ནས་ཟླ་བ་གཉིས་པའི་ཚེས་བཞི་ལ་སེམས་ཀྱི་རྟེན་ལུས་ཉམས་པ་མ་ཚོར་བར་སྣང་བས་དུས་དེ་ནས་ཚོར། རྩ་དང་ཡི་གེ་རླུང་དང་ལུས་ཀྱིས་གཞི་ཡིན་བས། རྟེན་ཉམས་པ་ཚོར་ནས་བྱུང་། དཔེར་ན་ཤིང་སྡོང་པོའི་འབྱུང་བ་ཉམས་པས་སྡོན་དུ་སོང་ཙ་ལོ་མ་རྣམས་སེར་པོར་སོང་བ་བཞིན་དུ་ནམ་སླས་ལ་ལོ་ཏོག་ལ་བ་མོས་བརྒྱབ་པ་བཞིན་དུ། ལུས་འབྱུང་བ་ལས་གྲུབ་པས། འཆི་བའི་ནད་དུས་ཀྱི་རྐྱེན་གྱིས་ལུས་ཀྱི་གཞི་ཐམས་ཅད་ནང་དུ་སྡུད་པར་འདུག ། དེའི་དུས་སུ་དམ་ཚིག་གསོ་བ་དང་། སྡིག་པ་སྦྱངས་པའི་ཆེད་དུ་བླ་མ་བཀའ་བརྒྱུད་དང་བཅས་པ་དང་། ཡི་དམ་དཀྱིལ་འཁོར་གསང་བའི་ལྷ་ཚོགས་རྒྱུད་སྡེ་ཆེན་པོ་བཞིས་བསྡུས་པའི་དཔའ་བོ་དང་མཁའ་འགྲོ་མ་ཐམས་ཅད་དང་། ཆོས་སྐྱོང་བའི་སྲུང་མ་དཔལ་ནག་པོ་ཆེན་པོ་ཡེ་ཤེས་ཀྱི་མགོན་པོ་འཁོར་དང་བཅས་པ་དང་། གཞན་ཡང་ཆོས་སྐྱོང་བའི་སྲུང་མ་འཁོར་དང་བཅས་པ་དང་། སྟོང་ཚངས་པ་དང་བརྒྱ་བྱིན། འོག་སའི་ལྷ་མོ་བརྟན་མ། བར་རྒྱལ་པོ་ཆེན་པོ་སྡེ་བཞི། ཕྱོགས་སྐྱོང་ཞིང་སྐྱོང་འཁོར་དང་བཅས་པ་མ་ལུས་ཤིང་ལུས་པ་མེད་པ་ཐམས་ཅད། མདོར་ན་དུས་གསུམ་གྱི་བདེ་བར་གཤེགས་པ་ཐམས་ཅད་ཀྱིས། བྱིན་གྱི་བརླབས་ཀྱིས་བདུད་རྩིའི་བཅུད་འདུས་པ་བཀའ་བརྒྱུད་ཀྱིས་བླ་མ་རིན་པོ་ཆེ་རྣམས་དང་། རྩ་བའི་བླ་མ་ལ་མཆོད་པའི་བྱེ་བྲག་འཇིག་རྟེན་གྱི་ཁམས་ཀྱི་མཆོད་པ་དང་། རང་གི་ལུས་ལོངས་སྤྱོད་ཐམས་ཅད་ཕུལ་ནས། བདག་དང་སེམས་ཅན་ཐམས་ཅད་ཀྱིས་སྒྲིབ་པ་སྦྱངས་ཤིང་། ཚོགས་གསོགས་པར་བྱ་བའི་དོན་དུ་དབང་བསྐུར་བར་མཛད་དུ་གསོལ། བྱས་ནས་ལན་གསུམ་གསོལ་བ་བཏབ། དེ་དག་ཐམས་ཅད་ཀྱིས་བྱིན་གྱིས་བརླབས། དུས་གསུམ་གྱི་བདུད་རྩི་བྱང་ཆུབ་སེམས་ཀྱི་བདུད་རྩིའི་རྒྱུས་ཕྱོགས་གཅིག་ཏུ་འདུས་ནས་རྩ་བའི་བླ་མས་དབང་བསྐུར་ནས་བྱང་ཆུབ་ཀྱི་སེམས་ཀྱི་རྒྱུས་དམ་ཚིག་གི་ཆགས་ཉམས་དང་། སྡིག་སྒྲིབ་དང་ནད་དང་བར་ཆད་ཐམས་ཅད་སང་སང་བཀྲུ་བར་བསམ། ལུས་ཀྱི་རྩ་གནས་དང་བ་སྤུའི་བུ་ག་ཐམས་ཅད་སངས་ཀྱིས་བཀྲུ་བར་བསམ། ལུས་རྣམ་པར་དག་པ་ཤེལ་སྒོང་ལྟ་བུ། ངག་རྣམ་པར་དག་པ་ཚངས་པའི་གསུང་དབྱངས། སེམས་རྣམ་པར་དག་པ་ཆོས་སྐུར་བསམ། དེའི་དོན་བསྒོམ་རྒྱུ་འདི་ནི་ཕུང་པོ་ལྔ་ཉམས་པ་ཕུང་པོ་ལྔས་བཅོས། དབང་པོ་ལྔ་ཉམས་པ་དབང་པོ་ལྔས་བཅོས། འབྱུང་བ་ལྔ་ཉམས་པ་འབྱུང་བ་ལྔས་བཅོས། དོན་སྙིང་ལྔ་ཉམས་པ་དོན་སྙིང་ལྔས་བཅོས། སྣོད་ལྔ་ཉམས་པ་སྣོད་ལྔས་བཅོས།

བཅུད་ལྔ་ཉམས་པ་བཅུད་ལྔས་བཅོས། སྐྱེ་མཆེད་དྲུག་ཉམས་པ་སྐྱེ་མཆེད་དྲུག་གིས་བཅོས། རྒྱུད་ལྔ་ཉམས་པ་རྒྱུ་ལྔས་བཅོས། ཟག་བཅས་ཟག་མེད་རླུང་རྣམས་ཉམས་པ་ཡེ་ཤེས་རླུང་གིས་བཅོས། རྩ་དང་ཡི་གེ་གནས་ཉམས་པ་རྩ་དང་ཡི་གེས་བཅོས། བུ་ག་དགུའི་སྙིག་མ་ནང་དུ་སོང་བ་འབྱུང་བ་རོ་སྙོམས་ཀྱིས་བཅོས། ཐུར་སེལ་གྱེན་ལ་ལོག་པ་སྟེང་སྒོ་རྣམ་པར་གྲོལ་བའི་འོག་ཏུ་དྲངས། སྲིན་པོ་དང་མི་བསྐྱོད་པའི་ལམ་འཁྲུལ་འཁོར་གནད་ཀྱི་སྦྱོར་བས་གྱེན་དུ་དྲངས།

སྟེང་འོག་རླུང་གི་སྦྱོར་བ་ཡི། །ཐུར་སེལ་གནད་དུ་ཚུད་པ་ཡིན། །སྟོད་དུ་རྒྱས་པའི་ནད་རྣམས་ཞི། །ཚིག་ཆེན་བཅུ་གསུམ་ཆུ་རྒྱུས་དྲ་བས་འབྲེལ་བ་རྣམས། །རྒྱས་ཤིང་རྒྱུད་པའི་ནད་འོངས་རྣམས། ལྷའི་གནད་ཀྱི་རྟེན་འབྲེལ་བཅུ་གཉིས་འགྲིགས། །ཁྲག་དང་ཆུ་སེར་ཤ་དང་རུས་པ་གླད་པ་དང་གཞུངས་པ། ཚིགས་པ་དང་ཆུ་རྒྱུས། སྤུགས་པ་དང་ཤ་ཚིལ། སྐྲ་དང་བ་སྤུ་དངོས་པོ་ཐམས་ཅད་རླུང་དང་གཏུ་མོ་ཐིག་ལེས་བཅོས། ཉོན་མོངས་པ་ལྔ་དག་པས་ཡེ་ཤེས་ལྔ་རུ་ཤར། རང་བཞིན་ཤེས་པས་རྐྱེན་ངན་གྲོགས་སུ་ཤར། སྐྱོན་རྣམས་དག་པས་ཡོན་ཏན་རང་སར་བྱུང་། རྩ་གསུམ་སྦྱངས་པས་སྐུ་གསུམ་ལྷུན་གྱིས་གྲུབ། འཁོར་ལོ་དྲུག་དང་རྩ་ཐྲན་སྟོང་ཕྲག་གཉིས། ཉམས་པ་དེ་རང་ཉིད་ཀྱིས་བཅོས། དེ་དག་སྦྱངས་པས་དཀྱིལ་འཁོར་ལྷ་ཚོགས་དཔའ་བོ་རྣམས་སུ་གསལ། རྟེན་རྣམས་སྦྱངས་པས་དཀྱིལ་འཁོར་ལྷ་ཚོགས་གསལ། གདུལ་བྱ་རྣམས་ཀྱི་ཉེར་ལེན་སོ་སོ་ལ་ཕྱི་ནང་གསང་བའི་གཟུགས་སུ་སྣང་བ་ལ། དེ་ལྟར་བསྒོམ་པར་ནུས་པའི། ནད་དང་རྐྱེན་རྣམས་སོལ་བར་བྱུང་གསུངས་སོ། །དེའི་བཀའ་དྲིན་བསབ་པར་བྱ་བ་ནི། དུས་གསུམ་བླ་མ་དཀྱིལ་འཁོར་ལྷ་ཚོགས་བདེ་གཤེགས་ཐམས་ཅད་དང་། ཆོས་སྐྱོང་སྲུང་མ་མཆོད་འོས་ཐམས་ཅད་ལ། ཕྱི་ནང་གསང་བའི་མཆོད་པ་ཀུན་གྱིས་མཆོད། ལྷའི་ཞལ་ཟས་འཆི་བ་མེད་པའི་བདུད་རྩི་དང་། ཞིང་ཁམས་ཐམས་ཅད་རིན་ཆེན་སྣ་བདུན་དང་། ནོར་བུ་དབང་གི་རྒྱལ་པོ་ཡིས་བླངས་ནས་ཕུལ། དབང་བསྐུར་ཐོབ་པའི་དགའ་སྟོན་ཆེན་པོའི། །ཚངས་པ་བརྒྱ་བྱིན་ལ་སོགས་རིགས་དྲུག་ལ། བདུད་རྩིས་ཚིམ་ཞིང་མཆོད་པ་ཕུལ་བར་བསམ། དེ་དག་ཀུན་གྱི་ཕྱག་འཚལ་མཆོད་པ་ཕུལ་བ་དང་། དེ་དག་ཀུན་ལ་ཆོས་ཀྱི་སྦྱིན་པ་ནི། བཀའ་དང་བསྟན་བཅོས་མན་ངག་གསུམ་གྱི་ཆོས་གསུངས། དེ་དག་ཐམས་ཅད་རང་གི་སེམས། སེམས་ཕྱག་རྒྱ་ཆེན་པོར་སྐྱོང་བ་ཅིག་བསྒོམ་པ་ཡིན། སེམས་ཅན་ཐམས་ཅད་ཀྱི་དོན་དུ་རྫོགས་པའི་སངས་རྒྱས་ཐོབ་པའི་བསྔོ་བ་བྱ་སྟེ། སྨོན་ལམ་བཏབ་པ་ཡིན་གསུངས།

༼དེ་ནས་ཟླ་བ་གཉིས་པའི་ཚེས་བཅོ་ལྔའི་ནུབ་མོ་འབའ་རོམ་དུ་ཕྱིན་པ་སྨིས། དཔོན་རྒན་རིན་ཆེན་རྒྱེས་བླ་མ་རིན་པོ་ཆེ་ལ་དྲོ་འདྲེན་པའི་གདན་འདྲེན་པ་ལ་ང་ཕྱིན། བླ་མ་རིན་པོ་ཆེ་བཞེངས་ནས་བཙུན་པ་ཅིག་གིས་ན་བཟའ་གསོལ་ཞིང་སྣང་། གཅིག་མདུན་ན་ལངས་ནས་སྣང་། ངས་ཕྱག་འཚལ་ནས་བྱོན་ཞུས་པ་ལ། འདི་ན་ཅི་བྱེད་སོང་རྐྱན་མ་འདིར་མ་སྡོད་གསུངས། ང་ལ་བླ་མ་མང་དུ་ཡོད་ཀྱང་ཁྱེད་ལ་མཆོག་ཏུ་བཟུང་བ་ཡིན་པ་ལ། ངས་ཆེ་རྐྱ་མ་མྱོང་བ་ལ་འདི་ཅི་གསུངས་ནས་སྐྱུར་བ་འདེབས་པ་བྱས་ནས་ཡི་ཆད་པ་ཅིག་བྱུང་། རིན་པོ་ཆེ་ཧ་ལ་བཅིབས་ནས་བྲག་ལ་ཡར་བཞུད། ང་སྡོན་ལ་ཡར་བརྒྱུག་ནས་སྐྱང་རེང་གཏོང་ཞིང་ཕྱིན། ཀུ་མིག་གཉིས་སྣང་བ་ལ། གཅིག་འདི་རིན་པོ་ཆེའི་འཁོར་རྣམས་ལ་བསྒོས་པ་ཡིན། ཆེ་བ་གཅིག་སྣང་བ་དེ་ཁྱོད་ཀྱི་ཡིན། ཁྱོད་ཁམས་ནས་ཡར་འོངས་ཙམ་ན་མང་སྐྱོལ་གྱི་ཀུ་བྱེད་པ་ཡིན། ཀུ་དེ་ལ་ཕར་བསྒྲལ་ནས་ཕ་བོང་གཉིས་སྣང་བ་གཅིག་གི་སྟེང་དུ་རྡོག་པ་བཞག་ཙམ་ན། ཕ་བོང་གཅིག་ན་རེ་ངའི་སྟེང་དུ་རྡོག་པ་མ་བཞག་ཟེར། སང་གནང་ང་ཕྱིར་ཡོངས་ཙམ་ན་རྡོག་པ་བཞག་བྱས། འོན་ད་ལྔ་ཡང་རྡོག་པ་གཅིག་བཞག་བྱས། དེ་ནས་ཕ་བོང་གཅིག་ཀུའི་ཕར་ཀ་ན་སྣང་བས། ཀུ་ཁར་ཕྱིན་ཙམ་ན་བྲག་གི་དགོན་པ་ཡིན་པའི་ལོག་ལ་རྒོན་པ་གཅིག་སྣང་བ་ལ། དེའི་འོག་ན་འདི་ཆེ་ཞིང་སྣང་བ་ལ་ཡར་འཛེགས་ནས་ཕྱིན། རིན་པོ་ཆེ་སྟོད་ན་ཚུར་འབྱོན་ཞིང་སྣང་བའི་མདུན་ན་ཡར་ཕྱིན། ཡར་འཛེགས་ཀྱང་མདུན་དུ་ཕྱིན་མར་འཛེགས་ཀྱང་མདུན་དུ་ཕྱིན། སེམས་དྲན་པས་ཟིན་པའི་རང་བཞིན་རང་སྣང་འདི་ཐུག་ཕྲད་དེ་རང་གྲོལ་དུ་ཤེས་པ་ཡིན། རྐྱེན་གྱི་གནོད་པ་ད་ཡོངས་གནོད་མི་ནུས། དེ་དང་གཉིས་ཨེན་ཚིག་བཞི་པ་ཅིག་མ་བྱུང་སྙམ་ནས། རྟོག་པ་གཅིག་སྐྱེས་ཙམ་ན་གཉིད་སད་གསུངས། དེ་ནས་ཟླ་བ་གཉིས་པའི་གནམ་སྟོང་གི་ནུབ་མོ་སྨི་ལམ་ན། མི་དང་མི་མ་ཡིན་པ་མང་པོས་དར་དང་གདུགས་དང་བ་དན་མང་པོ་མདུན་གྱི་ནམ་མཁའ་ལ་ཕྱུར་ནས་བསུ་བ་བྱེད་པ་བཞིན་དུ་སྣང་། ང་ལ་བསུ་བ་བྱེད་པ་ཡིན་ནམ་སྙམ་ཙམ་ན་མ་ཡིན་པར་སྣང་། ཆོས་ཁྲི་གཅིག་སྣང་བ་ལ་དེའི་སྟེང་ན་གཅིག་ཡོད་པ་བཞིན་དུ་སྣང་། ཡར་སྟེང་དུ་སོང་ཙམ་ན་རོ་བསྲེག་པའི་རྫོ་བ་བརྩིགས་པ་འདྲ་བ་ཕྱ་སྣང་། སྟེང་ན་མི་རལ་པ་ཅན་ཅིག་སྣང་། ཁྱོད་དེར་མ་སྡོད་ཕར་སོང་བྱས་པ་ལ། ང་འབྲི་གུང་ན་ཡང་སྟེང་འདིར་སྡོད་པ་ཡིན་ཟེར། དེ་ཁོང་གི་སྐུ་ཚེ་ལ་གནོད་པ་བྱེད་མི་དེ་ཡིན་པར་འདུག །དེ་རྣམས་བྱང་ཆུབ་གླིང་པའི་གདུང་བཞུ་བ་ལ་མི་མ་ཡིན་པས་མཆོད་པ་བྱེད་པ་ཡིན་པར་གདའ་གསུངས། དེ་ནས་འདན་མས་གདན་དྲངས་ནས་འབུལ་བ་རྒྱུ

ཆེན་པོ་བྱས། སེམས་ཅན་མང་པོ་ལ་ཆོས་ཀྱི་ཕན་བཏགས།

དེ་ནས་མཁལ་ཚ་སྨན་པས་གདན་དྲངས་ནས་འབུལ་རྟ་མང་པོ་ཕུལ། དེ་ནས་བྱོན་ནས་རྡོའི་ཆུ་ཁར་ཉལ་བའི་ནུབ་མོ་མི་ནག་པོ་གཅིག་བྱུང་ནས་ཁྱོད་འདི་ར་མ་སྡོད་ཟེར་བ་གཅིག་རྨིས། དེ་ནས་ལྷམ་གྱི་ཕུར་བསྟོད་པའི་ནུབ་མོ་རྨི་ལམ་ན་འབྲུ་གླིང་གི་བར་གོས་ཀྱི་ཐོག་ན་ཐོན་ཧི་སེར་པོ་གཅིག་ཡོད་པ་ལ་དེ་མེད་པར་བེར་རྒྱང་པ་གཅིག་གི་སྟེང་དུ། སྐྲ་རགས་འཆིངས་པ་རྨིས། སྟེང་ན་སེར་པོ་མ་གོན་པ་དེ་བསྟན་པ་ལ་གནོད་པ་ཡིན་གསུངས། དེ་ནས་བླ་མ་རྡོ་རྗེ་གདན་པ་མིས་བཙོམ་ནས། དེའི་ཆེད་ལ་བསྟན་པ་ལ་གནོད་པ་ཨེན་ཅིག་བྱུང་བ་ཡིན་གསུངས། དེ་ནས་རྟ་ལོ་ཟླ་བ་བརྒྱད་པའི་ཚེས་བཅུ་གཉིས་ཀྱི་ནུབ་མོ་དགོན་པ་གཅིག་གི་འོག་ན། སྒོམ་སྡེ་མང་པོས་ཤིང་སྒྲིད་ཤིང་སྣང་བ་ལ། དེའི་འོག་དམའ་མོ་ཅིག་ན་འབྲི་གུང་གི་ཨོན་པོ་རིན་པོ་ཆེས་ན་བཟའ་སླག་པ་དན་པ་ཅིག་དང་། ཞྭ་རྙིང་པ་གཅིག་མནབས་ནས་བཞུགས་ཤིང་སྣང་། ངའི་རྟོག་པ་ལ་ཤུལ་ན་སུ་བསྒོམས་སམ། སྙམ་ནས་བཟང་པོ་ཨེ་ཡོད་སྙམ་ཞིང་སྣང་། ཞལ་ནས་ཀྱང་དེ་སྐད་བརྗོད་ཅིང་སྣང་། དེ་ཡང་བསྟན་པ་ལ་གནོད་པའི་རྟག་ཡིན་པར་སྣང་། བཅོ་ལྔའི་ནུབ་མོ་ཨོན་པོ་ཆོས་སེང་གེ་ན་བཟའ་ཕྲུམ་ཅེ་རྒྱང་པ་གཅིག་མནབས་ནས་ལུས་གཅེར་བུར་བྱས་པ་ཅིག་རྨིས། དེ་ཡང་ཁོང་ལ་གནོད་པར་སྣང་སྟེ། གནས་སྐབས་སུ་གནོད་ཀྱང་ཕྱིས་ཕན་པར་འོངས་པ་ཡིན་གསུངས། དེ་ནས་ཟླ་བ་བཅུ་པའི་ཉི་ཤུ་གཅིག་གི་ནུབ་མོ་རྨི་ལམ་ན་བླ་མ་རིན་པོ་ཆེ་འབའ་རོམ་པས་ཕྲུམ་ཅེ་སེར་པོ་གཅིག་བསྐོན་པ་རྨིས། དེའི་ཕྱིར་ཉིན་ཉིན་བོན་པོས་བུ་རྟ་ལ་སོགས་པ་མང་པོ་ཕུལ་ནས། བསྟན་པ་བཀུག་འགྲོག་བྱས། རང་གི་བསྟན་པ་ལ་ཕན་པར་བྱུང་གསུངས། ཡང་ཟླ་བ་བཅུ་པའི་ཉི་ཤུ་གསུམ་གྱི་དགོངས་མོ་རི་མགོ་གཅིག་ན་བལྟས་པ་ལ་ཤར་ཕྱོགས་ནས་དམག་གིས་གང་བ་མཐོང་། དེ་ཡང་དེ་བཞིན་དུ་བྱུང་བ་ཡིན་གསུངས། ཡང་བཅུ་པའི་ཉི་ཤུ་ལྔའི་ནུབ་མོ་བླ་མ་རིན་པོ་ཆེ་འབའ་རོམ་པས་ཉེ་གནས་གཅིག་གི་ལྷན་དུ་ཐལ་ལྕུག་བརྒྱབ་ནས་གོ་མ་ཆོད་པ་རྨི། གོ་མ་ཆོད་པ་འདི་གསུང་ནས། ཕྱིས་ང་ལ་ཛ་དང་ཀ་ཆ་སྤྲ་ཏད་ནས་ཉེ་གནས་གྱིས་གསུངས། ང་ལ་གཞན་ཅི་གསུངས་ཡང་བྱེད་པ་ཡིན་ཉེ་གནས་འདི་མི་བྱེད་པའི་ཞུ་བ་ཕུལ་བས། འཇིག་རྟེན་གྱི་དངོས་གྲུབ་མི་ལེན་པ་གསུངས་ནས། འདི་ལ་ཡང་ཕྱིས་འབྱུང་གི་རྟག་ཅིག་ཡོང་གསུངས། ལུག་ལོ་ཟླ་བ་གཉིས་པའི་ཉི་ཤུ་གཉིས་ཀྱི་ནུབ་མོ་རྨི་ལམ་ན་བླ་མ་རིན་པོ་ཆེ་འབའ་རོམ་པ་ཞལ་བྱང་ཕྱོགས་ན་གཟིགས་ནས་སྣང་བ་ལ། ངས་བྱིན་བརླབས་ཅིག་ཞུ་བྱས་པ་ལ་རིན་པོ་ཆེས་ཕྱག

གཉིས་ཀ་སྒོ་ཐོག་ཏུ་བཞག །ཞལ་ཡང་ཕྱག་ཐོག་ཏུ་བཞག་ནས། ཡུན་རིང་དུ་བྱིན་བརླབས་མཛད། རིན་པོ་ཆེ་ང་ལ་ཡང་གཞན་གྱིས་བློར་ཡོངས་བྱུས་བདེན་གསུངས། དེ་ནས་ཡང་བྱིན་བརླབས་མཛད་ནས་དོ་ཅིག་ཕྲར་སོང་སང་ཕོད་དབུས་སུ་དེང་གསུངས།། །།

༡ཡང་ཡི་གེ་བགོད་རྟེང་ལ་ཟླ་བ་གཅིག་པའི་ཚེས་བཅུ་གཉིས་ཀྱི་ཉིན་པར། ངེད་ཀྱིས་རྟག་སམ་མཐོང་སྣང་ཅི་འབྱུང་ཞུས་པ་ལ། སྔ་ཕྱི་དུས་གསུམ་གྱི་རྨི་ལམ་དང་ཉམས་སྣང་མངོན་སུམ་དུ་ཤེས་པ་བྱུང་ཡང་། མིས་སྡིག་པ་སོག་པ་དང་སྐྱུར་པ་འདེབས་པ་འབྱུང་བས་བློ་དཀའ་བར་འདུག་གསུངས། ངེད་ཀྱི་མཇལ་ཕྱུལ་ནས་ཞུས་པ་ལ། ཁྱེད་ཀྱིས་ཡི་གེ་བྲིས་ཕྱིན་ཆད་ནས་འདི་བློ་དཀའ་བར་སྣང་། དེ་བས་ཡིད་ལ་མ་བྱས་ང་ཁྱེད་ཞུ་ཙམ་ན་བཟླ་གསུངས། ཡང་དུས་ཆོས་གྲངས་ཡིད་ལ་མ་ཟིན་པ་ཅིག་ལ། མཚལ་གྱི་དབུ་རྩེ་ལ་གསེར་འཕྲུ་ལྡ་འཛུག་ཤིང་འདུག །བླ་མ་རིན་པོ་ཆེ་ཡང་ན་བཟའ་རྐྱང་པ་གཅིག་དང་སྟེང་དུ་བྱོན། ནང་འཕྲུགས་དང་འདི་འདྲ་བ་བྱུང་བྱུས་པ་ལ། གནས་སྐབས་སུ་དེ་འདྲ་བ་འོངས་པ་ཡིན་བས་ད་ཅང་ཡང་མི་སྐྱོན་ཡགས་པར་འོངས་གསུངས། གསེར་འཕྲུ་དབུ་མ་འདི་ཆུང་བར་གདའ་ཞུས་པ་ལ། ཕྱི་ནས་རྗེ་བ་ཡིན་གསུངས། ཕྱིས་འབྱུང་གི་རྟགས་སམ་བརྟའ་བསྟན་པ་ཡིན་ཏེ་འོངས། གསེར་འཕྲུ་དབུ་མ་ཆུང་བ་དེ་གདན་ས་པ་ལ་གཤའ་མ་མི་འོང་ནས་ཕྱིས་རྗེ་བ་ཨེ་མི་ཡིན། ལར་ཕྱི་ནས་དེ་ཁོ་ན་བཞིན་དུ་འོང་བ་ཡིན་བས་ཁྱེ་རང་ཡིད་ལ་ཞོག་གསུངས། ཡང་རྨི་ལམ་བཟུང་ནས་མེ་ཉག་ཡུལ་དུ་ཕྱིན་པ་ལ་མཁར་སྒོ་མི་སྣང་། སྲང་ཀུན་ན་ལོངས་སྤྱོད་ཆེ་བར་སྣང་གསུངས། ལར་དོ་ཅིག་དེ་བླ་མ་ཀུན་དང་མཇལ་བ་ལན་མང་བར་བྱུང་བ་ལ། ཡོ་ག་ཞལ་བྱང་དུ་གཟིགས་པ་ཁོ་ན་རྨིས། བྱང་ཕྱོགས་ཕྲིན་ལས་ཀྱི་ཕྱོགས་ཡིན་བས། ཕྲིན་ལས་མཛད་པའི་དགོངས་པ་ཡོད་པ་ཨེ་ཡིན་གསུངས། ལར་འོ་སྐོལ་དཔོན་སློབ་རྣམས་རྟག་ཏུ་ལྷན་ཅིག་ཏུ་འདུག་རྟག་ཏུ་འགྲོགས་ཀྱང་མི་འདེ་བ་ལྷན་དུ་འདི་ཡང་སྙིང་འདེ་བ་སོ་སོར་འདི་བྱ་བ་ཡིན། ངས་ཁྱེད་རྣམས་མཐོང་ཁྱེད་རྣམས་ཀྱིས་ང་མ་མཐོང་། ཁྱེད་དང་འོ་སྐོལ་རྣམས་ལྷན་ཅིག་ཏུ་མི་གནས། དཔེར་ན་གཉིད་ལོག་པའི་དུས་སུ་ལུས་མལ་ན་གནས་ཀྱང་རྨི་ལམ་དུ་འཇིག་རྟེན་གྱི་ཁམས་ཐམས་ཅད་དུ་འགྲོ་བ་དང་འདྲ། ཁྱེད་རྣམས་ཀྱི་མོས་གུས་དང་ཞབས་ཏོག་ཆེ་བ་ཡིན་ཏེ། ང་རང་ཡང་བཅད་ཆུང་བས་ལན་ཏེ། ངའི་དགོངས་པ་བསྒྲུབ་ཏུ་མ་ཉན་པ་དང་། གསུངས་བཞིན་དུ་བྱེད་དུ་མ་ཉན་བས་བསམ་པ་ཡང་མི་འགྲུབ། སློབ་དཔོན་གཞན་ཀུན་བླ་མའི་ཐུགས་དགོངས་གར་གཏད་བལྟས་ནས་ཞབས་ཏོགས་བྱེད་

པ་ཡིན་པ་ལ། རང་རང་གི་བདེ་བ་འདོད་པ་བསྒྲུབས་པས་བླ་མའི་ཐུགས་དགོངས་བསྒྲུབས་པ་ཡང་མ་བྱུང་། ཁྱེད་ཀྱང་མོས་གུས་ཆེ་བ་ཡིན་ཏེ། འདི་ཀུན་ཞུ་བ་ཡིན་ཐེ་ཚོམ་མི་ཟ་བར་མོས་གུས་དང་ངེས་ཤེས་དགོས་པ་ཡིན། ད་ངས་ཡག་པར་བཟླའི་མོས་གུས་སྐྱིད་ང་མི་ལ་དགའ་བས་མི་མང་པོ་ཕྱུལ་བྱས་པ་ལ་ཁྱེད་ཕྲུ་མ་རྣམས་ཀྱིས་ཆོས་བཤའ་མར་མ་བྱས་མོས་གུས་མི་བྱེད་ན་ཕྱི་མ་ལ་གཤའ་མ་ག་ལ་འོངས། མིག་ཡར་འདྲེན་དགོས་པ་ཡིན་གསུངས། བུ་ཙ་ཕྲུ་མ་རྣམས་རྩེ་ཀྲུ་བྱེད་པ་ལ་ཕྱི་མ་རྣམས་ཀྱང་རྩེ་ཀྲུ་བྱེད་པ་དེ་འདྲ་བ་ཡིན། ངའི་བླ་མ་རིན་པོ་ཆེ་རྣམས་ཞིང་ཁམས་གཞན་ན་སྐུའི་བཀོད་པ་དུ་མ་མཛད་པ་དང་མཇལ་ཏེ། སྔར་ཞལ་མཐོང་བའི་བག་ཆགས་འདྲིས་པས་ཞལ་དེ་ཁོ་ན་བཞིན་དུ་རྨི་བ་ཡིན། རྨི་ལམ་ཟིན་པའི་རྨི་ལམ་དུ་ཡང་ཕལ་ཆེར་འཆར། རྨི་ལམ་མ་ཡིན་པ་ཡང་དེ་ལྟར་འཆར། ཉིན་པར་མཇལ་བ་དང་འདྲ། རྨི་ལམ་ཟིན་ཡང་མངོན་པར་ཤེས་པ་མེད་པས་གཉིད་ཀྱི་རྒྱ་མེད་པར་ཞལ་མི་མཐོང་བར་སྣང་། རྨི་ལམ་ཟིས་པས་རིག་པའི་རྩལ་རྫོགས་ནས། ཞིང་ཁམས་གཞན་ཐམས་ཅད་ན་བཞུགས་ཀྱང་སྤྱིར་སེམས་ཅན་ཐམས་ཅད་ལ་ཐུགས་རྗེས་གཟིགས་ཁྱད་པར་དུ་ཡང་སྐུ་འཁྲུངས་པ་དང་། གཞན་དོན་མཛད་ཅིང་བཞུགས་པ་དང་། གནས་ས་ཀུན་དང་འཁོར་ཀུན་གྱི་དོན་མཛད་དེ། འབྲི་སྟག་གཉིས་འཁྲུགས་པའི་དུས་སུ་བླ་མ་རིན་པོ་ཞང་དང་། བླ་མ་རིན་པོ་ཆེ་འབའ་རོམ་པ་དང་། བླ་མ་རིན་པོ་ཆེ་འབྲི་གུང་བ་དང་། བླ་མ་རིན་པོ་ཆེ་སྟག་ལུང་ཐང་པ་རྣམས་ཀྱིས་སྔར་བཟླས་པ་དེ་ཡིན་གསུངས། ལུག་ལོ་ཟླ་བ་བདུན་པའི་ཉི་ཤུ་གཉིས་ལ་རྒྱ་ན་དགེ་འདུན་མང་པོ་གཅིག་བཞུགས་ཙམ་ན། འོར་སྒང་འགམ་བུ་དེ་ཤིན་ཏུ་ཞེད་ནས། སྡུག་བསྔལ་གྱིས་ནོན་ནས་སྣང་བ་ལ། སེམས་གང་དུ་ཡང་དེར་འཛིན་མ་ཞུགས་ནས་རྟོག་མེད་དུ་སྣང་བས་མངོན་སུམ་དུ་མཐོང་བ་ཅིག་བྱུང་བས། རྟེན་རྐྱེན་འཛོམ་པ་ཡང་དཀའ་མོར་སྣང་བས། འོར་སྒང་འགམ་བུ་ཡང་གལ་ཆེ་བྱས། ཨེ་དགོས་བྱས་པ་དགེ་བཤེས་ཨེལ་སེར་ན་རེ་དགོས་ཟེར། ཡང་ཟླ་བ་བདུན་པའི་གནམ་སྟོང་ནུབ་མོ་འབའ་རོམ་པའི་ནོར་དཀྲུས་དེད་པ་དེ་ལ་ལྟ་བར་སྣང་བས་ཤིང་གི་རྒྱ་བ་ཙམ་ཡང་མ་ལུས་པ་ཅིག་རྨིས། ནོར་ཁྱེར་མི་ཀུན་ཡང་སྟོང་རྐྱན་ལ་མེ་བཀྱིས་པ་འདྲ་བ་གཅིག་འོངས་བར་འདུག །

པམ་ནེ་གེ་ཚ་ཁར་བྱོན་པའི་དུས་སུ་ལུག་ལོ་ཟླ་བ་བརྒྱད་པའི་ཆོས་བདུན་པའི་ཐོ་རངས་ལ་བདེ་བར་གཤེགས་པ་དང་། བཀའ་བརྒྱུད་བླ་མ་དང་། ཡི་དམ་དཔའ་བོ་མཁའ་འགྲོ་དང་བཅས་སྟོང་པ་ཉིད་ཀྱི་ནམ་མཁའ་ལ་སྒྲ་ཚངས་པའི་དབྱངས་ཀྱིས་བཀའ་བཞི་གདམས་པ་བྱ་བའི་ཆོས་གསུང་པ་

ཡོད་གསུངས། དེ་ནས་ཕྱིར་བྱོན་ནས་རོ་ཙེ་ཡུལ་སར་དུ་གྲོན་པ་གཟིགས་པ་ལ། བྱོན་དུས་སུ་ནུབ་གཅིག་ཁྲིད་རྣམས་ཀྱང་རྨི་ལམ་རྟོགས་གསུངས། སྤྱི་ངར་ཡུལ་དེའི་ཡུལ་ལྷ་ཐམས་ཅད་ཀྱིས་མཆོད་པ་ཕུལ། ཡང་ཟླ་བ་བརྒྱད་པའི་ཉི་ཤུའི་ནུབ་མོའི་འོར་སྙིང་འགམ་བུ་དེ་ཉལ་ནས་སྣང་། དེའི་རྩ་ན་མི་གཉིས་ཉལ་ནས་སྣང་བས་ངེད་གཉིས་འབྲི་གུང་བ་ལ་སྲིད་ལ་འགྲོ་བ་ཡིན། ཁྱོད་ལ་རྟ་འདོད་པ་ཡིན། རྟ་མེད་བྱས་པ་ལ་འོར་སྙིང་འགམ་བུས་མི་དེ་གཉིས་རྐྱོག་ཏུ་སྲིད་ལ་མངག་པ་བཞིན་དུ་སྣང་། འོ་རུ་མཁན་པོ་གར་སོང་བྱས་ནས་དྲིས་པ་ལ། འོར་སྙིང་འགམ་བུན་རེ་ཁོ་ལ་དྲིས་ཟེར། མི་དེ་ན་རེ་འོ་རུ་མཁན་པོ་ནོར་དེད་ནས་འབྲི་གུང་དུ་སོང་ཟེར། འོར་སྙིང་འགམ་བུ་དེ་པོ་ང་ཀེ་ཐུང་ངེ་བ་ཅིག་ལ་སྨྲ་ཆེ་བ་པ་གཅིག་གྲགས་འབྲི་གུང་དུ་སོང་ན་མིའི་མིག་མི་ཁེང་སྐམ་པ་གཅིག་བྱུང་། འདི་ལ་ཕྱིས་འབྱུང་ཡོང་བས་ཁྲིད་ཀྱིས་ཡིད་ལ་ཞོག་གསུངས། ལུག་ལོ་ཟླ་བ་དགུ་པའི་ཉི་ཤུ་བདུན་ལ་བྲ་བོ་དཔང་པ་དང་ཤེས་རབ་འོད་ཟེར་གཉིས་འོང་། ཉི་ཤུ་དགུ་ལ་མང་སྐོལ་བྱས་ནས། ཟེ་ན་དང་པི་རིངས་འབོད་པའི་ཡི་གེ་ཡང་གཏད། འབྲི་གུང་བ་དང་འབའ་རོམ་པ་དང་། སྟག་ལུང་བ་དང་། པོས་ཀ་བ་དང་། མཚལ་གྱི་ལོ་རྒྱུས་མང་པོ་ཡོང་ཟེར། སྙིང་ཙ་སྟོད་སྨད་ཡང་མ་བདེ་ཟེར་བའི་སྐད་ཐོས། དེའི་ནུབ་མོ་རྗེ་རིན་པོ་ཆེ་འབྲི་གུང་བ་དེ་ཐང་ཅིག་ལ་ཁང་པ་མང་པོ་ཡོད་པའི་ཤར་ཕྱོགས་ན་ཆོས་ཁྲི་མཐོན་པོ་ཅིག་གི་བཞུགས་ནས་སྣང་། མི་མང་པོ་ལ་ཆོས་གསུང་ཤིང་སྣང་། ངས་ཀྱང་ཆོས་གསུང་བ་དེ་ལ་ཉན། དེ་ནས་ངས་ཆོས་ཀྱི་དྲི་རྟོག་དང་ཞུ་བ་མང་པོ་ཅིག་བྱས། དེ་ནས་རིན་པོ་ཆེ་དྲོ་ལ་བཞུད། ཡང་དྲོ་ལ་སོང་། དྲོ་ཐོན་ནས་ཁང་པ་དེ་ཚོའི་ནུབ་ཕྱོགས་བསྐོར་ནས་སྤྱན་སྔར་ཕྱིན། རྗེ་རིན་པོ་ཆེ་ཆོས་ཁྲི་ལ་མ་བཞུགས་ནས། ཐང་ལ་སྐུ་གཞོག་གཡས་པ་ཕབ་ནས་སེང་གེའི་ཉལ་སྟབས་བྱས་པའི་སྐུའི་མདུན་དུ་ང་ཡང་བསྡད། སྐུ་གཞོག་གཡོན་ན་དགེ་བའི་བཤེས་གཉེན་དང་མི་ཆེན་ཕྲ་ཡང་བཞུགས་ནས་སྣང་། ངའི་གཡས་ཕྱོགས་ན་ཡང་བཀྲེ་གཅིག་འདུག །མི་ཆེན་པོར་ཙེ་ཡང་མདུན་མ་འཇམ་བྱ་རྒྱུ་ཅིག་ལ་ཡོང་བར་འདུག །དེ་ནས་རྗེ་རིན་པོ་ཆེའི་སྐུ་སྟོད་ཨེན་ཅིག་བཏེགས་ནས་ཕྱམས་ཀྱིས་ཐོང་ཕྱིས་ཀྱིས་ཐོང་བྱ་བ་ལན་མང་དུ་གསུངས། དེ་བརྡའ་ཅིག་ཏུ་སྣང་བ་ལ་སྙམ་ནས། ངའི་གཡས་ཕྱོགས་ན་ཡོད་པའི་བཀྲེ་དེ་ལ་ཁྱོད་རིན་པོ་ཆེ་བསྙེན་ཡུན་རིངས་པ་ཡིན་པས་དེ་བརྡ་ཅིག་ཏུ་སྣང་བ་དེ་ཨེ་གོ་བྱས་པ་ལ་མ་གོ་ཟེར། ངེ་བརྡ་ཅིག་ཏུ་སྣང་བ་སྙམ་ནས་དོན་བརྟགས་པ་ལ། དོན་གཉིས་ལ་གོ་བས་ཡང་ན་སྟོང་ཕྱམས་ཀྱིས་ཐོང་བྱ་བ་བདེ་ཕྱམ་ཀྱིས་ཐོང་བྱ་བ་ཡིན་སྙམ་ཙམ་ན། གཉིད་འོད་གསལ་དུ་སྣང་བས་རྨི་

ལམ་དུ་སྣང་བ་དེ་ཚོ་འགགས་འདི་ལ་ཡང་ཕྱི་འབྱུང་གི་དོན་ཆེ་བ་ཅིག་ཡོད་པས་ཁྱེད་རྣམས་ཀྱིས་ཡིད་ལ་ཞོག །ངས་ཕན་པ་ཆེན་པོ་ཅིག་འགྲུབ་པར་སྣང་བ་ལས་ཡུལ་གྱིས་བསྐལ་བ་དང་ནུས་པ་མེད་པས་མི་འགྲུབ་གསུངས། ཀ་ཧོར་ཕུན་བཞུགས་པའི་དུས་སུ་རྒྱལ་པོ་ཆེན་པོ་རྣམ་ཐོས་སྲས་ཀྱིས་ཕྱག་གཡས་པས་རྒྱལ་མཚན་ནམ་མཁའ་ལ་ཡར་ཡར་དུ་བསྐོད་པ་ཅིག་གཟི་བརྗིད་དང་བཅས་པར་བཞུགས་ནས་འདུག །མདུན་ན་བླ་མ་རིན་པོ་ཆེ་འབའ་རོམ་པ་ཞལ་ཤིན་ཏུ་དམར་བར་མཛད་ནས་བཞུགས་ནས་འདུག །དེ་ལ་ལེགས་ཉེས་ཀྱི་ལྟས་གང་ཡང་རིག་པ་མ་བྱུང་། གཉིད་དུ་མ་སོང་བའི་དུས་ན་དབང་པོ་ལྔའི་ཡུལ་དུ་མ་གྱུར་པ་དང་། རྟོགས་བཅས་ཀྱི་མངོན་པར་ཤེས་པ་མེད་པས་མི་ཤེས་པར་འདུག །གཉིད་ཀྱི་རྒྱུས་བཏུམ་ནས་རྨི་ལམ་ཟིན་པའི་དུས་སུ་ཅི་ལྟ་བ་བཞིན་དུ་མཐོང་བར་འདུག་སྟེ། འོན་ཡང་གཉིད་ལ་གཏི་མུག་གི་ཤས་ཅིག་ཡོད་པས་དོན་གསལ་བའི་རྩལ་མ་རྫོགས་པར་འདུག །འོད་གསལ་ཟིན་པའི་སེམས་ཕྱག་རྒྱ་ཆེན་པོར་རྟོགས་པའི་རྨི་ལམ་གྱི་དངོས་པོ་དེ་སྨྲོམ་དུ་ཤར་ཙམ་ན་དེས་ཀྱང་འགོག་པར་འདུག །ལུག་ལོ་ཟླ་བ་དགུ་པའི་ཉི་ཤུ་བདུན་གྱི་ནུབ་མོ་ཁང་པ་གཅིག་གི་ནུབ་ཕྱོགས་ན་རྟེན་བཀྲམ་མཆོད་པ་བཤམ་ནས་འདུག །ལྷོ་ཕྱོགས་ལོག་ན་བླ་མ་འབའ་རོམ་པ་ཞལ་བྱང་དུ་གཟིགས་ནས་ཕྱག་ཕྱམ་རྙིང་པ་ཅིག་མནབས་ནས་དབུ་ཞྭ་མི་སྣང་བར་བཞུགས་ནས་འདུག །སྐུའི་གཡོན་ཕྱོགས་དང་མཆོད་པ་བཤམ་པའི་བར་ན་ཁང་པ་ཆུང་ངེ་བ་ཅིག་འདུག །ང་དེ་ན་འདུག་པ་ལ་རུས་རྒྱན་ཅིག་གཏད་ནས་གོན་གསུངས། ངས་རུས་རྒྱན་གོན་པ་ལ་རུས་རྒྱན་བཟང་པོ་རིང་བ་གཤམ་ཀུན་ཡང་རྐང་རྩེར་སླེབས་པ། དབུ་རྒྱན་ཡང་བཟང་བ། ཐོད་སྐམ་གྱི་སྟེང་གི་རིན་པོ་ཆེའི་རྒྱན་ཀུན་ཡང་ཡོ་རམ་མེ་འདུག་པ་གོན་ནས་རིན་པོ་ཆེའི་སྐུའི་གཡོན་ཕྱོགས་སུ་སོང་ཙམ་ན། སྐུའི་གཡས་ཕྱོགས་མཆོད་པ་བཤམ་པའི་མདུན་ཙམ་ན་ང་བེས་སྦྱ་བ་ཅིག་ལ་རུས་རྒྱན་བསྒོན་ནས་སྣང་། དབུ་རྒྱན་མི་སྣང་། དེ་ལ་མཆོད་པ་དེའི་དཔོན་ནམ་ཆེ་ཆེ་བོ་ཅིག་རེ་བ་བཞིན་དུ་སྣང་ཙམ་ན། དེ་ལ་དེ་མ་བྱུང་བར་ཕར་བྲོ་ཤིན་སྣང་བ་དེ་ལ་གཟིགས་ནས་ཨེན་ཅིག་མི་དགྱེས་པ་བཞིན་དུ་མཛད། ང་ལ་ཕྱུར་གཟིགས་ནས་འདིའི་མཁོས་ཀ་ལ་ལྟོས་དང་གསུངས།

དེ་ནས་མཛད་པ་ཀུན་འདི་འདྲ་བ་ལན་མང་དུ་མཛད་པར་སྣང་བས། འདི་ལ་ཡང་དགོས་པ་ཅིག་ཡོད་པར་སྣང་། དེ་ནས་ཉི་ཤུ་དགུ་ལ་འབའ་རོམ་ནས་བརྐེ་གསུམ་འོངས་པས་ཨོན་པོར་རིན་པོ་ཆེས་འབའ་རོམ་ནས་ཡི་གེ་བསྐུར་ནས་དབུས་སུ་བྱོན་གསུངས། ཡང་ཟླ་བ་གཅིག་པའི་ཚེས་གཅིག་

གི་ནུབ་མོ་བླ་མ་རིན་པོ་ཆེ་ཞང་ཁང་པ་ཀ་བ་བཞི་པ་ཅིག་གི་དཀྱིལ་ན་ཞལ་བྱང་དུ་གཟིགས་ནས་སྣང་། སྔར་ང་རང་གི་བློ་ལ་ཆོས་དོན་དང་ཚིག་མ་བདེ་བ་ཧྲ་ཡོད་པ་ཞུས་པས་གནང་། རིན་པོ་ཆེས་ངའི་མཁྱེན་ང་བུ་ཙ་ཅིག་ཡིན་པ་ལ་དབང་བསྐུར་བྱས་པའི་དུས་སུ་བྱིན་བརླབས་ཕབ་པའི་དུས་སུ་ནམ་མཁའ་ལ་འཕར་ནས་སོང་བ་དེ་ཡིན་བྱས་ནས་ཞུས་པ་ལ་ཁྱོད་ཤེས་རྒྱང་སྟོན་རྩལ་མོ་དང་ལྡན་ཅིག་ཏུ་དབང་བསྐུར་བྱས་པ་དེ་ཡིན་གསུངས། དེ་ནས་ཕྱག་བྱས་ནས་ཕྱིར་འགྲོ་བ་ལ་ངའི་མགོ་ལ་ཞྭ་ཐེབ་ནང་དུ་གོན་པའི་ཞྭ་ཅིག་ཡོད་པ་གཡོན་ཕྱོགས་ཀྱི་སྒོམ་ཅིག་གི་ཁ་ལ་སྣང་། དེའི་རྩ་ན་འཕྲུག་ཞྭ་རྣ་རིང་ཅིག་སྣང་། ཞྭ་གཉིས་པོ་དེ་རྩ་སྦྱར་དང་ཕུབ་མས་བཀང་ནས་སྣང་། དེ་ཕྱིར་ཁྱེར་ནས་ཕྱིན་པ་ལ་མཚལ་པ་དང་རེའུ་རྩ་པ་ཀུན་སྔར་ཞྭ་རིང་གོན་པ་ལ། ད་ཕྱིན་རྣ་རིང་གོན་པར་མི་འོང་བར་སྒོམ་ཞྭ་གོན་པ་ཁོ་ནས་འཛིན་པ་ཨེ་མ་ཡིན། བླ་མ་ཞང་གི་ཐུགས་དགོངས་སྐོང་པ་ནི་ཅི་ཅི་འོངས་ཡང་མི་ཤེས། ལར་ནི་ངས་སྨི་ལམ་ཟིན་པའི་དུས་སུ་གཞན་གྱི་ཇི་ལྟར་འོངས་པ་དེ་བརྡའི་སྒོ་ནས་ཤེས་པ་ཡིན། རང་གི་སེམས་སྐུ་གསུམ་དུ་རྟོགས་ན་སྐུ་གསུམ་གྱི་ཉམས་བདེ་གསལ་མི་རྟོགས་པ་བསྒོམས་པས། དག་པའི་སྣང་བས་ཤེས་པ་ཡང་ཡོད། ཉམས་བདེ་གསལ་མི་རྟོགས་པ་གསུམ་བསྒོམས་པས་སྲིད་པ་གསུམ་གྱི་མཐོང་སྣང་ཤར་བ་ཡང་ཡོད། སྤྱིར་ཁམས་གསུམ་དང་མ་བརྟན་པས་སྙིང་ག་ཆོས་ཀྱི་འཁོར་ལོར་ཡི་གེ་ཧཱུྃ་ལ་རླུང་སེམས་འདུས་པས་གཞན་གྱིས་སེམས་ཤེས་པ་ཡང་ཡོད། ཚོགས་དྲུག་ལྷུག་པར་བཞག་པས་ཚོགས་དྲུག་གི་མངོན་པར་ཤེས་པ་ཤར་བ་ཡང་ཡོད། ཡུལ་ལ་དེར་འཛིན་མ་ཞུགས་པའི་རྟོགས་མེད་ཀྱིས་དུས་སུ་ན་མངོན་དུ་མ་གྱུར་པའི་ཡུལ་གྱི་མཐོང་སྣང་ཤར་བ་ཡིན། དཔེར་ན་མེ་ལོང་གཡའ་དག་པ་དང་འདྲ་བ་བཞིན་དུ་ང་ལ་ཡོང་ཟེར་བ་ནི་མ་ཡིན་ཏེ། ངས་ནི་སྨི་ལམ་ཟིན་པའི་དུས་སུ་ཤེས་པ་ཧྲ་རེ་ཡོད་པ་ཡིན། བླ་མ་ཀུན་སྨི་བ་དེ་སྔར་བསྒོམས་པའི་སྟོབ་ཀྱིས་གོམ་པས་སྨི་བ་ཡང་ཡོད་དེ། མདང་ཞག་བླ་མ་ཀུན་སྨི་ལམ་དུ་སྨི་བ་ནི། དངོས་སུ་མཇལ་བ་བཞིན་དུ་སྣང་། ཁྱེད་ཀྱི་ཞུས་ངས་བཟླས། ཁྱེད་ཀྱིས་ཡི་གེར་བྲིས་པ་འདི་མིས་སྡིག་སོགས་པར་འོང་བ་ཡིན། འོ་ན་ཡང་བཟླས་པ་དེ་ལ་ཕྱིས་འབྱུང་ཁྱེད་རང་གིས་ཤེས་ནས་འོང་གིས་འདི་ཡིད་ལ་ཞོག་དང་། ཡང་དེའི་དགུན་དེ་ཟླ་ཉིན་ཙང་སྣང་གྲོང་པོ་ཆེ་ན་གདན་དྲངས་ནས་ལྷ་ཁང་གི་ཁྲམས་དེ་ན་གཟིམས་པའི་དུས་སུ་ཇོ་བོ་ཨ་ཏི་ཤ་དང་མཇལ་བ་ལ། རྣལ་འབྱོར་པའི་ཆ་ལུགས་སུ་མཛད་དེ་བཙུན་མོ་གཉིས་ཀྱི་སྐུ་བརྟེན་ནས་འདུག །ངའི་དགོངས་པ་ལ་ཇོ་བོའི་ཆ་ལུགས་དེ་འདི་ལྟར་མཛད་པ་དེ་ཅི་ཡིན་ནམ་སྙམ་

ཅན། ཡང་པཎྜི་ཏའི་ཆ་ལུགས་དགེ་སློང་དུ་མཛད་ནས་བྱོན་པས། བཙུན་པ་གཉིས་བསྙེན་རྫོགས་བྱེད་འདོད་པར་སྣང་བས། རྗེ་བོས་མཁན་པོ་མཛད། རིན་པོ་ཆེ་ལ་ལྷུང་བཟེད་གཅིག་གནང་ནས། ལས་ཀྱི་སློབ་དཔོན་མཛད། གསང་སྟེ་སྟོན་པ་དང་པའི་དགེ་འདུན་མང་པོ་དང་བཅས་པས་དེ་གཉིས་བསྙེན་པ་རྫོགས་པར་མཛད། རྗེ་བོའི་ཞལ་ནས་རིན་པོ་ཆེ་ལ་ངའི་དགེ་འདུན་སྡེ་པ་བཞི་པོ་ཁྱེད་ལ་གཏད་དོ། །ཤེས་པར་གྱིས་ཅིག་གསུངས། རིན་པོ་ཆེའི་དགོངས་པ་ལ་སྡེ་པ་བཞི་ནི་རྩ་བའི་སྡེ་བཞི་གྱིས་པ་སྡེ་བརྒྱད་ཡོད་ལ། གཞི་ཐམས་ཅད་ཡོད་པར་སྨྲ་བ་དང་། མང་པོས་བཀུར་བའི་སྡེ་པ་དང་། གནས་བརྟན་པའི་སྡེ་བ་དང་། དགེ་འདུན་ཕལ་ཆེན་པའི་སྡེ་བ་དང་བཞི་རྩ་བ་ཡིན་པ་ལ། དེའི་ནང་ནས་རྗེ་བོ་ཕལ་ཆེན་པའི་སྡེ་བ་ཡིན་པ་ལ། སྡེ་པ་བཞི་ཀ་ལ་དབང་བ་ཅི་ལགས་སམ་དགོངས་པ་ལ། འོན་ཚགས་བྱེད་དགོས་སྙམ་པ་བྱུང་གསུངས། །

དེ་ནས་དགུན་སྨད་ཀྱི་དུས་ཅིག་ན་རྒྱན་ལྷ་ལ་ལ་བརྟེན་ནས་ཉིན་གཅིག་སྤྱང་ན་ལྷ་འཚོགས་པའི་དུས་གཅིག་ན། ད་ལྟའི་དུས་འདིར་གང་ལྟར་བྱས་ཀྱང་ཕན་པར་མི་གདའ། བླ་མ་རིན་པོ་ཆེ་རྣམས་ཀྱི་ཞབས་ཏོག་དང་སངས་རྒྱས་ཀྱི་བསྟན་པའི་ཞབས་ཏོག་རང་གི་ཞེ་ཚིམ་པ་མི་འགྲུབ་པར་འདུག །སེམས་ཅན་གྱི་དོན་ཡང་མི་འགྲུབ་པར་འདུག །ད་བསྡད་པ་ལ་དགོས་པ་རང་མི་གདའ། ཤི་ན་ཡང་ལས་ཀྱི་དབང་གིས་རིགས་དྲུག་གིས་སྐྱེ་གནས་ནི་མི་ལེན། སེམས་ཅན་གྱི་དོན་དུ་ཅི་ལྟ་བུའི་ལུས་ཀྱང་ལེན། ཕྲིན་ལས་ནི་ད་ལན་བས་འབུམ་འགྱུར་གྱིས་ཆེ་བར་འདུག་སྙམ། ཕྱག་གཉིས་ཐལ་མོ་ཅར་གྱིས་སྦྱར་ནས་དེ་བླ་མ་རིན་པོ་ཆེ་འབའ་རོམ་པའི་དྲིན་ཡིན་གསུངས། བླ་མ་འབའ་རོམ་པ་ལ་བསྟོད་པའི་མགུར་གཅིག་ཀྱང་མཛད། ལར་གང་ལྟར་བྱས་ཀྱང་གཞན་ལ་ཕན་པར་མི་གདའ་གསུང་ནས། ཐུགས་མུག་པ་ལྟར་མཛད་ནས་སྤྱན་ཆབ་མང་པོ་ཅིག་ཀྱང་བྱོན། ད་ནི་ད་ནི་དགོས་པར་རང་མི་གདའ་གསུངས་ནས། སྤྱང་ན་འཁོད་པ་རྣམས་ལ་ཚེ་འདི་རྟག་པར་མ་འཛིན། དངོས་པོ་ཞེན་ཆགས་མ་ཆེ། རྒྱུ་འབྲས་ཁྱད་དུ་མ་བསད། བསོད་ནམས་ཀྱི་ཚོགས་ལ་མ་ཞན། ངས་ཟེར་བ་འདི་ཀུན་ཡིད་ལ་ཟུང་དང་། དུས་ཕྱིས་དྲན་པར་འོང་གསུངས། ཡང་ནང་ཅིག་ཐོ་རས་ཅིག་ནམ་མཁའ་ལ་སྒྲ་ཅིག་གྲགས་པས་ཁྱེད་ཀྱིས་གདམས་ངག་དང་བསྟན་ཆོས་མང་པོ་བརྩམ་པ་ལ། དཔལ་གསང་བ་འདུས་པའི་རིམ་པ་ལྔ་པ་འདི་ལ་ཆོས་ཅིག་མ་བརྩམས་ཟེར། ངའི་གློ་ན་ཅིག་སྣང་བས་ད་མི་ཚར་ཟེར། སྤྱང་ཉིད་ཀྱིས་ཀྱང་དམ་མི་ཚར་བྱས། དེ་ནས་བསྟན་ཆོས་རིན་ཆེན་ཀུན་ཏུ་འོད་བྱ་བའི་གཞུང་ཚར་ཡིག་སྣ་མ་ཚར

བར་སྐུ་ཞི་བར་གཤེགས་པ་ཡིན། ཡང་ནུབ་གཅིག་གི་རྨི་ལམ་ན་རིན་པོ་ཆེ་དབུ་སེ་བ་དང་། རིན་པོ་ཆེ་ཉིད་དང་གཉིས་ཁང་པ་ཅིག་གི་ནང་ན་རིན་པོ་ཆེ་དབུ་སེ་བ་ཞལ་ཚུར་གཟིགས། རིན་པོ་ཆེས་ཞལ་ཕར་གཟིགས་པའི་གཡས་ཕྱོགས་ན་བཟླེ་གཅིག་སྣང་བ་དེ་ལ། བཟླེ་གཅིག་གིས་འདི་གཉིས་གང་ཆེ་ཟེར་བ་ལ། བཟླེ་དེས་རིན་པོ་ཆེ་དབུ་སེ་ལ་བལྟས་ནས་བཙུས་འདི་ཆེ་ཟེར། དེའི་དོན་རིན་པོ་ཆེ་དབུ་སེ་བ་དགུང་ལོ་བརྒྱ་རྩ་རྩ་གཉིས་ལ་སྐུ་ཞི་བར་གཤེགས་པས་ལོ་གྲངས་ཅིག་ཨེ་ཡིན་སྙམ། ཕྱིས་རིན་པོ་ཆེ་དགུང་ལོ་བདུན་རྩ་རྩ་གསུམ་ལ་སྐུ་ཞི་བར་གཤེགས་པས་དེ་ཁོ་ན་ལྟར་བྱུང་། ཡང་ནུབ་གཅིག་རྨང་ལམ་ན་མི་འགས་སྦྱིན་བསླངས་ཟེར་བས་སྦྱིན་སྦྱིན་པར་མ་བཏོང་བའི་གོང་དུ། བོ་བའི་ས་ཙམ་བཞེས་ཅིག་བྱུས་ནས་སྦྱིན་པའི་ཕ་རོལ་དུ་ཕྱིན་པ་རྫོགས་པར་བྱེད་པ་ལ་ཡན་ལག་གི་དམ་པ་སྐོ། དབང་པོའི་དྭངས་མ་མིག་སྦྱིན་པར་མ་བཏང་ན་སྟོང་གསུམ་གྱི་སྟོང་ཆེན་པོའི་འཇིག་རྟེན་གྱི་ཁམས་ནོར་བུ་རིན་པོ་ཆེས་ལན་གྲངས་དཔག་ཏུ་མེད་པར་བཀང་ནས་བྱིན་ཡང་སྦྱིན་པ་ཆེན་པོར་མི་འགྲོ་སྟེ། སྦྱིན་པའི་ཕ་རོལ་དུ་ཕྱིན་པར་མི་འགྲོ། མགོ་དང་མིག་སྦྱིན་པར་གཏོང་བ་དེ་མཐོང་ལམ་རྒྱུད་ལ་སྐྱེས་པ་དེ་ཡན་ཆད་མ་ཡིན་པས། དང་པོ་ཡོད་བཞིན་དུ་ཆམ་ཆོམ་མེད་པར་གཏོང་མི་ནུས། ངས་འདི་རྣམས་ལ་མིག་བྱིན་བས་དོན་ཆེན་པོ་སྦྱིན་པའི་ཕ་རོལ་དུ་ཕྱིན་པ་རྫོགས་པ་ལ། འོན་ཡང་སེམས་ཀྱི་དོན་བྱེད་པ་ལ་མིག་འདི་མེད་ཐབས་མེད་པ་ལ། ལྐོས་པ་མེད་པར་ཁྱེར་ཅིག་བྱུས་པས་ཁོང་རྣམས་ཀྱིས་བཏོན་ནས་ཁྱེར་བ་དང་། ང་འཇིག་རྟེན་འདིའི་སྣང་བ་ནུབ་བྱུས། ཕར་གཟིགས་པ་ལ་སྣང་བ་ཐམས་ཅད་བཀྲ་ལམ་མེ་སྣང་གསུངས། ཡང་རོ་གད་ན་བཞུགས་པའི་དུས་སུ་རིན་པོ་ཆེའི་མདུན་དུ་གཟིམས་སྤྲེལ་གྱི་ཐང་ཀ་ན་ཐུགས་རྗེ་ཆེན་པོ་སྤྱན་རས་གཟིགས་ཀྱི་དབང་ཕྱུག་སྐུ་ཤིན་ཏུ་ཆེ་བ་དཀར་ལ་འཚེར་བ་འོད་དང་ལྡན་པ་ཅིག་བཞུགས་ནས་འདུག་པ་དེ་སྐུ་དཀར་བའི་དཔེ་དེ་གངས་རི་ལ་ཉི་མ་ཤར་བ་ལྟ་བུ་ཟེར་སྟེ། གངས་ལ་ཉི་མ་ཤར་བ་ལ་དེ་ཙམ་དཀར་རྒྱུ་མི་སྣང་། དཔེ་བརྗོད་མི་ཤེས་པ་ཙམ་དུ་དཀར་བར་འདུག །སྐུ་དེའི་མདུན་རྒྱབ་གཡས་གཡོན་ཐམས་ཅད་ན་དཔལ་བདེ་མཆོག་གི་སྐུ་ཐམ་པ་ནམ་བར་སྣང་། སྐུ་དེ་ཐམས་ཅད་རིན་པོ་ཆེའི་མདུན་ན་ཚུར་ལ་ཐིབ་ཐིབ་བྱོན་པ་དང་། སྐུའི་གཡོན་ཕྱོགས་སུ་བྱོན་པ་དང་ཡལ་ཤིན་སྣང་། སྤྱན་རས་གཟིགས་དེའི་ཕྱག་གཡོན་པའི་ཐད་ཀ་ན་མར་ལ་ཐེ་གུ་གནར་བ་འདྲ་བའི་ནག་ཤ་རེ་བ་ཅིག་སྣང་བ་ལ་རིན་པོ་ཆེའི་དགོངས་པ་ལ་དེ་མ་ལེགས་སྙམ་པ་ལ། ཐུགས་ཀྱི་དགོངས་པ་དེ་ལན་ནམ་ཐུགས་རྗེ་ཆེན་པོའི་སྐུ་དེ་ཡལ་ནས་སོང་གསུངས།

ཡང་ཉིན་གཅིག་སྤྱི་དྲི་གཟིམ་པའི་སྣང་ལམ་ན་བྱུང་བ་ལ་མེ་ཉག་རྒྱལ་པོའི་ཕོ་བྲང་བཀྲ་ཤིས་ཐེན་ཟེར་བའི་རྒྱལ་པོས་ཁྲིམས་ཀྱི་ཞལ་ལྕེ་བྱེད་པའི་ས་རྒྱའི་ཕྱི་བས་བཅའ་བཀོད་ཕུན་སུམ་ཚོགས་པ་དང་ལྡན་བའི་ཁང་པ་གཅིག་ཡོད་པ་དེ་ཡིན་པ་སྙམ་བྱེད་པ་ན་བཞུགས་ནས། མདུན་ན་ཡར་ལ་གདུགས་དང་རྒྱལ་མཚན་དང་བ་དན་ལ་སོགས་པ་དང་། རག་དུང་རྔ་བོ་ཆེ་ལ་སོགས་པའི་རོལ་མོ་འབུལ་བ་ཡང་མང་པོ་སྣང་། དེར་སྤྱི་ང་ནས་བརྟག་པ་ལ་ཁང་པ་དེ་རྒྱལ་པོའི་ཕོ་བྲང་དུ་མི་སྣང་། འོག་མིན་དུ་སྣང་། རོལ་མོ་ཀུན་ཡང་གཟུགས་དང་ཁ་དོག་དང་རྒྱན་ཐམས་ཅད་མི་ལས་ཁྱད་པར་དུ་འཕགས་པ་ལྷའི་རོལ་མོ་ཤ་སྟག་ཏུ་སྣང་། ཕྱོགས་དང་མི་མངོན་པ་རིན་པོ་ཆེའི་མདུན་ན་ཡར་ལ་གཏིབ་ནས་འོངས་ཤིང་སྣང་བ་ལ་གཟིམ་སྤྱིལ་གྱི་ཕྱི་ལོག་ཏུ་བུ་ཙ་རྒྱལ་ཀ་བྱེད་པ་གཅིག་གཉིས་བདའ་དེད་བྱས་པ་དང་ཡལ་ནས་སོང་། དེ་ནས་ཟླ་བ་གཅིག་པའི་ཉི་ཤུ་ལྔའི་ཉིན་པར་བླ་མ་རིན་པོ་ཆེ་འབྲི་གུང་བའི་འདས་མཆོད་ཆེན་མོ་མཛད་པའི་སྤྱི་ངའི་སྐུ་སྐལ་ཉེ་གནས་ལ་གཏད་པ་ལ། དེ་ནུབ་སྤྱི་ང་ནས་ཁྱེར་ལ་ཤོག་གསུངས་ནས། སློམ་ཆེན་པ་གཉིས་གསུམ་ཙམ་སྤྱི་ང་ན་བཞུགས་པ་ལ་ཚོགས་ཀྱི་འཁོར་ལོ་མཛད་ནས། ཁྱེད་རྣམས་ཉོན་ཅིག་ད་ཅིག་གི་ལོ་འདི་ལ་བླ་མ་གོང་མ་རྣམས་ཀྱི་ཞལ་སྟོན་པ་དང་། གསུང་ལུགས་དང་ཡི་དམ་གྱིས་ལྷ་དཔག་ཏུ་མེད་པའི་ཞལ་སྟོན་པའི་འབྱུང་ལུགས་སམ། ཕྱི་ནང་གི་རྟེན་འབྲེལ་མི་མཐུན་པ་མང་པོ་བྱུང་། འོ་སྐོལ་དཔོན་སློབ་རྣམས་ཀྱང་ཇི་ལྟར་འོང་དམ་གསུངས་ནས་ཐུགས་སྐྱོ་བ་ལྟར་མཛད། ཁྱེད་མགུར་ཤེས་པ་རྣམས་ཀྱི་གོང་མ་རྣམས་ཀྱི་མགུར་མང་དུ་ལོང་གསུངས་ནས་སྔར་གྱི་གཟིགས་སྣང་དེ་རྣམས་ཞིབ་པར་གསུངས། དགེ་བཤེས་ས་ཚུང་བ་ལ་དེ་རིང་ཁྱོད་ཀྱིས་སེམས་བསྐྱེད་ཞུས་པ་དེ་གོ་བཅད། སྐྱེ་བོའི་ཚོགས་དེ་ཙམ་དཔག་ཏུ་མེད་པ་ཅིག་འཚོགས་པ་དེ་བླ་ན་མེད་པའི་བྱང་ཆུབ་ཏུ་སེམས་བསྐྱེད་པས་རང་གཞན་ཐམས་ཅད་ཀྱི་དོན་དཔག་ཏུ་མེད་པ་འགྲུབ་པ་ཡིན།

དེ་བཞིན་གཤེགས་པ་སེང་གེ་སྒྲས་ཞུས་པའི་མདོ་ལས། མི་གང་ཞིག་གིས་གང་གའི་བྱེ་སྙེད་ཀྱིས། །འཇིག་རྟེན་ཁམས་མཆོག་རིན་ཆེན་བཀང་བྱས་ནས། །དགའ་མཆོག་སེམས་ཀྱིས་རྒྱལ་ལ་ཕུལ་བ་བས། །གང་གིས་སེམས་ཅན་གཅིག་ལ་ཚིགས་བཅད་སྦྱིན། །རིན་ཆེན་སྦྱིན་པ་ཤིན་ཏུ་རྒྱ་ཆེ་དེས། །ཚིགས་བཅད་སྦྱིན་པ་སྙིང་རྗེས་བསྒྲུབས་དེ་ལ། །གྲངས་སུ་མི་ཕོད་ཆར་ཡང་མི་འགྲོ་སྟེ། །གཉིས་སམ་གསུམ་ལ་བསམ་དུག་ལ་འོང་། །བྱ་བ་ཡིན་བས་རང་དང་སེམས་ཅན་རེ་རེ་གཉིས

གཉིས་ལ་ཆོས་ཚིགས་བཞི་པ་རེ་བྱིན་ཡང་བསོད་ནམས་དེ་ཙམ་གསུངས་ན་ཡང་། དེ་རིང་དེ་ཙམ་འཚོགས་པ་ལ་བྱང་ཆུབ་མཆོག་ཏུ་སེམས་བསྐྱེད་པ་ཁྱེད་ཀྱིས་གོ་བཅད་གསུངས་ནས་མཉེས་མཉེས་ཆེན་པོ་མཛད། སྤྱིར་ཡང་ངས་ཤར་ཕྱོགས་སུ་མི་ཉག་དང་ཁྱི་ཐན་གྱི་ས་མཚམས་ན། བཅོམ་ལྡན་འདས་སྨན་གྱི་ལྷ་བཻཌཱུརྱ་རང་བྱོན་བཞུགས་པ་དེ་ཚུན་ཆད་དུ་བྱོན། བྱང་ཕྱོགས་སུ་ཇོས་ཟེ་ནམ་བྱ་བའི་ཕྱིའི་རྒྱ་མཚོ་ལ་ཉེ་བའི་སར་བྱོན། རྒྱ་མི་ཉག་ཧོར་སོག་པོ་ཀ་མོ་ལོག་དང་ཁ་ཆེ་ལ་སོགས་པའི་མི་རིགས་འདྲ་བ་དཔག་ཏུ་མེད་པ་ལ་ཆོས་གསུང་། གཞན་ཡང་ཁྱི་ཐན་གྱི་ས་ཆ་དང་། རྒྱ་ནག་ཧོང་ཀུན་གྱི་ས་ཆ་དང་། མདོ་སྨད་ཁམས་ཐམས་ཅད་དུ་ཆོས་མ་གསུང་པའི་ས་མེད། བོད་ཀྱི་ཡུལ་སྟོད་ཕྱོགས་འདིར་ཡང་ཡར་མཐོ་བ་རྟ་ང་གིས་ས་ཆ་ཤེལ་ཚལ་རྒྱལ་མོའི་གང་མས་ཆད། སྐྱི་ཤོད་ལྷ་ས་དཀར་ཆུང་ཚུན་ཆད་དང་། མདོ་གམ་ལུང་པ་ཕྲུག་དྲུག་ཕལ་ཆེར་བར་ཆོས་གསུངས་པ་ཡང་། དེ་ལ་དགོངས་པ་ཡང་བླ་མ་ཞང་གཡུལ་བྲག་པའི་ཞལ་ནས་ང་ལ་ཁྱོས་སེམས་ཅན་མིག་གིས་མཐོང་ཚད་ལ་ཆོས་ཤོད་གསུངས་བས། སྤྱིར་རིས་དྲུག་གི་སེམས་ཅན་ཐམས་ཅད་ལ་སྨོན་ལམ་འདེབས་པ་ཨ་ཙང་ཡང་ཆེ་སྟེ། དུད་འགྲོ་སྨྲིན་ལམ་དུ་བབས་པ་ཐམས་ཅད་ལ་ཡང་ངས་རྣ་བར་ཆོས་མ་བླུག་པ་ཡེད། ཁྱེད་རྣམས་ཀྱིས་ཀྱང་སེམས་ཅན་ཐམས་ཅད་ལ་ཆོས་ཤོད་གསུངས། ཡང་དུས་གཅིག་གི་ཚེ་ན་མཐོ་རས་རླུང་ལམ་ན་རི་ཤིན་ཏུ་མཐོ་བ་སྤྱངས་དང་བྲག་དང་། ཤིང་འཛོམས་པ་གཅིག་གི་རྐོད་པ་ཙམ་ན་དགོན་པ་འདྲ་བ་གཅིག་སྣང་བ་ན་རྗེ་བཙུན་ཉིད་ལ་ཆེན་པོ་རྣལ་འབྱོར་གྱི་དབང་ཕྱུག་དེ་བཞུགས་ནས་མགུར་གཅིག་མཛད་པ་ལ། ཚིགས་ཡོ་ཐུགས་ལ་མ་ཟིན། སེམས་ཅན་ཐ་མལ་དུ་སྣང་བ་སྒོམ་ཡིན་མ་སྙམ་གསུང་སྐད། དེ་ནས་སྐུ་འབུམ་དང་དགོན་པ་བཏབ་པའི་ས་དེ་ལ་བྱོན་པའི་དུས་སུ། ཉིན་གཅིག་སྤྱང་ངན་སློབ་དཔོན་ཙུང་པོ་དང་། མཁན་པོ་རས་འགྲེངས་པ་དང་། རོང་ཀ་མཁན་པོ་རྒྱན་པ་བ་དང་། དེ་ལ་སོགས་པའི་དགེ་འདུན་ཤིན་ཏུ་མང་བར་བཞུགས་པ་ལ། ཐུ་ཙ་གཉིས་ལ་གཟིམ་སྤྲེལ་གྱི་གཤི་ཡར་ཁྱིག་གསུངས། སྤྲེལ་གཤམ་བཀྱགས་པ་དང་། སློབ་དཔོན་ཙུང་པོ་དེ་ལ་ལྟུགས་རི་ཆེན་པོ་གཅིག་གི་འདི་རྣམས་བསྐོར་ནས་འདུག་པ་ཨེ་མཐོང་གསུངས། སློབ་དཔོན་ཙུང་པོས་ཅང་མ་མཐོང་གསུངས། རོང་ཀ་དགོན་པའི་མཁན་པོས་ཐལ་མོ་སྦྱར་ནས་ད་ལྟ་ལྟུགས་རི་དང་སྣང་བ་ངེད་ཀྱིས་མ་མཐོང་། ཕྱི་ནས་འདིར་སྤྱང་ཉིད་ཀྱིས་དགོན་པ་འདེབས་པ་ཨེ་མ་ཡིན་ཞུས་པ་དང་། ངའི་དགོན་པ་འདིར་གར་འདེབས་སམ་གསུངས། དེ་ནས་གཟིམ་གཡོག་པ་ཤེས་རབ་རྡོ་རྗེ་ལ་དུས་ཕྱིས་རི་རྩ

འདི་ར་གཙུག་ལག་ཁང་ཆེན་པོ་དང་། སྒྲུབ་པ་པོ་སེམས་ཅན་ལ་ཕན་ཐོག་པ་འབྱུང་བ་ཡིན་གྱིས་ལ་བྲག་ཕུག་ཆུ་མི་འགྲོ་བ་གཅིག་ཏུ་བྲིས་རས་པས་དེ་སྐད་གསུང་གྱིས་ལ་གསུངས་ཡི་གེར་ཐོབ་ལ་ཞོག་གསུངས། སློན་བྱང་ཧྲ་ཧི་བཞེངས་པའི་ས་དེ་ན་འཕགས་པ་ལས་གསུམ་ཁྲིད་པ་བཞུགས་པ་ལ་དུས་རྒྱུན་དུ་བྲག་ཁུང་གཅིག་ཡོད་པ་དེར་ཕྱག་འཚལ་ཞིང་འདུག་ཟེར། འཕགས་པ་རི་སྟོང་ལ་ཕྱག་འཚལ་བ་ཅི་ལགས་བྱས་པ་ལ། བྲག་ཁུང་འདི་ན་རྟག་ཏུ་འོད་འབྱུང་བར་འདུག་སྟེ། དུས་ཕྱིས་འདི་ར་སྒྲུབ་པ་པོ་ངོ་མཚར་ཅན་ཅིག་དང་གཙུག་ལག་ཁང་ཆེན་པོ་འབྱུང་བར་འདུག་གསུངས་སྐད། དེ་ནས་བླ་མ་ཕུ་རངས་པ་ཧོང་ཧེ་ཞི་བྱ་བ་བྱོན་ནས་གཙུག་ལག་ཁང་བརྩིགས་མ་བདུན་པའི་ནང་དུ་ལྷ་སྐུ་བྲེ་བ་གཅིག་བཞེངས་པ་ཡིན་གསུངས། ཡང་ནུབ་གཅིག་གི་རྨི་ལམ་དུ་བཅིབས་པ་ཁམ་ཆུང་བཅིབས་ནས། ཕ་རི་ཚུ་རིའི་རི་གསེབ་དེ་རྣམས་སུ་དགོན་པ་ཚོལ་དུ་བྱོན་ཙམ་ན། གཟིམ་སྤྲིལ་ཕུབ་པའི་ཧྲག་ཙུང་པོའི་སྤྲིལ་ཡོད་པའི་ཕྱིར་ངོས་རི་སྣ་དེར་བཅིབས་པ་ཉལ་བ་ལ། སློན་མེ་ཉག་ཡུལ་དུ་གཟི་ཧྲ་དགོན་ཚོལ་དུ་བྱོན་ཙམ་ན། ཕ་རིའི་རི་ཆུང་ལྷག་ཏུ་བཅིབས་པ་ནག་བཞུར་བཅིབས་ནས་ཡོད་པ་ཉལ། དེ་དང་འདི་ཉལ་ལུགས་མ་འདྲ་སྟེ། འདི་ཉལ་ནས་མ་ལངས་གསུངས། ཕྱིས་བཅིབས་པ་ཉལ་ས་དེ་ཁོ་ནར་གདུང་སྒྲུངས་ཏེ། སྐུ་འབུམ་བྱོན་པ་ཡིན། ཡང་དེ་ན་བཞུགས་པའི་དུས་སུ་ནུབ་གཅིག་རྨང་ལམ་དུ་ཆམ་ཕུ་ཁྲ་རྒམ་ཡིན་ཟེར་བ་གཅིག་དང་། བྲོ་ནེལ་ཊ་ཡིན་ཟེར་པ་གཅིག་དང་གཉིས་ཀྱི་མགོ་བྱས་ཆམ་ཕུའི་ཡུལ་བདག་དཔག་ཏུ་མེད་པས་ཆོས་ཞུས། ཆོས་གསུངས་རིངས་ལ་མི་ཡིན་སྙམ་པའི་སྣང་བ་བྱུང་། ཆོས་གསུང་ཚར་བ་དང་ཡལ་ནས་སོང་། ཡུལ་བདག་ཡིན་པར་གཟིད་ཤེས་པར་བྱུང་གསུངས། ཡང་ནུབ་གཅིག་གི་རྨང་ལམ་ན་དགོན་ས་དེའི་ཡུལ་བདག་ཛ་དང་པ་ཡིན་ཟེར་བའི་མི་ན་སོ་ཙུང་རྒན་པ། དར་གྱི་ལ་ཐོད་བཅིངས་པ་ཆོས་རྒྱུས་ཤིན་ཏུ་ཆེ་བ་གཅིག་གིས་ཆོས་ཀྱི་དྲི་རྟོགས་འགའ་ཡང་བྱས། ཆོས་ཀྱང་ཞུ་ཟེར་བས་ཆོས་བསྟན་གསུངས། དེ་ནས་མཚེར་དེ་ན་སྤྱོས་པའི་དུས་སུ་བྲག་རྩ་འདིར་སྤྱོད་རིངས་ལ་ལྟགས་རིའི་ནང་དུ་སྤྱོད་པའི་སྣང་བ་བྱུང་བ་ལ། དེ་རིང་གཟིད་ཤེས་གསུངས། ཡངས་དེ་ན་བཞུགས་པའི་དུས་སུ་དགེ་བཤེས་བྱང་ཆུབ་བླ་མ་ངོམ་ནས་སྤྱན་སྔར་བྱོན་པ་ལ། རིན་པོ་ཆེའི་ཞལ་ནས་ཁྱོད་འོང་པ་ལ་ངས་ཁར་ཉིན་ཉིན་པར་ལས་མ་ཤེས་གསུངས། ཕྱིར་ཉིན་སྤྱང་ན་མང་པོ་ཡོད་པ་ལ།

སྤྱང་ནས་དགེ་བཤེས་པ་ཁྱོད་ཀྱིས་འབུམ་པ་ཅིག་བཞེངས་ཤིང་འདུག་པ་དེ་སུའི་ཡིན་

གསུངས། དགེ་བཤེས་པ་ན་རེ་ང་འབུས་ཚ་ཚ་འགའ་བཏབས་པ་མིན་པ་མཆོད་རྟེན་མ་བཞེངས་ཟེར། དེ་ཕྱི་ནས་སྐུ་འབུམ་ཁོང་གིས་བཞེངས་པ་དེའི་དགོངས་པར་འདུག །དེའི་དུས་སུ་དགེ་བཤེས་བྲ་བོ་དབུས་ནས་ཕྱིར་འོངས་པའི་དུས་སུ་སྤྱང་ང་ནས་སུམ་བུ་ཅེན་ཅེ་དེ་འོངས་ནས་ཡོ་འཚོགས་ནས་སྣང་བ་ལ་གསུངས། དེ་ཡང་དགོངས་པ་ཅན་བྱོན། ལར་དེའི་སྟར་ལོ་ཕྱིར་ལོ་ཆོས་ཀྱང་སྟར་བས་ཟབ་པ་ནན་ཆགས་ཅན་ཁོ་ན་གསུངས། ཆོས་རེ་རེ་གསུངས་པའི་དུས་སུ་མར་མེ་སྣུམ་ཟད་པ་འམ་རྫིང་ལྟག་ཆུ་ཆད་པ་བྱ་བ་ཡིན། ཁྱེད་ན་སོ་གཞོན་ནུ་དབང་པོ་དང་པ་མང་པོ་སྣང་བ་ལ། ཆོས་གཤའ་མ་རེ་མི་བྱེད་པར་ཅི་བྱ་བ་ཡིན། ཅི་བྱ་སྙམ་པ་ཡིན་ནམ་བྱ་བ་ལན་མང་དུ་གསུངས། ངགང་ན་འདུག་ཀྱང་ཁྱེད་རྣམས་ཅི་བྱེད་ལྟ་བ་ཡིན། ངད་ལྟ་འདི་ན་འདུག་ཁྱེད་རྣམས་དང་གཏམ་ཁྱེད་ལ་ཆོས་སྟོན། གཞན་ན་འདུག་ན་གཞན་ལ་ཡང་ཆོས་སྟོན། སེམས་ཅན་གྱི་དོན་བྱེད་ང་རྐྱེན་ཡོད་སྟེ་གཞན་ན་ཡང་ཡོད་གཞན་ན་ཡོང་དེ་འདི་ན་ཡང་ཡོད་དེ། དེ་ལྟར་གོ་འི་མི་ཆོས་བླ་མའི་རྫུན་བཟླས་ནས་ཁྱེད་རྣམས་ཀྱིས་ཁམ་རེ་རུབ་རེ་སྟེར་དུ་རེ་བ་ནི་མ་ཡིན། ལར་དགོན་པ་གཅིག་ཀྱང་མ་ཟིན། ངསྟར་སྐུ་བལྟམས་པ་ཡང་སྐྱུས་གོང་དུ་བལྟམ། ད་ཡང་སྐྱུས་གོང་ཅིག་ཏུ་འཆིར་འཇུག་པར་འདུག་སྟེ། ངལ་ཁྱད་མེད་གཙུང་པོས་ཕྱོ་བྱས་ཁྱེད་རྣམས་ལ་ང་དགོས་པ་ཡིན། དགོན་པ་གཅིག་བཟུང་ན་ལེགས་ཏེ་གསུངས།

དེ་ནས་སྐུ་ཁམས་བག་རེ་མ་སྙོམས་པར་ལྟར་འདུག་པས་སྐུ་འཚམས་མཛད་ནས་བཞུགས་ཙམ་ན། མདོ་སྨད་ནས་བེ་རིའི་མི་ལོག་ཚན་པོ་ཆེ་བྱུང་བ་རྫེའུ་ཕ་གསུམ་གྱི་ཡུལ་པ་དང་ཐུག་ཟེར་ནས། དཔོན་རྣམས་པས་གདན་འདྲེན་ནས་བྱུང་བ་ལ་དགེ་འདུན་རྣམས་ཀྱི་ཞུ་བ་ཕུལ་ནས། སྐུ་ཁམས་ཀྱང་བབ་རེ་བསྟུང་པ་ལྟར་མཛད་པ་འདི་ཡིན། འབྲུགས་པ་དང་དེ་འདྲའི་སར་མི་གྲིབ་ཅན་མང་པོ་འཚོགས་པས་ད་ལན་མི་བཞུད་པར་ཞུ་བྱས་ནས་ཐམས་ཅད་ཀྱིས་ཞུ་བ་ཕུལ་བ་ལ། རྗེ་ཀླུ་མཁར་བ་འདི་བླ་མ་རིན་པོ་ཆེ་འབའ་རོམ་པའི་ཡོན་བདག་ཡིན། རང་རེ་ལ་ཡང་ཞབས་ཏོག་ཆེ་བ་ཡིན། ཡུལ་དེ་ཀུན་མི་འཚོར་བ་ལ་ཕན་ན་ང་ཁམས་མ་བདེ་བ་མི་སྙོ་འགྲོ་བ་ཡིན་གསུངས་ནས་རྗེར་བྱོན། དེའི་དུས་སུ་དོ་ཅིག་དེ་ཡང་ན་ང་འགྲོ་ཡང་ན་ཏོར་འོངས། ཡང་ན་སྲིད་འདི་མི་འོང་གསུངས་པ་ལ། བེ་རི་དང་སྲིང་ལེགས་པར་བྱུང་། རྗེ་པས་ཡུལ་མཤོར་ཐམས་ཅད་བདེ་བ་ལ་བཀོད་པ་ཡིན། དེ་ནས་བསྟུང་བ་དེ་ཡང་བག་ཞན་དུ་སོང་བ་དང་། ཉིན་གཅིག་སློབ་དཔོན་ཙུང་པོས་དབུ་མཛད་དགེ་འདུན་སུམ་ཅུ་ཙམ་བཞུགས་པའི་དུས་སུ་རིན་པོ་ཆེའི་ཞལ་ནས་ངའི་བཀྲ་ཤིས་སྒོ་མང་དེ་

མི་ཉག་ཡུལ་དུ་བསྟན་པའི་བདག་པོའི་སྐུ་བྲེ་བ་གཅིག་དང་། དཔལ་བདེ་མཆོག་གི་སྐུ་བྲེ་བ་གཅིག་དང་། དེ་ལ་སོགས་ཏེ་གཞན་ཡང་རྟེན་བྱིན་བརླབ་ཅན་དང་། རྟེན་འབྲེལ་སྒྲ་འགྲིགས་ནས་ཞབས་སྟོམས་དེ་འགྲུབ་ན་རྒྱལ་ཁམས་དེ་མི་འཚོར། ང་རང་ནི་ད་ལྟའི་བར་དུ་ཨེ་ཡོང་ཀྱང་མི་ཤེས། མི་ཉག་རྒྱལ་ཁམས་དེ་སངས་རྒྱས་ཀྱི་བསྟན་པ་དར་བའི་ཡུལ་ཡིན་བས་དེ་མ་ཤོར་ན་ང་མེད་ཀྱང་མི་སློ་བ་ཡིན་པ་ལ། ཞབས་སྟོམ་དེ་དུས་སུ་མ་གྲུབ་པ་ཡིན། དེ་ཨ་མྱེ་དང་རྗེ་སྲས་ཁྱེད་གཉིས་ལ་གཉེར་གཏད། ངའི་བུ་སློབ་རྣམས་ཀྱིས་ཀྱང་བྲི་རི་ཕུལ་རི་འདི་ལ་མི་གཏོང་བའི་མི་མེད། ཁྱེད་གཉིས་ཀྱི་བཟོ་འཕྲོ་ལེགས་པར་བྱེད་པ་དང་། ཞབས་སྟོམ་ལེགས་པར་གྱིས་གསུངས། དེ་ནས་ཉི་ཤུ་གཉིས་ཀྱི་ཉིན་པར་ཆིས་མདའ་ནས་ཁོ་མཇོར་བྱོན། དེ་ནས་དགེ་འདུན་གྱི་ཉིན་རེ་ལ་ཡང་མང་སྐྱོལ་དང་། རྒྱས་འབྲིང་རྣམ་གསུམ་གྱི་ལུར་འདོན་དང་། གཏོར་མ་འབུམ་གཏེར་དང་། གསོལ་བས་འདེབས་པ་ལ་སོགས་པ་སྐུའི་རིམ་འགྲོ་དཔག་ཏུ་མེད་པ་བྱས། དེ་ནས་ཉི་ཤུ་བརྒྱད་ཀྱིས་ཉིན་པར་བླ་མ་ཆོས་སྒོ་བ། དཀོན་མཆོག་སེང་གེ་ལ་སོགས་བས་གསེར་གྱིས་མཎྜལ་ཕུལ་ནས། བླ་མ་རིན་པོ་ཆེ་སྟོན་ཁྱེའུ་དགོན་པ་ན་བཞུགས་པའི་དུས་སུ་ང་རྗེ་བཙུན་ཉིད་ལའི་སྐུ་ཚེའི་ཚད་ཙམ་གཅིག་བཞུགས་པ་ཡིན་གསུངས། ཕྱིས་མཁར་ལུང་ན་ཡང་དེ་ལྟར་དུ་གསུངས་པས། རིན་པོ་ཆེ་རླུང་སེམས་ལ་དབང་ཐོབ། རྟེན་འབྲེལ་ལ་མངའ་མཛད་པ་ཡིན་བས་ཅིས་ཀྱང་མྱ་ངན་ལས་མི་འདའ་བར་བཞུགས་པར་ཞུ་བྱས་ནས་གསོལ་བས་བཏབས་པ་ལ། སྟོན་དེ་ལྟར་དུ་ཁས་བླངས་པ་ཡིན། རྟེན་འབྲེལ་འགྲིག་པ་ལུས་ལ་བརྟེན་དགོས་པ་ཡིན་པ་ལ། གདུག་པ་ཅན་དེའི་རྐྱེན་གྱིས་འོ་སྐོལ་དཔོན་སློབ་རྣམས་ཀྱིས་སྡུག་བསྔལ་དཔག་ཏུ་མེད་པ་ཡང་མྱོང་། འཁོར་མང་པོ་ཡང་འདིས་དབུག་དང་བྲལ། གཞན་ཡང་རྐྱེན་འགའ་རེས་རྟེན་འབྲེལ་འགྲིག་ཏུ་མ་སྟེར། བཅོམ་ལྡན་འདས་རྒྱལ་བ་ཤཱཀྱ་ཐུབ་པ་ཆེ་ལོ་བརྒྱ་ཐུབ་པའི་དུས་སུ་མངོན་པར་རྫོགས་སངས་རྒྱས་ཏེ། དགུང་ལོ་བརྒྱ་ཅུ་རྩ་གཉིས་ལས་མ་བཞུགས་པ་ཡིན། མི་ཕམ་མགོན་པོ་བྱམས་པ་སྐྱེས་བུ་རྣམས་ཀྱི་ཚེ་ལོ་བརྒྱད་ཁྲི་ཐུབ་པའི་དུས་སུ་མངོན་པར་རྫོགས་པར་སངས་རྒྱས་ཏེ། ཚེ་ལོ་དྲུག་ཁྲི་ལས་མི་བཞུགས་པ་དེ་བྱམས་པ་ལུང་བསྟན་པའི་མདོ་ན་བཞུགས། དེ་ཡང་རྒྱུ་མཚན་རེ་རེས་དེ་ལྟར་འབྱུང་བ་ཡིན། དེ་བཞིན་དུ་དེ་བཞིན་གཤེགས་པའི་མཛད་པ་བཅུ་གཉིས་ལ། མཛད་པ་བཅུ་གཉིས་པ་ཐམས་ཅད་མྱ་ངན་ལས་འདས་པའི་སེམས་ཅན་གྱི་དོན་མཉམ་པ་ཡིན་གསུངས། ཡང་དེའི་ཉིན་པར་དཔོན་རྣམ་པ་གཉིས་ཀྱིས་བླ་མ་རིན་པོ་ཆེ་ད་ལྟ་འདི་རང་དུ་བཞུགས།

སྐུའི་རིམ་གྲོ་ལོགས་པ་ཅི་དགོས་པ་ངེད་རང་གིས་བྱེད། སྐུ་ཁམས་མ་དྭངས་པ་ལ་བཞུད་པས་ངེད་ལ་ཡང་ཁག་ཡོད་བྱུས་ནས་ཞུས་པ་ལ། བླ་མ་རིན་པོ་ཆེའི་ཞལ་ནས། དེ་སྐད་གསུངས་པས་ཐུགས་ལ་བཏགས་ཏེ། བླ་མ་ཞང་རིན་པོ་ཆེའི་འདས་མཆོད་ཐུག་པ་དང་། སྒོམ་སྡེ་ཡང་གཞི་བྱེས་གཉིས་འདྲིལ་བར་འདོད་པས་ཙམ་ན་འགྲོ་གསུངས། དེ་ནས་ཉི་ཤུ་དགུའི་ཉིན་པར་ཀོ་མཇོ་གནས་ནས་འདེགས་ཀར་དཔོན་རྣམས་པ་ཕྱག་འཚལ་དུ་བྱོན་པ་ལ། བླ་མ་རིན་པོ་ཆེའི་ཞལ་ནས། དཔོན་ཡེ་གསལ་དང་། ཇོར་བཟང་གཉིས་ཀྱིས་བླ་མ་རིན་པོ་ཆེ་འབའ་རོམ་པའི་ཡོན་བདག་བྱས། ཁྱེད་རྣམས་པས་ཀྱང་སྦྱིན་ཕྱིར་ང་ལ་ཞབས་ཏོག་དཔག་ཏུ་མེད་པ་བྱས། ང་ཡང་ཁྱེད་ལ་མཉེ་པ་ཡིན། ད་བདེ་བར་བཞུགས། ས་སྟོད་འདིར་ཏོར་འོངས་པར་སྣང་བས་བེ་རི་བཞིན་དུ་འཐབས་པས་མི་ཐུབ། ཡུལ་གཞིས་དང་བུ་སློད་ལ་མ་ཆགས་པར་ཆུ་གསུམ་འདུས་པའི་ས་ལ་བྲོས་གསུངས། དེ་ནས་ཡར་བྱོན་པའི་ལམ་ཀ་ན་བླ་མ་རིན་པོ་ཆེ་འབའ་རོམ་བའི་བཞུགས་གནས་ཀོ་མཇོ་བྲག་ལ་ཕེབ་ནས་སྨོས་བསྒྲིག །

ཡན་ལག་བདུན་པ་མཛད་ནས་དེ་ནུབ་སྐྱི་ཏུ་རོང་ཀར་བཞུགས། གནམ་སྟོང་གི་ནང་པར་བཀལ་ནས་འོངས་པས། ལམ་དུ་ཤེས་རབ་རྡོ་རྗེ་ལ་སོགས་པ་སྤྱུ་ང་ན་ཡོང་པ་རྣམས་ལ་དེ་རྣམས་འོངས་པ་ཨེ་ཡིན་གསུངས། སྔོ་དྲོ་ཡང་དེ་བཞིན་དུ་གསུངས། ཉིན་ཕྱེད་ཙམ་ན་མཁན་པོ་རས་འགྲེང་པས་དབུ་མ་གཞིའི་དགེ་འདུན་བགྲེས་པོ་རྣམས་བྱོན་པ་དང་མཇལ། གསེར་གྱི་མཎྜལ་ཕུལ་བ་ཀུན་ཡང་བཞེས་ནས། བླ་མ་རིན་པོ་ཆེའི་ཞལ་ནས་སེམས་ཅན་ཐམས་ཅད་ཀྱི་ཡང་ཚོགས་རྫོགས། རས་པ་དཔོན་སློབ་ཡང་ཚོག་རྫོགས། དཔལ་ནག་པོ་ཆེན་པོ་འཁོར་བཅས་ཀྱིས་ངའི་འཁོར་འགའ་ཞིག་འདི་ལ་སྲུང་ཞིང་སྐྱོབས་བྱ་བ་གསུངས། ཆོས་གཅིག་གི་ཉིན་པར་བཅག་མ་བྱས་ནས། གློག་དང་གཏོར་མ་དང་གསོལ་འདེབས་ལ་སོགས་པ་ཐོན་ནས། མང་སྐོལ་གྱི་དུས་སུ་འབའ་རོམ་པ་དང་གདན་ས་པ་ཀུན་ན་སྤྱུ་ང་ནས་འབུལ་བ་སྣ་རེ་མཛད་དེ། དེ་ནས་ཕྱི་འབྲེད་དགེ་འདུན་ཐམས་ཅད་དང་མཇལ། ཕྱག་དབང་དང་ཞབས་དབང་ལེགས་པར་མཛད་ནས། ཡང་དག་པར་རྫོགས་པའི་སངས་རྒྱས་གདུལ་བྱའི་དོན་ལ་འཛིག་རྟེན་དུ་བྱོན་ལ་ལ་ལ་ཆོས་ཀྱི་སྐུར་སྣང་། ལ་ལ་ལ་ལོངས་སྤྱོད་རྫོགས་པའི་སྐུར་སྣང་། ལ་ལ་ལ་སྤྲུལ་པའི་སྐུར་སྣང་། དེ་ལྟར་དུ་ཡང་བླ་མ་རིན་པོ་ཆེ་དེ་ཉིད་ཀྱི་ཞལ་ནས། ངས་རེས་འགའ་སྤྲུལ་སྐུ་དགེ་སློང་གཟུགས། རེས་འགའ་ལོངས་སྐུ་མཚན་དཔེས་བརྒྱན། རེས་འགའ་འོད་གསལ་སྟོང་ཉིད་གཟུགས། དེ་དབྱེར་མེད་ངོ་བོ་ཉིད་ཀྱི་གཟུགས། བྱ་བ་ཡིན་

གསུངས། དེ་ཡན་ཆད་ཀྱིས་ནི་གཉིས་པ་ལྷ་ཆོས་ཀྱིས་རྣམ་པར་ཐར་པའོ།།   །།ད་ནི་གསུམ་པ་བླ་ན་མེད་པའི་རྣམ་པར་ཐར་པ་ནི། ཆོས་ཀྱི་རྒྱལ་པོ་བླ་མ་རིན་པོ་ཡང་དག་པར་རྫོགས་པའི་སངས་རྒྱས་ཀྱིས་བླ་ན་མེད་པའི་མཛད་པ་དང་སྒོ་བསྟན་ནས། དགུང་ལོ་བདུན་ཅུ་རྩ་གསུམ་བཞེས་པའི་དུས་སུ། སྤྲེལ་ལོ་ཟླ་བ་ལྔ་པའི་ཚེས་གཅིག་གི་ནུབ་མོ་སྲོད་འཁོར་སྐར་མ་ལག་སོར་རི་བོ་ལ་རྒྱང་ཀྱི་བྱུང་བ་དང་། ཆོས་ཀྱི་སྐུ་ལ་འགྱུར་བ་མེད་ན་ཡང་། གཟུགས་སྐུའི་དཀྱིལ་འཁོར་མི་རྟག་པའི་ཚུལ་བསྟན། དེ་ལྟར་ཡིན་པར་ཡང་ལུང་ལས། ཤ་དང་ན་དང་འཆི་བ་མེད་ཀྱང་འཆི་འཕོ་སྟོན། ཅེས་གསུངས་སོ། །ཕྱི་ཉིན་གདུང་གདན་དྲངས་པ་ལ། ཕྱོགས་ཐམས་ཅད་ཀྱིས་ནམ་མཁའ་ལ་ཟ་འོག་གིས་བླ་བྲེས་བཀྲམ་པ་ལྟར་སྣང་ངོ་། །དེའི་བར་ལ་ཟླ་ཚུ་ལ་གྲུ་མི་ཚུགས་པར་ཡོད་པ་ལ་ཉེ་གནས་མོས་གུས་ཅན་ཡོད་པ་རྣམས་ཀྱིས་གོས་ཚག་ལེགས་པར་བྱས་ནས། རྟ་པ་ཐམས་ཅད་ཀྱིས་གཡས་བསྐོར་ནས་མདོ་ལི་གདན་དྲངས་ཏེ། གཅིག་ཙམ་ཡང་ཆུར་བྱིང་བར་མ་གྱུར་པར་ཡུལ་པ་ཐམས་ཅད་ངོ་མཚར་བར་གྱུར་ཏོ། །དེ་ནས་གདུང་གདན་དྲངས་ནས། ཆོས་གསུམ་གྱི་ནུབ་མོ་མེར་ཆུང་ཞོལ་ན་བཞུགས་པའི་ནུབ་མོ་ཟླ་ལུང་པ་འོད་ཀྱིས་གང་ནས། འོད་ཀྱི་སྣ་ལ་མར་མེ་མང་པོ་ཕར་ཁྱེར་ཚུར་ཁྱེར་བྱེད་པ་འདྲ་བ་དེར་འཚོགས་པ་རྣམས་ཀྱི་མཐུན་སྣང་དུ་མཐོང་བ་ཡིན། ཆོས་བཞིའི་ཉིན་པར་དགེ་འདུན་བརྒྱ་ཕལ་ཆེ་བས་འཁོར་པ་ཙེ་ཡོད་སྟོང་དག་བྱས། དེ་མིན་རྣམས་ཀྱིས་ཀྱང་ཆ་རྐྱེན་ཙེ་ཡོད་ཀྱི་སུམ་གཉིས་རེ་ཕུལ་ནས། བླ་མ་དགེ་བའི་བཤེས་གཉེན་མང་པོ་དང་། གནས་དཔོན་ཆེན་པོ་མང་པོ་དང་། དགེ་འདུན་མང་པོ་དང་། སྐྱེ་བོ་འབུམ་ཕྲག་ཏུམ་ལ་སོགས་པ་ལ་སྟོན་མོ་ཆེན་པོ་བྱས། མ་ག་ཏ་བྱང་ཆུབ་ཆེན་པོ་ལ་འབུལ་སྣང་གཏང་། བལ་ཡུལ་འཕགས་པ་ཤིང་ཀུན་དང་། བོད་གངས་ཅན་གྱི་རྒྱལ་ཁམས་སུ་ཉིད་ཀྱི་བླ་མ་རྣམས་ཀྱིས་གདན་ས་པ་རྣམས་ཀྱི་དབུ་མཛད་གནས་དགོན་མ་ལུས་པ་ཐམས་ཅད་དང་། མི་ཆེན་པོ་ཐམས་ཅད་ལ་སྐུའི་འདབ་ཆེན་པོ་བཏང་སྟེ། ཐམས་ཅད་རྗེ་ཁེངས་པར་གྱུར་ཏོ། །

དེ་ནས་གདུང་སྦྱངས་སན་ལ་ལས་དུད་པའི་ནང་ན་ཡང་བླ་མ་རིན་པོ་ཆེ་དབུ་ཞྭ་རྩེ་གསུམ་གསོལ་ནས་ནམ་མཁའ་ལ་བཞུད་པ་དང་། ལ་ལས་ནམ་མཁའ་ལ་འོད་དཀར་པོ་སྣམ་བུ་བརྒྱང་བ་ལྟ་བུ་རིང་པོ་གཅིག་སྤུར་ཁང་དུ་བབས་ཏེ། ཡང་ནམ་མཁའ་ལ་སོང་བ་དང་། སྤུར་ཁང་གི་ཕྱོགས་བཞིན་བུད་མེད་སྒོ་ལ་ཅོད་པན་བཏག་པ་བཞིས་གར་བྱེད་པ་དང་། སྤུར་ཁང་གི་བྱང་ཕྱོགས་ན་སྤྱང་

ཉིད་ཐུགས་དམ་ལ་བཞུགས་པ་དང་། མེར་ཆེན་གྱི་རི་དེའི་ཞོལ་ན་གུར་དཀར་ནག་ཡང་དག་པ་མང་པོ་ཆོན་ཐག་སྤྲེལ་ནས་མི་མང་པོས་ཕྱག་བྱེད་པ་དང་། བོད་ཁྲིམ་མེད་ཀྱི་མི་རིགས་སྣ་ཚོགས་པ་ལ་མགོན་པོ་སྤྱན་རས་གཟིགས་ཀྱི་དབང་ཕྱུག་ཡི་གེ་དྲུག་མ་འུར་འདོན་བྱས་པ་ལ་ཁ་གཅིག་གམ་མགྲིན་ཅིག་ལས་གྲགས་པ་ལྟར་གདུང་བ་དང་བཅས་པ་བྱུང་ངོ་། །དེར་འཚོགས་པའི་མི་ཐམས་ཅད་དང་འཇིག་རྟེན་ཐམས་ཅད་མི་རྟག་པར་གོ་བ་དང་། ཚེ་ལ་ལོང་མེད་ཆོས་བྱས་ན་ཡོན་ཏན་ཕུན་སུམ་ཚོགས་པ་འདི་ལྟ་བུ་འབྱུང་སྙམ་པའི་ངེས་ཤེས་པས་ཆོས་ཀྱི་མིག་རྣམ་པར་དག་པ་དང་། བླ་མ་འདི་དང་ཚེ་རབ་ཐམས་ཅད་དུ་མི་འབྲལ་བར་བྱ་དགོས་སྙམ་པའི་མོས་གུས་ཆེན་པོས་སེམས་རྒྱུད་ཧྲིང་ངེ་འཛིན་དུ་གྱུར་པ་ཤ་སྟག་བྱུང་ངོ་། །

དེ་ནས་སྐུ་འབུམ་གྱི་སྙིང་རྗེ་མ་བཏིང་རིང་ལ། ནུབ་རེ་བཞིན་དུ་སྤུར་ཁང་ལ་མི་མ་ཡིན་གྱིས་མར་མེ་འབུལ་བ། དགེ་འདུན་འཁོར་བཅས་ཐམས་ཅད་ཀྱིས་མཐོང་བ་ལ། མར་མེའི་གྲངས་ལ་ཡང་མཐོང་སྣང་ཐ་དད་པ་བྱུང་ངོ་། །ཐོག་མར་བྱང་ཆུབ་མཆོག་ཏུ་ཐུགས་བསྐྱེད་པ་ནས་བཟུང་ནས་སྟོང་པ་སྙིང་རྗེ་དབྱེར་མེད་པས་སེམས་ཅན་ལ་ཕྱོགས་རིས་མེད་པར་རྒྱུན་མི་འཆད་པར་དགོངས་ཤིང་། ཐུགས་རྗེ་རྗེ་མི་བསྐྱོད་པའི་ངོ་བོར་བསྟན་ནས། ཐུགས་རིན་པོ་ཆེ་འབྱུང་བའི་སྐྱོན་གྱིས་མ་གནོད་པར་བྱོན་པ་ཡིན། བཀའ་བསྟན་ཆོས་མན་ངག་སྙིང་པོའི་དོན་ཕུན་སུམ་ཚོགས་པ་ཕྱིན་ཅི་མ་ལོག་པ་སེམས་ཅན་གྲངས་མེད་དཔག་ཏུ་མེད་པ་ཚད་ལས་འདས་པ་ལ་སྐྱོ་བ་དང་དུབ་པ་མེད་པར་ལྗགས་ཀྱི་དབང་པོ་བཀྲམ་ནས་ཆོས་གསུང་པས་ལྗགས་རིང་ཞིང་སྲབ་པ་བཀྲག་མདངས་དང་ལྡན་པར་བྱོན་པ་ཡིན། དོན་མཐུན་པ་དང་དོན་དཔྱོད་པས་གསང་པོར་སླ་ཞིང་དུས་གསུམ་ཐམས་ཅད་དུ་ཞི་བའི་སྤྱན་འབའ་ཞིག་གིས་གཟིགས་ཤིང་སྤྱན་ལྗ་ཆགས་པ་མེད་པར་མདའ་བས་སྤྱན་གཉིས་མེའི་སྐྱོན་གྱིས་མ་གོས་པར་བྱོན་པ་ཡིན། ཐུགས་དམ་རྩ་བའི་དཀྱིལ་འཁོར་ཞིང་དང་ཉེ་བའི་ཞིང་། གནས་དང་ཉེ་བའི་གནས། འདུ་བ་དང་ཉེ་བའི་འདུ་བ་ཡུལ་ཉི་ཤུ་རྩ་བཞི་དུས་རྒྱུན་དུ་སྐུ་ལུས་ལ་བཀོད་ཅིང་གསལ་བར་མཛད་པས་དཔལ་འཁོར་ལོ་བདེ་མཆོག་ཡབ་ཡུམ་ལ་སོགས་པ་གསང་སྔགས་ནང་པའི་སྐུ་མང་པོ་བྱོན་པ་ཡིན། མགྲིན་པའི་ཡ་ར་ལ་ཞྭ་བཞིར་རླུང་སེམས་འདུས་ཤིང་གསུང་ཨ་ལི་ཀ་ལིར་རྟོགས་པས་ཡི་གེ་ཧཱུྃ་དང་བཾ་ལ་སོགས་པ་བོད་ཀྱི་ཡི་གེ་མང་པོ་བྱོན་པ་ཡིན། ད་ལྟ་གདུང་རུས་ཕལ་ཆེར་འཕེལ་གདུང་དུ་གྱུར་ནས་རིང་བསྲེལ་ལ་གྲངས་མེད་པར་བྱོན། སྤྱན་རས་གཟིགས་ཞལ་གཅིག་པ་ལ་

སོགས་པ་ལྷ་སྐུ་མང་པོ་བྱོན་པ་ཡིན། ཕྱོགས་རིས་མེད་པར་སེམས་ཅན་ཐམས་ཅད་བྱང་ཆུབ་ཀྱི་སེམས་སོ་སོའི་དབང་པོ་དང་མཚམས་པར་མཛད་པའི་རྟགས་སུ་རིང་བསྲེལ་ཁ་དོག་སྣ་ཚོགས་པ་ཆར་བབ་པ་ལྟར་བྱོན་པ་ཡིན། ཆོས་ཐམས་ཅད་སྟོང་ཞིང་བདག་མེད་པ་ཕྱོགས་མེད་དུ་སྒྲོགས་ཤིང་ཕྱིན་ཅི་མ་ལོག་པར་དོན་དུ་འདུལ་བའི་རྟགས་སུ་དུང་གཡས་སུ་འཁྱིལ་པ་བྱོན་པ་ཡིན། སྤྱིར་ལོག་རྟོགས་ནས་རྣམས་ལོག་པར་རྟོག་པ་ལས་བཟློག་པ་དང་། ཆོས་ལ་མོས་པ་རྣམས་ངེས་པའི་ཤེས་པ་ཐུན་མོང་མ་ཡིན་པ་བསྐྱེད་པའི་ཕྱིར་རྟག་ཪྩ་མཚར་ཅན་དེ་ལྟར་བུ་བྱོན་པ་ཡིན། དེ་ནས་ཆོས་བཅོ་ལྔའི་ཉིན་པར་སྐུ་འབུམ་གྱི་སྨིང་རྫོ་བཏིང་ནས་ཞག་བཞི་བཅུ་རྩ་དགུའི་བར་ལ་སྐུ་འབུམ་ཚར་ཏེ། ཟླ་བ་དྲུག་པའི་ཆོས་བཅུ་གསུམ་གྱི་ཉིན་པར་སློབ་དཔོན་ཁྲུ་དཔོན་རྣམས་དང་མཁན་སློབ་རྣམས་དང་བླ་མ་དགེ་བའི་བཤེས་གཉེན་མང་པོ་དང་། དགེ་འདུན་ཐམས་ཅད་ནས་རབ་ཏུ་གནས་པ་ཚུལ་བཞིན་དུ་མཛད་ནས་ལྷ་དང་མི་ཐམས་ཅད་ཀྱི་ཚོགས་སོགས་པ་དང་། སྦྱིན་པ་སྦྱངས་ཤིང་ཡོན་ཏན་སྐྱེད་པའི་ཕྱིར་མཆོད་རྟེན་ཆེན་པོ་བཞེངས་པ་ཡིན་ནོ། །རྣམ་པར་ཐར་པ་འདི་དག་ཀྱང་རིན་པོ་ཆེ་ཉིད་ཀྱིས་གསུང་ཚོད་རྣམས་བྲིས་པ་ཡིན། བུ་སློབ་ཐམས་ཅད་ཀྱིས་མོས་གུས་ཕུན་སུམ་ཚོགས་པས་ཉེ་བར་ལེན་པའི་རྒྱུ་བྱས། རིན་པོ་ཆེའི་ཐུགས་རྗེ་ཆེན་པོས་ལྷན་ཅིག་བྱེད་པའི་རྐྱེན་བྱས། རྒྱུ་རྐྱེན་རྟེན་འབྲེལ་འཚོགས་པས། མོས་གུས་ཀྱི་ཐམས་ཅད་ལ་ཉམས་དང་རྟོགས་པ་གོང་ནས་རྒྱུད་ལ་སྐྱེས་ལུགས་དང་། སོ་སོའི་དབང་པོ་དང་འཚམས་པའི་མཐོང་སྣང་ངོ་མཚར་ཅན་རྣམས་དང་། རྨད་དུ་བྱུང་བའི་རྣམ་པར་ཐར་པ་ཐམས་ཅད་ནི་མི་ཉག་ཡུལ་ཐམས་ཅད་དང་། རྒྱ་ནག་ཁྲི་ཐན་གྱི་མི་དཔག་ཏུ་མེད་པ་རྣམས་དང་། མདོ་སྨད་ཚན་བཞི་འམ། དབུས་རྩང་ཁམས་གསུམ་འམ། ཀུན་ཏུ་སྐུའི་གདུལ་བྱ་རྒྱ་ཆེ་བས་བྲི་བར་ག་ལ་ནུས་ཏེ་མ་བྲིས་པ་ཡིན་ནོ། །

དུས་གསུམ་གཟིགས་པ་མིའི་སེང་གེ་འགྲོ་བའི་བླ་མ་དེའི། །མཆོག་གི་རྣམ་ཐར་རབ་ཏུ་རྒྱ་ཆེན་རྒྱ་མཚོ་ལྟ་བུ་ལས། །རག་པའི་ཚོགས་ཀུན་གསོལ་བཏབ་རིན་ཆེན་ཉིད་ཀྱིས་གསུངས་པ་རྣམས། །འདི་ར་བཀོད་དགེ་བས་བདག་གཞན་མ་ལུས་ཐར་པ་མཆོག་ཐོབ་ཤོག །གདོད་ནས་དྲི་མེད་འོད་གསལ་རྣམ་དག་ལྷུན་གྲུབ་མི་འགྱུར་རྟག་ཏུ་འགྲོ་འོངས་མེད་པ་ཆོས་ཀྱི་སྐུ། །ཟུང་འཇུག་བདེ་ཆེན་རྒྱུན་མི་འཆད་ཅིང་དཀྱིལ་འཁོར་ཀུན་གཙོ་དཔའ་བོ་མཁའ་འགྲོ་རྣམས་ཀྱིས་མཆོད་པའི་གནས། །སྙིགས་མའི་དུས་འདི་ར་སངས་རྒྱས་གཉིས་པ་ལྟ་བུར་ཐབས་མཁས་ཐུགས་རྗེས་འགྲོ་བའི་དོན་

དཔོན་ཆེན་པོར་གྱུར། །རས་ཆེན་བཀའ་དྲིན་ཅན་གྱིས་རྣམ་ཐར་རིན་ཆེན་དཔག་མེད་བརྗོད་དཀའ་འོ་མའི་རྒྱ་མཚོ་ལྟ་བུ་ལས། །མར་གྱི་སྙིང་པོ་སེམས་ཅན་མ་ལུས་ཀུན་གྱི་མ་རིག་མུན་པ་སེལ་བའི་སྒྲོན་མེའི་རྒྱལ་པོ་འདི་སྐྲར་བས། །བདག་དང་སྲིད་མཚོར་བྱིང་བའི་འགྲོ་བ་རྣམས་ཀྱི་སེམས་ལ་གཉིས་མེད་ཡེ་ཤེས་མྱུར་དུ་གསལ་གྱུར་ཅིག །དགེའོ། །དགེའོ། །དགེའོ། །བཀྲ་ཤིས་པར་ཤོག ། ༎ ཨོཾ་ཡེ་དྷརྨཱ་ཧེ་ཏུ་པྲ་བྷ་བ་ཧེ་ཏུན་ཏེ་ཥཱན་ཏ་ཐཱ་ག་ཏོ་ཧྱ་བ་དཏ་ཏེ་ཥཱཉ་ཙ་ཡོ་ནི་རོ་དྷ་ཨེ་བམ་ཝཱ་དཱི་མ་ཧཱ་ཤྲ་མ་ཎ་ཡེ་སྭཱ་ཧཱ༎ ༎བཀྲ་ཤིས་དཔལ་ཡེ་ཤེས་སོ༎ ༎

༄༅། །འབའ་རོམ་ཆོས་འབྱུང་ཕྱོགས་བསྒྲིགས།

མཛད་པ་པོ།	ཚང་སར་བློ་གྲོས་རིན་ཆེན།
འཚོལ་བསྡུ་ཞིབ་སྒྲིག་མཁན།	སི་ཁྲོན་བོད་ཡིག་དཔེ་རྙིང་བསྡུ་སྒྲིག་ཁང་།
རྩོམ་སྒྲིག་འགན་འཁུར་བ།	སངས་རྒྱས་སྐྱབས།
མདུན་ཤོག་མཛེས་འཚོས་པ།	ནོར་བཟང་བཀྲ་ཤིས།
དཔེ་སྐྲུན་འགྲེམས་སྤེལ་ཚན་པ།	བོད་ལྗོངས་མི་དམངས་དཔེ་སྐྲུན་ཁང་། (ལྷ་ས་གླིང་སྐོར་བྱང་ལམ་སྒོ་ཨང་20པ།)
པར་འདེབས་ཚན་པ།	ཁྲིང་ཏུའུ་ཏུང་ཅན་པར་འདེབས་ཚད་ཡོད་ཀུང་སི།
དེབ་ཚད།	787×1092 1/16
པར་ཤོག	32.75
ཡིག་གྲངས།	ཁྲི་30
པར་གཞི།	2019ལོའི་ཟླ་9པར་པར་གཞི་1བསྒྲིགས།
པར་ཐེངས།	2019ལོའི་ཟླ་9པར་པར་ཐེངས་1བཏབ།
པར་གྲངས།	01-1,000
དཔེ་རྟགས།	ISBN978-7-223-05747-9
རིན་གོང་།	སྒོར་60 .00